2000

中国电力年鉴

《中国电力年鉴》编辑委员会

中国电力出版社

图书在版编目(CIP)数据

2000年中国电力年鉴/《2000年中国电力年鉴》编辑委员会编. -北京：中国电力出版社，2000

ISBN 7-5083-0411-X

Ⅰ.2… Ⅱ.2… Ⅲ.电力工业-中国-2000-年鉴 Ⅳ.F426.61-54

中国版本图书馆CIP数据核字（2000）第44009号

中国电力出版社出版、发行

（北京三里河路6号 100044 http：//www.cepp.com.cn）

三河市实验小学印刷厂印刷

各地新华书店经售

*

2000年11月第一版 2000年11月北京第一次印刷

787毫米×1092毫米 16开本 42.25印张 1369千字 16插页

印数0001—3500册 定价**150.00**元

1. 1999年6月21日，国家主席江泽民主持召开黄河治理开发工作座谈会　（新华社　供稿）

2. 1999年6月，国家主席江泽民行程数千公里，视察黄河的治理与开发情况　（新华社　供稿）

3. 1999年5月15日，李鹏委员长视察山东电网调度中心 （王 剑 摄）

4. 1999年12月16日，山西神头第二发电厂进口捷克2×500MW发电机组签字仪式在人民大会堂举行，国务院总理朱镕基和捷克总理米洛什·泽曼出席签字仪式

5. 胡锦涛副主席视察中国水利水电科学院并会见水利水电科技工作者 （李　磊　摄）

6. 1999年10月20日，吴邦国副总理为田湾核电厂（2×1000MW）开工剪彩 （江苏电力公司　供稿）

7. 1999年5月10日，全国人大副委员长邹家华视察西安灞桥热电厂除灰水的回收系统，连声称赞回收水的水质很好

（王朝旭　摄）

8. 全国政协副主席李贵鲜考察山东黄岛电厂海水淡化工程后，欣然题词：“充分利用海水资源，推动电力事业发展”

（山东电力集团公司　供稿）

9. 1999年3月24日，全国政协副主席钱正英在三峡永久船闸闸室了解武警水电部队施工情况

（廖德真　摄）

10. 高严总经理、张国光省长视察辽宁电网　　（辽宁电力公司　供稿）

11. 国家经贸委主任盛华仁视察辽宁绥中发电厂

（国家经贸委　供稿）

12. 实施烟气脱硫的南京下关发电厂通过竣工验收，江苏省副省长陈必亭等在控制台前了解运行情况

（江苏电力公司　供稿）

13. 1999年4月15日，山西省副省长薛军等领导到阳城电厂工地现场办公

（田　进　摄）

14. 1999年春节，江西省省长舒圣佑、副省长朱英培等到省调通局慰问节日期间坚守生产岗位的电力职工

（何建中　摄）

15. 1999年7月6日，国家电力公司副总经理赵希正在牡丹江第二发电厂检查工作

（韩锡安　摄）

16. 1999年4月23日，青海省副省长苏森在大通县药草、极乐两乡视察农村电网改造工程

（邸若愚　摄）

17. 国家经贸委副主任李荣融在南京下关电厂视察

（国家经贸委　供稿）

18. 1999年11月，国家经贸委副主任石万鹏访问香港中电控股有限公司

（国家经贸委　供稿）

19. 1999年春节，内蒙古自治区政府主席云布龙到电力公司慰问节日期间坚持生产的职工并题词

（内蒙古电力公司　供稿）

20. 1999年7月15日，全国电力设计工作会议暨协会理事会议在天津召开，国家电力公司周大兵副总经理等领导出席了会议。这次会议后，电力规划设计行业的管理职能由电规院移交给协会承担

（电规院　供稿）

21. 为确保澳门回归庆典的安全供电，国家电力公司陆延昌副总经理亲率工作组到南方电网检查工作

（王芮萍　摄）

22. 1999年11月12日，国家科技部副部长邓楠视察电力自动化研究院

（自动化院　供稿）

23. 1999年12月31日，广西自治区政府副主席王汉民到广西电力公司视察计算机的2000年问题

（广西电力公司　供稿）

24. 1999年2月27日，中国电力企业联合会在上海召开了本年度第一次理事长工作会议

（中电联　供稿）

25. 1999年3月10日，国家电力公司邀请电力系统全国人大代表和全国政协委员座谈

（杜　平　摄）

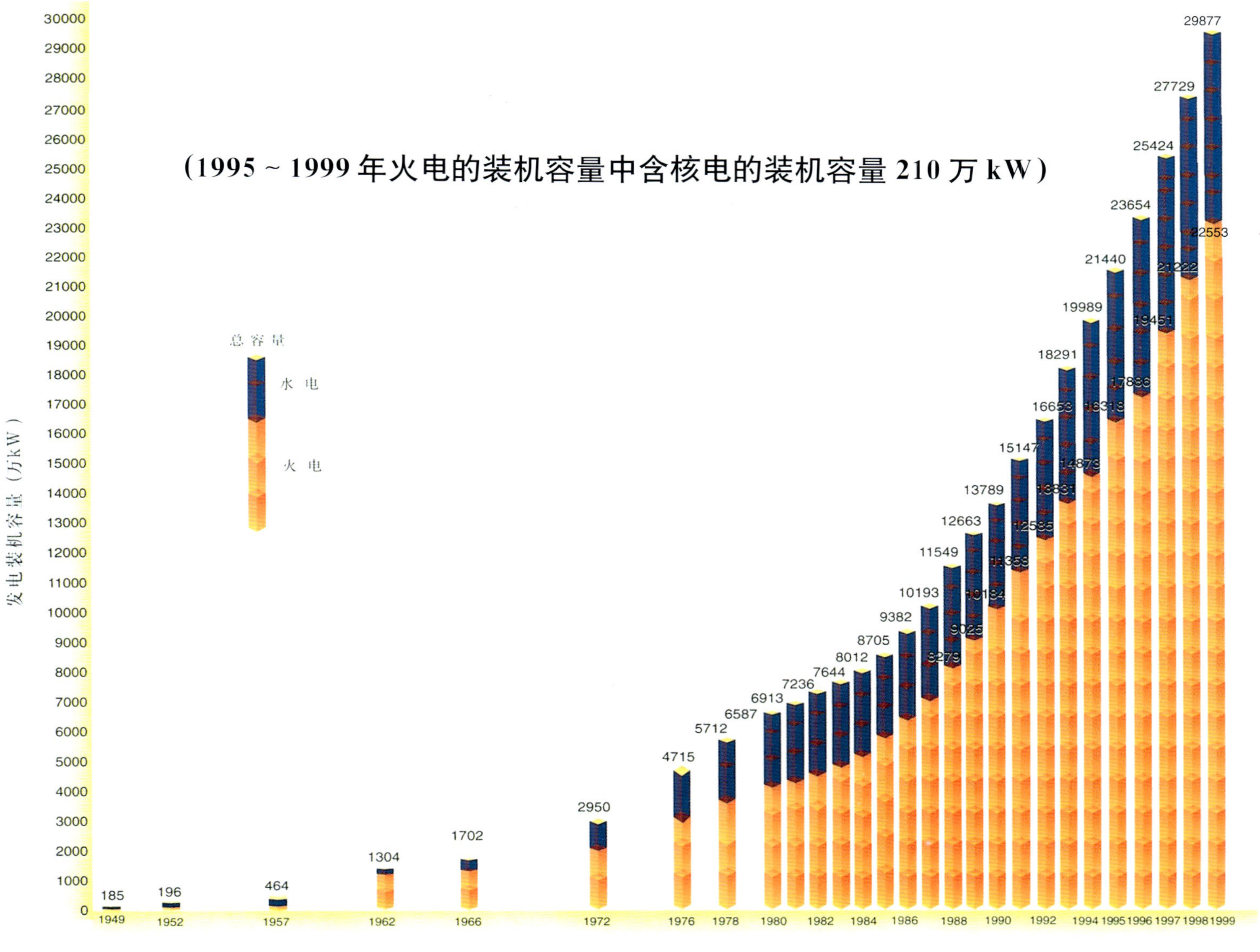

26. 中国历年发电装机总容量（不含台湾省及港、澳地区数据）

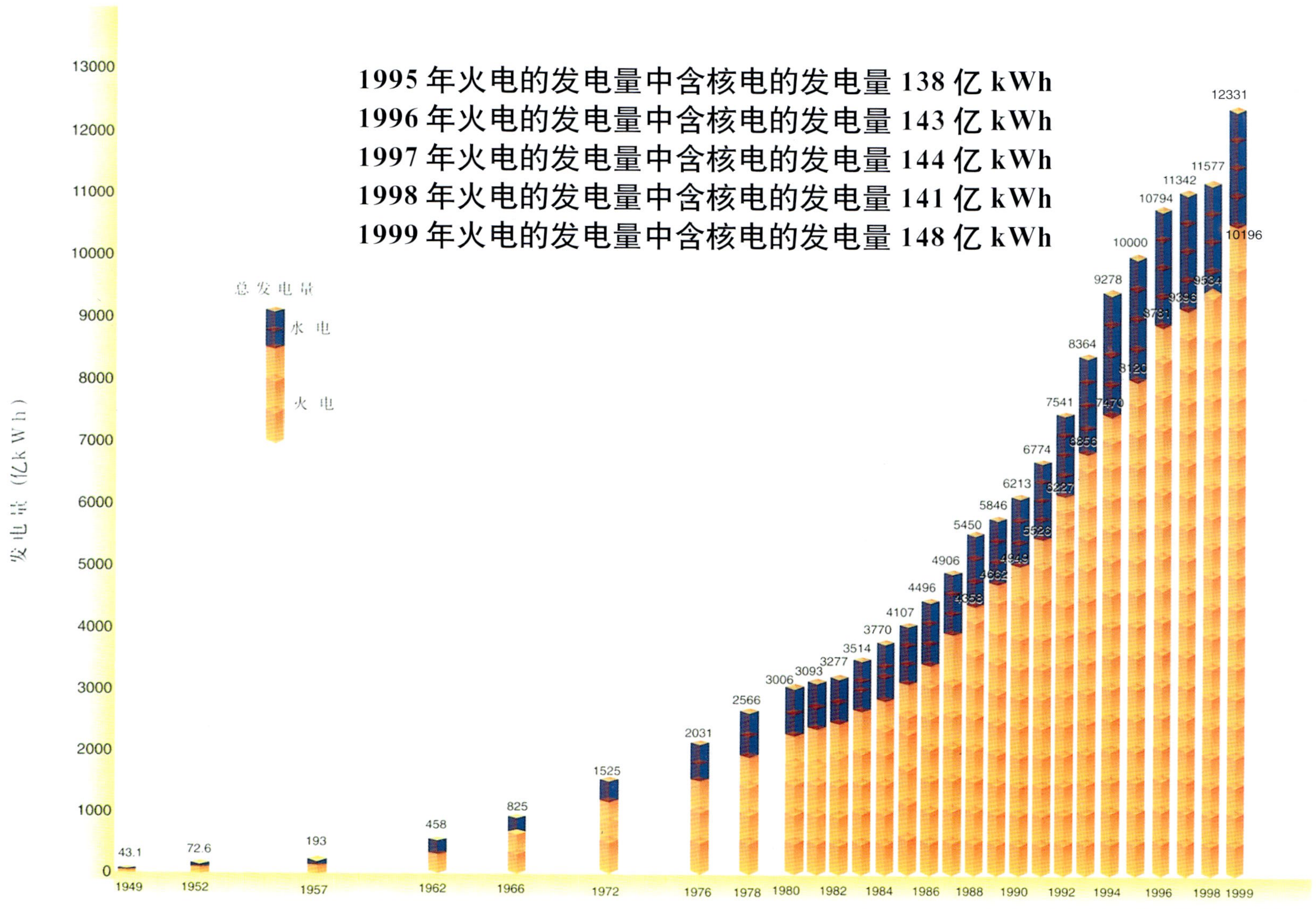

27. 中国历年发电量（不含台湾省及港、澳地区数据）

中国电网分布示意图

1999 年中国各主要电网及新疆和西藏地区的装机容量与发电量

电网和地区	装机容量（万 kW）				发电量（亿 kWh）			
	总计	水电	火电	核电	总计	水电	火电	核电
东北电网（NEPN）	3594.39	553.26	3038.12		1448.92	87.59	1360.94	
华北电网（NCPN）	4071.62	258.02	3808.25		1922.35	30.07	1891.05	
华东电网（ECPN）	5198.64	506.51	4658.46	30.00	2268.90	119.03	2141.93	7.32
华中电网（CCPN）	4436.54	1355.57	2980.97		1673.22	450.55	1222.67	
西北电网（NWPN）	1802.19	727.77	1074.30		736.14	240.93	495.19	
山东电网（SDPG）	1801.78	5.52	1796.25		912.05	0.51	911.54	
福建电网（FJPG）	965.74	504.31	461.43		356.00	183.83	172.17	
广东电网（GDPG）	3033.37	655.40	2193.71	180	1140.04	110.57	887.317	141.01
广西电网（GXPG）	595.30	363.04	230.85		244.23	114.76	99.12	
四川电网（SCPG）	1467.01	919.07	547.95		449.53	261.91	187.61	
重庆电网（CQPG）	318.23	31.34	286.89		132.18	12.35	119.83	
云南电网（YNPG）	634.08	400.19	233.89		268.05	158.97	109.02	
贵州电网（GZPG）	551.88	183.61	368.28		270.63	62.66	207.97	
海南电网（HNPG）	166.36	53.50	111.98		38.65	10.44	28.09	
新疆地区（XJAR）	396.90	79.65	310.24		169.30	30.06	137.32	
西藏地区（XZAR）	33.16	27.25	5.15		6.74	5.64	1.02	

注：本表数据不含台湾省及香港、澳门地区。

28. 1999年中国各主要电网及新疆和西藏地区的装机容量与发电量

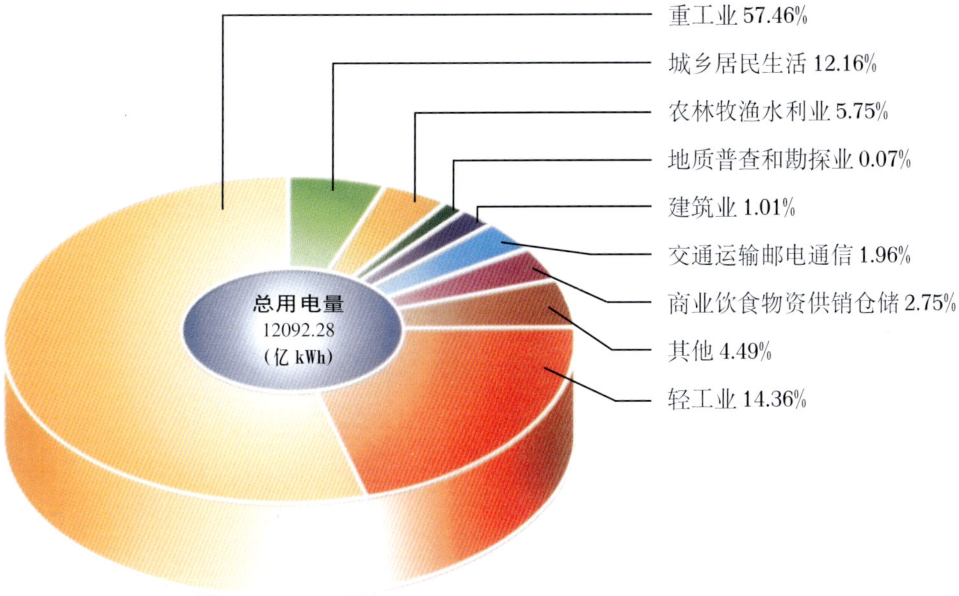

1999 年全国总用电量及其构成示意图

全国总用电量及其构成（1987～1999 年）

年份	总用电量（亿 kWh）	用电量构成（%）								
		城乡居民生活	农林牧渔水利业	重工业	轻工业	地质普查和勘探业	建筑业	交通运输邮电通信	商业饮食物资供销仓储	其他
1987	4902.7	5.46	7.05	64.53	16.45	0.07	0.82	1.57	1.01	3.04
1988	5358.7	6.00	7.01	64.04	16.22	0.07	0.81	1.62	1.14	3.09
1989	5762.0	6.46	6.95	63.99	15.80	0.07	0.77	1.67	1.18	3.11
1990	6126.0	7.53	6.78	62.60	16.07	0.08	0.74	1.71	1.26	3.23
1991	6696.8	7.94	6.93	61.69	16.03	0.08	0.79	1.73	1.34	3.47
1992	7455.4	8.50	6.78	61.22	15.86	0.08	0.85	1.78	1.47	46
1993	8201.1	8.89	6.30	61.19	15.48	0.08	0.99	1.84	1.63	3.60
1994	9046.5	9.67	6.27	60.32	15.10	0.09	1.07	1.85	1.82	3.81
1995	9886.36	10.17	6.22	59.78	15.04	0.08	1.10	1.84	1.93	3.84
1996	10570.29	10.71	6.11	59.28	14.80	0.08	1.10	1.86	2.12	3.94
1997	11039.11	11.35	6.19	58.33	14.64	0.08	1.04	1.87	2.39	4.12
1998	11347.30	12.22	5.88	57.61	14.16	0.07	1.05	1.94	2.62	4.44
1999	12092.28	12.16	5.75	57.46	14.36	0.07	1.01	1.96	2.75	4.49

29. 1999年全国总用电量及其构成示意图（不含台湾省及港、澳地区数据）

全国 100 万 kW 及以上已投运与在建大型火电厂和核电厂位置示意图（截止 1999 年底）

30. 1999 年底全国 100 万 kW 及以上已投运与在建大型火电厂和核电厂位置示意图（图中编号电厂的名称与容量参见表，本图不含台湾省及香港、澳门地区发电厂）

1999年底全国100万kW及以上已投产和在建火电厂、核电厂情况表

序号	火电厂名称	已投产容量（万kW）	在建容量（万kW）
1	秦皇岛热电厂	100	
2	大港	32×4	
3	军粮城	100	
4	陡河	155	
5	邢台	125.5	
6	大同二厂	120	
7	神头一厂	130	
8	神头二厂	100	50×2
9	漳泽	104	
10	清河	120	
11	锦州	120	
12	辽宁	105	
13	富拉尔基二厂	30×4	
14	石洞口	30×4	30×1
15	华能石洞口二厂	60×2	
16	吴泾	100	60×2
17	望亭	120	
18	谏壁	160	
19	徐州	130	
20	常熟	30×4	
21	镇海	105	
22	北仑	60×4	60×1
23	平圩	60×2	
24	邹县	240	
25	华能德州	30×4	66×2
26	秦岭	105	
27	姚孟	117	
28	焦作	126	
29	沙角A	120	
30	黄浦	110	
31	广东大亚湾核电厂	90×2	
32	盘山	50×2	60×2
33	张家口	30×6	30×2
34	华能上安	130	
35	马头	100	
36	阳泉二厂	120	
37	丰镇	120	
38	铁岭	30×4	
39	绥中		80×2
40	双辽	30×2	30×2
41	哈尔滨三厂	160	
42	牡丹江二厂	102	
43	利港	35×4	
44	元宝山	150	60×2
45	伊敏	50×2	
46	外高桥	30×4	90×2
47	首阳山	102	
48	十里泉	122.5	
49	龙口	100	
50	石横	30×4	
51	汉川	30×4	
52	阳逻	30×4	
53	丰城	30×3	30×1
54	沙角C	66×3	
55	湄河	130	
56	靖远	140	
57	大坝	30×4	
58	台州	141	
59	太原一厂	131.2	
60	华能珞璜	36×4	
61	华能大连	35×4	
62	华能福州	35×4	
63	妈湾	30×4	
64	珠江	30×4	
65	邯峰		66×2
66	阳城	35×1	35×5
67	扬州二厂	60×2	
68	聊城新厂		120
69	华能南通	35×4	
70	襄樊	30×4	
71	宝鸡二厂	30×2	30×2
72	平凉		30×4
73	广东岭澳核电厂		90×2
74	秦山第二核电厂		60×2
	秦山第三核电厂		70×2
75	田湾核电厂		100×2
76	后石	60×1	60×5
77	西柏坡	30×4	
78	珠海	66×2	
79	达拉特	132	
80	宝钢自备	119.97	
81	洛河	120	

注：本表数据不含台湾省和香港、澳门地区。

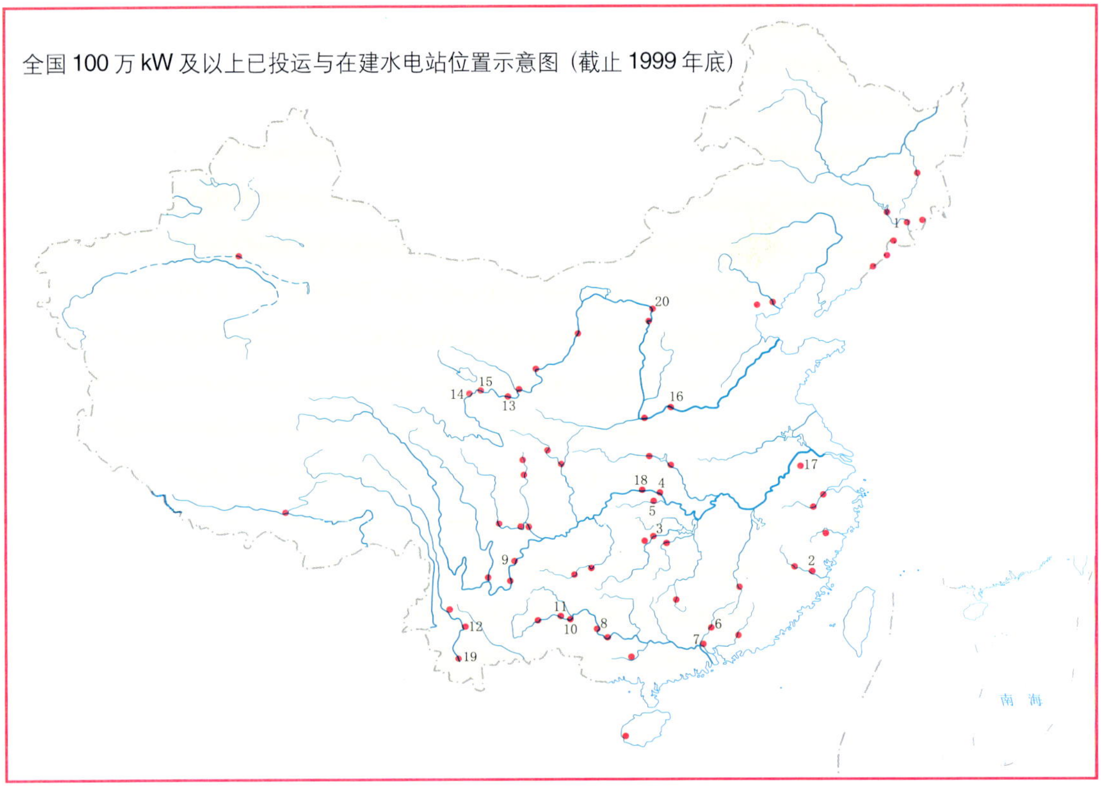

31. 1999 年底全国 100 万 kW 及以上已投运与在建水电站位置示意图（图中编号水电站的名称与容量参见表，未编号者为 100 万 kW 以下的水电站，本图不含台湾省及香港、澳门地区水电站）

1999 年底全国 100 万 kW 及以上已投运与在建水电站情况表

序号	水电站名称	已投产容量（万 kW）	在建容量（万 kW）	序号	水电站名称	已投产容量（万 kW）	在建容量（万 kW）
1	白山	30×5		11	天生桥Ⅰ	30×2	30×2
2	水口	20×7		12	漫湾	25×5	
3	五强溪	24×5		13	刘家峡	22.5×5	
4	葛洲坝	17×2 +12.5×19		14	龙羊峡	32×4	
5	隔河岩	30×4		15	李家峡	40×4	
6	广州抽水蓄能	30×4		16	小浪底		30×6
7	广州抽水蓄能Ⅱ	30×3	30×1	17	天荒坪	30×4	30×2
8	岩滩	30.25×4		18	三峡		70×26
9	二滩	55×6		19	大朝山		22.5×6
10	天生桥Ⅱ	22×4	22×2	20	万家寨	18×2	18×4

注：本表数据不含台湾省和香港、澳门地区。

序号	企业名称	命名时间	序号	企业名称	命名时间
1	华能大连电厂	1994年	34	潍坊发电厂	99
2	长春第二热电厂	1995年	35	黄岛发电厂	99
3	华能福州电厂	95	36	十里泉发电厂	99
4	华能上海石洞口第二电厂	96	37	大武口发电厂	99
5	江苏新海发电厂	96	38	山东华能发电股份有限公司德州电厂	99
6	广州抽水蓄能电厂	96	39	军粮城电厂	99
7	山东辛店发电厂	97	40	华能南京电厂	99
8	沈海热电有限公司	97	41	天生港发电厂	99
9	山东省电力集团公司	98	42	平圩发电有限责任公司	99
10	铁岭发电厂	98	43	芜湖发电厂	99
11	外高桥发电厂	98	44	嘉兴发电厂	99
12	北仑发电厂	98	45	华能淮阴发电有限公司	99
13	华能南通电厂	98	46	湖北省汉川电厂	99
14	邹县电厂	98	47	湖南省石门电厂	99
15	黄台火力发电厂	98	48	武汉华中华能发电股份有限公司	99
16	陡河发电厂	98	49	威海发电厂	99
17	大港发电厂	98	50	珠江电厂	99
18	耒阳电厂	98	51	妈湾电厂	99
19	吉林热电厂	98	52	宝鸡供电局	99
20	清镇发电厂	98	53	北京供电局	99
21	隔河岩水电厂	98	54	石家庄供电局	99
22	绍兴电力局	98	55	日照电业局	99
23	徐州电业局	98	56	枣庄电业局	99
24	烟台电业局	98	57	潍坊电业局	99
25	大庆电业局	98	58	淄博电业局	99
26	济宁电业局	98	59	济南供电局	99
27	临沂电业局	98	60	银川供电局	99
28	大连电业局	98	61	南通供电局	99
29	长春电业局	98	62	盐城供电局	99
30	贵溪电厂	99	63	德州供电局	99
31	哈尔滨第三发电厂	99	64	鲁布革发电厂	99
32	双辽发电厂	99	65	漫湾发电厂	99
33	石横发电厂	99	66	山东电力调度中心	99

32. 中国一流电力企业光荣榜（截止1999年底）

33. 1999年1月，国家电力公司在天津召开工作座谈会，总结过去一年工作，研究和讨论第二步改革中的重大问题，图为大会主席台

34. 高严总经理在国家电力公司1999年工作座谈会上作报告

35. 1999年3月，全国电力工业体制改革研讨会在武汉举行，吴敬琏等著名经济学家参加了这次会议

36. 1999年5月，国家电力公司1999年工作会议在成都召开。这次会议提出将国电公司建设成控股型、经营型、现代化、集团化管理的国际一流企业，图为大会会场情况

（本页照片选自《新中国电力五十年》画册）

国务院决定成立国家电力公司东北公司和辽宁省电力有限公司，将黑龙江省电力公司和吉林省电力公司改制为独立经济实体的黑龙江省电力有限公司和吉林省电力有限公司，这是国家电力公司第二步改革的重大步骤

37. 1999年3月29日，国家电力公司东北公司暨辽宁省电力有限公司成立大会会场

38. 1999年3月26日，吉林省电力有限公司成立大会会场

39. 国家电力公司副总经理赵希正和黑龙江省委副书记杨光洪为黑龙江省电力有限公司揭牌

（本页照片选自《新中国电力五十年》画册）

40. 铁岭发电厂于1998年被命名为中国一流火电厂，1999年该厂装机4×30万kW，图为该厂主控制室

41. 华能南通电厂于1998年被命名为中国一流火电厂，1999年该厂第3号和4号机组建成投产，装机总容量140万kW

（华能南通电厂 供稿）

42. 北仑发电厂于1998年被命名为中国一流火电厂，1999年11月19日该厂第4号60万kW机组并网成功，已投产的容量达240万kW

（浙江电力公司 供稿）

43. 华中电力集团的耒阳发电厂于1998年被命名为中国一流火电厂，图为该厂全景

（何志强 摄）

44. 70年代末投产的陡河发电厂，装机155万kW，于1998年被命名为中国一流发电厂

45. 哈尔滨第三发电厂于1999年被命名为中国一流火电厂，装机总容量为160万kW

46. 1999年11月27日，山西阳泉二电厂4号机组投产发电，该厂装机总容量为4 × 30万kW

（田　进　摄）

47. 山西大型坑口电厂——阳城电厂（装机35万kW × 6），经过建设者的努力，1号机组已于1999年底投产发电

（田　进　摄）

48. 草原明珠——伊敏发电厂（2 × 50万kW），两台机组已于1999年建成投产

（选自《新中国电力五十年》画册）

49. 绥中发电厂，由俄罗斯制造的2 × 80万kW机组正在安装中

（选自《新中国电力五十年》画册）

50. 甘肃靖远发电厂，装机140万kW

（选自《新中国电力五十年》画册）

51. 花园式电厂——厦门嵩屿电厂，装机2 × 30万kW

（选自《新中国电力五十年》画册）

52. 为把举世瞩目、宏伟壮观的三峡工程修建好，建设者们夜以继日地奋战在工地上，图为三峡工地的一角
（选自《新中国电力五十年》画册）

53. 二滩水电站，总装机330万千瓦，已于1999年全部竣工投产，是20世纪中国建成的最大的水电站，图为该水电站240m高的双曲拱坝
（宋志评 摄）

54. 建设中的浙江天荒坪抽水蓄能电站，装机 6 × 30万kW，图为下水库大坝迎水面及进出水口
（选自《新中国电力五十年》画册）

55. 正在建设中的天生桥一级水电站，装机 4×30 万 kW。该水电站采用面板堆石坝，坝高 178m，在亚洲排第一

（刘德禄 供稿）

56. 1999 年 11 月 2 日，万家寨水利枢纽工程 2 号水轮发电机组（18 万 kW）并入蒙西电网，结束了蒙西电网没有水电的历史。图为张维民总工主持并网仪式

（内蒙电力公司 供稿）

57. 1999 年 10 月 25 日，由水电四局安装的李家峡水电站 4 号发电机组（单机容量 40 万 kW）转子顺利吊装就位

（贺建福 摄）

58. 1999 年 12 月 26 日，龙滩水电开发有限公司成立，广西自治区党委书记曹伯纯、自治区主席李兆焯和国家电力公司副总经理周大兵等出席了大会

（邓新南 摄）

59. 1999 年 12 月，总投资 50 多亿元的山西西龙池抽水蓄能电站合同签字仪式暨首届股东会在太原召开

（田 进 摄）

60. 建设中的广东岭澳核电厂（2×90万kW）

（广东核电集团公司 供稿）

61. 建设中的秦山第二核电厂工程（2×60万kW）

（张 录摄）

62. 建设中的秦山第三核电厂工程（2×70万kW）

63. 天生桥—广州 500kV 输电线路

（刘德禄 供稿）

64. 由山西送变电公司承建的山西阳城至江苏淮阴的500kV输电线路山西标段

（田 进 摄）

65. 1999年2月4日，国家电力公司总经理助理周小谦视察500kV南京东善桥变电所

（江苏电力公司 供稿）

66. 1999年10月17日～19日，三峡—常州±500kV直流输电工程线路技术设计通过审查

（电网公司 供稿）

67. 1999年4月12日，中国电网建设公司与ABB电力系统公司和西门子公司在北京举行“三峡—常州±500kV直流换流站设备采购、技术转让、合作生产、贷款协议”的签字仪式

（电网公司 供稿）

68. 1999年7月14日，东北与华北电网联网工程迁西—绥中500kV输电线路工程施工招标开标

（电网公司 供稿）

69. 1999年11月28日，湖南省湘江大源渡航电枢纽工程全面投产，图为该工程220kV变电所夜景

（何志强 摄）

70. 1999年4月15日，随着巨大电铲将第一铲土石倒向卡车，西宁市城网改造工程正式启动

（邱若愚 摄）

71. 内蒙古自治区政府副主席云公民出席全自治区农网“两改一同价”工作会议

（内蒙古电力公司 供稿）

72. 1999年9月20日，延安“一区两县”农村电网建设改造工程全面竣工，陕西省电力公司在延安召开了新闻发布会

（王朝旭 摄）

73. 1999年秋，江西宜春供电局正式成立，从而使该地区的电力管理体制得以理顺

（江西电力公司 供稿）

74. 浙江省送变电公司职工在工作现场进行安全系列演讲活动

（浙江电力公司 供稿）

75. 江西省第一部地方性法规《江西省反窃电法》颁布之日，为了让市民很好了解这部法规，九江供电局在街头组织了大规模的宣传活动

（黄邦浮 摄）

76. 江苏省反窃电专项斗争取得重大成果，1999年8月28日召开了全省反窃电专项斗争总结表彰会议

（江苏省电力公司 供稿）

77. 中国电力DMS论坛暨《电力需求侧管理》杂志首发式于1999年12月22日在南京举行

（江苏省电力公司 供稿）

78.1999年10月1日，北京天安门广场灯火辉煌，举行建国50周年焰火晚会

（新华社 供稿）

79. 1999年7月26日，国家电力公司副总经理陆延昌为更名后的中国电力科学研究院揭牌

（电科院 供稿）

80. 1999年12月22日，国家电力公司动力经济研究中心暨动力经济研究咨询公司召开成立大会，图为大会主席台情况

（动经中心 供稿）

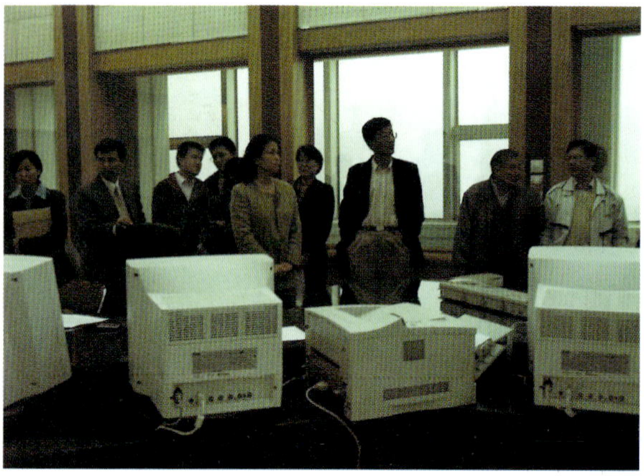

81. 根据国务院的有关通知，信息产业部正对国家电力公司解决计算机2000年的问题进行检查

（张晓园 摄）

82. 1999年12月31日夜，全国电力企业主要领导都在现场值班，随时准备排除可能出现的Y2K问题和其他故障。这是国调中心的全国电力系统安全进入2000年的指挥中心

（张晓园 摄）

83. 龙源公司采用国际先进技术，改造了数十台国产300MW、200MW和125MW汽轮机组，通过改造增加出力和降低煤耗效果明显，图为国产200MW机组改造现场

（龙源公司 供稿）

84. 龙源公司引进德国斯坦米勒公司的石灰石—石膏湿法脱硫技术，图为龙源承担的太原第一热电厂石灰石—石膏湿法脱硫示范工程夜景

（龙源公司 供稿）

85. 1999年11月，国家经贸委副主任石万鹏考察巴西伊泰普水电站

（经贸委电力司 供稿）

86. 国家电力公司副总经理谢松林参观西澳电力公司基纳纳发电厂

（国电公司国际合作局 供稿）

87. 1999年11月15日，新加坡电力公司总裁梅德侠会见国家电力公司副总经理谢松林率领的中国电力考察组

（国电公司国际合作局 供稿）

88. 1999年10月27日，“'99上海国际电力展”和“'99上海国际电工装备展”举行开幕式

89. 1999年10月19日，北京输配电技术国际会议开幕，图为会议主席台

90. 1999年9月，“'99成都国际供用电专业设备展览会”和“第三届国际大型水电站设备与水利工程展览会”开幕

91. 1999年7月20日，国家电力公司在国管局礼堂召开"三讲"教育动员大会

92. 国家电力公司党组进行"三讲"教育集中封闭学习

93. 1999年10月29日，国家电力公司党组在中央统战部礼堂举行党组和党组成员"三讲"教育总结会

94. 国家电力公司在"三讲"期间，邀请黑龙江省电力公司张福全（黑龙江省电力公司鹤岗电业局党委书记）事迹报告团向全体职工作报告

95. 1999年11月4日，国家电力公司党组在北京召开贯彻十五届四中全会精神暨"三讲"教育工作会议，党组书记、总经理高严作了重要讲话

（彩照91～95均由国电公司思想政治办 供稿）

96. 1999年11月至12月底，江苏电力公司认真开展了"三讲"教育

（江苏电力公司 供稿）

97. 1999年10月18日，李铁映同志参观全国地方志成果展览，图为中电联常务副理事长刘宏正陪同李铁映参观电力史志展台，有40余部山西电力志丛书参展

（田　进　摄）

98. 1999年7月5日，国家电力公司系统企业文化建设现场经验交流会在牡丹江第二发电厂召开

（韩锡安　摄）

99. 1999年9月8日，全国电力系统十大文明服务示范窗口之一南京城南供电分局正式命名揭牌，图为江苏省电力公司总经理顾智鹏代表上级宣读命名令

（江苏电力公司　供稿）

100. 江西九江供电局青年志愿者坚持开展为社区居民服务，得到市民称赞，被共青团九江市委授予“青年文明号”称号

（黄邦浮　摄）

101. 江西省电力公司总经理胡德成向在列车上勇擒杀人凶手的南昌发电厂职工王毛毛颁发“见义勇为奖状”及奖金

（江西电力公司　供稿）

102. 1999年国家电力公司在全系统开展了“庆五十华诞、迎澳门回归、话世纪沧桑”系列活动，图为公司就上述活动向在京直属单位颁奖

（国电公司政治思想办　供稿）

103. 1999年9月27日，国家电力公司举行隆重会议，热烈庆祝中华人民共和国成立50周年

（王　飞　摄）

104. 1999年9月，神头一电厂工人艺术团进京参加“第十一届国际科学和平周”开幕晚会，受到王光英、赵希正等领导接见

（田　进　摄）

105. 山西电力公司首届职工文化艺术节闭幕式在太原第一热电厂体育馆内进行

（田　进　摄）

106. 1999年5月20日，陕西省电力职工首届文化节开幕

（王朝旭　摄）

107. 广西电力公司合唱团正参加自治区庆祝国庆50周年的歌咏比赛

（广西电力公司　供稿）

108. 九江供电局重视精神文明建设，经常开展丰富多彩的文体活动，图为该局时装表演队表演“走进新时代”节目

（黄邦浔　摄）

《中国电力年鉴》编辑委员会

《中国电力年鉴》编辑部

《中国电力年鉴》编辑出版人员

总 编 辑	朱良镭			
责任编辑	肖 兰	姜丽敏	高 军	刘瑞玲
	丰兴庆	刁晶华	王 晶	刘宇峰
	邓 春	栾广杰		
封面设计	范文东			
版式设计	张秋雁			
责任校对	刘振英	黄 蓓		
出版印制	邹树群			

前　言

中国电力企业联合会名誉理事长　高　严

《中国电力年鉴》自1993年创刊以来，在电力系统各单位的共同努力下，作为对社会发布综合性的电力工业年度报告的载体，正逐步走向成熟并得到电力系统各单位和社会读者的广泛认同。《中国电力年鉴》贯彻年鉴编撰指导思想和编纂方针，突出时代特征和电力行业特点，密切结合各电力企事业单位实际，多层次、多方面、多角度反映电力工作的新特点、新经验、新成就和新问题，正成为电力部门独具权威性和指导性的系统记载电力行业的改革、发展历史进程和运行轨迹的刊物。

1998年是全国电力供应由紧张趋向缓和的重要一年，也是电力工业实现政企分开的第一年。原电力部的政府职能移交到经贸委，行业管理职能移交到中国电力企业联合会。国家电力公司按照社会主义市场经济体制的框架构筑新型的投资体制、资本经营体制和法人治理结构，确立资本纽带关系，顺利完成公司本部政企分开、职能移交工作；按照"省为实体"和建立现代企业制度的原则，推进国家电力公司实体化改革；积极推进"厂网分开，竞价上网"的改革试点工作；积极推进城乡电网建设与改造，加快"两改一同价"的步伐。与此同时，面对亚洲金融危机和国内严重洪灾以及电力市场需求不旺的形势，积极开拓电力市场，加快结构调整，加强经营管理，努力提高经济效益，狠抓安全生产，继续保持电力生产建设的稳步增长，为促进国民经济的发展、人民生活水平的提高和社会进步作出贡献，与此同时，还加强了企业自身精神文明建设和行风建设，增强了服务意识，提高了服务水平。《中国电力年鉴》完整、真实地记载了作为国务院政府管理部门——电力工业部的发展轨迹，同时也记录了国家电力公司实体化运作的历史进程。

1999年是举国欢庆建国50周年和澳门回归的一年。我国电力工业也以辉煌的成就给本世纪新中国50年的电力改革和发展写上了浓重的一笔。国家电力公司作为国务院授权的国有资产投资主体和经营主体，通过公司化改组、商业化运营和法制化管理，确立把公司建成控股型、经营型、现代化、集团化的国际一流公司这一战略构想和奋斗目标。当前，国家电力公司把调整电力结构，加快科技创新，整顿电价和整顿财务管理体制以及公司实体化改革，"厂网分开，竞价上网"的改革和农电体制改革作为工作重点，正逐步为实现确立的奋斗目标而努力。可以预见，在不远的将来，一个现代化、集团化的国际一流的电力公司将屹立在世界的东方。

《中国电力年鉴》要紧紧围绕电力工业改革战略和跨世纪发展目标，准确记录和反映电力工业的改革、发展以及广大电业职工进行物质文明和精神文明建设的史实，在连续出版6期的基础上，继续对年鉴出版工作进行改革探索，把年鉴办成我国电力工业文化建设的重要领域和阵地。要充分认识信息社会对年鉴事业提出的严峻挑战和冲击，积极利用先进的信息技术和印刷技术，办出自己的特色。希望社会各界和广大电业职工热情关心、帮助年鉴的编撰和发行工作，促进年鉴质量和水平的不断提高，使《中国电力年鉴》以崭新的面貌与读者共同跨入崭新的21世纪。

编 辑 说 明

1.《中国电力年鉴》于1993年创刊，已连续出版7期，是一本融史实性、资料性为一体的专业性年鉴，也是一本内容全面实用，文、图、表并茂的综合性大型年刊。其主要服务对象为从事电力生产、建设、经营管理、科研技术的有关人员，以及与电力相关的政府和企事业单位的有关人员。

2. 本期《年鉴》主要收录了1999年我国电力工业各方面所取得的成绩，全面地、系统地提供电力工业的经济技术资料和统计数据。本《年鉴》的框架结构由篇目、栏目、类目、条目4个层次组成。本期年鉴共分17个篇目，31个栏目，11个类目，268个条目（不含附表），108幅彩图。

3. 本期《年鉴》的编纂指导思想为：围绕电力工业改革与发展的主线，突出政企分开和公司化运作，全面记载电力工业改革与发展、生产与经营、科技与进步等各方面的成就，重点反映电力体制改革、城乡电网建设，全面完成86.7亿元利润指标情况和企业精神文明建设，更好地为中国电力工业的改革与发展服务。

4.《年鉴》由国家电力公司担任主编单位，会同中国电力企业联合会、国家经济贸易委员会电力司共同组织编写。《年鉴》的编委会由国家综合部门、公司各部主任、各网省电力公司及有关单位的负责同志为委员组成，并作为《年鉴》的领导机构，决定《年鉴》编辑出版的指导思想、主要内容和编写大纲。

5. 根据本《年鉴》的编纂指导方针，本期《年鉴》基本保留1999年《年鉴》的框架结构。在保留"特载"篇目中"电力体制改革"和"城乡电网建设与改造"外，增加了反映"全国联网"和"电力结构调整"的有关内容；在"各地区电力工业"篇中增加反映"澳门电力工业"的内容；继续调整部分条目所在的篇目。本《年鉴》刊登的全国性统计数字及内容均未包括我国台湾省及澳门。

6. 本期《年鉴》在保留英文目录、附录及索引的基础上，扩大了索引的范围，索引范围包括条目部分内容。重要文献、统计资料、大事记、附录未作索引。

7.《年鉴》实行文责自负。条目内容、数据、插图等均由撰稿单位校核及审定。

编辑说明

1. [illegible]

2. [illegible]

3. [illegible]

4. [illegible]

5. [illegible]

6. [illegible]

7. [illegible]

篇　目

目　　录

特　　载

重　要　文　献

电力工业综述

组　织　机　构

体制改革与法制建设

电力生产发展与经营管理

科技发展与国际交流

教育培训与新闻出版

电力工业行业管理与服务

部分电力企事业单位

学　术　团　体

各地区电力工业

重 点 工 程

人 物

统　计　资　料

大　事　记

附　　录

Contents

Featuring Articles

Major Documents

Summarization of Electric Power Industry

Organization Structure

Structural Reform and Legislation Construction

Electricity Production, Operation and Management

Science & Technology Development and International Exchange

Education & Trainning and News & Press

Sector Management and Service

Part of Enterprises and Institutions in Power Sector

Learned Societies

Electric Power Industry in Provinces and Autonomous Regions as well as Municipalities Directly under the Central Government

Key projects

Personality

Statistical Data

Memorabilia

Appendix

2000年中国电力年鉴彩图目录

一、亲切的关怀

二、省、部级领导到基层视察指导工作

三、中国电力工业总况

四、改革与重要会议

五、火力发电

六、水力发电

七、核能发电

八、输变电、供用电

九、科学技术

十、国际合作，友好往来

十一、精神文明建设

中国电力年鉴

1 特 载

综　述

国家电力公司1999年度工作报告（摘要）

——国家电力公司总经理　高严

国家电力公司作为国民经济基础产业的特大型国有企业，我们的改革与发展、我们的效率和效益，不仅关系到能否把充满生机与活力的电力工业带入21世纪，而且关系到能否为从整体上搞活国有经济、增强国家实力做出应有贡献的重大问题。这是我们这次工作会议的主题。

一、国家电力公司发展战略构想

市场经济条件下，企业生存和发展的必要条件是确立清晰的、可实现的发展战略目标。企业战略管理是现代企业管理的核心内容，也是企业经营者的首要任务。目前，国家电力公司尚未制定出公司的发展战略规划，但我们已成立了战略规划领导小组，将尽快全面推进这项工作，经过国家电力公司成立两年多来的改革和探索，我们已经从战略的高度明确了公司发展的战略构想，这就是：把国家电力公司建设成控股型、经营型、现代化、集团化的国际一流公司。公司党组提出的四步走的改革战略部署正是这个发展战略构想的体现。

作为控股型企业，国家电力公司是国务院授权的投资主体和资产经营主体，行使国有资产所有者职能。我们强调“控股”，是强调国家电力公司系统资本纽带不完全以“独资”形式构成，其内涵既体现了十五大提出的“对关系国民经济命脉的重要行业和关键领域，国有经济必须占支配地位”的原则，又体现了“努力寻找能够极大促进生产力发展的公有制实现形式”、“培育和发展多元化投资主体，推动政企分开和企业转换经营机制”的要求。体现了坚持生产力标准，以对外开放、对内也要开放的胆识和勇气，探索在体现国有经济控制力前提下电网经营企业产权多元化的可行性；探索建立电力工业与地方经济共同发展、利益共享的机制；探索电力建设企业、修造企业、多种经营企业公有制实现形式的多样化，彻底改变旧体制下长期形成的政企不分、高度垄断、管理封闭的形象，建立现代企业制度，从根本上转换电力企业的经营机制。

我们强调“控股”，是强调国家电力公司在我国电力工业乃至国民经济中的重要地位，强调作为电网经营企业建设、运营、发展全国电网的重大责任。国家电力公司对电网实行统一规划、统一建设、统一调度、统一管理，集中体现国家的宏观经济调控政策、能源政策和产业政策，体现全国范围电力资源配置的调整和优化，体现国有经济在电力工业中的主导作用和控制力。

我们强调“控股”，是强调国家电力公司对子公司依法行使所有者财产权利的控制。通过实施战略控制，使各子公司的发展战略服从、服务于国家电力公司总体发展战略，确保子公司的发展成为国家电力公司发展全局中不可缺少的有机组成部分；通过实施资本控制，在全国范围内进行电力资本结构调整、债务结构调整和企业结构调整，保证国有资产的有效利用和保值增值；通过实施财务控制，强化预算、成本、收益管理，实现公司利润最大化；通过实施人事控制，对子公司主要经营管理者和财务总监、总会计师实行严格的管理和考核，对总会计师、财务总监的任职资格要有严格规定，同时要保证他们有职有权，支持他们行使财务控制的权力；通过实施各项保证制度，建立统一、规范的管理体系。

作为经营型企业，国家电力公司担负着资产经营和生产经营双重任务，负有保证国有资产安全和增值、保证国家投资收益、保证电网安全稳定运行的职责。国家电力公司作为资产经营主体，必须强化对资本、资金、产权、股权统筹运营的能力。要对存量资产进行结构性调整，加强和提升建设、发展电网这一核心业务；要对增量资产有选择、有目的地投入，以形成新的利润增长点；要凭借国家电力公司的实力和信用，在国内、国际两个资本市场上开辟筹措资本和资金的渠道。国家电力公司还要建立与资本纽带相关联的多层次的资产经营责任制体系，建立相应的激励和约束机制，把管资产与管人结合起来。

国家电力公司作为经营跨区送电的经济实体和统一管理国家电网的企业法人，担负着直接建设和运营三峡电网，大力推进大区电网互联，最终实现全国联网的历史使命。我们要积极推进电力市场的培育和建设，强化竞争和效益观念，推行现代管理科学，转换企业经营机制，完成为社会供应优质、可靠、经济的电能的任务，完成向国家上缴利税的任务。

“以电力为主导，发展多种产业”是电力发展、公司壮大的重要途径，是国有企业改革、实施减员增效和再就业工程的重要组成部分，是职工稳定的基础。从整体上研究制定公司系统多种经营发展规划、规范多种经营企业的经营行为、提高多种经营企业效益和实施为主业减人、广开再就业渠道等是我们必须解决好的问题。我们要认真研究和吸取国外大公司多元化经营的经验教训，积极探索在与主营业务相关或与共同市场、共同技术相关的领域，大力发展多种经营产业；积极探索多种经营企业的技术创新和管理创新，提高产品的科技含量。要把多种经营放到提高电力企业整体竞争力的全局去考虑，使之成为企业发展战略的有机组成部分。

作为现代化的企业，其重要标志是创国际一流企业。面对越来越激烈的全球经济一体化的竞争，必须把国家电力公司放到国际竞争的大格局中去定位，把国家电力公司建成国际一流的大公司不仅是增强国力的需要，也是中国日益上升的国际地位所要求的。一是经营管理创一流，二是技术水平要创一流，三是职工队伍素质创一流，四是经济效益创一流。

作为集团化的企业，国家电力公司系统内部多层次资本纽带的母子公司的体制属性，决定了我们必须实行企业集团经营管理模式。由于母、子公司间的投资与被投资关系，决定了母公司与子公司具有不同的权利、义务和不同的功能定位、市场定位。国家电力公司作为集团的母公司，处于集团的战略规划中心、决策中心和投融资中心地位，以提高国家电力公司整体实力和竞争力为目标，以统一配置集团资源为手段，从整体上开展资本经营，对子公司实施战略性改组，对子公司的经营方向和目标进行控制。但是，母公司的这种控制和管理，必须是依据现代企业制度，通过规范的组织体系和决策程序来实施的。母公司要尊重子公司独立法人实体的地位，维护子公司完整的法人财产权，子公司应有的权限应得到完全落实。各省电力公司是省内电网的发展主体和经营主体，要在国家电力公司的总体战略规划指导下，做好省内电网的发展规划，提升生产经营实体的功能，增强统一管理省内输配电网和进一步开拓电力市场的能力，搞好全资及控股电厂的经营管理，形成既有产权约束又有充分活力的管理机制。

国家电力公司实体化的改革取向，决定了分公司组织形式是国家电力公司系统重要的组织形式之一，总公司对分公司实行法人授权制度和经营目标责任制度。国家电力公司实行母、子公司体制与总公司、分公司体制并存。还有利于增强国家电力公司作为集团母公司的控制力，有利于公司的管理结构向国际上的先进管理体制迈进，有利于实现跨区、跨省的资源优化，降低内部交易成本。

实现国家电力公司控股型、经营型、现代化、集团化的战略构想，是我们当前和今后一个时期改革与发展的中心工作。各子公司要根据国家电力公司的发展战略制定本公司的发展战略，子公司的战略要服从公司的整体发展战略，这是一个基本的原则。国家电力公司改革的最终目的是要达到减员增效、降低用户的电费水平和提高服务水平。尽管任务十分艰巨，只要公司系统全体员工特别是各级经营管理者进一步转变观念，统一思想，共同努力，我们的目的就一定能够达到。

二、1998 年生产经营情况

1998 年，我们在党中央、国务院的领导下，在国家经贸委、国家计委、财政部和国家编委等部门的指导下，完成了八项卓有成效的工作。一是全面推开城乡电网改造。这是国家六大重点投资项目之一，也是建国以来电力企业最大的工程，又是解决电送不出、落不下、用不上，调整电力结构的关键工程。二是政企分开、省为实体迈出了实质性步伐。陕西省和东北三省电力公司均已挂牌，独立运作。三是在国务院 2 号文的指导下，理顺农村电网管理体制的改革。山东农电体制改革方案已经国家经贸委批复。四是整顿电价，取消不合理收费，减轻用户负担。据国家经贸委统计，大体上农村电价降低了 0.1 元，城市电价降了 0.05 元，国家电力公司为国企扭亏做出了贡献。五是国家电力公司加快实现实体化。国家电力公司实体化是国办发 146 号文确定的，现在国家电力公司可能是中国最大的公司，将来世界 500 强中也将有国家电力公司的位置。六是国家电力公司机构改革初步到位。我们加强了战略规划、资产经营和法律事务等方面的管理职能，但这只是适应第二步改革的过渡机构改革方案，在第三步改革中还要研究新的方案。七是厂网分开已在六个省进行试点。按照国家经贸委的要求，今年步子还要更大些、更快些。八是战胜了特大洪灾。电力职工表现出了英勇顽强的精神，受到国务院和国家有关部门的好评。另外，我们在基本建设投产、精神文明建设等方面都取得了相当的成效。

1. 1998 年经营目标完成情况

1998 年公司系统完成售电量 7474 亿 kW·h，同比增长 1.6%，低于年初确定的 5% 的目标。这里面既有宏观经济环境和洪涝灾害等客观因素影响，也有我们开拓电力市场力度不足的主观原因。

完成了年初确定的 86 亿元的利润目标。但是各集团公司、子公司之间利润水平极不平衡，差距较大，个别公司甚至亏损严重。

到 1998 年底，按财务口径，应收电热费余额达

276亿元，同比增加7.8%，欠收电费占全年销售收入的10%以上，没有完成年初确定的欠费控制在1997年水平内的目标。欠费较多的行业中，冶金占20%，煤炭占9%，化工占8%。

2. 1998年生产经营总体情况

(1) 生产方面。

发电量、售电量低速增长，购电比重大幅上升。1998年公司系统投产大中型装机容量1515万kW，但由于需求不旺、电源结构不合理以及还本付息电价不到位，投产机组效益差，有些机组投产之日即是亏损之时。据统计，到1998年底，公司全资及控股发电设备容量13834万kW，增长10.88%，完成发电量6044亿kW·h，增长2.69%。发电能力年均利用小时数仅4605h。售电量增长1.6%。购电量5206亿kW·h，增长12%，购电量已占全部售电量的67.3%。公司系统停运小火电机组284万kW。

电网安全稳定运行。1998年公司系统安全生产的标准化、规范化管理进一步加强，安全生产形势进一步好转。主要电网频率和电压合格率均有明显提高，频率合格率达99.5%以上，其中华北、东北继续保持合格率100%，电压合格率除个别电网外均在98%以上。1998年电网继续保持稳定破坏零事故的记录。全国主要城市10千伏用户供电可靠率（RS1）达到99.81%，相当于平均每户停电16.64h。但1998年主要电网峰谷差仍在加大，负荷率进一步降低，电网调峰更加困难。

能源使用效率有所提高。1998年，公司系统实现供电煤耗381g/(kW·h)，下降2g/(kW·h)；实现线损率7.44%，下降0.02%，其中福建下降0.64%，东北上升1.08%。

贯彻以经济效益为中心的指导思想，电网的经济调度有很大加强。但全国主要电网的经济性尚没有充分发挥，突出表现在：水电不必要的弃水加大；省间电量交换减少；水火互补程度降低；错峰效益较差。按电价高低安排机组发电，切实加强区域电网的经济调度，是电力市场的基本要求。要探索经济调度工作的新目标和新方法，建立电网经济运行效益分析制度，研究制定合理的经济政策，打破不符合市场经济规律和电网运行规律要求的省内电力电量自我平衡。

(2) 经营方面。

资产质量、盈利能力亟待提高，偿债能力不足。1998年末公司系统资产总额7582亿元，增长16.7%；负债总额4122亿元，增长11.2%，资产负债率54.4%，下降4个百分点；年末货币资金余额935亿元，增长21%；递延资产65亿元，下降11%。以上说明，公司系统资产质量和盈利能力未能与资产总量同步增长，资产质量和盈利能力亟待提高。负债增加、负债率下降。一方面反映公司系统吸纳债务的空间有所扩大，另一方面由于当年又新增416亿元负债，还贷压力加大。偿债能力下降的主要原因是盈利水平下降。

销售收入小幅增长，成本增长高于收入增长。1998年公司系统产品销售收入完成2606亿元，主要得益于1997年电价调整翘尾和售电结构的变化。但是产品销售成本和电力销售成本分别为2289亿元和2194亿元。购电成本增幅最大，所占比重最高，并持续攀升。购电成本上升的主要原因，一是购电量增加，二是购电单价上升。我们必须深入分析原因和加强成本管理，特别是购电成本的管理，在煤价下降，相当一部分独立发电厂电价和机制并没有到位的情况下，要认真分析购电成本大幅攀升的真实原因，采取针对性的措施，坚决抑制成本大幅攀升的不良趋势。

财务费用有较大幅度下降，但仍有潜力可挖。1998年公司系统财务费用81亿元。

巨额欠费持续上升，且长期居高不下，导致电力企业资金周转困难，生产经营受到很大影响。

我们的经营状况与国内其他行业相比，虽然我们的经济效益略好于煤炭、机械等行业，但与中央企业平均水平相比，却有较大差距。如1995年、1996年、1997年三年平均销售利润率石油为6.4%、电力为4.6%；三年中央企业总资产利润率平均值为4.3%，石油和石化均为5%，电力为3.9%；三年中央企业资本金收益率平均值为5.5%，石油为7.3%，石化为5.8%，电力为5.4%。

与国外管理先进的同行相比，我们最大的差距是管理差、效益低、用人多、电力设备水平以及一些经济技术指标相对落后。从电力装备水平和主要技术经济指标看，国家电力公司电力结构矛盾突出，发电以常规火电为主，单机容量偏低，水电和核电比例较低，电网结构薄弱，供电煤耗、线损率等主要技术经济指标与国外同行相比，仍有较大差距。

综上所述，我们可以得出一个基本的结论：1998年，我们各项成绩确实很大，但和国内、国外企业相比，差距也很大。国家电力公司要建成国际一流的公司，必须依靠改革，狠抓管理，集约经营，提高整体素质，积极参与国际竞争。

三、1999年面临的形势和我们的任务

1999年是我国改革开放和社会主义现代化建设跨世纪的承前启后的关键一年。我们要高举邓小平理论伟大旗帜，深入贯彻十五大、十五届三中全会、中央经济工作会议和今年“两会”精神，继续落实国家有关电力工业改革的一系列文件要求，以改革总揽全局，以经济效益为中心，推进公司的全面发展，增强

公司系统的整体实力，以优异的成绩迎接建国50周年。

1. 1999年面临的经营形势

首先，宏观经济环境逐渐好转，国民经济将持续发展。这将为我们实现1999年的经营目标提供有利的条件，促进电力工业的有效增长。同时，1999年省级电力部门还将随地方政府机构改革一道，进行政企分开，这将为电力企业进一步转换经营机制创造有利条件，为电力企业发展提供有力保证。

其次，我们应充分估量今年面临的严峻形势，市场需求仍然不旺，经营环境仍不宽松，市场化进程对电力企业的影响日益加深，我们面对的困难和问题不少。按照1999年国家确定的国民经济增长7%左右的目标，预计1999年全国发电量同比增长4%左右，态势略呈回升，市场仍将不旺，电力生产能力仍难以充分发挥。

第三，从公司1999年头4个月的运营情况来看，1999年1～4月，公司系统售电量同比增长6.27%，但成本增幅远远大于销售收入的增幅，成本增加10.18%，利润总额下降2.02%，欠费新增74亿元。售电量增加，利润却下降，这一现象必须引起我们的高度重视，要认真加以分析。电力销售成本的大幅度上升是利润下降的一项重要原因。这充分说明，公司系统目前的经营形势十分严峻，完成全年经营目标的任务十分艰巨，对此，全公司必须要有清醒的认识。

2.1999年国家电力公司的工作目标

1999年国家电力公司要重点完成五项工作目标。

(1) 国家电力公司的售电量要在去年增长1.6%的基础上，通过开拓市场，力争增长3%以上，达到7698亿kW·h。要确保国民经济增长和人民生活水平提高对电力的需求。

(2) 城乡电网建设与改造以及两改一同价工作要取得明显的阶段性成果，国家电力公司系统所有地市级城网工程年内全部开工；确保500个县全部完成农村电网建设与改造任务，对1000个县供电企业实行代管，对100个县供电企业进行股份制改革试点，重点抓好10个直供直管县改为省电力公司子公司的试点，对今年完成农网改造的500个县的乡镇电管站改为县电力企业的供电所，力争天津市等两三个省（市、区）实现城乡居民生活用电同网同价。

(3) 全国联网取得实质性进展，正式开工建设东北与华北联网工程，抓紧落实华东与福建、华北与华中联网工程等项目的前期规划工作；继续推进三峡输变电工程建设，组织好新开工的“三线两变一直流”工程（岗市—长沙、南阳—郑州、三峡左岸出线线路，长沙、孝感变电站，三峡至常州直流线路）的建设；搞好葛上直流输电工程的运营。

(4) 经济效益要稳步提高，全年实现利润不少于86亿元。

(5) 电费收缴工作要明显加强，今年电费在不增加新欠的基础上，陈欠还要降低10%，把应收电费总额控制在257亿元以内。

3.1999年需重点加强的八项工作

(1) 积极开拓电力市场。

城乡电网建设与改造是开拓电力市场的有效手段，也是公司新的经济增长点，在电网改造中应尽可能采用国产设备，以带动国内的电力设备制造业，促进用电需求。要积极支持企业研究开发有利于环境保护，能实现削峰填谷和利用低谷电能、弃水电能的新技术、新产品，充分挖掘潜在的用电资源。要积极研究和调整用电政策，积极鼓励电压等级高、高耗能的大工业用户用电，同时大力推行峰谷电价和丰枯电价。要积极参与环境保护和可替代能源的竞争，与政府环保部门密切合作，开发新的电力应用领域与市场。要进一步提高服务质量，规范供电服务行为，加快事故抢修，开放居民用电，全面推行城乡居民一户一表的改造，积极开展电力需求侧管理与服务，向社会宣传电能的优越性和电力政策法规，指导用户安全用电、合理用电，努力扩大电力在整个能源消费市场中的份额。

(2) 深入推进第二步改革。

1999年是地方政府机构改革的重要年份，我们要积极配合，移交省级电力局的行政管理职能，实现政企分开。要认真贯彻国办发［1998］146号文件要求，每个省（自治区、直辖市）只设立一个省级电力公司。地市及以下单位的政企分开工作，要与所在地政府机构改革同步进行。

国家电力公司改革的重点是继续推进实体化工作。省电力公司要建立并完善法人治理结构。要进一步深化和总结完善西北、东北电网体制改革试点，积极探索省电力公司进行股份制改革试点。在建立资本纽带的基础上，开展将地、市供电局规范为省电力公司分公司的试点。各网省公司要把所属设计、施工、修造企业的改革纳入总体改革规划统筹考虑，按照国务院对国有企业三年基本解困的要求，对其进行结构调整和资产重组、改组改制，提高其市场竞争力。要稳步推进科研等事业单位企业化的改革，促其走向市场，在市场竞争中求得更大发展；按照国务院的总体部署，积极配合，稳步推进教育管理体制改革。

1999年要重点推进“厂网分开、竞价上网”的改革工作，并取得实质性进展。上海、浙江、山东、东北三省电力公司要积极创造条件，推进“厂网分开、竞价上网”工作。其他省电力公司要结合本省情况提出“厂网分开、竞价上网”实施计划。

深入贯彻国发［1999］2号文件要求，加快农电体制改革，先改制后改造，推动农电“两改一同价”工作。理顺县供电企业与省电力公司的关系，对趸售县实行规范的代管。对已经代管的趸售县逐步进行股份制改造。取消乡镇电管站作为一级核算单位，以县级供电企业为实体，原则上一县一公司（企业实体）并实现县（市）乡（镇）电力一体化管理。农网建设与改造要控制规模和资金，严格实行“五制”，既要树立形象，又要保证还贷政策到位。

（3）大力调整电力结构。

关停超期服役、能耗高、污染重的纯凝汽式小火电机组，是提高电力质量和水平的重要措施。要坚决执行国家规定，贯彻国务院领导的指示，加大关停超期服役的纯凝汽式小火电机组的力度。今年我们已经把公司系统关停小火电机组的计划目标调整增加到180万kW。同时，要配合有关部门，加大关停地方小火电机组的力度。要控制资本金投向，投资的重点要从电源转到电网上来。以三峡输变电工程建设为契机，加快跨大区电网互联进程，彻底转变以省为界实行发用自我平衡的旧观念，实现大区和全国范围的资源优化配置。

电源建设要切实转向结构优化调整上来。要按市场和结构调整需求进行优化排序。新上的电源项目，要与关停超期服役的小火电机组挂钩，对于关停小火电所腾出的发电空间，要首先让现有大机组的生产能力充分发挥出来，再考虑新建机组。要加快做好水电前期工作，抓紧在3年内开工一批调节性能好的大型水电项目和抽水蓄能电站项目。在沿海缺能地区及大城市，根据电网需要因地制宜发展一些天然气发电机组，以满足环保和调峰的需要。对已经批准立项的电源项目，要进行优化排序，除符合规定条件的可开工项目外，原则上3年不再开工新的常规火电项目。

加强环境保护工作，注重节约能源。抓好污染物排放达标的监督和重点地区火电厂二氧化硫达标排放工作；大力推进电力环保脱硫的产业化和国产化；大力宣传和推广应用节能新产品。

（4）大力实施科教兴电战略。

努力提高国家电力公司的整体创新能力，大力促进科技与生产经营的紧密结合。当前技术创新的重点，一是要紧密围绕公司发展战略，瞄准世界电力科技水平和电力科技发展动态，开展提高公司综合实力和国际地位，面向21世纪的基础性、综合性、长远性的课题研究，努力增加技术储备，为公司持续性发展提供技术支撑；二是紧密围绕提高公司经济效益的目标，加强高新技术的研究，促进高新技术产业化，促进新技术新成果的推广应用，使高新技术产业成为公司新的经济增长点；三是要紧密围绕公司中心任务、改革目标，解决生产建设中的科研问题和技术难题。

搞好教育和职工培训工作。要根据自身发展的需要，建立和完善一批研究与开发中心，建立适应公司改革与发展的人力资源开发与教育培训体系。加快把国家电力公司的发展转移到依靠科技进步和提高劳动者素质上来的速度。

（5）切实抓好安全生产。

1999年我国将迎来建国50周年和澳门回归，抓好1999年的安全生产问题事关改革、发展和社会稳定的全局。因此公司系统各电力生产企业必须采取得力措施，确保国庆50周年以及澳门回归等一系列重大政治活动的安全供电万无一失。

（6）搞好财务管理年活动。

进一步强化国家电力公司系统财务管理，不断提高经济效益，确保今年财务工作目标的实现，公司决定1999年为公司系统财务管理年。

要认真贯彻国务院关于国有企业改革与三年基本解困的部署，把加强管理和企业的改革、改组、改造结合起来，强化财务管理，搞好经济活动分析，运用电价、资金、资产、成本管理等手段，提高资产、资金运作效率和效益。

要严格控制成本，加强成本管理。在电力市场销售不旺，特别是国企三年解困处于关键时期、疏导电价矛盾困难重重的情况下，必须眼睛向内，挖掘成本潜力。

要加强财务管理工作，着力解决存在的突出问题和薄弱环节，进一步规范财务工作。要推行全面预算管理，推进公司系统财务管理与国际先进模式接轨。要加强产权管理，严格资产经营责任考核，切实加强投资收益管理。要对资金安排进行集体研究决策，严格规范资金管理行为。要坚持整顿与改革并重，提高电价管理水平，努力促进电价新机制的形成。要继续整顿财务秩序，防范金融风险，严格执行国家电力公司制定的投资、担保、借款等管理制度和规定，加大财务监督，确保财务安全。要加大审计监督力度，完善审计监督机制，用好审计成果，减少不良资产。要严格实行干部离任审计制度，从源头上制止腐败现象的发生。

（7）开展“三讲”教育和加强精神文明建设。

1999年，中央决定在全国县以上党政领导班子和领导干部中深入开展“三讲”教育，这是我们党为迎接新世纪，完成新的历史任务所作的重要思想准备和组织准备；是加强领导班子建设，提高领导干部队伍素质的重要任务；是有效解决党内尤其是领导干部中党性党风方面存在问题的一次创造性探索。中央已经决定，把国家电力公司列为全国第二批“三讲”单位，我们要积极投身到这次活动中去，把思想统一到中央精神上来，以整风的精神搞好“三讲”教育。把国家电力公司各级领导班子和领导干部的思想政治建设提高到一个新水平。

(8) 确保全系统的政治稳定。

1999 年，我国的大事、喜事多，热点、难点多，预防和妥善处理群体性事件，确保全系统政治稳定，事关社会稳定的大局，是一项必须做好的大事。

公司系统各单位领导要高度重视预防和处置群体性事件，建立和落实领导责任制和责任追究制，要把各项稳定工作落到实处。要坚持“预防为主，教育疏导，依法处理，防止激化”的原则，努力把矛盾化解在基层和萌芽状态；要高度重视群众来访工作，加大对重点信访问题的处理力度。要切实搞好信息工作，做到对群体性事件早发现、早报告、早控制、早解决。要切实解决群众反映的实际问题，深入细致地做好思想政治工作，当前特别要认真落实中央精神，切实解决下岗职工的基本生活保障，抓好下岗职工的培训和再就业问题，关心离退休人员的生活，处理好毕业生分配和复转军人问题。要大力加强法制教育和市场经济知识的教育，增强职工风险意识和承受能力，引导干部职工自觉依法办事，按照正常渠道、程序反映和解决问题。领导干部要发扬艰苦奋斗的优良传统，密切联系群众，起好表率作用。

要妥善处理好改革和发展的关系，妥善处理好企业效益与社会效益、社会稳定的关系。在今年的各项工作中，要坚持稳中求快、稳中求进、稳中求好的方针，把确保社会政治稳定放在十分重要的位置来考虑。

同志们，国家电力公司的发展战略构想已经确定，第二步改革正深入进行，1999 年的工作目标和任务也已经明确。让我们在邓小平理论指引下，在以江泽民同志为核心的党中央领导下，发奋图强，锐意改革，为完成全年的各项任务努力奋斗，为加快国民经济的发展和促进社会进步做出新的、更大的贡献！

在国家电力公司 1999 年度工作会议上的总结讲话（摘要）

——国家电力公司副总经理 赵希正

这次会议经过大家的共同努力，全面完成了会议的各项任务。会议分析了形势，统一了思想，明确了目标。大家都表示，一定要采取坚决有力的措施，确保 1999 年各项经营目标的实现。这是一次务实的会议，团结的会议，鼓劲的会议。这次会议在国家电力公司改革与发展史上具有重大意义并必将产生深远的影响。

这次会议最主要的收获是：提出了国家电力公司的发展战略构想，落实了全年资产经营指标和党风廉政建设责任，明确了全公司 1999 年的工作目标和工作重点。这次会议的成功，关键在于高严总经理向大会作了一个总揽全局、内涵深刻、内容丰富、措施具体的工作报告。这个报告不仅是会议成功的关键，更为公司全面完成 1999 年各项工作和指标奠定了基础。

贯彻落实好会议精神，必须全面而深刻地领会总经理的年度工作报告，把思想认识统一到工作报告上来。

大家在讨论中对高严总经理的报告给予了高度评价，普遍认为这份公司的年度工作报告，主题突出，企业色彩鲜明，充分说明国家电力公司确实转变了身份。这份报告的主要特点，一是对国家宏观经济形势把握准确，既对严峻形势有清醒的认识，又分析了国家电力公司发展的可能空间；二是对国家电力公司发展战略的构想阐述清晰、准确，有很强的前瞻性；三是体现了以经济效益为中心的思想和求真务实的态度；四是对下半年工作布置重点突出，有很强的可操作性。

这个报告站在跨世纪发展的历史高度，提出了公司发展战略构想，明确了国家电力公司在今后一段时期内改革与发展的宏伟框架。报告根据国家宏观经济的总体形势，紧紧围绕当前国有企业走出困境这一全党全国的中心任务，提出了电力企业必须以更扎实的工作担负起为党分忧、为国分忧的责任。报告站在面向世界、面向未来、面向现代化，参与国际、国内竞争的战略高度，客观地分析了我们与国际大公司和国内先进企业的差距，体现了国家电力公司眼睛向内、挖掘潜力的决心。高严总经理亲自抓公司的战略管理，亲自抓公司的经营管理和长期投资收益管理，亲自抓党风廉政建设，为全公司贯彻以经济效益为中心树立了榜样。这就要求我们企业的一把手，更要亲自抓好战略管理、经营管理和投资收益管理，抓好党风廉政建设。

这份报告是公司年初召开的天津座谈会精神的深入和发展。应该说，这份报告集中了全公司的智慧，总结了全公司的经验，凝聚了全公司的成果和心血，也代表了全公司的根本利益和长远利益，它作为国家电力公司第一份年度工作报告，必将在公司改革与发展史上留下重要的一页。

贯彻落实好会议精神，必须把今年的工作做得比去年更好，决不能比去年滑坡。

1999 年我们面临的经营环境较为严峻，确实存在着经营业绩下滑的可能性。从外部看，电价调整的难度增加，甚至在相关行业要求电价降低的呼声强烈；电力市场需求不旺，机组利用小时数继续下降。从内部看，一系列深化改革的举措也向我们提出了挑战，电力市场的进一步开放，厂网分开工作的进一步推进，关停小火电机组力度的进一步加大，改革中利益格局的调整和冲撞，会对我们的经济效益产生一定的影响，如果我们对此没有清醒的认识，就会造成各项工作的被动和滑坡。

现在已是5月份，1999年与1998年相比，从可以预见的情况看，应当说有利因素还是主要的。尽管全国宏观经济形势和相关行业的经营状况不容乐观，但随着国家积极的财政政策和拉动需求的措施逐步显露成效，1999年1～4月电力生产和销售形势明显好于1998年；十五届四中全会的召开必将推进有利于国企的配套改革；国家把农网建设列入基础建设重点工程，必将会有利于相关政策出台；经过1998年特大洪灾，灾后恢复生产重整经济的工作正在展开。

全面完成1999年5个目标、8项重点工作以及6项考核指标，是做好全年工作的重要标志。这不仅关系到公司系统的发展和经济实力的提高，更重要的是关系到公司的形象问题。1998年我们提出并落实了确保国民经济增长8%的12条措施，圆满完成86亿元利润，大面积推开全国城乡电网改造，对外整顿电价、对内整顿财务等利国利民利企业的举措，在社会上树立了公司良好的形象，得到党中央、国务院的充分肯定，受到社会舆论的广泛好评。1999年我们能不能继续保持这一良好形象，最根本的就是要扎扎实实、不折不扣、高标准地完成全年各项任务。如果完不成任务，效益滑坡，对外将使公司全体员工付出艰辛努力业已树立起来的公司良好形象蒙受损害，对内将会严重挫伤干部职工的信心和士气。斗志和士气对企业的发展至关重要，气可鼓而不可泄。

贯彻落实好会议精神，必须集中公司的优势力量，全面启动公司发展战略研究。

提出公司发展战略构想是这次工作会议的重要收获之一。发展战略是公司的灵魂，是指导公司系统统一行动的纲领。制定公司发展战略的根本目的是在这个战略的指导下，通过全公司的不懈努力，把国家电力公司建设成控股型、经营型、现代化、集团化的国际一流公司。

公司的发展战略要顺应电力工业改革与发展的趋势。要充分借鉴国际上发达国家电力工业改革的经验和教训，要符合社会主义市场经济规律，充分体现供求规律、价值规律的作用，体现经济效益为中心的指导思想。要充分体现社会主义初级阶段的基本国情和我国电力工业20年改革开放的有益实践，把每一个发展阶段能做到的事情做好。

公司的发展战略要建立打破垄断、实行公平竞争的观念和运行机制。打破垄断，建立规范有序的电力市场，实行公平竞争，提高服务水平，降低电价水平，是政府主导电力工业改革的根本要求，我们要顺应改革的趋势，超前做好战略上和策略上的准备。

公司的发展战略要有高起点，具有科学性、理论性和很强的实践性，这个战略既展望长远目标又兼顾当前，要具有可操作性，不能回避近期的难点问题。我们希望，无论是公司总的发展战略还是各子公司的发展战略，不仅要有理论上的突破，还应有实践中的突破。

会后，公司将组织公司本部、科研院所、各子公司的精干力量研究和制定公司总的发展战略；嗣后，各子公司也要据此组织力量开展制定本公司发展战略的工作。一把手要负起责任来，切实把战略研究当成落实本次工作会议的一件大事抓实抓好。

贯彻落实好会议精神，必须在全国联网、城网和农网改造上有新的举措。

国家电力公司肩负着建设、运营和发展全国电网的重大责任，以三峡工程为契机，促进全国联网，在更大范围内实现资源的优化配置，不仅是国家电力公司的重大职责，而且是国家电力公司生存发展的基础，也是实现公司实体化的重要组成部分，对于这一点我们必须有清醒的认识。1999年要继续搞好三峡输变电、天广直流、阳城50万V输变电等工程的建设，开工建设东北与华北联网工程。

1999年全国联网的一项重点工作是做好华中与华北联网的前期工作。为在更大范围内发挥三峡电站的调峰、调频作用，华中与华北应当成为强联系的电网，华中和华北联网将成为全国联网的骨干网架。华中与华北联网工程力争2000年开工建设，确保2002年投入运行。

关于农网建设与改造工作，讨论中大家提出一定要防止债务过高、还贷电价不落实，造成全公司全面亏损的问题。这个问题提得非常及时，非常好。如果说1998年我们成功地解决了把农村电网建设与改造纳入国家重点基础设施建设，抓住了大好的机遇，那么，1999年城市电网、农村电网改造工作就要在“结合”上做文章。也就是既要贯彻好党中央、国务院把农网改造纳入1999年的重点基础工程，从而扩大内需，拉动国民经济，减轻农民负担，促进农村经济发展的方针，以高度责任感做好这件被朱镕基总理称之为“功在当代，利在千秋”的德政工程，又要切实防止出现企业债务过高，财务费用加大，造成公司全面亏损的问题。做好这两者的结合是1999年农网改造面临的新形势、新任务。

国家电力公司的定位是企业而不是政府，我们的各项工作要讲求企业效益与社会效益相统一、讲求社会责任与行为能力相统一。做到上述两个统一的关键，一是要严格控制规模和标准，按照实际的负荷需求，认真细致地做好每个项目的评估和各项测算。二是要认真贯彻国务院关于加强基础设施资金管理的通知精神，对农网建设与改造资金统筹安排，按高总的要求，“不要撒胡椒面”，要精打细算，使有限的资金发挥最好的经济效益。要严格资金管理，严防挤占和挪用，决不能造成资金流失。三是要坚持农电体制改革同步进行。农电体制改革不到位的地方，各网省电力公司不能作为农网改造的投资主体和担保主体。四是要积极争取必要的还贷电价政策。全公司上下都要切实防范城网、农网改造的投资风险，不许盲目扩大投资规模，提高标准，转移资金，坚决防止非投资主体的行政干预，保证农网改造的健康进行。

贯彻落实好会议精神，必须坚定信心、下定决心、横下一条心，咬紧目标，保证完成86亿利润。

确保公司实现86亿元利润是公司确立的一项重点工作目标，大家在讨论中表示了极大的关注。

要不要完成86亿利润指标？有的同志担心，在没有政策支持和严重欠费的情况下完成86亿元利润不利于电价调整；还有的同志担心电力企业保持86亿利润会造成我们不合理地承担其他国有企业脱困的成本；个别观点认为，如果电价不做调整，只有走亏损一条路，或者说只有亏损，才有利于争取国家政策的支持。对这个问题，我们必须首先从完成利润目标与国民经济大局关系的高度来认识。搞好国有企业改革是1999年经济工作的三大重点任务之一，实现国有企业脱困已成为全社会共同关注的问题，秋季召开的党的十五届四中全会将就此作出重要决定。面对这个大局，我们作为在国民经济中具有重要地位、体现国有经济主导作用的国家级大公司，既不能被动地、更不应主动地走入困境。其他行业如煤炭、纺织行业亏损的情况证明，陷入困境对整个行业的发展是非常不利的，走出困境需要自身付出更艰巨的努力和更大的代价。其次，完成利润目标也是电力企业深化改革、加快发展、转换机制、强化管理的必然要求。公司系统第二步改革已进入关键时期，我们要以良好的经营成果支持和促进改革，为实现公司发展战略构想积累和奠定物质基础。

能不能完成86亿利润指标？应该看到我们确实面临一些困难和问题，同时也应看到有许多有利的条件和因素。除了前面分析的有利因素之外，电力结构调整进程的加快，在体现出社会效益的同时，也将为改善财务状况创造条件。加之1998年以来我们在公司运作的工作实践中，已经积累了许多宝贵的经验，形成了一系列卓有成效的加强管理、提高效率的工作思路、措施和方法。我们已经看到了与国际、国内先进企业的差距，差距就是潜力。成本增长幅度大于销售收入增长幅度的现象也充分说明，眼睛向内、挖掘潜力大有可为。今年1～4月份，公司系统已实现利润25亿元，初步显露出实现目标的曙光。只要我们统一认识，协调步伐，坚定信心，措施到位，就一定能够完成86亿元的利润目标。

怎么完成86亿利润指标？答案是必须立足自身努力，向管理要效益。一是积极开拓电力市场。调整营销策略，千方百计加大开拓电力市场的力度，加快商业化运营步伐，积极采取措施，扩大电力销售。二是严格控制成本开支。要认真学习邯钢经验，以确保利润为前提“倒逼”成本安排，下决心把成本上升控制在收入增长幅度之内。三是共同做好投资收益管理。这里要强调的是，各网、省电力公司要切实加强对自身有出资的企业（包括上市公司）的管理，规范地收取投资收益，积极维护作为出资者的合法权益。四是抓好增收工作。要结合实际，分析矛盾，找准工作重点，挖掘潜力，努力扩大营业收入。

在这样严峻的形势下，我们要不要向国家争取政策？回答是肯定的。任何一个企业要发展，一定要取得政府在政策上的有力支持。当前的重点是争取及时出台电价调整政策，这取决于以下三个因素：一是宏观经济环境的改善和用户的承受能力；二是公司系统上上下下的共同努力，特别是要树立起勤俭办企业的好形象；三是政策决策者对我们理解支持的程度。

贯彻落实好会议精神，必须保持职工队伍的稳定，做维护社会稳定的模范。

1999年是十分特殊的一年，维护社会稳定的问题十分突出。稳定压倒一切。我们必须对此有清醒的认识，切实提高责任心和政治敏感性，维护大局，正确处理好改革、发展、稳定的关系，确保电力生产运行的安全稳定和公司系统职工队伍的稳定。

做好稳定工作的关键在于领导班子。公司系统各单位主要领导是维护稳定的第一责任人，必须切实负起责任。要吃透中央精神，摸清基层真实情况，做到心中有数，正确分析矛盾产生的原因，采取不同的处理方式。要结合“三讲”教育活动，进一步加强党风廉政建设，清正廉洁，努力工作，自觉维护党和政府的威信，改善党群关系和干群关系，切实关心群众生活，为他们排忧解难。要加强信访工作，及时准确地沟通信息，提高对难点问题和突发事件的应变和处置能力，把矛盾化解在基层，把不稳定隐患消灭在萌芽状态。

同志们，1998年国家电力公司经受了严峻的考验，在困难的情况下，公司的改革和发展都取得了显著的成绩，树立了良好的形象，为公司发展开创了良好的开端。这是在党中央、国务院对电力工业改革与发展的直接指导下、在国家有关部门的大力支持下、在公司党组的正确领导和公司系统全体员工的艰苦努力下取得的，确实来之不易，应该倍加珍惜。1999年，目标已经明确，责任已经落实。责任就是动力，责任重于泰山。在公司各级经营者面前，既有实现工作目标的严峻挑战，又有充分运筹经营谋略、施展管理才能的广阔空间和机遇。在此我愿与大家共勉：让我们以高度的责任感、强烈的事业心和敬业精神，努力工作，顽强拼搏，保持过去的荣誉，兑现庄严的承诺。我相信，我们有团结治网、同舟共济的光荣传统，有勇于拼搏、敢打硬仗的职工队伍，有雄厚的资金实力，有良好的公共关系，1999年的各项任务一定能圆满完成。

面对进入21世纪的机遇和挑战，国家电力公司将在已确立的发展战略构想的指导下，团结一致，奋勇拼搏，不负国家重托，不辱历史使命，为国民经济腾飞、增强国家实力，为电力工业的持续、健康发展作出我们应有的贡献！

开拓现代电力财务管理新视野

——国家电力公司副总经理　谢松林

电力工业是资金和技术密集型产业。当前，国家电力公司正在实施“两型两化”发展战略，努力跻身国际一流电力企业行列。如果按资产总量或者销售收入，国家电力公司已经是国际大企业，但按效益按管理水平却远远达不到国际一流企业的标准。所以，我们必须提高管理水平，实现财务工作由粗放型向集约型转变。

努力实现财务管理现代化

信息时代和网络时代的到来，已经和正在改变着人类生活的方方面面。科技进步成为国际竞争中综合国力较量的决定性因素，成为经济发展的决定性力量。在我国，科技进步同样推动着电力工业和电力企业的发展，特别是改革开放以来，电力技术装备水平跨上了一个新台阶，电力工业由大容量、高参数、区内联网发展到大区电网互联、建设全国联合电网，在全国范围内优化资源配置的新阶段。电力企业的管理、经济效益和职工队伍素质也在不断提高。但是，与世界先进水平相比我们还有较大的差距，而且我们的差距主要在管理方面。

党的十五届四中全会要求狠抓管理的薄弱环节，重点搞好成本管理、资金管理、质量管理。企业管理水平的高低，直接决定着企业的成败。而管理不善恰恰是我们一些企业效益不好甚至陷入困境的重要原因。财务管理是企业管理的核心。我们要针对企业管理的薄弱环节，重点在成本管理、资金管理、质量管理上狠下功夫，建立和完善统一的会计制度。要如实编制资产负债表、损益表和现金流量表。要努力按照有关法规和市场原则进行增资减债，把企业负债率控制在一个比较合理的水平。对企业管理制度不适应发展社会主义市场经济和依法治电要求的环节，要进行大胆改革，不断进行管理创新，促进企业制定明确的发展战略、技术创新战略和市场营销战略，从根本上改变“重发轻供不管用”的思想，实现由单纯偏重生产管理向重视市场营销和技术开发的转变。要广泛运用现代管理技术和手段，建立高效、准确、及时的信息系统和财务管理系统。增强法律意识和电力法制意识，依法管理，依法经营，运用法律手段保护企业的经营安全和合法权益。

我们要像管理安全生产那样管理经营，借鉴安全生产的好办法，确保企业经营安全。国家电力公司在“三讲”教育中提出，在企业经营安全上要像安全生产那样实行“三不放过”。目前国家电力公司正在制定有关办法。今后在我们的财务上、资金上、经营上出了问题，也要像安全生产管理那样“三不放过”，财务管理若发生事故，如一笔钱出去回不来，一定要查清，不查清不能放过；责任找不到不能放过；吸取教训、改进措施不落实也不能放过。必须特别强调，已经确立了“两型两化”战略构想的国家电力公司，必然要求与之适应的现代化财务管理，使现代科技进步成果更大力度地渗透到财务管理领域。这是财务部门当前面临的重大课题。

财务管理领域科技进步的标志，是实现财务管理现代化。财务会计领域的进步，在“四条线”上大体经历了以下几个阶段：第一条线是会计核算手段上，从算盘到计算器以至计算机的广泛应用，促进了会计核算质量和效率的提高；第二条线是财务分析方法上，从简单的数理统计分析到逐步引入个别的数学模型；第三条线是内部财务控制上，从单纯的行政控制到引入经济责任制，开展预算管理；第四条线是财务管理理念上，从简单的记账、算账、报账，到建立和完善企业内部控制和审计制度，讲成本，讲资金使用效率，讲利润，讲财务分析，逐步确立了以经济效益为中心的观念。应该说，电力财务管理领域科技进步取得了很大的成绩，促进了企业的改革和发展，促进了企业管理水平和效益水平的提高。

当前，电力生产领域的科技进步带来了财务管理的依据、基础、控制延伸领域的一系列变化，给财务管理提出了新要求。财务管理现代化不仅体现在手段上、工具上，更主要的是体现在方式、方法和体制、体系上。财务管理作为一门软科学和交叉学科，它的发展和经济体制改革进程中政府与企业关系的演变、企业管理模式的演变息息相关，管理科学的发展与经济发展紧密相关。改革开放以来，社会主义市场经济体制的建立，推进了企业财务管理现代化的进程。国家电力公司的成立及其实体化步伐的加快，客观上要求大力推进公司系统财务管理的现代化进程，尽快提高财务管理领域的科技含量，以实现企业科学的财务管理。

管理现代化主要包括合理组织生产力和调整生产关系两方面的理论。财务管理现代化应该包括以下五个方面的内容：一是财务管理思想现代化。需要确立现代财务管理思想，包括战略、市场、竞争、效益、时间、价值、投入产出等观念；二是财务管理组织现代化。需要遵循现代财务管理组织的原则，既包括机构设置层面上的，更包括对企业内外部资源的有效组织。这里所讲的资源是指人力、技术、资金、信息等资源；三是财务管理方法现代化。如经济方法、法律方法、数学方法、系统方法、行政方法等，特别是系统方法和数学方法在财务管理中的应用，能够使决策、分析定量化。用数学方法、数学模型研究判断解决财务管理中的问题，代表着当代财务管理最先进的成果，应该大力学习和借鉴。我们要重视考察和培训，要把学习现代财务知识作为主要任务之一；四是管理手段现代化。需要充分利用计算机等现代手段，建立以预算管理为中心的企业财务管理信息系统，以辅助和支持财务决策；五是财务管理人员素质现代化。这是实现财务管理现代化的根本保证。

高严总经理非常重视财务队伍建设和会计制度建设，这几年国家电力公司在这方面也开展了不少工作，财务部门一定要把培养人才的工作抓好。以上每个方面内容都非常丰富，只有基本达到上述五个方面的要求，才可以说财务管理初步达到了现代化，才可能有科学的财务管理。

以更宽的视野规划和发展电力事业

中央经济工作会议指出，展望世界经济的发展变化，有三个动向值得我们高度重视：一是世界范围内经济结构的调整；二是科技进步的突飞猛进；三是跨国公司的影响力日益增大。目前，在世界范围内，机械制造、航空、金融、电力、通信等领域，都在实行全球性的合并和结构调整。最近，意大利电力公司重组，把电力的组织形式分为发电、输配电和销售，然后开放大用户，开发电力市场。意大利电力公司用其25%的股份上市，一次性筹资达到182亿美元，影响非常大。

我们正在进行“厂网分开、竞价上网”的改革，这是世界性的潮流。有专家认为，未来将由20几家跨国电力公司控制全球电力工业的大部分发电资产。我们面临这样一个发展的形势，既是机遇也是挑战。国家电力公司系统的财务工作者不能就财务论财务，应该从更宽的视野来规划和发展我们的事业。

坚持用发展的方法解决前进中的问题

“发展才是硬道理”，发展的方法是我们解决所有问题的关键。比方说，我们现在进行的城乡电网改造，大家有些顾虑，就怕负债率增高，就怕电价走不出去。但是要想一想，对电力工业和国家电力公司来说，这是一个难得的发展机遇。有人说，这是中国电力在本世纪最大的一次也是最后的一次机遇，这个机遇我们一定要牢牢抓住。

进一步积极开拓电力市场

1999年我们在开拓电力市场、增供扩销方面取得了显著的成绩。国家电力公司系统的售电量增长达到了7%，大大超出了年初3%的目标。基本上与国民经济的增长速度相一致。2000年中央要继续实施以扩大内需为主的发展方针，在投资方向上继续以基础设施建设和企业的技术改造为重点，来带动社会投资和启动消费。这是我们进一步开拓电力市场、增供扩销的坚实基础和有利条件，应当继续牢牢地抓住。过去，我们在电力供应紧张时体会不到电力市场的作用，现在体会到了。没有电力市场，销售电量不增加、销售收入不增加，我们怎么生存？所以，开拓电力市场是电力企业赖以生存的基础。财务部门在开拓电力市场上，有着许许多多的任务。1999年，财务部门和其他有关部门密切合作，在扩大销售上做了很多工作，2000年要加大力度，一切行之有效的办法要继续坚持，还要不断开拓新的电力市场。我们一方面要密切注视经济结构和产业结构的调整对电力市场的影响，另一方面内部还要继续挖潜增效。只有市场扩大了，只有售电量增加了，才能为解决我们面临的困难和问题创造最基本的条件，我们的事业才能有更大的发展。

继续加大力度推进“一个调整”

“一个调整”包括两个方面的内容，一个是公司组织结构的战略性调整。目前所进行的工作是把三级法人变成两级法人。另一个是继续推进电力结构的战略性调整，将是当前及今后一个时期公司工作的主要着力点，这里面有四个内容：一是关停小火电的政策还是要继续执行。坚持“上大压小”，小火电不停下来，大火电就不能发展。现在国家的政策是，在一个省网范围内要新增加一台30万kW机组，那就要同比例压缩30万kW的容量，或者是小火电，或者是污染严重的火电厂。二是加快调节性能好的大型水电站，如抽水蓄能电站、水电站的建设。三是加大城乡电网的改造力度。四是提高科技进步和技术创新在电力结构调整中的贡献率，促进产业优化升级。

深化电价和财务“两个整顿”

要继续开展财务管理年活动。电价整顿要在近两年取得较大成绩的基础上继续加强，为2000年的疏导电价矛盾和调整电价政策创造条件。1999年主要是解决新机组上网电价问题，采用个别疏导的办法。2000年的重点是解决城乡电网改造形成的还贷电价，要在继续整顿电价的基础上，争取能出台三段式电价，即发电上网价、输配电电价和销售电价。我们的目标是发展成为以经营电网为主的企业，对电网经营企业来讲，这是个很关键的问题。财务整顿的目标是实现财务管理现代化，使企业的财务工作能真正反映企业的经营情况，努力防范经营风险。1999年我们的财务管理年活动取得了很好的成效，2000年还要继续深入地开展。

落实和巩固“三讲”教育成果争取“三讲”教育的全面胜利（摘要）

——国家电力公司党组成员、副总经理　赵希正

（1999年10月29日）

一、公司党组和党组成员“三讲”教育的基本工作情况

1.认真学习理论，打牢思想基础

党组坚持理论学习贯穿“三讲”教育全过程。党组采取分散学习与集中学习相结合，阅读原文与听取辅导报告相结合，自学与专题讨论交流相结合的方法，对“三讲”教育必读篇目和有关学习资料进行了认真的通读和重点篇目的精读。

2.充分发扬民主，广泛发动群众

党组坚持把发动群众贯穿“三讲”教育的全过程。从在公司1999年工作会议上征求对党组和党组成员的意见开始，先后采取了发放《征求意见表》，设立意见箱，开通征求意见电话，党组成员分别走访离退休的副部级以上老领导，分别召开在京单位党组织主要负责人、机关各部门党组织主要负责人、离退休干部党支部书记、党外人士座谈会，进行个别谈话等6种方式广泛征求了党员、干部和职工对公司党组和党组成员在党性党风方面的意见，共征求意见700余人次。党组十分重视听取老部长和离退休老同志的意见，征求他们的意见220余人次。经整理，得到意见和建议497条，包括对党组的382条，对党组成员的97条。

3.查找突出问题，严格自我剖析

一是认真听取、采纳群众意见。每位党组成员都仔细地阅读了征求到的全部意见和建议。公司党组认真听取了中央巡视组反馈征求到的十个方面43条意见。党组成员分别听取了中央巡视组反馈对本人的意见。公司党组和党组成员本着“有则改之、无则加勉”的态度，对照群众的意见和建议，查找在党性党风方面存在的突出问题。

二是深入查摆突出问题。在“三讲”教育动员会议上，高严同志代表党组，初步查找了6个方面的问题。在“三讲”教育的第一阶段，在认真查找和分析问题的基础上，将6个问题扩展为8个问题。进入第二阶段后，在中央巡视组的帮助下，党组召开3次扩大会议进行深入的研究分析，将8个问题集中归纳为四个方面。与此同时，全体党组成员也进一步找准了本人在党性党风方面存在的主要问题。

三是严格进行自我剖析。党组和党组成员针对党性党风方面的突出问题，以不怕丑、不护短、不怕痛的姿态，深入进行自我剖析，对来自组织、同志、群众的意见，虚心接受；紧密联系思想和工作实际，检查存在的问题；查摆问题开门见山，内容实际，事实具体；从世界观、人生观、价值观上部析根源和危害。党组和党组成员的剖析材料，先后3次广泛征求意见。党组和党组成员对自我剖析材料进行了4次大的修改。9月15日，公司“三讲”教育领导小组组织在机关副处级以上干部共333人范围内，采取无记名投票的方式进行测评。党组剖析材料的满意率达到98.8%，党组成员剖析材料的满意率均在96%以上。

4.认真召开“三讲”教育民主生活会，严肃开展批评与自我批评

党组民主生活会体现了整风精神，是一次高质量的民主生活会。党组成员自我批评严肃认真、实事求是；批评开门见山，坦诚相见又与人为善，给人耳目一新的感觉。在恢复和发扬党的批评与自我批评的优良传统和作风方面取得了明显进步。同时为司处级干部的“三讲”教育民主生活会起到了榜样和示范作用。

5.坚持边整边改，制定切实可行的整改措施

党组把坚持边整边改，抓好整改贯穿于“三讲”教育的全过程。党组从“三讲”教育一开始，就抓边整边改，对一些能够立即整改的问题主动进行整改。中央巡视组根据群众的意见，就机构设置、人才使用、职称评定、党风廉政建设等方面的10个个案问题，建议公司党组进行整改。公司“三讲”教育领导

小组按照党组的意见召集有关部门认真调查研究，其中大部分问题已经得到处理。

党组针对查找的突出问题，制定了《国家电力公司党组"三讲"教育整改方案》，并组织有关职能部门，制定了与之配套的8个具体整改措施，包括《关于理论学习方面的整改措施》、《关于坚持和贯彻民主集中制的整改措施》、《关于在体制改革工作中广泛听取意见加强科学论证的整改措施》、《关于提倡勤俭节约反对铺张浪费的整改措施》、《关于精神文明建设和思想政治工作方面的整改措施》、《关于转变工作作风提高办公效率的整改措施》、《关于加大人事制度改革力度，加强干部管理的整改措施》等。在制定整改措施的过程中，党组经过反复讨论，广泛地征求了意见，并认真加以修改完善，现在整改措施即将正式下发组织实施。

6. 加强组织领导，搞好司处级干部的"三讲"教育

党组对本部司处级干部的"三讲"教育始终高度重视：责成机关党委具体组织进行，制定了周密的工作方案；由机关党委和公司"三讲"办公室对每一阶段工作进行严格的检查；组成专门小组对司处级干部的剖析材料认真评审，保证了自我剖析材料的质量；公司"三讲"教育领导小组成员单位的同志，分别列席了各部门的"三讲"教育民主生活会。总体来看，司处级干部的"三讲"教育是健康的，有成效的，符合中央的精神和要求。公司机关党委将对本部司处级干部的"三讲"教育进行认真检查和总结。

7. 坚决清理邪教"法轮功"组织，认真传达贯彻四中全会精神，深化"三讲"教育

在"三讲"教育过程中，党组立场坚定、旗帜鲜明地组织全体党员、干部和职工，投入三次大的政治斗争——和邪教"法轮功"的斗争，和以美国为首的北约轰炸我国驻南斯拉夫联盟大使馆野蛮行径的斗争，和李登辉分裂祖国行径的斗争。

党的十五届四中全会闭幕后，党组及时召开会议传达会议精神，组织学习会议重要文件，结合公司实际提出了9条贯彻落实的具体措施。努力把"三讲"教育和学习落实四中全会精神密切结合起来，推动公司系统的改革和发展。

8. 做到"三讲"教育与当前工作"两不误，两促进"

公司党组制定下发了《关于保证"三讲"教育与当前工作"两不误、两促进"的通知》（国电党[1999] 43号），采取了8项措施。全体党组成员带头落实，以"三讲"教育为动力，努力搞好当前的各项工作。公司系统改革、发展、稳定的各项工作顺利推进，为开展"三讲"教育提供了有力的支持和必要的条件。

二、公司党组和党组成员"三讲"教育的主要成效

1. 受到了一次深刻的马列主义、毛泽东思想和邓小平理论教育，贯彻党的基本理论、基本路线的自觉性和坚定性有了新的提高

通过"三讲"教育，党组从我们党的性质、执政地位以及担负的历史使命的高度，进一步深刻认识"三讲"教育的重大意义，坚定了理想、信念；从只有理论上的清醒和坚定才能保证政治上的清醒和坚定，理论素质是领导干部思想政治素质的灵魂的高度，及从把建设有中国特色社会主义的伟大事业全面推向21世纪的高度，进一步认识学习理论的重要性和必要性。也进一步深刻认识到，只有用邓小平理论武装思想，才能保持政治上的清醒和坚定；只有高举邓小平理论的伟大旗帜，才能全面推进建设有中国特色社会主义的伟大事业；只有紧密团结在以江泽民同志为核心的党中央周围，才能战胜新的困难和考验，实现跨世纪发展的战略目标。大家决心按照江泽民同志要求全党的高级干部都要努力成为忠于马克思主义、坚持走有中国特色社会主义道路、会治党治国的政治家的标准，努力成为清醒的和合格的有中国特色社会主义事业的建设者和领导者。把讲政治的要求落实到自己的日常工作和学习中，坚定不移地把电力工业的改革和发展推向前进。

2. 加深了在新形势下全面贯彻执行民主集中制的认识，党组的整体合力明显增强

民主集中制是我们党和国家的根本组织制度与领导制度，也是最重要的组织纪律和政治纪律。只有健全民主集中制，完善集体领导和个人分工负责相结合的制度，才能形成党内生动活泼的局面，才能保持领导层的活力和团结。在改革开放和发展社会主义市场经济的条件下，民主集中制不仅不能削弱，而且必须完善和加强。不断加强党组成员之间的沟通和协调，相互理解、相互信任，形成合力，充分发挥公司党组的整体战斗力。切实贯彻总经理负责制，建立、健全重大问题的决策机制和决策程序，确保决策的民主化、科学化，使决策更符合实际，更有成效。

3. 增强了为人民服务的宗旨意识和群众观念，提高了密切联系群众、密切联系实际的自觉性，党群、干群关系进一步融洽

党组从广大党员干部、群众也包括广大离退休老同志积极参与和热忱帮助搞好"三讲"教育的过程中，深刻地认识到：全系统党员、干部和职工具有强烈的政治责任感，有很高的政治水平和觉悟，他们中蕴藏着巨大的智慧和力量，这是我们电力工业改革和发展的根本力量所在，更是搞好这次"三讲"工作的

关键所在。党组受到了一次生动具体的马克思主义的群众观点的再教育，进一步增强了群众观念和为人民服务的宗旨意识。同时，广大党员、干部和职工也感受到党组真心实意依靠群众，改进思想作风和工作作风的愿望；感受到党组实践全心全意为人民服务宗旨，坚持走群众路线的诚恳态度，从而增强了对公司党组的信任。

4. 党的批评和自我批评的优良传统得到恢复和发扬，增强了领导班子的团结和解决自身问题的能力

在党组“三讲”教育的民主生活会上，每位党组成员都围绕讲政治这个核心，检查了党性党风方面存在的突出问题。向组织和同志讲真话、讲心里话，敞开内心世界和真实思想，正视自己的问题，严肃检讨自己。同时，都本着对党、对人民、对事业、对同志高度负责的精神，相互之间开展了严肃认真的批评。达到了分清是非，改正不足，团结同志，增强合力的目的。这次民主生活会提高了党组运用批评与自我批评这一武器，按照“团结—批评—团结”这个公式，解决党组和党组成员自身存在的问题的能力，把党组民主生活会提高到了一个新的水平。将对全系统各级党组织恢复和发扬党的批评与自我批评的优良传统，产生良好的影响。

5. 抓住了党性党风方面存在的突出问题，明确了前进的方向

通过这次“三讲”教育，公司党组找出了在党性党风方面存在的四个突出问题：一是贯彻党中央、国务院关于电力工业改革、发展的有关决策和要求有差距。二是贯彻和执行党的民主集中制原则有差距。三是干部队伍建设特别是领导干部队伍建设存在薄弱环节，对干部的严格教育、严格管理、严格监督不够。四是行风建设存在薄弱环节，艰苦奋斗精神淡化，两个文明建设存在“一手硬，一手软”的现象。

对这些存在的突出问题，党组深入查找了原因。一是学习邓小平理论的自觉性不强，融汇贯通地运用邓小平理论指导实践、解决实际问题的功力欠缺。二是精神状态上满足现状，励精图治、奋发有为的进取精神不够。对主观世界的改造抓得不紧。三是贯彻民主集中制的自觉性不强，全心全意为人民服务的宗旨淡化。在查找问题的基础上，党组确定了今后整改的努力方向：一是始终坚持把邓小平理论摆在事关全局的重要位置。二是加强思想政治工作，加强干部的管理和考核。三是坚持群众路线，坚持民主集中制，建立科学民主的决策机制。四是牢固树立勤俭办企业意识，反对铺张浪费。

6. 为新的历史时期加强党的建设积累了经验，提供了生动的借鉴

在新的历史条件下，如何加强和改进党的建设，是我们面临的一个重大课题。这次“三讲”教育的实践，为加强和改进新的历史条件下党的建设，探索和积累了经验：

“三讲”教育不采用我们曾经长期沿用的搞运动的办法，而是通过领导干部自我学习、自我剖析、自我提高，顺应了马克思主义自我教育规律，是领导干部自觉改造主观世界的有效途径。领导干部由过去单一的教育者的角色向教育者与自我教育者双重角色转变；由过去的工作总结成绩为主向更多地剖析存在的突出问题转变；由过去一般意义的“检查”、“检讨”问题向从政治的高度、从党性党风的角度观察分析和解决问题转变。

“三讲”教育强调以讲政治为核心，使领导干部有利于从政治的高度对问题进行理性思考，从现实的政治斗争中，提高政治敏锐性和政治鉴别力；有利于在思想斗争和思想教育中，避免纠缠细枝末节，集中讲大局、议大事，解决突出问题。

“三讲”教育发动广大党员干部、群众贯彻始终，采取开门整风的方式，“原汁原味”地反馈群众的意见。整风不整人，有利于群众对干部的监督，有利于党和干部队伍的团结。

“三讲”教育贯穿边整边改的原则，拟定系统的整改方案，把整改落到实处。有利于“三讲”教育见到实效。

三、公司党组和党组成员“三讲”教育的几点体会

1. 严格贯彻执行中央关于深入开展“三讲”教育的精神和要求，抓住讲政治这个核心是搞好“三讲”教育的前提

公司党组及党组成员“三讲”教育的实践充分说明，抓住讲政治这个核心，深入开展“三讲”教育，是在和平建设时期，解决党内存在的突出问题，全面加强党的建设的好办法；充分说明中央确定的开展“三讲”教育的目标要求、指导思想、方针原则、方法步骤、组织领导措施等，符合实际、非常正确。江泽民同志在纪念建党78周年座谈会上的重要讲话，为我们搞好“三讲”教育提供了强大的思想武器和行动纲领。

2. 公司党组和全体党组成员的高度重视，党组书记切实履行第一责任人责任，是搞好“三讲”教育的关键

公司党组对“三讲”教育始终高度重视，集中足够的力量，足够的精力，摆上重要日程，切实加强领导，保证“三讲”教育顺利进行。

党组书记高严同志切实履行了“三讲”教育第一责任人的责任：主持进行了“三讲”教育的各项工

作，严格按照中央的要求，组织完成了四个阶段的各项任务。同时，积极带头参加“三讲”教育，认真学习有关文件和“三讲”教育必读篇目，作重点发言；深刻进行自我剖析，切实开展批评和自我批评；虚心听取群众意见，坚持边整边改，真正发挥了模范带头作用。其他党组成员也都以高度的政治责任感和强烈的事业心，从严要求自己，尽职尽责，齐心协力，既完成了所承担的“三讲”教育任务，又完成了职责分工以内的工作任务。

3. 中央“三讲办”、中央巡视组的指导和帮助，为搞好“三讲”教育发挥了不可替代的作用

公司党组和党组成员的“三讲”教育得到了中央“三讲办”、中央国家机关工委“三讲办”的关怀和指导。中央“三讲”教育联系会议召集人张全景同志和中央“三讲”办负责人王旭东同志听取了中央巡视组关于国家电力公司“三讲”教育工作的汇报后，张全景同志说：“国家电力公司的‘三讲’教育工作，有成效，发展健康，进展是顺利的。党组重视，态度端正。第一责任人是负责的。”两位领导同志对搞好“三讲”教育特别是第二阶段的工作给予了宝贵的指导和帮助。中央国家机关工委从一开始就对“三讲”教育进行了系统周密的安排和部署，并认真审阅我们报送的剖析材料。

为帮助公司党组搞好“三讲”教育，中央派出以王晓光同志为组长的巡视组。巡视组严格遵循中央17号文件精神，严肃认真，兢兢业业，一丝不苟，努力工作，充分发挥了指导和帮助作用：一是牢牢把握讲政治这个核心，指导和帮助党组和党组成员“三讲”教育严格按照中央的规定进行。二是广泛调查研究，帮助党组和党组成员找准存在的突出问题。三是帮助党组和党组成员搞好自我剖析，开门见山写好剖析材料；开好民主生活会，严肃开展批评与自我批评。四是及时建议党组抓好边整边改，形成完整的整改方案，督促进行全面系统的整改。五是经常和中央“三讲”办联系、沟通，取得对我们工作的支持。六是随时关心公司的改革和发展工作，要求党组切实做到“三讲”教育和业务工作“两不误，两促进”。正是在巡视组的正确指导下，党组较好地完成了“三讲”教育任务。

4. 广大党员、干部和职工积极参与，公司本部各职能部门努力工作，为公司党组和党组成员的“三讲”教育提供了保证

广大党员、干部和职工，特别是离退休的广大党员干部、老部长、老同志以实际行动真心实意地支持党组和党组成员开展“三讲”教育，满腔热情地向党组和党组成员提出意见和建议；严肃认真地对党组和党组成员剖析材料、民主生活会、整改措施提出意见，参加测评或评议，显示了良好的政治素质和高度的政治责任感。公司本部各部门各负其责，密切协作，切实搞好所承担的各项具体工作。以每个环节和每项工作的高质量，来保证“三讲”教育的高质量；以每个步骤、每个阶段不走过场，来保证“三讲”教育不走过场。从事具体工作的同志们，发扬无私奉献精神，连续加班加点，抓紧、抓好每项工作的落实，保证了“三讲”教育的顺利进行。

回顾公司党组和党组成员的“三讲”教育，我们取得了较大的成绩，但也还存在一些差距和不足。比如，广泛深入地发动群众还不够；听取公司系统各单位的意见不够充分；整改的效果与群众的期望还有差距；工作安排有前松后紧的现象等，这些有待于我们在今后的工作中加以研究和解决。

四、继续落实和巩固“三讲”教育成果，努力取得“三讲”教育的全面胜利

为了巩固和扩大“三讲”教育的成果，全面推动党的建设工作，我们要着重做好以下四个方面工作：

1. 以党的十五届四中全会精神为指导，以讲政治为核心，进一步搞好整改工作

切实搞好整改，是“三讲”教育的出发点和落脚点。“三讲”教育的成效如何，归根到底要落实在整改上，体现在整改上；“三讲”教育不走过场，重要的是整改不走过场；广大群众衡量和评价这次“三讲”教育，最终也要看整改。为了保证整改工作的全面落实，必须切实加强领导，全面落实整改方案列出的各项措施。公司各部门要按照党组的要求，把整改工作摆上重要日程，纳入重点工作来部署和安排，以足够的领导力量和领导精力来抓好整改工作。

2. 继续领导和组织公司本部司处级干部全面完成“三讲”教育任务

要继续坚持高标准、严要求，搞好公司本部司处级干部“三讲”教育第四阶段的工作，针对本部门存在的问题，制定好本部门的整改措施。要抓好边整边改。要切实加强思想作风建设，转变思想观念，改进工作作风，提高工作效率，真正体现出公司本部应有的表率作用和良好形象。机关党委和各部门要认真作好司处级干部“三讲”教育总结工作。

3. 认真部署和组织公司系统的“三讲”教育

根据中央的精神，党组已对此发出了通知，作了安排，并决定于11月4日在北京召开会议，具体进行部署。

4. 以“三讲”教育为动力，全面加强公司系统党的建设

以党的十五届四中全会为标志，国有企业的改革

和发展进入了一个新阶段。贯彻四中全会精神，搞好国家电力公司的改革和发展，实现国家电力公司“控股型、经营型、现代化、集团化的国际一流企业”的发展战略构想，必须要全面加强公司系统党的建设。发挥国有企业党组织的政治核心作用，是任何时候都必须要坚持的一条重大原则。我们要总结、运用这次“三讲”教育中积累的经验，进一步全面加强公司系统党的建设，建设一支讲学习、讲政治、讲正气的领导干部队伍，提高党组织的凝聚力和战斗力，确保改革和发展的顺利进行。

在国家电力公司“三讲”教育总结大会上的讲话（摘要）

——中央派驻国家电力公司“三讲”教育巡视组组长　王晓光

（1999年10月29日）

按照中央的统一部署，国家电力公司作为第二批开展“三讲”教育单位，自7月20日至10月29日开展了“三讲”教育工作。在党中央的正确领导下，在中央“三讲办”的具体指导下，公司党组严格按照中发［1998］17号文件的要求和中央领导同志一系列重要讲话的精神，积极地、认真地开展了“三讲”教育各阶段的工作。在公司本部和在京所属单位党组织和广大干部以及离退休老同志大力支持、参与下，整个“三讲”教育工作进行得认真、有序、健康，取得了良好效果，达到了预期目标。通过“三讲”教育，我们看到，公司党组在政治上是坚定的，贯彻中央部署是有力的，党组及成员落实“三讲”教育的精神是积极的、认真的，第一责任人是尽职尽责的，广大党员干部的政治热情和工作态度是十分可贵的，公司“三讲”教育领导小组和“三讲办”的工作是富有成效的。

我们认为，通过“讲学习、讲政治、讲正气”的“三讲”教育，公司党组、党组成员以及广大党员领导干部都有比较大的收获。主要表现在四个方面。

第一，党员领导干部在掌握马克思主义理论方面进行了一次比较深入的再学习，在改造主观世界方面受到了一次比较深刻的再教育。

在这次“三讲”教育中，公司的党员领导干部认真阅读了“三讲”教育中规定的必读篇目，许多同志还对重点篇目反复研读。大家普遍反映，在目前工作这么繁忙的情况下，能抽出一段相对集中的时间，坐下来聚精会神地认真读书，温故知新，这是多年来少有的。通过学习进一步提高了对深入开展“三讲”教育的必要性、重要性、紧迫性的认识，进一步加深了对马克思主义、毛泽东思想特别是邓小平理论基本观点的理解，提高了政治理论水平。

通过这次集中学习，大大激发了领导干部的学习积极性，不少同志就理论学习、业务学习、法规学习制定了规划，加强了业务学习的安排。我们相信，这些同志若能认真实施规划，长期保持高昂的学习热情，坚持下去，理论水平、领导水平必将不断提高。

第二，党员领导干部讲政治的自觉性进一步增强。

经过学习江总书记在纪念建党78周年座谈会上的重要讲话，领导班子和党员领导干部进一步明确了讲政治的基本内涵、基本原则、基本要求和重要意义；进一步明确了“三讲”教育的核心是讲政治；进一步明确了加强领导班子思想政治建设，提高领导干部思想政治素质，解决好讲政治的问题是第一位的；进一步明确了讲政治是具体的，体现在我们的各项工作和各种矛盾中，也体现在自身修养的各方面；进一步明确了我们在经济工作中有很强的政治性，必须善于从政治上观察和处理问题，绝不能单纯地就经济论经济，就业务谈业务。在“三讲”中，党组和领导干部紧密结合班子和个人的实际，从电力公司所承担的任务、职责出发，查摆了党性党风及工作方面存在的突出问题，从讲政治的高度深刻剖析了原因，研究总结正反两方面的经验，提高自己从政治上观察、分析和解决问题的水平，增强正确把握前进方向，驾驭复杂局面的能力。

在开展“三讲”教育期间，中央就抓紧处理和解决“法轮功”问题作出了部署，并下发了《中共中央关于共产党员不准修练“法轮大法”的通知》。公司党组及各级党组织和党员干部，及时认真地学习中央处理“法轮功”问题的一系列指示和中央领导同志的重要讲话，把思想统一到中央精神上来，联系实际，深入讨论，深刻认识“法轮功”组织的政治本质和严重危害，深入进行马克思主义唯物论和无神论教育，增强政治敏锐性和政治鉴别力，联系本系统“法轮功”组织的活动，特别是党员干部参与“法轮功”组织活动的问题，查摆领导班子和领导干部党性党风上存在的问题，总结经验教训，并按照中央要求，认真落实解决“法轮功”问题的各项措施。通过这一事件，既是对国家电力公司各级党员领导干部讲政治的考验，也是讲政治的一次深刻教育。

第三，党员领导干部在坚持党的群众观点、群众路线、密切干群关系上有较大改变。

“三讲”教育中，公司党组坚持开门搞“三讲”，采取多种方式听取群众意见，剖析材料拿到群众中去进行评议、测评，党组集体和个人的剖析材料都是反复修改，几上几下。正是通过这样充分发扬民主，使领导和群众之间扩大了交流，增进了了解，提高了领导干部接受群众监督的自觉性，增强了勤政廉政意识，同时，也进一步密切了党群、干群关系。

第四，“三讲”教育推动了机关党的建设和各项任务的完成。

自开展“三讲”教育以来，公司党组在抓紧“三讲”教育工作的同时，没有放松业务工作，而是以“三讲”为动力，较好地处理“三讲”和业务工作的关系，始终做到了“两不误，两促进”。特别应当指出的是，为了确保国庆50周年庆祝大典的供电做到万无一失，确保电力系统计算机两千年问题的有效解决，公司党组和有关部门严密部署，精心组织，昼夜兼程，做了大量严谨、细致的工作，圆满完成了任务。前不久召开的党的十五届四中全会，对国有企业的改革和发展作出了一系列重大决策。全会一结束，公司党组就立即召开会议，认真传达学习全会精神，并结合公司的实际，提出具体措施，组织贯彻落实，积极推动公司的改革和发展。与此同时，“三讲”教育有力地推动了机关党组织的建设。“三讲”教育开始以来，机关党委和各党支部在组织、发动广大党员、干部群众参加“三讲”教育方面全力以赴，积极工作，发挥了重要的作用。与此同时，也积累了一些机关党建工作经验，党组织的凝聚力和战斗力得到了进一步的增强。

这次“三讲”教育的时间不长，但公司广大党员干部的反映比较好，认为这是近年来领导班子和领导干部在党性党风方面受到教育最深、成效最大的一次。我们认为，公司党组和党员领导干部通过“三讲”教育，在思想的提高、政治的进步、作风的转变、纪律的增强方面都有了比较明显的变化。我们相信，随着时间的推移，这种变化所起的作用会进一步显现出来。

集中的“三讲”教育就要告一段落，但“三讲”的任务是长期的。领导班子、领导干部思想政治建设的任务将伴随着我们工作、学习的全过程。在这里，我代表巡视组提出三点希望：

一、要巩固和发扬“三讲”教育成果，继续努力加强领导班子建设

随着社会主义市场经济体制的建立和我国社会主义事业的蓬勃发展，形势将给领导班子提出更高的标准和要求。希望党组及党组全体同志能清醒地认识这种形势，努力巩固和发展这次“三讲”教育成果，再接再厉，把党组各方面的建设特别是思想政治建设提高到一个新的水平，承担起历史赋予我们的重任。首先，要把学习提高摆在重要的位置。“三讲”中出现的学习风气和刻苦精神，应当长期坚持下去。要结合电力工业发展的实际认真学习马克思主义、毛泽东思想和邓小平理论，学习中央的方针政策。当前要进一步认识中央关于抓紧解决和处理“法轮功”问题的重大意义，认清“法轮功”的邪教性质，充分认识与“法轮功”斗争的长期性、复杂性和尖锐性，提高警惕，除恶务尽，按照中央的部署，夺取这场斗争的彻底胜利。同时，还要认真学习与建设社会主义市场经济相关的经济知识、科技知识、法律知识和管理知识，不断提高思想理论水平和业务水平。第二，要切实加强作风建设，进一步贯彻民主集中制原则，把批评与自我批评的优良传统继承下来，坚持下去，团结协作，更好地发挥班子的整体作用，提高驾驭全局和复杂局面的能力。第三，要始终不渝地坚持群众路线，充分相信和依靠群众，引导好、保护好、发挥好群众的积极性和创造性，不断地从群众中汲取智慧和力量。要密切与群众的联系，扩大与群众联系的渠道和接触面，关心群众生活，维护群众利益，更好地为群众服务。这里，我要强调的是，加强领导班子建设，主要是党组的任务，“一把手”是第一责任人，党组成员也有重要责任。我希望党组每一位同志经常思考，经常总结，不断提出改进措施。这样，党组的凝聚力、战斗力才能不断增强。

二、认真落实好各项整改措施

“三讲”是一项长期任务，这次“三讲”教育只是一个好的开端。今后，必须在长时期内，在我们工作的各个方面，坚持以讲政治为核心的“三讲”教育。这次“三讲”教育中通过广泛征求意见，针对存在的主要问题提出了比较好的整改方案。这是公司党组织和广大干部群众共同的成果。现在的任务，就是要认真落实整改方案中的具体措施。落实得好，“三讲”成果就能得到巩固，就能得到发展。在整改过程中，要坚持以党的十五届四中全会精神为指导，结合电力公司的实际，切实转变职能，转变工作方式，转变工作作风，提高工作效率，推动公司的改革和发展。要通过“三讲”教育，使各级干部不但在思想上有明显提高，政治上有明显进步，作风上有明显转变，纪律上有明显增强，而且在工作上也有明显改进。应该看到落实整改措施不仅是党组的任务，也是我们广大干部群众的任务。希望大家都把整改措施的落实看成是自己的责任，在公司党组的领导下，认真贯彻中央关于电力工业改革和发展的指导方针，同心同德，扎实工作，更好地为我国经济发展和社会进步服务。

三、要高度重视，加强领导，切实把公司系统的“三讲”教育抓出成效

公司本部“三讲”教育告一段落以后，还要按照中央“三讲”办的要求，认真抓好公司系统所属单位的“三讲”教育工作。对此，公司党组要高度重视，加强领导。所属单位的“三讲”教育要继续坚持高标准，严要求，既要注意借鉴公司本部“三讲”教育的成功经验，又要从各单位实际出发，统筹考虑，合理安排，精心组织实施，认真抓好每一阶段的工作。尤其要加强督促检查，确保不走过场。我们相信，随着“三讲”教育在公司系统的全面展开，必将推动公司系统各级领导班子的建设和干部队伍素质的提高，促进公司系统各项工作的全面发展。

专 文

电力体制改革

国家电力公司的改革与发展

（摘要）

——国家电力公司总经理 高严

（1999年4月26日）

尊敬的会议主席、女士们、先生们：

很高兴参加1999年中国企业高峰会并与各位见面。借此机会，我对中国电力工业和国家电力公司的改革与发展情况作一介绍。

一、当前中国电力供需状况

改革开放20年来，中国电力工业实行集资办电、多家办电、多渠道筹资办电和积极利用外资的政策，得到了持续、快速的发展。从1978年到1998年，中国发电装机容量由5712万kW增至2.7亿kW，平均年增长率7.68%；中国年发电量由2565亿kW·h时增至11670亿kW·h，平均年增长率7.48%。目前，中国的发电装机容量和年发电量均居世界第二位。

近年来，电力供需矛盾趋于缓和，主要原因是改革开放以来电力工业得到飞速发展和国民经济结构调整力度加大。

二、电力工业的改革

改革开放以来，电力工业一直在积极推进各项改革，并且取得了丰硕的成果。1996年12月，国家电力公司成立，电力工业开始政企分开和公司化改组。1998年3月，国务院机构改革后，正式撤销了电力部，国家电力公司开始以企业机制独立运作。随着国家经贸委电力司的组建，国家电力公司政企分开、政府职能移交工作已经完成。行业管理和服务职能也全部移交给了中电联。通过这次改革，形成了国家经贸委行使政府管理职能，中电联行使行业管理与服务职能，国家电力公司按照《公司法》和现代企业制度的要求运作的格局。

国家电力公司自成立后，坚持以市场经济体制为基本取向的改革方向。在充分借鉴世界各国电力体制改革经验的基础上，结合中国的实际情况，制定了“四步走”的改革框架。从国家电力公司成立到1998年电力部撤销是第一步改革，其间电力部与国家电力公司双轨制运行，完成了体制的平稳过渡和职能的顺利交接。从1998年到2000年，实施第二步改革，主要任务是推进国家电力公司的实体化进程，实现政企分开、省为实体和公司制改组，理顺农电管理体制，加强城乡电网建设和厂网分开、竞价上网试点，到2000年国家电力公司系统建立起现代企业制度。从2001年到2010年，国家电力公司将推进第三步改革，基本完成跨大区联网，形成全国联合电网、统一调度，实行厂网分开，不论是国有独资企业、国有控股企业、中外合资企业、中外合作企业，还是BOT电厂，都作为具有同等地位的独立的市场竞争主体，遵守公平竞争的电力市场竞争规划，竞价上网，对全国资源进行优化配置。2010年以后开始第四步改革，根据条件实行发、输、配三个环节分开，建立起规范有序的电力市场，在更大范围引入市场竞争机制，国家电力公司向着管理一流的现代化公司迈进。

当前我们正在进行第二步改革。其主要内容：一是进一步落实"政企分开，省为实体"方针和网省公司的公司制改组。二是山东、浙江、上海和辽宁、吉林、黑龙江六省（直辖市）进行"厂网分开，竞价上网"试点，试点取得经验后在全国推开。三是通过改革农村电力管理体制，改造农村电网，降低农村电价，实现城乡电网同网同价，一体管理。

通过这些改革，推进了国家电力公司的实体化进程。到1998年底，国家电力公司净资产1636亿元，并表后公司总资产达到7700亿元，净资产3200亿元，销售收入2600亿元。国家电力公司已经发展成为具有一定经济实力并在国民经济中起主导作用的大型企业集团。

三、电力工业的发展

按照中国政府确定的2000～2010年国民经济再翻一番的目标,为满足经济发展的需要,电力工业必须保持适当的增长速度,到2000年全国装机容量将达到2.9亿kW,2010年全国需要装机容量约5亿kW。

电力工业发展的重点，一是加快全国电力联网，二是搞好城乡电网建设与改造，三是调整电力结构，四是加强节约与环保。国家电力公司承担着全国联网的任务，正在抓紧进行大区间联网、三峡电网以及大型电站跨省区的送出工程的建设。

电力工业是中国改革开放以来较早引进外资的部门之一。

从1987年至1998年，全国电力基建投资的10%来自外资，对推动我国电力工业的发展起到了积极的作用。今后我国电力工业还将继续贯彻积极、合理和有效地利用外资的方针，以引进先进技术，促进国内设备制造能力的提高，借鉴国际电力改革的成功经验和先进管理方法。

中国电力工业利用外资的模式，一是积极利用国际金融组织如世界银行和亚洲开发银行的贷款，包括它们的扩大联合融资；利用外国政府贷款、出口信贷和国外商业银行贷款；开展补偿贸易；以及在中国境外发行电力债券和电力股票等。二是中国电力企业与外商和外国企业合资合作，或者外商独资建设电站，特别是投资建设有调节能力的水电项目、新能源或新技术发电项目、有利于节能和改善环境的老电厂改造项目。此外，还有对现有电厂资产重估后，增资扩股与外方投资者合资经营或中外合作经营等多种方式。我们将借鉴市场经济发达国家的经验,所有项目将在电力市场中公平竞争,通过竞争获得理想的经济效益。

女士们、先生们，20年的改革开放政策为中国电力工业注入了强劲的活力，电力工业得到空前迅猛的发展，电力工业管理体制也发生了质的突破。目前的电力供需平衡是低用电水平上的平衡，中国电力消费市场还没有得到充分开发。中国人均装机容量0.218kW，年人均发电量937kW·h，全国约有6000万人没有用上电。中国的电力市场前景仍然十分广阔。特别是目前开展的城乡电网建设与改造和全国联网工程，为电力工业的发展提供了新的机遇。国家电力公司将按照"公司制改组、商业化运营、法制化管理"的改革战略，加快走向市场的步伐，把国家电力公司构筑成为一个具有控股功能的、实体化运作的、高效统一的现代化企业集团。我们愿意和各国的投资者及电力同仁合作，使中国电力工业在21世纪有更新、更快的发展。

谢谢。

关于加快农村电力体制改革
加强农村电力管理的意见

（国家经贸委 1998年12月18日）

按照党中央、国务院的部署，为加快农村电力体制改革、加强农村电力管理，使农村电网建设与改造落到实处，进一步减轻农民负担，促进农村经济发展，现提出以下意见。

一、加快农电体制改革和加强农电管理的必要性

实行改革开放以来，我国农村电力事业迅速发展，为农村经济发展做出了巨大贡献。但长期以来，农电管理也存在着一些亟待解决的问题，主要是：农村电力体制不能适应农村电力发展需要；落后的农村电网严重制约了农村经济的进一步发展；农电管理事权不明、责任不清，农村电力市场混乱；农电职工队伍庞大，人员过多；农村电价奇高，农民不堪重负。这些问题必须通过深化改革和加快发展来解决。

加快农村电力体制改革与发展,对开拓农村市场特别是农村家电市场,推动城乡电力一体化管理,促进农村精神文明建设,加快实现广大农民脱贫致富奔"小康"目标都具有重要的现实意义和深远的历史意义。

二、指导思想与原则

农村电力体制改革是一项复杂而艰巨的系统工程，必须规范管理、综合配套，统一规划、分类指导，有序进行、分步实施。

（一）指导思想

按照建立社会主义市场经济体制的要求，围绕电力为农业、农民、农村经济发展服务的目标，以减轻农民负担、实现农村电气化、开拓农村市场、改善农

村生态环境为目的，坚持政企分开，减少中间环节，运用经济、法律、行政等手段，规范乡（镇）电管站和农村电力市场，整顿农村电价，使我国农村电力建设与管理上水平、上台阶，促进农村经济快速、健康发展。

（二）主要原则

1. 农电改革与发展要与我国电力工业的改革与发展相适应，与现阶段我国农村经济发展水平相适应。

2. 深化农电体制改革与加快农村电网改造相结合，整顿农村电价与规范农村用电秩序相结合，加强农电管理与改善服务相结合。

3. 加大各级地方人民政府监督管理农电（包括农村电价）工作的责任，加大各级电力公司经营管理农电的责任。

4. 正确处理好政府与电力企业的关系，中央电力企业与地方电力企业的利益关系，电力企业与农民的利益关系。

三、目标与措施

（一）目标

用三年左右时间，理顺并建立符合我国农村经济发展水平的农电体制，完成农村电网的建设与改造，规范农村用电秩序，促进农村电气化事业的发展。

——在农电管理体制上，原则上一县一公司（企业实体）并实现县（市）乡（镇）电力一体化管理。

——在农村电网改造上，要使农村电网技术装备水平上一个台阶，损耗降到合理水平，实现安全可靠供电。

——在农村电力营销管理上，逐步实现电力企业销售到户、抄表到户、收费到户、服务到户的“四到户”管理。坚决杜绝“人情电、权力电、关系电”的现象。

——在农村电价管理上，实行农村电价与城市电价的统筹安排，社会公平负担，首先实现城乡居民生活用电同网同价，然后实现其他用电的同网同价。

（二）措施

1. 管理体制方面

（1）按照政企分开的原则，县级管电机构和供电企业实行政企分开，由县经贸委（经委、计经委）行使政府管理职能；供电企业要成为独立核算的实体，行使企业经营职能。存在多家供电企业的，要按出资关系，组建有限责任公司或股份有限公司。

（2）改革乡（镇）电管站的现行管理模式，将乡（镇）电管站改为县级供电企业所属的供电所或营业所，其人、财、物纳入县级供电企业统一管理。乡及乡以下农村集体电力资产可采取自愿上交、无偿划拨的方式由县级供电企业管理，并由其承担维护管理责任。

（3）对直供直管县供电企业，要逐步改造成为省（区、市）电力公司的子公司，由其承担的乡及乡以下农村电网维护管理费用，可据实从严核入电网供电成本，并通过相应调整目录电价解决。

（4）对趸售县供电企业，原则上应上划由省（区、市）电力公司直接管理；暂时不能上划的，可以在产权关系不变的前提下，由省（区、市）电力公司代管，或者按照建立现代企业制度要求，通过参股入股等方式，逐步改组为有限责任公司或股份有限公司。

（5）对自供自管县供电企业，要按照电力工业的改革方向，因地制宜、因网制宜，根据不同情况进行改革，条件成熟的，可参照直供直管县、趸售县的改革原则和步骤进行改革。

2. 营销管理方面

（1）建立规范的抄表收费制度，全面推行“五统一”（统一电价、统一发票、统一抄表、统一核算、统一考核）和“三公开”（电量公开、电价公开、电费公开），实现由县级供电企业的职工（电工）直接抄表到户。农村用户要实行一户一表，并以计量检定机构依法认定的用电计量装置的记录和国家规定的电价交纳电费，有权拒交超过表计电量和国家电价外的一切收费。

（2）整顿农村电工队伍，规范服务行为。国家将制定农村电工统一考核标准，对农村电工实行统一考核、择优录用的办法，经过考核符合标准的，一律持证上岗，并纳入县级供电企业的合同管理，考核不合格的，一律不得录用。

3. 农电价格管理方面

（1）改革现行农村电价的形成机制。逐步改变现行农村电力成本的负担办法，对农电成本实行统一核算、统一定价、社会公平负担的办法。坚决取缔一切不符合国家规定的价外加价和附加收费。

（2）加快城乡用电同网同价的进程。在条件成熟的省（区、市），可以推行一省一价。暂不具备条件的省（区、市），可以在省（区、市）内直供直管县和趸售代管县范围内实行城乡一价，其他县实行一县一价。农村电价与城市电价逐步实现统筹安排、同网同价。

（3）建立电网改造投资偿还机制。直供直管县和趸售代管县农网改造投资的偿还在全省（区、市）电网均摊，自供自管县农网改造投资的偿还在该县电网均摊。

4. 电网投资方面

（1）国家将加大对农村电网建设与改造的投资力

度，主要通过国家商业银行（中国农业银行）贷款；同时支持和鼓励供电企业通过合法渠道融资筹集改造资金。各级地方人民政府也要加大支持农村电网建设与改造的力度。

(2) 各级电力企业要加大对农村电网建设资金的投入，以满足农村不断增长的用电需求。今后新建农电设施应纳入电力规划，由电力企业统一建设、统一经营。

(3) 国家对直供直管县和趸售代管县的电网改造投资原则上由省（区、市）电力公司负责统借统还；对自供自管县的电网改造投资视具体情况确定贷款方式。

5. 加强管理方面

(1) 严格落实农电管理责任制，地方人民政府特别是县级人民政府应对本县农村电价进行有效监管，要采取有效措施控制农村电价水平，减轻农民电费负担。

(2) 电力企业要严格执行国家电价政策和规定，对乱加价、乱收费、乱摊派行为要坚决拒绝；严禁代征代收各种不符合国家规定的价外收费。对已公布的违法加价、收费项目，必须立即纠正、停收，如再继续征收，一经查出要公开曝光，并追究领导人的责任。

(3) 县级电力企业要加强管理，挖掘内部潜力，降低生产成本，实行减人增效、下岗分流和实施再就业工程。趸售县和自供自管县原则上要在三年内分流一半人员。

(4) 要大力采用先进技术和设备改造农村电网，推进和采用低损耗、安全性好、可靠性高的适用技术和设备。

四、组织实施

(一) 这次农电体制改革，对我国长期形成的农电体制和市场管理秩序是一次重大调整和变革，涉及面广，影响深远，必须按照精心组织、周密安排、稳妥推进的要求，充分依靠各地政府和电力企业，把工作抓紧抓实抓好，抓出成效。

(二) 国家经贸委作为全国电力主管部门全面负责组织、指导、监督和落实农村电力体制改革工作；各省（区、市）人民政府、国家电力公司作为农电改革与发展的具体实施部门，要实行责任制管理；各省（区、市）经贸委（经委、计经委）要会同省（区、市）计委、财政厅（局）、电力局（公司）、水利（水电）厅（局）、物价局等有关部门，按上述总体要求，在1999年3月底前提出本省（区、市）农电体制改革方案报国家经贸委，同时抄送国家计委、财政部、国家电力公司，由国家经贸委会同国家计委、财政部、水利部、国家电力公司等有关部门审定后组织实施。对实施过程中出现的问题，各省（区、市）人民政府、国家电力公司要及时进行协商、协调，妥善解决，重大问题及时报告国家经贸委。

在全国农村电力体制改革电视电话会议上的讲话

——国家经贸委副主任 石万鹏

(1999年1月22日)

一、统一思想，提高对加快农村电力体制改革，加强农村电力管理重要性的认识

改革开放以来，我国农村电力事业飞速发展，为农村经济发展做出了巨大贡献。但长期以来，由于体制、政策等方面的原因，农村电力工作也存在着一些亟待解决的问题，主要是：农村电力体制不能适应农村电力发展需要；落后的农村电网严重制约了农村经济的进一步发展；农电管理上事权不明、责任不清，农村电力市场混乱；农电职工队伍庞大，人员过多；农村电价奇高，农民用不起电，不堪重负。这些问题必须通过深化农村电力体制改革，加快农村电力发展和加强农村电力管理来解决。

党的十五届三中全会明确指出，农业、农村和农民问题是关系改革开放和现代化建设全局的重大问题。没有农村的稳定就没有全国的稳定，没有农民的小康就没有全国人民的小康，没有农业的现代化就没有整个国民经济的现代化。农村电力事业是农村电气化事业的基础，它是发展农村经济，保持农村稳定，提高农民生活水平，实现农业现代化的重要条件。因此，党中央、国务院历来十分重视农村电力事业的发展。去年国家加大了城乡电网建设与改造的力度，今年国务院又批转了国家经贸委关于加快农电体制改革和加强农电管理的意见，这是党中央、国务院发展农村经济、提高农民生活水平，加快实现脱贫致富奔"小康"目标的重大措施；也是改善农村消费条件，开拓农村市场，特别是农村家电市场，促进农村精神文明建设的重大措施。目前是农电体制改革、电网改造、城乡同价最有利的时机，一是党中央、国务院领导同志非常重视这项工作；二是全国电力供需形势缓和，为加快农电体制改革创造了十分有利的条件；三是国家有关农电"两改一同价"和加强农电管理的政策措施已经明确；四是农村电网建设与改造已全面启动，国家投资的力度较大；五是广大农村和农民有要求改革的强烈愿望。因此，我们必须充分认识加快农

电体制改革、加强农电管理重要的现实意义和深远的历史意义，按照国务院的统一部署，积极行动起来，扎扎实实地做好这项工作。

二、把准方向，全面推进农村电力体制改革，加强农村电力管理工作

农村电力体制改革是一项复杂而艰巨的系统工程，完成这项工作，从全国来看，大体要用三年时间。在组织和实施这项工作时，必须统一规划、分类指导，有序进行、分步实施，规范管理、综合配套，具体把握好以下几点：

第一、农村电力体制改革要与我国电力工业的体制改革相适应，与现阶段我国农村经济发展水平相适应。

农电体制改革不是一项单纯改革，必须放在整个电力工业改革的整体规划中来考虑，必须要与我国电力工业的体制改革相适应。关于各省（区、市）电力体制问题，《国务院办公厅转发国家经贸委关于深化电力体制改革有关问题意见的通知》（国办发［1998］146号）中已明确，各地要按此严格执行。农电体制改革必须与现阶段我国农村经济发展水平相适应，不能脱离广大农村经济发展水平的实际，超越或低估我国农村经济和农村电力发展水平的改革，是不会被广大农民接受的。这次农电体制改革要按照建立社会主义市场经济体制的总体要求，围绕电力为农业、为农民、为农村经济发展服务的目标，结合深化电力体制改革的总体部署，以减轻农民负担为中心，以实现农村电气化、开拓农村市场、改善农村生态环境为目的，坚持政企分开，减少中间环节，运用经济、法律、行政等手段，规范乡电管站和农村电力市场，整顿农村电价，使我国农村电力事业上水平、上台阶。

第二、坚持深化农电体制改革与加快农村电网改造相结合，整顿农村电价与规范农村用电秩序相结合，加强农电管理与改善电力服务相结合。

这次农电体制改革不是在原有体制上修修补补，而要实现制度创新，建立一种新型的符合我国国情的农电体制和机制，以深化改革和加强管理来促进改造，降低电价，保证和巩固“两改一同价”成果，让党中央、国务院放心，让广大农民群众满意。具体要求是：

在管理体制方面，坚持一县一公司并实现县（市）乡（镇）电力一体化管理，按照政企分开的原则，县一级管电机构和供电企业实行政企分开，由县经贸委（经委、计经委）行使政府管理职能；供电企业要成为独立核算实体，行使企业经营职能，存在多家供电机构的要按出资关系，组建成有限责任公司或股份有限公司。改革乡（镇）电管站的现行管理模式，取消中间管理环节，将乡（镇）电管站全部改为县供电企业的供电所或营业所，其人、财、物纳入县级供电企业统一管理。乡及乡以下农村集体电力资产，可采取自愿上交、无偿划拨的方式，由县级供电企业管理，并由其承担维护管理责任。直供直管县，要逐步改造成为省（区、市）电力公司的子公司。趸售县供电企业，原则上应上划，由省（区、市）电力公司直供直管，暂不能上划的，可以在产权关系不变的前提下，由省（区、市）电力公司代管，或者按照建立现代企业制度要求，通过参股入股等方式，逐步改组为有限责任公司或股份有限公司；对自供自管县供电企业，要按照电力工业的改革方向，因地制宜、因网制宜，根据不同情况进行改革，条件成熟的，可参照直供直管县、趸售县的改革原则和步骤进行改革。

在营销管理方面，要建立规范的抄表收费制度，全面推行“五统一”（统一电价、统一发票、统一抄表、统一核算、统一考核）和“三公开”（电量公开、电价公开、电费公开），逐步实现电力销售到户、抄表到户、收费到户、服务到户的“四到户”管理。农村用户要实行一户一表，用户按电表的记录和国家规定的电价交纳电费，农村居民有权拒交超过计量和国家电价外的一切收费。国家将制定农村电工统一考核标准，对农村电工实行统一考核、择优录用的办法，经过考核符合标准的农村电工，一律持证上岗，纳入县供电企业统一管理，考核不合格的农村电工，一律不得从事农电管理工作。

在农电价格管理方面，要逐步改变现行农电成本的负担办法，对农电成本实行统一核算、统一定价、社会公平负担的办法。坚决取缔一切不符合国家规定的价外加价和附加收费。加快城乡用电同网同价的进程，首先实现城乡居民生活用电同价。在条件成熟的省，可以推行一省一价，暂不具备条件的省，可以在省内直供直管县和趸售代管县范围内实行城乡一价，其他县实行一县一价。农电“两改一同价”和加强管理的成效，必须充分体现在农村电价的明显降低上，要让广大农民群众真正得到实惠。

在电网投资方面，国家主要通过国有商业银行贷款，加大对农村电网建设与改造的投资力度，同时支持和鼓励供电企业通过合法渠道融资，筹集改造资金，各级地方政府也要加大支持农村电网建设与改造的力度。今后新建农电设施要纳入规划，由电力企业统一建设、统一经营。国家对直供直管县和趸售代管县的电网改造投资，由省（区、市）电力公司负责统借统还，并在全省电网均摊。今后农村电力建设和发展不能再用集资、加价的方式增加农民负担，要纳入电力发展的正常渠道，作为电力企业的基本任务。

第三、要强化地方政府监督管理农电(包括农村电价)工作的职责,明确电力企业经营管理农电的责任。

加强农村电力管理要严格落实责任制，地方政府特别是县政府应对本县农村电价进行有效监管，要采取有效措施控制农村电价水平，减轻农民电费负担。电力企业要严格执行国家电价政策和规定，坚决制止乱加价、乱收费、乱摊派行为，严禁代征代收各种不符合国家规定的价外收费。对已公布的违法加价、收费项目，必须立即纠正、停收，如再继续征收，一经查实要公开曝光，并追究电力企业领导人的责任。县级电力企业要加强企业管理，挖掘内部潜力，降低生产成本，实行减人增效、下岗分流和实施再就业工程。趸售、自管县原则上要在3年内分流一半人员。

三、精心组织，通力配合，保证农电体制改革的顺利进行

这次农电体制改革是对我国长期形成的农电体制、运营机制和市场管理秩序的一次重大调整，是前所未有的根本性变革。在实施改革过程中，要正确处理好各级政府与电力企业的关系，中央电力企业与地方电力企业的利益关系，电力企业与农民的利益关系。衡量这次农电体制改革成效的最高标准是农民利益。无论是改革、改造和管理都要注意保护农民的利益，如果改造加重了农民负担，改革加重了农民负担，管理增加了农民的负担，那么改革、改造和管理就失败了。农民利益与企业利益，地方利益与中央利益相矛盾时，应当讲大局、讲团结、讲配合，以全局利益为重。各地要把认识统一到国务院文件精神上来，在执行过程中不打折扣，不走样，严格按文件精神办，以保证改革的顺利进行。

各地要把贯彻国务院文件同当地的实际紧密结合起来，积极开动脑筋，创造性的开展工作。要把农电体制改革与城乡电网改造和同价工作有机结合起来，相互促进，各有侧重，统筹兼顾，不能搞几张皮。作为国务院电力主管部门，国家经贸委将全面负责组织、指导、监督和落实农村电力体制改革工作。各省(区、市)人民政府、国家电力公司作为农电改革与发展的具体实施部门，要实行负责制管理。对实施过程中出现的问题，要及时协商、协调。各地经贸委要切实负起责任，按照精心组织、周密安排、稳妥推进的要求，主动向省政府汇报，充分依靠电力局和计委、财政等有关部门，结合本地实际，加大协调力度，把工作做深、做细、做实。

按照国务院的要求，各省要在3月底之前将本地的农电体制改革方案报送国家经贸委审定，时间很紧，希望各地能够按时、高质量的完成任务。让我们共同努力，为农村的电气化事业，为农民、为农业、为农村经济的发展做出我们应有的贡献。

全 国 联 网

以三峡为中心全国联网规划研究

——国家电力公司电网建设分公司

三峡输变电工程是三峡工程的一个重要组成部分。确保三峡电力外送和促进全国电网互联是国家电力公司的重要任务。为此，在进行三峡输变电工程建设的同时，开展了以三峡电力系统为中心的联网研究。

1 关于全国联网的基本思路

经过研究，全国联网的基本思路：一是全国联网应以三峡电力系统为中心逐步推进；二是为实现全国能源资源的优化配置，要加强能源基地电力的外送，并促进大区之间的送电型电网互联；三是按照利益共享、平等协商、互惠互利的原则实现周边地区的效益型电网联网。由此确立开展联网研究的重点：①三峡电网与华北电网互联，以及华北与东北电网互联；②三峡电网通过金沙江溪洛渡、向家坝水电的开发及其外送，进一步加强中部电网结构；③三峡电网与南方电网互联；④三峡电网与西北电网互联；⑤俄罗斯向中国华北、东北的跨国送电联网。

2 关于三峡电网与华北电网互联研究

电网公司从筹备期间就会同华北电力集团公司、华北电力设计院等单位，根据三峡电站出力过程及其电力电量平衡情况，开展了与华北联网方式、效益的研究，还组织有关专家并在电网公司的两次专家会议上对这一问题进行了深入的探讨。总体上认为，三峡电网与华北电网联网是有明显效益的，并建议在2005年左右实现周边联网。2010年三峡地下电站开始建设时考虑直流联网。研究报告认为，在初期周边联网可取得降低尖峰负荷约2.9%的效益；在三峡电站地下电站建成后直流联网，使京津唐电网200MW及以上火电机组的调峰幅度由46%下降到33%，有

效地缓解华北电网的调峰困难，其他尚有事故备用效益，水、火互补效益，从而增加三峡电站季节性电能消纳能力，提高三峡电站技术经济等效益。

3　关于东北电网与华北电网互联

根据电力规划总院组织的可行性研究，认为联网后在互为备用及送电方面都有效益，重点做了建设前期准备工作，并与东北、华北电力集团公司协商有关该工程效益和投资的还本付息等方面协议。国家电力公司已于1998年3月向国家计委转报了可行性研究报告书。目前，国家开发银行已完成了该项目的评审，可望近期得到国家计委的批复，现已签定有关设计合同及进行开工前的准备工作。当前，东北、华北联网的进度主要取决于华北电网内的迁西、顺义变电站，以及顺义至迁西的500kV线路工程的进度配合。

4　金沙江溪洛渡、向家坝水电站外送研究

通过金沙江上游的溪洛渡、向家坝水电站的开发及其外送，可使三峡电网向西扩展，进一步加强中部电网，同时也可使南方电网的云南部分与中部电网的川渝电网之间加强联系。根据国家电力公司的部署，并受水电规划总院的委托，电网公司会同电力规划总院、电科院、西南电力设计院等有关设计院和网省公司，组织专家开展了研究工作。经过一年多的研究，已于1998年2月正式提出报告，并于最近提交中国国际工程咨询公司组织评审。研究报告明确了溪洛渡、向家坝电力外送的输电方式和输电落点，完成了第一阶段的综合研究报告明确了溪洛渡、向家坝电力外送的输电方式和输电落点，完成了第一阶段的综合研究任务。研究结果认为，开发溪洛渡、向家坝在技术经济上是合理的，且应以外送为主：①送电华中、华东电网比送电川渝、云南电网更加有利，如枯水期送电川渝时平均装机利用率约30%、送电云南时约45%，而送电华中时为94%、送电华东时接近100%。②送电方式，溪洛渡送电川渝、云南电网及2回交流500kV输电方式；而向家坝送电川渝、云南电网以各1回500kV输电方式；溪洛渡、向家坝送电华中的输电距离在1000km以上，以±600kV直流输电方式为宜，落点可在湘中和赣中；送电华东，同样以±600kV直流输电方式为宜，落点可在浙西和皖南，到浙西的距离为1900～2000km，到皖南的距离为1800～1900km。③送电容量，溪洛渡送电华中、华东分别在3200和6400MW之间。④溪洛渡、向家坝两电站送出的投资规模约450亿元（1997年价）。

5　关于三峡电网与南方电网互联

1998年，邀请南方四省，华中、湖南、四川、重庆电力公司，中南、西南、广东电力设计院，成都、中南、长委会勘测设计院，以及电规总院、水规总院、电科院等单位的专家，就三峡电网与南方电网互联问题进行了研究，并讨论通过了预可行性研究工作大纲，成立了协调小组，各网省公司还提出了需要协调的问题等，具体研究工作即将开展。专家讨论认为，三峡电网与南方电网互联的时机和区域大体来说有如下几点：①结合广东和湖南500kV电网建设，研究湖南衡阳与广东韶关周边电网互联的结构问题；②通过三板溪水电站的开发，研究贵州与湖南、华中的联网送电方案；通过开发贵州煤电基地，研究贵州与重庆、贵州与湖南的送电联网问题；③通过洪水河龙滩水电站的开发，研究龙滩与湖南、华中电网的送受电关系，以及红水河和长江流域的跨流域补偿调节效益问题；④结合溪洛渡、向家坝水电站的开发，通过四川和云南电网实现三峡电网与南方电网的互联问题。

6　关于三峡电网（川渝电网）与西北电网互联问题

为了充分发挥三峡电站的效益，三峡电网除了考虑与华北、南方电网互联之外，另一个重要课题是与西北电网的互联问题。关于三峡电网与西北电网互联，主要考虑的是川渝电网与西北电网的互联问题。早在90年代初，就研究过由西北建设燃煤电厂送电四川以解决四川缺电问题，从长远来看，这种送电效益仍然存在。与此同时，还要考虑的是三峡电站建成之后大量季节性电能的消纳问题，以及目前川渝电网每年几十亿千瓦时以上的汛期水电量问题，在二滩电站建成后，这种情况可能更加严重。因此加快川渝电网与西北电网互联，将有利于三峡电站和二滩电站效益的发挥，同时借库发电，也有利于西北水电效益的发挥。

7　关于俄罗斯向中国送电研究

俄罗斯向中国送电问题，经过近两年的工作，已编制完成了由俄罗斯伊尔库茨克向中国华北、东北电网送电预可行性研究报告，已于1998年5月在俄罗斯向中国送电领导小组扩大会议上进行初审，并上报国家电力公司。报告的初步结论是：①在2010年或2020年之前，俄罗斯向中国送电2000～3000MW的电力供应是有保证的，送电对双方都是有利的。②送电量可按2000、2500、3000MW考虑；可采用±600kV直流输电方式；送电起点为伊尔库茨克；落

点为北京、唐山或沈阳，以唐山较好；送电距离为2500km，静态投资为11亿美元（1997年价）。③电价是该项目是否可行的最关键问题。按目前俄方提出的每千瓦时2.2美分上网电价测算，到中方的落地电价为4.5～5美分，中方力争落地电价控制在4美分以内。④建议进一步对送电的必要性进行敏感性分析，同时对线路的路径问题进行探讨，必要时对关键线段进行踏勘。另外，资金筹措、组织实施方式也需要进行研究。为提高三峡电网建设水平，并由此促进我国电网规划、建设技术水平的提高，电网公司一直把科技工作作为一项重要工作来抓。从1996年开始，就筹备建设“三峡电力系统仿真中心”、“杆塔试验站”、“导线力学实验室”和“电磁兼容实验室”等四大科研基地，现在，“三峡电力系统仿真中心”已建成验收，其他项目也已签定合同并正在建设之中。此外，“直流合成绝缘子研究”、“500kV变电站综合自动化”和“大功率放线张力机”等科研项目也都在逐个实施之中。

城乡电网建设与改造

陆延昌副总经理在国家电力公司县供电企业体制改革工作经验交流会上的讲话

（1999年11月28日）

这次会议是今年继8月份乡镇电管站改革工作会议之后，国家电力公司党组决定召开的第二次农电体制改革专题会议。这次会议正值中央经济工作会议结束之际，所以具有更为重要的意义。

党中央、国务院，对农电管理体制的改革、农村电网建设和改造以及通过“两改”达到城乡用电同网同价目标的工作非常重视，国家电力公司也把“两改一同价”作为今年的重点工作之一。按照高严总经理的概括，今年的工作重点为“一个调整、两个整顿、三个试点”。在这三个方面中，农电占有重要的工作内容。其中，“一个调整”即结构调整，而加大农村电网改造力度本身，就属于结构调整的重要内容。“两个整顿”即外部整顿电价，内部整顿财务。通过整顿,农村电价整体水平要下降5分钱/(kW·h)。三项改革试点:一是政企分开、省为实体、公司制改革的试点。二是网厂分开,竞价上网的试点。三是农村电力体制改革的试点。因此,一个调整、两个整顿、三个改革试点当中,农电工作都是很重要的内容。

一、一年来县供电企业体制改革的基本情况和实践经验

国务院国发［1999］2号文件下发后，国家电力公司将农电“两改一同价”工作列为公司今年八项重点工作之一，相继制定了《关于加快乡（镇）电管站改革实现县乡（镇）一体化管理的实施意见》和《趸售县供电企业代管办法》等文件，推动了改革工作的深入进行。到目前，已经有23个省（市、区）上报农电体制改革方案，国家经贸委会同国家电力公司等部门审查批复的方案有13个。县级农电体制改革工作取得了积极进展，省电力公司对趸售县供电企业实现代管的已达970个县，其中190个代管县组建了有限责任公司或股份有限公司。省电力公司直接上划管理的趸售县达到54个，其中10个正在改造为省电力公司的子公司。国家电力公司系统的直供直管县选择了10个县局作为子公司的改革试点。

实践证明，进行代管和实施股份制改造后，理顺了省电力公司与县供电企业的关系，有利于农电方针政策、电价政策的贯彻执行；县供电企业管理水平得到提高，县供电企业实施减人增效和提高企业职工队伍素质有较大进展，加快了推动农网改造和乡镇供电所的改革，规范安全生产和用电管理，农村用电中的“三乱”和“权力电、人情电、关系电”开始得到治理，农民的负担切实得到减轻。从一年来的实践看，趸售县代管工作做的比较好的有河北、山东、福建、河南、贵州、云南、甘肃等；股份制改造工作做得比较好的有江西、天津和新疆等；吉林省因地制宜，认真探索趸售县上划工作。这些省（市）在改革实践中不断创新，取得了可贵的经验，值得各网省公司借鉴和学习。他们的主要经验和效果是：

1．对趸售县供电企业实施代管，加强企业领导班子建设是重点

多年来，县级供电企业领导班子和领导干部，团结和带领广大职工积极进取，艰苦创业，为农村经济发展、为农民生活水平提高、为农业生产的丰收做出了重要贡献。

2．实行代管和股份制改造有效控制了人员的膨胀

由于县供电企业在当地的特殊地位，造成一些县供电企业进人多，形成严重的人员膨胀、人浮于事及“以电养人”现象，职工素质得不到保证，劳动生产率较低。通过代管，对县供电企业人员实行总量控

制、严格审批，代管后的供电企业职工总数年增长率明显下降，有的企业还实现了负增长，职工队伍素质得到提高。

3. 代管提高了企业的管理水平，降低了农村电价电费

代管后，县供电企业的管理水平得到了普遍提高，安全生产局面趋于稳定，财务审计和监督力度加大，财务管理、资金管理逐步规范，资产管理得到加强。

4. 促进了农网改造工程和乡镇电管站改革的顺利进行

对于趸售县来讲，必须坚持先改革后改造的原则，即先进行农电体制的改革，再进行农网改造。趸售县没有实施由省电力公司代管，省电力公司就无法作为项目法人进行贷款投资，根据国家计委［1999］1024号文件精神，也无法在更大范围内分摊还本付息电价。福建省电力公司根据国务院［1999］2号文件精神，认真分析了县级供电企业农电体制改革的现状，积极向省政府提出对趸售县在“五不变”的前提下，由省电力公司代管，农网改造由省电力公司负责统贷统还，全省电网实行统一规划、统一管理，避免出现重复建设。由于省电力公司态度诚恳，方案可行，省政府给予了大力支持，国家计委今年同意了福建省的意见，成功地完成了对全省50多个趸售县的代管工作，解决了农网改造上碰到的难题，极大地促进了农网改造的顺利进行。对股份制改造后的县供电企业，各省公司更是及时注入了资本金和农网改造资金，大大加快了农网改造步伐。代管为乡镇电管站的改革提供了体制上的保证，利于建立规范化的县乡一体化管理。代管后的县供电企业、乡镇电管站体制改革工作进行得比较顺利，比较稳妥。

5. 县供电企业股份制改造取得初步进展

对于县供电企业如何建立现代企业制度，多年来没有一个比较成功的经验。国务院2号文件下发后，江西、天津在县供电企业股份制改造方面有了很大突破。江西省电力公司根据国务院及有关部门的文件精神，按照省政府的要求，制定了对县供电企业实行代管和股份制改造的具体操作办法，成立了一把手任组长的“两改一同价”领导小组，健全了领导体系，强化了组织保证。他们结合江西实际提出了既能调动地方积极性，又能防止农网改造后体制出现反复的改革方案，在省政府的支持下，与县供电企业草签了代管协议。在此基础上，确定以股份制改造为重点，积极推进体制改革，进行了股份制改造试点，以资产为纽带，省电力公司与县政府共同出资，组建县供电有限责任公司。在试点取得成功经验的基础上，全省94个县有79个县分三批与省电力公司签定了县供电企业股份制改造协议，其中76个已挂牌运营。他们在股份制改造过程中还确定了“先改制，后改造，资金跟项目走，项目跟体制走”的原则，凡是体制没有按要求理顺的县，不审批项目，不安排农网改造资金。

股份制改造为企业在市场经济条件下的发展打下了良好基础。县供电企业通过实施股份制改造，建立了科学、规范的公司法人治理结构，促进了政府职能的转变，把企业完全纳入了市场经济的轨道。体制创新为企业管理创新提供了保证，有利于进一步深化公司内部改革，开拓用电市场，为公司的发展打下了良好的基础。

在肯定成绩的同时，也要清醒的看到代管或股份制改造进程中存在的一些问题：一是部分省公司领导同志对县级农电体制改革的认识不到位，重视不够，工作力度不大；二是从全公司系统看，对趸售县代管进展缓慢，已实行代管的还不够规范。有的省代管工作流于形式，没有实质内容，甚至连代管协议都没有签订；三是乡镇电管站的管理体制改革相对滞后，许多地区乡镇电管站改革尚未起步；四是对实施中遇到的问题依靠政府进行协调的力度还不够，政策研究有待加强。

这些问题都将影响改革的顺利进行和总体目标的实现，应引起我们的高度重视。要充分认识到，改革县级供电企业管理体制，政策性强，关系到国务院提出的农电两改一同价三大目标的实现，关系到开拓农村电力市场，推动城乡电力一体化管理，也关系到全面推进农电工作和解决农电深层次问题。因此，我们要认真学习和领会十五届四中全会和国务院关于改革农电管理体制，加强农村电力管理的精神，以更高标准重新审视我们的工作，进一步拓展工作思路，把工作抓紧、抓实、抓出成效，不断深化农电体制改革。

二、明确任务，坚定信心，积极推进县供电企业体制改革的工作进程

1. 提高认识，统一思想，进一步深化对县供电企业体制改革的再认识，增强责任感、紧迫感和自觉性

最近一个时期，国家电力公司系统各单位在国家经贸委和各级政府支持下，在贯彻落实党中央、国务院关于农电体制改革的部署中，做了大量艰苦细致的工作，表现出较强的政治责任感和大局意识，保证了改革的顺利进行。通过这次会议的交流与研讨，要进一步提高认识，增强推进改革的主动性和坚定性。

实行农电体制改革，是着眼于我国发展的全局提出来的，是我国电力体制改革的重要组成部分。省电力公司要切实承担起对趸售县代管的责任，加大宣传

力度，使全社会都深刻认识和感受之中对趸售县企业实施代管是党中央、国务院的重要决策，是理顺农电体制，落实党在农村的各项政策，进一步发展农村经济，提高农民生活水平的重要举措，是从农民的根本利益和长远利益出发的一项重要政策。省电力公司要充分发挥管理和技术优势，加强对县供电企业的管理，负责国有资产的保值增值，减人增效、控制成本、加强财务监管。负责实施农网改造，节能降损，提高供电可靠性，促进县供电企业的发展。各省电力公司党组要认真分析改革中取得的经验和存在的问题，对照上级要求和兄弟省的作法，找出差距，有的放矢，制定措施，进一步深化对县供电企业的改革。对趸售县供电企业没有实现代管的，必须按照国家电力公司《趸售县供电企业代管办法》要求，年底前全部完成，确保国家电力公司改革目标的实现。

第一，要切实加强代管县供电企业领导班子建设。一要视同直供直管一样，严格按照规定程序选拔任用干部，坚持民主推荐、组织考察、集体讨论决定的程序，在程序问题上不通融、不让步。要使领导班子年龄结构、知识结构、专业结构趋于合理，增强班子的整体功能。二要实行领导班子和领导干部的定期考察，并将考核结果作为干部使用、调整和奖惩的依据。要加强对领导班子成员的监督和考核，实行在任和离任审计制度，并完善干部监督的各项规章制度。三要建立和完善领导班子工作规则、议事规则，明确集体领导与个人分工负责的权限和责任，提高决策的民主化、科学化水平，做到集思广益，择善而从。要在领导班子内部建立起有效的自我监督、自我约束机制，提高严格自律和解决自身问题的能力。四要加强领导干部的学习和培训，不仅重视业务上的培训，同时也要注重思想上的教育。要求按照讲学习、讲政治、讲正气的要求深入学习邓小平理论，学习有关法律法规、以及工程监理、工商管理等知识，以满足社会主义市场经济的需要。要充分发挥党校和教育培训中心的作用，结合农电上岗培训，加强干部的政治理论和党性党风教育，提高政治素治和党性修养。在加强班子培训的同时，还要加强县供电企业后备干部培训，做好人才储备。五要加强县供电企业领导干部的交流，除加强县供电企业间的交流外，对于作风扎实、本领过硬、成绩优异的干部要重点培养，积极向政府部门及系统内推荐，大胆提拔使用。

第二，要切实加强代管县供电企业的内部管理。一要坚持“安全第一，预防为主”的方针和“以人为本，从严治电”的思想，进一步完善安全管理制度和工作措施，严格落实责任制，抓好人身安全和电网安全两个核心。代管后，党和政府、人民群众对电力工作寄予了更高的期望，省电力公司所肩负的工作责任自然更加重大。大家必须清楚地认识到这一点，不负重望，不辱使命，增强责任感与使命感。要以农网改造为契机，努力提高电网安全运行水平和抗灾水平。二要加强基础管理工作。要按照加强管理和管理创新的要求，因地制宜根据实际需要不断改进和加强与市场相关的各项基础管理，建立健全包括技术标准、质量标准、管理标准和工作标准在内的标准化体系，推行聘任制、岗位责任制、成本目标责任制等，实行优化组合，竞争上岗。进一步改革人事管理制度，科学设置内部机构，建立管理人员竞争上岗、能上能下的机制。对人力资源进行科学规划，制定人才的发展规划和需求计划，改变人力分配上的浪费和低效现象。要严格控制人员调入，并努力实施减人增效、人员分流计划。三是要狠抓管理的薄弱环节，重点抓好财务管理特别是成本管理、资金管理和市场营销工作。要认真学习邯钢经验，实行成本控制，严格各种费用的支出，建立健全资产、成本等一系列管理制度；希望各级供电企业的主要负责同志要重视学习财务管理知识，加强预算管理、成本控制、资金管理及统计分析工作，提高科学决策水平。要全面推行财务收支预算管理，建立科学、高效、有序的预算管理体系，规范运作，防范风险，保证国有资产的保值增值。特别要加强投资、贷款和对外担保等管理工作和制度建设，严格审批程序；要加强企业审计工作，认真清理企业账外账和小金库，做到依法经营，杜绝重大违法违纪事件的发生。四要切实转变观念，努力开拓农村电力市场，用发展的眼光密切关注农村经济的发展，关注农村住宅、道路、家电、小城镇化的发展过程。要进一步作好农村电力需求预测，制定符合农村实际的电力营销战略，建立新的农村电力营销体系。今后要加强县级供电企业的经营活动分析和负荷管理工作。五要加强重要岗位专业化培训，逐步过渡到全员培训，争取尽快实现全员持证上岗，培养高素质的职工队伍。六要落实国家电力公司三年纠风和行风建设工作规划，重点开展规范化服务和示范窗口建设，以“人民电业为人民”为服务宗旨，以创建文明行业为目标，扎扎实实开展行风建设。

第三，要正确处理省电力公司与代管县供电企业之间的关系。要注意对代管县供电企业管理的工作方式、方法。代管要有实质内容，不能代而不管，流于形式。对县供电企业实施代管，体现了各级政府对我们的信任，我们要本着对国家负责、对当地政府负责、对县供电企业及对用户负责的态度，认真制定代管协议，履行代管职责。省电力公司对趸售县供电企业的管理要按企业法的有关规定和要求进行。要规范作为独立法人的趸售县供电企业的管理，帮助他们解决自身无法解决的问题，充分发挥他们的主观能动性。一定要实行归口管理，省公司农电工作部门是主要责任处室，要发挥牵头作用。无论是检查、会议或是下达任务指标，原则上由省公司农电工作部门统一归口对下，防止政出多门。市地供电企业要加强对县供电企业的指导，履行代管协议中规定的各项权利和义务，尽快提高县级供电企业的管理水平。县供电企业也要建立定期汇报制度，自觉服从省电力公司和市地供电企业的领导，主动接受工作监督，按照代管协议中规定的重大事项实行报批制度，不能自行其事。

第四，在代管基础上，加大股份制改造工作力度。根据国务院2号文件和十五届四中全会精神，县级供电企业农电体制改革的最终目标是建立现代企业制度，使企业成为自主经营、自负盈亏的法人实体和市场主体。目前实行的代管是趸售县供电企业农电体制改革的一种过渡形式，要通过代管达到减人增效，加强管理和提高效益的目的，为下一步成立有限责任公司或股份有限公司打好基础。

要加大趸售县股份制改造的力度，按照建立现代企业制度的要求，积极稳妥地推行股份制改造。在股份制改造进程中主要应做好以下工作：第一，关于评估资产工作。按照建立现代企业制度的要求，清查和评估资产是股份制改造的重要内容。对此要予以高度重视。第二，关于出资方式和出资比例。各方股东出资主要以实物或现金两种方式为主，省电力公司可用在县域内的电力资产和农网改造资金出资。各方股东出资比例由公司发起人商定，原则上应由省电力公司控股。第三，关于法人治理结构。公司法人治理结构是公司制的核心，在建立县供电有限责任公司法人治理结构中应注意：董事会成员与经理、副经理不能高度重合，董事长与经理应分设；要建立和规范董事会议事规则和决策程序；要建立和规范监事会的工作制度，公司的决策机构、执行机构和监督机构应职权分明，严格按照《公司法》的要求在公司章程中明确各自的职责，同时要做到责、权、利对等。

第五，加快直供直管县和自供自管县的改革。要认真落实国家经贸委［1999］915号文件精神，进一步加快直供直管县和自供自管县改革的力度。要坚持一县一公司（企业实体）的改革取向，将县供电企业改为具有自主经营、自负盈亏、自我发展、自我约束的法人实体和市场竞争主体。在今年对直供直管县改革试点的基础上，总结经验，研究政策和问题，转变观念，加大工作力度，加快直供直管县改革的步伐，力争明年有较大突破。没有安排直供直管县改革的县也要在明年进行内部模拟市场，发挥直供直管县的积极性，为下一步改革做好准备。

要因地制宜解决东北地区一县两公司的问题，借鉴吉林省电力公司经验，对于条件成熟的，趸售县供电企业上划省电力公司直接管理，然后与县供电企业组建有限责任公司或股份有限公司。

对于自供自管县要本着有利于统一规划，避免重复建设，有利于搞好联网，提高供电可靠性，有利于减少供电环节，减轻农民负担的原则，按电力工业的改革方向，参照直供直管县和趸售县的改革原则和步骤进行改革。按照国务院文件精神，因地制宜，不搞一刀切，要充分尊重省、县政府的意见。我们要从全局上、长远上看待这项工作，正确对待这项德政工程、形象工程，要抓住机遇，不要错过机遇，把农网建设与改造搞上去。好事可以大家办。我们要重点搞好直供直管、趸售代管县，在做贡献当中开展竞赛，看谁搞得好。农网改造到2001年要基本完成，千万不能再延误时机。对于与大电网联网，有条件实现同网同价、并且县政府自愿的县，我们应当从大局出发，以积极的态度，有效推进。

2. 深入贯彻国家电力公司乡镇电管站改革工作会议精神，加快乡镇电管站改革

要按照国家电力公司乡镇电管站改革会议精神，全面推开乡镇电管站改革。1999年年底要完成农网改造竣工的414个县乡镇电管站改革工作。在改革中，要认真处理农村电力资产移交、取消村级管电组织、精简部分农村电工和农村电网安全等政策性很强的问题，特别是要做好精简下来的农村电工和乡镇电管站人员的工作，确保稳定。对于改革后供电所人员的招聘要严格按照条件，在公开、公正、公平的条件下进行。对于改革后的供电所要切实加强内部管理，实行规范化服务，确保不反弹，使改革不断向纵深发展。

3. 认真做好农网改造工作

在刚刚结束的中央经济工作会议上，朱镕基总理指出，农村电网建设与改造取得重大进展，产生了良好效果，表示非常满意，并希望国家电力公司系统继续加强农村电网建设与改造，进一步拉动农村市场。我们不能辜负朱总理对我们的期望，一定要把此项工作做好，保证工程进度和工程质量，要务期必成。今年9月份国家电力公司农网建设与改造电话会议后，各省电力公司农网改造工作进展比较快，到10月底已经完成投资268亿元，占计划的72%。农网改造工作总的情况是好的，产生了积极效果，不但电价大幅度降低，也开拓了农电市场。但在国家计委对农网改造情况的稽查中和国家电力公司组织的检查中也发现了一些在工程进度、资金管理、工程管理和设备招投标方面存在的问题。借此次会议机会，提出几点要求：一是要在保证质量的前提下，加快工程进度，对于资金到位不够及时的要积极向有关部门反映，加速

资金到位，确保工程进度；二是要严格资金监管，决不允许挤占、挪用农网改造资金，如发现将严肃处理；三是确保农网改造工程质量，加强工程监理，决不允许农网改造工程中出现任何问题。四是要认真作好设备的招投标工作。要防止暗箱操作，杜绝腐败现象的发生。

正确认识农网改造的重要性和特殊意义

——国家计委副主任　包叙定

一、当前农网建设与改造工作存在的问题

一是认识不统一、决策不果断，过份强调本部门本地方利益、眼前利益和局部利益。在农网建设与改造的决策方面犹豫反复，延误了工作的时机和时间，致使地方农网“两改一同价”工作进展比较缓慢或停滞不前。

二是农村低压配电网建设与改造缺乏统一规划和管理，施工质量主要取决于施工人员自身的责质和水平，进度和质量难以保证。

三是对农网建设与改造的经济效益不够重视，存在追求高标准的倾向。

四是乡镇电管站的管理体制改革进展相对缓慢。

五是城乡用电同价和建设与改造投资偿还方案不落实，普遍存在操作性差的问题。不少地方对如何实现城乡用电同价尚不清楚，把建设和改造投资的偿还简单的理解为均摊终端电价。

二、要正确认识农网改造的重要性和特殊意义

第一，由于农村电网结构薄弱，线损大，电价奇高，不少地方农村有电用不上，有电用不起，有电不敢用，严重地制约了农民用电的积极性，从而制约了农民生活水平的提高。因此，改造农村电网、降低农村电价是提高农民生活水平的重要措施。

第二，农村电网是农村最重要的基础设施之一，由于电网薄弱、电价高、电能质量差，许多电器设备在农村得不到推广和使用，因此，加快农村电网建设与改造是开拓农村消费市场的重要环节之一。

第三，农村电网建设与改造工程投入大、公益性强，近期会带动建材、机电等相关行业的发展，长期将为经济和社会发展奠定良好的物质基础，是促进国民经济长期稳定发展的重要措施。

三、对农村电网“两改一同价”工作提几点要求

1. 各级政府、有关部门和各有关单位要进一步统一对农村电网“两改一同价”工作的认识。农村电网“两改一同价”工作是对农村生产关系的一次重要调整，涉及中央与地方、局部与整体、眼前与长远等方方面面的利益关系，非常复杂。

2. 认真落实国务院关于《加强基础设施工程质量管理的通知》精神，确保农网建设与改造的工程质量。

第一、各省（市、区）都要根据国务院通知的要求，建立从省级到县级的农村电网行政领导责任制和各省（市、区）电力公司、项目法人和参建单位领导责任制，都要按照职责分工，承担相应的行政和法律责任，形成全方位、全过程的质量责任体系。

第二、建立和健全农网建设与改造管理体制。要严格执行项目法人制、招标投标制和工程监理制。

第三、各级政府要加强对农村电网建设与管理的监督和检查，要公布农网建设与改造的质量举报电话，自觉接受社会监督，各省计委要不定期组织有关方面深入农村检查和了解农网建设与改造的质量和工程进展情况，及时发现问题，确保工程质量。

3. 加强农网建设与改造的规划工作，严格控制投资规模。各地方要根据各自的实际情况和承受能力，制定合理的建设与改造标准，因地制宜，实事求是，用最低的成本创造最高的效益。现阶段各省（市、区）必须严格按国家批复的总规模安排农网的建设和改造，不能突破。批准规模之外的投资，由电力企业以自有资金作为资本金，向银行申请贷款的方式解决。

4. 1999 年农网建设与改造投资要相对集中使用，确保全国 500 县竣工、验收和消号。

5. 加快乡镇电管站的改革步伐，尽快理顺农电管理体制。乡镇电管站的改革是这次农村电力管理体制改革的核心，是降低农村电价的关键，全国已经开始农网建设与改造的 1500 多个县、市都要在 1999 年内完成。

6. 加强对农网建设改造还贷方案和城乡用电同价措施的落实。

农村电网建设与改造工作是关系广大农民切身利益的大事，各级政府、各有关部门和各有关单位要切实负起责任来，从大局出发、从长远着想，不图虚名，不骛虚声，扎扎实实地把每一项工作做实做好。

（在第二次全国农村电网建设与改造会议上的讲话摘要）

电力结构调整

在全国关停小火电机组电视电话会议上的讲话

——国家经贸委副主任　石万鹏

（1999年6月11日）

经国务院同意，今天国家经贸委和国家电力公司联合召开全国电视电话会议，传达贯彻《国务院办公厅转发国家经贸委关于关停小火电机组有关问题意见的通知》（国办发［1999］44号）精神，对关停小火电工作进行动员和部署。

一、统一思想，提高对关停小火电机组重要性的认识

改革开放以来，我国电力工业得到了很大发展，到1998年底我国发电装机容量已达到2.7亿kW，总量已跃居世界第二。我国电力工业虽然取得了很大发展，但我们必须清醒地看到，我国电力工业的总体水平还不高，与世界先进水平相比还存在很大差距。随着电力供需形势变化，电力工业多年积累下来的结构性矛盾已开始显现，特别是小火电机组比重过大的问题十分突出。

据统计，截止1998年底我国单机容量在5万kW及以下的纯凝气式机组约3000万kW，这些小火电机组在过去为缓解缺电状况发挥了一定作用，但是，随着电力形势发展，其规模效益差、浪费能源、污染环境等问题日益突出。目前，单机容量5万kW及以下燃煤小火电机组的供电煤耗比单机容量30万kW及以上大火电机组每千瓦时高200多克。小火电机组比重过大，不仅造成了我国有限能源资源的大量浪费，同时也相应污染了环境，影响了我国电力工业整体质量和经济效益的提高，不利于电力工业以至国民经济可持续发展战略的顺利实施。为此，关停小火电机组势在必行。

江泽民同志指出："我国现在的总体经济规模不算小，许多产品产量和生产能力已跃居世界前列。关键是要提高国民经济整体素质和生产要素的配置效率，注重结构优化效益、规模经营效益和科技进步效益。"江泽民同志这一重要讲话很符合我国电力工业的实际。关停小火电机组正是这一发展思路的具体体现。关停小火电机组是优化电力工业结构的重要举措，对提高电力工业的整体质量和效益，促进电力工业的可持续发展、优化电力结构、整顿和改革电价、实现城乡用电同网同价都具有十分重要的意义。为此，大家一定要统一思想，充分认识关停小火电机组的重要意义。

二、抓住当前有利时机，扎扎实实推进和落实关停小火电机组工作

根据中央经济工作会议精神和国务院的要求，我委在调查研究基础上会同有关部门提出了《关于关停小火电机组有关问题的意见》，国务院办公厅以国办发［1999］44号文件转发，该文件明确了关停小火电机组的范围、要求、措施和组织实施要求，各地一定要认真贯彻执行。

当前是实施关停小火电机组工作的有利时机。一是党中央、国务院对关停小火电工作十分重视。1998年，中央经济工作会议把关停小火电一起列为进行整顿和关闭的"五小"之一。国务院领导同志对关停小火电机组工作非常重视。朱镕基总理在一份关于整顿电价的报告上明确批示："关停小火电机组进度需要下决心再加快一些，这样也有利于降低电价"。吴邦国副总理提出，要把关停"五小"作为1999年经贸工作的重点。二是当前电力供需形势发生了明显变化，全国电力供需基本平衡、部分地区供大于求，为关停小火电机组创造了十分有利的条件。三是随着社会主义市场经济体制的逐步形成和完善，优胜劣汰的市场法则正在发挥越来越大的作用。四是社会各方面对节约资源、保护环境的认识有很大提高，对关停小火电工作十分关注和支持。五是关停"五小"的工作，特别是国家电力公司关停小火电机组的工作已取得初步成效，积累了很多可借鉴的经验。为此，我们一定要抓住当前有利时机，树立信心，增强紧迫感，积极行动起来，按照国务院的统一部署扎扎实实地落实这项工作。

三、精心组织，周密部署，确保关停小火电机组工作取得实效

国务院办公厅转发国家经贸委关于关停小火电机组有关问题的意见中，确定了关停小火电的范围和步骤，具体要求是：在1999年12月31日即今年年底前，完成被替代的机组、已退役报废的机组和服役期满单机容量2.5万kW及以下的凝气式机组的关停工作；在2000年底前，完成单机容量在5万kW及以下的中压和低压常规燃煤、燃油机组的关停工作；在

2003年底前，基本完成单机容量在5万kW及以下的高压常规燃煤、燃油机组的关停工作。

据初步统计，全国属关停范围内的机组约3000万kW。从全国来看，大体要用4年半的时间完成关停工作，任务重、时间紧，尤其涉及到各方面实际利益的调整，我们必须精心组织，周密部署，狠抓落实。为此提出以下要求：

第一，认真做好制订关停小火电计划和实施细则的工作。

关停计划要体现统一规划、分类指导、因地制宜、分步实施的原则。各地的关停计划应涵盖本地区所有应关停的小火电机组，即不论是地方政府所属的电厂，还是国家电力公司系统的电厂，均应纳入统一的关停计划。关停计划要按电厂隶属关系和其他特点进行分类，以便实施时分类指导。在关停计划中，应同时对“两控区”内的小火电机组在关停前采取减排措施提出时限要求。根据文件要求，各地的关停计划要在1999年6月底前上报，为此要求电视电话会议以后，各地要抓紧制订关停小火电机组的计划，并按要求的时间正式上报国家经贸委并抄报国家计委、财政部、环保总局、国家电力公司等单位。在此基础上，各地要按照确保积极稳妥、规范操作、有序进行的要求，抓紧制订提出各地关停小火电机组的实施细则，并在1999年8月底前报国家经贸委备案。

做好关停计划和实施细则的制订工作，是保证关停工作顺利实施的基础。各地经贸委务必高度重视，真正负起牵头和组织的责任，认真细致地做好这项工作。

第二，要坚决落实关停小火电机组的各项措施。

各电网、煤炭、石油企业以及银行要严格按照国务院办公厅文件要求，对到期应关停的小火电机组，坚决采取停止收购电力电量、停止供应煤炭和石油、停止提供贷款等有力措施，促进和加快关停小火电机组工作。小火电机组关停后应就地拆除报废，不得易地使用。有条件的地区可以安排进行老旧机组改造或热电联营改造，但必须按规定程序报批。实行关停小火电机组与老旧机组替代改造项目审批挂钩制度，凡不按规定关停小火电机组的地区，不再批准其老旧机组替代改造项目。在认真做好关停小火电机组工作的同时，要严格限制小火电的发展。各地要对在建项目进行严格的清理，不要形成电厂建成之时就是关停之日，要及早采取措施，以免造成不必要的损失。凡未按规定程序和审批权限审批的在建小火电机组应立即停止建设。

在关停小火电工作中，要注意掌握政策界限。对热电联产、综合利用以及具有一定规模的循环流化床机组等非常规小火电机组，有关部门和电网企业要按国家政策继续予以支持。同时，要防止常规小火电机组假冒热电联产、综合利用之名逃避关停。各地经贸委要牵头组织有关部门和单位，按照国家有关规定和技术标准进行认真的检查核实，对名义上是热电联产、综合利用，实际上是凝气式发电的小火电机组，一经核实，必须坚决立即予以关停。对个别边远省份、孤立电网或与主网联系较少的地方电网的小火电机组，关停进度可根据本地区实际情况适当推迟。但推迟关停计划要经所在省经贸委和电力局审核，并报国家经贸委批准。

第三，切实做好电力供应、人员安置和债务处理等关停小火电机组的综合配套工作。

电网企业要采取措施，为关停小火电机组的地区和企业提供电力供应。各地要根据国家有关规定，按照企业隶属关系，妥善解决小火电机组关停后的人员安置问题。被关停机组的债务，原则上应按隶属关系及企业性质由出资者或债务人负责偿还。老旧机组替代改造或热电联产改造的项目，应合理承担其替代改造机组的债务；有条件的地区，可根据具体情况由大机组代发还贷电量偿还被关停机组的债务。妥善处理债权、债务和人员安置问题，不仅涉及到社会的稳定，而且直接关系到关停小火电机组能否取得成效。有关部门和单位务必本着高度负责的精神，在贯彻文件的过程中，要注重调查研究，注意及时发现并解决实施过程中可能出现的问题，切实处理好各种利益关系，积极开动脑筋，紧密结合当地的实际，积极探索有效办法，创造性地开展工作，保证关停工作积极、稳妥地推进。

第四，明确责任，加强领导，通力配合，保证关停工作取得成效。

各级地方政府、有关部门和单位要实行责任制管理，明确责任人，加强对关停小火电机组工作的领导。各省（区、市）人民政府、国家电力公司作为这项工作的具体实施部门，要按照统一部署、分工协作的要求做好工作。各地经贸委要在省政府的领导下，充分依靠电力局和计委、财政、环保等有关部门，加大协调力度，相互密切配合，把工作做深、做细、做实、做好。

国家经贸委作为国务院电力主管部门，将负责组织、指导、监督落实关停小火电的工作。这次电视电话会后，国家经贸委还将于7月上旬分两片召开全国性的工作座谈会，重点落实各地关停计划，检查各地关停措施的实施情况。国家经贸委将会同有关部门和单位对关停小火电机组情况进行检查监督。同时，发挥舆论监督作用，由有关媒体定期公布各地关停进展情况，对关停工作不力、未按要求完成关停任务的地方和单位进行曝光，并追究有关人员的责任；对关停工作取得成效的给予通报表彰。

关停小火电工作涉及面广、政策性强、任务重、时间紧，特别是今年的工作尤为繁重。一方面要完成今年的关停任务，同时又要制订切实可行的关停计划和实施细则，为今后几年的关停工作打好基础。希望大家共同努力，为完成关停小火电机组的任务，为实现电力工业和国民经济的可持续发展作出贡献！

关于关停小火电机组有关问题的意见

（国家经贸委 1999 年 4 月 26 日）

为贯彻 1998 年中央经济工作会议关于整顿和关闭“五小”企业，提高经济运行质量和效益的精神，以及国务院领导同志关于加快关停小火电机组的指示，针对小火电机组存在的规模效益差、浪费资源、污染环境等问题，抓住当前电力供需矛盾缓和的有利时机，经与有关方面共同研究，对关停小火电机组工作提出以下意见：

一、关停小火电机组的范围及要求

（1）在老旧机组替代改造项目中被替代的机组、已退役报废的机组和服役期满单机容量 2.5 万 kW 以下（含 2.5 万 kW）的凝汽式机组，1999 年 12 月 31 日前一律予以关停；单机容量 5 万 kW 以下（含 5 万 kW）的中压、低压常规燃煤（燃油）机组，2000 年底前予以关停；单机容量 5 万 kW 以下（含 5 万 kW）的高压常规燃煤、燃油机组，2003 年底前基本关停。酸雨控制区和二氧化硫污染控制区内的小火电机组在关停以前，必须燃用含硫量小于 1% 的燃料或采取其他减少二氧化硫排放的措施。

（2）对个别边疆省份、孤立小电网或与主网联系较少的地方电网内的小火电机组，关停进度可根据本地区实际情况适当推迟，但推迟关停计划需经所在省、自治区、直辖市经贸委（经委、计经委）、电力局（电力公司）审核确认，并报国家经贸委批准。

（3）未按规定程序和审批权限审批的在建小火电机组应立即停止建设。

（4）对热电联产、综合利用小火电机组，由省、自治区、直辖市经贸委（经委、计经委）牵头，组织有关部门和单位按国家有关规定和技术标准进行检查核实。凡名义上是热电联产、综合利用，实际上是凝汽式发电的小火电机组，必须立即关停；确属热电联产、综合利用的小火电机组，有关部门和电网企业要按国家对热电联产、综合利用的有关政策，继续给予支持。

二、关停小火电机组的措施

（1）对到期应予关停的小火电机组，电网企业不得收购其电力电量；煤炭、石油企业不得为其提供煤炭、燃油；银行不得为其提供贷款。小火电机组关停后应就地拆除报废，不得易地使用。

（2）实行关停小火电机组与老旧机组替代改造项目审批挂钩制度。凡不按关停要求关停小火电机组的地区，不再批准其老旧机组替代改造项目。

（3）对关停小火电机组的地区和企业，电网企业要保证其电力正常供应；有条件的地区可以安排进行老旧机组替代改造或热电联产改造，但项目要符合国家有关规定，并按照规定的程序报批。

（4）小火电机组关停后的人员安置问题，应根据国家有关规定，按企业隶属关系妥善解决。被关停机组的债务，原则上应按资产隶属关系和企业性质由出资者或债务人负责偿还。老旧机组替代改造或热电联产改造的项目，应合理承担被其替代改造机组的债务；有条件的地区，可根据具体情况由大机组代发还贷电量偿还被关停机组的债务。

三、组织实施

（1）关停小火电机组工作由国家经贸委牵头，会同国家计委、财政部、环保总局负责指导、监督，各省、自治区、直辖市人民政府和国家电力公司负责组织实施。

（2）各省、自治区、直辖市经贸委（经委、计经委）会同省电力局（电力公司）等有关部门和单位负责检查核实小火电机组情况，制订关停计划，于 1999 年 6 月底以前报国家经贸委，同时抄报国家计委、财政部、环保总局、国家电力公司。关停计划经国家经贸委会同上述有关部门和单位审核批准后实施。

（3）各省、自治区、直辖市经贸委（经委、计经委）根据本意见和国家经贸委等部门批准的关停计划，结合本地实际情况制订具体实施细则，并报国家经贸委备案。

关停小火电机组是优化电力工业结构的重要举措，对于整顿和改革电价，实现城乡用电同网同价具有十分重要的意义。这项工作涉及面广，政策性强，工作难度较大，各省、自治区、直辖市人民政府和国家电力公司要高度重视，加强领导，明确责任，加大力度，加快进度，抓紧组织实施。

国家电力公司关停小火电机组管理办法

关停小火电机组是加大电力结构调整力度、实现资源优化配置以及促进电力可持续发展的重要举措。根据国务院关于关停小火电机组的指示精神和“国务院办公厅转发国家经贸委关于关停小火电机组有关问题意见的通知”、“国家计委关于在常规火电项目审批中贯彻电源结构调整实行‘上大压小’政策的通知”等文件要求，结合国家电力公司系统的实际情况，特制订本管理办法。

一、适用范围

本管理办法适用于国家电力公司系统全资、控股子公司及所属企业。

二、关停小火电机组工作的组织管理和责任

1.各电力集团公司、分公司、各省（市、区）电力公司、华能集团公司要根据国家经贸委和国家计委提出的小火电机组在2003年前基本关停的总体目标以及对不同容量和参数机组关停时间的具体要求，负责制定本公司的小火电机组关停计划和组织实施工作，并采取有效措施负责做好被关停小火电机组的人员安置、资产处理、电网改造等重要工作。

2.国家电力公司发输电运营部负责关停小火电机组归口管理工作。

3.各单位主要领导负责，作为领导集体决策的工作来落实，并明确一位主管领导和归口管理部门负责此项工作，落实责任制，做到责任到位、工作到位、措施到位。

4.各网、省电力公司根据本管理办法制订实施细则。

三、关停小火电机组的范围和计划

1.关停范围为5万kW及以下凝汽机组和“以大代小”被替代的其他机组。

2.5万kW及以下凝汽机组在2003年底前基本停运，具体实施步骤按国家电力公司下达的年度计划执行。

3.根据国家电力公司总体安排和进度要求，各电力集团公司、分公司、各省（市、区）电力公司、华能集团公司每年10月提出下一年度关停计划建议，经国家电力公司审批后执行。

4.各电力公司每月8日前向国家电力公司报送关停计划执行情况。

四、关停小火电机组的资产处理

1.到达计划关停时间的小火电机组，停运后应就地拆除报废，禁止旧设备在国内异地发电。

2.关停机组的报废以及整厂关停电厂全部资产的清理处置，按国家现行财务制度等规定执行。由电厂提出清单和处理方案，省电力公司审批并报国家电力公司备案。

3.可用的公用设施，可通过评估，用于扩建工程或其他项目。

五、关停小火电机组人员的分流安置

1.关停小火电机组所涉及人员的分流安置，要坚持“因地制宜，多种途径，保障生活，保持稳定”的原则，妥善地加以解决。

2.改扩建工程和新建电厂应优先接纳关停小火电机组的分流人员。

3.对于关停机组或电厂可以充分利用现有条件，从事发电设备维护、检修、后勤服务、开发第三产业等项工作。

4.经过培训后，充实和加强农村电网职工队伍。

5.在政策范围内，可办理内部退养。

6.鼓励职工自谋出路。对与原单位解除劳动关系的职工，在政策允许范围内，可根据不同情况给予适当经济补偿。

7.机组全部关停的电厂应先停后关，成立留守处，留守处人员除负责进行资产处理和生活设施的管理外，还应负责离退休和暂未分流人员的管理。留守处可就近挂靠在电力系统的其他单位，待善后事宜基本了结后予以撤消。

六、供电设施技术改造

1.有直配负荷的小火电机组或电厂，在机组停运前，要结合城网和农网改造，将负荷转由电网供给，保证正常供电。

2.机组关停后，电厂的升压站结合城网和农网改造尽量加以利用。

3.要保证关停小火电机组的地区和企业电力的正常供应。

七、小火电机组的运行管理和改造

1.列入关停范围内的小火电机组，要尽量降低其年运行小时数，一般情况下不能超过主力火电机组平均利用小时数。根据电网的具体情况和调度计划，应采取停机备用、两班制调峰运行及枯水期季节性发电等措施。

2.位于酸雨控制区和二氧化硫污染控制区内的小火电机组，在关停以前应当燃用含硫量小于1%的燃料或采取其他减少二氧化硫的排放措施。

3.对于拟实施改造的小火电机组，要坚持先停后改原则。

4.对小火电机组的技术改造应优先实施“以大

代小”替代改造。

5. 对已改造或拟改造为热电联产、综合利用的小火电机组，要严格按国家有关政策规定和技术标准进行复核或审核，报国家电力公司审批。

八、电量和环保空间

停运小机组腾出的电量空间和三废排放的环保空间指标应由省电力公司按资源优化原则，合理使用。

九、协助地方政府落实关停小火电机组

1. 协助国家及地方经济综合部门做好地方公用、企业自备小火电机组现状的调查核实工作，根据国务院文件要求，结合电网电量平衡和供应情况协助提出关停计划。

2. 在省、市、区经贸委的统一布置和组织下，对统计为热电联产、综合利用机组进行检查核实，并严格按国家政策规定和技术标准进行运行管理。

3. 对于达到关停计划时间的小火电机组和不符合国家规定标准的热电联产和综合利用机组或电厂，不论是与大电网直接联接还是间接联接（处于地区、部门、企业电网），均不得收购其电力电量并及时采取与大电网解列措施，以保证国家政策的实施。

4. 1995 年以后未按国家规定程序和审批权限审批建设的 5 万 kW 及以下小火电机组，一律不得并入电网；对已并入电网的小火电机组，原则上解网。

十、奖励与惩罚

国家电力公司对关停小火电计划执行情况进行监督检查，对计划执行好，且人员安置成绩显著的单位和个人，国家电力公司给予表彰；对未按计划完成小火电机组停运计划的或人员安置不力而造成不良影响的单位和个人给予通报，并追究主管领导的相应责任。

中国电力年鉴

2 重要文献

国 务 院 文 件

国务院批转国家经贸委关于加快农村电力体制改革加强农村电力管理意见的通知

（国发［1999］2号）

各省、自治区、直辖市人民政府，国务院各部委、各直属机构：

国务院同意国家经贸委《关于加快农村电力体制改革加强农村电力管理的意见》（见特载篇），现转发给你们，请认真贯彻执行。

加快农村电力体制改革与发展，加强农村电力管理，是党中央、国务院发展农村经济、提高农民生活水平、促进农村电气化事业的重大措施，对开拓农村市场、解决农民生活用能、保护生态环境、加强农村精神文明建设具有重要的现实意义和深远的历史意义。

这项改革涉及面广，工作任务重，各地区、各部门以及电力企业要结合实际，加强领导，认真组织，用三年时间完成农村电力体制改革任务。国家经贸委作为电力主管部门，要加强组织、指导和检查，以保证改革的顺利进行。

一九九九年一月四日（印）

国务院办公厅转发国家经贸委关于关停小火电机组有关问题意见的通知

（国办发［1999］44号）

各省、自治区、直辖市人民政府，国务院各部委、各直属机构：

国家经贸委《关于关停小火电机组有关问题的意见》已经国务院同意，现转发给你们，请认真贯彻执行。

附件：关于关停小火电机组有关问题的意见（见“特载篇”）

一九九九年五月十五日（印）

国务院办公厅关于执行国办发［1995］27号文件有关问题的通知

（国办函［1999］1号）

国家经贸委、财政部、水利部：

1995年4月25日，《国务院办公厅关于征收水资源费有关问题的通知》（国办发［1995］27号）规定：“在国务院发布水资源费征收和使用办法前，水资源费的征收工作暂按省、自治区、直辖市的规定执行。但是，对中央直属水电厂的发电用水和火电厂的循环冷却水暂不征收水资源费”。近年来，由于有的部门和地方对上述有关规定存在不同认识，影响了该文件的贯彻执行。经国务院领导同意，现就有关问题通知如下：

一、各地方、各部门要继续贯彻执行国办发［1995］27号文件的规定。

二、参照《中华人民共和国审计法实施条例》关于国有企业界定的规定，国办发［1995］27号文件中规定的“中央直属水电厂”、“火电厂”，是指下列电力生产企业：

（1）中央全资的电力生产企业；

（2）中央出资占企业资本总额的50%以上的电力生产企业；

（3）中央出资占企业资本总额的比例不足50%，但是中央出资实质上拥有控制权的电力生产企业。

三、国办发［1995］27号文件中规定的“循环冷却水”，包括第一次注入循环冷却系统的水和以后补充到该系统的水。

一九九九年一月六日（印）

国家发展计划委员会文件

国家计委关于进一步做好城乡用电同价工作的通知

(计价格［1999］1024号)

各省、自治区、直辖市物价局(委员会):

目前,改革农村电力管理体制、改造农村电网、实现城乡用电同网同价("两改一同价")的工作正在进行之中。为了进一步明确城乡用电同价的有关政策,规范农网建设与改造中的价格和收费管理,促进城乡用电同价工作的顺利实施,根据国务院国发［1999］2号和国务院办公厅国办发［1998］134号文件精神,现就城乡用电同价有关事项通知如下:

一、改革农村电力管理体制、改造农村电网、实现城乡用电同网同价,是党中央、国务院为减轻农民负担,促进农村经济发展而采取的一项重大举措,是扩大内需,拉动经济增长的一项重要工作。各级物价部门要积极参与"两改一同价"工作,在"同价"工作中发挥综合协调和主导作用,确保"同价"与"两改"工作有机衔接,促进城乡用电同价目标顺利实现。

二、为保证城乡用电同价工作的顺利实施,各地物价部门要积极参与农网建设与改造工作。一是要参与农网项目的资产评估、招投标和验收工作,加强对资金使用的监督。要督促加大对10kV及以下电网的投入,以最大限度地降低变线损,为"同价"打下基础。农网改造项目调整概算,省级物价部门必须根据还贷加价情况提出是否可行的意见。二是要根据本地实际情况制定具体的价格管理办法。各地要加强对工程材料价格、工程取费标准、劳务费用的审核和监督,约束造价。三是督促项目法人厉行节约,量力而行。要注意制止盲目追求高标准、扩大投资的倾向,以避免浪费,节约投资,减轻还贷加价的压力。四是要主动参与农电体制改革工作,对农村电工人数、工资水平及农村电网维护管理费用按照有关规定从严审核和监督,确保农电体制改革能达到"两改一同价"方案要求的标准。

三、认真做好农网建设与改造资金的还本付息加价工作。

(一)国家批复的农网建设和改造资金的还本付息均通过在销售电价中加价的形式解决,专项用于农网改造资金的还本付息。下列投资不能计入电价:①突破国家计委批复规模的投资;②因工程质量不合格而追加的投资;③被挤占挪用的投资。

(二)对计入电价的农网改造投资,加价标准按以下口径测算:①固定资产形成率按100%计算;②农网改造投资中的资本金税后利润率按比同期用于农网改造投资的专项财政债券(含中央和地方债券)利率高2个百分点计算;③银行贷款的还本付息年限按项目经济寿命期20年测算;④农网改造形成的固定资产,年折旧率按5%计算,修理费按固定资产的1.5%计算;⑤折旧资金90%用于偿还贷款本金;⑥还贷加价平摊的电量,按还贷中期(农网改造完成后8~10年)的预期电量计算;⑦依法计入税金(要考虑抵扣进项税因素),具体还贷加价公式见附件。

(三)统筹安排还贷加价分摊的范围。直供直管县和趸售代管县农网改造资金的还本付息,原则上在全省(区、市)电网总售电量上均摊。趸售代管县也可先在一县范围均摊部分还本付息,最后在全省(区、市)电网统一均摊加价。电力企业改制为有限责任公司的县、未实行代管的趸售县和自供自管县,还本付息在本县电网电量上均摊。在一县范围内均摊还贷对县城电价推动过大的,可以分步到位,实现同价的时间可以适当推迟。

(四)妥善把握还贷加价执行时间。根据国家统一部署,考虑各地的经济发展情况和用户承受能力,还贷加价要分年实施,逐步到位。根据"两改"进度,结合电价调整方案统一安排。

四、在未实现城乡用电同价前,从严核定农村低压电网维护费(即农村电价高于城市电价部分),逐步降低农村到户电价。

为避免与还贷加价重复,农村低压维护费中不再计提农网新增资产的折旧和修理费。①要根据农电体制改革情况,按电力部门有关定员定编的要求,核定各县的农电电工人数,并按社会平均水平核定其工资报酬;②要按全省(区、市)农网的先进管理水平,核定各县的农网维护管理费用;③要根据农网建设与改造进度,核定各县的农网综合线损和变损水平。按上述三项因素,合理确定各县的农村低压电网维护费标准,并规定相应的农村到户电价。以上标准原则上一年核定一次,要及时向社会公布。农村低压电网维护费在城乡同价实现后即自行取消。

五、规范城乡价差平摊,编制同价具体实施方案,确保顺利实现城乡用电同价。按照国家改造农网的技术要求和改革农电体制的管理要求，最大限度地降低农村供电成本，在“两改”完成的基础上再实行城乡价差平摊，防止简单地通过“平摊”实现“同价”。城乡价差平摊要分期实施，可先实行城乡居民用电同价，然后逐步实现城乡各类用电同价。城乡价差平摊在还贷加价的范围内进行。实行“一县一价”的县，不负担全网的平摊加价；最终实行全网平摊的县，在进行全网平摊时，要及时取消在一县范围内平摊的加价。各省（区、市）物价部门要根据国家计委批复的本地“两改一同价”方案的目标和步骤，按以上原则制定出具体的城乡同价的分步实施方案，并分解到各地（市）、县（市）。要调动各地（市）、县（市）物价部门的积极性，加强对每一步实施方案的监督检查，确保各项措施落实到位，最终达到国家计委批复的本省（区、市）的城乡用电同价水平。

六、严格价格管理权限，规范工作制度。在全网实行农网还贷加价和价差平摊的，由省级物价部门测算方案后报国家计委审批；在一县范围实行平摊加价的，由省级物价部门审批并报国家计委备案。以上加价平摊方案原则上一年报批一次。为解决新机上网、电网配套工程还贷等其他问题进行的电价调整仍按现行管理权限和方式审批。

七、尽量减少城乡同价对城市电价的推动。改革电力短缺时期的有关电价政策，下列腾出的电价空间解决农网还本付息和城乡价差均摊问题：①2000年取消每千瓦时加收的2分钱电力建设基金腾出的空间；②降低还贷已结束的发电机组上网电价和尚未结束还贷的机组按剩余的经营期及现行贷款利率重新核定上网电价腾出的空间。

八、妥善处理农网改造中向农民收费的问题。各地要高度重视和认真解决农网400V及以下线路的资金投入问题，合理安排资金进行建设改造。按照国务院办公厅国办发[1998]134号文件的要求，供电企业要加大对用户电能表等计量器具的投入，实行统一校验，统一管理，不得强行要求农民集资购买。农民已出资购置符合国家计量标准的电能表的，不再交纳电能表保证金。由于国家已安排专款用于农网改造，除电能表以下入户线由农民出资购买、部分改造资金不足地区电能表由农民集资购买外，严禁再向农民收取任何形式的材料费、施工费、管理费、手续费等费用。凡由电力企业组织农民出资购买的用电器材，其收费标准由省级物价部门统一核定。对农村电网建设与改造过程中新增的电力容量，不得向农民收取供、配电贴费（增容费）。

九、严格审查并规范农网改造的“差价还息”工作。考虑到农网改造的特殊性，在国家未出台统一还贷加价方案前，为保证贷款利息的偿还，作为过渡措施，对通过“两改”降低供电成本、增加供电量的效益不足以解决农网改造资金还息的县，经报省级物价部门同意，可从“两改”获得的农村电价降低空间中预留少部分空间（不得超过一半）用于还息。这部分收入必须建立专项账户，专款专用，不得挪用。国家出台统一还贷加价方案时，这部分预留的价差应冲抵还贷加价标准，及时降低农村电价。

十、建立“同价”工作定期联系制度。各省级物价部门要以简报形式，每季度向国家计委报告“同价”工作进度和执行中出现的问题。国家计委将组织各地进行交流，并及时对各地工作进行指导和监督，以确保“同价”工作顺利实施。

十一、1999年各地要着重抓好重点改造县的城乡同价工作，编制好重点改造县城乡居民用电同价的计划和方案，将同价方案具体分解到每个县。列入重点改造的县要力争今年与“两改”验收同步实现城乡居民生活同价，确有困难的可适当推迟到2000年上半年。属于直供直管县和趸售代管县的重点县，原则上在全网居民生活售电量上统一均摊加价，实现城乡居民用电同价。这类重点县的同价方案需报国家计委审批。其他类型的重点改造县原则上在本县范围内实行居民用电同价，即一县一价，由省级物价部门审批。在一县范围内均摊加价对县城电价推动过大的，可适当推迟加价的时间，逐步创造条件在全网电量上均摊。

附件：还本付息加价和城乡用电同价计算公式

一九九九年八月十九日（印）

附件：

还本付息加价和城乡用电同价计算公式

（1）还本付息加价计算公式：

$M_1 = W \times i \times (1+i)n/[(1+i)n-1]$

$M_2 = M_1 - W/n$

$R_1 = (W/n - \text{折旧} \times 90\%)/(1-33\%)$

（若 $R_1 < 0$，则取 $R_1 = 0$）

$R_2 = \text{资本金} \times (\text{财政专项债券利率} + 2\%)/(1-33\%)$

$P = (M_2 + \text{折旧} + \text{修理费} + R_1 + R_2) \times 1.187/$ 还贷中期城乡年售电量

式中 M_1——每年还本付息额；

M_2——每年付息额；

W——贷款总额；

i——年利率（按实际发生利率加权平均）；

n——还贷年限（取20年）；

R_1——还贷利润；

R_2——资本金利润；

P——还本付息加价。

(2) 城乡居民生活及其他类用电同价公式：

$$P_3 = [P_1 \times Q_1 + P_2 \times (Q - Q_1)]/Q + P$$

式中 P_3——城乡居民生活（其他类）用电同网同价的水平；

P_1——“两改”完成后农村居民生活（其他类）用电到户电价；

P_2——城市居民生活（其他类）用电价格；

P——还本付息加价；

Q_1——还贷中期农村居民生活（其他类）年售电量；

Q——还贷中期城乡居民生活（其他类）年售电总量。

国家经济贸易委员会文件

关于进一步做好农村电气化工作的通知

（国经贸电力［1999］71号）

各省、自治区、直辖市、计划单列市及新疆生产建设兵团经贸委（经委、计经委）：

党中央、国务院历来十分重视农村电气化事业，并将这项工作作为促进农村经济和社会发展的一项重要政策措施。在原电力工业部、水利部和地方各级政府的组织领导下，农村电气化工作取得了很大进展，国务院机构改革后，原电力工业部的行政职能和水利部承担的电力工业行政职能划入国家经贸委，国家经贸委将继续组织、指导和推进这项工作。现将有关事宜通知如下：

一、统一思想，大力推进农村电气化工作

改革开放以来，我国的农村电气化事业飞速发展，到1997年底，农户通电率已达到95.89%，已建成农村电气化县和农村水电初级电气化县832个，为农村经济发展，特别是为中西部地区经济发展和广大贫困地区农民脱贫致富奔小康做出了积极贡献。但是，目前我国还有5000万人口没用上电，人均拥有装机容量只有0.21kW，农村电气化仍处在较低水平，与世界发达国家相比还有相当差距。

党的十五届三中全会明确指出，没有农村的稳定就没有全国的稳定，没有农民的小康就没有全国人民的小康，没有农业的现代化就没有整个国民经济的现代化。农村电气化是发展农村经济，保持农村稳定，提高农民生活水平，实现农业现代化的重要条件，我们必须进一步增强认识，采取切实措施，大力推进，努力开创农村电气化事业的新局面。

二、转变观念，做好新形势下的农村电气化工作

随着社会主义市场经济的逐步建立和电力工业的不断发展，电力供应紧张的局面总体上已经改变，电力供需基本平衡；电力工业管理实行政企分开，各司其职，各负其责。去年国务院统一部署了农电“两改一同价”工作，这是农村电气化工作的重要组成部分，是农村电气化工作上一个新台阶的重要措施。为适应新的形势，必须转变观念，转变职能，对农村电气化工作及标准进行必要的调整和完善。为此，国家经贸委将组织制定关于进一步做好农村电气化工作的若干意见；在原电力工业部和水利部《农村电气化县标准》和《农村水电初级电气化县标准》的基础上，结合“两改一同价”的要求，组织制订全国统一的农村电气化标准和相关政策；结合“十五”计划的编制，组织编制农村电气化“十五”和2010年发展规划；同时将继续采取电力扶贫共富等政策措施，鼓励各级政府和电力企业加大对农村电气化建设的投入，不断提高电气化水平，促进当地经济发展和社会进步。

三、稳步推进，做好1998年农村电气化县的验收审定工作

农村电气化工作是一项长期而艰巨的任务，要区别情况，分类指导，稳步推进。1999年要按照有关文件精神，继续做好农电“两改一同价”工作。1998年农村电气化县验收审定工作，仍执行《农村电气化县标准》和《农村水电初级电气化县标准》，由各省（区、市）人民政府对农村电气化组织验收，并请在1999年5月底前将验收申报材料一式三份报送国家经贸委，国家经贸委将组织有关部门审核后批复。

一九九九年二月一日（印）

关于印发《水电工程验收管理暂行规定》的通知

（国经贸电力［1999］72号）

各省、自治区、直辖市经贸委（经委、计经委）、电力局，国家电力公司，有关水电开发公司（有限责任公司），各有关单位：

为适应机构改革和政府职能调整后水电工程验收工作的需要，国家经贸委制定了《水电工程验收管理暂行规定》（以下简称《规定》），现印发你们，请遵照执行。

按照政府职能转变和水电建设领域进一步落实项目法人责任制的要求，《规定》对原有的水电工程验收管理方式作了较大调整。为更好地贯彻实施《规定》，现将有关事项通知如下：

一、国家经贸委将对水电工程验收实行宏观管理，主要负责对涉及工程安全的验收程序进行监督，对验收过程中出现的重大问题进行协调，不再直接组织验收机构对工程进行验收。

二、各地经贸委在电力行政管理职能到位后，应参照《规定》加强对列入地方建设计划或在地方登记备案的水电工程的验收管理，并协助国家经贸委对列入国家建设计划或在国家登记备案的水电工程履行验收管理职责。

三、验收管理方式改变后，对项目法人提出了更高的要求，项目法人将承担更多的组织和协调工作。项目法人要按《规定》要求，认真履行职责，加强验收工作的管理，确保验收工作质量。

四、水电工程建设过程中的日常检查验收、交工验收是做好工程各阶段性验收和竣工验收的前提，是保证工程质量和安全的基础，项目法人要按有关规定进一步做好上述工作。

五、水口、铜街子等水电工程的竣工验收，十三陵、东风、五强溪、安康、龙羊峡、莲花、大峡等水电工程的枢纽工程专项竣工验收，由国家经贸委委托国家电力公司按原规定程序负责组织实施。二滩、天生桥一级、天荒坪、李家峡、凌津滩等水电工程的剩余未投产机组的启动验收，仍由已成立的机组启动验收委员会继续负责完成。

六、请及时向国家经贸委反映《规定》执行中的问题。

一九九九年二月二日（印）

附件：

水电工程验收管理暂行规定

第一章　总　　则

第一条　为加强水电工程验收管理，保障工程及上下游人民生命财产安全，根据《水库大坝安全管理条例》和国家有关法规，制定本规定。

第二条　本规定适用于列入国家建设计划或在国家登记备案的水电工程。列入地方建设计划或在地方登记备案的水电工程，参照执行。

第三条　水电工程在截流、下闸蓄水、机组启动时应进行阶段性验收，工程整体竣工时应进行竣工验收。能独立发挥效益且不影响工程运行安全的单项工程验收，不能与工程阶段性验收和竣工验收同步进行时，可单独进行竣工验收。

第四条　工程蓄水和竣工验收前，应按原电力部《水电建设工程安全鉴定规定》（电综［1998］219号）进行工程安全鉴定。

第五条　国家经贸委负责水电工程验收的监督与协调工作。

第二章　验　收　组　织

第六条　工程截流验收，由项目法人会同有关省级政府主管部门共同组织工程截流验收委员会进行。

第七条　工程蓄水验收，由国家经贸委委托国家电力公司或其他单位会同有关省级政府主管部门共同组织工程蓄水验收委员会进行。

第八条　机组启动验收，由项目法人会同电网经营管理单位共同组织机组启动验收委员会进行。

第九条　工程竣工验收，应分别按枢纽工程、库区移民两个专项组织竣工验收。

枢纽工程专项竣工验收由国家经贸委委托国家电力公司或其他单位负责组织。

库区移民专项竣工验收由有关省级政府主管部门负责组织。

环保、消防、劳动安全卫生、工程档案等方面的验收及工程竣工决算审计，按有关部门的规定进行。

第十条　单项工程竣工验收，由项目法人自行组织进行，必要时，会同有关部门或单位共同组织单项工程竣工验收委员会进行。

第三章　工程蓄水验收

第十一条　项目法人应在计划蓄水时间9个月

前，向国家经贸委报送蓄水验收申请报告。

蓄水验收申请报告应包括以下内容：

（一）蓄水验收计划安排；

（二）有关省级水库移民管理机构名称；

（三）工程蓄水验收委员会正副主任委员建议人员名单。

第十二条 国家经贸委负责下达工程蓄水验收任务，指定工程安全鉴定单位，确定库区移民初步验收的负责单位、工程蓄水验收委员会正副主任委员名单，提出验收工作完成时限要求。

第十三条 工程安全鉴定和库区移民初步验收的负责单位分别提出工程蓄水安全鉴定报告和库区移民初步验收报告，交项目法人，由项目法人报送工程蓄水验收委员会。

第十四条 工程蓄水验收委员会的主要工作是：

（一）听取并研究项目法人的工程建设报告、工程渡汛措施计划报告、工程安全鉴定报告、库区移民初步验收报告及有关单位、部门的意见；

（二）检查工程及库区移民迁建、清库的进度和质量，并作出评价；

（三）对存在的问题提出处理意见；

（四）研究并批准下闸蓄水的组织措施、技术方案以及蓄水后工程安全渡汛措施；

（五）确定下闸蓄水时段和次年工程渡汛标准；

（六）提出工程蓄水验收鉴定书。

第十五条 工程蓄水验收委员会成员在有关问题上发生意见分歧时，由主任委员负责协调并裁决，重要问题的裁决意见报国家经贸委备案。

第十六条 项目法人应在下闸蓄水前，将工程蓄水验收鉴定书报国家经贸委备案。

第四章 工 程 竣 工 验 收

第十七条 项目法人在工程竣工验收计划时间12个月前，向国家经贸委报送工程竣工验收计划及枢纽工程专项竣工验收申请；在工程竣工验收计划时间9个月前，向有关省级政府报送库区移民专项竣工验收申请，并抄报国家经贸委。

环保、消防、劳动安全卫生、工程档案等方面的验收申请，按有关部门的规定办理。

第十八条 国家经贸委负责下达枢纽工程专项竣工验收任务，指定工程安全鉴定单位和枢纽工程专项竣工验收的负责单位，提出验收工作完成时限要求。

有关省级政府负责下达库区移民专项竣工验收任务，指定库区移民专项竣工验收的负责部门，提出验收工作完成时限要求。

第十九条 工程安全鉴定单位提出工程竣工安全鉴定报告，送项目法人，由项目法人报送枢纽工程专项竣工验收的负责单位。

枢纽工程专项竣工验收的负责单位提出枢纽工程专项竣工验收报告，报国家经贸委，并抄送项目法人。

库区移民专项竣工验收的负责部门提出库区移民专项竣工验收报告，报省级政府，并抄送项目法人。

第二十条 各项验收（包括枢纽工程、库区移民、环保、消防、劳动安全卫生、工程档案、工程竣工决算）工作完成后，项目法人对验收工作进行总结，提出工程竣工验收总结报告，报国家经贸委。

工程竣工验收总结报告应包括以下内容：

（一）工程概述；

（二）验收工作简况；

（三）各项验收报告（或鉴定意见）的主要结论；

（四）对各项验收报告所提主要问题和建议的处理情况；

（五）工程竣工验收时未能同步进行验收而遗留的单项工程的验收计划安排；

（六）结论。

第二十一条 全部验收工作完成并经审核合格后，由国家经贸委向项目法人颁发工程竣工验收证书。

第二十二条 国家经贸委颁发工程竣工验收证书的基本条件是：

（一）已按规定程序完成工程竣工验收的全部工作；

（二）各项验收报告均有明确的可以通过工程竣工验收的结论；

（三）遗留的单项工程，不致对工程和上下游人民生命财产安全造成影响，并已落实建设和单项工程竣工验收计划。

第五章 附 则

第二十三条 水电工程验收的组织工作和技术要求，本规定未作明确规定的，参照《水电站基本建设工程验收规程》（SDJ275－88）执行。

第二十四条 本规定由国家经贸委负责解释。

第二十五条 本规定自印发之日起执行。现行有关工程验收和安全鉴定规定，凡与本规定有抵触的，均以本规定为准。原电力部颁发的《水电建设工程竣工验收工作改进意见》（电水农［1996］549号）同时废止。

批转国家电力公司关于加快乡（镇）电管站改革实行县（市）乡（镇）电力一体化管理实施意见的通知

（国经贸厅电力［1999］85号）

各省、自治区、直辖市、新疆生产建设兵团经贸委（经委、计经委）：

国家经贸委同意国家电力公司《关于加快乡（镇）电管站改革实行县（市）乡（镇）电力一体化管理的实施意见》（试行），现转发你们，请结合本省实际，认真贯彻执行。

乡（镇）电管站改革是农电体制改革的重点，各级经贸委要切实负起责任，认真解决和处理改革过程中出现的予盾和问题，务必按期完成。遇有重大问题，及时报告省（区、市）人民政府，同时抄报国家经贸委。

一九九九年五月四日（印）

附件：

关于加快乡（镇）电管站改革实行县（市）乡（镇）电力一体化管理的实施意见

（试 行）

为贯彻落实《国务院批转国家经贸委关于加快农村电力体制改革加强农村电力管理意见的通知》（国发［1999］2号）、《国务院办公厅转发国家计委关于改造农村电网改革农电管理体制实现城乡同网同价请示的通知》（国办发［1998］134号）精神，加快乡（镇）电管站管理体制的改革步伐，理顺县供电企业与乡（镇）电管站的关系，提出以下实施意见。

一、指导思想

乡（镇）电管站的改革要按照建立社会主义市场经济体制的要求，以国务院文件精神为指针，以电力为农民生活、农村经济、农业生产服务为宗旨，以实现降低农村电价、减轻农民负担和开拓农村电力市场为目标，理顺县供电企业与乡（镇）电管站的关系，减少农村供电中间环节，实行县（市）乡（镇）电力一体化管理。

二、供电营业所机构设置和主要职责

1．机构设置

将乡（镇）电管站改为县供电企业直接经营管理的供电营业所，使其成为县供电企业统一管理的派出机构。应按照便于管理、方便用户的原则，采取营配合一的管理模式进行设置。县供电企业要明确各供电营业所的营业区域，名称统一为XX县（市）供电公司XX供电营业所。

2．供电营业所主要职责

（1）认真贯彻执行国家有关电力法规、制度、标准，严格执行国家电价政策，搞好农村电费、电价管理。

（2）负责所辖供电区域内农村10kV及低压电网的运行、检修和维护管理工作。

（3）按规定负责受理用户业扩报装申请、变更用电、装表接电及用电检查等营业工作。

（4）负责本营业区域内的电力销售工作、合同管理和开拓电力市场工作。

（5）负责所辖供电区域内计量装置的安装、维护管理工作。

（6）负责农村安全用电管理，指导用电户节约用电，维护农村供用电秩序。

（7）开展农村供用电优质服务。

（8）完成县供电企业下达的各项技术经济指标和其他工作任务。

三、供电营业所管理

1．人员管理

各省（网）电力公司按照精简高效的原则制定供电营业所的定岗、定责和定编的指导意见；县供电企业根据供电企业劳动定员标准和当地实际情况，按照省（网）电力公司的统一要求，具体核定供电营业所编制。

县供电企业按照批准的方案组建供电营业所，招聘供电营业所人员，招聘人员由县供电企业负责考核，报省（网）电力公司备案。

供电营业所聘用人员，原则上应优先从供电企业正式职工或优秀的农村电工中通过统一培训，统一考试，择优聘用，并签定聘用合同，实行合同管理，供电营业所人员的工资及社会保险等费用由省电力公司统一测算、制定统一标准。在城乡用电同价之前，从农村低压电网维护费中列支；在城乡用电同价后应纳入供电企业成本，由县供电企业统一发放。

要坚决杜绝供电营业所人员聘用过程中的不正之风。

2．财务管理

供电营业所实行收支两条线，供电营业所的电费及其他收入全额交县供电企业，供电营业所所需费用支出由县供电企业统一核拨，统一管理，执行国家统一规定的财会制度。在乡（镇）电管站改为供电营业所过程中，对于原乡（镇）电管站的财务自本文发布之日起，由县供电企业实行收支两条线管理。对于原乡（镇）电管站投资用于农网建设与改造的债权债务由县供电企业负责。实现城乡用电同价前，农村低压电网维护费应在县供电企业设立专用账号，专款专用。

3. 农村集体电力资产管理

乡镇及以下农村集体电力资产按照自愿上交、无偿划拨的方式全部交县供电企业管理，供电企业必须接收，并由其承担维护管理责任，供电企业通过降低电价作为对农村集体电力资产所有权的补偿。

对个人或外商投资建设的农村电力资产，已经基本收回的，原则上无偿划拨；对于投资尚未收回，要进行清理结算，有关方可根据不同情况，具体协商后划拨。对于已经报废或接近报废的供电设施或高能耗的设备，不在清理结算之内。县供电企业要按规定程序进行资产接收，所有接收资产须登记造册。

4. 营业管理

县供电企业要明确各供电营业所的营业范围，供电营业所按照县供电企业的具体规定，负责所辖用电户的抄表、核算、收费和用电管理工作。各供电营业所应设立用电营业室。

建立规范的电力营销制度，全面推行五统一（统一电价、统一发票、统一抄表、统一核算、统一考核）、四到户（销售到户、抄表到户、收费到户、服务到户）、三公开（电量公开、电价公开、电费公开）和实行农村用电一户一表。积极推行微机开票和电费储蓄等先进的电费管理办法。

供电营业所营业区域内低压用户的新装、增容、变更用电和临时用电等业务由供电营业所负责办理；高压用户的新装、增容等业务由供电营业所受理，审核后报县供电企业有关部门，按审批权限办理。

供电营业所应严格执行国家和省价格管理部门批准的各类用电价格，不得违反国家规定在电价外加收或代收任何费用。

5. 计量管理

县供电企业要加强电能计量管理，加大用户电能表等计量器具的投入。对农户电能表实行统一管理，统一按周期校验轮换，提高表计的准确性。

农村低压用户的电能表作为供电营业所的收费计量表，在城乡用电同价之后，原综合变台的计费表计改为县供电企业内部分台区考核的计量点。

农村用电户都要依表用电，按照国家规定的电价和表计电量交纳电费。

6. 内部考核

县供电企业对供电营业所实行经济技术指标考核，考核内容包括售电量、电价、电费回收、安全、线损、供电可靠性、优质服务等。

7. 优质服务

供电营业所要实行文明规范服务，公开办事程序，搞好安全用电宣传，开展便民服务活动，杜绝以电谋私行为。

供电营业所要设立供电抢修服务班组，向社会公布供电服务事故抢修和监督电话，按照承诺要求及时进行事故处理。

各网、省电力公司可依照本意见制定实施细则。

关于转发国家电力公司关于趸售县供电企业代管办法（试行）的通知

（国经贸厅电力［1999］103号）

各省、自治区、直辖市及新疆生产建设兵团经贸委（经委、计经委）：

国家经贸委同意国家电力公司制订的《趸售县供电企业代管办法》（试行），现转发你们，请结合本省实际执行。

按照《国务院批转国家经贸委关于加快农村电力体制改革加强农村电力管理意见的通知》（国发［1999］2号）精神和要求，趸售县供电企业改革是农村电力体制改革的一个重要组成部分，代管是一种重要的过渡形式，各级经贸委要加强对趸售县供电企业改革的指导，认真解决和处理改革过程中出现的具体矛盾和问题，注意总结和发现趸售县供电企业改革中成功的经验和做法，进一步深化和推动农村电力体制改革。

在执行过程中有何问题和建议，请及时报告国家经贸委。

一九九九年五月十八日（印）

附件：

趸售县供电企业代管办法

（试 行）

第一章 总 则

第一条 为了适应电力工业体制改革的需要，推动农电体制改革、农村电网建设与改造和同网同价工作的顺利进行，促进县域经济的发展，根据国发[1999] 2号文件精神，制订趸售县供电企业代管办法。

第二条 按照资产所有权与经营权分离的原则，由当地县市区人民政府委托省(自治区、直辖市)电力公司(以下简称省电力公司)对县供电企业实行代管。

第二章 代 管 原 则

第三条 坚持企业资产所有权与经营管理权分离的原则，代管后县供电企业仍是独立的法人实体，其产权归属关系、财税体制、核算方式、趸售方式、工资来源渠道、社会保险关系保持不变。

第四条 农村电网要坚持实行统一规划、统一建设、统一调度和统一管理，确保安全、稳定、经济运行。

第五条 在代管过程中，要正确处理好政企分开、厂网分开、主副业分开时出现的矛盾和问题。

第三章 代 管 责 任

第六条 省电力公司要充分发挥管理优势和技术优势，重点解决好趸售县供电企业普遍存在的农村电网薄弱、管理落后、人员增长较快等问题。切实提高县供电企业的管理水平，提高企业职工队伍素质，实行企业减人增效，提高企业经济效益。

第七条 在当地政府大力支持和省电力公司的指导下，县供电企业要积极整顿农村用电秩序，规范农村电力市场，建设与改造农村电网，加强农村电价管理，减轻农民用电负担，逐步实现城乡居民生活用电同网同价，切实加强内部管理，认真做好各项工作。

第四章 代 管 内 容

第八条 代管的内容主要包括：由省电力公司负责对县供电企业领导班子的建设与管理、对人员及工资实行总量控制，对农村电费及电价、企业财务、安全生产和科技进步等实施管理和监督，指导县供电企业加强党的建设及精神文明建设等。

县供电企业要统一执行省电力公司在成本管理、审计监督、电网规划、建设计划管理、生产技术及安全管理、调度管理、电力营销管理、农村电价管理、行政管理、企业党建及精神文明建设等方面的有关规定和办法。

第九条 人事和劳动管理

1. 县供电企业的党政领导班子成员在征求有关部门的意见后，由省电力公司按有关规定进行任免。

2. 县供电企业的调入和录用人员，须经省电力公司审核批准。

3. 县供电企业技术职务的评聘工作，由省电力公司统一组织。

4. 省电力公司要按照电力行业的定员标准和省电力公司的有关规定，审批县供电企业的三定(定编、定岗、定责)方案。

5. 县供电企业的工资总额要实行总量控制，其劳动工资计划，须经省电力公司批准。

第十条 财务管理

1. 县供电企业实行独立核算，财务管理工作要执行国家有关财务、会计制度和省电力公司的有关规定，接受省电力公司的监督和指导。

2. 县供电企业要执行省电力公司有关资产管理的规定，确保国有资产保值增值。

3. 县供电企业的资产处置，需报省电力公司审批。

4. 县供电企业要统一执行省电力公司资金管理的有关规定，按期编制财务预算，报省电力公司审批执行。

5. 县供电企业未经省电力公司审查、许可，不得为任何单位提供担保，不得擅自对外投资，也不得向其他单位出借资金。

第五章 附 则

第十一条 趸售县供电企业的代管工作由国家电力公司统一组织指导，省电力公司负责组织实施。趸售县供电企业代管协议由省电力公司统一与县级人民政府签订，已经对趸售县供电企业实行代管的省电力公司要按照本办法进行规范。

第十二条 各省电力公司可根据本地实际制定实施细则，指定部门归口管理代管工作。

关于进行厂网分开竞价上网试点有关问题的通知

（国经贸电力［1999］161号）

辽宁、吉林、黑龙江、上海、浙江、山东省（市）经贸委（经委、计经委）、电力局，国家电力公司，东北、华东电力集团公司：

为贯彻执行《国务院办公厅转发国家经贸委关于深化电力工业体制改革有关问题意见的通知》（国办发［1998］146号，以下简称《通知》），现将在上海、浙江、山东和辽宁、吉林、黑龙江六省市进行厂网分开、竞价上网试点的有关事项通知如下：

一、进行厂网分开、竞价上网的改革，有利于促进电力企业公平竞争，降低成本，提高效率，实现资源优化配置，实现电网公开、公正、公平调度。这也是积极稳妥地推进电力工业体制改革，促进电力工业健康发展的需要。试点省市经贸委（经委、计经委）、电力局（公司）要充分认识这一改革的重要性，遵循电网运行规律，结合本地区电力工业改革发展的实际，认真做好试点工作。

二、要按照稳中求快、因地制宜、逐步完善的原则进行试点。上海、浙江、山东经贸委、电力局（公司）要会同省（市）政府其他有关部门抓紧提出本省（市）《试点方案和实施意见》，于1999年6月底前报国家经贸委，同时抄送国家计委、财政部和国家电力公司。所报试点方案的内容应包括：本省（市）电力企业的现状；厂网分开的目标和竞价模式；市场运营规则；市场监管和技术支持系统；试点工作的步骤和时间安排；其他问题和建议等。国家经贸委将会同有关部门研究批复后组织实施。辽宁、吉林、黑龙江要认真作好研究和准备，待省为实体的电力体制改革到位后立即开展厂网分开、竞价上网的试点工作。

三、国家电力公司要继续做好所属电力企业厂网分开、竞价上网的研究、协调工作。各电力企业在改革过程中，首先要做好广大职工的思想政治工作，保证职工思想稳定；贯彻“安全第一、预防为主”的方针，确保安全生产，保证电网和电厂安全稳定运行；严格财经纪律和各项规章制度，严防国有资产流失。

四、国家经贸委将会同有关部门组织专门人员，定期总结各省试点经验，研究制定有关政策，推动厂网分开、引入竞争机制的改革。

五、其他具备条件的省（区、市），应在国家经贸委统一指导下，积极稳妥地推进厂网分开，引入竞争机制。

一九九九年三月九日（印）

印发《关于加快乡（镇）电管站改革若干问题的指导意见》的通知

（国经贸电力［1999］294号）

各省、自治区、直辖市及新疆生产建设兵团经贸委（经委、计经委）：

现将《关于加快乡（镇）电管站改革若干问题的指导意见》印发你们，请参照执行。

一九九九年四月十三日（印）

附件：

关于加快乡（镇）电管站改革若干问题的指导意见

为贯彻落实《国务院批转国家经贸委关于加快农村电力管理体制改革加强农村电力管理的意见》(国发[1999]2号)的精神，规范乡(镇)电管站改革，理顺县供电企业与乡(镇)电管站关系，提出如下意见：

一、根据国发[1999]2号、国办发[1998]134号文件精神，必须改革乡(镇)电管站现行的管理模式，将乡(镇)电管站一律改为县供电企业所属的供电营业所，其人、财、物纳入县供电企业统一管理。

二、关于农村电力资产。乡镇及以下农村集体电力资产按照自愿上交、无偿划拨的方式全部交由县供电企业管理，供电企业必须接收，并承担其维护管理责任，供电企业通过降低电价作为对农村集体电力资产所有权的补偿。

对个人或外商投资建设的农村电力资产，已经基本收回的，原则上无偿划拨；对于投资尚未收回的，要进行清理结算，有关方面可根据不同情况，具体协商后划拨；已经报废或接近报废的供电设施和高能耗的设备，不在清理结算之内。

三、关于财务管理。县供电企业对供电营业所实行收支两条线管理，供电营业所的电费收入全额上缴县供电企业，所需费用支出由县供电企业统一核拨。在乡镇电管站改为供电营业所过程中，原乡镇电管站的财务自本文发布之日起，由县供电企业实行收支两条线管理。原乡镇电管站的债权债务的截止日期以国办发[1998]134号文件发布日期(1998年10月4日)为基准。但134号文件发布之后突击发生的债务应由原乡镇电管站的主管部门负责。县供电企业要按规定程序进行资产接收,所有接收的资产必须登记造册。

四、关于人员管理。乡镇电管站改为供电营业所后，所有人员纳入供电企业统一管理。由供电企业根据实际需要，本着精简的原则进行定编、定岗、定责，按照定编标准，对供电营业所人员实行聘用制，原则上应优先从供电企业正式职工或优秀的农村电工中通过统一培训，统一考试，择优聘用，并签定聘用合同，实行合同制管理，要坚决杜绝供电营业所人员聘用过程中的不正之风。

五、加强营销管理。供电营业所要建立规范的抄表收费制度，全面推行“五统一”（统一电价、统一发票、统一抄表、统一核算、统一考核）、“四到户”（销售到户、抄表到户、收费到户、服务到户）和“三公开”（电量公开、电费公开、电价公开）；严格执行国家电价政策和规定，坚决拒绝乱加价、乱收费、乱摊派。严禁代征代收各种不符合国家规定的价外收费，逐步建立规范的农村电力市场。

乡（镇）电管站改革是农电体制改革的重点，各级经贸委要切实负起责任，认真解决和处理改革过程中出现的矛盾和问题，重大问题，要及时报告省（区、市）人民政府，同时抄报国家经贸委。

关于印发《关于做好电力工业政企分开改革工作的意见》的通知

（国经贸电力［1999］445号）

各省、自治区、直辖市经贸委（经委、计经委）、电力工业局（公司），华北、东北、华东、华中、西北电业管理局，国家电力公司：

为了贯彻落实《中共中央、国务院关于地方政府机构改革的意见》（中发［1999］2号）和《国务院办公厅转发国家经贸委关于深化电力工业体制改革有关问题意见的通知》（国办发［1998］146号）精神，确保省级电力工业管理体制政企分开改革的顺利进行和电力生产运行正常、安全、稳定，经商有关部门，我们提出了《关于做好电力工业政企分开改革工作的意见》，现印发你们，并将改革过程中出现的问题及时向我委反映。

一九九九年五月十八日（印）

附件：

关于做好电力工业政企分开改革工作的意见

（1999年4月）

为贯彻落实《中共中央、国务院关于地方政府机构改革的意见》(中发[1999]2号)和《国务院办公厅转发国家经贸委关于深化电力工业体制改革有关问题意见的通知》(国办发[1998]146号),做好下一步电力工业政企分开改革工作,现就有关问题提出以下意见：

一、关于省级电力行政管理体制

（一）按照国务院的部署，在省级政府机构改革中，要将各省、自治区、直辖市电力局（公司）及分散在政府其他专业管理部门的政府管电职能同时移交给省级经贸委，有关部门的职能做相应调整，做到精简效能、协调统一、政出一门。地方各级政府均不设立电力专业管理部门。

（二）实行政企分开后，深化省、自治区、直辖市电力公司为实体的改革，把公司办成真正的自主经营的法人实体，并接受地方政府的指导与监督。每个省、自治区、直辖市只设立一个省级电力公司，对本地区电网实施统一规划、统一管理。

（三）各省、自治区、直辖市电力工业政企分开改革，要按照党中央、国务院对省级政府机构改革的总体部署和要求，统一纳入省级政府机构改革整体方案之中，并与省级政府机构改革同步进行。

（四）根据国务院赋予国家经贸委的电力工业行政管理职能，并考虑各地的实际情况，建议将下列工作移交省级经贸委：组织拟订本地区电力工业的行业规划，实施行业管理和监督；研究提出本地区电力工业改革方针、政策、体制改革方案；研究提出近期电力经济运行综合调控目标，监测分析电力运行态势，平衡电力资源；培育和监管电力市场，规范电力市场秩序，协调处理电网运行、电力经济运行中的重大问题；研究提出电、热价格政策意见，参与电价整顿、调整、改革等工作；依法管理供电营业区划分工作；研究组织制定农村电气化发展规划，负责农村电气化工作；负责电力行政执法与行政执法监督等。

二、关于大区电力工业行政管理机构

（一）原电力工业部派出的大区电业管理局，在所辖区域内电力局撤销后予以撤销，具体安排，由国家经贸委商国家电力公司报中央机构编制委员会办公室同意后进行。其承担的政府管电职能，属于跨省性质的，移交给国家经贸委；其代行的有关省、自治区、直辖市的管理职能，应在省级政府机构改革中一并移交给省级经贸委。

（二）各大区电力集团公司和国家电力公司东北公司在完成本企业发展规划的同时,可接受国家经贸委的委托,承担区域性电力行业规划的具体工作,在征得所在地区内各省级政府同意后,报国家经贸委审查批准。

（三）目前由大区电业管理局行使的电力资源平衡和省间电力电量的分配工作，由国家经贸委牵头，有关省、自治区、直辖市经贸委配合，由国家电力公司以及大区电力集团公司、国家电力公司东北公司承担具体工作,工作组织形式根据各地不同情况分别确定。

（四）电力企业与地方政府有关部门、其他行业、企业和用户间经济利益矛盾和关系的协调职能，由各省、自治区、直辖市经贸委按属地原则分工负责，重大问题向国家经贸委请示报告。

三、需要注意的问题

（一）各省、自治区、直辖市在电力管理体制政企分开改革和职能移交过程中，要做到工作上衔接有序，电力生产运行正常、安全、稳定，管理上不出现断档。各省、自治区、直辖市经贸委（经委、计经委）和同级电力局（公司）要相互配合、密切协作，共同做好本地区电力工业管理体制政企分开改革的各项工作。

（二）各大区电业管理局和各省、自治区、直辖市电力局（公司）在政企分开工作中，要顾全大局，服从政府机构改革的部署，要将属于政府的管电职能完整地移交给国家经贸委和相关省级经贸委，并自觉接受政府的监督管理。

（三）地、市及以下的电力工业管理体制政企分开改革，按照中央关于地方机构改革文件的精神和国务院有关文件的要求，结合当地实际进行。

关于发布《交流高压断路器订货技术条件》等40项电力行业标准的通知

（国经贸电力［1999］740号）

各省、自治区、直辖市及新疆生产建设兵团经贸委（经委、计经委）、电力局（厅），国家电力公司，各电力集团公司，国家电力公司东北公司，各有关单位：

国家经贸委批准《交流高压断路器订货技术条件》等40项推荐性电力行业标准，现予发布，自1999年10月1日起实施。

以上标准由中国电力出版社出版、发行。

实施中有何问题和意见，请函告有关专业标准化技术委员会，并抄送中国电力企业联合会标准化部门。

附件：40项电力行业标准编号及名称

一九九九年八月二日（印）

附件：

40项电力行业标准编号及名称

序号	标准编号	标准名称
1	DL/T 402－1999	交流高压断路器订货技术条件
2	DL/T 485－1999	电力企业标准体系表编制导则
3	DL/T 661－1999	热量计氧弹安全性能技术要求及测试方法
4	DL/T 662－1999	六氟化硫气体回收装置技术条件
5	DL/T 663－1999	220～500kV电力系统故障动态记录装置检测要求
6	DL/T 664－1999	带电设备红外诊断技术应用导则

续表

序号	标准编号	标准名称
7	DL/T 665－1999	水汽集中取样分析装置验收标准
8	DL/T 666－1999	风力发电场运行规程
9	DL/T 667－1999	远动设备及系统 第5部分 传输 规约 第103篇 继电保护设备信息接口配套标准
10	DL/T 668－1999	测量用互感器检验装置
11	DL/T 669－1999	室外高温作业分级
12	DL/T 670－1999	微机母线保护装置通用技术条件
13	DL/T 671－1999	微机发电机变压器组保护装置通用技术条件
14	DL/T 672－1999	变电所电压无功调节控制装置订货技术条件
15	DL/T 673－1999	火力发电厂水处理用001×7强酸性阳离子交换树脂报废标准
16	DL/T 674－1999	火电厂用20号钢珠光体球化评级标准
17	DL/T 675－1999	电力工业无损检测人员资格考核规则
18	DL/T 676－1999	带电作业绝缘鞋（靴）通用技术条件
19	DL/T 677－1999	火力发电厂在线工业化学仪表检验规程
20	DL/T 678－1999	电站钢结构焊接通用技术条件
21	DL/T 679－1999	焊工技术考核规程
22	DL/T 680－1999	耐磨管道技术条件
23	DL/T 681－1999	磨煤机耐磨件技术条件
24	DL/T 5085－1999	钢—混凝土组合结构设计规程
25	DL/T 5086－1999	水电水利工程混凝土生产系统设计导则
26	DL/T 5087－1999	水电水利工程围堰设计导则
27	DL/T 5088－1999	水电水利工程工程量计算规定
28	DL/T 5089－1999	水电水利工程泥沙设计规范
29	DL/T 5090－1999	水力发电厂过电压保护和绝缘配合设计技术导则
30	DL/T 5091－1999	水力发电厂接地设计技术导则
31	DL/T 5092－1999	（110～500）kV架空送电线路设计技术规程
32	DL/T 5093－1999	火力发电厂岩土工程勘测资料整编技术规定
33	DL/T 5094－1999	火力发电厂建筑设计规程
34	DL/T 5095－1999	火力发电厂主厂房荷载设计技术规程
35	DL/T 5096－1999	电力工程地质钻探技术规定

续表

序号	标准编号	标 准 名 称
36	DL/T 5097－1999	火力发电厂贮灰场岩土工程勘测技术规程
37	DL/T 5098－1999	水电水利工程砂石加工系统设计导则
38	DL/T 5099－1999	水工建筑物地下开挖工程施工技术规范
39	DL/T 5100－1999	水工混凝土外加剂技术规程
40	DL/T 5101－1999	火力发电厂振冲法地基处理技术规范

关于印发《关停小火电机组实施意见》的通知

（国经贸电力［1999］833号）

各省、自治区、直辖市、计划单列市及新疆生产建设兵团经贸委（经委、计经委），国家电力公司：

为保证关停小火电机组工作顺利实施，国家经贸委根据《国务院办公厅转发国家经贸委关于关停小火电机组有关问题意见的通知》（国办发［1999］44号），制定了《关停小火电机组实施意见》（以下简称《实施意见》），现印发你们，请认真贯彻执行。

关停小火电机组是从国家大局出发，优化电力工业结构的重要举措，对提高电力工业的整体质量和效益，促进电力工业可持续发展具有十分重要的意义。这项工作涉及面广，政策性强，时间紧，任务重，难度大。各地和国家电力公司要高度重视，加强领导，明确责任，综合运用法律、经济和必要的行政手段，积极稳妥地推进关停小火电机组工作。

各省(区、市)经贸委要根据国务院办公厅国办发[1999]44号文件和《实施意见》,结合实际情况,制定当地关停小火电机组实施细则,并报国家经贸委备案。

《实施意见》执行中的问题，请及时向国家经贸委反映。

一九九九年八月三十一日（印）

附件：

关停小火电机组实施意见

为了保证关停小火电机组工作的顺利实施，根据《国务院办公厅转发国家经贸委关于关停小火电机组有关问题意见的通知》（国办发［1999］44号），提出以下实施意见。

一、关于关停小火电机组的范围

（一）此次关停小火电机组的范围是：5万kW以下（含5万kW）的常规小火电机组。热电联产、综合利用机组和燃气蒸汽联合循环机组，经审核符合有关规定的，不属关停范围。

（二）热电联产机组运行应实行以热定电，严禁采用纯凝汽式发电，并应符合下列指标：总热效率年平均大于45%；单机容量5万kW以下的热电机组，其热电比年平均大于100%；单机容量5万kW的热电机组，其热电比年平均大于50%。同时，热电联产机组应符合环保要求。

（三）综合利用机组是指符合有关文件规定，国家鼓励的综合利用煤矸石、煤泥、石煤、垃圾等低热值燃料和利用余热、余压、生物质能、沼气、煤层气、高炉煤气等综合利用资源的发电工程。其中，煤矸石电厂必须以燃用煤矸石为主，其燃料的应用基低位发热量应不大于12550kJ/kg（3000大卡/kg）。燃用高硫煤矸石的电厂，应采取脱硫措施，达到环保要求。

（四）不符合热电联产、综合利用机组条件的小火电机组，应列入关停范围限期关停。对目前未能完全但已基本符合热电联产、综合利用机组条件的小火电机组，可视情况给予1年以内的整改期，届时期满仍不能符合条件的，立即关停。对隐瞒真实情况，假冒热电联产、综合利用之名逃避关停的机组，一经查实，立即关停，并追究有关人员弄虚作假的责任。

（五）各省（区、市）经贸委电力主管部门负责牵头，会同电力局（公司）等有关部门对热电联产、综合利用机组进行核查和确认（具体工作可委托有资格的中介机构），并将确认的结果报国家经贸委备案。对经确认符合条件的热电联产、综合利用机组，由省（区、市）经贸委颁发合格证书。证书格式及要求由国家经贸委另行统一规定。

二、关于关停小火电机组的进度目标

（一）总体目标：单机容量5万kW以下（含5万kW）的常规小火电机组在2003年底前基本关停。

（二）分阶段目标：

1999年，关停以下小火电机组：在老旧机组替代改造（即“以大代小”，下同）项目中已明确被替代的机组；已退役、报废的机组；单机容量2.5万kW以下（含2.5万kW）且服役期满20年的凝汽式机组。

2000年，关停单机容量5万kW以下（含5万kW）的低压和中压常规燃煤、燃油机组。2001年～

2003年，关停单机容量5万kW以下（含5万kW）的高压常规燃煤、燃油机组。

（三）边远省份、孤立电网（含与主网联系薄弱的地区电网）内的小火电机组，以及有关的企业自备电厂内的小火电机组，在关停后对当地或企业电力正常供应有较大影响的，其关停时间可根据电力供应的实际情况适当推迟。

（四）单机容量5万kW以下（含5万kW）的柴油机组，应纳入关停计划，在2000年底前首先关停环保未达标的机组，在2003年底前重点关停能耗高、经济效益差的机组。承担电网调峰任务的柴油机组，可适当推迟关停时间，但必须限期逐步关停。

（五）中外合作、合资、外方独资电厂中单机容量5万kW以下（含5万kW）的机组，应纳入关停计划，按照国家有关法律、法规和政策，限期逐步关停。国办发［1999］44号文件下发以后新组建的中外合作、合资、外方独资电厂中的小火电机组，应按规定时限关停。

（六）关停时间的推迟，原则上应在2003年底前的范围内进行调整。由于情况特殊，在2003年底前关停确有困难的个别机组，关停时间可适当后推，但应创造条件尽量缩短后推时间。未按国家规定程序和权限履行项目报批手续、以及不符合环保要求的小火电机组，不得推迟关停时间。关停时间的推迟，必须经省（区、市）经贸委、电力局（公司）审核，并报国家经贸委批准。

三、关于做好小火电机组关停与改造相结合工作

（一）各地可根据用电（热）负荷和资源情况，因地制宜，对小火电机组安排老旧机组替代、热电联产或综合利用等改造。在机组改造中，应优先选择老旧机组替代改造方式，改造时一般应实行“先停后改”。

（二）进行热电联产、综合利用机组改造的，应符合国家有关政策和技术标准。热电联产改造必须有稳定的热负荷。改造后的机组，其污染物排放应达到国家环保要求。

（三）常规燃煤机组改造为循环流化床机组的，应符合以下条件：具有改造价值；单机容量原则上达到5万千瓦、机组类型为高温高压；改造后的机组符合环保要求。

（四）小火电机组改造项目应符合国家有关规定，防止不符合改造条件的机组盲目改造或借改造之名逃避关停。老旧机组替代、热电联产、综合利用改造，由省（区、市）经贸委、电力局（公司）负责审核，报国家经贸委审批。

四、关于关停小火电机组计划的制订与执行

（一）关停计划应体现统一规划、分类指导、因地制宜、分步实施的原则。属关停范围内的小火电机组，均应按规定纳入关停计划，并明确关停时限。在总体关停计划中，应分别列出1999年、2000年、2001～2003年的关停机组清单。年度关停计划中，应列明关停的具体日期。年度关停计划由国家经贸委审查确定后下达各省（区、市）执行。

（二）关停计划制定后，必须严格执行。确有困难需要调整计划推迟关停进度的，应提前报国家经贸委审查批准。各省（区、市）经贸委应在每季第一个月10日前，向国家经贸委报送关停计划执行情况。

（三）一个电厂内多台机组均属关停范围的，可根据具体情况，在规定的关停时限内，采取分期分批的办法逐步实现关停，以利于处理遗留问题。

五、关于做好关停小火电机组的有关综合配套工作

（一）地方政府有关部门、电网经营企业，要采取措施，结合电网改造、电源结构调整，做好电力电量平衡，切实解决好小火电机组关停地区和企业的电力正常供应问题。

（二）关停小火电机组所涉及人员的安置问题，应根据国家有关规定，按照“因地制宜，多种途径，保障生活，保持稳定”的原则，按企业隶属关系妥善解决。改造项目和新建、扩建电厂应优先招聘关停机组的下岗分流人员。

（三）被关停机组的债务，原则上应按资产隶属关系和企业性质由出资者或债务人负责偿还。老旧机组替代改造、热电联产改造或综合利用改造的项目，应合理承担其替代机组的债务。

（四）鼓励有条件的地区，实施由大机组代发电量，用以偿还被关停机组债务和解决人员安置费用。具体办法由省（区、市）经贸委会同电力等有关部门制定。

六、关于严格执行关停小火电机组的各项措施

（一）列入关停计划的小火电机组达到关停时限时，各电网、煤炭、石油企业以及银行，要立即停止收购电力电量，停止供应煤炭和石油，停止提供贷款。不进行热电联产、综合利用改造的小火电机组关停后，应就地拆除报废，禁止易地发电。由各省（区、市）经贸委负责检查和监督此项措施的落实情况。

（二）实行关停小火电机组与老旧机组替代改造项目审批挂钩制度，凡未按规定关停小火电机组的地

区，不再批准其老旧机组替代改造项目。

（三）列入关停范围内的小火电机组在关停前，应根据经济调度的原则，逐步减少其上网运行小时，降低其上网电价。各地可根据电网的具体情况，对小火电机组实施停机备用、两班制调峰、枯水期季节性发电等运行方式。具体运行计划和安排原则由各省（区、市）经贸委与电网经营企业共同研究确定。

（四）酸雨控制区和二氧化硫污染控制区内的小火电机组在关停前，必须燃用含硫量小于1%的燃料，或采取减少二氧化硫排放的其他措施。

（五）凡未按规定程序和审批权限审批以及不符合国家有关政策要求的在建小火电机组，要立即停止建设。

七、关于关停小火电机组工作的组织领导、宣传教育和监督工作

（一）关停小火电机组工作由各省（区、市）人民政府、国家电力公司负责组织实施。

各省（区、市）人民政府应明确一名主管领导同志负责关停小火电机组工作。关停任务比较重的地区，应成立以省（区、市）人民政府主管领导同志为组长的关停小火电机组工作领导小组，并下设由省（区、市）经贸委牵头，电力、计划、财政和环保等部门参加的办公室，负责协调处理关停工作中的重大问题。

（二）各省（区、市）经贸委、电力局（公司）应明确一位主管领导同志和一个归口处室具体负责关停小火电机组工作，切实落实责任制。

（三）各地要采取多种形式，广泛宣传关停小火电机组的重要意义，以及国家有关法律、法规和方针政策，提高有关单位和个人对关停小火电机组工作重要性、紧迫性的认识，保证关停工作的顺利实施。

（四）发挥舆论监督作用，由有关媒体定期公布各地关停进展情况，对逃避关停和关停不力、未按要求完成关停任务的地方、单位进行曝光，并追究有关人员的责任；对关停工作取得显著成效的地方、单位和个人给予通报表彰。

关于委托国家电力公司承担电力建设工程质量监督工作的复函

（国经贸电力［1999］1027号）

国家电力公司：

你公司《关于电力建设质量监督问题的请示》(国电办[1999]424号)收悉。经研究，现函复如下：

一、根据《国务院办公厅关于加强基础设施工程质量管理的通知》（国办发［1999］16号）精神，为了加强电力建设工程质量监督，同意委托你公司承担电力建设工程质量监督工作。

二、根据国家有关规定，可设立电力建设工程质量监督总站和水电建设工程质量监督总站，按专业分工承担工程质量监督的具体工作。有关的监督范围和监督责任仍按《国家计委关于部门与地方工程质量监督机构监督范围和责任问题的通知》（计建设［1997］1546号）执行。

三、质量监督总站既要对你公司负责，又要对电力主管部门负责。为此，提出以下要求：

（一）认真贯彻执行国家有关建设工程质量的法律、法规和方针政策，督促项目法人和有关责任单位切实履行各自的职责，确保电力建设工程质量。

（二）在做好经常性工作的同时，注意做好基础性工作，加强技术力量，提高自身素质，选配好质量监督人员，不断完善规章制度，提高质量监督管理水平。

（三）在工程质量监督工作中，应加强与各省、自治区、直辖市经贸委以及国家重大项目稽察特派员的联系和沟通。

（四）做好工程质量监督的计划和总结工作，每年年底向国家经贸委报送本年度工程质量监督工作总结和下一年度工作计划，重大问题要及时报告。

四、请你公司在电力建设工程质量监督工作中，积极探索和改进质量监督管理方式，不断总结经验，为建立符合我国电力工业改革和发展要求的工程质量监督管理体制创造条件。

印发《关于优化电力资源配置　促进公开、公平调度的若干意见》的通知

（国经贸电力［1999］1144号）

各省、自治区、直辖市经贸委（经委、计经委）、电力局，各电力集团公司，中国南方电力联营公司，国家电力调度通信中心：

为确保电网的安全、稳定、经济运行，促进发电企业的公平竞争，提高电力企业整体经济效益，减轻用户负担，根据当前电力经济运行中存在的有关问

题，经商国家计委，现将《关于优化电力资源配置，促进公开、公平调度的若干意见》印发给你们，请贯彻执行。

一九九九年十一月二十五日（印）

附件：

关于优化电力资源配置 促进公开、公平调度的若干意见

为确保电网的安全、稳定、经济运行，促进发电企业的公平竞争，提高电力企业整体经济效益，减轻用户负担，根据目前电力经济运行中存在的有关问题，经研究，现就电力资源的优化配置，促进公开、公平调度等问题提出如下意见：

一、各省级电力管理部门要根据国家经贸委下达的各省、自治区、直辖市年度发电量预期调控目标和本地区国民经济发展需要，编制下达省内发电企业的年度发电量预期调控目标。电网经营企业的年度购电计划，要依据购电合同，按照公开、公平、公正的原则，商独立发电企业后安排并报省级电力管理部门备案；如电网经营企业与独立发电企业不能形成一致意见时，由省级电力管理部门协调解决。各发电企业月度发电调度计划由调度机构按规定分解下达。

二、电网经营企业在保证电网安全运行的前提下，要努力保证独立发电企业完成合同电量。因电力市场需求变化导致全网发电安排发生变化时，除鼓励清洁电源外，原则上应同比例调整所有发电企业的年计划电量；因电网调度的原因使独立发电企业未能完成月度电量计划时，电网调度机构要及时给予弥补；在同一电网内，同类型机组（主要指容量参数）要安排基本相同的利用小时数。低污染、高效机组的年利用小时数应明显高于高污染、低效机组的年利用小时数；安装脱硫设施的机组要优先发电。

三、充分利用可再生能源资源。汛期要千方百计多发水电，避免或减少水电厂弃水。要积极推行“以水代火”，由火电厂让出部份电量空间，安排水电厂多发水电，用多发水电所增加的效益，给火电厂以适当的经济补偿。具体补偿办法，由各省、自治区、直辖市经贸委商有关部门研究制定。对丰水期弃水电量要实行薄利多销的销售策略，大力推行丰枯季节电价；有条件的地方，可试行独立核算水电厂与有关大用户直接商谈电量电价，电网经营企业收取合理的过网费，过网费标准由电网经营企业提出意见，按规定的程序批准后执行。各电网经营企业要依照国家政策，优先安排风力发电、地热发电和其他新能源发电企业的上网电量。

四、对经国家批准按计划退役、关停的小火电机组，不得安排上网电量计划。

并网运行的热电联产机组和综合利用机组按规定可享受国家的优惠政策。各省（区、市）经贸委（经委、计经委）要加强对该类机组运行的监督管理，定期检查，对名不符实或擅自改变运行工况的，要按有关规定处理。

五、电网经营企业要按购售电合同及时向独立发电企业结算购电费用。

六、要建立规范的调度信息披露制度，增加透明度。调度机构要按月、按季、按年公布有关的调度方案和执行结果等调度信息。调度信息公布可以采用信息发布会或听证会的形式。调度信息应包括全网电力需求、用电负荷率、电网安全运行参数、各发电企业上网电量、价格、发电负荷率、调峰调频等。调度机构要自觉接受政府和社会的监督，重大问题及时报告电力管理部门。

七、各省（区、市）经贸委（经委、计经委）、电力局要加强对电力资源优化配置，公开、公平调度的监督管理，要及时协调解决电网经营企业与发电企业在电力经济运行中的有关问题。如有重大问题，及时向国家经贸委报告。

关于国家重点企业用电管理问题的通知

（国经贸电力［1999］1267号）

各省、自治区、直辖市经贸委（经委、计经委）、电力局，各电力集团公司，国家电力公司东北公司：

1994年以来，国家每年对华北、东北、华东和华中四大电网内的重点企业编制年度用电计划，各单位在电力供需矛盾比较突出的情况下，认真落实国家用电计划，为保证重点企业的用电需要，促进国民经济健康发展，做出了积极的贡献。目前，各电网电力供应基本能满足需要，全国绝大多数地区已实行统一销售电价，企业用电安排从计划指标管理向供用电合同管理转变的条件基本成熟。为做好重点企业的用电安排方式转换工作，现就有关问题通知如下：

一、自2000年起，国家不再下达四大电网内国家重点企业的年度用电指标。供用电双方应按照年度用电需要和电网实际情况，遵循公平原则，签订供用电合同，确定各方的权利和义务。尚未实行统一销售电价的省份，由各地电力局按国家有关政策，对国家

重点企业具体安排用电资源，各地经贸委负责协调。

二、电力企业要搞好电力市场调查，进一步掌握各电网用电的现状和发展趋势，积极开拓电力市场，改善服务，提高电力供应的经济性和可靠性，满足国民经济发展的需要。

三、电力企业供电时，应优先满足国家重点项目和重点企业的电力需求，依据国家有关政策和电网实际情况，协助用电企业研究合理用电、节能降耗的经济技术措施，支持重点企业降低用电成本，提高效益。

四、用电企业应主动向电力企业提供生产用电的有关情况和数据，采用节能新技术、新产品，优化电力使用的方式，按照《电力供应与使用条例》和供用电合同的约定，按时交纳电费。

五、省（自治区、直辖市）际电力资源平衡，由各电力集团公司根据本网的实际情况，商有关方面研究相应的办法。

六、各地经贸委要及时掌握本地区用电情况的变化，定期向我委汇报。工作中出现重大问题，请及时报告。

一九九九年十二月二十八日（印）

关于外国企业常驻代表机构申请批准问题的复函

（国经贸电力［1999］1285号）

国家电力公司：

你公司《关于外国企业常驻代表机构审批问题的函》（办外［1999］75号）收悉。经研究，现函复如下：

根据国务院《关于管理外国企业常驻代表机构的暂行规定》（国发［1980］272号）和外经贸部《关于审批和管理外国企业常驻代表机构的实施细则》（［1995］第3号令），外国企业常驻代表机构及其人员变更有关手续的审核批准工作，要“按照业务性质，报请中华人民共和国政府的主管委、部、局批准”。根据1998年国务院机构改革方案的要求，电力工业部已经撤销，电力工业政府管理职能划入我委。因此，此项审批工作已从原电力部转由我委执行。为方便工作，我委决定，暂授权你公司承办外国电力企业常驻代表机构及其人员变更手续的审核批准工作，每次办理结果要及时报我委（国际合作司、电力司）备案。

一九九九年十二月二十九日（印）

印发《关于进一步促进风力发电发展的若干意见》的通知

（国经贸电力［1999］1286号）

各省、自治区、直辖市经贸委（经委、计经委）、电力局（公司），计划单列市、新疆生产建设兵团经贸委（经委），国家电力公司：

为了促进我国风力发电事业快速、健康发展，加快风力发电设备国产化进程，规范风力发电建设与管理，我委研究提出了《关于进一步促进风力发电发展的若干意见》，现印发你们，请结合当地实际，认真贯彻执行。各地可根据本意见提出本地区鼓励风力发电发展的具体措施。

一九九九年十二月二十九日（印）

附件：

关于进一步促进风力发电发展的若干意见

（国家经贸委　一九九九年十一月二十二日）

发展新能源是我国能源建设实施可持续发展战略的需要，对促进电力工业结构调整、减少环境污染、推进技术进步、培育新的经济增长点具有重要意义。风力发电是新能源发电中技术最成熟、最具规模化开发条件和商业化发展前景的发电技术之一。近年来，我国风力发电得到了快速发展，已成为电力工业的组成部分。为了进一步促进我国风力发电事业快速、健康发展，提出如下意见：

一、各级电力行政主管部门和电力企业要从加强环境保护、调整电力工业结构和推进技术进步的高度，充分认识发展风力发电的重要性，积极促进风力发电事业的发展。国家将根据电力工业发展状况，确定今后电源建设中风力发电的比例。

二、加强风力发电的规划工作。各省（区、市）经贸委（经委、计经委）在制定电力发展规划时应当考虑当地风力资源的开发和利用，条件具备，应把风力发电纳入当地电力发展总体规划之中。

三、各级电力企业要加大风力资源勘测工作的投入，加强对本地区风力资源的勘察，认真调查确定可开发风电场的分布和规模，积极做好前期工作。

四、在国家逐步加大对风力发电投入的基础上，鼓励多渠道融资发展风力发电，允许国内外企业和投资者投资风电场建设。

五、各级电力行政主管部门应支持并协调风力发电上网及销售工作，电网管理部门应允许风电场就近上网，坚持全社会公平负担的原则，电网管理部门收购风电电量，应以物价部门批准的上网电价全部收购，其电价高于电网平均电价的部分在全省(区、市)电网范围内均摊。同时支持风力发电跨省(网)销售。

六、风电场建设要严格控制工程造价，降低风电价格，风力发电项目现阶段的合理利润以全部投资的内部收益率不超过10%测算。

七、要加快风力发电设备国产化进程。各级电力行政主管部门和电力企业要大力支持风力发电设备国产化工作，风力发电设备制造企业要保证质量、提高技术水平、降低造价。在质量和价格水平相当的条件下，使用国产设备的风力发电项目优先立项和上网。

八、规范风力发电建设和管理。风电场建设要实行项目法人负责制、资本金制、招投标制、工程监理制和合同管理制。国家有关部门将尽快制定颁布风力发电的技术规范、管理标准和有关规章、规程。

九、国家鼓励边远地区在推进农村电气化发展进程中，因地制宜地采用独立运行的风力发电技术，满足电力需求。

十、本意见由国家经贸委负责解释。

关于停止向列入清理整顿范围的“五小”企业供电的通知

（国经贸电力［1999］1289号）

各省、自治区、直辖市经贸委（经委、计经委）、电力公司，煤炭局、冶金局、石化局、建材局：

为落实中央经济工作会议精神，保证取缔、关闭技术落后，质量低劣，严重污染环境，不具备完全生产条件的“五小”企业工作的顺利进行，现就停止向列入国家清理整顿范围的“五小”企业供电问题通知如下：

一、各级电力管理部门和供电企业要充分认识清理整顿“五小”工作的重要意义，积极配合当地政府做好清理整顿工作，对政府实施取缔、关闭的企业和淘汰的落后工艺生产线，要及时停止生产供电。

二、被取缔、关闭企业的职工生活用电应予保证。转供电问题的处理，由有关企业商供电部门提出意见，报当地政府电力管理部门批准后执行。

三、请各地煤炭、冶金、石化、建材行业主管部门将取缔、关闭、淘汰企业（生产线）名单和停止生产的时间，提供给相应的供电企业，供电企业按照要求及时停止供电。

四、各地经贸委要支持电力企业依法向清理整顿企业清收电费，防止形成电费损失。

工作中出现重大问题，请及时报告我委。

一九九九年十二月三十日（印）

国家经贸委关于印发《2000年电力工作要点》的通知

（国经贸厅电力［1999］499号）

各省、自治区、直辖市、计划单列市及新疆生产建设兵团经贸委（经委、计经委）：

根据中央经济工作会议精神和全国经贸工作会议的部署，结合电力工业改革与发展的实际，我委制定了《2000年电力工作要点》。现印发你们，请结合实际，精心组织，明确职责，认真贯彻，狠抓落实，并及时协调和处理工作中出现的重大问题。

一九九九年十二月二十九日（印）

附件：

2000年电力工作要点

国家经贸委

（一九九九年十二月）

根据中央经济工作会议精神和全国经贸工作会议的部署，结合电力工业的实际，2000年电力工作的总体思路是：认真贯彻党的十五届四中全会、中央经济工作会议和全国经贸工作会议精神，坚持控制总量、调整结构、深化改革、开拓市场、整顿秩序，促进电力工业持续、稳定、健康发展。

2000年电力工作任务十分艰巨，工作中一定要紧紧围绕实现国有企业改革与脱困三年目标，要突出重点、落实责任、讲求实效，把各项要求落到实处。重点做好以下几方面工作：

一、控制总量，调整结构

完成电力行业“十五”规划编制工作。上半年对各省电力行业“十五”规划进行评审，并编制完成全国电力行业“十五”规划初稿；年底前基本完成规划的编制工作。同时编制完成水力发电、农村电气化和风力发电专题规划。

按计划继续关停小火电机组，力争完成当年关停

500万kW的目标；制订综合利用和热电联产机组的认定管理办法并开展认定工作，同时进一步研究利用经济、法律等手段以及其他有效的政策措施限制、关停小火电机组。

加快技术改造。围绕电力老旧机组替代改造，积极进行项目调整和行业审查。按照国家有关政策，积极推进洁净能源和新能源的发展，促进电力结构调整和优化。

配合有关部门做好城乡电网建设与改造工作。加大建设与改造项目工程质量的监督力度，研究完善有关技术标准，规范电力设备采购管理办法，提高工程质量和技术装备水平。

二、继续推进各项改革

按照党中央、国务院明确的政府机构改革的原则，结合省级政府机构改革的部署，完成省级电力管理体制和大区电管局政企分开的改革工作。

继续抓好上海、浙江、山东和辽宁、吉林、黑龙江6省（市）厂网分开、竞价上网试点工作。制定《发电市场监管办法》、《发电市场运营规则》。研究制定有关政策，加快厂网分开改革进程。

继续推进农村电力体制改革工作，完成农村电力体制改革实施方案的审查，全面落实改革方案。深化县级电力企业的改革。加强监督检查，及时协调解决实施中出现的重大问题。

总结电力工业改革经验，加快电力行业公司制改组的步伐，促进电力企业建立现代企业制度。

三、开拓市场，促进消费

采取各种有效措施，进一步开拓电力市场，扩大电力需求，提高电力企业效益。

进一步整顿电力市场秩序，研究有关电价政策，减轻企业用电负担，促进电力工业发展和国有大中型企业扭亏脱困。

总结上网电量资源优化配置和公平调度的经验，探索大用户向独立发电公司购电的改革措施，适时出台有关政策。

四、加强监管、协调和服务

加强政府行政管理职能，做好监管、协调和服务工作，规范市场行为，协调解决重大问题。

加强对电力生产运营的监测分析，规范电力调度秩序，加大监督、检查力度，促进电力公开、公正、公平调度。

加强电力安全生产的管理，落实安全生产责任制，做好安全生产教育及重大事故的协调处理工作，促进电力企业安全生产，确保电网安全稳定运行。

五、加强电力法制建设，推进依法行政

制定《农村电力管理条例》，修改《电网调度管理条例》、《大中型水利水电工程建设征地补偿和移民安置条例》，做好《中华人民共和国电力法》修改的有关工作。

在深入调查研究的基础上，改革和完善电力行政执法体系，组织研究触电伤亡防范体系和事故处理办法。

六、加强调查研究和队伍建设

针对当前电力工业改革与发展的实际和存在的问题，深入开展调查研究，提出政策建议。

根据省级电力体制政企分开改革后，省级经贸委承担电力行政管理职能的需要，加强队伍建设，做好基础工作，建章立制，理顺工作关系，组织开展政策、法规等方面的业务培训。

中共国家电力公司党组文件

印发《国家电力公司党组关于实行党风廉政建设责任制的实施办法》的通知

（国电党［1999］1号）

国家电力公司系统各单位党组（党委）：

现将《国家电力公司党组关于党风廉政建设责任制的实施办法》印发给你们，请认真贯彻执行。

各单位要按照《实施办法》的要求，结合实际，制定本单位的实施细则和配套制度，并采取党风廉政建设责任书等有效形式，保证党风廉政建设责任制的落实。

执行中的问题，请及时报告国家电力公司纪检组、监察局。

附件：国家电力公司党组关于实行党风廉政建设责任制的实施办法

一九九九年一月二十五日（印）

附件：

国家电力公司党组关于实行党风廉政建设责任制的实施办法

第一章 总 则

第一条 为加强党风廉政建设，明确国家电力公司系统各单位领导班子和领导干部对本单位党风廉政建设应负的责任，保证中共中央、国务院关于党风廉政建设的决策和部署的贯彻落实，维护改革、发展和稳定的大局，依照中共中央、国务院《关于实行党风廉政建设责任制的规定》，结合国家电力公司系统实际，制定本实施办法。

第二条 实行党风廉政建设责任制，要以邓小平理论为指导，坚持“两手抓，两手都要硬”的方针，贯彻执行党中央、国务院以及国家电力公司关于党风廉政建设和反腐败工作的有关部署、规定。

第三条 实行党风廉政建设责任制，必须坚持“党委统一领导，党政齐抓共管，纪委组织协调，部门各负其责，依靠群众的支持和参与”的领导体制和工作机制。要把党风廉政建设作为党的建设和领导班子建设的重要内容，纳入党政领导班子、领导干部目标管理，与电力建设、生产、经营，精神文明建设和其他业务工作紧密结合，一起部署，一起落实，一起检查，一起考核。

第四条 实行党风廉政建设责任制，要坚持从严治党，从严治政；立足教育，着眼防范；集体领导和个人分工负责相结合；谁主管，谁负责；一级抓一级，层层抓落实。

第二章 责 任 内 容

第五条 国家电力公司党组、行政领导班子对国家电力公司系统党风廉政建设负全面领导责任。党组书记、总经理对职责范围内的党风廉政建设负总责；领导班子其他成员根据工作分工，对职责范围内的党风廉政建设负主要领导责任。

第六条 国家电力公司所属各单位党组（党委）、行政领导班子，对本系统、本单位的党风廉政建设负全面领导责任。国家电力公司所属各单位的党政正职、国家电力公司本部各职能部门正职，对职责范围内的党风廉政建设负总责；国家电力公司所属各单位党政领导班子的其他成员、国家电力公司本部各职能部门副职和国家电力公司党组管理的其他领导干部，根据工作分工，对职责范围内的党风廉政建设负主要领导责任。

第七条 国家电力公司系统各单位领导班子和领导干部在党风廉政建设中承担以下领导责任：

（一）认真贯彻落实上级关于党风廉政建设的有关部署和要求，分析研究职责范围内的党风廉政状况，研究制定党风廉政建设工作计划，并组织实施；

（二）标本兼治，综合治理，完善管理机制、监督机制，通过教育、法制、监督、改革等措施和途径，从源头上预防和治理腐败；

（三）组织党员、干部学习邓小平关于党风廉政建设的理论，学习党风廉政法规，进行党性党风党纪和廉政教育，并注重教育的多样性、针对性和实效性；

（四）贯彻落实上级颁布的各项党风廉政规章制度，加强本单位党风廉政制度建设；

（五）履行监督职责，对所属单位党风廉政建设和领导干部廉洁自律情况进行监督、检查和考核；

（六）严格按照党的干部政策和规定程序选拔任用干部，防止和纠正用人上的不正之风；

（七）依法支持、配合执法机关履行职责，领导、组织并支持纪检、监察、审计等监督、执纪部门开展工作，保证其履行职责。

第三章 责 任 考 核

第八条 国家电力公司党组、行政领导班子及其成员执行党风廉政建设责任制情况的检查、考核由上一级领导机关负责。

第九条 在国家电力公司党组领导下，国家电力公司纪检组、监察局会同有关部门对国家电力公司所属各单位领导班子和领导干部党风廉政建设责任制执行情况进行监督、检查和考核；国家电力公司直属机关纪委会同有关部门，对国家电力公司本部各部门及在京直属单位领导班子和领导干部党风廉政建设责任制执行情况进行监督、检查和考核。

第十条 国家电力公司所属各单位党组（党委）应将贯彻落实党风廉政建设责任制的情况，列入年度总结或工作报告，报上一级党组、纪检组。

第十一条 党风廉政建设责任制执行情况的考

核，要与领导班子和领导干部工作目标考核、年度考核，与民主评议、民主测评领导干部相结合，要广泛听取党内外群众的意见。

第十二条 党风廉政建设责任制的考核结果，作为领导干部业绩评定、奖励惩处、选拔任用的重要依据，作为双文明单位考评的重要条件。

第十三条 领导干部执行党风廉政建设责任制的情况，列为民主生活会和述职报告的一项重要内容。

第四章 责 任 追 究

第十四条 领导干部违反本实施办法第七条之规定，有下列情形之一的，给予组织处理或党纪处分：

（一）对直接管辖范围内发生的明令禁止的不正之风不制止、不查处，或对上级交办的党风廉政责任范围内的事项拒不办理，或对严重违法违纪问题隐瞒不报、压制不查的，给予负领导责任的主管人员警告、严重警告处分，情节严重的，给予撤销党内职务处分。

（二）直接管辖范围内发生重大案件，致使国家、集体资财和人民群众生命财产遭受重大损失或造成恶劣影响的，责令负领导责任的主管人员辞职或对其免职。

（三）违反中共中央《党政领导干部选拔任用工作暂行条例》和国家电力公司的有关规定选拔任用干部，造成恶劣影响的，给予负领导责任的主管人员警告、严重警告处分，情节严重的，给予撤销党内职务处分；提拔任用明显有违法违纪行为的人的，给予严重警告、撤销党内职务或留党察看处分，情节严重的，给予开除党籍处分。

（四）授意、指使、强令下属人员违反财政、金融、税收、审计、统计法规以及国家电力公司财务制度，弄虚作假的，给予负领导责任的主管人员警告、严重警告处分，情节较重的，给予撤销党内职务处分，情节严重的，给予留党察看或开除党籍处分。

（五）授意、指使、纵容下属人员阻挠、干扰、对抗监督检查或案件查处，或对办案人、检举控告人、证明人打击报复的，给予负领导责任的主管人员严重警告或撤销党内职务处分，情节严重的，给予留党察看或开除党籍处分。

（六）对配偶、子女、身边工作人员严重违法违纪知情不管的，责令其辞职或对其免职；包庇、纵容的，给予撤销党内职务处分，情节严重的，给予留党察看或开除党籍处分。

其他违反本规定第七条的行为，依据《中国共产党章程》、《中国共产党纪律处分条例（试行）》和国务院《企业职工奖惩条例》的规定，予以处罚。情节较轻的，给予批评教育或责令作出检查，情节较重的，给予相应的组织处理和党纪处分。

具有上述情形之一，需要追究政纪责任的，比照所给予的党纪处分给予相应的行政处分；涉嫌犯罪的，应及时移送司法机关追究刑事责任。

第十五条 实施责任追究，要实事求是，注意分清集体责任与个人责任，主要领导责任与重要领导责任。

第五章 附 则

第十六条 依据《中国共产党纪律处分条例（试行）》的规定，在实施责任追究时，对有关责任人员区分如下：

（一）主要领导责任者，是指在职责范围内，对直接主管的工作不负责任，不履行或不正确履行领导职责，对造成的损失负直接领导责任的领导干部。

（二）重要领导责任者，是指在职责范围内，对应管的工作或参与决定的工作，不履行或不正确履行职责，对造成的损失负次要领导责任的领导干部。

第十七条 本实施办法适用于国家电力公司系统各单位。

第十八条 国家电力公司所属各单位要根据本实施办法，制定实施细则和有关配套制度。

第十九条 本实施办法由国家电力公司纪检组、监察局负责解释和修订。

第二十条 本实施办法自发布之日起施行。

关于深入开展以“讲学习、讲政治、讲正气”为主要内容的党性党风教育的意见

（国电党［1999］18号）

国家电力公司系统各单位党委（党组）：

中共中央决定自1998年底开始，集中一段时间在全国县级以上党政领导班子、领导干部中深入开展以“讲学习、讲政治、讲正气”为主要内容的党性党风教育（简称“三讲”教育）。这是党中央作出的新时期加强领导班子和领导干部思想政治建设的一项重大举措。为认真贯彻落实好中央精神，把“三讲”教育切实抓紧抓好，提出以下意见：

一、深入开展“三讲”教育的必要性和重要性

江泽民同志指出，领导干部一定要讲学习、讲政治、讲正气。几年来，国家电力公司系统很多单位开

展了“三讲”教育，收到了一定的效果，但是同目前的形势和任务的要求相比还有很大的差距。为了深入贯彻落实好十五大精神，按照面向新世纪高举邓小平理论伟大旗帜，全面推进伟大事业和党的建设新的伟大工程的要求，切实提高领导班子和领导干部的思想政治素质，搞好国家电力公司的第二步改革和发展，把充满生机与活力的中国电力带入21世纪，迫切需要进一步深入开展“三讲”教育。

当前，我国的改革已进入攻坚阶段，发展处于关键时期。国家电力公司的改革和发展正处于一个非常重要的历史阶段。贯彻落实党的十五大精神，实现跨世纪的宏伟目标，国家电力公司的任务繁重而又艰巨。我们必须加大力度，走快、走稳、走好改革的第二步，加快电力跨世纪的大发展，为国民经济的发展和社会进步发挥更大更重要的作用。新的形势和任务，对公司系统各级领导干部的素质特别是思想政治素质提出了新的更高的要求。目前，公司系统各级领导干部总体上素质是高的，但必须看到还不同程度地存在一些问题。有的领导干部忽视理论学习，不能全面正确地理解和掌握邓小平理论的科学体系和精神实质，不能全面正确理解和掌握党的十五大精神，用理论指导实际工作的能力不强；有的理想信念动摇，缺乏政治敏锐性，政治鉴别能力不强，缺乏全局观点和大局意识；有的党性、宗旨、纪律观念淡漠，价值观扭曲，享乐主义膨胀，甚至腐化堕落等等。这些问题的存在，都是讲学习、讲政治、讲正气不够，主观世界改造不够的结果，防碍党的路线方针政策的贯彻执行，损害党和政府的形象，破坏干群关系，削弱党组织的凝聚力和战斗力，阻碍事业的发展。因此，深入开展“三讲”教育，是我们面临的新形势新任务，对领导班子、领导干部提出的迫切要求，是从领导班子和领导干部队伍现状出发提出的重要任务，是新时期加强领导班子思想政治建设，提高领导干部素质的中心环节。各单位党委(党组)领导班子和领导干部一定要充分认识开展“三讲”教育的重要性和必要性，以高度的政治责任心，足够的领导精力，良好的精神状态，扎扎实实地开展“三讲”教育，确保取得实效。

二、开展“三讲”教育的目的和要求

这次“三讲”教育总的目的是，推动公司系统领导干部深入学习邓小平理论和党的十五大精神，大兴勤奋学习之风，大兴调查研究之风，加强党性修养，端正思想作风，改造主观世界，努力在思想上有明显提高，政治上有明显进步，作风上有明显转变，纪律上有明显增强，提高驾驭复杂局面、解决现实问题的能力。要力争在以下四个方面取得实效。

1. 坚定信念，维护大局。坚定建设有中国特色社会主义的信心，坚持党的基本路线不动摇，始终同以江泽民同志为核心的党中央保持高度一致，增强大局观念，提高政治敏锐性和鉴别力。

2. 牢记宗旨，清正廉洁。认真实践全心全意为人民服务的宗旨，坚持群众观点和群众路线，强化公仆意识、服务意识，克服官僚主义，反对以权谋私及损害国家、企业、群众利益的各种腐败现象。

3. 坚持原则，增强纪律。全面贯彻执行民主与集中相结合的组织制度、领导制度和工作制度，正确认识和处理个人与组织、上级与下级、“班长”与班子成员之间的关系。反对独断专行、各自为政、拒绝党的教育和监督的错误思想和行为。

4. 求真务实，言行一致。坚持理论联系实际，学用结合，说老实话，办老实事，做老实人，反对弄虚作假、形式主义、说一套做一套的不良习气。

三、开展“三讲”教育的指导思想和原则

这次“三讲”教育的指导思想是，以邓小平理论和党的十五大精神为指导，紧密联系国家电力公司改革、发展、稳定的实践，紧密联系领导干部思想工作实际，立足于教育提高，以整风的精神来进行，切实解决领导干部在党性党风方面存在的突出问题。

开展“三讲”教育要遵循以下原则。一是要始终立足于学习提高。通过“三讲”教育，把邓小平理论学习引向深入，推向高潮，把理论武装工作落到实处。要坚持理论联系实际，把学习理论、武装头脑与整顿思想、改进作风结合起来，努力从世界观、人生观、价值观上解决问题。二是要以整风的精神进行，一定要下决心有针对性地解决领导干部在党性党风方面存在的突出问题。自始至终要防止流于形式。三是要充分发扬党内民主，坚持群众路线，把党性分析、自查自纠与对领导干部的民主评议结合起来，不搞关门教育。四是要拿起批评与自我批评的武器，认真开展积极的健康的思想斗争，按照“团结—批评—团结”的公式，坚持真理，修正错误。五是要把“三讲”教育与推进当前改革、发展、稳定的各项工作结合起来，促进实际问题的解决，巩固和发展好的形势，创造新的业绩。

四、开展“三讲”教育的步骤和方法

概据中央有关规定，国家电力公司系统（包括党的关系在地方的单位）“三讲”教育在公司党组的统一领导和部署下，按照自上而下，逐级进行，即上级领导班子、领导干部的“三讲”教育开始后，再部署下一级的“三讲”教育。按照分级管理的原则，国家电力公司直属单位的“三讲”教育在公司党组的直接领导下进行，国家电力公司分公司、集团公司、总公

司下的公司（单位），由国家电力公司分公司、集团公司、总公司党组织具体组织进行。基层单位由其主管单位的党组织负责组织。这次“三讲”教育的对象是处级以上领导班子和领导干部。重点是局级以上领导班子和领导干部。根据中央安排，国家电力公司党组及党组成员的“三讲”教育安排在全国第二批进行，大体在6月份以后开始。局级领导班子和领导干部的“三讲”教育在国家电力公司党组及党组成员“三讲”教育后进行。处级领导班子、领导干部的“三讲”教育由其主管单位安排，一般在局级领导班子和领导干部“三讲”教育开始之后进行。国家电力公司系统的“三讲”教育原则上1999年年底前完成。各单位具体开始时间要征得上级主管单位同意。每个领导班子和领导干部“三讲”教育一般在两个月左右时间内集中进行。大体步骤和方法是：

1. 思想发动，学习提高。要认真学习中央[1998] 17号文件和胡锦涛同志的有关重要讲话，充分认识开展“三讲”教育的重要意义，端正态度。要认真学习“三讲”教育的必读篇目，做到通读、精读，深刻领会。

2. 自我剖析，听取意见。在学习提高的基础上认真进行反思，找出领导班子特别是本人在党性党风和工作上存在的主要问题，从世界观的深处进行剖析，形成个人剖析总结材料。个人剖析总结材料要征求同级领导班子和下级主要领导成员的意见。同时，发动和组织本单位干部职工进行畅所欲言的民主评议，并将评议意见和提出的问题如实反馈给本人。有违法违纪的干部，要自觉向组织交待清楚。

3. 交流思想，开展批评。在领导班子内部开展谈心活动。经过充分准备，各单位党委（党组）集中几天时间召开领导班子民主生活会，认真开展实事求是、认真负责的批评和自我批评。

4. 认真整改，巩固成果。针对反映出的问题，集中分析研究，落实整改措施，系统总结经验，完善相关制度，巩固学习成果。要在适当范围向干部职工通报结果。

五、加强对“三讲”教育的组织和领导

1. 成立领导组织，设立办事机构。国家电力公司党组决定成立国家电力公司“三讲”教育领导小组，高严同志任组长，赵希正、李雪莹同志任副组长，成员有刘忱、邵世伟、石成梁、程光杰、李庆奎、欧阳胜英等同志。领导小组下设办公室，石成梁同志任办公室主任。办公地点设在直属机关党委（思想政治工作办公室）。各单位也要成立领导组织，明确办事机构。

2. 各单位党委（党组）要把深入开展“三讲”教育作为事关大局的一项重要任务来抓，作为当前工作的重点，加强领导，一级抓一级，一级带一级。党组织主要负责同志要承担起第一责任人的责任，既要以身作则，带头学习，带头剖析自己，又要切实加强具体指导。党委（党组）全体成员都要尽职尽责，严于律己，同心同德，搞好“三讲”教育。

3. 各单位要结合实际制定具体的“三讲”教育方案，精心组织，周密安排，认真实施，抓好落实。在开展教育前，要深入调查研究，摸清情况，抓住主要问题，有针对性地加以解决。要把这次“三讲”教育活动同对领导班子、领导干部的深入考察、考核结合起来。要运用典型教育干部，弘扬正气；解剖反面教材，汲取经验教训，纠正和克服歪风邪气。上级党委对下级党委开展教育的情况要派巡视组加强督促检查，及时了解情况，指导工作，对工作进行中出现的新情况、新问题，要及时研究解决。党的关系在地方的电力企业，要主动接受地方党组织对“三讲”教育的指导。

各单位“三讲”教育结束后，要向主管单位党委（党组）写出专题书面报告。

一九九九年四月三日（印）

关于表彰先进离退休党支部的决定

（国电党［1999］30号）

国家电力公司系统各单位：

国家电力公司系统各单位按照党中央关于切实加强党的基层组织建设的要求，把离退休党支部建设列为党的基层组织建设的重要组成部分，认真贯彻落实中共中央组织部《关于加强离退休干部党支部建设的意见》，重视抓好离退休党支部建设。近年来涌现出一批政治素质高，战斗堡垒作用好，凝聚力强，能够团结广大离退休老同志为维护电力改革发展稳定大局作出了积极贡献的离退休党支部。为了表彰先进，进一步把离退休党支部建设工作落到实处，公司党组决定：授予华北电力集团公司下花园发电厂离退休党支部等46个离退休党支部（党总支）“先进离退休党支部”称号。

党组希望受到表彰的离退休党支部，戒骄戒躁，再接再励，发扬成绩，争取更大的光荣；希望国家电力公司系统各单位的离退休党支部向先进离退休党支部学习：

学习他们坚持把思想建设放在党支部建设的首位，按照江泽民总书记提出的“政治坚定，思想常新，理想永存”的要求，认真组织学习邓小平理论，积极引导老同志正确认识改革发展过程中发生的新情况新问

题，在政治上、思想上、行动上自觉同党中央保持一致。

学习他们讲学习、讲政治、讲正气，充分发挥自我管理、自我教育、自我服务的作用，带领广大离退休老同志，自觉遵纪守法，发扬革命传统，保持革命晚节。

学习他们重视结合离退休老同志特点开展党支部工作,组织广大离退休老同志积极支持改革,支持在职干部的工作,自觉维护电力工业改革发展稳定大局,力所能及地为社会主义两个文明建设再做贡献。

希望通过表彰先进，在公司系统形成严格按照党的制度和规定争创一流离退休党支部的浓厚氛围；全体离退休老同志，要高举邓小平理论伟大旗帜，紧密团结在以江泽民同志为核心的党中央周围，把思想认识统一到党的十五大精神上来，为全面推进国家电力公司的改革发展，实现电力工业和社会主义事业跨世纪发展的宏伟目标而努力奋斗！

附件：国家电力公司系统先进离退休党支部名单

一九九九年六月七日（印）

附件：

国家电力公司系统先进离退休党支部名单

华北电力集团公司下花园发电厂离退休党支部
河北电力建设第一工程公司离退休党支部
天津电力公司机关离退休干部党支部
山西电力公司太原第一热电厂离休干部党支部
河南电力公司新乡火电厂离退休职工党支部
湖北电力公司机关老干部党支部
江西省水电工程局离休干部第二党支部
湖南电力公司电力电瓷电器厂离退休党支部
上海电力建设有限责任公司机关离休干部党支部
安徽电力公司六安地区供电局离退休干部党支部
浙江电力公司金华电业局机关离退休干部党支部
江苏电力公司南通供电局离退休干部党支部
上海电力公司市区供电局离休干部党支部
陕西电力公司西安供电局离退休党总支
甘肃电力公司庆阳地区电力局离退休干部党支部
新疆电力公司乌鲁木齐电业局离退休职工党支部
青海电力公司机关离休党支部
辽宁电力有限公司丹东电业局退休党支部
辽宁电力有限公司抚顺电业局离退休管理部党总支
吉林电力有限公司浑江发电厂离退休党支部
黑龙江省牡丹江第二发电厂离退休干部党总支
山东电力集团公司机关离休党支部
山东电力集团公司济宁电业局离退休党总支
四川电力公司老干部处党支部
福建电力工业局机关离休干部党支部
贵州电力公司贵阳市南供电局退休第二党支部
广西电力有限公司柳州供电局离退休党支部
重庆电力公司机关城区退休党支部
云南电力集团有限公司昆明供电局离休干部党支部
山西华能榆社电力有限责任公司离退休党支部
山东华能德州电厂离退休党支部
水利水电第七工程局陴县干休所离退休党支部
水利水电闽江工程局离休干部党支部
水利水电第十四工程局大理分局离退休第四党支部
水利水电第十二工程局富春江管理处离休干部党支部
葛洲坝集团第五工程有限公司离退休党总支
华东勘测设计研究院离退休干部第一党支部
西北勘测设计研究院离退办党支部
电力规划设计总院老干部第二党支部
华东电力设计院离休干部党支部
长沙电力学院离休干部党支部
华北电力大学（北京）离退休第一党支部
中国电力技术进出口公司离休职工党支部
中国电能成套设备总公司离退休党支部
国家电力公司本部离退休干部第二党支部
国家电力公司本部离退休干部第十一党支部

关于印发《国家电力公司系统领导干部交流工作暂行规定》的通知

（国电党［1999］36号）

国家电力公司直属各单位党委（党组）：

为进一步推进国家电力公司系统领导干部交流工作，促进干部交流工作制度化、规范化，加强领导班子和干部队伍建设，现将《国家电力公司系统领导干部交流工作暂行规定》印发给你们，请结合本单位的实际情况，认真遵照执行。

附件：《国家电力公司系统领导干部交流工作暂行规定》

一九九九年七月一日（印）

附件：

国家电力公司系统领导干部交流工作暂行规定

一、总则

第一条 为进一步加强国家电力公司系统领导班子和干部队伍建设，优化领导班子结构，增强领导班子整体功能，培养锻炼干部，丰富领导经验，增长知识和才干，根据党的十五大精神和干部政策，结合国家电力公司实际，制定本规定。

第二条 干部交流要坚持以邓小平理论和党的基本路线为指导，坚持干部队伍“四化”方针和德才兼备原则，正确执行党的干部政策，促进党风廉政建设，促进国家电力公司系统单位之间的联系和发展，促进领导干部转变思想观念，改进工作作风，提高领导水平。

第三条 本规定适用于国家电力公司系统厂（局）处级及以上各单位领导班子成员和部分职能部门的主要负责人。

二、干部交流对象

第四条 拟提拔担任厂（局）处级以上领导职务的，凡没有两年以上基层工作经历的干部，应有计划地交流到基层工作两年以上。

第五条 拟提拔担任厂（局）处级及以上领导职务的，凡没有在下一级两个以上职位任职经历的干部，应有计划地进行交流轮岗锻炼。

第六条 现任各单位领导班子成员，在同一职位上任职满八年的，必须交流。

第七条 现任各单位组织、人事、财务、审计、工程管理、物资供应等部门的主要负责人，在同一职位上任职满8年的，必须交流。

第八条 现任厂（局）处级及以上领导人员，没有基层工作经历的，应有计划地交流到基层进行工作锻炼。

第九条 有夫妻关系、直系血亲关系、三代以内旁系血亲以及近姻亲关系等亲属关系的，如双方在同一领导班子里任职，或在同一机关担任直接隶属于同一领导人员的职务，或有直接上下级领导关系职务的，其中一方必须交流；其中在一方担任领导职务的机关从事组织、人事、纪检、监察、审计、财务、办公室工作的干部，必须交流。上述避亲交流不受任职工作时间限制。

第十条 各单位领导班子后备干部应有计划进行交流轮岗锻炼。

第十一条 现任厂(局)处级及以上领导人员个人提出交流申请的,视情况经组织批准后可进行交流。

第十二条 因公派往国外或香港、澳门、台湾地区工作的人员，在外工作时间3～5年必须进行交流轮换。

第十三条 因工作需要，改善领导班子结构，发挥干部特长及其他原因需要交流的。

第十四条 有下列情况之一的，不进行交流：

（一）厂（局）处级及以上领导干部，年龄超过55岁，一般不易地交流。属于必须交流的对象，已超过上述年龄的，可区别不同情况，在本地交流或对其工作进行调整。

（二）经考核考察被确定为不称职的。

（三）因涉嫌违纪违法，正在接受组织审查而尚未作出结论的。

（四）其他原因不适合交流的。

三、干部交流的范围

第十五条 干部交流应当在国家电力公司系统内有计划地在地区之间、部门之间、基层与机关之间、企事业单位之间进行。

第十六条 厂（局）处级领导干部一般应在本省内交流，根据工作需要，也可跨省交流。

第十七条 各集团公司管理的干部，根据工作需要，在集团公司系统内交流。

第十八条 国家电力公司管理的领导干部，根据工作需要，在国家电力公司系统内交流。

四、干部交流的方式程序

第十九条 干部交流工作由各单位按照干部管理权限，分级负责。

第二十条 干部交流工作按以下工作程序组织实施：

（一）组织（人事）部门拟定干部交流方案，包括交流干部数量、人选、时间、地点、职务安排等。

（二）组织（人事）部门了解干部有关情况，视情况征求干部调出单位或调入单位的意见。

（三）党委（党组）或党政联席会议集体讨论决定，由组织（人事）部门办理交流手续。

（四）对异地交流的干部，一般应事先征求协管方意见后再办理交流手续。

（五）在干部交流前，党委（党组）或组织（人事）部门的领导干部应与本人谈话，做好思想工作，并要求他们按时到新岗位工作。

第二十一条 领导干部交流要同干部的任期、任职回避、交流轮岗和年度考核等制度相结合。需要进行审计的，应先审计后交流。

第二十二条 干部交流应严格执行领导班子职数的有关规定，一般不得超职数配备。

五、干部交流的纪律

第二十三条 各单位领导干部要充分认识干部交流工作的重要意义，增强党性观念和组织纪律观念，顾全大局，克服困难，服从组织安排。

第二十四条 各单位党委（党组）必须严格履行干部交流的程序，集体研究确定交流对象，不准个人或少数人指定交流对象，不准借干部交流突击提拔干部。

第二十五条 干部接到交流通知后，必须尽快办理工作交接手续，在规定的时间内到新的工作单位报到，并同时将人事关系、组织关系、工资关系、社会保险关系转到新的工作单位。无正当理由拒不服从交流的干部予以免职。赴任3个月拒不转移关系的，要给予严肃批评教育，并限期转移关系。

第二十六条 干部交流后，不准干预原单位的工作，不准从原单位随带工作人员；一般不准携带交通、通信工具等物品，确因工作需要携带的，应征得原单位同意，并办理有关手续。

第二十七条 调出单位的组织（人事）部门应负责地向调入单位组织（人事）部门提供被交流干部的有关材料，严禁弄虚作假；调入单位的组织（人事）部门对有关材料应认真审核，并严格按组织程序办理。

第二十八条 对违反上述干部交流纪律的当事人和责任者，应依据有关规定视情节予以处理。

六、其他有关事项

第二十九条 异地交流的干部，其户口是否迁入调入单位和地区，可按照本人自愿及其他具体情况决定。

第三十条 被交流干部，其配偶子女是否随调、随迁，可尊重干部本人意愿。配偶子女随调、随迁的，对其工作、就业、上学、住房等，调入单位应优先安排。安排工作时应符合回避原则。

第三十一条 被交流的干部，可按住房改革等有关政策购买一处住房。

第三十二条 异地交流造成两地分居的干部，可以享受双向探亲待遇，即每年除正常探亲外，其配偶还可到其工作所在地探亲一次；调入单位每年可酌情加发本人一个月工资总额作为生活补助费。

第三十三条 被交流的干部退休时，可根据本人意愿，按照干部管理权限，经组织批准后，到已购住房所在地或家庭生活基础所在地进行安置和管理。

第三十四条 要把干部交流与干部使用结合起来，形成有利于干部健康成长的政策导向。

第三十五条 本规定由国家电力公司人事与董事管理部负责解释。

第三十六条 本规定自印发之日起实行。

关于严格掌握政策界限，进一步做好绝大多数“法轮功”练习者教育转化和解脱工作的通知

（国电党［1999］52号）

国家电力公司系统各单位：

中央决定公开揭露批判李洪志及其“法轮大法(法轮功)”，取缔“法轮大法研究会”及其操纵的“法轮功”非法组织，得到广大人民群众的坚决拥护。公司系统各单位高度重视，步调一致，行动坚决，认真做好各项工作，广泛开展了揭露、批判和控诉李洪志及其“法轮功”组织的斗争。使党员、干部和职工对李洪志及其“法轮功”组织的政治本质和社会危害有了比较深刻的认识；绝大多数曾经练习“法轮功”的党员、团员、干部和职工明确表示脱离“法轮功”组织，不再参加“法轮功”组织的任何活动；“法轮功”组织的站点负责人和一些骨干陆续悔悟，表示脱离“法轮功”组织；公司系统各单位生产、生活秩序井然，保持了安全生产和政治稳定。总的来看，这场斗争初战告捷，成效显著。下一阶段的主要工作，是深入细致地做好思想政治工作，认真做好绝大多数“法轮功”练习者的思想转化和解脱工作。我们必须清醒地认识到，做好绝大多数“法轮功”练习者的教育、转化和解脱工作，是衡量这场斗争成效、取得这场斗争胜利的一个重要标志，必须刻不容缓地认真做好。现就认真做好这项工作的有关问题通知如下：

一、正确认识和对待绝大多数“法轮功”练习者

李洪志及其“法轮功”组织利用人们练功健身、延年益寿的愿望和对生老病死的关切心理，编造一套歪理邪说，蒙骗、愚弄群众。绝大多数“法轮功”练习者参加练功是出于健身强体的愿望，他们对李洪志等极少数人的政治目的和险恶用心并不了解。从这个意义上说，其本身也是受害者。因此，要对他们进行诚恳、耐心、深入、细致的思想教育工作，晓之以理，动之以情，帮助他们认清李洪志及其“法轮功”组织的严重危害，认清这是一场严肃的政治斗争。使

他们真正认识到处理和解决“法轮功”问题，是符合国家利益、符合包括他们自己在内的全体人民的切身利益的。要相信他们在接受教育帮助和了解真相后，会提高认识，自觉维护大局，拥护党和政府的决定，会主动脱离“法轮功”组织，不再参加其一切活动。要注意把一般的“法轮功”练习者与李洪志等极少数违法活动的策划者、组织者区别开来，注意把为了健身强体而练习“法轮功”的人与李洪志等极个别有政治意图、存心作乱的幕后人物区别开来。工作中，既要态度坚决，立场坚定，又要慎重稳妥，切忌简单草率。

二、教育转化和解脱工作中要严格掌握政策界限

绝大多数“法轮功”练习者参与“法轮功”组织的活动属于人民内部矛盾，在教育转化和解脱工作中，必须严格掌握政策界限，坚定的团结、教育、解脱大多数，孤立、打击李洪志等极少数。

1. 对于只是为了健身强体而练习“法轮功”的人，只要他们对“法轮功”问题有了正确认识，并不再参加“法轮功”组织的活动，其所在单位或基层组织要及时宣布不作为问题提出，不得歧视他们，也不要搞人人过关。

2. 对于修炼过“法轮大法”，参加过“法轮功”组织策划的非法聚集活动和其他群体性事件，以及在“法轮功”组织中起一般骨干作用的人，只要从思想上同“法轮功”划清界限，组织上与“法轮功”脱离关系，已说清自己参与非法活动的情况，并揭露“法轮功”问题，不再参加“法轮功”组织的活动，由所在单位或基层组织采取适当形式，宣布予以解脱。

3. 对于错误严重的“法轮功”组织的骨干，在思想上已与李洪志及其“法轮大法”划清界限，对参与的非法活动进行了认真的交待，主动认识和检讨自己的错误，主动提出脱离“法轮功”组织，积极揭露“法轮功”组织内幕，确实已不再参加“法轮功”组织的一切活动，可视情节从轻处理，有立功表现的，也可免于处理。

4. 对于极少数在幕后组织策划、蓄意破坏社会稳定、构成犯罪的骨干分子，必须依法惩处。

“法轮功”练习者中党员的违纪问题按中央纪委和中央组织部的规定处理，团员和干部的违纪问题分别按照团中央、人事部有关规定处理。

三、注意方式方法，努力巩固教育转化成果

公司系统各级党政群组织要以高度的政治责任感，广泛动员和精心组织党员、干部满腔热情地做好“法轮功”练习者的教育转化和解脱工作。对于一般的“法轮功”练习者，要允许有一个思想转化的过程，所在单位的党政群组织要进行耐心的说服教育工作。同时，要尽可能关心他们的实际困难，帮助他们解决实际问题。要大力普及科学文化知识，创造丰富多彩的文化生活条件，引导他们参加健康向上的文体活动。使他们充分感受到党和政府的关怀和温暖，心情舒畅地投入正常的工作、学习和生活。对于受李洪志及“法轮大法”毒害比较深的练习者，要采取“一包一、几包一”的办法，耐心细致地帮助教育。对“法轮功”练习者比较集中的基层单位，上级党组织可派出工作组协助工作。工作中，要时刻注意把握政策、原则。通过教育转化工作，使绝大多数“法轮功”练习者进一步认清李洪志及其“法轮功”组织的政治本质、险恶用心和社会危害，为取得这场斗争的彻底胜利打下坚实基础。

四、充分认识及时教育转化和解脱绝大多数“法轮功”练习者的重大政治意义，切实加强领导，夺取这场政治斗争的彻底胜利

及时教育转化和解脱绝大多数“法轮功”练习者，可以最大限度地团结群众，坚决打击李洪志等极少数存心作乱、危害社会、危害群众的违法犯罪分子。要充分认识到，当前解决“法轮功”问题的任务仍然十分艰巨。极少数人受“法轮大法”的毒害很深，难以自拔；李洪志及其幕后策划者和死心塌地的追随者，仍然变换手法在国际、国内进行各种阴谋破坏活动。我们必须严防他们转入地下，隐蔽骨干，保存力量，长期潜伏，与我对抗。必须保持警惕，严密监控，决不能让他们死灰复燃，东山再起。而只有及时教育转化和解脱绝大多数“法轮功”练习者，才能从根本上孤立极少数顽固分子。我们一定要克服松懈思想，进一步坚定斗争的信心和决心，加强领导、依靠群众，一鼓作气，立足转化，夺取这场斗争的彻底胜利。

为了全面掌握公司系统“法轮功”组织活动和思想转化的情况，请各单位抓紧总结处理“法轮功”问题的工作情况，并仔细填好《“法轮功”练习者基本情况统计表》、《“法轮功”活动重点工作对象简况表》、《收缴“法轮功”练功物品情况统计表》（见附表1～3，略），于9月10日前报国家电力公司政工办宣传处（没有“法轮功”练习者的单位，也必须说明情况，并盖章签名后，将附表寄回）。这些统计表格，仅是为了解情况而填报，不作其他任何用途，请注意严格保密。

一九九九年八月二十六日（印）

关于认真传达学习贯彻党的十五届四中全会精神的通知

（国电党［1999］60号）

国家电力公司所属各单位党委（党组）：

最近，中共中央召开了十五届四中全会，专门研究了国有企业改革和发展问题，江泽民总书记发表了重要讲话。全会作出了《中共中央关于国有企业改革和发展若干重大问题的决定》（以下简称《决定》），这是一个跨世纪的战略决策，具有重大的现实意义和深远的历史意义。《决定》以邓小平理论为指导，贯穿了党的十五大精神，全面总结了20年来国有企业改革和发展的基本经验，阐明了搞好国有企业改革和发展的重大意义，明确了国有企业改革和发展的指导方针，提出了搞好国有企业改革和发展的一系列重大政策措施。《决定》是加快国有企业改革和发展的纲领性文件。这次会议，无论在我国国有企业发展史上，还是在我国经济发展史上，都是一个重要的里程碑。不仅会对国有经济的发展壮大产生巨大的推动作用，也将有力地促进我国经济体制改革的深入，加快社会主义现代化建设的进程。认真传达、学习和贯彻党的十五届四中全会精神是当前各级党组织的重要任务。各单位要组织全体党员、干部和职工特别是各级领导干部认真学习十五届四中全会主要文件，完整准确地领会《决定》的精神实质，用《决定》精神统一思想。现就传达、学习和贯彻十五届四中全会精神作如下安排。

一、学习时间

从现在起到年底。公司所属各单位都要召开专题会议，向全体干部、职工传达全会精神，学习全会主要文件。要利用中心组学习、政治学习及党团活动时间组织专题讲座和讨论。党委（党组）中心组学习时间不少于16学时。

二、学习方式

1. 日常学习与集中学习相结合。要在抓好干部、职工日常学习的基础上，认真组织各个层次、多种形式的集中学习、培训班。公司本部将在10月份举办司处级干部十五届四中全会精神学习班。

2. 个人自学与集体学习讨论相结合。要积极引导党员、干部和职工搞好自学，并在自学的基础上进行集体讨论。集体讨论要事先确定中心议题，准备好中心发言，保证讨论的发言质量。

3. 领导干部中心组学习与全体党员、干部和职工的学习相结合。要集中时间认真组织几次领导干部的中心组学习，使领导干部先学一步、学深一些。充分发挥中心组学习对干部、职工学习的带动、影响作用，搞好本部门、本单位的学习。

4. 公司党校青年干部培训班要重点学习好《决定》，并密切联系工作实际，在理论和实践的结合上，取得好的效果。

三、学习要点

1. 深刻认识国有企业在我国经济和社会发展中的重要地位。搞好国有企业，既是关系国民经济健康运行和长远发展的重大经济问题，也是关系社会主义制度前途命运的重大政治问题。认清国有企业是我国国民经济的重要支柱，是社会主义市场经济的重要微观基础，是我国现代化建设的主力军。认清能不能搞好国有经济，关系到我国经济体制改革的成败，关系到社会主义市场经济体制的大厦能不能真正建立起来。

2. 深刻认识面向21世纪，坚定不移地推进国有企业的改革和发展，是摆在全党面前的重要任务，也是历史赋予我们这一代人的光荣使命。增强加快国有企业改革和发展的责任感和使命感。

3. 深刻理解《决定》提出的今后一段时期国有企业改革、发展的目标。要在深刻理解党的十五大和十五届一中全会提出的“用三年左右的时间，使大多数国有大中型亏损企业摆脱困境，力争到本世纪末大多数国有大中型骨干企业初步建立现代企业制度”这一目标的基础上，深刻领会这次全会提出的到2010年国有企业改革和发展的目标。

4. 深刻领会《决定》提出的今后一段时期国有企业改革、发展必须坚持的十条指导方针。即坚持以公有制为主体，多种所有制经济共同发展；从战略上调整国有经济布局和改组国有企业；改革同改组、改造、加强管理相结合；建立现代企业制度；推动企业科技进步；全面加强企业管理；建立企业优胜劣汰的竞争机制；协调推进各项配套改革；全心全意依靠工人阶级，发挥企业党组织的政治核心作用；推进企业精神文明建设。牢牢把握国有企业改革的正确方向。特别是要始终坚持以公有制为主体、多种所有制经济共同发展的基本经济制度，决不搞私有化，在发展社会主义市场经济的条件下，使国有经济不断发展壮大，增强国有经济的主导作用和控制力。

5. 深刻领会《决定》特别强调的，搞好国有企业，必须加强党对国有企业改革和发展工作的领导及建设高素质的经营管理者队伍的问题。明确党组织在国有企业改革和发展中的地位和作用。切实加强党对改革和发展工作的领导。

四、学习要求

1. 认真学习，全面、深刻地领会十五届四中全会精神，特别是深刻领会《决定》对电力改革与发展的重大现实意义和指导作用。正确认识电力企业改革和发展中的矛盾和困难，增强搞好电力改革和发展的责任感、紧迫感，振奋精神，坚定全面推进电力工业改革和发展的信心。

2. 要以全会精神为指导，紧密联系公司系统实际，按照《决定》要求，认真研究电力改革与发展中的实际问题。公司系统各单位要按照高严同志 9 月 24 日在公司本部传达十五届四中全会精神时的要求，以十五届四中全会精神为指导，认真研究和解决改革与发展中的实际问题，搞好改革与发展的各项任务，推进本单位的改革和发展。

3. 要把传达学习十五届四中全会精神和学习江泽民总书记今年以来先后在成都、武汉、西安、青岛、大连主持召开部分省区市国有企业改革和发展座谈会时关于国有企业改革和发展问题的一系列重要讲话精神结合起来，加深理解。

4. 各级领导干部要带头学习，带头以十五届四中全会精神为指导，进行调查研究，对照检查改革和发展工作中的差距和不足，制定切实可行的整改措施，有针对性地解决问题，务求实效。

5. 要注意把传达学习四中全会精神与正在开展的“三讲”教育紧密结合起来。在“三讲”教育中认真学习四中全会精神，以“三讲”的精神学习、贯彻、落实十五届四中全会精神。

一九九九年九月二十四日（印）

关于继续深入揭批“法轮功”邪教组织坚决防止其反弹的通知

（国电党［1999］78 号）

公司系统各单位党组（党委）：

近期以来，公司系统各单位党组（党委）认真组织广大党员、干部和职工学习江泽民总书记在党的十五届四中全会上的重要讲话，学习《人民日报》刊登的党和国家有关对“法轮功”邪教组织进行斗争的一系列重要文件，阅读“法轮功”邪教组织所犯罪行的报道通稿，收看中央电视台播发的《4.25 非法聚集事件真相》、《害人夺命的“法轮功”》等专题片。通过学习，广大党员、干部和职工对“法轮功”邪教组织的性质和严重危害，对中央关于抓紧解决和处理“法轮功”问题的重大意义，以及对这场斗争的重要性、复杂性、尖锐性和长期性，都有了进一步的认识。公司系统清理“法轮功”的斗争继续健康、深入地向前发展。但是，必须清醒地认识到，尽管我们与“法轮功”邪教组织的斗争已经取得了决定性的胜利，但时至今日，仍有极少数“法轮功”练习者痴迷不悟，个别人甚至上访闹事；有的“法轮功”练习者在强大的社会舆论和所在单位深入细致的帮助教育转化工作影响下，一度有所收敛，但近日出现反弹，表现张狂。事实充分表明，我们与“法轮功”邪教组织的斗争仍然是严峻的，绝不能有任何松劲麻痹情绪。为进一步推动公司系统继续深入揭批“法轮功”邪教组织的工作，坚决防止其反弹，维护全系统稳定大局，现提出如下要求。

一、继续深入学习有关文件，进一步认清斗争的性质、特点和重要意义，深入揭批“法轮功”

公司系统各级党组织要在前一阶段学习的基础上，继续组织广大党员、干部和职工认真学习江泽民总书记有关揭批“法轮功”问题的重要讲话，学习中央处理和解决“法轮功”问题的一系列文件精神，学习《人民日报》有关重要文章和报道等，更加深刻地认识我们与“法轮功”邪教组织的斗争的实质是一场关系国家前途、民族命运，关系改革开放和社会主义现代化建设伟大事业，关系巩固党的领导和社会主义制度的重大政治斗争。认清“法轮功”邪教组织的活动给我们党、国家和人民造成的严重危害，认清坚决彻底地解决和处理“法轮功”问题对我们保持社会政治稳定，保护人民利益，确保改革开放和社会主义现代化建设顺利进行的重大现实意义，坚决把清理“法轮功”邪教组织的斗争进行到底。

要加大宣传教育力度，引导广大党员、干部和职工积极行动起来，投身于深入揭批“法轮功”邪教组织的斗争。要进一步揭露“法轮功”反科学、反人类、反社会、反政府的邪教本质，剖析其邪恶特征，揭穿其附会宗教、冒用气功、打着健身招牌，欺骗和迷惑干部群众，危害国家安全、社会稳定和社会主义现代化建设事业的邪恶面目。要以马克思主义理论为指导，从思想、理论的高度上进一步揭批“法轮功”，认清“法轮功”的本质及现实和长远的危害，肃清其流毒和影响。

二、耐心细致地做好“法轮功”练习者的思想转化工作，继续认真做好组织处理和纪律处分工作

各级党组织要继续耐心细致、坚持不懈地做好

"法轮功"练习者的思想转化工作。即使对于过去在"法轮功"的精神控制下，身心受到摧残，中毒较深，思想一时不能完全转弯的人，也不能视之为邪教徒，歧视、冷落他们，要继续耐心细致地帮助、教育他们，帮助他们从"法轮功"邪教思想的束缚下彻底解脱出来。要继续采取"一包一"、"几包一"等多种有效的方式方法，帮助"法轮功"练习者从思想深处真正发生转变。

要严格按照中央有关政策，坚决而又稳妥地抓紧组织处理工作。要严格执行有关规定，对该进行组织处理和纪律处分的，必须进行组织处理和处分。对至今顽固不化，仍有现行非法活动的"法轮功"骨干分子，要坚决依法、依纪严肃处理；对虽有违法行为但尚未构成犯罪的，要按有关规定给予党纪、政纪处分；要积极配合公检法部门查处"法轮功"组织及其骨干分子的违法犯罪活动。对构成犯罪的，要及时移送司法机关处理。

三、加强思想政治教育，提高广大党员、干部和职工抵御各种不良思想侵蚀的能力

"法轮功"问题的出现，有着深刻的社会历史原因和复杂的国际背景。我们与"法轮功"邪教组织的斗争，是一场争夺群众、争夺思想阵地的严肃的政治斗争。这场斗争告诫我们：思想领域的阵地，马克思主义不去占领，非马克思主义和反马克思主义的东西必然会去占领。在这个问题上，任何麻木和不警觉都要付出沉重的代价。

各级党组织要充分利用李洪志及其"法轮功"这个反面教材，举一反三，认真总结经验教训，并以此为戒，在认真学习《中共中央关于加强和改进思想政治工作的若干意见》（中发［1999］17号）的基础上，结合实际进行调查研究，认真总结近年来思想政治工作、特别是思想政治教育方面的经验教训，研究制定在改革开放和社会主义市场经济的条件下，进一步加强思想政治工作的具体措施，特别是对广大党员、干部和职工进行正确的世界观、人生观、价值观教育和纪律、法制教育的措施，为提高广大党员、干部和职工抵御各种不良思想侵蚀的能力打下良好的基础。要进一步加强马克思主义唯物论和无神论、形势与政策、民主法制及维护社会稳定的教育，提高辨别是非的能力，引导广大党员、干部和群众坚持科学的世界观，反对迷信愚昧，自觉地抵制各种歪理邪说，维护社会稳定。

各级党组织要以揭批"法轮功"邪教组织为主题，普遍过一次党的组织生活。使广大党员进一步提高认识、统一思想，认清我们同"法轮功"邪教组织斗争的实质，明确自己在这场斗争中的责任，自觉地发挥共产党员的先锋模范作用，始终站在与"法轮功"邪教组织斗争的前列，在思想上、政治上、行动上与党中央保持高度一致。

四、加强领导，狠抓落实

各级党组织要进一步加强对与"法轮功"邪教组织的斗争的领导，无论本单位是否有"法轮功"练习者，都要加强学习、宣传和思想教育工作，增强广大党员、干部和职工与"法轮功"等邪教组织作斗争责任感。

要按照中央关于坚决防止"法轮功"反弹，抓好稳定工作的要求，狠抓各项工作的落实。特别是要对重点单位和重点人进行梳理，认真地、逐一地再次进行排查、分析，检查有无反弹情况。要把一切可疑线索纳入工作视线，做到重要情况及时掌握、及时处理，并及时向公司报告。正在开展"三讲"教育的单位，要联系少数党员干部修炼"法轮功"的问题，认真进行反思、总结经验教训。

一九九九年十一月三十日（印）

印发《国家电力公司关于全心全意依靠职工群众办好企业的意见》的通知

（国电党［1999］84号）

公司系统各单位：

为进一步贯彻、落实党的十五届四中全会通过的《中共中央关于国有企业改革和发展若干重大问题的决定》和中华全国总工会十三届二次执委会精神，国家电力公司党组制定了《国家电力公司关于全心全意依靠职工群众办好企业的意见》，现印发给你们，请遵照执行。

附件：国家电力公司关于全心全意依靠职工群众办好企业的意见

二〇〇〇年一月七日（印）

附件：

国家电力公司关于全心全意依靠职工群众办好企业的意见

以江泽民同志为核心的党中央反复强调，我们党

所领导的改革开放和社会主义现代化建设的全部活动与整个进程，都必须全心全意依靠工人阶级。党的十五届四中全会通过的《中共中央关于国有企业改革和发展若干重大问题的决定》指出，全心全意依靠工人阶级是推进国有企业改革和发展必须坚持的指导方针之一。国家电力公司所属企业要从加强党的领导、巩固党的执政地位、坚持企业的社会主义方向的高度，充分认识贯彻落实党的全心全意依靠工人阶级方针，依靠职工搞好企业的极端重要性和紧迫性，做到政治上保证，制度上落实，素质上提高，权益上维护，努力把全心全意依靠职工办企业的各项措施落到实处。

一、努力建设一个全心全意依靠职工群众搞好企业的领导班子

1. 加强企业领导班子建设是搞好企业的关键。要按照党管干部的原则和全心全意依靠工人阶级的方针，按照现代企业制度的要求，建立和健全企业的法人治理结构。在公有产权占主导地位的公司制企业董事会和监事会中，都要有职工代表，充分行使全体职工赋予的管理企业的职权。工会负责人可以作为职工董事、监事候选人，按照法定程序进入董事会和监事会。企业党政领导班子在实施决策的过程中，要善于集中广大职工的智慧和力量，善于取得广大职工的认同和参与，坚持群众答应、群众支持、群众满意的工作标准。

2. 建立和强化职工群众对企业领导班子和领导干部实行有效监督的机制。国有资产是全民资产，确保国有资产保值增值是企业经营的根本。围绕这一核心问题，把来自于出资人的产权监督与来自于企业职工的群众监督结合起来，综合运用法律的、行政的、舆论的监督手段，形成对企业领导班子和领导干部的监督和约束机制。坚持职代会民主评议企业领导干部制度，要把评议结果作为考核、任免、奖惩领导干部的重要依据。上级审计部门在对经营者实行任职期间年度审计和离任审计时，应充分听取职工群众的意见。

3. 在深化改革的过程中，努力探索职工对本企业生产资料和劳动成果占用与支配的有效形式，实现职工群众与生产资料更直接、更紧密的结合，做到经济责任具体化、经济利益明晰化，充分调动广大职工的积极性，形成充满活力的新型企业劳动关系。

二、坚持和完善以职工代表大会为基本形式的民主管理制度

4. 坚持和完善职工代表大会制度，是依靠职工群众办企业的重要内容。党的十五大报告明确指出，要"坚持和完善以职工代表大会为基本形式的企事业民主管理制度，组织职工参与改革和管理，维护职工合法权益"。电力国有企业、集体企业和公有产权占主导地位的股份制企业，要按照十五大精神进一步完善职工代表大会制度，发挥工会和职代会在民主决策、民主管理、民主监督中的作用。其他股份制企业，可以采取职工代表大会或工会会员代表大会等形式，组织职工实行民主管理和监督。工会组织应承担职工代表大会工作机构的任务。

5. 落实好职工代表大会的各项职权，不断提高职工代表大会的质量和水平。职代会制度是有中国特色的企业民主管理的基本制度，要根据改革形势任务的发展变化，不断探索职工民主管理、民主监督新的实现形式。职代会要在研究讨论企业发展规划和生产经营重大决策、讨论通过集体合同和涉及职工切身利益的重要改革方案与重要规章制度、审议决定企业公益金使用方案等有关职工生活福利的重大事项方面提出意见和建议；要对企业经营管理者进行民主评议并提出奖惩建议；要定期听取企业业务招待费使用情况的汇报。公司制企业的职代会还要认真落实选举职工董事、监事及听取其述职报告等职权。

6. 企事业单位要普遍实行厂务公开、民主监督制度。厂务公开是落实党的十五大提出的"扩大基层民主，保证人民群众直接行使民主权利"的有效途径。要把推行厂务公开与进一步健全职代会制度结合起来，与建立现代企业制度统一起来，要让广大群众拥有对企业改革与发展重大决策、涉及职工切身利益的重大事项、领导干部廉政勤政等厂内事务的知情权、参与权和监督权，依靠职工实施民主管理、民主监督，进一步推进现代企业制度所要求的民主决策和科学管理。厂务公开工作要在党委领导下进行，纪检、监察、干部部门及工会、共青团等有关部门密切配合，履行好各自的职责。厂务公开的办事机构可以设在工会。

三、认真贯彻《劳动法》等法律法规，切实维护职工的合法权益

7. 进一步理顺劳动关系，依法进行平等协商，认真执行劳动合同和集体合同制度。国家电力公司系统所属企业和由其代理经营的电力企业，都要尽快把平等协商、签订集体合同制度建立起来。平等协商要充分反映和表达职工群众的意愿和要求，集体合同草案必须经过职工代表大会或全体职工讨论通过。企业要定期对履行合同的情况进行督促检查，发现问题及时协商解决。要进一步建立健全企业劳动

争议调解组织，充分发挥其在解决劳动争议中的作用。

8. 企业要自下而上地建立安全生产保护监察网络，依靠广大职工群众抓好安全生产。要不断改善职工的劳动条件和工作环境，加强对噪声、尘毒等污染的综合治理，搞好文明生产。严格执行国家有关女职工的劳动保护规定，切实保障女职工的合法权益。

9. 做好减员增效、再就业工作。要规范职工下岗程序，广开就业门路，增加就业岗位，搞好再就业培训。各级工会要协助党政做好思想发动和观念转变工作，使广大职工真正从企业改革的远景和大局认识下岗分流再就业和重要意义；要关心下岗职工的生活，维护下岗职工的合法权益。

10. 积极推进职工养老保险和医疗保险制度改革，依法为职工办理社会保险，努力建立企业和职工补充保险制度，坚持把生活困难职工、离退休职工和女职工作为保障重点，保证各项保险金及时支付，逐步形成有效的多层次保险体系。

11. 充分调动和保护好职工的积极性，切实保障职工的民主权利，关心职工的物质利益，让职工群众得到企业改革和发展带来的实实在在的利益。要正确处理好国家、企业、个人三者间的关系，努力做到在实现全国人民总体利益的同时，实现职工群众的具体利益。要把体贴群众疾苦，关心群众生活提高到维护大局稳定的高度来认识，要特别关心困难企业、困难职工的生活，建立"特困职工档案"、"困难职工扶贫基金"，开展"送温暖工程"，并做到经常化、制度化。

四、重视和加强职工队伍建设，不断提高职工队伍的整体素质

12. 提高职工队伍素质，是依靠职工办企业的重要途径，是关系到我国电力工业发展前途的一项战略性任务。加强职工队伍建设，企业党政工都负有重要责任。企业党组织、行政和工会要作出统一部署和规划，既要各有侧重，又要密切配合，共同抓好职工队伍建设。要坚持用邓小平理论武装广大职工，大力弘扬爱国主义、集体主义、社会主义和艰苦创业精神，深入进行形势任务和民主法制教育，培育积极向上的企业文化，引导职工树立正确的世界观、人生观、价值观。要广泛开展学英模、作贡献活动，充实和完善"职工当家作主"的内涵，调动职工积极性，促进企业的管理和效益达到新水平。要加强职业道德教育和行风建设，树立"人民电业为人民"的良好社会形象。供电企业要特别重视职业道德教育，把行风建设放在重要地位，坚持不懈，一抓到底。要认真实施《职业教育法》，保障职工受教育的权利。抓好职工岗位培训、技术登记培训、脱岗培训和再就业培训。采取多种措施，不断提高职工的文化技术业务水平，全面提高职工队伍素质。

13. 全心全意依靠职工群众推进企业的改革与发展。通过对国家宏观经济改革、电力工业管理体制改革、电力市场发展趋势等形势教育，牢固树立企业以市场为导向求生存发展的观念。动员和依靠广大职工，深化企业内部改革，把市场竞争的压力转变为企业发展的动力。组织职工大力开展合理化建议、技术革新、发明创造、双增双节、劳动竞赛、技术比武等群众性生产技术活动。努力挖潜增效，降低成本，提高服务质量和工作质量，提高经济效益。

14. 积极培养吸收生产第一线的优秀工人入党，壮大党的基层组织。注意从优秀工人中培养选拔干部和生产经营管理人才，为有培训前途的优秀工人创造学习和深造的机会。切实做好工人技师、高级技师的考核、评聘工作。完善劳动模范管理制度，保证他们的政治生活待遇。

五、加强对工会的领导，支持工会依法独立自主地开展工作

15. 工会是党联系职工群众的桥梁和纽带。依靠职工办企业，必须高度重视和发挥工会组织的作用。要进一步加强对工会工作的领导。企业党组织要把工会工作列入重要议事日程，领导和支持工会及职工代表大会依照法律和工会章程独立自主地开展工作，定期听取工会工作汇报，及时研究和解决工会工作中遇到的实际问题。协调好工会与企业经营管理者的关系。选拔密切联系群众的优秀干部担任工会主席。工会的党员负责人，依照党章和有关规定进入同级党委领导班子。工会人员编制、内部机构设置和干部配备要保证新形势下工会工作的需要。企业行政要尊重工会的法定地位和权力，重视工会和职代会提出的发展生产，改善职工劳动、生活条件的意见和建议，注意向工会通报企业生产情况，吸收工会代表参加有关会议，支持、帮助工会依法独立自主地开展活动，并在人、财、物、产等方面给予必要的支持。

16. 工会要进一步加强自身建设，不断提高工会干部队伍素质，紧密围绕我国电力工业的改革和发展，努力改进工作作风和活动方式，适应新形势下工会工作的需要，认真履行好维护、建设、参与、教育的职能，充分发挥工会组织在依靠职工办企业中的作用。

依靠职工搞好企业是我们必须始终坚持的一项政

治原则，也是我国电力企业改革和发展的迫切需要。国家电力公司系统所属企业要在党的全心全意依靠工人阶级方针的指导下，从实际出发，创造性地开展工作，全面落实依靠职工办企业的各项措施，保护好、引导好、发挥好广大职工的积极性，充分发挥工人阶级在两个文明建设中的主力军作用，使电力工业改革和发展获得最广泛、最可靠的群众和力量源泉，保证我国电力工业以崭新的姿态迈向21世纪。

国家电力公司文件

关于印发国家电力公司1999年工作座谈会文件的通知

（国电办［1999］43号）

公司系统各单位：

现将国家电力公司1999年工作要点，高严同志、赵希正同志在国家电力公司1999年工作座谈会上的讲话和总结摘要，印发给你们。望认真学习贯彻落实，做好今年的各项工作，推进国家电力公司系统的改革与发展。

附件1：国家电力公司1999年工作要点

附件2：高严同志在国家电力公司1999年工作座谈会上的讲话摘要（略）

附件3：赵希正同志在国家电力公司1999年工作座谈会上的总结讲话摘要（略）

一九九九年二月二日（印）

附件1：

国家电力公司1999年工作要点

1999年是我国实现跨世纪宏伟目标和国家电力公司实施第二步改革的关键一年。做好1999年的工作，对于我国电力工业的发展以及实现国家电力公司“四步走”的改革战略，具有重要意义。

国家电力公司1999年总的工作要求是：高举邓小平理论伟大旗帜，深入贯彻党的十五大、十五届三中全会和中央经济工作会议精神，落实好国办发［1998］146号文件要求，继续深化改革，调整电力结构，搞好电网建设，开拓电力市场；依靠科技进步，加强企业管理，确保安全发供电，防范金融风险，提高经济效益；切实加强党的建设和精神文明建设，树立企业良好形象，推进国家电力公司系统实体化进程，迎接建国五十周年。

1999年国家电力公司的生产、建设、经营预期计划目标是：全国发电量预计完成12000亿kW·h，比上年增长4.2%，国家电力公司的售电量实现同步增长；电力基建投产1450.1万kW（其中：水电379.4万kW，火电1070.7万kW），新增220kV及以上输电线路10444.9km，变电设备3470.3万kV·A；全年利润确保不低于1998年的水平，完成86亿元；电费回收在不增加新欠的基础上，陈欠降低10%；多种经营总收入突破1000亿元，利润46亿元。

围绕1999年总的工作要求，要重点做好以下八个方面的工作：

一、继续深化电力体制改革，推进国家电力公司实体化进程

深入贯彻国发［1996］48号文件、国办发［1998］146号文件、财经字［1998］146号文件和国发［1999］2号文件精神，积极推进第二步改革，实现公司实体化目标。

坚持“政企分开、省为实体”的方针，深化电力集团公司和省电力公司改革。按照国务院统一部署，与各地方政府机构改革一道，完成省电力局政府职能移交和政企分开工作。将黑龙江省、吉林省电力公司改组为具有独立法人资格的子公司，组建辽宁省电力公司，将东北电力集团公司改组为国家电力公司分公司；对中国南方电力联营公司进行资产重组后，作为国家电力公司分公司。

继续搞好“网厂分开”试点工作。做好上海、山东、浙江、黑龙江、吉林、辽宁省“网厂分开”的试点。坚持“国家管电网、大家办电厂”和“公开、公平、公正”的原则，进一步贯彻好《电网调度管理条例》，加强电网的统一调度。

认真落实国务院提出的“两改一同价”要求，理顺县供电企业与省电力公司的关系，对趸售县实行代管或股份制改造；取消乡镇电管站做为一级核算单位，以县级电力企业为实体，实现城乡电网一体化管理。

做好国家电力公司在京直属公司的改革，推动企业的联合和重组。将中国电力国际有限公司改组为国家电力公司的子公司。

二、加大电力结构调整力度，促进电力工业可持续发展

要抓住当前电力供需基本平衡的有利时机，加大电力结构调整的力度。以市场为导向、以经济效益为中心、以科技进步为动力、以实现资源优化配置和可持续发展战略为目标，把电力工业发展从追求速度切实转移到注重质量和效益的提高上来。

大力调整电源结构。对电源建设实行总量控制，除已经签订合同的项目外，原则上今后3年内不再开工常规火电项目；认真落实国务院领导关于加大关停小火电机组力度的指示，切实完成今年关停180万kW中低压小火电机组的任务，并配合国家经贸委和各级地方政府，做好关停地方小火电机组的工作；按照可持续发展战略和市场需求，加大水电开发力度；抓紧洁净煤发电示范工程和天然气发电项目的前期工作；因地制宜开发以风电为主的新能源发电。

加大技术改造力度。完成全年技术改造94.4亿元的总投资规模，计308万kW，投产容量40.5万kW。

抓好污染物排放达标的监督和重点地区火电厂二氧化硫达标排放工作；大力推进电力环保脱硫的产业化和国产化。

三、抓好三峡电网和大区电网的建设与运营，促进全国联网

以三峡输变电工程建设为契机，加快跨大区电网互联进程，彻底转变以省为界实行发用自我平衡的旧观念，实现大区和全国范围的资源优化配置。

要集中精力组织好三峡送出和联网工程建设，新开工建设“三线两变一直流”（岗市－长沙、南阳－郑州、三峡左岸出线线路，长沙、孝感变电站，三峡至常州直流工程）。重点做好东北与华北联网工程和天广直流工程；搞好阳城500kV、东北辽长吉哈500kV、江苏500kV、北仑港500kV送出和二滩500kV送出等工程建设；加快跨大区、跨独立省（区）输变电工程建设的前期和立项工作。

要搞好葛上直流输电工程的运营，挖掘潜力、提高效益，发挥跨大区联网优化资源的功能。

四、搞好城乡电网建设与改造，开拓电力市场，培育新的用电增长点

要重点做好已经批准的城市电网和农村电网改造项目的开工，切实落实以项目法人责任制为核心的“五制”，抓好工程质量和控制工程造价，加强工程项目的资金管理和审计监督，做到专款专用。

要深入贯彻国家计委等六部委的通知要求，配合有关部门继续清理整顿电价，取消不合理的价外加价，清理整顿各种不利于开拓市场的经营性收费，废止限制用电的各项规定，规范经营秩序和市场行为，培育新的用电增长点。配合国家有关部门，制定上网电价、输配电价、销售电价的定价办法；结合城乡电网建设与改造，制定同网同价改革方案，落实还本付息电价政策；研究公司系统电价调整方案，争取实现电价的合理适度调整。

五、加强管理，搞好安全生产，提高经济效益，创建一流企业

认真贯彻国务院关于国有企业改革与三年基本解困的部署，把企业的改革、改组、改造和加强管理结合起来，推动两个根本性转变，建立和完善以经济效益为中心的全过程经营管理体系。

继续强化企业内部管理。严格控制成本，努力把成本增长幅度控制在收入增长幅度以内，把管理费用增长控制在物价指数以内，把对非生产性的投资和补贴控制在上年的水平以内。要抓好节能降耗工作，努力降低供电煤耗和线损，向节约要效益。切实采取措施扭亏增盈，今年亏损企业要减少1/3以上，从总体上不再新增递延资产并将之控制在80亿元以内。

要坚持稳健经营的策略，加强财务和金融管理，搞好资产、资金、资本运作。全面落实国家电力公司颁布的投资、预算、担保和资产经营考核等管理办法，建立和完善企业投资决策体系，认真推行全面预算管理和经营目标控制，落实企业经营责任制。把中国电力国际有限公司建设成国家电力公司的国际融资窗口，把中国电力信托投资公司改组为国家电力公司财务公司。

切实防范金融风险。要建立有效的国有资产管理、监督和营运机制，防止国有资产流失。建立对子公司的财务评价和风险监控制度。加强外债和外汇管理。

加强财务和审计监督。健全企业内部约束机制，严肃财经纪律，同时积极配合稽察特派员，搞好企业稽察工作。

继续坚持“安全第一，预防为主”的方针，切实落实安全生产责任制。防止发生发供电设备严重损坏和工程质量事故，杜绝电网大面积停电、群伤群亡、重大火灾、水电厂溃坝等恶性事故的发生，确保“两会”、建国50周年大庆、澳门回归以及国家重大政治活动的安全可靠供电。

坚持以电力为主导、发展多种产业的方针，减人增效，实施再就业工程，增加企业的综合经济效益。

要深入开展创建一流企业、安全文明生产达标和基建达标投产等工作。

六、实施科教兴电战略，加快把国家电力公司的发展转移到依靠科技进步和提高劳动者素质上来的速度

大力促进科技与生产经营紧密结合，扎实推进技术进步和产业升级，提高科技对电力增长的贡献率。

建立完善公司研究与开发体系，重点抓好国家级科技导向型跨世纪项目的研究与开发，扩大高新技术产业规模。加大对跨大区联网技术、洁净煤发电技术、电力市场相关技术、节能降耗的项目以及新产品的开发力度。要在年底前妥善解决好电网调度自动化系统、厂站自动化系统、通信系统、继电保护系统和管理信息系统的计算机2000年问题。

搞好教育和职工培训工作。按照全国教育体制改革的总体部署，继续抓好直管重点高校“211工程”建设和安居工程。建立有利于人才培养和使用的激励机制，培养适应经济发展和国际竞争需要的各类人才。

七、加强精神文明建设和法制建设，做到“两手抓、两手都要硬”

继续坚持“两手抓、两手都要硬”的方针，进一步把邓小平理论的学习提高到新水平。要以我们现在做的事情为重点，坚持理论联系实际，指导公司的改革和发展。

加强思想政治工作和思想道德建设。对广大职工进行爱国主义、集体主义、社会主义和党的基本理论、基本路线和形势政策教育；围绕改革中的难点、热点问题，切实加强思想政治工作；开展职业道德、职业责任、职业纪律、职业技能教育。

以创建“文明行业”为目标，继续抓好行业作风建设。积极开展地级及以上城市供电营业规范化服务活动和农村供电营业示范窗口活动，继续搞好社会服务承诺制和农电“三为”服务，深化双文明创建活动，进一步纠正以电谋私的行业不正之风。

加强和改进企业党建工作。加强对党组织和党员干部的管理教育，充分发挥工会、共青团和职代会的作用，努力把企业党的建设提高到一个新水平。

抓好依法治电和法律事务工作，不断加强电力法制建设。广泛开展公司系统法制教育，尤其是领导干部的法制教育。强化企业的合同管理，依法管理企业和维护企业的合法权益。积极参与和完成立法机关和政府部门交办的电力立法任务。

八、加强领导班子建设，全面提高领导干部素质

领导班子和领导干部队伍建设，关系到公司发展和改革的成败。要以搞好思想政治建设为重点，在提高素质、完善结构、健全制度、强化管理和廉洁自律上下功夫，增强领导班子活力。

要以整风的精神开展“三讲”。在全公司系统领导班子和领导干部中深入开展以“讲学习、讲政治、讲正气”为主要内容的党性党风教育，认真解决存在的问题。要大兴奋发学习之风，大兴调查研究之风。

以结构调整为重点，加强领导班子和干部队伍的组织建设。加大干部跨省、跨地区、跨部门的交流力度；加强对优秀年轻干部的选拔培养。

以引入竞争机制为核心，深化干部人事制度改革，努力在扩大民主、完善考核、推进交流、加强监督和干部能上能下等方面取得新进展。

坚持不懈地搞好党风廉政建设。坚持标本兼治，综合治理，加大从源头上预防和治理腐败的力度。继续抓好反腐败三项工作，坚决查处大案要案。认真贯彻执行《中国共产党党员领导干部廉洁从政若干准则》和《关于厉行节约反对奢侈浪费的八条规定》。要全面推行和落实以一把手负责制为核心的党风廉政建设责任制。

为了做好今年的各项工作，全公司必须转变观念、统一思想、团结一致、顾全大局、开拓进取、艰苦奋斗，不断开创新的局面。

做好今年的工作，要坚持稳中求快、稳中求进、稳中求好的方针，处理好改革、发展与稳定的关系，把确保社会政治稳定放在十分重要的位置上来抓。

要切实转变工作作风，真抓实干，不做表面文章；要扎扎实实，埋头苦干，兢兢业业，讲求实效，为把一个充满生机与活力的、实体化的国家电力公司带入21世纪而努力奋斗。

关于印发《城乡电网建设改造工程监理规定》和《城乡电网建设改造工程监理大纲》的通知

（国电总［1999］363号）

各电力集团公司，各省（自治区、直辖市）电力公司，电规总院，上海电建有限公司，西北电建总公司，武汉超高压公司：

为贯彻落实国务院有关文件精神，规范城乡电网建设改造监理工作，切实加强对城乡电网建设改造工程的监督管理，确保工程质量，提高工程项目投资效益和社会效益，我公司制定了《城乡电网建设改造工程监理规定》和《城乡电网建设改造工程监理大纲》，现印发给你们，请依照执行，并将执行中的问题及时反馈。

附件1：城乡电网建设改造工程监理规定

附件 2：城乡电网建设改造工程监理大纲

一九九九年七月十六日（印）

附件 1：

城乡电网建设改造工程
监 理 规 定

第一章 总 则

第一条 为了规范城市、农村电网(以下简称城乡电网)建设改造工程的监理行为,加强对城乡电网建设改造工程的监督管理,执行"统一领导、统一组织、统一监理大纲、统一标准验收"原则,确保工程安全、质量、进度,提高工程项目投资效益和社会效益,特制定本规定。

第二条 本规定制定的依据为:

一、国务院《国务院办公厅关于加强基础设施工程质量管理的通知》;

二、国务院《关于加快农村电力体制改革，加强农村电力管理意见的通知》;

三、原电力部《关于颁发电力工程建设招标文件范本的通知》;

四、原电力部《电力工程建设监理规定》。

第三条 各省（直辖市、自治区）电力公司、电力集团公司管辖的城乡电网建设改造项目的 220kV、110kV（66kV）、35kV 电压等级的建设改造工程监理应严格遵循本规定，10kV、400V 电压等级的建设改造工程监理原则上按本规定执行。

第四条 各省（直辖市、自治区）电力公司、电力集团公司是城乡电网建设改造工程的项目法人。所辖区域内城市或县供电企业直接管理的城乡电网建设改造工程要设立项目管理部，项目管理部或供电企业的主管领导是项目经理，要实行项目经理制，项目经理受项目法人委托并对项目法人负责。

第五条 要建立质量责任制和质量追溯制，项目法人必须对城乡电网工程质量负总责，监理单位及其负责人要负监理责任。

第六条 城乡电网建设改造项目必须实行工程监理制。项目法人要通过招投标的方式选定监理单位,并签订监理合同。明确监理内容、监理方式及责权利。监理机构不得与承建单位有行政隶属关系和经济合作关系。

第二章 监 理 主 要 职 责

第七条 监理单位必须具有资质证书和营业执照,在其资质等级许可的监理范围内,承担监理业务,未经资质主管部门批准,不得擅自越级承接建设监理业务。

第八条 监理单位应认真履行《监理合同》,按照"公正、独立、自主"的原则,开展工程建设监理工作,公平地维护项目法人和被监理单位的合法权益。

第九条 按照原电力部颁发的《电力工程勘察设计单位资质管理办法》《电力施工企业资质管理办法》《电力工程调试单位资质管理办法》严格审核各参建单位的资质等级。

第十条 参与并监督对主要设备材料实行招投标。

第十一条 监督质量追溯制、工程公示牌以及各种签证制度的实施。参与、核查设计审查和施工图会审；参与工程验收及工程质量问题调查。

第十二条 做好"合同管理"和"信息管理"，协调各参建单位之间的关系。

第十三条 督促承建单位建立和完善质量保证体系。

第三章 监 理 程 序 及 目 标

第十四条 城乡电网建设改造项目的监理程序为:

一、项目法人与监理单位签订城乡电网建设改造工程《监理合同》。

二、监理单位成立项目监理部,任命总监理工程师。

三、监理单位编制《监理规划》并报项目法人审查。

四、项目监理部按城乡电网工程特点分别编制下列《专业监理实施细则》,确定 W 点(见证点)旁站,H 点(停止点)待检,实行工程全过程跟踪、程序化管理。

（一）35～220kV 变电站建设工程;

（二）35～220kV 线路建设工程;

（三）110～220kV 电缆工程;

（四）10kV 配电室、开闭所建设工程;

（五）10～220kV 变电站改造工程;

（六）10～220kV 线路改造工程;

（七）400V 配电线工程。

改造工程及 400V 配电线工程应重点核查工程量、资金量。

五、项目监理部按各《专业监理实施细则》和《监理合同》实施监理工作流程。

六、监理单位要认真做好"监理大事记"，编制"监理工作总结"，项目监理部要做好《监理日志》。

七、建立监理主要问题追溯制,监理资料整理归档。

第十五条 城乡电网建设改造工程的监理目标为:

一、质量目标:单位工程验收优良率达到 100%。

二、进度目标：工期控制在合同工期之内。

三、经济目标：监理范围的工程，静态投资控制在初步设计审定的概算之内。

四、安全目标:杜绝重大人身伤亡事故,杜绝重大设备事故,杜绝因施工原因造成的大面积停电事故。

第四章 监 理 方 式

第十六条 监理单位应对城乡电网建设改造工程

实行全过程监理。

第十七条　监理单位应根据需要设立若干项目监理部。

第十八条　监理单位要向各项目监理部派出总监理工程师一名。

第十九条　监理人员应实行监理回避制。

第二十条　监理单位（或人员）不得转让工程监理业务，也不得违规分包。

第五章　监　理　考　核

第二十一条　监理单位履行合同情况良好，使工程效益明显提高，项目法人可根据具体情况，给监理单位以监理合同总价5%～10%的奖励。

其中，工程实现达标投产时，项目法人可给监理单位以监理合同总价2%～4%的奖励。

若工程实现“死亡零目标”，项目法人可给监理单位适当奖励。

第二十二条　因监理单位责任，没有完成监理合同中规定的服务内容和达到规定的标准要求，给工程建设造成损失时，项目法人可根据合同或有关规定对监理费予以扣罚。

第二十三条　监理单位在工程建设中严重失职，造成重大质量安全事故时，除按合同条款处罚外，还应依据有关法律法规的规定，追究监理单位及其负责人、责任人的行政责任直至刑事责任。

第二十四条　为适应加强工程质量管理及工程实施的需要，应重视、充实有资质的监理人员，加强培训，不断提高素质。

第六章　附　　则

第二十五条　本规定解释权属国家电力公司。

第二十六条　本规定自发布之日起实施。

附件2：

城乡电网建设改造工程监理大纲

1．编制依据

1.1　《城乡电网建设改造工程监理规定》。

1.2　原电力部电综（1997）607号文《关于颁发工程建设招标文件范本的通知》。

1.3　电力部电建［1995］410号文《电力工程建设监理规定》。

2．监理范围

城乡电网建设工程监理范围为：220kV、110kV（66kV）、35kV、10kV、400V工程项目全部建筑、安装工程的设计、设备材料采购、施工、调试过程的质量、进度及投资控制，工程建设合同管理、信息管理，协调各参建单位间的工作关系。鉴于城乡电网工程特点，改造工程及400V工程的监理内容、监理方式应根据工程情况在合同中具体明确。

3．监理内容

3.1　设计监理

3.1.1　参与对设计单位的招标、评标、合同谈判工作，提出监理意见。

3.1.2　审查初步设计是否符合已批准的可行性研究报告及有关设计批准文件。重点是技术、经济的合理性和投产后安全可靠性。

3.1.3　督促总体设计单位对图纸接口配合确认。

3.1.4　核查设计单位提出的设计文件及一、二级施工图纸，是否符合已批准的设计任务书、初步设计审批文件及有关规程、规范、标准。

3.1.5　参与或主持施工图会审，提出监理意见。

3.1.6　核查确认设计变更。

3.1.7　对施工图交付进度进行核查、督促、协调。

3.1.8　核查工程的概（预）算，提出监理意见。

3.2　主要设备材料采购监理

3.2.1　参加主要设备、材料的招标与评标、合同谈判工作并提出监理意见。

3.2.2　检查施工现场原材料、构配件采购入库、保管、领用等管理制度及其执行情况。

3.2.3　参加主要设备的现场开箱检查。对设备保管提出监理意见。

3.3　施工监理

3.3.1　参与对承建单位的招标、评标、合同谈判工作，提出监理意见。

3.3.2　审查承建单位选择的分包单位是否具有相应的资质。

3.3.3　审查施工单位提交的施工组织设计、施工技术方案、施工质量保证措施、安全文明施工措施，提出监理意见，并监督贯彻实施。

3.3.4　核查施工进度计划，并监督实施。

3.3.5　审查批准施工单位开工申请报告。

3.3.6　审查施工单位质保体系和质保手册并监督实施。

3.3.7　检查现场施工人员中特殊工种持证上岗情况。

3.3.8　审查施工单位编制的“施工质量检验项目”并督促其实施。

3.3.9　检查验收分项、分部工程，关键工序和隐蔽工程的质量。

3.3.10　协助项目法人及其委托代理负责人和施

工单位制定施工现场安全文明施工管理措施并监督实施。发现质量安全的重大问题，有权提出“暂停施工”的通知，并通报项目法人。

3.3.11 审查施工单位月、季工程报表，确认工程量，签署工程付款凭证。

3.3.12 监督工程合同的履行，维护项目法人和承建单位的合法权益。

3.4 调试监理

3.4.1 审查调试单位资质。

3.4.2 参与审查调试计划、调试方案、调试措施。

3.4.3 参与工程启动调试及试运行。

3.5 监理资料的整理

编制整理监理工作的各种文件、通知、记录、检测资料、图纸等,编制工程项目监理工作总结,交付项目法人。

3.6 参与处理保修期内出现的质量问题。

4. 监理目标

实现城乡电网建设改造工程达标投产。

4.1 质量目标:单位工程验收优良率达到100%。

4.2 进度目标：工期必须服从质量，工期控制在《合同》工期内。

4.3 投资目标：监理范围内的工程，静态投资控制在批准的投资范围之内。

4.4 安全目标:杜绝重大人身伤亡事故,杜绝重大设备事故,杜绝因施工直接原因造成的大面积停电事故。

5. 监理措施

5.1 质量控制措施

5.1.1 设计阶段

5.1.1.1 对工程项目的总体规划、设备选型和配置等进行复核。

5.1.1.2 对工程项目的总平面布置和交通运输、环境保护、消防、地质、污秽等级、采暖空调等的设计质量进行复核。

5.1.1.3 审查施工图设计质量，督促贯彻初步设计审批意见以及有关法规、规程、规范、定额和专业标准，对设备选型和各专业间配合的综合性技术问题进行复查，并按工程优化的要求提出监理意见。

5.1.1.4 对设计单位提出的设计文件及图纸进行确认，对一、二级施工图加盖受控章。

5.1.1.5 复查设计原始数据、设备资料、协议文件、计算方法及设计文件编目。

5.1.1.6 参加施工图中间审查和施工图会审，提出优化设计的建议。

5.1.1.7 核查设计变更，提出监理意见。

5.1.2 施工前阶段

5.1.2.1 对施工单位的资质进行审核，必须符合城乡电网建设改造工程对施工资质的规定。

5.1.2.2 现场项目监理部建立自身的质量保证体系，并监督施工单位建立健全质量保证体系。

5.1.2.3 审查承建单位的质量方针、目标,督促贯彻实施。对承建单位选用的分包单位的资质进行审查确认。未经监理进行资质审查确认的分包单位,不得进入施工现场。加强对分包队伍的动态管理,对实际能力与申报的资质不符,或未能提供质量方针 、目标者,要通报项目法人,并责令承建单位将其清除现场。

5.1.2.4 复核工程上使用的原材料、半成品、预制件、加工件和外购件的合格证件和技术文件；对设备用材及上述材料部件进行抽样复试。

5.1.2.5 对工程中使用的新材料、新工艺、新结构、新技术，均需具备完整的技术鉴定证明和试验报告，经设计单位同意，监理工程师认可并报项目法人批准后方可在工程中使用，必要时要对首件进行试验，合格后方准使用。

5.1.2.6 检查施工单位在工程中所用的仪器设备和试验用仪器仪表的精度、配备情况和计量校验证件是否符合要求并满足工程的需要。

5.1.2.7 检查施工单位试验室、特殊工种、试验测量人员的资质证件。

5.1.2.8 审查施工单位编写的施工组织设计、重要的施工方案和施工措施,并参加交底和监督实施。

5.1.2.9 参加施工图设计交底和图纸会审。未经会审的图纸不准在工程中使用。

5.1.2.10 参加主要设备的现场开箱检查。对发现的设备缺陷要责成责任单位进行处理，带有缺陷的设备不准在工程中使用。对存放于现场的设备保管情况进行检查，发现的问题要求保管部门及时改正。

5.1.2.11 检查重要项目开工的准备工作。审查施工单位提出的开工申请报告，及时与项目法人及施工单位对开工各项准备工作（如技术文件编制、技术培训、机具、基本材料落实等）进行检查，确定开工时间，经项目法人同意后批复开工报告。

5.1.3 施工阶段

5.1.3.1 在施工进行过程中监理人员按照项目监理部制定的检查巡视制度，收集工程质量信息，解决施工中有关问题。

5.1.3.2 对重要施工项目、隐蔽工程、关键部件、关键工序进行全过程跟踪监理和旁站监理。未经监理人员检查、签证，不得进行下道工序施工。

5.1.3.3 现场重点检查施工单位是否按照规范标准、图纸、工艺进行施工；是否严格执行自检、互检、专检。发现“三检”贯彻不力，通知施工单位改正。情节严重的下停工通知书。项目监理部实行三级抽查，四级验收签证制度。

5.1.3.4　检查施工中所用原材料、预制件、加工件、外购件、设备是否与设计规格、型号相符。发现问题查明原因,通知施工单位改正。情节严重的下停工通知书。

5.1.3.5　检查施工过程中的重要原始记录和自检记录,上道工序质量检验记录不合格,不准进行下道工序施工。

5.1.3.6　检查特殊工种持证上岗情况。发现持证人员与其从事的作业资质不符，通知施工单位停止其作业，调换合格人员。

5.1.3.7　对发生有设计变更的部位，检查是否按已批准的变更文件进行施工。如发现有异，通知施工单位改正。否则令其停工。

5.1.3.8　在质量事故处理过程中，检查是否按批准的方案处理整改，否则令其停工。

5.1.3.9　建立定期质量分析会议制度。会议由总监理师主持，项目法人、施工单位及有关单位代表参加。会议主要内容是通报工程质量情况，研究解决存在的质量问题，预测质量发展的趋势，制定质量预控措施。会议形成纪要，发送有关单位。

5.1.3.10　现场巡视检查发现工作环境影响工程质量等情况，监理人员立即通知施工单位停止施工。按要求进行整改后方许复工。

5.1.3.11　监理人员发现和处理的问题要按信息分类进行归纳，记入监理工作日志，重要问题记入监理大事记。

5.1.3.12　配合工程质量监督中心站对工程质量进行阶段性检查验收并监督整改。

5.1.4　调试及试运行阶段

5.1.4.1　对调试单位资质把关。

5.1.4.2　参加主要系统的分部试运，核查分部试运的技术记录。

5.1.4.3　参加整套启动验收，核查启动的技术记录。

5.1.5　竣工验收阶段

5.1.5.1　对施工完成后的分部、分项和隐蔽工程，监理人员要按国家及行业制定的施工验收技术规范和验评标准，进行质量检查验收和评定。

5.1.5.2　审核施工单位提供的质量检验报告及有关文件和技术资料。

5.1.5.3　审查设计单位提供的竣工图纸及资料。

5.1.5.4　检查工程总体状况，鉴定工程质量，监督保修和质保金执行情况。督促做好工程建设项目竣工验收及移交生产的各项准备工作，参与验收移交生产及竣工决算。

5.1.6　保修阶段

协助处理保修期内所出现的质量问题。

5.2　进度控制措施

5.2.1　审查承建单位编制的进度计划是否符合《合同》工期要求。

5.2.2　审核图纸、设备及施工材料的交付计划是否符合《合同》工期要求。

5.2.3　参与或主持施工现场协调会议，检查工程计划执行情况，解决影响工程进度有关问题。

5.3　投资控制措施

5.3.1　参与或主持施工图会审，审核施工组织设计及施工方案，防止索赔事件发生。

5.3.2　做好设计变更管理，在技术经济分析基础上签审设计变更，减少由于设计变更而增加投资，把工程投资控制在批准限额内。

5.3.3　按工期组织、协调施工，避免不必要的赶工费。

5.3.4　核查确认施工单位报送的月度完成实物工程量。根据实际工程量及工程质量核签月度工程付款凭证。防止过早、过量支付工程款。

5.3.5　审核施工单位提交的用款计划。满足正常施工要求。

5.3.6　按照施工计划控制单项工程开工。对主要单项工程开工实行报批制度,防止提前开工占有资金。

5.3.7　审核施工图预算。重点审核工程量、定额标准、价格和费用的计算方法,将审核意见提供项目法人。

5.3.8　协助项目法人制定阶段性资金计划和资金运筹计划，保证重点工程项目施工。

5.3.9　协助项目法人召开资金使用情况分析会议，针对问题制定相应措施。防止城乡电网建设改造资金挪作他用。

5.3.10　复查工程量、设备价格、概预算定额、地方差价以及各项取费、税金、金融汇率等，控制各阶段工程投资。

5.4　合同管理

5.4.1　协助项目法人签订有关工程合同，检查工程有关合同的合法性、规范性、完整性与有效性。

5.4.2　对合同执行情况进行跟踪管理，定期检查合同履约情况，提出监理意见。

5.4.3　协助解决合同纠纷和索赔等事项。

5.5　信息管理

5.5.1　建立工程信息流程结构图如下：

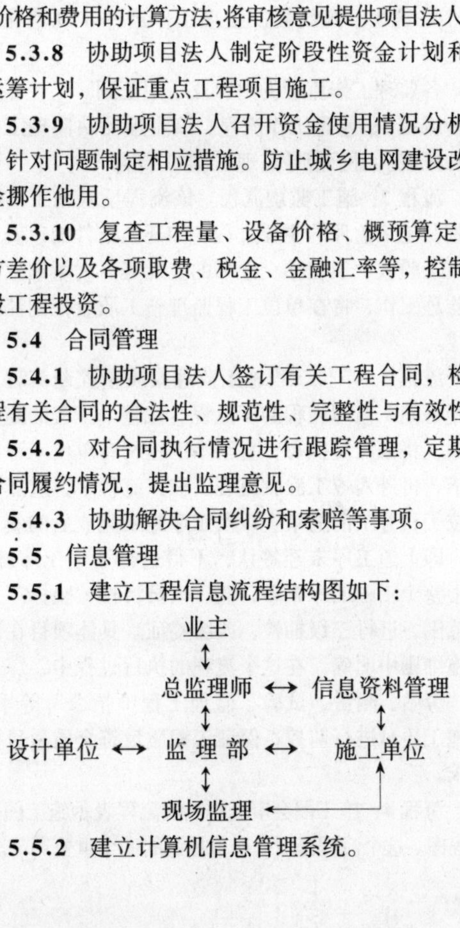

5.5.2　建立计算机信息管理系统。

5.5.3 整理有关工程的文件、各种会议纪要、重大事项记录，并建立分类档案。

5.5.4 监理人员定期向总监理师汇报，总监理师定期向项目法人汇报，并提交有关报表。

5.5.5 编写《监理月报》,对工程质量、进度、投资情况及存在问题向项目法人和有关单位定期汇报。

5.5.6 工程竣工后,总监理师组织编写《监理工作总结》,整理汇总本工程监理档案资料报项目法人。

5.6 安全管理

5.6.1 督促检查成立“现场安全委员会”。督促协助“安全委员会”定期进行安全大检查。

5.6.2 督促检查《安全规程》的贯彻落实。

5.6.3 监理人员在现场发现重大不安全因素危及人身安全时，有权责令“停工”，按要求整改后，方可复工。

5.6.4 参与审查重大技术方案的安全措施，防止重大事故发生。

5.6.5 督促检查施工单位制订防止高空坠落和触电的安全措施，并监督实施。

5.6.6 监督检查现场文明施工情况。

6. 监理流程

为保证监理目标的实现，制定监理工作流程共11个。这些工作流程使监理工作进一步规范化、程序化。

各监理工作流程的内容及适用范围。

流程1: 监理工作流程。该流程反映监理工作进行的概貌。用于指导监理工作的开展。

流程2: 施工监理流程。该流程反映施工监理的全貌及施工监理的主要过程。如开工条件的审查，工程竣工验收，工程移交证书的签发等。大量细致的施工监理工作，将在单位工程监理施工质量控制流程中描述。

流程3: 单位工程施工监理及质量控制流程。该流程是施工监理流程的子流程。在整个工程的施工过程中，将被反复执行，直至本工程所有单位工程施工完毕，再进入竣工验收流程。在该流程中，重点强调单位工程开工前的审查以及工序施工完成后的签证工作，即上道工序未经签认，不得进行下道工序施工。由于整个工程工序繁多，监理人员将按“验标”划分的范围，进行三级抽检，四级签证。具体项目在监理实施细则中明确。在这个流程的执行过程中，综合采用“旁站、测量、试验、监理工程师指令”等手段，对施工质量进行监控，保证工程质量符合质量目标的要求。

流程4: 施工图会审流程。该流程表示施工图会审的程序。这个流程是设计质量控制的一个重要环节。

流程5: 原材料、构配件及设备质量签认流程。该流程反映原材料、构配件及设备在用于工程之前的质量控制。适用于主要工程的材料，必要时监理工程师将考查上述原材料的生产过程，保证不合格材料不用于工程。

流程6: 隐蔽工程、分部分项工程签认流程。该流程是单位工程监理及质量控制流程的子流程，适用于整个工程。

流程7: 工程量计量流程。该流程涉及到工程投资及工程款支付，适用于整个工程。

流程8: 工程质量事故处理流程。该流程在工程事故发生后执行，是一个偶尔被执行的流程。

流程9: 工程停、复工流程。该流程适用于整个工程和单位工程在发生重大工程质量事故及其他需要执行该流程的事件后，由总监理工程师决定是否执行。

流程10: 工程设计变更流程。设计变更涉及工程质量和工程投资，因而任何起因的设计变更都必须得到批准，施工单位才能执行。小型及一般设计变更，由监理工程师确认；重大设计变更，由设计单位提出，经项目监理部确认报请原审批单位批准，再由监理工程师下达给施工单位执行。

流程11: 工程竣工验收流程。该流程反映工程竣工验收的主要内容及竣工验收的步骤，在工程施工结束前执行。

流程1:

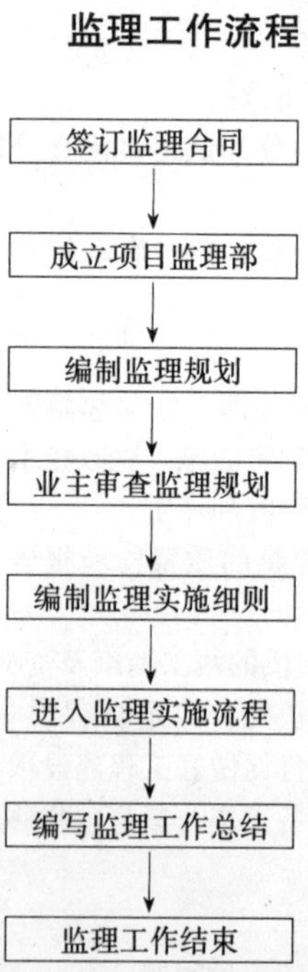

流程2:

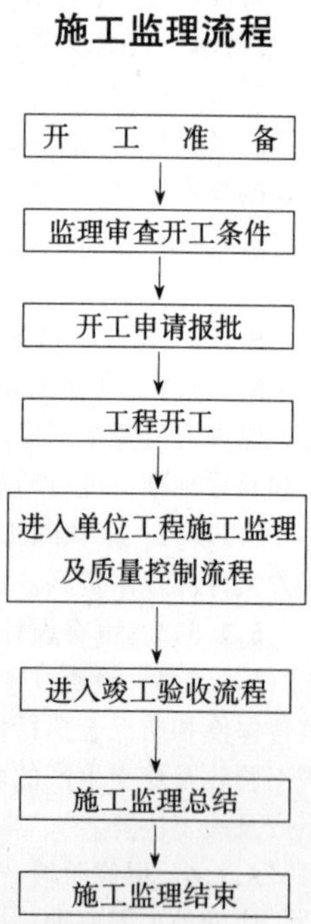

流程 3:

单位工程施工监理及质量控制流程

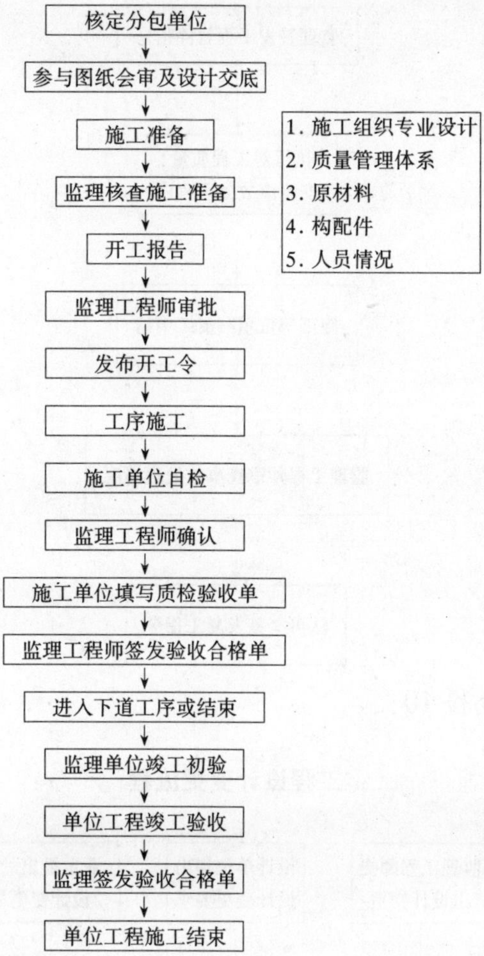

流程 4:

施工图会审流程

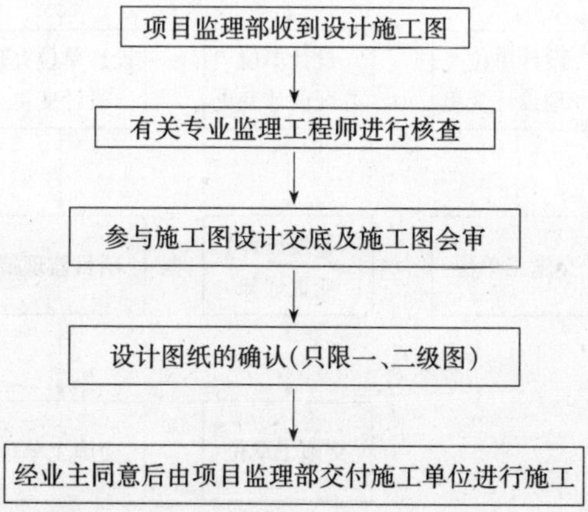

流程 5:

原材料、构配件及设备质量签认流程

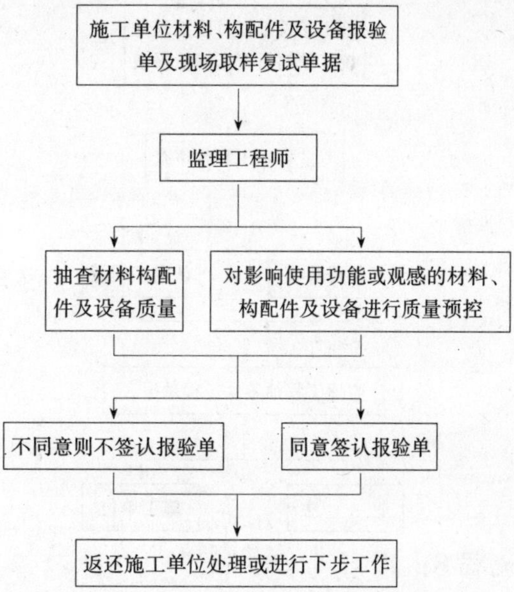

流程 6:

隐蔽工程、分部分项工程签认流程

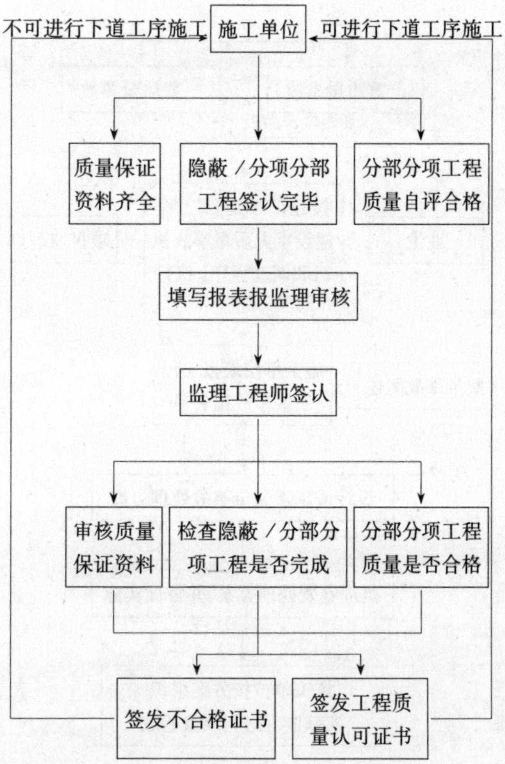

流程 7:

工程量计量流程

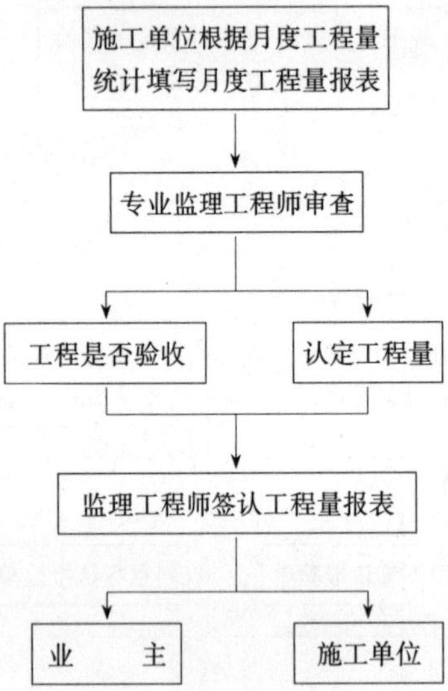

流程 8:

工程质量事故处理流程

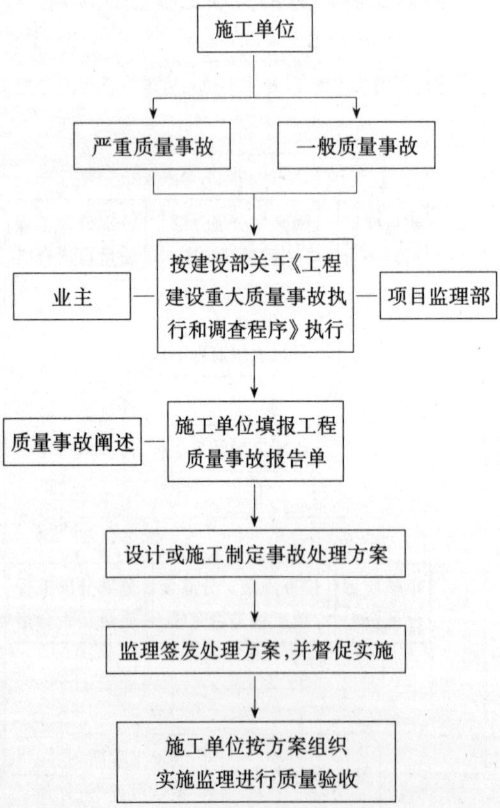

流程 9:

工程停、复工流程

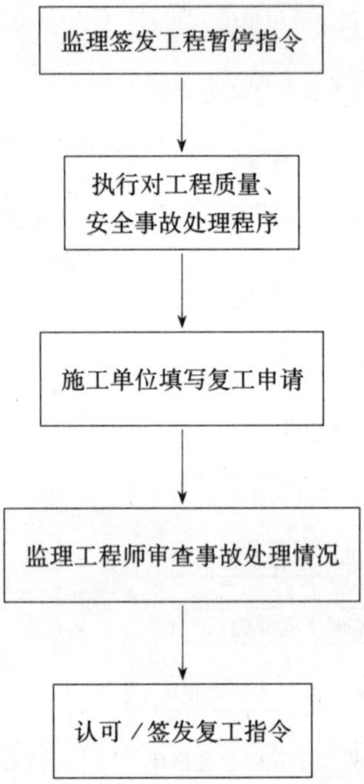

流程 10:

工程设计变更流程

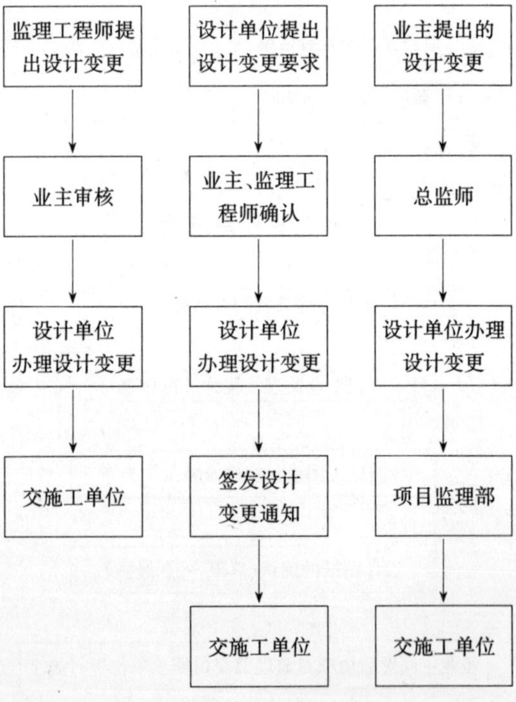

流程 11：

工程竣工验收流程

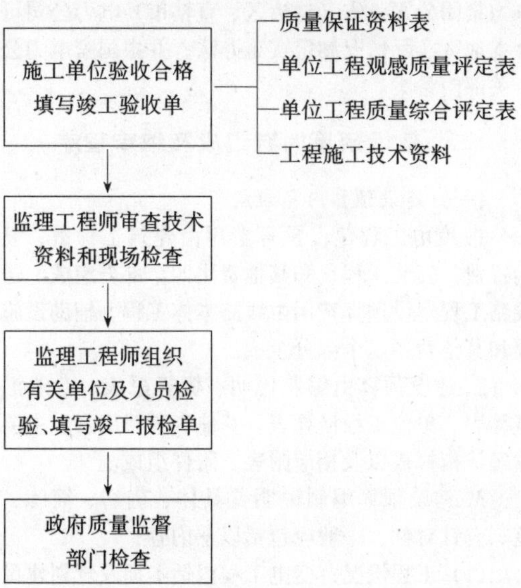

关于做好当前电力生产经营等各项工作促进国民经济持续快速健康发展的决定

（国电总［1999］385 号）

公司系统各单位：

为了贯彻党中央国务院召开的省部长经济工作座谈会精神，认清形势、统一思想、把握大局、维护大局，坚决落实中央关于经济工作的部署，进一步做好我们的工作，国家电力公司做出如下决定：

一、确保电网安全稳定运行，为国民经济发展提供充足可靠的电力供应。要采取有力措施保证基础产业（设施）生产建设用电、企业技术改造用电、出口产品生产企业用电、高新技术产业用电、科研教育用电、防汛抢险紧急用电和重要用户用电。要解决好电力系统计算机两千年问题，保证各重点行业的正常运营。

二、努力开拓电力消费市场，扩大用电需求。通过开展优质服务和运用经济手段、技术手段，对不同电压等级、不同的负荷率、在丰水枯水不同期间、高峰低谷不同时段实行不同的电价政策，鼓励用户增加用电。推广先进的蓄冷蓄热技术，开辟新的消费途径。以社会生活用电、第三产业用电、商业部门用电为重点，挖掘潜力，提高电力消费水平，力争售电量增长 3%以上。

三、集中精力和资金搞好电网建设。继续抓好城乡电网建设与改造，确保三峡输变电工程建设，加快全国联网步伐。在电网建设与改造中，要十分注重施工质量，加强资金管理，严格执行“五制”要求，节省投资，尽可能采用国产设备。

四、配合政府部门进一步理顺电价，深化电价改革，减轻用户负担，特别要加强管理，降低线损，降低农村电价。要坚决执行国务院批准的改革还本付息的电价政策，对于电力增容费和电力贴费按照国家有关法律和政策规定，结合实际情况实行减、缓政策。要灵活运用价格杠杆，制定鼓励用电的价格政策，对符合国家产业政策的高耗电生产企业适当降低电价。

五、加大调整电力结构力度，全年关停 180 万 kW 小火电机组的工作要务期必成。同时，要积极配合有关部门，加大关停地方小火电的力度，凡是有新发电项目建设投产的省份，均应关停相应容量的小火电机组。

六、加大技术改造力度，重点是对老厂的技术改造以及节能、环保等措施的推广应用，促进节能、环保方面引进设备的国产化，提高电网的自动化水平，研究开发适应厂网分开需要的设施，加大国产设备对进口产品替代的力度等。

七、抓好债权转股权的工作，对那些设备先进发展前景好、有市场，但由于负债率高、发电成本高而导致亏损的发电企业，可以参照有关办法申请实施债权转股权。以利于企业扭亏增盈、降低电价、减轻电力企业和用户负担。

八、采取有力措施保持稳定，处理好改革、发展与稳定的关系。要在企业改革和发展中把稳定工作放在首要位置。要按照中央部署，适当增加企业职工工资和离退休人员养老金，促进消费需求，维护社会稳定。各单位在调整工资时，一定要充分考虑本单位自身的承受力，根据国家政策和国家电力公司的规定认真细致地做好工作。

九、加强企业管理，严格控制成本，努力增收节支，不断提高经济效益，确保完成今年的经营指标和利润计划。要做好“十五”计划的研究编制工作和明年的计划安排，做好今明两年工作的衔接。

当前，国家电力公司正在开展“三讲”教育，系统内各单位的“三讲”教育也即将进行。我们要把认真学习贯彻党中央国务院召开的省部长经济工作座谈会精神和中央关于经济工作的部署与深入开展“三讲”教育结合起来，振奋精神，坚定信心，齐心协力，扎实工作，做到“两不误、两促进”，结合本单位的情况把公司的决定落到实处，以优异的成绩迎接中华人民共和国成立五十周年，为国民经济实现持续、快速、健康发展做出应有的贡献。

一九九九年七月三十日（印）

关于颁发《城乡电网建设与改造工程概（预）算编制若干问题的规定》的通知

（国电总［1999］549号）

各电力集团公司、东北公司，各省（自治区、直辖市）电力公司，电规总院，各直属电力设计院，南电联，武汉超高压公司，上海电力建设有限公司，西北电建总公司：

为合理使用城乡电网建设与改造工程专项资金，统一工程建设预算编制原则，提高工程建设预算编制质量，由国家电力公司组织编制的《城乡电网建设与改造工程概（预）算编制若干问题的规定》已审查通过，现予颁布，请依照执行。

对执行中发现的问题，请及时反馈到国家电力公司电力建设定额站。

附件：城乡电网建设与改造工程概（预）算编制若干问题的规定

一九九九年十月十四日（印）

附件：

城乡电网建设与改造工程概（预）算编制若干问题的规定

一、总则

1. 为了合理使用城乡电网建设与改造工程专项资金，统一工程建设预算编制原则，提高建设预算编制质量，合理确定工程造价，特制定本规定。

2. 本规定是根据建设部、中国人民建设银行颁发的建标［1993］894号文及原电力工业部颁发一九九七年版《电力工业基本建设预算管理制度及规定》（电建［1997］177号文）并结合城乡电网建设与改造工程的实际情况制定的。

3. 本规定仅适用于城乡电网建设与改造工程。

4. 为确保城乡电网建设与改造工程投资效益，从事建设的各法人之间经济利益关系，应通过招投标并在经济合同中予以明确。

5. 在本规定之外，确有必要增列新项目时，必须以国家综合管理部门、各省（自治区、直辖市）人民政府的规定为依据。

6. 本规定是编制工程建设预算的最高限价，各电力集团公司、省（自治区、直辖市）电力公司可结合本地区实际情况制定实施办法，并报国家电力公司有关部门备案。

二、建设预算内容组成及编审程序

（一）建设预算内容组成

1. 变电工程建设预算费用由建筑工程费、设备购置费、安装工程费和其他费用四个部分组成。送电线路工程建设预算费用由线路本体工程、辅助设施工程和其他费用三个部分组成。

2. 建设预算由编制说明、概算总表、专业汇总概算表、单位工程概算表、其他工程费用表、主要技术经济指标表以及相应附表、附件组成。

3. 建设预算编制说明要具体、确切、简练、规范、有针对性，一般应包括以下内容：

（1）工程概况：变电工程包括本期及规划建设规模、主要设备选型；工程地点、所址特点及交通运输状况；自然地理条件、地质状况及对投资有较大影响的情况。送电工程包括线路走向、跨越地区、地形、地质、地下水位、气象条件、线路长度、导地线型号、杆塔类型等。

（2）改扩建工程还应包括改扩建范围、主要工程量、过渡措施方案及其费用。

（3）大型变压器运输方案、运输措施及费用计算。

（4）造价水平、投资分析。

（5）其他有关重大问题说明。

（二）建设预算编审程序

1. 接受任务。

2. 了解工程情况：有关批复文件、投融资情况、工程地点、建设性质、电压等级、主要设计原则。

3. 收集资料：工程所在地形、地质、地貌、水文、交通运输条件、地面附着物以及设备材料价格和地方材料价格。

4. 草拟、商定编制原则，报经主管部门审定、确认。

5. 熟悉设计图纸和资料。

6. 计算、核实工程量。

7. 编制概算。

8. 校审、修改、签署。

9. 报批。

10. 按初审意见修改。

11. 成品打印装订。

12. 送审。

13. 按审查意见修改。

14. 最终确定批准概算。

15. 按批复文件编制批准概算，正式出版。

三、建设预算编制依据及标准

1. 项目划分及费用性质划分：执行原电力工业部颁发一九九七年版《电力工业基本建设预算管理制度及规定》。

2. 工程量：按所编制工程设计图纸、设备清册及各专业提供资料。

3. 定额：

(1) 10kV 及以下工程原则上执行《全国统一安装工程预算定额》各地价目本，各电力集团公司、省（自治区、直辖市）电力公司也可结合本地情况适当调整。

(2) 35kV 及以上送变电工程执行《电力建设工程概算定额》（电气、建筑册）（原电力工业部电建［1996］739 号文）1996 年北京价目本、《电力建设工程预算定额》（建筑工程、电气设备安装工程、送电线路安装工程册）（原电力工业部电综［1998］178 号文、电定定［1997］10 号文）1996 年北京地区价目本以及相应定额材料与机械费调整办法。

4. 装置性材料预算价格：执行各电力集团公司、省（自治区、直辖市）电力公司颁发现行《电力建设装置性材料预算价格》，并按市场价格找正负价差。

5. 建筑工程材料价格：按电力行业颁布定额材料价差调整办法。

6. 设备价格：按同类工程设备招标价、定货价、市场信息价。

四、工程费用构成及取费标准

220kV 及以上送变电工程执行原电力工业部颁发一九九七年版《电力工业基本建设预算管理制度及规定》。

10kV 及以下工程由各省、自治区、直辖市电力公司电力建设定额站根据本行业、本地区实际情况制（选）订取费标准。

66kV 送变电工程执行 110kV 费率。

35kV、110kV 送变电工程按下列规定执行，凡本规定中未明确的费率，原则上应执行原电力工业部颁发一九九七年版《电力工业基本建设预算管理制度及规定》。

（一）建筑、安装工程费

1. 直接工程费

(1) 基本直接费：

①人工费；②材料费；③施工机械使用费

(2) 其他直接费：

①冬雨季施工增加费；②施工工具用具使用费；③特殊地区施工增加费。

冬雨季施工增加费费率（%）

地区分类		Ⅰ	Ⅱ	Ⅲ	Ⅳ	Ⅴ
变电工程	建筑	0.74	1.04	1.58	2.26	2.81
	安装	7.26	10.28	15.73	20.60	22.99
送电工程	工地运输及土石方	3.68	5.22	7.96	10.40	11.64
	其他部分	6.96	9.82	15.01	19.62	21.94

注 地区分类详见下表。

地区分类表

地区分类	省、市、自治区名称
Ⅰ	上海、江苏、安徽、浙江、福建、江西、湖南、湖北、广东、广西、海南
Ⅱ	北京、天津、山东、河南、河北（张家口、承德以南地区）、云南、贵州、四川
Ⅲ	辽宁（盖县及以南）、陕西（榆林以南地区）、山西、河北（张家口、承德及以北）
Ⅳ	辽宁盖县以北、陕西（榆林及以北）、内蒙赤峰市、乌兰察布盟、哲里木盟、兴安盟、锡林郭勒盟（锡林浩特以南各旗）、新疆（伊犁地区及哈密地区以南）、吉林、甘肃、宁夏
Ⅴ	黑龙江、青海、西藏、新疆（伊犁地区及哈密地区以北，含伊犁、哈密）、内蒙古除四类地区以外的其他地区

(3) 现场经费。

①临时设施费；②现场管理费。

临时设施费费率（%）

地区分类		Ⅰ	Ⅱ	Ⅲ	Ⅳ	Ⅴ
变电工程	建筑	1.77	2.14	2.44	2.59	2.75
	安装	2.16	2.52	2.76	3.06	3.36
送电工程		1.14	1.35	1.51	1.67	1.83

注 改、扩建工程不计取此项费用。

2. 间接费

(1) 企业管理费。

企业管理费费率（%）

工程类别	变电工程		送电工程工地运输及土石方	送电工程其他部分
	建筑	安装		
费率	5.47	52.23	25.13	41.18

(2) 财务费用，按规定支付预付款，此费用不计取。

(3) 施工机构转移费。

施工机构转移费费率（%）

工程类别	变电工程		送电工程工地运输及土石方	送电工程其他部分
	建 筑	安 装		
费 率	1.22	12.55	3.68	6.93

3. 计划利润

110kV 变电 4%，送电 2.5%；

35kV 变电 3%，送电 2%。

4. 税金

(二) 设备购置费

1. 设备原价

2. 设备运杂费

(三) 其他费用

1. 建设场地划拨及清理费

(1) 土地划拨费；

(2) 旧有设施迁移补偿费；

(3) 余物拆除清理费。

2. 项目建设管理费

(1) 建设项目法人管理费；

建设项目法人管理费费率（%）

工程类别	变电新建工程	变电扩建工程	送电工程
费 率	1.53	1.00	0.37

(2) 前期工程费；

(3) 设备成套服务费，不计取；

(4) 备品备件购置费；

(5) 工程保险费，不计取。

3. 项目建设技术服务费

(1) 研究试验费，不计取；

(2) 勘察设计费；

(3) 工程监理费。

4. 生产准备费

(1) 管理车辆购置费；

110kV 送变电新建工程管理车辆购置费费率（%）

工程类别	变电工程	送电工程
费 率	0.30	0.15

注 110kV 改扩建工程、35kV 送变电工程不计取此项费用。

(2) 工器具、办公、生产及生活家具购置费；

110kV 送变电新建工程工器具、办公、生产及生活家具购置费费率（%）

工程类别	变电工程	送电工程
费 率	0.64	0.13

注 110kV 改扩建工程、35kV 送变电工程、无人值班变电站不计取此项费用。

(3) 生产职工培训及提前进厂费；

110kV 送变电新建工程生产职工培训及提前进厂费费率（%）

工程类别	变电工程	送电工程
费 率	0.70	0.07

注 110kV 改扩建工程、35kV 送变电工程不计取此项费用。

(4) 系统调试费，35kV 送电线路按 50 工日/条计取。

5. 其他

(1) 施工安全措施补助费。

变电工程：110kV 3 万元/站
35kV 2 万元/站

送电工程：110kV 10km 以内 800 元/km，10km 以外每增加 1km 增加 400 元
35kV 10km 以内 400 元/km，10km 以外每增加 1km 增加 200 元

(2) 工程质量监督检测费，以建筑工程及安装工程费之和的 0.1%计算。

(3) 预算定额编制管理费、劳动定额测定费。

(4) 供电贴费，不计取。

(5) 通信设施防送电线路干扰措施费。

6. 基本预备费

110kV 送变电工程初步设计按 3%计取，施工图设计按 2%计取。

35kV 送变电工程均按 2%计取。

7. 价差预备费

工期在一年以内的送变电工程不计取此项费用。

工期在一年以上的送变电工程，执行国家综合管理部门公布的造价指数。

8. 建设期贷款利息

五、附则

本规定自颁布之日起执行。凡工程概算已经审定的项目，不再调整。

本规定由国家电力公司电力建设定额站负责解释。

关于印发《国家电力公司委派、推荐董事管理办法》（试行）和《国家电力公司委派、推荐监事管理办法》（试行）的通知

（国电人事［1999］463号）

国家电力公司系统各有关单位：

为规范国家电力公司委派或推荐董事、监事的管理，维护国家电力公司的合法权益，我们制定了《国家电力公司委派、推荐董事管理办法》（试行）和《国家电力公司委派、推荐监事管理办法》（试行），现印发给你们，请结合本单位实际情况依照执行。

附件1：《国家电力公司委派、推荐董事管理办法》（试行）。（略）

附件2：《国家电力公司委派、推荐监事管理办法》（试行）。（略）

一九九九年八月三十日（印）

关于印发《国家电力公司系统各单位领导班子成员享受政府特殊津贴人选提名办法》的通知

（国电人资［1999］398号）

国家电力公司系统各单位：

《国家电力公司系统各单位领导班子成员享受政府特殊津贴人选提名办法》业经国家电力公司党组研究并原则同意，现印发给你们，请依照执行。以前有关规定与此不一致的，以此为准。

附件：国家电力公司系统各单位领导班子成员享受政府特殊津贴人选提名办法

一九九九年八月九日（印）

附件：

国家电力公司系统各单位领导班子成员享受政府特殊津贴人选提名办法

为搞好国家电力公司系统享受政府特殊津贴专家的选拔推荐工作，现对国家电力公司系统各单位领导班子成员享受政府特殊津贴人选的提名程序、条件等规定明确如下：

一、提名程序

1. 公司总经理助理、三总师及各部（局、办、中心）主任和副主任，国家电力公司东北公司、各电力集团公司及其全资子公司、华能集团公司、南方电力联营公司、国家电力公司各全资子公司（不含规划设计、施工企业）、国电通信中心、报社、出版社等单位，由国家电力公司党组管理的董事长、副董事长、总经理、局长、主任、社长、总编等干部，经国电公司人事与董事管理部商有关部门研究后，由国家电力公司直接提名；上述单位其他由国家电力公司党组管理的干部，由上述单位研究提名。

2. 葛洲坝集团公司、水电总公司、安能总公司、规划设计总院和公司直属的高等学校、科研院所的国家电力公司党组管理的干部，由本单位研究提名。

3. 向国家电力公司党组备案的单位领导班子成员，由负责备案的单位研究提名。

二、提名条件

被提名享受政府特殊津贴人选的国家电力公司系统各单位领导班子成员，必须坚持四项基本原则，妥善处理改革、发展、稳定的关系；长期以来，在电力工业改革与发展中，勤政廉洁，政绩突出；在群众中具有较高威信；具备高级专业技术资格（职称）；同时具备下列条件之一：

1. 在管理工作中能结合实际，在管理理论上有所建树，能结合实际运用现代化管理理论，创造出一套切实可行的科学管理方法，在安全生产、基建组织、经营管理、提高劳动生产率等工作中取得显著成绩，产生了较大的经济效益和良好的社会效益，在同行中起到较好的表率示范作用。经年度考核，圆满完成任职期间年度资产经营考核指标。

2. 在学术上造诣深，是某一学科的奠基人或带头人，对该学科的建设、人才培养作出了重要贡献，受到同行专家的较高评价。

3. 在科研、教学工作中的发明创造，具有重要

科学价值，达到国内外先进水平；在技术攻关，技术改造、安全生产，电网（厂）经济运行等项工作中有独创性的方法，解决了实际工作中重大疑难问题。

三、工作要求

提名推荐国家电力公司系统各单位领导班子成员享受政府特殊津贴人选的工作，应本着从严的原则进行。国家电力公司直接提名的人选由公司通知所在单位，由所在单位整理推荐材料后，直接报国家电力公司享受政府特殊津贴评审委员会参加统一评审；其他单位提名的人选，应经提名单位组织的享受政府特殊津贴评审推荐组织的评审，通过后方可推荐到国家电力公司享受政府特殊津贴评审委员会参加统一评审。

关于印发深化职称改革、完善专业技术职务聘任制度意见的通知

（国电人资［1999］433号）

国家电力公司系统各单位：

为建立与社会主义市场经济体制相配套的、具有竞争激励机制的、科学的职称管理体制，根据人事部召开的全面深化职称改革座谈会精神，结合国家电力公司系统职称改革情况，经研究，提出《国家电力公司关于深化职称改革、完善专业技术职务聘任制度的意见》，现印发给你们，请贯彻执行。

按照国家职称改革的原则和规定，电力系统自1986年开始进行的专业技术职务评聘工作，对调动广大专业技术人员的积极性、促进专业技术人员队伍建设和发展，发挥了重要作用。但原有的职称工作管理办法，已不能适应经济体制改革和人事制度改革不断深化的需要。因此，必须深化职称改革，施行新的职称工作管理办法，完善专业技术职务聘任制度。

建立健全岗位（职务）动态管理机制，破除终身制，是深化职称改革、完善专业技术职务聘任制度的重点。公司系统各单位要下大力气抓好岗位（职务）管理，加强对人才科学合理的使用、培养、提高和开发，切实解决“能上能下、能进能出”问题，转变观念，大胆改革，为建设与现代企业制度相适应的人事管理制度做出贡献。

国家电力公司将成立国家电力公司系统深化职称改革工作领导小组，并下设国家电力公司人才评价指导中心，统一指导公司系统深化职称改革工作，推进人才评价体系的建设。公司系统各单位要将深化职称改革工作纳入本单位的日常管理（不单独为此设立领导小组），积极认真地做好各项工作。

附件：国家电力公司关于深化职称改革、完善专业技术职务聘任制度的意见。

一九九九年八月二十六日（印）

附件：

国家电力公司关于深化职称改革、完善专业技术职务聘任制度的意见

人事部在1997年底和1998年初召开全国深化职称改革工作座谈会，提出了今后深化职称改革基本思路。其总的目标任务是，建立与社会主义市场经济体制相配套的、具有竞争激励机制的、科学的职称管理体制；逐步建立政府宏观管理、分类指导、依法行政，社会公正客观科学评价，单位自主聘任、使用人才的职称管理体系。主要内容是，第一、完善专业技术职务聘任制度。按照“按需设岗，按岗聘任，签订聘约，优胜劣汰”的要求，科学设岗，严格考核，全面推行聘约管理，切实解决“能上能下，能进能出”的问题。第二、推行专业技术人员执业资格制度，适应市场经济体制发展对人才的新的需要。第三、探索新形势下人才评价与使用的新机制，建立多样性的人才评价机制。第四、加强宏观管理，实行宏观调控下的分类管理、分类指导。

为了指导全国进行深化职称改革工作，人事部在组织安排中国科学院（事业）、江西省九江市（综合）作为完善专业技术职务聘任制度试点单位后，又正式批准国家电力公司作为企业完善专业技术职务聘任制度的试点单位。人事部要求我们“勇于开拓，勇于探索，认真总结经验，积极稳妥地推动试点工作”。一年多来，国家电力公司在华中电力集团公司选择七个不同类型单位所进行的试点工作进展顺利，已具备总结、验收和推广经验的条件。

根据人事部深化职称改革的基本思路，通过分析国家电力公司系统职称管理基本情况及亟待解决的问题，总结华中电力集团公司七个单位试点工作经验，为了适应电力结构调整、电力工业改革和发展的需要，国家电力公司研究决定，开展“深化职称改革、完善专业技术职务聘任制度”（以下简称：深化职称

改革）工作。深化职称改革的中心任务是调整职称工作管理办法，逐步形成专业技术人才的科学评价体系，逐步建立起与社会主义市场经济体制相配套的具有竞争激励机制的科学的专业技术人员管理制度。

一、公司系统职称管理基本情况及亟待解决的问题

至1998年底，国家电力公司系统各类专业技术人员总数为43.6万人。其中具有高级资格者4.1万人，高、中、初比例为1:3:5。十几年来，职称改革工作无论对调动广大专业技术人员的积极性、促进专业技术人员队伍的建设和发展，还是对专业技术人员队伍层次结构的形成以及专业技术人员待遇的改善与提高，都起到了直接的推动作用。但是，我们也应当看到，目前公司系统的职称工作管理办法仍存在着亟待解决的不适应、不协调问题：

1. 专业技术职务实际存在终身制，能上能下、能进能出的激励竞争机制尚未真正形成。特别是未进行“三项制度改革”的单位，大部分仍沿用评了资格，就等于聘职务并兑现工资、待遇的老办法。需要调整职务聘任和资格评审的管理权限。

2. 职务的聘任尚未真正形成制度，发展也不平衡。许多用人单位实际上没有聘任，仍实行的是“一评定终身”；企业进行“三项制度改革”后，虽然突破了资格评审对单位自主管理职务的控制，落实了单位用人自主权，但一些用人单位又出现了“一聘定终身”的问题。需要强化聘任制度。

3. 资格的评审条件弹性较大，评审工作存在着论资排辈、迁就照顾的现象。因地区、行业、评审权限、评委成员技术水平的不同，使得掌握的评审标准不统一，评审质量千差万别。需要统一实施量化的评审条件，调整评审程序，强化对评审工作的管理。

4. 现行职称工作的管理办法，不利于人才的科学管理。目前，用人单位在专业技术人员的管理上，其主要精力基本用于资格的评审，而疏于对人才科学合理的使用、培养、提高和开发。需要调整职称工作管理办法，为充分落实用人单位自主权创造条件。

二、深化职称改革的总体方案

通过四年认真细致的研究、讨论，广泛征求了公司系统各单位干部人事部门和广大专业技术人员的意见，经过反复调整和修订，为确定国家电力公司深化职称改革总体方案创造了必要的条件。实施深化职称改革总体方案的根本目的，是为了使公司系统的职称工作服从、服务于国家电力公司的发展战略；充分落实公司系统各单位的用人自主权，强化“能上能下、能进能出”的用人机制，真正实行聘任制；大幅度提高资格的评审质量，促进公司系统建设科学的人才评价体系。

1. 指导思想：以邓小平人事人才理论为指导，按照江泽民同志在党的十五大报告和《建设高素质的干部队伍》的讲话精神，根据社会主义初级阶段的经济、政治、文化体制和人事制度特点，从整体性人才资源开发战略出发，逐步建立与社会主义市场经济相配套，具有竞争激励机制的科学的职称管理制度，创造人才合理使用、合理流动和人尽其才、人才脱颖而出的环境，发挥人才的积极性和创造性。

2. 主要内容：在“三项制度改革”的基础上，推广华中试点工作经验，加强宏观指导，实行用人单位自主设岗、自主确定岗位名称、自主管理和自我约束的专业技术职务聘任动态管理机制，完善专业技术职务聘任制度，破除终身制。与用人单位实行“四自”相协调，参照全国专业技术资格考试的运作方式，由国家电力公司负责统筹安排，实行“国家电力公司系统统一标准、公正评定与部分专业参加全国考试相结合的专业技术资格考评机制”，增强人才评价、使用的客观性、科学性、公正性。同时，继续推行国家已建立的专业技术人员执业资格制度，研究、建立并推行有利于电力工业发展的执业资格。

3. 基本措施：一是变“专业技术职务任职资格”名称为“专业技术资格”名称，专业技术资格仅仅反映获得者的学术技术水平（资历证明），并与所具有的文化程度（学历证明），一同作为求职上岗、应聘职务和招聘人才的重要条件之一，专业技术资格不与岗位（职务）工资等待遇挂钩。二是变申报资格的按组织程序层层上报为个人自愿报名，由国家电力公司审查机构负责审查申报材料，推行“专业技术资格统一管、岗位（职务）单位管”的分立管理的方法。三是变资格对聘任专业技术职务的条件唯一性为条件之一性，由用人单位根据岗位（职务）管理的需要，确定岗位（职务）条件，强化用人单位的内部自主管理机制。四是变资格的评审工作由用人单位等多层评审为国家电力公司统一标准、统一评定，取消专业技术资格的数量和是否在职的限制，排除论资排辈、迁就照顾以及地区差别等因素，提高评定质量，向用人单位提供优质的人才评价服务。

三、深化职称改革的规定及要求

（一）完善专业技术职务聘任制度

1. 推广、学习华中试点经验，专业技术职务的管理办法不再另搞一套，完全纳入本单位岗位（职务）管理范畴，由用人单位自主设岗、自主确定岗位

（职务）名称、自主聘任，被聘者享受岗位（职务）工资等待遇；国家电力公司及各级主管单位做好宏观指导工作。

2. 用人单位要制定并实施符合本单位实际情况的“职务聘任动态管理办法。”“管理办法”中应包括：科学合理的因事设岗方案，如岗位名称、职务结构、工作标准、工作职责、任职条件和聘任期限等；竞争上岗的原则、程序和方法；如何签订聘约（岗位合同），以及如何依据聘约进行年度或任期考核的规定。

3. 除教育、卫生、图书、档案、新闻和出版等岗位外，岗位（职务）名称一般不沿用专业技术资格的名称。

4. 在专业技术岗位（职务）任职条件中，专业技术资格应为重要内容之一，但专业、资格级别如何与岗位（职务）对应由用人单位自主确定；属政府实行准入控制的岗位，有效的执业资格是上岗聘任职务的必备条件。

5. 要建立健全专业技术人员考绩档案，加强对专业技术人员的年度和任期考核工作。考核要与评价、职务聘任、待遇紧密结合，奖惩分明。

6. 对于已经实行“三项制度改革”的单位，应在已形成的符合本单位的行之有效的岗位设置、职务管理模式的基础上，适当划清行政管理序列和专业技术序列，按深化职称改革的主要内容，重点研究解决“设岗的导向”、“岗位职责的专业技术含量低”和“如何稳定基层专业技术队伍”三个问题，将聘约管理和聘后考核工作落在实处。对于未实行和准备实行“三项制度改革”的单位，在全方位进行本单位岗位设置、制定职务管理办法时，要对专业技术序列的岗位设置给予充分重视，与“三项制度改革”的设岗原则、方法有机结合，吸取经验，修正不足，建立起职务聘任动态管理机制。

（二）建立国家电力公司系统专业技术资格考评机制

1. 从1999年度开始，由国家电力公司统一负责组织评定专业技术资格。原各类任职资格评审组织随即撤消，国家电力公司也不再层层授权公司系统各单位自行评审任职资格。欲取得经济、会计、统计和计算机软件专业的中级及以下的专业技术资格，则需参加地方组织的全国专业技术资格考试。

2. 国家电力公司设立“人才评价指导中心”（同时分设东北、华北、西北、华中、华东中心），全面负责公司系统专业技术资格的评定；协调关系、组织专业技术人员参加全国专业技术资格考试和外语等级考试；指导、组织评定专业技术资格所需的专业技术人员计算机水平考试；建立健全公司系统人才评价工作体系。

3. 公司系统内，按照属地原则，在各省（市、区）电力公司设置国家电力公司人才评价指导分中心，在国家电力公司人才评价指导中心（含东北、华北、西北、华中、华东中心）的指导下，全面负责或协调组织本省（市、区）内国家电力公司系统各单位专业技术人员参加专业技术资格的评审、考试、报名等工作。

4. 专业技术资格的评审组织按照统一的标准、规定和方法组建：按专业建立评委专家库，每三年进行一次调整；每次评审由国家电力公司人才评价指导中心从评委专家库中随机调取，由不少于九位评委专家（其中异地或非本单位专家不得少于2/3）组成评审委员会。进入“评委专家库”的人选，由国家电力公司颁发聘书，但不对外公布评委专家名单。正、副高级专业技术资格评委专家库建在国家电力公司；中级专业技术资格评委专家库，建在各省（市、区）电力公司。

5. 国家电力公司统一印发经过量化的各专业中、高级专业技术资格评审标准。进行量化比较困难的专业系列，将不再评定专业技术资格，直接按职务聘任的原则进行。

6. 专业技术资格的评定工作将加大“坚持公开、公正、公平原则”的力度。全部评定工作分为四个阶段进行：一是申报（报名）阶段，由国家电力公司人才评价指导中心各分中心负责报名和资格审查；二是评审阶段，由国家电力公司各类专业技术资格评审委员会，严格执行量化的评审标准，重点考核被评审者的学术技术水平，以无记名表决方式，按达到出席评委专家人数的2/3票有效，确认拟通过的专业技术资格名单；三是公开审查阶段，由国家电力公司人才评价指导中心统一将拟通过的专业技术资格名单予以公布，用3个月时间广泛征询意见，对有异议者及时进行核实、审查，核查问题属实的将予以取消；四是正式发文认定阶段，由国家电力公司人才评价指导中心将通过公开审查的名单正式发文公布，并办理“专业技术资格证书”的统一认证手续。

7. 与全国专业技术资格考试的申报程序一样，申报评定专业技术资格，由本人在国家电力公司人才评价指导中心各分中心指定的报名点自愿报名。报名时应提交：外语等级考试和计算机水平考试合格证书；学历证书、资格证书、获奖证书等有效证明；经本人人事档案和人事关系所在单位人事部门审查并加盖公章的评定表、报名表、考核表及本人代表作品。

8. 原则上，具备中专、大专、本科、硕士、博士和博士后学历或学位者，按有关规定，经本人所在单位考核批准，可分别直接认定员级、助理级、中级和副高级专业技术资格。实行专业技术资格考评机制后，员级资格晋升为助理级资格也将采取考核认定的方法。有关考核认定资格的规定将另文下发。

9. 参加全国考试并经定期注册取得执业资格者，不须再申报中级专业技术资格。执业资格与中级专业技术资格一样，是申报评定副高级专业技术资格的必备条件。

10. 专业技术资格仅是学术技术水平的标志。因此,公司系统实行新的职称工作管理办法后,申报和评定专业技术资格不再受是否在职以及职务指标的限制。

11. 实行新办法、新机制后，专业技术人员原具备的任职资格其效用不变。符合量化的评审标准者，可申报评定高一级的专业技术资格；如要取得国家电力公司统一认证的相同级别的“专业技术资格证书”，则应由本人自愿报名，按新的标准、程序、办法进行重新评定。

12. 原水电部、能源部以及电力部时期有关评聘专业技术职务的政策、规定与本意见不相符的，以本意见为准。国家电力公司将制定并陆续出台有利于新办法、新机制实施的其他规定。

(三) 推行专业技术人员执业资格制度

1. 执业资格制度，是政府为了对某些责任重大，社会通用性强，事关公共利益的专业岗位实行准入控制，而建立的一种强制性制度。国家于 1994 年开始建立并推行了十五种执业资格。在这些执业资格中与电力系统有关的有七种：监理工程师、造价工程师、企业法律顾问、注册会计师、注册审计师、执业药师、执业中药师。但在公司系统推行的并不平衡，各单位、各业务主管部门应强化推行专业技术人员执业资格制度。

2. 根据电力工业结构的调整和国家统一电网对安全生产运行的更高要求,国家电力公司将尽快研究、提出并建议国家建立发电运行岗位、变电运行岗位,以及供用电运行岗位和电网调度运行岗位的执业资格。

3. 执业资格是应聘所对应的专业岗位的必备条件。二者的关系是：不具备执业资格，不能上岗；具备执业资格，由用人单位选聘上岗。因此，凡国家已推行的，从本意见下发之日起算；凡国家今后建立的，从国家正式颁布之日起算，在实行执业资格的岗位上工作的专业技术人员，三年内必须取得该专业岗位所需的执业资格证书。

4. 执业资格的取得，一要先通过严格的国家统一考试，二要经政府业务主管部门定期注册方可生效。

以实行专业技术资格考评机制为标志，调整职称工作管理办法，是在国家电力公司系统深化职称改革的重大举措。将有利于变革和调整电力企业的人才结构和管理方式，有利于电力企业减员增效、实施再就业工程，有利于培育、造就电力企业高素质的管理队伍和职工队伍。对建立完善的现代企业制度，实现国家电力公司发展战略构想，将起到积极的促进作用。

关于印发电力法律顾问岗位证书颁发、注册管理办法的通知

(国电人资［1999］446号)

国家电力公司系统各单位：

根据人事部、司法部、国家经贸委颁发的《企业法律顾问执业资格制度暂行规定》和《企业法律顾问管理办法》以及国家对企业法制建设和依法治企工作的要求，为保障企业法律顾问执业资格制度的顺利实施，尽快适应电力改革与发展对法律事务工作的需要，加强法律顾问岗位管理，规范法律服务工作，提高法制队伍的整体素质，更加有效地发挥法律事务从业人员的作用，国家电力公司制定了《电力法律顾问岗位证书颁发、注册管理办法》，现印发施行。各单位在执行中，有何问题与建议，请及时告公司人力资源部和法律事务部。

附件：电力法律顾问岗位证书颁发、注册管理办法

一九九九年八月二十六日 (印)

附件：

电力法律顾问岗位证书颁发、注册管理办法

第一章　总　则

第一条　为进一步加强国家电力公司系统法律顾问岗位管理，保障企业法律顾问执业资格制度的顺利实施，特制定本办法。

第二条　《电力法律顾问岗位证书》是由国家电力公司考核合格，统一颁发的专职从事法律事务工作专业人员的上岗证书。

第三条　实行法律事务工作竞争上岗的电力企业，在同等条件下，应优先聘任取得人事部、司法部、国家经贸委联合颁发的《企业法律顾问执业资格证书》的人员。

第四条　在国家电力公司系统法律事务岗位工作，必须取得《电力法律顾问岗位证书》方可上岗。

第五条 国家电力公司是《电力法律顾问岗位证书》的发证机关和注册机关。

第二章 证 书 颁 发

第六条 取得《企业法律顾问执业资格证书》和原电力工业部颁发的《电力法律工作执照》的人员可直接向发证机关申请颁发《电力法律顾问岗位证书》；其他人员符合下列条件的，可向发证机关申请颁发《电力法律顾问岗位证书》：

1. 具有法律或其专业大专以上学历，已在电力企业专职从事法律事务工作4年以上，熟悉电力生产经营管理，具有处理和解决法律事务的业务能力。

2. 经所在单位聘任为专职法律顾问。

3. 取得国家电力公司颁发的法律培训证书，并经电力法律顾问岗位考核合格。

4. 具有良好的职业道德，敢于坚持原则，办事公正。

第七条 申请颁发《电力法律顾问岗位证书》时，均需填写《电力法律顾问岗位证书申请表》，经国家电力公司所属省、自治区、直辖市电力公司、集团公司及其他全资或控股子公司审核同意后，统一向发证机关申请办理，并提交下列证明材料：

1.《电力法律工作执照》或《企业法律顾问执业资格证书》原件。

2. 法律或其他专业大专以上学历证书原件及其复印件。

3. 所在单位人事部门开具的连续4年专职从事法律事务工作证明。

4. 所在单位聘任担任专职法律顾问的聘任文件或聘书复印件。

5. 国家电力公司颁发的法律培训证书。

第八条 毕业分配或调任法律顾问岗位工作，尚未参加全国企业法律顾问执业资格统一考试或者未取得《电力法律顾问岗位证书》的人员，可申请《临时电力法律顾问岗位证书》。

第九条 专职从事法律事务工作10年以上、具有高级职称、年龄50周岁以上、工作业绩突出的现任法律顾问，经所在单位聘任法律顾问岗，申请办理《电力法律顾问岗位证书》时，可不受本办法第六条第1项和第七条第1、2项规定的限制。

第十条 《电力法律顾问岗位证书》（含临时）有效期4年，有效期满后需重新换发证书，并按照本办法第三章规定办理注册。但是，对4年内仍未取得《企业法律顾问执业资格证书》的人员，不予换发证书，应根据具体情况由所在单位调整其工作岗位。

第十一条 《电力法律顾问岗位证书》每年二季度集中办理一次，其他时间不受理申请。

第三章 注 册 管 理

第十二条 《电力法律顾问岗位证书》首次注册在发证时一并办理，注册有效期2年。注册期满前3个月，持证人应按本办法办理注册。注册期满未办理注册的，其证书自行作废。

第十三条 申请注册时，需填写《电力法律顾问岗位证书注册表》，经国家电力公司所属省、自治区、直辖市电力公司、集团公司及其他全资或控股子公司审核同意后统一办理，并提交下列证明材料：

1. 有效期内的《电力法律顾问岗位证书》。

2. 所在工作单位继续聘任为专职法律顾问的聘任文件或聘书复印件。

3. 注册培训证明。

第十四条 未经注册和注册失效的人员，不得以电力法律顾问身份执行业务。

第十五条 在注册有效期内，持证人岗位发生变化或发生其他原因，不再继续从事法律事务工作的，所在单位应及时收回证书并报国家电力公司所属省、自治区、直辖市电力公司、集团公司及其他全资或控股子公司转报发证机关予以注销。

第四章 附 则

第十六条 电力法律顾问岗位证书及申请（注册）表另行制作。

第十七条 电力法律顾问培训纳入人事教育部门统一培训计划。

第十八条 本办法由国家电力公司法律事务部和人力资源部负责解释。

第十九条 本办法自下发之日起实施。

关于印发《调整电力企业基本工资标准增加职工工资收入的指导意见》的通知

（国电人资［1999］562号）

各电力集团公司，东北公司，各省（区、市）电力公司，水电工程总公司，葛洲坝集团公司，华电装备公司，物资公司，南电联，二滩水电开发公司：

根据党中央、国务院关于做好当前经济工作，要采取措施，努力增加城镇中低收入居民收入，促进居民扩大消费的精神，国家电力公司组织研究，提出了《调整电力企业基本工资标准增加职工工资收入的指导意见》，现印发给你们，请按照执行。

增加城镇中低收入居民的收入，是党中央、国务院继续实施积极的财政政策，扩大内需，拉动消费，维护社会稳定，继续保持国民经济快速健康发展所采取的重大措施，具有重要意义。电力企业调整工资标准增加职工收入，涉及广大职工的切身利益。各单位要认真按照《指导意见》把这项工作做好，以利于调动职工的积极性、促进电力企业的改革与发展，确保企业稳定。

附件：《调整电力企业基本工资标准增加职工工资收入的指导意见》

一九九九年十月十四日（印）

附件：

调整电力企业基本工资标准增加职工工资收入的指导意见

根据党中央、国务院关于做好当前经济工作，要采取措施，努力增加城镇中低收入居民的收入，促进居民扩大消费的精神，结合电力企业的实际情况，为了更好地发挥工资的激励功能，调动职工积极性，维护企业的稳定，促进电力工业的改革与发展，国家电力公司决定调整电力企业基本工资标准，增加职工收入。有关意见如下：

一、正确把握形势、认真贯彻中央有关文件精神，做好当前的收入分配政策调整工作

努力增加城镇中低收入居民的收入，促进居民扩大消费，是党中央、国务院继续实施积极的财政政策，扩大内需，拉动消费，维护社会稳定，继续保持国民经济持续快速健康发展所采取的重大措施。各单位要以高度的政治责任感，认真贯彻落实党中央、国务院中发［1999］12号、国办发［1999］69号文件精神。要按照各地人民政府的有关规定，做好提高电力企业下岗职工的基本生活费，提高离退休人员的基本养老金水平、一次性补发1999年6月底前拖欠的企业离退休人员统筹项目内养老金的工作。提高下岗职工基本生活费所需资金，按照国家有关规定，采取“三家抬”的办法解决，各单位要努力争取社会统筹的三分之一部分足额到位。提高和补发统筹项目内的养老金所需资金，按照国务院国办发［1999］69号文件精神和各地人民政府的规定解决。统筹项目外的拖欠，由企业视情况予以补发。各单位要严格执行最低工资标准，要按照本指导意见确定的原则，调整基本工资标准，增加职工收入。

二、调整基本工资标准，增加职工收入应遵循的原则

1. 工资增长要与经济效益挂钩。各单位要确保实现国家电力公司下达的1999年度资产经营目标，不能因调整工资而影响资产经营目标。凡不能完成国家电力公司下达的资产经营目标的单位，暂缓调整工资。

2. 总量控制与结构调整相结合。职工增加工资应控制在国家和国家电力公司下达的工资总额计划范围内，月人均增资按不超过120元掌握。计划增量不足或没有资金负担能力的单位，调整工资标准增加的工资应通过调整工资分配结构或分年度解决，不得突破工资总量。

3. 规范工资标准，理顺分配关系。调整工资标准和增加职工收入应有利于发挥岗位技能工资在工资分配中的主导作用，解决现行工资分配中存在的突出问题；有利于规范企业的分配行为，为下一步工资改革打下良好基础。各网省公司可结合本单位的实际情况，按本指导意见调整工资标准，增加职工收入。

三、调整工资标准，增加职工收入的具体意见

（一）提高工资标准

1. 提高工龄工资标准。为较好地体现职工劳动积累的差别，工龄工资由每年1元调整为每年3～4元。

2. 提高技能工资标准。技能工资的起点标准由97元提高到118元。各技能工资等级对应的工资标准详见附表。职工按技能工资等级对应关系增加工资。

3. 提高岗位工资标准。岗位工资的起点标准由120～180元，提高到150～210元；每个岗级的岗差由25元调整为25～40元。运行人员岗位工资的岗差，可在此基础上相应提高20%。

（二）晋升技能工资等级

少数单位确需晋升技能工资的，可结合职工技能鉴定和考核情况，适当增加技能工资，原则上每两年增加一小级技能工资。通过职业技能鉴定，实际技能等级已达到所在岗位要求，而技能工资等级低于该岗位技能工资等级线最低等级的职工，工资可以晋升到

该岗位技能工资等级线最低等级。职工技能工资已达到现任岗位对应的技能工资等级线最高等级的，不再晋升技能工资。按照以上原则，各网省公司等单位应建立健全相关的配套政策，积极开展职业技能鉴定工作，建立起技能工资正常的晋级制度。

（三）资金来源

本次调整基本工资标准，增加工资收入所需资金由以下渠道解决：

1.1999年新增挂钩工资基数和效益工资；

2.历年结余工资；

3.调整工资结构，将部分企业工资标准、奖金和津补贴转入基本工资；

三、其他有关问题

1.各网省公司可以利用这次调整工资标准，增加职工收入的机会，继续加强“四定”等基础管理工作，积极开展职业技能鉴定工作，建立健全竞争上岗的运行机制，从而有效地发挥工资的激励作用。

2.施工、修造企业可以按照这次调整工资的原则，结合本单位的实际情况，由各集团公司、省（市、区）电力公司、水总、华电装备公司等自主确定增资晋级的办法。

3.本意见从1999年7月1日起执行。困难企业可暂缓执行。

四、加强领导，确保企业稳定

各级领导要充分认识到这次调整工资标准，增加职工收入的重要意义，要以高度的政治责任感，认真做好这次调资工作，要做好宣传工作，加强组织领导，确保企业稳定。

关于贯彻《国务院关于建立城镇职工基本医疗保险制度的决定》的通知

（国电人资［1999］756号）

各企、事业单位：

为了贯彻《国务院关于建立城镇职工基本医疗保险制度的决定》（以下简称《决定》）精神，积极稳妥地推进电力企事业单位医疗保险制度改革，现就国家电力公司系统企事业单位贯彻《决定》有关问题通知如下，请按照执行。

一、要充分认识医疗保险制度改革的重要意义，认真领会《决定》精神，积极参加基本医疗保险制度改革

积极推进城镇职工医疗保险制度改革，完善社会保障体系，保障职工基本医疗，是建立社会主义市场经济体制的客观需要，是关系改革开放和经济建设大局、保持社会稳定、实现我国跨世纪战略目标的重大举措，具有非常重要的意义。同时，也是电力企业建立现代企业制度的要求，对电力工业的改革、发展和稳定具有重要的意义。各单位要认真学习国务院领导同志在全国城镇职工医疗保险制度改革工作会上的讲话和国务院《决定》，认真贯彻落实国家电力公司医疗保险制度改革工作会议精神，按照《决定》明确的任务、原则和政策及地方政府的有关部署，积极参加统筹地区的基本医疗保险制度改革。

二、按照《决定》确定的属地原则，参加统筹地区的基本医疗保险制度改革

所有电力单位和职工都要参加基本医疗保险，执行所在地区的基本医疗保险政策。

国家电力公司本部及直属企业单位、高校、科研机构等具备条件的单位及其职工，直接参加所在统筹地区（市、县）的基本医疗保险；电力施工等跨地区、生产流动性较大的单位及其职工可按企业注册地、也可以按生活基地相对集中异地参加统筹地区的基本医疗保险。电网经营企业可以向地方政府汇报，争取按企业法人注册地相对集中的异地参加统筹地区基本医疗保险。

电力企业或职工可选择若干电力系统内外定点医疗机构和药店就医、购药。异地参保的电力职工，可在当地就近选择就医、购药。异地安置的电力退休人员，参加原单位所在统筹地区的基本医疗保险，执行所在统筹地区规定的就医管理办法。

电力企事业单位要积极配合当地有关部门探索既符合统筹地区医疗保险改革基本政策，又符合电力企业实际的管理办法，解决好异地参保单位和职工基本医疗保险基金的筹集、就医、付费和清算等实际问题。

三、要做好企业现行医疗保险改革政策与统筹地区基本医疗保险政策的衔接

已实行医疗保险制度改革的单位，要认真研究所在统筹地区基本医疗保险改革政策，结合本单位实际情况，对本单位现行医疗保险改革政策进行修改、完善，做好与基本医疗保险政策的衔接，妥善处理好统

筹和个人账户基金余额。统筹基金的余额可以并入企业补充保险；职工个人账户的余额，仍归职工个人所有，用于职工医疗消费。

四、加快电力企业医疗卫生机构的配套改革

为适应城镇职工基本医疗保险制度的改革，必须加快电力企业各级医疗机构的改革。各级电力医疗机构要按照《国家电力公司关于加快电力企业医疗卫生机构改革的指导意见》（见附件一）加快医疗机构的改革，要面向社会，面向整个医疗市场，打破内部封闭和行业保护，努力提高管理水平、医疗水平、服务水平，以增强竞争能力，充分发挥现有医疗设施的作用和功能。要按照区域卫生规划要求，加快从以规模数量为主的外延型发展向以质量效益为主的内涵发展的转变。要根据企业要求和区域卫生规划的指导，对企业医疗卫生机构和资源的总量、功能、结构、层次和布局进行合理配置。充分利用现有的规模效益，按照社会化要求进行分工合作。对那些不符合区域卫生规划、功能接近、服务任务不足、重复设置、效益低下的医疗机构，要通过撤并、共建、合作等方式进行调整。对没有建医院的单位原则上不准再建医院，部分医疗机构要根据企业和社区需求实现功能转化，向慢性病防治、老年护理、康复、临终关怀等相关领域发展。要严格控制医疗机构的规模发展，特别是扩大院内病床规模，大型设备更新添置，都必须经过论证，必须符合卫生规划的要求。要按照“分立管理，服务企业，面向社会，深化改革”的要求，深化医疗机构的内部改革。

要充分利用和发挥现有企业各级医疗卫生机构医疗、防保资源的作用，要创造条件成为当地基本医疗保险的定点医疗机构。电力基层医疗机构也要争取纳入当地政府的社区卫生服务体系，不能纳入当地医疗保险定点的单位，或移交地方，或和地方合并，进入地方医疗保险定点机构。

各级电力企业要重视所属医疗卫生机构的改革和管理，对于纳入区域卫生规划的电力医疗机构和边远地区、施工现场的基层医疗机构要给予支持。注意发挥电力医疗机构在企业医疗保险改革中的作用。

五、建立企业补充医疗保险

根据国务院《决定》的有关规定，为了保障电力企事业单位职工现有合理的医疗消费水平，作为过渡措施，有条件的电力企事业单位，在参加基本医疗保险的基础上，可结合本单位的实际情况，建立企业补充医疗保险。各网省公司等单位要根据《国家电力公司关于建立职工企业补充医疗保险的指导意见》（见附件二），结合本企业、本地区的实际情况，抓紧组织制定企业补充医疗保险的实施细则，要认真总结近年来医改的经验，加强政策研究，改进和完善有关配套政策。要严格按照《决定》规定的比例筹集企业补充医疗保险基金，要加强对基金的监管，确保基金保值增值。各单位社会保险管理监督委员会要充分发挥在补充医疗保险管理中的领导、决策和监督职能。

六、加强组织领导

医疗保险制度改革涉及到职工的切身利益，关系到电力工业的发展和职工队伍的稳定，是一项政策性强，关系全局的重要工作。各级领导必须高度重视，切实加强领导，认真负责地开展此项工作。各单位要成立由主要领导负责的领导小组，统一部署，分工负责。要按照国务院、国家电力公司和统筹地区的要求，结合本单位实际情况，制定具体办法；要继续加强社会保险机构的建设，根据工作需要充实必要的骨干力量，帮助社保机构解决必要的办公条件等问题；要加强宣传，深入细致地做好思想政治工作，取得广大职工的理解和支持；要主动向地方主管部门汇报工作，反映企业的实际情况，取得地方政府的支持，确保电力企业医疗保险制度改革顺利进行。

附件 1：国家电力公司关于加快电力企业医疗卫生机构改革的指导意见

附件 2：国家电力公司关于建立职工企业补充医疗保险的指导意见

二〇〇〇年一月三日（印）

附件 1：

国家电力公司关于加快电力企业医疗卫生机构改革的指导意见

为适应城镇职工基本医疗保险制度改革和电力企业建立现代企业制度的需要，促进电力卫生工作健康发展，根据《中共中央、国务院关于卫生改革与发展的决定》及《电力工业“九五”及 2010 年卫生改革与发展规划纲要》的总体要求，现阶段电力企业医疗卫生机构改革的总体思路和目标是：以四中全会《决定》和中央《关于卫生改革与发展的决定》精神为指导，以医疗保险制度改革为契机，依据区域卫生规划和企业需求，积极推进卫生资源调整、科学配置和功能转化，按照“分立管理，服务企业，面向社会，深化改革”的原则，探索不同的改革模式，逐步实现电力卫生机构的社会化。为实现这一目标，提出以下指导意见。

一、从企业改革的大局出发，正确认识和把握电力卫生工作的地位和作用

1. 卫生事业是社会发展的重要组成部分，关系经济发展和社会稳定的大局，在国民经济和社会发展中具有独特的地位，发挥着不可缺少、不可替代的作用。依据电力行业特点和电力职工健康需求逐步发展起来的电力卫生事业是国家卫生事业和电力事业的重要组成部分，在保障电力职工身体健康，保护劳动生产力方面做出了重要贡献，已形成了适应电力生产自身特点、承担多种职能的比较完整的医疗预防保障网络和卫生监督体系。在企业医疗机构逐步社会化的过程中，电力卫生机构仍然要坚持为电力职工健康和电力生产服务的宗旨。既要加快实现社会化的目标，也要继续发挥稳定电力职工队伍的特殊作用。因此，各网、省电力公司、各水电工程局在改革过程中继续加强对电力卫生工作的领导和管理，具有重要的意义。

2. 随着电力企业走向市场和现代企业制度的建立，现行的卫生管理体制和服务模式难以适应电力事业改革发展的整体需要，主要表现在卫生资源配置不合理，投入不足与浪费并存，卫生事业管理责权分离，卫生机构内部管理缺乏活力，以及一些基层医疗机构医疗服务能力和技术水平落后等弊端，必须加快调整和改革步伐。

3. 国家城镇职工医疗保险制度的改革将使电力卫生工作的管理格局发生重大变革，电力卫生机构作为企业投入的公立性卫生机构，必须改革管理与服务模式，要面向社会，面向整个医疗市场，打破内部封闭和行业保护，努力提高管理水平、医疗水平、服务水平，以增强竞争能力，充分发挥现有医疗设施的作用和功能，为电力企业和社会双向服务，逐步成为参与医疗市场竞争的主体。

二、根据企业需求和区域卫生规划指导，对企业医疗卫生机构和资源总量、功能、结构、层次和布局进行合理调整

1. 加快从以规模数量为主的外延发展向以质量效益为主的内涵型发展的转变，解决好某些地区和城市电力卫生资源过剩，结构不合理的问题。要严格控制医疗机构的发展规模，从现在起原则上不再批准增加医疗卫生机构和床位，对没有建医院的单位原则上不准再建医院。

2. 现有各级医疗卫生机构要按照社会化要求和区域性服务的方向进行分工和合作，对部分功能接近或互补、地理位置较近、服务任务明显不足、重复设置的医疗卫生机构要坚决实施合并、兼并、撤消，做到资源共享。

3. 部分医疗机构要根据企业和社会化需求实现功能转化，向慢性病防治、老年护理、康复、临终关怀等相关领域发展。积极开展社区卫生服务，以社区为范围，以家庭为单位，将预防、医疗、保健、康复、健康教育、计划生育指导等多种职能融为一体，以适应电力职工和社区群众多层次、多样化卫生服务需求。

4. 对于符合区域卫生规划要求的某些基层单位、施工现场和边远地区的电力卫生机构，应根据企业实际需求，注意保持医疗卫生技术人员队伍相对稳定，以利于满足电力职工多层次卫生服务需求。

三、按照“分立管理，服务企业，面向社会，深化改革”的原则，改革管理体制

1. “分立管理”是指电力卫生机构在企业内部建立委托法人或事业法人制度，实行人、财、物的自主管理。电力企业是电力卫生机构的出资者，依法管理电力卫生机构的国有资产，行使出资人的权力。

2. 企业投入仍是电力卫生事业发展和立足社会的重要条件。投入的经费主要是保证卫生监督防疫费用，部分行政管理等经常性支出补助，以及大型设备更新添置及院舍建设等。现阶段由于医疗机构通过提供医疗服务收取的费用不足以完全补偿所需经费，因此，可以推行定额补贴或费用包干等办法，加速电力企业医疗卫生机构的改革。

3. 积极探索逐步转变电力卫生机构由电力企业独家兴办的模式，向多种所有制形式转化，鼓励与当地实力强的综合或专科医院联办、合办。基层的卫生组织可以进行股份合作制、承包经营责任制、资产经营责任制等多种体制的探索，提高双向服务能力。

四、充分发挥企业现有医疗、预防保健资源的作用，在医疗保险制度改革过程中实现自身的改革与发展

1. 城镇职工基本医疗保险制度的建立，将使电力企业现行的卫生管理体制和服务模式发生深刻的变革，不仅改变了电力企业医疗机构原有的资金补偿渠道，也打破了电力企业多年来建立起来的系统内固有的医疗市场。为适应激烈的社会化竞争，电力企业各级医疗机构除必须做好双向服务，努力提高医疗质量外，还要积极参与医改的各项管理工作，与企业社保

部门和当地社保部门保持密切的联系。

2. 电力企业各级卫生机构要充分发挥医疗、防保资源优势，创造条件成为当地基本医疗保险的定点医疗机构，努力对社会开放，以减轻企业负担。基层的医疗机构也要争取纳入当地社区服务体系，不能纳入当地医疗保险定点的单位，或移交地方，或和地方合并，进入地方医疗保险定点机构。

3. 为保证电力职工现有的医疗待遇水平，各级电力企业要发挥各自的医疗机构在企业补充医疗保险中的重要作用。各级医疗卫生机构要采取多种措施，充分利用现有设备和服务优势，给企业职工提供多种形式、多层次、多方位的优惠条件，以吸引就医。为稳定职工队伍，增强企业凝聚力作出贡献。

五、努力提高医疗质量，改善服务态度，降低医疗成本，加快医疗机构内部改革

1. 要加强医疗机构的经营管理，有效利用人力、物力、信息、时间、空间等资源优势，建立成本核算制度，实行院科两级核算。逐步实现全员全程成本控制，保证医疗服务优质、高效、低耗。

2. 各级医疗机构对企业投入经费的使用范围和内容要严格考核，加强监管。要实行“医药分开管理，分别核算”，药品、日常消耗性材料、医疗器械要实行集中招标采购，降低成本，防止浪费。

3. 加大人事制度和分配制度的改革力度，实行双向选择，竞争上岗，坚持员工聘任制、合同制，努力减人增效，健全业绩评估和奖励制度，坚持按劳分配。

4. 加强医疗质量管理，加强专科特色建设，加快全科医师培养，逐步推进医疗技术管理和质量控制的科学化、规范化、制度化。完善各项诊疗技术规范、标准和操作规程，加强对重点病种的监护，实现全方位的质量控制和安全管理。

5. 要在医务人员中进一步加强思想政治工作和职业道德建设。要“以病人为中心”，努力改变不方便患者的工作程序和不适应患者的工作制度，改善服务态度。大力弘扬爱岗敬业、文明行医的行业风尚。

附件 2：

国家电力公司关于建立职工企业补充医疗保险的指导意见

根据《国务院关于建立城镇职工基本医疗保险制度的决定》（国发［1998］44 号）的有关规定，为促进基本医疗保险制度改革的顺利实施，保障电力职工现有合理的医疗消费水平，提高电力企业职工的健康水平，稳定职工队伍。结合国家电力公司直属单位实际情况，特制定本指导意见。

一、原则和条件

企业补充医疗保险是对基本医疗保险必要的有限的补充，遵循的原则是：补充医疗保险的水平要与企业现有的医疗保障水平和承受能力相适应；要与基本医疗保险相衔接；按“以收定支，收支平衡、略有结余”的原则，由经过认定的机构经办、自负盈亏；补充医疗保险基金由参保单位和参保职工双方共同负担，实行统账结合、专户管理、专款专用。

凡建立补充医疗保险的电力企业，必须符合以下条件，由举办单位提出申请，报国家电力公司主管部门核准。

1. 已按属地管理的原则参加了基本医疗保险，按时缴纳基本医疗保险费，享受了属地的基本医疗保险待遇；

2. 企业盈利，并有缴纳补充医疗保险费用的能力；

3. 建立健全了补充医疗保险的管理体制和基金经办机构及相应的管理监督制度。

二、实施范围

凡符合规定条件的国家电力公司直属企（事）业单位均可建立补充医疗保险。

补充医疗保险的对象，是指参保单位中的下列人员：

1. 与企业建立了劳动关系，并参加了基本医疗保险的职工；

2. 退休人员；

3. 符合国发［1978］104 号文件规定条件的退职人员（以下简称退职人员）。

电力企业兴办的第三产业和多经企业是否纳入建立企业补充医疗保险的范围，由主办单位确定。

三、补充医疗保险基金的筹集和管理

1. 补充医疗保险基金由参保单位和参保职工共同缴纳。参保职工个人暂按本人上年度工资收入的 0.5% 缴纳。退休、退职人员不缴费。参保单位按“以收定支、收支平衡、略有结余”的原则，经测算后原则上按实施范围内的参保职工上年度工资总额 4% 以内提取，从企业取工福利费中列支。福利费不足列支的部分，经当地财政部财政监察专员办事处核准后列入成本，并报国家电力公司备案。

2. 补充医疗保险基金由国家电力公司推荐、劳

动和社会保障部认定的经办机构统一征集和管理，并在实施范围内互剂使用。

3. 参保单位缴纳的补充医疗保险费分为记入职工个人账户和统筹基金两个部分。其中记入职工个人账户的比例原则上控制在20%左右。

4. 补充医疗保险基金经办机构和各参保单位，均应在当地国有银行开设补充医疗保险基金专户，实行专户储存、专款专用。任何单位和个人，均不能挤占、挪用。各参保单位应按时缴纳补充医疗保险费。对逾期缴纳的，可按日加收2‰的滞纳金，直至停止补充医疗保险关系。

5. 上年结余的补充医疗保险基金可转入下年度继续使用。基金的计息办法，可比照国发［1998］44号文规定的基本医疗保险基金的计息办法执行。

6. 补充医疗保险基金经办机构要建立健全预决算制度、财务会计制度和内部审计制度，接受有关部门的审计和监督。

四、建立职工个人帐户

1. 补充医疗保险经办机构应为参保职工建立补充医疗保险个人帐户。退休和退职人员不建立个人帐户。

2. 参保职工个人缴纳的补充医疗保险费全部记入个人帐户，同时参保单位缴纳的补充医疗保险费可按35岁以下，36岁～50岁，51岁以上分为三档，分别按本人上年工资收入的一定比例划入个人帐户。

3. 补充医疗保险个人帐户用于支付按规定需要个人自付部分的医疗费用。个人帐户不得提取现金挪作他用，不得透支。

4. 个人帐户的本息均为参保人员个人所有。当年结余基金结转使用。本人去世时，结余金额中的个人缴费本息由法定继承人继承。

5. 补充医疗保险经办机构应制订补充医疗保险职工个人帐户管理办法，规范个人帐户的建立、使用、转移等事项。

五、补充医疗保险的统筹基金

1. 参保单位缴纳的补充医疗保险费除划入职工个人帐户部分外，均为经办机构统一管理的统筹基金。

2. 补充医疗保险统筹基金单独核算，以收定支，不得向职工个人帐户透支。

3. 补充医疗保险统筹基金主要用于支付以下项目：

①超过属地基本医疗保险最高支付限额的，符合规定的医疗费（统一执行属地基本医疗保险规定的药品目录）由补充医疗保险统筹基金分人员类别（在职、退休、退职）给予一定比例的补助，其余由职工个人负担。基本医疗保险封顶线以上的补助费的最高限额，可控制在补充医疗保险参保单位上年平均工资的4倍以内。

②属地基本医疗保险起付线以上、最高限额以内需个人支付的医疗费，分参保职工和退休、退职人员不同情况予以补助。

③退休、退职人员基本医疗的个人帐户已支付完毕后，在规定的起付线以内，继续发生的医疗费由补充医疗统筹基金按一定比例给予补助。

④企业现规定给予补助的医疗诊疗项目及医疗服务设施费。

4. 有条件的参保单位，也可以用部分统筹基金，向商业保险机构或地方保险部门举办的补充保险投保，以辅助企业补充医疗保险的实施。

六、管理体制与组织机构

1. 国家电力公司根据国家关于医疗保险的法律、法规和政策，以及劳动和社会保障部、财政部的有关规定，制订补充医疗保险的指导意见，审核经办机构资格条件，协调电力企业补充医疗保险工作方面的关系，审核经办机构补充医疗保险的实施办法，监督补充医疗保险基金的使用、运营和有关政策的执行情况。

2. 各网、省电力公司、水电工程局等单位，为补充医疗保险的举办单位，统一管理所属单位的企业补充医疗保险。在当地的其他电力企（事）业单位，如基本医疗保险按属地原则已参加网、省电力公司归口管理，其补充医疗保险也可向归口管理的网、省电力公司参加投保。

3. 各网、省电力公司等单位的社会保险管理监督委员会，作为补充医疗保险的权益代表机构和决策、领导机构，负责制订合法、有效、完善的补充医疗保险实施办法，建立健全完善的基金管理制度，加强对基金的管理与监督。

4. 各网、省电力公司等单位的社会保险机构是补充医疗保险基金的经办机构。

企业补充医疗保险基金必须实行专户储存，专帐管理，独立核算。

5. 补充医疗保险经办机构可统一提取相当于当年基金总额1%以内的管理费（在基金收益中列支），作为日常业务工作费用。管理费应另设专帐管理，按国家有关财务制度规定使用，并切实加强管理。

七、其他

1. 本《指导意见》是按与国务院国发［1998］44号文建立职工基本医疗保险的要求相衔接而制订

的。在实施中如遇属地的基本医疗保险形式有所不同，可参照《指导意见》的基本思路，搞好企业补充医疗保险，以保障职工现有合理的医疗消费水平。

2. 职工供养的直系亲属及独生子女医疗费用，在国家没有具体规定前，按各省（市、自治区）规定办理。

3. 职工因公负伤和患职业病的医疗费、女职工计划内生育医疗费，应分别从工伤保险基金和生育保险基金中列支。凡未参加工伤、生育保险的，按原渠道列支。职工进行职业性体检的费用，仍按原规定渠道列支。上述费用都不纳入补充医疗保险范围。

4. 职工由于个人负担医疗费用过多而影响基本生活的，应另由所在单位酌情给予困难补助或救助，不得超出补充医疗保险的规定扩大支付限额。

5. 离休职工和二等乙级以上革命伤残军人不参加补充医疗保险。其医疗费用按国发［1998］44号文件规定执行。

6. 补充医疗保险经办单位应根据本《指导意见》制订具体的实施办法，经国家电力公司核准后，从参加属地基本医疗保险改革之日起实施。

关于印发《国家电力公司系统专业技术资格审查办法（试行）》的通知

（国电人资［1999］757号）

国家电力公司系统各单位：

现将《国家电力公司系统专业技术资格申报审查办法》印发给你们，请按照执行。执行中遇到的问题请及时反映给国家电力公司人力资源部，以便修订完善。

附件：国家电力公司系统专业技术资格申报审查办法（试行）（略）

二〇〇〇年一月三日（印）

关于印发《国家电力公司系统专业技术资格考核认定（确认）办法（试行）》的通知

（国电人资［1999］759号）

国家电力公司系统各单位：

现将《国家电力公司系统专业技术资格考核认定（确认）办法（试行）》印发给你们，请按照执行。执行遇到的问题请及时反映给国家电力公司人力资源部，以便修订完善。

附件：国家电力公司系统专业技术资格考核认定（通知）办法（试行）（略）

一九九九年十二月三十日（印）

关于进一步规范和加强购电合同管理的通知

（国电财［1999］51号）

各电力集团公司，各省（市、自治区）电力公司：

为进一步规范电网经营企业与独立发电企业的经济关系，加强购电合同管理，针对目前电力市场的变化以及购电合同管理工作存在的问题，现提出以下几点要求，请认真贯彻执行。

一、购电合同是电网经营企业与独立发电企业为进行电力产品购售活动，明确各方的权利与义务而订立的协议。购电合同的订立应根据国家的法律法规，体现公平、公正、协商一致的原则。凡是上网的独立发电企业必须与电网经营企业签订购电合同。

二、各电力集团公司、各省（市、自治区）电力公司应树立风险管理意识，高度重视购电合同在企业经营活动中的重要地位，建立健全合同管理制度；要严格执行合同审查会签制度，组织财经、法律、计划、用电、生产、调度等部门参加对购电合同的审查，并指定一个部门牵头负责，以保证购电合同管理工作有效进行。

三、进一步加强购电合同的审查管理，严格按规定的权限和程序进行审查。购电合同实行分级管理，国家电力公司负责制定购电合同管理办法、实施细则及相关规定。国家电力公司及所属电力集团公司和省（市、自治区）电力公司分别按规定的权限对所属企业的购电合同进行审查。对购电合同审查的范围、权限和报送程序规定如下：

（一）符合下列情况之一的购电合同，必须经国家电力公司审查：

利用外资的电力项目。包括中外合资、中外合作和外商独资电厂，以及利用境外贷款建设的电厂；

已经或准备在境内外发行股票的股份有限公司所

属电厂；

核电站；

跨省（区）送电的电厂；

国家电力公司认为必要的其他电厂。

（二）购电合同经审查同意并由主办单位出具书面意见后，购电方方可与售电方正式签订购电合同。

（三）购电合同在执行过程中需要变更的，或购电合同期限已满并需重新签订的，均应按原审查程序审查。

（四）购电方不得与国家限制和禁止发展的电厂签订购电合同。

（五）严禁采取其他不规范的形式，对购售电双方的购售电经济行为进行约定；对应签而未签购电合同的，购电方不得以任何形式进行承诺；对违反规定的申报审查程序，擅自签订合同、或补充协议的，应按《国家电力公司合同管理办法》（国电政法［1998］54 号）进行处理。

四、正确处理购电合同与其他方面的关系。电网经营企业要本着公平、公正、协商一致原则，与售电方进行购电合同的谈判。若电网经营企业同时以购电方、投资方、运行方或燃料供应方等多重角色参与项目，则应在不同的项目合同中明确相应的权利和义务，并处理好购电合同与其他合同的衔接问题。购电方在购电合同中承担购电的职责和义务，不得在购电合同中包揽项目建设、运行、管理等风险。购电合同应为促进网厂分开、竞价上网，实现同网同质同价创造条件。

五、合理约定购电期限。购售电双方可根据未来电力市场的需求及实际情况签订长期或短期购电合同。长期合同的年限，火电厂一般不得超过 20 年，水电站一般不得超过 30 年，核电站一般不得超过 25 年。购电方与中外合资、中外合作和外商独资经营的独立发电企业签订的购电合同，其年限不得超过国家批准的项目经营期限。

六、电能收购方式应适应电力市场的变化。购电方不得向售电方保证机组的运行小时、上网电量，上网电能收购不得约定为定额利用小时，每年的正常购电量应结合当时的电力供求形势，参照电网内同类型机组平均利用小时合理确定。在同一电网内，同类型机组的利用小时，应基本保持在相同的水平。

七、电网经营企业应按购电合同收购电量。如遇电力市场发生变化，应等比例地调整购电量。对国家已批准的利用外资的电厂，应继续按国家有关部门批准的合同执行。

八、上网电价必须按“合理补偿成本，合理确定收益，依法计入税金”的原则进行测算。严禁购电方在购电合同中承诺具体的电价水平。上网电价必须按规定的程序进行申报，经有管理权的物价行政主管部门核准后执行。

九、其他有关问题的处理原则。

（一）购售电双方的权利与义务要明确具体，合理分担风险，如发生不可抗力事件，双方均应免责。

（二）政策法律等发生变化后，经双方协商同意后，可以对原合同做相应的变更。

（三）如选择仲裁方式解决争议，一般应选择中国境内的仲裁机构仲裁。

（四）严格区分履约责任。属购电方责任的，购电方应当对售电方进行补偿；属售电方责任的，售电方应对购电方进行补偿；其他原因造成的，购售电双方不再进行任何形式的补偿。

十、各电力集团公司、直属省（市、自治区）电力公司应每年向国家电力公司报告购电合同的审查、签订及执行情况。

一九九九年二月八日（印）

关于印发城乡电网建设改造有关电价问题指导意见的通知

（国电财［1999］54 号）

各电力集团公司，各省、直辖市、自治区电力公司：

为指导各省（网）公司具体测算并制定城乡电网建设、改造电价方案，促进城乡电网建设、改造工作顺利进行，根据国务院国发［1999］2 号、国办发［1998］134 号文及国家计委有关文件规定，国家电力公司在广泛征求意见的基础上，制定了《关于城乡电网建设、改造有关电价问题的指导意见》，现印发给你们，请依照执行，执行中有何问题和建议，请及时反馈，以便进一步完善。要求各省（网）公司将城乡电网建设、改造电价测算情况及电价安排建议尽快报国家电力公司。

附件：关于城乡电网建设、改造有关电价问题的指导意见

一九九九年二月九日（印）

附件：

关于城乡电网建设、改造有关电价问题的指导意见

根据国务院国发［1999］2号、国办发［1998］134号文及国家计委有关文件规定，为指导各省（网）公司具体测算并制定城乡电网建设、改造电价方案，促进城乡电网建设、改造工作顺利进行，特制定《关于城乡电网建设、改造有关电价问题的指导意见》，由各省（网）电力公司贯彻实施。

一、关于城乡电网建设、改造电价工作的组织

1. 城乡电网建设、改造的电价工作是城乡电网建设、改造工作的重要内容，是保证城乡电网建设、改造顺利进行的重要措施，各省（网）电力公司要加强对城乡电网建设、改造电价工作的统一组织与领导。

2. 各省（网）电力公司是城乡电网建设、改造的项目法人，是城乡电网建设、改造电价工作的主体，负责与省级有关部门的横向协调沟通及与国家电力公司、国家计委及国家经贸委的纵向报告联系。

3. 各省（网）电力公司电价管理部门负责电网建设、改造电价的测算及申报工作，其他有关部门协同其工作。

4. 国家电力公司负责综合平衡各省（网）电力公司城乡电网建设、改造电价需要，并向国家计委提出城乡电网建设、改造电价初步审查及安排意见。

二、关于城乡电网建设、改造电价测算及安排原则

1. 城乡电网建设、改造电价测算及安排要与整顿电价秩序、清理乱加价乱收费结合起来，尽量减轻用户负担，努力提供优质服务。

2. 城乡电网建设、改造电价测算及安排要把内部挖潜节能降耗与外部调整电价结合起来。

3. 城乡电网建设、改造电价测算及安排要与解决一般电网建设、电源建设等其他电价矛盾相结合，统筹兼顾，合理安排。

三、关于城乡电网建设、改造电价测算方法及参数选择

（一）电价影响因素及测算方法

1. 电价影响因素

1）影响电价降低主要因素：

电价整顿腾出的可用空间；

电网改造电量损耗减少，可增加的效益；

电网改造及正常增加供电量，可增加的效益；

2）影响电价提高主要因素：

项目贷款还本付息；

资本金收益及法定公积金、公益金提取。

2. 电价测算方法

1）采用经营期拉平方法，按控制资本金内部收益率模式计算，电价申报测算应把项目可行性研究报告中财务评价作为重要依据。

2）线损电量减少可实现的效益，按减少损耗电量与电网平均上网电价（指独立电厂和非独立电厂的平均上网电价，非独立电厂的上网电价按电网平均售价减去售电成本、费用倒算）之积计算。其中城市电网线损要求降至6%以内，农村低压电网线损率要求降至15%以内。

3）增供电量可增加的效益，按增供电量与平均售电价格和平均售电成本之差的乘积，扣除所得税、增值税及附加计算。

（二）参数选择

1. 固定资产形成率按100%计算。

2. 银行贷款的偿还年限在现金流量表中按12年还贷考虑，电价计算按20年经营期测算，折旧率相应按5%计算。

3. 总投资的20%为项目资本金，按每年税后内部收益率12%控制经营期利润，并按财务规定计提相应的公积金、公益金。

4. 折旧资金用于偿还贷款的比例为90%。修理费按总投资的1.5%计算。

5. 必要的工资、福利费用及保险费用等其他费用，应按电网平均水平从严计入。

四、城乡电网建设、改造电价分摊方式及城乡电网同价实施步骤

（一）城市电网建设、改造电价分摊方式

1. 城市电网建设、改造的电价按电网改造工程进度逐年通过电价调整在全省（网）范围内平摊解决。

2. 平摊电量为纳入省（网）统管的售电量。

（二）农村电网建设、改造电价分摊方式

1. 对直供直管县和趸售代管县农村电网建设、改造电价，在全省（网）范围内平摊。

2. 对尚未实行代管的趸售县和自供自管县农村电网建设、改造电价在该县电网平摊。

（三）城乡电网同价方案在两改基础上区分情况

分步实施

1.在条件成熟的省(网),可以推行一省一价。暂不具备条件的省(网),可以在省(网)直供直管县和趸售代管县范围内实行城乡一价,其他县实行一县一价。

2.农村用电量大、城乡统一电价后城市用户电价水平提高幅度较大的地区，可先将农村居民生活用电价格与城镇居民生活用电价格实行同价，然后再统一其他用电价格。

3.对改革、改造后城乡电价差距过大的地区，可对农村各类用电价格逐年平摊，通过二至三年逐步缩小城乡用电价格的差距后，实行同网同价。

五、其他要求及说明

1.各省（网）电力公司要按照本指导意见，认真做好城乡电网改造项目中有关电价测算及安排工作，并于年中、年底向国家电力公司书面报告电网建设、改造电价情况、问题和建议。

2.本指导意见系对国家有关部门关于电网建设、改造电价规定的具体化。如国家另有政策或变化时，按国家新规定执行。

关于印发《国家电力公司本部担保管理规定》的通知

（国电财［1999］120号）

国家电力公司系统各单位：

为使国家电力公司本部担保管理工作制度化、规范化，进一步明确国家电力公司本部的担保重点、原则和审查要求及工作程序，根据《国家电力公司担保管理办法》，制定了《国家电力公司本部担保管理规定》，现印发给你们。今后凡需国家电力公司担保的业务，请严格按本规定执行。

附件：《国家电力公司本部担保管理规定》

一九九九年三月十六日（印）

附件：

国家电力公司本部担保管理规定

为规范担保行为，防范金融风险，根据《国家电力公司担保管理办法》，现将国家电力公司本部担保管理有关问题规定如下：

一、担保受理范围

国家电力公司根据需要与可能，可受理全资子公司、控股子公司以下事项的担保申请：

1.利用外国政府、国际金融组织贷款；

2.实行国际招标的重大工程项目贷款；

3.国家批准的重大输变电项目贷款；

4.发行公司债券；

5.国家电力公司认为可以担保的其他事项。

国家电力公司不受理全资子公司、控股子公司所属企业及非被投资企业的担保申请。

二、申请担保的基本条件

向国家电力公司申请担保的企业，应具备以下基本条件：

1.达到国家电力公司规定的财务状况，有偿付能力；

2.资产负债率不高于65%；

3.收益稳定，现金流量可靠，近二年连续盈利；

4.要求国家电力公司提供的担保额累计不得超过国家电力公司对其出资额的50%；

5.对外担保余额不超过其净资产的50%；

6.对国家电力公司以前提供的担保，未有违约记录。

三、担保程序

（一）担保受理

担保申请企业申请境内外借款担保，须提供下列文件、资料，并保证真实性。

1.担保申请书（见附件一）；

2.经注册的会计师事务所审计的企业近三年财务报表；

3.已批准的担保项目可研报告及其他批准文件；

4.主债务合同或贷款意向书；

5.还款计划、方式及资金来源。

申请对工程招标、工程承包等项目的担保，除上述材料外，还须报送工程投标的有关资料或工程项目的经济评价报告。

担保申请企业应向国家电力公司提供以下反担保资料：

1.采用保证反担保方式的，提供反担保人的工商营业执照复印件、开户银行基本帐户证明、企业或公司章程、最近三年的财务报表、对外借款及对外提供担保情况等足以证明其资信状况和履约能力的文件；

2. 采用抵押或质押反担保的，提供能够抵押或质押财产的名称、数量、质量、状况、所有权或使用权权属证明、保险、公证等有关文件；经注册的资产评估机构对抵押或质押财产的评估作价报告等。

（二）担保审查

1. 国家电力公司对担保项目的审查，采取直接审查和委托审查两种方式。

对担保申请资料较为完备，项目情况比较清楚，能够较快对担保项目作出评估并且项目风险较小的，由国家电力公司直接进行审查。

对担保项目涉及金额较大，情况复杂，风险较大的，由国家电力公司委托社会中介机构进行审慎调查。国家电力公司依据中介机构提供的审慎调查报告和担保申请人提供的有关资料进行最终审查。

2. 国家电力公司担保事项由财务部门统一受理，并组织进行初步审查，会同法律等部门提出审查意见，填写《国家电力公司担保业务审查意见书》（见附件二），报公司领导决定。

（三）担保签约

担保申请通过初步审查并报公司领导批准后，财务部门可据此对外出具担保意向书，并与有关单位就担保内容、金额、期限、方式、反担保、担保收费等事项，协商拟订《担保协议书》（见附件三）和《反担保协议》（见附件四）。担保文件的签署，按《国家电力公司合同管理办法》执行。

《担保协议书》和《反担保协议》由国家电力公司法定代表人授权财务部门负责人签署。对外出具的担保函或与银行签订的担保合同，由国家电力公司法定代表人签署，或由国家电力公司法定代表人指定的授权代表人签署。以上授权应采用书面形式，并按国家电力公司有关规定办理。

四、担保收费

国家电力公司对外担保收费按照《国家电力公司担保管理办法》执行。为支持全资子公司的经营和发展，担保收费暂按规定标准减半收取；对控股子公司的担保收费，按与其他股东方对等原则办理。担保费的金额、交纳时间、交纳方式在《担保协议书》中明确。

五、担保管理

国家电力公司担保业务由财务部门统一管理，负责对被担保企业以及担保项目资金使用、财务状况及主债务合同执行情况进行检查，并督促被担保企业履行以下义务：

1. 被担保企业在主债务合同执行完毕后10日内，应及时通知国家电力公司；

2. 被担保企业在不能按主债务合同履行义务时，一年以内的短期担保，应提前15天；一年以上的中、长期担保，应提前30天函告国家电力公司；

3. 被担保企业若发生影响履约能力的重大事项时，应及时通知国家电力公司。

附件一：担保申请书

附件二：国家电力公司担保业务审查意见书

附件三：担保协议书

附件四：反担保协议

附件一

国家电力公司

担 保 申 请 书

申请企业：__________

重 要 承 诺

本申请人保证本次申请所载资料真实，不存在任何虚假陈述或严重误导；申请担保的项目必要、可行且具有偿债能力；本申请人承诺如期履行支付责任，并保证优先偿还相关债务。本申请人对本次申请内容的真实性、准确性和完整性以及如期履约的承诺负个别及连带责任。

法定代表人（签字）：__________

申请企业（公章）：__________

年　　月　　日

<table>
<tr><td rowspan="4">申
请
企
业
基
本
情
况</td><td colspan="2">企业名称：
企业营业执照号码：
企业性质：　　　　　　　　　　　　　　法定代表人：
地址：
资信等级：经　　　　　　　　　　　　　　　　　　　　　　　　　评定为　　　级
联系人：　　　　　　　　　　　　　　　电话：</td></tr>
<tr><td rowspan="3">主
要
财
务
指
标</td><td>上月末资产：　　　　万元　负债：　　　　万元
净资产：　　　　万元　累计实现利润：　　　　万元
资产负债率：　　　　%　流动比率：　　　　%
利息覆盖倍数：　　　　倍　速动比率：　　　　%
长期负债比例：　　　　%　短期负债比例：　　　　%</td></tr>
<tr><td>上年末资产：　　　　万元　负债：　　　　万元
净资产：　　　　万元　实现利润：　　　　万元
资产负债率：　　　　%　流动比率：　　　　%
利息覆盖倍数：　　　　倍　速动比率：　　　　%
长期负债比例：　　　　%　短期负债比例：　　　　%</td></tr>
<tr><td>最近两年盈利情况：　　　　年实现利润　　　　万元；
　　　　　　　　　　　　　年实现利润　　　　万元。
要求提供担保额累计占国家电力公司对本企业出资额比例：　　　%
本企业对外提供担保余额占其净资产的比例：　　　%
对国家电力公司以前提供担保的违约纪录：
本年到期债务占负债总额比例：　　　%
已逾期债务占负债总额比例：　　　%</td></tr>
<tr><td>申请担保项目基本情况</td><td colspan="2">项目名称：
项目主要内容：</td></tr>
</table>

申请担保项目基本情况	项目投资方及出资比例： 项目资本金：　　　　　　　　万元　总投资：　　　　　　万元 融资额：　　　　　　　　　　万元　融资方式： 融资条件 1. 贷款人： 2. 金额：　　　　万元　　　3. 利率：　　　　% 4. 期限：　从　　年　　月　　日　至　　年　　月　　日 5. 宽限期： 还款计划及方式：
	担保方式：　　　　　　　　　受益人： 担保金额：　　　　　　　　　万元 担保期限：　从　　年　　月　　日　至　　年　　月　　日 担保项目预期收益水平　　1. 全资回报率：　　　% 　　　　　　　　　　　　2. 资本金回报率：　　%
反担保人基本情况	企业名称： 地址： 资信等级：经　　　　　　　评定为　　　　级 法定代表人： 经营范围：
	上月末资产：　　　　　　　　万元　　负债：　　　　　　万元 净资产：　　　　　　　　　　万元　累计实现利润：　　　万元 上年末资产负债率：　　　　　%　流动比率：　　% 利息覆盖倍数：　　　　　　　倍　速动比率：　　% 最近两年盈利情况：　　　　　年实现利润　　　万元 　　　　　　　　　　　　　　年实现利润　　　万元 对外提供担保余额占其净资产比例：　　　%
抵(质)押物情况	名称： 账面价值：　　　万元 评估价值 　经　　　　　　　评估为　　　万元 数量、质量、状况、保管及保险情况：

附件（提供的请打“√”）：

□1. 担保申请企业法定代表人身份证明；

□2. 担保申请企业资信等级证明；

□3. 经注册的会计师事务所审计的担保申请企业近三年财务报表；

□4. 申请担保项目可研报告；

□5. 申请担保项目批准及其他文件；

□6. 申请担保项目主债务合同或贷款意向书；

□7. 申请担保项目还款计划、方式及资金来源等有关文件；

□8. 工程投标有关资料或工程项目经济效益评价报告；

□9. 反担保人工商营业执照（复印件）和公司章程；

□10. 反担保人开户银行基本账户证明；

□11. 反担保人资信等级证明；

□12. 经注册的会计师事务所审计的反担保人近三年财务报表；

□13. 反担保人对外借款及对外担保有关资料；

□14. 抵（质）押财产名称、数量、质量、状况、所有权或使用权权属证明、保险及公证文件；

□15. 经注册的资产评估机构对抵（质）押财产的评估作价报告。

附件二

国家电力公司

担保业务审查意见书

年 月 日

<table>
<tr><td rowspan="9">申
请
人
情
况</td><td colspan="2">申请人：　　　　　　　　营业执照号码：</td></tr>
<tr><td colspan="2">法定代表人：　　　　　　　　企业性质：</td></tr>
<tr><td rowspan="2">上年末财务指标</td><td>资产：　　万元　负债：　　万元</td></tr>
<tr><td>净资产：　　万元　实现利润：　　万元</td></tr>
<tr><td rowspan="4">上月末财务指标</td><td>资产：　　万元　负债：　　万元</td></tr>
<tr><td>净资产：　　万元　累计实现利润：　　万元</td></tr>
<tr><td>资产负债率：　　%　流动比率：　　%</td></tr>
<tr><td>利息覆盖倍数：　　倍　速动比率：　　%</td></tr>
<tr><td colspan="2">最近两年盈利情况：　　年实现利润　　万元；
　　年实现利润　　万元。
要求提供担保额累计占国家电力公司向其出资额比例：　　%
该企业对外提供担保余额占其净资产比例：　　%
对国家电力公司以前提供担保的违约纪录：</td></tr>
<tr><td rowspan="5">反
担
保
情
况</td><td colspan="2">反担保人名称：　　法定代表人：</td></tr>
<tr><td rowspan="3">反担保人财务指标</td><td>上月末资产：　　万元　负债：　　万元</td></tr>
<tr><td>净资产：　　万元　累计实现利润：　　万元</td></tr>
<tr><td>上年末资产负债率：　　%　流动比率：　　%
利息覆盖倍数：　　倍　速动比率：　　%</td></tr>
<tr><td colspan="2">抵（质）押物名称：
评估价值：</td></tr>
</table>

<table>
<tr><td rowspan="2">申请担保项目情况</td><td>项目名称：
项目主要内容：</td></tr>
<tr><td>担保方式：　　　　　　　　受益人：
担保金额：　　　万元　　担保期限：从　　年　月　日至　　年　月　日
担保项目预期收益水平　　　　1. 全资回报率：　　　　　%
　　　　　　　　　　　　　　2. 资本金回报率：　　　　%
贷款人：
贷款金额：　　　万元　　贷款期限：从　年　月　日至　　年　月　日</td></tr>
<tr><td colspan="2"></td></tr>
<tr><td colspan="2"></td></tr>
<tr><td colspan="2"></td></tr>
<tr><td colspan="2"></td></tr>
<tr><td colspan="2"></td></tr>
<tr><td colspan="2"></td></tr>
<tr><td colspan="2"></td></tr>
<tr><td colspan="2"></td></tr>
<tr><td colspan="2"></td></tr>
<tr><td colspan="2"></td></tr>
<tr><td colspan="2"></td></tr>
<tr><td colspan="2"></td></tr>
</table>

<table>
<tr><td>主办部门意见</td><td>经办人签字：　　　　处室领导签字：
部门领导签字：　　　　　　　　　　　　　　年　月　日</td></tr>
<tr><td rowspan="3">有关部门意见</td><td>经办人签字：　　　　处室领导签字：
部门领导签字：　　　　　　　　　　　　　　年　月　日</td></tr>
<tr><td>经办人签字：　　　　处室领导签字：
部门领导签字：　　　　　　　　　　　　　　年　月　日</td></tr>
<tr><td>经办人签字：　　　　处室领导签字：
部门领导签字：　　　　　　　　　　　　　　年　月　日</td></tr>
</table>

附件三 编号： 年 号

担保协议书

甲方：

地址：

法定代表人：

乙方：国家电力公司

地址：

法定代表人：

为明确双方权利与义务，甲、乙双方在平等自愿的基础上协商一致，就有关乙方为甲方提供担保事宜，达成以下协议：

一、担保内容：乙方根据甲方的申请，经审查同意为甲方就项目____________向________申请的借款（借款合同号：____________）提供担保。

二、担保金额：乙方为甲方提供担保的金额为甲方根据借款主合同向合同债权人借用的本金人民币（大写）____________整及其相应的利息、费用。

三、担保期限：乙方为甲方提供担保的期限为自借款主合同生效之日起，至借款期期满之日（即____年____月____日至____年____月____日）____个月止。

四、担保方式：________________

五、反担保措施：甲方同意为该借款担保向乙方提供如下之一反担保措施，并保证其真实性、合法性。

1. 由________作为反担保人向乙方提供保证反担保。保证反担保合同及有关资料附后。

2. 向乙方提供财产或权利抵（质）押。财产或权利名称：________，评估价值人民币（大写）：________。抵（质）押反担保合同及有关文件资料附后。

3. 向乙方缴纳定金人民币（大写）________整。贷款期满甲方履行借款主合同规定的全部义务后，由乙方退还甲方。

六、担保收费：甲方同意在乙方向债权人出具担保函或与之签订担保合同之前，按乙方提供担保金额的____‰以________方式支付乙方担保费人民币（大写）____________整。

七、债务追索：甲方承诺若甲方未能按债务主合同规定如期履约，乙方在接到债权人通知或承担了担保责任代为履行债务后，无需征得甲方的同意有权采取以下个别或全部措施维护自身的权益：

1. 直接扣付甲方缴纳的定金，或以折价、拍卖、变卖等形式处理抵（质）押物用以偿还债务或优先受偿，对清偿债务及利息、费用不足部分有权向甲方继续追偿。

2. 根据本协议书和甲方出具的书面划款委托书（划款委托书附后），委托甲方的开户银行____________从甲方的基本存款账户（账号：__________）或其他存款账户中扣付，直至债务及相关利息、费用全部清偿为止。

3. 直接在乙方应拨付或偿还甲方的各种款项中扣付，直至债务及相关利息、费用全部清偿为止。

4. 以本协议书作为有效凭证，将甲方在项目____________的投资收益或股东权益作为偿还债务或优先受偿的资金来源，直至债务及相关利息、费用全部清偿为止。

八、义务的履行：

1. 甲方承诺严格履行借款主合同和反担保协议约定的所有义务；

2. 主债务合同的修改、变更须经乙方同意，未经乙方同意，甲方与债权人擅自修改、变更主债务合同内容，乙方的担保责任自动解除；

3. 担保期间，乙方有权采取直接或委托方式对甲方的财务经营情况、履约情况等进行监督、检查，甲方有义务按乙方要求提供其企业财务报表和其他文件资料，并保证其真实性、准确性和完整性；

4. 担保期间，如甲方发生股份制改造、兼并、重组、合并、分立等情况，应及时通知乙方，并由变更后的当事人承担本协议及其他有关协议的义务；

5. 甲方在借款主合同执行完毕后十日内，应及时通知乙方；

6. 甲方及反担保人若发生影响履约能力的重大事项或涉及重大经济纠纷的诉讼时，应及时通知乙方；

7. 甲方在不能按借款主合同履行义务时，一年以下的短期担保，应提前15天，一年以上的中长期担保，应提前30天函告乙方；

8. 乙方在收取担保费并与甲方签订本协议后，应按照本协议的约定为甲方出具担保，但甲方申请担保文件被发现严重失实或甲方与主合同债权人串通骗取乙方担保的情况除外。

九、合同争议的解决

本合同执行过程中若发生争议，由甲乙双方协商解决，协商无法解决的，可由任一方向有管辖权的人民法院起诉。

十、本协议正式文本一式两份，甲、乙双方各执一份。

甲方（盖章）： 乙方（盖章）：

法定代表人（签章）： 法定代表人（签章）：

年 月 日

附件四　　　　　编号：　　年　　号

反担保协议

甲方：国家电力公司
地址：
法定代表人：
乙方：
地址：
法定代表人：

甲方与借款方＿＿＿＿＿＿就项目＿＿＿＿＿＿签订了＿＿年第＿＿号《担保协议书》，为借款方人民币（大写）＿＿＿＿＿＿的借款（借款合同号：＿＿＿＿）向债权人＿＿＿＿＿＿提供担保。乙方愿以本协议规定的方式，对上述《担保协议书》中约定的有关事项向甲方提供反担保。甲方经审查，同意乙方提供的反担保，并与乙方订立如下协议：

一、反担保的范围及期限

反担保范围为甲方按照上述《担保协议书》履行保证责任，代借款方向债权人支付的任何或全部款项，及由此产生的垫付利息和费用。甲方代付款项的利息，按银行同期贷款利率计算。

反担保期限为自本协议生效之日始，至甲方承担保证责任向债权人偿还债务的所有代付款项及利息、费用清偿之日止。

二、反担保方式：乙方同意向甲方提供如下之一反担保，并保证其真实性、合法性。

（一）作为反担保人向甲方提供保证反担保，并承诺履行以下保证责任

甲方在接到债权人有关借款方违约通知或履行保证责任，代借款方向债权人偿还债务后，有权直接向乙方追偿，并采取以下个别或全部措施维护自身的权益：

1. 根据本协议和乙方出具的书面划款委托书（划款委托书附后），委托乙方的开户银行＿＿＿＿＿＿从乙方的基本存款帐户（账号：＿＿＿＿＿＿）或其他存款帐户中扣付，直至债务及相关利息、费用全部清偿为止。

2. 直接在甲方应拨付或偿还乙方的各种款项中扣付，直至债务及相关利息、费用全部清偿为止。

3. 以本协议作为有效凭证，将乙方在项目＿＿＿＿＿＿的投资收益或股东权益作为偿还债务或优先受偿的资金来源，直至债务及相关利息、费用全部清偿为止。

（二）向甲方提供抵（质）押反担保

1. 抵（质）押物名称为＿＿＿＿＿＿，抵（质）押物清单及所有权、使用权权属证明附后。

2. 抵（质）押物价值

双方确认的抵（质）押物评估价值为人民币（大写）＿＿＿＿＿＿整，资产评估报告附后。

3. 抵（质）押物的占有、保管和登记。

抵（质）押期间，抵（质）押物由＿＿方占有（保管）。抵（质）押物由乙方办理有关登记认定手续，并缴纳登记费用。

4. 甲方在接到债权人有关借款方违约通知或履行保证责任，代借款方向债权人偿还债务后，有权按照法定程序处分抵（质）押物，并以得到的价款清偿债务或优先受偿。

三、义务的履行

（一）乙方提供保证反担保，有责任履行下列义务

1. 监督、督促借款方严格履行《担保协议书》约定的所有义务。

2. 按照甲方要求，定期或随时提供其生产经营、资金、财务、债权债务等情况以及财务报表（包括资产负债表、利润表、现金流量表等），并保证其真实性、准确性和完整性。

3. 在本协议有效期内，若向其他第三方提供担保，应事先征得甲方书面同意。

4. 本协议有效期内，若乙方发生股份制改造、兼并、重组、分立、涉及重大经济纠纷的诉讼等情况时，应及时通知甲方。

（二）乙方提供抵（质）押反担保，有责任履行下列义务：

1. 保证抵（质）押物不存在共有、所有权争议、已被设定抵（质）押等情况。

2. 办理抵押物或动产质押物在抵（质）押期间的财产保险，财产保险的第一受益人为甲方，保险单交由甲方保管。

3. 未经甲方书面同意，抵（质）押期间，乙方不得擅自将抵（质）押物转让、出租、出售、再抵（质）押或以其他方式处分。

四、争议的解决

本协议执行过程中若发生争议，由甲、乙双方协商解决，协商无法解决的，可由任一方向有管辖权的人民法院起诉。

五、本协议正式文本一式两份，甲、乙双方各执一份。

甲方（公章）：　　　　乙方（公章）：

法定代表人（签章）：　　法定代表人（签章）：

年　月　日

转发财政部印发《国家电力公司投资收益收取使用管理暂行办法》的通知

（国电财［1999］277）

各有关单位：

现将财政部《关于印发（国家电力公司投资收益收取使用管理暂行办法）的通知》转发给你们，并就有关的会计处理办法明确如下，请一并执行。

国家电力公司在与各子公司签订经营责任书的当月：

1. 国家电力公司作如下账务处理：

借：其他应收款——投资收益——××子公司

贷：长期投资——××子公司

2. 各子公司作如下账务处理：

借：应付利润——国家电力公司

贷：其他应付款——投资收益——国家电力公司

国家电力公司在收到投资收益时：

借：银行存款

贷：其他应收款——投资收益——××子公司

各子公司在预交本年投资收益时：

借：其他应付款——投资收益——国家电力公司

贷：银行存款

国家电力公司收取投资收益使用的会计处理，按照现行工业企业会计核算办法执行。

附件：关于印发《国家电力公司投资收益收取使用管理暂行办法》的通知关于印发《国家电力公司投资收益收取使用管理的暂行办法》的通知

一九九九年六月八日（印）

附件：

财政部关于印发《国家电力公司投资收益收取使用管理暂行办法》的通知

财经字［1999］143号

国家电力公司：

你公司《关于请审批〈国家电力公司投资收益收取和使用暂行规定〉的函》（国电财［1999］110号）收悉。经研究，我们制定了《国家电力公司投资收益收取使用管理暂行办法》，现印发给你公司，请按照执行。

附件一：国家电力公司投资收益收取使用管理暂行办法

附件二：国家电力公司____年度投资收益使用预算表

附件三：国家电力公司____年度投资收益收支决算表

附件一：

国家电力公司投资收益收取使用管理暂行办法

第一条 根据《国务院办公厅转发国家经贸委关于深化电力工业体制改革有关问题意见的通知》（国办发［1998］146号），国家电力公司从1999年1月1日起停止向子公司集中折旧资金，改为收取投资收益。现根据有关规定，制定本办法。

第二条 国家电力公司投资收益收取范围包括：

（一）国家电力公司所属全资子公司（以下简称全资子公司）。包括各电力集团公司、直属省、市、自治区电力公司和其他全资子公司。

（二）国家电力公司直接控股和参股的公司（以下简称控股及参股公司）。

第三条 国家电力公司按全资子公司税后利润的一定比例收取投资收益。年度收入计划由国家电力公司提出，商财政部同意后由国家电力公司向全资子公司收取。

第四条 全资子公司应上交的投资收益额，实行按季预交、年终据实结算的办法。各全资子公司应在每季度终了后15日内，将投资收益额上交到国家电力公司指定的银行帐户，不得拖欠。

第五条 对控股及参股公司的投资收益，按《公司法》的有关规定执行。

第六条 国家电力公司收取投资收益的使用范围是：

（一）对全国联网、跨区送电项目的资本金投入；

（二）对重大电源建设项目的资本金投入；

（三）对重点技术改造项目的资本金投入；

（四）对科研、教育、通信、调度、设计等事业单位的资本性投入；

（五）处理重大事故、自然灾害所需的恢复性资本投入；

（六）经财政部批准的其他专项支出。

第七条 国家电力公司应按照“先筹后用、量入为出”的原则使用投资收益。其中用于大中型电力建设项目的，由国家电力公司按基本建设程序办理立项手续，对于竣工项目，要严格按照国家规定进行工程验收，确保资金使用效益。

第八条 财政部对投资收益实行预决算管理。国家电力公司应于当年3月底前编制投资收益（含以前年度集中尚未使用的折旧资金）年度使用预算，报财政部核批。投资收益年度收支决算，由国家电力公司在年度终了后2个月内报财政部审批。投资收益使用预算及收支决算报表格式分别见附件二和附件三。

第九条 国家电力公司投资收益的收取使用管理由财政部负责监督。国家电力公司应严格按照财政部批准的投资收益收入计划及使用预算执行，不得擅自扩大收取标准，禁止将资金挪作他用。对违反规定的，按《国务院关于违反财政法规处罚的暂行规定》处罚。

第十条 国家电力公司及子公司应加强对投资收益收取及使用的核算，有关财务会计核算办法由国家电力公司根据现行财务会计制度制定，报财政部备案。

第十一条 本办法从1999年1月1日起执行。财政部和原电力工业部制定的《国家电力公司折旧资金集中使用管理暂行办法》执行到1998年12月31日止。

第十二条 本办法由财政部负责解释。

附件二：

国家电力公司____年度投资收益使用预算表

编制单位：国家电力公司　　　　单位：万元

项　目	预算安排
一、资金来源	
合　计	
二、资金支出	
合　计	
三、资金结存	
合　计	

附件三：

国家电力公司____年度投资收益收支决算表

编制单位：国家电力公司　　　　单位：万元

项　目	预算安排	实际支出
一、资金来源		
合　计		
二、资金支出		
合　计		
三、资金结存		
合　计		

关于印发《国家电力公司资产经营考核办法补充规定》的通知

（国电财［1999］557号）

国家电力公司系统各有关单位：

根据国务院国发［1996］48号文件和《国家电力公司资产经营考核办法》及其他有关文件精神，国家电力公司制定了《国家电力公司资产经营考核办法补充规定》，现印发给你们，请认真贯彻执行。

附件：国家电力公司资产经营考核办法补充规定

一九九九年十月十四日（印）

附件：

国家电力公司资产经营考核办法补充规定

一、总则

第一条 为了完善《国家电力公司资产经营考核办法》，进一步落实资产经营责任制，根据国务院国发［1996］48号及其他有关文件精神；结合国家电力公司的实际情况，制定本补充规定。

第二条 国家电力公司于每年4月底前由法定代表人与所属企业的法定代表人签订资产经营责任书，

以资产经营责任书的形式确定和落实所属企业资产经营考核指标。

第三条 国家电力公司对所属企业资产经营考核采取评分的方式，根据评分结果进行奖惩，奖惩与企业的资产经营风险保证金和其法定代表人的资产经营风险抵押金挂钩。

二、资产经营风险保证金和抵押金

第四条 国家电力公司所属企业要按规定建立资产经营风险保证金，所属企业法定代表人按照定额1万元向本企业缴纳资产经营风险抵押金。

第五条 国家电力公司所属企业资产经营结果超额完成考核指标的，由国家电力公司用其他未完成考核指标的企业上缴的资产风险保证金对其奖励，奖励资金用于增加该企业的工资基金；同时由国家电力公司对其法定代表人给予2万元至4.5万元的奖励。

第六条 国家电力公司所属企业资产经营结果未完成考核指标的，应按一定比例扣减其资产经营风险保证金，扣减资金上缴国家电力公司；同时按相同比例扣减其法定代表人的资产经营风险抵押金，扣减部分列作本企业工资基金。

第七条 对实行（试行）经营者年薪制的企业，对其法定代表人的奖惩，按经营者年薪制的规定执行。

三、资产经营考核评分与奖惩

第八条 国家电力公司对所属企业建立资产经营考核评分制度，根据被考核企业考核指标的实际完成情况计算其综合得分。

国家电力公司资产经营考核综合评分表

项　目	标准分	上限	下限	指标下达数	实际完成数	奖扣分	单项得分
增值率	25	37.5	12.5				
投资收益	15	22.5	7.5				
不良资产	15	22.5	7.5				
负债率	20	30	10				
利润总额	25	37.5	12.5				

表中有关项目说明：

1. 上限：指考核单项可得的最高分值，为标准分的1.5倍；

2. 下限：指考核单项时可评的最低分值，为标准分的0.5倍；

3. 指标下达数：指国家电力公司每年核定下达的考核指标数；

4. 指标实际完成数：指被考核企业实际完成的指标；

5. 奖扣分：指实际完成情况与指标下达数的差异应奖、扣的分值。

资产保值增值率的奖扣分的计算方法为：(指标实际完成数－指标下达数)×[标准分÷(指标下达数－1)]

投资收益率和利润总额的奖扣分的计算方法为：(指标实际完成数－指标下达数)×（标准分÷指标下达数）

投资收益率计算方法调整为：

投资收益率＝利润总额÷国家电力公司出资额×100%

不良资产比率和资产负债率的奖扣分的计算方法为：（指标下达数－指标实际完成数）×（标准分÷指标下达数）

6. 综合得分等于各单项得分之和。

第九条 被考核企业综合评分超过100分的，由国家电力公司按照以扣补奖、总量平衡的原则对其进行奖励。

被奖励企业奖励资金金额＝（被奖励企业综合得分－100分）÷（所有被奖励企业综合得分合计－被奖励企业个数×100分）×国家电力公司所缴的未完成考核指标企业的风险保证金总额。

第十条 国家电力公司所属企业都超额完成考核指标时，只对其法定代表人奖励，不对企业奖励。

第十一条 国家电力公司对超额完成考核指标企业的法定代表人进行奖励，奖金计算方法是：

法定代表人奖励金额＝20000元＋（被考核企业综合得分－100分）×500元

第十二条 被考核企业综合得分未达到100分的，扣减企业风险保证金和企业法定代表人风险抵押金。具体扣减比例如下：

扣减比例＝（100－被考核企业综合得分）×2%（即得50分时全部扣减）

第十三条 综合评分为100分的企业，对其风险保证金和风险抵押金不扣不奖。

四、考评程序和管理

第十四条 每年年度终了时，按照“逐级上报，审后兑现”的原则，由各个被考核企业根据经审计后的年度财务决算填报资产经营考核综合评分表，经国家电力公司财务部审核后，报国家电力公司总经理批准给予兑现。

第十五条 被考核企业需要缴纳资产经营风险保证金的，在考核结果公布一个星期内将应缴部分一次足额上缴国家电力公司。

第十六条 国家电力公司将对所属企业法定代表人的考核结果列入其人事档案，作为企业法定代表人任期内工作业绩的主要考核内容之一。

五、附则

第十七条 本办法自 1999 年 1 月 1 日起执行。

第十八条 本办法解释权属国家电力公司。

关于印发《国家电力公司国有资本金管理办法（试行）》的通知

（国电财［1999］601 号）

国家电力公司系统各单位：

为加强国家电力公司国有资本金管理，完善监管制度，维护出资者权益，确保国有资本的保值增值，把国家电力公司建设成控股型、经营型、现代化、集团化管理的国际一流企业，我们制定了《国家电力公司国有资本金管理办法（试行）》，现印发给你们，请依照执行。

附件：《国家电力公司国有资本金管理办法（试行）》（略）

一九九九年十一月二日（印）

关于印发《国家电力公司财务稽核管理办法》的通知

（国电财［1999］752 号）

各分公司，公司本部各有关部门（单位）：

为加强财务管理工作，进一步提高财务管理水平，做好财务监督工作，现将《国家电力公司财务稽核管理办法》印发给你们，请认真贯彻执行。各电力集团公司、省电力公司可参照本办法，结合各自的实际情况制定相应办法，切实做好财务稽核工作。

附件：《国家电力公司财务稽核管理办法》

一九九九年十二月二十四日（印）

附件：

国家电力公司财务稽核管理办法

第一章 总 则

第一条 为了加强财务管理基础工作，进一步提高财务管理水平，实现财务的监督职能，根据《中华人民共和国会计法》制定本办法。

第二条 财务稽核工作由公司财务与产权管理部（以下简称财务部）负责。稽核人员依照国家有关法律、规定以及公司的有关规定进行稽核。

第二章 稽核的主要任务

第三条 稽核的主要任务是：

1. 督促公司内部各部门贯彻执行国家有关的财经政策与法律规定；

2. 督促公司内部各部门执行国家电力公司关于预算、投资、担保等有关规定，保证年度资产经营目标的实现；

3. 健全公司内部的财务约束机制和财务监督机制，防范和规避财务风险；

4. 通过稽核及时发现经营管理活动中出现的财务问题，提出改进意见与建议，并跟踪落实。

第三章 稽核的对象和内容

第四条 稽核的对象是：国家电力公司内部各部门在生产经营活动过程中发生的各种财务事项以及与国家电力公司本部经营活动有关联的分公司、子公司的财务事项。

第五条 稽核的内容是：

1. 国家有关财经政策与法规的执行情况；

2. 国家电力公司有关财经规章制度的执行情况；

3. 年度预算执行情况；

4. 会计核算的基础工作及会计信息质量的真实情况。

第六条 稽核工作按计划进行，年度财务稽核工作计划由财务部根据公司当年的工作重点制定。

第四章 稽 核 工 作 程 序

第七条 对被稽核单位，财务部必须提前 7 天发出书面稽核通知，通知中必须明确稽核的时间、要求和内容，被稽核单位应按照稽核通知的要求，认真准备有关材料。

第八条 对被稽核单位（部门）进行稽核时，必须两人以上才能进行。稽核可采取两种方式进行：一是现场稽核，二是非现场稽核。对公司本部财务稽核一般采取现场稽核。

第九条 现场稽核分以下几个阶段：

1. 听取被稽核财务负责人介绍有关情况；

2. 稽核人员调阅有关资料，查阅有关凭证、帐表等；

3. 稽核人员对有关资料进行整理核对、比较分析，找出存在的问题，并依据有关政策、法规对稽核出来的问题予以定性，拟出稽核报告。

4. 与被稽核单位交换意见。

5. 稽核人员根据被稽核单位提出的意见，修改稽核报告，如果双方对某些问题意见不一致，可在稽核报告中予以反映，稽核报告向公司分管的领导报告。

6. 根据公司领导对稽核报告的批示，由财务部提出改进意见与建议，并以“财务稽核意见书”的形式送达被稽核单位，同时抄送有关部门。

第十条 非现场稽核：由被稽核单位报送有关财务资料，稽核人员根据国家有关的政策法规审查报送的资料，从中找出被稽核单位存在的问题，并与被稽核单位沟通、核实后拟出稽核报告。非现场稽核分以下几个阶段：

1. 审阅被稽核单位的自查报告；

2. 查阅有关财务资料和内部审计报告；

3. 对有关数据、情况进行整理、分析，拟出稽核报告；

4. 与被稽核单位交换有关情况，听取被稽核单位的意见，并修改稽核报告。

5. 将稽核报告报公司领导，并根据领导的批示，向被稽核单位提出改进的意见与建议，同时抄送有关部门。

第十一条 稽核报告必须在稽核完成后十五日内报出。稽核报告应包括以下内容：

1. 被稽核单位的财务概况；

2. 稽核的内容和依据；

3. 稽核出的问题；

4. 改进或完善的意见与建议。

第十二条 整理稽核档案：稽核人员对稽核工作中形成的文件资料，应建立稽核档案，做到案结卷成，归档管理。

第五章 被稽核单位的责任与权利

第十三条 按照稽核通知准备有关材料，并向稽核人员提供自查报告。

第十四条 被稽核单位（部门）应积极配合稽核工作，如实地向稽核人员介绍本单位（部门）的全部财务情况、内部控制制度及存在问题和隐患，提供预算、决算和以前年度审计结论等有关资料。

第十五条 被稽核单位必须指定专门财务人员配合稽核工作。

第十六条 认真解释或如实答复稽核人员提出的有关问题，向稽核人员介绍有关业务的历史背景，提供相关文件依据等。

第十七条 被稽核单位如对稽核报告中的有关情况有不同意见，可以口头或书面形式向稽核人员提出。

第十八条 被稽核单位收到财务部送达的“财务稽核意见书”后，应在30日内将落实情况报财务部。

第六章 附 则

第十九条 本办法由国家电力公司财务部负责解释。

第二十条 本办法适用于国家电力公司本部，并自颁布之日起执行。

关于印发《全国电力工业综合统计报表制度》的通知

（国电计［1999］107号）

各电力集团公司，各省（市、自治区）电力公司及有关单位：

新的《全国电力工业综合统计报表制度》已经国家统计局批准（批准文号国统函［1999］12号），现将该报表制度印发给你们，并就有关事项通知如下：

一、要加强对统计工作的领导。电力体制改革后，虽然各电力集团公司、省（市、区）电力公司统计内容变化不大，但统计环境已发生了很大的变化，系统外地方电厂、自备电厂和小水电站统计资料的搜集难度加大。各电力公司要加强对统计工作的领导，鼓励和支持统计人员开展工作，在系统外统计资料搜集方面，要主动争取地方政府综合经济管理部门和统计部门的支持，保证圆满完成国家经贸委委托的工作任务。

二、保证统计数据质量。统计数据质量是统计工作的生命，也是正确把握生产经营形势和制定国家政策的依据。各单位对于公司内外的统计数据要一视同仁，实事求是，严格把关，坚决制止和打击在统计数据上的弄虚作假行为，保证全国电力统计数据的准确性。

三、改善统计条件，提高统计数据时效。目前，影响统计数据时效的原因，除了系统外个别单位上报资料不主动外，主要还是由于统计工作条件较差，数据通信和数据处理手段及设备落后等因素造成的。绝大多数单位仍然处于人工电话报数，手工录入的原始信息处理阶段，已经严重影响统计数据的时效性，不能适应现代企业管理对统计工作的要求。各单位要进一步改善统计工作条件，特别是要尽快配备专用数据通信线路、及时更新计算机及相应设备。

四、正确处理各部门之间统计数据的关系，防止数出多门。涉及公司内部多个部门掌握的同一口径数据，要及早相互核实，协商一致后上报，不得各自为政。对于不同口径的数据，在使用和上报时要注明口径和范围。涉及与地方政府统计部门相交叉的统计数据，各单位要主动和统计部门取得联系，在统计部门数据上报国家统计局前将有关数据核对好，协商一致，以保证全国电力统计数据统一。

五、保证统计工作力量。近几年来，电力统计工作为适应电力工业改革的需要，加大了日常统计调查内容，并经常增加一些快速调查任务，同时缩短上报时间，月度快报节假日不顺延，大大加重了各单位的统计工作任务。在当前各电力公司机构改革之际，要求各单位要保证统计力量，并提供条件，支持统计人员的工作。

由于报批程序的原因，今年的报表制度印发的较晚，各单位在执行统计报表制度时，遇到困难和问题，要及时上报。

附件 1：《关于同意制发全国电力工业统计报表制度的函》

附件 2：《全国电力工业综合统计报表制度》（略）

一九九九年三月九日（印）

附件 1：

关于同意制发全国电力工业统计报表制度的函

国家电力公司：

你公司《关于申请电力工业统计报表制度的函》（国电计〔1998〕719 号）收悉。经研究，同意你公司制订的《全国电力工业综合统计报表制度》和《全国农村电气化综合统计年报制度》。请在正式布置时，将正式文件及统计调查制度报送我局设计管理司 5 份。

一九九九年一月二十二日（印）

关于印发《国家电力公司经济活动分析工作暂行办法》的通知

（国电计［1999］689 号）

公司系统各有关单位：

根据《国家电力公司若干工作规则》关于公司经济活动分析会的规定，研究制定了《国家电力公司经济活动分析工作暂行办法》，现印发给你们，请依照执行。

附件：《国家电力公司经济活动分析工作暂行办法》（略）

一九九九年十二月十八日（印）

关于颁发《输变电工程建设监理大纲》（试行）等5个推荐范本的通知

（国电网［1999］602 号）

国家电力公司东北公司，各电力集团公司，各省（自治区、直辖市）电力公司，南方电联，华能集团公司，各有关单位：

为提高工程建设质量和管理水平，进一步规范输变电建设监理行为，充分发挥工程监理的作用，在总结国内输变电工程建设监理经验的基础上，国家电力公司组织编制了《输变电工程建设监理大纲》、《输电线路工程建设监理规划》、《输电线路工程建设监理细则》、《变电站工程建设监理规划》、《变电站工程建设监理细则》（试行）等 5 个文件范本，现予颁发。该文件系推荐范本，在执行过程中，可以根据工程的实际情况和有关法规、规定、合同等对其内容作相应调整。

各单位在参照使用中，如有进一步改进、完善的建议，请随时报送国家电力公司电网建设部。

附件 1：输变电工程建设监理大纲（略）
附件 2：输电线路工程建设监理规划（略）
附件 3：输电线路工程建设监理细则（略）
附件 4：变电站工程建设监理规划（略）
附件 5：变电站工程建设监理细则（略）

一九九九年十一月二日（印）

关于印发进一步提高电力设施防御和抵抗洪涝灾害能力若干意见的通知

（国电安运［1999］74号）

各电力集团公司，各省（自治区、直辖市）电力公司，各电力（勘测）设计院：

1998年汛期发生在长江、嫩江和松花江流域的特大洪水对国家电力公司系统的电力设施造成了严重威胁和重大损失。为了吸取这次洪涝灾害的教训，加强和规范电力设施的设计、建设、运行管理工作，从根本上提高电力设施抗御洪涝灾害的能力，变抗灾救灾为防灾减灾，国家电力公司在对灾区电力设施洪灾损失调查、研究的基础上，提出了《关于进一步提高电力设施防御和抵抗洪涝灾害能力的若干意见》（以下简称"意见"）。现印发给你们，请认真贯彻执行，同时提出如下要求：

1. 各有关单位的领导要根据"意见"的要求，抓紧组织落实。要明确目标，落实责任制。凡未按要求采取措施，或措施不力而造成不应有损失的，要追究有关单位，特别是领导的责任。

2. 黑龙江省电力公司要向地方防总进一步反映多条220kV跨江输电线路（哈乐线、三西线）在分洪区内受泄洪威胁的问题，并采取有效措施妥善解决，以确保遭遇特大洪水时线路安全。

3. 东北地区各（网）省电力公司要认真研究输配电线路受洪水浸泡塔杆的防冰害措施，并及时总结经验。国家电力公司拟于开春后在东北召开专题研讨会，进一步提出输变电线路防冰害措施的补充规定。

附件：关于进一步提高电力设施防御和抵抗洪涝灾害能力的若干意见（略）

一九九九年二月二十六日（印）

印发《关于加强城网建设改造工程质量管理的补充规定》的通知

（国电安运［1999］156号）

各省（自治区、直辖市）电力公司，各电力集团公司，国家电力公司东北公司：

为贯彻全国基础设施建设工程质量工作会议和《国务院办公厅关于加强基础设施工程质量管理的通知》（国办发［1999］16号）的精神，进一步加强城网工程质量管理，国家电力公司组织制定了《关于加强城网建设改造工程质量管理的补充规定》，现印发给你们。请结合国家电力公司国电办［1999］59号文及有关城网建设改造的规定一并贯彻执行，各单位应针对本地城网工程质量管理的情况，制定具体的实施细则和办法。执行中出现的问题，请及时报国家电力公司。

附件：关于加强城网建设改造工程质量管理的补充规定（略）

一九九九年三月二十八日（印）

关于印发直流换流站安全文明达标标准及考核实施细则（试行）的通知

（国电发［1999］282号）

华东电力集团公司，上海市电力公司，宜昌超高压管理处：

为深入开展供电企业"安全文明生产达标工作，现将《直流换流站安全文明生产达标标准及考核实施细则》（试行）印发给你们，请依照执行。

附件：直流换流站安全文明生产达标标准及考核实施细则（试行）（略）

一九九九年六月八日（印）

关于颁发《中国一流电力公司考核标准（试行）》的通知

（国电发［1999］305号）

各电力集团公司，各省（自治区、直辖市）电力公司，华能集团、华能国际、南方电力联营公司：

为了推进电力企业的"两个根本性转变"，适应社会主义市场经济体制的要求，国家电力公司决定：

在巩固发、供电企业安全文明生产达标和创一流成果的基础上，继续深化创一流工作，努力创建一流电力公司。创建一流电力公司是电力企业适应市场要求，提高企业整体素质、不断加快电力发展的必然选择；是继续深化电力体制改革，加快现代企业制度建设，实现与国际先进管理水平接轨的内在需要；也是坚持以经济效益为中心，进一步降低成本，提高效率和效益，提高技术水平、经营水平、管理水平、服务水平，使企业更安全、更经济、更高效、更文明、更具竞争力的有效途径。创一流工作是企业管理的一项重要基础性工作。要把创一流工作与落实党中央关于改革、改组、改造和加强管理的要求紧密结合，扎扎实实做好工作。这项工作不是局部性、阶段性的工作，而是根本性、全局性、长远性的工作，具有重要的现实意义和深远的历史意义。

创建一流电力公司的指导思想是：高举邓小平理论的伟大旗帜，深入贯彻党的十五大精神，坚持两手抓、两手硬，以市场为导向，以安全文明生产为基础，以经济效益为中心，以改革为动力，以科技为先导，以优质服务为宗旨，以最大限度满足客户需求为目标，面向21世纪、面向国际，在实现中国一流电力公司的基础上，向国际一流电力公司迈进。

根据我国实际，创建一流电力公司，要分两步走。第一步，各电力公司经过2～3年的努力，达到中国一流电力公司标准；第二步，到2005年创国际一流电力公司取得突破，2010年在部分网省电力公司实现国际一流电力公司的基础上，国家电力公司实现创国际一流电力公司的目标。

为加快创建中国一流电力公司的步伐，努力赶超国际一流电力公司，现颁发《中国一流电力公司考核标准（试行）》（见附件），各网省公司要认真学习标准，结合实际，制定规划，认真组织实施，把创一流电力公司工作扎扎实实地开展起来。

各网省公司在执行中遇到什么问题，请及时告国家电力公司发输电运营部。

附件：中国一流电力公司考核标准（试行）（略）

一九九九年七月二十九日（印）

关于颁发《一流电力试验研究院（所）考核标准（试行）》的通知

（国电发［1999］612号）

各电力集团公司，各省（自治区、直辖市）电力公司：

为全面提高电力试验研究院（所）的管理水平和自身素质，加强两个文明建设，更好地发挥“四个中心”的作用，增强对社会主义市场经济的适应能力和竞争能力，决定在电力试验院（所）安全文明生产达标的基础上，进一步开展创建一流电力试验研究院（所）的工作。现将《一流电力试验研究院（所）考核标准（试行）》颁发给你们，自即日起执行。

附件：一流电力试验研究院（所）考核标准（试行）（略）

一九九九年十一月三日（印）

关于印发《国家电力公司关停小火电机组管理办法》的通知

（国电发［1999］337号）

各电力集团公司，东北公司，各省（市、区）电力公司，华能集团公司：

为使国家电力公司系统关停小火电机组工作制度化、规范化，根据国务院关于关停小火电机组的指示精神和国家经贸委、国家计委等有关文件的要求，制定了《国家电力公司关停小火电机组管理办法》，现印发给你们，请严格按照执行。

附件：国家电力公司关停小火电机组管理办法（见“特载”篇）

一九九九年六月三十日（印）

关于颁发《汽轮发电机运行规程》的通知

（国电发［1999］579号）

各电力集团公司，东北公司，各省（市、区）电力公司，华能集团公司，华能国际电力开发公司，电规总院：

随着300MW及以上大型汽轮发电机组的迅速增加，对发电机运行规程提出了新的要求。为此，国家电力公司在总结近年来发电机运行情况的基础上，组织有关专家制定了《汽轮发电机运行规程》，现以公司标准颁发执行。

各有关单位要根据新颁发的《汽轮发电机运行规程》对现有规程进行相应修改。在执行中如有问题，请及时告国家电力公司发输电部。

附件：汽轮发电机运行规程（略）

一九九九年十一月九日（印）

关于颁发超高压输变电企业达标和一流考核标准的通知

（国电发［1999］611号）

各电力集团公司，各省（自治区、直辖市）电力公司，南方电力联营公司，东北公司：

为了进一步提高超高压输变电企业安全生产、经济效益和整体素质，加强电网管理，保障电网安全、稳定、经济运行，国家电力公司决定在超高压输变电企业开展安全文明生产达标和创一流工作，现将《超高压输变电企业一流企业考核标准（试行）》和《超高压输变电企业安全文明生产达标考核标准（试行)》颁发给你们，自即日起实施。

附件1：《超高压输变电企业一流企业考核标准（试行)》(略)

附件2：《超高压输变电企业安全文明生产达标考核标准（试行)》(略)

一九九九年十一月三日（印）

关于装用IC卡式电能表有关问题的通知

（国电发［1999］465号）

各电力集团公司，各省（自治区、直辖市）电力公司，东北公司：

近几年来，各地陆续装用了一些IC卡式电能表，在使用中发生了一些技术质量、管理及法律等方面的问题。专家呼吁停止推广IC卡电水表。国家电力公司予以高度重视，召开专门会议对IC卡式电能表的可用性进行了认真分析，并请质检中心进行了验证。现将使用IC卡式电能表的有关问题通知如下：

一、IC卡式电能表存在的主要问题：一是抗干扰能力脆弱，质量问题突出，特别是开放的读写窗口，易受外界攻击；二是IC卡式电能表被攻击造成控制系统失效后，难以取证认定极易发生的用电纠纷。特别是预购电量快用完前发生停止现象，有违于电力法规的规定；三是价格高，寿命短，综合效益差，使用风险大；四是难以适应电价变动的要求，在电价调整时可能影响社会稳定。

二、目前，由于国产IC卡式电能表的可用性差，在城乡居民“一户一表”改造工程中不宜选用。对于特殊用电对象，如临时用电，电费回收难的工商企业等，可有针对性的装用安全与质量过关的IC卡式电能表，并做到按月抄表到位，以防出现电费丢失现象。

三、对已经装用的IC卡式电能表，要加强巡视管理，定期或不定期的核验实际用电情况，以确保数据不乱。对故障率高，质量和安全问题突出的产品，应尽快采取措施，退出使用。

四、国家电力公司将积极支持和引导质优适用的长寿命技术的新型电能表的开发与试用，并请各网省公司随时关注IC卡式电能表在技术、质量、管理及法律等方面问题的改进。

一九九九年九月一日（印）

关于印发《水电机组达标投产考核评定办法（1999年版)》的通知

（国电水［1999］241号）

各网、省电力公司，各水电建设项目业主、建设、设计、监理、施工和生产单位：

为了促进水电机组达标投产工作的开展，提高水电机组工程建设质量和整体移交水平，国家电力公司制定了《水电机组达标投产考核评定办法（1999年版)》，现印发给你们，请贯彻执行。

《水电机组达标投产考核评定办法（1999年版)》适用于国家电力公司系统内的水电工程，今后新投产的水电机组均应按达标投产的要求组织建设。执行中的意见和问题，请及时告国家电力公司水电部。

附件：水电机组达标投产考核评定办法（1999年版）(略)

一九九九年五月二十一日（印）

关于印发《农村电网建设与改造技术原则》的通知

（国电农［1999］191号）

各电力集团公司，国家电力公司东北公司，各省、自治区、直辖市电力公司：

为了进一步做好农村电网建设与改造工作，保证农网建设与改造工程的质量，使各地在农网建设与改造工作中，有一个明确的技术要求和标准，达到控制建设规模、防止盲目追求过高建设标准、降低工程造价和保证农网安全的目的，国家电力公司制定了《农村电网建设与改造技术原则》。现印发给你们，请各单位认真贯彻执行，执行过程中有何问题请及时告国家电力公司农电部。

附件：农村电网建设与改造技术原则

一九九九年四月十五日（印）

附件：

农村电网建设与改造技术原则

第一章　总　　则

1.1　为搞好农村电网建设与改造（以下简称农网改造）工作，达到技术先进，安全可靠和节能的目的，满足农村用电增长的需要，提高供电质量和农村配电网的现代化管理水平，特制定本《农村电网建设与改造技术原则》。

1.2　农网改造选用的设备必须是通过省部级或相应级别鉴定的国产设备，应优先选择国家经贸委和国家电力公司推荐的产品。

1.3　各地应根据当地经济发展和用电负荷的情况，在保证用电安全、经济可靠的前提下，因地制宜地采用新技术、新产品、新工艺。

1.4　农网改造工作应严格执行有关设计、施工、验收等技术规程和规范。

第二章　总　体　要　求

2.1　农网改造工程，要注重整体布局和网络结构的优化，应把农网改造纳入电网统一规划。

2.2　农网线路供电半径一般应满足下列要求：

400V线路不大于0.5km；10kV线路不大于15km；35kV线路不大于40km；110kV线路不大于150km；

2.3　在供电半径过长或经济发达地区宜增加变电站的布点，以缩短供电半径。长远目标为每乡一座变电站，以保证供电质量，满足发展需要。负荷密度小的地区，在保证电压质量和适度控制线损的前提下，10kV线路供电半径可适当延长。

2.4　在经济发达和有条件的地区，电网改造工作要同调度自动化、配电自动化、变电站无人值班、无功优化结合起来。暂无条件的也应在结构布局、设备选择等方面予以考虑。

2.5　农网改造后应达到：

2.5.1　农网高压综合线损率降到10%以下，低压线损率降到12%以下。

2.5.2　变电站10kV侧功率因数达到0.9及以上，100kVA及以上电力用户的功率因数达到0.9及以上，农业用户的功率因数达到0.8及以上。

2.5.3　用户端电压合格率达到90%及以上，电压允许偏差值应达到：220V允许偏差值+7%～－10%；380V允许偏差值+7%～－7%；10kV允许偏差值+7%～－7%；35kV允许偏差值+10%～－10%。

2.5.4　城镇地区10kV供电可靠率应达到国家电力公司可靠性中心提出的标准。

2.5.5　农网主变容量与配电变压器容量之比宜采用1:2.5，配电变压器容量与用电设备容量之比宜采用1:1.5～1.8。

2.6　输电线路路径和变电站站址的选择，应避开行洪、蓄洪区和沼泽、低洼地区，在设计中宜采用经过审定的通用设计或典型设计。

2.7　农网改造工程应尽量利用现有可用设施。

第三章　110kV输变电工程

3.1　110kV输变电工程的建设应满足10～15年用电发展需要。

3.2　工程建设必须严格执行国家现行有关规程、规范，设计必须符合规定的设计深度要求。

3.3　变电站的建设，应从全局利益出发，结合国情，符合农网特点，采用中等适用的标准，严格控制占地面积和建筑面积，不搞豪华装修。

第四章　35kV输变电工程

4.1　农村变电站的建设应坚持“密布点、短半径”的原则，向“户外式、小型化、低造价、安全可靠、技术先进”的方向发展，设计时考虑无人值班。

4.2　设计标准可考虑10年负荷发展要求，一般可按两台主变考虑。

4.3　变电站进出线应尽量考虑两回及以上接线，线路应采用环网接线方式，开环运行，或根据情况采用放射式单接线方式。

4.4　高压侧选用新型熔断器做主变保护方式的，相应的10kV侧保护宜采用反时限重合器配合。

4.5　新建变电站保护宜采用微机保护装置，淘汰综合集控台。

4.6 新上主变必须采用新型节能变压器，高耗能变压器三年内全部更换完毕。

4.7 设备选择应符合总则要求，城镇和经济发达地区宜选用自动化、智能化、无油化、少维护产品。

4.8 导线应选用钢芯铝绞线，导线截面根据经济电流密度选择，并留有10年的发展余度，但不得小于$70mm^2$。在负荷较大的地区，推荐使用稀土导线。

4.9 线路杆塔应首选预应力混凝土杆，在运输和施工困难的地区可采用部分铁塔。

4.10 标准金具采用国家定型产品，非标准金具必须选用标准钢材并热镀锌。

第五章 10kV配网

5.1 农村配电变压器台区应按“小容量、密布点，短半径”的原则建设改造。新建和改造的台区，应选用低损耗配电变压器（目前主要是采用S9型和少量非晶合金配电变压器）。64、73系列高能耗配电变压器要全部更换。

5.2 变压器容量以现有负荷为基础，适当留有余度，新增生活用电变压器，单台容量一般不超过100kV·A。

5.3 容量在315kV·A及以下的配电变压器宜采用杆上配置，容量在315kV·A以上的配电变压器宜采用落地式安装。宜选用多功能配电柜，不宜再建配电房。

5.4 新建和改造配电变压器台应达到以下安全要求：

5.4.1 柱上及屋上安装式变压器底部对地距离不得小于2.5m。

5.4.2 落地安装式变压器四周应建围墙（栏），围墙（栏）高度不得小于1.8m，围墙（栏）距变压器的外廓净距不小于0.8m，变压器底座基础应高于当地最大洪水位，但不得小于0.3m。

5.5 配电变压器的高压侧宜采用国家定型的新型熔断器和金属氧化物避雷器。

5.6 低压侧出线导线截面不得小于$35mm^2$（铝线），总开关应采用自动空气开关，并加装漏电保护器。

5.7 城镇配网应采用环网布置，开网运行的结构。乡村配网以单放射式为主，较长的主干线或分支线装设分段或分支开关设备，应积极推广使用自动重合器和自动分段器，并留有配网自动化发展的余地。

5.8 导线应选用钢芯铝绞线，导线截面根据经济电流密度选择，并留有不少于5年的发展余度，但应不小于$35mm^2$，负荷小的线路末段可选用$25mm^2$。一般选用裸导线，在城镇或复杂地段可采用绝缘导线。

5.9 负荷密度小、负荷点少和有条件的地区可采用单相变压器或单、三相混合供电的配电方式。

5.10 线路杆塔在农村一般选用10m及以上、城镇内选用12m及以上预应力水泥电杆。

5.11 未经电力企业同意，不得同杆架设广播、电话、有线电视等其他线路。

5.12 标准金具采用国家定型产品，非标准金具必须选用标准钢材并热镀锌。

第六章 低压配电设施

6.1 低压配电线路布局应与农村发展规划相结合，考虑村、镇建房规划，严格按照《农村低压电力技术规程》要求进行建设、改造。

6.2 低压主干线路按最大工作电流选取导线截面，但不得小于$35mm^2$，分支线不得小于$25mm^2$（铝绞线）。禁止使用单股、破股线和铁线。

6.3 线路架设应符合有关规程要求。电杆一般采用不小于8m的混凝土杆，主干线应采用裸导线，但在村镇内，为保证用电安全，通过经济技术比较，可采用绝缘线。电杆拉线应装绝缘瓷瓶。

6.4 排灌机井线路推荐使用地埋线。

6.5 接户线的相线、中性线或保护线应从同一电杆引下，档距不应大于25m，超过时应加接户杆。

6.6 接户线应采用绝缘线，导线截面不应小于$6mm^2$，进户后应加装控制刀闸、熔丝和漏电保护器。进户线必须与通信线、广播线分开进户。进户线穿墙时应装硬质绝缘管，并在户外做滴水弯。

6.7 未经电力企业同意，不得同杆架设广播、电话、有线电视等其他线路。

第七章 无功补偿

7.1 农网无功补偿，坚持“全面规划、合理布局、分级补偿、就地平衡”及“集中补偿与分散补偿相结合，以分散补偿为主；高压补偿与低压补偿相结合，以低压补偿为主；调压与降损相结合，以降损为主”的原则。

7.2 变电站宜采用密集型电容补偿，按无功规划进行补偿，无规划的，可按主变容量的10%～15%配置。

7.3 100kV·A及以上的配电变压器宜采用自动跟踪补偿。

7.4 积极推广无功补偿微机监测和自动投切装置。应采用性能可靠、技术先进的集合式、自愈式电容器。

7.5 配电变压器的无功补偿，可按配电变压器容量的10%～15%配置，线路无功补偿电容器不应与配电变压器同台架设。

第八章 低 压 计 量 装 置

8.1 农户用电必须实行一户一表计费，村镇公用设施用电必须单独装表计费。

8.2 严禁使用国家明令淘汰及不合格的电能表，宜采用宽量程电能表，电能表要定期校验。

8.3 电能表应按农户用电负荷合理配置。经济发达地区一般按不小于2kW/户考虑。

第九章 附 则

9.1 各省（区、市）电力公司根据实际情况，制定相应的技术标准。

9.2 本原则由国家电力公司负责解释。

关于印发《供电所营销管理办法》等四个办法、规定的通知

（国电农［1999］652号）

东北分公司，各电力集团公司，各省（自治区、直辖市）电力公司：

为深入贯彻国务院国发［1999］2号和国家经贸委国经贸电力［1999］294号以及国经贸厅［1999］85号文件精神，减少农村供电中间环节，实行县（市）乡（镇）电力一体化管理，降低农村电价、减轻农民负担、开拓农村电力市场，进一步规范乡镇电管站改为供电所后的管理，提高工作效率和服务质量，确保农电“两改一同价”工作顺利进行。国家电力公司制定了《供电所营销管理办法》、《供电所规范化服务规定》、《供电所线损管理办法》和《供电所安全管理办法》，现印发给你们，请认真贯彻执行。

附件1：供电所营销管理办法
附件2：供电所规范化服务规定
附件3：供电所线损管理办法
附件4：供电所安全管理办法

一九九九年十一月二十四日（印）

附件1：

供电所营销管理办法

第一章 总 则

第一条 根据国家关于乡镇电管站改革的精神要求，进一步规范供电所的营销行为，在全国建立起规范的、科学的、统一的农村电力营销制度，特制定本办法。

第二条 本办法适用于国家电力公司管理的供营业区域内所有的农村供电单位。县供电企业要明确各供电所的营业范围，供电所按照县供电企业的具体规定，负责所辖客户的抄表、核算、收费和用电管理工作。各供电所应设立营业室。

第三条 电力营销要适应社会主义市场经济体制的要求，以为农民生活、农村经济、农业生产服务为宗旨，严格执行电价政策，努力开拓电力市场。

第二章 用电抄表、核算、收费

第四条 严格执行国家电价政策，不得违反国家规定在电价外加收或代收任何费用，不得减免国家规定加收的基金和加价。做到应收必收，收必合理。

第五条 农村电力营销实行“五统一”（统一电价、统一发票、统一抄表、统一核算、统一考核），“四到户”（销售到户、抄表到户、收费到户、服务到户），“三公开”（电量公开、电价公开、电费公开）和农村用电一户一表，增强电费电价的透明度。

第六条 建立定期抄表制度，要按规定的日期和周期对电能表进行实抄，推广现代化手段，提高抄、核、收的工作效率和工作质量，电能计费表实抄率要达到100%。

第七条 加强电量、电费、电价的内部核算，使用县供电企业统一的抄表卡、电费台帐，确保电量、电价、电费正确无误。积极推广应用计算机核算。

第八条 电费回收应合理设置收费点。各供电企业应推广农村金融机构代收电费、电费储蓄和预付电费等先进的电费管理办法。确保电费回收率100%。

第九条 加强电费的票据管理，所有电费票据由县及县以上的供电企业统一印制，并严格领用和使用程序，电费票据应反映出电能表起止码、电量、电价和各种电费等内容，全面推行计算机开票到户。

第十条 各县供电企业要加强对供电所电价、电费的管理，定期开展专项检查，发现问题及时解决，要加强内部考核，严格控制电费电价差错率。

第三章 业 扩 管 理

第十一条 供电所营业区内的低压客户的新装、增容、变更用电和临时用电等业务由供电所负责办理；高压客户、业扩增容等业务由供电所受理，审核后报县供电企业有关部门，按审批权限办理。

第十二条 供电所应建立营业区内高低压客户的用电营业档案，并由专人管理。

第十三条 要严格按国家规定收取办理用电业务的各种费用。收取费用的名称、金额等要记入营业档案，并将收取凭证存入营业档案。供电所收取的费用应定期上交县供电企业，供电企业财务部门应专门建账管理，不得与其他资金混淆。

第十四条 供电所要与服务区内高低压客户签订供用电合同，明确供用双方的责任、权利、义务，明确资产分界、计量方式和电费结算方式等。供用电合同应由县及县以上供电企业负责审核批准，并加盖县供电企业合同专用章。

第四章 电 能 计 量

第十五条 县供电企业要加强计量管理，供电所应设立专（兼）职计量管理员，负责计量装置的日常管理工作。

第十六条 对客户电能表要实行统一管理，建立电能表台账，统一按周期修校轮换，提高表计计量的准确性。有条件的县供电企业可依法在供电所设校表点，方便客户。

第十七条 要结合农网改造将客户电能表逐步更换为新型电能表（或长寿命电能表），在有条件的地方，可适当采用集抄电能表系统。

第十八条 加强计量装置的配置管理，根据客户的报装容量、负荷性质和负荷变化情况，科学地配置计量装置，以提高计量准确性。农村低压客户计量装置配置方案由供电所确定，高压客户的计量装置由供电所提出初步配置方案，报县供电企业批准后执行。

第十九条 供电所抄表人员在抄表时应同时检查计量装置运行状况，计量管理人员应定期对计量装置进行检查，发现问题按有关规定及时处理。

第五章 营销业务管理

第二十条 供电所要建立起全过程的营销机制。从用电申请的受理、批复、装表、接电到正常用电的全过程每一个环节，要有人负责、有人监督，使供电营销规范化。

第二十一条 县供电企业与供电所之间要逐步建立起县（市）乡（镇）一体化的营业管理体系。积极推行计算机营业无笔化作业，县供电企业与供电所联网运行。

第二十二条 加强供电所经营指标的管理。县供电企业要制定供电所的年度经营目标，包括平均电价、电费回收、售电量等各项指标，并将指标纳入经济责任制考核。

第二十三条 供电所要建立营销定期分析例会制度，分析营销指标的完成情况及存在的问题，找出解决问题的办法和改进措施。

附件2：

供电所规范化服务规定

为加强供电所行风建设，提高供电所服务水平，明确供电所规范服务内容，特制定本规定。

第一条 建设文明整洁的工作场所

1. 供电所要有明显的名称标志，所内服务场所和工作处所标示齐全。

2. 所内划定卫生责任区、明确卫生责任人、建立卫生责任制。

3. 保持环境卫生。不随地吐痰，不乱扔烟头、杂物，养成良好的卫生习惯。

4. 室内办公设施摆放整齐，各种资料编序保存，工具、备品入库保管并做到整齐有序、便于取用。

5. 为接待客户配置的座椅、饮水器具等要有固定的位置并保持清洁卫生。

第二条 倡导文明礼貌的服务行为

1. 工作人员着装整洁。

2. 接待客户要礼貌热情，语言、举止文明，耐心解答客户提出的问题。

3. 上门为客户服务，工作人员要主动出示证件，尊重客户的风俗和习惯。

4. 遵守劳动纪律，禁止酒后工作。

第三条 公布有关的规章制度、公开办事程序

1. 接待客户的场所应悬挂电价及各项收费的标准和原电力部颁发的“严禁以电谋私的若干规定”等。

2. 应向客户公开业扩报装流程、办理用电的程序等。

3. 备有电力法规、办理用电业务须知、用电服务指南、安全用电和节约用电等资料供客户查询。

4. 有条件的地方可设立客户用电信息查询系统。

第四条 加强电费管理、严格执行电价政策

1. 县供电企业要统一制定方便客户、利于管理的电费收缴制度，对供电所的财务管理严格执行“收支两条线”的办法，严禁供电所截留、挪用电费。

2. 电费票据应统一印制并推行微机开票，票据内容应明确反映出电量、电价、电费。

3. 严格执行电价政策，杜绝电费收缴中的“人

情电、关系电、权力电”和搭车收费的现象。

4. 做到电量、电价、电费公开并按村或台区张榜公布，张榜公布率达到100%。

第五条　建立事故抢修制度

1. 要有完善的事故抢修措施，设有专人值班，有条件的要设立报修电话。

2. 接到故障报告，抢修人员要及时赶到现场，在符合有关规程的情况下，一般事故处理不超过24小时。

3. 对危及人身或主设备安全的隐患、故障和事故，应立即组织检修、处理。

4. 对可能发生的洪水、地震、火灾、风雾灾害等要有处置预案，提高防灾减灾能力。

5. 对供电线路、配电台区等要建立定期巡视制度，做到防患于未然，确保所辖区内的供电可靠性指标。

6. 计划检修停电，要提前通知客户；事故检修停电，要及时通知客户；突发性故障停电，客户查询时应做好耐心解释。

第六条　推行供电社会服务承诺制度

1. 实行供电社会服务承诺制，强化行风建设工作。

2. 向社会公开承诺的内容、标准，并做到切实可行、有诺必践。

3. 承诺的内容要不断充实，把供电社会服务承诺同加强内部管理相结合，建立完善的奖惩机制。

第七条　建立健全监督机制

1. 县供电企业要设立统一的举报、投诉电话，并设立举报箱，在村或配电台区明显标示。

2. 聘请社会监督员，定期召开行风建设座谈会。多方面听取意见和建议，实行民主评议行风。建立客户接待制度和走访客户制度。

3. 建立信息反馈机制，对客户的来信、来访和投诉等应在规定的期限内答复、处理，并将受理情况记录在案。

第八条　加强培训，提高人员素质

1. 加强对供电所人员的技术培训和职业道德教育，提高人员素质。

2. 建立完善的培训制度，实行上岗培训、定期培训、全员培训等。

第九条　采用先进技术，提高科学管理水平

1. 有计划、有步骤地建立供电所计算机管理系统，为客户提供优质高效的服务。

2. 有条件的地方，逐步推行远程抄表、抄表器抄表等先进方法，方便客户、提高工作效率。

3. 对设备台账、客户档案，电能计量表计的轮校等实施动态管理，对负荷的需求与预测、线损的分析与管理等实行计算机管理。

第十条　开展便民服务活动

1. 设立咨询台、所长接待日等，方便客户查询，解答客户用电报装、电价电费等问题。

2. 根据用电的特点，利用集日、节日等集中宣传安全用电、依法用电、节约用电的常识。通过电视台、广播站、学校等加强宣传，提高用电的安全水平。

3. 主动上门为烈军属、残疾人和孤寡老人服务，为其排忧解难。

附件3：

供电所线损管理办法

第一章　总　　则

第一条　线损率是供电企业的一项重要经济技术指标，也是衡量企业综合管理水平的重要标志。根据国家电力公司《关于加快乡（镇）电管站改革实行县（市）乡（镇）电力一体化管理的实施意见》的要求，制定本办法。

第二条　供电所线损管理范围为配电线路、配电变压器和低压线路的电能损失、电压损失和无功损耗。

第三条　线损管理的目的是优化电网结构，合理调配负荷，实现最佳的经济技术指标。

第二章　技　术　指　标

第四条　电能损失率指标：

1. 配电线路综合损失率（包括配电变压器损失）≤10%；

2. 低压线路损失率≤12%。

第五条　线路末端电压合格率≥90%。

1. 配电线路电压允许波动范围为标准电压的±7%；

2. 低压线路到户电压允许波动范围为标准电压的±10%。

第六条　功率因数指标：

1. 农村生活和农业线路 $\cos\varphi \geqslant 0.85$；

2. 工业、农副业专用线路 $\cos\varphi \geqslant 0.90$。

第三章 指 标 管 理

第七条 供电所管辖高低压线路都应进行理论计算，用于电网的建设、改造与管理，使线损管理科学化、规范化。

1. 配电线路损失以线路出线总表和与线路连接的变压器二次侧计量总表为考核依据；

2. 低压线路以配电变压器二次侧计量总表和该变压器所接低压客户计费表为计算考核依据。

第八条 县供电企业每三年对高、低压电网进行一次理论线损计算，根据各供电所的电网结构、负荷量和管理现状，每年制定一次高、低压线损指标。供电所再分解到每条线路、每个电工组和用电村。

电能损失的考核按年、季、月考核，月度电能损失波动率应小于3个百分点；分线路、分电压等级同步考核。

第九条 高、低压电网的建设、改造前应进行理论线损计算，在达到最大设计负荷时应满足线损指标的要求。在理论线损的基础上并考虑合理的管理线损，制定线损指标。

第十条 电压损失的考核以电压自动记录仪对电压的记录作为考核依据，记录仪设在线路末端。配电线路以变电站的母线为单位设置监测点。低压线路每百台区设一电压监测点。功率因数以配电线路为考核单位。

第十一条 线损完成情况要与经济责任挂钩，奖优罚劣，严格考核和兑现。

第四章 降损技术措施

第十二条 农村变电站和配电台区的设置，应选在负荷中心，坚持多布点、小容量、短半径的原则。

第十三条 优化电网结构，缩短供电半径，降低线路损失。

1. 配电线路供电半径≤15km；

2. 低压线路供电半径≤0.5km。

第十四条 淘汰高耗能变压器；合理选择变压器容量，提高变压器负载率。

第十五条 优化无功补偿，坚持就地分散补偿和线路集中补偿相结合的原则。线路集中补偿的补偿点应根据负荷分布及线路长度确定，并备有调峰的补偿设备。

第五章 降损措施管理

第十六条 县级供电企业要建立对供电所的线损管理制度，供电所设专责人，从事线损统计、分析、考核和其他线损管理工作。

第十七条 建立线损分析例会制度，及时发现和纠正问题，并对以后的线损进行预测，制定降损措施。

第十八条 建立同步抄表制度，实行高压、低压计量表同步抄表，尽量消除因抄表时间差出现的线损波动。

第十九条 建立定期母线电能表平衡制度，母线电能表不平衡率<2%。采取多级电能表平衡方法，分析线损，监控表计运行。

第二十条 建立计量表管理制度，明确计量表的管辖权限，积极推广应用新技术、新产品，提高计量准确度。

第二十一条 加强营业管理，杜绝估抄、漏抄、错抄、违章用电、计量事故、错误接线，加强打击窃电力度。

附件4：

供电所安全管理制度

为认真贯彻落实国务院关于乡（镇）电管站改革的指示精神，切实加强供电所安全管理，确保安全、可靠、经济供电，保障人民生命财产安全，使电力更有效的为农业生产、农村经济和人民生活服务，特制定本办法。

第一条 坚持“安全第一”方针

认真贯彻执行国家有关安全生产的各项政策和法规，坚持“安全第一、预防为主”的方针，严格执行《农村低压电力技术规程》、《农村低压电气安全工作规程》、《农村安全用电规程》、《农电事故调查统计规程》和有关电力安全、技术法规。

第二条 供电所安全管理主要职责

1. 受县供电企业的委托，统一组织安全培训及安全考核工作。

2. 负责辖区内高、低压线路、输配电设备及用电设施的安全运行、巡视检查、维护检修．安装验收。按规程要求保证设备完好率和安全可靠性。

3. 负责组织辖区内安全用电知识的宣传和普及工作。

4. 认真宣传和贯彻执行《电力法》、《电力设施保护条例》等有关规定，依法保护电力设施。

第三条 基础工作管理

县供电企业要制定详细的供电设施更新和改造计划，确保设备健康水平。各供电所要建立健全设备健康状况、缺陷处理、事故检修、安全试验、安全检查、安全考核等各种台账、档案资料。

第四条　巡视检查管理

必须建立电力设施定期和不定期的巡视检查制度。制定巡视检查工作计划，责任要落实到人，巡视检查内容应符合《农村安全用电规程》的具体要求。巡视检查中发现的设备缺陷，必须认真做好纪录，对严重缺陷要及时处理，一般缺陷要列入检修计划，及时修复。

第五条　漏电保护器管理

农村用电户按《农村低压电力技术规程》的要求，装设漏电保护器。供电所负责配电台区内公用总保护和分支保护漏电保护器的安装、运行、维护管理，定期或不定期地进行检查和测试，并建立运行记录和测试纪录。

第六条　检修试验管理

建立设备检修和试验制度，按规程要求的试验周期，编制设备检修、试验及设备升级改造计划，并认真组织实施。做好设备管理工作，提高电力设备和用电设施的安全健康水平。供电所的安全生产器具和检修设备及仪器仪表，要按规程要求定期试验。

第七条　安全责任制

供电所要建立安全责任制，并纳入县供电公司的安全管理体系。所长为第一安全责任人，与县供电企业第一安全责任人签订安全生产责任状，对本所安全生产负全面责任。要设一名专职或兼职安全员，负责本所安全管理工作计划的具体实施，指导农电工做好安全用电管理工作，农电工要与供电所长签订安全考核内容，并与其工资奖金挂钩。

第八条　安全例会制

供电所定期召开安全生产例会。研究安全工作，组织职工、农电工进行规程学习。并组织考试，不合格者不得上岗。

第九条　安全合同管理

供电所在与客户签订供用电合同时，要明确安全责任。安全责任划分以资产产权分界点为界。资产归谁所有，发生事故由谁负责。乡办或村办企业和个体企业电力设备若委托供电所代管，产权虽不属供电所，但发生责任事故后应由代管方负主要责任。

第十条　安全检查

建立安全用电监察制度，定期进行安全检查，检查安全隐患、防范措施，做好安全事故的预防工作。

第十一条　“两票、三制”管理

供电所对线路、设备的运行、维护管理必须严格执行“两票”、“三制”。“两票”合格率达到100%。各供电所工作票签发人、工作许可人、工作负责人由县供电企业组织统一考核，合格后确定，并发文公布。

第十二条　安全考核管理

供电所要建立安全生产考核制度。每年进行安全工作总结评比，对安全工作做出贡献的人员给予表彰奖励；对违反安全规程、制度，造成事故或扩大事故、隐瞒事故者应视其情况严肃处理；对玩忽职守，造成重大事故责任者，依法追究法律责任。

关于印发《国家电力公司科学技术进步奖励办法》（试行）的通知

（国电科［1999］374号）

国家电力公司系统各单位：

为了大力推进公司系统的科技进步，经研究，公司决定从1999年起设立国家电力公司科学技术进步奖。现将《国家电力公司科学技术进步奖励办法》（试行）印发给你们，请依照执行。该《办法》的实施细则另行颁布。

附件：《国家电力公司科学技术进步奖励办法》（试行）（略）

一九九九年七月二十四日（印）

关于印发《国家电力公司城乡电网建设与改造项目审计办法》的通知

（国电审［1999］121号）

国家电力公司系统各网、省电力公司：

为加强对城乡电网建设与改造项目的审计监督，现将《国家电力公司城乡电网建设与改造项目审计办法》印发给你们，请依照执行。执行中的问题和建议请及时向国家电力公司审计局反映。

对已开工但未履行开工审计的城乡电网建设与改造项目，在审计中应按本办法规定的开工审计的内容追溯审计。审计中发现的问题要严格按本办法规定处理。

附件：《国家电力公司城乡电网建设与改造项目审计办法》

一九九九年三月十一日（印）

附件：

国家电力公司城乡电网建设与改造项目审计办法

第一章 总 则

第一条 为了加强对城乡电网建设与改造项目（以下简称城乡电网项目）的审计监督，促进项目管理，确保资金使用安全、合法合规、提高效益，依据《中华人民共和国审计法》、《国家电力公司内部审计实施办法（试行）》，以及国家有关法规、政策和国家电力公司有关制度，制定本办法。

第二条 本办法适用于纳入国家重点基础设施投资安排的、国家电力公司系统各单位城市电网和直供直管、代管趸售及控股县电力企业农村电网建设与改造项目审计。

第二章 审 计 原 则

第三条 城乡电网项目实行必审制度。公司系统城乡电网项目，均应纳入审计范围，实行审计监督。项目审计与专项审计调查相结合。

第四条 城乡电网项目作为国家重点工程安排审计。公司系统各单位应从制度建设、计划安排、方案制定、人员组织、审计实施、跟踪检查等方面抓好落实。通过开工审计、建设过程审计和竣工决算审计严格把关，对项目实施全过程审计监督。

第五条 城乡电网项目审计实行统一领导、分级负责的项目审计责任制。城乡电网项目审计以项目法人为单位具体组织实施。国家电力公司审计部门负责公司系统城乡电网项目审计工作的业务领导、监督检查，并对重大问题进行专项审计和审计调查。国家电力公司审计派出机构负责管辖范围内城乡电网项目审计的监督检查，并对重大问题组织专项审计和审计调查。各项目法人单位审计部门负责本单位范围内城乡电网项目的审计工作。项目实施单位应积极配合审计工作，及时报送项目有关文件资料，并对文件资料的真实性、完整性负责。

第六条 坚持客观公正、实事求是。公司系统各级审计部门开展城乡电网项目审计，要严格依照有关法律、法规、制度工作，实事求是地作出客观公正的评价和结论。

第三章 审计组织和工作程序

第七条 城乡电网项目审计纳入项目法人单位年度审计工作计划。审计计划报国家电力公司审计部门和审计派出机构监督执行。

第八条 城乡电网项目审计由各级审计部门独立进行。审计部门力量不足时，可集中有关单位或部门的力量进行联合审计，或组织进行单位之间交叉审计。必要时可委托具有较高信誉的社会审计机构进行审计。

第九条 审计程序原则按《国家电力公司内部审计实施办法（试行）》有关规定执行。对投资额超过100万元（含100万元）的项目必须按规定审计程序进行。对低压配电网项目，可将若干工程合并为一个项目进行审计。

第四章 审 计 内 容

第十条 城乡电网项目开工审计的主要内容是：项目审批手续，项目法人制、资本金制、招投标制、工程监理制和合同管理制的贯彻执行情况，招投标文件，概算和预算，工程承包和设备材料采购合同，设计、施工、监理资质，资金计划、借款还款计划，资金来源和到位、前期费用支出情况等。

第十一条 城乡电网项目建设过程中审计的主要内容是：内控制度、财经法规制度执行情况，工程承包和采购合同，工程概算、预算和结算，资金使用和管理，工程成本控制，设备和材料采购及管理等。

第十二条 城乡电网项目竣工决算审计的主要内容是：决算的真实性、合规性和完整性，工程概算和合同的执行结果，工程总造价的控制情况等。

第五章 审计部门职责和权限

第十三条 除《国家电力公司内部审计实施办法（试行）》规定的职责外，各级审计部门在城乡电网项目审计中应当履行以下职责：

一、认真贯彻执行国家及公司制定的城乡电网项目各项规章制度；

二、负责制定本单位城乡电网项目审计制度，认真履行项目审计责任制；

三、具体实施管辖范围内的项目审计，提出审计意见和建议，作出审计决定；

四、定期报告项目审计情况；重大问题及时向本单位领导和上级审计部门报告。

第十四条　对申报开工的城乡电网项目，有权提出如下审计意见：

一、对资质不合格的设计、施工、监理单位，要求予以更换；

二、经审计发现有下述问题之一的项目，提出不同意开工的意见：

1. 按基本建设程序审批手续不完备的项目；

2. 投资缺口大的项目；

3. 资金来源不合法、不合规的项目；

4. 在招投标或合同签订中有违纪违规行为的项目；

5. 未按国家要求同步进行农电体制改革的农村电网项目；

6. 其他不具备开工条件的项目。

第十五条　对建设过程审计中发现的问题，有权作出如下处理：

一、未经批准擅自开工建设的项目，应责令其停工并补办审批手续；

二、对内控制度执行不严或不执行有关制度的行为提出立即改正的意见；

三、对资质不合格的设计、施工、监理单位，提请项目法人予以更换。对监理单位虽有资质和工作标准，但达不到国务院国办［1999］6号文要求的，要责令更换。对施工单位层层转包、未实行监理或监理不严格把关、使用质量不合格的设备及材料等问题，及时向有关部门和上级反映，并予以制止和纠正；

四、对合同价格条款不合理、预算和结算高估冒算、虚报投资完成额等问题，应予以纠正。不合理合同价款予以核减，多结算工程款予以扣回，虚报投资完成额予以冲销；

五、重大设计变更未向原审批单位报批的，应责成补办报批手续，原审批单位未批准同意的，所增加的投资从工程成本中核减；

六、发现挪用建设资金问题，应责成有关单位立即予以追还，对挤占工程成本的支出应责成项目实施单位从帐目中调出，不得列入工程成本；

七、发现设备和材料管理混乱造成损失浪费的，应责成项目实施单位予以清理整顿，限期改正。

第十六条　对竣工决算审计发现的问题，有权作出如下处理：

一、对于资料不齐全、内容不完整、数据不准确、手续不齐备、格式不规范的决算报告，应提出修改意见；

二、突破批准概算的投资应予核减；

三、不突破批准概算总投资范围的单项工程间的投资调剂，未经原概算审批部门批准或决算审批部门批准的，不得列入决算；

四、未经原审批部门批准，擅自扩大投资规模、提高建设标准或违反合同规定范围而增加的投资，应予以核减；

五、挤占项目的支出予以核减；

六、发现被挪用或转移的资金应限期予以追回；

七、未清债权债务应限期清理，库存结余设备物资、结余资金按规定登记移交，转入账外的必须全部追回入账；

八、经决算审计后的工程结余资金，用于归还贷款；

九、审计结果作为决算批复和竣工验收的依据之一。对未经竣工决算审计向施工单位办理最终结算和付款手续的应予制止。

第十七条　除《国家电力公司内部审计实施办法（试行）》规定的权限外，各级审计部门在城乡电网项目审计中还应拥有以下权限：

一、参与项目评估、设计审查、招标评标、商务谈判、合同签订、项目检查、竣工验收等活动；

二、有权调阅批准的项目文件、计划、概预算和决算、经济合同等文件资料；

三、审核项目有关财务会计资料，检查项目财产物资和工程建设情况；

四、根据工作需要对项目有关事项进行调查取证；

五、对项目设计、施工、监理、采购单位进行延伸审计；

六、对违反财经法规和公司有关制度的行为经本单位负责人同意，采取立即制止和纠正的措施；

七、对违反财经法规和公司有关制度的项目实施单位，有权提出停止拨付工程款或停止审批申报新项目的建议。

第六章　对重大问题的审计处理

第十八条　对不按规定未经审计自行结算工程款，或对重大问题隐瞒不报造成项目损失或其他不良后果的，对责任单位给予通报批评；

第十九条　对于弄虚作假、转移挪用建设资金、损失浪费、偷工减料、隐瞒截留结余资金且情节严重的，提请有关部门对责任单位通报批评，并追究有关人员的行政责任。对问题严重的项目实施单位应提请有关单位和部门对其进行停工整顿，并暂停拨付工程款。

第二十条　发现有严重渎职、贪污受贿、徇私舞弊、倒买倒卖设备材料等违法违纪问题的，移交纪检监察部门查处；构成犯罪的，移交司法机关处理。

第七章 附 则

第二十一条 各子公司可根据本办法制定实施细则并报国家电力公司审计部门备案。

第二十二条 本办法由国家电力公司审计部门负责解释。

第二十三条 本办法自颁发之日起实行。

关于印发国家电力公司预算、投资等四项制度执行情况审计办法的通知

（国电审［1999］170号）

国家电力公司系统各单位：

为了加强对国家电力公司预算、投资等管理办法执行情况的审计监督，现将《国家电力公司预算、投资等四项制度执行情况审计办法》印发给你们，请认真贯彻执行。执行中的问题和意见请及时向国家电力公司审计部反映。

附件：国家电力公司预算、投资等四项制度执行情况审计办法

一九九九年四月二日（印）

附件：

国家电力公司预算、投资等四项制度执行情况审计办法

第一章 总 则

第一条 为了促进《国家电力公司预算管理办法》、《国家电力公司投资管理规定》、《国家电力公司资产经营考核办法》、《国家电力公司关于加强资金管理、防范金融风险的规定》（简称四项制度，下同）的贯彻落实，保证国家电力公司经营方针的执行和经营目标的实现，根据国家电力公司章程和内部审计有关规定，制定本办法。

第二条 对四项制度实施审计就是监督各单位的经济行为是否符合四项制度的规定，评价四项制度执行结果的真实性、合规性和有效性，并据此对各单位进行考核和奖惩。

第三条 本办法适用于国家电力公司及所属各单位。

第二章 审 计 实 施

第四条 按照分级审计的原则，各级审计部门负责对本公司及所属各单位四项制度的执行情况进行审计监督。

第五条 审计程序按照国家电力公司内部审计办法第十四条的规定执行。

第六条 审计方式以就地审计为主，以送达审计为辅。

第七条 审计实施时，各单位应向审计部门提供以下资料：

一、财务预算等有关资料：

1. 经批复的预算主要指标表，预算调整方案。

2. 预算执行情况分析报告。

二、财务快报、年报、财务分析等有关财务报告。

三、企业投资活动有关资料：

1. 企业电力发展计划。

2. 年度投资计划。

3. 投资项目统计报表。

4. 有关投资的可行性报告。

5. 有关批复。

四、经国家电力公司批准的该企业的资产经营考核指标体系，企业年度考核指标完成情况。

五、有关资金管理、负债管理、担保管理等情况的报表和分析报告。

六、审计部门认为有必要查阅、了解的其他财务活动、经济活动资料。

第三章 审 计 要 点

第八条 对《国家电力公司预算管理办法》实施审计的要点：

一、有无预算管理的规章制度，并在实际工作中得以贯彻实施。

二、企业是否按办法要求设置预算管理委员会，预算管理是否由其组织和实施，是否有审计人员参加。

三、预算的编制是否符合国家法律、法规、财会制度的规定，是否与企业自身发展战略和目标相一致。

四、编制预算的数据来源是否真实可靠。

五、企业的各项经营活动是否都纳入预算管理，预算程序是否符合要求，内容是否全面完整，各项指标是否按国家电力公司规定填列。

六、企业预算主要指标和调整是否按规定审批程序报批。

七、是否建立预算执行情况分析报告制度，其主

要指标是否纳入资产经营考核体系。

八、需审计的其他内容。

第九条 对《国家电力公司投资管理规定》实施审计的要点：

一、企业是否建立了投资的管理制度，投资是否有专管机构和人员；投资的决策及运行程序是否健全有效。

二、企业所有的投资行为是否符合国家产业政策和法律法规；投资项目是否符合国家电力公司的发展战略；对电力项目的投资是否优先投资于电网工程及其必要的调峰、调频电源工程和电力技改、环保工程；非经营性项目的投资是否优先安排教育、科研设施；有无投资于高档宾馆、饭店及楼堂馆所。

三、固定资产投资项目是否符合规定的管理程序；对电网工程的投资是否按照分层次的原则进行投资；投资所需资金是否全部纳入企业预算；所有投资项目是否进行了可行性研究，是否按照国家有关规定实行招标、投标和议标，项目概算是否真实合理；对投资项目是否实行工程监理，有无后评估制度。

四、投资项目资本金的来源是否合规，资本金是否按协议到位；投资项目的资本金占用比例和对外股权投资总额是否控制在规定范围内；项目融资的资金来源是否符合规定，筹资成本是否最低。

五、投资项目是否纳入国家电力公司年度投资计划管理，限额以上的投资计划是否按规定报经国家电力公司审批；向境外投资是否有专项报告，是否经有关部门批准。

六、投资项目的经济效益情况及还本付息能力是否达到规定要求。

第十条 对《国家电力公司资产经营考核办法》实施审计的要点：

一、有无实施资产经营管理的内控制度，在实际工作中是否得以贯彻实施。

二、有关考核指标是否真实、准确，有无弄虚作假。

三、资产保值增值率、投资收益率、资产负债率的计算是否正确，在规定期限内是否达到国家电力公司确定的基准目标值和年提高率。

四、不良资产的界定是否准确，计算是否正确。

五、企业是否按国家电力公司核定的比例，在工资结余中建立了资产经营风险保证金，有无随意动用。

六、考核指标的调整是否经国家电力公司批准。

七、需审计的其他内容。

第十一条 对《国家电力公司关于加强资金管理、防范金融风险的规定》实施审计的要点：

一、是否建立了资金管理及防范金融风险的有关规章制度。在实际工作中是否得到贯彻实施。

二、企业各项资金收支是否纳入预算管理，资金管理是否坚持集中统一管理的原则；有无多头开户、分散资金和体外循环等现象。

三、有无未经批准从事有偿集资和将工资节余直接用于职工入股。

四、企业资产负债率是否超出规定比例。企业举债是否进行了可行性分析和风险评价。

五、财务公司是否遵守了国家规定的分业经营原则；是否建立规范有效的内部控制制度；有无超出国家规定的经营范围违规经营。

六、企业出借资金是否符合规定，有无担保人，有无擅自提高或降低利率，是否签订无期或无息合同。

七、企业有无违规对外提供资信和出让商誉；有无擅自担保、盲目担保情况，对外担保是否落实了反担保责任和履约方式，对外担保总额是否符合规定；提供境外担保是否经过国家有关部门批准。

八、上市公司的运作是否规范，募集资金是否按国家批准的招股说明书披露的用途使用。

九、企业与外商合资合作或转让国有资产和境外融资是否按规定程序报国家有关部门批准。

十、外债规模是否得当，是否有控制短期外债规模的能力及对长期外债汇率风险控制的措施。

十一、财务公司及结算中心是否有高息揽存、违规拆借资金行为。

十二、企业负责人兼任被投资企业和非投资企业的法定代表人是否经过批准。

十三、需审计的其他内容。

第四章 职责和权限

第十二条 审计部门具有以下职责：

一、对违反四项制度的行为，审计部门应及时向本单位主要领导如实反映情况，重大事项可直接向上级部门汇报。

二、对违反四项制度的行为，审计部门应给予制止，并提出改进建议。

三、对拒绝、阻挠、妨碍执行审计的，应及时报经领导批准，采取封存账册、资产等临时措施。

四、企业年度决算报告必须经本单位审计部门审签，未经审签的上级财务部门不予受理。

五、重大投资项目应坚持审计签证制度。

六、审计部门应参加与四项制度执行有关的决策机构和有关会议，掌握重大经营决策的全过程。

第十三条 审计部门具有以下权利

一、有权要求各个部门提供真实资料，并对其真实性作出承诺。

二、企业经营活动中的重大事项变更应及时向审计部门备案。

三、对在经济合同审签中发现的违纪违规事项和条款审计部门有权否决。

四、上级审计部门对下级审计部门的审计结果有权复审和稽查。

第五章 奖励和处罚

第十四条 四项制度执行情况的审计结果，作为对企业负责人任期目标考核的主要内容。

第十五条 审计结果与企业负责人及职工利益挂钩。根据四项制度规定对企业负责人、总会计师和有关当事人给予奖惩。

第十六条 对违反四项制度规定的企业和个人给予通报批评或行政处分，对构成犯罪的由司法机关追究其刑事责任。

第十七条 对执行四项制度有显著成绩或揭发检举违反四项制度行为的有功人员给予表彰和奖励。

第十八条 在执行本办法过程中，对挽回经济损失或在审签经济事项中作出重大贡献的审计人员给予表彰和奖励。

第六章 附 则

第十九条 本审计办法由国家电力公司负责解释。

第二十条 本审计办法自发布之日起实施。

关于印发《国家电力公司本部审计业务委托社会审计管理办法》的通知

（国电审［1999］690号）

国家电力公司各分公司、各审计派出机构、各有关部门：

为了加强对审计业务委托社会审计的管理，规范利用社会中介机构开展内部审计工作行为，我们制订了《国家电力公司本部审计业务委托社会审计管理办法》，现印发你们，请依照执行。各子公司、控股公司和事业单位可参照执行。

附件：国家电力公司本部审计业务委托社会审计管理办法

一九九九年十二月十三日（印）

附件：

国家电力公司本部审计业务委托社会审计管理办法

第一条 为了强化公司审计监督，扩大审计覆盖面，解决内部审计力量不足的矛盾，利用社会中介机构开展内部审计工作，特制定本办法。

第二条 本办法所称社会中介机构，是指经国家有关部门批准成立的，具有独立执业资格的会计师事务所。

第三条 国家电力公司本部委托社会中介机构开展审计业务，由审计部门统一管理（会计决算审计不含在内）。

第四条 审计部门应选择信誉高、服务质量好、经验丰富、对委托事项较熟悉的社会中介机构开展审计业务，并逐步实行招标、投标制度。

第五条 委托社会中介机构承办审计业务一般包括以下几个方面：

1. 资产、负债、损益审计；
2. 任期经济责任审计；
3. 工程概预算审计、在建工程审计、竣工决算审计；
4. 城乡电网建设与改造项目审计；
5. 其他审计事项。

第六条 审计部门与接受委托的社会中介机构双方事前应当签定审计业务约定书，明确承办业务的内容、范围以及双方的责任。

第七条 委托社会中介机构承办业务时，应在当地物价部门核定的收费标准范围内确定委托费用。

第八条 委托社会中介机构开展审计业务时，由公司向被审计单位发审计通知，被审计单位应积极主动配合受托的社会中介机构开展审计业务工作，向其提供财务会计资料及其他相关资料，并对提供资料的真实性、完整性负责。

第九条 受托的社会中介机构对国家电力公司负责，按照国家有关规定和国家电力公司的制度和要求，向国家电力公司提供客观、真实、全面的审计报告，并移交委托业务范围内的相关资料。

第十条 被审计单位应对受托的社会中介机构出具的审计报告认真研究，并按审计部门规定的时间反馈意见。

第十一条 受托的社会中介机构与被审计单位对审计报告中反映的问题有不同意见时，应将各自的意见及理由在审计报告中说明；有较大争议时，应由审计部门协调解决。

第十二条　审计部门对受托的社会中介机构履行《审计业务约定书》情况进行监督，若受托的社会中介机构工作质量达不到或者不符合约定书的要求，应当承担违约责任。

第十三条　审计部门应将拟委托社会中介机构办理的审计事项，编入年度审计工作计划，所需审计经费列入国家电力公司本部当年财务预算。

第十四条　本办法自二〇〇〇年一月一日起实行。

一九九九年十二月一日

关于印发《国家电力公司重大合同备案和统计规定》的通知

（国电法［1999］471号）

国家电力公司系统各单位：

为加强对重大合同的管理和监督，避免因合同管理不当造成损失，使《国家电力公司合同管理办法》能得到切实的贯彻落实，现将《国家电力公司重大合同备案和统计规定》印发给你们，自即日起实施。执行中有何问题和建议，请及时告国家电力公司法律事务部。（联系电话：010－63415022）

附件：国家电力公司重大合同备案和统计规定

一九九九年九月十六日（印）

附件：

国家电力公司重大合同备案和统计规定

第一条　为保障国家电力公司国有资产出资人权利，加强对重大合同的管理和监督，防止国有资产流失，根据国家电力公司《合同管理办法》，制定本规定。

第二条　本规定适用于国家电力公司本部及国家电力公司的分公司和全资子公司。

全资子公司包括电力集团公司、独立省电力公司和其他国家电力公司直属单位。

第三条　国家电力公司对重大合同实行备案制度和年度统计制度。

第四条　国家电力公司法律事务部是合同归口管理机构，负责重大合同的备案、统计管理工作。

第五条　本办法所称重大合同是指：

（一）电力项目利用外资合同。包括但不限于：合资（合作）经营合同、购电合同、建设承包合同、并网调度协议、燃料供应（购销）合同、运行维护合同、贷款合同、转贷协议等；

（二）境外工程承包、设计、咨询及外派劳务合同；

（三）资产转让、收购、租赁、抵押合同；

（四）担保合同；

（五）非利用外资独立电厂与省级电网经营企业签订的总装机为20万kW及以上或年售电量为10亿kW·h及以上的购电合同；

（六）企业合并、兼并、投资、参股及联营合同；

（七）数额巨大的土地使用权转让合同；

（八）合同标的额为1亿元人民币及以上或国家电力公司规定应备案的其他合同。

第六条　本办法第五条规定的重大合同中应当备案的合同如下：

（一）电力项目利用外资合同中的合资（合作）经营合同、购电合同和并网调度协议；

（二）资产转让、收购、租赁、抵押合同；

（三）标的额为5000万人民币及以上的担保合同；（非电力项目标的额在100万元及以上的担保合同）；

（四）本规定第五条第（四）项中在系统内起调峰、调频作用的或合同期5年以上的长期购电合同；

（五）企业合并、兼并、联营合同；

（六）数额巨大的土地使用权转让合同；

（七）合同标的额为1亿元人民币及以上（投资非电力项目，其投资总额在1亿元人民币及以下且公司出资本金在1000万元人民币及以下、200万元及以上）的投资合同；

（八）国家电力公司认为有必要备案的其他重大合同。

国家电力公司的分公司、全资子公司及公司本部合同承办单位应在合同正式生效之日起30日内将合同副本或复印件一式二份报国家电力公司法律事务部备案。

第七条　国家电力公司的分公司、全资子公司及公司本部合同承办单位应每半年对本单位重大合同（包括已将合同文本进行备案的合同）进行统计，并填写《重大合同统计表》（格式附后），于每年7月31日和次年1月31日前向国家电力公司法律事务部报送。

第八条　法律事务部对备案合同的签订、履行情况进行分析总结，并将备案、统计情况于每年第一季度和第三季度内向国家电力公司总经理办公会或主管副总经理报告。

法律事务部收到备案的合同副本后，应根据合同的业务内容，送公司本部有关部局审查。有关部局应将审查结果向法律事务部反馈。

法律事务部及国家电力公司其他有关部局应对合同内容负有保密义务。

第九条 对于应当备案、统计，而不备案、不统计的，或者不按时备案、统计的单位，国家电力公司给予通报批评，并限期改正。

因合同签订、履行不当，造成本单位重大经济损失，而又未将该合同进行备案的，国家电力公司将追究或责令有关单位追究责任人的责任。

第十条 本办法由国家电力公司负责解释。

第十一条 本办法自发布之日起施行。

附表： 重大合同登记表

联系单位： 联系人： 联系电话：

序号	合同名称	合同种类	合同各方	金额（万元）	合同期限	有无担保	履约情况	备注

说明：1. 如有担保，请在备注中载明担保人、担保期限和担保方式。
2. 履约情况请选择以下一种或多种情形填写：履约完毕；正在履约；他方部分违约；已方部分违约；已终止；有无争议；争议解决方式（双方协商；上级管理部门调解；仲裁；诉讼等）。

关于印发《国家电力公司处理法律事务纠纷程序和条件的规定》的通知

（国电法［1999］640号）

公司系统各单位：

现将《国家电力公司处理法律事务纠纷程序和条件的规定》印发给你们，自即日起施行。

附件：《国家电力公司处理法律纠纷程序和条件的规定》

一九九九年十一月十九日（印）

附件：

国家电力公司处理法律事务纠纷的程序和条件规定

第一条 为维护电力企业的经济利益，保护电力企业和电力职工的合法权益不受侵犯，及时处理有关诉讼和非诉讼法律事务，特制定本规定。

第二条 国家电力公司法律事务部受理公司本部及直属公司下列有关法律事务：

（1）提供有关法律咨询服务；

（2）协助处理诉讼和仲裁；

（3）为重大经营决策提供法律意见；

（4）处理商标、专利等知识产权有关的法律事务工作。

第三条 国家电力公司系统内下列有关法律事务，如需国家电力公司或需以国家电力公司名义予以协助、协调或处理的，应由国家电力公司分公司、网省电力公司、（电力）集团公司以书面形式提出：

（1）在处理诉讼和非诉讼法律事务中因涉及到国家有关部门需对有关法律、行政法规和规章或技术标准作进一步解释、明确或说明的；

（2）涉及有关行政部门违法向电力企业行政性“三乱”收费，损害电力企业整体经济利益的；

（3）其他需国家电力公司予以协助的有关法律事务。

第四条 国家电力公司系统各单位对最高人民法院或最高人民检察院已受理、审理或提审的有关电力诉讼案件，如需予以协助的，可直接向国家电力公司法律事务部提出。

第五条 国家电力公司系统单位之间发生的经济纠纷案件，如双方协商不成，须经国家电力公司协调后方可通过诉讼或仲裁解决。

第六条 普通经济合同纠纷案件、民事纠纷案件、行政纠纷案件等由各单位自行处理。

第七条 提请国家电力公司解决或协助解决有关法律事务的单位，应提供以下书面材料：

1. 需要解决具体问题的书面报告；
2. 有关法律事实方面的书面材料；
3. 所涉及的规范性文件。

第八条 书面报告和其他书面材料应一并提交。如需紧急办理的法律事务，可事后按前条规定补报有关材料。

第九条 凡要求国务院电力管理部门对电力规章或技术标准作出解释的，必须由省级电力管理部门向国务院电力管理部门（国家经贸委电力司）提出书面报告，并同时抄报国家电力公司法律事务部。国家电力公司法律部经研究后负责提出书面意见，报国务院电力管理部门出具法规解释。

书面报告及有关材料应包括：

1. 简要事实；

2. 有关法律根据和理由；

3. 具体明确需要解释的问题和意见。

第十条 本规定由国家电力公司负责解释。

第十一条 本规定自发布之日起实行。

关于印发《国家电力公司系统重大案件备案办法》的通知

（国电法［1999］668号）

公司系统各单位：

现将《国家电力公司系统重大案件备案办法》印发给你们，自即日起施行。

附件：《国家电力公司系统重大案件备案办法》

一九九九年十二月七日（印）

附件：

国家电力公司系统重大案件备案办法

第一条 为贯彻依法治电和实现法制化管理的需要，加强对重大案件的指导与协调工作，维护电力企业的合法权益并促进电力企业依法经营和决策，特制定本办法。

第二条 本办法适用于国家电力公司系统内全资子公司、控股公司和委托管理的各单位。

第三条 国家电力公司法律事务部负责各分公司、子公司的重大案件的备案管理工作；各分公司、子公司的法律事务机构负责其所属单位范围内的案件备案管理工作，并按本办法的有关规定做好报备工作。

第四条 本办法所称重大案件是指：

（一）因经济纠纷已造成电力企业经济损失在800万元人民币以上的；

（二）电力企业违规担保可能造成经济损失100万元以上的；

（三）各级行政部门向电力企业“三乱”收费超过200万元或在电力公司系统有重大影响的；

（四）电力企业职工在履行职务时，其人身权利受到严重侵害并造成一定后果，在社会上产生较大影响的；

（五）由于有关部门对电力法律、法规与国家法律、行政法规的理解不同而对电力企业作出的处罚和判决可能在国家电力公司系统会造成区域性或全国性连锁反应的民事或行政案件；

（六）重大涉外经济纠纷案件；

（七）可能影响国家电力公司形象或声誉的案件、纠纷；

（八）其他应当备案的重大案件。

第五条 重大案件发生后，有关的分公司、子公司应在30日之内上报国家电力公司法律事务部。

特别紧急、重大和有政治影响的案件应随时上报。

第六条 各分公司、子公司应在每年1月31日前，将上一年度重大案件的发案情况进行综合统计并形成书面分析报告，报送国家电力公司法律事务部。

第七条 分析报告应包括但不限于以下内容：

1. 案件数量；

2. 案件类型；

3. 较上年度发案率比较；

4. 涉案总标的；

5. 发案趋势分析；

6. 处理结果评估。

第八条 禁止任何单位隐匿不报重大案件。

因隐匿不报或不及时上报重大案件而造成严重后果的，国家电力公司将予以通报。

前款情况下，国家电力公司法律事务部有权视情节和后果提请有关部门对责任单位或个人予以处分。

第九条 国家电力公司可根据具体情况，检查各单位重大案件的备案情况。

第十条 各分公司、子公司可根据各自的具体情况制定相应的实施办法。

第十一条 本办法由国家电力公司负责解释。

第十二条 本办法自发布之日起施行。

关于印发《国家电力公司机电产品进口管理暂行办法》的通知

（国电外［1999］504号）

各有关单位：

为贯彻执行对外贸易经济合作部［1999］第1号

令（《机电产品国际招标管理办法》），规范国家电力公司系统机电产品进口采购行为，进一步加强机电产品进口的管理工作，现制定《国家电力公司机电产品进口管理暂行办法》印发你们，请遵照执行。

附件：国家电力公司机电产品进口管理暂行办法（略）

一九九九年九月十七日（印）

关于开展城乡电网建设与改造工程执法监察的意见

（国电监察［1999］263号）

各电力集团公司，各省（自治区、直辖市）电力公司，东北公司：

为了贯彻《国务院办公厅关于加强基础设施建设工程质量管理的通知》（国办发［1999］16号）精神，加强城乡电网建设与改造工程管理，保证工程质量，提高投资效益，防止违法违纪行为的发生，根据监察部监发［1999］1号文件精神，现决定在国家电力公司系统开展城乡电网建设与改造工程执法监察。具体意见如下：

一、执法监察的主要内容

在进行城乡电网建设与改造期间，依据国务院和国家电力公司有关文件精神，重点对下列情况进行监督检查：

1. 执行项目法人责任制

各电力集团公司、省（自治区、直辖市）电力公司是否实行了城乡电网建设与改造工程项目法人责任制；项目法人的责任是否层层落实；项目法人代表对工程质量负总责的措施是否落实。

2. 执行招投标制

项目法人是否对城乡电网建设与改造工程的设计、施工、监理、设备和材料采购等实行统一的招投标管理，是否做到了公平、公正、公开，有无权力下放；有无指定产品、设备生产厂家或施工队伍，以及不具备资质的单位参加投标和拒绝有资质的单位投标的问题；有无弄虚作假、私相授受，串通投标，肢解工程发包等违法违纪行为。

3. 执行工程监理制

城乡电网建设与改造工程是否实行了监理制；监理工作是否按照“公正、独立、自主”的原则，维护项目法人和被监理单位的合法权益；是否遵守“监理回避”规定，与被监理的承包单位以及设备材料供应单位有无隶属关系或者其他利益关系；有无转包或分包监理业务等问题。

4. 执行合同管理制

城乡电网建设与改造工程的设计、施工、监理、设备材料采购等是否实行了合同制管理；合同的签定和履行是否符合《合同法》和国家电力公司的有关规定；有无不认真履行合同造成损失的问题。

5. 加强资金管理

项目法人是否建立健全了城乡电网建设与改造工程建设资金管理制度并有专人检查；有无专项账户，是否专款专用和实行概、预算管理；是否按规定对建设资金进行审计，认真落实审计建议；有无截留、挪用、克扣、贪污工程款，挤占工程成本，超定额、超概（预）算、高估冒算、多结算工程款，弄虚作假、虚报投资完成额，骗取工程资金等问题。

6. 加强工程质量管理

项目法人代表是否承担起工程质量第一责任人的责任，建立并认真执行工程质量报告、举报和终身负责制，并将工程质量责任层层分解到项目主管部门、设计、施工、监理等单位的行政领导和技术负责人；是否按《档案法》的规定建立了工程档案，并进行规范管理；是否严格按设计标准和规范进行施工，并坚持“三级质量检验”制度；监理单位是否认真履行监理责任，严把工程质量关；工程质量及验收是否符合国家、行业以及国家电力公司的规定；有无工程质量问题，是否进行了整改。

二、执法监察的依据

1.《国务院办公厅关于加强基础设施建设工程质量管理的通知》（国办发［1999］16号）

2.《监察部关于1999年执法监察工作的安排意见》（监发［1999］1号）

3.《关于贯彻国务院全国基础设施建设工程质量工作会议精神，进一步加强电力建设工程质量管理的通知》（国电办［1999］59号）

4.《关于加强城市电网建设改造工程管理的规定》（国电安运［1998］665号）

5.《关于加强城市电网建设改造工程质量管理的补充规定》（国电安运［1999］156号）

6.《农村电网建设与改造管理办法》（国电农［1998］650号）

7.《农村电网建设与改造工程技术原则》（国电农［1999］191号）

8.《转发国家计委关于印发农村电网建设与改造工程验收规定的通知》（国电农［1999］218号）

9.《转发国家计委关于印发农村电网建设与改造

工程质量管理办法的通知》(国电农［1999］219号)

10.《城乡电网建设与改造项目审计办法》(国电审［1999］121号)

11.《中国共产党纪律处分条例》

12.《工程建设若干违法违纪行为处罚办法》(建设部、监察部令第68号)

三、执法监察的方式

国家电力公司成立城乡电网建设与改造工程执法监察领导小组，负责对此工作的组织领导和重大事项的协调、处理。领导小组下设办公室，负责日常工作(领导小组及办公室成员名单附后)。各电力集团公司、省(自治区、直辖市)电力公司也要成立相应的领导和工作机构。在工作中，可采取以下方式；

1.经常性监督检查。有关领导到基层检查工作时，要把城乡电网建设与改造工程作为一项重要检查内容；业务主管部门要加强工程质量的管理；财务和审计部门要对工程的资金使用、管理情况进行监督检查；计划投资部门要对投资效益情况进行监督检查；纪检监察部门要对各业务部门在城乡电网建设与改造工程中执行办事程序和履行职责的情况进行监督检查，受理信访举报和投诉，负责查处在该项目中发生的违法违纪问题。

2.定期自查。各项目法人应加强工程项目自查，自查面不少于项目总数的30%，自查结果于每年6月和11月20日前报国家电力公司城乡电网建设与改造工程执法监察办公室，并抄公司有关业务主管部局。

3.重点抽查。国家电力公司每年组织不定期抽查，抽查面不少于项目总数的10%。

四、执法监察的要求

1.各级领导要充分认识到城乡电网建设与改造是基础设施建设工程，功在当代，利在千秋，工程质量责任重于泰山，事关电力企业的发展和形象。要把城乡电网建设与改造工程执法监察纳入议事日程，结合实际制订具体措施，明确专人负责，并抓好落实。

2.各有关部门要认真负责，密切配合，加强对城乡电网建设与改造工程管理，确保工程质量、资金安全和投资效益。

3.要建立和健全城乡电网建设与改造工程管理制度并认真执行。对发生重大工程质量事故的，要按工程质量终身负责制的要求，追究当事人的直接责任和有关领导的责任。

4.加大查处违法违纪案件的工作力度。各级纪检监察部门在城乡电网建设与改造工程中，要认真受理信访举报，严肃查处违法违纪案件，对违法违纪人员进行严肃处理，构成犯罪的移交司法机关处理。

附件：城乡电网建设与改造工程执法监察领导小组及办公室成员名单(略)

一九九九年六月一日(印)

关于印发《国家电力公司企业监察办法》的通知

(国电监察［1999］737号)

国家电力公司系统各单位：

为了加强企业管理，促进廉政建设，规范国家电力公司系统企业监察工作，现将《国家电力公司企业监察办法》印发给你们，请认真贯彻执行。

执行中的问题，请及时报告国家电力公司监察局。

附件：国家电力公司企业监察办法

一九九九年十二月二十二日(印)

附件：

国家电力公司企业监察办法

第一章 总 则

第一条 为了加强企业管理，促进廉政建设，规范国家电力公司系统企业监察工作，根据《中华人民共和国行政监察法》和《监察部关于全民所有制企业事业单位监察工作若干问题的意见》，制定本办法。

第二条 国家电力公司系统各级企业监察部门是国家电力公司系统各单位行使监察职能的专门机构，是各单位内部管理的职能部门。

第三条 国家电力公司系统各级企业监察部门在各单位主要负责人的领导下，依照本办法对本单位委任、聘用的工作人员实施监察，对各部门和下属单位遵守国家的法律、法规，贯彻执行党和政府的方针、政策以及国家电力公司系统的政策、规章和指令情况进行监督检查。

第四条 企业监察工作必须围绕企业中心工作，在有关部门的配合下，积极有效地开展廉政监察和效能监察，为提高企业经济效益服务。

第五条 企业监察工作应当实行教育与惩处相结合、监督检查与改进工作相结合的原则。

第六条 各单位党政领导班子和领导干部要按照

党风廉政建设责任制的要求，保证和支持企业监察人员履行职责，相关部门应予积极配合。

第七条 任何组织和个人不得拒绝、阻碍企业监察人员执行职务，不得打击报复企业监察人员。

第二章 企业监察机构和人员

第八条 国家电力公司监察局主管国家电力公司系统的企业监察工作。

第九条 国家电力公司所属各分公司、子公司和控股公司应成立企业监察部门，各级企业监察部门对本单位主要负责人和上一级企业监察部门负责并报告工作，企业监察业务以上级监察部门领导为主。

国家电力公司所属各级企业监察部门业务上可以同时接受所在地行政监察机关的指导。

第十条 国家电力公司监察局根据工作需要，经总经理批准，可以向国家电力公司所属各分公司、子公司和控股公司派出监察人员。

国家电力公司监察局派出的监察人员，对国家电力公司监察局负责并报告工作。

第十一条 企业监察人员必须遵纪守法，忠于职守，秉公执纪，清正廉洁，保守秘密。

第十二条 监察人员必须熟悉企业监察业务，具备与工作相应的文化水平和专业知识。

第十三条 各级企业监察部门正职领导人员的任命或者免职，在提请决定前，必须报经上一级企业监察部门同意。

第十四条 各级企业监察部门的领导人员和工作人员实行岗位轮换和职位交流制度。

各级企业监察部门工作人员，在同一岗位的工作时间超过5年的，应该轮岗或交流；各单位企业监察部门的主要负责人和领导人员，在同一职位上任职满8年的，必须交流。

第十五条 企业监察人员办理的监察事项与本人或者其近亲属有利害关系的，应当回避。

第三章 企业监察部门的职责

第十六条 国家电力公司监察局对下列单位（部门）和人员（简称监察对象）实施监察：

（1）国家电力公司本部各部门及其工作人员；

（2）各分公司、全资子公司、控股公司及其由国家电力公司任命的工作人员；

（3）参股公司中由国家电力公司委派、任命的工作人员；

（4）其他按照干部管理权限，由国家电力公司任命或管理的工作人员。

第十七条 国家电力公司系统各级企业监察部门根据本单位的干部管理权限，参照本办法第十六条规定，对所属单位（部门）及其工作人员实施监察。

第十八条 上级企业监察部门可以办理下一级企业监察部门管辖范围内的监察事项；必要时也可以办理所辖各级企业监察部门管辖范围内的监察事项。

第十九条 国家电力公司系统各级企业监察部门之间对管辖范围有争议的，由其共同的上级企业监察部门确定。

第二十条 国家电力公司各级企业监察部门的主要职责是：

（1）监督检查监察对象贯彻执行国家法律、法规，和国家电力公司及本单位的计划、决定、命令、规章制度的情况，保证企业政令畅通；围绕企业生产经营活动，开展效能监察；

（2）受理对监察对象违纪行为的控告、检举；

（3）调查处理监察对象的违纪行为；

（4）参与国家电力公司系统重大事故调查；

（5）参与对监察对象的考核、评议工作；

（6）组织协同有关业务部门，开展纠风和行风建设工作；

（7）参与本单位内部监督管理等方面的重要制度建设，并保证其实施；

（8）对监察对象进行遵纪守法、廉洁高效教育；

（9）负责所属单位企业监察人员的培训工作，对所属单位的企业监察业务进行领导；

（10）完成本单位主要领导交办的其他工作任务。

第四章 企业监察部门的权限

第二十一条 企业监察部门履行职责，有权采取下列措施：

（1）要求被监察的单位、部门和人员提供与监察事项有关的文件、资料、财务账目及其他有关的材料，进行查阅或者予以复制；

（2）要求被监察的单位、部门和人员就监察事项涉及的问题作出解释和说明；

（3）责令被监察的单位、部门和人员停止违纪违规行为。

第二十二条 企业监察部门在调查违纪行为时，可以根据实际情况和需要采取下列措施：

（1）暂予扣留、封存可以证明监察对象违反行政纪律行为的文件、资料、财务账目及其他有关的材料；

（2）责令案件涉嫌单位和涉嫌人员在调查期间不得变卖、转移与案件有关的财物；

（3）建议有关部门暂停有严重违纪嫌疑的人员执行职务。

第二十三条 企业监察部门根据检查、调查结果，遇有下列情形之一的，可以提出监察建议：

(1) 拒不执行国家法律、法规和企业规章，或者违反国家法律、法规和企业规章以及本单位的决定、命令，应当予以纠正的；

(2) 本单位所属部门和下级单位作出的决定、命令、指示违反法律、法规或者国家政策，应当予以纠正或者撤销的；

(3) 录用、任免、奖惩决定明显不适当，应当予以纠正的；

(4) 依照有关法律、法规和企业规章的规定，应当给予处罚的；

(5) 其他需要提出监察建议的。

第二十四条 企业监察部门根据检查、调查结果，遇有下列情形之一的，可以作出监察决定或者提出监察建议：

(1) 发生违纪行为，按照企业规章应当给予警告、记过、记大过、降级、撤职、开除处分的；

(2) 发生违纪行为，应当并处或单处经济处罚的；

(3) 违纪取得的财物，依法应当追缴或者责令退赔的；

(4) 对前款第 (1)、(2) 项所列情形作出监察决定或者提出监察建议的，应当按照国家有关劳动人事管理权限和处理程序的规定办理。

第二十五条 企业监察部门依法作出的监察决定，有关部门和人员必须执行；企业监察部门依法提出的监察建议，有关部门无正当理由的，应当采纳。

第二十六条 企业监察部门的领导人员应该列席本单位的有关会议，企业监察人员可以列席被监察部门的有关会议。

第二十七条 企业监察部门对控告、检举重大违法违纪行为的有功人员，可以依照有关规定给予奖励。

第五章 企业监察程序

第二十八条 企业监察部门按照下列程序进行检查：

(1) 对需要检查的事项予以立项；

(2) 制定检查方案并组织实施；

(3) 向本单位或者上级企业监察部门提出检查情况报告；

(4) 根据检查结果，作出监察决定或者提出监察建议；

(5) 重要检查事项的立项，应当报本单位和上一级企业监察部门备案。

第二十九条 企业监察部门按照下列程序对涉嫌违纪的行为进行调查处理：

(1) 对需要调查处理的事项进行初步审查，认为有违纪的事实，需要追究违纪责任的，予以立案；

(2) 组织实施调查，收集有关证据；

(3) 有证据证明存在违纪事实，需要给予处分或者作出其他处理的，进行审理；

(4) 作出监察决定或者提出监察建议；

(5) 重大案件的立案，应当报本单位主要领导批准和上一级企业监察部门备案。

第三十条 企业监察部门对于立案调查的案件，经调查认定不存在违纪事实的，或者不需要追究行政纪律责任的，应当予以撤销，并告知被调查单位及其上级部门或者被调查人员及其所在单位。

重大案件的撤销，应当报本单位主要领导批准和上一级企业监察部门备案。

第三十一条 企业监察部门立案调查的案件，应当自立案之日起 6 个月内结案；因特殊原因需要延长办案期限的，可以适当延长，但最长不得超过 1 年，并应当报上一级企业监察部门备案。

第三十二条 企业监察部门在检查、调查中应当听取被监察单位和人员的陈述和申辩。

第三十三条 监察决定、监察建议应当以书面形式送达有关单位或者有关人员。

第三十四条 有关单位和人员应当自收到监察决定或者监察建议之日起 30 日内，将执行监察决定或者采纳监察建议的情况通报企业监察部门。

第三十五条 企业监察部门对受理的不服主管部门处分决定的申诉，经复查认为原决定不适当的，可以建议原决定机关予以变更或者撤销；企业监察部门在职权范围内，也可以直接作出变更或者撤销的决定。

复查、复核期间，不停止原处分决定的执行。

第三十六条 对监察决定不服的，可以自收到监察决定之日起 30 日内向作出决定的企业监察部门申请复审，企业监察部门应当自收到复审申请之日起 30 日内作出复审决定；对复审决定仍不服的，可以自收到复审决定之日起 30 日内向上一级企业监察部门申请复核，上一级企业监察部门应当自收到复核申请之日起 60 日内作出复核决定。

复审、复核期间，不停止原决定的执行。

第三十七条 上一级企业监察部门认为下一级企业监察部门的监察决定不适当的，可以责成下一级企业监察部门予以变更或者撤销，必要时也可以直接作出变更或者撤销的决定。

第三十八条 上一级企业监察部门的复核决定和国家电力公司监察局的复查决定或复审决定为最终决定。

第三十九条 对监察建议有异议的，可以自收到监察建议之日起 30 日内向作出监察建议的企业监察部门提出，企业监察部门应当自收到异议之日起30日内回复；对回复仍有异议的，由企业监察部门提请本单位或者上一级企业监察部门裁决。

第四十条 企业监察部门在办理监察事项中，发现所调查的事项不属于企业监察部门职责范围内的，应当移送有处理权的单位处理；涉嫌犯罪的，应当移送司法机关依法处理。

第六章 法 律 责 任

第四十一条 被监察的单位、部门和人员违反本办法规定，有下列行为之一的，由上级单位或者企业监察部门责令改正，对单位、部门给予通报批评；对负有直接责任的主管人员和其他直接责任人员依照有关规定给予处分：

(1) 隐瞒事实真相，出具伪证或者隐匿、转移、篡改、毁灭证据的；

(2)故意拖延或者拒绝提供与监察事项有关的文件、资料、财务账目及其他有关材料和其他必要情况的；

(3) 在调查期间变卖、转移涉嫌财物的；

(4) 拒绝就企业监察部门所提问题作出解释和说明的；

(5) 拒不执行监察决定或者无正当理由拒不采纳监察建议的；

(6) 有其他违反本办法规定的行为，情节严重的。

第四十二条 对申诉人、控告人、检举人或者监察人员进行报复陷害的，依照企业规章给予处分；构成违法、犯罪的，依法移送有关部门追究其法律责任。

第四十三条 监察人员滥用职权、徇私舞弊、玩忽职守、泄露秘密的，依照有关规定给予纪律处分；涉嫌犯罪的，依法移送有关部门追究刑事责任。

第七章 附 则

第四十四条 本办法自下发之日起施行。国家电力公司所属事业单位的监察工作，可以参照本办法执行。

第四十五条 本办法由国家电力公司监察局负责解释。

关于颁发《电力系统运行计划（方式）工作管理规定》的通知

（国电调［1999］81号）

各网、省电力公司，南方电力联营公司：

为贯彻执行1998年国家电力公司电网安全工作会议精神，加强电力系统运行计划（方式）工作的规范化、制度化管理，适应电力改革与发展，保障电网的安全、优质、经济运行，国调中心组织制定了《电力系统运行计划（方式）工作管理规定（试行）》。现印发给你们。

请你们组织有关专业工作人员认真学习并严格执行，执行中的问题和意见告国调中心。

附件：电力系统运行计划（方式）工作管理规定（试行）（略）

一九九九年三月五日（印）

关于对发电企业实施“公平、公开、公正”调度的原则意见

（国电调［1999］403号）

各电力集团公司，各省、自治区、直辖市电力公司：

在实施“厂网分开、竞价上网”改革的过程中，为使调度工作真正做到“公平、公开、公正”（以下简称“三公”），在保证电力系统安全运行的前提下，按照同一原则平等对待所有并网发电企业，保障电网经营企业和并网发电企业的合法权益，国家电力公司特提出以下原则意见：

一、“三公”调度是指贯彻国家能源政策和产业政策、实施资源优化配置和合理利用能源，在电量计划、调度实施、信息公开等方面采用规范、透明的办法对并网发电厂（机组）实施调度，并接受监督。

二、电量计划的编制应遵守以下原则：

1. 认真贯彻国家产业政策，充分利用水力资源，避免或减少弃水；支持并合理安排综合利用和新能源机组（包括清洁煤、循环硫化床及核电）的发电；严格控制并网运行的凝汽式小火电机组的发电；

2. 保证电网安全运行和对用户可靠供电；

3. 按照市场准入原则，将跨省（区）输送的电力电量纳入有关电网计划，实现更大范围的资源优化配置。

三、为促进发电侧电力市场的发展，计划电量可由基本电量和竞价上网电量组成。其中基本电量计划中的火电电量部分，应保证同一电网中同类型机组利用小时数大致相同。竞价上网电量部分应根据各并网发电企业的报价或上网电价、用电市场需求和电网安全运行约束条件等，采用“低价优先”的原则即按照电价由低到高排序安排电量，同时允许本网外的电源

参加竞价。

四、为保证电网安全和“三公”调度的实施，依照《电力法》、《电网调度管理条例》的规定，电网实行统一调度、分级管理的原则，任何单位和个人不得非法干预调度工作。各发电企业所属发电厂（机组）应按照调度机构下达的调度曲线运行，并必须按调度指令参与电网的调峰（包括起停调峰）、调频、调压。

五、电网调度机构要根据电网电力电量预计、电网安全运行约束条件等进行电力电量调度，并优先保证基本电量计划的完成。因用电市场变化等因素影响基本电量计划完成时，应等比例调减。由于电网责任等原因造成发电企业未完成基本发电计划部分或因发电企业因自身原因造成计划安排不能实现，按照购电协议和并网调度协议等有关规定执行。

六、电网调度机构要在信息系统内建立电网调度信息发布网页，及时、准确发布电网调度信息。调度机构每季度召开一次电网运行信息发布会。公开的电网调度信息主要包括：

1. 年、月、日电力电量预计；

2. 年、月、日基本发电计划（包括调整后的）和调度结果（年、月、日报）；

3. 发电企业竞价上网排序和执行情况；

4. 用电负荷率、各发电厂的发电量、发电负荷率、调峰调频情况等；

5. 电网安全运行约束条件；

6. 其他必要的电网调度信息。

七、各网省电力公司及所属电网调度机构接受相应监督机构对“三公”调度执行情况的监督，监督机构可由政府电力主管部门、发电企业、电网经营企业和调度机构等有关单位的代表组成。对调度对象和地方政府的意见要积极给予解答，重大问题要报上级调度机构和主管部门研处。

八、各网省电力公司依据本原则意见制定实施办法。已实施“厂网分开、竞价上网”的试点电网，按照有关发电市场规则、规定执行。

一九九九年八月十九日（印）

印发《关于加强电网调度系统管理的若干规定》的通知

（国电调［1999］438号）

各电力集团公司，东北公司，各省（直辖市、自治区）电力公司：

现将《关于加强电网调度系统管理的若干规定》印发给你们试行，请注意收集试行中的问题并及时反馈。

附件：关于加强电网调度系统管理若干规定（试行）（略）

一九九九年八月二十四日（印）

关于印发《电网规划管理若干规定（试行）》的通知

（国电规［1999］310号）

国家电力公司系统各有关单位：

为了适应“厂网分开，竞价上网”等电力体制改革需要，规范电网规划管理程序，强化电网规划对电网建设项目决策的指导作用，保障电网安全稳定运行，提高电网的整体经济效益，国家电力公司制定了《电网规划管理若干规定》。经征求有关单位意见，现印发试行。试行中有何问题和建议，请及时报国家电力公司。

附件：电网规划管理若干规定（试行）（略）

一九九九年六月二十三日（印）

关于颁发《火电、送电、变电工程限额设计控制指标（1998年水平）》的通知

（国电电规［1999］165号）

各电力集团公司，各省、自治区、直辖市电力公司，各电力设计院：

为了加强电力工程基本建设的造价控制，进一步实行“静态控制，动态管理”，我公司电规总院编制完成了《火电、送电、变电工程限额设计控制指标（1998年水平）》。受有关综合部门的委托，现颁发执行，在执行期间，请有关单位随时将出现的问题告电规总院。同时，应抓紧组织设计优化和复查工作，下决心把过高的造价降下来，为降低售电电价，开拓电力市场而扎扎实实地做好各项工作。贯彻执行情况报电规院。

附件：火电、送电、变电工程限额设计控制指标（1998年水平）（略）

一九九九年四月一日（印）

中国电力年鉴

3　电力工业综述

1999 年电力工业基本概况

1999 年，在全国工业生产快速增长、国有企业经济效益明显好转和电力企业大力实施增供扩销等内外因素的共同影响下，电力经济运营情况总体良好，电力供应基本满足了国民经济发展和人民生活对电力的需求。1999 年电力生产运营主要情况和特点：

发电量增速已基本走出低谷

据国家统计局快报，1999 年，全国发电量完成 11977.8 亿 kW·h，同比增加 709.9 亿 kW·h，增长 6.3%，其中水电 1969.2 亿 kW·h，增长 5.6%，火电 9854 亿 kW·h，增长 6.5%。其特点是：

水、火发电基本同步增长。火电增幅增加的主要原因是用电市场持续回升。

全国 14 个主要电网中有 12 个电网发电量增幅高于全国平均水平。分别是：华北 8.41%、华东 6.44%、华中 7.63%、西北 6.99%、山东 8.33%、福建 13.87%、广东 15.41%、广西 13.97%、贵州 11.94%、云南 8.74%、重庆 7.51%。发电量增长率低于全国增长率的电网有：东北 -1.65%、四川 -0.64%、新疆 5.96%。

全年发电量增长基本保持平稳态势。从每月发电量情况来看，1 月和 2 月份因受春节影响，变化较大，分别为 14.09% 和 0.24%；9 月出现秋季高温，增长比较突出，达 8%；12 月增幅 9.15%，为全年月份最高增幅；其余月份均保持在 2.8%～5.5% 之间。

全社会用电量持续回升

据国家电力公司统计，1999 年全社会用电量 12090 亿 kW·h，比 1998 年同期增长 6.5%。从产业类别看，用电量增速：第一产业 6.3%，第二产业 6.3%，第三产业 8.5%；城乡居民生活用电增长较高，达 6.7%，行业用电增长 6.5%，其中农林牧渔水利业 5.6%，工业用电增长 6.3%，工业用电中轻工业用电增长 7.3%，重工业用电增 6.1%。工业用电占全社会用电为 71.6%，工业用电持续回升是当前用电量稳步回升的主要原因。

发、用电同步增长的主要原因分析

发电量和用电量增长明显回升，主要原因是国家积极的财政政策、工业企业生产和效益改善以及气候影响等。尤其是国家重点基础投资设施的建设，打击走私等，较大程度的启动或扩大了建材、冶金、石油等行业的生产，从而拉动了用电需求。1999 年，全年共完成工业增加值 20307 亿元，比 1998 年同期增长 8.9%。1～11 月累计，全部工业企业实现利润 1826 亿元，同比增长 64.7%，其中国有及国有控股企业实现利润 765 亿元，比 1998 年同期增长 1 倍，工业企业效益好转促进了生产增加，从而有效的拉动了用电需求。

另外，去年电价整顿工作及各地电力企业不断降低用户电费开拓市场，扩大了用电需求。

运行质量不高的问题比较突出

电力生产经营随着发、用电量的稳步回升保持了稳健的态势，但面临的问题也比较突出，主要是：①大部分电网最高负荷增加，峰谷差加大，负荷率降低，给电网调峰带来困难；②大型水电站弃水情况无明显改善，省网间交换电量不足；③由于当前发电能力总体大于用电需求，发电利用小时持续下降，火电平均利用小时下降到 4350h，比 1998 年同期下降 121h，发电企业竞争加剧，“三公”调度呼声很高；④电力企业效益有所下降，国家电力公司快报利润有所下降；电力欠费持续增加，1999 年 12 月底国家电力公司和广东省电力公司系统欠费达 390 亿元。

行 政 管 理

国家经贸委电力司

在经贸委党组的领导和有关方面的大力支持下，全司同志紧密团结，努力工作，按照 1999 年经贸工作的中心任务，工作着力点主要放在控制总量，调整结构，替代改造老旧发电机组，关停小火电机组；积极稳妥地推进省级电力体制、厂网分开和农电体制三项改革；搞好城乡电网建设与改造，扩大需求，整顿秩序，加强管理，确保电力企业实现利润不低于 1998 年；同时还加强了法制建设工作，促进电力工业持续稳定健康发展。

一、着手编制“十五”规划，控制总量、调整结构取得进展

（1）电力“十五”规划编制工作已经起步。在1998年底发出准备工作的通知以后，今年3月向各省经贸委、电力局发出了开展“十五”电力行业规划编制工作的通知，明确了工作分工、进度要求和指导思想等问题，并下发了编制大纲及主要附表格式。按照委内的统一部署，目前正在进行“十五”计划有关专题的研究，已初步形成电力行业“十五”规划思路。

（2）关停小火电机组工作已开始具体实施。国务院办公厅以国办发［1994］44号文件转发经贸委《关于关停小火电机组有关问题的意见》后，经贸委通过召开电视电话会等形式开展了一系列宣传动员工作，使各有关方面对这项工作形成统一认识并给予高度重视，小火电机组盲目发展的势头已得到遏制。为积极稳妥地推进关停小火电机组工作，通过对重点省份深入的调查研究和召开工作座谈会，基本摸清了目前小火电机组的底数。在此基础上，起草下发了《关停小火电机组实施意见》，以指导各地关停工作的具体实施。12月初，印发了《国家经贸委关于确保完成1999年关停小火电机组计划的通知》，并下达了各省（区、市）1999年关停计划。1999年全国计划关停小火电机组290万kW，其中国家电力公司所属180万kW。至此，关停小火电机组工作取得了阶段性成果。目前正在开展热电联产和综合利用机组认定办法的研究工作，为2000年全面开展认定工作做好准备。

（3）为继续做好农村电气化工作，下发了《关于进一步做好农村电气化工作的通知》，以做好衔接并指导全国继续开展这项工作。到目前为止，6个省（区）上报了21个电气化县请经贸委验收，西藏自治区也上报了全区4个农村电气化县的发展规划。为了进一步促进农村电气化事业的发展，制订21世纪农村电气化的指导思想、发展方向和工作重点，组织编制了《中国二十一世纪农村电气化发展纲要》，现已形成框架初稿。在新能源发展方面，组织制定了全国“十五”及2015年风力发电规划，目前已完成草案，并组织召开了“全国风力发电‘十五’及2015年规划和政策研讨会”，起草并将于近期颁布《关于促进我国风力发电发展的若干意见》和拟上报国务院的《关于促进风力发电发展的若干政策建议》，会同资源司起草了《建设风力发电示范工程推进风力发电设备国产化的意见》。就新形势下小水电的发展问题广泛征求意见，并与世行、亚行和联合国开发署等进行了广泛探讨，积极开展与国际组织的合作研究。

二、研究制定重大政策，各项改革有序推进

（1）省级电力体制政企分开改革准备工作基本完成。为保证省级电力管理体制政企分开改革的顺利进行，4月中旬，召开了电力管理体制政企分开改革座谈会，就政企分开的具体情况、基本思路和实施步骤进行了座谈；并商有关部门起草印发了《关于做好电力工业政企分开改革工作的意见》，供各地在改革中参考。

（2）厂网分开改革试点取得阶段性进展。根据国务院办公厅［1998］146号转发经贸委《关于深化电力工业体制改革有关问题意见的通知》，印发了《关于进行厂网分开竞价上网试点有关问题的通知》，对上海、浙江、山东和辽宁、吉林、黑龙江6省（市）试点工作进行了全面部署，并召开工作座谈会，检查工作进展情况，部署下一步工作。在充分调查研究的基础上，下发了《关于做好厂网分开竞价上网试点工作有关问题的通知》和《关于成立厂网分开竞价上网试点工作小组的通知》等指导性和规范性文件。目前，山东、浙江、上海三省市的试点方案可以在2000年上半年审批通过后进入试点运行阶段。组织有关试点省市考察英国、西班牙电力市场规则及监管经验。

（3）农电体制改革全面展开。国务院以国发［1992］2号文件批转经贸委《关于加快农村电力体制改革加强农村电力管理的意见》后，经贸委先后召开了电视电话会和工作座谈会，对工作进行了具体部署。为配合国发2号文件的贯彻，规范和指导全国的县、乡电力体制改革工作，印发了《关于加快乡（镇）电管站改革若干问题的指导意见》，批转了国家电力公司《乡镇电管站改革的实施细则》和《趸售县代管办法》等文件。针对农电体制改革中存在认识不统一、行动不一致、进度不平衡的问题，遵照经贸委领导的指示，6月下旬，经贸委给朱镕基总理、吴邦国副总理报送了《关于农村电力体制改革有关情况的报告》，朱镕基总理作了明确批示，据此经贸委下发了《关于进一步做好农电体制改革有关问题的通知》，进一步统一思想，统一行动。对矛盾较大的省召开专门会议，进行协调，避免出现大的问题。在此基础上，会同有关部门审查了23个省的农电体制改革实施方案，并下发了13个省的实施方案。

三、围绕中心工作，运用电价杠杆，促进国企改革与脱困

（1）减轻企业不合理电费负担，稳定全国电价水平。1999年初，针对电力企业还贷压力大，有关

单位调升电价呼声高而用户电费负担沉重的实际情况，围绕国企改革与脱困的目标，经贸委向朱镕基总理、吴邦国副总理报送了《关于当前电价工作几点意见的报告》，提出“调整有关政策、调整电价结构，保持电价的基本稳定”的1999年电价思路，得到了领导的肯定。我们还会同国务院减负办等单位，对各地随电价乱收费、乱加价进行了清理，由电力司领导带领工作组，赴湖南、甘肃、广西等地督促检查，有效地减轻了企业不合理电费负担。

(2) 进一步减轻高耗电企业电价负担。根据经贸委1999年电价工作的整体思路，针对铝行业反映电费负担重的情况，我们与有关单位反复协商，提出了对于电解铝等有色金属企业实行优待电价的政策。经国务院批准同意，13家重点电解铝企业1999年可减轻电费负担3.69亿元，4家铜企业可减少电费支出4400万元。对国家计委提出的有关省市电价调整方案提出会签意见。

四、开拓电力市场、启动电力消费

为及时总结部分省市鼓励用电、开拓市场、推动当地经济发展的经验，我们先后赴广东、湖北调研电力企业增供扩销的主要做法，赴贵州调研电力企业加强内部成本管理和资金管理，取得良好效益的经验，并写出了调研报告，盛华仁、石万鹏同志作了重要批示，为贯彻批示精神，我们与国家计委下发了《关于利用电价杠杆促进电力消费有关问题的通知》。

五、规范调度秩序，促进电力资源的合理配置

保证调度的公平、公正、公开。针对当前电力调度中存在的问题，我们在大量调查研究和广泛征求有关单位意见基础上，印发了《关于优化电力资源配置，促进公开、公平调度的若干意见》。

六、加快替代改造老旧机组，做好项目审查和协调工作

(1) 在常规项目行业审查方面，我们紧紧围绕电力“九五”技改计划展开工作，共完成了10个电厂技术改造和“以大代小”项目的行业审查工作。同时在第三批国债项目中为电力行业争取了河南新乡、开封电厂、新安电厂、江西分宜电厂、山西永济电厂、南京自动化总厂、嘉兴垃圾电厂、石景山电厂脱硫等8个项目。

(2) 加强对电力工程质量监督以及水电设计审查和建设工作。研究起草并下发《关于委托国家电力公司承担电力工程质量监督工作的函》，对有关重大问题进行了必要的检查监督和协调；研究办理了《委托水电顾问公司承担有关水电设计审查工作的函》，批复黄河直岗拉卡等7个水电站的预可研或可研审查意见；指导、协调水电工程验收、工程安全鉴定、大坝安全管理、水库移民工作中的重大事宜。

(3)下达了1999年全国发电量预期目标，就以发电量指标为主的有关指标完成情况对电力经济运行情况进行了季度、年度分析；及时处理了供电营业区划分、电费拖欠、抚顺铝厂供电、二滩公司电量分配等电力经济运行过程中的有关矛盾。办理完成了领导交办的中电国际注资、华能重组、电力企业债转股等事项。

(4) 会同有关部门，就国务院交办的西藏自治区政府《关于将西藏自治区电力公司界定为国家电力公司子公司的请示》进行研究，并赴西藏进行调研，向国务院上报了《关于调整西藏自治区电力公司管理体制问题的请示》，并根据国务院领导的批示，印发了《关于调整西藏自治区电力公司管理体制的通知》，明确了维持现行资产和财务关系不变，由国家电力公司对西藏电力公司实施管理的过渡模式。办理有关地方电力企业资产划转。

七、电力法制建设和行政执法监督以及电力标准化工作得到加强

1999年，在电力法制建设和标准化管理方面取得了较大进展。先后以委令颁布了《电力设施保护条例实施细则》、《电力行业标准化管理办法》两个部门规章；会同有关方面研究制定《农村电力管理条例》，修订《电网调度管理条例》，布置启动修改《电力法》的有关工作；组织开展了《大中型水库移民条例》的修订研究工作，现研究报告已完成，正在开展《条例》的起草工作；组织开展了《水电工程验收规程》的修订工作。就省级以下电力体制政企分开改革中的难点问题和普遍问题——电力行政执法体系改革问题组织了专题调研，提出规范性、指导性意见。同时，对10余个电力企业及其他用电单位提出的法规解释问题做出答复；发布了40项电力行业标准；对《大气污染防治法》、《海洋环境保护法》等法律法规提出修改意见；对水资源费收取和二氧化硫排污收费问题进行协调，转发了国务院办公厅《关于执行国办发[1995] 27号文件有关问题的通知》、就国家电力公司的请示印发了《关于二氧化硫排污收费依据问题的复函》。为配合中国加入世界贸易组织（WTO）的需要，对电力行业现行法律法规和规章进行了清理，并提出修改意见。

八、配合做好城乡电网建设与改造工作

为规范全国城乡电网建设与改造设备采购秩序，保证建设工程质量，先后发布了两批《全国城乡电网

建设与改造所需主要设备产品及生产企业推荐目录》，共涉及12类设备产品近3000家企业，现正在并开展第三批推荐工作。同时，参加了各省“两改一同价”方案的批复工作，配合国家计委审查批准了各省1999年农村电网改造计划。

另外，在安全生产管理方面，1999年初印发了《关于加强1999年电力安全生产工作的通知》，对电力安全生产工作提出了明确的要求，并参与了国庆五十周年北京安全生产检查工作和有关事故的协调处理工作。为检验我国电力系统解决计算机2000年问题整改工作的效果，经请示国务院同意，并公告社会，8月31～9月10日，成功地对电力系统进行了测试。

行业管理

中国电力企业联合会

1999年，中国电力企业联合会（简称中电联）在新一届理事会的领导下，在国家经贸委等有关部门的关心支持下，认真落实1998年10月全国会员代表大会的精神，并根据1999年年初上海理事长会议的部署，继续转变观念，深化改革，努力做好各项服务工作，取得了新的进展和成绩。

1999年2月底，中电联在上海召开了1999年第一次理事长会议。中电联名誉理事长、国家电力公司总经理高严为会议的召开发了贺信，并提出“要把中电联常设办事机构建设成为一个精干高效的一线机构和工作班子”的要求。这次会议主要讨论了中电联1999年工作要点和中电联改革和发展规划框架意见。

一、适应形势，深化改革，努力探索行业管理与服务工作的新体制、新机制

为有效地落实中电联的“两个战略性转变”，1999年中电联投入较大的精力做了两项大的工作：一是主动到民政部申请社团法人登记，从组织上实现“官办”转“民办”；二是积极而慎重地进行常设办事机构的改革。社团登记工作得到了国务院领导、国家经贸委、国家电力公司的大力支持，明确了国家经贸委是中电联的业务主管部门，民政部是中电联的监督管理部门。

本着有利于逐步充实和完善行业管理和服务的功能，有利于实现精干高效，有利于现有组织机构平稳过渡的原则，中电联于上半年制定了内部机构设置方案。目前，中电联常设办事机构为四部六中心；即理事会工作部、调研部、会员部、国际合作部，以及标准化中心、职业技能鉴定中心、电力可靠性管理中心、电力建设技术经济咨询中心、教育培训中心和科技服务中心，并按党章和社团组织的有关规定设置机关党委。此外还设立了资产管理中心，负责管理中电联的资产，重点是经济实体的管理，以确保中电联资产的保值增值，为中电联的发展提供一定的经费补充。

这次内部机构改革的主要特点是，中电联本部的干部任用由过去的任命制改为聘任制，职工实行双向选择、择优上岗，引进了适度的竞争机制和激励机制，并实现了干部队伍的适度年轻化，这为中电联事业的发展打下了良好的基础。

二、加强组织建设，完善服务网络，推动省级电力行业协会的培育和发展

（1）稳妥地完成了与中国电力企业管理协会的一体化运作。5月份召开了三届电力企协、二届电力企业家协会全国会员代表大会，通过了电力企协与中电联一体化运作的决议。中电联和电力企协实行一个章程，一个理事会，一个办事机构，电力企协的会员单位和分支机构，相应地就成为中电联的会员单位和分支机构。

（2）初步实现了服务网络的规范发展。在分支机构的规范和建设方面，根据原分会现有组织和发挥作用的情况，对分会进行了必要的调整，初步规范了分会的组织形式。已经设立的专业（管理）委员会依靠相应专业领域的专家、学者和社会知名人士的智慧，正在开始发挥积极的作用。

（3）积极推进省级电力行业协会的建设和发展。10月，国家经贸委下发了《关于加快培育和发展工商领域协会的若干意见》（试行）。这是第一个由国家政府部门颁发试行的关于工商领域协会性质、地位、作用的规范性文件。中电联及时向会员单位转发了这个文件，并在《中国电力报》、《中国电力企业管理》等报刊上全文刊发。结合我国电力工业改革和发展的状况以及省级电力行业协会不断增多的实际，制定并提出了《贯彻国家经贸委〈关于加快培育和发展工商领域协会的若干意见〉（试行）的意见》，主要是对省级电力行业协会的性质、遵循的原则、组建方式、职能等方面提出了指导意见。

三、围绕中心任务，开始独立履行行业管理和服务职能，并取得了新的进展

(1)中电联起草拟定的《电力行业标准化管理办法》,在国家经贸委的指导下,于6月由国家经贸委主任盛华仁签发国家经济贸易委员会第10号令公布实施。10号令明确了国家经贸委负责电力行业标准化行政管理工作,中电联负责电力行业标准化的具体组织管理和日常工作,理顺了电力行业标准化工作关系,从法规上确立了中电联行业管理和服务的地位。

(2) 电力可靠性管理已经由政府职能转变为电力行业管理职能，每年一次的电力可靠性指标的发布形式完成了由电力部发布到由中电联与国家电力公司联合发布，再到由中电联独立发布的转变，树立了中电联独立履行行业管理和服务职能的新形象。

(3) 组织制定、修订了电力工业技术和建设标准97项，全年报批发布国家标准、行业标准119项。本着“量价分离、量准价实”的原则，先后完成了300MW机组工程投资估算指标等5项电力建设定额的编制等。组织完成了电力行业100个工种的职业技能鉴定规范，已成立32个职业技能鉴定中心和101个职业技能鉴定站，职业技能鉴定体系初步形成。

(4) 成功举办了’99国际电力信息技术和产品展示会，99国际电力设备暨水力发电设备展览会，以及’99北京输配电技术国际会议。继续开展企业管理研究、咨询、培训和交流活动，坚持了电力企业家活动日制度，抓住“厂网分开，竞价上网”和低成本运营等热点和难点问题交流经验，进行研讨，取得了新的成效。教育培训工作重新整合，确立了面向全行业开展教育培训服务的新思路。按照国家经贸委的要求，中电联组织专家编写了《中国经济五十年》一书的电力工业部分，同时组织编辑了大型对外宣传图书《新中国电力工业》,已经出版向国内外发行。继续办好会刊《中国电力企业管理》和《电业政策研究》等刊物,为政府和企业提供信息服务。

(5) 受国家经贸委的委托，重点组织了《中国农村电气化（2001～2015年）发展纲要》、《电力市场监管体系研究》等重大课题的调研，已完成阶段性研究成果。受深圳市人民政府的委托，中电联以社会中介组织的身份组织专家咨询组于9月对深圳供电线损指标问题进行了咨询评估，提出的深圳供电线损指标咨询报告得到地方政府的采纳，成为市政府审定当地城乡同网同价的重要依据。这项工作标志着行业组织在社会服务方面具有不可替代的作用，中电联要坚持公平、公正的立场，努力开拓为社会服务的领域。

企 业 管 理

国 家 电 力 公 司

一、生产经营情况

1999年是国家电力公司第二步改革的关键一年，公司以邓小平理论为指导，深化改革、开拓进取，较好地完成了全年工作目标，在推进公司战略部署、实现公司战略目标的进程中迈出了坚实的步伐。

全年售电量完成7987亿kW·h，比1998年增长6.9%；在对部分国有重点企业让利4亿元的情况下，实现利润总额86.7亿元，超额完成86亿元的利润目标。全公司实现利税313.7亿元。

电网实现安全稳定运行，促进了国民经济发展和人民生活水平的提高，特别是圆满完成建国50周年和澳门回归庆典的安全保电任务，成功地解决了计算机2000年问题，使电力系统安全、稳定地跨进2000年，树立了国家电力公司的良好形象。

投产容量持续增长，发电量、售电量适度增长，购电比重上升，1999年公司系统参与投资项目投产装机容量1408万kW，其中水电393万kW，火电1015万kW。电网投资增加，达859亿元，投产35kV及以上输电线路69万km，变电容量9078万kV·A。由于需求不旺、电源结构不合理以及还本付息电价不到位，投产机组效益较差。到1999年底，公司全资及控股发电设备容量1.47亿kW，增长6.3%，完成发电量6370亿kW·h，增长5.4%，其中水电990亿kW·h，增长6.5%，火电5380亿kW·h，增长5.2%。发电能力年均利用小时数仅4500h。售电量完成7987亿kW·h，增长6.9%，购电量6284.9亿kW·h，增长16.97%，购电量已占全部售电量的78.69%。

1999年公司系统安全生产的标准化、规范化管理进一步加强，电网安全稳定运行，主要电网频率和电压合格率均有明显提高，频率合格率达99.99%以上，电压合格率大都在98%以上，1999年已连续第三年没有发生大的电网事故和大面积停电事故，全国

主要城市10kV用户供电可靠率（RS1）达到99.863%，但各主要电网的峰谷差仍在加大，负荷率进一步降低，调峰更加困难。

安全形势有所好转，国家电力公司在管理范围不断扩大，城乡电网改造规模空前，任务十分繁重的情况下，生产、基建人身事故共死亡69人，比1998年同期减少15人，下降17.9%，基建自1991年以来首次实现全系统群伤群亡为零的“无重大事故”目标和85%的施工企业“无死亡事故”目标。

能源使用效率有所提高。1999年，公司系统实现供电煤耗379g/(kW·h)，下降2g/(kW·h)，实现线损率7.26%，比1998年下降了0.18个百分点。

贯彻以经济效益为中心的指导思想，电网的经济调度进一步加强，但全国主要电网的经济性还没有充分发挥，突出表现在：水电汛期不必要的弃水加大，省间电量交换减少，水火互补程度降低，错峰效益较差。

1999年，国家电力公司资产总量增加，经济效益提高，财务状况好转。年末公司系统资产总额8736亿元，比1998年增加973亿元，增长12.5%，所有者权益年末余额4059亿元，比1998年增加528亿元，增长14.9%，资产负债率为53.5%。

针对需求不旺的不利形势，各分公司、子公司采取有效措施，加强管理，增供扩销，提高了电能在终端能源消费中的比重。1999年公司系统售电量占全社会用电量的比重增长0.2个百分点，达到66.1%。

二、电力体制改革取得突破性进展

国家电力公司按照国务院国发［1996］48号、国办发［1998］146号文件的规定，全面推进改革，取得了突破性进展。1999年3月，东北电力集团公司改组为国家电力公司东北公司，成立了辽宁省电力有限公司，并将吉林、黑龙江省电力公司改组为独立的法人实体，此举理顺了东北电网的管理关系。南方电力联营公司改制为国家电力公司南方公司，为南方互联电网的发展创造了更加优越的条件。

电网建设有限公司改制为国家电力公司的分公司和事业部，国家电力公司直接承担起三峡电网和全国联网的建设任务；电力信托投资有限公司改制为中国电力财务有限公司，为公司系统各单位提供融资服务；撤销中国电力投资有限公司，将中国电力国际有限公司改为国家电力公司的子公司，成为国家电力公司的境外融资窗口；通过资产重组，“国电电力”成为国家电力公司第一个境内直接融资窗口，“国电电力”的良好市场表现，使其成为广大投资者竞相追捧的“长线牛股”。

按照国务院的部署，厂网分开、竞价上网的试点已在浙江、上海、山东和辽宁、吉林、黑龙江展开。国家电力公司经过调查研究，充分听取国内外专家意见，形成了《实行厂网分开建立发电侧电力市场的实施方案框架（试行）》并先后出台《发电侧电力市场运营规则框架》（参考本）和《发电侧电力市场监管规则框架》（参考本）。目前，试点工作取得了明显的效果：管理得到加强，成本受到控制，电价有所降低。厂网分开、竞价上网是一场深刻的变革，涉及到各方面利益的调整，必将对电力工业的运行机制和管理模式产生重大而深远的影响，国家电力公司按照稳中求进的原则，待试点取得经验后在全公司系统全面推开。

在电力体制的改革中，公司实体化迈出了坚实的一步。公司本部按照精简、效能的原则和经营管理的需要，调整了机构和人员。在公司系统的层面上，逐步构筑起总、分公司和母、子公司并存的集团体制，充分体现国家电力公司作为集团核心企业的功能，使国家电力公司的控制力、辐射力和经营实力都得到加强。通过资产重组和机构改革，初步建立了资本纽带关系和规范的法人治理结构。

国家电力公司直接运作电网建设工程，特别是三峡输变电工程和大区联网工程，投资控股或参股建设龙滩、小湾、洪家渡、三板溪、公伯峡、杂谷脑等“五大一小”水电工程，必将进一步增强公司的经济实力和控制力。

到1999年末，国家电力公司本部（含分公司）总资产3729.6亿元，直接经营资产350.9亿元，负债207亿元，负债率60%，直接经营收入26.6亿元，其中电力销售收入19.1亿元，输电收入7.5亿元。国家电力公司对各网省公司由过去的收取折旧和管理费改为收取投资收益，体现了出资者和所有者权益。1999年收取投资收益16.3亿元，公司本部实现了资金流和实物流，同时公司有了资产负债表、现金流量表和损益表。国家电力公司不再是一个“翻牌公司”和“空壳公司”，而是一个真正的实体公司，国家电力公司作为一个经济实体已被列入国家520家重点企业名单，并在国家综合管理部门建立了名头。根据公司党组的决定，国家电力公司将争取2000年，确保2001年进入世界500强企业。

三、结构调整成效显著

国家电力公司负有在全国范围内优化配置电力资源的责任，因此加大电力结构调整力度，成为国家电力公司1999年工作重点之一。

国家电力公司配合国家综合部门出台了一系列限制高污染、高耗能、低效率的凝汽式小火电机组的政策和措施，1999年原定公司系统停运112万kW，实际停运183万kW。超额完成停运计划。为了缓解电力供需矛盾，公司决定原则上3年内不开工建设常规火电，1999年推迟开工常规火电325万kW，重点发展超临界机组、洁净煤机组、LNG机组和新能源发电项目。

电网建设得到加强。1999年，电网建设投资达855亿元，创历史最高水平，三峡输变电工程进展顺利，长寿至万县500kV输电工程已经建成投运，东北和华北联网工程正在建设中，华北和山东、川渝和西北、华东和福建、华北和华中等联网工程的前期工作也正在积极进行中。城乡电网的建设与改造取得丰硕成果。有电送不出、用不上的局面得到了根本改变。

配合国家"西部大开发战略"，国家电力公司加大了"西电东送"力度。"西电东送"是解决我国能源分布和负荷分布不均衡矛盾的最佳途径，对于形成全国电网，在全国范围内实现资源优化配置、建立全国统一的电力市场具有重要意义。国家电力公司将抓住这一千载难逢的机遇，从根本上实现电力结构的战略性调整，实现我国电力工业的可持续发展。1999年，国家电力公司加大了西部水电项目、大型坑口电厂、LNG发电等方面的投资力度，为电力的"西部大开发"打下了坚实的基础。

四、城乡电网建设与改造进展顺利

城网建设与改造工程的重点是解决城市电网薄弱、供电能力不足的问题，改善居民供电条件，提高供电可靠性，节能降耗等。计划对280个城网进行建设与改造，总投资规模约1200亿元。1998年和1999年，国家计委共批复国家电力公司系统城网项目可研报告199个，资金规模1129亿元，经审查各项前期工作条件，批准163个城网项目相继开工，可研资金规模1070亿元。1998年国家计委批准开工的81个城网项目，可研资金838.3亿元，到1999年末，工程累计完成投资327亿元，计划投资完成率71.2%，1999年国家计委新批复开工82个城网项目，年度计划投资49.2亿元，在计划下达较晚，工程实施时间紧的条件下，年末累计完成39.8亿元，计划投资完成率80.8%。工程实施两年来，国家电力公司系统163个城网工程新增10kV及以上变电容量约2900万kV·A、线路27000km，380V线路20000km，完成一户一表改造250多万户，一些城市的电网改造工程完成后，形成了合理的、较为可靠的城网网架，城市主干道电缆入地，城市配电网络供电能力和电能质量有了很大提高，电压合格率达到96%～98%，普遍提高了2～5个百分点。城网改造使用电量大幅度增长，已完成改造的城网居民和商业年用电量增长率普遍达到10%以上。带动了空调、电炊、电热等家用电器的生产销售，居民的生活质量大大提高，城网改造产生了巨大的经济效益和社会效益。

农网建设与改造以农电体制改革、改造农村电网、实现城乡同网同质同价为三大目标，整个项目总投资规模约1800亿元。1998年和1999年，国家计委下达国家电力公司农网建设与改造计划858亿元，到2000年2月底，实际到位557.86亿元，资金到位率为65%，已经完成投资521亿元，其中1999年完成投资183亿元。到2000年2月，公司系统共建设改造110kV变电所331座，变电容量1086.5万kV·A，线路6543km，35（63）kV变电所1269座，变电容量617.1万kV·A，线路14823km，10kV线路270852km，低压线路714739km，累计更换高耗能变压器239946台，容量1977.9万kV·A，配电台区258445。全系统已有1668个县开展了农网改造工程，到2000年3月底，有257个县完成了农网改造任务。通过农网改造，农村电网的布局不合理、技术落后、电网结构薄弱的状况有了很大改观。农网改造前，低压线损一般在20%以上，很多地方高达30%以上，改造后基本上降到了12%以下，很多供电质量低的村，改造后电压由150V左右提高到220V，电能质量明显提高。

农村电力体制改革是一项复杂而艰巨的系统工程。国务院国发［1992］2号文件和国办发［1998］134号文件，对农电体制改革作了原则规定，据此，国家电力公司相继制定了《关于加快乡（镇）电管站改革实行县（市）乡（镇）电力一体化管理的实施意见》和《趸售县代管办法》等指导农电体制改革的文件。到1999年底，各省电力公司完成对趸售县代管1074个，组建县供电有限责任公司199个，601个县完成了乡镇电管站的改革，组建了13434个由供电企业管理的供电所，裁减农村电工11.2万人，直供直管县进行全资子公司的改革也已开始探索。

农网改造后线损降低，供电质量提高，结束了电灯不亮、电视图像不稳定不清楚的历史；农电体制改革后，减少了中间环节，根治了乱收费、乱加价、乱摊派和人情电、关系电、权力电的现象，降低了农村到户电价，减轻了农民负担。据统计，完成两改后，全国农村到户电价平均降低0.1元/（kW·h），个别地区降低近2元/（kW·h），农民能够用上电、用好电、用得起电，"两改一同价"真正成为受到各族农民兄弟欢迎的"德政工程"。

五、配合国家有关部门整顿电价，减轻用户负担

整顿电价是国务院确定的治乱减负专项治理的重

要内容，这项工作对切实减轻企业负担，促进经济发展和保持社会稳定具有重大意义。按照国务院的统一部署，国家电力公司配合国家计委，组织和指导公司系统电价管理队伍，认真清理整顿电价，狠抓检查落实，建立健全规章制度，取得了较好的效果。各地普遍实行对用户电价公告制度，将国家规定的电价政策和批准的电价水平向社会公布，接受群众监督。各地物价、电力主管部门和减负办都设立了举报电话，及时接受投诉，切实纠正各种违法行为。各地普遍规定，电力企业是收取电费的唯一合法单位，禁止地方政府和其他部门参与收电费，严禁各级地方政府截留电力企业销售收入，电力企业也不得代收非法或违规的加价和收费。

整顿电价以来，全国共取消各种乱加价、乱收费金额约360亿元，取消买用电权、超计划用电加价金额约40亿元，共计400亿元，通过电价整顿，全国城市电力用户平均实际负担电费每千瓦时下降5分，由整顿前的每千瓦时0.47元下降到0.42元，考虑农网改造降低线损等因素，全国农村电力用户平均负担电费每千瓦时下降约0.1元，由整顿前的每千瓦时0.67元下降到每千瓦时0.57元。特别是集资办电较多且原来执行双轨制电价的电网，电价整顿力度更大，如江苏电网，通过整顿电价及统一销价，降低用户电费负担每千瓦时0.123元，扣除疏导电网电价矛盾提高的因素后，仍减轻用户负担每千瓦时6.13分。

整顿电价后，用电秩序得到明显改善，“人情电、关系电、权力电”问题得到有效遏制，刹住了乱加价、乱摊派、乱搭车收费的不正之风，促进了党风廉政建设和行风建设，电费负担明显减轻，人民群众和用电企业受益，特别是一些高耗能企业受益最大，电力企业为其他行业的企业生产经营外部条件的改善作出了贡献，树立了国家电力公司的良好形象，受到了国务院减负办、国务院纠风办的好评。

六、精神文明建设成绩显著

在深化电力体制改革，加快电力发展的同时，国家电力公司始终坚持“两手抓、两手都要硬”的方针，加大了精神文明建设的力度，进一步推进了以建设双文明单位和文明行业为主要形式的精神文明创建活动。

国家电力公司重视思想理论建设，1999年，结合“三讲”教育，公司系统掀起了学习邓小平理论的新高潮，学习理论、联系实际、钻研问题蔚然成风。通过学习，公司系统广大党员干部在坚持党的基本路线的坚定性、运用邓小平理论解决实际问题的能力、政治思想素养、政治敏锐性和鉴别力等方面都有新的提高。

公司非常重视党建工作，针对建立现代企业制度工作中企业领导体制、经营机制、内外环境和党建工作面临的新情况、新问题，认真进行调查研究，召开了公司系统党建工作会议，印发了《关于加强和改进国有电力企业党建工作的若干意见》。同时加强公司本部党建工作，建立健全了一系列规章制度。“三讲”教育的圆满完成，为党建工作提供了新经验。国家电力公司党的建设也上了新台阶。

公司认真贯彻党中央、国务院和中纪委关于加强党风廉政建设的有关部署和规定，支持标本兼治、综合治理，从源头上预防和治理腐败，建立和完善了党风廉政建设责任制。各级纪检组织加大查办人案件工作的力度，重点查处了一批违反党纪的案件、严重以权谋私的案件和顶风违纪案件。

随着公司系统党风的好转，行风建设也取得了实效，广大职工坚持“人民电业为人民”宗旨，改善服务态度，提高服务质量。特别是通过城乡电网改造、整顿电价、开展农电“三为”和安全文明创一流活动，减轻了用户负担，提高了电能质量，供电单位推行供电社会服务承诺制和“为人民服务，树行业新风”活动，努力把优质服务提高到新水平，有效地促进了供电营业规范化服务，得到了社会各界的广泛认可。

经过公司系统广大干部职工的努力，精神文明建设结出了丰硕的果实。1999年，公司系统有31个单位被评为“全国创建文明行业先进单位”，57个单位被评为“全国建设文明单位工作先进单位”，两个奖项在全国各行业都排在前列。国家电力公司本部连年被国家机关党工委评为精神文明先进单位。

北京国华电力有限责任公司

北京国华电力有限责任公司属神华集团成员，于1999年3月11日正式成立，注册资本343121万元人民币，控制资产总值320亿人民币，董事长和法定代表人是叶青同志，总经理是顾峻源同志。公司经营范围为：电力项目投资、开发及经营管理；新能源项目开发、生产及经营管理、电力、能源项目咨询；房地产开发、物业管理、环保及综合利用。总部设在北京。

北京国华电力有限责任公司的诞生是贯彻国务院关于建立与市场经济相适应的电力工业体制，引进竞争机制，打破垄断，积极推进“厂网分开，竞价上网”的电力体制改革的产物。目前，公司拥有遍及华北、东北、西北地区的全资、控股发电企业和受委托管理的中外合作发电企业，已发展成为具有一定规模的跨地区、跨电网的电力企业。公司已投入运营的发电设备装机总容量420万kW，其中天津国华盘山发电有限责任公司2台50万kW机组、三河发电有限责任公司2台35万kW机组、国华北京热电厂全厂共70万kW、绥中发电有限责任公司2台80万kW机组。代神华集团管理的陕西神木神华伊士奇发电有限责任公司2台10万kW机组；已开工建设内蒙古国华准格尔发电有限责任公司（2×33万kW机组），正在筹建河北国华定曲发电有限责任公司（2×60万kW机组），共计186万kW。同时，为了响应国家西部大开发战略，顺应公司调整电源项目布局和进一步发展的需要，北京国华电力有限责任公司正积极在中西部及其他地区寻求新的发展，力争发电装机容量三年内达到1000万kW。

北京国华电力有限责任公司是一个独立发电公司，向电网提供优质、高效和清洁的电能。公司以追求成为控股型、经营型、现代化的一流电力企业为目标。努力按照市场规律建立新型煤电关系，为神华集团营造内部煤炭市场。同时追求自身投资效益的最大化，为国民经济和社会发展提供充足的电力，以优质的服务奉献于社会。

中国广东核电集团有限公司

一、综述

1999年，中国广东核电集团有限公司（以下简称中广核集团公司）实现营业收入65.8亿元，利润24.86亿元。至1999年底，集团资产总额460.71亿元，净资产总额100.69亿元，员工总人数3379人。大亚湾核电站（以下简称广一核）超额完成生产计划，没有发生非计划停堆，发电成本控制在目标之内，取得了良好的经济效益和社会效益。岭澳核电站（以下简称广二核）主体土建顺利度过施工高峰，核岛安装正式开工，质量、进度和投资三大控制按原定计划进展良好。规划中的广东第三核电站（以下简称广三核）在电力市场、竞争条件、技术路线和实施方案等方面做了大量的研究工作。多种经营企业按照董事会确定的经营目标，在盘活存量资产、强经企业管理、转变经营机制、开拓新的经济增长点等方面取得明显成效。

二、核电生产

1999年是广一核投入商业运行的第六年。电站全年发电上网134.6亿kW·h，超额完成原定目标，机组可用率达86.36%，负荷因子达81.80%，创造了投产以来年度发电的最好纪录。1999年，广一核电价连续第二年低于6美分/（kW·h）；出口创汇5.6亿美元，上缴各项税金1.73亿元；完成基建贷款还本付息5.05亿美元，累计还本付息33.4亿美元，占全部基建贷款还本付息总额的61.6%。公司财务状况继续保持健康水平，公司资信一直保持“AAA”，被美国《财富》杂志列为“中国财务状况良好企业”。

1999年，公司被全国外商投资企业协会评为1998年度“外商投资双优企业”、“全国十大高出口创汇企业”、“全国十大高营业额企业”、“全国十大人均高利税企业”；被广东省地税局授予“广东省1998年度地方税模范纳税人”称号。

1999年，广一核两台机组一直保持安全稳定运行，首次实现双机组全年无非计划停堆停机。2号机组创造了单机整个燃料循环不停机不停堆连续安全运行318天的新纪录，1号机组首次实现一个循环无非计划停堆停机，两台机组平均安全运行纪录达842天。机组能力因子达到86.36%，提前3年实现了五年计划的目标86%。在与法国电力公司核电站安全运行友谊比赛中，广一核排在榜首。

1999年，广一核两台机组三道屏障保持完整，两台机组全年未发生泄漏事件。1999年，广一核共发生运行事件15起，事件数量连续三年稳定在合理水平上，重复事件和人因事件有所下降。全年工业安全事故和火灾未遂事件较上年有大幅下降，电气设备火灾隐患基本得到了控制。

1999年，广一核两台机组第5次大修工期分别提前为43天和45天，大修成本、工期和质量都有所提高；为了进一步提高大亚湾核电站的可用率，广一核开展了18个月换料的可行性和实施方案的深入研究，招标确定了国内外承包商和合作者，并在2号机组第6次大修中装入了4组先导组件。此项重大技术改造实施后，可使大亚湾核电站年发电能力提高到近150亿kW·h。中低放废物贮存场已按计划完成一期工程。另外，乏燃料紧凑存放水池的方案已在研究可行性方案。

对照最新公布的WANO（世界核电运行者协会）指标，广一核十项WANO性能指标均超过世界平均水平，其中8项指标已经超过世界中间水平，其中5项已达到世界先进水平，即能力因子、非计划停堆次数、燃料可靠性、集体剂量和热性能，未达到中间水平的固体废物及专用设备系统的指标已较往年有较大进步。一些国内外同行认为，大亚湾核电站1999年又向世界先进水平迈进了一大步。

倍受关注的核电站计算机2000(Y2K)问题得到妥善解决。公司对所有与计算机相关的设备进行了普查和测试，多次进行 Y2K 模拟应变演习。模拟演习过程中未发现超出应变预想的情况，各系统都安全度过2000年临界点，未对核电站的安全生产产生不利影响。

环境保护是公司的一项基本政策。1999年，广一核两台机组废气、废液排放量和低放固体产生量保持良好水平。环境监测系统运转正常，周边环境状况良好，电站内工作人员集体剂量保持世界先进水平。1999年4月26日，广一核取得了ISO14001环境管理体系认证证书，成为我国核工业系统和电力工业系统中首家获此认证的企业。1999年，广一核还被广东省环保局命名为“广东省环境教育基地”。

表1 1999年广一核主要安全生产指标统计

项　目	1999年目标	1999年实际值
发电量（亿 kW·h）	137	141.0052
上网电量（亿 kW·h）	130	134.6310
机组可用率（%）	83	86.355
机组负荷因子（%）	—	81.80
总产值（亿美元）	7.956	8.2795
基建贷款还本付息（亿美元）	4.837	5.05
气体排放（占年限值%）		
其中稀有气体	2.8	2.26
氚	—	7.17
卤素＋气溶胶	—	0.242
液体排放（占年限值%）		
其中氚	—	42.99
不含氚总核素	1.6	0.67
固体废物产生量（m^3）	200	
其中金属桶		59.01
水泥桶		125.6

三、核电建设

1999年，广二核在质量、进度、投资三大控制各方面都取得了重要成绩，原定18项工程里程碑计划，全部按计划或提前完成。

1999年，广二核主体土建顺利度过施工高峰。4月9日和12月7日，1、2号反应堆厂房穹顶整体吊装分别按计划一次成功。12月7日，1号反应堆完成最后一罐混凝土浇注。核岛土建质量一直保持较高水平，二级QC检查通过率平均为93%。1号常规岛厂房+16.20m平台12月10日完成结构混凝土施工，移交安装；施工单位在总结1号常规岛汽机基座漏筋事件经验教训的基础上，加强管理和经验反馈，保证了后续施工的质量和进度，2号常规岛厂房施工质量、进度符合要求，汽机基座平台完成施工，主钢结构吊装基本完成。1号循环水泵房土建工作完成；2号循环水泵及其他BOP厂房土建施工进展符合进度质量要求。

广二核1号核岛穹顶吊装实现了我国在百万核电机组穹顶整体吊装的第一次成功。1、2号核岛穹顶整体吊装分别比计划提前21天和23天，并取得了吊装就位精确度高，一次成功的好成绩。1号核岛周长误差5mm，最大径向错边为7.5mm；2号核岛周长误差5mm，最大径向错边5.5mm。

以1号核岛EM4辅助管道安装为标志，核岛安装正式开工。1号核岛10大安装合同已有9个开始设备安装工作，全年完成了115万点，约为年度计划的111%。常规岛安装以3月31日1MX除氧器吊装为标志正式开工，常规岛安装工程全年完成73万点，约为年计划98%。BOP安装自1998年9月15日开工，现已开工11个LOT包，工作进度和质量符合工程要求。安装施工质量一直保持良好状态，核岛安装二级QC平均通过率为93%以上，常规岛和BOP安装二级QC检查通过率均保持在98%以上。

在设备制造方面，核岛设备制造质量稳定，进度符合要求，第一批核岛重件设备已于12月15日发运到现场。常规岛设备由于ALSTOM转厂制造、技术交底不清，曾一度出现有可能影响总工期的质量和进度问题，中广核集团公司和广二核派出专家组赴欧洲审查供货商在发电机、汽轮机、变压器等方面的重要工艺设计和制造，提出许多改进意见，确定了关键问题的解决原则，制定了改正措施方案。

1999年，是国产化设备制造的关键一年。中广核集团公司和广二核密切配合，加大了对国内设备制造的监督管理力度。在质量和进度上已基本能满足要求。

1999年，调试和生产准备在组织机构和人员培训方面做了大量工作。目前调试队各级干部已基本到位，完成了三期调试授权培训工作和三、四级调试进度计划编制以及技术、管理文件的编写。10月28日，生水预处理系统完成向生产部的正式移交，除盐水站一次生产出了合格的二级除盐水。生产准备方面，在广一核总经理部、生产部和维修部的大力支持下，广二核健全了组织机构和各项管理制度，建立了完善的培训管理体系，按照计划开展岗位培训、岗位技能分析和岗位授权，完成了技术程序体系策划、程序管理软件开发，为2000年向接产过渡打下了坚实的基础。

1999年，广二核完成工程投资6亿美元，年度预算完成率86%。

四、核电发展规划

1999年中广核集团公司在抓好广一核的安全生

产和广二核工程建设的同时，积极推动广三核立项工作，并在电力市场、竞争条件、技术路线和实施方案等方面做了大量研究工作。

1998年开始的“战略环境研究”，以内外合作的方式，邀请国务院发展研究中心等8家单位开展课题研究，高层次、全方位和客观地分析中广核集团生存和发展的外部环境，以进一步明确中广核集团发展战略目标,为申请广三核立项提供决策的依据。研究结果表明,开发广三核符合广东电力市场对电力需求增长的要求,也符合广东电源结构优化调整的需要,核电本身在广东电力市场中有足够的市场空间和竞争力。

为配合国家“十五”规划的编制和国防科工委编制核电发展“十五”计划和15年规划，中广核集团公司组织完成了广东核电发展“十五”计划和15年规划的编制工作，规划方案包括了广东地区电力市场、广东核电滚动发展、广三核前期工作进展情况及中广核集团近期和中长期规划设想五个方面。

根据广东省的最新电力规划，在吸收了可行性研究报告中的重要研究成果和前期准备工作的基础上，1999年，中广核集团公司重新编写了项目建议书，调整了6台机组投产进度，第一台机组在2008年投产，全部6台机组于2015年建成投产；并加大了国产化比率，在堆型选择、投资估算、电价预测、资金需求和筹措等方面进行了补充，并于1999年5月通过广东省政府再次向国家上报了广三核项目建议书。

中广核集团公司从1996年开始启动广三核可行性研究相关工作，到1999年已完成了9卷15册约250万字的广三核可研报告，完成了约140万字与国际核电招标规程接轨的国内外招标规范书，并开展了部分内部模拟评标；在融资方面，中广核集团公司与国内外主要大型商业银行和投融资机构，共同探讨了在国际和国内两个金融市场上的融资计划和实施方案；在推进国产化方面，中广核集团公司也进行了大量实地考察调研工作，提出了实事求是的厂址评估分析，进行了大量厂址补充勘测工作和必要的厂址保护工作。

五、多种经营

1999年，集团公司加强了对多种经营企业的财务监督，各企业按照董事会确定的经营目标，积极开展盘活存量资产、强化企业管理、开拓新的经济增长点，在盘活资产方面取得明显进展。1999年度集团多种经营实现营业收入2亿元，利润为4000万元。

1999年，多种经营企业将经营重点放在抓好现有项目的管理和盘活存量资产上，以保全风险资产，力求保值增值。由于加大了资产保全工作的力度，存量盘活有了明显进展。

为了重组内部资源，提高决策效率，逐步实现规模经营，1999年，原实业公司、物业公司和大唐置业三公司通过合并，成立了实业集团筹建机构，拟将实业投资、房地产开发和物业租赁管理业务综合为大实业，成为多种经营支柱产业中的重要组成部分。三公司人、财、物统一调配，提高工作效率，节省管理成本。

在国家作出军队和政府与企业脱钩的决定后，1999年经国家经贸委批准，中广核集团接收了原轻工总会属下的群星集团和原属国防科工委的香港高科技公司和北京银河技术公司，并按财政部要求对群星集团和银河公司进行清产核资，在此基础上办理资产划转和工商登记。

六、综合管理

随着政府机构改革，中广核集团公司原股东单位中国核工业总公司撤销，电力部改为国家电力公司，都不再履行政府职能，中广核集团公司对口政府有关部门的工作渠道发生变化。为此集团公司多次向国务院领导和有关部委汇报情况，请求给予明确。1999年，国防科工委和国家经贸委联合发文，明确了中广核集团公司的核行业和电行业的主管部门，以及公司领导班子的管理，初步理顺了公司对口政府有关部门的关系。

1999年，中广核集团公司重点加强了财务部的功能建设和队伍建设，引进优秀人才，充实骨干力量，调整职能岗位。开展的重要财务工作有：建立了广一、二、三核合并财务模型，预测广东核电整体的发电成本、电价水平，分析广东核电在电力市场中的整体竞争力和滚动发展的能力；进行了广东核电上市策划；集团财务管理系统设计及实施；多种经营资产和经营状况分析。

1999年，中广核集团劳动人事改革小组通过调查研究，提出了多个劳动人事改革的规章制度；如对中广核集团公司和核电企业实施了关于理顺员工工资的方案、基本养老保险缴费基数调整方案和福利分配制度改革方案；对多种经营企业，出台了关开多种经营企业员工收入分配的指导意见。还对精简机构、优化队伍、人事管理、补充养老保险等问题进行了研究，并提出了初步方案。

1999年，中广核集团在较大范围内调整和提拔了一些40岁左右的德才兼备的技术骨干和管理干部，进行了财务公司、苏州核电研究所领导班子的调整工作。

七、主要事件

1月3日，广一核2号机第5次换料大修圆满结束，总工期43天，并按照电网调度要求，于15:22并网。

2月18～24日，中广核集团公司昝云龙总经理等接待了国际原子能机构（IAEA）副总干事钱积惠专家。IAEA此行目的是希望以广东核电为研究案例，纳入清洁能源发展机制（CDM），并商请中广核集团配合做好轻水堆和高温汽冷堆两个案例分析，探讨以收取发达国家的碳税的办法，减少二氧化碳排放，帮助发展中国家发展核电的可能性。

2月26日，国家发展计委副主任包叙定参观广一、二核，在听取昝云龙总经理关于广东核电生产、基建和未来发展的情况汇报后就核电规划和发展提出了一些建议。

2月26日，“1999年中广核集团形势报告会”举行。昝云龙总经理作了“关于1998年工作总结及1999年形势和任务的报告”。

3月4日，朱镕基总理参加了全国政协九届二次会议经济组的座谈，全国政协委员、中广核集团公司总经理昝云龙就广东核电的生产、基建取得的成绩、发展前景及当前面临的问题向朱镕基总理作了汇报，朱镕基总理非常关心广东核电的发展，并就有关问题提出重要意见。

3月12日，广一核1号机组第5次大修顺利完成。这次大修总工期45天，各项指标均在受控范围内，其中稳压器入口门关闭和离开正常冷停堆两个里程碑创历史最佳阶段工期。按照电网调度安排，1号机组于3月18日升到满负荷运行。

3月22日，中央政治局委员、广东省委书记李长春和广东省副省长钟启权听取了中广核集团公司领导关于广东核电生产、基建和发展以及存在问题的汇报。

4月9日，广二核1号核岛反应堆穹顶比原计划提前21天整体吊装成功，标志着广二核已由土建工程向安装工程过渡。

4月23日，国防科工委下达科工办［1999］108号《关于明确中国广东核电集团有限公司同中国核工业集团有限公司关系的通知》文件。主要内容如下：①中国广东核电集团有限公司是中国核工业集团公司的参股企业；②中国广东核电集团有限公司继续作为国务院确定的试点企业集团，享受国发［1997］15号文件规定的各项政策；③中国广东核电集团有限公司股东的股权收益，仍按原定原则办理，继续实行以“核养核，滚动发展”的政策；④中国广东核电集团有限公司分别接受国防科工委、国家经贸委和电力行业管理。集团公司领导，列入国务院和中央大型企业工委管理范围的，分别由中央大型企业工委任免。

5月5日，国务院副总理吴邦国为即将出版的核电发展战略研究课题成果汇编作了序言。

5月19日，江泽民主席为即将出版的核电发展战略研究课题成果汇编题词：“和平利用核能，为经济建设服务”。全国政协副主席朱光亚为课题成果汇编题写书名《核电发展战略研究》。

5月27日，中广核集团公司向省计委上报的广三核《项目建议书》已获广东省省长签字批准，并于5月31日正式上报国务院。

7月15日，广二核除盐水车间厂房调试工作正式开始，实现了广二核1999年第十项里程碑，标志着广二核的调试工作已由准备阶段正式进入实施阶段。

8月21日，由国务院发展研究中心、中国工程院、国家计委宏观经济研究院主办、中广核集团协办的“核电发展战略研讨会”在北京召开。全国政协副主席朱光亚到会并讲话。来自国家计委、国防科工委等中央与地方政府有关领导以及核电设计、设备制造、施工单位的120余名代表参加了会议。

会上发表了《核电发展战略研究》一书。这是由中广核集团发起，国务院发展研究中心、国家计委宏观研究院、广东省政府研究中心、清华大学等八家单位历时一年取得的研究成果，它从全新的角度对中国核电发展的政策环境、市场环境、技术路线等进行了深入的探讨，是国内第一部全面系统研究我国核电发展战略的专著。

9月8日，全国人大常委会副委员长王光英一行视察广一、二核。

10月7日，全国政协陈锦华副主席一行视察广一、二核。

12月5～8日，国防科工委副主任张华祝一行到深圳全面视察中广核集团工作。

12月7日，广二核2号机组反应堆穹顶整体吊装，实现了1999年度第十四项重大里程碑。这标志着工程进入全面安装阶段。

12月7日，广二核现场举行1号核岛最后一罐混凝土浇注仪式。

12月26日，原中共中央政治局常委、中央军委副主席刘华清视察广一、二核。

中国电力年鉴

4　组织机构

国家电力公司

机构设置文件

关于成立国家电力公司驻深圳经济发展联络中心的通知

（国电人劳［1999］69号）

国家电力公司系统各单位：

为适应电力工业体制改革的需要，加快推进国家电力公司实体化进程，及时了解国内外最新经济动态、先进的应用技术和管理经验，掌握开放地区的经济发展趋势和有关重要信息，并加强国家电力公司系统在深圳各类企业和办事机构的组织联络与业务协调，经研究，决定成立国家电力公司驻深圳经济发展联络中心（以下简称“中心”）。现将有关事项通知如下：

一、机构性质和级别

该“中心”主要从事经济工作，为国家电力公司派驻深圳的经济联络机构，而非接待性质的机构。级别为司局级。

二、主要职责

负责了解收集国内外最新的经济动态、先进的应用技术和管理经验以及国内外经济发展的重要信息；归口负责国家电力公司系统驻深圳所有企业和办事机构党的建设和思想政治工作；负责国家电力公司系统驻深圳所有企业和办事机构对外关系的协调与联络以及在市场营销过程中的内部协调工作；协助有关单位，提出对驻深圳各类企业和办事机构负责人的考核、任免意见。

三、人员编制

“中心”编制6人，设主任1名，副主任1名。

一九九九年二月二十三日（印）

关于印发《国家电力公司职能部门机构设置方案》的通知

（国电人劳［1999］112号）

公司各部、局：

《国家电力公司职能部门机构设置方案》已经公司党组和总经理办公会议讨论通过，现印发执行。执行中有何问题，请及时与公司人事劳动局联系。

附件：国家电力公司职能部门机构设置方案

一九九九年三月十日（印）

附件：

国家电力公司职能部门机构设置方案

为适应社会主义市场经济体制和建立现代企业制度的需要，加快国家电力公司实体化进程，增强经济实力和控制力，根据国家电力公司的性质和功能定位以及第二步改革的目标，提出以下职能部门机构设置方案。

一、职能部门机构设置的指导思想和原则

1. 指导思想

突出有中国特色社会主义市场经济的特点，遵循现代企业的运作规律，以现代化国际一流大公司为目标。

2. 原则

政企分开、转变职能、平稳过渡、分权制衡、责权对应、精干高效、职能分解重组、职能互不交叉。

二、各职能部门的机构设置及主要职能

根据上述指导思想和原则，国家电力公司本部职能机构设十六部一办一局一中心。具体方案如下：

1. 总经理工作部

协助公司领导协调公司本部日常工作；负责处理公司日常事务；负责公司系统体制改革；负责公司公共关系联络、形象战略、新闻宣传及公司本部有关具体事务的管理。

2. 战略研究与规划部

研究拟订公司经营战略、发展战略和改革战略；拟订电力中、长期发展规划和全国电网建设与联网规划；负责电力项目初可研工作；负责电力综合性改革与国内外电力市场研究；受委托负责电力工业综合统计与分析。

3. 人事与董事管理部

负责外派董事、监事的管理与工作协调；负责各子公司、控股公司领导班子的建设与管理；负责公司本部副处级及以上干部的管理；负责后备干部的队伍建设；组织制定经营者考核指标体系、考核评价办法，并组织实施。

4. 人力资源部

研究公司系统人力资源开发战略并组织实施；指导推动电力企业减人增效、下岗分流、再就业、社会保险工作；负责公司机构、人员编制管理；拟订公司基本工资制度并负责工资管理工作；制订公司职工教育培训计划并组织实施；负责直属高校的管理；指导推动公司系统的多种经营。

5. 财务与产权管理部

负责编制公司的财务预、决算；负责公司资产的产权管理；制订公司的财务管理制度和会计核算办法；负责公司的担保、还贷及保险业务管理；研究提出电（热）价政策及电价机制改革建议；负责公司本部各项代管经费的使用管理。

6. 综合计划与投融资部

制定电力年度投资计划和相关产业项目的投资计划；负责电力投资项目的可研工作；负责编制公司年度融资计划并组织实施，统一管理公司国内外融资业务；组织制定公司年度生产经营综合计划。

7. 电网建设部（与电网建设分公司合署办公）

负责公司投资电网项目的建设与管理；负责公司系统电网建设设计、施工方案优化和安全、质量管理与监督；负责三峡输变电工程建设，组织协调解决有关问题；参与研究电网规划。

8. 火电建设部

负责公司投资火电项目的建设与管理；负责公司系统火电建设设计、施工方案优化和安全、质量管理与监督；参与研究电源开发战略、协调解决公司系统火电建设中的重大问题。

9. 发输电运营部

组织实施厂网分开试点；负责公司直接投资的发输电项目的生产管理及运营；负责公司系统的用电营业，开拓电力销售市场；监督全国电网及并网电厂的安全、经济运行；负责企业达标创一流工作；负责公司系统安全管理；负责协调解决公司系统电价实施、电力销售中的有关问题；组织实施城网改造。

10. 水电与新能源发展部

负责公司投资的水电建设项目的管理；负责公司系统水电建设质量、安全、防汛的管理工作；参与研究、落实水电建设工程设计及施工优化方案；参与研究水电开发战略，协调解决公司系统水电建设中的重大问题；受委托负责水电工程移民安置工作；负责新能源的研究、建设、利用与开发。

11. 农电工作部

受委托组织实施农电体制改革及农网改造；监督检查农网改造工程质量和资金使用效果及还贷；会同有关部门拟订农网建设以及技术进步的政策和措施。

12. 科技环保部

拟订公司科技发展规划、重大项目开发计划和年度计划；组织协调公司重大科技项目开发和技术攻关；组织对进入公司系统新技术的技术认定，提出并组织实施新技术、新材料、新工艺的推广应用；负责公司系统环境保护工作的实施与管理。

13. 审计部

负责公司系统的内部审计工作；拟订公司审计制度、办法；对子公司的法定代表人进行经济责任和资产经营责任审计；负责审计各单位的经营财务状况。

14. 法律事务部

负责公司对外经济合同与协议的规范审查；为公司系统的有关部门和子公司提供的法律咨询服务；为公司重大经营决策提供法律咨询；负责公司商标、商誉和专利技术等知识产权的保护工作；负责处理公司的法律诉讼和公司系统内其他重大诉讼案件。

15. 国际合作部

负责制定公司的对外经济技术合作、技术引进的有关政策、管理办法及交流活动中的联络工作；负责公司对外贷款项下的国际投招标工作；负责管理公司日常行政外事活动；负责管理公司涉及港澳台地区的事务活动。

16. 离退休干部工作部

制定公司系统老干部工作规划，指导公司系统老干部工作，并负责落实老干部政治待遇和生活待遇；负责公司本部离退休干部管理与服务工作。

17. 思想政治工作办公室(与机关党委合署办公)

负责公司本部及在京直属单位党的建设、工会、共青团工作；指导公司系统党的建设和思想政治工作；组织开展双文明单位创建工作，推动公司系统精神文明建设；负责公司的企业文化建设。

18. 监察局（与中纪委派驻纪检组合署办公）

监督公司本部和公司系统领导成员执行党和国家有关方针、政策情况；协助党组指导公司系统党风廉政建设和反腐败工作；制定监察、纪检有关制度和办法，并组织实施；负责有关举报、控告及重大案件的查处；负责公司纠风办和企廉办的日常工作。

19. 国家电力调度通信中心

负责国家电网的调度运行，直接调度国家电网及有关的电厂；管理大型水电厂的水库调度，水情测报；负责跨大区和省际间电力即期交易；负责全国中、短期电力负荷预测，编制国家电网的运行计划；依法对全国电网实施调度管理，协调各局部电网的调度关系；负责继电保护、调度自动化和电力专用通信业务的管理；参与电力市场运营规则的研究和策划；负责电力燃料的管理与协调工作。

三、编制及领导职数

公司本部定员为460人（不含电网建设部），离退休干部工作部、监察局的定员，按有关规定另行核批。公司设总经理1名，副总经理4名，总经理助理3名和总工程师、总经济师、总会计师各1名。公司本部各部、局、中心领导职数一般为一正两副，业务量较少的部门一正一副，业务量较大的部门也可一正三副（称主任、副主任或局长、副局长）。

四、职能部门机构设置图

见附图一。

附图一

国家电力公司职能部门机构设置图

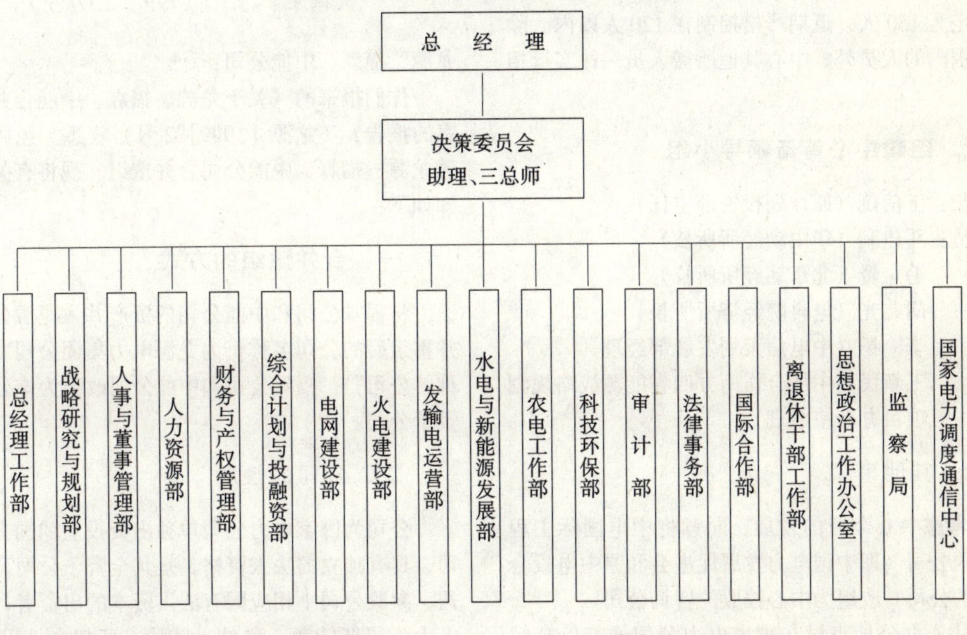

关于组建国家电力公司动力经济研究中心的通知

（国电人资［1999］189号）

各有关单位：

为更好地履行国务院赋予国家电力公司的职责，加强国家电力公司发展战略、技术经济政策的研究，实现国家电力公司“四步走”的战略目标，经研究决定，组建国家电力公司动力经济研究中心（以下简称中心）。现将有关事项通知如下：

一、中心的性质

该中心由国家电力公司出资设立，是国家电力公司的全资子公司，是专门从事发展战略、技术经济政策等软科学研究的单位，是国家电力公司重大经营决策的咨询机构，也是面向社会的动力经济研究咨询机构。

二、中心的主要职责

中心主要负责国家电力公司发展战略（包括经营战略、投融资战略等）、体制改革和技术经济政策的研究，为国家电力公司的发展和改革提供咨询服务。同时，面向社会开展技术经济的研究和咨询业务。

三、中心的组建范围

以现北京动力经济研究所为基础，将现电力科学研究院电力技术经济研究所和中加合作南方四省（区）能源战略规划项目办公室（电规总院、水规总院）必要的专业人员及资产并入，组建国家电力公司动力经济研究中心。

四、中心的运作模式

国家电力公司以划转资产和划拨资金的方式对中心注入资本金。国家电力公司每年以课题研究的形式提供支持，以合同方式进行管理，按市场机制运作。中心对外积极开展技术经济研究、咨询业务，通过市场机制，提供有偿服务。

五、中心的人员编制

该中心为正局级单位，根据职责及业务范围，人员编制定为150人，近期严格控制在120人以内。除组建范围内的人员外，中心其他所需人员一律实行招聘。

六、组建中心筹备领导小组

组长：王信茂（原计划投资部主任）
成员：邓建利（华中动经所所长）
毛　晋（北京动经所所长）
胡兆光（电科院经济所所长）
李　扬（中电信策划发展部经理）
王新民（中加合作南方四省能源战略规划项目办公室经理）

七、其他事项

1. 考虑中心今后的发展，同意将中电国际工程咨询有限公司（即中国电力发展促进会和原中电投合资经营的公司）改组为中心控股的咨询公司。

2. 中心办公地点设在国家电力公司通信信息综合楼内（北京市宣武区白广路），目前筹建办公地点设在北京动经所。

八、有关要求

1. 中心筹备领导小组要边组建，边工作，抓紧时间开展一些必要的调查研究，吸取国内外大企业集团设立经济研究机构的经验，提出组建方案，拟订中心章程，并配合有关部门做好清产核资、机构重组及领导班子的选配等工作，以尽快完成组建工作。

2. 国家电力公司有关部局要积极支持中心筹备领导小组的工作，帮助解决中心筹建过程中关于设备、人员、资金等方面的困难和问题。

3. 中心未正式成立之前，组建范围内的单位或部门的正常经营工作由原单位的领导班子负责，中心筹备领导小组对北京动经所、电科院经济所和中加合作南方四省（区）能源战略规划项目办公室的工作进行监督和协调，有关人事和重大的财务、经营管理等事项必须征得中心筹备领导小组同意后方可进行决策。

4. 中心成立后，电科院、电规总院和水规总院不得设立类似的研究咨询机构。

一九九九年四月十四日

关于龙源、福霖、中能公司合并重组的批复

（国电人资［1999］237号）

龙源、福霖、中能公司：

你们报来的《关于龙源、福霖、中能合并重组方案的报告》（龙源［1999］2号）收悉。经研究，同意龙源、福霖、中能公司合并重组。现将有关事项通知如下：

一、合并重组的方式

将福霖公司和中能公司的资产并入龙源公司，合并重组后的公司名称仍为龙源电力集团公司（以下简称"公司"），福霖公司和中能公司改组为该公司的全资子公司。

二、公司的性质

公司为国家电力公司单独出资投立的国有独资公司，具有独立的法人资格，是其全资子公司及控股公司、参股公司中相应国有法人资本的出资者，是国家电力公司新能源、科技、节能、环保产业开发的公司。

三、公司的经营范围

1. 经营管理国家电力公司投入该公司的资本和公司所属全资子公司及控股、参股公司中相应的国有法人股权，承担保值增值责任；根据公司的发展，开展经国家电力公司批准的投资、融资业务。

2. 主营：电力设备的技术改造、科技、脱硫等环保产业、风力等新能源的发电、节能技术等项目的开发和投资经营，电力工程总承包，产品的进出口。

3. 兼营：国内外电力相关产品和设备的销售及租赁，技术转让，技术贸易，技术咨询服务等。

四、公司的注册资本金

公司的注册资本金为15000万元。

五、有关要求

1. 龙源、福霖、中能公司应按合并重组后的母子公司关系，修改三个公司的章程，经国家电力公司审核后，抓紧进行三个公司有关事项的变更登记工作。

2. 龙源、福霖、中能公司应按照国家规定做好国有资产产权变更的有关工作。

3. 根据合并重组的最终目标，公司要统筹规划，制定总体改革方案，稳中求进，分步实施，逐步达到现代企业制度的要求。合并重组后，公司应规范运作，加强管理，理顺业务关系，加大清理不良资产的力度，对部分子公司进行必要的撤、并，减少管理层次，精减机构和人员，以增强市场竞争能力，提高规模效益。

一九九九年五月十一日（印）

关于调整国家电力公司驻深圳经济发展联络中心名称的通知

（国电人资［1999］243号）

国家电力公司驻深圳经济发展联络中心：

为满足工商行政管理部门关于对注册登记方面的要求，规范名称，经研究决定，你单位的名称调整为“国家电力公司驻深圳经济发展联络处”。名称调整后，你单位的性质、级别、职责及人员编制等维持不变。

请据此到工商行政管理部门办理注册登记手续。

一九九九年五月十四日（印）

关于组建贵州乌江水电开发有限责任公司的通知

（国电人资［1999］313号）

贵州省计委、经贸委、财政厅、电力局（公司），乌江水电开发公司：

为加快乌江流域水电滚动开发，按照《公司法》和建立现代企业制度的要求，国家电力公司与贵州省人民政府经过协商确定，对现有乌江水电开发公司及乌江水电开发集团有限责任公司进行改制，组建乌江水电开发有限责任公司（以下简称乌江公司）。

现将有关事宜明确如下：

一、乌江公司的产权为：国家电力公司51%，贵州省49%。

二、批准《贵州乌江水电开发有限责任公司章程》（附后）。

三、国家电力公司和贵州省协商组建乌江公司董事会和监事会，董事长（法定代表人）由国家电力公司委派，副董事长和监事会召集人由贵州省委派。

四、乌江水电开发有限责任公司成立后，继续享受国家对乌江水电开发的优惠政策。在乌江流域水电滚动开发期间，乌江公司实现的利润除按照财政部财地字（1995）158号文件要求上交财政外，其余利润按公司章程提取公积金、公益金后，双方不再向乌江公司收取投资收益，全部用于乌江流域水电滚动开发。

五、乌江公司改制后，要全力加快乌江流域水电开发，为支持贵州经济发展做出新的贡献。

请据此抓紧办理有关公司更名、《章程》注册等有关工商登记手续。

附件：《贵州乌江水电开发有限责任公司章程》（略）

国家电力公司
贵州省人民政府
一九九九年六月十七日（印）

关于中国电力信托投资有限公司改组为国家电力财务有限公司的通知

（国电人资［1999］440号）

中国电力信托投资有限公司、国家电力公司东北公司：

根据中办发［1999］1号文件精神和国家电力公司体制改革、实体化运营的需要，中国人民银行已以银发［1999］125号文，批复中国电力信托投资有限公司改组为国家电力财务公司，原东北电力集团财务有限责任公司改组为国家电力财务公司的分公司。为规范管理，保证改组工作的顺利进行，经研究，现将有关事宜通知如下：

一、公司的名称、性质、经营方式和业务范围

公司名称为“国家电力财务有限公司”（以下简称公司）；公司为国家电力公司控股、其他股东参股的有限责任公司，是办理国家电力公司范围内各单位金融业务的非银行金融机构；经营方式按财务公司进行运作，随着体制改革的进程，在国家电力公司范围内实行财务公司一体化管理和经营；业务范围按中国人民银行批复的金融许可证开展业务。

二、公司的股权结构

国家电力公司通过受让、承继中国电力信托投资有限公司原股东股权和对公司注入现金，逐步达到51%的股权比例，成为公司的控股股东，其他股东股权比例为49%。

三、公司的分支机构

采取吸收合并方式，将东北电力集团财务有限责任公司改组为国家电力财务有限公司的分公司，取消法人资格，改组后的名称为“国家电力财务有限公司东北公司”。原东北电力集团财务有限责任公司的债权债务由国家电力财务有限公司承继；其党、团、工会关系挂靠东北公司，社会保险、住房公积金由国家电力公司东北公司代为管理。原东北电力集团财务有限责任公司吉、黑两省的分支机构均归国家电力财务有限公司东北公司统一管理。

四、有关要求

1. 中国电力信托投资有限公司要按照“公司改组方案”提出的原则和要求，对公司改组工作统一规划、分步实施，做到循序渐进，平稳过渡。

2. 中国电力信托投资有限公司要认真贯彻中国人民银行银复［1999］125号文件精神，按照文件提出的要求，抓紧进行清产核资和资产评估工作，做好证券业务和实业投资项目的转让工作，按照“人随事走”的原则做好人员分流工作，资产重组合并方案报国家电力公司审批。

3. 中国电力信托投资有限公司要抓紧进行公司章程的起草工作，经国家电力公司审核后，再办理公司注册登记和更换许可证等事项。

4. 国家电力公司东北公司要配合中国电力信托投资有限公司做好原东北电力集团财务有限责任公司的改组工作，做好工作交接，以保证其改组工作的顺利进行。

5. 国家电力公司各部局要积极支持中国电力信托投资有限公司的改组工作，帮助解决改组过程中的困难和问题，配合中国电力信托投资有限公司尽快完成改组工作。

6. 中国电力信托投资有限公司改组后，要积极协助各独立省电力公司尽快建立适应开展财务公司业务的机构，配备业务骨干，并在资金上予以合作，以便开拓财务公司业务。

7. 中国电力信托投资有限公司改组后，要按照金融企业的运作规则，在国家电力公司的范围内开展业务，充分发挥系统内金融机构的资金潜力，最大限度地减少系统融资成本，降低财务费用，增加整体效益。

一九九九年八月二十六日（印）

关于电网调度机构本部化工作的若干意见

（国电人资［1999］392号）

各电力集团公司、各省电力公司、东北公司、南方电力联营公司：

电网调度机构本部化是落实“国家管电网”方针的重要部署，是电网运行规律的客观要求，是深化电力体制改革和强化电网调度的重要措施。各电力集团公司、省电力公司要充分认识电网调度机构本部化的意义，在深化改革中积极稳妥地做好电网调度机构本部化的工作。为加快步伐，规范管理，现提出电网调度机构本部化工作的若干意见。

一、电网调度机构本部化的内容

1. 电网调度机构本部化是指电力集团公司、省电力公司、具有电网调度功能的国家电力公司分公司（以下简称分公司）作为二级单位管理的电网调度机构，通过改革和调整，改组成为电力集团公司、省电力公司、分公司内部的职能部门，原具有独立法人地位的电网调度机构，取消其法人地位。本部化后的电网调度机构仍应严格按照《关于加强电网调度管理系统的若干规定》执行。电网调度机构本部化后，因工作需要，可由所在单位授权，以授权法人身份开展业务。

2. 电网调度机构本部化工作主要包括：调整人事劳动关系、党群关系、财务关系；确定机构人员编制；明确与服务支持系统的关系；撤销或移交所办多种经营企业；妥善安排富余职工；保持离退休人员的稳定等工作。上述工作须在各电力集团公司、省电力公司、分公司的统一安排下，精心制定方案，积极稳

妥地组织实施，以确保本部化工作的顺利进行。

二、本部化后电网调度机构内的专业设置和人员编制

1. 本部化后的电网调度机构既是电力集团公司、省电力公司、分公司内部的职能部门，又是电网运行指挥和电力市场运营的管理单位。

2. 电网调度机构内可按处（科、室）设置，应有必要的调度、运行方式、继电保护、市场交易、自动化、通信、综合管理等专业处（科、室），水电占一定比例的电网可增设水电调度专业处（科、室）。电网调度机构内部专业的设置，应充分考虑到保证电网安全，实现电网经济效益和坚持精简高效的原则。

3. 电网调度机构的人员编制要按照《关于加强电网调度管理系统的若干规定》中的有关要求，并结合本电网发展和电力市场建设的需要，科学合理地确定。各电力集团公司、省电力公司电网调度机构的人员编制应商上级调度机构并报国家电力调度通信中心备案，各分公司电网调度机构的人员编制应报国家电力公司审批。

三、若干规定

1. 电网调度机构的人事劳动管理工作由电力集团公司、省电力公司、分公司的人事劳动部门进行管理。

2. 电网调度机构的党务工作由电力集团公司、省电力公司、分公司本部机关的党务部门进行管理。

3. 考虑到电网调度具有生产运行工作的性质，对于电网调度机构的财务管理，各电力集团公司、省电力公司、分公司可根据本公司的实际情况，在电网调度机构内设置财务部门，其财务工作须在电力集团公司、省电力公司、分公司财务部门的统一管理下，实行预算报账制，并做好财务的日常管理工作。

4. 原属电网调度机构管理的离退休人员要在电力集团公司、省电力公司、分公司的统一安排下，交由有关部门进行管理；电网调度机构要积极配合做好各项移交工作，切实保持离退休人员的稳定。

5. 原属电网调度机构管理的具有多经性质的公司由在电力集团公司、省电力公司、分公司的统一安排下，妥善处理。今后电网调度机构不再经办多经性质的公司。

6. 对原电网调度机构的服务支持系统（含后勤保障系统），各电力集团公司、省电力公司、分公司可根据本公司的实际情况，在切实保证电网调度机构生产运行所必需的条件下统筹安排。

四、有关要求

1. 各电力集团公司、省电力公司、分公司是实行电网调度机构本部化的执行单位，要按照本意见要求，对所辖电网调度机构实行本部化管理。电网调度机构本部化工作可结合电力集团公司、省电力公司、分公司的改组改制工作一并进行，也可按照电力集团公司、省电力公司、分公司的统一部署专门组织实施。并制定切实可行的方案，保证电网调度机构本部化工作的顺利进行。

2. 电网调度机构本部化后，各电力集团公司、省电力公司、分公司要集中精力做好电网调度管理和实时调度工作，保证电网的安全、优质、经济运行，努力提高电网的经济效益，并保证电网调度机构的各项经费。

3. 各电力集团公司、省电力公司、分公司要将电网调度机构本部化工作的执行情况报国家电力公司，在执行过程中遇到的问题，可直接与国家电力公司人力资源部或国家电力调度通信中心联系。

4. 非国家电力公司所属电网的调度机构本部化工作，可根据各自的实际情况参照执行。

一九九九年八月二日

关于成立国电动力经济咨询有限公司的通知

（国电人资［1999］415号）

国电动力经济咨询有限公司筹备组：

为更好地履行国务院赋予国家电力公司的职责，加强国家电力公司发展战略、体制改革、技术经济政策的研究，根据国家电力公司4月1日总经理会议精神，经研究，决定成立“国电动力经济咨询有限公司”（以下简称动经公司），现将有关事项通知如下：

一、动经公司的性质

动经公司是由国家电力公司出资设立的全资子公司，是专门从事发展战略、体制改革和经济政策等方面软科学研究的科技企业，是国家电力公司重大经营决策的咨询机构，也是面向社会的动力经济研究与咨询机构。

二、动经公司的注册资本金

动经公司的注册资本金为2000万元人民币（以货币资金方式注入）。

三、动经公司的住所

北京市宣武区白广路二条1号。

四、动经公司的经营范围

动经公司依据国家有关法律和法规进行资产经营和管理，主要是为电力工业和电力企业提供发展战略、体制改革和经济政策等方面的研究、咨询服务，具体为：

（一）国家宏观经济研究，能源及电力工业发展战略、发展规划研究与咨询；

（二）电力体制改革及经济政策研究与咨询；

（三）国内外电力市场预测分析、开发研究与咨询；

（四）电力项目经济、财务评价及方法研究，对电力重大项目（包括外商直接投资项目、国际金融组织贷款项目、政府贷款项目等）进行经济和财务评价；

（五）节能、环保项目的经济研究与咨询；

（六）企业发展战略、经营战略研究与咨询；

（七）开展电力技术经济软件、节能和环保产品的开发、销售、代理业务；

（八）承担国家有关部门、金融机构、投资方和项目法人委托的其他业务，并提供咨询和培训服务。

五、动经公司的经营期限

动经公司的经营期限为长期。

经审核，同意《国电动力经济咨询有限公司章程》。请接此通知后，据此到工商行政管理部门尽快办理公司注册登记手续。

附件：国电动力经济咨询有限公司章程（略）

一九九九年八月十二日

关于成立国家电力公司南方公司的通知

（国电人资［1999］658号）

中国南方电力联营公司：

根据国务院办公厅国办发［1998］146号文件和国家电力公司制定的《中国南方电力联营公司体制改革方案》，经研究决定成立国家电力公司南方公司（简称“国电南方公司”）。

国电南方公司是国家电力公司的分公司，是国家电力公司的内部核算单位。国家电力公司对国电南方公司实行法人授权委托管理制度，实行预算管理和经营目标责任制。国电南方公司是国家电力公司在南方电网的调度与管理指挥中心和市场交易与经营中心，负责南方电网的安全管理与监督，承担国家电力公司界定给国电南方公司资产的保值增值责任，参与、协助国家电力公司制定南方电网的战略与规划，协助国家电力公司对云南、广西、贵州等子公司进行资产保值的监督。

请据此办理成立国家电力公司南方公司的有关法律手续，并按法律程序注销中国南方电力联营公司。

一九九九年十一月二十四日

关于注销中国东北电力集团公司并成立国家电力公司东北公司的决定

（国电政法［1999］85号）

东北电力集团公司：

按照国务院办公厅国办发［1998］146号文件确定的深化电力工业管理体制改革的要求，并根据国家电力公司《关于印发〈中国东北电力集团公司体制改革总体方案〉的通知》（国电政法［1999］29号）精神，国家电力公司决定注销中国东北电力集团公司，并成立国家电力公司东北公司（简称“国电东北公司”）。

国电东北公司是国家电力公司的分公司，是国家电力公司在东北地区的派出机构。国家电力公司对国电东北公司实行法人授权制度和经营目标责任制度。国电东北公司按照国家电力公司的授权委托从事经营管理活动，对辽宁、吉林、黑龙江三省和内蒙古自治区东部地区实施区域战略、市场分析、资产保值增值的监督职能，对东北电网依法行使调度和管理职能。

请据此抓紧办理注销中国东北电力集团公司及成立国家电力公司东北公司的有关手续。

一九九九年三月四日

关于成立辽宁省电力公司的决定

（国电政法［1999］86号）

东北电力集团公司：

按照国务院办公厅国办发［1998］146号文件确定的深化电力工业管理体制改革的要求，并根据国家电力公司《关于印发〈中国东北电力集团公司体制改革总体方案〉的通知》(国电政法[1999]29号)精神,国家电力公司决定成立辽宁省电力公司。

辽宁省电力公司是由国家电力公司单独投资设立的有限责任公司,负责经营管理国家电力公司投入本公司的资本和公司所属的全资子公司、控股公司、参股公司中相应的国有法人资本,以及所属企业和单位的国有资产,承担保值增值责任,依法对省内电网实施调度管理,统一调度省内电网和并网运行的发电厂(国家电力公司及国电东北公司调度机构的调度范围除外)。

辽宁省电力公司是国家电力公司的全资子公司,经核定,国家电力公司对辽宁省电力公司的出资为人民币100亿元。请据此调整账目,并抓紧制定辽宁省电力公司体制改革实施意见和公司章程,经国家电力公司批准后进行工商登记。

一九九九年三月四日

关于吉林省电力公司改制的决定

(国电政法[1999]87号)

吉林省电力公司:

按照国务院办公厅国办发[1998]146号文件确定的深化电力工业管理体制改革的要求,并根据国家电力公司《关于印发〈中国东北电力集团公司体制改革总体方案〉的通知》(国电政法[1999]29号)精神,国家电力公司决定将原由东北电力集团公司统一核算的吉林省电力公司改制为国家电力公司的全资子公司。

吉林省电力公司是由国家电力公司单独投资设立的有限责任公司,负责经营管理国家电力公司投入本公司的资本和公司所属的全资子公司、控股公司、参股公司中相应的国有法人资本,以及所属企业和单位的国有资产,承担保值增值责任,依法对省内电网实施调度管理,统一调度省内电网和并网运行的发电厂与小水电网(国家电力公司及国电东北公司调度机构的调度范围除外)。

经核定,国家电力公司对吉林省电力公司的出资为人民币62亿元。请据此调整账目,并抓紧制定吉林省电力公司体制改革实施意见和公司章程,经国家电力公司批准后进行工商登记。

一九九九年三月四日

关于黑龙江省电力公司改制的决定

(国电政法[1999]88号)

黑龙江省电力公司:

按照国务院办公厅国办发[1998]146号文件确定的深化电力工业管理体制改革的要求,并根据国家电力公司《关于印发〈中国东北电力集团公司体制改革总体方案〉的通知》(国电政法[1999]29号)精神,国家电力公司决定将原由东北电力集团公司统一核算的黑龙江省电力公司改制为国家电力公司的全资子公司。

黑龙江省电力公司是由国家电力公司单独投资设立的有限责任公司,负责经营管理国家电力公司投入本公司的资本和公司所属的全资子公司、控股公司、参股公司中相应的国有法人资本,以及所属企业和单位的国有资产,承担保值增值责任,依法对省内电网实施调度管理,统一调度省内电网和并网运行的发电厂(国家电力公司及国电东北公司调度机构的调度范围除外)。

经核定,国家电力公司对黑龙江省电力公司的出资为人民币67亿元。请据此调整账目,并抓紧制定黑龙江省电力公司体制改革实施意见和公司章程,经国家电力公司批准后进行工商登记。

一九九九年三月四日

关于成立国家电力公司密码工作领导小组的通知

(国电办函[1999]129号)

国家电力公司系统各单位:

为了进一步提高国家电力公司保密通信水平,加强对失泄密的防范能力,根据中共中央和有关部门的要求,经研究,决定成立国家电力公司密码工作领导小组,现将小组成员名单通知如下:

组　长:赵希正(副总经理)
成　员:肖　鹏(办公厅副主任)
王宝乐(战略研究与规划部副主任)
詹仲晦(科技环保部副主任)
张玉新(国际合作部副主任)
徐纪法(发输电运营部副主任
孙佩京(国家电力调度通信中心副主任)
曹友治(国电通信中心主任)

覃永新（信息中心党委副书记）
白　鉴（办公厅副处长）

密码工作领导小组负责对国家电力公司所属单位通信保密工作统一领导、审定计划、制定规章、检查部署工作。办公厅为密码工作领导小组的具体办事机构。

一九九九年十月十二日

关于成立国家电力公司国家安全小组的通知

（国电办函［1999］130号）

国家电力公司系统各单位：

为了加强国家电力公司系统国家安全工作，根据中央有关规定，经研究，决定成立国家电力公司（以下简称公司）国家安全小组，负责处理公司涉及国家安全方面的事务，并协助国家安全机关工作。安全小组成员名单如下：

组　长：赵希正（副总经理）
副组长：邵世伟（总经理助理）
组　员：程光杰（人事与董事管理部主任）
吴志远（人力资源部主任）
石成梁（思想政治工作办公室主任）
魏光耀（国际合作部主任）
李庆奎（监察局局长）

办事机构设在办公厅综合处，由白鉴同志负责日常工作。联系电话：66023809。

附件：国家电力公司国家安全小组的任务和职责

一九九九年十月十二日（印）

附件：

国家电力公司国家安全小组的任务和职责

国家电力公司国家安全小组在国家电力公司（以下简称公司）党组直接领导和国家安全机关指导下，全面负责公司涉及国家安全事务，并协助、配合国家安全机关工作。其主要任务和职责是：

一、贯彻执行国家安全工作路线、方针、政策，落实中央有关国家安全工作的指示、决议和要求，研究、部署公司国家安全工作。

二、开展国家安全教育、反奸防谍教育和反渗透、反颠覆、反“和平演变”的教育，增强干部、职工的国家安全意识和防腐蚀、防演变、防策反的能力。

三、建立健全涉及国家安全方面的规章制度、严密涉外经济技术情报的防范措施，做好反奸防谍工作，保证涉外活动的安全。

四、加强对出国（境）人员的安全教育管理，采取安全防范措施，制定安全防范制度，保证出国任务的顺利完成。

五、配合国家安全机关开展反间谍侦察、情报和国外安全保卫等工作。

六、分析研究和处理公司有关国家安全的各类重要事项、敌情或案件，协调国家安全机关在我公司的各项重大活动。

七、监督、检查和指导公司所属单位的国家安全工作。

八、完成公司党组交办的其他任务。

国家电力公司系统干部配置

国家电力公司领导

国家电力公司总经理、党组书记：高　严
国家电力公司副总经理、党组成员：赵希正　陆廷昌　周大兵　谢松林
中纪委驻国家电力公司纪检组长、党组成员：李雪莹
国家电力公司总经理助理、党组成员：周小谦

国家电力公司顾问、助理、总师

国家电力公司技术顾问：潘家铮
国家电力公司顾问：何　璟
国家电力公司总经理助理：刘　忱
总经济师：焦亿安
总工程师：张贵行

国家电力公司机关各部局领导

总经理工作部副主任：肖　鹏　陈飞虎　倪吉祥
战略研究与规划部主任：姜绍俊
　　副主任：梅宗华　王宝乐　张燕敏
人事与董事管理部主任：程光杰
　　副主任：张羡崇　曹志安
人力资源部主任：吴志远
　　副主任：刘洪恩　张成杰　许世辉
财务与产权管理部主任：陈月明
　　副主任：孟振平　方明英　徐伟良
综合计划与投融资部主任：赵建国
　　副主任：杨　庆　魏昭峰
电网建设部主任：霍继安
　　副主任：孙家骏　李文毅
　　　　　苏　力　章龙才
火电建设部主任：刘本粹
　　副主任：高伟力　张宗富
发输电运营部主任：王炳华
　　副主任：徐纪法　帅军庆　余卫国
水电及新能源发展部副主任：陈东平
农电工作部主任：李振生
　　副主任：原固均
科技环保部主任：张晓鲁
　　副主任：詹仲晦
审计部主任：欧阳胜英
　　副主任：许以作
法律事务部副主任：吕振勇
国际合作部主任：魏光耀
　　副主任：张玉新　齐志坚
离退休干部工作部主任：肖世友
　　副主任：樊全喜　邱文红
中共国家电力公司直属机关临时党委副书记：石成梁　张安乐　田华香
临时纪委书记：田华香（兼）
思想政治工作办公室主任：石成梁
　　副主任：张安乐　田华香
监察局局长：李庆奎
　　副局长：刘淑敏　王颖杰
国家电力调度通信中心主任：赵遵廉
　　副主任：孙正运　王益民
　　　　　舒印彪

电力系统各单位主要负责人

中国华北电力集团公司总经理、党组书记：黄金凯
国家电力公司东北公司总经理、党组书记：翟若愚
国家电力公司华东公司总经理、党组书记：邵世伟
国家电力公司华中公司总经理、党组书记：张学知
国家电力公司西北公司总经理、党组书记：谢振华
国家电力公司南方公司总经理、党组书记：袁懋振
中国华能集团公司董事长：郎成伟
　　总经理、党组书记：李小鹏
中国葛洲坝水利水电工程集团公司董事长、总经理、党委书记：孙玉才
辽宁省电力有限公司董事长、总经理、党组书记：王禹民
吉林省电力有限公司董事长、总经理、党组书记：张志厚
黑龙江省电力有限公司董事长、总经理、党组书记：郑宝森
上海市电力公司总经理：于新阳
　　党委书记：顾敏芷
江苏省电力公司总经理、党委书记：顾智鹏
安徽省电力公司总经理、党组书记：邱国富
浙江省电力公司总经理、党组书记：陈积民
湖北省电力公司总经理：陆启洲
　　党委书记：韩学仲
湖南省电力公司总经理、党组书记：周绍文
河南省电力公司总经理、党组书记：李菊根
江西省电力公司总经理、党组书记：胡德成
陕西省电力公司总经理、党组书记：赵杰臣
甘肃省电力公司总经理、党组书记：黄德明
宁夏电力公司总经理、党组书记：刘应宽
新疆电力公司总经理、党组书记：张铭洲
青海省电力公司总经理、党委书记：王久玲
山东省电力公司总经理、党委书记：刘振亚
四川省电力公司总经理、党委书记：石万俭
重庆市电力公司总经理、党组书记：叶　明
云南电力集团有限公司董事长、总经理、党组书记：朱志强
贵州省电力公司总经理、党组书记：向德洪
福建省电力有限公司董事长、总经理、党组书记：刘顺达
广西电力有限公司董事长、总经理、党组书记：马远骒
中国安能建设开发总公司总经理：陈方枢
　　党委书记：徐国武
中国水利水电工程总公司总经理、党组书记：郭建堂

电力规划设计总院院长、党组书记：吕伟业

水电水利规划设计总院院长、党组书记：程念高

中国华电电站装备工程（集团）公司总经理、党组书记：江自生

龙源电力集团公司总经理、临时党委书记：朱永芃

中兴电力实业发展总公司总经理：梁裕厚

临时党委书记：丁长顺

国电通信中心副主任、副书记：曹友治

中国电力科学研究院院长、党委书记：吴玉生

国家电力公司自动化研究院院长、党组书记：卜凡强

国家电力公司热工研究院院长、党组书记：蒋祥军

电力建设研究所副所长：李一凡

党委书记：薄树明

武汉高压研究所所长：张文亮

党委书记：薛传殿

中国电力信息中心主任、临时党委书记：孙佩京

中共国家电力公司党校校长（兼）：赵希正

国家电力公司高级培训中心主任（兼）：刘 忱

北京电力管理干部学院院长（兼）：徐大平

华北电力大学校长：徐大平

党委书记：曾亨炎

中国电力报社社长、党委书记、总编：沈凤仪

中国电力出版社社长、党委书记：宗 健

国家电力公司动力经济研究中心主任、临时党委书记：王信茂

深圳国电科技发展有限公司董事长、党组书记：黄德晨

天津市电力公司总经理、党委书记：寇士清

河北省电力公司总经理、党组书记：刘彭龄

山西省电力公司总经理、党组书记：王光华

西藏电力公司总经理、党委书记：杨海滨

国电电力发展股份有限公司董事长：高 严

总经理：王炳华

中国电力国际有限公司董事长：高 严

总经理、临时党委书记：丁中智

中国电力财务有限公司董事长：谢松林

总经理、临时党委书记：陈兴铭

中国水利电力物资有限公司董事长、总经理：朱明昆

党委书记：孙淑芳

中国电能成套设备有限公司董事长、临时党委书记：林依水

中国电力技术进出口公司总经理、委员：叶迎春

临时党委书记：马漆波

黄河上游水电开发有限责任公司董事长：谢振华

龙滩水电开发有限公司董事长：张学知

贵州乌江水电开发有限责任公司董事长：戴绍良

总经理：余泽华

党委书记：刘撇成

天生桥一级水电开发有限责任公司副董事长：张恒伟

国电外事服务有限公司董事长、总经理：魏光耀

广核等四集团董事：周小谦

中国水利水电科学研究院院长、党委书记：高季章

苏州热工研究所所长：吴迪忠

党委书记：朱达忠

上海电力建设有限责任公司董事长、总经理：华林裕

党委书记：施申新

南京电力环境保护研究所所长：谭国柱

中国超高压输变电建设公司经理：王古如

党委书记：卢定奎

陕西电力建设有限责任公司总经理、党委书记：贾国栋

岩滩水电站工程建设公司总经理：李锦文

广西水电工程局局长：陈咏辉

党委书记：赖祟能

水口水电站工程建设公司总经理：陈特杰

漫湾水电站工程管理局负责人：朱志强

天生桥水力发电总厂党委书记：黄聿邦

华东电力设计院院长：刘腾达

党委书记：陈胜明

中南电力设计院院长：迟宝德

党委书记：卢良臣

西南电力设计院院长：胥蜀皎

党委书记：周大吉

西北电力设计院院长：雷克昌

党委书记：孙林山

华北电力设计院院长：朱兴楚

党委书记：祁金海

东北电力设计院院长：汪建成

北京勘测设计研究院院长、党委书记：陈兴耀

中南勘测设计研究院院长：廖家凯

党委书记：钟金涌

华东勘测设计研究院院长：范成贤

党委书记：何斌铨

贵阳勘测设计研究院院长：兰春杰

党委书记：刘义洲

成都勘测设计研究院院长：胡敦渝

党委书记：张小庆

西北勘测设计研究院院长：郑合顺

党委书记：张振有

昆明勘测设计研究院院长：段荣国

中国水电第一工程局局长：姜成年

党委书记：车治中

中国水电第二工程局局长：王岩峰

党委书记：安兰廷

中国水电第三工程局局长：李友仁
中国水电第四工程局局长：郑征宇
党委书记：王振南
中国水电第五工程局局长：郭志强
党委书记：何永定
中国水电第六工程局局长：李维科
党委书记：林玉杰
中国水电第七工程局局长：张　野
党委书记：冯觉林
中国水电第八工程局局长：杨荣强
党委书记：樊建平
中国水电第九工程局局长：袁春炎
党委书记：易明龙
中国水电第十工程局党委书记：王国华
中国水电第十一工程局局长：王学鲁
党委书记：于　琪
中国水电第十三工程局局长：童劲松
党委书记：张广旗
中国水电第十四工程局局长：李鹏程
党委书记：曹保华
中国水电闽江工程局局长：容加利
党委书记：田进先
中国水电基础工程局局长：蒋振中
党委书记：张源智
国家电力公司配件中心总经理：曹荫昌
中国电力企业联合会理事长：赵希正（兼）
中朝水力发电公司中方理事长：周大兵
广东电力集团公司董事长、党委书记：吴希荣
总经理：王野平
内蒙古电力（集团）有限责任公司
董事长、副书记：乌若思
总经理：赵凤山
党委书记：乔岐山
海南省电力有限公司总经理：朱万顺
党委书记：韩涿生
华能国际电力股份有限公司总经理：叶大戟

国家电力公司直属单位1999年组织机构图

公司系统职工年末总数　1482599

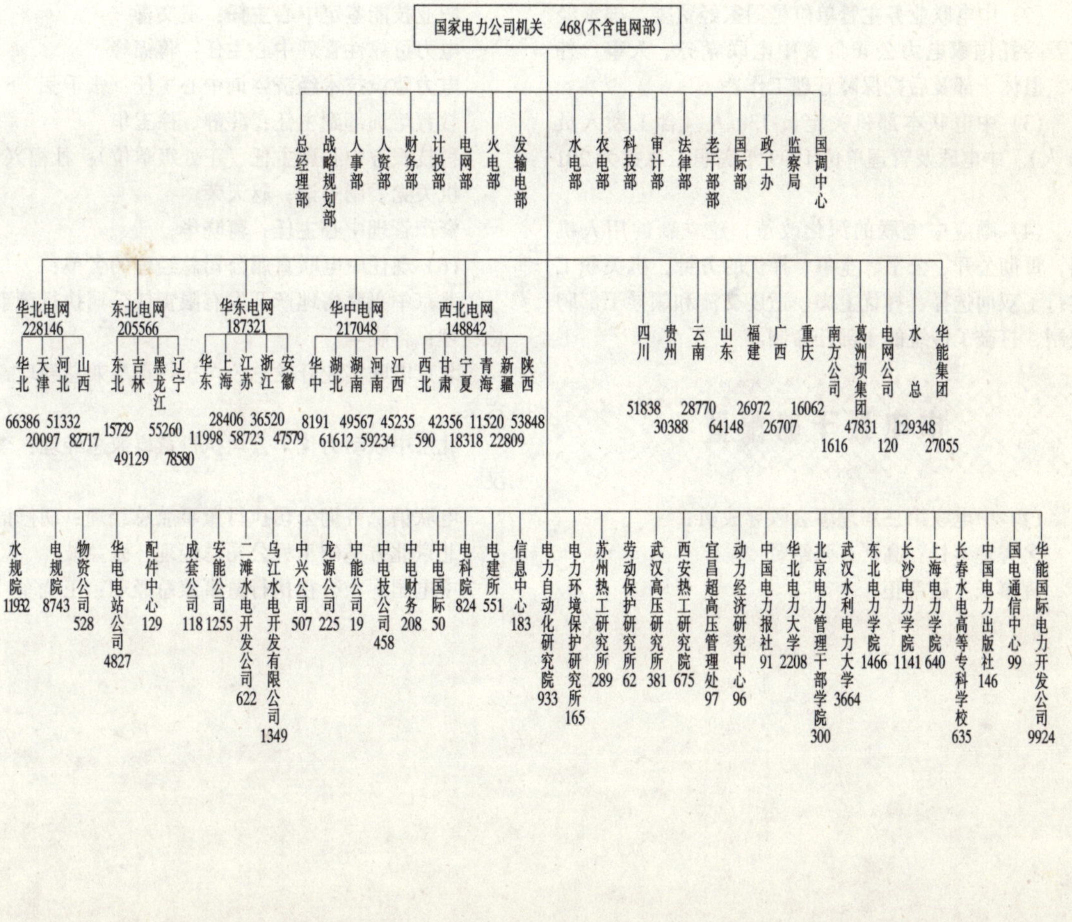

中国电力企业联合会

机构设置及人员变动情况

(1) 中电联机关内设机构设置4个职能部门(部)、6个业务部门(中心):理事会工作部、调研部、会员部、国际合作部、标准化中心、职业技能鉴定中心、电力可靠性管理中心、电力建设技术经济咨询中心、教育培训中心、科技服务中心,并设机关党委和资产管理中心。

中电联管理单位2个:电力文协、电力体协。

国电公司社会保险局人员的人事工资关系仍由中电联代管。

电力财会与经济发展中心撤销。

中电联直属公司6个:北京中兴联房地产开发有限责任公司、北京电联实业开发总公司、北京中联动力化学公司、北京北方基础工程公司、电联信息咨询公司、中电国际旅行社。

(2) 中电联业务主管单位是国家经贸委。国家经贸委委托国家电力公司负责中电联党务、人事、外事、退休干部及后勤保障管理工作。

(3) 中电联本部机关定员130人(含工勤人员10人)。中电联及管理单位1999年底职工总数为201人。

(4) 顺应中电联的深化改革,建立新的用人机制,贯彻公开、公平、竞争、择优的方针,机关职工实行了双向选择、择优上岗、适度交流和领导干部聘任制,打破了传统的干部任命制。

中电联干部配置

(1) 中电联第三届理事会领导成员:

名誉理事长:高严、张绍贤

理事长:赵希正

常务副理事长:刘宏

副理事长:叶荣泗、钱忠伟、秦中一、吴希荣、乌力吉

秘书长:叶荣泗(兼)

(2) 中电联第三届理事会业务顾问:姜贤荣、吉辅、刘纪鹏

(3) 中电联业务咨询:王宏超、周沂、许英才、潘锁华、赵宗鹤、李宝祺、晏勤、张孟扬、朱成章、费翊群、王桂云、张选堪、黄海涛

(4) 张凤祥同志当选为第九届全国人民代表大会外事委员会委员。

黄梦玲同志为第九届全国政协委员。

(5) 本年度部、中心主任级干部:

理事会工作部副主任:范继祥

调研部主任:王永干

会员部主任:孙永安

国际合作部主任:孙守义

标准化中心主任:陆宠惠

职业技能鉴定中心主任:王文喜

电力可靠性管理中心主任:蒋锦峰

电力建设技术经济咨询中心主任:张千驷

教育培训部副主任:薛静、徐玉华

科技服务中心副主任(正处级单位):杜福兴

机关党委副书记;赵天荣

资产管理中心主任:蒋晓华

(6) 现任中电联直属公司总经理的名单:

北京中兴联房地产开发有限责任公司执行董事兼总经理:蒋晓华

北京电联实业开发总公司执行董事兼总经理:朱六义

北京中联动力化学公司执行董事兼总经理:李润汉

电联信息咨询公司执行董事兼总经理:胡修谱

北京北方基础工程公司总经理:张兰岐

中电国际旅行社执行董事兼总经理:王晓军

中电联1999年组织机构图

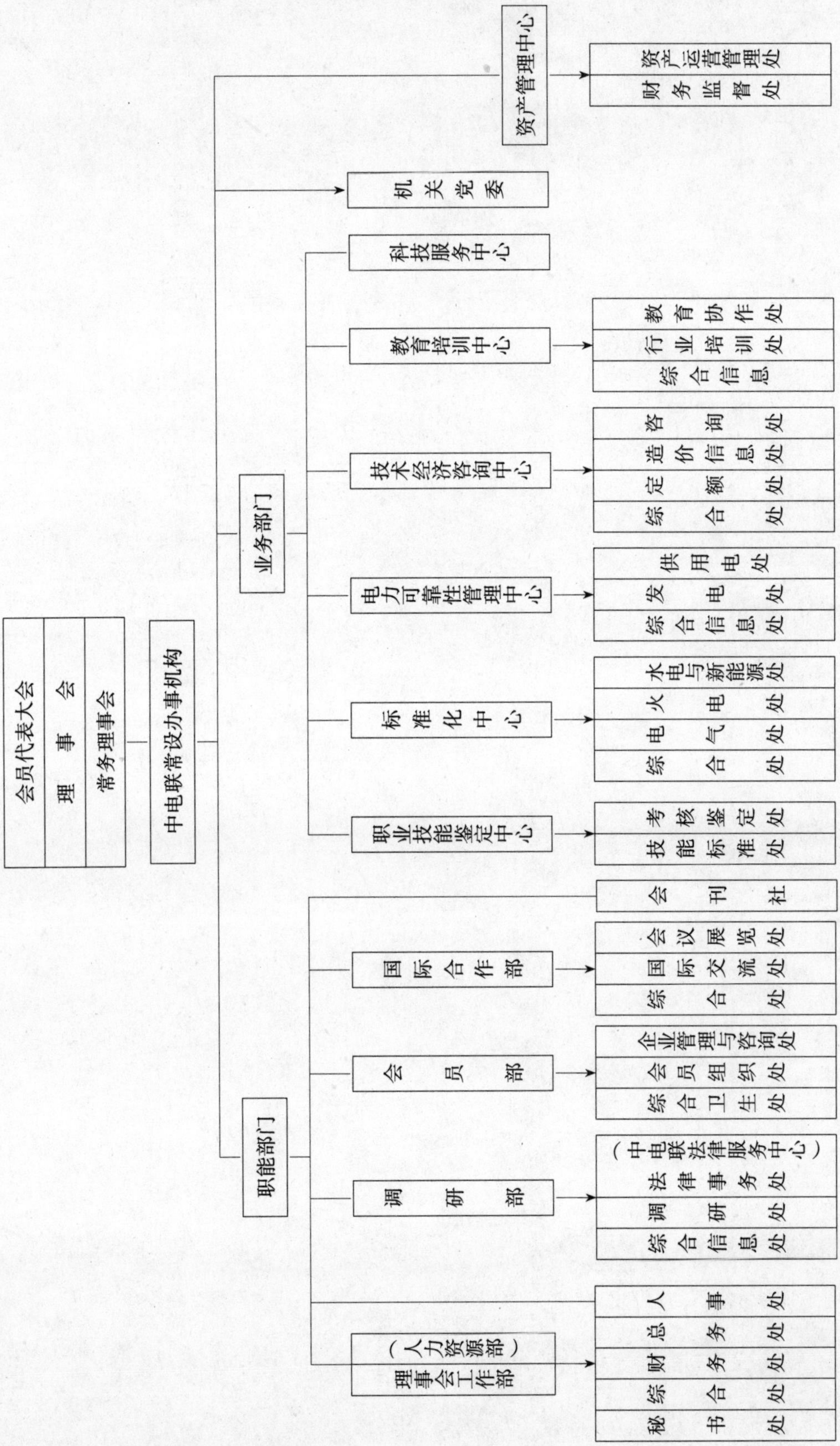

中国电力年鉴

5 体制改革与法制建设

人力资源

电力管理体制改革

围绕深化电力管理体制改革，研究探索符合市场经济的企业运作机制，加强劳动效率管理，减人增效、下岗分流和再就业工作取得了一定进展。

（1）参与制订了公司本部机构改革“三定方案”和东北、南电联、电网三个分公司的“三定方案”，制定了“电网调度机构本部化工作的若干意见”和“审计派出机构的设置意见”。会同有关部门，完成了对龙源、福霖、中能三个公司的重组工作，改组了中国电力财务有限公司，理顺了机关后勤管理体制，保证了职工队伍的稳定。

（2）研究探索了“厂网分开、竞价上网”条件下的电力管理体制。指导并审核了山东电力集团公司组建发电公司、鲁能控股公司和黑龙江省电力有限公司组建所属四家发电公司的运作方案。同时，积极做好了河南、江西、贵州、湖南、陕西等五省部分地方电力企业的上划工作；参与了12家武警水电部队脱钩企业的接收工作。

（3）配合开展了农电管理体制改革的试点和公司直属科研机构管理体制改革工作。贯彻落实国发［1999］2号、国办发［1998］134号文件精神，参与了《关于加快乡（镇）电管站改革实行县（市）乡（镇）电力一体化管理的实施意见》、《趸售县供电企业管理办法》和《国家电力公司关于深化直属科研机构管理体制改革的意见》（讨论稿）的制定工作。

（4）研究部署了《国家电力公司系统减人增效五年规划》的编制工作，下达了国家电力公司1999年减人计划；对企业人员按主体产业、关联产业、多种经营和社会性服务进行了划分，提出了体制型减人、政策型减人、发展型减人和科技型减人等四种减人措施，规范了减人增效行为，同口径比较，职工总量保持了负增长。

（5）开展了供电企业和水力发电企业《劳动定员标准》的修订工作。在广泛调查论证的基础上，研究确定了两个定员标准的框架结构、定员范围和表现形式，已经形成了向专家委员会提交的两个定员标准送审稿，为促进电力企业减人增效、改进劳动组织方式、提高劳动效率奠定了基础。

（6）根据中央关于积极做好“两个确保”工作的精神，着重加强了下岗职工的管理。截止1999年底，公司系统共有下岗职工近5万人，比上年末减少近3000人。积极向中央财政申请再就业资金，1～9月份共争取再就业资金3000万元，已全部拨付到各困难企业，保证了下岗职工的基本生活。

医疗保险制度改革

认真贯彻落实中央12号、国务院44号文件精神，初步改进了工资分配制度，全面部署了公司系统医疗保险制度改革，妥善处理了基本养老保险移交地方的有关问题。

（1）根据中央［1999］12号文件精神和劳动保障部对工资工作的要求，研究提出了公司系统企业单位调整工资分配政策的意见，出台了《关于提高电力企业工资标准、增加职工工资收入的意见》、《关于改进和完善在京直属公司岗位工资的意见》以及公司本部职工调整工资的意见。组织在京事业单位按照国办发［1999］78号文件精神，调整了工资，并部署在京企事业单位按照北京市的有关规定，增加了离退休金。

（2）根据国务院［1998］44号文件精神，结合公司系统的实际情况，与社保中心和中电联共同研究拟订了《贯彻〈国务院关于建立城镇职工医疗保险制度的决定〉的意见》、《关于电力企事业单位建立企业补充医疗保险的指导意见》、《关于加快医疗机构改革的意见》，筹备召开了国家电力公司医疗保险制度改革工作会议，全面部署了公司系统医疗保险制度改革工作。

（3）开展了典型岗位职工工资收入的调查和工资分配政策的研究工作。为适应社会主义市场经济体制的要求，引导企业注重发挥劳动力市场价格信号在工资分配中的作用，对10个省电力公司的56家发供电企业近13万名职工的工资收入进行了调查，对典型岗位工资收入进行了分析，预发布了《电力生产典型岗位（职位）的工资指导价位》，研究拟订了《国家电力公司关于经营者年薪制实行办法》、《国家电力公司关于人工成本管理暂行办法》和《人工成本指标解释》。

（4）妥善解决了行业统筹移交地方管理后企业缴费费率问题。按照国家有关规定，电力企业缴费费率应3年到位，一般不超过20%。由于各地方企业缴费率普遍高于电力行业统筹期间的缴费率（一般在20%以上），为减轻企业负担，通过向劳动保障部、财政部充分反映电力施工企业的困难，两部原则同意电力生产企业费率分3年过渡到位，火电和水电施工企业可分5年到位，并发文明确1999年电力生产企业和火、水电施工企业费率分别由17%提高到18%，由12.5%提到13%，由10.5%提到13%，提高量相对较小。

（5）及时向国家有关部门汇报了电力行业统筹移

交地方后的有关问题。随着各地执行劳动保障部、财政部关于《核定原行业统筹项目的通知》要求，原电力行业统筹期间出台的一些政策未能纳入地方统筹开支，转由企业成本负担。由于一些困难电力企业无力承担，部分离退休人员的待遇有所降低，出现了不稳定情况。该部在做好有关工作的同时，多次向劳动保障部、财政部做了专门报告。经努力，财政部已经把水电施工企业列为5个困难的行业之一，专题研究解决，国务院办公厅已发文明确对行业统筹移交地方管理统筹基金的赤字予以补贴。同时，还就纳入社会统筹的电力事业单位离退休人员调整待遇不能执行事业单位办法所产生的问题向劳动保障部做了专题报告，国务院办公厅已就此问题发文做了明确规定，加以解决。

(6) 根据电力体制改革的要求和国家经贸委《关于发布520户国家重点企业名单的通知》（国经贸产业［1999］966号）精神，向劳动保障部提出了关于电力工业企业工效挂钩一个户头的请示，并已得到劳动保障部、财政部原则同意。

人力资源开发战略

研究拟订了公司系统人力资源开发战略，加强了公司系统培训工作的规范化、制度化管理。

(1) 贯彻落实党的十五届四中全会和第三次全国教育工作会议精神，组织召开了公司系统教育培训工作座谈会。这次会议是电力系统有史以来首次重点研究职工培训工作的会议，统一了公司系统对教育培训工作重要性的认识，进一步明确了当前和今后一个时期教育培训工作的目标和任务，达到了认清形势、统一思想、提高认识、明确任务的目的。

(2) 按照公司1999年度工作会议的要求，围绕建设高素质的职工队伍这一根本任务，研究拟订了《国家电力公司人力资源开发战略》（初稿）和《国家电力公司职工培训“十五”计划及2015年规划纲要》（初稿）。

(3) 为规范公司系统的培训工作，纠正目前系统内存在的“乱办班、乱收费、乱发证”等问题，促使各类培训工作步入科学化、规范化的轨道，及时印发了《关于加强当前培训管理工作的通知》，完成了《国家电力公司职工教育培训暂行规定》、《国家电力公司机关举办培训班管理办法》、《国家电力公司境外培训管理办法》等规章制度的起草工作，对有关培训事项作出了明确规定。要求各类培训都要纳入各单位教育培训部门归口管理，杜绝“三乱”现象的继续发生，切实保证培训效果和质量。这一举措引起了上级主管部门的高度重视，在中组部主办的《全国干部教育通讯》上做了相关报道。

(4) 为搞好公司系统培训网络建设，适应公司发展对职工培训的需要，拟订了《关于建立和完善国家电力公司系统培训网络体系的意见》，向公司党组提交了《关于组建国家电力公司培训中心的建议》，开展了高级培训中心的筹建工作。

(5) 为了保证工商管理培训工作的质量，进一步规范工商管理培训工作，改进培训内容和方法，组织开展了对公司系统承担工商管理培训任务院校的质量评估工作，先后完成了对8所院校的评估，印发了《国家电力公司系统部分职工大学工商管理培训质量评估情况通报》，肯定了各单位开展工商管理培训工作的成绩，分析了存在的问题和不足，对今后一个时期的工商管理培训工作提出了明确要求。

(6) 积极组织开展有关培训工作。一是按照国家经贸委的要求，组织举办了两期网省公司高级经营管理人员工商管理培训班，培训学员55人。二是积极开展了对公司机关员工培训的前期准备工作。以问卷形式广泛了解了公司本部员工的培训需求，征求了对培训工作的意见和建议，为制定对公司本部员工的培训方案做好了准备。先后与清华大学、北京大学等院校取得了联系，进行了有关培训方案的商洽。

电力教育工作

贯彻第三次全国教育工作会议精神，积极稳妥地推进了教育管理体制改革。

(1) 遵循国家教育管理体制改革精神，按照国务院教育管理体制改革的部署，本着“顺应形势、积极配合、创造条件、平稳过渡”的原则，从全局出发，研究拟订了《国家电力公司关于贯彻全国教育工作会议精神的几点意见》、《国家电力公司关于高等教育管理体制改革的建议方案》、《国家电力公司教育管理体制改革原则意见》等一系列文件，提出了公司系统140所学校、96个办学实体管理体制改革的调整方案，并就武汉水利电力大学参加组建新武汉大学、长春水电高等专科学校参加组建长春工程学院、南京电力高等专科学校参加江苏省统筹等问题与教育部和有关地方教委进行了协调，积极稳妥推进了公司系统教育管理体制改革。

(2) 针对1999年稳定工作面临的新形势，认真落实维护公司系统各级各类学校的稳定工作。贯彻落实中央和公司党组的指示精神，拟订了维护公司系统学校稳定工作的一系列文件。特别是在发生了“法轮功”组织非法聚集和“我驻南使馆被野蛮轰炸”等突发事件后，及时组织召开了公司系统高校稳定工作座谈会，对稳定工作进行了具体部署，及时处理了部分学校突发事件。同时，在推进教育管理体制改革过程中，针对不同类别学校面临的具体情况，及时做好涉及教育管理体制改革和学校发展的有关工作，为教育管理体制改革的平稳过渡奠定了基础，维护了公司系统各级各类学校的稳定。

（3）组织制定了公司系统普通高校研究生、本科、专科和成人招生计划，对有关专业进行了核定和调整；组织制定了公司直属高校年度基建项目计划和重点建设投资计划，组织开展了安居工程建设，安排开竣工10万m^2教职工住宅，使直管高校教职工家庭人均住宅面积达到20m^2，提前实现了安居工程建设目标。

（4）组织开展了高校“211工程”建设、重点学科和重点实验室建设工作。完成了武汉水利电力大学“211工程”在国家的正式立项；组织开展了直属高校1999年度重点学科和重点实验室建设计划的制定；组织邀请了有关专家对公司系统高校重点实验室评估指标体系进行了修订和完善；组织了有关专家对4所高校在“九五”期间立项的8个重点建设实验室和4个重点建设学科的评估验收工作。

多种经营发展战略

研究拟订了国家电力公司多种经营发展战略，加大了对多种经营企业的清理整顿力度，初步规范了多种经营企业的经营行为。

（1）贯彻落实1998年召开的“国家电力公司再就业暨多种经营工作会议”精神，遵照公司1999年工作会议对多种经营工作新的定位和工作部署，适时对多种经营的工作思路进行了调整，突出了多种经营战略研究、网省公司本部所办经济实体清理整顿、加强多种经营企业规范管理等重点工作。

（2）积极开展了国家电力公司多种经营战略的研究制定工作。围绕公司1999年工作会议提出的加快制定公司经营发展战略的工作部署，组织成立了“多种经营发展战略研究小组”，重点围绕多种经营的战略思想、战略目标，战略重点和对策措施进行了探索和研究，组织起草了多种经营发展战略。

（3）多种经营企业清理整顿工作取得了一定成效，基础管理工作得到了进一步规范和加强。在1998年下半年开展的多种经营企业清理整顿工作的基础上，1999年集中精力抓了网省公司本部所办经济实体的清理整顿工作，出台了《关于加强多种经营企业集体资产监管的指导意见》和《关于加强电力多种经营企业财务管理的指导意见》，对部分网省公司进行了专项督查和检查，多种经营企业多、乱、散、差的状况得到初步治理，经营管理得到进一步规范和加强。

（4）积极推进了多种经营企业转机建制工作。为加快多种经营企业的体制改革和机制转换，建立规范的法人治理结构，完善监督约束机制，加速放开搞活多种经营企业的步伐，在对各网省公司初选的78家典型单位进行了审查筛选，初步选定了30家转机建制典型企业，进行了经验总结，召开了电力多种经营企业转机建制研讨会，对典型单位的经验材料进行了交流。

职称制度改革

深化了职称制度改革，开展了两院院士、享受政府特殊津贴人员和中青年专家的选拔推荐工作。

（1）为了使公司系统的职称工作服从、服务于公司的发展战略需要，充分落实公司系统各单位的用人自主权，强化“能上能下、能进能出”的用人机制，真正实行聘任制，提高专业技术资格的评审质量，促进公司系统建设科学的人才评价体系，印发了《关于深化职称改革、完善专业技术职务聘任制度的意见》，草拟了与《意见》配套的规定和办法。

（2）开展了享受政府特殊津贴、有突出贡献专家和两院院士的选拔推荐工作。经评审，公司系统共有98位专家享受1998年政府特殊津贴，10位专家被命名为“有突出贡献的中青年科学技术、管理专家”称号；向国务院报送待批享受1999年政府特殊津贴人员118名；在推荐的两院院士候选人中，山东电力集团公司的于文虎和南京电力自动化研究院的沈国荣已当选为中国工程院院士。

纪检监察

1999年2月3～4日，中央纪委驻国家电力公司纪检组、国家电力公司监察局在武汉召开国家电力公司系统纪检监察工作会议，传达贯彻中央纪委三次全会、国务院廉政工作会议和国家电力公司1999年工作座谈会的精神，总结了1998年度公司系统党风廉政建设和反腐败工作，部署了1999年工作任务。

1999年，公司系统认真贯彻落实国家电力公司系统纪检监察工作会议精神，坚持标本兼治、综合治理，党风廉政建设和反腐败工作取得了新的阶段性成果。

1．领导干部廉洁自律意识普遍增强

全系统认真贯彻执行党中央、国务院颁发的《中国共产党党员领导干部廉洁从政若干准则（试行）》（中发［1997］9号），落实关于制止奢侈浪费行为的有关规定，坚持收入申报、礼品登记、业务招待费向职代会报告、重大事项报告等制度。重点抓了严禁到12个风景名胜区开会，严格控制改建、扩建、新建

或装饰、购买办公楼和新建宾馆，严格管理公费出国（境）的工作。据统计：到12个风景名胜区开会的风气基本刹住；取消会议436个，简办或压缩会议478个；取消庆典146个，简办庆典76个；取消不必要的检查、评比等活动78次。取消、新建、停建、缓建项目51项，取消或从简装修项目27项。取消出国团组98个，减少出访人数296人。通过“三讲”教育，推动了领导干部廉洁自律工作，领导班子专题民主生活会的质量有了明显提高，增强了领导班子的整体合力和解决自身问题的能力。

2．查办案件工作保持了良好的态势

系统内各单位认真落实办案责任制，坚持大案要案排查、报告制度，切实加强了对查办案件工作的组织、协调和督促。据统计，全系统共受理群众信访举报7605件次，初查核实1338件，其中失实582件。立案479件，其中涉及局级干部4人，处级干部43人。结（销）案429件。给予党纪政纪处分493人，其中局级干部4人，处级干部47人。移送司法机关61人，其中局级干部2人，处级干部8人。为被举报失实的领导干部澄清了是非，保护了一批干部；对有一般性问题的447名干部进行了批评教育等处理。通过查办案件，共挽回经济损失6557万元。

3．纠风和行风建设取得新的进展

（1）制定下发了《国家电力公司1999～2001年纠风和行风建设工作规划》（国电监察［1999］532号），明确提出了纠风和行风建设的工作目标、任务及措施。各省电力公司制定了具体的实施细则，并认真组织实施，使纠风和行风建设走上了制度化、规范化的轨道。

（2）继续抓好地级及以上城市供电营业规范化服务和供电社会服务承诺制。到1999年底，推行服务承诺的地、市供电企业从1998年的271个增加到277个，县（市）供电企业从1998年的1087个增加到1209个。公司系统地级及以上城市供电营业规范化服务的具体措施已向社会公布。有198个地、市供电企业接受了社会对行风的民主评议，其中142个被评为优秀，优秀率达到71.7%。

（3）继续加大纠风工作力度。据统计，1999年全年共查处行风违纪问题299件，涉及390人，处理233人，有力地遏制了损害国家利益，破坏电力企业形象的行为。

（4）按照国务院的要求，配合有关部门把减轻企业负担和减轻农民负担的“两减”工作落到实处。取消各种乱加价、乱收费和买用电权、超计划用电加价，共400亿元。

4．党风廉政建设责任制逐步落实

1999年1月，公司党组制定下发了《关于实行党风廉政建设责任制的实施办法》（国电党［1999］1号），在公司1999年度工作会议上，高严总经理与56个网、省公司及直属单位的主要负责人签订了党风廉政建设责任书。各单位结合实际又制定了《实施细则》，把责任目标、内容进行分解，层层签订责任书，使党风廉政建设责任制落到了实处。各级领导干部抓党风廉政建设的责任意识和廉洁从政的意识明显增强。据统计，全系统共发生违反责任书规定的问题202件，除对136个直接责任人进行追究外，对负有领导责任的211位领导干部进行了责任追究，其中被追究领导责任的局级干部6人，处级干部74人。

5．专项监察和制度建设工作不断加强

（1）积极开展城乡电网建设与改造执法监察工作。公司执法监察领导小组组织有关部门对系统内13个省的城乡电网建设与改造工程进行了检查。检查结果表明，各单位都能够严格工程资金管理，认真贯彻执行“五制”。

（2）大力开展燃煤管理、物资采购、医药购销、多经管理、用电管理等效能监察工作。据统计，公司系统共开展效能监察1854项（次），查出违法违纪金额1709万元，为国家和企业挽回经济损失14301万元，避免经济损失49907万元；提出建议1627项，协助建章立制913项。

（3）对在对外借款、投资、担保调查工作中发现的问题进行专项监察。据统计，共发现违法违纪案件66起，涉案金额2.5亿元，共换回经济损失3471万元。

（4）制定并下发了《国家电力公司企业监察办法》（国电监察［1999］737号）等制度，进一步规范了企业的监察工作。

此外，1999年，在加强国有企业党风廉政建设的调查研究、通过正反两方面的典型深入开展党风廉政宣传教育工作等方面做了有益的探索和实践。

审　计

1999年国家电力公司（以下简称公司）系统审计部门认真贯彻落实党中央、国务院和公司党组的各项重大决策，在公司党组的正确领导下，紧密围绕公司各项工作重点，积极开展审计工作和参加“三讲”教育。公司领导高度重视审计成果的运用，审计组织机构得到进一步加强，审计监督职能基本明确。审计工作在为推动公司系统加强管理、强化监督、提高效益和防范经营风险等方面作出了一定成绩。

1999年审计工作的目标是：努力推进“四个突破”，进一步建章立制，加强队伍建设，抓好监督重点，搞好精神文明建设。

审计工作的地位和作用日益重要

随着公司建立现代企业制度步伐的加快，公司领导重视审计职能作用的发挥和审计成果的运用，对审计工作做的重要批示主要有：

3月9日高严总经理在我部对华北电力大学的审计签报上批示“按副总分工，谢总协助，把审计情况和各单位的班子见面”。

8月23日，高严总经理在我部呈送的对中国电力技术进出口公司领导班子经济责任审计的签报上批示：“对各单位审计结果和解决意见，要高度重视，利用审计成果，深化改革、加强管理，要在总经理会议上通报、讨论，促进企业现代企业制度的建立。”

按照高严总经理的批示，各分管副总经理主持了重庆电力公司、华电总公司、中电投、中电国际、中能燃料公司、电力自动化研究院、水规院、电力报社、电力信息中心、华北电力大学等单位审计交换意见会议。在审计交换意见会议上，公司领导就审计中发现的问题分别作了重要指示。通过审计交换意见形成了几点共识：对领导人员进行任期审计十分必要；加强法制观念，严格依法治电是当务之急；正确的决策、奖罚分明的资产经营责任合同，是完成经营目标、实现资产保值增值的重要保障；加大审计力度是加强管理、强化监督、防范风险的重要手段。

10月12日公司总经理会议上，公司审计部就审计工作情况做了汇报。总经理会议充分肯定了审计工作取得的成绩，强调要进一步加强审计工作，并对如何进一步运用审计成果进行了认真讨论。会议决定，今后对公司所属单位的审计通知书和复议通知书发公司文件，由总经理会议审批审计工作中的重大问题。

顺利完成公司本部审计机构改革任务

1999年公司对本部机构进行了改革。按照公司的统一部署，根据新形势下审计工作的需要，公司审计部门对内部机构设置及人员进行了调整，制定了审计部和各处工作职责。

(1) 原“审计局”更名为“审计部”，人员定编20人。审计部负责公司系统的审计工作，对审计工作进行管理、监督、指导、协调，独立行使审计监督权，向公司总经理负责并报告工作。欧阳胜英同志任审计部主任。

(2) 处室设置由原来完全按业务内容不同设置“综合处、生产处、基建处和事业处”，改为按业务内容及区域管理协调职能设置内部机构分为综合处、审计一处、审计二处和审计三处。

综合处：主要负责部门内及派出机构的协调管理、对外联系、制度建设、业务培训和交流、信息管理、计算机应用管理等工作。

审计一处：负责公司固定资产投资项目及相关事项审计。

审计二处：负责归口网省公司、多种经营和公司本部审计工作（分管部分在京直属单位和黄河以南地区单位审计）。

审计三处：负责归口管理在京直属公司、事业单位和金融企业审计工作（分管部分在京直属单位和黄河以北地区单位审计）。

在“四个突破”方面取得初步成效

1．建立审计组织保障体系方面

(1) 设立派出机构，加强业务指导。为了加大审计监督力度，理顺审计分级监督管理体制，进一步搞好审计监督工作，在公司领导的高度重视、人事部门的大力支持下，公司于1999年9月重新组建了东北、华北、西北、华中、华东和华南6个审计派出机构，明确了各派出机构的职责和分工范围，并要求各派出机构于年底前完成相应组建工作。有关单位认真贯彻公司文件精神，提出了组建方案，并逐步实施。

(2) 积极探索改革审计管理方式。在已完成分公司改革的东北公司和南方公司，除公司设有审计派出机构外，还单独设立了分公司的内部审计机构；黑龙江省电力有限公司对所属单位的审计管理方式进行了大胆改革，在保留原有各单位审计部门外，新增设立了3个审计分部，行政上和业务上实行了由省公司垂直领导的方式；湖南、吉林和江苏省公司也都分别提出了改革审计管理模式的办法，正在积极探索分片审计、派出制和委派制等不同模式的审计管理方式。

(3) 推动了“三项制度”的落实。在公司成立后的两次审计工作会议上都强调：公司系统各单位要认真落实建立审计委员会、设立总审计师和向职代会报告审计工作的“三项制度”。截止1999年，公司所属的分公司和网省公司中有8个单位成立了审计（监审或稽审）委员会，有11个单位设立了副总审计师，有17个单位向职代会报告审计工作。

经调查了解，国内外较大公司已设立的审计委员会的主要职责是：审定有关内审制度，审议重要审计事项，作出审计决定，向董事会报告工作等。江西省电力公司成立审计委员会后，不断促进了审计工作作用的发挥。

2．推动审计成果运用方面

公司审计部提出在审计成果运用方面，主要是解决审而不纠、审而不用的问题。1999年许多单位在这方面都有了不同程度的进展。

(1) 边审边改，重在防范。对于审计过程中发现的问题，对照有关规定能够解决的就地解决，能够纠正的当场纠正，避免外部检查时的处罚或造成不良影响。1999年度公司系统内部审计查出违纪违规金额达22亿元，其中已纠正违规违纪金额18亿元，查出损失浪费1亿元，促进公司系统增收节支16亿元。

(2) 落实审计建议初见成效。有些审计建议的效益和作用正在或将在今后更长的一段时间里显现。为了进一步推动各单位运用审计成果，公司审计部要求公司系统各单位对1998年和1999年运用审计成果情况进行一次全面检查。

3. 加强内部管理控制和赋予审计职权方面

(1) 审计中加强了对被审计单位执行各项内部控制制度的测试和检查，发现违反决策程序、内控制度不健全以及制度执行不力、形同虚设的现象比较突出。

(2) 充分行使审计职能，落实审计成果，发挥审计作用。审计部与财务部研究和探讨了对违反财经法规情况的统一的处理办法。黑龙江省电力公司制订的处理处罚规定力度较大，便于操作。福建、江西等省公司也都结合本单位实际，制订和出台了相应的处理处罚规定，收到了较好的审计效果。

4. 内部审计制度建设方面

(1) 1999年公司出台的审计制度有：《国家电力公司预算、投资等四项制度执行情况审计办法》、《国家电力公司城乡电网建设与改造项目审计办法》、《国家电力公司本部审计业务委托社会审计管理办法》。在《中国一流电力公司考核标准(试行)》办法中，审计监督列为创一流的必备条件之一，并明确了审计监督的具体内容。根据公司统一部署，以公司“两型、两化、国际一流”的经营目标和“四步走”的战略规划为指导，审计部组织起草制订了《审计监督战略规划》(送审稿)。

(2) 通过审计，推动了各单位内控制度建设和各项管理工作的加强。根据审计建议，部分单位完善了内部财务管理办法；部分单位清理了投资、借款、担保等问题，整顿了所属子公司；有的单位针对工商注册与实收资本不一致的问题办理了变更登记手续等，同时建立健全了有关的规章制度。

全面完成审计任务，突出审计重点

公司系统全年共完成各类审计项目22557项，比上年增长2.6%。在全面完成审计任务的基础上，紧密结合公司体制改革和实体化运作的实际需要，重点完成了以下工作。

1. 积极组织开展对领导人员的任期审计

为贯彻中办发［1999］20号文件，落实出资人的三项权利，根据人事部的安排和审计工作计划，1999年公司审计部组织力量对原东北电力集团公司和华北电力集团公司、吉林、安徽、山西、宁夏、河北省（区）电力公司等21个单位主要领导人进行任期经济责任审计，采取自行独立、安排派出机构、组织公司系统人员联合、委托社会中介机构等方式开展审计工作。审计中发现的主要问题：

(1) 成本费用挂账或挤占成本，会计信息失真，利润成本不实。

(2) 未经立项审批，新建楼堂馆所，或进行超计划、超规模工程建设。

(3) 主业与多经经济关系不清，盈亏不明。

(4) 决策失误，盲目投资、担保，形成损失或潜在损失。

(5) 陈欠电费数额巨大，有可能形成经营潜亏。

(6) 缺乏依法经营观念，有法不依、执法不严、违法不纠，等等。

通过任期经济责任审计，加强了与人事部、财务部等部门的业务沟通和相互了解，增强了被审计单位依法经营、从严治企的观念，促进了企业经营管理的加强和经济效益的不断提高。

2. 全面开展城乡电网改造项目审计

(1) 建立项目审计负责制，制定项目审计办法，使城乡电网项目审计工作规范化、制度化。各网省公司按国家电力公司提出的要求，普遍建立了分级负责、以单位主管领导为第一责任人、以审计部门领导为具体负责人的项目审计责任制，将项目审计全过程的责任明确到部门、明确到人。华北电力集团公司、河南电力公司等16个网省公司先后制定了城乡电网项目审计实施办法，使这项工作从一开始就规范化和制度化。

(2) 积极开展审计，促进项目管理加强和节约投资，控制工程造价。审计发现了部分项目成本超预算、挤占项目资金、核算不规范、“五制”和内部控制制度不严等问题，对这些问题都提出了整改意见。

3. 认真总结对在京直属公司审计情况

公司审计部认真总结了1998、1999两年对在京11个直属公司进行审计的情况。其中：1998年审计了福霖、龙源、中能燃料、中电投、中电技和华电公司，1999年审计了中能科技、电通中心、原中电信、中兴和成套公司。审计中发现的主要问题一是盲目决策，追求规模扩张，经营风险明显增大；二是内部监督控制薄弱，缺乏健全、有效的内部控制制度，对子公司监督不力；三是财会基础工作不扎实，会计核算欠规范，影响会计信息的真实性和完整性。

通过分析问题，总结经验、教训，为今后公司加强对在京直属公司的管理打下了基础。

4. 加强审计人员培训和审计信息管理

公司审计部对公司系统审计人员的基本情况进行了调查摸底，并开展了人员培训：5月举办了财务报表审计分析学习班，培训了一批业务骨干；7月举办了由各网省公司审计处长参加的资本经营培训班。据统计，截止1999年底，公司系统审计人员共有2904人，当年参加各级培训的审计人员达2413人次。

公司审计部组织完成了审计统计报表的全面修订及审计报表软件的开发，并在直属单位开始试用，拟在2000年推广使用，以便提高审计信息工作效率。

认真开展“三讲”教育

公司审计部和有关单位审计部门积极参加“三讲”教育活动，在各级党组的正确领导和公司“三讲”办的指导下，圆满完成了“三讲”教育的各项工作任务，取得了较好成效，基本达到了公司党组和公司“三讲”办的要求。增强了廉洁自律的自觉性，进一步密切了党群和干群关系，增强了党支部的凝聚力和战斗力，制订了切实可行的整改措施，推动了各项工作的完成。

工作的差距与不足

1999年审计工作取得了一定成效，但仍存在许多差距与不足，主要表现在：

(1) 公司所属许多单位的审计组织机构不能完全适应当前改革发展的工作需要，派出机构还未完全发挥应有的作用，对部分农电的审计监督还十分薄弱，与提高审计覆盖面、防患经营风险的要求差距较大。

(2) 制度建设没有形成长远规划和体系，有些制度的可操作性不强。

(3) 在审计成果运用上仍存在不重视的现象。

(4) 极少数单位对审计工作不重视、不支持、不配合，使正常的审计工作受到阻碍。

(5) 审计人员结构不够合理，加之知识面不宽，一定程度上影响了对被审单位的全面检查与评价，审计工作质量有待进一步提高。

主要事件

3月22日，公司召开部门领导人聘任上岗大会，欧阳胜英同志被聘为审计部主任。

4月30日，欧阳主任主持审计部全体会议，人事部宣布了本部各处正副处长任职。

5月11日，审计部党支部改选。5月31日公司机关党委批准改选方案。审计部党支部由5人组成，欧阳胜英同志任支部书记。

5月21～25日，公司在成都召开1999年工作会议。高严总经理在公司1999年度工作报告中指出：“要加大审计监督力度，完善审计监督机制，用好审计成果，减少不良资产。要严格实行干部离任审计制度，力图从源头上制止腐败现象的发生”。会上查克明副总经理就进一步加强管理、强化监督等问题做了重要讲话。

6月18～29日，审计部欧阳胜英主任赴加拿大蒙特利尔参加国际内部审计师协会第58届年会，并考察加拿大内部审计情况。

7～10月，在公司党组和“三讲”办统一部署、指导下，审计部参加公司“三讲”教育活动，完成了各项任务，得到了公司有关部门的肯定和表扬。

8月10日，中华人民共和国审计署主管、中国内部审计学会主办的《中国内部审计》创刊号出版。创刊号上刊登了高严总经理题为“实行内部审计是一项基本制度”的文章。欧阳胜英主任任《中国内部审计》编委。

9月，公司决定组建东北、华北、西北、华中、华东和华南6个审计派出机构。1999年9月7日下发《关于设立国家电力公司审计派出机构的通知》(国电人资［1999］477号)，9月28日下发《关于印发〈国家电力公司审计派出机构审计范围分工〉的通知》(国电审［1999］517号)，明确了各派出机构的职责和分工范围。

9月10日，赵希正副总经理在审计部关于审计经费问题的签报上批示：审计一定要严肃认真，客观公正，讲究审计效果。不允许利用审计淡化存在的财务、资金方面的问题。

10月12日，赵希正副总经理主持召开总经理会议，公司审计部汇报了审计工作。会议充分肯定了审计工作取得的成绩，强调要进一步加强审计工作，并对如何进一步运用审计成果进行了认真讨论。

12月10日，高严总经理在总经理办公会议上的总结发言中说：“今年审计工作搞得不错，审计的力度加大，也取得了好的成效。审而要究，审而要改，审而要控制。”

12月27日，高严总经理在国家电力公司2000年工作座谈会上的讲话中指出：“完善约束监督机制。重点加强资产监督、财务监督、人事监督、安全监督和审计监督。”“加大审计监督力度，完善审计监督机制。”赵希正副总经理在讲话中指出：“加强干部监督管理一定要真抓实干。各级纪检监察和审计部门要研究新时期的特点，加大对大案要案的查处力度，惩治极少数，教育大多数。”

1999年国家电力公司审计部加入中国审计学会，欧阳胜英主任任学会理事。

附录：1999年公司系统审计情况一览表

附录

1999 年公司系统审计情况一览表

项　目	单　位	1998 年度	1999 年度	增长（减少为－）	增长（降低为－）比率%
已审计单位	个	19250	24121	4871	25.3
完成审计项目	个	21984	22557	573	2.6
完成签证审计	份	6155	11103	4948	80.4
查出违规金额	万元	155835	223513	67678	43.4
已纠正违规金额	万元	129444	180543	51099	40
其中：增加上缴		6867	12871	6004	87.4
其中：缴财政		115	129	14	12.2
税务部门		4008	891	－3117	－77.8
主管部门		2743	11850	9107	332
直属单位被罚款	万元	18.3	3530.3	3512	－
促进增收节支	万元	109034	169714	60680	55.7
其中："资金管理"		23524	26862	3338	14.2
"利润"		1114	12450	11336	1116.6
"成本"		18355	17157	－1198	－6.5
"其他"		62716	105101	42385	67.6
人均促进增收节支	万元/人	37	58	21	56.8
查出损失浪费	万元	6685	10058	3373	50.5
其中："管理问题"		3015	5585	2570	85.2
"其他"		1262	1856	594	47.1
已建审计机构	个	897	848	－49	－5.5
其中：独立		759	752	－7	－0.9
已配审计人员	人	2947	2904	－43	－1.5
其中：专职		2668	2686	18	0.7
培训情况	人次	1594	2413	819	51.4

注　1998 年的数字未包括本部，1999 年包括本部的数字。

直属机关党委（思想政治工作办公室）

1999 年，直属机关党委（思想政治工作办公室）在公司党组领导下，紧紧抓住"三讲"教育这项党建工作的重中之重，围绕国家电力公司改革、发展中心任务，加强领导干部的思想政治建设和党的基层组织建设，做好深化改革中的思想政治工作，广泛开展群众性的精神文明创建活动，积极推进企业文化建设，充分发挥党组织的政治核心作用、战斗堡垒作用和保证监督作用，促进了公司的改革和发展，保证了公司系统的稳定，为实现公司党组确定的"两型两化国际一流"、跻身世界企业 500 强战略目标作出了贡献。

公司系统党的建设得到了全面加强，思想政治工作扎实深入，精神文明建设全面推进，各项工作取得了新的成绩。1999 年被中央文明委表彰的精神文明建设先进单位 56 个，占全国表彰总数的 11%；全国文明行业先进单位 31 个，占全国表彰总数的 6.2%。截止 1999 年底，公司系统被中央有关部门表彰的先进党委 4 个、优秀政工企业 27 个；公司系统 35% 的单位是地市级以上先进党委；53% 的单位是地市级以上优秀政工企业；60% 的单位是省部级以上文明单位；84% 的单位是地市级以上文明单位；68% 的供电企业获得地市级以上文明行业称号；78%的供电企业在当地行风测评中获得前三名。

1999年，公司系统思想政治工作有几个突出的特点：一是公司党组高度重视，领导有力。公司党组及党组书记高严同志多次明确要求、专门指示，并直接指导了有关重要工作。二是中心明确、重点突出。紧紧围绕“三讲”教育这一重中之重和公司系统改革与发展的中心任务开展工作，全年思想政治工作任务明确，要求具体，措施得力，富有成效。三是统筹安排、运转自如。在大事多、急事多、难事多的情况下，各级党政领导班子、领导干部，特别是政工干部发扬无私奉献、任劳任怨、团结奋斗的精神，在工作量猛增的情况下运转自如，圆满完成了各项工作任务。四是加强管理，提高水平。按照创一流公司的要求，思想政治工作的规范化管理有了新的进展。

离退休干部工作

1999年，离退休干部工作部在公司党组的领导下，在落实政治待遇方面突出抓好离退休党支部建设、“三讲”教育、揭批“法轮功”及各项文体活动的开展，在落实生活待遇方面，重点抓了医疗保健、住房调整、离退休金和生活补贴调整等工作。

党的建设与思想教育工作

(1) 为贯彻落实中央组织部、中央宣传部、人事部、劳动和社会保障部《关于加强退（离）休干部政治思想工作的通知》，总结公司系统落实中组部《关于加强离退休干部党支部建设的意见》的情况，进一步推动公司系统离退休党支部建设提高到新水平，经公司党组批准，6月15～16日在青岛电力职工疗养院召开了公司系统离退休干部党支部建设座谈会。公司副总经理赵希正，中国电力企业联合会名誉理事长张绍贤出席会议并讲话。公司系统各单位分管离退休干部工作的领导、离退休干部工作部门负责同志和部分离退休干部党支部代表160余人参加了会议。会议宣读了国家电力公司党组关于表彰先进离退休干部党支部的决定，肖世友主任就加强离退休党支部建设问题作了专题报告，11个单位交流了自己的工作经验。

(2) 根据公司本部离退休老同志居住调整的情况，对公司本部的离退休干部党支部做了组织上的调整，新建法源寺等6个离退休干部党支部，并在年底完成了17个离退休干部党支部改选工作。

(3) 为纪念中国共产党建党78周年，各离退休干部党支部按照离退休干部工作部党委的要求，组织了以学习江泽民同志“七一”讲话，学习党章，重温入党誓言为主要内容的专题讨论会。

(4) 召开老干部代表“迎国庆座谈会”，国家电力公司副总经理谢松林，离退休干部工作领导小组成员出席了座谈会，近200人参加会议。同时近500位老同志分别参加了各支部的座谈会，畅谈建国50周年的感想，歌颂党、歌颂祖国。

(5) 为推动公司系统国际老年人年活动的开展，形成代际和谐，老少共融的尊老敬老氛围，在公司系统开展了老有所为和尊老敬老先进个人评选表彰活动。重阳节前召开了表彰大会，共表彰81位尊老敬老和老有所为先进个人。同时表彰了公司本部“双文明”活动中涌现出来的文明个人39人，文明五好家庭22个。

(6) 7月中旬至11月，公司本部300余位离退休处以上党员干部参加了“三讲”教育。党委抽调17位工作人员担任离退休党支部“三讲”教育联络员工作。各支部召开“三讲”教育学习会5次，在此期间发征求意见书近400份，征求对党组及其成员，工作部领导、正副处长和离退休干部工作部意见和建议140余条。

(7) 离退休干部党支部分别召开揭批“法轮功”大会6次。把学习、贯彻江泽民同志关于“法轮功”问题的讲话和中央关于解决“法轮功”问题的决定，作为“三讲”教育学习的重点内容。广泛组织党员、干部认真学习文件。在专题讨论会上，老同志用历史的、辨证的观点，深刻揭批了李洪志及其“法轮大法”的反动本质。通过深入学习，使老同志从现实的、严峻的斗争中充分地认识到“讲政治”的极端重要性。一致表示要坚决服从和支持中央的决定，旗帜鲜明地把这场斗争进行到底。

(8) 做好宣传工作。主要工作包括：宣传专栏出版共11期44条；《老干部工作情况交流》出版8期41条；在《中国电力报》发表报道11篇；“夕阳红”专版17期126条；在《老年报》上发表报道12篇，专版1版8条；中组部《老干部情况交流》刊稿1篇。

组织各类政教活动

(1) 邀请中国老龄科学中心主任肖振乾同志，为老年大学做了题为《国际老年人年的由来和意义》的专题报告，近40名老同专参加了报告会。会后制作了录像带发各支部组织观看，使老同志对老年人年，老年人权益保障有了进一步的认识。

(2) 请国际问题研究所金君辉同志做了《当前国际热点问题——科索沃问题与中美关系》的“国际形势报告会”，近300名老同志参加。

组织庆祝建国50周年、迎澳门回归和庆祝国际老年人年活动。

（1）与中国电力报社联合举办庆祝建国50周年、迎澳门回归祖国、庆祝国际老年人年“百题知识竞赛”活动。共收到答题卡73669张，其中离退休职工的43134张。历时半年的“百题知识竞赛”活动，受到了国家电力公司系统离退休老同志和广大员工的热烈响应。

（2）组织近600人参观了光辉的历程——建国50周年成就展。

（3）与中国电力报社共同组织了“我与祖国共命运”有奖征文活动。参赛者以自己的亲见、亲闻、亲历歌颂社会主义祖国的伟大，歌颂改革开放事业的成就。共收到征文100余篇。

开展文体活动

（1）召开了离退休干部党支部书记、委员、老部长参加的“迎新春”座谈团拜会。赵希正副总经理、公司领导、离退休干部工作领导小组成员参加了团拜会。在会上公司领导给老同志拜年，介绍公司改革情况，并听取老同志的意见和建议。

（2）举办了公司本部离退休老同志“太极拳培训班”。共有20位离退休老同志参加了培训。学员最大年龄76岁，最小为60岁，平均年龄为70岁。经过九天的刻苦学习，基本掌握了24式太极拳的基本动作要领。

（3）春秋两季分别组织公司本部离退休老同志600余人次游览参观了京东古刹——怀柔红螺寺和八达岭野生动物世界。

（4）在陕西省西安市举办公司系统首届“国际舞邀请赛”，100余人参加。

（5）电力老年艺术合唱团坚持每周活动一次，近70位团员保持较高的出勤率，认真排练，提高了演唱水平。他们先后参加了由中国老年大学协会举办的、由17个部委参加的“庆祝国际老年人年”演出，以及“北京市工业系统庆祝建国五十周年”、“公司机关在京单位‘三庆’”、“全国电力系统老年人文艺汇演”等大型演出四次。在“庆祝国际老年人年”演出中，获集体组织奖；在“全国电力系统老年人文艺汇演”中获得二等奖。

（6）参加了北京市老龄委、老年大学等数十家单位举办的“庆祝国际老年人年书画展”，本部有10位书画爱好者参加了展览。

（7）我部10位离退休老同志参加了宣武区“三八”女子门球赛，荣获第二名。

（8）组织在京单位老年趣味运动会。国家电力公司在京13个单位，765名运动员参加。运动员中年龄最大的为84岁，平均年龄在70岁以上。为在运动会上取得好成绩，各单位纷纷开展了赛前练兵活动，掀起了群众性的体育锻炼的热潮。

（9）老有所教、老有所学在电力老年大学得到充分体现。工作部把继续办好电力老年大学作为深化离退休干部教育的重要内容来抓，丰富了老年教育的形式，取得了较好的效果。据不完全统计，本部离退休干部参加电力老年大学、北京老年电视大学的学员达460人次。

加强医疗保健工作，抓好生活待遇落实

（1）根据北京市京劳险［1999］84号和京劳社发［1999］89号文件以及国家电力公司人工［1998］125号文件，分别为离退休老同志调整了离退休金和生活补贴。

（2）为54位处以下离休干部办理了宣武医院优诊卡，持此卡可以在干部保健门诊优先就医；组织428名离退休人员在宣武医院体检，参检率为85.1%；为500位老同志注射了流感疫苗。

（3）为方便离退休老同志在电力总医院就医，为411位老同志办理了电力总医院医疗证，凭此证在电力医院门诊看病，享受优先待遇。

（4）为构建和加强医疗网络建设，会同中国老年研究会、中国水电医学科技学会、电力老研会举办了春节联谊活动，邀请卫生部、中华医学会各有关医院领导和专家共120余人参加。

（5）举办了一期电力系统老年保健知识培训班，来自47个单位从事老干部工作、老年医疗保健人员50余人参加了学习。

（6）全年共巡回医疗228次，门诊10984次，老同志住院168人次，共探视425人次。保健中心牙科1002人次，按摩714人次，咨询80人次，外诊报销3700人次，累计药费支出300余万元。

（7）进行了旧房摸底和新房分配工作，老同志住房得到了很大改善。为200余位老同志进行了分房、购房、调房。并为新分配住房的老同志进行电话过户及移机工作。

（8）在法源寺、椿树小区和北郊新建老干部活动站，并做好各活动站改造装修和设施配备工作。

（9）组织60余位老干部到贵州健康疗养。

加强内部管理和建设，努力提高工作人员素质

（1）完成了离退休干部工作部规章制度汇编的编辑工作。

（2）委托电力信息中心为工作部职工举办了两期计算机培训班，先后有18名职工参加了培训。

（3）为灵活使用离退休干部信息，更好地做好离退休干部工作，建立了离退休干部工资数据库。

(4) 工作部机关党支部组织党员学习了《政府工作报告》、《中华人民共和国宪法》、《党的十五大报告》、《九届人大政府工作报告》及四中全会文件。党委书记肖世友同志为工作部全体党员上了题为《如何加强维护党的纪律》的党课。

(5) 工作部处以上干部全部参加了“三讲”教育，通过“三讲”教育，使大家思想水平有了进一步的提高，工作作风有了进一步的转变。

法律事务工作

以整风的精神开展“三讲”教育

法律部对这次“三讲”教育非常重视，从7月份开始,在“三讲”教育动员之前就认真学习报纸、文件上的有关材料，讨论《人民日报》的12篇评论员文章，并规定每周四下午为固定学习时间。

“三讲”期间法律部向《三讲教育简报》投稿10多篇，有5篇被选用。尽量减少和压缩了会议，必须召开的会安排在休息日进行，保证“三讲”时间。

法律部支部在此期间的重点工作可概括为“八抓”，即抓认识到位，抓学习到位，抓计划落实，抓个人剖析，抓“三讲”与工作两不误，抓边整边改，抓民主生活会质量和对“法轮功”及两国论的批判。

法律部工作的特点是领导“四带头”即带头学习、带头讨论发言，带头加班工作，带头做批评与自我批评。在整个“三讲”期间，党员同志做到“四个百分之百”即出勤率100%，征求党内外群众意见100%，开展批评与自我批评100%，总结收获100%。受到有关部门肯定。

以“以法治电”的原则开展法治工作

市场经济是法治经济，在实践中，法治对市场经济发展的作用越来越明显。电力是市场经济的重要组成部分，高严总经理及时提出以法治电的原则，法律事务部就是在这一原则指导下开展工作。

法律事务部于1999年5月份组建开始,就把配合立法机关立法和为国家电力公司的法治建设服务作为工作的重点,6月份召开了《国家电力公司系统法治工作座谈会》,针对立法、普法、法治宣传教育、合同管理、法律事务协调、法治队伍建设等方面进行了具体研究。

1. 立法工作

国家电力公司的立法实际上是协助配合国家有关立法部门进行工作的。法律部在短短的半年时间里，对《农电条例》、《调度条例》以及地方立法工作做了推进。研究制订了依法治电战略规划。

(1)《电力法》的修改工作已经开始起步。根据高总经理“立即着手修改……”的指示精神，法律部立即行动，先后召开了几个由各种人员参加的电力法修改座谈会，为下一步向政府和立法机关提出电力法修改具体条款打下了良好的基础。

1999年12月6日又以政法综［1999］33号文“关于征求对《电力法》修改意见的通知”的名义向国电公司系统征求修改意见。

2000年3月1日在北京天池宾馆召开了《电力法》修改小组第一次工作会议。国电公司副总经理谢松林出席了会议,并做了讲话,他肯定了《电力法》对电力工作发展所起的重要作用,也强调了修改的必要性。参加会议的还有一些电力专家和法律专家及当年起草《电力法》的老同志。国务院法制办,国家经贸委的有关同志也到会,表示对《电力法》修改工作的支持。

2000年4月16日在杭州又召开了《电力法》修改的第二次工作会由法律事务部组织,参会人员有国家经贸委电力司的同志及有关法律和电力专家。对《电力法》逐条逐句进行了讨论,以后形成初稿交有关部门审定。

(2)《农电条例》对于农电体制改革，尤其是对于目前进行的“两改一同价”有极大的推进作用。法律部及时地向国家经贸委和国务院法制办提出立法建议，现在《农电条例》已在国务院法制办正式列入二类立法计划，即1999年开展立法调研，然后进行立法修改，力争2000年正式出台。法律部已经配合国务院法制办开展了多次调研活动。

(3)《调度条例》的工作,也有很大的进展。在认真研究和吸纳国家经贸委转来各省对《调度条例》的修改意见,与国调中心共同修改,经公司领导签发,已经上报国家经贸委,待经贸委审查后报国务院法制办。

(4) 地方立法也是法治建设的重要组成部分，在国家有关法规出台困难的情况下，为了适应电力发展的需要，我们积极推进地方的立法工作，目前江西省反窃电办法已经出台，实现了地方反窃电立法从无到有的突破，为依法打击窃电提供了法律依据。并在江西及时召开了现场会。

1999年7月16日为推动地方立法工作、法律部又下发“关于作好地方电力立法工作有关问题的通知”(政法综[1999]16号)对地方电力立法工作提出了要求。

(5) 依法治电战略规划共分四章，即公司法治的重要性、电力法治环境和法治状况分析、公司法治战略目标和公司法治战略措施与实施步骤。这一战略规划现已编入国家电力公司整体经营发展战略之中。

2. 法治教育与普法工作

电力普法工作是依法治电的重要组成部分，尤其2000年是国家“三五”普法检查验收年。“二五”普法，电力部是普法先进单位，在全国普法表彰中介绍过经验，“三五”普法我们仍然充满信心，继续保持普法先进单位的光荣称号。

（1）为充实和加强对法治教育与普法工作的领导和按全国普法办的要求，对原电力部成立的“三五”普法领导小组和普法办公室进行了调整。1997 年 7 月 22 日下发了文件“关于调整国家电力公司普法领导小组成员的通知”（办法［1999］48 号）。成立了新的国家电力公司普法领导小组及普法工作办公室，组成人员如下：

1）国家电力公司普法领导小组：

组　长：高　严

副组长：谢松林、李雪莹

成　员：邵世伟、李庆奎、欧阳胜英、石成梁、吕振勇

2）国家电力公司普法工作办公室：

办公室主任：吕振勇

办公室副主任：邹持家

成员：杨春旭、任华、赵建奇、卢仁江、王晓娟

（2）为进一步落实高严总经理“依法治电”的重要指示及国务院文件精神，于 1999 年 12 月 15 日及时下发了文件“关于转发国务院国发［1999］23 号文件的通知”（政法综合［1999］34 号）。

（3）为迎接 2000 年全国“三五”普法办和地方各级普法部门的检查验收，促进公司系统的法治化管理水平，于 1999 年 6 月 30 日又下发了文件“关于印发国家电力公司系统“三五”普法依法治理验收标准的通知”（国电法［1999］340 号）。

（4）为顺利通过国家“三五”普法的验收，国电公司法律部、在全国统一验收之前就做好行业自检、自查活动，1999 年 11 月 8 日又对系统内下发了文件“关于印发国家电力公司系统‘三五’普法依法治理验收办法的通知”（政法综合［1999］26 号）。

3. 法治队伍建设

法律事务部在对国家电力公司系统的法治工作人员进行工作指导的同时，还非常注重法治队伍的建设工作。据初步统计，目前国家电力公司系统的法治工作人员已 1000 多人，为全系统“依法治电”奠定了组织基础。对法治队伍建设主要抓了以下几个方面：

（1）进行理论培训和实际业务工作指导。

（2）对法律队伍进行规范化岗位管理。法律队伍的岗位管理是个新事物、新问题，国内不仅没有成功经验，而且其他行业还都没有开展这方面的工作。在这种情况下，出于责任感和使命感，以改革的精神，借鉴国际的管理经验，参考了律师等管理办法，召开了两次小型研讨会，制定出《国家电力公司系统法律顾问岗位管理办法》。

4. 电力公司规章制度的建立

规章制度包括公司本部的各项规章制度和国家电力公司对系统下发的各种规范性文件，这是企业的一项基础工作，而且这项工作的质量也标志着企业的管理水平。法律事务部与办公厅共同拟定了公司本部的规章制度的制订计划，也对机关内各部局提出了建章建制的规划要求，对各种规范性文件准备制订的数量和时间，统一安排计划，作为 2000 年工作的一项重点。

法律事务部在 1999 年 10 月份制订了《国家电力公司法律事务部工作制度汇编》共有法律事务部工作职责，各处职责分工方案，以及法律事务部工作十项制度等内容。

为适应国电公司法治化管理的迫切需要，法律部编写了《国家电力公司业务管理规章制度汇编》上、下两册共 866 千字。分为公司组织、人事、劳资管理；公司战略规划管理制度；计划与投融资管理制度；财务管理制度；电源建设管理制度；农电管理制度；电网调度管理制度；发输电运营管理制度；科技环保管理制度；法律事务管理制度；会计审计管理制度；行风建设及监察管理制度；国际合作管理制度和公司文化建设与离退休干部管理制度等十四篇。

5. 加强了合同管理工作

合同管理已经出台了《重大合同备案办法》，在着手准备国家电力公司本部《合同管理程序规定》、《国家电力公司授权管理规定》以及《合同专用章制度》等。到目前为止，审查各类合同几十件，其中涉及购电合同，国家电力公司新大楼招标文件、委托合同、合资合同等多项内容，并直接参与了国家电力公司本部投资项目发起人协议、章程的谈判及审查工作。在电力系统内对《合同法》进行了广泛的宣传。参与国家《合同法》“供用电合同”一章的起草修改，得到全国人大的认可和采纳。每年挽回合同纠纷的经济损失有几十亿元。

6. 法律协调服务工作

随着市场经济的深入，电力法律纠纷也逐渐增多。从 1999 年 6 月份至今已处理及接待案件纠纷几十件。

目前，法治工作的领域在不断地拓宽，从电力建设到发、输、供各个环节以及环保甚至计算机 2000 年问题等各个领域。各有关部门主动找法律事务部进行工作咨询、业务合作、纠纷处理等。由于系统内法治机构不健全、问题多，为了整体利益和国电公司全局不受损失，除国电公司本部外，法律事务部还服务于集团公司、省公司，甚至到基层单位等各个层次，受到各个方面的好评。

政治理论学习

(1) 进一步增强了对加强理论武装重要性的认识，把理论学习摆上了重要日程。在公司系统召开的总经理办公会、工作座谈会等历次重要会议上，公司党组和高严同志多次强调要把邓小平理论学习作为党的建设、思想政治工作和精神文明建设最根本的任务。根据公司党组的要求，思想政治工作办公室（直属机关党委）对公司系统特别是公司本部党员、干部和职工的理论学习作出了全面安排，加强了督促和指导。公司系统各级党组织认真组织党员、干部和职工学习邓小平理论，学习党的十五届四中全会精神，学习中央经济工作会议精神。并结合“三讲”教育，认真组织党员、特别是领导干部系统学习了中央规定的“三讲”教育必读篇目，使理论学习进一步深化。

(2) 进一步加强和改进了各级党组（党委）理论学习中心组的学习。1999 年 5 月，公司党组制定了中心组制度，并认真落实。党组理论学习中心组学习做到了年度有总体规划，季度有具体计划，当月有日程安排。在“三讲”教育中，从公司党组到公司系统各级党组（党委），普遍查找了理论学习方面存在的差距和问题，提出了加强和改进理论学习的整改措施。各级党委（党组）理论学习中心组学习更加经常化、规范化、制度化。公司党组制定的《关于理论学习方面的整改措施》，进一步强调了理论学习的系统性、计划性，对公司党组中心组学习的人员、内容、方式、时间等作出了具体明确的要求。按照《整改措施》制定的党组理论学习中心组 1999 年第四季度学习计划，按要求圆满完成。

(3) 坚持和发扬了理论联系实际的学风。公司系统各级党组（党委）成员、领导干部结合国际、国内的重大事件、重大问题进行学习，特别是公司党组中心组在坚持学习理论、运用理论解决实际问题等方面对全公司系统中心组学习起到了表率作用。公司党组运用理论指导公司全局性、战略性、前瞻性的问题，深化对公司改革和发展战略的认识，逐步形成了一套较为系统完整的公司改革和发展的战略目标体系。公司本部有关部门结合理论学习，结合本部门业务工作，对影响改革和发展的重大问题深入分析研究，提出了一系列对策与办法，提供党组决策参考，有力地推动了各项工作。公司系统各级党组织认真组织全体党员、干部和职工，紧密联系工作实际和思想实际，深入学习马列主义、毛泽东思想、邓小平理论和江泽民同志的历次重要讲话，党中央、国务院的历次重要会议、重要文件精神和公司党组的历次重要会议和文件精神。各单位中心组在学习中，注重紧密联系重要决策和主要工作，着眼于对实际问题的理论思考，充分发挥邓小平理论对改造世界观、加强党性锻炼及提高决策水平、解决实际问题的指导作用。

思想政治工作

1999 年，公司系统思想政治工作主要是围绕国际、国内一系列重大事件和公司改革、发展中的遇到的主要问题来进行。

1. 组织和发动全体职工参加三场大的政治斗争

在公司党组的领导下，公司系统各级党组织以高度的政治敏感性和责任感，发动全体职工参加了三场大的政治斗争，经受了考验和锻炼。维护了公司系统的稳定。

(1) 愤怒声讨以美国为首的北约悍然轰炸我驻南使馆的暴行。公司系统全体干部职工，对以美国为首的北约悍然轰炸我驻南使馆的暴行进行了强烈抗议、愤怒声讨。各级党组织认真组织全体职工学习中央有关文件，积极组织和引导职工，深刻认识这场斗争的性质。按照公司党组的要求，以维护稳定、促进改革和发展的实际行动，坚决支持我国政府的严正立场。

(2) 与“法轮功”邪教组织进行不懈的斗争。从 1999 年 4 月下旬以来，在公司党组的领导下，公司系统各级党组织发动和组织党员、干部和职工，与“法轮功”邪教组织进行了坚决的坚持不懈的斗争。政工办（直属机关党委）共协助党组具体组织传达中央关于维护稳定、清理和解决“法轮功”问题紧急会议精神的会议 10 多次。及时传达了江泽民同志的批示、讲话和党中央、国务院及中央国家机关工委、中央企业工委有关指示、重要会议和文件精神，并组织干部职工学习。针对“法轮功”问题，起草、下发公司党组、国家电力公司及上报中央有关部门相关文件 20 多份。通过上下数次细致的工作，比较准确、全面地掌握了全公司系统和在京直属单位“法轮功”练习者、主要骨干、参加“4.25”非法活动者以及 7 月 22 日以后仍有非法活动的练习者的人数，查清了公司系统“法轮功”活动的基本情况，并系统地向党组汇报了有关工作的情况。公司系统各级党组织，按照公司党组的部署，认真组织全体干部、职工揭批“法轮功”。明确要求练习“法轮功”的干部职工于 6 月底退出“法轮功”组织，从组织上瓦解了“法轮功”在公司系统的活动。教育和挽救了绝大多数“法轮功”练习者。结合清理“法轮功”的斗争，在全体职工中开展了马克思主义唯物论和无神论教育；严格按照中央的政策，进行“法轮功”练习者的组织处理和纪律处分工作；耐心细致地做好少数陷入很深的“法轮功”练习者的教育、挽救和转化工作；对少数顽固不化的“法轮功”练习者进行了组织处理；坚决遏制“法轮功”反弹，做了大量艰苦细致的工作。

(3) 揭露和批判李登辉分裂祖国罪恶行径的斗争。各级党组织引导和组织党员、干部和职工，批判李登辉的“两国论”，揭露其“台独”的本质，进行维护祖国统一的教育，坚定了维护祖国统一、民族团结的决心和信心。

开展形势任务教育

各级党组织结合改革与发展的中心任务，采取多种形式，进行形势任务教育。

(1) 围绕年内发生的一系列重大事件，在全公司系统组织开展了“庆五十华诞、迎澳门回归、话世纪沧桑”活动。国家电力公司举行了庆祝建国50周年和庆祝澳门回归、迎接2000年两次大会暨庆祝演出活动。公司系统各单位也举行了书法、美术、摄影展览、征文比赛、文艺会演等一系列活动。以这些活动为载体，对员工进行了现实的爱国主义、集体主义、社会主义教育。

(2) 在全公司系统组织开展了“电力走向市场与转变思想观念”大讨论活动。这次宣传教育活动，紧紧围绕改革和发展中心工作，参加人数、深入程度都是空前的。四川电力公司开展“西电东送”大宣传；辽宁电力公司开展“更新与创新”大讨论；黑龙江电力公司开展“供电局长谈‘增供扩销’电视讲座”；云南电力公司进行“转变观念19题讨论”。等等。都有力地促进了党员和职工观念的转变，调动了职工投入电力改革、发展的自觉性和积极性。

(3) 继续大力做好树立、宣传先进典型的工作。公司“三讲”教育期间，在公司本部组织了黑龙江鹤岗电业局党委书记张福全事迹报告会；在全系统团员、青年干部中组织了全国青年标兵、葛洲坝集团公司副总经理陈飞事迹报告；配合《中国电力报》进行了山东电力公司刘继伟烈士事迹的宣传学习。此外，还参与了推荐公司系统一大批同志当选全国、中央国家机关、公司系统的各类模范及开展向他们学习的活动。公司系统各单位也开展了大力宣传学习本单位先进模范人物的活动。

(4) 围绕热点、难点问题具体做好深入细致的思想政治工作。各级党组织通过多种形式，围绕改革发展大局和职工普遍关注的重点、难点、热点问题，做好具体深入细致的思想政治工作，化解矛盾，凝聚人心，引导职工维护大局，为促进改革、发展和稳定大局起到了积极的作用。如针对当前干部群众普遍关心的政企分开和企业内部机构改革所带来的干部分流、职工下岗等热点问题；随着医疗、养老、住房等一系列改革措施出台，对干部职工切身利益调整的问题；社会风气特别是党风廉政建设和反腐败问题等群众反映强烈问题做好解惑释疑的工作。针对当前迫切需要解决的与深化改革相关的理论问题，理想、信念和道德教育方面的理论问题，针对一些干部群众理想淡漠、信念动摇、精神空虚、生活上追求享乐的现象，做好理想、信念，人生观和价值观的教育，等等。

各级党组织还关心群众的切身利益，注意及时了解职工工作、生活方面存在的困难，广泛听取职工的意见和建议，把做好思想政治工作与帮助职工解决实际问题结合起来，保证了各项工作的顺利进行。

党建工作

1999年，党建工作主要是以“三讲”教育为重中之重，公司党组和公司所属大多数直属单位开展了“三讲”集中教育，全面加强了党的建设。

(1) 抓好“三讲”教育工作。按照公司党组的部署，政工办（直属机关党委）承担了公司“三讲”教育领导小组办公室的具体工作，为完成公司党组和党组成员的“三讲”教育任务，做了大量的服务工作。同时，较好地组织了国家电力公司试点单位湖北省电力公司、公司本部司处级干部和系统单位第一批20个网、省电力公司、中国电力企业联合会的“三讲”教育。公司共有2231名处以上干部参加了“三讲”教育，其中公司本部275名，系统1956名。参加“三讲”教育的干部政治理论水平、政治思想水平有了比较明显的提高，干群关系进一步密切，工作作风有了比较明显的转变。

通过从公司党组到公司所属单位司处级干部普遍进行的“三讲”集中教育，有力的促进了党的建设：一是促进了党的政治建设。参加“三讲”教育的全体党员领导干部讲政治的自觉性明显提高，在三场大的政治斗争中，既表达了强烈、鲜明的政治热情和爱国热情，又自觉地与党中央提出的方针政策保持一致，维护了稳定大局。二是促进了党的思想建设。在“三讲”教育中，从公司党组成员到公司所属单位的机关处级干部，采取集中封闭和自学相结合的办法，学习了中央规定的“三讲”教育必读篇目，江泽民总书记历次重要讲话和党中央的有关文件。两级领导班子成员一般都记了上万字的笔记；都进行了“讲学习、讲政治、讲正气”三个专题的学习体会交流；都作了中心发言，发言材料通过报刊、简报，印发全体党员和职工。三是促进了党的组织建设。党的民主集中制原则得到进一步贯彻和落实，公司党组制定了《关于坚持和贯彻民主集中制的整改措施》，使民主集中制从制度上得到了保障。公司党组在重大问题决策时，充分发扬民主，广泛听取各方面的意见。党组成员之间进一步加强了团结，既认真履行各自的分工职责，又相互协调，密切配合，对下一个声音，形成了整体合力。同时，公司党组认真总结“三讲”教育经验，使之制度化，使党的组织建设从制度上得到了保证。四是促进了党的作风建设。主要体现在党员领导干部坚持群众路线，深入实际调查研究方面。1999年，公司本部各部门负责同志组织员工，广泛进行了调查研究，形成了40多份有价值的调研报告。在党风廉政建设方面，公司党组在全公司系统推行了党风廉政建设责任制。从1999年开始，公司党组书记和公司所属59个单位的党组（党委）书记在公司工作会议上签订了党风廉政建设责任状。1999年公司系统对负有领导责任的211名领导干部实行了责任追究，其中局处两级干部有80人。五是促进了党内积极的思想斗争。在“三讲”教育中，公司党组、党组成员征求到了近500条意见；公司所属局级单位党组（党委）领导班子成员征求到了上万条意见。两级领导干部对照这些意见进行了深刻的检查和剖析。根据群众的意见和自我剖析，两级领导班子成员，机关处以上干部，在民主生活会上开诚布公、一针见血地进行了批评和自我批评。针对检查出来的问题，制定的整改措施都得到了比较好的落实。

（2）公司直属机关党的建设工作在规范化和制度化方面迈出了坚实的一步。1999年，直属机关党委制定和实施了《国家电力公司本部和在京直属单位贯彻中国共产党和国家机关基层组织工作条例的实施细则》、《国家电力公司本部在京单位党支部工作考核标准》、《国家电力公司直属机关党委关于实行谈话提醒制度的办法》。使党建工作向规范化、程序化、制度化方面迈进了一大步。在京直属各单位按照《细则》《标准》《办法》结合本单位的实际，相应提出了贯彻落实的安排和要求。

随着公司本部机构改革和部分在京直属单位调整、重组，直属机关党委重组公司本部党支部17个、党总支2个；调整在京直属单位党组织5个。部分在京直属单位党委对所属党支部也进行了调整和组建。公司本部和在京直属单位全年共发展党员84名，预备党员转正113名。

（3）提高党员素质，充分发挥党员的先锋模范作用。公司系统各级党组织以党性党风和理想信念为核心，开展多种形式的教育，不断提高党员素质，为党员发挥先锋模范作用奠定了基础。同时，各单位开展了丰富生动的活动，如“党员身边无事故”、“党员责任区”、“党员示范工程”、“我为党旗添光彩”、“一个党员一面旗”等活动。通过教育，使广大党员做到“在思想政治觉悟上高于群众，在专业技术能力上精于群众，在生产工作业绩上优于群众”。通过这些活动，公司系统党建工作不断取得新成绩，广大党员、干部的先锋模范作用得到了充分发挥。公司所属单位及其二级单位的党委有34%被评为地市级以上的先进党委；51%被评为地市级优秀政工企业；评选出16743名优秀党员，1986名优秀党务工作者。

直属机关党风廉政建设及反腐败斗争

（1）认真落实党风廉政建设责任制，逐步完善党风廉政建设和反腐败的领导体制和工作机制。直属机关纪委要求在京直属单位认真落实《国家电力公司党组关于实行党风廉政建设责任制的实施办法》，层层分解任务，加强监督检查，保证党风廉政建设责任制的落实。在京直属单位认真研究制定了党风廉政建设工作计划和实施细则，层层签定了责任书。通过党风廉政建设责任制的推行，使各级领导干部抓党风廉政建设的责任意识有所增强，党风廉政工作与经济工作，精神文明建设和其他业务工作紧密结合，做到一起部署，一起落实，一起检查，一起考核，完善了党风廉政建设的管理监督机制，为形成全党动手、党政齐抓共管、部门各负其责、整体推进反腐败斗争提供了制度保证。

（2）制定了《国家电力公司直属机关党委关于实行谈话提醒制度的办法》，积极探索党内监督的有效途径。4月份，根据《中央国家机关工委关于建立和实行谈话提醒制度的意见》，制定了《国家电力公司直属机关党委关于实行谈话提醒制度的办法》，在广泛征求各部门意见进行修改的基础上，正式印发执行。各单位结合实际，认真做好这项工作，对变动工作岗位和职务的同志，纪委与分管领导及人事部门共同找本人谈话，反馈意见、交换思想、提出要求；对有群众来信反映问题的同志，纪委及时找本人谈话，核实情况、澄清问题，根据不同情况进行批评教育或提醒注意，强化了纪检组织的监督职能。

（3）在“三讲”教育中积极发挥纪检工作职能作用，协助机关党委做好有关工作。纪委积极协助机关党委做好“三讲”的各项工作。在学习阶段，将《中国共产党纪律处分条例系列教育片》纳入学习安排，使参加“三讲”的党员干部受到了党风党纪和廉政教育。在征求群众意见工作中，做好意见表的回收、整理、汇总，参加征求群众意见座谈会。根据中央巡视组的要求，对群众反映的公司本部员工购买企业内部股票的情况进行了调查，向公司党组进行了汇报。在“三讲”民主生活会及自我剖析阶段，认真按照中纪委五号文件精神，要求领导干部对照廉洁自律各项规定认真进行自查，开展批评与自我批评，党员领导干部的党性觉悟和廉洁自律意识有了一定程度的提高。

（4）党性党风党纪教育常抓不懈，效果比较明显。在京各单位纪委把组织党员收看《中国共产党纪律处分条例》录像片作为一项重要学习教育内容，做出计划、认真组织，收到了较好的效果。按照中央国家机关纪工委的部署，开展了专题调研工作。对总结纪检工作的经验及存在问题，探索纪检工作的新思路及有效途径和方法打下了基础。

(5) 做好信访工作和违纪案件的查处工作。1999年直属机关纪委认真做好举报信件、电话及来访的查处工作，按照干部管理权限和职责分工，分别进行了核查处理。与公司纪检组、监察局配合，对在京直属单位发生的经济案件联合进行调查。对在公司及系统开展“三讲”期间的群众来信，集中进行了核查处理。机关及在京直属单位纪委共处理群众来信120件，初查核实116件，了结116件，处分党员2人，挽回经济损失4.58万元。通过查办案件、严肃执纪，教育了广大党员干部，维护了党的纪律。

群众工作

公司系统各级工青妇群众组织，在各级党组织的领导下，围绕中心任务，积极开展各种有益活动，发挥了积极作用。

1. 工会工作

各级工会组织进一步发挥维护、建设、参与、教育等各项职能，积极推动建立民主参与、民主管理和民主监督机制，完善职工代表大会制度，推行职代会民主评议和民主监督企业领导人的制度，探索企事业单位职工行使民主权利的新形式，有了新的进展，企业民主管理工作有了良好开端。工会组织广泛开展全民健身活动和各种健康有益的文娱活动，活跃了职工生活，增强了凝聚力。公司本部及在京直属单位工会组织根据机构改革的情况，及时建立健全基层工会组织。有11个基层工会进行了换届改选。同时，积极启动民主管理工作；组织了在京单位“走进运动场，健康带回家”的体育系列活动；开展了丰富多彩的文艺活动，丰富了员工生活。

2. 青年工作

公司系统共青团组织继续在全系统组织开展了青年文明工程、青年人才工程、青年科技工程。开展了纪念“五四”运动80周年系列活动；表彰了1998年度153个国家级青年文明号，2名全国青年岗位能手；与团中央联合启动开展了电力青年职工创新创效活动，确定了100家试点单位；举办了第二届电力青年科技技能月活动，评选出30多项科技成果；在公司本部开展优秀调研报告评选活动，征集调研报告50多份。

3. 妇女工作

公司系统各单位妇女组织坚持在女职工中开展“巾帼建功”创建活动、五好文明家庭评选工作，积极引导广大妇女在电力系统改革与发展中建功立业。直属机关妇委会组织参加了中央国家机关十杰妇女推荐工作和全国五好家庭评选工作；组织了公司本部与贵州电力公司职工子女“手拉手”夏令营活动；评选表彰了1998～1999年度五好文明家庭70户，“巾帼建功”标兵57人，“巾帼建功”先进集体11个。

精神文明创建工作

公司系统各单位坚持开展双文明单位创建活动，加强了精神文明建设，实现了两个文明相互促进，协调发展。文明行业建设工作有了新的进展，“人民电业为人民”的服务宗旨得到了进一步弘扬，树立了良好的社会形象。全系统有31个单位被评为“全国创建文明行业工作先进单位”，56个单位被评为“全国建设文明单位工作先进单位”，分别占总数的6.2%和11%。

公司本部开展了“创文明建设先进处室、作文明员工标兵”的活动。公司在京直属单位继续开展文明单位、文明处室、文明员工及中央国家机关文明单位和首都文明单位等精神文明创建活动，取得了突出成绩。

企业文化建设

公司党组把企业文化建设纳入了公司发展战略体系之中，企业文化建设稳步推进。根据公司党组的要求，各单位努力宣传企业文化建设的重要意义，强调把企业文化纳入企业经营管理体系，使其成为物质文明和精神文明建设的最佳结合点，成为思想政治工作围绕企业的中心工作进行的新载体。公司在黑龙江省牡丹江第二发电厂组织召开了公司系统企业文化建设现场经验交流会，公司副总经理赵希正同志到会发表了重要讲话；推广介绍了一批企业文化建设先进单位的经验。公司制定下发了《关于加强电力企业文化建设的若干指导意见》（国电政［1999］428号）。与战略规划部、动经中心协作，完成了《国家电力公司企业文化战略研究大纲》的编写工作。还在公司系统开展了征集国家电力公司企业精神表述语活动，共征得表述语287条。

思想政治工作信息交流与宣传

年内继续出刊《形势教育参考资料》16期，《电力政工信息》21期，新编辑出刊了专门面向公司领导的《情况通报》和面向公司本部各部门的《党建信息》，分别出刊28期和38期。及时向公司领导提供了有关的工作信息；向公司系统各单位提供了相关的信息和学习、参考资料。在“三讲”教育中，共编辑出刊了国家电力公司党组、公司本部司处级干部、公司系统等四种“三讲”教育简报163期。与《中国电力报》等报刊杂志合作，及时报道了关于“三讲”教育等方面的情况，同时加强了与中央国家机关工委有关宣传刊物的联系，及时、有效地宣传报道了公司思想政治工作方面的情况。

要事特辑

1.高严在国家电力公司“三讲”教育动员大会上的讲话（摘要）

(1999年7月20日)

党中央决定，从1998年底开始集中一段时间，在全国县级以上党政领导班子和领导干部中，深入开展以“讲学习、讲政治、讲正气”为主要内容的党性党风教育。“三讲”教育是在和平环境下，抓好党的建设的重要举措，是当前党的建设的重中之重。根据中央的安排，国家电力公司为中央国家机关第二批开展“三讲”教育的单位。

从年初以来，公司党组为深入开展“三讲”教育，进行了认真的准备，从思想上、组织上为全面开展“三讲”教育，打下了坚实的基础。经过中央批准，国家电力公司党组和党组成员的“三讲”教育今天起正式开展。为了帮助搞好公司党组和党组成员的“三讲”教育，中央派出以王晓光同志为组长的巡视组来公司进行指导。今天召开的这次会议，既是公司党组和党组成员“三讲”教育动员大会，也是对公司本部司（局）、处级党员领导干部进行“三讲”教育的动员会。同时也对全系统的“三讲”教育提出要求。

1.一定要从事关党和国家前途命运的高度，充分认识深入开展“三讲”教育的重大意义

首先，深入开展“三讲”教育，是高举邓小平理论伟大旗帜，面向新世纪全面推进建设有中国特色社会主义伟大事业的战略需要。深入开展“三讲”教育，对于进一步在各级领导班子和领导干部中兴起学习邓小平理论新高潮，增强高举邓小平理论伟大旗帜的坚定性和自觉性，坚持党的基本路线不动摇，坚定建设有中国特色社会主义信心，确保电力工业的改革和发展沿着有中国特色社会主义道路前进，具有重大的现实意义和深远的历史意义。

第二，深入开展“三讲”教育，是提高领导干部素质，适应新的形势和任务，实现跨世纪发展目标的迫切需要。从国际上看，世界格局多极化和经济全球化趋势进一步发展，科学技术日新月异，知识创新突飞猛进，各种思想文化相互激荡，综合国力竞争空前激烈。社会主义中国只有加快发展，不断增强经济实力、国防实力和民族凝聚力，才能永远立于不败之地。

从国内看，我国的改革进入攻坚阶段，发展处于关键时期。总的形势是好的，但也面临着许多复杂情况和新的问题。经济的市场化和国际化，必将对我们提出新的挑战。社会经济成份和组织形式的多样化，给党的建设带来了新情况、新问题。在前进的道路上，我们还会遇到许多复杂的情况和困难，不可能一帆风顺。

国家电力公司作为国务院授权的国有资产投资主体和经营主体，是我国工业和国民经济的中坚力量之一。我们的改革和发展，我们的效率和效益，不仅关系到能否把充满生机与活力的电力工业带入21世纪，而且关系到能否从整体上搞活国有经济，增强国家实力。我们面临的任务十分重要而艰巨。必须更加坚定地、积极地推进公司改革和发展的“四步走”战略，努力把国家电力公司建设成控股型、经营型、现代化、集团化的国际一流企业，促进国民经济的发展和社会的进步。这是国家电力公司的历史责任，也是我们当前和今后一个时期改革和发展的根本任务。

在这种情况下，提高领导干部素质，尤为迫切和重要。在每一个重大的历史关头，我们党都要根据新形势新任务的要求，对全党进行深入的学习和思想教育，提高干部的素质，以此促进我们事业的大变化、大发展。这已成为我们党不断取得胜利的一条宝贵经验。因此，必须深入开展“三讲”教育，全面提高各级领导班子和领导干部的素质，特别是进一步提高讲政治的自觉性，切实提高政治素质。只有这样，我们才能正确观察和判断形势，正确把握前进方向；才能驾驭复杂局面，妥善处理各种矛盾；才能经受住新的困难和风险的考验，取得新的胜利；才能更好地团结和带领广大职工共同奋斗，把电力工业的改革和发展不断推向前进，确保跨世纪发展目标的实现。

第三，深入开展“三讲”教育，也是领导班子、领导干部解决自身存在的突出问题，更好地担负起领导重任的现实需要。总体上来看，国家电力公司的各级领导班子、领导干部队伍是好的，适应了电力工业改革和发展的需要，为国民经济的发展，为社会的进步，为人民生活水平的不断提高，做出了巨大的贡献。但也应看到，面对新的形势和任务，我们还有相当一部分领导干部还不适应甚至很不适应，还存在这样那样的问题。中央［1998］17号文件指出的当前领导班子、领导干部存在的突出问题，在国家电力公司系统的领导干部中也不同程度地存在。通过前一阶段的理论学习、征求意见，公司党组初步查找了存在的几个突出问题：一是对邓小平理论的学习缺乏系统性。有计划地全面、系统地学习不够。因而对融会贯通地运用邓小平理论的立场、观点、方法，把握电力

工业改革和发展的功力欠缺。二是企业内部的经营管理机制改革滞后。电力改革步伐不快，过于求稳，开拓不足；改革着眼点主要放在管理体制、投资体制方面，而内部的体制和经营管理机制改革的力度不大；企业的用工制度、分配制度等仍然没有彻底摆脱计划经济的影响；经营粗放，有些地方管理混乱，浪费严重的现象并不少见。三是对干部的监督约束和奖惩不力。处以上干部的违法违纪的问题时有发生，仅1997年以来，连续有4名厅（局）级干部因经济问题被判刑或予以党纪政纪处分，有两名厅（局）级干部腐化堕落，造成很恶劣的社会影响。四是对经营管理中的违法违纪问题打击不力。近年来，因乱投资、乱借款、乱提供贷款担保造成经济损失的问题比较突出，对其中违法违纪的没有及时依政纪、法纪处理，致使一些问题继续发生。五是艰苦奋斗精神淡化。一些地方滋长了贪图享乐、讲究排场、挥霍浪费的不良风气。以致有的单位违反规定、超标准修建、装修楼、堂、馆、所，被国务院领导同志点名批评。六是工作作风不够扎实。对改革和发展中的一些具体问题理论论证多，行政命令多，调查研究少；下达任务多，抓典型，用典型推动全局工作不够，狠抓落实不够；在两个文明建设中，有的地方没有做到相互促进。以上有些问题虽然出在下面，但深究起来，党组是有责任的。这些问题的存在，主要原因在于我们没有很好地、系统地学习和掌握邓小平理论的体系，在于把邓小平理论、十五大精神和实际结合不够，说明我们在抓党风党性建设上、在干部管理和建设上，离党中央的要求还有差距。归根到底，都是讲学习不够、讲政治不够、讲正气不够，放松世界观改造和党性锻炼的结果。深入开展“三讲”教育，就是要以整风的精神，通过深入进行马克思主义的自我教育和开展认真的批评与自我批评，探索出在新的历史条件下，解决党内尤其是领导干部中党性党风上的问题的有效办法，切实解决领导班子和领导干部在党性党风方面存在的突出问题，从而增强干部队伍的先进性和纯洁性，增强拒腐防变、抵御风险的能力，更好地担负起领导各项事业的重任。

公司党组和党组成员是国家电力公司的主要决策机构和主要决策者，在高举邓小平理论旗帜，坚持党的基本路线，贯彻执行党的路线、方针、政策和重大决策，履行为人民服务的职责等方面起着关键性的作用，必须要带头搞好“三讲”教育。我们务必要按照中央的要求，在以王晓光同志为组长的中央巡视组的具体指导和帮助下，首先认真抓好公司党组和党组成员的“三讲”教育，为全系统作出表率。

2．公司党组和党组成员“三讲”教育的指导思想，目标要求和方法步骤

深入开展“三讲”教育要以邓小平理论和党的十五大精神为指导，紧密联系改革、发展、稳定的实践，紧密联系思想工作实际，以整风的精神来进行，切实解决各级领导班子、领导干部在党性党风方面存在的突出问题。公司党组和党组成员的“三讲”教育，要坚持这一指导思想，通过深入开展“三讲”教育，推动公司党组及其成员深入学习邓小平理论和党的十五大精神，提高政治素质，加强党性修养，端正思想作风，增强在改造客观世界的同时改造主观世界的自觉性，从而更好地肩负起领导国家电力公司第二步改革和发展，把充满生机与活力的国家电力公司带入21世纪的历史重任。特别是要在中发［1998］17号文件所要求的四个方面取得实际效果。努力做到思想上有明显提高，政治上有明显进步，作风上有明显转变，纪律上有明显增强。

根据中央［1998］17号文件精神和中央的具体部署，公司党组和党组成员“三讲”教育大体分四个阶段进行，具体步骤和方法是：

(1) 思想发动，学习提高。这一阶段安排3周左右时间。主要任务是通过学习中央文件和“三讲”教育的必读篇目，提高认识，端正态度，掌握理论，打牢思想基础。要认真通读、精读“三讲”教育的必读篇目；要联系工作实际，对改革、发展、稳定的重大问题进行深入的理论思考；要紧密联系思想实际，从世界观、人生观、价值观上分清思想是非，找准存在问题的思想根源。为了提高学习质量，保证学习任务的完成，要尽量减少会议，减少应酬，必须要保证足够的学习时间和精力。党组已决定集中必要的时间进行封闭学习。

(2) 反馈意见，自我剖析。这一阶段安排3周左右时间。主要任务是广泛听取干部职工对公司党组和党组成员的意见；党组和党组成员自我剖析在党性党风方面存在的问题，形成剖析材料，并接受民主评议。

(3) 交流思想，开展批评。这一阶段安排1周左右时间。主要任务是开展批评与自我批评。公司党组主要负责人与党组成员以及党组成员之间互相交心谈心，沟通思想、交换意见。在此基础上，公司党组召开民主生活会，敞开思想，坦诚相见，认真负责地开展批评与自我批评。一定要切实提高民主生活会的质量。

(4) 认真整改，巩固成果。这一阶段安排2周左右时间。主要任务是针对存在的突出问题，制定整改措施。在此基础上，形成“三讲”教育总结材料，召开“三讲”教育总结大会，向机关处以上干部通报“三讲”教育的成果以及整改措施。

公司党组“三讲”教育开始后，按照自上而下的

原则，公司所属单位的“三讲”教育在国庆后进行。基层企事业单位的“三讲”教育，待中央作出具体部署后开展。公司本部司（局）处级党员干部的“三讲”教育，直属机关党委已作出了具体的安排，由各党总支和党支部组织进行。

3. 坚持用整风精神抓好“三讲”教育

遵循中央提出的“三讲”教育的指导思想，实现“三讲”教育要达到的目标要求，根本的一条，就是要以整风的精神来开展“三讲”教育。什么是整风精神？胡锦涛同志在考察山东省“三讲”教育工作时指出，主要应当体现在三个方面。一是要联系实际，认真读书；二是要发扬党内民主，发动干部、群众对领导班子和领导干部进行民主评议，开门搞“三讲”教育；三是开展积极健康的思想斗争，认真进行批评和自我批评。落实好这三条，必须在“三讲”教育工作中切实抓好以下6个重点环节。

(1) 以深入学习邓小平理论为重点，把学习理论贯穿始终，立足于教育提高干部。

(2) 要有针对性地解决领导班子和领导干部在党性党风方面存在的突出问题。

(3) 要勇于开展批评和自我批评，进行积极的健康的思想斗争。

(4) 要充分发扬党内民主，坚持走群众路线。

(5) 把深入开展“三讲”教育同推进当前工作结合起来，坚持边整边改。

(6) 要充分依靠中央巡视组，在巡视组的指导和帮助下，搞好“三讲”教育。

4. 切实加强对“三讲”教育的领导

按照中央关于党的关系在地方，人事关系在部委、公司的单位的“三讲”教育，按照干部管理权限由人事主管单位党组织负责的意见，国家电力公司系统的“三讲”教育在公司党组的统一领导下进行。各级党组织务必增强党要管党、从严治党意识，切实加强对“三讲”教育的领导，确保思想认识到位，工作措施到位，领导精力到位，目标效果到位。

要建立“三讲”教育工作责任制，一级抓一级，层层抓落实。各级党委（党组）书记是“三讲”教育的第一责任人，要真正履行责任，亲自动员部署，亲自督促指导，亲自协调落实。领导班子中的各个成员也要各司其职，密切配合，齐抓共管，共同承担起抓好“三讲”教育的责任。各单位要由一把手挂帅，组成精干高效的领导小组和办事机构。

在国家电力公司领导班子和领导干部的“三讲”教育中，我一定认真参加学习，积极带头开展自我批评和批评，搞好整改，诚恳欢迎同志们对我提出批评和意见。同时，我要切实承担起国家电力公司“三讲”教育第一责任人的职责，认真研究部署，切实抓好公司系统的“三讲”教育。

各单位各部门都要深入实际，调查研究，摸清情况，找准问题，在此基础上制订切实可行的工作方案，精心组织实施。要把握正确的舆论导向，及时总结经验，指导和推动面上工作的开展。上级党组织对下级领导班子和领导干部的“三讲”教育要加强指导、督促、检查，必要时领导同志要亲自下去，帮助研究解决问题，进行具体指导。

各级党组织都要坚持高标准、严要求，按照每一阶段工作的具体要求，认真做好每一项工作，以每一阶段、每一个环节的高质量保证“三讲”教育的高质量，坚决防止“三讲”教育搞形式、走过场。首先，第一责任人要真正把“三讲”教育抓在手上，切实负起责任。第二，要严格按照中央的要求，不折不扣地完成四个阶段的任务，时间和进度要服从质量，没有达到标准的不能转入下一阶段。第三，要严格对剖析材料把关。为此，公司党组决定：剖析材料按干部管理权限，上报审定；成立剖析材料审议组，分三级审定上报的剖析材料，剖析材料不合格的要重新写。公司所属各单位也要按此原则办理。第四，要派巡视组加强指导和检查。第五，要把这次“三讲”教育同对干部的深入考察结合起来，将考察结果作为任用奖惩干部的重要依据。

按照中央的统一部署，国家电力公司为中央国家机关第二批开展“三讲”教育单位。国家电力公司党组把深入开展“三讲”教育作为党建工作的重中之重，作为公司1999年的8项重点工作任务之一；决定成立了“三讲”教育领导小组，高严任组长；成立了“三讲”教育办公室（办公地点设在直属机关党委）。中央“三讲”办向公司派驻以王晓光为组长，由7人组成的“三讲”教育巡视组，指导和帮助开展“三讲”教育。7月13日，巡视组进驻公司本部，现场办公。经巡视组同意、中央“三讲”教育联系会议办公室批准，公司党组于1999年7月20日召开“三讲”教育动员大会，正式开展党组和党组成员的“三讲”教育。分四个阶段进行。

第一阶段，即思想发动、学习提高阶段（7月20日～8月12日）。采取自学和集中学习相结合的方式，全体党组成员都通读和重点精读了中央确定的“三讲”教育必读篇目和有关重要讲话、文件。集中封闭学习时间共9天。党组成员作读书笔记都在3万字以上。集中的学习分“讲政治”、“讲学习”、“讲正气”等3个专题进行。每个专题都以党组理论学习中心组的形式举行一次学习交流会，由2或3名党组成员作中心发言（高严在每个专题都作了中心发言），其他成员也作发言；发言材料都全文在《中国电力报》上刊载。在“讲正气”专题学习期间，公司党组邀请黑龙江电力公司张福全（黑龙江电力公司鹤岗电业局党委书记）事迹报告团到公司本部作报告。在组织理论学习的同时，通过发放《征求意见表》，设立意见箱，设征求意见电话，党组成员分别走访离退休的副部级以上老领导，分别召开在京单位党组织主要负责人、机关各部门党组织主要负责人、离退休干部党支部书记、党外人士座谈会，进行个别谈话等方式，广泛征求了党员、干部和职工对公司党组和党组成员在党性党风方面的意见，共700余人次；党组十分重视听取老部长和离退休老同志的意见，征求他们的意见220余人次。经整理，得到意见和建议497条，包括对党组的382条，对党组成员的97条。这些意见和建议，主要集中在改革、发展、干部管理、工作作风、廉洁自律、思想政治工作等方面并如实向党组和党组成员本人进行了反馈。

第二阶段，即自我剖析，听取意见阶段（8月13日～9月23日）。经中央"三讲"办同意，公司党组和党组成员的"三讲"教育于8月13日转入第二阶段。党组于8月13日下午召开了转段动员大会。中央"三讲"教育巡视组向公司党组集中反馈了巡视组征求到的对公司党组的意见和建议共43条；分别向党组成员反馈了征求到的意见并交换了看法。党组召开3次扩大会议深入研究分析党组在党性党风方面存在的问题。党组和党组成员认真撰写了剖析材料。剖析材料先后3次在公司本部处级以上干部、副司级以上离退休老同志、离退休党支部书记，在京单位党政主要负责人共333人的范围内进行民主评议，征求意见；同时上报中央"三讲"教育巡视组、中央"三讲"办征求意见。根据征求到的意见，党组和党组成员对剖析材料相应地作了4次修改。通过在333人范围内采取无记名投票的方式进行民主测评，党组的剖析材料的满意和基本满意率为98.8%；党组成员的剖析材料的满意和基本满意率都在96%以上。

第三阶段，即交流思想，开展批评阶段（9月24日～10月12日）。经中央"三讲"办同意，党组和党组成员的"三讲"教育于9月24日转入第三阶段。召开了转段动员大会。在党组成员开展广泛谈心、沟通思想，认真撰写发言提纲的基础上，党组于9月25、26日，召开了"三讲"教育民主生活会。党组成员进行自我批评后，其他成员对其进行批评；高严同志带头，逐一进行。10月9日，党组向参加民主测评的党员、干部通报了党组民主生活会的情况，并征求了与会人员的意见。普遍认为，这次民主生活会，充分体现了整风精神，在恢复和发扬党的批评与自我批评的优良传统方面取得了很大进展。

第四阶段，即认真整改，巩固成果阶段（10月13日～10月29日）。经中央"三讲"办同意，党组和党组成员的"三讲"教育于10月13日转入第四阶段。召开了转段动员大会。在坚持边整边改（根据中央"三讲"教育巡视组反馈的群众的意见，就机构设置、人才使用、职称评定、党风廉政建设等方面的10个个案问题，从第二阶段开始逐一进行解决）的同时，党组针对查找出的党性党风方面存在的突出问题，制定了《国家电力公司党组"三讲"教育整改方案》，并组织制定了与之配套的8项具体整改措施，包括《关于理论学习方面的整改措施》、《关于坚持和贯彻民主集中制的整改措施》、《关于在体制改革工作中广泛听取意见加强科学论证的整改措施》、《关于提倡勤俭节约反对铺张浪费的整改措施》、《关于精神文明建设和思想政治工作方面的整改措施》、《关于转变工作作风提高办公效率的整改措施》、《关于加大人事制度改革力度，加强干部管理的整改措施》等。在制定整改措施的过程中，党组广泛地征求了党员、干部和员工的意见，经过反复讨论，多次修改完善。

经中央"三讲"教育巡视组同意、中央"三讲"办批准，党组于10月29日召开"三讲"教育总结大会。以此为标志，党组和党组成员"三讲"集中教育，历时100天，顺利结束。

2. 公司本部司处级干部的"三讲"教育

公司本部司处级干部的"三讲"教育和党组、党组成员的"三讲"教育同时开始；从第二阶段开始，错后一个阶段进行。公司本部参加"三讲"教育的司处级干部共267人，其中正司级24人、副司级49人、处级194人。公司党组责成机关党委具体组织进行，制定了周密的工作方案；在"三讲"教育的每一阶段都提出具体要求，并进行严格的检查；广泛征求公司员工对司处级干部的意见；组成专门小组对司处级干部的剖析材料进行认真评审，保证了自我剖析材料的质量；派专门人员列席了各部门的"三讲"教育民主生活会；要求各部门制定了整改措施。

3. 公司系统所属单位的"三讲"教育

公司党组决定，公司系统所属单位的"三讲"教育首先在目前仍具有政府职能的电力集团公司、分公司、省公司以及中国电力企业联合会等33个单位中开展，统一部署，分两批进行。公司党组向公司所属单位下发了《国家电力公司党组关于深入开展以"讲学习、讲政治、讲正气"为主要内容的党性党风教育的意见》（国电党［1999］18号）；1999年5月6日到7月22日，在湖北电力公司进行了"三讲"教育的试点，为公司系统单位开展"三讲"教育，取得了经验，打下了基础。在试点的基础上，第一批20个单位（国家电力公司东北公司、南方公司，华北、陕西电力集团公司、山东、四川、重庆、云南、贵州、甘肃、广西、河北、山西、浙江、陕西、江苏、吉林、辽宁、天津电力公司，中电联）的领导班子和144名领导班子成员，自1999年11月上旬开始至12月底，开展了“三讲”教育，认真学习了理论，广泛深入地征求了群众的意见，深入查找和剖析了在党性党风方面存在的突出问题，认真召开民主生活会，严肃开展批评与自我批评，坚持边整边改，制定了系统的整改方案。各单位机关处级干部的“三讲”教育也同时进行，顺利完成。国家电力公司党组对第一批单位的“三讲”教育，始终实施坚强有力的领导，进行充分的准备；坚持有针对性的指导，派出巡视组加强指导和帮助；严格预审各单位领导班子及班子成员的剖析材料；派出专人，参加各单位领导班子的民主生活会；及时总结推广经验。

主要事件

2月4～5日，国家电力公司直属机关第二次党的工作暨纪检工作会议在北京召开。会议总结1998年并部署了1999年的工作。国家电力公司副总经理、党组成员赵希正出席会议并讲话。直属机关党委副书记郭建堂同志作了党委工作报告；直属机关党委副书记张安乐同志作了会议总结；直属机关党委副书记兼纪委书记田华香同志作了纪委工作报告。

3月22日，国家电力公司召开部门领导人员聘任上岗大会。石成梁同志被聘为国家电力公司思想政治工作办公室主任。张安乐、田华香同志被聘为国家电力公司思想政治工作办公室副主任。

3月24～26日，全国电力系统部分单位宣传（政工）处长座谈会召开。会上各单位汇报了近年来思想政治工作的情况。并讨论布置了1999年国家电力公司系统宣传思想工作、精神文明建设工作及开展“电力走向市场”活动的有关事宜。政工办副主任张安乐同志出席了会议。

4月26日，受高严同志委托，赵希正同志主持召开党组会。传达了中央国家机关工委紧急会议精神；学习了中办发电［1999］11号；讨论了如何落实电报和紧急会议精神的问题。

5月6日，直属机关党委召开公司本部及在京直属单位党组织负责人紧急会议。直属机关党委副书记石成梁传达了国家机关工委［1999］8、9号文件，并提出了贯彻要求。

5月8日，直属机关党委召开公司本部和在京直属单位党的工作负责人会议。会上，赵希正副总经理受高严总经理委托代表党组及160万电力职工对以美国为首的北约悍然轰炸我驻南联盟大使馆暴行，表示极大愤慨和严厉谴责，并提出强烈的抗议。对以实际行动抗议以美国为首的北约的暴行提出了要求。直属机关党委常务副书记石成梁同志主持并传达中央国家机关工委紧急会议精神。

5月10日，直属机关党委组织召开抗议以美国为首的北约袭击我驻南使馆的暴行声讨会。总经理助理邵世伟宣读了公司总经理高严同志的声讨书。公司副总经理赵希正、查克明发了言。各部门15名代表先后发言，与会代表一致表示：坚决拥护我国政府的正义立场，拥护胡锦涛同志的讲话，强烈谴责北约袭击我驻南使馆的暴行。以自己的实际行动，做好本职工作，维护稳定大局。直属机关党委副书记石成梁主持会议。

5月10～11日，国家电力公司系统青年工作暨纪念“五四”运动八十周年座谈会在京召开。国家电力公司副总经理赵希正出席座谈会并发表重要讲话。“中国青年五四奖章”获得者、葛洲坝集团公司副总经理陈飞在座谈会上作了事迹报告。

5月12日，国家电力公司人事部以人机［1999］22号文，印发了《关于聘任齐宝英等同志职务的通知》。经国家电力公司领导批准，国家电力公司政工办聘任齐宝英为综合处处长、焦莲为党建工作处处长、范爱虎为宣传工作处副处长、李伟为群众与青年工作处处长、黄金珍为文明单位建设处处长。

5月15日，直属机关党委向在京直属单位中3个有参加“法轮功”练习者聚集中南海周围活动的单位，了解传达贯彻中办发电［1999］20号文的情况。这些单位党的负责人已分别对参加“4.25”聚集中南海的“法轮功”练习者进行个别谈话，要求他们不得参加有碍社会稳定的活动。

5月21日，在国家电力公司1999年工作会议上，公司党组书记、总经理高严同志指出，“三讲”教育和维护社会稳定是今年两项重点工作。

6月3日，直属机关党委《情况通报》第9期登载了当前公司系统在稳定方面需要重视十一个方面突出存在的问题：一、“法轮功”问题；二、下岗职工问题；三、离退休职工的生活待遇问题；四、少数职工对党和政府在科索沃危机、以美国为首的北约轰炸我驻南使馆问题上采取的对策、立场、措施的合理性、正确性、科学性认识不足的问题；五、农电体制改革中，划归省电力公司的一些原地方供电部门的人员安置问题；六、职工子弟中待业青年就业问题；七、职工参加不规范的高于国家规定的利息的储蓄集资不能兑现问题；八、用电营业部门催缴电费、查处窃电发生问题；九、上访老户无理取闹问题；十、领导干部不廉洁甚至腐败问题；十一、企业医疗制度改革中效益不好的企业医疗保障筹措困难的问题。

6月5～19日，直属机关党委副书记兼纪委书记田华香同志应美中交流协会的邀请，赴美进行为期两周的考察学习。此次考察是由中华全国妇女联合等二十八个单位组织的。

6月15日，公司党组以国电党任［1999］34号文发出通知：经中共中央国家机关工委同意，任命石成梁同志为中共国家电力公司直属机关临时委员会副书记，免去郭建堂同志副书记职务。

7月21日，公司党组召开公司本部副处级以上干部和在京直属单位党政领导会议，传达中央关于抓紧处理和解决“法轮功”问题的有关文件精神。

7月30日，公司本部召开“拥护党中央决定，认清法轮功危害，坚持从严治党”座谈会。公司本部各支部书记、组织委员及党员代表共60余人参加了座谈。

8月2日，政工办组织召开了国家电力公司系统抓紧处理“法轮功”问题工作汇报会，会上，公司所属30个单位汇报了处理“法轮功”问题的工作情况。公司政工办主任石成梁同志对下一步清理“法轮功”工作提出了明确要求。

8月5日，公司党组举行张福全事迹报告会。党组成员赵希正、周大兵、谢松林、李雪莹、周小谦同志；中央巡视组组长王晓光同志；公司本部处级以上干部和在京直属单位负责同志参加了会议。赵希正同志讲话，他号召公司全体党员干部向张福全同志学习。

8月11日，由直属机关党委主办的“庆五十华诞、庆澳门回归、庆千年跨跃”书法、美术、摄影作品展览在京开幕。国家电力公司副总经理赵希正出席开幕式并为展览剪彩。

9月8日，国家电力公司直属机关党委按照国党工办［1999］38号文要求，上报了公司在京直属单位对84名“法轮功”练习者的转化和解脱工作的情况。

9月27日，国家电力公司举行隆重集会，庆祝新中国成立50周年。受公司党组书记、总经理高严委托，公司党组成员、副总经理赵希正发表了讲话。公司党组成员、副总经理周大兵、谢松林、公司党组成员、中纪委驻国家电力公司纪检组组长李雪莹，公司党组成员、总经理助理周小谦，电力系统老领导王林、张铁铮、逯昆玉，中电联常务理事长刘宏出席庆祝会议。会议由国家电力公司直属机关党委副书记石成梁主持。

10月1日，在京的中央委员、人大常委委员、政协委员、副部长、十五大代表、人大代表、政协常委、中科院院士、工程院院士参加国庆五十周年阅兵式和焰火晚会活动。国家电力公司参加活动的有：赵希正、陆延昌、周大兵、谢松林、李雪莹、周孝信、焦亿安、李振生、张贵行、王炳华、邵方殷、王继孝、郑健超、李鄂鼎等同志。

11月4～5日，国家电力公司系统贯彻十五届四中全会精神暨“三讲”教育工作会议在京召开。会议主要任务是：学习和贯彻党的十五届四中全会精神，动员和部署公司系统第一批20个单位的“三讲”教育工作。公司党组书记、总经理高严，公司党组成员、副总经理赵希正、陆延昌、周大兵、谢松林，公司党组成员、中纪委驻国家电力公司纪检组长李雪莹，公司党组成员、总经理助理周小谦同志参加了会议。第一批开展“三讲”教育的单位是：华北电力集团公司、天津电力公司、河北电力公司、山西电力公司、东北公司、辽宁电力公司、吉林电力公司、山东电力集团公司、江苏电力公司、浙江电力公司、西北电力集团公司、陕西电力公司、甘肃电力公司、四川电力公司、重庆电力公司、云南电力公司、贵州电力公司。

11月5日，公司党组派出20个“三讲”教育巡视组，即日起陆续奔赴派驻单位，迅速开展工作。

11月30日，高严同志在公司系统关于近期“法轮功”反弹的《情况通报》上批示：“对参加邪教组织法轮功的人员，要加大教育、挽救和查处的力度。特别对中共党员绝不能迁就，该处理就要及时严肃处理，保持党组织的先进性、纯洁性，维护稳定大局。”

12月7日，请国务院发展研究中心党组书记、副主任陈清泰同志为公司本部党员干部作学习十五届四中全会和中央经济工作会议精神辅导报告。

12月18日，直属机关党委组织召开在京单位和省、天津市电力公司主要领导同志及有关方面人员参加的紧急会议。传达中央国家机关工委有关会议精神；通报了近期“法轮功”活动情况。公司党组成员、副总经理陆延昌到会讲话并提出了明确要求。

12月24日，国家电力公司本部及在京直属单位的3000余名员工在北京朝阳体育馆隆重举行了“国家电力公司庆祝澳门回归，迎接2000年大会”。

12月26日，公司系统第一批“三讲”教育20个单位的“三讲”教育全部结束。

附件：重要文件

1. 关于在党员、干部和职工中深入进行马克思主义唯物论和无神论教育，学好有关文件的通知（国电党［1999］40号）

2. 关于认真传达学习贯彻党的十五届四中全会精神的通知（国电党［1999］60号）

3. 关于继续深入揭批“法轮功”邪教组织坚决防止其反弹的通知（国电党［1999］78号）

4. 关于印发加强企业文化建设若干指导意见的通知（国电政［1999］428号）

中国电力年鉴

6 电力生产发展与经营管理

综合计划与投融资

主要指标完成情况

1999年全国发电量完成12270亿kW·h，同比增长6%；国家电力公司售电量完成8030亿kW·h，同比增长6%。葛沪直流净送电量15亿kW·h，完成年初计划目标。

1999年全国电力项目投资完成1647亿元。其中，基建大中型投资完成871.1亿元，完成计划的97.8%（其中，三峡输变电15.3亿元，完成当年新增计划）；限上技术改造投资完成25.9亿元，完成计划的100%；小型基建完成39.85亿元，完成计划的100%；城市电网建设与改造投资完成305亿元，完成计划的75.3%；农村电网建设与改造投资完成305亿元，完成计划的41.3%。至1999年底，城网累计完成投资415.94亿元，完成计划559.55亿元的74.1%，占总投资1218亿元的34.1%；农网累计完成投资409.7亿元，完成计划843.15亿元的48.6%，占总投资规模1461.47亿元的28%。

1999年电源新开工308.5万kW。其中，火电4项，水电1项。投产1305万kW。1999年底，国家电力公司系统参股项目在建规模为2923.3万kW，占全国在建规模6562万kW的45%。

加强公司计划管理

为适应公司实体化运作需要，计划管理工作的重点逐步向企业内部管理转变，体现企业发展战略和经营策略。按企业运作要求下达了公司系统生产经营及项目投资计划。加强了计划执行中的过程控制，配合有关部门对关停小火电、城乡电网建设进行了调研、检查。从公司系统整体效益出发，组织研究了《国家电力公司综合计划管理办法》，草拟了《国家电力公司本部资金计划管理办法》。编制完成了公司系统2000年生产与投资计划建议，并着手公司本部年度计划的编制。

启动公司系统经济活动分析工作

加强经济活动分析是国家电力公司适应电力工业体制改革、适应宏观经济形势和电力市场变化、促进自身发展的需要。为此，组织建立了经济活动分析组织体系，拟订了《经济活动分析暂行办法》，使经济分析工作开始走向制度化、规范化。组织召开了公司系统第一次经济活动分析会，研究提出了确保全年工作目标完成的建议和措施。

加大电网投资力度，抓紧电网前期工作

在1999年固定资产投资中，电网的投资比重大幅提高。三峡输变电15.3亿元，城网305亿元，农网305亿元，联网、骨干网架和配套送出等其他电网工程252.8亿元，电网投资合计878.1亿元，占全部固定资产投资1647亿元的53.3%，比上年实际的36.27%提高了17个百分点，创历史最高水平。

(1) 优化调整三峡输变电项目。“两线三变一直流”前期工作已基本完成（南阳－郑州、岗市－长沙线路，孝感、长沙、新乡变电站，三峡左换－常州直流），1999年底前将全面开工。

(2) 加快大区联网的步伐。华北－东北联网工程已经开工；华东－福建联网工程可研报告书已上报国家计委；华中－西北联网工程可研已通过审查，可研报告书即将上报；华北－华中联网可研年内审查。西北－川渝和华北－山东联网工程可研工作正抓紧进行。

(3) 积极推进城乡电网建设与改造。分两批下达了农网投资计划；审查上报了22项共115个城网项目的可研报告，计委即将下文批复。

加强电源项目前期工作，促进电源结构优化

(1) 加大对项目前期工作控制管理的力度。通过对电力市场和结构的总体论证分析，提出了“十五”期间适度在建规模（5000～6000万kW）和结构调整的重点。对近两年开工项目进行了优化排序。

(2) 控制东部地区常规火电项目的开工。在1998年的结构调整中，曾提出1999年开工634万kW，1999年实际开工308.5万kW，推迟了325.5万kW（如湖北黄石、江苏徐塘等）常规火电项目的开工，并坚决贯彻了“上大压小”政策。

(3) 支持中西部地区发展。适当加大西部地区电源项目的前期工作力度。“五大一小”水电项目前期工作取得了较大进展。石嘴山、蒲城、韩城项目前期工作正抓紧进行。

(4) 推进设备国产化及示范工程的工作进程。循环流化床、增压流化床、整体煤气化联合循环等示范工程项目，以及超临界机组、核电国产化驱动项目和直流国产化的前期工作，均取得实质性进展。

(5) 积极开展促进水电开发和跨区投资办电有关政策的研究。结合“西电东送”战略，已提出了初步研究成果。

加大直接投资项目前期工作力度

结合调整结构、优化资源配置，适应实体化需要，加大了公司本部对三峡输变电项目、联网项目、

水电、洁净煤示范项目、新能源及核电项目的前期工作，主要有三峡输变电项目（两线三变一直流）、6个联网项目、6个水电项目、4个风电项目、3个洁净煤示范项目和1个核电项目。

为加强直接投资项目管理，拟订了《国家电力公司本部直接投资项目管理实施细则》。

加大融资力度，规范融资行为

在股票方面，推动了山东国电、武汉凯迪、国电南自在境内外成功上市，募集资金31亿元；广西桂冠即将上网发行；重组了东北热电，使其成为国家电力公司直接控股的境内上市公司；启动了国电南瑞股份制改制与上市工作，形成了改制上市的初步方案。

在债券方面，成功组织了国电债券的首次上市，提高了公司的知名度；向计委申请了1999年40亿元债券发行额度。

在外资方面，对外资项目进行了认真清理，调整了国外贷款方向，加大了公司输配电项目、直接投资的大型水电项目、风电项目和洁净煤发电项目的贷款工作力度。完成了3个项目的国外贷款签约，签约额5亿美元。此外，已批准和谈判成功项目2个，预计贷款额度4.2亿美元。

为规范、指导公司系统融资行为，加强上市公司之间的联系，召开了首次电力上市公司座谈会和上市规划研讨会，研究了上市公司存在的问题与发展方向。起草了公司系统《股改与上市'十五'计划及2015年远景规划》，制定了电力股票、债券两个管理办法，建立了股票、债券信息系统。

加强对非电力项目的管理

针对过去非电力项目投资混乱、管理薄弱等问题，起草了《国家电力公司系统非电力项目投资管理实施细则》，初步研究了《非电力项目投资方向指导意见》，加强了监督检查。同时，为完善公司功能、增强公司实力、提高公司效益，积极寻求新的投资热点，特别是投资了金融、证券业。1999年，公司本部和四川电力投资国泰君安证券；山东电力与河南电力分别投资湘财证券、大鹏证券；山东电力还受让了华夏银行股份、投资了交通银行；湖南电力投资了兴业银行。以上投资共计13.11亿元。根据可行性研究，投资回报率不低于10%，有利于提高非电力项目投资的质量。

财务与资产经营

1999年，国家电力公司财务会计工作按照公司党组确定的工作思路，认真实施公司“两型两化国际一流”的发展战略构想和第二步改革的战略部署，大力推进公司实体化，不断克服财务管理中的薄弱环节，开展财务整顿和电价整顿，加强财务和产权管理，开展资本运营，落实各项经营目标，取得了积极成果，实现了全年的主要财务目标。

国家电力公司本部实体化工作取得重大进展

加快国家电力公司实体化进程是1999年财务会计工作中的一项十分重要的任务。经过努力，国家电力公司实体化工作在1999年取得了重大进展。

（1）提出了《国家电力公司实体化构想》，以保证这项工作沿着正确的方向健康推进，同时，在实践中注重从财务基础工作入手，完善国家电力公司本部企业功能，推进按企业机制和规律运作，目标是把国家电力公司建成一家“控股型、经营型、现代化、集团化管理的国际一流企业”。

（2）自6月份开始，正式编制国家电力公司本部财务报表，编报范围包括东北公司（分公司）和电网公司（分公司）。

（3）按照财政部146号文件精神，于7月份将国家电力公司所属各子公司截至1998年底的“资本公积”和“盈余公积”1778亿元上移到国家电力公司本部。

（4）办理完毕国家电力公司工商登记、税务登记（包括国税、地税）、国有资产产权占有登记，国家电力公司经营所必需的法律文件已全部具备。

（5）国家电力公司从7月份开始作为企业照章纳税，分公司合并纳税工作有望在年底前得到国家税务总局等有关部门的批复。

（6）完成了国家电力公司本部《财务收支预算管理办法》、《会计核算办法》、《固定资产管理办法》等财务规章制度的制定，其中《财务收支预算管理办法》已经总经理签发并正式执行。

（7）积极解决国家电力公司在国内外企业中的排名问题。经过努力，国家电力公司已被正式纳入国家520户重点企业序列，财政部已明确国家电力公司系统以国家电力公司“名头”单列，国家电力公司在国家税务总局的户头已经建立，并已照章纳税；根据进入“世界500强”的要求，启动了按照国际惯例编制国家电力公司合并会计报表的研究编制工作，并完成了《世界500强与国家电力公司》研究报告，争取在2000年使国家电力公司进入“世界500强”。

（8）认真处理国家电力公司分公司（如电网公司、东北公司、南方公司）改组设立中的财务问题，做好财产划分、财务关系的调整、过网费标准的核定等工作，初步确立了国家电力公司对分公司财务管理模式，为2000年将华北、华东、华中、西北电力集团公司改组为国家电力公司的分公司积累了经验。

(9) 大力推进资产重组和加强产权基础管理工作。

一是完成了将中国电力信托投资有限公司改组为中国电力财务有限公司和将东北财务公司改组为中国电力财务有限公司分公司，完成了东北热电股份有限公司重组和龙源电力集团公司重组的资产划转工作，国家电力公司驻深圳公司的合并重组方案已经批准并转入实施；在解决有关电厂资产划转遗留问题的基础上，向中国国际电力投资有限公司的注资工作已基本完成，力争年内完成股权设置和股权上移。

二是为了切实推进“厂网分开、竞价上网”的改革，制定并下发了《关于厂网分开改革中资产转让有关问题的通知》。资产重组以资产（或股权）转让和置换、为电力上市公司配股（资产证券化）、合并重组、“债转股”等方式展开。国家电力公司批准涉及重组的项目共28个，容量1071万kW，资产378.26亿元。

三是按照“两改一同价”的总体要求，配合有关部门，积极推进对具备条件的趸售县电力企业的收购、股份制改造或整体无偿划转。今年计划代管趸售县1000个，实际完成代管1069个；完成公司制改组190个；完成乡镇电管站改革418个。

四是加强产权基础管理工作，制定了《资产转让管理办法》和《国有资本金管理办法》；对国家电力公司拥有的产权，特别是国家电力公司本部对外投资进行了初步清理，提出了《国家电力公司1999年上半年产权结构报告》，对国家电力公司本部投资结构及效益情况进行分析，从资本经营的角度，提出了调整产权结构的建议和措施。

整顿电价工作取得明显成效，疏导电价矛盾取得积极进展

(1) 配合国家有关部门，清理、取消各种“乱加价、乱收费”360亿元，取消买用电权、超计划用电加价40亿元，合计400亿元，相当于每千瓦时电价下降5分钱。城市电力用户平均实际负担电费由整顿前的0.47元/(kW·h)下降到0.42元/(kW·h)，农村电力用户平均实际负担电费由0.67元/(kW·h)下降到0.57元/(kW·h)。

(2) 配合国家计委，研究审核了14个电网的调价方案，其中6个电网已经出台，8个电网正在签批当中。上述已出台和正在签批的电价调整标准平均为3.58分/(kW·h)，按一年到位测算，预计增加收入24亿元，将对稳定公司生产经营和实现利润指标产生积极影响。

(3) 贯彻国务院办公会议精神，对部分铝工业等高耗能企业适当降低电价。13家铝厂平均电价由原来0.304元/(kW·h)降为0.273元/(kW·h)。据了解，这项政策对有色金属行业特别是铝加工企业今年扭亏为盈起到了积极作用。另据测算，这项政策使公司系统年收入减少4亿元，但为1999年下半年争取出台疏导电价矛盾的政策产生了积极影响。

(4) 在改革电价形成机制方面进行了积极探索和实践。①着手上网、输配、销售“三段式”电价的研究，并初步形成了改革的基本思路。②配合国家计委研究并上报国务院批准了《关于改革还本付息电价政策有关问题的请示》，为城乡电网建设改造腾出了空间，并组织进行电价测算，目前正在研究制定贯彻实施意见。③配合国家计委、国家经贸委制定并下发了《关于利用价格杠杆促进电力消费有关问题的通知》，规范降价促销行为，开拓电力市场。④开展了三峡电价研究，形成了三峡电站输电费研究阶段报告。⑤配合国家计委研究制定并下发了《关于进一步做好城乡用电同价工作的通知》，指导城乡用电同价试点工作，并出台了差价还息政策。⑥配合国家经贸委研究并初步形成《关于试行上网竞价的指导性意见》等。

大力开展财务整顿，努力实现财务管理现代化

(1) 贯彻国家电力公司年度工作会议精神，认真开展财务管理年活动，制定下发了《财务管理年活动方案》。通过这项活动，促进了财务管理现代化的进程。初步确立了在思想、组织、手段、方法和人员等五个方面实现财务管理现代化的总体思路；建立国家电力公司系统财务管理信息系统的工作正式启动，拟定了《财务管理信息系统总体框架》；《国家电力公司财务管理模式设计》研究课题已经开始；承担国家电力公司经营发展战略研究中的财务战略研究的初稿已经基本完成；国家电力公司基本产权关系管理系统已正式启用。

(2) 全面推进预算管理，完善资产经营责任制考核办法。

一是修改和完善了《国家电力公司预算管理办法》，国家电力公司系统上下结合的预算体系已经形成，各单位预算管理的组织、制度和考核体系进一步完善。在预算执行过程中，加强了对预算执行情况的分析监控，8月份在昆明召开了国家电力公司系统预算执行情况分析座谈会，总结情况，发现问题，研究制定对策和措施，重点抓了控制购电成本和关联交易、投资分利两项清理。

二是为进一步规范资产授权管理，落实出资者权

力和经营者责任，确保国有资产保值增值，制定了《国家电力公司资产经营考核办法的补充规定》，激励和约束机制基本建立；编制了国家电力公司第一份预算—《1999年资产经营预算》，基本覆盖公司系统营运收支和资本性收支，资金投向重点是支持和促进结构调整；第一次将利润等六项指标以《资产经营责任书》的形式，在年度工作会议上，由公司总经理和各网省公司总经理签定。实践证明，这种方式较好地调动了国家电力公司各子公司的积极性，促使国家电力公司系统上下形成合力，共同为完成经营目标而努力，是国家电力公司在建立和完善现代企业制度过程中，确保出资人到位和国有资产保值增值的一种行之有效的探索和实践。

(3) 加大财务监督力度。进一步健全了财务监督的组织功能；主动配合稽察特派员的稽察工作，建立了与国家稽察特派员总署的联系渠道；配合国家审计署对华北电力集团公司进行农网改造资金审计；对有关单位的财务收支情况进行了稽核，提出了改进的意见与建议。

各项财务和经营目标完成情况良好

1. 实现了主要财务目标

国家电力公司系统1999年末资产总额8735.8亿元,负债总额4676.6亿元,所有者权益4059.2亿元,分别比1998年增长12.5%、10.5%、14.9%。资产负债率为53.5%,比1998年下降1个百分点。年发电量2706.6亿kW·h,购电量6284.9亿kW·h,售电量8179.1亿kW·h。实现产品销售收入2798.3亿元,实现利税313.7亿元,其中实现利润86.7亿元。

2. 各项经济政策基本得到落实

初步统计,因执行国家有关优惠政策,已落实的资金共292.6亿元。其中:经营基金转国家资本金118.1亿元;三峡基金、电建基金和供电贴费101亿元;农网改造国债转贷资金40亿元;财政拨补流动资本、所得税退税和小型基建资金9.07亿元;高等院校、中专技校的预算外资金返还1.18亿元;事业单位财政经费和房改经费4.9亿元;财政基建和技改贴息0.886亿元;下岗职工生活补助0.488亿元;技术开发费预算已经国家有关部门批准,落实技术开发费1.7亿元;协调解决天生桥、大化电站耕地占用税问题,减少税负6000余万元等;在落实税收政策方面,解决资本金上移后重复缴纳印花税问题取得了一定进展,涉及印花税总金额约1.25亿元;向国家有关部门申报"债转股"企业24家,其中,有9户企业已进入国家经贸委前三批推荐名单,涉及金额82.6亿元。

此外,认真贯彻落实党中央、国务院关于军队、武警部队与所办企业脱钩的决定,把武警水电指挥部所属12个企业的脱钩工作,作为一项重要的政治任务来完成,做好接收工作,区别情况,制订和落实方案。

但是，1999年财务工作也还存在许多问题和不足，亟待改进。主要表现在：①人员的素质有待进一步提高；②财务管理现代化的步伐进展不快；③存在潜在的财务风险，如应收电、热费中存在大量潜在的坏账损失，递延资产消化困难，存在大量的报表外控股亏损电厂等；④乱投资、乱借款、乱担保问题还未得到根本治理，对担保风险的认识普遍不足，管理比较粗放。这些问题，都需要在今后的工作中认真加以解决。

发输电生产与安全运行

综述

1999年是国家电力公司按照企业化运作的第二年,公司实体化运营取得实效,各项经济技术指标完成较好,保证了国民经济、社会发展和人民生活的用电需要。

截止1999年底，国家电力公司全资及控股机组容量为1.47亿kW。其中：水电装机3270万kW，火电装机11430亿kW。1999年，国家电力公司发电量完成6370亿kW·h，比1998年增长5.4%。其中，水电完成990亿kW·h，增长6.5%；火电完成5380亿kW·h，增长5.2%。售电量完成7990亿kW·h，比1998年增长6.9%；供电煤耗完成379g/(kW·h)，比1998年降低2g/(kW·h)；线损率7.42%，与1998年基本持平。

公司系统安全生产形势相对稳定

1. 1999年安全生产情况

1999年，国家电力公司系统全体干部职工深入贯彻江泽民总书记等中央领导同志关于安全生产工作的重要指示精神，坚持"安全第一，预防为主"的方针，进一步完善安全生产的法规、制度，落实安全生产责任制，积极开展安全大检查，加大安全生产宣传、教育的力度，努力提高安全管理的科技含量。在电网规模不断扩大，设备数量不断增加，城网和农网改造任务十分繁重的情况下，较好地处理安全生产与其他工作的关系。人身死亡事故和设备事故逐年减少。据统计，国家电力公司系统人身死亡69人，比1998年同期减少15人，下降17.9%，其中吉林、河北、天津、华东直属、湖北、江西、华中直属、重庆、宁夏、广西、南方公司和华能国际等公司实现了生产、基建人身死亡零目标；在电网容量增加、系统不断扩大的情况下，去年没有发生大的电网事故和大面积停电事故。电力生产设备事故也有较大幅度下降。1999年共发生设备事故915次，比1998年减少255次，下降21.8%。总体上看，1999年通过广大干部职工辛勤工作，国家电力公司系统安全生产情况保持了比较平稳的局面。

2．安全生产主要工作

(1) 结合安全形势的变化、安全工作的要求，召开了三次安全电话会议布置安全工作。

3月9日，召开国家电力公司系统安全生产电话会议。目的是为了进一步贯彻国家经贸委全国安全生产工作会议和"关于加强1999年电力安全生产工作的通知"精神，回顾总结近一个时期以来安全工作的经验和教训，克服麻痹思想，做好全年的安全工作。

8月20日，国家电力公司系统的安全生产紧急电话会议，高严总经理和陆延昌副总经理作了重要讲话，会议是针对7、8月份全国电力系统大的事故接连不断的不安全状况及由此暴露出来的一些地区放松安全管理的问题，提出了加强安全管理要求。

9月21日，国家电力公司召开保国庆50周年迎澳门回归安全可靠供电电视电话会议，陆延昌副总经理作了重要讲话。会议对国庆50周年大庆及澳门回归期间的保电工作进行了进一步部署和动员，对万无一失地确保了国庆50周年大庆的安全供电起到促进作用。

(2) 5月11～14日，国家电力公司在山东济南召开全国安全处长座谈会。公司有关领导在会上作了重要讲话，会议的主要任务：一是在电力体制改革不断深入的形势下，如何理顺国家电力公司系统安全管理的关系，如何解决新形势下出现的一些新的问题；二是研究适应改革和形势发展的需要，着手制定国家电力公司系统《安全工作规定》、《电力生产事故调查规程》。

(3) 组织有关专家完成国家电力公司《安全生产工作规定》的起草工作和《国家电力公司电业生产事故调查规程》、《输电网安全性评价标准》的编写工作，并在一定的范围内进行讨论、修订。

(4) 4月27～29日，在江苏省镇江召开电力生产事故统计分析工作会议，会议总结了近几年电业生产事故统计工作，对进一步做好事故统计分析工作进行了交流和讨论，并解决了现有程序存在的2000年问题，推出湖南电力公司的电力生产事故统计分析程序。

(5) 湖北省荆门电厂作为国家电力公司电厂粉尘治理的试点单位，年初对该项目进行认真调查，跟踪服务。6月底该厂已完成规划，并通过国家电力公司组织的审查。

(6) 发出电力事故通报14期，电力事故快报12期，及时报道了事故情况。对于事故多发时段，为加快信息报道，采取一期多报的形式；对相同事故性质，进行了集中报道，并认真分析，提出要求。

(7) 阜新"8.19"特大事故发生后，国家电力公司成立事故调查领导小组、工作组和专家组，国家电力公司有关部门在事故调查和准备中按照公司领导的要求作了大量协调、调查和分析工作，保证了调查工作的顺利进行。

(8) 为加强安全生产教育和宣传，提高《电力安全技术》、《电力安全录像专辑》的出版质量，扩大发行量，使其更好地服务于电力安全生产，召开了《电力安全技术》、《电力安全录像专辑》业务工作会议，并调整了编审委员和编辑部成员。

(9) 参加电力企业特大、重大事故调查工作及有关的协调工作。

(10) 随着东北电力分公司的成立，东北电力管理体制的变化，及时提出了东北分公司对辽、吉、黑三省电力安全监督管理的意见。

(11) 对近几年的安全生产和安全管理工作成绩突出的先进单位和个人，由国家电力公司审核并进行了表彰。

加大结构调整和技术改造力度，加强生产技术管理，提高发电企业整体素质

根据国务院关于调整经济结构，关停规模效益差、浪费资源、污染环境的小火电机组的指示和提高企业管理水平的要求，国家电力公司加大了电力工业结构调整和技术改造力度，重视发电企业生产技术管理，依靠技术改造和技术进步推进发电企业的产业升级和实施电力可持续发展战略，提高了发电企业整体素质和市场竞争力，促进了电力企业的改革和发展。

为了贯彻国务院关于关停小火电机组的文件精神，在6月份国家电力公司与国家经贸委联合召开了全国关停小火电机组电视电话会议，之后，国家电力公司又召开了关停小火电机组工作会议，进一步贯彻落实国务院关于关停小火电机组的指示精神，部署国电公司系统调整结构，实现产业升级的具体步骤，落实国家电力公司系统1999年小火电机组关停计划和制定2000年关停规划。同时组织制订并颁发了《国家电力公司关停小火电机组管理办法》等综合配套措施，对关停工作的组织管理，关停的任务和目标，分流人员的安置，技术改造原则等提出了指导性意见。通过各网、省电力公司的共同努力，创造性地工作，千方百计安置分流人员，1999年完成了关停小火电机组182.4万kW，总计135台，实现了1999年的关停任务。

在电力结构调整中，坚持把关停小火电机组与机组技术改造相结合，与实现产业升级相结合，坚持机

组改造遵循“安全性、可靠性、经济性、可调性和满足环保要求”的原则，通过技术改造，提高发电机组的经济性，改善机组的可靠性，提高调峰能力，实现污染物达标排放。在1999年完成了2台300MW燃煤机组的现代化改造，改造后，供电煤耗降低15g/(kW·h)，调峰能力提高，最低不投油稳燃负荷达到40%额定负荷。对8台200MW燃煤机组的汽轮机通流部分实施了改造，供电煤耗平均下降10g/(kW·h)，调峰能力明显提高。与此同时，利用德国政府贷款进行13台苏制210MW燃煤机组的汽轮机低压缸改造项目合同开始生效。结合利用国债专项资金项目，组织完成了公司系统2000～2001年利用贴息贷款进行技术改造的20多个项目建议书的审核和上报工作。主要有火电厂烟气脱硫、循环流化床改造，燃煤机组节能环保改造和水电站水轮发电机组的提效增容改造等项目。目前，望亭发电厂14号300MW燃煤机组的改造工作正在实施中，其他项目正在审批过程中。

在发电厂生产技术管理方面，注重基础管理工作，抓发电厂生产管理的制度建设，完成了部分规程、规定的制订、修订工作。主要包括组织有关专家对《汽轮发电机运行规程》进行了修订，并正式颁发实施。配合电规总院“火力发电厂设计技术规程”修订工作，组织生产部门有关人员进行调查，提出了该规程的修改意见，把生产部门的意见反映在修订的规程中。根据电力集团公司逐步改为分公司的改革方案，有一部分发电厂和供电企业将由国家电力公司直接管理，需要加强对这部分电力企业技术改造工作的管理和对分公司有关技改方面授权的细化，组织起草了“国家电力公司分公司更新改造和技术进步管理办法”。为了更好推动安全生产，有目标、有重点地防止重大恶性事故，已组织有关电力公司人员对《防止电力生产重大事故二十项重点要求》进行修订。同时，在加强技术监督工作，不断完善技术监督手段，提高设备健康水平方面作了一些工作。对发供电设备出现的一些重要质量和技术问题进行了专题研究。对上海汽轮机厂生产的国产引进型300MW机组高温螺栓断裂比较严重的情况，组织热工院等有关单位进行原因分析，提出了分析报告，并召开了国产引进型300MW机组高温螺栓断裂研讨会，印发了会议纪要，进一步明确了有关事项，对该型300MW机组的安全运行提供了保证。组织制定解决水电站计算机Y2K问题的措施和处理工作，编制测试大纲，监督措施的落实，使水电站计算机Y2K问题圆满得到解决，未发生千年虫问题，实现了水电站和国家电网的安全运行。

在电力防汛和大坝安全监察工作方面，对公司系统防汛工作进行全面部署，组织对防汛重点工程抽查，组织进行了28座水电站的安全定检工作，保证电力设施的安全运行，保证了抗洪抢险的电力供应，实现了安全度汛。在1999年与大坝中心联合举办了“水电站大坝安全管理厂长总工培训班，有160多人得到培训。

加快基础设施建设，积极推进城市电网建设改造工程

1. 抓紧城市电网项目立项开工，加强城网工程质量管理

(1) 1998年国家电力公司积极贯彻党中央、国务院关于加快基础设施建设、扩大内需、促进国民经济稳定持续增长的重大举措，召开了三次工作会议，转变思想，统一认识，研究加快启动城网工程、加强工程管理的措施。1999年春抓紧贯彻落实国务院2月初关于加强基础设施工程质量管理工作会议精神，转发了国务院国办发［1999］16号文和国家计委文件，并相应编制、颁发了国家电力公司关于加强城网工程质量规定、规范招投标、监理制等“五制”管理和部署审计、监察工作等近30项文件；编印了《城市电网建设改造文件汇编》和《城市电网建设改造标准汇编》(包括规划设计篇、设备选型篇)；先后召开了三次城网工程质量与进度专题工作座谈会；并组织进行两次城网实施状况检查、调查，开展了审计互查。初步实现推进城网工程健康发展，各网省电力公司认真担负起项目法人责任，竣工工程质量良好，一批城网工程初见成效。

(2) 在1998年启动国家电力公司系统81个城网项目（全国86个城网项目）开工基础上，1999年进一步制定规范、规定文件，组织完成国家电力公司系统各省、地、市级城网项目可行性研究（综合）报告的编制和评审复核工作；并受国家计委委托对广东、海南等省城网综合可研报告进行了评审复核，提出了复核意见。向国家计委上报了“关于全国城市电网建设与改造项目可行性研究的评审复核情况的汇总报告”。从而确定了国家电力公司系统涉及28个省市241个城网，建议改造工程投资总规模1206亿元(全国涉及30个省市275个地市级城网，建设改造工程总规模1283亿元)。进而组织各网省公司落实银行贷款承诺和工程设计审查等前期工作，配合国家计委批复了国家电力公司系统199个城网可行性研究报告(全国226个)，并批复国家电力公司系统163个（全国178个)，即约82%的城网项目启动开工。城网项目可行性研究审查复核结果和1999年底止已批复可研项目概况以及开工城网形象进度完成情况见下表。

城网项目可行性研究结果及1999年底止已批复可研项目概况

单位：亿元，个，MV·A，km

范围	各省城网可行性研究结果							已批复可研		待批复可研	
	城网项目数	可研投资总规模	其中资本金	主要设备工程量				城网项目数	资金规模	城网项目数	资金规模
				变电		线路					
				35～220kV变电容量	10kV配电容量	35～220kV线路	10kV线路				
国电	275	1283.6	256.7	84025	18325	19419	58854	226	1199	49	90.7
全国	241	1206.1	241.2	76739	17583	17749	54466	199	1129	42	83.5

已开工城网工程形象进度完成情况

单位：亿元，个，MV·A，km，%

范围	已开工城网数量	已批复开工城网的可研总投资	至1999年底累计完成情况						1999年度计划情况		
			累计完成资金	完成资金占可研总投资比例	35～220kV变电容量	10kV配电容量	35～220kV线路	10kV及以下线路	国家批下计划投资	1999年完成投资	完成资金占计划投资比例
国电	178	1130.4	385.9	34.1	25027	4919	5690	42946	378.5	247.1	65.3
全国	163	1070.2	367.2	34.3	24195	4890	5025	42070	354.1	235.1	66.4

(3) 配合国家经贸委审查和编制第三批城乡电网建设改造所需设备的生产厂家和产品推荐目录。结合城乡电网工程特点，组织编制城乡电网建设改造用变压器、断路器、线路、电能表等12类主要设备招标书范本技术文件，规范招投标工作，贯彻国家关于城网工程采用国产设备的要求。电力企业根据设备推荐目录，实行招投标，采购国产设备，确保了设备质量，控制了工程造价，避免了不正之风，同时对拉动国内机电产品的生产增长起到了积极的作用。

(4) 一批城网工程稳步进展，产生了明显的社会效益。1999年国家计委批复国家电力公司系统163个城网项目年度计划投资354亿元，实际完成235亿元，完成比例66.4%；全国178个城网项目年度计划投资378亿元，实施结果实际完成247亿元，完成计划投资比例65.3%。

工程实施两年来，国电公司系统163个城网工程累计完成资金367亿元，两年年度计划资金平均完成率70%，新增10kV及以上变电容量约2900万kV·A、线路27000km，380V线路20000km，完成一户一表改造250多万户。1998年先期启动开工的81个城网当中，北京、宝鸡、昆明、唐山、开封、武汉、延安、大庆等一批城网项目资金和工程量完成较好，年度计划资金完成率达到86%以上。北京、宝鸡等一批城网已初见成效，供电企业通过了国电公司一流供电企业的验收命名。

1998年国电公司系统启动开工的81个城网工程，1999年城网居民用电量普遍增长较快，有38个城网居民年用电量增长率普遍达到10%以上，天津、贵阳、长春、郑州、武汉、南昌、南宁、重庆、成都、长沙等城市1999年比1997年增长了27%以上，北京市1999年比1996年增长了70%。城网电压合格率达到96%～98%，普遍提高了2～5个百分点。如宝鸡、许昌等城市近郊居民用电电压由170V恢复到了220V正常范围。供电可靠率普遍提高了0.1～0.3个百分点。昆明、天津等城市中心区电缆比重达到65%以上。

所有取得的成果充分说明加快城网建设改造是十分必要的，社会舆论和各地市政府都给予了充分的肯定。实践证明城网工程确实是德政工程、民心工程、效益工程。

2．规范线损管理工作

为适应公司化运营的要求，加强对线损工作的管理，年中先后召开两次线损管理研讨、座谈会，初步理顺了国家电力公司系统线损管理统计分析管理渠道，明确了统计分析管理工作要求。开始每月报送统计分析快报报表。

3．积极推进电力生产系统彻底解决计算机2000年问题

与国家电力公司有关部门密切配合，完成了对供电企业计算机2000年问题的清查、测试、整改、全国联合测试和验收的组织、指导、检查工作。

4．全国联网工作

参加了输电网方面全国联网、输变电工程的可行性研究、初步设计审查。

5．重点抓好输变电设备质量管理

(1) 组织编写并发布了变压器类、开关类等设备

运行、统计及调查分析报告（三项）。

(2) 组织修改、颁发了《高压开关设备管理规定》、《高压开关设备质量监督管理办法》、《高压开关设备反事故技术措施》三个开关专业管理文件。召开开关工作会，积极推进开关专业在新的形势下管理工作的规范化。

6. 开展配网自动化的探索、试点工作

积极开展调查研究，组织力量制定和颁发了《10千伏配网自动化发展规划要点（试行）》、《配网自动化终端设备通用技术条件（试行）》，重视试点经验，研讨配电网地理信息系统的功能要求。

7. 增进国际交流

主持与法国电力公司进行输电技术及管理研讨会、组织召开与日本九州电力公司关于配网自动化的研讨会。

此外，组织课题组还开展了直升机电力作业课题的研究、调查，制定了课题的进度计划，与俄罗斯有关公司进行了应用方面的专题研讨。

转变观念，开创市场营销新局面

1. 电力营销工作

(1) 1999年10月16～18日，在贵阳召开国家电力公司市场营销工作会议，提出了构筑面向21世纪的电力营销战略，将建立适应市场经济的电力营销体系，把面对市场、开拓市场作为当前和以后一个时期的工作重点。会议提出的电力营销工作任务和目标具有很强的指导性、针对性和可操作性。同时表彰了一批近年来在增供扩销、电费回收、优质服务工作中有突出成绩和贡献的先进集体和先进个人。

(2) 大力开拓电力市场，增供扩销初见成效。各级市场营销部门面向市场，加大了营销力度。积极配合国家环保政策，努力实施以电代煤，以电代油，以电代气，以电代柴工程；积极推行“一户一表”工程和城市光亮工程，发展电力客户；加强需求侧管理，充分利用低谷电能，提高电网负荷率。据营销部门统计，公司售电量完成7995.11亿kW·h，同比增长6.46%。

(3) 认真执行《国家计委、财政部关于降低电解铝等有色金属企业电费及免征有关政府性基金的通知》（计价格（1999）977号），对13家铝厂实行降价让利，并组织有关网省公司积极做好方案并实施。1999年约让利4亿元。

(4) 1999年8月，国家电力公司召开了新闻发布会，向社会公布了取消限制用电政策，并通报了1～6月电力生产经营情况；调整电力结构，关停小火电情况；城网改造情况；收取空调增容费及超用电计划增加收费核实情况。

2. 电费回收情况

(1) 电费回收克服种种困难，基本遏制了电费回收率连年下降的趋势。据各网省公司营销部门统计，1999年度，全系统当年应收电费3314.43亿元，实收电费3288.81亿元。当年发生新欠电费25.62亿元，电费回收率99.23%；1998年及以前陈欠电费由1998年末的214.19亿元压降到180.35亿元，陈欠电费回收率15.76%。欠电费总额205.97亿元，比1998年末的欠电费总额下降了8.22亿元，这是1993年以来首次取得欠电费总额下降的好成绩。

(2) 为贯彻1999年5月国务院办公厅转发的国家经贸委《关于清理整顿小玻璃厂、小水泥厂意见的通知》，下文要求各供电部门积极配合国家有关部门的清理整顿工作，对依法取缔、关闭的小玻璃厂和小水泥厂停止供电，并依法清偿电费债务，防止形成坏账。

3. 电能计量工作

(1) 围绕媒体关于“电表和煤气表为何走得快”及电能计量管理工作的需要，1999年6～8月先后组织了两次对28个网、省（市）电力局（公司）158个地市供电企业管理的运行中居民用单相电能表的抽测工作，大部分省会供电企业的抽测工作是与当地省级技术监督局成立执法检查小组共同开展的，比较真实客观地反映了电能表的质量问题。抽测结果反映：①电能表制造质量太差；②国家受损严重；③我国生产的电能表与国际上先进国家生产的电能表从质量和一次使用寿命期相差太悬殊。

(2) 针对IC卡式电能表的技术质量问题，国家电力公司组织所属网、省电力公司对卡式表使用中的情况进行了认真总结和分析，并组织质检中心对卡式表的技术及质量问题进行了验证，确认卡式表存在抗干扰能力脆弱，质量问题突出；易发生用电纠纷，控制方式有违于电力法规的规定；价格高、寿命短、综合效益差、使用风险大；难以适应电价变动和鼓励用电政策的要求等问题。1999年9月下发了《关于装用IC卡式电能表有关问题的通知》（国电发（1999）465号），明确在城乡居民“一户一表”改造工程中不宜选用卡式表。

(3) 制定了《单相交流感应式长寿命技术电度表订货技术条件》、《静止式单相交流有功电能表订货技术条件》、《单相交流感应式电度表订货技术条件》、《预付费交流有功电度表订货技术条件》，并于1999年7月发布试用。

4. 规范电价秩序

进一步规范电价秩序。为贯彻落实中共中央、国务院精神，制止乱加价、乱收费行为，切实减轻用电企业的负担，参加了国务院减负办组织的检查组，对四川、重庆的电价清理整顿情况进行检查核实。

5. 加强基础工作

(1) 加强统计分析，夯实营销工作基础。为加强电费回收管理，及时准确掌握电力销售和电费收缴动态，1999年5月起进一步规范和统一了电费收缴情况的统计与上报工作，严肃报表制度，保证了信息的准确、可靠、可比和及时反馈。同时，于年末下发了《关于加强电力营销情况综合分析工作的通知》，针对电力营销工作情况，初拟了《电力营销综合分析》大纲。统计分析工作的加强，为公司系统的营销决策提供了强有力的支持。

(2) 根据《用电检查管理办法》和原电力部“关于用电检查人员资格认可有关问题的通知”（综合[1998] 7号）要求，国家电力公司发输电运营部1999年组织进行了一级用电检查人员资格认可考核工作。各网省公司依法按程序认真组织了一级用电检查人员资格认可的申请、初审和考务工作。经过申请、初审、考试、评审等法定程序，公司系统考核通过3743人（申请考核7570人，参加考核6433人），合格率为58.18%。

(3) 为解决Y2K问题，根据国家电力公司的统一部署，编写了《变电站监控系统Y2K问题测试大纲》（参考）和《负荷管理系统Y2K问题测试大纲》，指导和帮助各网省公司对变电站监控和负荷管理系统Y2K问题进行有效测试并确定整改措施。

公司实体化运营

1. 葛南直流运行情况

1999年是国家电力公司实体化运营的第一年，葛南直流完成了交换电量22亿kW·h的年度送电计划，比1998年的交换电量18亿kW·h，提高了约22%，其中华中电网送华东电网18.5亿kW·h，华东电网在枯水期送华中电网3.5亿kW·h。增加的送电量主要安排在丰水期，对缓解华东电网夏季迎峰度夏的压力起到了作用，减少了华中电网水电的弃水，进一步发挥了葛南直流的联网效益，促进了两网间的电力资源优化配置。

1999年葛南直流系统能量可用率85.9%，比1998年提高了11.5个百分点，计划能量不可用率为12.7%，强迫能量不可用率为1.4%，分别比1998年下降10个和1.5个百分点。双极同时运行率达到81.7%，比1998年提高了39.2%个百分点。

1999年葛南直流经营收入比1998年增加了2500万元，由1.9亿元增加到2.15亿元。

2. 三峡电站送出配套工程

500kV长万I回线（163km），1998年6月竣工后一直处于停运状态。重庆电力公司通过进行系统电压实测试验、在白鹤电厂50MW机组做进相试验和在高峰变电站加装低压电抗器等工作，落实了各项技术措施，使长万I回线于1999年11月26日投入正常运行，开始发挥作用。

开展网厂分开竞价上网的试点工作取得阶段性成果

1. 积极推进模拟电力市场

为了提高发电企业管理水平、降低成本，提高效益，为建立发电侧电力市场做好准备，1997年11月19日国家电力公司在井冈山召开了电力模拟市场研讨会，会议交流了电力系统开展模拟市场的经验。并要求各网省电力公司立即启动建立内部模拟电力市场，促使发供电企业加强管理，降低成本，提高竞争力。

2. 明确“网厂分开竞价上网”为电力体制改革的重点

在1998年初召开的全国电力工作会议上高严总经理根据国务院领导的要求，提出电力体制改革的重点工作之一是实行网厂分开竞价上网。经组织有关单位对山东省、河南省、云南省、浙江省、上海市进行了调查研究，于6月份提出了《实行网厂分开建立发电侧电力市场的实施方案框架（试行）》，并明确了浙江、山东、上海三省（市）为试点单位。陆延昌副总经理主持召开了3个试点单位参加的研讨会，国家电力公司总经理办公会议两次听取汇报并专门研究，形成了方案框架，于1998年8月26日以国电安运[1998] 388号文正式报国家经贸委，请求政府推动这项工作的开展。

3. 政府推动

1998年9月24日，国家经贸委电力司在杭州主持召开了“网厂分开建立发电电力市场研讨会”，政府部门开始正式推动这项工作的开展。经贸委提出了“关于电力工业实行网厂分开若干问题的意见”，并于1998年12月8～10日在北京分别邀请部分网省电力公司、地方经贸委、电力发电公司进行讨论，以推动网厂分开工作；1998年11月份，吴邦国副总理要求将东北三省纳入试点单位，国务院办公厅以国办发[1998] 146号文转发了国家经贸委“关于深化电力工业体制改革有关问题意见”，意见中明确了在东北三省开展网厂分开竞价上网的试点工作；1999年3月9日国家经贸委以国经贸电力[1999] 161号文下发了“关于进行厂网分开竞价上网试点有关问题的通知”；为了有计划的分步实施，将工作做得扎扎实实，国家经贸委就“网厂分开、竞价上网”工作的开展情况进行了分析后，于1999年9月3日下发了“关于做好厂网分开竞价上网试点工作有关问题的通知”提出了“厂网分开竞价上网”试点工作存在的问题，并对试点工作进行了规范。

4. 明确了建立发电侧电力市场工作要点

1998年7月7日，陆延昌副总经理在北京主持会议，听取了试点单位的情况汇报，会议明确提出了试点单位的工作要点：

(1) 组织制定“网厂分开建立发电侧电力市场方案和实施意见”。

(2) 组建规范的市场竞争主体——独立发电公司。

(3) 积极配合地方政府组织编写《市场运营规则》、《市场监管规则》。

(4) 组织建设和改造用于电力市场运营的技术支持系统。

5. 试点工作进展情况

(1) 制定了“试点方案和实施意见”。

	竞价模式	上报国家电力公司	国家电力公司批复	上报地方政府
浙江	差价合约方式	1999.07.01	1999.09.10	1999.10.08
山东	竞价上网双轨制上网电价方式	1999.08.28	1999.09.29	1999.6月底报讨论稿；10月14日报国家电力公司批复后的修改稿
上海	期、现货交易方式	1999.09.02	1999.09.29	1999.7月报讨论稿；10月份报国家电力公司批复后的修改稿

(2) 组建规范的市场竞争主体——独立发电公司。

	浙江	山东	上海
独立发电公司组建情况	1. 东南电力股份公司（台州、萧山） 2. 嘉兴发电有限责任公司 3. 温州发电有限责任公司 4. 北仑电厂一期 5. 北仑电厂二期 6. 镇海电厂与半山电厂 7. 乌溪江和紧水滩水电厂为省公司的分公司（电网调峰）	1. 山东国际电源开发股份有限公司 2. 山东中华发电股份有限公司 3. 山东华能发电股份有限公司 4. 临沂发电有限责任公司 5. 聊城热电有限责任公司 6. 鲁能集团公司 7. 华能淄博发电有限公司 8. 渤海热电有限责任公司 9. 集资电厂：沾化电厂、黄台发电厂、黄岛发电厂、龙口发电厂、菏泽发电厂、潍坊发电厂、青岛发电厂、济宁发电厂、威海发电厂	1. 华能石洞口第二电厂 2. 上海闸电燃气轮机发电有限公司 3. 上海电力股份公司 4. 正在组建外高桥电厂（一期）发电公司、外高桥二期发电公司、石洞口发电公司、吴泾电厂六期发电公司、吴泾电厂八期工程项目公司

(3) 配合地方经贸委制定《市场运营规则》及《市场监管规则》。

	市场运营规则	市场监管规则
浙　江	完成	完成
山　东	完成	完成
上　海	完成	完成

国家电力公司在试点单位工作的基础上，结合我国电力市场的实际，在国家经贸委的支持下，初步形成了《运营规则框架》和《市场监管规则》框架。其主要内容：

续表

运营规则框架	市场监管规则框架
1. 总则	1. 总则
2. 市场管理	2. 监管机构
3. 预调度计划	3. 监管机构的职责、权限及运作程序
4. 调度运行	4. 监管对象及内容
5. 电网安全	5. 许可证制度
6. 竞价模式	6. 电力市场的主体及市场规则
7. 计量、结算和支付	7. 各类标准的监管和用户相关事宜
8. 通信及市场信息发布	8. 监管机构的资金来源及财务审计
9. 地方电厂的调度运行及结算	9. 争议的解决与处理
10. 市场干预和市场运行终止	10. 法律责任
11. 名词解释	11. 附则

6. 发电市场

技术支持系统建设和改造完成并在线考核运行，系统运行情况基本正常

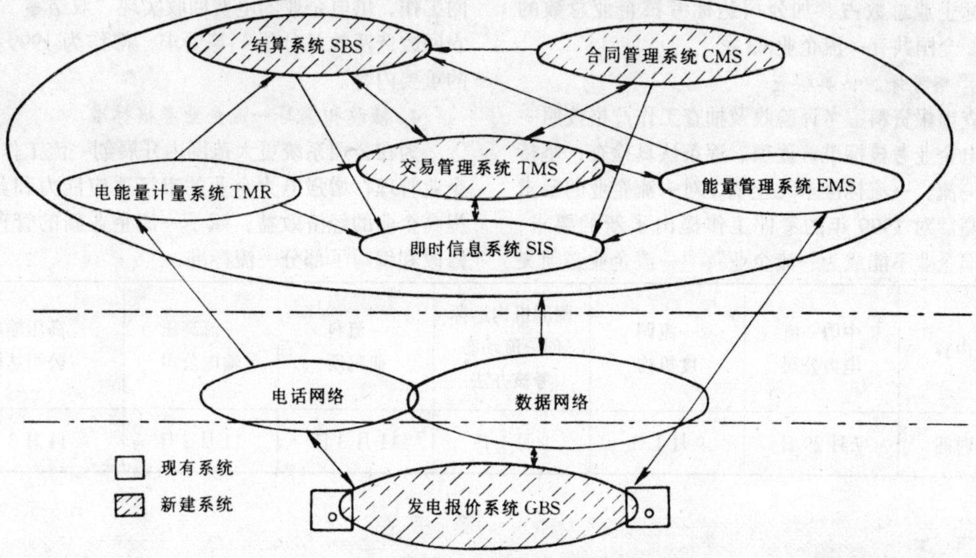

图1 发电市场支持系统逻辑结构示意图

(1) 浙江、山东、上海电力市场技术支持系统建设情况

	浙江	山东	上海
电能量计量系统(TMR)	Y	Y	Y
交易管理系统(TMS)	Y	Y	Y
能量管理系统(EMS)	Y	Y	Y
结算系统(SBS)	Y	Y	Y
合同管理系统(CMS)	Y	Y	Y
即时信息系统(SIS)	Y	Y	Y
发电报价系统(GBS)	Y	Y	Y
数据网络系统(SPDnet)	Y	Y	Y

(2) 模拟运行情况

	浙江	山东	上海
离线试运行时间	7月24日	7月1~7日	8月
在线试运行时间	10月10日	10月	10月
试运行情况	基本正常	基本正常	基本正常
存在的问题	由于牵涉到系统硬件安装、软件完善等工作,系统运行中断时有发生	1. 数据网络问题; 2. 是否符合电力市场规则,还需要规则批准后检验	在电力市场模式下交易计划编制和执行与传统的发电计划编制和执行模式的相容性问题

加强企业管理,认真做好达标创一流工作

经过努力,各电力企业管理水平均有了很大提高。

1. 达标创一流工作基本情况

1998年度达标创一流申报单位:贵溪电厂、哈尔滨第三发电厂、双辽发电厂、石横电厂、潍坊电厂、黄岛电厂、十里泉发电厂、宁夏大武口发电厂、德州电厂、军粮城电厂、华能淮阴发电有限公司、华能南京电厂、天生港发电厂、安徽淮南平圩发电有限责任公司、芜湖发电厂、嘉兴发电厂、汉川电厂、石门电厂、武汉华中华能发电股份有限公司、威海发电厂、广州珠江电厂、深能集团发电分公司(妈湾发电总厂),宝鸡供电局、北京供电局、石家庄供电局、日照电业局、枣庄电业局、潍坊电业局、淄博电业局、济南供电局、银川供电局、南通供电局、盐城供电局、德州供电局、鲁布革发电厂、漫湾发电厂、山东电力调度中心等37家发供电企业及调度机构。各公司能够严格按照一流标准认真检查本公司申报的一流企业,按照国家电力公司对发供电企业考评验收的要求,坚持高标准、严要求,坚持实事求是、客观公正的进行了检查后向国家电力公司申报。

2. 达标创一流工作成果显著

1999年经检查、审核批准1998年度达标的发供电企业、科研院(所)、调度机构共40家;命名的一流发供电企业37家。到1999年底,全国已有151个火电厂,51个水电厂和231个供电局、26家电力科研院(所)、16家调度机构共475个单位获得了达标企业的称号,分别占参加达标考核火电厂、水电厂和供电局企业总数的89%、92%和93.5%。发供电企业的达标企业总数占参加公司达标考核企业总数的91.5%。全国共有一流企业63家。

3. 严格考评、认真检查

审查申报资料、考评验收及抽查工作严格按照一流发供电企业考核标准，逐项、逐条认真检查；坚持动态创一流，一流标准永无止境，对一流企业的要求不断提高。对1999年的考评工作提出了新的要求，如“亏损企业不能成为一流企业”，“一流企业必须突出以经济效益为中心，发电企业的厂网分开、竞价上网工作，供电企业的电费回收实现“双结零”和城网农网改造及效益分析”等要求，都作为1999年考评的重要内容。

4. 修改和编写一流企业考核标准

为在公司系统更大范围内开展创一流工作，加强企业管理，增强电力企业的市场适应能力和竞争力，提高企业的经济效益，赋予一流企业新的管理内容，修改和编写了部分一流标准：

标准内容	中国一流电力公司	一流调度机构	调度机构达标创一流动态考核办法	一流科研院所	一流高压输电公司	高压输电公司达标
颁布时间	7月29日	9月1日	9月1日	11月3日	11月3日	11月3日

电力调度

国家电力调度通信中心

国调中心作为国家电力公司内设机构，积极适应新形势的要求，贯彻国家电力公司“二型二化管理的国际一流公司”的整体思路。围绕公司1999年5个目标、8项重点工作以及6项考核指标和国调中心1999年工作思路和重点工作安排，以整风精神搞好“三讲”，基本完成实时调度和本部制后的作风转变，依法积极全面推进电网调度管理工作。调度工作以安全生产为基础，以全网效益为中心，以最大范围内能源资源优化配置为目标，以科学管理和先进技术为手段；面向全国联网，研究网厂分开的新情况，探索电网调度运营新机制，努力探索和实践“三公”调度、优化调度；坚持两个文明一起抓，提高调度系统整体素质水平。

扎实开展安全年活动

为确保改革的健康发展，针对1999年大事多、喜事多的特点，在全国调度系统中开展了1999安全年活动。保证了国家一系列重大政治活动、主要城市市政的安全可靠供电；满足了社会用电需求，起到了积极的作用。

(1) 各级调度机构均成立安全保电领导小组，认真贯彻国电公司安全电话会议精神，抓调度系统值班人员的职业意识和安全意识教育。同时，国家电力公司于8月份颁发了《安全年活动考核奖惩办法》，使安全年活动进入了定量考核阶段。

(2) 调度安全状况明显好转。1999年全国未发生电网稳定破坏事故；全国调度责任事故由1998年的5起下降为2起。主要电网事故由1998年的73起下降为40起，220kV以上电厂、变电所全停事故由1998年的31起下降为11起，局部电网解列事故由1998年的9起下降为6起。国调中心下达操作命令票183张，处理故障、异常60余次，全部正确无误。

(3) 提高了处理事故的能力。福建调度在抵御超强台风袭击；东北、辽宁调度在抗击罕见大暴风雪的过程中，表现出了很强的战斗力和处理电网突发事故的能力，保护动作2104次无一差错，最大限度地保证了电网的稳定运行。

(4) 以高度政治责任感和完善的措施，确保了50周年大庆及澳门回归供电。另外国调中心专门组织调度系统分8个小组在全国进行了互查和抽查，共查出大问题115项都逐步加以解决。同时精心安排运行方式，制定各项组织措施和技术措施，特别加强重要用户和场所的保电措施，准备大量的反事故预案，事先进行多次、多层次反事故演习。

(5) 在对全国电网的安全水平进行深入调查的基础上，从国情出发，组织修订稳定导则，适度提高电网的稳定标准。目前，导则修订工作已进入审定阶段。

联合攻关解决Y2K问题

Y2K的问题是举世瞩目的大事，国务院和国家综合部门给予高度的重视。为防范风险，国电公司提出了保证安全的五道防线原则，并明确测试期间Y2K技术问题由国调中心负责，调度指挥系统由国调中心牵头。为此，在科技环保部统一协调下，国调中心制定了技术方案和保电方案，国调中心和国调生产服务中心全体职工齐心协力，成功地进行了测试组织指挥并圆满、顺利地完成了进入2000年的各项工作。

重点开展的工作

1999年全国累计发电量完成11902.08亿kW·h（调度旬报数），比上年同期增长5.78%，完成预期目标12000亿kW·h的99.18%。1999年通过市场机制来推进电网经济运行工作，重点开展了以下工作：

(1) 发挥大电网优势，实现大区之间的能源资源优化配置。精心组织华东、华中互联电网的调度运行，1999年完成华中电网净送华东电网电量15.0034亿kW·h，交换电量21.89亿kW·h，100%完成了全年两电网间的电力电量交换计划。1999年直流系统运行指标明显高于上年，全年双极、极1、极2运行率分别达到81.7%、86.4%、85.6%。根据川渝电网电力需求的变化，适时召开座谈会，通过努力最大限度保证了二滩电厂的电力送出，完成发电量50亿kW·h，是调整后计划的94.3%。

国调中心除了积极做好防汛工作，保证水电厂安全渡汛外，还积极协调黄河水调工作，避免水库开闸弃水，仅刘家峡水电厂就减少弃水3亿m^3左右，折合电量约7000万kW·h。

(2) 积极推进“网厂分开、竞价上网”试点工作。在借鉴国外经验的基础上，结合我国的国情和电网的实际情况，先期提出了《电力市场运营规则（参考本）》，对华东、东北6省市的试点工作起到了指导和促进作用。重点抓好电力市场技术支持系统的规范和建设工作，下发了“电力市场技术支持系统功能要求（试行）”并监督落实。三个先期开展试点的省、市的电力市场技术支持系统已按期完成相关工作，为试点工作的顺利进行奠定了必要的基础。

(3) 根据国家电力公司实现全国联网的总体部署，1999年主要开展了全国联网工程前期准备工作：开展了三峡电网，华北、东北联网和阳城等工程调度的前期准备工作，协调解决了东北、华北联网及其联网工程的调度职责、运行控制、信息传输方案等问题；根据国家电力公司的有关规定，按照“五制”的要求，健全了工程组织机构，成立了全国联网工程调度工作领导小组和各工程项目组，制定和完善了有关规定；阳城工程系统调试的准备工作已经启动，调度规程已行文下发，调度启动方案已经多次讨论定稿，安全自动装置的实施方案已经落实，已着手进行阳城电厂投运前有关电网调度的生产准备工作。

强化全国电力系统调度管理

随着电力体制改革的深化，电力市场建设的发展，全国电力调度系统面临新形势和新要求，调度外部环境发生了重大变化，为了加强全国电力调度系统的管理，适应新形势的要求，国调中心在内蒙成功地组织了全国“调度局所长座谈会”。

(1) 通过会议，分析了当前调度面临的新形势，统一了对当前调度活动中出现的若干问题的认识，理清了调度在新的历史条件下的任务和必须认真解决好的主要问题。

(2) 明确了调度机构隶属电网经营企业是与我国社会主义初级阶段经济体制和我国电网现状相适应的唯一电网运行调度管理组织形式。

(3) 会议出台了《对发电企业实施“公平、公正、公开”调度的原则意见》、《加强电网调度系统若干规定》、《电网调度机构本部化工作的若干意见》、《一流电网调度机构考核实施细则修改意见》、《电网调度机构安全文明生产达标动态管理办法》、《电力市场运营规则（参考本）》、《发电侧电力市场技术支持系统功能要求》以及《安全年考核办法》八个重要文件，均以国家电力公司的文件下发。这些文件对当前加强调度系统的管理，指导各项工作的开展，有重要的现实意义。

实现调度运行技术创新

(1) 1999年，国调中心成功地举办了第26届中国电网调度运行会。会议总结了我国电网调度系统依靠技术进步的经验，表彰了技术研究工作好的单位，提出了21世纪初的奋斗目标。

(2) 1999年为了加强跨大区联网所需人才的培养，举办了首期网省调度局（所）长电网技术研讨班，严格调度局（所）长的培训考核工作。

深入开展调度系统达标创一流工作

在全国调度系统深入开展达标创一流工作，是强化调度管理工作的主线。

(1) 1999年有9个网省调度机构通过了达标验收，截至到1999年底，全国已有25个网、省调度机构（占全国网省调度机构的70%）获得了国家电力公司安全文明生产达标企业称号，有一个调度机构——山东电力调度中心通过了国家电力公司组织的一流调度机构验收。

(2) 为了进一步推动调度机构达标创一流的工作深入健康地发展，国调中心在济南成功地召开了达标创一流工作现场会，会议在总结前一阶段达标创一流工作的基础上，提出了做好达标创一流工作的十大关系，为进一步做好达标创一流理清了思路。

(3) 目前华东、福建、河南、湖南等网、省调已提出一流验收申请。

(4) 在推动全国网省调达标工作的同时，为了提高国调中心自身的管理水平，按照“严、细、实”的要求，经过国调中心内部各处室的反复讨论和修改以及征求调度系统的意见，已经草拟出“国调中心安全文明生产实施办法”，决定在国调中心内部实行安全文明生产达标活动，为国调中心争创一流调度机构打好基础。

以整风精神搞好“三讲”教育

根据公司党组的部署，国调中心把“三讲”工作作为重点工作之一。结合新组建领导班子的实际情况，加强班子和队伍建设，完成角色转换。通过开展“三讲”活动，特别是通过自我剖析，党员特别是党员领导干部普遍受到了政治思想教育。结合“三讲”活动，努力做到学习生产两促进、两不误，努力抓好中心和处室两级领导班子和队伍的思想建设、作风建设和制度建设，取得了显著的效果。

电　网　建　设

国家电力公司电网建设分公司

基本情况

1. 机构变动

随着我国电力工业体制改革的进一步深入，国家电力公司确定了打破垄断、引入竞争、降低电价，改善服务、提高效益的改革取向，确立了“两型、两化、国际一流”的改革目标。为实现这一改革目标，国家电力公司把电网建设摆在了一定的位置，要求抓住当前电力供求关系相对缓和和三峡工程建设的机遇，大力调整电力结构，加快电网建设发展。国家电力公司在1999年度设立了国家电力公司系统电网建设管理的职能部门——国家电力公司电网建设部，同时将三峡输变电工程建设的业主单位——中国电网建设有限公司撤销，业主职责移交国家电力公司，组建国家电力公司电网建设分公司（简称：电网公司，与国家电力公司电网建设部合署办公），由电网公司替国家电力公司行使电网工程建设的业主职责。

由于机构、机制变动，电网公司（电网建设部）的领导作了相应的调整，总经理（主任）由霍继安同志担任，副总经理（副主任）由孙家骏、李文毅、苏力担任，总工程师由章龙才同志担任。

调整后的电网公司代表国家电力公司行使电网建设的业主职权，直接负责三峡输变电工程和跨大区、跨独立省网的联网工程以及关系到全国联网的大型送出工程的建设管理；从事与此相关的电力工程咨询、监理、物资设备采购等工作。

2. 输变电工程建设基本情况

1999年，国家电力公司系统内有关网省电力公司建设500kV及330kV输变电工程计划投产5019.5km/581万kV·A，其中500kV输变电工程共计29项，330kV输变电工程共计10项。具体投产的项目有：昌平3号变电所（75万kV·A）、张家坊变电所（75万kV·A）、淮阴变电所（75万kV·A）、贵阳变电所（75万kV·A）、繁昌变电所（75万kV·A）、江都2号变电所（75万kV·A）、厦门变电所（75万kV·A）、临沂变电所（75万kV·A）、洛郑输变电工程（150万kV·A）、龙王变电所（75万kV·A）、陈家桥变电所（150万kV·A）、桥棱变电所（48万kV·A）、西安东郊变电所（24万kV·A）、汉中变电所（48万kV·A）、龙乌输变电工程（15万kV·A）、耀县变电所（24万kV·A）、李兰西变电所（24万kV·A）、乾县变电所（24万kV·A）、昌房紧凑型线路（83km）、任庄至淮阴线路（230km）、淮阴至江都线路（134km）、牌金线路（85km）、北绍三回线路（39.7km）、张家坊变电所π接线路（4km）、二滩至自贡二回线路（490km）、自渝二回线路（155km）、后石至泉州一回线路（198.2km）、后石至泉州二回线路（198.1km）、邹县至临沂线路（150km）、洛阳至郑州线路（280km）、李兰西线路（138km）、马汉线路（192km）、桥棱变电所线路（11km）、龙乌输变电工程（262km），共计投产线路2650km，变电容量1182万kV·A。

国家电力公司直接建设的500kV交直流输变电工程为776km/300万kV·A，±500kV直流输电线路1000km，换流站容量2×300万kW。其中交工程续建384km/75万kV·A，新建392km/300万kV·A。

电网公司负责三峡输变电工程和全国联网工程建设。1999年三峡输变电工程一次系统资金计划14.09亿元，其中固定资产投资6.18亿元，综合费用7.91亿元。全年完成资金计划14.4亿元，为全年计划的102.2%。

三峡输变电工程建设完成500kV输电线路1项，173km，220kV开关站1座；在建500kV输电线路工程2项，384km，500kV变电站一座，主变容量75万kV·A；新开工500kV输电线路3项，400km，新建500kV变电站3座，主变容量225万kV·A；预开工500kV输电线路5项，980km，500kV变电站3座，主变容量150万kV·A；直流工程按计划进展顺利。

全国联网工程1项，即东北—华北联网工程500kV迁西至绥中线路，线路全长166km，工程总投资36451万元。工程于1999年8月26日动工，该年度完成杆塔基础95.2%，组合杆塔39%。

根据1999年工程建设和电网发展的具体情况，电网公司对2003年前投产的输变电工程项目作了相当的调整，使其更加合理、完善；工程建设管理探索出了一条适合中国国情的行之有效的管理模式；科技水平有新的提高；物资、设备供应及时到位，设备监造有新举措。

3. 其他重点输变电工程建设情况

(1) 阳城送出工程。阳城送出工程全线基本建成，已进入系统调试阶段。国家电力公司专门成立了启动验收委员会，组织进行系统调试工作，并着手准备进行工程验收准备。

(2) 辽长吉哈佳500kV输变电工程。该工程完成杆塔基础2493基，占终勘总数的99.8%；组合杆塔完成2221基，占终勘总数的88.9%；架线完成506.13km，占工程总量的47.7%。佳木斯变电所主变压器构架安装全部完成，220kV设备支架安装完成；永源开关站500kV构架支架安装完成；四平开闭站软母线架设完成，构架安装以及接地网敷设完成；吉林包家变电所构架安装完成，电缆沟道施工已完成。

(3) 二滩送出工程。500kV四川部分投入运行，500kV洪沟至陈家桥部分系统调试完成，具备正式投运条件。

(4) 天广直流输电工程。天生桥换流站完成交流滤波场的设备吊装及其试验，完成设备接地工程的98%，直流开关场电气设备安装完成工程量的90%。广州换流站主控楼零米以下结构完成，1、2号阀厅换流变防火、综合水泵房混凝土浇制完成，220kV户外构支架基础完成60%。直流线路浇注基础2071基，占工程总量的99.14%，组立铁塔1899基，占工程总量的90.9%，架线96.236km，占工程总量的10.02%。

4. 存在的主要问题

输变电线路工程在建设期间或未带电期间，线路设施被盗时有发生，造成损失较大，已引起多方关注。

电网工程建设管理

1. 达标投产工作取得成效

电网工程建设水平、安全文明施工管理水平和工程质量、工艺水平普遍提高。

电网建设部成立后，加强了输变电工程建设质量和达标投产工作的管理，要求各网省电力公司在工程建设开始阶段即树立达标投产的目标，并加强全过程的管理。电网建设部组织并选派专家组参加对具备达标条件的500kV和330kV的输变电工程达标复检，并严格按照1998年版《输变电工程达标投产考核评定标准》进行认真细致、完整有序地考评，并形成闭环管理，使输变电工程建设质量、整体移交水平都有了明显提高。电力公司系统外部分输变电项目也参照电力公司的作法，有9项工程通过达标复检，并被命名为国电公司“达标投产输变电工程”，它们分别是：500kV鄂赣联网工程、500kV安贵线路工程、500kV大庆变电所工程、500kV冯大线路工程、500kV方哈线路工程、500kV平罗二回线路工程、500kV江茂输变电工程（广东）、500kV蓄增甲线路工程（广东）、330kV西安东郊变电所工程。在安全文明施工管理方面，能够认真落实企业“一把手”是安全第一责任人制度，建全和完善施工的各级责任制和保证、监督体系以及加强职工安全培训和素质教育，使安全管理水平有了明显提高，1999年输变电施工中死亡3人，比上一年死亡14人有了大幅度下降。

2. 加快和修订输变电建设企业标准、质量标准

电网建设部组织修订了《输变电工程建设质量验评标准》、《优质输变电工程评选办法》，组织编制了《输变电工程建设监理大纲》、《输变电线路工程建设监理规划》、《输变电线路工程建设监理细则》、《变电站工程建设监理规划》、《变电站工程建设监理细则》，其中大部分已经颁发试行。

3. 加强了对系统内电网建设的管理工作

电网建设部组织召开了国家电力公司电网建设经验交流会。会议在电网建设领域贯彻党的十五届四中全会精神，按照公司党组制定的国电公司的发展战略，探讨了输变电企业的改革与发展问题以及在设计、施工、监理和建设管理方面与国际接轨的途径，提出了在输变电建设中贯彻基本建设“五制”，树立市场和效益观念，提高电网规划和设计水平，提高电

网建设中的科技含量，建成高质量、高科技、高效率的电网。要求各网省公司做好三峡输变电工程的配套工程建设，确保三峡电力送得出、落得下、用得上，并把三峡输变电工程建设成国际一流工程。本次会议对于进一步提高我国电网建设管理水平和电网工程建设质量起到了促进作用。

4. 对国电公司系统内的重点工程进行了协调

电网建设部分别对二滩输变电工程中陈家桥变电所的主变运输问题、启动调试问题以及阳城电厂送出工程经过徐州观音机场路径问题进行了协调并得以解决。为配合阳城电厂提前发电，明确了阳城送出工程提前到2000年3月1日投运的总体安排；进行了阳城电厂送出工程启动验收协调工作；进行了辽长吉哈佳工程导线采购中的增值税负担问题的协调等大量工作。

5. 开展了输变电施工企业、监理单位的资质管理工作

对输变电施工企业进行了资质审查。并开展了施工企业资质等级标准问题讨论。

三峡输变电工程建设管理

1. 总体情况

1999年度，三峡输变电工程建设进入施工高峰期，电网公司按照三峡输变电工程建设总体计划安排，紧紧抓住工程建设这一中心工作，加强工程建设管理，在建项目进展顺利，新开工项目前期准备充分，直流工程按计划进行，较好地完成了全年的工程建设计划和资金计划，略有超前，工程质量良好，没有发生人身死亡、重伤及其他重大事故。

2. 交流工程

凤凰山—下陆500kV输电线路工程，线路全长63km，计划总投资8815万元，1999年累计完成投资7785万元，形象进度完成全线架通，进入检修、消缺阶段，并准备质监及竣工验收工作。该工程由湖北省电力勘测设计院设计，湖北省输变电工程公司承担施工任务，由江西省电力建设监理有限公司负责监理。于1998年12月28日正式开工，计划于2000年6月30日投产。

双河—南阳500kV线输电路工程，线路全长321km，计划总投资32077万元，1999年累计完成投资26987万元，形象进度完成架线126.65km，占工程总量的41%。该工程由中南电力设计院和河南省勘测设计院共同设计，北京、青海、湖北、宁夏、江西、浙江、河南省送变电公司承担施工任务，由山东诚信工程建设监理有限公司、东北电力建设监理有限公司共同负责监理。于1998年11月28日正式开工建设，计划于2000年11月30日投产。

南阳—郑州500kV输电线路工程，线路全长204km，计划总投资19491万元，1999年计划投资5900万元。完成线路复测定位工作，施工单位和监理单位进入现场，开展施工前的各项准备工作。该工程由河南省电力勘测设计院设计，由陕西、安徽、华东、黑龙江送变电公司承担施工任务，山东诚信监理公司负责监理。计划于2000年11月30日建成投产。

岗市—长沙500kV输电线路工程，线路全长188km，计划总投资16734万元，1999年计划投资300万元。施工、监理单位进入现场，进行施工前的各项准备工作。该工程由湖南省电力勘测设计院、中南电力设计院共同设计，广西、湖南、贵州省送变电公司和湖南省水电安装公司承担施工任务，河南立新电力监理有限公司和武汉中超电网建设监理公司的联合体负责监理。计划于2001年6月30日建成投产。

南昌500kV变电所工程，变电容量75万kV·A，计划总投资13934万元，1999年累计完成投资12554万元。安装完成4台主变压器、2台500kV断路器、4组隔离开关，悬吊式管母线吊装完成90%，220kV设备已安装完成，管母线吊装完成60%；全站电缆沟完成工程量的75%。该工程由中南电力设计院设计，由江西水电工程局和江西省送变电工程公司共同承担施工任务，中国超高压建设公司负责监理。计划于2000年10月底建成投入运行。

孝感500kV变电所工程，变电容量75万kV·A，1999年计划投资3300万元，进行“四通一平”工作。该工程由中南电力设计院设计，湖北省送变电工程公司承担施工安装，中国超高压建设公司负责监理。计划于2001年9月竣工。

长沙500kV变电所工程，变电容量75万kV·A，计划总投资14618万元，1999年计划投资3500万元。工程进入“四通一平”阶段，土方挖填完成60%，场地平整完成50%。该工程由湖南省电力勘测设计院设计，湖南省送变电建设公司承担施工安装任务，河南立新电力监理有限公司和武汉中超电网建设监理公司的联合体共同负责监理。计划于2001年9月建成投入运行。

益阳500kV变电所工程，变电容量75万kV·A，进入施工图设计阶段，进入“四通一平”阶段，开展准备施工安装和监理招标工作。

新乡500kV变电所工程，变电容量75万kV·A，进行施工图设计，着手准备“四通一平”，进行施工安装和监理招标准备工作。

3. 直流工程

三峡—常州±500kV直流输电工程西起湖北省宜昌市龙泉，东至江苏常州市政平，输电距离近1000km，±500kV双极，额定输电容量3000MW，

计划于2002年单极投运、2003年双极投运。此工程是2003年三峡电力外送的主要通道，技术要求高，工期紧，建设周期长，难度大。电网公司把这一工程建设作为工程建设中的重中之重，确保各项工作按计划进行。1999年按计划完成了关键设备的国际招标采购、加紧进行生产制造，同时加大了监造力度，完成了中、外双方联合设计，审查并通过了两端换流和线路部分的技术设计，完成了OPGW通信光缆及设备的国际招标，换流“四通一平”基本结束。

(1) 换流站中直流设备采购的国际招标。换流站中直流设备采购的国际招标准备历时3年，在国务院三峡办、原电力部和国家电力公司的直接领导和关心下，电网公司通过技术咨询、编制功能规范书、编写了大量的招标文件，邀请了ABB、SIEMENS、ALSTOM等国际上具有一流水平的公司投标，经过严谨、科学、公正的历时40天的艰苦评标，确定ABB和SIEMENS公司中标，于1999年4月12日由电网公司董事长李世忠同志代表中方分别与ABB电力系统公司和SIEMENS AG公司中标方签定设备采购合同和技术转让协议。合同总金额为4.2亿美元，其中包括制造技术转让费1527万美元。同时签署的还有直流技术转让协议和合作生产合同，融资协议总金额为5.06亿美元。由财政部同时与北欧投资银行，国家开发银行与法国兴业银行、澳大利亚新西兰联合银行、东方江理银行、德国复兴开发银行和德累斯顿银行等签署融资协议。

(2) 联合设计及技术转让。设备采购合同签定以后，中外双方先后进行了两次联合设计及进行技术转让和培训工作。在1999年4月13～20日的第一次联络会议上，双方递交了开展工作所必须的基础资料，并就设备接口资料、总平面布置、工程设计和设备、联合设计安排、CPM图等进行了详细讨论。

1999年5～7月和8～10月先后两次组织电力规划设计院、电力科学研究院、西电集团公司、许继集团公司等赴ABB参与联合设计接受技术转让，内容包括：主接线、主回路设备参数、无功补偿、绝缘配合、交流及直流滤波器、交流及直流开关、各种过电压研究、可用率和可靠性研究、潮流及稳定研究、网络等值、设备容量研究、一次设备规范、控制保护、换流站系统二次（包括SCADA、交流保护、远动、通信等）。

1999年10月在ABB公司及SIEMENS公司再次招开了联络会议。

(3) 换流站国内设备的采购。按照支持民族工业，提高工程国产化率，降低工程造价的原则，工程中除国内目前还不具备生产能力的设备全部进口外，其余设备均在国内采购。1999年完成了部分直流工程所需设备国内招标采购工作，龙泉换流站有：750MV·A的联变、220kV和35kV开关、220kV电压互感器及电流互感器、35kV低压电抗器、500kV金属氧化物避雷器等；政平换流站有：500kV并联电容器、500kV金属氧化物避雷器、电容式电压互感器等。

(4) 关键设备监造及工程监理。由于高电压、大功率直流设备在我国目前还不具备生产能力，对直流工程建设的关键环节缺乏经验，为确保本工程关键设备的制造质量及性能，确保按期投运，保证送电，电网公司聘请了国际上经验丰富、熟悉工程建设的咨询商及设备监理商承担本工程关键设备的监造及工程建设关键环节的监理。聘请加拿大的Hydro-Quebec International Inc. 负责设备监造及工程监理，聘请荷兰KEMA公司负责换流变压器及平波电抗器的监造，并要求对方为中方技术人员提供免费的技术培训。

(5) 直流工程技术设计审查。电网公司委托中南电力设计院和华东电力设计院共同完成了三峡—常州±500kV直流输电工程的线路和换流站的技术设计，于1999年10月19日通过国务院三峡办和国家电力公司对线路工程的技术审查，于1999年12月26日通过国务院三峡和国家电力公司对换流站工程技术设计的审查。审查结果最终确定了工程总规模、总概算和主要技术参数。

线路工程西起三峡电站附近的龙泉换流站，途经湖北、安徽、江苏三省，东至江苏常州的政平换流站,线路穿越大别山区,跨越长江和汉江,还需穿越河网泥沼地带,线路全长890km,设计容量3000MV·A,首次采用国产4×720mm^{2}导线。静态(按1993年5月末价格计算)总投资13亿元人民币,换流站工程额定输送功率3000MV·A，双极，每极1500MV·A，额定直流电压±500kV。同时确定了电气方面主接线方式和主要技术参数、站内布置、系统接线方式、调度方式、监控和保护形式、技术经济指标及概算等。

龙泉换流站装设297.5MV·A单项双绕组变压器12台，2种形式各设1台备用相。500kV本期出线5回，远期出线8回，200kV出线本期5回，远期9回。站用征地2.22×10^{5}m^2。

政平换流站装设283.7MV·A单项双绕组变压器12台，2种形式各设1台备用相，500kV交流出线远景4回。站用征地1.13×10^{5}m^2。

三峡输变电工程的物资、设备供应

1. 总体情况

随着三峡输变电工程建设的大规模展开，工程建设所需的物资、设备供应量也随之加大。电网公司物资部加大物资、设备的采购，监造、供应力度，改进了管理模式，较好地完成了工程建设所需物资、设备、材料的及时供应，并保证了质量。全年共签定设备、物质、材料等采购供货合同92份，合同总金额59613万元。

线路工程中，全年分别完成双河—南阳和凤凰山—下陆线路工程的铁塔、导线、绝缘子供货总量的80%和90%；完成岗市—长沙、南阳—郑州线路工程的导线、铁塔、绝缘子的招标采购，签定采购供货合同21份，合同金额26050万元。其中，铁18798t，13680万元；导线65816km，8281万元；地线、光缆1004km，2600万元；绝缘子160463片，1489万元。

变电站工程中，南昌变电所进入设备交货、安装的高峰期，截止1999年年底，设备安装基本结束，进入调试准备阶段；完成孝感变电所、长沙变电所、益阳变电站等新建变电所的一次设备采购招标，完成双河变电所、凤凰山变电所、小刘变电所等扩建工程的一、二次设备采购招标，做好了新乡变电站设备招标的准备工作。全年共签定变电站一、二次设备的采购代货合同71份，合同金额33563万元。其中，孝感变电所4685万元，长沙变电所5682万元，益阳变电所5406万元，双河变电所扩建1569万元，凤凰山变电所扩建2153万元，小刘变电所扩建1291万元，龙政直流换流站交流部分6287万元，新乡变电所5890万元。同时完成孝感、益阳、长沙、新乡35kV电抗器、电容器、断路器600万元。

2. 物资、设备采购供应管理

根据以往工程建设中物资、设备采购供应情况，总结并制订了《三峡输变电工程物资设备供应的管理办法》，确立了电网公司物资部——中国超高压输变电公司物资处——施工单位物资管理部门的三级管理模式。

3. 规范设备物资招标采购行为，提高招标工作水平

在总结以往招标工作经验的基础上，组织专家编制了《输变电工程设备招标文件范本》。依照标书范本和每一个单项工程的具体情况，与有关部门反复协调，精心编制招标文件，使招标文件编制水平和工作效有大幅度提高。同时，在设备选型、技术设计上注重采用新技术、新工艺，提高了技术含量。

4. 加大设备监造力度

随着物资、设备供应管理模式的改变，为进一步提高监造水平，加大了监造力度。在新的管理模式中，监造方将代表业主方行使监督权力，有举足轻重的作用。根据国内的具体情况，选择国内有监造资质，并且在本领域内具有权威的第三方进行跟踪监造。按供货合同要求，依照电力部、机械部联合发出的《大型电力设备质量监造暂行规定》，分别与监造方签定监造协议，实行驻厂监造，形成业主方、监造方、制造厂共同构成的质量保证体系，使设备生产在全面、有效的质量监控之下，做到质量问题消灭在萌芽状态，不合格产品决不出厂。

5. 强化合同管理，严格工程核算手续

为适应1999年开工项目多，涉及厂家多、合同量大、付款方式多样的新情况，物资部指定专人负责合同的管理，按不同工程设置了合同台账，定期与有关部门核对，定期向主管领导报告合同执行情况，发现问题及时解决，同时严格了物资材料的出入库手续，细化了设备物资款拨付审批程序，层层把关，确保三峡基金使用安全、合理。

6. 开展了直流换流站主设备运输的前期工作

按电网公司的总体安排，2000年下半年开始将有直流换流站的主设备到货。从1999年年初开始，对两端换流站的设备运输路径进行了广泛深入的调研，提出了路径方案，经各方面专家的实地勘察、论证，优化了路径，最终确定了运输路径，并与有关地方政府及交通、航运、公路、铁路等有关部门达成协议，制定了设备运输所经码头、道路、桥梁的加固、改造、疏浚等方案，并与有关部门签定了合同。通过上述工作，为大型进口设备的国内运输顺利进行打下了坚实的物质基础，大幅度地降低了设备运输造价。

科技进步

为了把三峡输变电工程建设成为国际一流的工程，电网公司在工程建设中积极推进新技术、新产品和新工艺的应用。在变电站建设中调整了设计思想，确立了工业设施小型化、集约化、少占地的指导思想，首先在南昌变电所的设计中大胆取消了传统的“一对一”的模拟控制系统，采用国产微机分散控制系统，大胆采用国产微机保护，并依靠电磁兼容研究成果，将保护装置下放到配电装置现场，仅此一项设计改革就节省电缆用量近100km，占地比传统同规模变电站减少占地20%左右，减少了站内值班人员，很好地控制了工程造价；积极探索高技术设备在变电站的应用，如GIS、PASS装置在变电站中的引进应用等；大截面导线金具研制、同杆双回铁塔塔型优化、导线放线工艺等的研究取得阶段性成果，完成了锚杆基础有关装置和工艺的研究，直流合成绝缘子的国产化取得了突破性进展，通过验收，已经挂网运行；将数字摄影技术用于输电线路路径选择上，在三峡—常州的直流输电工程中通过该项技术的采用，将原来设计1000km的输电线路优化为890km，大大降低了工程综合造价；另外，在直流工程中首次采用了$4\times720mm^2$大截面导线，全线架设地线复合光缆，

极大地推动了国内大截面导线和金具制造水平的提高；通过对13种导线的比选，最终确定了特强型钢芯铝合金绞线，将跨江杆塔的高度压缩至227m等等。

三峡输变电工程的财务管理

1999年是电网公司本部化改革后按新机制运作的第一年，财务工作的主要任务是以电网工程建设为中心，筹集和管理建设资金，加强项目财务管理，加强合同管理；提高工程建设经济效益；建立健全分公司财务经济制度，强化财务服务和财务监督；完成公司法人资产清算和移交；健全公司系统财务机构，提高人员素质，为今后工程建设奠定坚实基础。

(1) 完善财务管理制度，加强财会基础工作建设。

(2) 经营性资产移交工作。电网公司本部化改革以后，一再从事电网的运行、维护、经营和相关资产的经营，将原中国电网建设有限公司的有关电网运营和相关资产的经营权移交给国家电力公司有关部门。按国家电力公司的要求，成立了由国家电力公司和电网公司组成的联合财务清算小组，配合中恒信会计师事务所对原中国电网建设有限公司的资产进行了清理，形成《资产清算报告》。同时确立了生产经营类资产移交、基本建设类资产留归电网公司的原则，据此核定划转资产总值13.6亿元，留归电网公司资产26.18亿元。

(3) 加强财力管理，控制工程造价。按照静态控制、动态管理的原则，从工程财务管理的角度出发，健全财务岗位责任制，实施财务预算管理方式，严格执行工程概算、计划和经济合同，加强概算管理，避免了不符合国家规定或不利于工程建设管理、不利于控制造价的事件发生。充分利用了工程资金使用空置期间的价值，在国家政策允许的范围内，合理调配资源，加强了资金运作，1999年累计获取利息收入3600万元，利用这笔收入冲减工程成本，提高了三峡资金的利用率。

(4) 积极筹措工程建设资金，落实公司资金计划。1999年应收三峡基金17.5亿元，实际收到8亿元，考虑到借支三峡总公司5亿元，资金到位率为60%，资金到位情况较差。电网公司在直流工程利用外资上投入力量，要求进口商协助提供的出口信贷和商业贷款须覆盖几乎100%的进口设备原价和贷款利息等费用，争取尽一切可能降低融资成本。公司与国家开发银行共同与外方进行了艰苦的融资谈判，且在财政部的支持下，同意以中国政府的名义向北欧投资银行贷款5000万美元，优化了外资结构。在国际资本市场利率变化较大的形势下，经过广泛调查研究，充分听取各方面专家意见，毅然锁定了当时较低的国际融资利率，使融资利率保持在接近最低水平，仅此一项约可节约工程成本300万美元。通过大量此类工作，深入挖掘潜力，保证了全年工程建设所需资金。

主要事件

1月6日，“三峡—常州±500kV直流输电工程换流站设备国际招标评标报告”经国务院三峡工程建设委员会主任朱镕基、副主任吴邦国同意，国务院三峡工程建设委员会以国三峡委发办字［1999］1号文批复，同意报告中的定标推荐意见。

1月7日，公司与安徽省芜湖市人民政府在芜湖明远电力宾馆联合主持召开会议，就三峡—常州±500kV直流输电线路芜湖段路径选址等问题进行了会商。确定了芜湖段路径和跨江方案，并形成会议纪要（芜湖市人民政府会议纪要［1999］第五号）。

1月14日，电网建设部召集华中、华东电力集团公司，湖北、湖南、河南、江苏、安徽、浙江省电力公司在北京召开会议，就1999年、2000年开工建设的三峡输变电项目进行了协调，其中包括有关项目建设进度的配合、进出线间隔和电抗器的配置、以及明确进出线间隔和电抗器的建设单位等问题。

1月15日，铁道部运输局批准中铁特种货物运输中心的意见，认为三峡工程换流变压器的最终确认尺寸和重量，均未超出经批准的《三峡工程用交流变压器铁路运输可行性研究报》中所列的运输尺寸和重量范围，铁路可以运输。

1月21～22日，霍继安副总经理湖北省荆门市主持召开了三峡输变电工程500kV双河—南阳线路工程协调会。会议就在湖北省境内的227.2km的双南线路工程的征地、拆迁、林木采伐、耕地造地费、赔偿等有关问题按国家及地方政府有关政策进行了协商，达成一致意见，形成会议纪要（鄂输变电办［1999］02号）。

1月26日，公司召开公司1999年工作会议，姜绍俊副总经理主持会议，周小谦总经理作工作报告，李世忠董事长作重要讲话。公司全体员工及直属各单位的主要负责人参加了会议。

1月27日，国家电力公司查克明、陆延昌副总经理主持召开了三峡—常州直流输电工程选择项设备采购工作会议。会议听取了公司周小谦总经理关于对上述设备采购工作的情况汇报，并就有关问题进行了研究讨论，明确有关原则。

1月28日，公司根据《输变电工程达标投产考核评定标准》和对万县变电所审查结果，决定命名万县变电所工程为“基建移交生产达标投产输变电工程”，并颁发奖牌和证书（电网工［1999］10号）。

2月3日,国家电力公司办公厅印发了1月14日由电网建设部主持召开的"三峡输变电工程有关项目协调会"的会议纪要(办电网[1999]11号)。纪要中明确了1999年开工的项目和预开工项目,同时明确了1999年开工项目及其配套项目的有关建设问题。

3月10日，国家电力公司确定公司本部职能部门机构设置方案，方案中明确：电网建设部（与电网建设分公司合署办公），负责公司投资电网项目的建设与管理；负责公司系统电网建设设计、施工方案优化和安全、质量管理与监督；负责三峡输变电工程建设，组织协调解决有关问题；参与研究电网规划。

3月12日，国家发展计划委员会批复三峡—常州±500kV直流输电工程外汇额度（计外资［1999］251号）。该批复同意三峡—常州±500kV直流输电工程借用国外贷款5.73亿美元，其中0.5亿美元为北欧投资银行贷款，其余部分为国外出口信贷和商业银行贷款。所借国外贷款专项用于三峡—常州段输变电工程所需主设备和换流设备备品、备件等进口费用的对外支付,国外贷款本息由国家电力公司负责偿还。

3月29日，国家开发银行受中国电网建设有限公司的委托承担三峡输变电工程利用国外贷款的转贷工作，根据《国家计委关于长江三峡输变电工程借用国外贷款的批复》中外汇额度，向国家外汇管理局提出"瑞典出口信贷及配套的商业贷款"、"德国出口信贷及配套的商业贷款"融资条件，融资总额共计5.73亿美元（开行国金［1999］124号）。

4月12日，电网公司受国家电力公司的委托在北京分别与ABB电力系统公司和SIEMENS AG公司签署了三峡—常州±500kV直流输电工程换流站设备采购合同。同时签署的还有直流技术转让协议、合作生产合同、贷款协议等。合同、协议资金总额5.06亿美元。

4月29日，国家电力公司决定将葛南直流、长万线生产管理工作于1999年移交发输电运营部负责，自1999年5月1日起，由发输电运营部全面负责葛南直流、长万线生产管理包括运行维护、检修和技改等各项管理工作，并变更相应的管理责任和管理关系（办发［1999］30号）。

5月17日，电网公司临时党总支召开全体党员大会，选举产生国家电力公司电网建设部（电网建设分公司）党总支委员会，成员有李琼、李文毅、张健生、陈凌波、郑怀清、陶瑜、霍继安。

5月31日，中共国家电力公司直属机关临时委员会批准电网部党总支委员会由霍继安、李文毅、张建生、李琼、陶瑜、郑怀清、陈凌波七人组成，霍继安同志任书记、李文毅同志任副书记（机党［1999］18号）。

6月7日，国家电力公司党组成员、总经理助理周小谦同志主持召开会议，听取江西省电力公司胡德成总经理关于南昌—新余—赣州线路纳入三峡输变电工程配套项目，并提前建设的建议情况的汇报。周小谦同志在会上指出，三峡项目调剂安排要坚持以下原则：保证三峡电力送出，总量不能超；在建设三峡电网的同时，促进省网建设，改善网架结构。战略研究与规划部、综合计划与投融资部的有关人员参加了会议。

6月16日，国家电力公司聘任霍继安为国家电力公司电网建设分公司总经理，孙家骏、李文毅、苏力为副总经理，章龙才为总工程师，聘期三年（国电任［1999］56号）。

8月20日，孙家骏副总经理和计划部龙文明主任及有关人员参加了由国家电力公司党组成员、总经理助理周小谦同志主持召开的三峡输变电工程2003年前建设项目调整及安排会议。会议根据有关网省公司实际负荷发展和电源、电网项目的变化情况，研究并确定了2000年及以后开工、2003年前建成项目的调整原则，并提出了相应的开工及建设进度计划和与其配合的220kV输变电工程建设进度和规模安排意见，并形成会议纪要。

8月26日，国家电力公司成立以来的第一项全国联网工程—东北与华北联网500kV输电工程在河北省抚宁县境内的建设工地举行了开工典礼，标志全国联网工程建设正式启动。

9月10日，公司决定撤销中国电网建设有限公司武汉分公司、常州分公司、宜昌分公司，设立国家电力公司电网建设分公司武汉工程建设部、常州工程建设部和宜昌工程建设部（电网人［1999］48号）。

9月15日，国家电力公司赵希正副总经理、谢松林副总经理主持召开会议，对注销中国电网建设有限公司等公司实体化建设的重大问题进行了研究。会议本着落实电网建设分公司本部化改革措施，加快国家电力公司实体化进程，保证三峡送出工程建设的原则，明确以下意见：中国电网建设有限公司在国家电力公司取得外（经）贸权后立即注销，其所签订的所有合同和协议均由国家电力公司负责履行；由体改办会同法律事务部负责尽快起草公司授权电网建设分公司执行原中国电网建设有限公司签订的所有合同和协议的授权书和授权电网建设分公司使用国家电力公司合同专用章的授权书，法律部负责对授权书内容审核把关；考虑到三峡送出工程建设的需要，中国电网建设有限公司注销后，其出资成立的物资公司和咨询公司暂予保留，相应产权上移至国家电力公司，两个公司皆由国家电力公司授权电网建设分公司管理，今后视国家电力公司经营发展需要进行重组。

9月17～19日，国务院三峡办和国家电力公司共同主持召开会议，审查并通过了由该公司委托华东电力设计院和中南电力设计院共同完成的三峡—常州±500kV直流输电工程线路技术设计。本次审查从技术角度审定了该直流线路的路径，确定了长江跨越点和汉江跨越点，确定了两端接地极和接地极引线的技术条件，确定了所采用的大截面导线型号和主要塔型。线路全长890km，设计容量3000MW，静态总投资约13亿元人民币。

9月28日，电网公司向国家电力公司上报了“2000年电力基本建设投资建议计划”（电网计[1999]52号）。主要建议计划指标是：三峡输变电工程基建投资计划为194491万元，其中静态投资151041万元，价差预备费43450万元；东北华北联网工程投资计划为16451万元。

11月3日，国家电力公司副总经理周大兵同志主持召开了国家电力公司申办外经、外贸权协调会议。会议要求做好电网公司外贸权变更到国家电力公司等的各项工作，为保持平稳过渡和不影响各单位的正常工作，外贸权未变更完成前，各单位仍按原程序工作。

12月12日，湖南省政府主持召开三峡输电系统岗—益—长—云500kV输变电工程建设工作会议。会议对工程建设的目的、意义统一了意见，对工程建设中的有关政策、职责、相互关系、工程建设进度安排等作了具体明确，并形成会议纪要。

12月17～19日，国家电力公司电网建设专家委员会第四次全体会议在北京举行。与会专家对三峡电力系统和三峡输变电工程建设、全国联网和跨大区联网工程建设、电压等级和电网结构等问题、电网新技术的应用、进一步发挥专家委员会的作用等5个方面提出了具体、明确的意见和建议。

12月24～26日，国家电力公司在北京召开了三峡—常州±500kV直流输电工程换流站技术设计审查会，审查并通过了直流输电工程两端换流站——龙泉、政平换流站的技术设计。与会的138名专家和各方代表最后审定：工程额定输送功率3000MW，双极，每极1500MW；额定直流电压±500kV。同时确定了主接线方式和主要技术参数、站内布置、系统通信方式、调度方式、监控和保护形式、技术经济指标及概算等。

火 电 建 设

1999年电力建设紧紧围绕国家电力公司实施“控制型、经营型、现代化、集团化管理的国际一流公司”的发展战略构想，转变观念，理清思路，继续深化电力建设改革，推动和指导设计、施工企业改革以及推行设计革命、降低工程造价，适应“厂网分开、竞价上网”的要求，加强公司系统工程协调，确保全年电力建设任务的完成。从总体看，全年电力建设工程安全、质量平稳，工程建设水平稳步提高。

电力基建任务完成情况

1999年全国电力建设职工克服各种困难，完成了1999年国家计划投产任务（见表1）。

表1　1999年电力建设大中型机组投产表

单位：台/万kW

机组类型	项目名称		
火电机组	杨柳青1号30	达　旗4号33	安　顺2号30
	伊　敏2号50	襄　樊2号30	襄　樊3号30
	鹤　岗2号30	洛　河4号30	广　安1号30
	沙岭子5号30	三　河1号35	哈　三4号60
	沙岭子6号30	莱　城2号30	西　固14.2
	宝　二2号30	鄂　州2号30	洛热2号14
	西柏坡4号30	桥头六期1号12.5	
	阳泉二4号30	太一六期2号30	
	华能南通3号35	华能福州3号35	
	华能南通4号35	华能福州4号35	
	扬州二2号60	襄　樊4号30	湛　江30
	日　照1号35	铜　陵3号30	镇　海10
	金华燃机10	宝钢自备35	钱清热12.5
	温州燃机10	连州12.5	华能北京4号18.5
水电机组	二　滩3号55	凌津滩2号3	李家峡4号40
	二　滩4号55	凌津滩3号3	高坝洲1号8.4
	二　滩5号55	凌津滩4号3	天荒坪4号30
	天荒坪5号30	二　滩6号55	广　抽1号20
	广　抽2号20	响洪甸1号4	响洪甸2号4
	百龙滩2号3.2	飞来峡1号3.5	飞来峡2号3.5
	飞来峡3号3.5	飞来峡4号3.5	天生桥一级2号30
以大代小技改项目	阳宗海1号20	杨树浦1号12.5	
	下　关1号12.5	洛　热1号14.2	
	邯　郸2号20	苇湖梁2号12.5	
	北京一热1号14.2	北京一热2号14.2	
合　计	67台1654.9万kW，其中： 火电38台1102.2万kW 水电21台432.6万kW 技改8台120.1万kW		

至此，电力建设已连续12年实现投产大中型机组1000万kW以上，全国装机总容量已达29400万kW。

建设特点

1999年基建投产任务中，重点工程多、难点工程多。如俄供设备的伊敏、绥中电站，利用进口设备的日照、三河电厂，阳城电厂及送出工程等，这些工程的外部关系、设备供应、资金安排等多方面都存在问题，使工程建设受到了一定的影响。针对这些工程和存在问题，充分发挥国家电力公司对内对外的整体优势，坚持开好每月一次的基建协调会议，特别对重点工程及投产、建设难度较大的工程进行协调，并注重对存在问题的专题分析研究，避免同类型的问题重复发生，有力地促进了工程建设，为确保完成公司系统年度基建任务奠定了基础。

1999年投产机组中沙岭子、华能南通、华能福州电厂等3个项目实现了双投，共计200万kW；襄樊工程在保证工程质量的前提下，实现了一年三投，投产90万kW。投产机组质量进入了全面提高技术经济性能指标的新阶段。

设计革命、设计优化、限额设计

为面向市场，适应"厂网分开、竞价上网"的要求，适应国际国内电力管理体制改革和电力科技发展的需要，国家电力公司提出了2000年示范电厂和大力推动设计革命的要求，首批示范电站设计方案拟在湖北黄石、宁夏石嘴山、河南沁北三个工程上采用。

以湖南益阳电厂工程为试点，引进西北电力设计院对湖南电力设计院设计的益阳电厂按2000年示范电厂设计思路进行了设计方案优化，通过优化输煤系统、汽机旁路、厂区布置等共降低工程造价4000多万元，而且节约了占地。益阳电厂设计优化的实施，积极推动和促进了全系统在建项目设计革命工作的深入开展，沁北2×600MW机组可行性研究时，华能集团公司自觉运用2000年设计革命的思路，取消厂前区和不必要的生产生活设施，降低过高的裕度和备用；另外，新开工的井冈山、九江三期、信阳、禹州、蒲城二期、石洞口5号机、安庆、漳泽等工程都开展了设计优化工作，以全面提高设计水平和质量。

通过设计优化，不仅提高了工程质量，而且降低了工程造价，目前国产30万kW机组造价水平大都控制在4000～5000元/kW。

修订1999年价格水平的限额设计控制指标，在1998年价格水平控制指标的基础上，增加了提高电厂自动化控制水平和办公自动化水平的投资，但控制指标较1998年下降了3%，该指标对控制工程造价依然发挥着积极、重要的作用。

电力工程监理改革

在对全国电力建设监理工作进行广泛调研的基础上，于1999年12月召开了国家电力公司电力工程监理工作会议。会议认真总结了几年来电力工程开展建设监理的经验和教训，肯定了成绩，发现了问题，达到了提高认识、理顺思路，明确目标，落实措施，规范和促进监理事业发展的目的。

会议明确了监理工作改革的思路和目标。即：

思路——改组改制，规范监理，管理一流，优质服务；

目标——到2000年末基本完成所属监理单位的改组改制工作，建立比较完善的现代企业制度，促进监理单位经济效益与社会效益同步发展，形成比较规范的监理市场，通过理清思路，明确目标，把监理单位改制和发展成为开拓型的朝阳产业的目标。

随着电力建设体制改革的不断深化和对监理工作要求的提高，原颁《电力工程建设监理规定》已不适应新形势的需要。为进一步加强对电力工程建设的管理，完善国家电力公司电力工程建设监理管理制度，结合电力工程建设监理工作现状，制订了《电力工程建设监理规定》（国电火［1999］688号）及电力监理导则、标准、大纲、合同示范文本等有关规定，对保证工程建设质量、促进监理事业发展、规避"同体"监理、规范建设市场行为、优化建设组织管理模式等都将发挥重要的促进作用。

为规范城乡电网建设改造监理工作，切实加强对城乡电网建设改造工程的监督管理，确保工程质量，提高工程项目投资效益和社会效益，组织制订了《城乡电网建设改造工程监理规定》和《城乡电网建设改造工程监理大纲》（国电总［1999］363号）。

随着电力建设监理的不断发展，监理工作内容由原来的以质量监理为主逐步扩大为质量、安全、投资、进度的"四控制"，合同、信息管理的"二管理"及协调各方关系的"一协调"，同时监理深度逐步加深，责任逐步加重。为规范监理行为，满足监理工作的需要，更有利于电力建设监理工作规范化管理，促进监理真正走向市场，促证电力监理事业的健康发展，组织有关部门根据国家物价局、建设部（1992）价费字479号文的精神，结合电力建设的实际，调整了监理费和建设项目法人管理费取费标准，同时制订了对监理费的考核办法，以国电火［1999］677号文件颁布。

达标投产

1999年的达标投产工作已由提高施工工艺水平阶段逐步转移到全面提高技术经济性能指标阶段。

1999年又有27台机组通过达标检查验收，从申报机组的情况看，经济技术指标水平呈整体上升趋势。这27台机组全部完成了甩负荷试验；在试生产期间的汽水品质合格率达98%以上；真空严密性大都在0.4kPa/min以下；机组振动大都达到优良，轴振小于7.6丝；发电机及氢气系统漏氢量均在$10m^3$/d以下；空预器漏风率大都在10%以内，最低稳燃负荷试验大都在30%～50%之间，最低的是华能大连3、4号机组为23%。近年来，机组起动燃油量也连年大幅度降低，过去最多的达1万多t，威海4号机组已降到917t，苏州太仓1号机组、襄樊4号机组分别为233t和387.5t（均不含冲管）。

1999年新投产的30万kW及以上的25台火电机组，施工工艺水平大幅度提高。与此同时，全国电建队伍励精图治，开展赶超“威海”的竞赛，取得了可喜的成果。

国家电力公司按照《火电机组达标投产考核标准（1998年版）》的规定，对1999年度通过达标投产复检火电机组的申报材料进行了审查，命名扬州二电厂1号机组等27台机组为“基建移交生产达标投产机组”（详见表2）。

表2 1999年达标投产机组一览表

类别	工程名称	
火电	扬州二电厂1号	威海电厂3、4号
	湘潭电厂2号	襄樊电厂1、2号
	丰城电厂3号	鸭河口电厂1号
	安阳电厂10号	汉川电厂4号
	鄂州电厂2号	西柏坡电厂3号
	太原一热13号	张家口电厂5号
	利港电厂3、4号	华能大连电厂3、4号
	华能丹东电厂1、2号	华能珞璜电厂3、4号
	华能北京热电厂3号	曲靖电厂2号
	山西阳光发电有限责任公司3号	
	蒙达发电有限责任公司3、4号	
总计	27台	

安全管理

1999年火电建设系统认真落实全国电网安全工作会议和基建安全会议精神，坚持“安全第一”的思路不变、企业法定代表人作为安全生产第一责任者的责任不变、行之有效的安全规章制度不变、强化安全生产的力度不变、安全生产重奖重罚的原则不变、依靠广大职工搞好安全工作的传统不变。通过狠抓包括项目法人在内的各级安全责任制的落实，推广扬州二电厂设施标准化的经验，编写出版《电力建设职工安全施工手册》，健全工程建设和监理单位对安全的责任与考核，切实抓好连续发生死亡事故的单位整改。根据安全形势的发展和变化，及时修改安规，提高标准和要求，开展劳动保护宣传教育和安全技术培训，开展施工企业安全性评价，通过表扬先进、鞭策后进，落实防止重大事故措施，强化了安全管理，现场的安全文明施工水平普遍提高。在此基础上，进一步向全系统提出了加强基建安全要求和贯彻落实国务院及建设部关于强化建设安全等具体要求。一年来，全系统有效地杜绝了重大伤亡事故、重大机械事故、重大设备事故、重大火灾事故的发生，90%以上的施工企业实现了“无死亡事故”，事故次数比上一年明显减少，全系统基建安全局面稳定。华中、吉林、贵州、四川、山东等大部分网省公司及襄樊等一批火电工程实现了“事故零目标”；一批施工企业实现了安全施工10周年。

定额、费用标准管理

1999年2月召开的全国电力建设定额站站长会议，全面系统地分析了定额管理工作的新形势，调整了工作新思路。根据新形势和工作实际需要，确定了定额管理向着信息管理和动态管理方向转化的目标。

1999年完成了火电300MW、600MW及送电线路工程投资估算指标的编制，并推广试行；颁布了《上下水、采暖、通风、除尘、照明工程投资估算指标》、《发送变电工程定额基价调整办法》；完成了《电力建设工程施工机械台班费用定额（1999版）》的编制与审查。

为合理使用城乡电网建设与改造工程专项资金，统一城乡电网建设与改造工程建设预算编制原则，提高工程建设预算编制质量，会同发输电部、农电部及有关单位，制定了《城乡电网建设与改造工程概（预）算编制若干问题规定》（国电总［1999］549号）。

工作调研

1. 施工企业改革调研

在新开工火电项目大幅度减少、推进“厂网分开、竞价上网”及网省公司按产权明晰的现代企业制度运行的形势下，施工企业的改革迫在眉睫。为此，火电建设部组织调研小组与各网省公司一道探索施工企业的改革之路。

目前，一些施工企业通过采取内部三个分离，买断工龄、自愿离职，清退农村合同工、临时工，借科技寻找新的经济增长点；内部下岗、待岗培训，向火电厂检修和500kV送变电线路运行、维护、检修拓展；内部退养、辅助工种分离等措施大幅度削减施工人员，减少队伍个数。在减员分流的基础上，按现代企业制度组建工程公司或总公司并注入资本金，借网省公司实力，提高投融资能力，走出国门，搞EPC总承包等。

通过实际调研，掌握了较详细的情况，提交了调研报告，并初步拟定了加快电力施工企业改革的方案建议。

提出了企业改革的关键和突破点。搞好施工企业改革的关键是各网省公司一把手，各施工企业一把手，提高施工企业全体人员对改革的承受能力，增强改革的紧迫感。

搞好施工企业改革要抓好五个突破：一是组织关系上突破行政隶属，实现适应市场体制的独立法人；二是所有制形式上突破国有独资形式；三是用工制度上突破体内循环，实现体制外分流；四是分配上突破一个标准，彻底打破大锅饭；五是经营范围上突破行业、国界。

2. 勘测设计体制改革调研

根据国家电力公司勘测设计体制改革工作小组的要求，落实国务院对设计单位改革的意见，该部与公司有关部门一起，积极进行了设计改革调研，结合电力工业实际情况，初步提出了改革意见和建议。

总结与交流

1.《新中国电力建设50年》

建国50年之际，为回顾、总结和记录电力建设的发展历程，我部与水电及新能源发展部、电网建设部共同组织编写了大型纪实文献《新中国电力建设50年》一书。该书全面反映了新中国电力建设改革与发展50年的巨大成就、经验和教训，真实记录了电力建设者的艰苦奋斗历程，详细分述了火电、水电、核电、输变电、科研、设计以及各地区电力建设的发展特点。全书由工程彩色图片、数据图表及综述文章三部分组成，内容丰富、翔实，汇集了许多珍贵资料，它对我国电力建设实践具有重要的指导意义。

2.《600MW级火电工程建设启示录》

为总结我国600MW级火电工程建设的经验教训，提高我国大型火电工程的建设、管理水平，该部在组织有关单位对我国（不含港、澳、台地区）600MW级火电工程的设计、设备、施工、调试、运行、建设管理等各方面进行全面总结的基础上，编辑出版了《600MW级火电工程建设启示录》一书。该书收集了目前全国已经投产运行的12个600MW级火电工程的总结材料，基本上反映了我国600MW级火电工程建设的历史与现状。在编写过程中，本着实事求是的原则，突出工程建设过程中的重点、难点和特点，书中既全面总结了各工程建设过程中的成功经验，又深入分析了遇到的重大问题，并详细介绍了解决和处理问题、事故的方法和过程，内容翔实。该书的出版受到了工程技术人员的热烈欢迎和高度评价。

3. 全国火电施工企业现场管理经验交流会

为进一步提高火电工程建设管理水平，充分交流国内、国外在工程管理上的经验，促进相互学习、借鉴，该部于1999年12月组织召开了全国火电施工企业现场管理经验交流会。会上浙江火电公司、湖南火电公司、广东火电公司等6家施工企业介绍了他们在工程管理方面的心得、体会和经验，与会代表充分交流了现场管理的方式。同时，邀请了美国柏克德公司介绍了“Bechtela公司全球项目控制系统”中的施工现场管理、安全与健康管理、施工计划与费用管理、设备与材料管理等经验，并请与会代表参观了湄洲湾工程建设现场。通过这次经验交流活动，使国内的火电施工管理者们开拓了眼界，认识到在施工管理上与外方存在的差距。

水电与新能源开发

1999年，国家电力公司水电与新能源发展部重点抓了水电项目开发、项目管理、规范市场和政策研究；同时按现代企业制度的要求，组建水电流域开发公司，建立水电滚动开发机制，推进水电建设管理体制的创新。1999年国家电力公司在水电与新能源开发实体化方面迈出了坚实的一步。

水电

1. 组建具有法人实体的水电流域开发公司

(1) 组建乌江水电开发有限责任公司。乌江水电开发有限公司于1999年7月9日正式成立。国家电力公司股份为51%，贵州省政府股份为49%。该公司拥有已投产发电的乌江渡和东风两座水电站，总装机容量为114万kW。公司的任务是以乌江渡和东风两座水电站为母体滚动开发乌江流域水电资源（约1000万kW），近期开发装机容量54万kW的洪家渡水电站。该工程的各项前期准备工作正在按照2000年开工的要求积极进行。乌江水电开发有限责任公司1999年的发电量是42亿kW·h，可实现利润1.8亿元，全部用于滚动开发。这标志着国家电力公司在资本运营和实体化上迈出了实质性的一步。

(2) 组建黄河上游水电开发有限责任公司。黄河上游水电开发有限责任公司于1999年10月28日正式挂牌成立。股东共有十家，西北电力集团公司相对控股，以拥有李家峡电站的净资产出资，股份为35%。国家电力公司为第二股东，以现金出资，股份为26.5%。青海省电力公司为第三股东，以拥有龙羊峡电站的净资产出资。该公司首期开发装机容量为150万kW的公伯峡水电站，该工程1999年已基本完成了三通一平工作，争取2000年开工。

(3) 组建龙滩水电开发有限责任公司。龙滩水电开发有限责任公司于1999年12月26日挂牌成立，该公司将以岩滩为母体电站滚动开发龙滩电站，国家电力公司相对控股，股份为33%，广西电力公司股份为32%，广西开发投资公司股份为30%，贵州建设投资公司为5%。1999年主要进行岩滩电站改制、龙滩工程移民规划复核和可研补充报告工作，争取2000年6月报出可研补充报告，2001年开工。

(4) 筹建澜沧江水电开发有限责任公司。小湾水电站筹建处于1999年6月份成立。1999年主要进行了设计优化、移民规划核实工作，并开始对外交通的招标、建设。项目建议书于1999年6月上报国家计委，同年12月由国际工程咨询公司进行了专家评估，争取2000年批复，2000～2001年完成三通一平工作，2002年开工。该公司以漫湾电站为母体滚动开发澜沧江水电资源（1965万kW），公司由云南电力集团公司相对控股，股份为29%，国家电力公司股份为27%，云南省开发投资公司股份为24%，云南红塔集团股份为20%。

(5) 三板溪和四川杂谷脑流域水电站的公司筹建工作正在进行。三板溪水电站公司将由湖南五凌公司控股，国家电力公司参股。杂谷脑流域水电开发公司将由国家电力公司相对控股，四川岷江电力（集团）公司、四川省电力公司、安蓉建设总公司、中国水利水电建设工程咨询公司、成都水电勘测设计研究院参股开发。2000年将完成这两个公司的组建工作。

(6) 公司系统其他水电项目的开发工作。1999年水电与新能源发展部在系统内其他水电项目的设计、技术审查、项目报批和前期工程等方面也进行了大量的工作。参加了云南景洪水电站、湖北水布垭水电站、山西西龙池抽水蓄能电站等可行性研究报告审查，以及安徽琅琊山、山东泰安、河北张河湾、山西西龙池、河南宝泉抽水蓄能电站的项目建议书评估等。

2．强化项目管理，规范市场行为，推进管理创新

(1) 制定有关规定和管理办法。国家电力公司作为我国水电开发的主体，除了公司系统直接投资开发水电项目外，公司系统所属的施工、设计、监理等单位还承担了我国绝大多数的大中型水利水电工程项目的建设。长期以来，由于管理等方面的原因，水电工程建设存在招投标市场不规范、施工工艺要求不严、质量水平有待提高等问题。1999年年初国务院下发了《关于加强基础设施工程质量管理的通知》[国办发（1999）16号文]。为落实文件要求，提高水电建设质量，水电与新能源发展部制定或修订了《水电建设工程质量管理办法》、《水电建设工程质量监督暂行规定》、《水电机组达标投产考核评定办法》等；为进一步规范水电建设市场，保证市场在公平有序的环境下进行，针对当前存在的问题，还组织制定了《水利水电土建工程招标和施工合同范本》、《水电建设工程招投标和合同管理办法》；为提高水电建设安全与文明施工水平，制定了《水电建设工程安全与文明施工管理办法》；为加强水电建设项目的投资控制和造价管理，该部正在和有关部门一起研究制定《水电建设造价与投资控制管理办法》；同时为适应新的《土地管理法》要求，保证水电站征地和移民工作的顺利进行，还与国家经贸委电力司共同进行了《水电站移民安置补偿条例》的研究修订工作。为了使监理工作规范化、科学化、该部组织编写颁发了《国家电力公司水电工程建设监理招标投标管理规定》；组织审定了《水电水利工程施工监理规范》，并报请国家经贸委以电力行业标准颁布实施。

(2) 加强国家电力公司系统水电建设项目的管理和协调，水电建设投产取得好成绩。1999年该部先后对天生桥一级、二级等工程进行了质量检查，促进了项目质量水平的提高。完成了天生桥二级水电站建设管理体制的协调工作，理顺了生产关系，为2000年电站5号、6号机组发电奠定了基础。负责指导和协调了棉花滩、大朝山等水电站的争议调解工作。开展了水电机组达标投产的试点工作，完成了莲花1号、2号机组，丰满三期11号、12号机组，大峡3号机组的达标考核。组织了在建水电工程的防洪度汛工作，确保了在建工程的安全度汛。另外，受国家经贸委电力司的委托，1999年该部完成了东风、十三陵、五强溪等工程的枢纽竣工验收，青海李家峡、湖北高坝洲、西藏沃卡等水电站有关机组的启动验收工作，指导监督了龙羊峡等水电站的竣工安全鉴定工作，协调处理了天生桥一级等水电站的水库移民问题，保证了工程的顺利进行。

1999年国家电力公司投产了13台水电机组，370.4万kW。另外加上广州抽水蓄能电站二期、小浪底、万家寨、百龙滩、飞来峡、大源渡等水电新投产的容量，全国水电总装机容量已突破7200万kW，超过加拿大，跃居世界第二位。

1999年广大水电建设者奋力拼博，不断创出了优异的成绩。二滩水电站1999年投产了4台55万kW机组，共220万kW，创造了单座水电站年投产的最高纪录。至此，我国20世纪内建成的最大水电项目——二滩水电站已全部建成投产。凌津滩工程1999年克服了设备缺陷所带来的困难，投产了4台单机3万kW的贯流机组。天荒坪工程年内投产了2台30万kW的抽水蓄能机组，由于使用了导叶局部开启装置，解决了机组空载不稳的问题。李家峡投产

的4号机组发电机采用了蒸发冷却新技术（我国具有自主知识产权的新技术），由于做到了精心制造、精心安装和精心调试，机组试运行情况良好。

3. 研究水电发展政策，争取国家对水电开发的政策扶持

水电开发建设一般规模大、涉及面广，必须依靠国家政策的扶持。从发达国家电力发展的过程来看，一般都是先开发水电资源，再开发其他能源，而且制定了投资分摊，减免税收、降低银行贷款利率等优惠政策。借鉴发达国家的经验，我们开发水电要尽量争取国家政策的扶持。

1999年水电与新能源发展部在水电发展政策研究方面一如既往做了大量的工作。多次认真向国家有关综合部门反映目前水电发展存在的困难和问题，提出希望给予扶持和帮助的政策、措施。与国家开发银行共同分析水电发展的现状，剖析水电发展受阻的深层原因，研究下一步水电发展政策。参与了计划投资部组织的水电发展政策研究工作，1999年11月在贵阳召开了公司系统的水电改革与发展研讨会。与水电规划院研究了2015年水电规划建议。与水电总公司研究了扶持水电施工企业开拓国际国内建筑市场等问题。

在总结和宣传水电方面，总结了建国五十年来水电发展取得的巨大成就，组织和参与了水电建设五十年和电力建设五十年专刊工作，组织了水电建设五十年电视片的制作。召开了水电建设管理专委会年会，总结交流了全国水电建设和开发经验。

4. 积极推进设计改革，全面完成各项设计任务

水电顾问公司本部分成生产片、管理片和公司片，制订了各种经营管理办法。对成本核算和奖金分配办法作出了规定，在打破分配制度上的平均主义方面做了尝试，为进一步深化分配改革奠定了基础。党的十五届四中全会以后，水电顾问公司又开始启动了“公司发展战略研究、深化内部机构改革、三项制度改革、经营管理改革、财务制度改革、业务抢建工程”等六项改革专题。1999年底在变更法人代表登记时，经国家电力公司人力资源部审批，已将原“中国水电水利及新能源发电工程顾问有限公司”更名为“中国水电顾问有限公司”。

受国家经贸委的委托，水电顾问公司1999年完成了32项评审任务，其中预可、可研报告评审17项，专题评审15项。受国家经贸委和国家电力公司的委托，承担了十三陵、龙羊峡、莲花、铜头、雨城等5个项目竣工安全鉴定和高坝洲、芹山两个项目蓄水安全鉴定任务。受业主的委托，承担了溪洛渡、向家坝、水布垭等12个前期项目咨询工作。

各直属设计院1999年在二级机构改革方面进行了一些探索。西北院、华东院、昆明院成立了二级分院，北京院、成都院试办了二级公司。各设计院的业务范围已从水电行业扩大到公路、桥梁、地铁、工民建等。1999年7个直属设计院实现总收入8.6亿元，超额完成任务，比上年增长6.8%，人均产值7.4万元。其中水电项目的产值为70%左右，其余为非水电项目产值。

5. 水电施工企业的改革和发展取得好成绩

1999年水电施工企业管理体制改革工作提上了重要议事日程，年初水电工程总公司结合行业统筹移交地方管理后出现的问题向国家电力公司提出了对水电工程总公司系统企业进行改制、改造、重组的报告，得到了国家电力公司领导的高度重视。根据国家电力公司领导的指示，水电工程总公司抽调专门力量，组成调研小组，经过反复调研、考察，提出了“两个层次、四种模式”的改革建议方案。与此同时，水电施工企业内部管理机制改革和制度创新工作也取得了新的进展。夹江水工厂继1998年对部分多种经营项目进行股份制改造后，1999年又对后勤服务系统进行了剥离，分立了经营性公司，与主厂脱离了行政隶属关系，建立了全新的母子公司架构，为该厂整体改制创造了条件。富春江厂实施整体与日本富士电机合资，全面探索中外合资、产权多元化的路子。水电一局、二局、十三局、基础局等单位在探讨内部管理体制改革、制度创新方面也迈出了实质性的步伐。水电四局、七局、八局、十一局、十四局等单位在探讨内部集团化运作方面不同程度地取得进展。

1999年水电工程总公司系统广大员工努力开拓，锐意进取，较好地完成3年初确定的各项任务。全系统共完成企业总产值104亿元，其中国内建筑业产值79亿元，工业、第三产业产值15亿元，分别比1998年增长18.2%、16.2%和15.4%；完成国外产值10亿元，比1998年增长42.8%；全员劳动生产率达到8.09万元/(人·年)，比1998年增长22.7%。

新能源

1. 1999年开展的主要活动

(1) 组织项目实施和管理。开展世界开发银行19万kW风电项目的前期准备工作。完成了项目可行性研究报告的编制和审查，并上报国家经贸委和国家计委，中咨公司对项目进行了评估；完成了和世行的谈判，财政部和世行草签了项目的贷款协议、项目协议和赠款协议，1999年6月世行执董会批准了该项目的实施计划；按世行要求完成了项目购售电协议文本；完成了招标采购设备的资格预审文件和招标文件技术部分的编制；和其他投资方签署了投资

协议；起草了组建项目公司的有关文件，如公司章程等。

组织协调亚行风电场开发项目前期技援工作。国家计委安排亚行6000万美元贷款用于风电场，已选择新疆、辽宁、黑龙江三省（区）四个场址，亚行落实60万美元的技术援助经费开展项目的前期工作。技援工作已基本完成。国家电力公司向国家计委转报了四个项目的项目建议书，进入项目立项阶段。

（2）研究风电发展机制，积极争取政策支持。国家计委基础产业司和国家电力公司水电与新能源发展部联合召开了“十五”全国风力发电发展机制座谈会，集中研究“十五”风电发展计划、重点风电场规划、风力发电市场化的发展机制、当前阻碍风电发展的因素以及鼓励发展的优惠政策。

国家经贸委电力司、资源司和国家电力公司水电与新能源发展部联合召开了全国风力发电“十五”及2015年规划和政策研讨会。讨论审改《全国风力发电“十五”及2015年规划》（征求意见稿），讨论并修改《关于促进我国风力发电发展的若干意见》、《关于促进风力发电发展的若干政策建议》和《建设风力发电示范工程推进风力发电设备国产化的意见》。

（3）加强制度建设。围绕风电场的设计、建设和生产，研究编制了《国家电力公司风电场建设管理办法》、《风电场安全文明生产达标考核实施细则》，编制完成并颁布了行业标准《风电场运行规程》，编制了《风电选址导则》、《风电场项目可行性研究报告概算编制办法及费用标准》两个标准的初稿。落实了《风电场安全生产规程》、《风电设备检修规程》的编制计划。在风电建设项目推行法人负责制、招投标制和工程建设监理制。

（4）积极开展对外交流活动。组织公司系统15个单位从事风电技术和管理人员赴丹麦进行了为期三周的技术培训和考察。继续执行与美国能源部关于风电方面的合作计划，由美国赠送设备在山东小青岛建设风—柴互补发电系统的项目正在执行当中。

2. 新能源发电建设情况

（1）1999年全国风电完成扩建和新建工程项目6个，新增风电机组72台，投产规模45MW。其中：新疆达坂城风电一场安装7台600kW风电机组；新疆达坂城风电二场安装4台500kW风电机组；内蒙赤峰风电场安装2台600kW、7台750kW风电机组；广东惠来风电场安装22台600kW风电机组；辽宁营口风电场安装9台660kW风电机组；吉林通榆风电场安装11台660kW风电机组；山东长岛风电场安装9台600kW风电机组；辽宁锦州安装1台600kW风电机组，截止1999年底全国风电装机规模为267.9MW。

（2）在西藏扩建和新建太阳能光伏电站3个，分别为：新疆西藏班戈县70kW光伏电站；西藏革吉县10kW光伏电站扩容改造，新增容量30kW；西藏措勤县20kW光伏电站扩容改造，新增容量40kW，基本解决了三县县城地区群众的生活用电，至此利用太阳能电站解决西藏无电县的工程全部完成。

核电建设与发展

我国的核电建设虽然起步较晚，但在中央政府的直接关心下，在各部门以及各行业的共同努力下，经过几十年的艰苦努力，有了长足的进步，现拥有核电装机210万kW，占全国总电力装机的0.7%，它们分别是秦山一期核电站（1×30万kW）和大亚湾核电站（2×90万kW）。1999年两座电站3台核电机组的发电量为148.34亿kW·h，占全国总发电量的12%。

秦山一期核电站是中国自行设计、建造的第一座30万kW核电站，1985年3月主体工程正式开工，1991年12月15日并网发电，结束了我国无核电的历史，1994年4月1日该机组投入商业运行，正式成为电力工业大家族中的一员。秦山一期属压水堆型核电站，主要设备是国内自己制造的，部分关键设备来自国际市场采购。

大亚湾核电站是中国第一座成套从法国进口的大型商用核电站，也是中国第一座中外合资，通过国际资本市场进行融资建设的核电站，1987年8月主体工程开工，1994年2月1日和5月6日两台机组相继建成投产。大亚湾核电站核岛部分（核蒸汽供应系统）采用的是法国法马通提供的压水堆设备和技术，常规岛（汽轮发电机组）采用的是英国GEC—阿尔斯通的全速汽轮机设备和技术。

继秦山一期核电站和大亚湾核电站投产之后，“九五”期间我国又陆续开工建设了一批核电项目，它们是秦山二期（2×60万kW）、广东岭澳（2×100万kW）、秦山三期（2×70万kW）和江苏田湾核电站，将在“十五”期间全部投产。除岭澳核电站外，其他项目均由中国核工业集团公司（简称中核集团）控股建设，华东电力集团公司、浙江省电力公司和江苏省电力公司也分别有一定比例的投资。目前所有核电项目工程建设进展顺利，计划执行情况良好。

全国核电基本情况详见下表：

各核电厂概况

核电厂	开工时间	投产时间		设备来源	投资方
大亚湾核电站 (2×90万kW)	1987年8月7日	1号机组 2号机组	1994年2月1日 1994年5月6日	法马通、GEC阿尔斯通	广核投75%、 港核投25%
岭澳核电站 (2×90万kW)	1997年5月15日	1号机组 2号机组	2002年7月 2003年3月	法马通、阿尔斯通	中广核、广核投
秦山一期 (30万kW)	1985年3月20日		1994年4月1日 (1991年12月15日 首次并网)		中核集团
秦山二期 (2×60万kW)	1996年6月2日	1号机组 2号机组	2002年6月 2003年4月		中核集团(50%)等
秦山三期 (2×70万kW)	1998年6月8日	1号机组 2号机组	2003年2月 2003年11月	加拿大AECL	中核集团(51%)等
田湾核电站 (2×100万kW)	1999年10月20日	1号机组 2号机组	2004年7月 2005年7月	俄罗斯	中核集团(50%)等

(1) 中广核及广核投均是由广东省(45%)、中核集团(45%)和国家电力公司(10%)出资组成,其全称是中国广东核电集团有限公司和广东核电投资有限公司。

(2) 秦山二期的投资方还有华东电力集团公司(6%)、浙江省电力开发公司(20%)、上海申能集团有限公司(12%)、江苏省投资管理有限责任公司(10%)和安徽省能源集团有限公司(2%)。

(3) 秦山三期的投资方还有华东电力集团公司(10%)、浙江省电力公司(10%)、浙江省电力开发公司(10%)、上海申能集团有限公司(10%)和江苏省国际信托投资有限公司(9%)。

(4) 田湾核电站投资方还有华东电力集团公司(10%)、江苏省电力公司(20%)、江苏省国际信托投资有限公司(20%)。

生产情况

秦山一期核电站和大亚湾核电站自1994年投产以来运行情况良好,据统计资料显示,截至到1999年底,两个电站3台机组累计发电845.7亿kW·h。

秦山一期核电站正式投入商业运行以来累计发电量为100.7亿kW·h,年均设备利用小时数超过5500h。1999年因反应堆内设备计划外维修,机组在连续停运一年之后,于9月重新启动,提升功率,并网发电,因此1999年度的发电量为7.33亿kW·h。

大亚湾核电站正式投入商业运行以来累计发电量为745亿kW·h,运行情况良好,年均设备利用小时数约在6400h。1999年两台机组总的发电量为141.03亿kW·h,上网电量134.63亿kW·h,比1998年增加9.4%,其中外销香港94.24亿kW·h。在还贷方面,截至到1999年底大亚湾核电站累计已偿还基建贷款本息约为应偿还额的61.6%,1999年度完成偿还额约5亿美元。

建设情况

目前核电在建规模为640万kW,核电设备主要采用的是压水堆技术,并且大部分为国外设计、进口设备。

1. 浙江秦山二期核电站

秦山二期核电工程,位于浙江省海盐县,与秦山一期核电厂相隔约2km,建设规模为120万kW,单机容量60万kW,1987年10月国家批准立项,1992年7月完成可研报告的审查,1996年6月核岛主厂房浇灌第一罐混凝土,并列入国家"九五"重点项目,计划完成工期82个月,2003年竣工投产。工程建设资金来源主要是银行贷款,其中外资(出口信贷)约占21.4%。秦山二期为自行设计、建造的核电站,设计总包单位为核工业第二研究设计院,核岛设计单位为中国核动力研究设计院,常规岛设计单位为华东电力设计院;主设备供应商均为议定,两台压力容器的供应商分别是日本三菱重工和上海锅炉厂,蒸汽发生器为西班牙ENSA公司,汽轮发电机组为哈尔滨电气集团公司,主变压器为保定变压器厂;工程施工由中原核电建设公司总包，核工业第5、22、23、24公司以及浙江省火电建设公司参与土建和设备安装。

截至到1999年底已完成投资元，占工程总投资的%，工程建设进展到。

2. 浙江秦山三期核电站

秦山三期位于浙江省海盐县螳螂山，建设规模为2×70万kW，设备选用Candu6型重水核电机组，工程由加拿大原子能有限公司（AECL）以交钥匙的方式建设。1996年2月立项，1997年1月批复可研，建设资金的绝大部分通过融资解决，其中外资占97%，含出口信贷和商业贷款。秦山三期电厂总体设计、反应堆和核岛系统设计由AECL承担，主要设备由加方负责供货，部分设备分包给韩国重工；汽轮发电机组由日本日立公司提供，主变压器及其他电气设备由阿尔斯通公司提供。1997年3月场地平整完成之后全面移交给AECL，1998年6月8日日浇灌第一罐混凝土，两台机组分别计划于2003年2月和11月投产，计划工期65个月，工程开工2年，合同执行情况良好。

1999年秦山三期工程列入国家重点项目。

3. 广东岭澳核电站

岭澳核电站位于广东省深圳市大亚湾，建设规模为2×90万kW。1995年4月国家批准立项，同年9月批复立项，1997年5月核岛主厂房浇灌第一罐混凝土，同年被列入国家重点项目，工程计划工期70个月，2003年全部投产。工程建设资金来源为资本金约占10%，出口信贷约占50%，国际商贷约占20%，人民币贷款约占20%。岭澳项目的主设备供应商与大亚湾核电站相同，即核蒸汽供应系统为法国法马通公司，汽轮发电机组及主变压器为阿尔斯通公司，其设计和工程施工任务也基本上是由参与过大亚湾核电站设计和建设的单位承担。

1999年岭澳核电工程建设取得了较大的进展，不仅完成了年度工作目标，解决了常规岛设备制造进度问题，而且取得了新的经验，锻炼了管理队伍。截至到1999年底，工程土建已完成总量的90%左右，核岛、常规岛及BOP的设备安装分别完成总量的25%、18%、35%左右，两台机组的反应堆厂房均已安装就位。

4. 江苏田湾核电站

田湾核电站位于江苏省连云港市，建设规模为2×100万kW。1997年4月国家批准立项，1998年4月批复可行性研究报告，1999年10月20日1号机组核岛主厂房浇灌第一罐混凝土，预计2005年全部投产，计划完成工期74个月。该工程建设资金主要是利用俄罗斯政府贷款以及出口信贷和国际商贷，占总投资的60%左右。电站采用是俄罗斯设备，其中仪控部分由德国西门子公司提供。目前工程进展情况良好，合同也按计划执行。

发展设想

根据电力工业发展以及可持续发展战略，我们仍需执行适当发展核电的方针。为满足我国核电的长远发展，必须改变核电设备主要依赖进口的现状，只有通过国产化，达到降低核电工程造价和上网电价目的,才能使核电具备良好的竞争力，健康发展。

“十五”期间除了重点做好在建项目的建设管理，还要为新建核电项目的建设做好前期准备工作。目前山东海阳、岭澳二期和浙江三门的前期工作正在深入进行，争取“十五”期间开工建设。

核电技术在不断发展，世界各国在开发应用先进型压水堆、沸水堆的同时，还在开发研究新一代的核电技术，如高温气冷堆和快点等。高温气冷堆发电技术以其安全性、经济性以及模块式建设，受到国际原子能机构及各国核电界人士的推崇，南非电力公司在其商业开发应用方面做了大量的工作，计划2001年开始进行模块式电站的建设。清华大学在高温气冷堆的研究开发方面，属世界领先水平，在一些关键技术上拥有自主知识产权，为我国核电技术的自主发展以及步入国际先进水平奠定了基础。

农电建设与发展

概述

1. 用电量

(1)1999年全国县及县以下总用电量为4982亿kW·h,比1998年增长8.31%,占全国全社会总用电量的41.20%。其中农村用电量2627亿kW·h,占县及县以下总用电量的52.74%;县城用电量2354亿kW·h,占县及县以下总用电量的47.26%。

县及县以下用电量按其用电分类分：县办工业和乡镇工业用电量2926亿kW·h，占县及县以下总用电的58.73%。

农、林、牧、渔、水利业用电量622亿kW·h，占县及县以下总用量的12.48%。

居民生活用电量1020亿kW·h，占县及县以下总用电量的20.47%。

其他用电量415亿kW·h，占县及县以下总用电量的8.32%。

(2) 1999年全国县及县以下人均用电量达到了

447.32kW·h/(人·年)；人均生活用电量91.57kW·h/(人·年)；农业人口人均农村用电量290.53kW·h/(人·年)；农业人口人均生活用电量70.35kW·h/(人·年)。

2. 农村供电电源

1999年全国县及县以下发电设备装机容量4539万kW，发电量1386亿kW·h，扣除厂用电量及供电损耗（按20%计算），县及县以下发电设备的供电量为1109亿kW·h，占县及县以下总用电量的22.26%；大电网供电3873亿kW·h，占县及县以下总用电的77.74%。

县及县以下发电设备装机及发电量中：

小水电装机为2188万kW，占县及县以下发电设备装机的48.22%；发电量684亿kW·h，占县及县以下发电设备发电量的49.34%。

小火电装机1511万kW，占县及县以下发电设备装机的33.28%；发电量605亿kW·h，占县及县以下发电设备发电量的43.68%。

柴油发电装机814万kW，占县及县以下发电设备装机的17.93%；发电量93亿kW·h，占县及县以下发电设备发电量的6.72%。

3. 供电及用电设备

(1) 供电设备。1999年全国县及县以下共有高压线路305万km，其中：110kV及以上线路12万km；35～63kV线路30万km；3～10kV线路263万km；低压线路664万km；3～10kV线路与低压线路之比为1:2.52。

全国县及县以下变电容量27149万kV·A，其中：110kV及以上变电站3704座，变压器5885台，容量16287万kV·A，平均单台变压器容量2.77万kV·A/台；35（63）kV变电站15477座，变压器25300台，容量10862万kV·A，平均单台变压器容量4293kV·A/台；配电变压器297万台，容量29204万kV·A。

(2) 用电设备。1999年全国县及县以下用电设备32763万kW，其中农村用电设备19722万kW，县城用电设备13041万kW。排灌、副业及生产、乡镇企业的用电设备分别占农村用电设备总容量的21.02%、20.27%和40.12%。

4. 通电面

(1) 1999年全国乡、村、农户通电率分别为98.31%，97.77%和97.43%。

(2) 全国乡通电率达到100%的县2303个；村通电率达100%的县1917个；农户通电率达到95%及以上的县有1910个；农户通电率低于50%的县有106个。

5. 无电情况

(1) 1999年全国仍有无电县7个；

(2) 全国无电乡766个；无电村16509个；无电农户706万户；

农电“两改一同价”工作的具体实施情况及所取得的成绩

1. 农电体制改革

国务院于1999年2月4日印发了《国务院批转国家经贸委关于加快农村电力体制改革，加强农村电力管理意见的通知》（国发［1999］2号），文件指出：加快农村电力体制改革与发展，加强农村电力管理，是党中央、国务院发展农村经济、提高农民生活水平、促进农村电气化事业的重大措施，对开拓农村市场、解决农民生活用能、保护生态环境、加强农村精神文明建设具有重要的现实意见和深远的历史意义。文件下发后，国家电力公司相继制定了《关于加快乡（镇）电管站改革实行县（市）乡（镇）电力一体化管理的实施意见》和《趸售县代管办法》等指导农电体制改革的文件，到1999年底，国家经贸委会同国家电力公司等部门审查通过各省（市、区）的农电体制改革方案的有山东、海南、江苏、浙江、湖南、河南、河北、青海、福建、安徽、贵州、新疆生产建设兵团、西藏、江西、内蒙古、辽宁16个省、市、自治区，已经由国家经贸委下发文件批复。

农电体制改革作为公司第二步电力体制改革的重要组成部分，得到了公司上下的高度重视，公司先后在山东、河北召开了两次会议，具体部署农电体制改革工作，基本完成了公司的改革目标。到1999年底，各省电力公司完成对趸售县代管1074个，组建县供电有限责任公司199个，601个县完成了乡镇电管站的改革工作，组建了13434个由供电企业管理的供电所，裁减农村电工11.2万人；直供直管县进行全资子公司的改革也开始探索。

2. 农村电网建设与改造

1998年和1999年国家计委下达国家电力公司农网建设与改造投资计划858亿元。到1999年底，到位资金457.86亿元，资金到位率为53%；全系统已经完成450亿元，占1998年和1999年两年投资计划的52%。占到位资金的98%。已有17个网省（市、区）公司完成投资超过两年计划的50%。

1999年投资已经完成121亿元，占计划的24%。天津（73%）、青海（60%）、江苏（37%）、云南（52%）、浙江（47%）、甘肃（22%）、黑龙江（48%）、河南（32%）、上海（44%）、山东（30%）、陕西（20%）等11个网省（市、区）公司完成投资计划超过了20%。

到1999年底，公司系统共建设改造110kV变电所312座，容量10298MV·A，线路5989km，35(63) kV变电所1165座，容量5753MV·A，线路13626km，10kV线路223048km，低压线路597622km；累计更换高耗能变压器210389台，容量17402MV·A，配电台区221244。

3. 农网改造和农电体制改革的成效

通过农网建设与改造，农村电网得到了加强，供电可靠性有所提高，电压合格率上升，技术线损明显降低；通过农电体制改革，实现了县乡管理一体化，大大精简了农村电工；供电所“四到户”的管理，从根本上杜绝了乱加价、乱摊派、乱收费和人情电、关系电、权力电的现象，使管理线损下降，农村电价大幅度降低。同时，农村电网改造和农村供用电水平的提高，也启动了农村市场，开拓了农村电力市场。

(1) 改善了供电质量，提高了供电可靠性，降低了线损。通过农村电网建设与改造，农村电网的布局不合理、技术落后、电网结构薄弱的状况有了很大改观。从已经改造完成的村情况看，农网改造前，低压线损一般在20%以上，很多地方农村低压线损高达30%以上，改造后，基本上降到了12%以下。过去供电质量低的村，改造后电压由原来的150V左右提高到了220V，电压质量明显提高。

(2)农村到户电价下降。农网改造后线损降低,农电体制改革后,供电企业“四到户”的管理,减少了中间环节,根治了“三乱”和“三电”,降低了农村到户电价,减轻了农民负担。从去年对农村到户电价的统计看，农村实际到户电价已经由1998年的0.71元/(kW·h),下降到1999年的0.655元/(kW·h)，完成两改的村到户电价平均降低0.1元/(kW·h)。

(3) 启动了农村市场。由于农村电网供电可靠性提高，农村电价降低，启动了农村市场，扩大了国内需求。甘肃省农村1999年共新增电视机、电冰箱、洗衣机等家用电器和农副产品加工机械300万台。河北省桃城区改造的45个村统计，农网改造后农民用于购买电视机等家用电器的资金就达120万元。据南京市家电集团统计，在1999年销售的15亿元家电中，有80%销售到了农村，创历年的最好水平。1999年，江西省农村增加电风扇260万台、电视机20万台、电冰箱12万台、洗衣机4万台，拉动农村市场约10亿元。同时，由于农网改造也拉动了机电等相关行业的发展，据统计1999年由于农网改造带动机电、建材等行业的直接增长将达到550亿元。农村消费市场的启动，同样也开拓了农村电力市场。

(4) 开拓了农村电力市场。农网改造启动时间虽然很短，但已显现出较好效果。1999年县及县以下用电量4985亿kW·h，比1998年同期增长8.39%；其中农村用电量2628亿kW·h，比1998年同期增长9.47%，县城用电量2357亿kW·h，比1998年同期增长7.21%。在农村用电中，排灌用电350亿kW·h,比1998年同期增长9.16%；农村居民生活用电636亿kW·h，比1998年同期增长9.48%；乡镇工业用电1217亿kW·h，比1998年同期增长12.53%；其他用电152亿kW·h，比1998年同期增长17%。在县城用电中工业用电1712亿kW·h，比1998年同期增长7%；居民生活用电382亿kW·h，比1998年同期增长7.06%，其他用电262亿kW·h，比1998年同期增长8.77%。从县及县以下用电情况看，农村用电增长比较快，增幅高于县及县以下用电量的增长，也高于县城用电量的增长。其原因是：

1)“两改”后，农村到户电价降低刺激了农民用电。由于农村电价的降低，农村潜在的电力市场得以开发,原来弃置不用的家用电器又重新使用，原来使用柴油机抽水浇地的农村也使用电力排灌。

2) 农网改造快的省，农村用电量显著增加。农网改造后，电网得到了加强，同时也开拓了农村电力市场。据统计，农网改造比较好的省，1999年农村用电量增长幅度普遍在10%以上。

3) 农电体制改革后，服务质量的改善和推行农村电气化村建设，提高了农民用电的水平。通过农电体制改革，提高了服务水平，营销由供电企业实行了“四到户”管理，减少了中间环节，增强了用电的透明度，农民用上了放心电。

4) 乡镇工业生产回升，用电大幅度增长。1998年以来，由于国家采取积极的财政政策，加快基础设施建设，国内需求增加使乡镇工业生产回升，拉动了用电量增长；同时，由于国家打击走私力度进一步加大，柴油价格提高，一些使用柴油发电的乡镇企业转为由电网供电，增加了网供电量。

农电示范窗口的建设工作

为了继续认真贯彻执行原电力部《关于印发〈全国电力系统开展“为人民服务，树行业新风”活动方案〉的通知》（纠办［1996］4号）和《关于推出全国电力系统“为人民服务，树行业新风”乡（镇）电管站示范窗口的通知》（纠办［1997］10号）文件的精神，充分发挥示范窗口的示范、带动、辐射作用，对全国电力系统推行供电服务承诺制，进一步广泛、深入地开展“为人民服务、树行业新风”活动，加快农村供电营业规范化服务的实践步伐，确保全系统“两改一同价”和创建文明行业工作的健康发展，继1997年9月推出了23个乡（镇）电管站示范窗口之后，1999年度全国农电系统共计评出了100个农电示范窗口。

电力“三为”服务达标工作

1999年，各县电力企业，特别是农电战线广大职工，认真贯彻党的十五大精神，努力落实国务院部署的“两改一同价”工作目标，坚持“三为”服务的宗旨，广泛开展供电社会服务承诺制，文明示范窗口创建活动；在贯彻执行国家电力公司纠风和行风建设工作过程中，不断加强职工职业道德教育，提高自身素质；积极整顿农村电费电价，努力减轻农民用电不合理负担，取得了明显的社会效益和经济效益。在这一年中，各电力企业坚持把电力“三为”服务活动与创建“双文明单位”和纠行风工作有机地结合起来，不断充实和丰富服务内容，努力做到规范服务，使农电建设、管理和服务不断跃上新水平。为表彰先进，经各电管局（集团公司），省电力局（电力公司）审评，并征得地方人民政府同意，授予河北省容城县农电局等78个县局（公司）和用电管理所为“电力‘三为’服务达标单位”称号，颁发奖牌和荣誉证书。

定点扶贫工作

国家电力公司（原电力部）对湖北省四县（区）电力扶贫工作已历时5年。5年来，湖北省境内长阳县、秭归县、巴东县、神农架林区的电力扶贫工作在公司、部领导高度重视下，在当地政府的大力支持下，取得了可喜的成绩。通过定点扶贫，四县（区）电力基础设施发生了新的变化，四县（区）人民的用电条件得到了改善，促进了地方经济发展，加快了四县区人民脱贫致富奔小康的步伐。

1999年10月22～26日，国家电力公司在湖北省秭归县召开了“国家电力公司定点扶贫工作会议”。会议总结了公司四年来的扶贫工作的经验和成绩，明确了今后定点扶贫工作的要求和任务。会后，陆延昌副总经理一行分别到秭归、长阳、神农架林区进行了调研，考察了由国家电力公司援建的电力项目及希望中、小学，并向秭归县光明试验中学、长阳县青岗坪小学捐赠了一批图书。

水利部部长汪恕诚谈农电和小水电的管理

——在全国水利厅（局）长会议上的讲话（摘要）

最近，关于农电的管理问题，国务院一共下发了三个文件：一是“国务院办公厅转发国家计委关于改造农村电网改革农电管理体制实现城乡同网同价请示的通知”，二是“国务院办公厅转发国家经贸委关于深化电力工业体制改革有关问题意见的通知”，三是“国务院批转国家经贸委关于加快农村电力体制改革加强农村电力管理意见的通知”。我听说每接到一个文件水利系统的同志都受到一些震动。今天，我就把整个的构思，来龙去脉，水利部门应该怎样去适应，怎么去干等问题说一说。

一、我国电力工业改革思路

为了讲清楚这个问题，我先把电力工业的改革思路讲一讲。电力工业的改革分两步，第一步称为发展独立电厂的阶段。就在国家办电的同时，首先允许在发电端，就是电厂，多渠道、多元化办电，包括引进外资。这种电厂是独立法人，是企业，和电网是买卖电关系。这一步已经基本走过来了，现在中国的电力系统已有超过50%的电厂属于独立电厂。

电力工业改革的第二步，也是最关键的一步，是厂网分开、竞价上网。厂网分开就是把电网和电厂分开，这个电厂不光是独立电厂，也包括直属电厂，就是电网拥有的电厂也要从体制上剥离，在发电端形成竞争市场。发电厂的资产所有可以是多元的。每半小时，有的国家是一个小时往电网上报一次电价。对电网来讲，谁的电价低我就买谁的。当所有的负荷都满足后，剩下的机组就停机。

配电端是成立配电公司，有的叫供电公司，这种配电公司从理论上讲叫独立配电公司，或者叫独立供电公司。为什么要加“独立”两个字呢？与前面的概念一样，独立电厂、独立配电公司，概念是一样的，就是说，这个配电公司和电网不是一个企业，不是它的车间，不是它的班组。那么，配电端的竞争怎么体现呢？配电端的竞争并不是表现在用户可以选这个配电公司或选那个配电公司，这在技术上是不可能的，也就是说在一个县、一个地区只能是一套线路，搞两套线路不行。配电端的竞争表现为企业（就是用户）可以向当地的供电公司买电，也可以向某个电厂直接买电。如果向某个电厂买电，电怎么送到用户这里来呢？可以通过当地的配电公司线路来输送，国家法律规定，你必须让它通过，配电公司可以收取国家规定的过网费。中国的独立配电公司建在哪一级呢？因为中国以农村为主，中国的农村比较大，有2400多个县，原则上是以县为单位确定独立配电公司，为什么加原则上呢？因为有的几个县在地区搞了小电网，也可能地区成为独立配电公司，从2400多个县总体上看，应以县为单位搞独立配电公司。

因此，电力工业的改革，是把现在的电力系统一切三块，电厂分离出去，现在的省电力公司改变为电网公司，独立配电公司以县为单位在一个省搞若干个。配电公司的产权可以是省电力公司的，可以是水利厅的，可以是县政府的，可以是林业局的，可以是兵团的，可以是某个单位的，当然，也可以是其中的若干个合资组成的有限责任公司的。

现在，我就可以回答你们担心的国务院文件中关于一个省就成立一个省电力公司的问题。你们回去再重新念一遍文件，“每个省（自治区、直辖市）只设立一个省级电力公司，对全省电网实施统一规划、统一管理”。你们向你们的省长、计委主任、经委主任说的时候，要把话念完。为什么这么讲呢？我刚才介绍了，电力工业的改革分成三块，独立发电公司是若干个（现在实际上各省已经有好几个了），独立配电公司原则上一县一个。从目前有的省水电厅成立的省级水电公司看，他是配电公司的资产出资人代表，因此他的性质属于配电公司的省级资产公司，而不是省级管网的公司。因此，准确地说，省级电力公司只能有一个，是指的省级高压电网是一个公司来管，而不是二个公司来管。因此你们一定要注意，这上面讲的一个省搞一个省级电力公司是指的电网公司。你们把文件再好好看一看。

二、农村水电企业的出路

回过头来再讲我们水利厅办的管农电的公司。我特别提醒各位一条，电力工业的改革，独立配电公司，是在县一级来搞。那么省里面的这个公司和县公司是什么关系？一定要把这个问题研究透，如果是行政关系，你等不了两天就会给改革掉。它一定是资产关系，就是说省里管农电的这个公司和县的供电公司之间一定是资产关系，这个资产关系表现为什么呢？你占有县供电公司的股份是多少？农电局说一般占10%、15%，有没有控股的我不太清楚。将来政府机构改革以后，水电的政府职能到了省经贸委，你是作为企业出现在社会上的。对水电厅来讲，将来农电公司和县公司是资产关系，你就用你的资产关系来加强你的管理。当然控股的更好，因为董事长是你派的。如果你不控股，你就通过董事会去发生作用，不要以政府的行为出现。要将原来的行政关系全部变为企业关系，就是这个道理。在市场经济情况下，经济的细胞是企业，企业受到《企业法》、《公司法》保护。如果你仍然是计划经济的概念，依靠行政手段用权力去控制某个事情，那对不起，中央一个文件，可能都用不着中央文件，省政府一个文件就把你的权力给转移了。但是，如果你是企业的话，在市场经济情况下，都是受保护的。现在有些省已经有省一级的公司，这一次就比较好办，国家计委贷款到了省财政后，通过省级公司就到了我们的农电局去了。有的省还没有省级公司，由于贷款必须贷给省级公司，为了取得贷款，现在正在匆匆忙忙地搞公司。我给大家提个建议，现在很多水电厅已有好几个公司了，应尽可能地在现有公司的基础上增加一部分职能，凭这个职能，让他拥有县级公司的某些产权，有了产权关系，他就自然地成了省级公司了，通过这个公司去贷款，这样做比较稳妥一些。如果你单独又新成立一个农电公司，这个公司的资产，比如说，占有下面20个县的农电企业的10%的股权，现在这个公司在地方上说话还有一点权威性，还有一点影响力，是因为这个公司的后台是水电厅，是政府，因此他的意见在某种程度上是代表政府来说话。将来省一级政企分开实施以后，政府职能就到经贸委了，企业与水电厅再一脱钩，企业的经理就不好办了。因此我们建议把这部分职能和其它的水利投资合在一个公司里行使，互为补充一下，把一些中型水电、大型水电、供水工程出资人代表都集中在一个公司里面，可能将来会更顺一点。当然现在办一个省级公司我决不反对，我只是提一个建议。

关于省级公司，国家计委的文件和经贸委的文件角度不同，写出来的文字也有所不同，国家计委的侧重点是从安排这次农网改造的资金角度出发，经贸委是从体制的角度来写的，这里面有点差距，按照现在的协调结果，问题不是太大。计委宋密司长的观点是支持在省一级搞公司。

在这里我还要提醒各位，有一条界限你们作为水利厅厅长一定要牢牢地划清楚，因为我发现有些同志总划不清楚，我今天还得讲。电力工业的改革划成了三块，一块表现为发电端的竞争，一块表现为配电端独立配电公司的竞争，我们有些水电是参加发电端的改革，比如说浙江，浙江的小水电直接和电网签订上网协议，将来就是竞价上网，他参加的是发电端的改革，因为他本身没有自己的供电区。现在很多省，第一位的是县一级的供电，他的小水电发电首先是满足本网的需要，有富余的再上网，因此他参加的改革是独立配电公司的改革。这二者的参与是截然不同的。因此今后你们特别注意，凡是负责某个自发自管县的管理的话，第一位的是管理电网，就是配电网，水电只是你电网的补充手段，这就类似美国的农电合作社。

三、自发自管县也要做好“两改一同价”工作

这次政府换届以后，朱镕基总理十分关心农村电价太高的问题，连续在文件上批示，起码批了十几个。1998年8月24日那天我们向总理汇报，一开始我就讲，总理，你最近的批示我们全部学了，看了。

你的批示有三个内容，一是农电管理体制改革，二是农网改造，三是要求城乡同网同价。为了说话方便一点，我就用了“两改一同价”这个词，在这以后文件里面就开始出现这个词了。我首先向总理汇报了农村电价高的原因是什么。在2400多个县中，管理体制有3种，640个县是由省电力公司直管的，称为直管县，趸售县有1040个，其它700多个县是自发自管县，大部分是水利部门的。为什么农村电价比城市高呢？主要原因不在这个体制上，主要原因在乡电管站这一级，国家只投资11万伏以上的高压线路、高压变电站，中间的部分由地方政府负责投资，国家不投资，乡镇的总表以下部分由农民自己投资。农民投资的这一部分，要交电损、维护费、电工工资这三项费用，而城市居民不用交这三项费用。三项费用全国平均合计每千瓦时电0.2元，城市平均电价0.47元，农村平均电价0.67元。再加上乡电管站是由乡政府来管，部分乡政府把它当成小金库，有很多不正之风，因此使得农村的电价变成1元、2元，甚至5元。一个趸售县电力公司平均有500人，县里换一届政府进一批人，人数控制不住。而直管县平均只有200人。如果把趸售县全部改成直管县，由省电力公司直接管的话，一共要接收34万人。另外，趸售县的资产属于县政府，如果用平调的办法，全部改为直管，等于资产平调，阻力太大，在这种情况下，建议改为代管。朱总理说代管是不是意味着资产不变，我说是的，资产不变。那下一步怎么办呢？原来省电力公司或者讲国家是不注人农电资金的，下一步要逐步注入资金，和县里的资产共同组建有限责任公司，作为改革的第二步，第一步是代管。因此农电改革有两个要点，第一个要点是把所有的乡电管站全部上收到县这一级，包括我们现在管的那些县，无论是国家经贸委的文件还是国家计委的文件都是这样写的。乡电管站上收就是要解决刚才讲的三项费用问题，杜绝不正之风，因此体制改革的重点是乡电管站的上收。第二个要点就是趸售县改为代管县，资产关系不变。那么怎样实现城乡同网同价呢？当你代管了，乡电管站上收了，就要在一定的范围内实行统一管理，就是电网和这些配电公司统一管理，在统一管理基础上才可能统一核算，在统一核算基础上才可能实现城乡同网同价。统一管理的范围多大，对于电价的影响是很大的，在趸售县改为代管县的情况下，就把直管县和趸售县的农村电价平均到整个电网上去分担。要分担多少钱呢？全国有收入的发电量是8800亿千瓦时，农村用电2400亿千瓦时，如果要城市背农村，平均要涨0.04～0.06元，负担太重。因此我们就对总理讲，改革分二步，先解决居民用电同网同价，农村照明用电、居民用电550亿千瓦时和城市的居民用电同价，这样大体上城市电价要分担0.01元左右，负担还是太重，因此就要求投入资金先搞农网改造，我当时汇报的时候，估计改造后能将电价降低0.05～0.07元，总理要求应降低0.1元。实际上可以做到降0.1元，国家投资1300亿元，把现在的线路、变压器用3年时间改造完，平均电价可以降0.1元。原来城乡电价差距是0.2元，降了0.1元后再由城市分担一点，才可以做到同网同价。总理接受了我们的观点，就是一搞改革，实现统一核算；二搞农网改造，降低城市和农村的电价差距；在这个基础上实现第三步同网同价；同网同价分二步走，先是居民用电同网同价，再全部农村用电同网同价，这样就可操作了。总理完全同意这套思路，就形成了一系列的文件。

那么对自发自管县怎么办呢？在我们一开始讨论时，从全国来讲先解决趸售县问题，自发自管县放在改革第二步，但到具体出文时，分歧意见就来了，最后出的文件是这样的，国家计委那个文件，你们要特别注意，有一段话，就是在哪个范围内实行统一管理，就在哪个范围里实行统筹，同网同价。就是统一管理，统一核算，同网同价。没有参加省电力公司代管的这部分，以县为单位，在这个范围内统一管理，统一核算，同网同价。在国家经贸委这次出的文件里是这样写的：“对自供自管县供电企业，要按照电力工业的改革方向，因地制宜、因网制宜，根据不同情况进行改革，条件成熟的，可参照直供直管县、趸售县的改革原则和步骤进行改革。”这句话什么意思呢？我今天和大家说明白了，就是我们现在管的自发自管县也要搞改革，也要搞农网改造，也要搞同网同价。改革主要是把乡电管站收上来，改造由国家安排资金把线路建设好，然后就在县的范围内实现同网同价。这里面要害是什么呢？就是如果我们这几年在县这个范围内农村电价能够切实降低，能够和大电网的农村电价差不多的话，就站住脚了。如果你比他高得多，市场就会将你淘汰掉。

那么应该怎样做呢？我觉得很重要的是两条，一条是立即抓好措施，加强管理，精减人员。第二条要充分发挥我们的优势，水电的发电成本是低的，水电的发电成本，大电站是0.06元，包括税收在内，小水电可能还到不了0.06元，电价理应比大电网低，因为你是自己上网用，但是由于我们用人太多，把这个优势消化掉了。因此现在你们向省长、省政府汇报就要讲，国家计委的文件要求一个是全省范围的，一个是以县为单位的，我们实行的是以县为单位的统一管理、统一核算、城乡同网同价。国家经贸委的文件就更清楚了，允许时间上放开，作为下一步改革来处理，那就看我们有没有市场竞争的能力了。

前一段我看了一些文章，我们有些同志因为不太了解背景，写了一些文章，批判代管的7条错误，主要是因为对一些背景不太清楚。实际上国务院要求代管的关键是急于把农村电价降下来，一是减轻农民负担，二是启动农村市场，农村电价下来了，家用电器就可以进入农村，可明显拉动轻工业发展。国家是从宏观上考虑这个问题的，我们自发自管县一定要把电价降下来，要把这个做为我们改革的目标。我希望大家能认清这个背景。具体工作，国务院转发国家经贸委文件中有关组织实施的问题，把水电厅和水利部的位置都写清楚了，我们要充分用好这一条。就是说“两改一同价”，改革是国家经贸委负责，电网改造是国家计委负责，同网同价是国家计委的价格司负责。国家经贸委文件还说：“各省（区、市）经贸委（经委、计经委）要会同省（区、市）计委、财政厅（局）、电力局（公司）、水利（水电）厅（局）、物价局等有关部门，按上述总体要求，在1999年3月底提出本省（区、市）农电体制改革方案报国家经贸委，同时抄送国家计委、财政部、国家电力公司，”就是说省里面的方案，水电厅是要参加的，这个文件里明确规定了，因此你们有什么意见，有什么要求，要利用这个机会。下面还有：“由国家经贸委会同国家计委、财政部、水利部、国家电力公司等有关部门审定后组织实施。”最后的审定水利部也要参加。这个文件这样修改后给了我们一定的空间和一定的改革时间，我希望各位抓紧这个时间，理顺体制，搞好工作，把农村电价迅速地降下来，这样才会在市场上站得住，才会永存。电价下不来，仍然是好几百人管一万多千瓦的电站，大家在吃这个电站，最后被市场淘汰，这个时候就怪不了人家了。

我今天讲的，总的意思就是希望大家在国家改革全面加快，政府机构改革在加快，市场经济体制建立在加快，电力工业改革在加快的情况下，认清形势，深化改革，加强管理，推进我们水利事业的继续发展。

中国电力年鉴

7 科技发展与国际交流

科 学 技 术

要 事 特 辑

计算机 2000 年问题

电力行业是国民经济的基础产业，电力系统解决Y2K问题的工作进展情况始终受到各级领导和社会的关注。在国务院领导的直接关怀下，电力系统解决Y2K问题的工作是从1997年开始的。工作大体上分了这样几个阶段：调查研究、典型系统测试、在全系统内开展大范围的测试与清查工作、对清查工作、对清查出的问题进行整改、进行全国电力系统解决Y2K问题联合测试、进一步整改、进行风险评估和制定应急计划。在整个工作过程中，国家电力公司系统各级领导对解决Y2K问题都给予了高度的重视。按照“统一布署，精心组织，认真协调”的原则，公司总经理亲自挂帅，并委托一位副总经理专门主抓这项工作，增补了公司新任总工程师张贵行为领导小组副组长。公司把解决好电力系统Y2K问题的工作列入1999年的重点工作之一，并在公司系统内建立了各级目标责任制，国家电力公司的国调中心、科技环保部、发输电部、电通中心、信息中心分别归口负责调度自动化系统、继电保护装置、发电厂、变电站、电力通信系统、管理信息系统的技术支持、组织协调与检查监督。科技环保部负责全系统总体的组织和协调工作。

1999年由国家电力公司科技部负责组织了解决Y2K问题专家小组，科技部人员直接参加专家小组的工作。由专家小组组织编写了联合测试方案和应急措施方案，以指导全系统的测试和整改工作。对重大和具有共性的问题由国电电力公司统一组织研究解决方案。对重大系统、设备的更新升级由公司统一组织对供应商、特别是对外商的谈判工作。同时，加强工作过程中的经验和信息交流，提高公司整体工作质量和工作效率，从而保证了解决Y2K问题工作的顺利进行。全公司系统对几万套系统、设备进行了测试清查，完成了系统、设备的升级与整改工作，消除了设备隐患，已向社会宣布电力系统不会因为计算机2000问题而影响社会的安全稳定供电。受到了国务院领导和信息产业部的表扬，为公司树立了良好形象。

国家电力公司把解决计算机2000年问题的工作重点放在实时系统上，包括电网调度自动化系统、发电厂和变电站监控系统、用电负荷管理系统、微机继电保护及安全自动装置、电力通信系统和管理信息系统。确定的工作目标是当2000年到来时（含Y2K问题中相应的关键时间点），电力系统不发生因计算机2000年问题引起的运行事故和一类障碍，对社会、对重点用户的可靠供电造成影响。同时也抓住解决Y2K问题的有利时机，把关键的计算机系统建设成没有Y2K问题的系统。1999年开展的工作回顾如下：

1999年1月26～27日，国家电力公司科教局在北京组织召开了“国家电力公司解决计算机2000年问题技术交流会”，来自国家电力公司各直属单位的一百多位代表参加了会议。会议要求各级领导一定要充分重视，确保到下一世纪来临时，计算机2000年问题对电力系统不会造成损害。同时，也为各单位下一步工作提出了具体要求。

1999年3月5日，召开了“国家电力公司系统解决Y2K问题电话会议”。会议对前一阶段国家电力公司系统解决Y2K问题的工作进行总结。陆延昌副总经理到会作了“扎扎实实解决计算机2000年问题，确保电力系统安全进入21世纪”的重要讲话。

1999年3月17日，在北京召开了“解决计算机2000年问题技术交流联络会议”，检查了前一阶段各单位技术与信息交流工作的开展情况，并就实施阶段信息与技术交流的方式和措施进行了研讨。

1999年4月22～27日，国家电力公司组织检查团对集团公司和省公司几家计算机2000年问题的工作进行了中期检查。

1999年4月28日，信息产业部组织检查组对国家电力公司解决计算机2000年问题的工作进行了检查。

1999年5月6～7日，信息产业部组织召开了“全国计算机2000年问题研讨会”，国家电力公司科技环保部主任张晓鲁做了题为“扎扎实实解决计算机2000年问题，确保电力系统安全进入21世纪”的报告，向与会代表介绍了电力系统解决计算机2000年问题的工作情况。

1999年6月23～25日，国家电力公司信息中心在烟台组织召开了“国家电力公司解决管理信息系统计算机2000年问题技术交流会”，会议在总结前一阶段工作基础上，对下一步的工作提出了明确要求。

1999年6月27～7月1日，国家电力公司派专家组参加了在香港召开的“亚太地区嵌入式系统Y2K问题研讨会”。

1999年8月2～3日，国家电力公司召开“全国电力系统Y2K联合测试工作动员会”。国家电力公司陆延昌副总经理做了重要讲话。

1999年8月8～9日和18～19日，国家电力公司Y2K工作验收小组分别对西北电力集团公司和华北电力集团公司解决Y2K问题工作进行验收。

1999年8月24日，国家经贸委就全国电力系统Y2K问题联合测试工作发布1号公告。

经国务院批准,国家电力公司于1999年8月31日～9月10日组织实施了“全国电力系统计算机2000年问题联合测试”,这次联合测试取得了圆满成功。

1999年9月19～20日，全国电力系统Y2K联合测试总结大会在天津宾馆召开，来自各网、省公司及有关厂家近200名代表参加了会议。会议总结了Y2K联合测试的工作情况、安全措施及应急方案的实施情况及存在的问题。参会代表一致认为，这次为期十余天的Y2K联合测试取得了圆满成功。会议还宣读了国家电力公司关于奖励在Y2K联合测试中做出贡献同志的决定。国家电力公司陆延昌副总经理到会并做了重要讲话。

1999年10月10日上午，信息产业部计算机2000年问题工作检查组一行六人对国家电力公司解决计算机2000年问题的工作进行了检查和指导。国家电力公司科技环保部张晓鲁主任向检查组详细汇报了国家电力公司解决计算机2000年问题的清查、整改、联合测试的情况。国调中心、信息中心、通信中心等各专业归口部门也回答了检查组的相关提问。检查组对国家电力公司解决计算机2000年问题工作给予了充分肯定，并对下一步工作提出了指导。

1999年10月14日，国家电力公司召开“解决计算机2000年问题主要供货商会议”，通报了全国电力系统Y2K联合测试的情况，并就下一步工作进行了探讨。

1999年10～11月，福建、四川、重庆、江西、贵州、湖北、广西、河南等电力公司对没有参加全国电力系统Y2K联合测试的系统设备和110kV及以下的实时系统进行了联合测试，均未发现将严重影响电力系统安全稳定运行的Y2K问题，联合测试取得了成功。

1999年10～11月，信息产业部组织对18个重点部门和10个省市自治区的Y2K就绪及应急计划的制定情况进行了全国大检查。其中第七检查组由国电公司科技环保部张晓鲁主任担任组长，成员包括国电公司科技部、国家科技部、中国电信、国家税务总局共5人组成。听取了四川省、重庆市、成都市计算机办的汇报，检查了七个单位Y2K问题的工作情况。华北、四川、山东和辽宁省电力公司作为地方的受检单位参加了检查，检查结果情况良好。国家电力公司系统解决Y2K问题工作受到了信息产业部的好评。

1999年11月中旬，为确保电力系统的安全稳定运行，做好应对Y2K问题的各种准备，国家电力公司下发了“电力系统计算机2000年问题应急计划编写大纲”，要求各单位按照大纲的要求和原则，在总结联合测试经验的基础上，结合自己的特点做好风险评估和应急计划制定工作。

1999年12月3～4日，国家电力公司召开了“计算机2000年法律问题研讨会”，研讨交流了国内外有关Y2K法律问题的研究情况，提出了国家电力公司就有关Y2K法律问题的处理原则，为全面做好解决Y2K问题的各项准备工作，降低Y2K问题的风险和影响奠定了基础。

1999年12月17～18日，国家电力公司信息网一级网（SPInet）Y2K联合测试顺利完成。通过测试，表明SPInet一级网解决Y2K问题工作已就绪，可以平稳过渡到下世纪，联合测试取得了成功。

《中国电力百科全书》修订工作

《中国电力百科全书》（第二版）（以下简称《电百》）的修订工作于1998年8月开始启动以来，国家电力公司各级领导及各依托单位非常重视，在组织、人员、经费上给予了大力支持，参与这项工作的各专业的专家超过千人。按照“删繁就简，增补更新，精益求精”的原则和精心组织、出版一部精品百科全书的要求，加强了对修订工作各环节的组织工作，在各卷主编的带领下，克服了许多困难，基本完成了新写1107个条目共1680千字、大改606个条目共1565千字、小改1969个条目共3505千字的撰写任务。目前已按预期进度要求完成了全部八卷组群审稿工作，并完成其中四卷的终审工作。

1999年8月21～26日，《电百》组群审查会议在北京召开。会议对全书八卷的送审条目（约150个条目，30万字，分别占全书条目总数和总字数的3%左右）按组群分为26个专题进行了组群审查。编委会常务领导小组成员，顾问委员会顾问，八卷主编、副主编及有关分支主编、编委会办公室编辑共60人出席会议。会议由编委会副主任委员张晓鲁主持。编委会主任委员陆延昌同志在会议开幕式上的讲话充分肯定了撰写工作取得的成绩，要求搞好组群审查，提出了保证质量、加快进度的希望。

本次会议分三个阶段进行。第一阶段完成电力工业、电力基本建设、可靠性和环境保护4个大专题的组群审稿工作；第二阶段完成电力主接线等22个小专题的组群审查工作；第三阶段各卷研究有关条目释文的修改和下一步编纂工作安排。

按照《电百》编委会和常务领导小组组成的规定，中国电机工程学会秘书长郭灏同志担任编委会副主任委员、常务领导小组成员。

1999年12月7日，国家电力公司按照“关于开展《中国电力百科全书》修订工作的通知”要求和修订工作进展情况，经研究，决定增补程念高为《电百》水力发电卷主编，聘任叶永青为《电百》火力发电厂工程施工分支主编。

1999年12月9日～12月14日，《电百》电工技术基础卷、电力系统卷、火力发电卷、输配电卷终审会议在北京召开。编委会常务领导小组成员，有关各卷主编、副主编及分支主编、编委会顾问委员会委员、特邀专家及编委会办公室成员出席会议。会议通过了对这四卷的终审。

电力　环保

电力环境保护

环境保护作为可持续发展战略的重要组成部分，国家电力公司高度重视，并制订了具体的计划和措施，从公司的规划、建设、生产、经营等各个环节注重环境保护与电力发展的协调发展。为了实现2000年底烟尘废水达标排放，制订了《现有火电厂烟尘和废水达标排放治理改造计划》，并在进度和资金等方面进行了落实。为了减排SO_2，推进了脱硫产业化和国产化工作。全国火电厂已投运脱硫机组容量为253万kW（除深圳西部电厂30万kW脱硫机组之外，全部为国家电力公司全资或控股电厂），在建和已完成可研的脱硫工程装机容量，预计到2000年底将超过1000万kW。

按照国务院要求，不断加大停运凝汽式小火电机组的力度，到1999年底已累计关停353台共467万kW凝汽式小火电机组。

为了实现200年烟尘和废水达标排放，近年来，公司全资和控股电厂已累计投入资金约14.4亿元，专项用于烟尘和废水的达标改造，其中仅改造除尘器就有122台（其中绝大部分采用高效电除尘器替代水膜除尘器），减排烟尘约7.7万t。到1999年底，烟尘废水达标工作已取得重大进展。初步统计，已有约94%的电厂实现了烟尘达标排放，约89%的电厂实现了废水达标排放，预计到2000年底，国家电力公司基本可实现烟尘和废水的达标排放。

在粉煤灰综合利用工作方面，通过因地制宜的科技开发和市场开拓，特别是干灰分选技术的推广普及，拓展了粉煤灰综合利用的范围和途径，提高了粉煤灰综合利用的技术水平和经济效益。到1999年底，国家电力公司全资及控股电厂灰渣综合利用率从1990年的26.5%提高到52%左右，年灰渣综合利用量达到4800万t以上，约减少灰场占地10000亩左右，环境效益和经济效益非常明显。近年来，废水资源化再利用工作也取得较好成绩，到1999年底，国家电力公司所属火电厂工艺废水回用率已达到40%。

为了加强全过程环境保护管理：

5月28日，陆延昌副总经理主持会议听取了科技环保部关于国家电力公司环保工作的思路和重点工作的汇报，总工程师、战略规划部、投融资部、财务部、火电建设部、发输配电部、法律部、国际部及电规总院的领导参加了会议，全面部署了国家电力公司的环保工作。根据公司领导指示，调整了公司环保领导小组，组织召开了环保领导小组会议专题研究公司的环保工作和脱硫产业化工作。

1999年8月5日，国家电力公司副总经理、公司环保领导小组组长陆延昌同志在京主持召开了国家电力公司环保领导小组会议。环保领导小组副组长张晓鲁，成员瞻仲晦、王宝乐、杨庆、陈月明、霍继安、刘本粹、王炳华、张学知、李振勇、齐志坚、晏志勇、尹道福等参加了会议。科技环保部汇报了国家计委环保装备国产化专项申报工作和公司近期环保工作安排，会议进行了认真的讨论，陆总作了重要指示。

根据国家环保总局的要求，编制上报了《国家电力公司两控区污染控制规划》。为了制定公司环保规划，安排好公司年度工作计划，组织召开国家电力公司系统环保工作座谈会，会后起草并上报了“国家电力公司环保工作纲要（1999～2005）”，组织起草了《国家电力公司十五环境保护计划及2015年目标纲要思路》，以及《国家电力公司十五环境保护科技发展规划及2015年目标纲要思路》。

结合国家电力公司的实际情况，积极参与国家环保法规的编制、制订工作，对《大气污染防治法》、《海洋环境保护法》、《水污染防治法实施细则》、《排污收费条例》、《城市排水与污染处理管理条例》、《绿色援助计划管理办法》、《危险废物经营许可证管理办法》、《建设项目环境管理分类名录》、《环境影响评价证书管理办法》、《国家环保局两控区规划》等，提出了公司的修改意见和建议。

根据公司环保领导小组的决议，开始对网省电力公司2000年环保达标工作进行现场检查，极大地推进和加快了环保达标工作进程。

组织进行了1998年电力环境统计汇审工作，参与了公司系统排污收费纠纷及污染纠纷的处理工作，根据国家有关部门要求，进行了环境影响评价证书和水土保持方案证书的预审、核报工作。

组织湿法脱硫国产化国债项目的上报、立项工作，基本落实了脱硫国产化依托工程，遵照国家计委的要求，成立国家电力公司"湿法脱硫国产化项目领导小组"。组长由科技部张晓鲁主任担任，副组长由计投部杨庆副主任和科技部詹仲晦副主任担任，成员由财务部和龙源集团公司的代表组成，科技部环保处处长为联络员，推进了中国脱硫产业化进程。同时，结合合山电厂的特殊情况，组织进行了烟气循环流化床脱硫技术研讨会，完成了中日合作黄岛项目的技术评估和太一脱硫项目技术评估的前期准备工作。受国家经贸委的委托，对扬州中日合作脱硫示范项目进行管理。

受国家环保总局的委托，为了编制中国火电厂烟气连续监测技术规范和标准，组织进行了火电厂烟气连续监测技术和设备系统运行、维护情况的调查分析。

按照国家环保总局的要求，组织预审了河南363、四川宜宾、山西榆社、神头二厂、河北保定、贵州金沙、山西大同火电厂和广西平班水电站、山西西龙池抽水蓄能电站工程环境影响报告书。向国家环保总局报送了长兴技改、湖北大别山、沈阳热电四期、江苏贾旺PFBC、神头二厂、四川宜宾、河北保定火电厂和广西平班水电站、山西西龙池抽水蓄能电站项目环境影响报告书预审意见。参加了国家环保总局组织的浙江台州、山东十里泉、西柏坡电厂环保设施竣工验收。

组织召开了水土保持工作座谈会，和国家环保总局和水利部就水土保持工作进行了协调，目前正准备进行500kV输电线路的环境影响评价工作。

为了公司环保技术和管理水平的提高，积极开展了多方面环保国际合作，参与了国际"清洁发展机制(CDM)"方面的活动，以及世行关于中国环保技术可研项目的各项管理工作。

科　技　管　理

综　述

国家电力公司技术创新工作领导小组成立

为了深入贯彻落实中共中央国务院《关于加强技术创新，发展高科技，实现产业化的决定》和全国技术创新大会精神，进一步推进国家电力公司的技术创新工作，11月1日，国家电力公司研究决定，成立国家电力公司技术创新工作领导小组，其办公室设在科技环保部。

创新工作领导小组组长为副总经理陆延昌，副组长为总工程师张贵行，小组成员分别由科技环保部主任张晓鲁、战略研究与规划部主任姜绍俊、人事与董事管理部主任程光杰、财务与产权管理部主任陈月明、火电建设部主任刘本粹、总经理工作部副主任陈飞虎、综合计划与投融资部副主任杨庆、人力资源部副主任张成杰、发输电运营部副主任徐纪法、法律事务部副主任吕振勇、科技环保部副主任詹仲晦、中国电机工程学会秘书长郭灏组成。主要职责为研究、审定公司系统技术创新发展战略、实施方案及各项配套政策;审议技术创新重大项目，推进技术创新重点工作的实施；协调解决技术创新中的重大问题。

国家电力公司科技环保部内部机构设置及其职能

科技环保部作为国家电力公司本部的一个职能部门，内设综合与成果处、计划管理处、技术发展处、环境保护处四个处。具体职能：拟订公司科技发展规划、重大项目开发计划和年度计划；组织协调公司重大科技项目开发和技术攻关；组织对进入公司系统新技术的技术认定，提出并组织实施新技术、新材料、新工艺的推广应用；负责公司系统环境保护工作的实施与管理。

根据上述科技环保部的职能，调整和建立各处的机构、职能分工及人员的配置。重新修订了"科技环保部内部工作管理的若干规定"。

1999年主要工作思路

国家电力公司独立运作后一年多来，科技环保部作为国家电力公司科技环保职能部门，为适应当前电力体制改革新形势需要要牢固地树立起科技环保工作为公司服务的新观念。

科技环保工作在管理方式上，要站在公司整体层面，主动加强与各专业管理部门的配合和协调，树立为方方面面专业工作服务的思想，促进科研与经济的结合、环保与工程前期及生产过程的密切配合，使科技进步更大力度地渗透到公司规划、设计、建设、生产、经营等各个领域，形成全系统、全过程抓科技、促科技、依靠科技的局面。

切实加大环保工作的力度。环保工作是实现公司可持续发展的重要内容，电力环境管理是国家环保体系的重要环节，国家电力公司环保工作要由政府管理时期以制定政策指导前期环评为主转变为在做好环评工作的同时，重点抓好污染治理达标排放监督的工作，解决制约公司发展的瓶颈问题。

一流的企业应拥有一流的技术水平。科技环保部要站在公司改革发展的战略高度进一步认识提高公司技术创新能力和发挥科技工作作用的重要性，把科技环保工作自觉融入公司改革发展的大目标，服从、服务于公司改革发展的需求。必须不断解决环境影响对公司发展的制约问题，全面推进公司科技进步，为促进公司经济效益的不断提高和可持续发展，提供满足需要的新技术、新成果，发挥技术支撑作用。在提高公司技术创新能力和技术水平上切实加强工作的力度做好扎扎实实的工作。

(1) 制定国家电力公司技术创新发展战略。从宏观上确定技术创新的战略思想、基本原则、重点研究领域以及主要政策措施，作为公司技术创新的总纲，指导今后一个时期国家电力公司的技术创新工作。

(2) 摸清进入世界500强的国际电力企业技术水平现状。了解前沿技术的发展动态，查找自身的差距，找准占领制高点的突破口，借鉴先进技术和经验，在高起点上实现在某些技术领域的突破和跨越式发展。

(3) 立足自主创新能力的提高。引进、消化、吸收国外先进技术目的是为我所用，实现高起点的创新。在引进吸收国外先进技术的同时加强有自主知识产权技术及高科技产品的开发，创造公司品牌。

(4) 正确把握公司以电网经营为核心业务的市场定位，满足提高电网技术水平和管理水平的技术需求，加大电网技术的科研力度，为确保公司在电网管理和运营上的控制和支配地位提供技术保证。同时注重洁净煤发电等新技术及大型水、火电厂运行技术和新能源发电技术的研究开发。

(5) 重点加强三个方面的技术创新。一是面向电力生产建设主战场，解决电力生产建设中重点难点的技术创新；二是占领国际制高点，解决公司基础性、长远性重大技术问题的技术创新；三是促进成果的转化应用及高科技成果的产业化。

国家电力公司科学技术委员会

为了更好地发挥国家电力公司科学技术委员会的参谋咨询作用，根据机关本部机构和人员的变动情况，公司发文增补张贵行、姜绍俊、赵建国、李振生、王炳华五位同志为1998～2000届科技委委员，其中张贵行同志任副主任委员。

1999年6月23～25日，国家电力公司召开了国家电力公司科学技术委员会全体委员会议。这次科技委全体委员会议是在公司完成机关本部体制改革和公司1999年工作会议对国家电力公司1999年工作做出全面布置的情况下召开的，也是国家电力公司科学技术委员会成立以后召开的第一次科技委全体委员会议。这次会议的中心议程是：贯彻公司99年度工作会议精神，对国家电力公司“十五”和2015年科技发展规划（提纲）、国家电力公司环保工作纲要、国家电力公司1999～2000年度科技项目指南提出建议和咨询意见，明确科技委1999年的重点工作，就如何更好地发挥科技委在公司重大科技问题以及公司科技进步中的参谋咨询作用进行研讨。陆延昌主任委员、张贵行副主任委员、冉莹副主任委员、张晓鲁副主任委员、战略规划部姜绍俊主任出席了会议并讲了话。

科技查新

为了加强对科技查新工作的管理，促进科技管理工作的科技决策，按照《国家电力公司科技查新工作管理办法》的要求，经审查并组织专家考核，国家电力公司决定赋予华东电力试验研究院科学技术信息所、东北电力科技信息研究所、山东电力科技信息中心、四川省电力科技成果查新咨询服务中心、湖北省电力科技信息中心、河南电力试验研究所科技信息部等六家科技查新单位国家电力公司二级科技查新机构资格。

为了提高科技查新人员的业务能力，交流科技查新工作的经验，促进科技查新工作质量的提高，更好地为科技管理服务，国家电力公司1999年5月举办了一期科技查新培训班，有48名人员通过了考试，获得了查新资格。

综合信息

国家电力公司电力自动化研究院继电保护研究所

所长沈国荣、国家电力公司热工研究院副总工程师危师让分别获得国家电力公司系统和中国水利电力工会特等劳动模范与劳动模范称号，国家电力公司电力科学研究院系统所电力系统仿真中心获得先进集体称号。

山东电力集团公司于文虎同志、国家电力公司电力自动化研究院沈国荣同志当选为中国工程院院士。

经国家有关部门批准，《电力安全技术》、《西北电力技术》、《电力需求测管理》等科技期刊获得创办。

科技期刊《电力系统自动化》获得第一届“中国期刊奖”。

经国家经贸委批准，国家电力公司热工研究院、国家电力公司武汉高压研究所、国家电力公司南京电力环境保护科学研究所被赋予进出口经营权。

国家电力公司科技教育局综合处开展的科技统计工作获得北京科学技术委员会和北京市统计局的表彰。

科技体制改革

在公司技术创新工作领导小组的指导下，贯彻中央14号文件直属院所企业化转制工作正在稳步实施。院所转制工作作为国电公司实施技术创新战略提高创新能力的一项重点工作，已进入制定转制方案工作阶段。

《中共中央、国务院关于加强技术创新，发展高科技，实现产业化的决定》和全国技术创新大会，对进一步深化科技体制改革，推动应用型科研机构实行企业化转制提出了明确要求。这是党中央、国务院面向知识经济时代即将来临，迎接全球经济一体化的挑战，全面提高中国技术创新能力所做出的战略决策。电力工业是关系国民经济命脉的基础产业，是国家引导、推动、调控经济和社会发展的基本力量，国家电力公司是在国民经济中具有控制力、发挥主导作用的特大型国有企业。依靠科技进步，全面提高国家电力公司技术创新能力，是完成公司现阶段从整体上进行战略性结构调整，促进产业升级任务的需要，是面对更为激烈的市场竞争，实现国家电力公司长远发展目标的需要。按照党中央、国务院的统一部署和国家科技部的具体要求，在公司党组的直接领导下，公司直属科研院所管理体制改革工作从1999年7月份起步，半年来已取得了重大进展。

国家电力公司技术创新领导小组多次召开会议，专题研究院所改革工作。9月17日，陆延昌副总经理主持有关部门领导会议，具体研究部署贯彻中共中央14号文件和全国技术创新大会精神的工作。会议议定国家电力公司技术创新的战略构思，必须和国家电力公司的改革取向和发展战略相结合，把握贯彻中共中央14号文件的要点，首先要抓住科研体制改革的关键问题，直属院所的改革必须服从于国家电力公司改革方向和发展目标的需求，院所改革的定位是转制为科技型企业。1999年11月5日、1999年12月16日，公司技术创新领导小组又先后两次召开会议，专题研究推进院所企业化转制的工作。明确提出国家电力公司直属院所的改革必须坚持企业化转制的方向，面对多元化的市场形势，直属科研院所在先于242个院所完成进入企业的第一步改革后要进一步加大企业化转制的步伐，在转制中积极推进投资主体的多元化，以通过转制为院所创造更好的投资环境、市场环境、发展环境。

11月16～18日，在武汉召开了国家电力公司直属科研院所体制改革座谈会。会议以贯彻中共中央14号文件和全国技术创新大会精神及推动院所管理体改为主题，就院所企业化转制问题进行了认真地研究和探讨。

国家电力公司直属科研机构管理体制改革的指导思想和目标是认真贯彻《中共中央、国务院关于加强技术创新，发展高科技，实现产业化的决定》精神，从体制和机制入手，切实加大科技体制改革的力度，加快科研院所的企业化转制，将推动科研院所的企业化转制作为建设国家电力公司技术创新体系的关键措施和主要步骤。通过科研机构的调整、重组、转制、定位，建立与国家电力公司成为控股型、经营型、集团化、现代化的国际一流公司相适应、协调、高效的技术创新体系，促进科技事业的发展，满足国家电力公司改革发展对科技工作的需求。

国家电力公司科研机构转制目的：

（1）优化科技力量的合理布局，促进科技资源的合理配置。进一步解决科研开发分散、重复的问题，进一步解决科技与经济两张皮的问题，充分发挥市场机制在配置科技资源，引导科技活动方面的基础性作用，使科技更好的服务于公司的生产、建设，满足公司改革和发展对新技术的需求，为公司的持续发展提供强有力的技术支持。

（2）激活现有科技资源，增强院所的自身发展活力。通过转制，给院所开创更广阔的发展空间，使院所从体制和运行机制上真正进入市场创新创业，把研究开发优势尽快转变为市场竞争优势，通过技术服务和科技成果的产业化，在市场竞争中，在推动国家电力公司的科技进步中获得发展，不断增强技术实力，真正成为按照现代企业制度运行的科技型企业。

（3）强化技术创新，提高国家电力公司的整体技术创新能力。突出重点，集中人力、财力、物力切实增强公司共性、关键性、前沿性重大科技问题的研究力度，进一步形成以电网技术为核心的技术优势和持续研究开发实力，提高技术配套和自主开发能力，促进科技与经济的结合，院所工作与企业需求的结合，研究成果与市场需求的结合，推动高科技产业的发展，在某些领域形成国家电力公司新的经济增长点。

国家电力公司科研机构改制的原则：

（1）统筹规划、分类指导的原则。因地制宜地推进科研单位向科技型企业的转制。具备条件的，可改制为多元投资主体组成的有限责任公司或股份有限公司。公司直属科研院所均要以各种方式进行企业化转制。

（2）优化重组、合理布局的原则。根据国家电力公司的发展战略，合理确定科研开发力量的布局，优化科技资源配置，推动科研院所加速科技成果转化和产业化，实现研究开发与生产营销一体化。

（3）规范运作的原则。严格按照《公司法》的要求对科研单位进行公司制改组，建立现代企业制度，建立规范的法人治理结构。

（4）推动成果产业化和服务社会化的原则。加快科研单位内部机制改革，推进产学研结合，尽快形成拥有自主知识产权和具备市场竞争力的高科技产业。

根据《决定》提出的："科研机构可以从实际出发，自主选择改革方式，包括转变成企业、整体或部分进入企业、转为中介机构等"的要求，国家电力公司直属科研机构的转制方式主要采取三种模式：一是转制为国家电力公司的全资子公司；二是改组为股份公司或有限责任公司；三是进入国家电力公司的子公司或相关直属单位。公司鼓励科研机构积极吸纳多元股份，以转制为契机，创建规范的多元投资的股份有限公司，开拓更广泛的市场空间和发展领域，为转制后的企业取得更快、更大的发展奠定基础。

科技攻关与成果

科技攻关

随着国家电力公司实体化进程的不断深化，高严总经理为国家电力公司提出的目标是成为"控股型、经营型、现代化、集团化的国际一流企业"。所以，科技今后的主要目标就是朝着这个方向努力，即与国外大规模经济结构调整、科技创新等大趋势相呼应，坚持以"科技创新为先导，促进生产力发展的质的飞跃"。今后，电力的结构调整将会紧紧依靠科技创新、产业升级，这也是全国技术创新会议提出的重要原则。

科技进步与创新是公司实施战略目标并日益壮大的动力，要努力提高科技进步在企业发展中的贡献率，促进产业优化升级。"企业是技术创新的主体"，科技部正在研究制订公司的技术创新战略，将努力建立有利于技术创新的体制与机制，形成较为完善的技术创新体系，实现技术发展的跨越。主要体现在以下几方面：

（1）重点选择公司可持续发展、促进公司实现国际一流目标的重点项目，进行自主开发和技术创新。

（2）在洁净煤发电、超临界机组、抽水蓄能、输变电、环保等方面实现技术发展的跨越。

（3）在自主创新的同时，积极跟踪世界电力前沿科技，在引进、消化、吸收国外先进技术的基础上，进行技术创新。

当前电力市场已经由过去的电力供应相对短缺过渡到电力供应相对过剩，电力供需形势的变化，无疑会对今后的管理模式、经营观念产生极为深刻的影响，促使电力的发展由粗放型向集约型转变。

科技无论是过去还是现在乃至今后，都与企业的经济效益有着密不可分的关系。过去通过技术改造、新技术、新成果的应用，无论在缩短建设周期还是在减少建设投资以及安全、稳定、经济运行（包括降低煤耗、减少线损等等）方面，都为企业带来了明显的经济效益。现在和今后，公司将在努力做好上述的工作之外，着眼于激励企业自身的科技创新潜力，为今后的厂网分开、竞价上网、市场营销等工作打好基础（这也是未来企业生存的关键）。国家电力公司今后主要管理电网和大型骨干电厂、调峰电厂，所以，对于超大电网的经济、稳定、安全运行，潮流控制，以及动态负荷预测、用电需求侧管理和新的发电方式等方面将加大科技攻关力度。公司努力的方向就是要做到以科技作为先导，为公司提高经济效益，保证可持续发展，成为国际一流的电力公司提供坚实的技术保障。

为了使研究与开发工作更紧密地结合国家电力公司生产建设与长远发展的需要，解决生产建设中的技术难题，促进高新技术的研究和成果转化，增强技术储备，国家电力公司组织制定了《国家电力公司1999～2000年度科技项目申报指南》（见附表一）。重点选择能够占据国际电力科技制高点的项目、能够为加强公司的技术实力，提高经济效益的项目和能够促进公司持续发展，提高公司创新能力的项目予以支持。

各单位申报1999年度国家电力公司科技开发项目共326项。经过专家论证，选出32项列入公司年度科技开发项目计划。目前正在执行的国家电力公司重大科技项目约为200项。

组织向国家科学技术部、国家计委、国家经贸委申请进行项目的立项，现承担这三大部委的“九五”攻关项目、国家重点新产品计划、国家重大装备的研制项目等共有二十几项，使国家电力公司的技术创新、高技术产业化项目在国家科技发展计划中占有一席之地。

1999 年有一批重大的科技攻关项目突出体现了技术创新的方向：

（1）状态检修。中国目前采用计划检修模式，即每年一次小修、3～4 年一次大修。而状态检修技术是以机组的安全性为中心的检修模式，即根据机组部件的安全、经济性的状态，确定检修与否。这项技术的实施需要许多先进的设备检测技术、设备性能的综合分析技术以及随之的管理技术和软件。状态检修技术的采用可以避免设备的过修，延长检修周期，降低检修费用，是国际上检修管理技术的发展方向。

（2）高压带电作业机器人的研制。研制高压线路施工和维修用的带电作业机器人，为线路的带电断、接引，带电更换跌落保险（刀闸）、更换绝缘子、更换避雷器、修补导线等。该项目的研究可以填补该领域的国内空白，可以提高供电可靠性和电力部门的服务质量，减少停电时间，提高电力系统的自动化水平。

（3）电网快速解列装置的研制。电网快速解列装置作为电网安全稳定的第三道防线，在防止电网崩溃和大面积停电方面具有重要作用，而中国目前尚无此类装置。该装置将在三峡电力系统的薄弱断面，阳城、二滩等大电源的输电通道，南方互联电网和全国大区电网互联中得到广泛的应用，具有重要的社会价值和经济价值。

（4）火电机组运行远程诊断网络系统的开发。身在千里之外，实时掌握机组的运行状况，以专家分析为依托，解决生产中的一些问题，是这种系统的主要目的，这也是计算机网络技术大发展的今天才能够实现的。公司已经实现了火电机组振动的远程诊断，目前准备将这一技术扩展到面向整个机组各个方面的远程诊断服务。这是利用计算机网络技术改变常规的火电服务方式的一种用效途径。

（5）干除灰及高浓度水力除灰系统的开发。中国火电厂通常采用水力将灰渣输送到 10～20km 外的灰场，目前的冲灰水与灰的比例多为 10∶1，这样不仅浪费了大量的水，同时排出的还是废水。公司组织研究的高浓度水力除灰系统，可以减少水的用量，可以将水与灰的比减少到 2～5∶1，具有显著的经济效益和社会效益。干除灰系统将采用汽车将灰运至灰场，可以不排放废水，同时可以有利于灰渣综合利用，变废为宝。干除灰系统已经有多种型式，目前要组织研究的是先进的双管干除灰系统。

（6）大坝裂缝和温度监测的分布式光纤传感技术研究与应用。分布式光纤传感技术是传感技术发展中的尖端领域和研究开发热点，与传统的传感器相比，具有测量范围宽、分辨率和精度高、单位信息成本低、抗电磁干扰、使用寿命长等优点。在水利水电工程中推广应用分布式光纤传感技术，将进一步提高大坝安全监测水平，对保障工程安全起到重要作用。

随着全国联网的逐步推进，科技工作着重在下面几个方面加强科技攻关：

（1）大区电网互联安全稳定分析及措施的研究。对大区电网互联系统进行模拟及其结果分析，研究提高互联电网的稳定技术。

（2）直流输电技术的研究。研究多条直流输电线路在系统故障情况下的协调控制问题，背靠背方式联网问题。完成系统分析程序中直流模型的开发，适应大系统分析的需要。

（3）三峡电力系统调度方式和调频运行方案的研究。分析综合机组和送出线路的三峡电站稳定极限、运行方式和负荷情况，研究调峰容量和调峰手段，研究调频控制策略和准则，提出三峡电力系统调度方式优化方案和具体的调频运行方案。

洁净煤发电技术

国家电力公司在国家统一规划的指导下，正在全面实施洁净煤发电的工程项目，对几种主要烟气脱硫方式建立了示范电站；建成了 100MW CFBC 锅炉示范机组；计划建设 300MW CFBC、100MW 级 PFBC－CC、300MW 或 400MW 级 IGCC 示范电站；开展了低 NO_x 燃烧技术的研究和示范；开发推广高效静电除尘技术及粉煤灰综合利用；加速采用超临界机组，并逐步实现国产化。

为了促进 IGCC 发电技术在中国发展，“九五”期间国家科技部和国家电力公司又立项进行“IGCC 发电关键技术的研究”。重点进行 IGCC 发电系统总体特性及运行技术、气化和煤气净化等方面的研究。通过这一系列的研究工作，科技和设计人员已经比较深入地掌握了国际上各种 IGCC 技术，包括气化和净化技术、燃气轮机技术等的发展过程和现状，为在中国建设示范电站做好了技术上的准备。1998～1999 年亚洲开发银行设立技援项目，聘用英国 CRE 公司作为国外咨询顾问，和国内专家共同完成了在中国建设 IGCC 示范电站的可行性研究和技术选择，提出了示范电站的概念设计。

1999 年 8 月 6 日，陆延昌副总经理主持召开了国家电力公司洁净煤技术领导小组会议。参加会议的有领导小组组长陆延昌，张晓鲁、赵建国、刘本粹、王炳华、魏光耀、尹福道及有关方面的领导同志列席了会议。会议宣读了“关于调整国家电力公司洁净煤技术领导小组成员的通知”，并明确了洁净煤技术领导小组办公室的分工。会议听取了计划部杨庆、科技部江哲生关于洁净煤发电技术及示范工程项目有关情况的汇报。

鉴于国家电力公司本部机构调整，人员变动较大，为了加强对洁净煤发电技术及其示范工程的领导，公司1999年7月30日研究决定，调整国家电力公司洁净煤技术领导小组组成，调整后的名单如下：

组长：陆延昌

副组长：张贵行

成员：张晓鲁、赵建国、姜绍俊、刘本粹、王炳华、魏光耀、陈月明、尹福道

领导小组下设办公室，简称“国家电力公司洁净煤技术办公室”。办公室设在科技环保部和综合计划与投融资部，办公室主任由张晓鲁和赵建国兼任。

洁净煤发电技术是国家电力公司跨世纪科技导向工程之一，经过多年的努力，取得了实质性进展。白马300MWCFBC机组、烟台300MW或400MWIGCC示范工程、大连与贾旺的100MW等级PFBC机组和沁北600MW超临界工程先后得到国家计委的立项批准。通过积极努力，公司系统四个电厂100MWCFBC技改工程经国家经贸委批准列入600亿国债第三批专项；大型湿法脱硫国产化项目经国家计委批准列入了1999年的国债项目。

鉴定工作

1999年，国家电力公司系统共批复科技鉴定项目96项，国家电力公司与国家机械局（两部鉴定）共批复科技鉴定项目74项，总计批复科技鉴定项目170项（详细统计情况见附件）。

1999年的科技鉴定管理工作本着“规范、程序、高效”的工作模式有序进行。1999年科技鉴定管理工作主要进行了如下工作：

（1）对于所有申请国家电力公司科技鉴定的单位，不再“一事一办”，四十五个工作日之内给予批复。在第一时间内进行形式审查，避免因材料准备不足为鉴定工作带来不必要的麻烦；

（2）对于申请国家电力公司组织鉴定的项目，均委托系统内的有关专家进行技术审查，并已基本形成了相应的专家咨询网；

（3）对于申请国家电力公司和国家机械局鉴定的项目，要求必须提交国家电力公司和国家机械局所认定的行业所的资料预审意见；

（4）与国家机械局共同确定了联合鉴定的申请单位的受理范围，明确申请联合鉴定的合资公司必须中方控股，否则不予鉴定。

今后科技鉴定管理工作将在下面几个方面进一步完善：

（1）目前，阶段科技成果和产品鉴定工作是国家电力公司科技成果推广、新产品准入国家电力公司系统的重要程序，是防止伪劣产品进入电力系统的重要手段，对规范技术与产品在公司内的应用起着十分重要的作用。但目前使用的鉴定管理办法是计划经济时代管理规定，虽有严格的尺度，但已不能适应现代公司体制的科技成果、产品鉴定管理的需要，有必要探索建立一套适应现代公司体制的鉴定管理系统。新的鉴定管理体系应该包括以下主要方面：

1）鉴定不仅仅只是对技术、产品本身技术指标的核查，还应考虑企业的资质、工艺水平、生产能力等因素；

2）鉴定应进一步加强与检测中心相互的配合，建立一套完整、系统的鉴定检测网（充分利用现有的检测机构对要求鉴定的产品进行质量检测）。

（2）进一步完善国家电力公司内鉴定工作管理体系，解决好国家电力公司的鉴定与电力规划总院的评审，国家电力公司与集团公司、省公司之间的关系，加强鉴定与技术推广、产品准入之间的有机联系，使鉴定工作具有更大的权威性。

（3）应该探讨建立更加完善的鉴定管理制度，解决社会各企业生产的国家电力公司急需的、高质量新产品的准入问题。

科技进步成果与奖励

根据国家电力公司科学技术进步奖励工作的需要，国家电力公司成立了科学技术进步奖评审委员会。评委会办公室挂靠在国家电力公司科技环保部。

主任委员：陆延昌

副主任委员：张贵行、张晓鲁

委员：姜绍俊、赵建国、李文毅、刘本粹、王炳华、陈东平、李振生、詹仲晦、舒印彪、尹福道、王柏乐、刘经迪、乔焕儒、吕鸿达、孙嘉平、曹惠彬

常务秘书：全晓华

根据国家奖励制度改革的要求，成立了国家电力公司科技成果奖励评审委员会，并依据国家科技奖励条例的要求制定了公司科技进步奖励评审办法。评出1999年度国家电力公司科技进步奖获奖项目42项，其中应用技术类成果二等奖5项，三等奖21项；综合成果类成果二等奖3项，三等奖13项。具体获奖项目见附表3、附表4。组织向国家科技进步奖励委员会申报国家奖励的工作，国家电力公司系统获得1999年度国家级科技进步奖一等奖2个、二等奖2个、三等奖7个，具体获奖项目见附表2。

为了大力推进国家电力公司系统的科技进步，国家电力公司设立了科学技术进步奖，并印发了《国家电力公司科学技术进步奖奖励办法》(试行)。

“奖励办法”共分总则、国家电力公司科学技术进步奖的授奖条件、国家电力公司科学技术进步奖的推荐、国家电力公司科学技术进步奖的评审和授予、罚则及附则等6章、22条。

授奖条件共有5条：①在电力科学研究和技术开发项目中，完成重大科学技术创新，创造显著经济效益的。②在电力生产建设、工程建设、重大装备研制和企业技术改造中采用新技术，完成重大科技成果转化，创造显著经济效益的。③在实施重大工程项目中，保障工程达到国际先进水平或国内领先水平的；对重大工程类项目的奖励仅授予单位（集体）。④大面积、大范围地推广应用先进、成熟的科技成果，创造显著经济效益或社会效益的。⑤在标准化、软科学、应用研究、理论研究中具有重大科学技术贡献，经过实践检验，创造显著社会效益或经济效益的。

奖励共分为特等奖、一等奖、二等奖、三等奖四个级别。奖励实行限额推荐制度，并规定了推荐单位。允许系统外单位申请该奖。推荐程序：一个单位完成的科技成果，按完成单位的隶属关系逐级推荐；几个单位完成的科技成果，由科技成果的第一完成单位按其隶属关系逐级推荐。

技术交流

1999年6月23日～7月7日，以国家电力公司科技环保部副主任詹仲晦为团长到德国、荷兰、英国进行技术考察。

1999年6月28日～6月30日，国家电力公司受美国电科院和香港港灯公司的邀请，派出7名人员赴港参加了亚太地区嵌入式系统Y2K问题工作会议。和与会的美国、日本、新加坡、马来西亚、菲律宾、香港等国家和地区代表交流了各电力公司解决Y2K问题的进展情况、指导思想与策略、测试整改情况、应急计划及其他具有共性的问题。对国家电力公司解决Y2K问题有很好的借鉴和研究作用。

1999年9月3日，中英洁净煤技术专题讨论会举行，国家电力公司科技环保部张晓鲁主任代表公司出席并讲了话。这次的专题讨论会是1998年10月中英洁净煤研讨会的延续，上次讨论会侧重大会交流，这次侧重专题讨论，更有助于相互深入了解。

1999年12月17日，中欧IGCC技术交流与合作研讨会举行。国家电力公司科技环保部张晓鲁主任代表公司出席并讲了话。欧盟委员会能源总司、欧盟驻华使团及德国、荷兰驻华使馆、欧洲有关机构及企业和中方有关部门的领导和专家参加会议。

为了推动清洁煤技术在中国的推广和普及，提高中国环境保护和资源合理利用的技术、管理水平，经国家计委考核，国家电力公司1999年10月2日～10月21日派员参加了日本通产省新能源产业技术综合开发机构举办的清洁煤技术研修班。

1999年4月6～8日，国家电力公司科技部在四川省内江市召开了100MWCFBC锅炉示范电站现场技术交流会，参加会议的有国家计委、国家经贸委、科技部及网省电力公司各有关单位的专业人员。总结了对引进100MW CFBC锅炉消化吸收所取得的经验，推动了国产100MW CFBC锅炉在我国的发展。

1999年5月27～30日，由中国电机工程学会和国家电力公司科技部等单位在陕西省延安市召开了全国火力发电技术学术年会。这次会议共征得论文270余篇，录用了144篇汇编成论文集。总结了20世纪90年代以来火力发电技术的经验，展望了21世纪电力工业的发展。

1999年10月28～29日，由国家电力公司科技环保部组织召开了超临界机组技术研讨会，这次会议是在1995年召开的全国超临界机组技术研讨会的基础上，针对超临界机组国产化的依托工程所面临的新问题，为机组参数的选择、机型炉型和国产化步骤等进行了研讨，取得了新的共识。

科技统计

为了全面了解国家电力公司系统各单位科技指标完成及工作进展情况，对统计数据进行综合分析，加强科技工作的管理，促进科学的决策，1999年对公司系统单位进行了比较全面的科技指标统计。统计范围包括13个直属科研院所、12个大专院校、31个电力集团、省公司。经分析，公司系统科技投入占公司当年销售收入的1%，科技进步贡献率为45%。1998年度在统计范围内，开展研究与发展课题情况如下：

科研院所方面：课题总数895个，其中当年开题361个，当年完成390个。经费内部支出5.6亿元，课题人员折合全时工作量2234人·年，参加客座研究人员104人·年。

电力企业方面：在研项目数总计3187个，应完成数2180个，实际完成数2007个，其中当年新列项目数2436个，应完成数1542个，实际完成数1366个。

大专院校方面：课题总数907个，当年投入1767人·年，当年拨入经费9337.3万元，当年支出经费 5602.4 万元。

1998 年在统计范围内，科技成果情况如下：

	电力企业	科研院所	大专院校	总计
发表科研论文		882	3693	4575
出版科技著作		29	50	79
专利申请受理数		19	24	43
专利授权数		25	10	35
成果登记数（第一完成）		35	46	81
获奖成果数（第一完成）	1706	54	157	1917
其中：国家级	34	7	27	68
省部级	113	29	10	152
地市级	390	18	120	528

1998 年，直属科研院所技术转让费用 8.26 亿元，其中研究、研制成果类为 8.1 亿元，含新技术（新工艺）的图纸、技术手册和软件为 590 万元，含新技术（新工艺）的设备和仪器为 7.38 亿元。

直属科研院所主要科技指标统计分析

1998 年，国家电力公司系统所属自然科学和技术领域研究与开发机构共计 13 个，占全国同类机构总数的 0.27%；职工总数 5633 人，占全国机构总数的 0.88%；从事科技活动人员共 4168 人，占全国 1.1%；具有博士和硕士学位的人员所占比重比 1997 年有所增加，人员素质有所提高。

机构的经费收入继续增长。1998 年经费收入总额为 12.98 亿元，比 1997 年增长 15.63%，占全国经费收入总额的 2.68%，在全部经费收入中较大部分是来自机构的横向与生产经营收入。1998 年出口创汇收入为 594 万美元，比 1997 年增长 4.78%。

1998 年院所资产合计 25.53 亿元，其中固定资产 9.04 亿元，流动资产合计 15.24 亿元，净资产合计 14.5 亿元。科研仪器设备 3.3 亿元，比 1997 年增加 23.6%，其中 90 年代 1.96 亿元、80 年代 1.15 亿元、70 年代 0.142 亿元，比 1997 年分别增加 64.7%、减少 10.9%、减少 7.8%。

1998 年承担科研课题 895 项，其中，基础研究课题 15 项，应用研究课题 82 项，试验发展课题 83 项，研究与试验发展成果应用课题 169 项，科技服务课题 533 项，生产性活动课题 13 项。当年开题 361 项，当年完成 390 项，当年完成率为 43.58%。

1998 年发表科技论文 882 篇，比 1997 年增加 21.66%；其中国外发表 119 篇，比去年增加 45.1%；专利申请受理 19 件，比去年下降 48.65%；专利授权 25 件，比去年增加 92.3%；1998 年成果获奖（作为第一完成单位）54 项，其中：国家级奖 7 项；省部级奖 29 项；地市级奖 18 项。

1998 年机构下设经济实体 57 个，全年总收入 20.08 亿元，比 1997 年增加 65.54%；其中高新技术产品销售收入 9.61 亿元，比 1997 年增加 15.09%。全年利润收入 1.24 亿元，比 1997 年减少 8.8%；上缴院所金额 0.138 亿元，比 1997 年增加 2.97%。年末资产合计 14.78 亿元，比 1997 年增加 19.77%。其中固定资产合计 1.33 亿元，比 1997 年增加 13.68%。所有者权益合计 4.92 亿元，比 1997 年增加 22.39%。院所编制人员占从业人员总数的 64.39%，其中院所编制人员比 1997 年增加 12.1%，非院所编制人员比 1997 年增加 15.7%，增幅相对较快。

（1）从事科技活动人员有所减少，从事生产经营活动人员有所增加，生产后勤服务人员继续减少。从事科技活动人员 1998 年 4168 人，比 1997 年减少 0.55%，减幅超过职工总数的变化，进入经济实体人员增加，既进行科技活动又从事生产经营活动人员继续增加。完全从事生产经营活动人员 800 人，比 1997 年增加 27%，增长速度大大超过科技人员下降的速度，产业化步伐加快。

（2）减少人员大于新增人员，离退休人员和流出人员成为职工减少的主要原因。1998 年科研机构实际减少 380 人，占在职人员数的 6.75%。在减少的人员中，离退休人员占 60.3%，离退休人员不断增加，离退休人员累计为 2217 人，与在职人员的比例已达到 1∶2.54。另一方面流出人员占减少人员的 35.5%，成为职工减少的主要原因。从流向看，进入政府部门占 7.41%；进入企业占 41.48%（其中进入外资或合资企业占 5.91%）；出国占 49.63%。流出人员素质较高，具有研究生学历或大学本科学历者占 82.2%。

（3）高学历人员逐年增加，高素质的科技活动人员队伍进一步稳定。1998 年公司所属研究与开发机构从事科技活动人员 4168 人，具有博士和硕士学位人员占 24.62%，比 1997 年上升了 1.05 个百分点，但具有研究生和大学学历人员占 72.1%，比 1997 年上升了 0.35 个百分点。

1998 年公司所属研究与开发机构新增人员 247 人（其中应届高校毕业生 178 人），占职工总数 4.38%，其中 85.4% 的人员具有大学本科以上的学历，高于职工中科技人员同等学历所占比重。新生力量的加入，增添了青春的活力，使得整个科技队伍知识进一步更新。

（4）横向收入在经费收入中的份额日益增大，生产经营收入所占比例逐年提高。1998 年公司所属研究与开发机构横向与生产经营收入为 10.6 亿元（其中技术性收入为3.2亿元，占30.19%；生产经营收入为7.4亿元，占69.81%)，占经费总收入的81.7%。这表明对政府资金的依赖程度正逐步缩小。

(5) 生产经营支出比例大于科技活动经费支出。1998年公司所属研究与开发机构的经费支出10.09亿元，比1997年增加4.24%。其中科技经费支出为3.48亿元，比1997年增加16%，占总支出的34.49%。生产经营支出为6.6亿元，比1997年增加19.57%，占总支出的65.41%。两项支出之比为1:1.9。1997年此两项支出的比例为1:1.84，表明在生产经营方面的投入增幅高于科技经费方面的投入的增幅，科研成果的产品化和产业化工作进一步加强。

科技经费支出中，人员费用0.97亿元，比1997年增加10.31%，占科技经费支出的27.9%；人均费用支出为2.33万元，比1997年增加11.48%；科研业务费用1.7亿元，比1997年增加34.9%；管理费为0.29亿元，比1997年降低49.12%，占科技经费支出的8.3%；设备购置费为0.22亿元，比1997年降低29%，占科技经费支出的6.32%。

电力集团公司、省电力公司主要科技指标统计情况

1998年参加科技统计的集团公司和省电力公司共有31个。他们是华北、东北、华东、华中、西北、华能、山东、云南电力集团、四川、重庆、贵州、广西、福建、天津、河北、山西、吉林、黑龙江、上海、江苏、安徽、浙江、湖北、湖南、河南、江西、甘肃、青海、宁夏、新疆、陕西电力公司。

在统计范围内，科技投入经费共计15.7亿元。其中集团公司和省电力公司共投入13.02亿元，占总数的82.9%。

其中研究与开发经费4.9亿元，占总数的31.2%；科技成果转化应用经费4.4亿元，占总数的28%；科技服务活动经费0.2亿元，占总数的1.27%。

投入产出比最高为1:8.05，最低为1:1.3，多数为1:5左右。科技进步贡献率最高为78%，最低为30%，多数在40%～50%。

公司所属大专院校主要科技指标统计情况

1998年度参与科技统计的公司所属大专院校为武汉水利电力大学，华北电力大学，东北、上海、长沙电力学院，长春、沈阳、北京、西安、太原、南京、重庆专科学校等12个院校。

1998年度12个大专院校从事科技活动的科技人员9097人。其中高级职称的2506人，占总数的27.5%；中级职称为3402人，占总数的37.4%；初级职称为1954人，占总数的21.5%。

1998年12个院校的科技经费为1.5亿元。其中主管部门专项费3812.7万元，占总数的25.4%；国家有关部门经费1811.4万元，占总数的12.1%；企、事业单位委托经费7516.6万元，占总数的50.1%。

1998年12个院校的学校产业情况为：固定资产3347.5万元；经营额为1.35亿元；上缴税金567.67万元；税后利润1110.19万元；税后利上缴学校466.6万元。

表1　国家电力公司1999～2000年度科技项目申报指南

研究方向	研究项目	要达到的目的
一、电力市场	1.电力市场技术支持、决策和开发系统	配合国家电力公司进行的电网商业化运营工作，提出电力市场发电计划、输电交易计划、输电服务分析模型与算法，研究电厂管理系统同电力市场之间的运营方法。提出适合中国国情的运营规则，开发出适合中国电力系统特点、综合各种自动化信息的电力市场技术支持、决策和分析系统
	2.三峡系统电力市场的研究与建设	研究三峡系统电力市场的交易类型、过网费和转运费的计算、计量和结算等有关问题。提出建立三峡系统电力市场的实施方案和技术支持系统的规划方案
	3.电网调度管理系统集成	将各孤立的实时和非实时系统集成为一个统一系统
二、电力电子技术在电力系统中的应用	1.电力电子技术在输电和配电系统中的应用	研究电力电子技术在输电系统中应用的关键技术，如控制器技术、高压阀应用技术等；研究在配电系统中应用的关键技术，如改善供电电压质量和提高供电可靠性的技术
	2.线路无弧调压技术的研究	研究采用晶闸管技术的无弧调压开关，用于各配电线路，按线路负荷进行电压调整，最大限度压缩电压带宽，提高电压质量
		项目完成后提供样机

续表

研究方向	研究项目	要达到的目的
三、配电网自动化技术	1. 应用于电力系统的国产化地理信息系统（GIS）软件系统开发	采用成熟的运用大型数据库和面向对象可视化的开发工具等先进技术，为供电企业建立具有功能全面、实用化程度高、有内在联系的GIS软件系统。开发应用于电力系统的国产化地理信息系统（GIS）平台
	2. 县级电力企业整体自动化研究	利用各种自动化技术，建立县级电力企业的整体自动化模式方案，使各个子系统发挥最大效益
	3. 城网配电自动化及配电管理系统	结合试点工程，开发出自主版权的配电网自动化系统软件，建成具有特色、一定供电规模的实用系统，显著提高供电可靠性
四、电网安全生产技术	1. 电气设备事故分析系统的研究	在收集大量运行资料和历史数据的基础上，分析中国不同地区的电气设备事故。研究电气设备事故分析系统，具有事故预警分析功能
	2. 电力系统快速恢复技术的研究	研究突发性灾害事件情况下，发、输、配电系统快速恢复技术，提出恢复方案及措施
	3. 合成绝缘子运行中存在问题的研究	全国合成绝缘子挂网运行中存在问题的调研，原因分析。提出监测手段及防范措施，研究新型结构的合成绝缘子
	4. 电磁兼容及其抑制防护技术的研究	研究电力设施与其他设施的电磁兼容问题，提出抑制防护技术
	5. 雷电定位系统全国组网	在全国范围内开展雷电定位系统组网的研究
	6. 单相长寿命电能表可靠性分析	在收集大量资料和试验验证的基础上，配合城网改造，研究电能表的长寿命技术。提出长寿命电能表可靠性分析报告，为电力企业选择长寿命电能表提供可靠依据
五、全国大区电网互联及更高一级电压技术	1. 大区电网互联安全稳定分析及措施的研究	对大区电网互联系统进行模拟及其结果分析，研究提高互联电网的稳定技术
	2. 更高一级电压等级输电技术	研究特高压输电技术和特高压线路的外绝缘特性
	3. 输电网可靠性研究	研究输电网主网架结构、输电网可靠性评价的理论、方法和分析软件，对实际电网和规划电网的可靠性进行科学的评估和定量分析。开发有关的分析软件，为电网的规划、设计和运行提供系统、科学的评价依据和办法
	4. 直流输电技术的研究	研究多条直流输电线路在系统故障情况下的协调控制问题、背靠背方式联网问题。完成系统分析程序中直流模型的开发，适应大系统分析的需要
	5. 三峡电力系统调度方式和调频运行方案的研究	分析综合机组和送出线路的三峡电站稳定极限、运行方式和负荷情况，研究调峰容量和调峰手段，研究调频控制策略和准则，提出三峡电力系统调度方式优化方案和具体的调频运行方案
	6. 大机组在电力系统中运行技术的研究	研究大机组在电网经济运行和系统异常情况下的特性，如何发挥其特有的作用，提出研究报告

续表

研究方向	研究项目	要达到的目的
六、用电与市场技术	1. 用电与市场技术的研究	利用试点单位，研究分散型电供热系统、蓄热式电锅炉供热系统、集中空调系统蓄冷、分散型用电设备控制等方面的技术，开拓电力市场
	2. 电力营销自动化系统开发	面向市场，面向客户研究电力营销自动化运行体系及手段，开发出集 SCADA、DMS、MIS 及用电营业、报装、抄表为一体化的营销综合自动化系统
七、电力系统通信技术	1. 电力专网平台技术、及可靠性策略的研究	研究 ATM、IP 技术同电力系统业务之间的关系，及在专网中应用的可靠性。提出国家电力公司主干通信网所需的平台技术，指导未来网络规划与相关技术标准的制定
	2. 电力通信网组网技术的研究	研究电力系统通信网的同步技术、ISDN 技术和电力通信网综合管理技术，为电力通信网系统建设提供依据
	3.IP 网络技术在电力系统中应用的研究	建立电力系统 IP 电话试验网，研究 IP 技术在电力系统实时通信中可能遇到的问题，研究利用 IP 技术进行远程培训、远程教育问题，为实现电力通信网向多媒体宽带综合业务数字网过渡积累经验
八、大坝安全技术	1. 大坝安全评估分析及监测新技术的研究	提出大坝安全评价方法和标准，引进、开发先进的大坝原型观测仪器设备，研究并应用大坝安全监测新技术，建立大坝安全自动化监测系统
	2. 大坝缺陷处理技术	形成以大坝安全运行为核心的大坝质量、缺陷处理及事故预报成套技术体系
九、水电工程现代化施工技术	大中型水电站快速施工技术研究	提出满足水电工程快速、高质量施工要求的现代化施工技术，以达到提高质量、缩短工期和节省投资的目的
十、水电站建筑材料新技术	1. 高坝泄水建筑物的防护技术研究	提出高速水流下水工建筑物保护新方法、新材料和相应的施工技术
	2. 混凝土材料性能试验研究及其应用	进行混凝土性能试验研究，掌握混凝土在变温、动力、全级配等仿真条件下的物理力学性能，为优化工程设计提供理论依据，提出快速施工防止裂缝的技术方案及措施
十一、水电站土建工程关键技术	1. 高边坡稳定分析及处理新技术	结合依托工程，研究高边坡在各种可能条件下失稳的机理，提出判别标准，研究并提出高边坡加固处理的技术方案
	2. 大型地下洞室稳定性研究	掌握大型地下洞室围岩变形破坏机理，提出围岩失稳的判别标准、预测方法和工程处理措施；研究地下厂房结构和机组的振动特性，提出地下厂房结构动力优化设计技术

续表

研究方向	研究项目	要达到的目的
十二、水电站机组运行及自动化技术	1. 大型机组运行稳定性及其工程措施的研究	研究大型水电机组运行稳定性的主要特征和机理，通过模型改进试验，提出提高机组运行稳定性的工程技术措施，针对依托工程，解决机组运行工况的受限问题，使机组的稳定运行达到行业标准，为防止大型机组的振动提供依据
	2. 抽水蓄能电站机组关键技术研究与开发	结合依托工程，研究并解决抽水蓄能电站机组在设计和选型中的重大问题和运行工况转换过程中出现的重大技术问题，提高中国抽水蓄能电站机组综合性能
	3. 水电机组实时监测及故障诊断系统研究	研制出水电机组实时在线监测装置，开发诊断软件，实现设备的在线诊断分析，达到由设备按计划检修转为按状态检修，做到远程诊断，保证机组安全稳定运行
十三、水电工程水力学问题研究	高坝大流量水电站泄洪消能工技术的研究	研究并提出满足高水头、大流量水电站安全泄洪消能的消能工设计方案，研究将导流洞改建成泄洪洞的体型优化技术
十四、水电站扩机问题研究	水电站扩机工程系列技术问题研究	结合依托工程，研究并解决水电站因扩机带来的水工结构、电气设备、施工方法等方面的问题
十五、大型超临界机组技术研究	大型超临界火电机组技术的研究	由国家电力公司组织科研力量，结合依托工程落实情况，承担国家经贸委重大攻关项目。在引进超临界机组的基础上，通过消化吸收和科研攻关，掌握超临界机组系统设计和运行优化技术、自动化技术、材料、辅机等；与机械制造部门合作实现大型超临界机组的国产化
十六、洁净煤发电技术研究	1. 燃煤联合循环系统关键技术和设备的研制	开展燃煤联合循环系统中关键技术和煤的气化特性评价技术等的研究，掌握燃煤联合循环电站的关键技术；开展辅助机械结构的研究，为实现辅助机械国产化做准备
	2.300MW 等级增压流化床锅炉联合循环（PFBC）技术	跟踪国际 300MW 等级和第二代增压流化床锅炉联合循环技术的发展状况、技术关键，提出中国发展 PFBC 的技术策略
十七、提高火电厂运行、检修管理水平的技术	1. 火电厂燃煤管理关键技术研究	由国家电力公司组织科研力量，通过自主研究或引进关键技术消化吸收，开发入厂和入炉煤质在线自动化取样和分析的整套技术和装置；开发煤场信息管理技术和装置；为提高火电厂煤场管理水平、降低消耗提供技术保证
	2.100～300MW 机组提高安全与经济运行	研究现有燃煤锅炉及其辅机存在的安全及经济问题，重点针对影响机组可用率、降低煤耗的技术因素，提出解决问题的适用新技术方案；开发应用火电厂机、炉、电及辅助系统的优化控制软件、诊断软件和经济运行管理软件，结合依托工程具体实施，提出实现老机组的现代化改造的技术政策
十八、电力环保和劳动保护技术	1. 湿法烟气脱硫技术的国产化试点	消化吸收引进的湿法烟气脱硫技术、设计、设备、安装、调试等规范的编制等，通过系统优化，形成适合国内需求的湿法烟气脱硫技术，并应用于 200MW 及以上的机组，研制湿法脱硫关键设备，以设计与设备为核心推动湿法脱硫技术的国产化与产业化，为大型火电机组全面实现烟气脱硫提供实用技术和设备

续表

研究方向	研究项目	要达到的目的
十八、电力环保和劳动保护技术	2. 烟气循环流化床脱硫综合经济技术评估及国产化可行性研究	针对100～200MW燃煤机组，研究提出烟气循环流化床脱硫工艺系统方案，研究关键部件的结构，分析关键设备国产化的可行性，进行经济技术分析
	3. 降低燃煤电站NO_x排放燃烧技术的研究	针对100～300MW老机组的实际情况，开发出适合机组改造的低NO_x燃烧系统（直流或旋流燃烧器），并具有优良的低负荷稳燃性能，适应系统调峰的需要
	4. 大型火电机组除灰系统的技术开发和成果转化	开发和完善适合于200MW等级及以上机组的粉煤灰干式除灰利用的整套系统及关键设备；完善高浓度水力除灰系统，改造老的水力除灰系统，要求系统的可靠性强，投资低，建立示范工程
	5. 火电厂烟气在线连续检测系统运行情况及国产化可行性研究	调研国、内外现状，特别是在国内电厂运行的状况及国内厂家状况，从技术、经济、管理等方面提出国家电力公司系统实现检测系统国产化可行性报告；同时研究该类设备的运行及验收规范，满足公司内规范化使用烟气检测设备的需要
	6. 超高压输变电线路对人体健康影响及防护技术的研究	评价超高压输变电线路造成的电磁场环境对人体健康影响并提出防护措施，为超高压输变电工程设计提供安全卫生依据；研究提出防护电磁辐射污染的具体措施
十九、电力建设现代化施工、设计技术	1. 输电线路路径优化选择	研究利用各种新的测量分析技术进行输电线路路径选择的成套技术，提高工作效率和经济效益
	2. 新型高压输电线路杆塔研究	研究输电线路在采用新材料、新技术条件下，线路杆塔的新型式、新结构、新材料、新工艺，在保证安全可靠的基础上，达到节约投资、加快建设工期、减少线路占地的目的
	3.500kV输变电工程设计关键技术研究	提出符合中国国情的500kV输变电工程设计的技术数据，提高中国的工程设计水平，使之更经济合理，从而提高安全运行可靠性
	4.500kV紧凑型线路的推广应用	提高输电线路输送能力、降低输电成本
	5. 火电、输变电建设中施工工艺及相关机、器具的开发	针对火电、输变电建设中不同领域及施工工序，进行中小型施工机具的系列开发和研究，促进中小型施工机具的国产化及其在施工中的应用，达到提高工效、降低造价之目的
二十、新能源发电技术	风力发电技术	开发600kW风电机组设计的关键技术、制造工艺以及风电机组的控制技术，实现600kW风电机组国产化。 研究电网结构、容量与风电装机容量的关系，提出风电装机容量的上限参数
二十一、新技术开发与应用	1. 超导在电力系统中的应用研究	综述国际上的研究成果，提出中国在电力超导应用研究方面的建议和主攻方向
	2. 电力系统跟踪指挥系统的研究	提出电力系统跟踪指挥系统的研究方案、子课题研究内容及其同电力大系统之间的关系

表2 国家电力公司系统1999年度获得国家级科技进步奖情况表

编 号	授奖等级	获奖成果名称	主要完成单位	主要完成者
J-06-1-001	一等奖	LFP-900系列输电线路成套保护技术及其推广应用（推广类）	国家电力公司电力自动化研究院	沈国荣 郑玉平 周 旭 王爱玲 金 勇 叶 锋 朱亚明 许建德 李中涛 张信权 何雪峰 吴银福 潘海涛 梁少华 凌 刚
J-08-1-001	一等奖	长江三峡工程大江截流设计及施工技术研究与工程实践	长江水利委员会长江科学院 中国葛洲坝集团公司 长江水利委员会长江勘测规划设计研究院 中国长江三峡工程开发总公司 长江水利委员会水文局 武汉水利电力大学 清华大学 长江水利委员会三峡勘测研究院	郑守仁 饶冠生 乔生祥 黄华平 刘力中 陈 飞 陈笑霖 周厚贵 杨文俊 王光谦 王世华 蒋乃明 高黛安 蒋养成 柏 林
J-01-2-010	二等奖	多变量智能解耦控制技术及应用	东北大学 元宝山发电厂 锦州东港电力有限公司 清河发电厂	柴天佑 武春生 吴岩 谭宝明 李小平 高宪文 邵诚 沙 毅 关守平
J-08-2-002	二等奖	拱坝动力非线性分析和试验研究及其工程应用	中国水利水电科学研究院 国家电力公司昆明勘测设计研究院	陈厚群 侯顺载 杜修力 李德玉 胡 晓 梁爱虎 魏文凯 王森元 王 济
J-06-3-002	三等奖	锅炉燃烧室传热、流动和煤燃烧过程三维全模拟及其应用的研究	华北电力大学（北京）	孙昭星 王雅勤 李文艳
J-06-3-004	三等奖	发电机定子绕组端部振动特性测试系统的研究及应用	山东电力科学研究院 南京汽轮高新技术公司	孙树敏 王文琦 孟 瑜 郑万泔
J-06-3-005	三等奖	0.01级功率电能表	江西省电力试验研究所	郭永坤 郭宇红 焉 华 王爱民 张翠琴
J-07-3-004	三等奖	广西岩滩水电站工程250T级垂直升船机整体模型试验研究	南京水利科学研究院 广西电力工业勘察设计研究院 广西岩滩水电站工程建设公司	包纲鉴 陈锦珍 暴兴汉 陆景孝 谢道铨
J-08-3-001	三等奖	高土石坝动力分析及抗震工程措施研究	南京水利科学研究院 大连理工大学 中国水利水电科学研究院 四川联合大学 河海大学	沈珠江 郦能惠 孙宪京 赵魁芝 李万红
J-08-3-006	三等奖	大体积混凝土有限元配筋设计方法及其应用研究	河海大学建筑工程系 电力工业部西北勘测设计研究院	周 氏 吴胜兴 汪基伟 康清梁 巫昌海
J-08-3-007	三等奖	散粒体地基上土石坝混凝土防渗墙研究	中国水利水电科学研究院 清华大学 河海大学 河北省水利水电勘测设计院	汪闻韶 俞 基 刘 杰 濮家骝 殷宗泽

表 3　　1999年度国家电力公司科技进步奖应用技术类成果获奖情况表

序号	编号	授奖等级	获奖成果名称	主要完成单位	主要完成者
1	991008	2	抽水蓄能电站地下厂房围岩监测、稳定预测及加固技术	北京勘测设计研究院　中国科学院武汉岩土力学研究所　河海大学　成都勘察设计研究院	齐俊修　朱维申　卓家寿　杨国华　季良杰　杨家岭　王润富　刘勇燮　曾三平　张勇惠
2	991016	2	XHM 型斜井滑模系统的研制与实践	中国水利水电第十四工程局　天荒坪抽水蓄能电站工程建设公司	马洪琪　尚明华　熊训邦　李鹏程　王良生　陈恒敬　朱镜方
3	991050	2	DISA&DR2000 变电站自动化设备	电力自动化研究院	徐石明　陶晓农　赵金荣　施玉祥　顾大庆　张辉勇　陈朝勤　蒋跃平　刘臣宾　周郵飞
4	991056	2	考虑气象因素的京津唐电网短期负荷预测	华北电力调度局　电力科学研究院	闫承山　刘永奇　刘　军　汪　峰　于尔铿
5	991063	2	WBZ－500 型微机变压器保护装置	南京电力自动化设备总厂　东北电力设计院　辽阳电业局　华中理工大学	徐进亮　沈福媛　孟志宏　牛立峰　陈德树　刘效孟　郭　勇　陶月明　毛锦庆
6	991001	3	龙羊峡重力拱坝与基础的综合分析	中国水利水电科学研究院　西北勘测设计研究院	耿克勤　吴永平　陈凤翔　李　瓒　郭立红　王志硕
7	991002	3	大坝地震安全监测技术研究　中国水利水电科学研究院	龙羊峡水力发电厂	苏克忠　张力飞　李铁证　李北海　李国正　赖明惠　邢国良　朱栗武
8	991009	3	DDT 水轮机调速器液压调节装置	电力自动化研究院　映秀湾水力发电总厂	陈东民　李建华　聂华江　沈天希　蔡卫江　李　杰　曾继伦
9	991014	3	漫湾水电站深孔孤形闸门充压伸缩式水封研究及应用	昆明勘测设计研究院	刘铁兵　蒋正鸿　曹以南　汪志龙　王河生
10	991017	3	滑框倒模技术在水口水电站 2×500T 垂直升船机工程塔楼施工中的应用	中国水利水电第十二工程局	董润生　杨有霖　陈华明　黄德平　徐文卫　边财松　朱世昌　邵日强
11	991021	3	丰满四号机组现代化改造	丰满发电厂　东北电力集团公司水电管理部	顾民臣　方仁治　徐珍懋　冯艳蓉　李荣复　孙亦鳞　宋伟新　宋树川
12	991024	3	TPT－SYSI 型线路参数带电测试系统	武汉水利电力大学	陈允平　张承学　胡志坚　刘会金　查晓明
13	991032	3	K－211 型多种开关（有载分接、SF_6）动作特性专用测试仪的开发	河南电力试验研究所　河南省电力工业局生产管理处　郑州市电业局	李　清　谭　铸　李建三　刘毓甸　王红印
14	991034	3	覆冰、污秽、高海拔环境中绝缘子串的交流放电特性及选择	贵州电力试验研究院　重庆大学六盘水供电局	周祖纯　孙才新　舒立春　张秦峰　赵立进　陈宗治　陈伟根

续表

序号	编号	授奖等级	获奖成果名称	主要完成单位	主要完成者
15	991037	3	额定电压64/110kV交联聚乙烯绝缘电缆户外终端	上海电缆输配电公司 上海三原电缆附件公司 上海电缆研究所	徐 操 魏 东 高小庆 沈卫东 顾荣荣 姜 芸 沈 泓
16	991038	3	500kV铝管金具试验研究	东北电力设计院 锦州市线路器材厂	梁学宇 王世尧 刘 捷 王 茺 王秀云 李宝强
17	991044	3	银川城区配电网自动化	银川供电局 西安兴华电气技术开发公司	刘 健 何永毅 倪建立 李永来 杜 宇 邓永辉 陈 源 朱正安 高 煜
18	991057	3	FWL/B微机励磁系统	电力自动化研究院	许和平 胡嘉纯 刘为群 耿敏彪 朱晓东
19	991065	3	大型汽轮发电机组支撑轴承热态中心变化及其对振动的影响	电力建设研究所 东方汽轮机厂 山东电力基本建设总公司 山东电力建设第三工程公司 湖北省汉川电厂 山东潍坊发电厂 张家口发电厂筹建处	周学业 白林海 张宏宇 金志伟 张洪松 董邦平 万跃秋 杨才贵 钟统林 白忠信 沈南雁
20	991072	3	闸电燃气轮机燃用重油技术研究	上海市电力试验研究所 上海闸电燃气轮机发电厂	崔剑仇 朱钦荣 管为民 朱向群 李跃涌 陶雷行 尤德胜 马 坚
21	991081	3	电液伺服阀及伺服系统性能试验装置	电力工业部液压控制质量检验测试中心 东北电力集团公司生产部	刘宝军 于立滨 李群祥 刘兴波 付汉成 郑学明 王刚 李如扬
22	991082	3	调节型电动执行机构开发及汽轮机旁路系统阀门电动装置国产化	扬州电力设备修造厂 江苏省电力试验研究所	何平生 徐鸿安 刘伟军 龚桂森 朱乐尧 蔡荣相 郭庆奎 刘 今 别如炜
23	991089	3	热力设备停（备）用水溶性快速成膜保护方法试验研究	山西电力科学研究院 武汉水利电力大学 山西漳泽电力股份有限公司 太原第一热电厂	王小平 彭珂如 张 雷 王建平 黄建东
24	991094	3	脉冲栓流气力输灰系统及设备性能研究	电力建设研究所	于长友 李新生 罗晓萍 张祖建 仇锁成
25	991103	3	凝汽器管板涂料及其施工工艺的研究	热工研究院 太原第一热电厂 神头第一发电厂 华能汕头电厂 神头第二发电厂 贵阳发电厂 山西电力科学研究院	曹杰玉 李营根 汪德良 刘 涛 段培珍 赵如峰 贾 维 任世军 张 雷 王富久 旷仲和 刘玉光 李文学 万红云
26	991112	3	火力发电厂制氢站储氢罐鼓包原因分析与研究	东北电力集团公司安全监察部 大连发电总厂 东北电力科学研究院 大连理工大学 东北电力集团公司生产部	张明坤 武宝华 郭新伟 孙永莹 杜德生 张福银 王德和 张超群 刘长远

表4 1999年度国家电力公司科技进步奖综合类成果获奖情况表

序号	编号	授奖等级	获奖成果名称	主要完成单位	主要完成者
1	992003	2	《水工建筑物抗震设计规范》DL5073—1997	中国水利水电科学研究院 昆明勘测设计研究院 西北勘测设计研究院 上海市水利工程设计研究院 大连理工大学 河海大学	陈厚群 侯顺载 郭锡荣 苏克忠 王钟宁 杨佳梅 卫明 林皋 方大凤 黄家森 李瓒 梁爱虎 武清玺
2	992026	2	电力系统非线性辨识	河海大学	鞠平 李德丰 倪腊琴 吴峰 李训铭 韩敬东 卫志农 陈星莺
3	992042	2	整体煤气化联合循环(IGCC)发电示范项目技术可行性研究	热工研究院 华北电力设计院 清华大学 煤炭科学研究总院北京煤化学研究所 中国科学院工程热物理研究所 中国科学院山西煤炭化学研究所 西北化工研究院 上海发电设备成套设计研究所 中国社会科学研究院数量经济与技术经济研究所 北京动力经济研究所 哈尔滨汽轮机有限责任公司	危师让 马绍君 焦树建 王铭忠 林汝谋 许世森 董卫国 谢可玉 邓世敏 林诚杰 安敏善 赵洁 张东亮 王洋 姚愉芳 林公舒 郭强 段秋生
4	992004	3	401工程引水隧洞上游段洞围岩稳定及衬砌强度分析	中国水利水电科学研究院 成都勘测设计研究院	陈平 李雪春 胡克让 刘友全 陈重华 张有天 郝元麟 段乐斋
5	992007	3	《水工建筑物荷载设计规范》DL5077—1997	中南勘测设计研究院 北京勘测设计研究院 西北勘测设计研究院 成都勘测设计研究院 华东勘测设计研究院 上海勘测设计研究院 东北勘测设计研究院	梁文浩 宋常春 苗琴生 张学易 段乐斋 周芸 黄东军 范明桥 刘文灏 陈厚群 席与光 卢兴良 薛瑞宝 赵在望 岳耀真
6	992008	3	双曲拱坝施工放样与计算机图形处理	武汉水利电力大学	欧阳建国 彭正红 陈永喜
7	992015	3	直流输电系统的事故分析及措施研究	电力科学研究院	王明新 曾南超 陶瑜 赵畹君 倪林林 刘泽洪 焦保利
8	992021	3	特高压试验研究线段建设	武汉高压研究所 电力建设研究所 南京电力金具设计研究所 湖北省输变电工程公司 南京电瓷厂 大连电瓷厂	王凤鸣 万启发 杨虞江 许岩 赵国平 唐和生 薄树明 吴筱鸿 陈勇 李莉华 李福生 高文林
9	992023	3	电力系统安全稳定控制技术开发应用及重点问题的调查及评述	北京电机工程学会	袁季修 韩元旦 沈江 王金平 戴海鹰
10	992027	3	耦合棱边有限元法在三维瞬态涡流场计算中的应用	武汉水利电力大学	阮江军

续表

序号	编号	授奖等级	获奖成果名称	主要完成单位	主要完成者
11	992030	3	配电网线损理论计算与分析系统	华中电力集团公司技术中心	施流忠 刘 巍 罗毅芳 丁心海 廖继光
12	992035	3	送电线路对电信线路干扰影响设计规程	西南电力设计院 西北电力设计院 东北电力设计院 广东省电力设计研究院	周宗鲁 吴锡全 许元深 张生国
13	992045	3	燃煤电厂不同煤种及飞灰介电特性的试验研究	华北电力大学	原永涛 赵 毅
14	992053	3	发、供电企业安全性评价方法及应用	华北电力集团公司安全监察部 北京电机工程学会	焦亿安 杨祝辉 高世英 刘 俭 李 庚 简昌培 王天佑 刘银顺 张 阳 王金萍 刘庆年 胡代舜 张学鹏 汪启槐 左丕臣 崔建军
15	992054	3	管道设计软件(PCAD)	广东省电力设计研究院	何登富 卜雨萍 邓广义 陈泽韩 宋燕友
16	992064	3	《电力职工安全教育丛书》	东北电力集团公司安全监察部	田雨平 周凤鸣 刘凤桥 王月

科 研 院 所

中国电力科学研究院

一、基本情况

1．科研项目、技工贸合同情况

1999年该院新签纵向合同32项，合同金额3175.9万元。院下属各研究所新签横向和技工贸合同金额10002.2万元。北京电研高技术实业总公司(以下简称总公司)新签技工贸合同金额3.48亿元。输配电及节电技术国家工程研究中心、实业公司新签合同金额2357.8万元。

综上，1999年新签纵向、横向、技工贸合同总金额为50335.9万元。

至1999年底，该院纵向合同完成率为95%，横向合同完成率为99%。全年实现纯收益6133.7万元。

1999年该院共投入自有资金1526.6万元用于新技术、新产品的研究开发和进行扩大再生产。

2．机构设置

1999年该院设有以下机构：①研究所。设有高压、高压开关、系统、计算、电网、通信、农村电气化、电测量、供用电等9个研究所。有的研究所下设公司。②职能及后勤处室。设有办公室、人事处、财经处、审计处、科研处、质量管理处、资产运营处、实业公司、服务公司等部门。③北京电研高技术实业总公司。设有总经理工作部、人事部、生产业务部、市场部、财务部和19个专业公司。④部级电力设备及仪表质量检验测试中心，下设13个检测站。⑤研究生部及博士后流动站。⑥输配电及节电技术国家工程研究中心。

年内该院电经所整体调离。

3．人员

至1999年底，该院共有职工982人。其中：专业技术人员617人；具有高级技术职称者250人（含教授级高级工程师68人），中级技术职称者215人；中国科学院、中国工程院院士各1人；本科以上学历者489人（含博士37人、硕士200人）；国家级有突出贡献的中青年专家13人，享受政府特殊津贴者44

人。

4. 建筑与主要科研设施

1999年该院在清河地区占地面积14.6万m^2，建筑面积12.9万m^2。同时，在城区有建筑面积0.8万m^2的职工宿舍；在廊坊科技开发区有建筑面积1.3万m^2的生产基地；并已在怀柔科技开发区征地5.4万m^2。

主要科研试验设施有：电力系统仿真试验室、高压试验大厅、大功率试验站、电力系统动模试验室、能量管理系统开发试验室、电力系统电能计量标准试验室、电力负荷控制试验室、低压电器试验室、电力系统继电保护及安全自动装置检测试验室、电力电子试验室、电磁兼容试验室。

至1999年底，该院固定资产为1.92亿元，其中科研仪器设备8549万元。年内新增仪器设备1401万元。

至1999年底，该院拥有科技图书2.66万册、资料1.65万册、期刊520种和科技档案3355卷。

5. 科研成果与专利

1999年获国家电力公司科技进步奖2项，院级科技进步奖54项；国家电力公司成果鉴定11项。

6. 双文明建设

1999年该院党政领导班子带领全院职工坚定不移地贯彻“十五大”精神，围绕全院的中心工作，以提高基层党支部战斗力和加强党员领导干部党性、党风教育为主要内容，进行的工作有：①加强领导，完善组织机构，狠抓各项措施的落实，使创建双文明单位活动健康发展。1999年评出院内双文明单位40个（占单位总数的90.9%），双文明职工680人（占职工总数的86.7%）。②加强党委、院领导及中层领导班子的思想政治建设。坚持每月一次院中心组的学习，提高学习质量，同时抓好基层党员和职工的政治理论学习。③加强党风廉政建设。院党委在庆祝中国共产党成立78周年大会上与全院各单位的行政领导、党支部书记签订了《中国电力科学研究院1999年度党风廉政建设责任书》，增强了各级领导干部的廉政意识。④该院党委带领全院职工，在1999年三场大的政治斗争中，按照中央有关部门和国家电力公司党组的统一部署，积极开展工作，立场坚定、旗帜鲜明。特别是同“法轮功”非法组织进行了坚决的斗争，为维护社会稳定做出了贡献。⑤组织迎“澳门回归”知识竞赛，迎“国庆50周年”文艺汇演和书法、美术、摄影展览，棋王挑战赛等活动，增强了全院职工的凝聚力。⑥1999年该院被评为中央国家机关计划生育先进集体、中央国家机关绿化卫生先进单位、北京市首都“花园式”单位、海淀区军民共建先进单位、海淀区综合治理先进单位，并连续11年获北京市献血先进单位荣誉称号。

二、主要科研、技术服务工作完成情况

1. 三峡输变电工程科研工作

（1）三峡电力系统仿真与俄罗斯动模试验的对比研究。为了解三峡交直流系统协调配合情况和验证互联电网的稳定性、可靠性，该院应用电力系统实时仿真装置，参照俄罗斯动模试验内容，对三峡电力系统进行了若干典型运行方式下的试验。通过试验，找出了三峡电力系统的薄弱环节，提出了相应的改进方案和安全稳定措施，确定了交直流系统故障产生的相互影响不会导致系统稳定破坏和直流系统因长时间换相失败而闭锁。并经过与俄罗斯动模试验的对比研究，得出结论：①实时仿真装置能够满足三峡电力系统稳定性研究、安全稳定措施研究和网络优化研究的要求。②其正确性可通过与动模试验、数字计算结果相互验证而得到保证。

（2）三峡—万县—长寿500kV输变电工程内过电压和绝缘配合研究。该项目采用电磁暂态计算程序对在2003、2005和2010水平年运行方式下三峡—万县和万县—长寿的内过电压和绝缘配合问题进行研究。主要包括：①研究电厂带空载线时出现自励磁过电压的可能性。②研究工频过电压、潜供电流、恢复电压、工频谐振过电压、系统解列过电压、变电站合空载变压器谐振过电压，讨论高压电抗器容量选择和中性点小电抗配置方案。③研究合闸和单相重合闸操作过电压，预测各种方式下的线路统计操作过电压和绝缘闪络率，分析线路断路器取消合闸电阻的可行性。④研究线路首、末端相间统计操作过电压并校核各变电站相间绝缘耐受水平。⑤研究各种操作过电压下金属氧化物避雷器的工况并校验其承受能力。在上述研究的基础上，对三峡—万县—长寿500kV输电系统主要设备的配置及系统绝缘配合措施提出建议。

（3）三峡电力系统仿真试验的建模。该院在原仿真中心模拟装置的基础上，通过采取如：扩充负荷和线路模型、用恒阻抗负荷模型模拟系统中的负荷、增加各模型与系统屏之间的电缆连接通道等措施，完成了对三峡交直流输电系统的模拟。在国内首次实现了用物理—数字混合模拟庞大的三峡系统。并通过试验证明：该模拟系统稳定运行时，各母线的电压与离线程序计算结果的最大偏差小于0.7%；电压相角最大差小于0.85°；在小的扰动时母线电压和线路潮流的动态稳定曲线与离线程序的计算结果基本相符。因此该模拟系统能够满足模拟实际系统动态特性的研究。

2. 高压输电技术与电力设备安全运行

（1）阳城电厂500kV升压站防雷保护的研究。该院利用电磁暂态程序对阳城电厂500kV升压站的

防雷保护进行了模拟计算，给出了升压站在工程初期和后期不同运行方式下，进线保护段外雷击产生的侵入波侵入到升压站时，升压站设备上的雷击过电压最大值和升压站的耐雷指标，确定了避雷器保护的方案。

(2) 220kV 辽铁二回送电线新建工程环境电磁屏蔽系数的试验研究。由于电力线路对通信线路的干扰影响很大，而辽铁二回送电线正处于城郊，其周围各种通信线路较多，因此在进行工程建设时，为保护通信线路而进行改迁的费用将会很高。该项目针对经过送电线路沿线的铁轨、金属管线等设施产生的电磁屏蔽作用会大大降低电力线路的电磁干扰影响这一情况，通过实际的测试和计算分析，确定了辽铁二回送电线周围环境对各通信线路屏蔽作用的实际值并将其应用到工程设计之中。这对降低改迁费用、节省工程投资具有重大的实际意义。

(3) 合成绝缘子用于直流线路的可靠性研究。该项目以直流盐雾法为主要试验手段，通过对合成绝缘子伞裙护套的耐直流电蚀损与漏电起痕性能、直流电晕性能、污闪特性、沿面泄漏电流对机械强度的影响以及对端部金具的腐蚀程度等方面进行试验研究，提出了选择爬电比距的原则和改善端部屏蔽环结构的建议，并证明了在长期直流电压作用下低碱玻璃纤维芯棒内部的离子迁移不会显著降低芯棒的机械强度。

3. 电力系统稳定运行与联网

(1) 可控串补用于提高四川电力系统动态稳定性的研究。可控串联补偿电容器可以用于补偿输电线路的电抗、控制系统的潮流、抑制系统振荡、改善系统的暂态和小干扰稳定水平，从而提高线路的输电能力和系统的稳定水平。四川电网 500kV 电力系统正处于发展初期，网架结构薄弱。随着装机容量相对很大的二滩电站的建设，就会因电源过于集中而使系统稳定问题变得非常突出。该项目针对这一情况，对在二滩—洪沟线路上安装可控串补来同时解决系统的暂态和动态稳定问题的可行性进行了研究。通过对安装可控串补后的两个北送和一个东送方案进行仿真分析计算，证明可控串补可以在提高四川电力系统的动态稳定性和阻尼振荡方面发挥作用。

(2) 电力系统分析软件开发。该项目是国家电力公司 1998 年重点科研项目，现已取得了阶段性成果：①电力系统全过程动态仿真软件已实现了发电机机电暂态模型的编程工作，能进行自动变步长过程计算。②电力电子和 FACTS 装置仿真软件，提出了冲击函数的数字仿真方法，解决了计算中出现的数值振荡问题以及多个电力电子器件同步关断和合闸的数字仿真方法，提出了 GTO、MCT 等全控新型电力电子器件模型及具有自定义功能的测量和控制元件模型，所提出的理论和方法具有独创性。③电力系统分析综合程序也获得新进展，新开发的小干扰静态稳定程序已交付使用，并应用到湘黔联网的计算中。

(3) 2000 年深圳电网可靠性分析。该项目是以深圳 110～500kV 高压输电网络、10kV 配电网络和变电站主接线为主要对象，通过对用户平均停电次数、用户平均停电时间、平均供电失败率和用户供电可靠率、系统失供电量期望值等指标进行计算分析，从而对不同网络结构、不同自动装置所组合的规划方案做出评价和选择。

(4) 广东韶关钢铁厂 90t 电弧炉投运对广东电网影响及对策研究。该项目利用综合稳定程序和 CHP 电力系统谐波程序，计算分析了电弧炉投运后所产生的有功功率（电磁功率和机械功率）、谐波（谐波电压畸变率和谐波电流）对韶关电厂和韶关地区电网的影响情况，并针对存在的问题提出了相应改进滤波器配置的方案，供管理决策部门、设计和生产单位参考。

4. 电网调度自动化

(1) 洛阳市区 10kV 配电网络规划。该项目依据国家对城网改造重点城市的要求，对洛阳市区 10kV 配电网的现状进行详细的评估和分析，指出存在的问题，确定了洛阳市区 10kV 配电网规划的目标和方向。主要工作有：①根据洛阳实际情况对原有的负荷总量预测值进行调整。在总量控制的基础上，采用空间负荷预测法进行了分区负荷预测，在数字化地图上获得了各分类地块在不同规划水平年的负荷预测结果。②根据洛阳电业局提供的变电站发展规划等资料，进行电源与负荷匹配分析。③在优化计算的基础上，提出了 1998～2005 年各变电站 10kV 网络的基本走向和互联方案的详细发展规划。④在一次网络规划合理的基础上，提出了实施配电自动化的构想。⑤对现有及各规划水平年的 10kV 网络进行了理论线损率预测。⑥根据洛阳电业局提供的单价资料，对各规划水平年的 10kV 规划网络进行了静态投资估算。⑦对洛阳配电网络的发展提出各种建议和设想。

(2) 变电自动化系统 EP—IA2000 完成成型产品。该系统应用新的互联网络技术完成数据通信，是国内首家通过国调中心实时测试的系统，并已开始进入 220kV 以上高电压变电站自动化系统和电厂领域。

5. 电力系统通信

(1) 长春电业局通信网（1998～2010 年）发展规划。该项目是为了适应新形势的要求，在原通信网基础上进行规划、完善和建设。主要侧重点为以高稳定和高可靠性的通信方式来适应电网发展的需要并保证有一个统一有效的通信监控（通信网络管理）中心。新通信网建成后将能够满足调度自动化、配电自动化和办公自动化等各项业务目前和将来发展的需要，能够适应电网发展的需要，并能作为发展综合业务数据网（ISDN）的基础。

(2) 湖南电力通信网监控系统。该系统采用先进的 Web Browser／Web Server／Database Server 三层体系结构和标准的系统硬件设备和商用软件，具有良好的可维护性、可扩展性、开放性和广泛的适用性。实现了与其他系统的互联和对四种微波产品的集中监控。在单链路故障情况下，实现了远端自动拨号迂回，具有创新性。经过现场试运行证明，该系统结构合理、运行稳定可靠，达到了设计要求。

(3) 天津电力局下属各区、县自动化扩频通信系统。该系统属于一点对多点扩频微波通信系统，是为改善各供电局调度自动化水平而建设的。能够为各变电站的自动化数据通信提供可靠、高质量的通道，满足自动化中央站主设备与各变电站 RTU 间命令发送、数据采集等各种信息传输的要求，并能保证供电网的安全经济运行。

6. 电测计量

(1) 电力系统电能计量最高标准的研究。该项目是为建立系统不确定度为 30ppm 的单相电能计量标准装置和系统不确定度为 60ppm 的三相电能计量标准装置而进行的研究，其预期技术指标与世界最高水平相当。项目中的单相装置部分需通过基本电参数进行溯源；三相装置不可直接溯源，需从理论与实验两方面论述，解决从单相标准如何溯源的问题。

(2) 电力系统电能质量标准的研究。该项目是为建立与电能质量有关的音频电压、音频电流、音频功率、音频相位、谐波、频率和低频电压等六项标准装置而进行的研究。需要解决的重大技术课题是与溯源和闪变仪校验有关的理论研究。

7. 解决计算机 2000 年问题

在该院的统一组织和协调下，科研人员本着对自己开发的产品和对用户负责的精神，逐项认真检查了该院承担的所有工程项目，对所发现的与计算机 2000 年相关的问题，予以一一解决，使承担的工程项目在进入新千年的时刻顺利地通过高危发生时间点，为保证电力系统的安全稳定运行做出了贡献。

三、总公司的工作

总公司下属 19 个专业公司，1999 年在技工贸方面均取得较好成绩。

1. 承担工程建设方面

1999 年总公司承担了一些重大工程项目的建设。如：①CC—2000 调度自动化系统工程。包括华北新 EMS 系统现场调试及投运，辽宁省地调基于 CC—2000 支撑平台的 EMS 应用软件现场调试及现场验收，唐山地调自动化系统、包头地调自动化系统，通过这些工程的实施，使 CC—2000 系统从功能到系统运行的稳定性都有了较大的提高，尤其是华北新 EMS 系统 SCADA 及 AGC 功能在华北新调度楼一次投运成功，并在华北电网两次重大事故的分析中发挥了作用。该系统于 1999 年 5 月通过了国家电力公司科技环保部组织的现场验收，同时被科学技术部、对外贸易经济合作部、国家质量技术监督局、国家环境保护总局、国家税务总局五单位联合批准为“国家重点新产品”。②电厂自动化系统工程。包括对丰镇、克拉玛依、西柏坡、西固、安庆等 12 个电厂发电机组控制系统的优化改造工程。该系统实现了整台机组全计算机化操作，显著提高了各个电厂的自动化管理水平和经济效益。

2. 高新技术产品方面

1999 年总公司为适应市场竞争，不断开发高技术新产品以保持自己的竞争优势。如：①电卡机电一体式电能表。该产品解决了此类电能表卡口保护的安全问题和电能表红外线采样易受环境光干扰的问题。②电厂自动化系列产品。如：EDPF-2000NT 版人机系统、EDPF-2000DEH纯电调系统、控制与信息一体化在线生产管理系统、30 万机组电厂仿真系统等。③110kV 系统新型微机距离保护。该产品具有高科技含量和高附加值，其在软件和硬件结构上的设计是目前国内较先进的，并在原理上解决了微机距离保护在变压器二次侧发生故障时起不到后备保护问题。

3. 贸易方面

1999 年总公司新签贸易合同额为 1.12 亿元，其中进出口项目合同额 544 万美元。

四、电力行业管理工作

1. 配合国家电力公司进行了《高压开关设备管理规定》、《高压开关设备及事故技术措施》、《高压开关设备质量监督管理办法》、《配电网自动化终端设备通用技术条件》等规程、标准、导则的制定工作，并修订了《真空断路器订货技术条件》、《交流高压隔离开关和接地开关订货技术条件》、《电力系统用直流电源柜订货技术条件》等三个电力行业技术标准。

2. 配合国家电力公司对“1989～1997 年全国电力系统 220kV 及以上 SF_6 开关设备运行情况”、“220kV 及以上 SF_6 开关质量情况”、“在用居民单相电能表质量情况”等进行调查统计工作。

3. 受国家电力公司的委托完成《输变电设备国际招标文件技术范本》和《高压开关设备和防误操作装置鉴定前的技术资料》等的审查和预审工作。

五、电力设备及仪表质量检验测试工作

该院建立的部级电力设备及仪表质量检验测试中

心所属13个检测站，严格执行国家有关质检工作的方针、政策、法规、条例。1999年共完成检测任务938项（其中国外产品23项），出具检测报告895份。同时，按授权要求接受国家电力公司和其他单位委托，对20个单位36种产品进行了检测鉴定工作，完成利用RTDS（实时数字仿真系统）建立继电保护装置检测系统的工作，并获得了对SF_6气体适度计量标准装置进行检测的许可证书。

六、学术交流与对外技术合作、经贸活动

1999年该院派往国外的团组73个、164人·次；接待来自国外的团组35个、92人·次。

1. 学术交流

1999年的主要活动有：①中国科协主办，中国电机工程学会等12个学会协办，挂靠在该院的中国电机工程学会电磁干扰专委会承办的“第五届全国电磁兼容学术会议”在北京召开，出席代表138人，发表论文67篇，并出版了论文集。②挂靠在该院的中国电机工程学会电力系统专委会承办的“99全国电力系统技术学术会议”在杭州召开，出席代表80人，发表论文59篇，并出版了论文集。③挂靠在该院的中国电机工程学会电力系统自动化专委会承办的“99全国电力系统自动化专业委员会学术会议”在北京召开，出席代表114人，发表论文121篇。④该院成立《电网技术》杂志社，1999年与国家电力调度中心、中国电网建设有限公司共同编辑出版《电网技术》（月刊）12期，登载科技论文244篇。⑤受中国电机工程学会委托，该院编辑出版《中国电机工程学报》（月刊）12期，登载学术论文217篇。

2. 对外技术合作与经贸活动

主要活动有：①启动利用德国政府赠款进行的关于DSM需方侧管理项目。②与德国西门子公司签订技术合作协议。③继续执行与英国利物浦大学签订的英国政府资助的合作项目。④与比利时国际电子仪器公司合资设立的北京电研电子仪器有限公司正式运营。⑤与香港中华电力公司合作进行香港电网与南方电网联网后的香港电网规划研究。⑥与法国国家电力公司合作进行电力产品性能、电力产品国家标准、电力设备安全运行技术和信息交流的研究。

七、专业培训、研究生培养与博士后流动站的工作

1. 技术培训

1999年该院面向全国电力系统科技人员举办了电力系统电磁环境、电能质量国家标准、配网通信、实时数字仿真技术电力系统应用等研讨班，参加者152人。面向院内职工举办了合同法、股份制与现代企业制度、计算机及网络知识等10个培训班，参加者506人。

2. 研究生培养

1999年该院研究生部有博士生导师7名、硕士生导师64名。共招收博士生6名，硕士生8名；年内有6名博士生、9名硕士生毕业；至1999年底，在读博士生18名，硕士生21名。

1999年还招收“论文硕士研究生”16名（其中电科院3名），授予硕士学位者12名（其中电科院3名）；至1999年底，在读“论文硕士研究生”者111名；此项培养亦属该院职工的继续教育。

3. 博士后流动站工作

1998年进站的2名博士后科研人员，1999年继续进行研究工作。1999年有4名博士毕业生进站，作为博士后科研人员开展了电力设备绝缘故障的诊断技术、电力系统稳态非线性平台等课题的研究。

八、输配电及节电技术国家工程研究中心的工作

1999年该中心利用世行贷款完成了加入美国电科院会员的相关程序的工作。至1999年底，该中心已利用了世行贷款总金额的62.5%，剩余贷款的采购计划也已全部落实完毕，正进行招标前的技术和商务谈判工作。

该中心在学习、引进国外先进技术设备的同时，按ISO9001标准的要求调整了内部组织机构，并积极开展科研、开发和承担工程建设等工作。主要有：

（1）科研和新产品开发。①低压动态无功补偿柜和柱上式无功补偿箱产品通过了国家电力公司科技环保部组织的技术鉴定，并投入批量生产。②采用小波原理及GPS技术的输电线路故障定位系统完成样机研制工作，并在辽宁王石变电站3条500kV和4条220kV线路上安装完毕。③10kV高压SVC的产品化工作，已完成10kV/1Mvar高压TSC的系统设计，正在进行晶闸管串联技术和TSC挂网及其内外过电压问题的仿真建模工作。

（2）承担无功补偿及谐波治理工程。如：沈阳东洋制钢公司36Mvar/11kV可控电抗器（TCR）型静止无功补偿及谐波滤波工程项目。该工程是第一个投入实际运行的，由我国自行设计制造的10kV可控电抗器（TCR）型静止无功补偿及谐波滤波工程项目，为高压、大容量静止无功补偿及谐波滤波设备的国产化起到示范作用。

九、主要事件

2月1日，该院召开“1999年工作会议和第二届职工代表大会”。郑健超名誉院长主持会议，何万龄

院长做“1998年工作总结和1999年工作安排”的报告；徐磊副院长做“1998年财务支出情况和招待费开支情况”的报告；党委副书记郭小俐宣读院1998年度双文明单位、双文明职工表彰决定。国家电力公司科技环保部主任张晓鲁出席会议并讲话。

2月10日，国家电力公司副总经理陆延昌、科技环保部主任张晓鲁、总经理工作部副主任肖鹏等到该院拜年，并同院中层以上领导干部座谈。

2月15日，该院全国政协委员邵方殷、熊正美参加中共中央组织的团拜会。

3月31日，经该院团委推荐，吴玉生副院长光荣入选由团中央编辑出版的《中国当代杰出青年大典》。

4月10日，国家电力公司科技环保部审查该院农村电气化所申请并组织研究的《农村电网综合节能改造示范工程》项目。国家经贸委电力司、国家电力公司科技环保部、农电工作部等单位的领导、专家共40余人参加了审查会。经专家组审查，同意该项目在江苏省宜兴市及宁夏银南市实施。

4月27日，该院吴玉生副院长和科研处、系统所等单位有关人员接待了由国家电力公司国际合作部张玉新副主任陪同的俄罗斯前第一副总理、现任俄罗斯能源与电气化股份有限公司总裁丘拜斯先生率领的代表团。

5月10～12日，第五届全国电磁兼容学术会议（'99 EMC）在该院召开，出席会议的代表共138人。会议由中国电机工程学会副秘书长陈帆主持，中国电机工程学会常务副秘书长曾庆禹致开幕词，该院院长何万龄致欢迎词。

5月17～18日，国家电力公司科技环保部和国家电力调度通信中心组织的验收专家组，在东北电网调度通信中心对该院联合东北电管局、清华大学、南自院等单位共同开发的基于CC—2000平台的EMS应用软件进行了现场验收。与会专家一致认为：该系统各项功能及性能指标达到功能规范的要求，整体水平达到国内领先、国际先进，同意通过现场验收。国家电力公司总工程师张贵行参加会议并讲话。

6月5日，该院与中国电机工程学会联合举办“王平洋教授九十华诞”庆祝活动。国家电力公司副总经理陆延昌、中国电机工程学会理事长张凤祥、中国电机工程学会常务副秘书长曾庆禹、该院名誉院长郑健超、副院长徐磊、吴玉生、院总工程师周孝信、院党委副书记郭小俐以及电力系统老专家胡道济、陈德裕等40多人参加了此次活动。

6月22日，经中央机构编制委员会（中编办字［1999］56号文件）批准，该院的名称由国家电力公司电力科学研究院调整为中国电力科学研究院。

6月26日，该院于坤山同志荣获第一届中国电机工程学会青年科技奖。

7月26日，国家电力公司陆延昌副总经理、科技环保部张晓鲁主任和总经理工作部陈飞虎副主任等有关领导出席该院更名揭牌仪式。

8月10日，经国家电力公司机关团委考核，科东公司、能电公司被确定为国家电力公司“电力企业青年职工创新创效活动试点单位”百家示范创建单位。

8月23日，该院通过ISO9000质量体系认证，并在中国新时代质量体系认证中心正式注册。

8月30日，经国家经贸委电力（1999）27号文批准，原电力工业部挂靠在该院的8个专业标准化技术委员会更名为电力行业专业标准化技术委员会。

9月15日，珠海电网调度自动化系统工程合同签字仪式在该院举行，国家电力公司有关部门领导、珠海电力工业局段光辉局长、刘敏副局长、该院何万龄院长、吴玉生副院长等有关人员参加了签字仪式。

10月24日，由中国电机工程学会电力系统自动化专业委员会主办，该院承办的“1999年全国电力系统自动化专业委员会学术会议”在北京国谊宾馆召开。本届会议共收到稿件139篇，录取121篇，到会专家共114人。

11月12日，科东公司《CC—2000开放式面向对象的EMS/DMS支撑系统》被科学技术部、对外贸易经济合作部、国家质量技术监督局、国家环境保护总局和国家税务总局等五单位联合批准为“国家重点新产品”。

11月14～18日，由该院主办的“实时数字仿真技术电力系统应用国际研讨会”在北京国谊宾馆召开，来自国外及各网省局、电力试验研究所、大专院校等单位的专家和有关人员参加了会议。

12月1日，国家电力公司党校第二期青年干部培训班一行60人来该院学习、参观，该院名誉院长、工程院院士郑健超为青年干部班学员做“中国电力发展与展望的学术报告”。

（王冬松）

中国水利水电科学研究院

一、基本概况

1999年，中国水利水电科学研究院（以下简称中国水科院）为适应社会主义市场经济体制、加快国家创新体系建设的需要，在加大科研机构管理体制改革力度，科研为经济建设服务，面向市场、自我发展的能力以及加速科技产业化等方面，又取得了可喜的成绩。

(1) 人员。截止 1999 年，全院在册职工 1117 人，专业技术人员 765 人，占职工总数 68.5%，其中中国科学院院士 2 人，中国工程院院士 2 人；教授级高级工程师 76 人，高级工程师 243 人，工程师 234 人，助理工程师 138 人；离退休人员 701 人。

(2) 机构。本着“精简、统一、效能”的原则，对职能部门进行了精简改革。改革后的职能部门由原来的 9 个合并、剥离减少到 7 个，分别是：院办公室、人事处、党委办事部门（包括组、宣、办、工、青、妇)、监察审计处、国际合作与科研计划处、财务资产管理处、离退休职工处。另外，全院共设置 14 个专业所（室、中心、厂)、一个科技开发总公司（北京中水科工程总公司)、一个工程设计院和一个后勤服务总公司（北京爱德服务总公司)。

(3) 领导班子。经水利部和国家电力公司批准，中国水科院领导班子于 1999 年 3 月进行调整。现任院长兼党委书记高季章，副院长孔昭年、匡尚富、贾金生，党委副书记陈祥建，名誉院长林秉南。

(4) 研究方向。中国水科院科研任务来源于国家、水利部和国家电力公司下达的国家科技攻关项目、国际合作项目以及横向项目等，其主要研究方向是：水资源开发利用和管理；防灾与减灾；节水灌溉技术及农田建设中的水利工程技术措施；河流及水库泥沙问题；高坝泄水建筑物水力学问题；高坝新结构及建坝新材料，工程基础和岩土工程问题；水利水电等工程抗震技术；水情自动测报、新型水轮机和水泵、电站和泵站自动化技术；火、核电站的冷却水工程以及水利水电的环境问题等。此外，该院还可单独或与国内外有关机构合作承担国内外的工程设计、工程监理、安全监测、安全鉴定以及技术咨询等项业务。

(5) 固定资产。截止 1999 年底，全院固定资产总额已达 2.57 亿元，其中房产 1.33 亿元，设备 1.23 亿元，各种图书资料等 135 万元。房屋总面积为 252488.7m^2，其中办公用房 116382m^2，住宅用房 136106.7m^2。

(6) 研究生培养。中国水科院从 50 年代就开始研究生的培养，现为国务院学位委员会批准的有关学科的博士、硕士学位授予单位。截止 1999 年底，已授予硕士学位 317 名，博士学位 34 名，目前在读博士生 20 名，硕士生 19 名，博士生导师 33 名，硕士生导师 200 名。

二、1999 年主要工作

为贯彻中共中央国务院关于科技体制改革的方针，推动科技体制的改革步伐，中国水科院作为 2000 年科技体制改革公益类试点单位，在精简机构、减员增效、建立健全各种规章制度以及科研等方面都取得了很大的成绩，获得了较好的经济效益和社会效益。

1. 职能机构精简改革

1999 年，院职能部门在 1998 年后勤服务部门机构改革分流的基础上，本着“注重实际、保持稳定、精简机构、分流人员、理顺关系、明确职责、科学管理、提高效率”的改革原则，对原职能 9 个处、室重新调整、组合为 7 个，将具有开发和服务性质的部门分流到中水科总公司和爱德服务总公司，使其更加合理、精简。管理人员由占全院职工总数的 16% 压缩到 10%，在今后两年内只出不进，逐年减少，最后控制在 8% 以内。职能部门在职能划分、职责分明之后，最终实行全员聘任，以此达到水利部提出的改革要求。

2. 人事制度改革

为贯彻落实中共中央国务院《关于加强技术创新，发展高科技，实现产业化的决定》，推动干部制度改革的深入发展，1999 年院人事制度实施了重大改革措施。本着公开、平等、竞争、择优的用人原则，按照自荐，群众推荐，领导推荐，院务会无记名投票，党委审核，院长会议决定的程序产生了 7 个职能部门正处级的管理干部。这项人事制度的改革，不仅赢得了广大干部群众的称赞和响应，而且也体现了“能者上，平者让，庸者下”的符合新时期要求的用人制度。

3. 党委工作及精神文明建设

1999 年，院党委会在科研工作中不仅起到了保障监督的作用，而且配合院总体工作部署，完成了各项任务。

6 月份顺利召开了院第八次党的代表大会，圆满完成了院党委和纪委的换届工作，制定了《党委工作制度》、《纪委工作制度》。

按中央的要求和部党组的部署，在巡视组的指导和帮助下，以严肃认真的态度，经过学习提高——认真自我剖析——批评与自我批评——整改阶段完成了“三讲”教育。全院处以上的党员干部接受了一次深刻的马列主义教育，增强了群众观念和民主作风，提高了规范管理和廉洁自律的自觉性，为团结全院职工完成今后改革发展的任务提供了政治保证。

中国水科院在揭批“法轮功”的斗争中，旗帜鲜明、立场坚定。院党委多次召开支部书记会，认真传达、学习、贯彻中央有关精神，各支部同时也做了大量深入细致的思想政治工作，帮助曾经练过“法轮功”的同志认识其邪教组织的反动本质，从思想上与“法轮功”彻底划清界限。在这场斗争中，全院同志也从中受到了一次深刻的崇尚科学，反对迷信的教育。

在精神文明建设中，中国水科院始终把注重实际、办实事放在第一位。为配合北京市迎接建国50周年、改善环境而进行的长安街及其延长线、京密引水渠的整治，中国水科院为此做出了巨大的贡献。1999年中国水科院再次被评为“首都文明单位”和“中央国家机关文明单位”。南院小区被评为海淀区文明小区，义务献血连年达标，本年度又获献血先进单位称号。全院绿化面积达到了可绿化面90%以上的标准。

4. 建立健全各种规章制度

作为科研机构体制改革的一部分，1999年中国水科院在各种规章制度的修订和完善方面做了大量的工作，汇编了包括“院务会议”、“院长会议”、“院长办公会议”等各种规章制度近百种，涉及科研计划、经营开发、人事教育、财务资产以及后勤管理等诸多方面。这些规章制度的制定为日后的体制改革提供了行为依据和工作准则。

5. 科研工作

科研是中国水科院工作的重点，科技攻关是主战场。1999年在激烈的市场竞争中，依靠自己雄厚的技术、人才力量，顺利完成了国家和水利部、国电公司的重点攻关项目。1999年全院共完成科研成果：科研报告231篇；国内发表论文232篇，国际期刊发表论文23篇，国际会议发表论文38篇；获国家专利5项，专著15部。其中国家、水利部、国电公司重点攻关项目（已通过鉴定）40项，其中有：《国家重点基础研究发展规划》项目（973计划）；组织编写了对“黄河重大问题及对策”的建议；“九五”攻关项目“西北水资源研究项目”；“江西九江堤防崩岸试验段项目”；“北江防洪调度自动化系统”（全国目前最大最复杂的水情自动测报系统）；国际合作项目创汇270万美元，包括第一套水电站计算机监控系统出口埃塞俄比亚通过出厂验收。其他横向项目还有：二滩电站水力学原型观测；连云港核电站基础处理设计与施工以及工程监测、安全鉴定等等。1999年中国水科院获国家科技进步奖2项，水利部科技进步奖11项，国家电力公司科技进步奖5项（详见附表）。1999年共完成合同额1.51亿元，其中到款1.247亿元。

6. 基本建设

为配合建国50周年的庆祝活动及长安街沿线、京密引水渠的整治，中国水科院南院为此损失土地25000多m^2以及近8000m^2的房屋建筑，但也为南院的重新规划和建设带来了契机。1999年全院新开工项目3项，建筑面积27400m^2，特别是北院16000m^2塔楼的建设又可为近150户的职工解决住房问题。南院近130000m^2的建筑规划也在积极申报中。

三、主要事件

3月15日，端润生、匡尚富副院长参加汪闻韶院士从事水电事业56周年暨八十寿辰祝贺会。

3月18日，孔昭年副院长等前往首都规划委员会商谈有关南院电站改造事。

3月19日，水利部张春园副部长，周保志、董哲仁司长来该院宣布该院新一届领导班子。任命高季章同志为中国水科院院长、国际泥沙研究中心主任、中国水科院党委书记，免去梁瑞驹同志上述职务，任命陈祥建同志为中国水科院纪律检查委员会书记，任命贾金生同志为中国水科院副院长，免去端润生同志副院长职务。

4月13日，汪恕诚部长来该院视察工作，参观有关试验室，并同该院全体所、处长座谈。

4月24～26日，清华大学水五、水九级校友在该院聚会，胡锦涛副主席到会与同学们座谈并发表重要讲话。高季章院长，孔昭年、匡尚富副院长，陈祥建副书记参加。

5月28日，院以水科办［1999］21号文向水利部办公厅报送“关于贯彻落实克服官僚主义进一步提高办事效率有关问题的报告”。

7月19日，院以水科计［1999］9号文发布“关于成立中国水利水电科学研究院第七届学术委员会的通知”。

7月21日，国际泥沙研究培训中心成立15周年庆祝会在该院召开。全国政协副主席钱正英，该院高季章院长参加。

8月3日，水规总院张国良院长带领部分所处领导来该院座谈。高季章院长就该院有关情况作了介绍，该院相关所处参加了座谈。

8月8～13日，高季章院长就该院科技救灾项目问题赴江西进行调研。

9月16日，该院召开“三讲”教育动员大会。陈祥建副书记主持会议，高季章书记做动员报告，水利部“三讲”教育巡视组组长潘天达同志也在会上作了动员报告。

9月16日，华北片科技体制改革动员大会在该院召开，高季章院长参加。

9月18～26日，高季章院长、贾金生副院长赴土尔其参加国际大坝会议，同时对明年将要在北京召开的第二十届国际大坝会议进行宣传。

10月13～16日，高季章院长、贾金生副院长在京西宾馆参加“黄河重大问题座谈会”。

12月7日，高季章院长到水利部向张春园副部长汇报有关黄河可持续发展问题。

12月16日，中国水科院档案目标管理考评认定会在该院召开。该院档案管理工作通过水利部标准。水利部办公厅蒋旭光副主任、档案处李永强副处长、该院匡尚富副院长及有关人员参加评审会。

12月23日，院以水科人［1999］79号文发布“关于我院职能部门机构改革的通知”。

附表　　中国水科院获奖项目

序号	成果名称	授奖部门	获奖等级	完成人
1	拱坝动力非线性分析和试验研究及其工程的应用	国家	二等	陈厚群　侯顺载　杜修力　李德玉　胡晓　梁爱虎　王森元　王济
2	散粒体地基上土石坝混凝土防渗墙研究	国家	三等	汪闻韶　俞培基　刘杰
3	全国水中长期供求计划研究	水利部	应用一等	王浩　马滇珍　张象明
4	钢衬钢筋混凝土压力管道设计与非线性分析研究	水利部	应用一等	董哲仁　阳森
5	混凝土高坝全过程仿真分析及温度应力的研究与应用	水利部	应用二等	朱伯芳　许平　董福品　厉易生　贾金生　杨波　阎继军
6	黄河小浪底水利枢纽进出口高边坡施工期稳定性研究和加固技术	水利部	应用二等	汪小刚
7	AMS磁体试件结构安全考核离心试验研究	水利部	应用二等	茹履安　韩连兵　陈振官　黄丽清　王立甫　吕刚　敖林　王文虎　侯瑜京
8	100SP型、200SP型新型泥浆泵	水利部	应用二等	唐澍　姜西林　陈晓平　王昌慈　蒋文平　刘景国　邓杰　董永全　朱耀泉
9	华北地区枯季水资源实时预报试点研究	水利部	应用三等	谢新民　党勇　石玉波　李传军　杨春霄
10	河北邯郸市水资源规划管理决策扶持系统应用研究	水利部	应用三等	甘泓　谷军方　俞艳荣　李令跃　汪林
11	黄河下游花园口—孙口河段水沙运动仿真模型开发及其研究	水利部	应用三等	刘树坤　宋玉山　程晓陶　李跃伦　蓝虹
12	黄渭洛河汇流区动床模型试验研究	水利部	应用三等	曾庆华　周文浩　陈建国　赵华侠　李宜斌
13	土壤侵蚀坡度的界限研究	水利部	理论三等	曹文洪
14	堆石的力学性质	水利部	理论三等	柏树田　崔亦昊
15	龙羊峡重力拱坝与基础的综合分析	国电公司	应用三等	耿克勤　吴永平　陈凤翔　李瓒　郭立红　王志硕
16	大坝地震安全监测技术研究	国电公司	应用三等	苏克忠　张力飞　李铁证　李北海　李国正　赖明惠　邢国良　朱栗武
17	《水工建筑物抗震设计规范》DL5073—1997	国电公司	综合二等	陈厚群　侯顺载　郭锡荣　苏克忠
18	401工程引水隧洞上游段洞岩稳定及衬砌强度分析	国电公司	综合三等	陈平　李雪春　胡克让　刘友全　陈重华　张有天
19	《水工建筑物荷载设计规范》DL5077—1997	国电公司	综合三等	陈厚群　岳耀真

国家电力公司热工研究院

一、概述

国家电力公司热工研究院（Thermal Power Research Institute）是国家电力公司（原电力部）直属从事热能动力科学技术的研究机构。1999年，经过全院职工的共同努力，至1998年底用三年时间完成了原定四年任期目标后，1999年初为了热工院的长远发展，提出了新的奋斗目标，到1999年底已全面高质量地完成了科研生产任务，全院经济合同总收入突破2亿元，比1998年增长了23%。

按照国家电力公司关于科研院所向企业转制的要求，1999年底热工院根据自身的专业技术发展状况进行了专业优化组合与机构调整，作为事业单位向企业转制的过渡，成立了院经营管理领导小组以适应将来企业管理模式，主要设立了6个研究与开发技术中心——电站清洁燃烧国家工程研究中心、电站运行技术中心、化学工程技术中心、材料工程技术中心、自动控制技术中心及发电新技术中心，并在2000年试行运作。热工院今后的专业发展方向及研究领域定位为：清洁煤发电技术、火电厂运行技术、电厂自动化技术、新能源发电技术、核电常规岛技术及地热发电技术。热工院将在以上领域进行基础性、先导性和应用性研究，并进行相关高新技术产品的开发，逐步向产业化发展，为电力生产提供一流的技术咨询服务与高科技环保节能产品。

热工院以全国电力生产为主战场，主要承担国家自然科学基金项目、国家科技部重大科技攻关项目、国家计委、经贸委重大装备攻关项目、国家电力公司重大科研项目、电力国标及电力行业标准和导则的制修订项目、网省电力公司科技项目以及与企业合作开展的研究开发项目，并在相关技术领域进行高科技产品的开发及工程化研究。

1999年度，热工院在研纵向课题共计57项，其中国家科学技术部攻关课题3项，国家电力公司重大科技项目18项，软课题3项，电力行业青年促进费项目2项，电力国家标准及电力行业标准的制修订项目27项，国际合作及院控课题共4项。1999年度，新立24项纵向课题，主要包括火电厂重要部件的寿命管理研究、国产引进型300MW机组降耗措施的研究、亚临界汽包炉给水加氧处理技术研究、火电机组状态检修管理工作站及评估技术等国电公司重大科技项目及有关电力行业标准制修订项目。1999年度已全面完成20余项，其中大型锅炉不同燃烧方式运行性能、TPRI煤性评价体系及煤性炉型耦合专家系统课题的研究成果分别达到了国内领先水平和国际先进水平；正在执行的科研项目100MW CFBC锅炉及相关系统设计研究、整体煤气化联合循环关键技术、低NO_x旋流燃烧器的性能评价和分析等课题均取得了重要进展和阶段性研究成果。

1999年度，热工院为解决电力生产运行中的实际问题，承担并完成了姚孟电厂1号机组性能试验与寿命评估、新疆伊犁第二发电厂锅炉技术改造、粉煤灰负压稀相输送与分选一体化技术的开发应用、沙角B电厂2×300MW机组运行性能评估、TPRI-Ⅲ型浓淡可调燃烧器的开发与应用、电厂汽水管道支吊架状态检验与调整等重大技术服务项目。1999年度取得突破性进展的科研项目主要包括：

热工院与济南锅炉厂合作研制的50MW循环流化床锅炉已在山西振兴电厂投入运行。在消化吸收内江电厂引进100MW CFB锅炉技术试验研究的基础上，与哈尔滨锅炉有限责任公司合作完成了国产化100MW循环流化床锅炉的设计，现已具备了制造条件，目前正在加紧实施工程化应用工作，同时与东方锅炉股份有限公司合作开发国产125MW再热式循环流化床锅炉设计技术。

远程汽轮发电机振动故障集中分析和诊断技术研究经过3年多时间的努力，完成了振动数据采集、振动数据分析和通信管理系统的研制及其工业性试验，于1999年元月通过了部级鉴定，其研究成果达到世界先进水平。1999年率先在热工院建成了全国范围内的“远方汽轮发电机组振动集中分析和诊断中心”，目前已联网50多台机组，形成了“电厂”、“省级中心”和“全国中心”三级振动监测和故障诊断技术服务网络，使有丰富现场经验的振动专家能够及时参与振动故障诊断的分析和处理，充分利用振动故障诊断专业技术人员的经验，提高了振动故障诊断的及时性和准确性。

通过对煤的着火、燃尽、结渣与沾污等特性进行全面的总结归纳，进而通过大量的试验研究与现场应用效果的验证与评价分析，提出了切实可靠且统一的电厂用煤测试综合评价体系与方法，建立了TPRI煤性评价体系及煤性炉型耦合专家系统，不仅能针对设计煤种通过相关试验评价其燃烧特性，提出适合新机组锅炉进行设计前的选型指导意见，而且能够针对已运行锅炉更换燃用煤种后，提出其燃用其他煤种与混煤适应性的评价，对将来电站竞价上网更有实用价值。

在国电公司的资助下，热工院的机组性能试验装备得到进一步完善，达到了国际先进水平，进一步树立了在电力行业进行机组性能考核的权威性。机组性能试验项目已拓展到国产及引进新机组的国家级鉴定试验及验收试验、老机组的性能考核试验、老机组通流部分改造评价试验、大机组整体运行优化调整试验、机组性能评估试验等。热工院先后与美国ABB-CE公司、B&W公司、西屋公司等开展技术合作，做为西屋公司的技术代表，承包了西屋公司在华中标的所有项目的机组性能考核试验，目前正在争取承担西门子－西屋公司在亚洲地区的性能试验项目。

二、主要事件

1999年5月，由中国电机工程学会和国家电力公司主办，火电、土建、建设、热电、安全技术、电力环保六个专委会协办，火力发电分会和热工院承办的"全国火力发电技术学术年会"在延安召开。

1999年7月15日，陆延昌副总经理来院进行考察，对热工院在电力工业生产中所完成的技术服务工作给了肯定与赞扬。

1999年8月28日，德国经济发展与合作部副部长、国务秘书乌施艾德女士一行来热工院进行了访问。艾德女士充分肯定了热工院在中德项目执行中取得的富有成效的结果及在提高中国火电厂的能源利用率、保护环境方面所做出的贡献。

1999年9月20～25日，热工院按照中德"火电厂高级技术与管理人员进修中心"项目二期的工作计划，邀请了全国13个大型火电厂的厂长、总工/副总前来热工院参加了火电厂现代化管理研修班。

国家电力公司电力自动化研究院

一、基本情况

1．人员

1999年底该院在职职工总数946人，其中专业技术人员791人，具有高级职称者316人（含教授级高级工程师64人）、中级职称者305人，获博士、硕士学位者331人。有中国工程院院士2人，国家级有突出贡献的中青年专家4人，享受政府特殊津贴者43人。

2．机构设置

1999年底该院设有以下机构：①1个研发中心；②11个研究所/事业部，即继电保护、电网控制、系统、稳定技术、自动控制、工业控制、电气控制、大坝及工程监测、信息技术、通信技术研究所和城乡电网综合自动化事业部；③1个科研辅助部门，即科技教育中心；④10个职能及后勤部门，即办公室、人事处、综合业务处、营销处、质量管理处、财务资产管理处、政治部、后勤处、审计处、工会；⑤1个电力系统自动化杂志社；⑥1个成套设备厂；⑦1个技术贸易公司。

3．科研合同

1999年新签合同额11.3亿元，完成合同额10.4亿元。全年实现利税16572万元，比上年13334万元增长24%。

二、科研工作

（1）全年获奖7项，其中国家级奖1项，部省级奖5项，省局级奖1项。

1）国家科技进步1项，即LFP－900系列输电线路成套保护技术及其推广应用（一等奖）。

2）国家电力公司科技进步奖4项。①DISA&DR2000变电站自动化设备（二等奖）；②FWL/B微机励磁系统（三等奖）；③DDT水轮机调速器液压调节装置（三等奖）；④快速瞬变干扰试验GB/T 14598.9－19（三等奖）。

3）江苏省科技进步奖1项，即WFBX型多功能微机防误操作闭锁系统（三等奖）。

4）江苏省电力局科技进步奖1项，即徐州电厂220kV（6号）机组节能增容改造工程（一等奖）。

（2）全年完成科研成果鉴定/评审7项。

1）ISA/LSA－300系列微机保护装置；

2）大型水轮机组调速器研制（评审）；

3）WFD－3型微机防止电气误操作装置；

4）UFV－2F型失步解列及频率电压紧急控制装置；

5）FWK分布式稳定控制装置；

6）省、地区级电网新一代开放型分布式能量管理系统OPEN－2000；

7）发电厂分散控制系统（评审）。

（3）获专利授权6项。

1）电网远动信息检测接收仪；

2）电网远动设备SOE超高分辨率监控器；

3）自动解码引张线水平位移计（一）；

4）自动解码引张线水平位移计（二）；

5）变压器励磁涌流对称识别保护装置；

6）型材（一）。

（4）技术开发。

1）发电市场技术支持系统的研究与开发项目结合浙江电网电力市场技术支持系统的建设已完成现场试运行；

2）大型变压器及发电机保护装置的研究新开发的硬件系统已完成设计和调试；

3）水电机组测量和保护智能化、高可靠性开发研究已完成方案设计；

4）水电站水情自动测报系统的开发研究已完成中试，并在葛洲坝、西津、天生桥等地试运行；

5）水电站综合自动化系统研究基本完成软硬件设计，即将投入试运行；

6）LFP系列主设备及串联补偿线路保护的研制已完成电抗器保护样机研制和硬件平台开发；

7）继电保护动态模拟实验室正在建设中；

8）电压动态稳定和无功调度的在线分析完成综述报告和算法软件包的开发；

9）DMS系统集成技术及应用软件通信和终端设备的研究目前正在城网改造模式中实现了初步的集成，正在开发平台软件；

10）水电厂监控引进系统实用性、先进性分析研究即将结题；

11）大坝安全自动检测硬件系统研究已完成软件编制和现场网络无线部分的功能原理试验；

12）电力系统电磁兼容试验室建设完成调研报告，已开始进行土建和设备采购招标等。

三、管理工作

1. 科研计划管理

（1）申报国家电力公司科研项目13项，其中包括“大电网的电压和频率紧急控制技术研究”、“电力市场决策与分析系统研究开发”、“高压电力电子互感器研究”、“配电网用静止无功发生器（SVG）的研制”、“Linuxs对电力系统自动化影响的研究”、“全新调度自动化系统集成技术研究”、“电量采集与电费计量系统研究”、“600kW风力发电机组计算机控制系统研究开发”、“超高压变电站安全生产在线实时分析系统研究开发”、“大坝安全分析评价的鲁棒性研究”、“水电机组实时监测故障诊断系统研究”、“数据仓库在大坝安全评价决策支持系统中的应用”、“高边坡稳定分析的突变模型及其判据研究”等。

（2）签定国家电力公司和其他科研项目7项，其中包括“大型水轮发电机组调速系统的非线性鲁棒控制及工程实用化研究”、“区域电网稳定技术研究”、“中压配电网复合通信方式研究”、“发电侧电力市场技术支持系统开发”、“天生桥梯级水电站联合调度决策支持系统”、“调度自动化集成技术研究”、“配电自动化系统的开发和集成”等。

2. 财务资产管理

认真执行国家各项方针、政策，维护自身合法权益。加强资金调控，压缩货款规模，8月份以来陆续归还银行借款5000万元，使公司负债率由64%降至55%。全年通过内部银行盘活资金1.1亿元，节约利息支出600余万元。对建院以来的固定资产账务重新进行登记清理，为院的改制和上市作准备。

3. 企业发展

完成集团公司1998年度工商年检及信息系统分公司、稳定控制技术分公司的工商注册。完成国家电力公司审慎调查材料。完成募集资金投资项目可行性研究报告和“双高”（高技术企业和高新技术项目）认证申报材料。

4. 教育培训工作

完成了建立“南京南瑞集团公司博士后科研工作站”的相关工作。全年采购、编目加工中外文科技图书2228册，完成图书资料进入互联网的检索服务。组织参加科技成果展览会8次。组织全国水电厂自动化技术信息网和全国大坝安全监测技术信息网会议。对挂靠该院的各学术机构的学术活动、资料出版进行规范管理。组织17次技术培训活动，618人参加。录取99级硕士研究生8名、博士生2名，在学研究生27名，毕业研究生8名。举办ISO－9001培训班7期，培训272人·次。举办科技讲座10期，346人参加。为电力系统专业技术人员举办短训班14期，创收5万元。

5. 顺利解决计算机2000年问题

全年投入人力超过3600人·日，召开解决Y2K问题会议14次，参加人数250人，有120人参加了全国电力系统联合测试值班，测试期间坚守岗位，保证了测试工作的圆满完成。解决Y2K问题涉及的产品共80多个种类和型号、7648台套，其中保护类5402台套。因C类问题更换芯片14000余片，出色地解决了该院开发投运的自动化装置和系统的Y2K问题，赢得了广大电力系统用户和国电公司领导的高度评价，为国家电力公司实现2000年平稳跨越做出了贡献。

6. 期刊

部级期刊《电力系统自动化》改为半月刊发行，期刊评比指标首次进入全国前100名，其中在“电子、通信与自动化控制”类期刊中居第1位，1999年下半年起已成为美国EI的核心期刊，连续第三次获江苏省十佳科技期刊称号，获首届“国家期刊奖”。《大坝观测与土工测试》连续第三次获江苏省优秀期刊称号。

四、国内外学术交流与技术合作

1. 学术交流

（1）全年发表学术论文235篇，其中入选国际学术会议及发表在国外和中国对外学术刊物上的论文35篇，发表在国内学术刊物及参加省部级以上学术会议交流的论文200篇。经院学术委员会以无记名差额投票方式评选出1999年度一等奖2名，二等奖10名，三等奖20名。

(2)组织了8次国内科技成果展示活动。4月在南京参加"南京浦口高新技术开发区十周年成果展示会";5月在长沙参加"99国际电力电工及电气传动设备(湖南)展览会";7月在沈阳市参加"99中国东北国际电力技术及设备展览会";8月在苏州市参加"99中国苏州科技成果交易会";9月在成都市参加"99成都国际供用电专业设备展览会";10月在上海参加"99上海国际电力设备及技术展览会";10月在南京参加"江苏省青年科技成果展览会";10月在湖北省葛州坝参加"国际大坝安全监测学术交流暨产品展示会"。

2. 对外合作

(1) 全年派往国外、境外参加国际学术会议、进行技术考察与合作、经贸联系等各种活动的团组35个,出访了美、德、法、英、加拿大、新加坡、马来西亚等10个国家和地区,接待来访团组3个。

(2) 组织完成国际投标项目11项,中标5项。

五、精神文明建设

荣获"全国精神文明建设工作先进单位"称号;连续第4次荣获"江苏省文明单位"称号。1999年,该院继续加大双文明建设工作的力度,全年开展的主要工作有:

(1) 在院党组的领导下,全体员工认真贯彻落实党的十五届四中全会、全国科技创新大会精神,紧紧围绕两个文明建设这个中心,组织全体党员干部深入开展邓小平理论学习,进一步理解邓小平建设有中国特色的社会主义理论的深刻内涵。多次组织干部职工认真学习反对伪科学(法轮功)及申讨美国为首的北约集团轰炸中国使馆的侵略罪行。大家自觉地坚持科研生产,维护社会稳定,以实际行动贯彻党中央文件精神。

(2) 抓好党风廉政建设,自觉接受职工监督。在科研生产发展方向、干部选拔任免以及有关职工切身利益的决策时,广泛听取职工和干部的意见,保证重大决策科学、合理,更具有操作性。党组领导召开座谈会,听取各专业所、公司、处室的意见,研究院的大政方针,总结工作,解决科研生产实际问题。

(3) 抓好党支部建设,组织党员民主评议活动,开展"三五"普法教育,全年发展党员15名,转正28名。在国庆50周年和澳门回归活动中,组织征集国庆论文展、文艺汇演、长跑比赛、召开民主人士座谈会等,还开展了"理解、服务、奉献在岗位"、"创企业精神,树主人翁形象"、"夏季百日安全无事故竞赛"、"募集衣被献爱心"等活动。工会还组织先进生产者疗养及义务献血活动,调解民事纠纷6起。安全保卫方面,建立了门卫制度、出入登记制度、会客制度、停车登记制度、巡查制度等,按时编写保卫工作简报,每月出1~2期治安和消防墙报宣传,为科研工作创造良好的环境。管理部门积极建章建制,加强管理,以优质服务体现管理和自身的价值。

六、主要事件

1月9日,深圳所研制的"TSA/LSA-300系列微机保护装置"通过国家电力公司技术鉴定。

1月29日,南瑞集团公司被南京高新技术开发区评为"作出突出贡献企业"。

2月2日,院承担的国家级火炬计划项目"SD-6000开放式分布式能量管理系统"和"ISA-1变电站成套微机保护装置"通过国家级验收。

3月22日,电控所承担的"八五"国家重点科技项目"大型水电机组调速器"中的"SWT-150-6,3型水轮机调速器"通过国家电力公司评审。

3月28日,顾煜麟院长被南京市委、市政府授予"1998年度建设新南京有功个人"。

4月6日,南京市委书记王武龙来院视察。

4月28日,沈国荣同志被评为"国家电力公司特等劳模"。

5月11日,稳定所研制的"FWK型分布式稳定控制装置"和"UFV-2F型失步解列与频率电压紧急控制装置"通过国家电力公司技术鉴定。

6月29日,朱大新同志被江苏省委授予"优秀党员"称号。

7月28日,国家电力公司和公司党组任命卜凡强任院长、党组书记;李福生任党组副书记;沈国荣、曹铁男、王力科任副院长、党组成员。免去顾煜麟院长、党组书记职务;免去陈龙臣副院长、党组成员职务。

9月16日,该院被中央精神文明建设指导委员会授予"全国精神文明建设工作先进单位"称号。

11月12日,国家科技部副部长邓楠、江苏省副省长金忠青、南京市市长王宏民来院视察。

11月29日,电网所研制的江苏省"九五"重大科技攻关项目"省、地区级电网新一代开放型分布式能量管理系统(OPEN-2000)"通过江苏省科委鉴定和验收。

12月27日,沈国荣副院长当选为中国工程院院士。

(罗祥兴 曹成林)

国家电力公司动力经济研究中心

(国电动力经济咨询有限公司)

一、综述

国家电力公司动力经济研究中心(简称动经中

心）暨国电动力经济咨询有限公司（简称动经公司）由原北京动力经济研究所、电力科学研究院电力技术经济研究所和中加合作南方四省（区）能源战略规划项目办公室组成。动经中心是由中央编制委员会办公室［1999］56号文批准的事业单位。动经公司是由国家电力公司出资设立的全资子公司，是经国家工商行政管理局登记注册的科技型企业。动经中心暨动经公司专门从事发展战略、体制改革和经济政策等方面的软科学研究，是国家电力公司重大经营决策的咨询机构，为实现国家电力公司“四步走”的战略部署，把国家电力公司建设成为控股型、经营型、现代化、集团化管理的国际一流公司服务。同时，也面向社会，对电力行业和电力企业的发展战略、规划和有关经济问题进行研究，为政府部门提出建议，为电力企业、金融机构和中外投资者服务。

由于新组建的动经中心暨动经公司是由三个事业单位组成的，为保证体制的平稳过渡，根据国家电力公司的批复，动经中心和动经公司暂采取“一套班子、两块牌子”的运作模式。

二、人员及机构设置情况

动经中心1999年底共有正式职工96人，离退休职工25人。其中科研人员中70%以上具有硕士及以上学历。

动经中心内部共设置10个部门，其中管理部门四个，即办公室、人事处、财务与资产管理处和科研管理处，研究部门六个，即战略与规划研究所、投融资研究所、电网经济研究所、电力市场研究所、节能与环境经济研究所、天然气发电及新能源研究所。另外，为保证研究质量，动经中心还设有学术委员会。

三、业务范围

动经中心暨动经公司主要研究国家电力公司的发展战略、体制改革和经济政策，同时也面向社会，为电力工业和电力企业提供发展战略、体制改革和经济政策等方面的研究、咨询服务，承担政府部门、金融机构、投资方和各类法人委托的动力经济方面的研究、咨询业务。主要包括：

(1) 宏观经济研究分析，能源及电力工业发展战略、发展规划研究与咨询；

(2) 电力体制改革及经济政策研究与咨询；

(3) 国内外电力市场预测分析、开发研究与咨询；

(4) 电力项目经济、财务评价及方法研究，对电力重大项目（包括外商直接投资项目、国际金融组织贷款项目、政府贷款项目等）进行经济和财务评价；

(5) 节能、环境经济研究与咨询；

(6) 企业发展战略、经营战略研究与咨询；

(7) 开展电力技术经济软件、节能和环保产品的开发、销售、代理业务；

(8) 承担国家有关部门、金融机构、投资方和各类法人委托的其他业务，并提供咨询和培训服务。

四、主要业绩

1) 1985年完成全国30年电力规划；

2) 1985年完成全国煤电运规划；

3) 从1985年浙江北仑港一期起，完成了几乎所有世界开发银行在中国贷款电力项目的经济分析与财务分析；

4) 1985年完成了华东电网电价研究，这是中国第一个系统的电价研究。之后，又深入进行了分时电价、季节性电价、上网电价、过网费等专题研究。同时为国家计委的“建设项目经济评价方法与参数”进行了影子电价测算；

5) 完成全国2020年电力发展规划和2050年能源规划及可持续电力发展战略研究；

6) 完成中加合作南方四省（区）能源战略规划项目一期研究工作；

7) 参加《电力发展规划编制原则》的编制工作；

8) 完成需求侧管理对电力发展规划的影响分析研究，针对开拓电力市场的问题，相继在北京、山东地区开展了负荷需求管理的研究工作；

9) 围绕电力市场进行了大量研究工作，包括电力市场供需现状的调查分析、电力市场需求预测、未来电力市场开拓潜力及对策研究、电价空间及电价承受能力研究、调整和完善电力结构政策研究等；

10) 完成了广东沙角C厂、河北郎峰电厂等项目的经济分析，率先进行盘活固定资产的方式引进外资的研究；

11) 完成广东阳江、岭澳核电工程项目可行性研究的技术经济分析；

12) 完成三峡工程论证中的国民经济论证工作，并承担了一系列科研攻关项目；

13) 参与了黑龙江与湖南省电力公司的机构与管理强化的研究；

14) 参与起草了核电经济评价实施细则、利用存量资产合资项目经济评价实施细则、小型节能热电项目可行性研究的技术规定，城市供热规划的技术要求和内容深度等，并为电力法的起草提供背景资料；

15) 承担了电网建设经济评价软件的开发和推广工作，参与多个城网改造项目的经济论证；

16) 在环境经济评价方面，参与了亚行《中国21世纪环境》研究项目，完成了华东有关火电环保项目经济评价工作。

五、1999年完成的主要研究工作

(1) 电力行业结构调整和“十五”规划基本思路；

(2)“十五”电力工业发展规划六个子课题研究；

(3) 1999年上半年中国电力市场分析报告；

(4) 南方四省（区）能源战略规划项目一期；

(5)“十五”及2015年电力发展速度研究；

(6) 1999年电力市场分析报告；

(7) 中国电力市场改革模式研究；

(8) 国家电力公司投资战略研究；

(9) 中国电力弹性系数研究；

(10) 水电政策研究，包括跨区电力投资项目税收分配研究、水电上网电价研究、输电价格研究；

(11) 项目投资计划管理系统研究；

(12) 电力市场调研分析与需求预测培训教材；

(13) 电力工业投资结构分析与优化；

(14) 加大电网投资力度的政策和措施研究；

(15) 电网建设项目经济评价软件；

(16) 山东济宁电力市场研究；

(17) 天津市电力市场调研分析与预测；

(18) 梯级水电站调节效益分配研究；

(19) 河北张河湾抽水蓄能电站的经济分析；

(20) 世界银行研究项目“洁净煤技术评价及环境保护研究”；

(21) 山东德州热电厂供热扩建工程项目建议书。

六、主要事件

4月1日，国家电力公司赵希正副总经理受高严总经理委托主持召开了总经理会议，研究明确了组建国家电力公司动力经济研究中心的有关原则。

4月6日，国家电力公司高严总经理在关于组建动经中心的总经理会议纪要上批示：要多给信茂同志支持，帮助解决困难和问题。

4月9日，国家电力公司查克明副总经理在关于组建动经中心的总经理会议纪要上批示：请刘忱同志组织人力资源部、人事部拟文公布机构及筹建领导小组名单（并通知筹建人员本人）。请焦总经（济师）在印出上面通知后先组织水规、电规、电科三单位做好协调，支持工作；然后再去宣布新机构。

4月14日，国家电力公司以国家电力公司办公通报（第7期）向有关单位发送了关于组建国家电力公司动力经济研究中心的会议纪要和高严总经理、查克明副总经理的重要批示。

同日，国家电力公司以国电人资［1999］189号文正式下发了《关于组建国家电力公司动力经济研究中心的通知》。文件明确了动经中心的性质、主要职责、组建范围、运作模式、人员编制和有关要求，正式成立了筹备领导小组，由王信茂同志任筹备领导小组组长，邓建利、毛晋、胡兆光、李扬、王新民同志为筹备领导小组成员。并明确提出“在经济研究中心成立后的五年，国家电力公司将根据需要，给经济研究中心以更多的支持。”

4月15日，国家电力公司查克明副总经理、焦亿安总经济师以及人力资源部、人事与董事管理部有关负责同志一行到原北京动力经济研究所宣布组建动经中心的决定和筹备领导小组成员名单，并对筹建动经中心的工作提出了要求。自此，动经中心的筹备工作正式全面启动。

4月30日，筹备领导小组组织召开部分动力经济研究方面的老同志、老专家座谈会，听取对筹建动经中心的意见和建议。吴敬儒、游吉寿、沈根才、叶荣泗、班自勋、杜星堂、雷树萱等同志到会。

5月18日，动经中心与水电水利规划设计总院就动经中心组建过程中有关人员调动及资产处置等问题签署协议。

5月27日，动经中心与电力科学研究院就动经中心组建过程中有关人员调动及资产处置等问题签署协议。

5月31日，动经中心与电力规划设计总院就动经中心组建过程中有关人员调动及资产处置等问题签署协议。

6月17日，中央机构编制委员会办公室以中编办字［1999］56号文批复了动力经济研究中心为国家电力公司所属事业单位。

6月30日，国家电力公司总经理助理刘忱及有关部门负责人听取了筹备领导小组关于动经中心组建方案的汇报。

7月6日，国家经贸委电力司司长史玉波一行到动经中心指导工作，并对开展十五规划思路研究工作提出了具体要求。

7月8日，国家电力公司人事与董事管理部到动经中心考核领导班子。

7月12日，筹备领导小组组长王信茂同志在动经中心会见美国高达发电总公司副总裁吕胜先生一行。

7月22日，筹备领导小组组长王信茂同志会见华北电力设计院院长朱兴楚、副院长张珩生一行。

7月28日，国电动力经济咨询有限公司名称得到国家工商行政管理局核准。

8月6日，筹备领导小组组长王信茂同志会见美国能源部劳伦斯—伯克利国家实验室杨富强博士，就共同举办“绿色电力革命座谈会”达成一致意见。

8月12日，国家电力公司以国电人资［1999］

415号文下达了“关于成立国电动力经济咨询有限公司的通知”，明确了动经公司的性质、注册资本金和经营范围，批复了《国电动力经济咨询有限公司章程》。

8月27日，国家电力公司赵希正副总经理批示，在动经中心领导班子没有明确之前，由筹备领导小组继续负责开展内部机构设置和全员聘用等有关组建工作。

9月2日，动经中心组建范围内的三个单位财务统一集中管理。

9月8日，动经中心召开全员聘用工作大会，明确临时机构设置方案，全面开展“双向选择、聘用上岗”工作。

同日，动经中心内部各临时机构负责人确定。

9月9日，动经中心徽标确定。

9月10日，动经中心“双向选择、聘用上岗”第一轮工作基本结束。

9月23～25日，动经中心与美国能源基金会/派克德基金会共同举办“绿色电力革命”座谈会。会议邀请了50多位政府官员和国内知名专家参加，获得了极大成功，得到了外方和与会专家的高度评价。

10月12日，动经中心全部员工入驻白广路大楼，开始集中办公。

10月15日，国家电力公司以国电任［1999］98号文任命王信茂同志为动经中心主任，邓建利、李扬为动经中心副主任，胡兆光为动经中心总经济师。

10月16日，国家电力公司以国电任［1999］75号文委派王信茂、邓建利、姜绍俊、张晓鲁为国电动力经济咨询有限公司董事，王信茂出任董事长。委派贺华为国电动力经济咨询有限公司监事。

10月18日，国家电力公司以国电任［1999］76号文推荐王信茂为动经公司总经理，邓建利、李扬为动经公司副总经理，胡兆光为动经公司总经济师。

10月19日，国家电力公司以国电任［1999］79号文同意葛正翔为动经公司董事会中的职工代表人选，王新民为动经公司职工监事人选。

10月22日，中加合作南方四省区能源战略规划项目扩展期第一次联合指导委员会在动经中心召开。

10月25日，动经中心主任王信茂会见美国斯坦福研究所余序江博士，双方就加强合作达成一致意见。

10月27日，国家电力公司以国电人资［1999］581号文批复了国电动力经济咨询有限公司暨国家电力公司动力经济研究中心组建方案。

11月1日，国家电力公司以机党［1999］65号文，批复动经中心成立临时党委。

11月9日，国家电力公司赵希正副总经理到动经中心宣布动经中心暨动经公司领导班子名单，并视察了中心的有关部门。

11月11日，动经中心筹备领导小组完成历史使命，终止工作。

11月12日，经职工民主选举，葛正翔同志当选为动经公司第一届职工董事，王新民同志当选为动经公司第一届职工监事。

同日，经动经中心主任会议研究决定，任命王新民、葛正翔同志为动经中心主任助理。

11月13日，国电动力经济咨询有限公司第一届董事会第一次会议召开。会议通过了公司章程、董事会议事规则、有关管理人员聘任议案和总经理所做工作报告，并同意有关管理制度试行。

11月26日，动经中心主任王信茂同志会见法国电力公司北京代表处周国平先生一行，对双方合作达成一致意见。

12月8日，动经公司经国家工商行政管理局登记注册，正式领取企业营业执照。

12月10日，国家电力公司高严总经理为动经中心暨动经公司成立致贺辞。

12月19日，国家电力公司以国电党组［1999］70号文任命王信茂、邓建利、李扬三同志为动经中心临时党委委员，王信茂同志为动经中心临时委员会书记。

12月22日，国家电力公司召开动经中心暨动经公司成立大会。国家电力公司焦亿安总经济师主持会议，赵希正副总经理和国家经贸委电力司史玉波司长为动经中心暨动经公司成立揭牌，国家计委、国家经贸委、国家开发银行、中国国际工程咨询公司以及国家电力公司各部门和在京直属单位参加了会议。

（毛继兵）

电力建设研究所

一、基本情况

(1) 人员。1999年底，全所在职职工总数491人，其中专业技术人员308人（具有高级技术职称者97人，中级技术职称者125人，初级技术职称86人），离退休职工182人，调出14人，接收应届毕业生13人（研究生6人）。

(2) 领导班子交替。1999年4月5日王光华所长离任，梁兵副所长主持工作，1999年7月23日李一凡副所长到任，主持全面工作，实现了领导班子顺利交替和平稳过渡。

(3) 机构调整。原经营处改为营销处（即科建总公司市场部），撤销科研经营处，分别成立了科研开发处和经营管理处。

(4) 经济目标。1999 年，全所共完成新签合同额 8900 万元，完成产值 9000 万元，实现收入 9700 万元，在消化增支因素和冲抵亏损的基础上实现利税 676 万元。

二、科研、技术开发与服务工作

(1) 科研项目。1999 年，该所在所内带编号运行的各类纵向项目（子项目）共计 20 项，其中国家“九五”攻关项目（子项目）3 项，国家电力公司项目（子项目）13 项，所控项目 4 项，各类标准制、修订项目 14 项。

该所组织申报了国家电力公司 1999 年度科研项目 7 项，其中成果推广应用项目 12 项。在上报的 7 个项目中，“双管气力除灰系统的研究”、“高浓度水力除灰技术的推广应用研究”和“不等边角钢用于输电铁塔的研究”三个项目通过了评审，现正签订项目合同。同时，组织申报了 1999 年度标准制、修订项目 18 项。签订 1998 年度的标准制、修订项目合同 19 项。完成部级鉴定项目 3 项，还完成了国家“九五”攻关项目计划执行情况的中期评估工作和国家电力公司科技项目计划执行情况的检查工作。

(2) 部级获奖项目。1999 年，“高浓度水力除灰阻力特性试验及阻力计算方法的研究”一项获 1998 年度国家电力科技进步综合类成果三等奖。

(3) 部级鉴定项目。1999 年，完成部级科技成果鉴定项目 3 项（表 1）。

(4) 专利授权项目。1999 年，获得国家专利授权项目 4 项，均为实用新型专利（表 2）。

(5) 所级获奖项目。1999 年，评出所级科技进步成果 10 项，其中应用性成果二等奖 2 项，三等奖 1 项，理论性成果二等奖 4 项，三等奖 3 项（表 3）。

表 1　部级科技成果鉴定项目

序号	成果名称	完成单位	鉴定证书号	鉴定日期
1	LPZNB 型立式喷水柱塞泥浆泵研制开发	电力建设研究所 宝鸡水泵厂 西柏坡电厂	(99) 国电技鉴字 051 号	1999.7.26
2	JS170 快硬锅炉密封耐火材料及快硬膨胀耐火材料	电力建设研究所	(99) 国电技鉴字 009 号	1999.8.27
3	汽轮发电机基础动力优化设计研究	华北电力设计院 大连理工大学 电力建设研究所	(99) 国电技鉴字 070 号	1999.11.26

表 2　国家专利授权项目

序号	专利名称	专利类型	专利号	专利申请日	授权颁证日
1	生产次氯酸盐的组合	实用新型	ZL97226296.2	1997.8.29	1998.12.25
2	新型脱水渣仓	实用新型	ZL98203716.3	1998.4.27	1999.5.26
3	钢索式快速升降装置	实用新型	ZL97230829.6	1997.12.26	1999.6.5
4	一种新型防磨耐磨层	实用新型	ZL98248323.6	1998.11.6	1999.9.4

表 3　所级科技进步成果

序号	项目名称	奖励类别	完成单位	获奖人员
1	第二代杆塔试验微机测控系统的研究开发	1999 年度电建所科技进步应用性成果二等奖	线路结构室	陈大勇、刘万贵、刘玉刚、焦国强
2	LPZNB 型立式喷水柱塞泥浆泵研制开发	1999 年度电建所科技进步应用性成果二等奖	发电室	马宗庆、郑其武、于执中
3	架空输电线路 DZHC－20 型电线振动监测装置	1999 年度电建所科技进步应用性成果三等奖	科电建安	张会韬、承秀芳、刘育、杨文宝
4	汽轮发电机基础动力优化设计研究	1999 年度电建所科技进步理论性成果二等奖	土建室	邵晓岩、高象波
5	《放线滑轮基本要求、检验规定及测试方法》	1999 年度电建所科技进步理论性成果二等奖	施工机械室	裘亚萍、冯玲
6	《跨越电力线路架线施工规程》	1999 年度电建所科技进步理论性成果二等奖	施工机械室	高金钟、张冲、胡凤英、喻进、崔赤
7	《液压压接机》标准	1999 年度电建所科技进步理论性成果二等奖	施工机械室	娜日莎、闫振宇
8	中国架空输电线路大跨越防振技术的调查与研究	1999 年度电建所科技进步理论性成果三等奖	导线室	于钦刚、杨文义
9	《架空输电线路微风振动危害的实例及现场测振的重要性》	1999 年度电建所科技进步理论性成果三等奖	科电建室	张会韬
10	《发电工程造价对比分析和论证》	1999 年度电建所科技进步理论性成果三等奖	技经室	王春英、李文令

（6）技术开发与服务。1999年，在调整分配机制、考核办法和分析、测算的基础上，修订了《电力建设研究所专业室和所办企业目标责任考核条例》，确定了一线单位1999年的各项责任目标，并坚持按季度对目标责任完成情况进行考核。从全年统计情况看，全所20个签约单位中，18个单位完成了费用分摊任务，其中15个单位完成目标责任经济类指标。所办企业（下属各公司）共完成新签合同额5617万元，完成产值8922万元，实现收入9355万元，实现利税528万元；全所共运行各类横向合同100项，项目经费3094万元，其中，新签“四技”合同80项，合同额784万元，承担各类检测、试验项目786项，经费189万元。

为了提高科研开发能力，加快技术创新，建立年轻人脱颖而出机制，改变过去科技力量分散，科技开发能力薄弱，科研项目进展缓慢的状况，通过全所科技人员个人申报、单位推荐，所科学技术委员会评选，成立了由15名专家（首席专家2名，一级专家5名，二级专家8名）组成的首届专家委员会，制定了《电力建设研究所专家委员会章程》和《电力建设研究所专家委员会实施细则及专家办法（试行）》，对新签的纵向项目开始采用招投标的方式运行。集中人才力量，提供物质条件保障，进行封闭研制开发，限期完成项目、提交成果。同时，坚持科技成果所内孵化、转化，加速科研产业化进程。

为了开拓市场，抢占新的市场领域，对市场部的营销力量进行了调整充实，由原来的6人增加到18人，加大产品营销力度。以科研项目为依托，以产品质量和良好的售后服务作保障，立足华北，辐射全国，建立起一个系统的营销网络。仅下半年四个月的时间，在技改方面先后完成了大同二电厂除渣系统改造、华能南通电厂灰管除垢、秦皇岛电厂除灰喷嘴及除渣系统设计、神二除灰系统改造、秦皇岛电厂除渣系统改造、衡水电厂粉尘治理、北京一热输煤系统治理、华能高碑店电厂输煤程控等项目；在基建方面，完成了盘山二期高压管件的投标、新乐热电厂项目投标、盘山二期工业废水及生活污水项目的投标、大二、神二、大一、准葛尔、呼市、德州、保定、石家庄等新建项目的前期准备、益阳电厂高压管件的招投标、禹州电厂的化水程控和加药项目的招投标等，四个月累计共新签合同额2300万元。

1999年，该所完成了大量技术开发、科学试验与行业服务工作。

（7）在杆塔试验方面。完成了苏丹铁塔设计验算修改、房山四渡滑索系统设计、菲律宾和秘鲁铁塔投标设计、河南500kVZJZ和DGI铁塔设计制图、孟加拉230kV铁塔设计、唐山大城35kV钢管杆设计校核等横向设计任务。完成了江苏、武进110kV钢管杆，两基苏丹33kV铁塔、北京供电局220kV和110kV四回铁塔、天广直流500kV拉线塔、贵州10kV钢管杆、天津静海两基200kV钢管杆、泰国230kV铁塔、印尼230kV铁塔、邯郸110kV转角塔、山西10kV和110kV钢管杆各两基、西宁10kV钢管杆、湖南220kV钢管混凝土电杆、山东220kV钢管杆、甘肃110kV钢管杆、巴基斯坦500kV铁塔、上海220kV铁塔两基、静海110kV铁塔、山西500kV铁塔、上海110kV钢管杆等34基杆塔试验任务。1999年，创产值人民币280万元，美元20万元。

（8）在导线金具方面。完成了国控项目子题“大截面导线配套金具研制及防振技术研究”，通过对该项目中的连接金具（悬垂串、耐张串）、悬垂线夹、耐张线夹、接续管、间隔棒、防振锤等六大类金具进行重点研究，于1999年5月通过了国家三峡办组织的专家评审；完成了部控项目“输电线路大截面分裂导线防振技术研究”，通过对大截面导线微风防振、次档距振荡及大截面导线用防振锤的数学模型的建立、大截面四分裂导线次档距布置优化设计数学模型的研究、大截面导线防振锤数学模型的研究、大截面导线防振锤的研究与设计和防振锤的选型设计、试制改进、大截面导线自阻尼的研究和间隔棒性能的试验、720/50导线及铝包钢芯的压接以及三组合成绝缘子的疲劳试验，于1999年10月通过了国家电力公司的审查，并按计划完成项目研究工作。完成了国家电力公司及中国电网建设有限公司项目“分裂导线力学性能实验室建设”，在1998年基础上，从总体方案、液压振动设备、机器设备及设施、测试系统等方面进行了设计、加工和安装，整个项目的建设工作已基本完成，1999年10月通过了国家电力公司审查。完成了部控项目“舞动观测技术的研究及非接触式光学舞动轨迹测量仪的研制”和所控项目“我国大跨越防振技术研究”任务。1999年，共完成导线试验任务40项，新签合同额170万元。

（9）在施工机械方面。完成了“大截面导线张力放线设备的研究”、“快速同步液压升降装置计算机控制系统的研制”、“冷却塔滑模施工设备的改造”、“滑轮轮体加工设备及工艺研究”和“YLJ5/35液压拉力机的研制”；承揽了三峡输电线路施工中技术难题“大截面导线线路施工设备及工器具的研究”，包括5个子项目，即“索道式张力放线跨越工艺的研究”、“大截面导线压接机的研制”、“打入式可回收原状土地锚的研制”、“大截面导线放线滑车的研制”和“光缆放线机的研制”，均完成了设计、加工和试验，并具备工程应用条件；在成果推广方面，油净化设备、液压扭矩扳手、液压提升装置、光缆机、发电机定子吊装架等项目先后在山西电建三公司、天津电建公司、福建电建一公司等单位推广应用。1999年，签定产品开发、成果推广、技术服务合同额159万元。

(10) 在高压管件生产方面。完成了部控重点项目“P91钢管件研制”项目的研究，其中，完成了成都热电厂工程P91钢焊接三通、P91钢热压弯头、P91钢热压大小头、P91钢热压三通的试制，P91钢焊接三通、热压弯头、热压三通的水压或爆破试验、有限元分析和焊接工艺的补充试验、热压管件的补充试验；完成生产并发货的项目有成都热电厂P91钢管件、给水管件，莱城1号机、2号机，温州1号机、2号机，张家口7号机、8号机，宣威1号机、2号机以及连州、韶关、禹州、武钢、上钢、吴泽、盘山、信阳等单位。1999年合同额为2700万元。

(11) 在电厂综合技术方面。完成了“双管密相气力除灰系统试验研究”、“高浓度远距离水力除灰推广”的研究及报部立项工作；完成了大同二电厂除渣系统改造工程可研、初步设计以及施工图设计工作；完成了秦皇岛电厂、神头二电厂除渣系统改造的项目可行性研究；完成了栓流气力除灰系统的项目鉴定及姚孟电厂栓流系统及装置的安装调试工作；完成了伊朗、三河及上海四套酸洗设备的加工生产；完成了粤连、韶关、里彦、沙岭子等4家电厂18台化学加药设备的加工生产；完成了伊拉克电厂、天津杨柳青电厂热网补充水软化设备的供货；承担了部控项目“科研院所信息网建设”的设计、设备安装和软件配置工作；完成了浑江电厂、七河电厂化水程控的设计、设备生产和供货；完成了连城电厂翻车机程控的设计和供货并通过验收；还承担了部控项目“风力资源技术研究”。全年销售密封脂8.7吨、防锈油1500瓶、计量泵24台、张力仪11台及其配件，同时还完成了阻垢剂生产车间的建设和除灰试验室的改造。1999年，新签合同额2275万元。

(12) 在金属焊接方面。完成了“9Cr-IMO钢焊接材料及T91钢异种钢焊接技术研究”；完成了“300MW机组热喷涂防磨防腐技术研究”；完成了“焊接与锅炉压力容器质量检测技术手段的完善”，该项目使金属与焊接的试验检测能力达到全国电力系统领先水平。1999年，新签合同额155万元。

(13) 现场服务。为宁夏大坝电厂、陕西韩城电厂的浓缩机实施检修；为保定热电厂、石家庄热电厂进行了两期粉尘治理；在漳州后石电厂召开的现场会上，利用液压提升装置进行发电机定子现场吊装；为三峡工程缆机安装提供配套的GYT-100C型液压提升装置的有关技术服务，配套8组千斤顶和7台液压泵站，安装2台缆机共40个标准节，服务时间从1998年12月持续到1999年6月，该项目累计现场服务431天；开展了6个项目工程的现场测振；先后为广东沙角C厂、珠海电厂、山东日照电厂、许昌发电公司进行技术资料翻译、电厂技术服务和微机档案管理等，全年派出现场服务人员115人·次，其中广东沙角C厂档案管理达到国家一级标准。

(14) 质量检测。1999年，该所作为行业的质量监督机构，各质量监督、检测中心和试验室共承担各类质监、质检任务786项。其中，该所质监中心根据华能国际电力公司委托，完成了北京、大连、丹东、珞璜、南通、福州6个电厂12台机组的工程质量检查与机组达标投产检查31次；混凝土电杆质量检测中心完成了北京昌平、石家庄、山西平定、山东淄博、湖南郴州、天津津南等58个水泥制品厂、构件厂、电杆厂、线路器材厂厂家的电杆检测任务；施工机械质量检测中心完成了常熟电力机具厂扒杆系列、旋转连接器系列、地线自动卡线钳、双头紧线器、起重滑车、卸扣等机具的检测；完成了常州市长江电力机械厂的GNJ350型抢修平台的检测；完成了常州市南方电力设备厂220kV开关用检修架的检测；完成了山东电力一公司20t/41m龙门起重机、两套烟囱液压提模设备的应力检测；完成了北京电建公司、天津建电公司三台百吨吊车的检测；电力工程材料部件质量检测中心完成了双河-南阳500kV直流输电线路工程、自-渝Ⅱ回500kV输电线路工程、二-自Ⅲ回500kV输电线路工程和30多项200kV线路工程的质量检测任务，为武汉电缆集团公司、山东电缆厂、安徽欣意电缆有限公司、无锡电缆厂、无锡华能电缆有限公司等25个厂家导线产品和成都电力金具总厂、江苏捷凯电力器材集团公司、四平线路器材厂等15个厂家100多种金具产品进行了质量检测。锅炉压力容器质量检测中心完成了北京富通高压管件公司的高压焊接三通、弯头和华能高碑店电厂4台热网加热器的质量检测任务；保温耐火材料质量检测中心完成了332家（次）电建公司和电厂的保温材料、耐火材料和耐酸材料的质量检测任务；旋转机械质量检测中心完成了对襄樊电厂2、3、4号机组和沙岭子6号机组的振动检测任务。

(15) 国际合作与交流。1999年，该所先后有8人·次5团组出访日本、伊朗、葡萄牙、韩国、巴基斯坦等国进行技术考察、试验监督和参加国际会议，接待俄罗斯电力试验所一行三人来所进行学术交流，接待来所进行杆塔试验的伊朗、印度尼西亚、泰国、墨西哥等国工程技术人员24人·次。

三、管理工作

(1) 科研计划管理。1999年，加大了对科研项目计划和项目过程管理力度，一方面，要求各项目执行单位将项目执行计划细化分解到月计划，另一方面，科研管理部门按季度对每个项目的每个形象点进行严格细致的检查，要求每个项目负责人及时认真的撰写阶段性研究报告。通过加强科研计划管理，全年科研计划完成率达到90%。在国家经贸委组织的国家“九五”攻关项目执行情况中期评估和国家电力公司组织的科技项目计划执行情况中期评估时，对该所在研纵向项目总体执行情况是满意的，给予了充分肯定。

(2) 目标责任管理。1999年，偿试了职能管理部门年度目标责任制签约，制定了考核标准和管理办法，坚持每季度由考核小组对每个职能部门分“通用责任”和“专门责任”进行量化考核，并吸收一线单位代表和工会代表参与考核，评定打分，与季奖、年终奖挂勾。增强了职能部门的责任感、紧迫感和危机感，提高了工作效率。

(3) 制度管理。为了管理制度化、规范化，制定了《电力建设研究所重大事项决策制度》和《电力建设研究所行政例会制度》，把“三重一大”（重大决策、重大事项、重要干部任免、大额资金使用）和行政例会纳入规范管理轨道，同时，要求各职能部门制定“三重一大”实施细则，要求下属各单位制定自身管理制度、办法，从而提高工作效率和经济效益。

(4) 人才管理。制定了《电力建设研究所1999～2005年人才发展规划》，出台了《干部考核制度》、《中层干部重大事项报告、请假制度》、《干部回避制度》、《干部聘任制度暂行规定》、《后备干部管理办法》、《关于推荐选拔代职锻炼人员的暂行规定》等规定、办法。组织对全所中层干部进行了考核、测评；举办各类培训班5期，共培训职工160人·次；选派7名专业骨干到华北地区6个电厂进行代职锻炼培养；坚持引进高层次人才，重点接收应届毕业研究生，派员到华东地区吸引博士生，加强人才实力。

(5) 审计监督。完成了所内财务收支审计、工程概预算审计、所有者权益审计和任期经济责任审计等9项·次。9月份，配合国家电力公司审计局完成了对该所原所长王光华同志的离任审计工作。内审工作对加强企业内部控制度，提高管理水平和经济效益起到了积极作用，对任期经济责任、小型基建和专项维修概算的编制和执行起到了监督作用。

四、后勤工作

为了扩大产品加工能力，改善生产条件，在该所北院新建机加工厂房，总面积1200m²，自筹资金150万元，在1998年立项的基础上，1999年全部建成并投入使用；完成了房山区良乡三个家属院的一户一表的电源改造工程，被房山列为免检工程；完成26名献血指标，被评为北京市义务献血先进单位；完成了北京市节水的达标工作，被评为北京市节水先进单位；完成了所区3400m²的绿化工作，被评为房山区园林式绿化先进单位。

治理所容所貌，树立良好的企业形象。1999年，下决心投入资金和人力，对所容所貌进行了大整顿。拆除临建和违章建筑，清除闲置设备、材料，清理卫生死角，整修试验场地，规划绿地，修建道路，改建北院大门，使北院试验基地的面貌明显改观。

五、精神文明建设

1999年，结合国内三场大的政治斗争（即以美国为首的北约悍然轰炸我驻南斯拉夫联盟大使馆事件、李登辉分裂祖国事件和李洪志操纵的法轮功邪教组织聚集闹事事件）和澳门回归，对职工进行爱国主义教育；结合所内个别营销人员经济犯罪案件，请房山区检察院同志以案说法，对全所中层以上领导干部和营销人员、财会人员进行法制教育；修定“创建双文明考核办法”和“考评细则”，开展创建双文明单位和个人活动，经年终考核评定，共评出双文明单位3个，双文明职工标兵8名。

(1) 工、青、妇组织工作。关心群众生活，开展丰富多彩的文化娱乐活动，增强集体凝聚力。全年走访慰问病号、离退休职工和生活困难职工44户68人·次；结合国际老人年，组织离退休职工开展游览和各种比赛活动；为丰富职工文体生活，开展游艺会，组织球类比赛和参加国家电力公司迎“三庆”活动，其中有两名职工获国家电力公司迎“三庆”美术作品三等奖。

(2) 发挥职工代表大会参政议政作用和监督职能。完善民主监督和民主管理。1999年，召开两次全体代表会议、多次组长联席会和职工代表座谈会，就一些重大问题和关系职工切身利益问题进行讨论，发挥职代会职能作用。

组织女职工开展“巾帼建功标兵”和“五好家庭”评比活动，在团员、青年中开展团日活动和参加国家电力公司组织的青年科技成果的评选活动。认真抓好计划生育工作，获中央国家机关和北京市房山区计划生育先进单位。

六、主要事件

1月15～20日，房山区第四届人民代表大会第一次会议在房山宾馆隆重召开。该所区代表崔赤（办公室副主任、女）被选为房山区第四届人民代表大会常务委员会委员。

1月18日，该所与国家电力公司签定了“风力资源的勘测技术研究”项目的研究合同，项目负责人为发电室的毛荷馨，项目经费100万元。

1月29日，电力建设研究所1999年工作会议暨职工代表大会一届五次会议在所南院举行。国家电力公司直属机关党委副书记、机关党委书记田华香、工程建设局局长刘本粹、中国电力企业联合会办公室主任范纪祥等（国家电力公司工程建设局电网处处长苏力、中电联办公室秘书刘正本）应邀出席会议，刘本粹局长作了重要讲话，对获奖人员进行了表彰和颁奖。

2月24日，该所与国家电力公司签定了“锅炉部件寿命评估及机组寿命管理系统研究”的项目合同，项目负责人为焊接室的郭军，项目经费40万元。

3月19日，该所所办企业富通高压管件技术开发公司经国家电力公司锅炉压力窗口容器安全监察委员会进行产品和体系两个方面两轮的检查，通过了电站压力管道制造资质认证。

4月5日，国家电力公司总经理助理刘忱、人事与董事管理部副主任曹志安及人事与董事管理部干部管理处副处长刘炎到该所宣布干部任免决定（所长王光华主持会议，所领导班子成员及所中层干部参加会议）。会上曹志安副主任宣布了国电任［1999］37号干部任免通知：“免去王光华同志电力建设研究所所长职务”（另任山西省电力公司总经理），同时宣布梁兵同志主持电建所工作。

4月8日，国家电力公司科技教育局副局长江哲生及相关人员就该所除灰专业今后的发展召开了专题研讨会，副所长尤传永、科研处和发电室除灰专业技术人员参加了会议。

4月20日，该所与国家电力公司签定了“科研院所内部信息网建设”项目，该项目为技术改造项目，项目负责人为发电室的陈志高，项目经费173万元。

5月7日，副所长兼总工程师尤传永率施工机械室副主任刘振强、经营处副处长雷明等人赴宜昌三峡工地实地考察该所在三峡工地的项目进展情况，并代表所领导亲切慰问了该所为三峡工程辛勤服务的建设者。

7月18日，国家电力公司科技环保部组织有关专家在河北西柏坡发电厂召开了科技成果鉴定会，对该所发电室开发研制的“立式喷水式柱塞泵”进行了技术鉴定。与会专家一致认为该课题选题正确，资料完整齐全，数据正确可靠，符合国家有关标准的要求，开辟了火电厂水力输灰新途径。该设备属国内首创，处于国内领先水平。

7月23日，国家电力公司人事与董事管理部主任程光杰、科技环保部主任张晓鲁、人事与董事管理部副主任曹志安及人事与董事管理部干部管理处副处长刘炎到该所宣布干部任免决定（党委书记薄树明主持会议，所领导班子成员及所中层干部参加会议）。会上程主任宣布了国电任［1999］65号干部任免通知：“李一凡同志任电力建设研究所副所长（主持工作）”。

8月10日，所下发电建人字［1999］第15号文，任命李一凡同志为北京科建电力工程技术开发总公司总经理（法人代表），免去王光华同志该公司总经理（法人代表）职务。

8月26日，所“一九九九年年中工作会议暨职代会一届六次会议”在所南院食堂召开。

8月27日，国家电力公司科技环保部在京主持召开了“JS170快硬锅炉密封耐火材料及快硬膨胀耐火材料”项目技术鉴定会，全国保温耐火材料专家出席会议，该项目由该所蓝达公司承担。与会专家对该项目给予充分肯定，认为该项目达到国内先进水平。

11月11日，俄罗斯电力试验研究所布鲁斯·塞莫诺夫总工一行三人到该所进行了访问和学术交流。

11月16日，所领导李一凡、薄树明、梁兵、尤传永向该所首届专家委员会的15名专家颁发了聘书，他们是：首席专家徐乃管、蒋平海；一级专家马宗庆、刘振强、安锦平、高象波、默增录；二级专家王然、王文兵、王君林、王景朝、冯晓红、刘凤红、杨笛、莫伟军。至此，电力建设研究所首届专家委员会宣告成立。

11月20日，该所与中国电力企业联合会标准化中心签定了《电气装置安装工程质量检验及评定标准》行业标准的制订合同。

11月26日，国家电力公司电力规划设计总院主持召开了“汽轮发电机基础动力优化设计研究”项目技术鉴定会，全国相关专业的专家出度会议，该项目为该所土建室与华北电力设计院、大连理工大学共同研制完成。与会专家充分肯定了访项目的研究成果，认为该项目达到国际先进水平。

11月28日，该所与中国电力企业联合会标准化中心签定了母线金具、保护金具、连接金具、接续金具和耐张金具五项行业标准的修订合同。

（赵连雨）

附件：

电力建设研究所“单位资料”

单位名称： 国家电力公司电力建设研究所
北京科建电力工程技术开发总公司
地　　址： 北京市房山区良乡昊天北大街3号
邮　　编： 102401
电　　话： 89351150（总机）
领导班子名单：

副所长、总经理：李一凡（主持工作）
党　委　书　记：薄树明
副所长兼总工程师、
副总经理：尤传永
副所长、副总经理：梁　兵

管理职能处室：所办公室
科研开发处
经营管理处
人事教育处
政治工作部
财务处
综合处
审计室
离退休职工管理办公室
工　会

专业研究室：线路结构研究室
导线金具研究室
电厂综合技术研究
标准化研究室
焊接技术研究室
施工机械研究室
技术经济研究室
土建研究室
工程设计室
管件研究开发中心
《电力建设》编辑部

所、总公司下属企业：
北京富通高压管件技术开发公司
北京通达施工机械开发公司
北京柯力动力化学防腐技术开发公司
北京中汇电力工程设计公司
北京融鑫电力工程造价事务所
北京兰达节能保温技术开发公司
北京科华电力工程技术服务公司
焊接及检验分公司
商贸部
建筑工程分公司
劳动服务公司
北京电联电力工程承包有限责任公司（国内合资）
北京广富技术开发有限责任公司（国内合资）
北京远能达电网技术发展有限责任公司（国内合资）
北京帕尔普线路器材有限责任公司（中美合资）
北京村内建筑技术有限责任公司(中日合资)

国家电力公司武汉高压研究所

1999年，该所按照国家电力公司关于“院所转制精神”要求，深化体制改革，所根据国家电力公司1998年在南京会议上确定的重点专业方向，对专业结构进行了大的调整，组建了由所控股的“武汉华瑞高电压技术有限公司”，设立了16个专业室（中心），确立“以科研为本、以市场为导向、以效益为中心”的原则，实行“一所两制、室为核算单位、主任负责”的新机制，围绕中心工作开发产品，开拓市场，作好技术服务，为2000年进一步深化科研院所体制改革打下了基础。主要做了以下工作：

一、积极抓好院所转制工作

按国家电力公司的统一部署，全面开展电力系统科研院所由事业单位转变为科技型企业的体制改革工作，拟订转制方案，并多次进京向国家电力公司领导汇报工作，取得了积极进展。

二、抓科研开发，促技术经营

(1) 承担国家电力公司1997～1999年度7项重点科研项目，完成情况良好，通过国家电力公司科技环保部预验收。

(2) 切实抓好国家电力公司设在所内的3个重点实验室的建设。电磁兼容实验室建设投资1005万元，已完成基建投资的85%。超高压电缆实验厅建设投资1480万元，已完成投资的75%。特高压实验室已经上报材料。

(3) 高度重视工程现场试验调试项目，首次实行项目经理负责制，减少了管理层次，提高了工作效率。

与二滩水电站签定了140万元的调试合同，另外几个项目已有意向，已完成可行性报告。完成岭澳200kV高压试验项目第一阶段工作。广东抽水蓄能电站试验500kV充油电缆的直流耐压实验工程项目按合同要求完成。

(4) 配合国家经贸委要求，完成城网、农网推荐产品的资质审定工作。

(5) 按照1998年“南京会议”精神，全面开展ISO/9001认证工作，成立了所质量保证体系工作组，对所中层以上干部进行ISO9001质量认证族标准培训和考试，10月份颁布了《质量手册》A版，标志着武高所、华瑞公司进入GB/TI9001－1994标准质量体系的运行阶段。

(6) 正式启动实验室“导则25”认可的申请工

作，高电压计量与测试技术研究室成为所第一批申请认可的单位。

(7) 重视加强专业室（中心）双文明建设，努力推进产品化进程，产品收入超过4000万元。

(8) 国家高电压计量站工作取得新的进展，根据全国省级计量标准、计量鉴定考核委员会的要求，对国家技术监督局授权的4个国标项目中有关测量范围、准确度、等级进行了技术讨论；完成对河南省计测所、云南中试所、新疆计量所、山东德州三和电子有限公司4个单位的设备、人员的考核，并将考核材料上报国家技术监督局。

该站在国家质量技术监督局深圳会议期间，向该局领导汇报了下一步改革与发展的基本思路，明确表示在武高所转制后，会继续用企业的人财物来支撑计量站，在全国计量检定系统中发挥作用。

(9) 初步建成全所计算机信息网络并开始试运行。

(10) 努力开展国际科技合作与学术交流，全年选派18人·次出国（境）执行外事任务，接待2批4人·次外宾来访。根据国家电力公司国际合作局要求，制定了2000年出国计划。

三、加强管理，促进双文明建设工作

(1) 按照企业财务管理要求，实现财务集中、资金集中管理，对全所国有资产进行清理，将报废设备分类统计。

(2) 对所属9个公司进行了经理任期经济审计，并出具审计意见。

(3) 配合转制工作，建立健全管理制度，加强和协调转制期间的各项工作。

(4) 全所深入开展文明单位创建活动，颁发了《武高所1999～2002年精神文明建设规划》，制定了《文明建设考核评比实施办法》及《考核标准》，使双文明创建活动纳入制度化轨道。1999年武高所被湖北省经贸工委评为1998～1999年度文明单位；所生活区所在的鲁磨路文明小区（含7单位）被省文明委授予"省级文明小区"的光荣称号；通过洪山区委"三五"普法验收，成为辖区"三五"普法合格单位。

继续重视抓好军民共建活动，在军民共建单位——广州军区武汉疗养院的支持下，组织18位离退休老同志和3位在职专家到该院驻鸡公山疗养院休养。

高度重视抓好重大政治活动，组织好全所职工"愤怒声讨以美国为首的北约导弹袭击我驻南大使馆"的集会活动，积极引导职工化悲愤为力量，将爱国的热情转化为爱岗敬业、勤奋工作的干劲。

(5) 加强党的建设，做好党支部的调整工作；重视党员的发展工作；加强纪律检查和党风廉政建设。

(6) 重视干部的培养、选拔和任用；考核任命了一批中层干部。

四、全所经济指标和科研成果情况

(1) 1999年全所财务总收入7039.5万元，科研、生产经营收入6661.4万元，其中产业经营销售收入4391.7万元，科研收入2269.7万元，超额完成1999年6000万元的任务指标。上交税金382.7万元。全所的集中积累有较大增长，职工平均收入明显提高。

(2) 1999年该所获国家电力公司科技进步三等奖1项，获华东电管局科技进步二等奖2项；获所科技进步一等奖3项，二等奖7项；共发表论文61篇，参与两种科技著作的编辑出版；申报专利4项，获实用新型专利1项。

1999年开发新产品12项，完成已确认的国家标准项目合同21项，电力行业标准项目合同8项；完成国家标准报批稿9项，电力行业标准报批稿8项；完成21项国家标准和18项电力行业标准的征集工作。

五、人员构成情况

1999年全所在职职工人数为381人，离退休职工163人。新进大学毕业生14人。现有享受国务院政府津贴的专家32名，其中推荐1999年享受政府津贴专家6名。具有高级职称的技术人员113人，其中教授级高工54名，中级职称的164人，博士生3人，硕士研究生58人，本科生132人。

（董志新）

国家电力公司苏州热工研究所

1999年，苏州热工研究所全体员工在中国广东核电集团有限公司和国家电力公司的领导和支持下，按照国家电力公司和中广核集团的工作部署，围绕年初制定的全年工作目标，以"三个有利于"为标准，解放思想，实事求是，继续发扬"团结、开拓、求实、奉献"的所风，加强党的领导，加强政治思想工作，加大改革力度，基本完成了1999年度预定的总体工作目标。

一、领导班子建设

在中广核集团和国家电力公司的支持下，经过民主评议和上级考察的程序，于1999年11月对所行政领导班子进行了调整，并完成了所级领导成员的离任审计，确定了分工，实现了平稳过渡，现任所级领导成员在年龄结构和专业结构上都有所优化。同时，对中层干部按干部考核程序继续进行了完善补充工作，一批素质高、群众基础好的青年科技人员走上了领导岗位。

二、管理创新

（1）进一步调整发布了所行政《工作规则》；调整了职能部门机构设置，制订了各处室的职责范围和岗位职责；全面贯彻ISO9001质量保证体系标准，申请ISO9001质量体系第三方认证，正在准备迎接第三方审核。

（2）在提高融资能力的基础上，努力提高有限资金的运转效率；充分利用国家给予的优惠政策，添置了143万元进口仪器设备。

（3）在进一步搞好两级核算的基础上，出台了预算管理办法，建立了全所的预算管理体系；制定了《资金集中管理办法》；实行了台账式管理办法，进行事业费开支过程控制；进行了科技产品开发公司清产核资工作，并制订了公司财务管理办法，保证了公司的实体化运作；对1998年华电公司的财务决算进行了审评，对后勤保障实行了新的费用包干管理办法；继续进行了债权债务的清理；此外，全所已具备全面实施会计电算化的基本条件。

（4）根据全所优化专业组织结构的要求，《电力安全技术》杂志编辑部由信息中心调整至电气系统室，杂志在取得了国家刊号的有利条件下，充分利用《电力安全技术》通信网，提高期刊质量，扩大在行业中的影响，本年度发行量已达4.3万余册，在电力系统各类期刊中发行量位居第二。

三、科研基础设施

在国家电力公司的支持下，由国家电力公司投资230万元的“核电压力容器检测和核电环境评价测试手段完善”项目和投资114万元的“计算机信息管理（MIS）建设”项目均已基本完成；建成和完善了两个实验室，添置设备20多台套；计算机信息管理内部网（INTRANET）已基本建成并投入试运行。此外，国家环保总局也拨出设备专款给所核安全中心，添置了相关必需设备。

四、科技服务

（1）“岭澳核电站建设工程技术服务合同”继续签定了第二阶段的三年期合同。苏州热工研究所继续发扬前三年优良的技术服务作风，紧密配合施工进度，严格按照合同要求，调配技术骨干力量，保质保量按时完成任务。在中广核集团的支持下，通过广东核电工程的实践锻炼，该所在核电设备制造质量监督检查和核电环境影响评价方面已形成了一支人员素质好、水平较高，在国内有较高知名度并具有一定市场竞争能力的队伍。

（2）在1998年度获得国家电力公司科技基金开展核电纵向科研项目的基础上，“核电站厂址区域三维风场及扩散数据模拟”课题，已经国家电力公司审查通过，列入2000年度国家电力公司重点科研项目。此外，该所自筹资金，投入了科研开发经费35万元，开展了有关具有前瞻性科技项目的准备工作。

（3）该所除坚持做好核电工程技术服务、民用核设施安全监督技术支持工作外，已在火电厂辅机系统控制技术研究方面形成了一支具有较高水平和市场竞争能力强的队伍，最近完成的“外高桥电厂辅机系统采用DCS技术的研究及应用”项目已通过国家电力公司组织的审查验收，该项目在国内属于首创，是对大型火电厂辅助系统监控的一大革新，其总体应用技术水平国内领先；根据中国电力信息中心的查新结论，在火电厂辅机系统中使用DCS技术，目前在国际上也属先进水平。此外，该所还积极支持地方科技兴省、科技兴市工作，承担了江苏省科工委下达的部分研制项目，并参与了苏州市垃圾发电工程可行性研究工作。

（4）经与国家电力公司热工研究院多次研究与磋商，为了进一步增强市场竞争能力，实现双方优势互补，合资组建了“苏州能泰佳德水处理工程有限公司”，实行跨地区的院所合作。新组建的公司已于1999年4月正式挂牌运转，本年度合同额已突破1000万元。从长远看，跨地区的院所合作，对促进该所的发展具有重要意义。

（5）为适应科研院所转制改革的需要，该所成立了“天工电力工程监理公司”，为组建“国电核能电力工程有限公司”作前期准备工作。目前，天工监理公司已与法国船级社（BV公司）上海办事处签定了合作承担设备制造质量控制监督工作的协议，并争取通过BV公司参与三峡水电站设备国产化制造的质量控制监督工作。

（6）1999年度苏州热工研究所继续保持了江苏省AAA级信誉咨询机构的荣誉称号；同时，东南技术开发总公司和原佳德水处理公司也分别被授予江苏省AA级和A级信誉咨询企业。此外，该所在年内重新申领了甲级环境影响评价证书，成为国家环保总局首批公布的甲级证书持证单位，并增加了电磁辐射评价资格；同时，国家环保总局已批准同意在该所设立

"核环境审评专家委员会专家技术组"，承担国家环保总局下达的评审任务。该所培训中心也通过苏州市教委，申请办理了"苏州市电力科技进修学校"，获得了社会力量办学许可证，并向中国电力企业联合会申办"电力行业核电培训基地（试点）"。

(7) 1999年度苏州热工研究所共签定卖方合同52个，实现合同总额3100万元，超额完成了年初制订的1999年度科技合同与创收保证实现3000万元的计划指标，比1998年度增长11%。随着改革深化，财务管理加强，增收节支力度加大，本年度继续实现了收支平衡，职工人均收入继续提高的计划目标。

五、人才培养

1999年度，苏州热工研究所组织进行了"QCL基础知识培训"、"ISO9001体系贯标培训"、"质量保证内审员培训"、"监理工程师培训"等培训工作，全年共有250名干部和25名工人接受了各种专门培训教育；组织162人参加了苏州市"现代科技知识"培训及考试，邀请苏州大学教授来所作了新《合同法》等知识讲座，并组织职能处室全体职工及部门专业室领导人员集中进行了《A管理模式》、公文处理与公文写作、专利、火电及核电基础知识的学习、考试；继续推进"333人才工程"，经过推荐评审，已批准陶云良为第三批"333人才工程"培养对象、苏州市首批专业技术拔尖人才，顾军扬为苏州市首批跨世纪高级人才培养对象；同时所内也自筹资金，资助了青年科技人员进修攻读博士和硕士学位各一名。

六、对外技术交流及合作

1999年度苏州热工研究所接待了法国EDF、芬兰FORTUM、美国GE、WESTINGHOUSE、日本东芝、日立、三菱、三井物产、加拿大AECL及比利时BELGATOM等公司的核电专家达70人·次。其中芬兰FORTUM公司和日本东芝公司分别向该所提供了APROS（Advanced Process Simulator）和PLEVIS（Power Plant Engeneering Visual & Interactive Simulation）仿真软件有限功能版；与法国SQR达成了长期合作及人员培训意向；与ABWR集团草签了合作研究合同，ABWR集团将提供该所10万美元的研究经费和8个人的国外培训；通过努力，中国原子能机构已同意该所利用国际原子能机构（IAEA）资助经费派员出国进修；国家环保总局也将在人员国外培训方面继续对该所核安全中心进行支持。

七、两个文明建设

1999年，该所作出了"关于加快建成双文明单位的决定"，明确提出必须按照"国家电力公司双文明单位建设管理办法"，加大创建力度，通过努力，把该所建成国家电力公司的双文明单位。为了实现这一目标，全体员工继续贯彻重在建设的方针，坚持用邓小平理论武装广大职工，组织大家继续深入学习邓小平理论和党的十五大精神，结合国际、国内形势，广泛开展爱国主义、社会主义、集体主义和保持稳定的教育。这方面，重点抓了三件大事，一是组织大家声讨以美国为首的北约侵略南联盟、悍然轰炸我驻南使馆的野蛮行径，全所职工的爱国主义热情空前高涨，并将对美国为首的北约的强烈义愤，化为搞好工作、安定团结的实际行动；二是按照上级要求，认真处理了"法轮功"问题，组织大家学习、座谈中央关于抓紧处理法轮功问题的有关文件，认真做好教育转化工作，使大家受到了一次深刻的马克思主义唯物论教育；三是认真开展"三讲"教育准备工作，所成立了"三讲"教育领导小组，开展了动员、学习、意见收集与整理等准备工作，并根据收集的意见及时改进工作。在此同时，进一步健全了双文明建设的组织机构，调整了双文明建设领导小组和考核小组，成立了创建办公室，负责创建工作的日常管理；进一步完善了双文明建设的各项制度，按照国家电力公司的有关要求，重新修订了双文明建设的管理办法和考核标准，使双文明建设明确责任，落实到人。把员工民主管理放到了更加重要的位置，制定了"职工民主管理实施办法"和"所务公开的管理办法"，使员工的主人翁地位、员工民主权利在制度上得到保障。积极开展创建活动，从办实事入手，组织团员青年参加了社区青年区域沙龙；组织青年员工投入抗洪抢险，充分利用所内各项服务设施，为社区提供服务；举办了老干部第二届常青运动会；组织员工参观建国五十周年成果展览等活动，创建活动进一步深入。

八、主要事件

1月4日，苏热技［1999］第1号文件公布1998年度所级科技成果奖。获奖项目15项，其中一等奖2项，二等奖6项，三等奖7项。

1月13日，苏热人字［1999］第3号文件调整了所职能部门。将政治工作部与所办合并成为新的所办，负责政务、党务、纪检、监督、人事、劳资、保卫、老干部、审计及群众工作。

1月28日，召开所1998年度总结表彰大会。会议表彰了质量保证部、环境保护研究室为先进集体，嘉奖了33位同志为1998年度优秀个人。

2月25日，该所被国家电力公司批准为国家电力公司二级档案管理单位（91080051），并获国家电力公司颁发的科技事业单位档案工作目标管理国家二级荣誉证书。

3月21日～3月29日，中国、芬兰苏州“APROS仿真技术研讨会”在南京、苏州两地举行。芬兰Fortum公司的一位核电、仿真专家专程来所访问，并将公司的APROS的演示版本提供给该所使用。

4月10日，该所被国家环保总局批准设立为核环境评审专家技术组。

5月4日，该所茆荣被共青团苏州市委表彰为1997～1998年度苏州市新长征突击手。

5月14日，召开全所创建双文明单位动员大会。会议宣读了《关于加快将我所建成双文明单位的决定》和《创建行业双文明单位实施计划》。朱达忠书记作了重要讲话。

6月1日，中广核［1999］05号文件，同意任命吴迪忠同志为苏州热工/核电研究所常务副所长。

6月1日～6月15日，国家核安全局赵翊民副局长等来所对该所核安全中心与清华大学共同承担的国家“九五”科研项目“研究堆设计基准事故和严重事故序列研究”进行阶段成果核查，并给予了肯定。

6月25日，国家核安全局赵成昆局长来该所指导工作。

7月8日，团苏委［1999］53号文件同意范英同志为共青团苏州热工研究所第五届总支书记，范琦为副书记。

7月22日，ABWR集团一行来所访问，就ABWR的安全性的联合研究一事签订意向。

7月26日，该所被批准为国家环保总局公布的第一批《建设项目环境影响评价资格证书（甲级）》持证单位。

7月29日，国家电力公司热工研究院和该所合作投资在苏州注册成立组建苏州能泰佳德水处理工程有限公司。公司注册200万元，热工研究院占40%股份，该所占30%股份，职工股占30%股份。

9月27日，成立所“三讲”教育领导小组，朱达忠同志任组长。所党委发文要求组织处级以上干部认真学习“三讲”教育读本，并发出征求对所党政领导班子和领导干部及中层干部（处级）意见的通知。

11月11日，中广核［1999］141号文，调整苏州热工/核电研究所领导班子。吴迪忠同志任所长，许应宏、史苏宁、杨忠勤三位同志任副所长，俞曰骏同志任总工程师。朱达忠同志不再兼任所长职务。免去干福麟同志副所长、总工程师职务，免去石文报同志副所长职务。

11月16～17日，召开1999年度全所经济工作会议，财务处作了《财务中期工作报告》，朱达忠同志作了重要讲话。与会人员就《预算管理执行办法》、《经济指标及考核体系》及一些热点、难点问题分组开展了讨论，取得了一定的成效。

11月26日，该所东南电力技术开发总公司完成的“电站辅机系统DCS技术”通过国家电力公司组织的技术鉴定。该技术的鉴定成功，标志着该所东南电力技术开发总公司在国内该领域内处于领先地位。

12月19日，中广核党发［1999］015号文件，增补杨忠勤、顾军扬、魏勤华三位同志为中共苏州热工研究所委员会委员。

12月19日，中广核党发［1999］016号文，同意任命史苏宁同志为中共苏州热工研究所委员会副书记，兼任纪律检查委员会书记，朱达忠同志不再兼任纪律检查委员会书记职务。

12月24日，国家电力公司苏州天工电力工程监理（咨询）有限公司经市工商局审核注册登记，主要从事钢结构压力管道以及核电、火电、水电等工程、一般工民建建设监理。

（徐小文）

国际交流

国际合作

1999年，电力工业的国际合作工作高举邓小平理论的伟大旗帜，坚持党的基本路线，坚持与江泽民同志为核心的党中央保持高度的一致，深化改革，扩大开放，取得了显著的成绩。在抗议以美国为首的北约轰炸我驻南使馆；与“法轮功”邪教和与李登辉为代表的“台独”分裂势力的三场政治斗争中，立场坚定，旗帜鲜明，按照我国的外交方针作了大量细致的工作，维护了国家利益。在经济领域里围绕国家电力公司“两型两化国际一流”的战略目标，深化改革，继续加大国际合作力度。在深入分析国内外形势的基础上，针对我国电力工业发展的现状和未来的发展方向，提出了电力企业进入国际市场，参与国际竞争为重点的国际合作新思路。

一、研究和推进“走出去”的对外开放国际化发展战略

1.适应世界经济全球化和中国加入WTO的需要，电力工业加大了国际化发展战略和融入国际市场的研究力度。1999年4月，国家电力公司在成都工作会议上，提出了建成国际一流电力公司的目标。随后，公司在对国内外市场广泛深入调研的基础上，提出了以电力企业进入国际市场，参与国际竞争为重点的国际化战略。

2.1999年10月，在中美就中国加入WTO达成协议的背景下，国家电力公司深入研究了加入WTO对我国电力工业的影响及对策，得出了“机遇大于挑战、希望多于困难”的结论。

3.1999年10月，国家电力公司提出了进入世界500强的目标，并于1999年11月再次前往《财富》编辑部调查了解有关要求。

4.国家电力公司经对外贸易经济合作部批准取得了外经外贸权；

5.以扩大对外开放为宗旨的《国际合作综合信息》电子刊物，1999年11月由国家电力公司正式创刊。

6.积极开展国家电力公司驻外机构的研究和准备，明确驻外机构的任务、规模、驻地。

二、电力工业利用外资项目情况

完成了平圩、姚孟、常熟、清河等四家公司的合同与章程审查及设立外商投资企业的报批工作。审理了大唐发电股份有限公司股权变更、方达水技术工程有限公司转让股权、摩迪能源技术服务有限公司股本变更、河北邯峰发电有限责任公司转让股权、龙威发电技术服务有限公司增资转股、河南焦作丹河发电有限公司转让股权有关事宜。推进了山国电的成功上市。完成了华东LNG项目的前期启动工作。

认真学习中华人民共和国招投标法和贯彻有关政策法规，严格遵循国际金融组织的采购导则，积极维护国家利益。与世界银行，亚洲开发银行，德国复兴银行，日本国际协力银行及有关外国政府机构等密切合作，先后完成了耒阳电厂汽机岛、云南大朝山、华东送出、天荒坪泗径－杭东变、重庆城网改造等利用国际金融组织贷款项目的招评标工作。并保证了正在执行的利用外资项目的顺利进行，如世界银行项目上海外高桥二期项目、湖南电力发展项目、华东输变电项目、泗泾－杭东输变电项目及正在进行资格预审的浙江桐柏抽水蓄能电站；亚洲开发银行项目大朝山送出工程、东北大马路输电工程、河南禹州项目和黑龙江七台河项目；日本OECF项目有重庆城网改造项目、湖南洪江、碗米坡项目、陕西韩城项目及日本输银贷款的灞桥热电厂等项目。

1999年世界银行对适用中国的采购范本做了修改，对已完成的招标文件提出按“二步制”招标编写标书，由于时间紧迫给项目单位增加了很大的工作难度，我们多次对国家审查部门、世界银行和项目单位进行积极有效的协调工作，在世行采购政策下努力争取对中方有利的条件。有些项目利用日本特别环境贷款，由于贷款条件特别优惠，对采购货源国有较苛刻的限制条件，为积极支持和扶植民族工业，对内对外做了大量的协调工作。

公司国际招标采购的主管部门，积极做好国电公司白马CFB锅炉示范项目、景洪项目及国电调度大楼设备招标采购工作。

三、电力企业境外投资情况

积极推进柬埔寨基里隆水电站BOT项目的开展，促使中电技投资修复经营柬埔寨基里隆水电站项目建议书获国家计委批准。该项目拟投资2000万美元，其中20%作为资本金。同时对公司系统境外投资状况进行了全面调查。

四、外经外贸业务情况

1.在机电产品进出口方面：制定了国家电力公司机电产品进口管理暂行办法，控制盲目进口和以销售为目的的进口及杜绝进口旧机电产品的行为，对国家控制的重要工业品加大管理力度。配合东北公司，促进了伊敏、绥中设备的供货。完成了三峡直流设备国际采购的签字。审理了阳城国际发电有限公司送出部分设备、华能德州三期工程成套设备、北京国际系统工程控制公司单机设备的进口手续。配合我外交、外贸工作，促成了山西神头二电厂二期项目进口捷克成套发电设备工作的谈判取得实质性进展并草签了商务合同。

2.为了进一步规范国家电力公司对外经业务的管理，组织起草完成了《国家电力公司系统驻外机构管理暂行规定》，通过不断调试、修改逐步完善了《国家电力公司系统对外承包工程、外派劳务、设计咨询信息管理系统》，为今后在国家电力公司系统范围推广使用奠定了基础。

3.1999年，国家电力公司与14个国家签署了28份合同，合同额约为3.3亿美元，其中工程承包合同额占96%。

4.在电力边贸方面，主要是进行了中俄边境电力贸易的调研工作，并完成了APEC国内电力领域非关税壁垒措施调查。

五、外事管理与服务工作

1. 国家电力公司按照“强化公司管理、淡化行政管理”的精神，对原有的规章制度进行了清理，并根据实际情况修改补充有关的外事管理办法。重点是加大了对公司系统出国培训、考察任务的管理力度。以国电外［1999］260号文，下发了《关于加强对境外培训、考察管理的通知》，并以外综合［1999］15号文,下发了《关于加强出国管理的紧急通知》。

2. 努力提高工作效率。一是在内部管理上，制订了文件管理办法，减少工作环节，简化工作手续。二是在技术手段上，充分利用计算机网络，开发了外事管理软件、外经业务统计管理软件等，通过现代技术手段提高外事工作水平和办事效率。

3. 做好外事管理与服务工作。今年为做好出国管理和服务工作，办理出国手续过程中，我们除坚持严格执行国家有关外事规定外，强化了为基层服务的意识,缩短了办事周期，减少了基层单位因办理手续而来京的次数，为基层节约了大量旅差费。

4. 国家电力公司与中电联、中电技合资于1999年12月18日成立了国电外事服务公司。

5. 针对进口合同项下团组出国不够规范的问题进行规范化管理，对合同中涉及的出国团组必须在合同签定前申报计划，在审查工作中坚持原则，为审批工作把好第一关，对以各种名义出国进行非实质性考察和培训及设联会和设备验收人员过多的现象进行了纠正。

六、中外无偿援助项目

1）与德国技术经济合作部签订了“节能和电力供应现代化”技术合作项目（一期），周期为1999～2002年，主要是在北京建立一电机节能检测中心，并在河北省邯郸市开展城网改造现代化规划试点工作。

2）与德国技术经济合作部签订了“电厂技术与能源中心（二期）”项目，周期三年，目标是为中国火电厂培训运行管理人员。

3）与联合国开发计划署（UNDP）签订了“厂网分开，建立电力市场”技术援助项目，周期为1999～2001年，目的是帮助中国电力工业在厂网分开、建立电力市场改革过程中提供专家咨询、国际考察和技术、法律、经济研讨会等。

4）与加拿大国际开发署（CIDA）续签了中国南方四省区能源战略规划项目扩展期协议，周期至2002年12月，主要目的是在一期建立的模型和工作基础上，加方专家加强对中国工程师的技术培训，使中方工作人员能熟练应用，并具备独立开始规划研究和分析的能力。

七、出国管理活动

公司办理的出国手续共计1900多团组，8200人·次，邀请来华人数约210人·次；接待来访人员600多批·次，2000多人·次。

八、重要出访活动

有重点地安排公司领导出席国际电力会议和参加国际交流活动，扩大国家电力公司的影响，树立国家电力公司在国际上的良好形象。

1月27日～2月12日，高严总经理赴瑞士达沃斯参加了世界经济论坛2000年会，并访问了南非国家电力公司和西澳大利亚电力公司，并考察了西澳的LNG电站和接收站。

5月2～18日，陆延昌副总经理、李雪莹同志应邀赴英国、阿根廷、智利访问，重点考察了三国电力体制改革和建立电力市场的情况。

9月7～15日，周大兵副总经理为配合江泽民主席访问澳大利亚随企业家代表团出访，参加了在墨尔本举办的中澳企业家论坛会，并访问了西澳电力公司、天然气发电等。

11月9～16日，谢松林副总经理应邀回访了西澳电力公司，之前赴香港参加了嘉诚25周年庆典活动，之后访问了新加坡电力公司，就两公司财务合作等问题进行了探讨。

11月9～22日，陆延昌副总经理赴巴西参加了中巴关系研讨会并代表国家电力公司作了重点发言。此前，陆总还赴丹麦考察了超临界发电技术、瑞典的洁净煤技术和轻型直流等输配电新技术。

九、重要来访活动

1999年先后接待的高规格代表团有：

香港中华电力公司嘉道理主席代表团：

4月24～29日，俄罗斯统一电力系统公司总裁丘拜斯率团访问国电公司，两公司签署了合作协议和调度员培训合作意向。

7月份，日本东京电力胜俣副社长访华参加第14次定期交流，访问了北京和浙江；越南电力部长代表团；阿根廷原能源部长梅尔金代表团。

7月份，澳大利亚西澳电力公司总经理率团访华，是对高严总经理访问的回访。

8月份，马来西亚能源邮电部长来京参加万国邮联大会，会后赴三峡访问。

10月下旬，朝鲜UNDP电力项目考察团来华访问，参观了国调中心、十三陵抽蓄电站、中国电科院等。

11月中旬，俄罗斯电力试验研究所技术交流代表团，中俄双方就直升机巡线、高压管道延寿等高技术问题进行了交流。

十、重要国际学术会议及技术交流活动

2月25日，与美国南方电力公司签订了国家电力公司与美国南方公司双边合作协议，内容涉及技术交流、人员培训等。新签双边与多边科技合作项目有：

中加合作南方战略规划研究项目扩展期：南方四省（区）能源战略规划项目是加拿大援助中国政府的一个项目，该项目在中加政府项目联合指导委员会珠指导下实施。项目扩展期是在一期顺利完成的基础上进行的。项目一期由中加双方机构根据四省（区）电力规划的基本方案，对拟定的6类63个备选方案进行了模拟计算和预测分析，采用多因素评估分析方法提出了适用于南方四省（区）的推荐能源开发方案。项目扩展期于1999年8月正式启动，主要目标是：加强对中方工程师的技术培训，使中方人员熟练应用各专业模型和数据库进行规划研究。扩展期预计持续三年半，到2002年底结束。

与德国经济技术合作部/GTZ签订了节能和城市供电现代化项目和电厂技术与能源中心（二期）项目；与UNDP签订了厂网分开建立电力市场的技援项目。

举办各类国际会议与研讨会：

（1）中法国际化战略研讨会。3月29～30日，应国家电力公司邀请，法国电力公司代表来公司介绍了法电在海外拓展电力市场，参与海外工程开发、投资项目等历史、现状和未来战略作了较详细的介绍。

（2）中法输配电技术与管理研讨会。11月9～10日，由国电公司与法国电力公司联合举办，全面介绍了法国输配电有关的设计、制造、运行、管理等方面的经验，之后又在上海和广州举办了同样内容的会议。

（3）中澳电力研讨会。11月10日，由国电公司与澳洲电力能源出口协会联合举办，参加人员来自全国电力系统各公司、院所等单位约110人。

（4）亚行电力企业重组研讨会。6月8～10日，根据亚行技术援助项目安排，由亚行邀请世界上参与各国电力重组工作的官员、专家作专题介绍，对我国电力体制改革提供了一些有参考价值的经验和建议。

（5）东京电力抽蓄与输电研讨会。4月份，由东京电力设计公司与国电公司联合主办，针对中国几个抽蓄电站以及东电设计在抽水蓄能方面的技术进行了介绍和交流。

（6）2000年国际大坝会议组委会第一次会议。7月16日，组委会主席水利部部长汪恕诚，组委会副主席三峡公司陆佑楣总经理、国电公司周大兵副总经理，以及中国水利学会、中国水力发电学会等各单位的代表在水科院参加了组委会第一次会议。经国务院批准，组委会由温家宝副总理任名誉主席。

电力外事管理与服务

国 际 交 流

1．*重要来访活动*

1月6日，中电联名誉理事长张绍贤和常务副理事长刘宏在北京会见了日本日立公司高级顾问涉谷俊德一行三人，双方共同商讨了电力环保项目，张理事长向日立公司介绍了电力改革及中电联第三届理事会情况。

1月14日，中电联副理事长叶荣泗会见了日中长期贸易协议委员会顾问前田昭雄先生一行，叶副理事长介绍了电力改革情况并与之商谈加强交流合作的事宜。

2月1日，根据国家外国专家局的安排，中电联外事部（引智办）推荐并组织了对电力系统引进国外项目做出突出贡献的外国专家来京参加国务院总理朱镕基的接见活动。

3月1日，中电联外事部主任孙守义等有关人员与日本东京三菱银行巡视员小原正达一行在北京举行了会谈，并介绍了中电联的改革情况。

3月30日，中电联外事部主任孙守义等三人与美国松滨国际系统公司商谈申请利用世界银行的小额赠款，以用于电力行业高层管理人员赴美培训事宜。

5月10日，根据西北电力集团公司与日本四国电力株式会社签署的合作协议，日本四国电力株式会社取缔役长盘百树一行六人来华访问，中电联常务副理事长刘宏在北京会见并宴请了日本客人。

10月30～11月11日，中电联国际合作部与比利时驻华使馆经济商务处为比利时瓦隆区副主席、经济研究及外贸部长古比拉先生访华，共同在北京、上海和广州举办电力技术讲座。中电联常务副理事长刘宏出席了北京电力技术讲座开幕式并讲话。对外经贸部官员、国家电力公司国际部、中电联国际部有关领导也参加了开幕式。

2. 重要出访活动

3月7～10日，中电联外事部主任孙守义与国家电力公司国际局局长谭艾幸赴美国参加了美国国际电力企业高层负责人会议。

11月15～20日，以中电联名誉理事长张绍贤为团长，由中电联、国电东北公司、华北、西北、华能集团公司组成的中国代表团一行8人，参加了在菲律宾举办的亚太电协第13届理事会会议。本次会议的主题为：迎接千禧之年的挑战，理事会再次重申第15届亚太电协大会将于2004年在中国举办。

3. 出国培训与考察项目

2月28日，中电联组织并派出了利用新西兰政府“亚洲开发基金”执行“广东电力市场框架研究”项目7人团组，赴新西兰进行培训。

3月1日，由中电联组织的电力系统执行中德政府间协议第四期赴德能源领域长期培训16人团组，圆满完成了为期一年的培训任务顺利回国，中电联外事部组织召开了培训总结会。

3月10日，中电联外事部协助外国专家局跟踪收集“友谊奖”外国专家个人资料获奖后情况，以建立外国专家奖励管理系统。

3月上旬，中电联组织并派出了湖南五凌公司赴加拿大高级管理长期培训7人团组。

3月28日，中电联外事部与香港中华电力公司续签了合作协议，并结合当前电力工业改革增加了有关培训内容。

5月14日～6月14日，中电联继续执行与法国电力公司合作协议，组织并派出电力系统第六期网省局长赴欧培训16人团组。代表团由东北、华北、华中、西北电力集团及所属省公司领导组成。

通过对法国电力公司和英国国家电力公司两种管理模式的考察，深感“引入竞争机制”是两个企业管理的共同点。法电作为一个国有企业，其强烈的公众服务意识、“用户之上”的服务思想、逐年降低电价的实际行动，为企业赢得了良好声誉，创造了经济效益。英国电力公司厂网分开、竞价上网的尝试使电力体制的改革迈出了实质性的步伐。所见所闻使网省局领导们耳目一新、深受启发，他们把企业发展振兴的基本经验归纳为十五个字：优势在体制，成功在管理，活力在竞争。

5月15日，中电联组织并派出了华北电力大学第七期赴美高级管理培训24人团组。

6月12日，中电联组织并派出第二期“大型国有电力企业领导干部工商管理培训班”38人团组，赴澳大利亚、新西兰进行考察培训。

7月21～8月13日，中电联组织并派出赴欧电厂现代化管理及电力市场运作培训20人团组。

7月31～8月22日，根据中电联与澳大利亚公司签署的培训合作协议，中电联组织并派出“电力市场管理高级研讨班”19人团组。

8月27～9月25日，根据中电联与澳大利亚能源教育集团签署的培训合作协议，中电联组织并派出“发供电市场管理培训团”24人团组。

12月7～16日，根据中电联及黑龙江电力公司与日本东北电力株式会社签署的长期合作交流协议，组织并派出赴日定期技术交流7人团组。

国际组织与国际会议

3月19日，由法国贸工部和中国经贸系统组织的“第四届中法经济技术研讨会”在北京举行。法国前总理雷蒙·巴尔和中方领导人分别代表两国出席。国家电力公司有关领导及中电联外事部有关人员参加了研讨会，商讨电力改革及中法电力合作事宜。

5月4～10日，中电联派出了标准化部专业人员赴比利时参加IEC架空线路国际会议。

6月1～10日，中电联派出标准化部等2人赴美参加IEC无线干扰国际会议。

6月1～10日，中电联派出标准化部等2人赴美参加IEC电磁兼容国际会议。

9月7～9日，中电联外事部协助国家经贸委执行中英培训合作项目1999年工作计划，组织电力系统中方企业联合体成员单位参加在天津召开的题为“变革商界中的中英企业管理”国际研讨会。

10月18～21日，中电联在北京召开了《'99北京输配电技术国际会议》，来自世界16个国家和地区著名电力企业专家、学者约500余人参加了会议。会议进一步加强了中国电力行业与世界各国输配电学术界的交流与合作，会议圆满成功。

国际展览

5月26～30日，中电联与国家电力公司在北京国际会议中心成功地举办了《'99国际电力信息技术和产品展示会》。来自国内外40多家计算机和网络厂商参展，展示了计算机、数据库、网络、企业管理软件等技术与产品，展览面积近3000m²。由电力系统

17个单位组成的电力展团集中展示了近5年来，电力系统信息化建设情况。

9月8～11日，中电联在四川成都成功地举办了《'99成都国际供用电专业设备展览会》和《第三届国际大型水电站设备与水利工程展览会》。来自14个国家和地区的200多家厂商参加展览，展出面积6000m^2，展示了各类供用电设备与技术、水力发电站设备、水利工程施工设备与技术。

10月27～30日，中电联在上海成功地举办了《'99上海国际电力展览会》，19个国家和地区的200多家公司参展，展出面积7000多m^2，吸引观众约5万人·次，举办技术讲座15场，展览会意向合同成交额近210万美元。

外事管理与服务

1999年中电联国际合作部为电力行业各单位办理出国团组35个，出国人员共计285人。进行的主要工作：出国任务审核立项、报批、出国人员政审、申办护照、签证、护照管理、出国团组外事教育等事项，提供外事服务。

12月18日，由国电公司、中电联、中电技共同出资组建的国电外事服务公司于12月18日挂牌开业。该公司的成立，将进一步为电力行业国际经济、技术、学术交流、信息咨询及出国团组提供服务。

中国电力年鉴

8 教育培训与新闻出版

教 育 培 训

电力教育培训管理与服务

1. 培训方面

(1) 为推动搞好全国电力行业大、中型企业管理人员工商管理培训工作，提高培训质量，教培部组织编写了《社会主义市场经济与现代企业制度》、《人力资源开发与管理》、《领导方法与领导艺术》、《管理经济学》、《电力工业商业化运营与电力市场》、《市场营销》、《公司理财与财务报告分析》、《企业战略管理》8本电力行业工商管理培训案例教材，经过试用得到好评，于1999年元月正式出版发行。

(2) 教培部委托中国人民大学于1997年度举办的电力系统在职人员“工业企业管理专业研究生课程进修班”，对其中符合规定资格条件又在规定时限内通过全国外语考试和学科综合水平统一考试合格者近22人，在通过论文答辩后由中国人民大学授予了硕士学位。并对未通过外语和学科综合统一考试学员，逐一办理了中国人民大学研究生院颁发的研究生课程《进修证》。

2. 教育方面

(1) 按照电力工业学校新专业目录所设置的相应专业，中国电力教育协会职业技术教育委员会动力、电气、水电、管理类专业教研会分别组织调研，制定了15个专业共20份教学计划（草案），中电联教培部会同电力职业技术教育研究中心组织专家对这22份教学计划（草案）进行了综合统稿与审定，现已印发给各校试用。这套教学计划充分体现了加强职业能力培养的改革思想，适用于“分段培养、逐级分流”的分段分流制教学，是电力职业教育教学改革的基础性教学成果。

(2) 为加强电力成人中专的教学基础建设工作，适应函授教育改革和发展的需要，组织编写了1999～2000年电力成人电厂锅炉运行、电厂锅炉安装与检修、电厂汽轮机运行、电厂汽轮机安装与检修、热动类运行安装与检修及热动类等各专业的中专函授教材。

(3) 4月份教培部在郑州电力高等专科学校组织召开了1998年度电力高校教师系列高级职务任职资格的评审工作。对申报教授（研究员）80人，副教授（副研究员）150人，共计230份申报材料组织了评审，通过学科组和高评委会两级组织的评审，共有63名和113名分别取得了教授（研究员）与副教授（副研究员）任职资格。

3. 自学考试方面

(1) 为了提高“电力系统及其自动化”、“热能动力工程”专业高等教育自学考试的助学质量，帮助考生自学，组织了电力行业高等教育自学考试课程的《自学指导书》编写工作。

(2) 12月教培中心对电力行业高等教育自学考试一年多来的工作进行了总结，并决定对在工作中表现突出、成绩优秀的先进集体和个人进行表彰。

全国电力行业高等教育自学考试“电力系统及其自动化”和“电厂热能动力工程”专业开考以来，在全国和各省市高等教育自学考试委员会（办）的指导和支持下，经各有关网省电力公司、省电力助学中心的各校领导和管理人员、教师等办学人员的辛勤工作，电力行业自学考试取得了较好的成绩，涌现出一批自学考试工作先进集体和优秀个人。中电联以教［1999］48号文“关于表彰全国电力行业高等教育自学考试1998～1999年先进集体和优秀个人的决定”对11个省级助学中心、29名优秀管理干部、97名优秀助学工作者和38名优秀助学教师进行表彰（名单附后）。

全国电力行业高等教育自学考试
1998～1999年先进集体和优秀个人名单

(1) 全国电力行业高等教育自学考试
先进省级助学中心（共11个）：

安徽省电力助学中心（安徽电力职工大学）
山西省电力助学中心（山西电力职工大学）
陕西省电力助学中心（西北电业职工大学）
河南省电力助学中心（河南电力职工大学）
山东省电力助学中心（山东电力职工大学）
江西省电力助学中心（江西电力职工大学）
江苏省电力助学中心（江苏省电力职工大学）
四川省电力助学中心（四川电力职工大学）
甘肃省电力助学中心（兰州电力学校）
上海市电力助学中心（上海电业职工大学）
新疆电力助学中心（新疆电力学校）

(2) 全国电力行业高等教育自学考试
优秀管理干部（共29人）：

北京　于和平
天津　罗宇航
河北　柳玉甫

山西　李晋平
上海　卢秉常
江苏　甘霄松
浙江　陈晓平
安徽　曹寿鹏　杨根友
山东　戴希海　王博华
湖北　尹家华
河南　杨成兴　孙永阁　邓均匀
江西　熊爱英　徐　潭
四川　李小白　熊维荣
云南　杨润生
广东　龚春莺
广西　吴祖宾
陕西　王永茂　喻志民
甘肃　黄崇魁　张先厚
宁夏　董玉贞
青海　宁　威
新疆　赵　伟

(3) 全国电力行业高等教育自学考试优秀助学工作者（共77人）：

北京　邢跃龙　赫莲琦　杨国辉
河北　于永杰
山西　张天孙　王毅敏　王龙虎　任保莲　李小兰
上海　陆　浩
江苏　何远秋　黄海平　陈国琴　陆跃平
浙江　郑新伟　樊军华　谢爱萍　胡艺红　张云祥　郑晓玲
安徽　马嘉谦　孙康丽
山东　范永忠　刘玉杰　慕志祥　黄保海　李文胜　张洪兵　王维丽　李　燕　段丙均
福建　倪雪霞　蔡金华
湖北　刘　东　赵　萍　常晓燕　李　平
湖南　杨　勇
河南　张锡忠　白长青　王佩臣　张学印　李望北　赵士敏　赵月梅
江西　马兆伟　陈家珺　卢　华
四川　胡家明　林　东　张　帆　郑爱玲　唐　云　王雪村　陈泽伟　任学荣　姚　莉　李　萍　刘德芳　曹中华
云南　泰之华
贵州　张晓明
广东　李春晖　吴鉴盛
广西　梁发强　李光恒
陕西　张　明　惠西荣
甘肃　黎远奎　杨永平　王淑清　张利银
宁夏　潘毅君
青海　杨寿山
新疆　陈　刚　罗世能　鲁梅

(4) 全国电力行业高等教育自学考试优秀助学教师（共38人）：

北京　刘国隆　张齐金
山西　徐　芳　尤小军　刘青藏
上海　沈　林
江苏　孙福树
安徽　方利宝　杨秋梅
山东　章剑雄　丁立新　张承进　郁　岚　王付生　孙　浩
福建　李泽榕
湖北　孙　炎　袁黎明　向慧芳
河南　杨秉英　孙秋玲　田　枫　冯业忠
江西　徐佩印　谢小乐
四川　张善祥　马定国　陈筱亭
云南　朱德成
广西　邓宗栓
陕西　任晓全　李东光
甘肃　吴绍莲
宁夏　聂　磊
青海　张晏芳　周　利
新疆　曹电敏　周祖仁

4. 综合信息

(1) 根据民政部关于社会团体清理整顿、重新登记的要求，对中国电力教育协会的申报材料组织有关人员进行整理和上报。

(2) 协同中华电力教育基金会秘书处处理日常事务（组织奖励评审、颁发奖金等）工作外，在1999年4月与中华电力教育基金会共同完成了许继奖教金委员会的筹备与成立，相关管理文件的起草，奖教、资助科研项目的评审和颁奖等工作。

(3) 中电联为沟通、协调政府与全国电力行业各企事单位、培训部门、培训机构、各类院校（相关专业）及各单位间的教育培训工作，在教育培训工作方面为电力行业做好服务，于1999年8月决定组建中电联教育培训中心。中心下设综合信息处、行业培训处、教育协作处三个职能处。在信息组织、行业培训、教育协作等三方面既根据当前电力行业教育培训工作的实际，又着眼于未来的发展，组织进行行业管理与服务（主要职责附后）。

华北电力大学

综述

1999年，华北电力大学在上级党委的正确领导下，坚持社会主义办学方向，深化改革，抓好稳定工作，使学校的教学、科研及各项工作都取得了较大成绩，综合办学水平有较大提高。1999年全校共有教职工2366人，其中专任教师956人；在教职工中，具有副高级以上技术职称的737人。全年共招收日校本科及研究生2640人，其中本科生2430人，研究生213人；招收各类函授生1958人。毕业本专科生及研究生2103人，函授生1531人。

主要工作

1. 重点建设

1999年上半年，学校组织并邀请了中国科学院、清华大学、浙江大学等著名科研院所的16位专家组成5个专家组，分别对该校重点建设的7个标志性成果和相应的重点学科、重点实验室的建设规划进行了论证和评估验收。

经过专家的检查和验收，认为该校的重点建设工作经过三年多的投资建设已经取得了显著的阶段性成果。重点学科、重点实验室整体水平有了很大提高，具备了承担高水平科研项目的能力。主要建设项目和取得的成果是：

电力系统及其自动化（包括电力系统智能保护与控制实验室）、电厂热能动力工程（包括热力设备状态检测与故障诊断实验室）、电工理论与新技术、工业自动化（包括工业过程仿真与实验室）、技术经济与管理等学科作为学校的主干学科，经过多年的建设，已具有一定的基础。主要表现在：

(1) 在电力系统建模与仿真、FACTS技术与控制、电力系统电磁兼容等领域取得了显著成果，部分成果达到国际或国内领先水平。

(2) 在电力系统微机保护和变电站综合自动化、电力系统分析与控制、电力市场理论与技术、人工智能在电力系统中的应用、现代电力电子技术在电力系统中的应用、电气设备故障诊断和多媒体仿真培训等领域科研成果达到了国际或国内先进水平。

(3) 在煤粉燃烧反应动力特性与气固两相流动实验研究，煤燃烧理论和燃烧过程数值预报、在线监测与污染控制技术、机网协调与机组轴系振动、热力设备状态监测、诊断及维修管理、热力设备及系统运行性能监测及评价等领域取得了理论基础和应用基础研究成果，部分成果已达到了国内领先水平。

(4) 在电磁场理论研究、电磁场数值分析、计算方法研究和软件开发等方面处于国内领先水平，部分成果达到了国际领先水平；在电磁场测量技术研究与应用、电力系统电磁兼容技术研究等方面取得了一批重要成果。

(5) 在火电厂复杂控制系统研究、智能控制理论研究与应用、火电机组仿真与控制技术研究等领域取得了一批对电力工业及其他国民经济领域具有重要影响的突破性成果。

(6) 在智能控制理论实验研究、火电核电机组模型与仿真技术研究与开发、仿真系统支撑软件技术的研究、变电站及局域电网仿真系统研究开发、火电机组全工况综合控制仿真系统研究、火电机组控制分析型热力系统实时模型等方面积极开展学术研究，部分成果达到了国际先进水平。

(7) 在电力工业与国民经济协调发展动态模型及方法、电力市场环境下的电价问题、电力市场交易理论研究、中长期负荷预测专家系统研究、电力系统总体优化规划模型及软件研究、电力规划理论与方法、项目建设过程控制方法研究等领域取得了大量的理论研究及应用基础研究成果。

原来由部立项的2个重点学科和3个重点实验室已通过国家电力公司组织的专家评估验收，正式列为部级重点学科和重点实验室。至此，该校的部级重点学科已达到5个，部级重点实验室达到3个。

2. 教学

深入开展了转变教育思想、更新教育观念的大讨论。经过一年的大讨论，使全校统一了教育思想，明确了学校面向21世纪的发展目标，形成了有时代特色的，崭新的教育思想和教育观念。

加强了人才培养工作。全面构建了面向21世纪新的人才培养模式。印发了“华北电力大学人才培养目标与模式（本科）”、“关于修订本科专业教学计划的原则意见”等重要文件；完成了“九九年版教学一览”的编印工作。校部教务处被教育部授予“全国普通高校优秀教务处”称号。

深化教学改革和落实学分制，教学质量显著提高。鼓励优秀学生跨系、跨专业选课；实行学科选课与分层次教学，打破专业终生制，允许学生选择专业。通过因材施教，拓展了学生个性发展的空间。1999年批准了7名学生转入新专业学习。完成了97级学生辅修选课工作，共有370名学生报名，占相应年级学生总数的38%。在去年全国英语专业八级考试中，我校英语951班的27名同学中有13人成绩通过，取得合格证书。在全国大学生英语竞赛中1名获得特等奖、2名获得二等奖、4名获得三等奖，为学校赢得了荣誉。在1999年全国大学生数学建模竞赛和电子设计竞赛中，校部参赛队获建模竞赛国家级二等奖1项、省级二等奖5项；获电子设计竞赛省级一等奖1项、参赛奖1项。北京校区参赛队获建模竞赛北京赛区二等奖1项。

加强了实验室和现代化教学条件建设。我校1999年度先后投入545万元教学设备费用于教学条件建设：建立了电工实践基地，制定并实施了“华北电力大学电工实践基地开放管理办法”;完成了1997年度学校教改项目的验收及1999年度教改项目立项工作;组织了校级教学成果的申报评审工作。1997年18项教改基金项目有17项通过鉴定验收。1999年教改基金项目立项39项,其中重大项目11项,评出校级教学成果13项。在此基础上,择优申报省级教学成果奖8项。

广开多种渠道扩大研究生教育规模。在完成1999年电气工程、动力工程招收培养工程硕士后,又争取到2000年在机械工程领域招收培养工程硕士的权力。使学校招收工程硕士的指标自1999年的60名扩大到100名。继续开展了以研究生毕业同等学历申请硕士学位工作,1999年度接收在职人员进修研究生课程100余人。

3. 科研和校办产业

积极组织申请各类纵向基金项目。1999年组织申报国家“863”项目2项、国家自然科学基金项目7项、教育部博士学科点项目3项、霍英东基金项目2项、霍英东奖2项、教育部优秀人才资助计划项目12项。到目前为止,批准立项的教育部博士学科点项目2项,资助经费9万元。申报国家电力公司重点科技项目14项、青年促进费项目7项,目前批准立项重点科技项目2项,拟资助经费60万元。组织申报河北省科技项目15项。首次获河北省资助博士学位教师专项科研经费3万元。

继续大力组织开展“四技”活动。本年度校部共签署合同64项,合同额805万元,比去年(637万元)提高26%;到款856万元,比去年(625万元)提高37%。北京校区签定横向科研合同58项,经费790万元;纵向科研项目8项,经费169万元。

调整科研机构,加强了系级科研管理。撤消了电力科学技术研究所,组建了8个系所合一的系级研究所和32个研究室,组建了系级学术委员会。加强了知识产权保护工作,制定了“学校知识产权管理暂行规定”,成立了学校知识产权管理办公室。

校办企业克服困难,在困境中求得发展。校部校办企业全年实现销售收入1775万元,上缴税金118万元,返还职工工资212万元。北京校区实现了校办产业上缴学校纯利润95万元。

4. 后勤和基建

完成了校部一校区蒸汽锅炉安装扩建、学生食堂、幼儿园、学生宿舍、家属宿舍、部分实验室、通讯的相关改造、扩建、修缮等近10项比较大的工程,共计投资约245万元。

圆满完成了学校近几年来规模和范围较大的分调房工作。使全校绝大多数教职员工的住房条件得到了一定的改善。

1999年国家电力公司批准的基建项目共10项,总建筑面积76400m^2,总投资18570万元;此外,学校图书馆和科技活动中心的建设项目也由国家电力公司批准立项,拟建筑面积2万m^2,总概算5250万元。

5. 学生工作

出台了“华北电力大学学生素质评价体系”,并修改完善了与之配套的学生奖惩规定。顺利完成了研究生和本专科生毕业派遣工作。本科毕业生一次就业率达到90%以上。大力加强了大学生的科技和社会实践活动,在第六届“挑战杯”全国大学生课外学术科技作品竞赛中我校有4件作品获奖,名次继续居河北省高校前列,并获全国高校优秀组织奖。大学生社会实践活动再次被中宣部、教育部、团中央命名为全国社会实践先进单位。

6. 国际合作与交流

1999年先后同法国电力高等学院、法国国立工程技术大学、芬兰瓦萨大学三所高校签署了校际交流协议,并与瓦萨大学达成从2000年9月开始实施合作培养研究生的计划。

1999年聘请了20名长短期外国专家来我校进行学术交流活动,派出29人赴国外进修、学术交流、参加国际会议和参加其他不同形式的国际交流活动。

7. 党建和思想政治工作

加强党的建设。在我校党支部等级化管理工作进行了验收;校部组织完成了8个党总支、2个直属党支部、59个基层党支部的换届选举工作。北京校区完成了2个党总支和45个党支部的换届选举工作。有计划地进行了组织发展工作,校部全年共发展党员286名,预备党员转正196名;北京校区发展学生党员328人、教工党员8人。

积极开展了揭批“法轮功”活动。学校师生员工中参与“法轮功”练习者人数极少,且无一人参与进京赴省上访或在当地聚集,转化率为100%。

以庆祝建国50周年、迎接澳门回归和纪念五四运动80周年为契机,组织了一系列的爱国主义教育活动,激发了广大师生的爱国主义情感。组织播放了台湾问题、中国加入世贸组织、共和国战争等形势政策教育系列录像报告。

重要事件

2月24日 该校纪委、监察处被河北省教委授予“河北省教育系统先进单位”称号。

3月24日 国家电力公司科教局教育处长敫桂兰任该校北京校区副校长。

4月6日 该校校部校园网建设合同签字仪式在北京皇家国际俱乐部举行,该工程由北京迪斯电子数据有限公司承建。校领导徐大平、杨昆、安连锁等出席了签字仪式。

4月9日　校领导徐大平、彭震中会见德国维尔道技术大学客人，双方就两校交流与合作进行了交谈，德国客人还参观了该校仿真与控制实验室。

4月20日　该校环境工程系原永涛副教授荣获河北省发明协会、省人事厅、省科委、省专利局、省教委、省工会、团省委7部门授予的“河北省十大发明家”称号。

4月28日　该校环境工程系主任赵毅教授被国家电力公司、中国水利电力工会授予“国家电力公司系统劳动模范”称号。

5月12~20日　由校长徐大平带领的由法国政府混合贷款多媒体项目领导小组部分人员及中国银行北京分行有关人员组成的法国政府混合贷款多媒体项目代表团一行6人，赴法国 Grenoble 就该校与法国 CORYS TESS 公司利用法国政府混合贷款合作开发多媒体课件项目合同具体实施的有关问题进行谈判。

5月20日　该校仿真技术控制研究所所长、工业过程仿真与控制实验室主任王兵树教授被国家人事部授予第八批有突出贡献的中青年科学、技术、管理专家。

6月26~29日　在中国电机工程学会第七届会员代表大会和中国电工技术学会第五届会员代表大会上，该校杨以涵教授被授予“中国电机工程学会终身荣誉会员”称号；陈志业教授被授予中国电机工程学会名誉理事；崔翔教授当选为中国电机工程学会和中国电工技术学会常务理事；侯思祖副教授荣获“第一届中国电机工程青年科技奖”。

7月5~9日　该校北京校区杨志远、白焰、张建华参加了在北京召开的国际自动控制联合会（简称 TFAC）第十四届世界大会，并宣读论文。会议期间，杨志远教授还担任分组主席。

9月10日　为迎接建国50周年，由全国高等学校文科学报研究会举办的首届全国高等学校社科学报评优活动中，该校《华北电力大学学报》(社科版)被评为“首届全国优秀社科学报”。

9月10日　该校教师崔翔、韩璞、牛东晓被共青团河北省委评为改革开放20年百名优秀大学毕业生称号。

10月11日　中共河北省省委书记叶连松，省委常委、组织部长刘德旺、副省长郭世昌，在校领导曾亨炎、彭震中及保定市有关领导陪同下，视察该校仿真控制技术公司。

10月28日　由共青团中央、全国学联、中国科协主办的第六届“挑战杯”全国大学生科技作品竞赛决赛中，该校孙峰的“新型软件狗”获三等奖，王晶的“新型光纤高电压测量仪”、林立志的“基于局域网的数据广播系统”、蒋利玮的“建立和完善我国失业保险法律制度”获鼓励奖。

10月30日　该校被中宣部、教育部、共青团中央授予“大学生社会实践及大中专学生志愿者暑期‘三下乡’活动先进单位”称号，这是该校连续第八次获此殊荣。

11月4日　河北省教委组织的专家组评估我校校部“两课”教学。

11月13日　该校北京校区团委在西单举办了“祖国环保牵我心”签名活动，上千名北京市民参加了签名。

（赵文华）

新　闻　出　版

中　国　电　力　报　社

1999年是中国电力报社调整战略思路，以办报办刊为中心，追求最佳经济效益，迈开第二次创业步伐的关键性一年。报社全体员工在国家电力公司的指导下，牢牢把握正确舆论导向，立足电业，面向大行业，建机制，抓管理，育人才，兴科技，圆满完成了国家电力公司交给报社的各项任务，继续保持了在行业报名列前茅的地位。

新闻报道

在新闻报道中，坚持以办报办刊为中心，坚持正确的舆论导向，配合国家电力公司中心工作，较好地完成了各项宣传报道任务。

(1) 紧扣电力工业改革与发展的主旋律，比较集中地进行了对国家电力公司发展战略、实体化进程、公司系统“三讲”教育和“两改一同价”、企业财经等方面工作的宣传报道。在“两改一同价”报道中，先后组织了3次宣传战役，阐述国发2号文件精神，探讨工作中的深层次问题的解决办法，传播典型经验，得到了国家电力公司领导的好评。在“三讲”教育报道中，本报专门派记者跟踪报道，及时介绍国家电力公司领导对“三讲”教育的认识和做法，有力地推动了电力系统的“三讲”教育工作。为配合国家电力公司实体化改革，加强财务管理和资金运作的工作思路，本报开办了“财经与审计”专版，加强了财经和审计工作的报道。并在连续刊载金融知识的基础上，与公司有关部门一起编写了《财经与金融基础知识》一书，推动了电力系统相关知识的普及。继续加强了舆论监督报道。其中《总机总机你好吗?》系列报道在系统内引起了强烈反响，得到了高严总经理的好评。

(2) 在1999年几场大的政治斗争中，报社与以江泽民同志为核心的党中央在政治上保持了高度一致，立场坚定，旗帜鲜明，唱响主旋律，维护了电力系统的稳定。特别是在抗议以美国为首的北约袭击中国驻南联盟使馆以及取缔法轮功的报道中，报社全体员工和广大记者表现出了极大的新闻敏感性和高度的政治自觉性。整个报道行动迅速，方向明确，保持了与党和政府高度一致的立场。

(3) 围绕建国50周年和澳门回归，报社策划组织了全方位的宣传报道。对两件历史盛事，一报一刊从不同侧面进行了报道。《新中国电力工业50年改革访谈》和《新中国电力工业展示》系列报道，在回顾我国电力工业发展历程的同时，颂扬了我国电力工业50年来特别是改革开放以来的光辉业绩，歌颂了新中国经济建设的巨大成就。大量有关澳门回归的报道，如《澳门大事记》和《感受澳门》系列报道，向读者介绍了澳门的历史沿革和今日新貌。为配合建国50年的宣传，报社与国电公司政工办一起组织了建国50年经济建设成就知识大赛电力赛区的知识竞赛活动；报社还承办了《辉煌的历程——建国50年成就展》电力展区，并在国家电力公司的指导和支持下制作发行了《建国50年电力工业成就》的录像和光盘，呼应了整个宣传报道工作。

(4) 1999年中国电力报社共有15篇作品在全国性的新闻评奖中获奖，其中最高奖项是报社社长兼总编辑沈凤仪论文《面向市场面向未来》获全国记协授予的“新中国新闻事业五十年百篇优秀论文奖”。

(5) 一报一刊扩版增页基本成功。1999年，《中国电力报》增出星期刊，同时调整了专版，《中国电业》杂志由每期56页增加到了64页。对星期刊的办刊宗旨、内容定位和文章质量等进行了认真研究。从新闻性和可读性相结合的角度提出了“新闻事件，故事情节，真实情感，实用信息”；从电与社会相结合的角度提出了报道“发生在电业内的社会新闻，发生在社会上与电业有关的和电业人关注的新闻”。重点专栏“特别报道”有相当多的作品都受到了读者的好评。《中国电业》把专题策划作为主攻方向，形成以专栏、专题有机组合为特色的办刊风格。同时，努力探索报道角度的创新，并把刊物时间和周期上的劣势转化为优势，利用丰富的容量，在深度方面与报纸互补并体现刊物自己的特点。言论和形式的创新力度也继续加大。

记者队伍建设

报社十分重视加强记者队伍的建设，加强了对记者队伍的管理，形成了比较完善的记者管理制度和管理内容，加强了与网省公司的沟能，积极为记者工作创造条件。在人员精简的情况下，记者队伍不仅没有得到削弱，而且得到了进一步的强化。从总体上讲，中国电力报社的记者队伍是一支值得信赖的，政治强、业务精、素质好，能打硬仗的队伍。继郝心才同志受到中国记协的表彰之后，汪超英同志又于1999年被授予电力工业劳动模范的光荣称号。

科教兴社

报社继续贯彻“科教兴社”思想，新闻采编工作自动化功能不断完善。报社与国电公司科教部、信息中心主动联系，报社联入国家电力公司信息网络被列入了国家电力公司科研项目，利用科研资金改善了网络的硬件和软件，大大提高了网络的速度和性能。在因特网上建立起了中国电力新闻信息网站，并实现了稿件自动收发，设计和更新了网站的主页，实现了网络24小时不间断运行。在1999年一些重大新闻报道如抗议北约袭击我国驻南联盟使馆和庆祝建国50年报道中，计算机网络再次发挥了重要作用，大大提高了时效，也为2000年推出网络版和建立电力新闻网站奠定了基础。

报业经营

报社1999年的报业经营工作继续取得了较好的

成绩。广告工作抓住报刊扩版和两网改造的机遇，积极向行业外部扩张，获得了很好的经济效益，广告经营额比1998年增长了21%，报社广告公司被中国广告协会评为“全国广告行业表扬单位”。展览展示利用建国50周年大庆的机遇，承办了“辉煌的历程——建国50周年成就展”电力展区，既捧回了“最佳设计制作奖”和“优秀组织奖”，又赢得了较好的经济效益。通宇公司继续抓成本管理，减少采购、印刷环节，节省费用48万元。1999年在国家电力公司拨款完全停止，广告市场普遍低迷的情况下，主副业经营继续保持了增长态势，报社事业总收入比1998年增长16%；利税比1998年增长6.3%；资产比1998年增长15%。在报刊发行竞争激烈，行业内体制发生重大变化的情况下，一报一刊的发行量继续保持了总量稳定。

全员聘任　两级管理

报社建立了一套适合报社特点的科学管理体制，初步达到了评聘分开，动态管理，干部能上能下，职工能进能出，收入能多能少的预期目的，为报社真正进入市场奠定了良好的运行机制。在1999年底，报社利用中层干部任期换届的机会进行了第二轮全员聘任工作。本次全员聘任，包括中层干部竞聘上岗和职工双向选择竞争上岗。共有22名同志被聘为中层干部，49名职工被聘用，2名非在编职工被聘到编辑岗位。在这次全员聘任工作中，有个别中层干部和职工落聘或在岗试用、待岗试用。这是报社历年来力度最大的一次体制改革，是报社第二次创业步伐的继续。

精神文明建设

报社坚持“两手抓，两手都要硬”的指导思想，按照中央国家机关和北京市有关部门的要求，在精神文明建设，社会治安、绿化、计划生育、爱国卫生、交通安全等项工作中，做了大量工作，取得了突出成绩，荣获“中央国家机关1999年文明单位称号”。报社广告公司再次被中共北京市委宣传部、北京市工商行政管理局、北京广告协会评为“首都广告业社会主义精神文明建设先进单位”。在国家电力公司直属机关党委开展的在京直属单位“巾帼建功”先进集体、个人和五好文明家庭活动中，报社职工陆文辉、姜晓澜被授予“巾帼建功”活动标兵荣誉称号，张宝森、唐被南、蒲秀兰三户家庭被授予“五好文明家庭”荣誉称号。李宗晓被共青团国家电力公司直属机关委员会授予优秀青年荣誉称号。在国家电力公司直属机关工会组织的“三庆”书法、美术、摄影展览、征文和文艺调演活动中，报社捧回了征文一等奖、美术一等奖、美术二等奖、书法二等奖、摄影二等奖和文艺调演优秀奖的奖杯。报社积极帮助地方解决残疾人就业问题并培养成才，被宣武区人民政府评为“扶残助残先进集体”，被宣武区残疾人工作协调委员会评为“按比例安排残疾人就业先进单位”。

主要事件

2月12日，国家电力公司副总经理赵希正来到中国电力报社，慰问报社职工，并向大家致以春节的问候。赵希正肯定了一报一刊在宣传党的方针政策，宣传电力改革与发展，坚持正确舆论导向和舆论监督等方面所做的贡献。他还向节日期间坚守岗位，加班抢发新闻的电力新闻工作者表示感谢。

3月11日，中国社会科学院新闻研究所主编的1998年卷《中国新闻年鉴》正式出版发行。中国电力报社社长兼总编辑沈凤仪的论文《“守土有责”关键在人》等十几篇文章被收录。1998年卷《中国新闻年鉴》收录本报的主要论文和活动记载文章近万字，客观、翔实地反映了中国电力报社1997年的工作业绩和精神风貌。介绍了中国电力报社关于经营管理工作的体会，记载了本报获得中央部委产业报编校质量抽查评比第一名、驻地记者郝心才被中华全国新闻工作者协会授予“无私奉献的优秀新闻工作者”光荣称号等内容。

5月1日，中国电力报社驻湖北记者站站长、湖北省电力公司宣传处副处长汪超英同志被授予国家电力公司系统劳动模范光荣称号，这是电力新闻宣传战线诞生的第一位劳动模范。汪超英是继郝心才之后，电力新闻宣传战线的又一面旗帜。

5月9日，高严总经理在报社写给国家电力公司领导关于《总机总机你好吗?》系列报道的书面汇报上批示：“很好，国家电力公司总机情况也要暗访一下。”看了高总经理的指示后，沈凤仪社长指示新闻部：“高总的批示是对这项工作的肯定，要按批示搞好工作。”

5月15日，1998年度全国电力好新闻评选揭晓，共评出好新闻120篇（件），其中一等奖48篇（件），二等奖72篇（件）。中国电力报社有5篇作品获一等奖，3篇作品获二等奖。

5月20日，《中国电力报》以关注行业焦点问题为特点的栏目“今日视点”，在首届部委专业报优秀新闻专栏奖评选中，成为20个获奖者之一。共有百余家中央部委专业报参加了此次评奖活动。

6月1日，由中国产业报协会主办的第十三届中国产业报好新闻评奖揭晓。本报记者王冬、李洪明撰写的通讯《目击九江决堤合龙》获得一等奖，《从示范窗口看规范服务》（通讯）、《大中型水电工程防洪减灾作用巨大》(消息)、《生命是一首合唱的歌》(通讯)、《谁来管管这码事》(读者来信)等4篇获三等奖。

9月20日，国家电力公司副总经理、中电联理事长赵希正出席报社在成都召开的新闻宣传暨发行工作会议并做了重要讲话。赵希正在讲话中介绍了国家电力公司运行情况和改革走向，阐述了编辑记者当前应该了解和把握的重点热点问题。他要求电力新闻工作者认真学习党的十五届四中全会精神，结合电力工业的实际情况搞好宣传。对于搞好“三讲”教育、深化电力改革、建国50周年和迎接澳门回归的宣传报道也提出了具体的要求。

9月22日，中国电力报社社长兼总编辑沈凤仪论文《面向市场面向未来》获全国记协授予的“新中国新闻事业五十年百篇优秀论文奖”，论文从跨世纪的高度，回顾了报社发展的历史，论述了中国电力报社的发展战略问题。

（蒲秀兰）

中国电力出版社

1999年，中国电力出版社继续贯彻“艰苦创业，锐意改革；优质高效，服务电业；整体优势，参加竞争；团结办社，争创一流”的办社方针，紧密围绕国家电力公司改革发展形势，坚定不移地为电力工业发展和人民生活用电服务。全年共出版各类图书630种及部分音像制品和电子出版物，印造册数303万册；全年完成生产总值7080万元，总销售额6200万元，完成利税806万元。

生产经营

（1）确立了发展战略。围绕国家电力公司“两型两化国际一流”和出版业发展的状况，中国电力出版社及时确立了“图书、期刊、音像、电子出版物及多种经营全面推进”的总体发展战略，力争把中国电力出版社办成“特色鲜明、多元经营、管理科学、优质高效的国内一流、国际影响显著的大型综合性现代科技出版企业”。全社职工统一思想，为实现这一战略目标扎扎实实地开展工作。

（2）为电力生产、经营管理、科研、教育和精神文明建设提供全面、优质的服务。1999年共出版各类专业教材115种，规程、规范和技术标准139种，科技图书376种，音像制品11种，电子出版物7种，并优质高效地完成了国家电力公司、中国电力企业联合会交办的紧急和重要任务。如为配合国家城市电网建设与改造工作，出版了《城市电网建设改造标准汇编》《城乡电网建设改造设备使用手册》《农村电网建设与改造》等系列图书；为配合电力市场的分析工作，出版了《中国电力市场分析与研究1999》《农村电力市场》《需求方管理（DSM）及其应用》《新西兰电力市场规则》等；为配合电力法制化管理工作，出版了《电力法教程》《电力企业领导干部必知——法律常识》；1999年还出版了《配电网络规划与设计》《电力设备故障红外诊断》《大体积混凝土温度应力与温度控制》等科技专著；《英汉电力工程技术词汇》《英汉锅炉技术词汇》等大型工具书；《电力行业工商管理培训案例教材》《全国供用电工人技能培训教材》《乡镇供电营业所电工考核培训教材》等干部、工人培训读物。

（3）提高图书质量，缩短生产周期。该社完善了质量领导小组，对图书的编校质量和印装质量定期检查，并与个人和部门的经济利益挂钩，使图书的整体质量始终保持良好。生产周期在年年缩短的情况下，又比1998年有大幅度减少，新书出书周期减少了8天,重印书减少了17天，增强了市场竞争的能力。

（4）经济实力进一步增强，国有资产保值增值。经过全社职工辛勤工作，至1999年底，全社总资产从1998年底的8697万元增长到9979万元；所有者权益从1998年底的2119万元增长到3711万元，较好地完成了国有资产保值增值的任务。

重点项目

（1）在以陆延昌副总经理挂帅的常务领导小组的领导下，中国电力出版社开始了《中国电力百科全书》的修订工作。该书计划于2000年下半年始陆续出版发行。

（2）《中国水力发电工程》。为总结建国50年以来水电建设的成就、经验和教训，特别是“六五”至“九五”期间国家科技攻关成果中的新理论、新技术、新工艺，在国家电力公司水电及新能源发展部指导下，由水电水利规划设计总院、水利水电工程总公司、中国水力发电学会和中国电力出版社共同组织编纂了大型综合专著《中国水力发电工程》（共八卷），计划于2000年北京“国际大坝会议”前出版发行。1999年完成了全书的初稿审定工作，该套巨著被列入“九五”国家重点文化工程。

（3）《新中国电力五十年》、《走向市场的中国电力》。为迎接建国五十周年庆典，总结新中国电力发展历程和改革开放以来中国电力工业的成就，中国电力出版社配合国家电力公司出版了《新中国电力五十年》（高严任编委会主任）和《走向市场的中国电力》（高严任名誉主编），两本大型画册以其丰富的内容、精美的图片和优质的装帧受到各界的较高评价。

获奖情况

(1) 在第四届国家图书奖评选活动中，该社出版的科技专著《潮汐电站》被评为1999年度“全国优秀科技图书奖暨科技进步奖（科技著作）三等奖。

(2) 在第六届全国优秀科技音像制品奖评选中，由该社组织摄制并出版的“九五”国家重点音像出版规划项目之一的录像教学片《水力发电厂》，被中国科协和新闻出版署授予“全国优秀科技音像制品奖”三等奖。

(3) 中国电力出版社北京全华电力书店几年来一直热心为行业服务，为读者服务，并在经营方面取得突出成绩。由于成绩优异，服务优良，1999年4月被中国发行业协会授予“中国书刊发行行业双优单位”荣誉称号。

深化改革，强化管理

(1) 为全员聘任工作做好准备。为进一步深化人事制度改革，积极推进人事管理的科学化、民主化和法制化，逐步建立健全与社会主义市场经济体制相适应的、符合该社特点的人事管理制度。1999年，中国电力出版社制定了《关于实行全员岗位聘任制的暂行办法》、《新职工管理实施细则》，研究了岗位设置方案和岗位聘任程序，在广大职工中进行了思想动员，为在2000年初全社岗位聘任工作做好了准备。

(2) 实行了人事代理制度和招聘制度。为建立健全自主择人、人才自主择业的双向选择用人机制，本着鼓励流动、规范管理精神，中国电力出版社试行了固定编制与流动编制相结合的分类管理模式，实行了人事代理制度和招聘制度，对新职工采用人事代理，对编辑、发行业务员等岗位试行招聘制度，并对外聘编辑进行了业务培训，起到了良好的效果。

(3) 完善综合目标管理办法。1998年，该社推行了以“综合目标管理”为核心的改革方案，1999年在总结经验的基础上，又对综合目标管理办法进行了调整，并制定了相应的补充办法，使之更加完善和适应该社特点。

精神文明建设成绩喜人

在1996～1998年连续三年被评为中央国家机关“文明单位”的基础上,1999年该社又完善了精神文明建设制度,印发了《中共中国电力出版社委员会关于实行党风廉政建设责任制的实施细则》,与各部门签订了《党风廉政建设责任书》,并发挥精神文明建设群众组织,把创“文明单位”工作与出版社全面管理工作有机地结合起来,把“两个文明”建设落到实处。经过全社职工的努力,1999年度,中国电力出版社被授予中央国家机关“文明单位”和“首都文明单位”。

主要事件

(1) 1999年1月，中宣部和新闻出版署联合表彰全国优秀出版社，并为45家优秀出版社颁发铜牌。中国电力出版社被批准继承“全国优秀出版社”的荣誉称号，并被授予铜牌。

(2)“电力科技专著出版资金”评审委员会换届，第三届评审委员会成立，冉莹任主任委员，张晓鲁、宗健任副主任委员。并于1999年6月30日在中国电力出版社召开评审会，对28种申报项目进行评审，将17种科技专著列为“电力科技专著出版资金”资助项目，由中国电力出版社负责出版。

(3) 该社从1998年底进军计算机图书市场，1999年调整了选题方向，取得了突破性进展，与O′Reilly合作出版了《开源软件文集》等一系列开源软件图书，在国内掀起了一场软件的革命，在IT业得到了良好的反响。该社还与O′Reilly公司进行了多项合作。该社以致力于将国外计算机高端技术引进中国，推动我国计算机产业的繁荣为宗旨，还与其他国际著名出版商，如IDG、Addison－Wesley、Wrox等建立了良好的合作关系。

（刘广峰）

1999年电力版新书图书目录（摘要）

法律法规

交流高压断路器订货技术条件 DL/T402—1999

电力企业标准体系表编制导则 DL/T485—1999

热量计氧弹安全性能技术要求及测试方法 DL/T661—1999

六氟化硫气体回收装置技术条件 DL/T662—1999

（220～500）kV电力系统故障动态记录装置检测要求

DL/T663—1999
带电设备红外线诊断技术应用导则 DL/T664—1999
水汽集中取样分析装置验收标准 DL/T665—1999
风力发电场运行规程 DL/T666—1999
远动设备及系统第 5 部分传输规约 第 103 篇 继电保护设备信息接口配套标准 DL/T667—1999
测量用互感器检验装置 DL/T668—1999
室外高温作业分级 DL/T669—1999
微机母线保护装置通用技术条件 DL/T670—1999
微机发电机变压器组保护装置通用技术条件 DL/T671—1999
变电所无功调节控制装置订货技术条件 DL/T672—1999
火力发电厂水处理用 001X7 强酸性阳离子交换树脂报废标准 DL/T673—1999
火电厂用 20 号钢珠光体球化评级标准 DL/T674—1999
电力工业无损检测人员资格考核规则 DL/T675—1999
带电作业绝缘鞋（靴）通用技术条件 DL/T676—1999
火力发电厂在线工业化学仪表检验规程 DL/T677—1999
电站钢结构焊接通用技术条件 DL/T678—1999
焊工技术考核规程 DL/T679—1999
耐磨管道 技术条件 DL/T680—1999
磨煤机耐磨件技术条件 DL/T681—1999
钢—混凝土组合结构设计规程 DL/T5085—1999
水电水利工程混凝土生产系统设计导则 DL/T5086—1999
水电水利工程围堰设计导则 DL/T5087—1999
水电水利工程工程量计算规定 DL/T5088—1999
水电水利工程泥沙设计规范 DL/T5089—1999
水力发电厂过电压保护和绝缘配合设计技术导则 DL/T5090—1999
水力发电厂接地设计技术导则 DL/T5091—1999
(110～500) kV 架空送电线路设计技术规程 DL/T5092—1999
火力发电厂岩土工程勘测资料整编技术规定 DL/T5093—1999
火力发电厂建筑设计规程 DL/T5094—1999
火力发电厂主厂房荷载设计技术规程 DL/T5095—1999
电力工程地质钻探技术规定 DL/T5096—1999
火力发电厂贮灰场岩土工程勘测技术规程 DL/T5097—1999
水电水利工程砂石加工系统设计导则 DL/T5098—1999
水工建筑物地下开挖工程施工技术规范 DL/T5099—1999
水工混凝土外加剂技术规范 DL/T5100—1999
火力发电厂振冲法地基处理技术规范 DL/T5101—1999
焓商图（法定计量单位）
汽轮发电机运行规程（国家电力公司）
电力企业各级人员安全生产职责（吉林）
业扩报装工作标准（华北电管局）
电力工业标准汇编 1998
国内外电力标准目录
电力设施保护条例实施细则
电力建设装置性材料预算价格（华中电管局）
电力建设装置性材料预算价格（西北电管局）
配电工作标准（试行）
配电技术标准摘编
电力调度技术标准汇编 1 通用标准
电力调度技术标准汇编 2 电力调度与运行方式技术标准
电力调度技术标准汇编 3 继电保护及安全自动装置技术标准
电力调度技术标准汇编 4 电力通信技术标准
电力调度技术标准汇编 5 电网调度自动化与信息化技术标准
城市电网建设与改造文件汇编
城市电网建设与改造技术标准汇编（规划设计篇）
城市电网建设与改造技术标准汇编（设备选型篇）上、下册
农村电网建设与改造规定汇编
乡镇供电营业所标准规定汇编
农村电力体制改革文件汇编
农村电网建设改造文件汇编
电力工业技术监督规定汇编
电力建设施工验收及质量验评标准汇编 上册
电力建设施工验收及质量验评标准汇编 下册
电力工业环境保护法规、文件、标准汇编
国家计委及有关政府部门农村电网建设改造文件汇编

科技图书

1. 基金书

汽轮发电机组振动
系统辨识理论与实践——在水电控制工程中的应用
大坝基础防渗墙

2. 科技著作

微地形微气象对送电线路的影响
电业工人技术问答 变压器检修技术问答
电业工人技术问答 变电运行技术问答
机电工程师继续教育丛书 机电一体化系统的电磁兼容技术
中国电力市场分析与研究 1999
发电企业岗位事故选编
水力发电厂安全性评价
农村供用电安全知识（第二版）
继电保护自动装置及二次回路（第二版）
节电技术与节电工程
电力工程综合技术经济丛书 电力工程造价控制
电力工程综合技术经济丛书 电力工程技术经济知识
电力工程综合技术经济丛书 火电厂综合设计技术
电能质量技术丛书 第四分册 电压波动与闪变（第二版）
电力新技术丛书 模糊数学在电力系统中的应用
IEF 电力工程丛书 第 21 册 配电网络规划与设计（翻译书）〈芬兰〉〈美〉
实用家庭科普丛书 家庭小电工
实用家庭科普从书 电池在你家中
家庭实用电工
新西兰电力市场规则（翻译书）〈新西兰〉
无人值班变电站的建设、改造与运行管理
市场经济与电力计划投资工作
电量变送器及其检定装置
全国网省调度局（所）电网责任事故分析
500kV 输电线路施工技术
实用电气控制线路图册
高压开关开合电容电流和小电感电流
需求方管理（DMS）及其应用
吉祥鸟——电力安全知识普及读物
控制系统计算机辅助工程
电业火灾与防火防爆
电力安全学初步
全国电网典型事故分析（1988～1998）
2000 中国电力市场分析与研究
农村电网无人值班变电所设计与技术应用
电网调度运行实用技术问答
全国教育科学“九五”规划部委重点课题
迈向二十一世纪电力职业技术教育改革的研究与实验总结研究报告
需求侧管理（DSM）
电力安全生产基础知识
电力系统效能监察执法监察论文集
全国电力系统纪检监察论文选 1998
农村电力市场
用电营业管理
电子技术基础 数字部分
电子技术基础 模拟部分
电子技术基础 实验与课程设计
电路基础
生产资料丛刊（第二期）电与环保
电力生产技术经济指标（第二版）
乡镇供电营业所电工考核题库
电力系统继电保护实用技术问答（第二版）
预付费电能表及其检定
“九五”期间节能科技成果选编 第一辑
农村电网建设与改造
继电保护通信通道
锅炉风机节能技术
发电企业贯彻 ISO9000 系列标准必读
600MW 火电机组运行技术丛书 汽轮机
600MW 火电机组运行技术丛书 锅炉
300MW 机组故障分析
高等学校素质教育丛书 能源科学导论
高等学校素质教育丛书 生命科学导论
现代企业管理新思维丛书 创业管理
现代企业管理新思维丛书 战略管理
现代企业管理新思维丛书 风险管理
现代企业管理新思维丛书 创新管理
企业战略管理新动向丛书 企业战略再造
触电伤亡诉讼案例评析
人力资源开发管理与实践——香港中华电力股份有限公司人力资源开发与管理介绍
21 世纪水力发电工程科学技术发展战略研讨会论文集
压力钢管制造安装和实践与探讨
中国抽水蓄能电站建设
干部人事工作文件选编
混凝土拱坝设计
贯流式水轮发电机组及其选择方法
电力企业领导干部必知
国家电力公司系统政策研究优秀论文集
面向 21 世纪的电机工程科技发展战略研讨会论文集
供电企业工会工作论文选
科技在中国电力工业的应用

教　材

1. 培训教材

全国供用电工人技能培训教材
变电运行（含调相机）（初、中、高）

电测仪表（初、中、高）
电能表校验（初、中、高）
电力交换通信（初、中、高）
高压线路带电检修（初、中、高）
变电检修（初、中、高）
变压器检修（初、中、高）
电能表修理（初、中、高）
远动自动化（初、中、高）
城镇（农村）工矿企业电工培训教材
内线安装和检修（初、中、高）
变配电设备检修（初、中、高）
电机检修（初、中、高）
变配电设备安装（初、中、高）
电力行业工商管理培训案例教材 企业战略管理
电力行业工商管理培训案例教材 领导方法与领导艺术
电力施工企业职工岗位技能技术培训教材 电气二次回路接线及施工
电力建设安全教育培训教材 公司、工地、班组三级安全管理
电力企业管理岗位培训教材
电力企业管理基础
供电与营业管理
电网调度管理
电力企业经营管理
电力物资与基建管理
电力企业应用文写作
火电厂及水电站生产管理
计算机在电力企业中的应用
600MW 汽轮发电机组培训教材 电气设备及其系统
600MW 火力发电机组培训教材 汽轮机设备及系统
600MW 火力发电机组培训教材 锅炉设备设备及系统
用电检查考核培训教材
乡镇供电营业所电工考核培训教材
国家电力公司农电干部上岗培训教材 经济法律法规汇编
国家电力公司农电干部上岗培训教材 农电“两改一同价”政策汇编

2. 高等学校教材

高电压技术
汽轮机原理
新编电工实验指导书
新编电工实验指导书附本 实验测试记录表
能源与经济管理
工程力学（自学指导）
大型汽轮机典型事故及预防
火电厂热工及热力设备基础
高等钢筋混凝土结构学
水利水电工程系统分析与决策
普通高等学校非计算机专业试用教材 计算机文化基础
全国高教自考指定教材 电力系统及其自动化专业（独立本科）（专科）电磁场
全国高教自考指定教材 电力系统及其自动化专业（专科）电工原理
全国高教自考指定教材 电力系统及其自动化专业（专科）计算机基础与程序设计
全国高教自考指定教材 电力系统及其自动化专业（专科）计算机基础与程序设计自学指导
全国高教自考指定教材 电力系统及其自动化专业（独立本科）电力电子交流技术
全国高教自考指定教材 电机学（附考试大纲）
全国高教自考指定教材 电力系统及其自动化专业（专科）电子技术基础
全国高教自考指定教材 电力系统及其自动化专业（独立本科）电力系统分析
全国高教自考指定教材 电厂热能动力工程专业（专科）电工与电子技术
全国高教自考指定教材 电厂热能动力工程专业（独立本科）工程热力学
全国高教自考指定教材 电厂热能动力工程专业（独立本科）流体力学泵与风机
全国高教自考指定教材 电厂热能动力工程专业（独立本科）传热学
全国高教自考指定教材 电厂热能动力工程专业（专科）工程流体力学

3. 中专教材

（1）电力成人中专教材
发电厂变电站电气设备
发电厂电气运行
变电站电气运行
电力系统继电保护及自动装置
电力网及电力系统
电力网络
发电厂变电站电气设备安装与调试
高电压技术
（2）电力工业学校重点校教材
电厂自动控制系统
发变电站电气一次系统
电工基础
电气运行
继电保护〈1〉
电机检修
计算机在用电管理中的应用

建筑工程定额与预算
热工基础〈1〉
热工基础〈2〉
汽轮机运行
汽轮机
电厂锅炉运行
电厂热力系统及辅助设备
电力企业财务会计
语文教程 读写训练分册
语文教程 读写练习册
语文教程 听说训练分册
电力安装工程预算
(3) 电力工业学校教材
电厂锅炉
制图〈3〉（检修模块）及习题集
仿真机实习
继电保护题集与解答
泵与风机
机械与机械零件
制图〈1〉
制图〈2〉
工程流体力学
电子技术
电厂水处理与化学监督
工程力学
电厂金属材料
单元机组运行

工 具 书

1．手册、图集、画册

实用电气控制线路图册
全国通用建筑工程标准设计图集预算工程量手册 上册 建筑
全国通用建筑工程标准设计图集预算工程量手册 下册 安装
电力技经人员实用手册
无间隙氧化锌避雷器选择手册
电力系统控制保护屏台箱柜结构图册
城乡电网建设改造主要设备使用手册 技术参数分册 上、下册
城乡电网建设改造主要设备使用手册 企业简介分册
乡镇供电营业所电工手册
电工操作基本工艺图册
电力变压器检修与试验手册
电气二次接线识图
英汉电力技术词典
汉英动力工程化学词汇
电力系统继电保护与自动化设备手册
劳动统计信息管理实用手册
电力电缆及其附件实用手册
锅炉安装手册
电工实用图表（第三版）
走向市场的中国电力（大型画册）
新中国电力五十年（大型画册）
国家电力公司建立资本纽带资料
国家电力公司系统干部情况年报（1998 年）

2．年鉴

中国电力年鉴 1999

3．电力志

山西省送变电工程公司志
山西省临猗县电力工业志
大同第二发电厂志
山西省吕梁地区电力工业志
石河子热电厂志

音 像 出 版 物

1999 年电力安全录像专辑（1～4 期）
电力安全教育文艺小品集
生命鸟
呼唤
错兮祸兮
火力发电厂
水力发电厂
输配电
电力生产过程与电力系统
机械制图的动态思维过程
电工电子技术多媒体教学系统
电气运行工学习考核管理软件
发电厂工作票操作票微机管理系统软件
电力线路工作票操作票微机管理系统软件
变电站综合管理系统软件
电业安全工作规程多媒体（CD—120m）学习软件

会刊与史志

中电联会刊

《中国电力企业管理》杂志一年来，办刊质量稳步提高，报道领域向全行业扩展，行业协会会刊特色日渐明显。1999年第一期至第十二期，根据审读专家评审意见，优秀文章达30%，优良文章占84%。会刊的影响在电力行业不断扩大，吸引了较多的高层作者和国电公司系统外的作者、读者。

(1) 顺利完成杂志的企业法人注册登记工作。1999年5月4日，中电联党组决定组建《中国电力企业管理》杂志社，使其逐步成为具有“四自”功能的报刊市场竞争主体。注册资金100万元，法定代表人潘锁华。杂志社的主要任务是：发行国内外月刊，技术开发，技术培训，技术服务，信息咨询，企业形象策划，承办展览、展示活动。

(2) 进一步加强了与农电企业的联系，努力为农电企业做好舆论引导和信息服务。《中国电力企业管理》杂志加大对全行业农电企业宣传力度，发挥行业协会会刊作用。1999年12月正式组建《中国电力企业管理》农电管理编辑指导委员会。该编辑指导委员会是《中国电力企业管理》杂志关于农电管理方面的咨询顾问性质的组织，它将从更高层次对办好杂志进行有力地指导，是杂志联结农电企业的桥梁和纽带。

(3) 在探索会刊特色上下功夫。会刊的特色是面向各级领导、经营决策者和管理者、研究者，贴近企业，突出管理，体现咨询性、公正性和服务性。一年来，及时刊发了一些具有前瞻性和一定研究深度的文章，如《’99我国宏观经济政策走向》、《我国能源和节能形势及其对策》、《制定和实施企业经营战略》等。坚持公正性是会刊鲜明的特点，站在行业高度，围绕电力企业改革与发展中的难点热点问题，在尊重客观事实的前提下，发表了许多探讨性的文章，如《关于网厂分开、竞争上网的思考》、《厂长经理谈网厂分开》、《输电与配电分开的设想》和《省为实体不是省间壁垒》等。

(4) 不断扩大读者范围和报道领域，体现行业性。会刊按照中电联要求，努力面向全行业服务。在与农电企业加强联系的基础上，主动与地方电力加强联系，参与活动，及时提供国家治理小火电的政策信息和小火电企业转轨寻找出路的先进经验。会刊主动向地方投资企业、独立发电企业等组织稿件，介绍他们的经验，反映他们的呼声。1999年7月，根据河南省电力公司和沁阳电业公司的要求，会刊及时派记者与河南省电力企协联合组成调查组，实地调查了沁阳市国税局冻结沁阳电业公司帐户，单方面要求追缴税款和滞纳金600余万元的事件，并及时向中电联、国家经贸委及国家电力公司报送调查报告，得到有关部门的重视，予以协调解决，使电力企业生产经营工作恢复了正常运作，企业非常满意。

(5) 加强内部管理，修订完善规章制度。1999年12月，根据杂志社具体情况，建立健全了一部分杂志社内部工作制度和管理办法。其中主要包括：编辑部和经营策划部主要职责；编辑出版流程，稿酬暂行标准；广告经营的招揽费和发行劳务费计提标准及计发办法；杂志社内部文件档案、职工考勤等管理制度和办法。

史志编纂

(1) 1999年1月，中国电力史志编委会作了调整。调整后的编委会由高严任主任委员，赵希正、张绍贤、刘宏任副主任委员，主编张绍贤，副主编萧根兴。编委会下设中国电业史志编辑室，仍设在中电联，负责日常工作。

(2) 1999年5月，《中国电力工业史》研讨会在河南郑州召开，参加会议的有各电力公司代表85人，中电联名誉理事长张绍贤同志在会上就编史工作的重要性，以及对史书的质量要求等问题讲了话，萧根兴同志讲了编写总论的有关理论问题。会上还就编写总论的有关问题进行了研讨，交流了经验。这次会议达到了统一认识，提高理论水平，加快编写进度的目的。

(3) 1999年9月，《中国电力工业史》编研会在昆明召开，各电力集团公司和省〈市区〉电力公司的编史人员90多人参加了会议。中电联名誉理事长张绍贤同志讲了话。副主编萧根兴同志在会上就研究历史的立场、观点和方法理论以及编研电力史的方法和要注意的问题等讲了话。会上，代表们交流了经验，汇报了编史进展情况，落实了编史进度。

(4) 1999年10月，中国电力史志编委会应中国地方志领导小组邀请，组织参加了在中国历史博物馆举办的地方志成果展览会。参展的有史志编委会领导编纂的《当代中国的电力工业》约66万字，《中国电力工业志》约127万字。各大区和省〈市区〉电力工业志丛书共36卷，约1800万字，《中国电力工业改革开放二十年》文集约120万字。同时还组织了江苏、江西、安徽、浙江、山西五省电力局电力志书100多册参展。中电联常务副理事长刘宏同志出席了成果展开幕式，中电联名誉理事长张绍贤同志参观了展览。展会期间，中华人民共和国国史学会名誉理事长参观了电力史志书展室，并签名留念。

中国电力年鉴

9 电力工业行业管理与服务

调查研究与咨询服务

(1) 1999年6月9日，全国电力行业政策调研工作会议在深圳召开。本次会议根据电力工业改革和发展的当务之急，确定了一些重大课题研究项目，聘请了一批具有一定理论水平和丰富实践经验的电业政策研究员。赵希正理事长在致此次会议的信中要求，中电联当前要切实围绕“把电力行业说清楚”这个主题，大兴调查研究，全面摸清电力行业的基本情况，实事求是找出存在的问题，提出解决问题的思路。刘宏常务副理事长作了工作报告，电力行业近百名调研人员参加了会议。中国行政体制与机构改革研究中心、国家经贸委电力司、国家电力公司等有关单位和部门的负责人出席了会议。

(2) 1999年9月，深圳市人民政府为实施一户一表、城乡同价，在调整电价时，对线损问题发生疑问，市政府经济发展局请中电联给予咨询。中电联接受咨询任务后，由调研部主任王永干组织黑龙江省电力公司和北京供电局等单位的八名专家赴深圳市调研，在调研过程中，调研组听取了深圳市经济发展局、物价局和深圳供电局的意见，编写了深圳市线损问题咨询报告，提出了线损咨询意见，深圳市人民政府采纳了中电联专家组的建议，顺利地通过了调价方案，使深圳市率先在全国实现了一户一表和城乡同价。

(3) 1999年12月26日，中电联1999～2000年重点调研课题主笔人单位聘任仪式在北京举行，十多个课题的研究任务落实到了主笔人单位。在聘任仪式上，中电联要求主笔人单位在2000年底之前，完成各课题的研究。届时，中电联将组织专家评审，对其中高质量的调研成果进行奖励，并帮助其申报科技成果奖。

随着改革的深入，电力行业出现了许多新情况、新问题和电力企业普遍关注的热点、难点问题。经过精心研究，中电联把《关于“把电力行业说清楚”的调查研究》、《电力市场监管研究》、《关于中国农村电气化（2001～2015年）发展纲要的研究》、《“厂网分开、竞价上网”中竞价模式、“三公”调度等重大问题的研究》、《电力企业市场化改革目标模式研究》、《电力企业总分公司管理模式的研究》、《电力行业协会发展战略研究》、《供电企业投资主体多元化的研究》等10多个课题作为电力行业当前重点研究课题，这些课题由中电联调研部和部分理事单位牵头组织调研，并采取主笔人单位负责制的方式进行。在课题研究中，主笔人单位将拥有充分的自主权，担负保证课题研究进度和质量的全面责任。

(4) 根据国家经贸委的要求，编写《国外电力工业改革的实践与经验》，已排出清样稿，召开了审稿会，目前正根据审稿会要求在修改完善之中。

(5) 国家经贸委委托编写《中国农村电气化（2001～2015年）工作纲要》（草稿），已于1999年10月提出提纲，10月26日中电联组织国家经贸委、国务院扶贫办、农业部、国家电力公司等单位的领导和专家就提纲进行了研讨，现正在编写之中。

(6) 中电联、广东省电力公司与新西兰合作进行的“广东电力市场框架”研究项目，调研部先后组织两期32人·次赴新西兰培训考察。

(7) 编辑出版《电业政策研究》。

电力企业管理与服务

(1) 完成1998年度100MW及以上机组技术经济指标的统计与发布工作。

(2) 1999年9月，在广东省深圳市召开了全国电力行业管理现代化优秀成果评审会，共评出一等奖3项，二等奖9项，三等奖25项（详见附件2）。

(3) 1999年，分别在北京和吉林省白城市组织了两次企业家活动日，研讨了电力行业网厂分开和竞价上网等专题。

(4) 受国家电力公司人劳局委托，对电力企业工资分配制度改革进行调研咨询，并提交了《电力企业工资分配制度改革方案》。

(5) 按照1998年《电力企业标准化体系编制导则》完成由中电联企业部主持起草的行业标准《紧急救护规范》，并于1999年2月通过专家评审。

(6) 开展全国电力行业卫生资源重点调查，在此基础上经过广泛征求意见和讨论，编写制定了《国家电力公司关于加快电力企业医疗卫生机构改革的指导意见》。

(7) 按照国家《中国消灭尘肺工作规划纲要》要求，完成消灭尘肺国家报告中电力行业部分的编写任务。

(8) 召开全国电力行业血吸虫病防治工作总结会，检查湖南、江西重疫区变电站（所）血防设施和血吸虫病人集中治疗情况。分析了电力行业疫区企业血防工作现状及存在的问题，提出了今后工作任务和十五期间企业治理规划的重点内容。

(9) 完成电力建筑业1998年度统计年报及1999年统计快报工作，此项工作获得国家统计局授予的年度特等奖，并编制了1998年度统计资料汇编。

电力标准化管理与服务

1.《电力行业标准化管理办法》颁布实行

1999年6月16日，国家经济贸易委员会以第10号令发布了《电力行业标准化管理办法》（以下简称《办法》），《办法》自发布之日起实施。本办法是在原电力工业部1号令的基础上，为适应中国电力工业发展的现状及机构变化等新的形势经多方协商最终形成的。《办法》的颁布实施对规范电力行业标准化行为、促进电力行业标准化工作健康发展起到积极的推动作用。7月14日，中国电力企业联合会以中电联标［1999］22号文将《办法》印发给各会员单位及有关单位，并于7月15日在中国电力报发布了消息并全文刊登了《办法》。同时组织电力标准化工作人员对本《办法》进行了认真的学习。

2.标准化计划工作

由于负责电力行业的国家政府部门发生变化等原因致使电力行业标准制、修订计划拖延。10月15日，国家经贸委电力司以电力［1999］40号下发了“关于确认1998年度电力行业标准制、修订计划项目的通知”，通知中说：“中国电力企业联合会标准化中心经与各方面协商，以标综［1999］14号文提交了1998年度电力行业标准制、修订计划项目共85项。根据《电力行业标准化管理办法》（国家经济贸易委员会令第10号）的有关规定，经审查，现予确认。”

10月26日，国家质量技术监督局以质技监局标发［1999］235号下达了1999年制修订国家标准项目计划，其中由电力行业承担的1999年制修订国家标准项目共12项。

12月9日，根据国家经贸委电力司确认的1998年度电力行业标准制、修订项目和国家质量技术监督局下达的电力行业承担的1999年电力国家标准制、修订项目，中电联标准化中心向各标准承担单位、各专业标准化技术委员会和挂靠在电力行业的IEC/TC归口单位下达了补助经费共计465.5万元。

同时，中电联标准化中心对以往的电力标准制、修订情况进行了较为全面的检查，并于12月以标综［1999］25号、标综［1999］24号文分别致国家经贸委电力司和国家电力公司科技环保部，就1997、1998年度电力行业标准制、修订计划的执行情况进行了汇报。另以标综［1999］19号“关于1991～1998年制、修订电力国家标准执行情况的函”报国家质量技术监督局标准化司，对由电力行业1991～1998承担的107项国家标准制、修订情况进行了汇报，这107项电力国家标准已批准发布46项，24项正在报批，10项正按计划起草中，27项按计划进度有所拖延，其中有8项因起草单位机构调整、人员变动或立项依据发生变化、工艺有待研究等原因不宜再继续进行，也在文中提出了撤消或调整为电力行业标准的申请。今后电力标准计划的跟踪检查将会作为制度成为一种经常的行为。

3.接受政府委托、面向企业开展标准化活动

受国家经贸委电力司委托，1999年度内中电联标准化中心经与有关专家磋商并依照现行有关标准，就河北省电力公司关于柱上配电变压器能否安装爬梯以及重庆电力公司关于220kV送电线路能否跨越屋顶为瓦木结构的房屋等提问进行了答复。这些纠纷案均是电力企业在生产、施工过程中引发的索赔案例，是电力企业进入市场运作过程中常会遇到的一系列问题中的一部分，今后电力标准将在类似的涉电案件中作为一种判案依据会起到越来越重要的作用。

标准化活动首先是企业行为，在电力工业大变革的今天，各电力企业对标准化工作的重视程度都有所提高，同时对标准化工作也提出了新的要求。中电联标准化中心也在转变观念，以树立为企业服务的新思想来指导工作。1999年面向企业开展了多种形式的活动。2月8～10日，应唐山发电厂的邀请，中电联标准化中心关必胜、常兆堂教授级高工前往该厂宣讲有关标准化知识，受到该发电厂的热烈欢迎，这是中电联标准化中心首次为企业宣讲有关标准化方面的知识，标志着该中心面向企业、服务企业、实现工作转向的开始。

为配合企业的技术管理，减少各企业的重复劳动，标准化中心正在组织供电企业标准大全的编制工作，今后还要组织发电、施工等企业的标准大全编制工作。

与此同时，为电力企业进行标准宣贯工作的开展更加广泛和深入，1999年先后举办全国范围的标准宣贯研讨会6次，参加人员约400余人，宣贯会对正确地使用和执行标准起到积极的推动作用，受到了普遍欢迎。

4.积极参与国际标准化活动

积极参与国际标准化活动是中国一项重要的标准化政策。根据国际电工委员会（IEC）1999年度会议安排，5月17～29日，中电联标准化中心组团代表中国参加在法国米鲁斯（Mulhouse）召开的IEC/TC78（带电作业技术委员会）会议。此次会议主要审核带电作业发展方向、协调各专业之间的关系，并对多项IEC标准提出审核意见。中国代表提出了相应建议并对相应决议投票。第63届IEC年会于10月18～29日在日本京都举行，中电联标准化中心作为中国IEC三个对应技术委员会的对口单位（TC42；

高电压试验，TC57：电力系统控制与通信和TC95：继电器与保护装置）组团参加了该三个技术委员会的会议。参加国际标准化活动对提高中国技术水平、了解世界技术发展趋势、缩小与发达国家的差距都有极其有益的作用。

11月19日，德国西门子公司技术调节标准化部总经理H.Gurtler先生、东南亚地区经理J.Fraehlich先生等三人来中电联商谈进一步加强与中电联在技术和标准化领域合作的事宜。与世界知名大企业进行标准化方面的合作既能从中学到他们的成功经验，又能促进中国电力标准化工作的发展，使之与国际接轨，是一件极为有益的事。

5.电力标准的发布与替代

1999年度经各专业标委会的专家审查后最终形成报批稿并正式经国家经贸委批准发布的电力行业标准共95项。经国家质量技术监督局批准发布的电力国家标准23项。中国电力企业联合会标准化中心对1999年度发布的电力行业标准和相应的替代关系进行了公告。

6.加强与相关单位、部门的协调和合作

电力行业标准化活动一直受到政府的重视与关怀，受到电力行业各企业的支持及参与。与各方面相关单位搞好协作与配合是使电力标准化工作能够朝着健康方向迈进的重要一环。1999年度中国电力企业联合会标准化中心为能更好地做好电力标准化工作，为电力行业各企业服务为目的，加强了与国家质量技术监督局（国务院标准化归口管理部门）、国家建设部（工程建设标准归口管理部门）等有关单位的联系。

9月22日，中电联标准化中心就新体制下电力标准化工作如何开展与国家质量技术监督局标准化司进行了座谈。座谈中对第三届中电联改革的情况及国家经贸委10号令的出台背景和内容等做了介绍，并对新的管理体制下电力行业标准化工作遇到的问题向标准化司的领导们做了汇报。标准化司石宝全司长肯定了中电联在电力行业标准化管理方面所做的大量探索性工作，并表示密切关注电力行业标准化管理的改革进程，条件成熟时将电力行业的管理模式作为全国试点。座谈中双方就当前电力行业标准化工作遇到的实际问题希望与国家经贸委进一步协商，本着“既不失控，也要高效”的原则尽快完善具体工作程序。

派人参加中国工程建设标准化协会第五届代表大会。建设标协是建设部标准定额司管理下的工程建设方面的标准化协会，受该司委托承担推荐性建设国家标准的制、修订任务，同时参与各级标准审定工作，并在标准化研究、学术交流、人才培养、标准与政策宣传等方面开展活动。中电联标准化中心陆宠惠主任当选为本届代表大会的常务理事。会议期间经与建设部标准定额司有关领导接触，双方表示应尽快恢复因电力部门机构变动而中断的工作接触，建立起电力行业与建设部在标准化方面的正常工作联系。

为了进一步搞好电力行业标准的出版发行工作，中电联标准化中心于9月23日与中国电力出版社进行了座谈。大家一致认为在国家经贸委《办法》的指导下，电力行业标准的制定、发布和出版工作已逐步走向规范化。目前存在的主要问题是大型电力企业标准与电力行业标准的协调和统一问题，备案问题尚需再作进一步的工作，以便达到分工明确、责任清楚、程序无误等要求。

7.标准化的宣传工作

为更好地宣传电力标准化方面的工作，自1999年起《电力标准化与计量》期刊由中国电力企业联合会标准化中心主办。该期刊是经国家新闻出版署正式批准注册的面向全国公开发行的电力标准化与计量方面的专业期刊。期刊创刊于1992年，对电力标准化与计量的政策、法规等方面起到了较好宣传推动作用。

1999年10月14日是第30届世界标准日，为了进一步宣传标准化工作的重要性，中电联标准化中心在中国电力报的支持下于10月16日发表了题为“迎接第30届世界标准化日的到来”的文章，并对世界标准化日的背景作了介绍。

由中电联标准化中心与中国电力信息中心共同编纂的《国内外电力标准目录》历时一年余，于1999年7月份由中国电力出版社出版、发行。本标准目录汇集了1998年6月底以前公开发布的国内外电力及有关方面的标准目录17000余条，具有收集范围广、实用性强、查阅方便等特点，为广大电力标准使用者提供了一套实用的工具书。

8.专业标准化队伍的建设

4月12日，中电联标准化中心以中电联标电气[1999] 06号文致国家质量技术监督局标准化司，就全国带电作业标准化技术委员会第三届委员会部分委员的调整进行申报，此次调整的委员共有9位，主要原因是年龄偏大，已不能参加标委会的正常工作，国家技术质量监督局标准化司以质技监局标函[1999] 053号批复同意。

11月20日，中电联以中电联办[1999] 42号文批准成立了电力行业电力变压器标准化技术委员会第四届委员会的组成方案，这是根据国家经贸委10号令中有关规定首次以中电联的名义批准成立的电力行业专业标准化技术委员会，本届标委会共有委员30人、顾问5人，并聘请了7个相关制造厂商为单位委员，主任委员由武汉高压研究所付锡年教授级高工担任，江苏电力试验研究所万达、国家电力公司电网建设部苏力、中国电科院李光范和武汉高压研究所伍志荣同志为副主任委员，武汉高压研究所任晓红同志任秘书长，秘书处设在武汉高压研究所。

中国电力规划设计协会以电规协（1999）77号文向中电联标准化中心提出“关于成立电力规划设计标准化技术委员会的报告”，12月21日，中电联标准化中心以标便［1999］45号“关于组建电力规划设计标准化技术委员会报告的意见”回函。

电力行业职业技能鉴定管理与服务

为贯彻全国电力行业职业技能鉴定工作座谈会精神，推进电力行业职业技能鉴定工作，1999年的主导思想是“加快进程、完善体系、抓好基础工作”。我们把电力行业技能鉴定基础建设做为中心工作来抓，在有关电力集团公司、省电力公司的大力支持和协助下，在人员少、任务重的情况下，竭尽全力、努力工作，取得了一定的成绩，较好地完成了全年的工作任务。

1. 完成职业技能鉴定规范的编写

电力行业职业技能鉴定规范的编写工作涉及面广，工作量大，难度较大，针对这种情况，我们于1999年2月成立了专家组，由50人组成。按专业分别在北京、吉林、郑州组织召开了7次专家审定会，共完成100个职业（工种）技能鉴定规范的审定工作，约500万字，1300余幅图。经多次沟通、联系、汇报，业经劳动和社会保障部（劳社培就司发［1999］53号）审核批准颁发施行。目前，稿件已全部移交中国电力出版社组织出版发行，年底前已正式出版4个专业20个工种的职业技能鉴定规范。同时，受劳动和社会保障部职业技能鉴定中心委托，组织完成了锅炉操作工、锅炉设备安装工国家职业标准的编制工作，并经审定通过，得到劳动部门的好评。

2. 加强培训，完善职业技能鉴定工作体系和制度建设

（1）全年共批复18个网（省）电力公司成立了电力行业职业技能鉴定中心。首批申报的35个电力行业特有工种职业技能鉴定站已于9月份由劳动和社会保障部批准成立。第二批66个电力行业特有工种职业技能鉴定站已向劳动和社会保障部申报。目前，电力行业共成立了32个电力行业职业技能鉴定中心和申报成立了101个鉴定站，基本建立起来了电力行业职业技能鉴定工作体系，为全面开展职业技能鉴定提供了组织保证。

（2）加强制度建设，组织召开研讨会。为指导、推动电力行业职业技能鉴定工作健康有序，顺利开展，讨论研究制定了电力行业职业技能鉴定的有关规定（《关于加强电力行业职业技能鉴定质量管理和督导检查工作的规定》、《电力行业职业技能鉴定考务管理规定》、《电力行业职业技能鉴定考评人员管理办法》、《电力行业高级技师考核、评审办法》、《全国电力行业技术能手评选、表彰办法》等）。

（3）为使鉴定工作顺利开展，加强职业技能鉴定管理人员和考评人员队伍建设，分别于5月和9月举办了两期电力行业职业技能鉴定管理人员和考评人员资格培训班，共培训330人。

根据劳动和社会保障部的要求，向劳动和社会保障部推荐报送了一名全国技术能手，并组织评选表彰了1998年度全国电力行业技术能手23名。

电力可靠性管理与服务

（1）经中电联、国家电力公司协商，决定正式成立电力行业可靠性管理委员会，并由中电联发文明确该委员会的性质、任务与成员组成。该委员会的成立体现了民主办会的精神，使可靠性工作将更具有广泛的代表性、较高的权威性和客观公正性。

（2）1999年6月在北京长城饭店成功举行了第六次电力可靠性指标发布会。此次发布会与以往几次的不同有以下四点：

1）这次指标发布会成为使电力可靠性管理工作由政府管理转变为电力行业管理的一个转折点；

2）电力可靠性指标发布形式由政府部门—电力工业部发布转变到国家电力公司与中电联联合发布，再转到1999年完全由中电联独立向社会发布，这树立了中电联独立履行行业管理与服务职能的新形象；

3）发布会上由中电联副理事长宣布正式成立电力行业可靠性管理委员会的决定以及委员会的成员名单；

4）发布会第一次公布了十二类输变电设施的可靠性指标。

（3）1999年9月份在各开发研制单位（原东北电力集团公司、华北电力集团公司、湖北省电力公司）的积极支持与配合下，按照国家电力信息中心下发的《管理信息系统计算机2000年问题测试方案》，中心组织完成了对发电、输变电、用户供电可靠性信息管理系统软件的全面严格测试，测试结果表明，三套程序均不存在Y2K问题，从1999年12月31日到目前，在程序的运行中没有发现Y2K问题。

（4）根据1999年6月份在京召开的“电力行业

可靠性管理委员会会议"的精神和要求，为使可靠性管理更具有代表性、权威性和客观公正性，同时为确保可靠性数据的准确性、完整性、及时性，可靠性中心在1999年第三季度开展第二次全国电力可靠性管理工作互查活动，互查工作由各网、省电力公司以及基层发、供电企业的代表组成6个检查小组（发、供电各三个组），互查工作历时一个半月，这次互查活动中的所有的受检单位（共11个省电力公司、24个基层企业）对于这次检查工作做了大量、认真的准备工作，特别是能够虚心地听取互查组成员对于本单位提出的每一条意见和建议。许多受检单位在检查组走后，马上根据提出的问题制定整改措施，并以文件的形式上报省电力公司，省电力公司又将各受检的基层单位的整改措施整理后，以文的形式上报电力可靠性管理中心，行动之快这还是第一次，从此也可以看出全国性的互查工作的确起到了作用。

(5)《电力系统电源规划可靠性准则的研究》项目，由电力规划设计总院、国家电力公司计划投资部、发输电运营部、电力可靠性管理中心共同完成，现已告一段落。该课题的提出旨在结合中国电力系统发展规模、联网容量、电源结构以及生产管理水平等因素，研究提出适合中国的LOLP值，以改善中国在电力系统规划中一直采用确定性分析方法的局面，填补中国尚没有LOLP数值的空白，更好地适应市场经济条件下的电力建设的需要，提高中国的电力规划水平。

(6)《电网规划可靠性准则建议的研究》项目的研究工作于1999年8月正式启动。本项目由发输电合成系统可靠性准则的建议研究及供电配电网可靠性准则的建议研究两个专题组成。中国电力科学研究院等单位主要承担发输电合成系统可靠性准则的建议研究；重庆电力公司等单位主要承担供电配电网可靠性准则的建议研究，并对发输电合成系统的充裕度进行计算分析、提出建议。

(7) 1999年底，中心在京召开"电力可靠性发展与规划专题座谈会"，中电联刘宏常务副理事长、叶荣泗副理事长、国家电力公司发输电运营部王炳华主任到会并做了重要讲话。应邀参加此次会议的代表还有可靠性专业方面的资深专家以及一些省电力公司可靠性工作的主管领导等。

召开此次座谈会的主要目的是：通过回顾中国电力可靠性管理15年来的工作，总结经验与成绩，同时理出在电力体制改革新的形势下，特别是引入市场竞争机制的情况下，中国的电力可靠性的工作思路与发展方向。通过这次会议，代表们达到一致的共识：在巩固各项工作的基础上，提高水平，要通过一段时间的努力，将中国的电力可靠性工作逐步向着可靠性工程与技术的方向发展，使电力可靠性逐渐成为集技术、工程、管理于一体的全行业、全系统、全过程、全寿命的科学评价与管理体系，以便能更有效地利用可靠性这项技术为政府及有关部门提供决策依据，为企业的生产与发展服务，从而达到为其提供预测性信息的目的。此次会议的召开，对今后中国的电力可靠性工作的发展具有较重要的指导意义。

电力建设技术经济管理与服务

(1) 2月3～4日，在北京召开了"全国电力建设定额站站长工作会议"，全国电力行业的74位主管电建技经的领导、专家出席了会议，建设部标准定额司副司长、中电联名誉理事长（张绍贤）、副理事长（刘宏）、国电公司火电部主任到会，并做了发言。会议的中心议题是：在深化电力体制改革、规范市场经济的形势下及国家电力公司实体化动作的进程中，研究电力建设技经工作如何更好地适应市场经济发展的要求，总结交流降低工程造价的经验，讨论和部署下一步技经工作的思路、目标及内容。

(2) 定额编制方面。

1) 投资估算：①组织编制了发电工程125MW、200MW、600MW机组投资估算指标初稿。②10月29日以电定定［1999］37号文发布了发电工程300MW机组和送变电线路工程投资估算指标（试行稿），并收集试用情况。

2) 概算定额：10月29日以电定定［1999］36号文发布《建筑概算定额水、暖、电、通综合指标》。

3) 预算定额：①组织制定热机、电气册预算定额报批稿。②完成建筑预算定额编制说明。③完成机械台班费用定额的报批稿。

4) 劳动定额：完成送电、电气、汽机三册的送审稿。

5) 全国统一预算定额：热力、电气册完成报批稿并已上报建设部。

(3) 价格方面。

1) 9月1日以电定造［1999］29号文发布《火电、送变电工程定额材料与机械费调整办法》，以解决定额使用时与"1996年北京地区价目本"的时间、地域差问题。

2) 修订了"96装置性材料预算单项价格调整办法"，组织"98装材综合价编制工作"，各网、省电力公司均已完成。

3) 10月14日以国电总［1999］549号文发布《城乡电网建设与改造工程概（预）算编制若干问题的规定》。

4）12月7日以国电火［1999］677号文发布《电力建设工程监理费和建设项目法人管理费调整办法》。

5）完成了1999年度设备价换价工作。

（4）综合咨询方面。

1）完成了1998～1999年度火电、送变电概预算新上岗人员（3300人）的上岗培训、考核、发证工作，对绝大多数电建技经人员进行了计算机应用考核、培训。

2）完成了1998～1999年度电力工程造价咨询单位乙级资质的审查、批复工作，8月5日以国电火［1999］399号文发布，8个单位获得了乙级资质。

3）完成了电力百科全书基建造价管理分支的编写和核电部分的组织编写，完成了电力建设定额工作50年简要回顾编写工作。

4）参与了《国家电力信息综合楼工程概算》审定版，国电公司以电建［1999］68号文批准。

5）中心全部6名在职高级职称以上人员通过了北京市工程咨询业协会的考核，取得了“注册”咨询师资格证书。

6）有4名同志通过了人事部、建设部组织的注册造价工程师考试，并取得了“全国注册造价工程师”资格，目前中心累计6人取得该资格。

7）出版发行了12期《电力建设技经信息》。

电力科技管理与服务

（1）随着国电公司和中电联体制、机构、职能改革的深入，科技服务中心于1999年6月4日确定为中电联的一个业务部门。中电联为科技服务中心的工作明确定位：要搞好行业的科技服务功能，以实现自收自支、自己养活自己的模式进入市场。科技服务中心的工作在1999年11月15日开始启动。

（2）应国家电力公司科技环保部的要求，派人协助开展了1999年电力科技进步奖评奖工作和国家奖评审推荐工作。

（3）8月18日由中电联主办，科技服务中心承办的“中国城市电网发展和城网改造技术研讨会”在北京召开，刘宏常务副理事长致开幕词，叶荣泗副理事长作会议总结。中电联供电分会秘书长作了“城市电网建设与改造的原则兼谈北京地区城网改造”的报告，西安交大的教授就“国内干式变压器的现状与发展”作主题报告，美国IEEE变压器分会绝缘老化工作组主席介绍国际干式变压器发展及先进技术。会上代表就干式变压器的应用和制造技术进行了交流。会议邀请国家经贸委、国家计委、国家机械工业局、国家电力公司、国内外企业和新闻单位参加。

（4）为提高中国电力电缆、通信电缆等检测方面的技术水平，4月初在北京召开了“电力电缆新技术产品应用研讨会”：①德国SEBA集团公司专家作关于电力电缆检测新技术的报告；②介绍国内电力电缆检测新技术的报告；③技术交流及研讨。

（5）6月中旬在云南省昆明市与中国国际跨国公司研究会亚太信息中心联合举办“99中国电力与电器及技术产品国际推广交流洽谈会”，本次会议旨在为企业提供国内外进行新技术产品交流与商贸洽谈的机会。

（6）按民政部要求，为进行全国电力技术市场协会重新注册登记，对协会章程进行了修改，起草了有关文件，完成了财务审计等事务工作。

主 要 事 件

1月19日，标准化部以中电联标［1999］2号文致国家经贸委电力司，报送《电力行业标准化管理办法》（建议稿）。该办法对原电力工业部《电力行业标准化管理办法》的部分条文进行了修改。6月16日国家经贸委主任盛华仁签署中华人民共和国国家经济贸易委员会第10号令，发布《电力行业标准化管理办法》。根据该办法的规定，国家经贸委负责电力行业标准化行政管理工作，中电联负责电力行业标准化的具体组织管理和日常工作。

1月，由中电联教培中心组织编写的《人力资源开发与管理》、《领导方法与领导艺术》、《管理经济学》、《电力工业商业化运营与电力市场》、《市场营销》、《企业战略管理》等8本电力行业工商管理培训案例教材正式出版发行。

1月，中央国家机关精神文明领导小组授予中电联为1998年度精神文明单位。

2月1日，根据国家外国专家局的安排，中电联组织推荐了电力系统对引进国外项目有突出贡献的外国专家来京参加国家领导人接见等活动。

2月3～4日，全国电力建设定额站站长工作会议在京召开。中电联名誉理事长张绍贤、常务副理事长刘宏参加了会议。会议代表就在当前深化电力体制改革的形势下，如何转变观念，做好今后的技经工作和降低工程造价等问题进行了讨论、研究。

2月27日，中电联理事长会议第一次会议在上海召开。中电联名誉理事长、国家电力公司总经理高严为会议召开致贺信，对会议讨论的中心议题表示完全同意。

这次会议讨论研究了中电联1999年工作要点和

中电联改革发展规划框架意见；听取了中电联第三届理事会成立以来所做工作的汇报；审议了中电联专业（管理）委员会设置与工作规则的原则意见及有关专业（管理）委员会的设置方案，决定根据与会同志提出的意见进行修改后，提请中电联常务理事会议通过；通过了聘请中电联业务顾问名单。

会议由中电联理事长赵希正主持，国家经贸委电力司史玉波司长、中国行政体制与机构改革研究中心姜贤荣主任及国家电力公司总经理助理邵世伟应邀出席会议并讲话。

2月，中电联职业技能鉴定中心召开了全国电力行业技术能手评审会议，在各电力集团公司、省（区、市）电力公司等单位逐级推荐的基础上共评出“全国电力行业技术能手”23名，于1999年3月21日以中电联技鉴［1999］9号文进行了表彰。

2月，职业技能鉴定中心成立了职业技能鉴定规范审定专家组。并按专业分别在北京、吉林、郑州组织召开了多次审定会议，全部完成了电力行业100个工种（88个电力行业特有工种、12个水电工种）的规范编写制定任务。其中85个工种的鉴定规范已经劳动和社会保障部审定通过，并以劳社培就司发［1999］53号文批准，作为《国家职业技能鉴定规范》印发施行。

3月28日，中电联外事部与香港中华电力公司续签合作协议，并结合当前电力工业改革增加了有关培训内容。

4月7日，标准化部以标综［1999］05号文致各标委会、标委会挂靠单位，转发编制1999年制定、修订国家标准项目事项。

4月，中电联完成全国电力行业卫生系统中、高级专业技术职务评审工作，共评审正、副主任医（药、护、技）师130人。

4月，根据国家经贸委国经贸人事［1999］254号文，国家经贸委为中电联业务主管单位，并根据国家电力公司人劳管函［1999］3号文，国家经贸委委托国家电力公司负责中电联党务、人事、外事、退休干部及后勤保障管理工作。

5月6～7日，中国电力企协、企业家协会全国会员代表大会在京召开。会议总结了工作，对1998年度优秀企协、优秀企协工作者和企协工作突出贡献者进行了表彰。会议通过了中国电力企协、企业家协会与中电联一体化运作的决议。

5月26～30日，中电联与国家电力公司在北京国际会议中心成功地举办了’99国际电力信息技术和产品展示会。

5月31日，标准化部以标综［1999］06号文致函国家质量技术监督局，报送1999年修订电力国家标准计划项目23项；研复制国家标准样品1项。

5月，中电联根据国电人［1999］25号文通知，明确1998年度享受政府特殊津贴人员为：胡修谱、姚抚城、王继樵。

6月9日，全国电力行业政策调研工作会议在深圳召开。本次会议根据电力工业改革和发展的当务之急，确定了一些重大课题研究项目，并聘请了一批具有一定理论水平和丰富实践经验的电业政策研究员。

赵希正理事长在致此次会议的信中要求，中电联当前要切实围绕“把电力行业说清楚”这个主题，大兴调查研究，全面摸清电力行业的基本情况，实事求是找出存在的问题，提出解决问题的思路。刘宏常务副理事长作了工作报告，电力行业近百名调研人员参加了会议。中国行政体制与机构改革研究中心、国家经贸委电力司、国家电力公司等有关单位和部门的负责人出席了会议。

6月23日，中电联在京发布了1998年度电力可靠性指标。发布会上，国家电力公司副总经理陆延昌、中电联常务副理事长刘宏等领导发表了讲话。国家经贸委电力司司长史玉波、国家电力公司总工张贵行，以及国家电力公司、国家质量技术监督局、国家机械工业局等有关部门的领导和中电联名誉理事长张绍贤、刘宏常务副理事长、叶荣泗副理事长等中电联领导出席了本次指标发布会。

在发布会上，电力行业可靠性管理委员会宣告成立，委员23人，主任委员为王炳华，副主任委员为黄永达、张毓麟、黄幼茹。该委员会是中电联的非常设机构，其主要任务是协调电力行业可靠性工作中的重大事项，研究提出开展电力行业可靠性管理工作的建议，负责评审有关规范制度等。

7月7日，标准化中心以标综［1999］9号文报国家经贸委电力司报批40项电力行业标准，8月2日经贸委电力司以国经贸电力［1999］40号文批准发布40项电力行业标准。

8月9日，中电联召开机关全体职工大会，会上宣布了聘任为中电联各部室、中心主任的同志名单：范继祥同志任理事会工作部副主任；王永干同志任调研部主任；孙永安同志任会员部主任；孙守义同志任国际合作部主任；王文喜同志任职业技能鉴定中心主任；陆宠惠同志任标准化中心主任；蒋锦峰同志任可靠性管理中心主任；张千驷同志任技术经济咨询中心主任；蒋晓华同志任资产管理中心主任（以上同志为副局级）。薛静、徐玉华同志任教育培训中心副主任（正处级）。

8～10月，中国电力文学艺术协会组织全国电力系统优秀歌手参加由中国文联、全国总工会主办的《全国产业系统文艺展演》。电力艺术团共获19块金银铜牌。

8月18日，由中电联主办的“中国城市电网发展和城网改造技术研讨会”在北京召开。刘宏常务副理事长在开幕式上致词。中电联供电分会秘书长韩英男作了“城市电网建设与改造的原则兼谈北京地区城网改造”的报告。会议邀请了国家经贸委，国家计委，国家机械工业局及国内外企业和新闻单位的代表参加。

9月1日，劳动和社会保障部以劳社培就司发［1999］54号文正式批复了中电联职业技能鉴定中心申报的35个职业技能鉴定站。

9月3日，中电联机关召开党员大会，大会通过无记名投票选举出新一届中电联机关党委委员和纪委委员。同时分别召开第一次党委、纪委会，选举叶荣泗同志为机关党委书记，赵天荣同志为机关纪委书记。

9月8～11日，中电联在四川成都举办了’99成都国际供用电专业设备展览会和第三届国际大型水电站设备与水利工程展览会。来自14个国家和地区的200多家厂商参加展览，展出面积6000m^2。展示了各类供用电设备与技术、水利发电站设备、水利工程施工设备与技术。

9月10日，标准化中心以标综［1999］14号文报国家经贸委电力司申请下达1998年度制、修订电力行业标准计划项目共85项，其中综合2项、电气36项、火电28项、水电19项。经贸委电力司于10月15日以电力［1999］40号文确认85项1998年度电力行业制修订计划项目。

10月8日，中电联以办［1999］34号文印发《中国电力企业联合会内部机构设置方案》。中电联本部设四个职能部门（部）：即理事会工作部、调研部、会员部、国际合作部；六个业务部门（中心）：职业技能鉴定中心、标准化管理中心、电力可靠性管理中心、技术经济咨询中心、教育培训中心、科技服务中心及机关党委。

10月9日，中电联召开“三讲”动员大会。邀请中央党校政教部副主任李梁栋教授作有关“三讲”教育报告。中电联“三讲”领导小组组长刘宏同志作了动员讲话。

10月14日，技术经济咨询中心颁发了《城乡电网建设与改造工程概（预）算编制若干问题的规定》。

10月18～21日，中电联在北京组织召开了’99北京输配电技术国际会议，来自世界16个国家和地区著名电力企业专家、学者约500余人参加了会议。

10月18日，中电联组织了江苏、江西、安徽、浙江、山西等五省电力局电力志书以及中电联编纂的《当代中国的电力工业》约66万字，《中国电力工业志》约127万字，各大区和省（市区）电力工业志丛书共36卷，以及《中国电力工业改革开放二十年文集》约120万字。作为中国电业史志展参加了全国新编地方志成果展。中电联常务副理事长刘宏同志参加了成果展开幕式。

10月27～30日，中电联在上海成功地举办了’99上海国际电力展览会，19个国家和地区的200多家公司参展，展出面积7000多平方米，吸引观众约5万人次，举办技术讲座15场，展览会意向合同成交额210万美元。

10月29日，技术经济咨询中心发布了《电力建设工程火电300MW机组和送电线路工程投资估算指标》(试行本)。

10月，中电联为适应改革的需要，制定和修改了《中电联机关回聘人员规定》、《中电联聘任业务咨询规定》、《奖金分配办法》。

10月，中国电力文学艺术协会为庆祝建国50周年，编辑了《中国电力美术书法摄影作品选集》。选集收录了451位电力职工的518幅优秀作品。该书是全国电力系统首次出版的大型艺术画册。中电联理事长赵希正、中国电力文协主席张凤祥任该书编委会名誉主任，中电联常务副理事长刘宏任主任并撰写前言。

10月，中电联召开全国电力行业血吸虫病防治工作总结会。与会期间检查了湖南、江西重疫区变电站（所）的血防设施和血吸虫病人集中治疗的情况。认真分析了电力行业疫区企业血防工作的现状及存在的问题，提出了今后工作任务和“十五”期间企业治理规划的重点内容，并以会议纪要的形式将有关情况通报了国家电力公司和国家卫生部。

11月7～15日，中电联参加了第十一届国际科学与和平周活动并承办了开幕式文艺演出。中电联理事长赵希正陪同王光英同志观看了演出。刘宏副理事长出席在人民大会堂举行的开幕式，并在主席台就坐。全国政协副主席、中国组委会副主席程思远为中电联颁发了“国际科学与和平周最高荣誉奖”，刘宏同志获“和平使者”称号。

11月11日，中电联开始进行“三讲”教育，在全面完成“三讲”教育各阶段任务后，经国家电力公司党组驻中电联“三讲”教育巡视组同意，国家电力公司“三讲”领导小组批准，中电联“三讲”教育工作于12月24日结束。

12月7日，技术经济咨询中心印发了《电力建设工程监理费和建设项目法人管理费调整办法》。

12月12日，标准化中心以标综［1999］23号文报国家经贸委电力司报批56项电力行业标准，2000

年2月24日经贸委电力司以国经贸电力［2000］164号文批准发布55项电力行业标准。

12月18日，由国电公司、中电联、中电技共同出资组建的国电外事服务公司挂牌开业。该公司的成立，将进一步为电力行业国际经济、技术、学术交流、信息咨询及出国团组提供服务。

12月26日，电力可靠性中心在北京组织召开了“电力可靠性发展与规划座谈会”。会议的中心议题是研讨今后电力可靠性管理中心的定位、职能以及工作方向，以便更好地为电力企业和制造企业服务。参加会议的有来自产、学、研等单位热心于可靠性工作，并有一定造诣的同志。航空航天可靠性研究所所长杨为民教授作为特邀嘉宾参加了研讨。电力工业老前辈沈根才同志、中电联常务副理事长刘宏、副理事长叶荣泗、电力可靠性管理委员会主任王炳华到会并发表了重要讲话。

12月，中电联按照国家统计局的要求组织有关单位上报，并审核、汇总全国电力建筑业97个施工企业的1998年年报和1999年季度快报。提前报送国家统计局，在评比中获得特等奖。

中国电力年鉴

10 部分电力企事业单位

中国华能集团公司

生产经营和基本建设情况

1999年，华能集团全口径完成发电量1118.26亿kW·h，超额完成1999年发电量计划，比1998年增长11.35%，占全国发电量的9.06%。1999年，华能集团全口径投产机组共9台，容量271.1万kW（占全国投产机组的19.16%），超额完成了投产任务，其中华能国际电力开发公司完成158.5万kW，提前一年完成“九五”基建任务。华能太仓电厂一号机组的工期只用了19个月13天，是目前国内30万kW等级机组中工期最短的投产机组。

投产机组为：伊敏华能东电煤电有限责任公司一期工程2号机组（50万kW）、天津华能杨柳青热电有限责任公司三期工程6号机组(30万kW)、苏州工业园区华能发电有限责任公司一期工程1号机组（30万kW、华能北京热电厂4号机组（18.5万kW)、华能南通电厂二期工程3、4号机组（70万kW)、华能福州电厂二期工程3、4号机组（70万kW)、大理华能水电有限责任公司1号机组（2.6万kW)。此外，参股电力企业投产机组有：山东日照发电有限公司一期工程1号机组（5万kW)、鹤岗第一发电有限责任公司一期工程2号机组（30万kW)。到1999年底，华能集团全口径拥有发电装机容量2748.76万kW，占全国装机总容量的9.2%。

1999年，华能集团实现销售收入259.24亿元，比1998年增长17.2%，基本完成国家电力公司下达的经济指标。1999年，华能集团完成进出口额1.8亿美元。

到1999年底，华能集团合并资产总值1453.95亿元，资产净值440.12亿元，资产负债率69.9%。

电力安全生产和达标、创一流工作

为确保完成1999年的发电量计划并力争多发电，华能集团坚持“安全第一，预防为主”的方针，采取有效措施，抓好安全生产工作，同时积极推进达标、创一流工作。

在庆祝建国50周年和迎接澳门回归活动期间，有关电厂积极做好事故预想和应急预案，制定反事故措施，在保电工作中成绩突出，受到上级的表扬。一批电厂实现了年内无事故的记录，一些电厂已具备国家电力公司安全生产先进企业表彰条件。针对计算机2000年问题，华能各电厂全力以赴，顺利完成了测试、排查、改造和反措施阶段的工作，卓有成效地排除了厂站控制系统中计算机2000年问题的隐患，确保了电力生产的安全。

通过艰苦的努力，1999年华能德州电厂、华能阳逻电厂、华能淮阴电厂、华能南京电厂被国家电力公司命名为“一流火力发电厂”，其中华能南京电厂成为我国俄供设备电厂中首家荣获此殊荣的电厂。目前，华能集团共有9个电厂荣获“一流火力发电厂”的称号，占全国38个“一流火力发电厂”的24%。华能汕头电厂被国家电力公司命名为安全文明生产达标企业。

华能集团公司积极开展了创无泄漏电厂的工作，到1999年底，华能新华电厂、华能杨柳青电厂通过了集团公司组织的无泄漏验收，为下一步创建“一流火力发电厂”打下了基础。华能国际电力股份有限公司在创建“一流火力发电厂”的基础上，全面启动了创建一流电力公司的工作，制定了“创一流”工作的指导意见，成立了专门的组织机构，该项工作正在积极地推进之中。

市场营销和经营工作

为了确保完成全年的电力生产经营任务，经营工作紧紧围绕市场营销、成本控制和资金回收三个方面来开展。

（1）力争多发电。1999年，面对严峻的电力市场形势，在各方通力合作下，华能集团公司本部争取到发电量计划578.82亿kW·h，华能国际电力开发公司争取到发电量计划502.6亿kW·h。华能集团公司本部实际完成发电量600.97亿kW·h，完成年计划的103.8%，比1998年增长8.22%，华能国际电力开发公司实际完成发电量517.29亿kW·h，完成年计划的102.9%，比1998年增长20.21%。华能集团还积极参加“竞价上网”的试点工作，及时跟踪了解试点地区的情况，积极向国家有关部门提出建议，研究制定正确的报价策略，争取了一部分发电量。

（2）狠抓以燃料为主的成本管理。1999年，华能集团各电力企业从抓好以燃料成本为主的成本管理入手，抓内部管理，向管理要效益，成本费用有较大幅度下降，实现了预定的目标。

（3）抓紧资金回收工作，确保增产增收。1999年华能国际电力开发公司电费回收率为99.9%；华能集团公司下达给各分支机构的资金回收计划实际完成百分之百。

综合产业继续清理整顿，进一步规范管理

1999年，华能集团的综合产业按照“清理整顿、调整结构、狠抓管理、提高效益”的工作方针，继续清理整顿，加强管理，积极开展业务。

华能集团公司建立了对综合产业重点项目跟踪管理制度，根据企业的不同情况，制订管理指标，按周、按旬或按月了解企业的生产、基建及销售和利润情况，分析企业的经营管理状况，督促企业加强管理，降低成本，开拓市场。

金融业务坚持“稳健经营、规避风险、盘活存量、寻求发展”的方针，继续采取有力措施清理逾期贷款和逾期拆借；积极清理项目，盘活存量资产；发挥华能整体优势，加强对华能系统企业的金融服务，及时为一些电力项目解决了建设资金紧缺的问题。

贸易业务围绕华能电力主业开展经营活动，加强服务意识，积极参与华能电厂设备招标和代理进口电厂控制设备等工作，主动为电厂和华能集团公司办理免税业务；易货贸易业务突破传统的贸易方式，采取进料加工出口的方法，大幅度增加了进出口额。

贯彻国家电力公司财务管理年活动的要求，加强了财务管理和审计监督。根据国家电力公司开展财务管理年活动的统一部署，华能集团公司结合华能的实际情况，作了具体安排。继续加强财务管理基础工作。进一步完善了资金投入产出、贷款、借款、担保等台账和报表体系，进行财会制度的规范化建设。进一步加强资金管理。严格规定企业之间未经华能集团公司批准不得互相担保，对下属企业实行担保限额管理，起到了防范和化解经营风险的作用。进一步加强了委托贷款管理，与大部分企业重新签订合同，制定还贷计划，并将还贷任务纳入资产经营考核指标，加大贷款回收力度。加强财务分析和资产经营考核工作。重点对经营效益、企业成本、资产质量、资金管理和财务风险进行分析，对企业基建、生产、经营各环节实行全过程动态管理。按季对电力企业进行综合分析，对非电力企业开展动态跟踪管理，及时掌握项目开发及经营效益情况。

按照国家电力公司对华能的考核要求，华能集团公司修订完善了资产经营考核办法，加大了对下属企业的考核力度，将华能集团公司承担的总指标层层分解，纳入考核范围。

加大审计力度，发挥内部监督作用。1999年共完成了98个审计项目，重点进行了企业年度会计报表、经济效益和企业领导人的离任审计，以及基建和竣工决算审计。督促各电厂的审计部门对技改、大修理工程以及小型基建项目进行工程审计，节约了大量资金。

加强制度建设和管理工作

进一步深化用人机制改革，制定下发了《关于在华能系统推行人事代理制的意见》，在解决人员能进能出的问题上迈出了可喜的一步。进一步改革工资管理办法，坚持总量控制，根据资产经营考核结果拉开单位之间的工资增长差距，实行在工资总额控制和现行工资制度内由单位自行分配的办法。

完成了华能集团北京市内归口单位基本养老保险向北京市过渡及有关政策的衔接工作，解决了行业基本养老保险统筹移交地方后华能企业特有的难点问题。

华能集团公司本部在完善有关规章制度的同时，重点抓落实，坚持每季对重要工作事项进行督办和检查，办事效率和工作质量有一定的提高，法律事务工作的管理逐步走向了正轨。

信息化管理和办公自动化工作取得进展。华能集团卫星综合通信网基本建成并投入稳定运行，基本实现了各个站点之间的语音、数据和会议电视的传输，电力生产管理信息系统已部分投入使用。在确保信息安全的基础上，顺利开通了华能集团公司本部局域网。办公自动化的试点工作已基本完成，为进一步推广打下了基础。

加强干部队伍建设，落实党风廉政建设责任制

进一步加强干部队伍建设，通过对企业领导班子的考核调整，把干部考核与离任审计、资产经营考核相结合，加大了考核力度。积极选拔培养干部，推进干部交流和优化领导班子结构。对各级干部进行有关培训，提高了各级干部的业务素质和管理水平。

落实党风廉政建设责任制，进一步贯彻落实“廉政准则”和制止奢侈浪费的八条规定，加强了督促和检查；积极开展了执法监察和效能监察工作；加大了案件查处的力度。

主要事件

1月13日，四川华能宝兴河电力股份有限公司股权转让协议在成都正式签订。

1月22～24日，由华能技术开发公司合资投建的中国联通川、渝PSTN市话网项目（国务院批准的中国联通试点项目），实现与当地电信局的互连互通，正式对外放号。

2月1～3日，信息中心正式启动华能办公自动化软件系统，并在信息中心机房进行了上机培训。集团公司领导刘金龙、于新阳、刘凤堂、张廷克，总会计师邹泽锦，高级咨询王传剑，以及各部门经理和员工共81人参加了培训。

2月2日，刘金龙总经理、刘凤堂副总经理会见了来华能集团慰问的陕西省副省长张伟一行。张伟副省长对华能集团1998年的科技扶贫工作给予很高的

评价，榆林市政府负责人代表榆林市委、市政府向华能集团递交了感谢信。

2月7日，刘金龙总经理会见了BP—AMOCO石油中国公司总裁郑乾本先生一行。郑总裁通报了BP与AMOCO合并后对中国发展LPG的意见，并建议将华能与AMOCO合资的太仓LPG储库与BP控股在宁波大榭岛正在建设的LPG储库联合起来、统一经营，以提高市场竞争能力。

2月22日，根据华能国际经济贸易有限公司1998年7月与巴基斯坦电力局签定的出口18台26MW/132kV电力变压器合同的规定，抽检变压器在意大利著名的CESI进行短路试验成功。这是中国生产的电力变压器首次在国外知名实验室通过短路试验。

3月3日，经国家农业综合开发办公室和农业部批准，并以国农办字［1999］16号文件下达资金指标，榆林市被列为国家级秸秆养羊示范县（市），该项目的实施得到中央财政资金100万元的支持，省、地配套资金100万元，华能集团扶贫资金支持100万元。

3月12日，华能辛店发电厂获得英国摩迪国际有限公司颁发的ISO9002质量体系认证证书。

3月15日，全国总工会以总工字［1999］8号文批复同意建立中国水利电力工会华能工作委员会（简称华能工委）。

3月16日，世行出资项目——华东江苏500kV输变电工程的投标（110kV/220kV GIS开关）开标，华能国际经济贸易有限公司在9家竞标单位中列第一名，工程总金额为407万美元。

3月18日，华能工程咨询公司被正式接纳为国际咨询工程师联合会（FIDIC也称菲迪克）会员。

3月30日，华能国际电力开发公司召开董事会会议，会议推选李小鹏同志为公司董事长，黄金凯同志因工作调动不再担任公司董事长职务。

4月10日，河北省委书记叶连松，省委常委、秘书长张群生，副省长何少存及省交通厅、计委等有关部门负责人，华能集团公司刘凤堂副总经理、邹泽锦总会计师、王传剑高级咨询共同视察了京张高速公路施工现场，听取了河北华能京张高速公路有限责任公司的汇报。

4月30日，全国创建青年文明号活动组委会以青文字［1999］4号文印发《关于认定命名1998年度全国青年文明号的决定》中指出：经共青团中央、国家电力公司决定：继续认定华能德州电厂检修公司汽机专业本体班、华能福州电厂运行C值为全国青年文明号；新命名华能大连电厂运行一值、华能淮阴电厂检修继电保护班为全国青年文明号。

5月1日，国家电力公司党组以国电党任［1999］31号文决定：刘凤堂同志兼任中国水利电力工会华能工作委员会主任。

5月5～7日，华能集团公司二届五次董事会在北京召开。集团公司领导、全体董事出席会议，集团公司各部门、各分支机构及控股企业的负责人列席了会议。黄毅诚、汪德方、王传剑、王鉴三位同志，及国家电力公司财务与产权管理部、国家经贸委企业改革司有关负责人应邀出席会议。集团公司高级法律顾问江平教授应邀向与会者讲解了《合同法》。

5月19日，刘金龙总经理、刘凤堂副总经理与中国联通公司董事长兼总经理杨贤足，副总经理石萃鸣、余晓芒、郭焕民、吕建国会谈，双方就华能与联通在川渝项目上的合作等坦诚交换了意见，并初步确定由双方责成有关人员尽快着手解决存在的问题。

5月19日，刘金龙总经理、刘凤堂副总经理出席了在北京举行的华能集团公司利用国内商业银行5亿元人民币银团贷款签字仪式。这是国内第一家完全由商业银行牵头组织的人民币银团贷款，所贷的5亿元人民币将全部用于华能四川通信项目——GSM二期的建设与开发。

5月27日，华能南通电厂二期工程4号机组首次并网一次成功。

6月6～8日，中国水利电力工会华能工作委员会成立暨第一届第一次委员（扩大）会议在北京召开。中华全国总工会组织部杨晶副部长，中国水利电力工会吕保柱主席应邀出席会议并讲话。会议由集团公司副总经理、华能工委主任刘凤堂主持，经民主协商产生了第一届华能工委委员、工委常委委员及工委女职工委员会委员、工委经费审查委员会委员。

6月16日，于新阳副总经理出席上海石洞口电厂改制领导小组第二次会议，与上海市电力公司就石洞口电厂改制为独立发电公司的筹备过程等问题进行了充分研究，达成了改制的原则，明确双方对电厂所占资本金的比例为：华能集团公司70%，上海电力公司30%。

6月22日，国家电力公司在华能白杨河电厂主持召开230T/H电站锅炉燃用水煤浆科学技术成果鉴定会。鉴定委员会认为：华能白杨河电厂3号炉改用水煤浆是成功的，该技术已达国际先进水平，一致同意通过鉴定。

7月19日，国务院以国阅［1999］50号文件发出《关于研究华能系统重组有关问题的会议纪要》。

7月29日，刘金龙总经理赴国家计委，就华能和联通合作等问题向曾培炎主任作了专题汇报，曾培炎主任表示国家计委将把华能的意见积极向国务院反映。

8月9日，武汉华中华能发电股份有限公司以总评分467分（平均93.4分）的成绩通过国家电力公司创一流考评验收。

8月30日，国家电力公司以国电发［1999］460号文正式命名华能南京电厂为“一流火力发电厂”。

9月7日，天津华能杨柳青电厂三期扩建工程第2台30万kW机组顺利通过168h试运，正式移交试生产，标志着天津华能杨柳青电厂三期扩建工程基本结束。

9月15日，华能发电股份有限公司参股的山东日照电厂1号机组完成了168h试运行并正式移交试生产。

9月21～23日，法国BVQI国际质量认证有限公司派认证审核组对华能白杨河电厂ISO9002质量体系进行了为期三天的认证审核。审核组认为：华能白杨河电厂关于ISO9002国际标准质量体系总体结构完整，符合ISO9002（94版）国际标准质量体系的要求，同时宣布华能白杨河电厂通过ISO9002质量体系认证，法国BVQI国际质量认证有限公司在90天内推荐发证。

9月28日，华能德州电厂三期扩建工程经国家计委批复后正式破土动工。华能德州电厂三期工程设计容量为2×66万kW燃煤机组，计划2002年、2003年投入运营，届时华能德州电厂的装机容量将达到252万kW。

9月28日，华能白杨河发电厂举行水煤浆一期工程竣工投产暨二期工程开工典礼。华能白杨河发电厂水煤浆一期工程年产15万t水煤浆，项目总投资1400万元，可实现产值4000多元，利税300万元；二期工程设计能力为年产水煤浆30万t。

10月10日，国家发展计划委员会以特急计投资［1999］1552号文下达了华能四川冷竹关水电站（装机3×5.5万kW）的开工计划。

10月18日，浙江华能铝业有限公司创立典礼在杭州举行。浙江华能铝业有限公司现有年生产能力为：电解铝2.5万t，碳素制品6万t，铝材1.6万t，铜材4.3万t，是浙江省最大的有色金属生产（加工）基地。

11月2日，陕西华能基础产业有限责任公司经陕西省工商局核准正式注册。

11月10日，集团公司原副总经理于新阳因工作需要调任华东电管局副局长、党组成员兼上海电力局局长。

11月15日，江苏华能淮阴发电有限公司举行“一流火力发电厂”命名暨揭牌仪式。

12月10日，天津华能大港发电有限责任公司股东会及第一届董事会、监事会第一次会议在天津召开。

12月10日，刘凤堂副总经理主持召开北海新力实业股份有限公司二届十六次董事会会议。

12月19日，苏州工业园区华能发电厂1号机组顺利通过168h试运行，正式移交生产。

12月22日，因中国联通清理“中中外”项目，华能技术开发公司与美国亚美通信有限公司（AAT）成立的合作公司——四川泰利丰通信有限公司和重庆泰乐丰通信有限公司决议终止，进入清算程序。

（周成文）

中国电力信息中心

概况

中国电力信息中心（简称中心）是国家电力公司直属的信息职能管理单位，主要担负全国电力信息网络建设、信息资源开发和建设的总体规划、设计、运行和管理工作，并负责国家电力公司信息化领导小组办公室的工作。随着国家电力公司第二步改革实施，中国电力信息中心正在从职能单位向企业化改制，改制为国家电力公司全资子公司。

中心拥有一支技术力量较强，从事信息网络和信息研究的专业人员和管理骨干队伍，截止1999年底，中心共有正式职工181人，其中专业技术人员153人。

主要工作

1．中国电力信息网按规划完成建设并开通运行

经过一年来的努力，网络管理水平和运行水平有了质的飞跃，中国电力信息网与国家政府部委网联通，极大地方便了信息交换，为提高国家电力公司各部门的管理水平提供了支持，运行一年来状态良好，用户上网数量迅速飞涨，已成为各部门业务管理的重要手段。

2．Y2K问题

Y2K问题是1999年计算机网络重大安全课题，在国家电力公司统一领导下，中心成立了领导、专家共同组成的工作组，对全国电力信息网进行了Y2K问题的调查摸底，制订了切实有效的联合测试方案，组织实施了网络中心摸拟测试、全国联网单位联合测试，先后下发了多件关于电力信息管理系统Y2K安全过渡的通知，保证了电力信息系统2000年1月1日零点安全过渡。

3. 完成国家电力公司机关局域网的扩容

随着国家电力公司第二步改革的实施和白广路新大楼的启用，机构、人员、办公场所都有较大变化，中心承担局域网的扩容任务，国家电力公司机关本部共增设PC机近百台，改进通道，大大提高了网络的传输速度，适应了国家电力公司第二步改革后的需要。

4. 开发各类信息资源上网

根据电力信息资源开发规划，中心各有关部门联合作战，搜集资源，建立数据库，制作精良主页，并及时补充更新信息，使“中国电力之窗”、“世界电力之窗”、“电力科技之窗”、宏观经济预测”、“电力法规信息系统”、“电力快讯”都上网运行，保证了网络实用效果，使各类信息有效及时地为全行业服务，也向国内外提供了信息交流的窗口。

5. 大力开展培训

一年来，先后举办了13期司局级干部信息化技能培训和公司机关人员计算机应用培训，又有各网省局、院约160位司局级干部和近100位公司机关本部干部参加了培训，培训的效果质量和周到的服务得到学员们的一致好评。

6. 各种信息刊物正常编发

《中国电力》完成12期，300篇文章80万字的编辑、校对和出版任务。“国际电力动态”作为专门为电力系统各级领导提供服务的重要参考刊物，得到了国家电力公司领导多次表扬。英文版“电力”和“年报”作为国家电力公司对外窗口，起到了很好的交流和宣传效果，“电力科技文摘”全年报导中外文献7500条，“国际电力”、“环球电力”、“亚洲电力”都稳步发展。

7. 举办了’99国际电力信息展览会

组织了国内外70个厂商及网、省局14个单位参加展览，促进了各网、省局单位间的信息化技术交流和对国外先进信息技术的了解。

8. 电力信息网控中心建设取得重大进展

电力信息网控中心于1999年4月开始在临时机房运行，设备比较简单。1999年在国家电力公司支持下，取得了三期日贷二次设备采购和新大楼信息工程的专款，这两次采购资金大、设备新、技术含量高，中心专门成立了领导小组，精心制订总体方案、编制标书、签订合同，现在日贷三期二次采购设备已到货，验收并投入使用，大楼信息工程一次采购已安装使用，二次采购三个合同均已签字生效。

9. 进一步改革方案

根据国家电力公司部署，对中心下一步改革提出了企业化改制方案，现已将第五稿报国家电力公司审批。随着白广路新大楼启用，中心配套改革正在积极筹备并将付诸实施。

主要事件

1月14日，《中国电力》杂志社通过E-mail将《中国电力》1999年第一期的数据一次传送成功。从1999年2月份开始，国内外各界人士可以利用国际互联网络看到最新版本的《中国电力》。

1月28日，将“国家电力公司关于计算机2000年问题的声明”在INTERNET网上公布、同时将“中国电力之窗”、“世界电力之窗”、“政策法规信息”向因特网公开。

2月2～3日，国家电力公司MIS总体数据规划评审会在北京召开，会议邀请了国务院发展研究中心、中国软件协会、国家信息中心等单位的专家及部分网省公司信息中心等单位的专家，评审委员会一致认为：中心这次主持制定的总体数据规划具有了国内领先水平，为下一步系统开发提供了有力的基础。

2月9日，召开中心1998年工作总结大会，冯涪生主任代表中心党政领导班子对1998年的工作进行了全面的回顾，明确了1999年的努力方向。

3月18～19日，由中心主任冯涪生在北京主持召开了国家电力公司信息网一级网工程第四次工作会议，一级网接入单位负责人及一级网工作组成员参加会议，会上由中心作“一级网工作报告”、“财务报告”、“运行暂行规定的说明”，并就网络建设和运行的有关问题进行研讨，会议之后部分单位进入实用化运行。

3月25～28日，为配合国家电力公司机关本部新机构运作，对办公自动化系统做了相应的系统设置，重新注册和设置身份标识盘，同时完成了Internet出口从64k的扩容和DNS、防火墙的调整工作。

4月2日，中心召开1998年党建工作会议，全体党员、入党积极分子80余人参加会议。

4月14日，中心同电规总院、水规总院、中电技研讨城域网六铺炕节点的接入方法、技术方案及完成时间，之后正式向三个单位发出接人通知。

4月26日，由中心副主任阎鸿勋主持确定了“西单大楼信息网络及办公自动化系统设计规划及原则”。

4月26～30日，由中心组织力量赴南电联、广西、贵州对一级网三个节点的网络信道及网终联接进行联合攻关。经过共同努力，实现了此三个节点的网络稳定联接。

4月下旬，国家电力公司司局级干部信息化技能培训在北京圆满结束，此次培训设北京、武汉、无锡三个培训点，共办培训班17期，参加培训的司局级干部共257人。

5月4日，“计算机2000年问题”栏目在国家电力公司信息网上正式开通。

5月5日，中心向各电力集团公司、省公司下发了“关于加快解决管理信息系统计算机2000年问题工作的通知”和《电力企业管理信息系统计算机2000年问题测试大纲》。

5月27日，中心被正式授予中央国家机关精神文明单位称号。

5月26～29日，由国家电力公司、中国电力企业联合会主办，中国电力信息中心承办的’99国际电力信息技术及产品展示会在北京国际会议中心举行，71家中外信息技术企业参加了展览。

6月22～25日，中心在烟台组织召开了“国家电力公司解决MIS系统计算机2000年问题技术交流会”，国家电力系统23个单位50多位代表参加会议。中心主任冯涪生、副主任阎鸿勋出席会议并做讲话。这次会议是国家电力公司解决MIS计算机2000年问题的一次关键会议。

7月8日，中心’99年度科技进步奖评审工作全部完成，评委会对申报的25个项目进行了全面、细致的评审，经无记名投票，最终产生了一等奖2项、二等奖6项、三等奖9项。

7月9日，经过一个月的评标和谈判，中心同日新公司、华洋益康公司签订了“白广路大楼信息中心机房大屏幕及环境集中监控系统”的合同。至此，该项目的实施工作正式开始。

8月28日，白广路机房顺利搬迁到信息通讯综合楼17层新机房并投入正常运行。

9月6~9日，中心副主任李东在昆明主持召开了全国电力文献信息网全网大会，全国电力系统50多个单位的信息室负责人参加了会议。

9月10～20日，全国电力系统Y2K第一次联合测试圆满结束，国家电力公司信息网网络中心和办公自动化系统安全渡过9月9日第一个Y2K高危时点。

10月10～20日，为确保网络系统顺利跨越2000年，中心起草完成了“国家电力公司机关网络系统2000年符合性测试大纲”、“国家电力公司机关网络系统2000年符合性测试方案”及“国家电力公司机关网络系统2000年符合性测试报告”。

11月8日，中心完成了国家电力公司、《中国电力》、中国电力信息中心等域名在Internet的上注册。

11月16日，中心办公室正式搬入白广路信息通讯综合楼，该楼15～18层为中心办公区，其中17层为全国电力网控中心。

12月9日，中心在京组织召开“内蒙古电力MIS建设技术规范评审会”，来自系统内外10余名专家参加会议。经专家评审，认为该规范可以指导内蒙古电力公司所属单位的MIS建设。

12月18日，中心组织了国家电力公司信息网一级网联合测试，参加测试的有华北、华中、华东等10接入单位及全国网控中心、府佑街机房。经过10余h紧张测试，表明国家电力公司信息网一级网已经Y2K就绪，联合测试取得成功。

12月18日，府佑街机房实现了全天24h连续运行，满足了机关本部人员的工作需要。

12月31日夜，中心主任冯涪生、副主任阎鸿勋带领中心Y2K领导小组成员及有关同志对电力管理信息系统Y2K实时过渡进行了现场值班。经过电力系统全体职工的努力工作，全国电力系统安全进入2000年。

电力规划设计总院

（中国电力工程顾问有限公司）

概况

为了深化电力设计体制改革，适应新的电力工业体制和国家投融资体制改革需要，根据国务院国发[1996] 48号文和原电力部电政法[1997] 198号文批准，把电规总院组建为中国电力工程顾问有限公司(简称顾问公司)，六个部属电力设计院和中国电力建设工程咨询公司通过资产重组，建立资产纽带关系，作为顾问公司的子公司，按集团模式经营管理。顾问公司于1998年5月18日正式成立，该公司是面向国内外市场，为电力建设提供全方位综合性服务的中介机构，已取得国家外经贸部批准的对外经济技术合作业务权；经国家有关部门批准，具有进行项目审查、评估资格，审查评估结果作为国家批准项目可研报告的依据；承担政府部门、金融机构、投资方、发展商和项目法人等委托各项业务，其主要服务范围包括电力发展规划，发电、输电和变电工程的勘测、设计、咨询、监理、总承包，项目融资和建设管理等。原由电规总院承担的行业管理职能将逐步转移给中国电力规划设计协会。电规总院与顾问公司采取两块牌子并存，两种职能分开、领导兼任的方式过渡。

电规总院现任院长吕伟业，副院长周仲仁、胡志澄、赵洁，总工程师尹福道。内部主要设有办公室、总工办、规划处、离退休干部处；顾问公司内部设有专家委员会、总经理工作部、人力资源部、财务部、审计处、质保标准化部、经营计划部、规划部、监理部、发电部、送变电部、信息技术部、党政工监察合署工作部。

主要工作

在规划战略研究工作方面，顾问公司认真贯彻电力工业“十五”规划工作座谈会精神，建立了完善的电力规划设计工作体系，学习了解国外规划工作方法(APS)，充分发挥了电规总院、顾问公司系统的作用，形成了整体功能。

受国家综合部门、国家电力公司和网省公司委托，1999年共完成规划战略研究工作成果21项，其中主要有西电东送4项，全国联网3项，调峰研究4项，电源规划研究3项等；规程编写3项，电网专题研究22项，能源资源1项，厂址研究1项。开展的主要工作有：

(1) 南方四省互联电网“西电东送”规划研究。该研究的基本出发点是贯彻中央西部大开发和可持续发展战略，贯彻国家电力公司关于更大区域的资源优化、“西电东送”、全国联网战略，突出“西电东送”受端双方利益分析和规划的可操作性以及南方四省“西电东送”的全面形成，对全国“西电东送”格局的形成具有重要意义。该项工作重点放在电源优化、电价、环保和政策研究上，得出了2000～2020年南方四省、“西电东送”的合理、经济送电规模等一系列结论和政策建议，受到了国家电力公司的高度评价，也得到了有关网省公司的好评，国家电力公司将以此为基础，继续深入研究，推进南方四省“西电东送”工作。

(2) 开展陕西能源基地规划研究，提出了加快1000万kW陕北煤电基地“西电东送”项目实施进度的初步结论和建议，供有关部门决策参考。

(3) 进行了宁夏自治区2005年以前电力发展规划研究，提出了2005年以前建设石嘴山电厂工程(4×300MW)，推动了石嘴山电厂项目的立项，为开发建设1000万kW宁夏煤电基地打下了基础。

(4) 组织有关电力设计院开展了全国联网系统计算研究，就不同的联网方式（交流或直流）及其不同的组合方案进行全面的系统计算分析研究，主要计算工作已经完成，为国家电力公司决策提供了重要参考依据。

(5) 完成了华北、山东和华东地区抽水蓄能电站规划研究，提出了建设一定规模的抽水蓄能电站可以减少系统内相同容量煤电机组的建设，减轻煤电机组的运行压力，提高全系统安全经济运行水平等主要结论。

(6) 对三峡电站的合理消纳方案作了进一步研究，提出了补充研究结论，受到国务院三峡办和国家电力公司领导的重视，为三峡电能顺利消纳，避免重复建设提供了科学的决策依据。

(7) 开展了全国电网二次系统规划研究，分为规划纲要和规划两个层次，已通过国家电力公司中间检查，国家电力公司给予充分肯定，认为适应了“厂网分开，竞价上网”的改革要求，具有指导意义。

(8) 已完成天津电力市场系统设计可研报告，目前正在编制电力市场运行规则咨询报告和技术支持系统初步设计。同时积极开展发电厂报价辅助支持系统产品的市场开发工作。

(9) 组织六个设计院基本完成了三峡光缆总体设计工作，该工程为目前国内最大的光缆通信工程，达3000多km，总投资4.58亿元。

(10) 承接了第一个城网改造设计项目——甘肃白银地区城网改造二次系统设计及自动化、通信专项设计。

在工程评审和工程咨询服务方面，1999年共完成工程评审、技术咨询、工程评估、设计项目近200项。其中发电工程可研（含补充可研）审查10项825万kW，初步设计（含最终版）和预初步设计审查10项957万kW，工程项目优化复查评审8项，其他发电单项工程审查、评审等15项；完成送电线路工程初设审查23项3576.5km，变电工程初设审查29项1953万kV·A；一、二次专题及接入系统设计审查78项，勘测工程项目审查24项。

在发电、送变电工程评审中，认真贯彻国家电力建设方针和公司质量方针，依靠科技进步，严格掌握设计标准，积极推行限额设计，控制工程造价，充分尊重各有关方面意见，通过审查、审核，全年核减工程投资约15亿元，其中发电工程11亿元，送变电工程4亿元。

继续推行限额设计，编制出版了《火电、送电、变电工程限额设计控制指标（1998年）》；组织编制《变电及通信工程概算编制细则》，对变电工程、微波工程及光纤工程的概算编制作出了明确的规定；完成了《电力建设后评估编制细则》（初稿），为将来进入工程后评价市场进行技术储备；编制并已在全国开始试用《火电、核电、热电及送变电工程经济评价》软件；与动经中心共同编制了电网建设项目经济评价软件第二版，并通过了鉴定。

在监理工作方面，实现了监理工作从数量型向质量效益型的转变。1999年，公司紧紧围绕监理工作的总体思路和要求，使监理工作的质量和水平又上了一个台阶，获得了广泛的赞誉，在市场中树立了较好的形象，取得了一定的经济效益和新的业绩。全年共进行21项工程建设监理项目，其中火电工程13项，脱硫工程3项，线路工程4项，变电工程1项。到年底已完成襄樊电厂（4×300MW）、南阳蒲山电厂（2×125MW）两项发电工程监理，厦泉线、洛郑线、黄河大跨越工程等3项500kV送电工程监理。

在依靠科技进步，实施可持续发展战略方面，切实抓好以下各项战略重点工作：

（1）开展设计革命，推动2000年示范工程建设和设计优化。按照国家电力公司国电火［1999］292号文件要求，积极推动设计研究成果向工程项目的转化，重点开展了三个层次的工作：2000年燃煤示范电厂试点项目沁北和黄石工程已启动；1999年3月份正式签订了准格尔二期2000年示范电厂的业主工程师合同，完成了业主工程师项目经理部的组建工作，协助业主和设计院贯彻2000年示范电厂设计思路；组织对湖南益阳电厂施工图设计优化评审，对漳泽三期、安庆、宣威等工程的优化设计进行咨询，对益阳电厂等10个项目进行优化设计评审，总容量达586万kW。结果表明：2000年示范电厂设计思路的推行已显示了巨大的经济效益。

组织部分设计院进行了60万kW机组示范电厂设计研究，对东北院的双辽电厂60万kW机组示范电厂设计研究进行了评审；提出2000年示范电厂研究中推荐的通用性成果，并纳入“大火规”送审稿。

1999年3月底，顾问公司召开了2000年示范送变电工程设计研究启动会，组织六大区院和山东、河南、陕西、甘肃等十个设计院，开展2000年示范送变电工程设计研究工作。

（2）积极推进核电国产化。顾问公司加大了对核电技术国产化的研究力度，参加了国务院发展中心、国家计委、国防科工委、中核集团及国家电力公司所主持的各项研讨活动，还就核电在我国发展的生命力、业主工程师工作大纲、设备采购方式的比较等专题提出了分析报告。

（3）做好大容量超临界机组的技术储备。为了推动超临界机组向更高效方面发展，顾问公司正在与国外公司合作编写高效超临界机组在我国应用发展的研究报告，为我国超临界技术向更高层次发展做好市场调研和技术储备。

1999年，顾问公司机关党的工作坚持以邓小平理论和党的十五大精神为指导，围绕七项重点工作，以深化改革为主线，以开展“三讲”教育学习、加强支部建设和党员教育为重点，继续抓好党风廉政建设和反腐败斗争，进一步促进精神文明创建活动的开展。顾问公司被评为首都文明单位和中央国家机关文明单位。

六个大区电力设计院简况

电力规划设计总院直接管理的东北、华北、华东、中南、西北、西南电力设计院，是电力勘测设计行业的骨干力量，均为中国勘察设计单位综合实力百强设计院。六个大区院是解放后我国最早诞生的一批电力设计单位，东北电力设计院成立于1950年5月28日，华北电力设计院成立于1953年1月1日，华东电力设计院成立于1953年3月，中南电力设计院成立于1954年11月1日，西北电力设计院成立于1956年10月20日，西南电力设计院成立于1961年6月21日。1998年六个大区院职工总数8187人，占全国电力勘测设计系统职工总数的42%，工程技术人员5471人，占66%，其中高级工程师1738人，工程师2370人，助理工程师1264人，技术员99人。六个大区院勘测设计队伍专业配套，具有坚实的理论基础、丰富的工程设计和技术管理经验，可承担大型发电工程和超高压送变电工程的勘测设计、咨询、监理及总承包任务。

1999年六个大区院共完成大中型发电工程可行性研究14项，7782MW，占全国总量62%；初步设计14项，6237MW，占全国总量的73%；施工图10项，3372MW，占全国总量的40%；六个大区院全年总产值65762万元，人均8.18万元，总收入65077万元，人均8.09万元，交纳税金8838万元，拥有固定资产原值46795万元，净值48905万元。

六个大区院除承担国家重点建设项目外，在科研、标准化、信息工作方面发挥了主导作用，并在国内外新技术跟踪研究，引进技术的消化、吸收、工程创优，推广应用新的勘测设计技术和手段，进行技术储备的研究等方面也做了大量工作。

中国电力建设工程咨询公司简况

中国电力建设工程咨询公司（CPECC）于1981年经国家计划委员会批准成立，是国家电力公司直属承担国内、外火力发电厂、送电、变电工程及核电（常规岛）工程的全国性工程咨询（集团）公司。公司在世界银行和亚洲开发银行登记注册，并经国家批准具有对外咨询服务权和对外派遣劳务权。

咨询公司是中国电力工程顾问有限公司的全资子公司，是在电力规划设计总院（EPPEI）的基础上建立的。公司总部设在北京，并分别在长春、西安、武汉、上海、成都以电力规划设计总院所属的东北、西北、中南、华东、西南五个电力设计院为依托设立了五个子公司和一个环境公司，另在河南、山东、浙江与福建设立了四个分公司；与美国萨金·伦迪工程公司及西北电力设计院合资组建了京萨电力工程公司；与华电集团等合资兴办华电管道工程技术有限公司；与电网公司等合资兴办北京网联直流输电咨询有限公司；与国网电力物资有限公司合资兴办北京洛斯达航测技术咨询有限公司。咨询公司与美国博莱克·威奇公司、柏克特公司、奔驰诺公司、丹麦的DPC、德国FICHNA等国外有关咨询机构保持密切的联系，组成了全国规模最大、技术实力最强的电力工程咨询(集团)公司。

咨询公司现任总经理赵洁，副总经理吴毅强、孙寿广、吴春利、方正，总工程师尹福道（兼）。咨询公司及所属子、分公司合计共有9100名职工，其中技术人员占66%。高级工程师、高级经济师近1500名；工程师2600余名；助理工程师及技术员1500余名。此外还聘有高级顾问并设有专家委员会，集中了一百多名各专业高级专家，其中全国勘察设计大师8名。咨询公司及所属的子、分公司均按GB/T1900—ISO9000系列标准建立了质量管理和质量保证体系，并通过了质量认证。咨询公司具有为电力工程建设项目的评估、咨询、勘测设计、业主工程师、工程建设监理、工程总承包等方面提供优质服务的能力。

公司对国外接受世界金融机构和各国政府机构、经济团体和个人的委托，提供工程咨询服务，对国内接受各部门、各地区和项目法人等经营单位的委托，承担电力系统规划，发、送、变电工程项目可行性研究报告的编制、项目可行性研究和初步设计的评估，技术咨询、工程监理、环境评价等技术服务工作。

咨询公司还负责国家及部颁技术标准中电力勘测设计行业的技术规程、规范、定额标准设计、施工管理规程、概预算标准的编制，负责本行业的科学研究与开发工作，是电力行业中集工程咨询评估、勘察设计、监理、承包、科研、标准化为一体的技术密集型的大型企业（集团）。

近年来公司主要做了以下几项工作：

1. 完成了一大批工程项目的评估与审查任务

接受中国国际工程咨询公司、华能集团、港澳投资公司及有关部门的委托共完成了3002余项、总容量为1.455亿kW发电工程项目可行性研究和初步设计的评估与审查任务。

2. 开展了工程项目的国际采购的技术咨询工作

接受华能国际电力开发公司的委托，参加了大连、上安、南通、福州、珞璜和石洞口二厂等工程国际采购设备咨询、招标技术谈判工作。

接受业主委托承担了世界银行、亚州开发银行、日本海外协力基金会贷款项目的全过程技术咨询工作。从1986年开始，公司先后承担了“世行”贷款建设的吴泾热电厂六期工程（2×300MW）、首阳山电厂（2×600MW）、邹县电厂三期工程（2×600MW）、沁北电厂新建工程（2×600MW）、托克托电厂（2×660MW）、耒阳（2×300MW）、外高桥电厂（2×100MW）；“亚行”贷款建设的长山热电厂油改煤工程（2×100MW）、柳林电厂新建工程（2×100MW）、禹州电厂新建工程（2×600MW）；日本海外协力基金会贷款建设的鄂州电厂（2×300MW）、九江电厂（2×300MW）、河津电厂（2×300MW）、三河电厂（2×300MW）；韩城二厂（2×600MW）；王曲电厂（2×660MW）以及嘉兴电厂二期（4×660MW）等全过程技术咨询服务。

3. 承担了国内外火电工程项目可行性研究报告的编制

公司接受委托负责编制完成了：巴基斯坦钢厂自备电站（1×200MW）可行性研究报告；鞍钢热电站技术改造，鞍钢第二发电厂改扩建工程可行性研究报告；泰国泰美伦纺织厂自备电站（2×50MW）可行性研究报告；泰国美蒙煤矿矿口电站（4×300MW）可行性研究报告；神府空冷电站（4×600MW）初步可行性研究报告。

4. 承担了一批设计咨询业务

公司接受有关电力设计院的委托，承担了一批可行性研究咨询业务，如：安徽池州电厂（4×300MW），黑龙江新华电厂（2×300MW），河北邯峰电厂（2×660MW），湖南湘潭电厂（2×300MW），山西王曲电厂（2×600MW），山东华能德州电厂（2×600MW）、杭东变电所500kV、邯峰电厂500kV送出工程等。

5. 开展了设计招标业务

公司接受委托，从1988～1995年分别组织了河南铝厂自备电厂（5×350MW），大连庄河电厂（4×300MW+2×600MW），嘉兴电厂（4×300MW），利港电厂（2×800MW）的设计招标工作。

6. 开展了建设监理业务

已经完成或正在进行的监理业务有厦门嵩屿发电厂一期（2×300MW）、深圳西部发电厂（2×300MW）、南阳鸭河口发电厂一期（2×350MW）、江苏利港电厂一期（2×350MW）、安徽合肥第二发电厂一期（2×350MW）、安徽淮北第二发电厂一期（2×300MW）、湖北襄樊发电厂一期（4×300MW）、山西阳城发电厂一期（6×350MW）、山东日照发电厂一期（2×350MW）、甘肃平凉发电厂（2×300MW）、浙江北仑港发电厂二期工程（3×600MW）、聊城电厂一期（2×600MW）、荷泽电厂二期（2×300MW）、禹州电厂一期（2×350MW）、温州电厂二期（2×300MW）、外高桥电厂二期（2×900MW）、北京一热脱硫、沧西500kV变电所、阳淮线500kV黄河大跨越工程、厦门至泉州500kV送电线路工程、洛阳至郑州500kV送电线路工程等。

7. 承担独立工程师工作

受国家开发银行委托，承担其贷款建设的格—乌线、侯—侯线的独立工程师工作，与德国 FCHINER 公司合作承担了日照电（2×350MW）、邯峰电厂（2×600MW）、常熟（2×600MW）的独立工程师工作。

8. 承担业主工程师工作

受国华投资公司委托，承担了国华准格尔（2×300MW）的业主工程师工作，与 BLACK & VETCH 公司合作承担了嘉兴二期（4×600MW）的业主工程师工作。

中国电力规划设计协会简况

中国电力规划设计协会成立于 1985 年，是经国家批准，具有独立法人资格的全国性社会团体，是中国电力规划勘测设计企业全行业协会组织。并成立了勘测、城网、省（区）院 3 个分会；经营管理研究会、质量管理研究会和统计、档案 2 个专业委员会以及华北、东北、华东、中南、西北、西南 6 个大区协作会，现有会员单位 65 个，其中甲级单位 34 个，乙级单位 31 个。1999 年全国省以上电力勘测设计单位职工总数达 19158 人，其中工程技术人员 13347 人，占职工总数 70%。总产值 170874 万元，总收入 173002 万元。

1999 年 8 月 1 日，协会独立行使行业管理职能，标志着总院政企职能已经分开，电力规划设计行业管理新体系已经初步建立。

协会加强了与其他行业协会的联系，了解各行业体制改革的情况；向国家综合部门反映电力规划设计单位体制改革有关情况，特别是设计行业存在的收费标准偏低、自我发展能力弱、资金匮乏等问题，得到了建设部等国家综合部门的理解和认同。

1999 年全国电力勘测设计院共完成大型发电工程项目初步可行性研究 19 项，约 783.6 万 kW，比 1998 年下降 60%；可行性研究 26 项，1157.2 万 kW，比 1998 年下降 14.5%；初步设计 23 项，1013.6 万 kW，比 1998 年增长 3.98%；施工图设计 19 项，528.7 万 kW，比 1998 年下降 76%；完成 330kV 及以上送电线路工程初步设计 34 项，4350km，比 1998 年增长 216%；施工图 21 项 3858km，比 1998 年减少 5%；完成变电工程初步设计 21 项，999.7 万 kV·A，比 1998 年增长 24%；施工图设计 17 项，949 万 kV·A，比 1998 年减少 33%。

1999 年初下达了 1999 年电力工程设计招投标计划及设计预安排计划，完成了设计评标专家库的上报工作；组织编写了发电、送电、变电和微波通信 4 个合同范本。同时协助业主做好设计招标的有关工作，到 1999 年为止，已进行设计招标的发电工程项目共 3 项，240 万 kW；500kV 送电工程 9 项，1839km；变电工程 7 项，450 万 kV·A。

进行勘察设计市场整顿工作，为 2000 年换发证书做好准备；配合建设部、国家电力公司分别做好勘察设计单位设计资格标准修编的准备和电力行业 1999 年工程咨询资格年检和复评工作；组织对行业 544 名监理工程师、477 名一级结构工程师和 43 名一级注册建筑师的考核认定、颁证及资质年检等工作；组织对 4 个设计院的档案晋升国家一级考评，出版了《电力勘测设计》4 期。

配合长城（天津）质保中心完成了对北京供电局等 5 个乙级设计院的认证审核和西北院等 21 个设计院质量监督检查及华北院等 16 个设计院的复评换证工作；为了推动行业的“贯标”认证工作，与长城（天津）质量保证中心筹建了北京长城中电设计技术开发有限公司。

开展了以“创造高质量，迎接新世纪”为题的“99 质量月”活动，继续进行工程勘测设计质量检查和抽查；组织了 1999 年度优秀 QC 小组成果、质量信得过班组、QC 小组活动优秀企业及优秀推进者的申报和评审工作。

开展行业科研、标准化、信息工作。1999 年共下达科研项目 73 项，标准化项目 146 项，信息项目 26 项，组织各电力设计院对“九五”重点科研项目进行检查。已经通过鉴定或评审的科研项目共计 23 项，组织各电力设计院申报新课题 39 项；完成标准大纲编制项目 30 项、标准送审稿及审查项目 17 项、标准报批稿的项目 6 项；委托咨询公司主编的“大火规”已经完成送审稿，并通过国家电力公司内审；召开了电力勘测设计系统科技信息工作会议及专业科技信息网网会或工作会。

科技进步奖评选及工程评优工作。经电规总院科技进步奖评审委员会评审，共评出总院级电力勘测设计科技进步奖 17 项，其中 13 项已向国家电力公司推荐申报部级电力科技进步奖；完成了 1998 年度部级优秀工程勘测、设计评选工作，有 17 项分获部级优秀工程设计和优秀工程勘察奖；在全国优秀工程勘察设计和软件评选中，电力勘测设计系统共获奖牌 42 项。

协会为推动电力勘测设计事业的改革和发展，促进行业技术进步和管理现代化，做了积极努力。在全国电力企业和全国勘察设计行业协会评选中，多次获得“优秀协会单位”的荣誉称号。

主要事件

1 月 8 日，顾问公司召开职工大会，总结 1998 年工作，安排 1999 年计划。

1 月 13 日，查克明副总经理在顾问公司召开了现场办公会，办公厅、计划部、建设局的负责同志参加了会议。会议上观看了顾问公司MIS系统中财务管理、人事管理、办公自动化以及应用海拉瓦技术优化路径等方面的演示，充分肯定了顾问公司近年来工作中取得的成绩。

1月25～27日，顾问公司吕伟业总经理主持召开顾问公司系统设计院院长座谈会。会议传达学习了国家电力公司1999年工作座谈会精神，研究和部署了顾问公司系统1999年重点工作。

2月1日，电规总院党组以电规党组［1999］01号文发出决定，在华北电力设计院实行院级领导干部任期制。实行任期制的干部包括：院长、副院长、总工程师；领导班子任期四年，并实行任期目标责任制，决定还就考核、管理等问题提出有关要求。

2月1日，电规总院党组以电规党组［1999］02号文发出关于朱兴楚等同志职务任免的通知。朱兴楚同志为华北电力设计院院长；张珩生、郭维胜、徐耀东、刘朝安等四位同志为华北电力设计院副院长。免去彭方同志华北电力设计院副院长职务，保留副院级待遇。

同日，电规总院党组以电规党组［1999］03号文发出关于徐耀东等同志职务任免的通知。免去徐耀东同志中共华北电力设计院党委副书记兼纪委书记职务；安改玲同志任中共华北电力设计纪委书记（兼）。

同日，中国电力工程顾问有限公司以电顾人［1999］1号文发出关于朱兴楚等同志任职的通知。朱兴楚同志为国电华北电力设计院工程有限公司总经理；张珩生、郭维胜、徐耀东、刘朝安等四位同志为国电华北电力工程公司副总经理。

3月25日，国家电力公司财务与资产经营部经财政部批复后，对华北电力设计院组建有限责任公司项目资产评估结果进行确认，同意该项目的资产评估结果，评估后华北电力设计院资产总额为21870.37万元，负债总额为9500.81万元，净资产为12369.56万元。

4月2日，顾问公司以顾人［1999］11号文发出关于赵洁等同志任职的通知。赵洁同志为中国电力建设工程咨询公司总经理；吴毅强、孙寿广、吴春利、方正同志为中国电力建设工程咨询公司副总经理；尹福道同志为中国电力建设工程咨询公司总工程师。

4月13～16日，应吕伟业院长邀请，美国战略决策集团（SDG）Steve Derby博士和Yong Tao博士在顾问公司举办资产组合优化战略及管理研讨会。参加研讨会的有国家经贸委、国家电力公司及有关部门负责同志查克明、肖俊、焦忆安、冉莹、杨庆等，顾问公司有关领导周仲仁、赵洁、尹福道、吴毅强、吴春利、方正及有关部门负责同志参加了研讨。研讨会主要介绍APS的基本原理和方法，并结合中国电力发展状况进行有关研讨。

4月15日，电规总院党组以电规党组［1999］10号文向西北电力设计院发出“关于雷克昌等同志职务任免和通知”。雷克昌同志为西北电力设计院院长；孙林山、张文斌、连永久、郑舒贵等四位同志为西北电力设计院副院长；陈祖茂同志为西北电力设计院总工程师。

免去田友春同志西北电力设计院副院长职务，保留副院级待遇。

5月11日，电规总院党组以电规党组［1999］12号文批复中共西南电力设计院委员会，同意该院第七次党员代表大会选举结果。周大吉同志为中共西南电力设计院党委书记（正院级）；蔡约超同志为中共西南电力设计院纪律检查委员会书记（副院级）。保留魏光伯同志正院级待遇。

5月18日，周仲仁副院长主持召开输电线路应用海拉瓦技术优化路径汇报会。

5月17日电规总院党组以电规党组［1999］13号文向中南电力设计院发出“关于迟宝德等同志职务任免的通知”。迟宝德同志为中南电力设计院长；张月兴、朱熙樵、封静福、陈新军等四位同志为中南电力设计院副院长；张光翔同志为中南电力设计院总工程师。

免去胡方荪同志中南电力设计院院长职务，保留院级待遇。

5月27～29日，电规总院在上海主持召开顾问公司系统经营工作会议。

6月25日，国家电力公司领导查克明、周大兵在电规总院主持召开了现场办公会。

会议对进一步加强电力规划工作、开展超前战略研究、推动设计革命和深化电力设计体制改革等有关工作提出了要求，并对电规总院提出的需要支持和帮助解决的问题进行了研究，做出了安排，明确了电规总院系统改企建制目标要在2000年实现。

6月25日，电规总院党组以电规党组［1999］19号文批复中共西北院委员会，同意中共西北院第十一次代表大会及党委全委会、纪委全委会选举结果。孙林山同志为中共西北电力设计院党委书记（正院级）；朱孝义同志为中共西北电力设计院纪律检查委员会副书记（正处级）。

6月25日，电规总院党组以电规党组［1999］20号文发出关于林立双等同志职务任免的通知。林立双同志为西北电力设计院副院长，列张文斌同志之前：免去林立双同志中共西北电力设计院党委副书记职务；免去孙林山同志西北电力设计院副院长职务。

6月25日，电规总院党组以电规党组［1999］

21号文批复中共中南电力设计院委员会，同意中共中南院第五届党委会书记、副书记和纪委会书记选举结果。卢良臣同志为中共中南电力设计院党委书记(正院级)；关业林同志为中共中南电力设计院党委副书记兼纪委书记（副院级)。保留张月兴同志正院级待遇。

7月7～10日，长城（天津）质量保证中心审核组周芝芳等同志一行5人对咨询公司进行认证后的第一次质量体系监督检查。审核组一致认为CPECC的质量体系运行持续有效。使咨询公司顺利通过了认证后的第一次监督检查。

7月8日，电规总院党组以电规党组［1999］22号文向华东电力设计院发出关于骆永梁同志任职的通知。骆永梁同志为华东电力设计院副院长。

7月15～17日，电规总院与中国电力规划设计协会联合在天津主持召开全国电力设计工作会议暨协会四届二次理事会。

会议期间，与会代表认真听取了国家电力公司周大兵副总经理的重要讲话和吕伟业总经理代表电规总院所做的工作报告，各单位在会上交流了经验，共同研究了在新形势下各单位深化改革、促进发展、保持稳定的各项重点工作，共商行业改革和发展大计。

7月22日，电规总院党组以电规党组［1999］23号文向华东电力设计院发出“关于刘腾达等同志职务任免的通知”。刘腾达同志为华东电力设计院院长；李令修、骆永梁、张明光同志为华东电力设计院副院长；蔡希浩同志为华东电力设计院总工程师。保留黄敖根、吴帮本同志副院级待遇。

7月29～31日，顾问公司在北京召开了体制改革工作会议，顾问公司及其各子公司党政主要领导和有关部门负责人参加了会议。

7月30日，电规总院以电规办［1999］8号文发出通知，将电力规划设计行业管理职责移交中国电力规划设计协会。

8月11～13日，电规总院党组书记吕伟业、咨询公司吴春利副总经理前往华东电力设计院，参加该院11日召开的中共华东电力设计院第七届委员会和第四届纪律检查委员会代表大会。

经会议选举并经中共华东电力集中公司党组8月19日批复同意：中共华东电力设计院第七届委员会由陈胜明、刘腾达、李令修、骆永梁、张明光、蔡希浩、宋声璠等七位同志组成；陈胜明同志任书记。

中共华东电力设计院第四届纪律检查委员会由张萍、宋声璠、张翠华、丁元新、甄绍钦等五位同志组成；丁元新同志为副书记。

9月14～29日，以国家电力公司审计部王乃戎同志为组长，苗青同志为副组长的国家电力公司审计组一行8人对电力规划设计总院院长、顾问公司董事长兼总经理吕伟业同志进行了任期经济责任审计。任期内接受了外部审计、财税价格检查，未发现重大违规问题。

9月17～19日，国务院三峡—常州±500kV直流输电工程直流线路技术设计审查会。

国务院三峡办李世忠副主任、张德楠副主任，国家电力公司陆延昌副总经理、周小谦总经理助理、张贵行总工程师出席会议。会议由张德楠副主任主持，李世忠副主任、陆延昌副总经理作了重要讲话，周小谦总经理助理作了会议总结。电规总院周仲仁副院长等参加。

与会专家和代表本着对国家、对三峡工程高度负责的精神，按照安全可靠、技术先进、节省投资和有利于设备国产化的原则，对直流线路工程的技术设计进行了认真的讨论，通过审查，原则通过华东、中南电力设计院编写的技术设计文件并提出审查意见。

10月13～17日，周仲仁副院长在京主持召开了2000年示范送变电工程设计研究报告评审会议。

与会专家和代表听取了各院的研究报告介绍和计算机演示，并进行了认真的讨论，认为各院的研究报告内容深度基本符合任务书要求，研究的主要成果对今后的工作设计有很大的指导意义。

10月29日，顾问公司以电顾人［1999］074号文发出通知，成立中国电力建设工程咨询公司董事会、监事会。

董事会董事：吕伟业、周仲仁、胡志澄、赵洁、姚强、李云智、职工代表（待选)。

董事长：吕伟业

执行董事：赵洁

监事会监事：史颖君、王家悦、刘哲、潘荒舟、李纯金、史颖君为监事会召集人。

11月9日，上海市电力公司外高桥电厂二期工程筹建处正式致函咨询公司，确定中国电力建设工程咨询公司为上海外高桥电厂二期工程（2×900MW）建设监理中标单位，服务期自1999年11月16日至2005年6月16日共67个月。

（刘叔友）

中国水电顾问有限公司

基本情况

1. 组建情况

中国水电顾问有限公司（以下简称水电顾问公

司）是根据国务院国发［1996］48号文和原电力工业部电综［1998］197号文精神，在原电力工业部水电水利规划设计总院的基础上组建的，并于1998年5月注册成立，为国家电力公司的全资子公司。

1998年12月，国家电力公司委派高安泽、程念高、童显武、晏志勇、董成银、陈东平等同志任公司董事。高安泽同志任董事长（法定代表人），程念高同志任副董事长，委派刘淑敏、陈建津同志担任公司监事。刘淑敏同志为监事会召集人，推荐程念高同志为公司总经理人选。

国家电力公司党组批准成立中国水电水利及新能源发电工程顾问有限公司党组。高安泽、程念高、何根寿、童显武、晏志勇、董成银、王柏乐等同志为党组成员。高安泽同志任党组书记、程念高同志任副书记。

1999年3月30日，经董事会全体会议决定：聘任程念高同志为公司总经理，何根寿、童显武、晏志勇、董成银同志为公司副总经理，王柏乐同志为公司总工程师。

1999年7月，高安泽同志因工作调动，国家电力公司党组任命程念高同志为水电顾问公司党组书记。国家电力公司委派程念高同志为水电顾问公司董事长。

1999年7月，国家电力公司党组批准成立中共中国水电水利及新能源发电工程顾问有限公司党组纪律检查组，董成银同志兼任组长。

1999年11月，公司在国家工商行政管理局变更登记时，更名为“中国水电顾问有限公司”，业务范围维持不变。

2. 主要职责

水电顾问公司主要职责是：受国家经贸委和国家电力公司的委托，参与编制水电水利及新能源长远发展规划、制订和安排前期工作计划，组织河流（河段）规划、地区抽水蓄能选点规划和新能源规划报告编制工作、全国大中型水电水利工程项目和风力发电场工程项目预可行性研究和可行性研究报告的审查，组织水利水电工程和水库淹没处理调概、水电站蓄水前和竣工前的大坝安全鉴定等，组织编制和审查水电水利、新能源勘测设计技术标准和定额；承接水电水利和新能源规划、勘测设计任务及技术顾问、咨询和项目评估。顾问公司是在水电建设投资全过程中为政府、金融机构和项目业主提供综合服务的中介机构。

水电顾问公司按国家电力公司授权管理所属的北京、西北、华东、中南、成都、昆明、贵阳勘测设计研究院和中国水利水电工程咨询公司等八个子公司的国有资产，负保值和增值责任。

3. 机构设置

水电顾问公司本部主要设有：规划处、工程勘测处、水工建筑工程处、机电工程处、水库处、工程造价处、新能源发电工程处、质量管理处、计划经营处、财务与资产管理处、人事与劳动工资处、审计处、监察处、科技教育处、信息中心、国际合作处(台办)、办公室、安全保卫处等。

4. 人员情况及设施

截止1999年底全公司职工为242人，其中专业技术人员209人。具备高级职称的101人，其中：31人享受教授级待遇，38人享受政府特殊津贴，有突出贡献的专家1人；具备中级职称62人，初级职称46人。

水电顾问公司占地面积3539.48m²，建筑面积17953.8m²。各类微机130余台。图书馆藏有科技图书一万余册，各类中外文期刊125种，其中：中文期刊95种，外文期刊30种；科技及工程资料20000余册，档案室存有各类档案17000余卷。

水电水利勘测设计系统改革情况

1. 系统改革

1998年水电顾问公司组建后，按照国家电力公司的部署，制定建立资本纽带方案，经国家电力公司批复后组织实施，于1998年底前完成了账务调整，确定了水电顾问公司与七个直属院的投资与被投资关系，将原来的行政隶属关系转变为资产纽带关系。

1999年水电顾问公司在内部改革方面进行了初步尝试，各院加大了内部转机建制的力度，调整机构，建立健全有效的企业管理制度，开始逐步形成符合现代企业制度，适应市场经济需要的内部管理体制和经营机制；普遍实施了减人增效、下岗分流和再就业工程；部分院在二级机构方面进行了一些探索，进行了股份制、期限权制试点。

2. 公司本部改革

1998年公司由事业改企业后，根据企业机制的需要建立健全了各项规章制度，如：《管理部门经费承包办法（试行）》、《生产经营管理办法（试行）》、《所属企业的经营管理暂行办法（1999年）》、《中国水电水利及新能源发电工程顾问有限公司投资管理办法（试行）》、《技术经济合同管理办法（试行）》、《中国水电水利及新能源发电顾问有限公司所属公司法定代表人经济责任审计办法》等。

为深化水电顾问公司改革，分离行业管理职能，成立了水电规划设计协会筹备组，负责直属院体制改革调研和资质管理等行业管理工作。

完成的主要工作

1. 水电站前期勘测设计任务完成情况

(1) 工程勘察完成情况：1999 年水电顾问公司系统完成工程勘察项目 579 项。其中：岩土工程 191 项：工程测量 2432.5 标准 km^2，工程地质 9242658 标准 m；工程物探 188404 标准点；岩土工程产值 16048.75 万元。

(2) 1999 年水电顾问公司系统完成设计定额工日 55.69 万工日，钻探 2.98 万标准 m，平垌 1.65 万标准 m，竖井 650 标准 m，坑槽 7.24 万标准 m^3，物探 5.21 万标准点，测量 534.03 标准 km^2，地质 22.91 万定额工日，水文 41.73 标准站年，地震 1 标准台年。

(3) 完成前期工作报告 41 项。其中完成了白鹤滩、胶东蓄能、鄂东蓄能、金沙江中游河段石鼓——攀枝花河段、李仙江等 6 项规划阶段报告；完成了健跳港、滩坑、白莲河蓄能、娄水江坪河、莫湖、那兰、威远江、西藏巴河雪卡、横丹、金口坝等 10 项预可行性研究报告；板桥峪、西龙池蓄能、汾河太原治理、宜兴蓄能、凤滩扩机、黄龙滩扩建、潘口、抱子石、栗子坪等 25 项可行性研究报告；进行了小湾水电站专题研究工作，溪洛渡、向家坝、锦屏一级可行性研究报告编制工作和舟坝电站施工测量控制网、岷江福堂水电站施工控制网等综合报告编制工作。

2. 完成设计审查任务

受国家经贸委的委托，水电顾问公司组织各项审查工作，1999 年完成设计报告和概算审查 23 项，为国家有关部门和业主决策提供了重要依据。截止 1999 年底，已审查通过的可行性研究项目的设计储备为 54 项 3925 万 kW。

3. 完成水电在建工程设计、监理和技术咨询任务情况

1999 年水电顾问公司系统承担了天生桥一级、水口、大朝山、棉花滩、宝珠寺、天荒坪、二滩、三峡等全国大中型水电在建项目的大部分水电站的技施设计和施工监理任务。各院还承担了张河湾、桐柏、泰安蓄能、洪家渡、螺丝湾、格雷二级、孟洲坝、涌溪三级等 40 余座大中小型水电站的招标设计和技施设计等任务；完成工程监理 74 项，技术咨询 102 项。其他经营活动完成情况：工程总承包完成 12 项，合同总额 10594.71 万元，完成总额 3881.62 万元；承揽国外工程完成 14 项，合同工总额 12369.94 万元，完成合同总额 1712.77 万元。

4. “九五” 科技攻关

1999 年是 “九五” 国家科技攻关的关键一年，水电顾问公司受国家电力公司科技部的委托承接组织了国家重点科技攻关项目 “碾压混凝土高坝筑坝技术研究” 中 200m 级高碾压混凝土重力坝研究、100m 以上高碾压混凝土拱坝和国家重点科技攻关项目 “高坝工程技术研究” 中快速勘探技术的综合应用、200m 级高混凝土面板堆石坝研究、300m 级高拱坝枢纽设计关键技术等 5 个课题，24 个专题的研究工作，并承担、协调和检查工作。

5. 质量管理和贯标认证工作

(1) 根据水电顾问公司的部署，1999 年系统各院对在建工程和承担设计的前期项目进行了质量自查和抽查。

(2) 系统各院在 80 年代推行全面质量管理基础上，均开展了贯彻 GB/T19000—ISO9000 标准工作，西北、华东、北京、中南、贵阳、昆明院已通过认证。

(3) 在贯标、认证工作中，各院都认真按 GB/T19001—ISO9001 标准的要求，建立了质量体系，并对体系中的薄弱环节进行加强和补充。

(4) 水电顾问公司本部质量贯标认证工作也已正式启动。到年底，共举办了三期贯标认证培训班，共有 177 人·次参加了学习班。

6. 经营管理

(1) 1998 年主要经济指标完成情况。水电总院 (现水电顾问公司) 系统全年实现营业收入 8.09 亿，比 1997 年增长 15.1%。全年成本费用支出总额 7.65 亿元，比 1997 年增长 13.79%，低于营业收入的增长。全年实现利润 1404 万元，比 1997 年增长 7.97%，但由于税收大幅度增加和调资等因素，使净利润比 1997 年降低了 4.05%。1998 年全员劳动生产率为 6.55 万元/ (人·年)。

(2) 1999 年水电顾问公司系统继续坚持贯彻 “抓住机遇、深化改革、扩大开发、加快发展、保持稳定” 的方针，以市场为导向，以效益为中心，实施多元化经营，全方位进入市场，实现营业收入 87133 万元，比 1998 年增长 7.98%。全年劳动生产率为 7.34 万元 (人·年)。1999 年全面完成了既定目标。

(3) 加大两头延伸的力度。1999 年，面对水电行业的主业任务仍不景气的形势，加大开拓市场力度，突破行业和地域界限，发挥全员经营的积极性，抓信息、跑市场，在两头延伸又上一个新台阶的同时，多种经营也成为各院主业的重要补充，使顾问公司系统的工作继续沿着从安置型、福利型向经营型、科技型转变，注重资产运营，盘活存量资产，增加产品技术含量，形成专有技术的拳头产品。1999 年继续实行大土木、大咨询、多元化经营战略，不断开拓施工监理、岩土工程、技术咨询、工民建、公路、桥梁、市政、水土保持、环境保护、城乡电网改造等市场，发挥全员经营的积极性，抓信息、跑市场，既加大了两头延伸的力度，又保证了全年经营目标的实

现。1999年全系统外协收入达到46095.67万元，比上年增长了12.84%。

(4) 继续开展多种经营。1999年，水电顾问公司系统共有多种经营企业36个，比上年增长44%，其中全民所有制企业16个，集体企业15个，股份制企业4个，股份合作制企业1个，资产总计达到78569万元。

精神文明建设

1．党的建设和思想政治建设

(1) 1999年初水电顾问公司适时召开系统党委书记会，以加强党建工作、思想政治工作和精神文明建设。

(2) 根据深化改革的新形势、新特点，认真学习、贯彻落实党的十五大、十五届四中全会精神，扎扎实实地抓好党的自身建设及党政领导班子的思想政治建设。

(3) 认真组织开展了新中国五十华诞、澳门回归祖国的庆祝活动，组织了“庆祝建国五十周年——水电勘测设计辉煌业绩”征文竞赛活动，并为23篇优秀征文发了奖。

(4) 根据中纪委和国家电力公司的部署，水电顾问公司与各院签订了《1999年度党风廉政建设任务书》，并制订了《党风廉政建设责任制实施办法》，对廉政建设实施目标管理。经过一年的实践，全系统总评优秀，总分为96分，有力地保证了党风廉政建设和生产经营活动的健康发展。

2．职工培训

为了适应社会主义市场经济的需要，提高系统中层干部的经济管理水平，1999年共举办了五期中层干部工商管理培训班，有近300名中层干部通过工商管理培训。

主要事件

1月19日，水电顾问公司在北京主持召开了《水力发电厂二次接线设计规定》(复审稿）审查会。

2月4~8日，水电顾问公司所属的咨询公司在江苏宜兴主持召开了“江苏宜兴抽水蓄能电站上库主坝选型”咨询会。

2月11~13日，水电顾问公司会同四川省计委在成都主持召开了《杂谷脑河狮子坪水电站预可行性研究报告》审查会。

3月14~15日，水电顾问公司会同湖北省计委主持召开了“湖北省鄂东抽水蓄能电站选点规划报告”审查会。

3月23~27日，水电顾问公司所属的咨询公司在上海对《宜兴抽水蓄能电站环境影响报告书》进行了咨询。

4月1~3日，水电顾问公司受国家经贸委委托，在福州主持召开了《福建尤溪江街面水电站可行性研究报告》审查会议。

4月2~6日，水电顾问公司受国家经贸委委托，会同湖北计委在武汉主持召开了《湖北清江水布垭水利枢纽可行性研究报告》审查会。

4月9~10日，水电顾问公司在北京召开了勘测设计系统水电站防汛工作会议。

4月9~16日，水电顾问公司所属咨询公司在广西南宁主持召开了平班水电站可研阶段技术咨询会。

4月11日，水电顾问公司在北京主持召开了二滩水电站计算机多媒体光盘创编项目成果评审会议。

4月16~18日，水电顾问公司受长江三峡开发建设总公司的委托，在北京主持召开金沙江溪洛渡水电站可行性研究勘测设计科研大纲技术咨询会。

4月20日，水电顾问公司在北京召开科技项目“混凝土面板堆石坝信息综合查询系统”、“水电工程设计标准计算机查询系统”、“工程图文计算机管理系统”成果验收会议。

4月20~24日，水电顾问公司主持召开“水电厂计算机监控系统设计经验交流会”。

4月26~29日，水电顾问公司在北京召开了《混凝土面板堆石坝设计规范》送审查稿审查会。

6月24~27日，水电顾问公司受国家经贸委的委托，会同山西省计委在山西省主持召开了《西龙池抽水蓄能电站可行性研究报告》审查会。

7月12~14日，水电顾问公司召开了系统经营工作会，程念高总经理对1998年度经营工作进行了总结，对1999年度经营工作进行了部署。

7月15日，水电顾问公司以水电规人［1999］55号文，转发了国家电力公司国电任［1999］62号“程念高、高安泽二同志职务任免”的通知：“委派程念高同志为中国水电水利及新能源发电工程顾问有限公司董事长；高安泽同志不再担任中国水电水利及新能源发电工程顾问有限公司董事长职务。”

8月3~4日，水电顾问公司受浙江省计经委的委托，在北京组织召开了《浙江滩坑水电站预可行性研究报告》专家咨论证会。

8月8~15日，水电顾问公司受国家经贸委的委托，会同四川省建委、计委在雅安主持召开了《四川省宝兴河硗碛水电站可行性研究报告》审查会议。

8月24日，水电顾问公司召开了“贯标认证”工作动员大会，程念高总经理对开展“贯标认证”工作提出了具体要求。

8月25~27日，水电顾问公司举办了第一期

“贯标”培训，科级以上干部共43人参加了为期三天的培训，全部通过了“贯标”知识的考试。

9月2～3日，水电顾问公司在北京召开了水电勘测设计技术标准工作会议。

10月11～13日，水电顾问公司受国家经贸委的委托，会同贵州省计委在贵阳主持召开了洪家渡枢纽工程概算修编报告及水库移民安置规划修编报告审查会。

9月14～28日，水电顾问公司根据国家电力公司审计部审通［1999］21号文的要求，派出6名审计人员，参加了对电力规划设计总院院长进行任期经济责任审计。

9月20～22日，水电顾问公司受四川福堂水电有限公司委托，在北京主持召开了四川福堂水电站可行性研究报告修改概算审查会。

9月4～25日，水电顾问公司在北京主持召开了氧化镁混凝土筑坝技术咨询研讨会。

10月11～13日，水电顾问公司受国家经贸委的委托，会同贵州省计委在贵阳主持召开了洪家渡枢纽工程概算修编报告及水库移民安置规划修编报告审查会。

10月20～28日，水电顾问公司在北京主持召开了《新疆伊梨喀什河吉林台一级水电站可行性研究优化设计报告》评审会。

10月24～11月2日，水电顾问公司所属的咨询公司完成了对江苏宜兴铜官山蓄电站第六次设计咨询，至此，咨询公司对该项目的咨询全部完成。并于11月17～21日，协助业主单位通过国际工程咨询公司的工程评估。

11月2～4日，水电顾问公司受国家经贸委的委托，会同西藏自治区计委在成都共同召开了《西藏自治区日喀则地区夏布曲达嗄水电站可行性研究报告》审查会。

11月27～28日，水电顾问公司受经贸委委托在武汉市主持召开了《湖北堵河黄龙滩水电站扩建工程可行性研究报告》报告会。

11月30～12月2日，水电顾问公司受经贸委的委托，在武汉市主持召开了《湖北白莲河抽水蓄能电站（一期）预可行性研究报告》审查会。

12月9～10日，水电顾问公司受乌江水电开发有限责任公司的委托，组织专家组在北京召开了咨询讨论会，对《洪家渡水电站水库淹没处理规划设计修编报告》进行了咨询。

12月23日，应日本中部电力公司的请求，晏志勇副总经理会见了该公司企划部部长兼国际合作部总经理水野先生一行。双方就合作的可能性进行了探讨。

中国电能成套设备有限公司

1999年由公司负责成套并投产的机组31台/798.3万kW，占全国投产大中型机组容量的51.5%。其中火电机组29台/728.3万kW，占火电总计划投产的62.7%；水电机组2台/70万kW，占水电总计划投产16.2%。

抓管理、出效益

（1）完成公司改制工作。10月10日完成公司改制后国家工商局的变更登记注册工作，并向电力、机械系统300多个单位下发改制文件和启用印章的通知。

（2）质量贯标工作。1999年4月8日公司确定了设备总承包、招标成套、项目咨询和设备监造四个产品为认证内容，成立文件编写小组进行质量体系文件的编写工作，完成了质量手册、27个程序文件、28个作业文件的编写工作，为质量体系运行打下良好基础。

1999年7月28日质量体系文件正式实施，公司有了自成立以来的第一套法规性文件，并确立了“顾客满意是我们永恒的追求”的质量方针。

组织36名内审员培训考试工作。公司抽调主要骨干参加由国家内审员培训中心组织的学习和考试，在大家的共同努力下，全部通过考试并获得内审员资格证书，成为正式内审员，为质量体系运行审核提供了人力资源保证。

进行了三次内部审核工作，对质量体系运行的适宜性、符合性、有效性进行验证，组织了对质量手册和27个程序文件的修改工作。

（3）建立中国电力设备信息网。1999年10月10日中国电力设备信息网正式在内部开通并上网运行，重点从电力成套设备信息、电建项目、设备价格、设备质量、单位名录、推荐厂家、产品目录、技术标准、供求信息、网员信息等方面考虑，网站面向国家电力公司各直属机构、电力行业各企事业单位及电力设备制造企业。为网员单位提供有关电力工程建设项目及设备的全面、准确、快捷的信息服务。

（4）在取得外经贸部授予的进出口经营权的基础上，建立健全与进出口工作有关的各项规章制度。1999年认真总结经验，继续做好编制标书、发标、组织谈判、签订合同、办理进口许可证、银行开证、付款、审单、组织出国组团、接货报关、现场开箱验收、结算等工作，同时还按照国家有关规定，成功的为国家重点建设项目合法办理免税，降低了工程造价，扩大了市场份额。

积极做好电力工程招标及成套服务工作

1999年，公司领导和全体员工敢于面对困难，认真总结多年成套工作经验，发挥电力系统的整体优势，为顾客提供满意的服务，坚持招标择优订货，努力做好设备调度和质量监督管理工作。

（1）坚持招标择优订货。通过规范化的招标，获得性能好、质量优、价格合理的设备，有力地控制了工程造价。1999年对石洞口、华鲁电厂进行标书技术咨询，对信阳、益阳、黄石、温州、石家庄热电厂、保定热电厂等项目进行了主、辅机的设备招标工作。完成对沁北电厂超临界机组引进技术生产主机项目的标书编制，并对永城、石嘴山电厂项目进行了主机设备标书编制和招标工作的安排。

电网建设方面参加的招议标项目有：邯西、玉林500kV变电所设备；石家庄—邯西、迁西—绥中、岗市—长沙500kV线路的OPGW、钢芯铝绞线、悬式绝缘子等设备材料；三峡—常州直流输变电所换流站交流部分设备；南阳、长沙、孝感、益阳、新乡、迁西等500kV变电所设备及部分220kV变电所设备和线路材料的招标订货工作。

1998年受国电公司委托成功进行了国家电力公司白广路电力信息通信综合楼机电设备、大楼综合布线系统工程、数字程控交换机系统工程等三项工程的招标采购工作。1999年又承接了该大楼通信调度及电视会议系统工程、信息调度大屏幕及大楼环境监控系统工程、信息网络及大楼办公自动化系统工程、国家电力公司会议电视系统工程等五项工程的招标工作。经过招标采购，比工程概算节资20%以上，受到了国家电力公司有关领导及合作伙伴国电通信中心和电力信息中心的高度评价。

（2）设备质量监造。进行电力设备专业化、规范化的质量监造工作，督促制造厂提高设备质量，在促进制造厂技术进步的同时努力提高设备监造工作自身的效益。1999年完成的监造任务有：杨柳青电厂2×30万kW、曲靖电厂2×30万kW、襄樊电厂4×30万kW、铜陵电厂1×30万kW。正在进行监造的项目有：盘山2×60万kW、沙岭子4×30万kW、益阳2×30万kW、信阳2×30万kW、蒲城2×30万kW、温州2×30万kW及南昌变电所、三峡变电所等工程。

及时解决监造过程中的质量问题：针对盘山电厂的设备在制造过程中发现汽轮机高压内缸误加工和电机转子材质超标的严重问题，组织有关专家进行论证，经过多次协调，最后决定报废处理。围绕以上设备监造工作，及时为用户提供设备制造质量情况及生产进度。全年为顾客和国家电力公司有关部门提供监造简报410期，为顾客提供监造工作总结45本。及时编辑出版《1998年安装投产机组设备质量情况》、《电力设备质量通报》。

（3）保投产，抓好设备的生产进度协调、催交调度和质量管理工作。利用国内外汇贷款由我们招标、成套的襄樊电厂4×30万kW机组，整个工程造价比概算降低5亿元，其中设备费降低2亿元，建设工期比合理工期提前24个月，在两个队伍一起施工，给设备交货很大压力情况下，工程质量、工艺、技术指标都达到了较高水平，创下国内连续4台大型火电机组投产工期最短的记录，得到国家电力公司的好评。

（4）1999年会同电力规划设计总院联合开展对电力设备生产厂的资质及其产品进行动态评议，召开了1999年版《电力工程设备主要辅机推荐厂家名录》的评审工作会议，发布推荐名录。为搞好城乡电网改造中的设备采购管理，配合国家电力公司发输电营运部、农电工作部对各网、省、市电力公司推荐的城乡电网改造所需设备推荐生产厂家名单及产品明细进行汇总，编辑出版了《城乡电网建设改造设备使用手册》（技术参数分册Ⅰ），并与国家机械局、国电公司发输电营运部共同审定了第二批公布的城网改造所需设备推荐生产厂家名单，由国家经贸委发布。

（5）做好项目前期工作。1999年参加的500kV输变电项目设计审查的主要项目有：华中网局南阳500kV变电所、河南新乡500kV变电所、华东石洞口—阳高500kV线路、泗泾500kV变电所、岗市—长沙500kV线路、山西侯村—侯马500kV送变电工程、重庆—长寿500kV送变电工程、长沙500kV变电所、宁波500kV变电所、王店500kV变电所、大朝山—宝峰二回和宝峰—草铺等多项500kV送变电工程。

发挥电力成套专业技术的优势

（1）投标代理工作。1999年500kV送变电项目有相当一部分是利用世行、日元和亚行贷款，针对采用国际招标方式进行设备采购的新情况，我们代理国内制造厂参加了世行、亚行、日贷等国际金融组织贷款的电力、铁道等工程项目的设备采购的投标，主要项目有："东北大马路"项目中的钢芯铝绞线和隔离开关中标、棉花滩水电工程设备、武汉—广州电铁的供电设备、华东（江苏）500kV送变电线路材料及变电设备、望江门电厂设备、重庆城网改造设备及杭东、泗泾两个500kV变电所设备进行投标。

（2）转变经营观念，积极开拓国内、国外成套服务的新领域。积极在开拓新能源方面下功夫，进行了风电国产化前期开发工作，对营口、赤峰项目进行实地考察，对风力资源、建设资金、上网电价等进行了了解，对国内风电开发研究比较早的新疆风能公司进行了考察。对蒙古国电力项目所需的电力设备进行技术咨询、为开拓国外市场打下基础。

(3) 成套设备技术咨询服务工作。是公司近年来重视公司的产业升级、技术创新所做的十分重要的工作，在技术、商务、信息储备工作方面，具备了较强的对电力项目的产品和设备问题进行技术咨询能力。

协助国家电力公司科技环保部，对关于汽包水位如何测量问题，组织有关专家进行调研，提出建议报告。

受国家电力公司国际合作部委托，科技环保部软课题立项，编制《输变电设备国际招标文件技术范本》工作，已完成送审稿。通过调查、总结编制出版了《220kV及以上六氟化硫开关质量情况汇编》，提供给电力项目及电力设备制造厂家作为借鉴，以提高设备质量的可靠性。

承担对亚行贷款的云南大朝山水电站500kV送出工程的国际招标设备进行咨询和耒阳电厂项目的技术咨询工作，多次到现场进行咨询，为顾客提供咨询报告。

(4) 设备质量管理工作。及时掌握电力设备在制造、投产运行中的设备质量问题，组织专家对质量问题及时了解、分析、协调、落实处理，及时收集质量信息。提高《安装投产机组电力设备质量情况》（黄皮书）、《电力设备质量通报》、《电力设备调度简报》、《电力成套设备信息》，《招标简报》等资料的编辑出版水平，及时准确地提供有关信息。

加强党的建设和精神文明建设

深入开展精神文明创建活动。落实国家电力公司关于党风廉政建设责任，同各部门签订《部门承包责任书》。5月27日国家机关党工委、国家电力公司精神文明办公室正式向总公司颁发了“精神文明单位”的匾牌和证书。公司领导以此为契机，结合总公司的具体业务工作和强化内部管理工作的需要，及时召开员工大会，要求各级领导把精神文明建设同部门的业务工作结合起来，努力营造一个好的工作氛围，使大家有一个好的精神面貌，促进公司效益的提高。

存在不足

项目前期信息跟踪不够，抓得不紧，个别项目上服务深度不够。

随着公司对电网建设项目的招标、投标和进口业务的开展，公司企业财务管理工作还有待提高业务水平，以适应这种变化；1999年设备的进口工作有了一定进步，外贸业务能力有待进一步提高；《中国电力设备信息》上网后，做了大量的、基础性的数据整理工作，但目前尚未提出在全公司内实现从信息收集、整理、上网，到发展网员单位的全过程有效管理机制的方案。

主要事件

1月4日，人事劳动处以中电成套人［1998］89号文发出“关于总公司内部第三个承包期机构设置、更名及处级干部聘任的通知”。

1月6日，中央国家机关精神文明协调领导小组及国家电力公司精神文明办公室领导来总公司检查验收争创精神文明单位工作。

1月18日，林依水总经理、齐抗美副总经理、输变电部领导与东北电力集团公司签订亚行贷款国际招标500kV输变电项目隔离开关的订货合同。

2月3日，总公司召开ISO9000宣贯动员大会。林依水总经理作动员报告，宣布总公司贯标认证工作正式启动。

3月31日，国家电力公司以国电行函［1999］29号文件批复，同意公司对业务楼进行装修改造。

5月13日，林依水总经理参加国家电力公司赵希正副总经理传达中央［1998］48、49号文件后，立即组织召开会议传达，要求员工坚守岗位，做好本职工作，为维护全国稳定做贡献。

5月27日，国家电力公司党委和精神文明办公室，授予总公司中央国家机关在京单位精神文明称号和奖牌。

8月4日，中国电能成套设备有限公司在北京召开第一次股东会、董事会，监事会股东会推举林依水、房家栋、杨庆、施洪祥、杨西永为董事；费圣英、贾爱斌、张占林为监事。董事会选举林依水为董事长（法人代表），聘任房家栋为总经理，根据总经理房家栋提名聘任施宙、马秀国、齐抗美、琚立生为公司副总经理。监事会选举费圣英为召集人。

8月9日，国家电力公司周大兵副总经理、人事董事部程光杰主任、国家开发投资公司刘建新总经理助理到公司宣布中国电能成套设备有限公司领导班子。

10月10日，中国电能成套设备总公司通过国家工商行政管理局企业变更登记，正式更名为中国电能成套设备有限公司。

11月29日，受国家电力公司水电与新能源委托，由公司水电与新能源部负责编制的《水利水电工程急电及金属结构设备监理（监造）管理导则》送审稿完成，在北京召开《导则》专家审查会。

12月1日，公司领导陪同蒙古国电力公司人员去天津阿尔斯通水电设备有限公司考察。

12月8日，公司完成VI系统设计，公司具有了自成立以来象征企业精神的司标，并对此进行了企业商标注册。

12月27日，公司获得国家电力公司在京直属企业社会保险工作先进单位。

1999年公司完成的大中型机组项目明细表

（单位　台×万kW）

一、火电成套项目（共计23台，647.4万kW）

杨柳青1号	1×30	安顺2号	1×30
襄樊2号、3号、4号	3×30	西柏坡4号	1×30
华能北京4号	1×18.5	达旗4号	1×33
太一六期2号	1×30	鹤岗2号	1×30
广安1号	1×30	阳泉二4号	1×30
三河1号	1×35	哈三4号	1×60
宝二2号	1×30	莱城2号	1×30
西固	1×14.2	洛热2号	1×14.2
日照1号	1×30	连州	1×12.5
湛江	1×30	铜陵3号	1×30
镇海	1×10		

二、火电“以大代小”技改项目（共计6台，91.5万kW）

阳宗海1号	1×20	洛热1号	1×14.2
北京一热1号、2号	2×14.2	邯郸2号	1×20
苇湖梁2号	1×12.5		

三、水电成套项目（共计2台，70万kW）

李家峡4号	1×40	天生桥一级2号	1×30

四、火电监造项目共计（8台，240万kW）

杨柳青电厂	2×30	曲靖电厂	2×30
襄樊电厂	2×30	铜陵电厂	2×30

五、水电监造项目共计（9台，18.75万kW）

沙县	3×1.6
贡川	2×2.15
棉花滩	4×15

中国华电电站装备工程（集团）公司（国家电力公司电力机械局）

概况

中国华电电站装备工程（集团）总公司(CHEC)（国家电力公司电力机械局），以下简称中国华电。是国家电力公司的全资子公司，注册资本金2.16亿元，总资产14亿元，并以此为核心企业组建了华电集团。华电集团主要以资产、科技和生产为纽带，拥有全资和控股企业26家，参股企业11家，生产经营协作联系企业52家，是跨地区、跨行业、跨所有制和国际化的大型企业集团。

中国华电致力于电力及相关行业机械电子产品的科研、设计、制造、安装、调试和检修服务，并充分发挥电力机械制造的群体优势和综合能力，优化结构，实现规模经济，不断为电力工业的改革、发展做出贡献。

中国华电本部在职职工112人，高中级以上职称87人，硕士25人，博士3人。

中国华电有一个上市公司，5个直属企业和3个研究所，职工4900人，工程技术人员占25%。

主要任务完成情况

1.完成生产经营目标计划

1999年初制定了“422”目标计划，即全年签订工程合同4亿元，实现销售收入2亿元，实现利润2000万元。一年中，面对三年不开工常规电源项目的严峻情况，中国华电赖以生存的主营业务是电站装备，困难、压力、挑战实实在在摆在面前。集团公司党组针对电力市场变化的新形势，做出了“调整市场方向，抓住新市场机遇”的决定，带领全体员工克服了一个个困难，终于完成签订合同7.5亿元，实现销售收入2.87亿元，实现利润2420万元。

2.工作方针的确定为全年工作指明方向

1999年初，中国华电党组、党委在干部考核、述职，党委总结1998年工作的全体职工、全体党员会上，郑重提出1999年中国华电36字工作方针：艰苦创业、调整市场方向、改革体制机制、完善专业管理，提高人才素质创建一流企业集团。并同时提出质量方针：提供产品，安全、可靠、节能、高效、真诚主动，服务零差错。号召全体党员、职工团结一致，克服困难，开始新的创业，努力完成1999年的生产经营和各项任务。

3.开拓新市场已初见成效

目前国内电力市场的现状逼迫中国华电下决心向自己不熟悉的领域拓展市场，困难与机遇同在。经过一年的努力，不仅在竞争中锻炼了自己的人才队伍，而且在开拓新市场方面已初见成绩。

华电钢结构公司以拓展外资项目为基点，1999年主要抓紧了纺织行业出售到秘鲁建厂钢结构工程；并签订了天津港煤码头的结构工程合同；承包了国家电力公司西单办公楼顶层钢结构等多项写字楼和民用建筑钢结构工程。

华电物料输送部1999年签订合同6018万元，比计划5000万元增长20.4%，利润总额716万元。他们除了完成三河、七台河、威海热电厂、邯郸、合肥等电站输煤工程。还完成了世行贷款“中国大连北方粮食储备工程”北良工程1602万美元项目。还签订了天津港煤码头输送项目合同；并将业务拓展到造纸行业——日照木浆厂项目。

华电水处理公司是1999年2月12日才成立的新公司。他们将加强市场调研，立足电力行业，开拓电力行业外市场作为指导方针，共签合同额2100万元。其中突出的业绩是首钢水处理程控和禹州含煤废水项目，使生产经营有了良好开端。

华电管道公司已将自己的生产经营业务从四大电站管道扩展到中低压管道、防腐管道、耐磨管道、供热和供气管道等方面。

华电人工环境公司是根据科技创新精神而新组建的公司，主要以房屋建筑用的冰储冷、电储热的科研开发、产品设计技术为先导的拳头产品，并辅助工业、电厂、暖通专业总承包项目，截止12月底已签订合同1003.6万元，其中天津月坛商厦电储热，郑州金源大厦冰储冷工程均是电力市场以外项目。天津月坛商厦的电锅炉储热，用户反映良好，原每天消耗运行费600元，现运行费每天只有100元。

华电水电设备与施工机械部，在电力市场相对萎缩的情况下，利用自己的技术优势，积极向系统外、行业外寻找市场，现行业外的项目合同额，占了25%。

4. 狠抓核心技术和设计能力的提高

华电的各专业公司从组建的开始，就抓住核心技术和设计这一关键环节，掌握关键设备的制造，计算机设计和系统程序控制方面都有较大进步。华电钢结构公司、华电环保公司都建立了自己的设计公司。华电物料输送部还组建了武汉华电工程技术有限公司，负责系统设计及技术执行工作；并在郑州设立华电物料输送工程技术有限公司，作为设备开发和设计中心。通过以上工作，集中了技术、设计管理，保证了工作有规则、有计划、步调一致，在同一管理程序下运行，保证了工程执行快捷和产品设备的质量。

5. 生产加工体系建立初见成效

中国华电的专业工程公司，都有共同的认识：有了自己的生产加工体系，建立了自己的生产加工基地，就掌握了产品生产的主动权，就可以较好地控制生产设备供货的周期；在节约了大量时间成本的前提下，获取较高的经济效益。华电钢结构公司分别在武汉、郑州有自己的加工基地。华电管道公司在天津建立了生产加工基地。华电环保公司、华电物料输送部分别在杭州、武汉、郑州、山东、成都、大连建立了设计、加工基地。

6. 管理工作上新台阶

中国华电继续以ISO9000质量标准认证为契机，促进整个管理水平的上台阶。对落实高严总经理创建一流企业，各项工作与国际接轨，迎接中国加入"世贸"，都具有现实和长远意义。与国际接轨，参与国际竞争，其差距不仅在科技上，更主要在管理思想和水平上。

发展计划部除帮助收集市场信息，主动服务于各专业公司和直属单位的改革和生产经营工作外，还积极探索与各网省公司结合，发挥集团公司的融资、投资功能效率，进行战略投资的工作。11月份与广西电力公司探讨战略投资伙伴运行方式，并形成合作意向。

财务部采取降低成本，利用税收政策，支持各专业公司工作。

人事部在人事管理、干部考核上引入竞争机制，并将组织考核和社会公开招聘引入华电，建立人才资源供给、需求体系，使人力资本的配置最优化。

技术管理部为中国华电获得ISO9000认证后的年度监督审核、检查起到保证作用 。组织了二次内部质量体系审核和年度管理评审工作，取得了较好的效果。

7. 两个文明一起抓

中国华电继续坚持两个文明一起抓，把爱祖国、爱事业、爱华电的精神鼓励和爱岗位、守职责、不断在各项工作中创新前进的物质建设结合起来。一年来除了通过了中央国家机关对华电双文明单位的复审，还完成了计划目标增长87.5%合同指标的好成绩。

在中央开展的反"法轮功"的政治斗争中，全体员工无一人违反中央规定。

在双文明建设中有一位女职工的家庭被评为全国"五好家庭"，有一位女职工和四个家庭分别获国家电力公司"巾帼建功活动标兵"和"文明家庭"称号，有4名党员和1个党支部荣获国家电力公司优秀称号。

8. 资本经营开始起步

国家电力公司高度重视上市公司在两个资本市场国内、国际的融资功能，利用资本市场调整存量资产结构。

中国华电集团在国家电力公司领导的大力支持、帮助下，根据客观实际情况，选择了集团公司的部分优质资产，以全资企业南京电力自动化设备总厂作为独家发起人，募集方式设立组建了国电南京自动化股份有限公司，成为国家电力公司控股的第一家高科技上市公司。1999年8月25日在上海证券交易所发行成功。1999年11月18日，谢松林副总经理出席了公司上市仪式。公司上市当天创下上交所一年半两项指标第一：当日换手率超过80%；当日涨幅达202%。

"国电南自"上市成功，丰富了电力板块由原单一的发电类，扩展到高技术制造类，为中国华电开始资本经营，实现资源的最佳配置，打下了良好的基础。

生产经营发展情况

中国华电所属全资单位，由1998年的8个，到1999年“国电南京自动化股份有限公司”的设立，升至9个。

国电南京自动化股份有限公司，系经国家经贸委批准设立的电力行业上市公司，于1999年8月25日向社会公开发行4000万股，募集的资金用于变电站自动化系统装置、检测技术改造，铁路变电站自动化系统技术改造，水电自动化系统技术改造，电力主设备微机保证制造、检测技术改造，高压输变电线路微机保护装置制造、检测技术改造，电力专用控制屏柜制造、检测技术改造和研究开发中心技术改造七个项目。“国电南自”1999年8月25日向社会公众公开发行4000万股A种股股票；9月12日国电南京自动化股份有限公司创立；11月18日在上海证券交易所挂牌上市。上市公司与控股股东之间于10月份做到“人员独立、资产完整、财务独立”三分开。1999年“国电南自”10～12月三个月主营业务收入达3.8亿元，净利润3356万元，每股收益（摊薄）后为0.284元。股份公司按照上市公司规范运行，为中国电力工业和国民经济相关领域提供一流产品和装备，为股民创造丰厚的回报。同时股份公司将在资本市场融资、高科技项目的投资和公司改革、改制、资源结构的最优化方面，做出创新的示范作用。

南京电力自动化设备总厂在优质资产分立出来组建股份公司后，在新一届领导班子带领下，积极推进总厂的改革向纵深发展，建立现代企业制度和适应市场经济的机制。

华电集团成员单位情况

华电集团带领电力系统制造企业参与市场竞争，发挥集团优势，使大家共同发展，取得一定进步。

(1) 华电集团共完成工业销售产值45.7亿元，比1998年同期增长8.3%。出口交货值完成1.5亿元，比1998年同期增长87.5%，由过去单一出口劳动密集型产品的金具铁塔，向出口技术含量高的仪器仪表、载波通信设备迈出了步伐，这部分产品占出口产品总量的50%以上。1999年电力制造企业为电力系统提供了30多个电站和城、农网改造项目等配套产品。

(2) 华电集团成员企业管理水平不断提高，体制、机制上有所突破。1999年组织评审了电力制造企业科技技术进步奖18项；组织评审了电力机械重点推广项目10项。华电集团成员企业80%都取得了ISO9000质量认证。

主要事件

1月7日，召开南京电力自动化设备总厂改革会。要求国电南京自动化股份有限公司与总厂模拟分开运作。

1月25日，中国华电总经理王佩文提出：在常规火电厂压缩情况下，市场应拓展到电力行业外，如：港口、粮食、环保等。

4月22日，ISO9000质量认证的外审通过。

5月28日，南京电力自动化设备总厂的“主设备保护技术改造”项目验收会在南京召开。

6月8日，电力规划院、成套局联合在京召开了第五次电力设备管理工作会议。

6月16日，国电南京自动化股份有限公司评估后的审报材料报中国证监会。

6月28日，中国证监会发审会通过“国电南自”审报材料。

6月29日，国家电力公司副总经理查克明、周大兵在火电部、水电部、农电部、国际部、财务部等有关同志陪同下，到中国华电检查指导工作。

8月12日，中国证监会以“1999［102］号文件”正式批准“国电南京自动化股份有限公司”在上交所发行A股股票。

8月25日，国电南京自动化股份有限公司4000万股A种股票，在上海证券交易所发行成功。

9月12日，国电南京自动化股份有限公司创立大会暨第一次股东大会在南京召开。

11月18日，国电南京自动化股份有限公司股票在上交所上市挂牌交易。股票代码：600268，股票简称“国电南自”。

12月25日，电力机械制造企业统计年会在京召开。

（张海青）

中国水利电力物资有限公司

公司基本情况

按“公司法”改制的第一年，有限公司在国电公司等各股东单位的大力支持下，围绕着三个拉动、四大体系、三个一工程的战略目标（三拉动：扩大市场、防范风险，增收节支拉动企业经济效益不断提高；四大体系：建立决策、经营、管理、监督四大体系三个一工程：坚持一个方针，即两手抓的方针。物质文明和精神文明两手抓，开拓市场和加强管理两手抓。一个重点，加强对直属公司的管理为工作重点。一个中心，以资金管理为中心，全面提高企业素质的战略部署)，扎实工作，奋发进取，积极推进企业深化改革，使公司的经营管理上新台阶，较好地完成了各项工作任务和经营指标，实现了销售收入和利润指标均超1998年同期水平。还荣获了中央国家机关双文明单位称号。

1.超额完成了1999年年度经营指标

1999年公司实现销售13.8亿元，比计划10亿元增长3.8亿元，增长38%。其中居销售额前三位的分别是：黑色金属材料销售8.8亿元，其中小型、钢材销售量居高；其次是机电产品设备，销售3.94亿元；而石油制品实现销售1.6亿，比1998年同期销售7383万元增长9489万元，增长130%。

1999年公司实现利润总额1100万元，比计划500万元，增长600万元，增长120%。

全年税后净利润率604万元，与1998年同期相比增加了284万元，增长幅度为89%。

2.创新和发展

面对激烈的市场竞争和不宽松的外部环境，有限公司干部职工通过提高物资经营的技术含量和服务质量，巩固了已有的市场，使主业没有萎缩，又开辟和培育了新的经济增长点，使经营工作再上一个台阶。

(1) 增加服务的技术含量，准确把握机遇，开拓市场。为了配合城网、农网改造，规范电力铁塔加工用材市场，在征询了国家冶金局、钢铁研究总院、各钢铁集团公司、各铁塔厂、国家电网公司等方面的意见和建议后，有限公司多次召开专题研讨会，研究制定了《输变电铁塔用热轧等边角钢的技术要求》和《输变电铁塔加工用热轧等边角钢质量异议的处理试行办法》。同时通过协助处理钢材质量异议问题，协助退货、退款，保护用户的权益，赢得了用户的信任，提高了公司在钢铁行业和铁塔制造业的商誉。

为搞好城乡电网建设，发挥电力物资工作在电力生产建设中的作用，有限公司成功举办了全国城乡电网建设与改造设备及技术展览会。参加展览的共有230家，参观人数过万人。此次展览会对提高电网、改善农城网建设设备水平起到了积极的作用。

在国家经贸委的支持下，通过及时了解跟踪电力系统进口燃料油的工作，为国电公司争取到进口燃料油的归口经营资格和进口配额的数量，为物资工作开辟了新的市场。

有限公司进一步归口管理了四汽管道业务，除新开工的项目逐个得到落实外。还连续签订了湛江、濂江、韶关电厂供货合同，创下2000多万元的效益，调剂利用库存近1000万元。在树脂、水塔填料和保温材料的归口管理工作中，健全审批制度，严格检测，保证了进入电力系统的产品的质量。

有限公司成套业务领域不断拓展。在认真做好小浪底、万家寨、白鹤、扎林、双辽等项目招标、代理验收和协调工作的前提下，又经过努力，争取到重庆白鹤30万kW机组的主机招标代理，创造了30万kW主机招标新的业绩。

有限公司进出口业务瞄准了重点工程。已争取到三峡电站、大朝山水电站、黑龙江光缆等项目。大朝山水电站GIS项目的代理技术要求高、操作难度大，对锻炼公司队伍、提高职工素质提供了机遇。有限公司出口业务也不断开辟新领域，出口的产品品种从化工原料、轻工产品逐步向技术附加值较高的机电产品发展。并配合水利部完成了国际水利装备及技术展览的商务工作。

在国家开展整顿成品油流通秩序时期，我们积极争取到国家经贸委、市经委、中油集团的大力支持，同时与中油集团建立了股份关系，争取到成品油配额，资质工作也取得了新的进展。

机电设备业务通过投标争取到小浪底水电工程采购项目和三峡水利枢纽闸门进口复合钢板的项目。在做好全过程服务中，又争取到混凝土添加剂的供应工作，扩宽了业务，锻炼了队伍。另外在协调宝鸡电缆生产和神鸡电缆的销售工作中，也投入了大量精力。此外还加强了单机配套，轴承配送等工作，取得了一定的经济效益。

配合国家电力公司完成了运输企业资质审核和年审工作。协调了平凉、安徽送变电等设备运输问题，为保证1998年新机投产任务做出了贡献。有限公司组织召开了运输企业工作会，交流招投标和运输工作经验。还参与了三峡50万kW主变压器运输评标工作和常州变电所主变压器运输论证及安装技术方案的评审工作，树立了公司为电力运输服务的形象。

(2) 开辟新的业务领域。为贯彻国电公司工作会议精神，降低工程成本，提高行业整体效益，有限公司开展了钢材和电线电缆统购分销业务和以物抹电费工作，取得了一定进展。另外，开拓了北京城市治理与改造滞洪工程的水泥供应项目；为国外风力发电、提灌项目、温室大棚项目开展了代理工作；开通了中国电气设备专业信息网，为实现网上交易设立了站点；开展了木材加工出口日本和进口铝锭代理业务；对承包电厂输煤运行后勤工作进行了投标，拓宽了业务领域，扩大了市场、开辟了增长企业经济效益的新途径。

3.以改革为动力，明确物资工作定位

在继1998年有限公司改制实现国电公司绝对控股，增加注册资金，核销不良资产，甩掉部分债务担保的工作成绩后，1999年又对有限公司内部改革和研究确定有限公司定位等工作进行了具体设计和实施。

(1) 进一步明确了电力物资工作的定位。在有限公司改制工作完成以后，争取保留了电力公司物资局的牌子和水利部物资局的牌子，继续履行物资管理职能，作为水电系统物资工作方面的参谋和执行机构。1999年，又主动提出了电力物资工作第二步深化体制改革的方案。并申请承担国家电力分公司、流域开发公司的物资供应管理职能，得到国家电力公司领导和有关部门的支持。

(2) 改制工作的成果得到了巩固。1999年，有限公司基本完成了沈阳和武汉两个公司的保全优良资产、解除对两个公司的贷款担保、减少公司风险的具体运作。并通过转移成都公司债权、股权的办法降低了公司借款风险。两个公司按照有限公司的部署，一边狠抓清欠，一边大力开拓市场，较好地完成各项经营指标，并充分地调动了职工的积极性。

(3) 减人增效、竞聘上岗工作有所推进。减人增效提高劳动效率和经济效益，是国家对国有企业改革的重要政策，也是国电公司顺利进入世界500强企业所要采取的措施之一。1999年有限公司下达了减人指标为在岗职工的10%的计划目标。有些单位制定了岗位定编，竞聘上岗、下岗管理等办法，通过一边分流人员，一边引入竞争机制，保证了企业的生机和活力，但此项工作还需进一步推动。

(4) 加大激励分配机制力度。1999年，有限公司进一步完善了分配办法，加大了分配力度，拉开了档次；制定了奖金分配办法和补充办法，清欠奖金计发办法，开展了竞聘上岗；半年进行一次考核，对没有创利润的职工停发了基本利润奖；对完不成任务的全年扣奖40%；按岗位区分提奖比例，充分体现岗位凭竞争、收入凭贡献、奖勤罚懒、优胜劣汰的竞争机制。

4. 防范风险，加强企业管理

(1) 保全上海资产。1999年，上海公司的资金保全工作是全公司工作中的重中之重。保全工作是否成功决定着上海公司的生存和有限公司的总体发展。通过公司工作组、上海公司和各公司的艰苦努力和全力以赴的配合，我们取得了卓有成效的成绩，保全工作还在有序地进展中。

(2) 加强了资金和合同管理。为了防范资金风险，有限公司出台了资金管理办法和资金统一调度办法。主要通过资金合同审查委员会、财务委派制加强对大额资金拨付的管理，严格了制度。由于公司领导高度重视，建立了预防和防范措施，1999年公司没有形成新的风险资金。

(3) 加大清欠力度。公司针对应收预付款规模过大，存在较大资金风险的问题，加强了管理的力度。下达了应收预付款的考核指标，同时制定了清欠奖惩办法，召开了专题会议，解决清欠工作中遇到的各种问题。做到了摸清情况，建档立卷，落实责任，完善措施，下半年又制定了清欠奖惩办法，使清欠工作取得了实质性进展，全年清回欠款21466.6万元，把公司的资金风险降到最低。

(4) 加强对外投资管理力度。在清理、整顿、收缩的原则指导下，对公司投资的项目逐个分析。从审计、规范入手，通过资产变现、债权回收、资产置换等方式，1999年收缩投资700多万元，对债转股增加的项目加强管理。全年实现投资收益超计划指标。

(5) 公司财务状况得到改善。通过调整资产结构，公司流动资产规模降低25%，财务费用降低52%，综合负债率降低67.6%，合理避税同比下降45%，从根本上提高了公司的资产安全性，财务状况得到明显改善。

(6) 开展了ISO9000质量体系贯标工作。在编制了ISO9000质量体系文件后，进行了动员、培训、运行和内审等各项工作。贯标工作进一步规范了公司业务运行程序，增加了过程控制的环节，在保证为顾客服务的质量工作中，发挥了其科学规范的作用。

(7) 增强法律意识，保护企业合法权益。法律事务工作发挥出积极的作用。在公司经济活动中，注重法律知识培训和强化法律意识。在处理各类经济纠纷中，在上海资产保全，新疆大厦处理和清欠工作中，运用法律手段，依法保护了企业的合法权益。

5. 公司党的建设和精神文明工作得到加强

(1) 班子建设。1999年公司强化了领导责任，加大奖惩力度，具体提出了领导者、班子成员应承担的经济责任、廉政责任、学习责任、抵押责任。下达了1999年度考核经营管理指标，签订了与直属公司、分公司总经理和公司中层干部的第三轮任期目标责任书和党风廉政建设责任书，使考核工作做到了量化。

(2) 提高干部综合素质，强化市场经济相关知识。根据企业发展的需要，加强了干部队伍的培训，建立了培训基地。安排了中层干部的各种培训学习，举办了法律、招投标、物资管理、ISO9000质量培训等各种学习班，干部队伍素质得到明显加强。

(3) 进一步加强精神文明建设。关心职工生活，为职工办实事。在国家房改之前，公司已全部解决和改善了职工的住房，为解决职工的安居工程投入了大量的精力。又为职工建立了住房公积金和住房补贴，改善了职工居住环境，解决了职工后顾之忧。在创建双文明工作中，优化改善办公环境，加强了管理，完善了制度、落实了责任。

关心老干部生活，加强老干部的管理工作。落实了老干部政治待遇和生活待遇，组织开展了老干部春、秋游等活动，丰富了业余文化生活。召开了老干部座谈会，按时改选了离退休干部党支部，组织传达和学习有关文件，通报企业情况，及时处理老干部提出的各种问题，充分体现企业对老干部的关心和爱护。1999年公司又被国电公司评选为中央文明单位。

（鲁齐）

中国水利水电工程总公司

概况

中国水利水电工程总公司（简称水电总公司）成立于1988年10月，是国家特大型水利水电工程建设综合企业，是国家电力公司的全资子公司，具有设计、施工、机电设备、工程机具制造、构配件生产等能力。下辖中国水利水电第一至第十一工程局、第十三工程局、第十四工程局、闽江工程局、基础工程局以及富春江水电设备总厂、夹江水工机械厂等17个全资子公司。目前这17个单位已全部通过了ISO9000质量认证。水电总公司创办的经营性实体有北京维康机电设备公司、北京华夏水电新技术开发公司、北京流芳宾馆、总公司深圳分公司及中外合资的深圳能科达机电工程有限公司等。水电总公司具有年完成土石方1亿m^3，混凝土浇筑1800万m^3，发电机组安装800万kW，钢结构制作安装8万t的能力。目前，水电总公司的总资产为123亿元，注册资金为19.26亿元。

几十年来，水电总公司系统各单位承担了国内80%的大中型水电站，总装机达到5000万kW，参加了黄河、长江、淮河、海河、太湖等江河治理及灌溉工程建设，并积极投身水电以外的建筑市场，出色完成了厦门国际机场、福州长乐国际机场、成都双流国际机场飞机库、北京国际游乐场、长春第一汽车制造厂厂房工程及一大批高速公路、工业民用建设任务，多次获得国家及地方政府部门颁发的金质奖、银质奖和优质工程奖。

1999年水电总公司系统共完成企业总产值98亿元，其中国内建筑业产值76.6亿元，国外产值7.2亿元，工业、第三产业产值14.2亿元，分别比1998年增长11%、46%、9%和1%；全员劳动生产率达到75891元/（人·年），比1998年增长15%；企业经营在电力行业养老保险统筹移交地方后增加支出2亿多元的情况下做到了盈亏持平，并略有盈余，比1998年减少亏损9000万元。1999年，水电总公司新中标国际工程合同总额2.5亿美元。

1999年全国大中型水电装机投产共577.9万kW，水电总公司系统完成了441.6万kW，占全国水电装机投产总量的76.4%，创总公司系统年装机投产的最新记录。其他建设项目的施工进展情况良好，实现了合同目标和面貌要求，得到了甲方的一致好评。

近几年来，水电总公司系统在安全生产方面加大了工作力度，安全生产正在走向制度化、规范化、科学化。通过坚持不懈的安全检查和考核，安全生产水平不断提高，事故率逐年下降，成绩显著。1999年，有8个单位实现了零事故死亡目标，9个单位事故率控制在核定指标之内。

近几年，质量管理工作普遍引起重视，以ISO9000质量体系认证为核心的质量管理工作迈上了新台阶。继前两年总公司系统13个单位通过质量体系认证之后，1999年又有四个单位通过了ISO9000质量体系认证，这样，总公司系统17个单位已全部通过质量体系认证，使质量管理工作走上了正轨，迈上了新的台阶。结合深化和完善质量贯标工作，1999年，水电总公司系统各单位认真贯彻国务院关于加强基础设施建设工程质量工作的通知精神，定目标、找差距、抓管理，有效地促进了质量管理工作上水平，取得明显成效。全年完成单位工程380个，合格率达到100%，未发生重大质量事故。

在企业生产能力严重过剩的情况下，开拓市场、承揽工程就成为企业工作的重中之重，这个观念已成为各级领导同志的共识和自觉行动。1999年，系统各单位普遍加大了投招标工作的力度，在建筑市场竞争日趋激烈的情况下，取得了新签合同额略有增加的好成绩。特别是新签国际合同额有了突破性的增长。据不完全统计，截止到1999年底，全系统新中标国内项目590个，合同总额69.5亿元；新中标国际项目11个，合同总额2.6亿美元，其中通过水电总公司窗口签约2.3亿美元。

改革与创新

1999年，在国家电力公司领导的关心支持下，水电施工企业管理体制改革提上了重要议事日程。年初，水电总公司结合社会劳保统筹移交地方向国家电力公司提出了对水电总公司系统企业进行改制、改造、重组的报告，引起了国家电力公司领导对此问题的高度重视。根据国家电力公司领导的指示，下半年加大了对体制改革调研工作的力度，抽调专门力量，组成调研小组，在系统各单位的大力支持下，调研小组通过系统内座谈走访、问卷调查、系统外咨询了解等形式，进行历史考察、比较研究，于1999年年底提出了“两个层次、四种模式”的改革建议方案，提交给了国家电力公司领导和体制改革办公室。

与此同时，水电施工企业内部管理机制改革和制度创新工作也取得了新的进展。夹江水工机械厂继1998年对多种经营项目进行股份制改造后，又对后勤服务工作进行了剥离，分立了经营性公司，与母体厂脱离了隶属关系，建立了一种全新的母子公司架构。富春江水电设备总厂整体与日本富士电机合资，全面探索中外合资、资产多元化的路子。水电一局、二局、十三局、基础局等单位在探讨内部管理体制改革、制度创新方面也迈出了实质性的步伐。水电四局、七局、八局、十一局、十四局等单位在探讨内部集团化运作方面也不同程度地取得进展，为深化改革创造了较好的条件。

根据国家电力公司关于加强企业经营内部审计、监察工作的要求和企业自身经营工作的需要，1999年总公司系统各级组织普遍提高了对内部监督工作重要性的认识，从而加强了企业内部监督机制建设，在人力、财力上加大了对内部审计和监察工作的投入；内部监督部门在增强工作责任心和监督意识的同时，也逐步实现了观念上的转变，变被动监督为主动服务，从而在企业的经营工作中发挥了较好的保证监督和服务作用。据不完全统计，1999年，总公司系统共查处违纪违规金额18517万元，其中17362万元得到纠正，促进增收节支1344万元。

精神文明建设

1999年水电施工企业内部改革压力大，矛盾突出。此时全系统各级党组织、各级干部队伍发挥了强大的政治优势，经受住了严峻考验，起到了中流砥柱的作用，保障了企业改革、发展和稳定的大局，取得了明显的成效。①在党内认真进行了“三讲”教育准备工作，在领导干部中广泛开展了党性、党风教育活动，不断加强了各级领导班子的思想作风建设。②加强了各级领导班子的组织建设，及时调整充实了各级领导班子的力量，加强了后备干部的培养和选拔使用工作。③坚持不懈地进行了党风廉政建设，经考核，总公司系统党风廉政建设评定为优秀。④强化“两手抓，两手都要硬”的意识，不断加强企业精神文明建设，广泛深入地开展了创建双文明单位活动，有效地加强了“四有”职工队伍建设。⑤围绕企业的重点、难点和热点问题，特别是职工下岗问题、离退休职工非统筹费用减发问题、“法轮功”问题等，开展了深入细致的思想政治工作，促进了企业的改革和发展，维护了企业和社会的稳定。

水电总公司将按照“组织集团化、经营多元化、资产股份化、目标国际化”的目标，积极推进水电总公司系统的体制改革工作。2000年是水电总公司的改革年，水电总公司将通过实施战略重组，建立现代企业制度，通过改革和改组，将水电施工企业逐步建成国际一流的施工企业。

龙源电力集团公司

概况

龙源电力集团公司由原龙源电力集团公司、中国福霖风能开发公司、中能电力科技开发公司合并重组而成，原三个公司分别成立于1992年和1993年，1999年6月合并重组为新的龙源电力集团公司（以下简称龙源公司）。龙源公司是经国家经贸委批准成立的国家电力公司全资子公司，是中国电力工业技术改造与技术进步的全国性大型企业集团，主要从事技术改造、科技开发、新能源和节能环保业务，是国家电力公司控股的上市公司——国电电力发展股份有限公司的股东之一。

龙源公司是北京新技术产业试验区认定并注册登记的高新技术企业；经过国际知名的评级机构——美国标准普尔、穆迪公司评定为BBB和Baal，具有良好的国际信誉；具有二级施工总承包权、进出口权、环保专项工程设计证书等。

龙源公司的经营范围是：

（1）经营管理国家电力公司投入该公司的资本和公司所属全资子公司及控股、参股公司中相应的国有法人股权，承担保值增值责任；根据公司的发展，开展国家电力公司批准的电力项目投资、融资业务。

（2）电力设备的技术改造、科技进步、脱硫为主的环保产业、风力等新能源发电、节能技术等项目的开发和投资经营，电力工程总承包和咨询服务，产品的进出口。

（3）国内外电力相关产品和设备的销售及租赁、技术转让、技术贸易、技术咨询服务、房地产等。

龙源公司依靠和紧密联系各网省电力公司和科研究（所），努力在电力工程的新技术引进、开发、工程和服务方面为电力工业做贡献。

龙源公司拥有5个全资子公司、5个控股公司、4个参股公司和10个成员公司。其中，中外合作与合资企业3个，境外注册子公司1个。上述公司均担负着与中国电力工业技术改造和技术进步密切相关的电力技术开发、制造、工程、设计等主要业务。

1998年集团实现营业收入1.4亿元，利润5320万元。1999年集团实现营业收入1.1亿元，利润5619万元。

截止1999年底，集团资产总额为14.2亿元，净资产为5.5亿元，分别为创办初期的3.3倍和3.5倍，平均年增长率分别为22%和22.8%；1999年资产负债率为59.5%，平均年实现利润5571万元；人均实现利润33万元/(年·人)；平均年投资收益率15.2%，均高于国家电力公司系统平均水平。详见图1，图2。

龙源公司的项目清理工作取得实效：已清理项目24个，回收施欠、沉淀资金近6000万元，大大缓解了债务风险，改善了财务状况。福霖公司本着“谨慎从事，稳定人员，内审为主，挽回损失”的原则进行了清理整顿，摸清了家底，控制了经营风险，止住了效益严重下滑的趋势，收回资金955万元，减亏30%，为福霖公司寻求新的发展道路创造了条件。

龙源公司具有一大批懂技术、善经营、有敬业精神的高素质人才。具有大专以上学历的占职工总数的76%以上；具有高中级职称的占职工总数的64%以上。

龙源公司累计参与投资电站项目8个，装机容量1517MW。其中包括：江苏天生港电厂(2×125MW)、

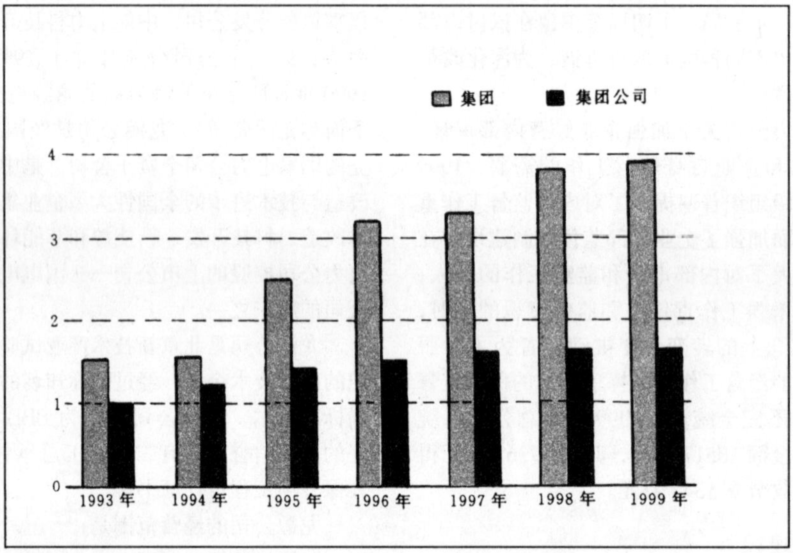

图1 龙源公司净资产示意图

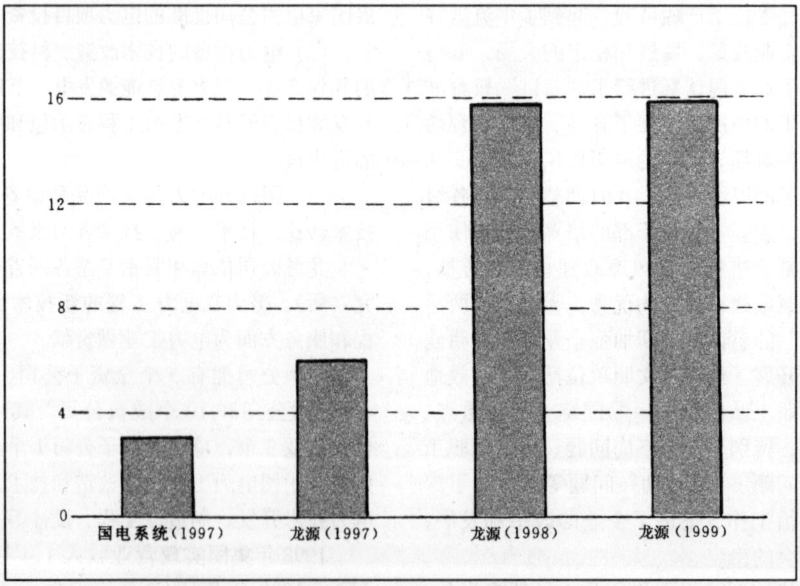

图2 龙源公司净资产利润率示意图

江西景德镇电厂（2×125MW）、江苏夏港电厂（2×125MW）、四川五通桥气改煤电厂（2×50MW）、四川磨房沟水电厂（2×12.5MW）等项目。

技术改造与科技开发

龙源公司积极贯彻国家改善能源结构，保护生态环境，大力开发可再生能源的可持续发展战略要求，在党和国家领导及有关部门的大力支持下，通过广泛的国际、国内合作，利用自有资金、外国政府贷款和商业贷款等，先后建成了广东南澳（共计三期工程）、内蒙古朱日和—商都、河北张北等五个风电场，总装机容量44.2MW，积累了商业性开发的初步经验，培养了一批技术人才，取得了较好的经济效益，对当地环境保护起到了积极的作用。目前，龙源公司正在国家电力公司的领导下，积极实施利用5国政府贷款在内蒙古建设130MW风电场项目，以及利用世界银行贷款建设190MW风电场项目，开展了多方面的风电前期工作，为实现我国风电装机达到1000MW的目标，为加速风电设备国产化进程而积极努力。

龙源公司采用具有当今先进的控制技术和计算机设备自行研制开发的具有90年代先进水平的计算机分散控制系统DCS8800和引进美国MCS公司、贝利公司的计算机分散控制系统（DCS）MAX1000和INF190，先后完成500MW、300MW、125MW不同机型的几十台新建和改造机组的电站自动化控制工程，所承担工程包括全国最大的火电厂谏壁电厂的2×300MW和神头电厂2×500MWDCS控制自动化改造工程，丰城4×300MW、沙岭子4×300MW新建工程等。龙源公司与西安热工研究院合作研制开发具有国家电力公司自主版权的国产化计算机分散控制系统——“国电99”已通过国家电力公司主持的专家评审，即将应用于电厂大型火电机组，已被国家电力公司定为首批重点科技开发项目，将其提高到可与国际领先技术相竞争的水平。

龙源公司以技贸结合方式引进具有世界先进水平的德国斯坦米勒公司的石灰石—石膏湿法脱硫技术，并作为中方专家组组长单位正在组织实施利用德国政府贷款建设的3个火电厂（北京一热、四川重庆、浙江半山电厂）脱硫工程；还与丹麦史密斯穆勒集团合作，应用烟气循环流化床技术，承包了云南小龙潭电厂烟气脱硫工程；同时抓紧开发适合国情的火电厂脱硫工艺，加快脱硫技术与设备国产化进程。通过引进德国脱硫技术，培养了一批掌握世界先进脱硫技术的人才。

龙源公司先后完成了16个电厂6690MW机组的脱硫工程可行性研究、5个电厂1375MW机组的粉煤灰分选工程、2个电厂800MW机组的电除尘器改造，受原电力部委托，负责2个中日合作火电厂烟气脱硫示范工程，承包建成了国内第一个脱硫石膏利用工程。

龙源公司与美国WESTINGHOUSE公司组建合资公司，引进采用国际先进的汽轮机技术，对现有机组进行改造，提高效率，降低热耗。200MW机组改造后在设计工况下，低压缸效率大于87.5%，在相同条件下，可增加出力8000kW以上，节约标煤10～15 g/(kW·h)，技术水平处于国内领先地位。龙源公司还与西门子西屋发电公司联合开发了200MW汽轮机高、中压缸及125MW、300MW机组改造技术。同时，龙源公司正在加快汽轮机通流部分技术改造国产化工作。

龙源公司多年来致力于配电自动化技术、装备的开发和研制工作，在吸取有关科研院（所）、大专院校和国外先进技术和经验的基础上，已开发先进的城（农）网建设改造急需的配电管理系统（DMS）、地理信息系统（GIS）、配电自动化技术（DA）、变电站自动化（监控系统和无人值班技术）以及配套的柱上开关设备、FTU和中低压载波通信技术等，有从配电规划、设计到工程实施的科研队伍和工程队伍，提供使用户满意的服务。

龙源公司开发并研制了具有国家专利的产品GGD低压配电柜以及高级型抽屉式开关柜、GZD直流电源柜和两种10kV高压开关柜等，其中仅GGD低压配电柜一项技术转让达1100多家，国内市场占有率30%。与全国高、低压电器制造企业建立了广泛的信息交流、项目开发等合作关系。

龙源公司先后承担了29个城市的负荷控制规划，并承包了8个城市和地区的负荷控制工程。还开展了用电信息服务系统的规划、安装、调试工作。近期，又开发出具有国内领先水平的低压载波抄表系统，可以在“一户一表”工程设计、施工方面提供优质设备和服务，能够满足城（农）网建设改造的需要。

龙源LY系列汽封装置是龙源新开发的一项高新技术产品，已取得国家专利局颁发的实用新型专利。它适用于目前国内、外各种机型和容量的汽轮机汽封系统结构的改造。LY系列汽封装置特点是能够有效地克服汽封齿与转轴的碰磨，同时大大减少蒸汽的泄漏损失，对提高机组运行的安全可靠性和经济性有明显的效果。该项装置已在大同二电厂200MW机组、北京一热50MW机组上完成工业性试验，均达到设计指标，已进入商业化推广应用阶段。

龙源公司自行研制的等离子点火装置可用来直接点燃煤粉，进行锅炉启动、暖炉及低负荷稳燃。该装置符合国家以煤代油的能源政策，已申报六项国家专利。据国家计委1997年“中国能源白皮书”公布的数字，火电机组点火、暖炉及低负荷稳燃年用油为500万t，占全国总烧油量的15%，折合人民币约100亿元。该装置研制成功可大幅度降低发电成本，具有良好的社会效益和经济效益。

龙源公司自行研制开发的LY-2000型图像火检系统，被有关方面的专家鉴定为“国内首创，世界先进水平”，被国家计委和国家电力公司评定为具有推广应用价值。该系统可以使运行人员在控制室清晰、直观地监视每个煤燃烧器的火焰图像，并且准确地检测出单个燃烧器是否灭火。其功能和可靠性超过了传统的可见光火检。该产品在上海宝钢320MW机组锅炉上已成功运行了两年，在丰城300MW机组锅炉上也试运成功。

龙源公司自行开发研制的110/220kV复合绝缘氧化锌避雷器，于1996年通过电力部鉴定，是国内第一家同类产品通过部级鉴定的企业。1996年10月通过瑞典皇家输电研究院5000h老化试验。该产品于1998年12月成为国家经贸委《第一批全国城乡电网建设与改造所需主要设备产品及生产企业推荐目录》和国家电力公司重点推广项目。该产品系列有电站型悬挂式、电站型立柱式和线路型避雷器共四大系列20个品种。目前，电站型避雷器已运行3000多相，线路型避雷器已运行1000多相，1998年实现产值近千万元。

龙源公司为多渠道引进国外先进技术及产品，促进电力企业技术进步，为电力企业生产服务，积极开展了电力技术贸易业务（该业务由龙源技贸公司——原中能电力科技开发公司负责实施）。目前经营的产品有：电厂检修设备、仪器仪表、电力通讯设备、电力设备安全监测装置等几大类数十种产品。并先后与英国、德国、美国、日本、澳大利亚、加拿大、挪威等国家的企业进行合作。

自1995年以来，原中能公司与加拿大SYPROTEC公司合作引进在线式变压器早期故障检测装置，至今用户已达100余家，分布在全国26个省及直辖市，总使用台数超过450台。该装置在现场运作中成功地捕捉到数十起变压器早期故障，检修人员及时采取措施，最大限度地减低变压器发生故障所造成的损失，对提高变压器检测和运行管理水平，减低变压器发生灾难性事故的风险起到积极的作用。目前正与加方商谈合资生产事项，不久可为电力用户提供高技术低价位的在线检测装置。

中德合作TCPM项目是向中国百余座火力发电厂和供电局的高级技术与管理人员介绍德国电力工业的先进管理模式及其在运行、检修、环保、节能等方面的先进技术和经验，对提高中国电厂效率，减少环境污染，提高公共供电的可靠性发挥了积极作用。

自1994年10月中德两国政府正式签署项目合作协议以来，原中能公司作为中方项目执行单位负责项目的具体实施。项目分两期执行，共六年。一期从1995年10月至1998年10月，培训重点是电厂管理及运行优化，二期从1998年10月至2001年10月，培训重点将拓宽至电网运行及其控制系统。截止1998年底，进修中心共举办了13次在华研修班，10次赴德考察。研修班内容涉及火电厂运行与管理、老厂技术改造、独立发电厂的运营与管理、发电新技术、电厂检修、电厂节能技术、电厂设备状态监测技术等内容。参加人员共计279人，涉及29个电力公司、123个电厂的厂长、总工程师或专业技术人员。

资本运营

龙源公司多年来注重资本运作，龙源公司利用资本运营来实现资源优化配置，资本运营是龙源公司的重要发展战略。龙源公司采取内联外引的方式，进行资本运作，在“以大代小”和高科技开发领域取得了良好效果。

龙源公司通过其全资子公司——雄亚投资有限公司（香港），于1994年在国际资本市场发行11,050万美元国际私募债券，引进外资，投资电站“以大代小”工程江苏南通天生港电厂（2×125MW）和新建工程江苏江阴夏港电厂（2×125MW）。同时盘活江苏天生港老厂（2×125MW+2×25MW）存量资产；龙源公司以资本为纽带，打破地区界限，与国内30多家电力科研院（所）共同发起和组建龙源公司控股的从事电站自动化控制工程的股份制企业——龙源电力技术工程有限责任公司，并一举实现了龙源公司创办初期一无科技人才，二无技术的“零”的突破，既发挥了龙源的资金优势，也发挥了科研院（所）的技术优势；龙源公司与西门子西屋发电公司合资建立汽轮机改造的中外合资企业——龙威发电技术服务有限公司，通过初期用“市场换技术”，引进国外先进技术，培养国内技术人员，逐步达到消化、吸收国际先进技术，实现汽轮机通流部分改造的国产化。

精神文明建设

在思想政治上坚定与党中央保持一致。在思想上，通过集中深入学习马列主义、毛泽东思想和邓小平理论，特别是联系新中国成立50年和改革开放20年来的辉煌成就，联系同以美国为首的北约袭击我驻南使馆的野蛮行径、同李登辉分裂祖国的卑劣伎俩、同“法轮功”邪教组织的猖狂活动这三场大的政治斗争，进一步坚定了建设有中国特色社会主义的理想和信念。

龙源公司一贯重视加强和完善党的基层组织结构的建设。龙源、中能、福霖三家公司重组后，党的工作得到进一步加强。

（陆松）

中国电力技术进出口公司

1997年3月，根据原电力部和国家电力公司的决定，中国电力技术进出口公司（以下简称中电技公司）实现了合并。在上级有关部门的支持下，公司经过1997年的合并组建，1998年的改革发展，1999年的加强管理，顺利度过了三年的磨合期，基本完成了机构整合、人员就位、业务重组、企业发展的任务，公司已具集团化、国际化、实业化的雏形，企业实力、经济效益、管理水平和人员素质有了不同程度的提高，精神文明建设不断加强。

1. 公司基本情况

公司合并组建三年来，进出口业务稳中有升，国际工程承包难中有进，实业开发有所发展，公司效益逐年提高，经济实力日益增强。

进出口业务方面：三年签订合同额15.67亿美元，其中1999年为4.86亿美元；三年营业额7.75亿美元，其中1999年为5.87亿美元。超额完成公司下达的年度经营计划。

国际工程承包与劳务方面：三年签订合同额1.4亿美元，其中1999年为0.64亿美元；三年营业额0.92亿美元，其中1999年为0.2亿美元。超额完成公司下达的年度经营计划。

实业开发方面：青岛恒顺电器有限公司已初具规模，产销两旺，经济效益较好。北京恒泰工贸有限公司已理顺关系，初步确定了公司发展的主导产品——酸化电位水。新疆达坂城风力发电项目，因进口发电机组海运途中遭风暴袭击严重受损，项目推迟投产，投资回收相应延期。

公司总资产1997年4.6亿元，1998年为4.7亿元，1999年为5.63亿元；资产负债率1997年为64.7%，1998年为65.4%，1999年为70%；资本保值增值率1997年为223.6%（因公司资产合并），1998年为101.3%，1999年为102.2%。各项经济指标都控制在公司正常经营范围内，经营风险较小，但财务风险有所增加。

1998年公司首次成为中国进出口额最大的500家企业，排名在420名左右，1999年的排名在50名以内，1998年公司列当年技术和设备进口企业的第5名，1999年为第4名。公司也已连续两年挤身全球最大225家国际承包商之列，1997年为第179名，1998年为180名。

所有这些表明，中电技公司已越来越成为在我国外经外贸系统有影响力的公司，对我国电力系统外经外贸业务的开展的影响越来越大。

2. 公司集团化的架构已基本建立

公司内各分、子公司之间业务分工明确，业务间互补性明显，相互联系加强，体现出公司的总体优势。

公司合并组建后，经过机构调整实现了公司总部各部门经营与管理职能的分离，根据各项业务特点、经营领域、市场状况、发展前景，本着有利于业务发展、有利于调动经营者积极性、有利于减小管理跨度、提高管理效率的原则，区别不同情况，对原来的组织机构进行了改造。经改造后，各级组织发生了变化：公司本部人员精简，决策中心、资金中心和信息中心的功能正在加强。进出口事业部和国际工程事业部的支柱作用明显。各子公司正努力成为自主经营、自负盈亏、自我发展、自我约束的企业。各分公司和驻外机构也在积极探索，力求建立起业绩考评体系。

目前公司有独立核算的事业部两个，独资和控股公司13个，参股公司11个，国内分公司8个，国外代表机构8个。

3. 三项制度改革不断深化，取得明显成效

公司按照“公开、平等、择优”的原则选拔中层干部，使一批有才学的年轻同志脱颖而出，走上领导岗位。公司对员工实行双向选择，基本做到供需见面、能进能出，促进了人员的合理流动，形成了优胜劣汰的用人机制。为了加强对待岗职工的管理，公司设立了专门机构，制定了相应的管理办法，以促使他们尽快找到新的工作岗位。公司对劳动用工制度也进行了重大改革，实行全员合同制，对全体员工实行专业技术职称和聘用岗位相分离的劳动工资制度。1999年又开始实行薪点工资和实收提成奖励制，基本做到了员工的经济收入与企业的经济效益挂钩，与为公司所作的贡献挂钩。

4. 完善内部管理制度

公司合并组建以来基本建立起了一套管理制度，管理规定60多个，尤其是1999年公司确定为“管理年”后，经过对原有管理制度的清理、充实和完善，使公司的管理制度不断健全，基本满足公司现有经营业务的需要，达到了一定的管理水平。

公司已基本建成了计算机网络管理系统，改进了管理手段，改善了办公条件，使公司的管理思想也有了变化。整个管理制度明确了，管理上的漏洞也减少了，从而公司的经济效益提高了，公司的经营风险也

降低了。

5. 质量管理体系与国际接轨

公司通过了ISO9000质量保证体系的认证，表明公司的质量管理体系与国际接轨，已经取得了进入国际市场的通行证，公司的经营活动开始踏上国际快车道，为开拓国际市场扫清了障碍。公司还获得了建设部颁发的工程总承包一级企业资格。

6. 加强员工队伍建设，提高人员素质

根据业务发展的需要着重进行了计算机、外语、国际贸易和国际工程承包业务培训，使员工的知识得到更新，业务素质有了提高。公司还组织了项目经理培训，有54名同志取得一级项目经理的资格，8名同志取得了二级项目经理的资格。

7. 进一步改善公司职工的生活福利待遇

为缓解职工住房紧张局面，给职工创造一个良好的居住条件，公司千方百计筹集资金8672万元，分两年购置房屋114套，建筑面积12220m^2，使绝大多数职工的住房条件有了不同程度的改善。

公司在经济效益不断提高的情况下，切实改善离退休职工的生活福利待遇，使他们能颐养天年。

8. 加强精神文明建设

公司合并组建三年来，精神文明和企业文化建设逐步加强，民主决策机制日益健全，职工参与民主管理、当家作主落到实处，精神面貌焕然一新，精神文明成果显著。公司于1998年颁布了《创建双文明单位实施办法》，并制定了相关的考核办法，使创建双文明单位的工作规范有序地展开。

公司领导班子经过三年的磨合后，领导成员基本做到分工负责、团结协作、相互补台，总经理负责制在公司经营过程中得到体现，党委的政治核心作用得到充分发挥。

公司注意充分发挥员工在民主决策中的作用，对于涉及职工切身利益的重大事项如职工住房分配、工资、医疗、机构调整和人事制度改革以及其他职工关心的重大问题，均提交公司职工代表大会讨论。积极推行司务公开制度，坚持向职工代表大会报告招待费开支情况，定期向全体职工报告公司生产经营情况，接受职工的民主监督，认真听取群众意见。

公司不遗余力抓好党风廉政建设，认真贯彻党中央和国家电力公司有关反腐倡廉的决定，领导干部严格遵守廉洁自律二十四条规定，开好民主生活会，接受群众监督，逐级签订党风廉政建设责任书，设立党风监督员，实行有效的日常监督。公司合并组建以来始终加强党的建设，根据公司机构变动情况及时调整基层党组织，注意发挥基层党组织的战斗保垒作用，针对公司现状，作出了加强驻外机构党的工作的决定。

中国电力信托投资有限公司

（中国电力财务有限公司）

1999年，中国电力信托投资有限公司（以下简称中电信公司）根据国家深化金融体制改革和整顿信托投资公司的精神，在国家电力公司、中国人民银行及公司董事会的领导下，一边抓改组，一边抓经营，经过一年的艰苦努力，圆满完成了改组任务，并取得了良好的经济效益，为电力金融事业的改革和发展打下了良好的基础。

主要工作情况

1999年初，中共中央办公厅、国务院办公厅联合发布的关于《中央党政机关金融类企业脱钩的总体处理意见和具体实施方案》的通知（中办发［1999］1号文件），明确将中国电力信托投资有限公司改组为中国电力财务有限公司。国家电力公司领导对此十分重视，在2月25日召开的总经理办公会上，听取了财务与产权管理部和中电信公司的有关改组工作汇报，通过了中国电力信托投资有限公司改组为中国电力财务有限公司的初步方案。3月末，以国电财［1999］84号文件给中国人民银行上报了改组方案。6月中旬，中国人民银行下发了银复［1999］125号文件，同意中国电力信托投资有限公司改组为财务公司，同时同意将东北电力集团财务有限责任公司改组为中国电力财务有限公司的分公司。8月底，国家电力公司以国电人资［1999］440号文件批复中国电力信托投资有限公司改组为财务公司的通知，对改组工作提出了具体要求。2000年1月12日，人总行颁发银复［2000］8号文《关于中国电力信托投资有限公司改组为中国电力财务公司的批复》，公司于1月20日更换了《金融机构法人许可证》。2000年1月28日举行公司成立揭牌仪式并正式领取国家工商局颁发的营业执照。至此，圆满完成了中国电力信托投资有限公司改组为中国电力财务有限公司这一任务。

1. 认真落实上级文件精神，稳妥制定财务公司组织框架

在整个改组过程中，公司提出了“边改组，边经营”和“高起点、高标准、高要求”的工作指导方针；明确了“循序渐进，平稳过渡，清理整顿，重组发展”的改组工作原则。及时组织公司全体员工对有关文件进行了认真学习，提高认识，转变观念，统一思想。同时结合公司的实际情况，对公司原有机构、人员进行了调整。

2. 坚持既抓改组又抓经营的方针，努力做到改组、效益两不误

在公司改组为财务公司的过程中，鉴于原有的资金信托业务已经受到限制，而新的财务公司运行机制还没有完善起来的实际情况。为了确保过渡期间公司效益，公司在落实改组工作任务的同时，积极努力开拓发展业务，认真研究确定了全年的工作目标和利润指标，并进行层层分解，加强考核。1999 年，公司总资产达到 91.76 亿元，存款余额为 75.39 亿元（其中：委托存款余额为 37.21 亿元），贷款余额为 53.02 亿元（其中：委托贷款余额为 37.01 亿元），所有者权益 8.55 亿元，共实现利润 9119 万元，超额完成了公司董事会下达的 9000 万元利润指标。公司营业费用经过严格管理，1999 年全公司营业费用得到了较好的控制，较 1998 年有较大程度的下降。

3. 积极组建公司业务部、营业部，为电力系统客户提供良好的金融服务

为了使公司的业务尽快延伸到全系统成员单位，公司在抓紧上述改制工作的同时，积极组建了福建、四川、广西、贵州、云南、内蒙等业务部，向直属省电力公司提供优质金融服务，同时为财务公司业务拓展做好准备。在各业务部的积极努力下，截止 1999 年 12 月底，6 个业务部共吸收企业存款 17 亿元，吸收委托存款 5.5 亿元；发放自营贷款 5.6 亿元，办理委托贷款 5.5 亿元；资产总规模达到 22.8 亿元，实现利润 419 万元。各业务部还主动深入了解各省资金来源和信贷市场等情况，并形成了多份比较系统的调查报告。这些调查分析工作对业务部的发展将起到很好的推动作用。

为了给系统内在京单位提供更好的金融服务，1999 年 4 月，公司派人到工商银行进行实习，学习银行结算业务操作规程及有关规章制度。经过一段时间的准备，在京营业部于 1999 年 6 月下旬投入试运行。12 月中旬，公司在白广路办公大楼内又新设一个营业柜台。它的设立不仅为公司争取到更多的客户，丰富了营业部服务内容，同时缩短了公司同在京电力系统企业的距离，使中电财公司的窗口形象更加鲜明突出。到 1999 年 12 月 31 日，营业部累计结算开户单位有 25 家，资产规模近 3 亿元，有力地支持了公司资金头寸和信贷规模。

4. 加快实业清理工作，认真清收逾期放款

按照国家电力公司和中国人民银行总行关于公司改组的有关要求，对财务公司不允许经营的自营实业投资进行了清理和转让。中电信公司成立 6 年来，先后成立了 3 家独资实业公司，共有投资项目 18 个，为防范和化解实业投资风险，公司于 1998 年下半年开始对实业投资进行全面的调查、整顿，在人总行整顿信托投资公司方案出台及国家电力公司对在京直属公司提出“清理、整顿、重组、发展”的要求后，公司更是加快了此项工作的进度。从 1998 年 8 月公司制定清理整顿自营实业投资方案起，已转让出售项目 3 个（舟山电厂、绍兴电厂、上海电器设备厂），清盘 9 个，重组 1 个（深圳实业总公司），尚存参股项目 4 个（龙电股份、湖南华银、内蒙海勃湾电厂、浙江上虞热电厂）、独资项目 1 个（上海中电信实业公司开发的房地产项目），并专门组建了资产管理公司，负责对这些尚存项目的管理和转让。

为了化解风险、减少损失，1999 年初，公司对过去贷款、拆借等逾期欠款进一步加大了清欠力度，总经理、分管副总经理分别担任清欠领导小组组长、副组长和清欠办主任，抽调多名业务能力比较强的人员到清欠办工作。由于措施得力，1999 年的清欠工作取得了较好的成绩，共收回逾期欠款 5479 万元。

5. 落实清产核资和资产评估工作，为改组后的财务公司奠定基础

根据中国人民银行银办发［1999］58 号文《关于对中国电力信托投资有限公司等六家公司进行资产评估的通知》要求，结合中国人民银行银复［1999］125 号文《关于中国电力信托投资有限公司改组为财务公司的批复》精神，公司委托北京市伯仲资产评估有限公司对公司以 1998 年 12 月 31 日为基准日的全部资产和负债进行了清产核资和资产评估。经评估，中国电力信托投资有限公司于评估基准日 1998 年 12 月 31 日的评估资产总值为 631330.03 万元，负债总值为 564992.36 万元，净资产值为 66337.67 万元。与评估前账面净资产 88955.63 万元相比，评估减值为 22617.96 万元。国家财政部对评估报告给予了正式批复，这为改组后财务公司的正常运作奠定了基础。

6. 加强与系统内各财务公司之间的联系合作，不断增强公司的融资能力

1999 年 10 月，公司在大连组织召开了“中国电力财务有限公司业务研讨会”，就组建内部资金融通中心、开展内部融资工作，广泛地征求了意见。华北、华中、华东、西北电力集团财务公司，济南英大国际信托投资公司均派代表参加了会议。与会代表一致认为成立规范、统一运作的融资中心是非常必要的。同时，对如何设立和运作“内部资金融通中心”，提出了很好的建议。公司在听取各方代表的建议后，修订了《中国电力财务有限公司内部资金融通管理办法（暂行）》，并于 1999 年 11 月正式下发实施。12 月份内部资金融通中心已开始正式运作。内部资金融通中心的成立，使公司增强了自身的融资能力，提高

了金融服务的水平，发挥了资金的规模效益。为公司开展多渠道、多层次和多种形式的资金融通创造了一个良好的开端。

公司重大变更事项

（1）公司名称变更：1999年6月14日，中国人民银行颁发［1999］125号文《关于中国电力信托投资有限公司改组为财务公司的批复》，同意中电信公司改组为财务公司，9月21日，国家工商行政管理局企业注册局核准中电信公司名称变更为“中国电力财务有限公司”。

（2）股权变更：原中国电力信托投资有限公司股东单位共计38家，注册资本金为5亿元；改组为财务公司后，股东全由电力系统成员单位组成，共有35家，注册资本金扩增为10.66亿元，其中国家电力公司控股51.59%。

（3）重要人事变更：中电信公司改组为财务公司后，经中国人民银行核准，谢松林同志任中国电力财务有限公司董事长，陈兴铭同志任中国电力财务有限公司副董事长、总经理，罗新泉、柏富亨、肖其之同志任中国电力财务有限公司副总经理。

资产负债情况

具体情况见表所示。

中国电力信托投资有限公司资产负债表

资　　产	金　额	负债及所有者权益	金　额
流动资产		流动负债	
货币资金	2,624,976	各项存款	7,538,735
各项贷款	5,285,902	其中:委托存款	3,721,441
其中:委托贷款	3,700,941	应付款项	423,057
拆出资金	277,136	其他流动负债	356,288
应收款项	326,001	流动负债合计	8,318,080
其他流动资产	433,842	长期负债	
流动资产合计	8,947,857	长期应付款	3,272
长期资产		长期负债合计	3,272
长期投资	120,851	所有者权益	
固定资产	30,703	实收资本	666,000
长期资产合计	151,554	公积金	137,904
无形、递延及其他资产		未分配利润	51,176
无形、递延及其他资产合计	77,021	所有者权益合计	855,080
资产总计	9,176,432	负债及所有者权益总计	9,176,432

中兴电力实业发展总公司

概况

1999年是中兴公司发展取得决定性成果的一年，也是按照国家电力公司本部机构体制改革的总体部署，深化公司改革重组取得重大进展的一年。撤并了原北京中兴宏宇物业公司，组建了北京中兴物业管理有限责任公司，注册资金2000万元。成立了北京中兴恒远房地产开发有限责任公司，注册资金2000万元。完成房地产在建工程并交付使用的面积共计13.5万m^2，公司建设管理的国家电力信息通信综合楼工程，获得北京市优质工程称号，荣获“长城杯”，并已申报“鲁班奖”。公司开发的“南营房危改小区”、方庄“城市芳庭”项目、长沙“京电花园”项目都取得了良好的业绩。公司投资的中小水电站项目及多种经营项目也都取得了较好的经济效益，公司业务不断发展，公司整体实力不断壮大。

主要事件

3月3日，高严总经理在国家电力公司专题听取中兴公司梁裕厚总经理关于中兴公司基本情况、经营状况的汇报，对中兴公司成立两年来的成绩给予了充分肯定，并对公司经营定位及今后发展给予了明确指示，提出了“办出成绩，争创一流公司”的要求。

3月16日，国家电力公司查克明副总经理召集中兴公司梁裕厚总经理、房超、张和之、王申副总经理、机关事务局丁长顺局长、马国志副局长等同志，传达了国家电力公司党组关于事务局与中兴公司合并的决定，并就重组后的中兴公司的定位、发展做了重要指示，强调了要按国家电力公司党组的要求尽快筹建运作起来。

3月25日，国家电力公司查克明副总经理及人事与董事管理部张羡崇副主任到公司宣布党组关于中兴公司新领导班子任命：梁裕厚任总经理，丁长顺任党委书记，房超、张和之、王申任副总经理，并宣布了中兴公司与机关事务局合并的有关事项。

3月26日，中兴公司开发承建的法源寺危改项目住宅小区，顺利通过国家电力公司的联合验收。

4月22日，中兴公司承建的国家电力信息通信综合楼工程，通过了北京质检站的竣工验收。

5月18日，在白广路“中电联”会议室召开了“北京中兴物业管理有限公司”成立大会，张春城同志被聘任为该公司总经理。

6月22日，北京中兴物业管理有限公司在北京市工商局完成注册登记手续，注册资金2000万元人民币。

7月30日，中兴公司开发的房地产项目方庄“城市芳庭”工程通过了北京质检站的验收，质量等级为优良。

9月3日，完成了子公司“北京中兴恒远房地产公司”的工商注册。注册资金2000万元，取得了在京地区独立开发权。

武警水电指挥部

概况

1999年2月，国务院、中央军委国发［1999］6号文件明确，武警水电指挥部正式划归武警总部统一领导管理。同时，按照国务院国发［1996］48号文件通知精神，武警水电指挥部（中国安能建设总公司）与国家电力公司建立资本纽带关系维持不变。该部在武警总部的正确领导和国家电力公司、水利部的指导帮助下，认真贯彻武警总部党委“举旗帜、抓龙头、打基础、保中心”的总体思路和工作部署。坚持以施工生产为中心，狠抓在建工程建设、招投标落实任务和领导管理体制调整，圆满地完成了1999年度的各项工程建设任务。

认真贯彻国发6号文件，切实搞好领导管理体制调整

根据国发6号文件精神和警种部队转隶工作部署，确定了“适应新形势，尽快完成从计划经济向市场经济转变、从过去双重领导体制向统一领导体制转变”的思路。引导官兵充分认识水电部队领导管理体制调整，是党中央、国务院、中央军委适应国家深化改革发展需要做出的重大决策，有利于党和国家对水电部队实施集中统一领导和管理，有利于加强部队的全面建设和长远发展，有利于服从服务于国家经济建设和政府机构改革的大局。按照新的领导隶属关系和新的编制要求，及时完成了指挥部、总队两级领导班子的调整，及时调整理顺体制、编制关系，实现了部队领导管理体制调整的平稳过渡和确保部队的高度稳定。

加强施工管理，圆满完成在建工程任务

该部坚持把在建工程作为中心工作的重中之重。坚持把工程质量安全摆在突出位置，切实抓好建章立制落实工作，进一步规范了《施工现场安全管理规定》和《各级人员安全生产职责》，加强了质量安全教育和ISO9002质量认证监管。严格落实责任制，周密计划安排，精心组织施工，圆满地完成了全年的施工生产任务。全年完成土方开挖646万m^3，石方开挖441万m^3，浇筑混凝土91万m^3，金属结构安装994t，投产机组10台，计4.28万kW。实现施工产值21.71亿元，其中自营部分15.14亿元，占1999年度自营产值计划的112%，比1998年增长15%。其中一总队自营完成5.96亿元，占年计划的101%；二总队自营完成4.49亿元，占年计划的150%；三总队自营完成3.45亿元，占年计划的107%；三峡工程指挥部自营完成1.24亿元。该部实现净利润800多万元，资产保值增值率达到101.2%。

广西天生桥一级水电站。该电站大坝填筑于1999年3月29日，全线达到788m设计高程，提前完成了坝体填筑任务；大坝面板浇筑1999年5月18日全部完成。1999年共完成混凝土浇筑17.26万m^3，占全年计划的107%，年度施工单元工程合格率100%，承建C3标工程的一总队，被中国企业联合会、中国水电质量管理协会评为“全国电力行业用户满意工程先进单位”。

广西天生桥二级水电站。天生桥二级电站3号引水隧洞衬砌完成3409.2m，占年计划的100.3%；回填灌浆完成4021延米，占年计划的115%；常规固结灌浆完成3033延米，占年计划的101%；三号主洞高压固结灌浆因受不良地质洞段处理进度的影响，完成高压固结灌浆17195m。单元工程合格率达到100%，优良率89.5%。

西藏沃卡河一级水电站。1999年6月4日，许莫首部枢纽顺利通过了蓄水验收委员会的验收，6月10日顺利实现下闸蓄水。1号、2号机组9月26日正式投产发电；3号、4号机组分别于11月3日和11月6日完成了72h试运行后正式投产发电，并移交运行单位进行试生产。工程质量优良，获得了蓄水验收委员会和启动验收委员会的好评。

西藏满拉水利枢纽工程。1999年10月19日，满拉水利枢纽工程通过了水利部会同西藏自治区人民政府、武警水电指挥部等单位组织的蓄水阶段验收委员会的验收，10月23日顺利实现下闸蓄水。11月24日首台机组通过启动验收，12月11日首台机组完成72h试运行；12月25日二号机组完成72h试运行正式并网发电。目前，满拉水利枢纽水工建筑物和机组设备运行正常，施工综合优良率达到了91.8%，工程质量和进度受到了西藏自治区政府和国家有关部委及专家的肯定。

长江三峡永久船闸二期工程。1999年9月30日，该部承建的三峡永久船闸二期工程主体段1200余万m^3的开挖任务全部完成，永久船闸施工全面进

入了混凝土浇筑阶段。三峡永久船闸二期工程施工中采用了国内外的先进施工技术，攻克了68.5m直立墙开挖和176m高边坡支护、锚固等世界级难题。年计划浇筑混凝土35万m^3，实际完成41.9万m^3。其中，12月份完成混凝土浇筑8.5万m^3，创开工以来最高记录，提前32天完成了三峡总公司下达的混凝土浇筑年计划34.6万m^3的任务。年度土建施工优良率81.2%，金属结构安装优良率95.9%，工程质量和进度受到中央有关领导、专家和三峡工程总公司的好评。该部三峡工程指挥部在永久船闸施工中两次发生意外重大塌方时，成功地避免了人员伤亡，受到了三峡工程总公司和水电指挥部的表彰奖励。

新疆引额济克工程。1999年10月下旬，业主组织对西干渠4号洞、风城水库进行了分部工程验收，工程优良率100%，十项分部工程全部被评为优良工程，工程质量和形象进度达到年度计划要求，并受到业主和工程监理部门的表扬。

此外，该部承建的长沙长善垸防洪堤防工程被树为湖南省堤防建设的样板工程，受到了中央领导和地方党政领导的肯定；九江市防洪工程被江西九江市评为优质工程；上海市虹口区麦得龙商城房建工程被评为上海市标准化达标工地，获得虹口区优质结构奖；福建南洪公路和洪濑大桥工程被福建泉州市评为优质工程。其他在建工程进展顺利，取得了较好的经济效益。全年部队承建工程合格率达到100%，优良率达到80%以上，承建工程质量和声誉进一步提高，进一步扩大了水电部队的影响。

坚持走科技强军、质量兴军之路

在激烈的市场竞争中，该部领导越来越深刻地认识到先进的科学技术在完成施工生产任务中的重要性，越来越深刻地认识到先进的科学技术对提高工程质量和经济效益的有效性，越来越迫切地体会到掌握运用新技术、新工艺的紧迫性，不断加大科技投入，积极引进技术人才。注重培养和保留技术骨干，营造尊重人才、重视技术的良好氛围；注重改革创新和推广新技术、新材料、新工艺在施工生产中的应用。切实做到每一项工程开工前一定要做好施工组织设计、明确技术措施和质量要求；工程结束要认真总结，特别是搞好施工技术总结，努力培养和造就同行业中领先水平的技术人才。目前，在碾压混凝土筑坝技术、深埋层长隧洞施工技术、高混凝土面板堆石坝施工、三峡永久船闸68.5m高直立边墙开挖和高边坡支护等施工技术方面处于国内领先水平，部队的科技水平和施工生产能力有了新的进步。

拓展市场落实任务，稳步推行项目负责制

该部根据国发6号文件精神，围绕“一个中心、开拓两个市场、培育三个支柱的基本思路”，1999年年初组织召开了招投标工作会议，建立完善面向市场承揽工程任务的有效机制。充分利用部队的优势和实力，主动争取有关部门的支持帮助，进一步加大了招投标工作的力度，工程投标落实工作稳步发展。全年部队中标26个工程项目，合同价款13.7亿元，基本完成了年度的招投标工作任务。招投标工程项目在实行项目负责制方面进行了有益的尝试，进一步调动了部队的积极性，锻炼了部队，增强了部队的发展竞争能力，取得了较好经济效益和社会效益。

深入开展“三讲”教育，切实加强思想政治建设

按照武警总部党委的统一部署，从1999年8月10日至12月30日，集中进行了“三讲”教育。按照江主席提出的“一个增强、两个确保”的要求和“十六字方针”，认真查找和解决部队建设和党委民主集中制方面存在的问题，采取有效措施进行整改。结合学习江主席“永远做党和人民忠诚卫士”的题词，广泛开展了民主评议党员和表彰先进的活动，严格履行职责，涌现出一批艰苦奋斗、努力拼搏的先进典型。坚持高标准严要求，切实加强干部队伍的建设。全年接收地方高校毕业生155名；水电学校为部队培养输送毕业学员112名。宣传报道围绕承建西藏高原水利水电工程建设和三峡永久船闸工程建设掀起的宣传活动，在社会上引起了较大的反响；党风廉政建设取得了新的成效。

坚持从严治警，切实抓好部队的正规化建设

认真贯彻中央军委《关于加强军队管理教育工作的决定》和武警部队管理工作会议精神，全年组织了21批共68人·次的工作组，深入基层检查施工生产和调研工作，部分骨干长住工地指导监管，从严格各项制度入手，狠抓了条令条例的贯彻落实。及时印发了《水电指挥部机关正规化管理规定》和《基层正规化管理细则》，把正规化建设渗透到以施工生产为中心的各项工作中去。初步形成“机关按条令指导部队，部队按条令正规运转，官兵按条令规范言行”的良好局面。突出抓好重大节日和重要活动的管理工作，严格管好人、车、枪、弹。士官制度改革、补兵退伍和技术培训工作进展顺利。在国内外诸多敏感事件中，部队没有发生影响全局、败坏部队声誉的重大案件。二总队七支队被武警总部评为“连续五年三无支队”。该部机关正规化建设和三峡警消大队正规化建设成效明显，受到了武警总部首长的好评。

按纲建队，狠抓基层建设

围绕“一巩固、二深化、三提高”的基层建设思路，认真抓好《纲要》的再学习、再教育，增强了各级领导的《纲要》意识。选送了25名支队主官参加武警总部举办的《纲要》轮训班，支队按纲建队的能力明显提高。全部队对144个建制党支部进行了全面摸底，并对403名支部书记、副书记和中队骨干进行培训，有力地推动了基层党支部的建设。进一步加强了水电学校的正规化建设和基层专业培训指导，全年部队共举办各类专业培训班36期，培训基层专业骨干2360人。基层单位注重运用“三互”有效载体，普遍建立了“三互”小组开展活动，较好地解决了经常性工作落实不到位的问题。三总队十一支队被武警总部党委评为“基层建设标兵支队”，并荣立了集体二等功。

依托社会，增强后勤综合保障能力

后勤保障工作紧紧围绕施工生产要求，按照依托社会办后勤的思路，积极为部队和施工生产服务，较好地保证了部队和施工生产的需要。认真抓好工程价款结算、资金筹措和资金管理。全年结算工程价款3.955亿元，落实工程建设资金4.4亿元，流动资金贷款2.774亿元，收回外汇节余款400万元，落实了企业所得税税前扣除的若干政策，妥善解决了部队企业移交地方后的补助经费；装备管理重点抓好机械操作手培训，进一步加强了中队机务组的建设和单机核算管理。从国家财政中争取到100万元的施工企业技术装备费。坚持依托社会搞好施工设备大修，共完成397台套大中型设备的修理任务，保证了施工生产和招投标工作的急需；基层生活、娱乐设施和基层后勤建设取得了明显进步；物资管理坚持抓好清仓利库，盘活存量。全年压缩配件库存3110万元，处理闲置、报废设备99台套，减少了物资库存841万元；按照总部的统一部署，顺利完成了服装局部改革，粮秣、卫生防疫、住房制度改革和农副业生产、基地建设进一步完善；离退休干部建房工作稳步推进。各办事处、基地坚持为部队建设服务的方向，积极为部队承揽工程项目提供信息、疏通渠道和为部队的建设发展做出积极努力。

主要事件

1月25日，长江三峡工地举行永久船闸闸室首块混凝土浇筑开工仪式，周大兵代主任下达了要以一流的混凝土质量向闸室进军的命令，要求按千年大计的质量要求浇筑好闸室混凝土。

2月2日，武警总部副司令员朱成友到成都检查指导该部三总队的“不经商”工作。

2月3日，西藏自治区党委副书记、自治区政府常务副主席杨传堂率西藏军区副政委多嘉、自治区民政厅长马泽碧一行慰问满拉水利枢纽工程施工部队。

2月11日，武警总部政委徐永清中将、副司令员兼参谋长吴双战中将、水利部副部长张春园、国家电力公司副总经理查克明等领导到水电指挥部机关视察和现场办公，协调落实水电部队领导管理体制调整转隶工作。

2月25日，国务院、武警总部在京召开武警黄金、森林、水电、交通部队领导管理体制调整工作会议，国务院、武警总部领导和该部有关领导参加了会议；26～27日，该部在京召开指挥部党委扩大会议暨基层施工生产和部队建设经验交流会议。

3月24日，全国政协副主席钱正英一行在三峡总公司陆佑楣总经理陪同下，视察该部承建的三峡永久船闸南一闸首混凝土浇筑现场。

3月30日，西藏自治区副主席尼玛次仁一行到满拉水利枢纽工地视察工作。

4月6日，广西壮族自治区政府副主席吴恒视察该部承建的天生桥二级水电站引水隧洞、厂房和天生桥一级电站大坝。

4月27日，该部四支队团委被列为团中央“全国红旗团委示范创建单位”。

4月28日，国家电力公司、中国水利电力工会全国委员会表彰了自1994年以来全国电力系统先进集体和劳动模范，并在京隆重召开表彰大会。水电四支队三中队、十一支队三中队，二支队副支队长康金臣、七支队副支队长兼总工程师郑教泽、八支队三中队副排长廉振江分别受到表彰。

5月5日，该部党委书记徐国武到二总队检查指导工作；同日，湖南省副省长周伯华一行10人视察该部承建的长沙长善垸防洪工程。

5月9日，国家水利部副部长张春园在湖南省领导陪同下视察该部承建的长沙长善垸防洪工程。

5月13日，武警总部副司令员朱成友一行在该部代主任周大兵陪同下，视察了天生桥一、二级水电站和一总队南宁基地。检查了两级机关和28个连队的正规化建设情况和部队的施工情况。

5月16～18日，该部代主任周大兵在三峡工地主持召开永久船闸混凝土浇筑协调会议，要求参战部队要坚持“安全第一、质量第一”的原则，团结协作，克服困难，按计划交面，高质量完成好三峡永久船闸的混凝土浇筑任务。

5月20～22日，武警总部副政委刘源视察该部承建的三峡永久船闸工程，并慰问永久船闸施工官兵。永久船闸右靠船墩18号墩5月22日通过三峡总公司、设计、监理的联合验收,被评为优质工程,三峡总公司陆佑楣总经理对该部取得的成绩给予高度评价。

5月25日，武警总部副司令员朱成友率总部调研组，在该部副主任陈方枢、政治部副主任郭从工等领导陪同下视察三峡永久船闸工地和部队。

6月2日，朱成友副司令员率总部调研组到达二总队调研，先后到九江、鹰潭、南京、上海等地施工部队进行调研，6月14日结束对二总队的调研。

6月19日，全国政协副主席周铁农、湖南省副省长贺同兴、省政协副主席刘夫生及港澳政协委员31人视察我部承建的长沙长善垸防洪工程。

6月30日，该部3个先进党委、14个先进党支部、19名优秀党员、8名优秀党务工作者受到指挥部的通报表彰。

7月2日，该部政委徐国武到一总队检查指导工作并看望部队官兵；同日，广西壮族自治区政府副主席王汉民到一总队驻地视察。

7月14日，国务院、中央军委发布命令，调整水电部队领导班子，陈方枢任主任、徐国武任政治委员。武警总部党委明确了指挥部党委常委组成，徐国武任党委书记，陈方枢任党委副书记。

7月18日，国家经贸委、国家计委、国务院经济发展中心、财政部、国家电力公司、国家开发银行、中电联组成调研组，视察该部承建的西藏沃卡河一级水电站工地。

7月23日，国务院朱镕基总理和夫人劳安，在水利部汪恕诚部长、湖南省委书记杨正午、省长储波陪同下视察该部承建的长沙长善垸防洪工程，并接见二总队副参谋长吴国如等工程负责人。朱总理对工程质量给予了肯定，并嘱咐要实行终身责任制。

8月19～21日，该部在京召开党委扩大会议，武警总部、水利部、国家电力公司的领导出席会议并做指示。

9月3日，贵州省省长钱运录视察天生桥工地，对该部在电站建设中所取得的成就给以肯定和表示崇高的敬意。

9月9日，武警总部副政委刘源、西藏自治区副主席多吉，水电、黄金、交通、森林部队领导到满拉工地检查指导工作。

9月10日，该部在西藏沃卡河一级水电站工地隆重举行1号、2号机组发电庆祝大会，武警总部副政委刘源、西藏自治区多吉副主席出席大会剪彩并慰问施工部队。

11月1日，国务院副总理吴邦国在国务院三峡建设委员会副主任郭树言、湖北省省长蒋祝平、三峡开发总公司总经理陆佑楣等领导陪同下，视察该部承建的三峡永久船闸三闸室，接见该部团以上领导并合影留念。

11月4日，西藏自治区政府常务副主席杨传堂、日喀则行署副专员群培及有关领导到满拉工地视察工作，并协调解决水库蓄水调度及输电上网、电力调度等相关事宜。杨传堂副主席高度赞扬“水电部队官兵风餐露宿，拼搏奋战5年多，将满拉这块不毛之地建设一新，满拉发生了翻天覆地的变化，水电部队的功绩不可磨灭”。

11月9日，该部在三峡工地隆重举行三峡永久船闸开挖全线完工祝捷大会。中共中央委员、武警部队司令员杨国屏上将到会祝贺并深入工地、到执勤哨位亲切慰问部队官兵，杨国屏司令员、三峡总公司陆佑楣总经理、水电指挥部徐国武政委等领导为功臣们颁奖。陆佑楣总经理代表三峡开发总公司向该部赠送了一面写有“金奖之师威震四海山川，橄榄绿装风采千秋大业”的锦旗。11月9～11日，武警部队文工团专程到三峡慰问水电部队官兵。

11月11～23日，该部主任陈方枢到天生桥一、二级水电站工地检查指导工作并看望部队官兵。

11月21日，武警总部副政委隋绳武、副参谋长霍毅视察该部承建的三峡永久船闸工程并慰问施工部队。

11月23日，国家电力公司副总经理周大兵，在厦门办事处主任陈在位陪同下视察我部承建的长沙长善垸防洪工程；西藏沃卡河一级水电站3号、4号机组正式移交试生产。

12月18日，满拉水利枢纽工程1号机组正式并网发电。武警水电指挥部、西藏自治区政府、日喀则行署在满拉工地举行盛大的剪彩仪式；2号机组12月25日正式并网发电。

附件：中央、地方领导同志视察武警水电部队和工程建设情况照片。

11 学术团体

中国电机工程学会

一、主要工作

(1) 第七次全国会员代表大会召开。1999 年 6 月 26～29 日在北京召开了中国电机工程学会第七次全国会员代表大会，出席会议的代表共三百多人。中国科协副主席、党组书记张玉台，中国银行副行长孙昌基，国家机械局副局长吴晓华，国家经贸委电力司司长史玉波，国家电力公司领导赵希正、查克明、陆延昌、周大兵、谢松林、李雪莹、周小谦，国家电力公司老领导王林、黄毅诚，国家电力公司顾问何璟及中电联名誉理事长张绍贤等出席了大会开幕式。

国家电力公司副总经理陆延昌主持开幕式。中国科协副主席张玉台在开幕式上发表重要讲话。国家电力公司总经理助理邵世伟宣读了高严总经理的书面发言。

第六届理事长张凤祥作第六届理事会工作报告。常务副秘书长曾庆禹作中国电机工程学会章程修改说明报告。

大会以无记名投票方式选举产生了第七届理事会理事。在第一次理事会上选举了常务理事。陆延昌当选为理事长，吴晓华、关志成、郑健超当选为副理事长，郭灏当选为秘书长。通过了张凤祥为名誉理事长和名誉理事名单。

(2) 1999 年 7～8 月，学会常设工作班子认真学习高严、张玉台、陆延昌等领导同志的讲话，统一思想，调查研究，提出第七届工作班子的职能、机构及人员安排的建议。从实际情况出发，打好基础，找准位置，并在进行基础工作的同时，开展了学会的主要工作。

(3) 在各方面的支持下，学会于 8 月份搬进新的通讯信息综合楼，办公条件、基础设施均得到重大改善。

(4) 1999 年 9 月 23 日，中国电机工程学会与北京电机工程学会在北京电力宾馆举办了庆祝建国五十周年联谊会。来自国家电力公司、华北电力集团公司和首都电机工程界的老领导和老专家出席了这次联谊会。北京电机工程学会秘书长王惠仁的精彩贺词："祖国繁荣昌盛，电力事业兴旺发达"，道出了与会同志们的祝愿。

(5) 1999 年 10 月，中国电机工程学会主办的《农村电气化》创刊 20 周年。中国科协主席周光召，国家经贸委副主任石万鹏，水利部长汪恕诚，科技副部长韩德乾，国家电力公司副总经理、中国电机工程学会理事长陆延昌等领导分别题词或致信祝贺。

(6) 1999 年 12 月 14 日～15 日，中国电机工程学会专业委员会秘书长工作会议在北京召开。会议由苏竹荆副秘书长主持。郭灏秘书长、中国科协科技咨询中心李力处长、中国电机工程学会学会委员会祁恩兰委员发表讲话。会议一致同意《2000 年学术活动计划及学会委员会工作思路》，对学术委员会工作条例（修改稿）进行了讨论，对学会开始建设中国电机工程学会计算机网页表示肯定。

(7) 为了使学会本部工作正常化、规范化，开始了建章建制工作，制定了《中国电机工程学会财务管理暂行规定》、《考勤管理制度》、《用印制度》、《通讯工具配备、管理办法》等，并完成了对 2000 年外事、学术、期刊、组织等工作的部署。

二、组织建设

上海市电机工程学会于 1999 年 9 月 15 日召开第九次会员代表大会，会议在上海华东电力试验研究院举行，三百位会员代表和数十位来宾参加大会。会员代表以无记名投票方式选举产生了第九届理事会成员。上海市电机工程学会第九届理事长、秘书长名单如下。

理 事 长：周飞达
副理事长：薛　钟　朱国梁　陈开庸　白同朔
　　　　　秦　和
秘 书 长：刘　人
副秘书长：项兆栋　张启平　王　之

三、外事工作

(1) 韩国电气工程师学会访问该学会。7 月，根据双边友好协议，该学会邀请韩国电气工程师学会参加该学会第七届全国代表大会并作了韩国电力改革及技术发展的专题报告。两会领导会谈并就以后进一步的合作交流交换了意见。

(2) 第五届电气工程国际学术研讨会。8 月 16 日～18 日，由该学会联合日本、韩国、香港电气工程师学会在香港召开第五届电气工程国际学术研讨会。会议主题为"面向 21 世纪的可靠有效清洁能源"，主要讨论内容有电力系统、计算机技术、电力电子应用、电气材料以及控制自动化等。录用论文 310 篇，有 360 名来自世界 20 个国家的专家学者参加会议。

(3) 签订中日发电厂水处理研讨会协议。该学会和日本东京电力研究所在 11 月签订中日发电厂水处理研讨会协议，即每二年分别在两国召开一次研讨会交流发电厂水处理方面的技术及经验。协议有效期为五年，五年后根据情况双方协商决定是否继续协议内容。

（4）实时仿真技术研讨会。11月18日，邀请加拿大专家来北京进行电厂实时仿真技术专题讲座。全国各网省电力局代表50名参加会议。

（5）筹备中国电机工程学会与美国电机电子工程师学会的合作协议，为双方理事长的签署做好准备。

（6）经中国科协推荐、国家电力公司同意，学会秘书长郭灏当选国际工程师组织联合会中国国家委员、亚太工程组织联合会执行委员、农电委员会主席。

四、学术工作

1. 召开'99专业委员会秘书长工作会议

中国电机工程学会专业委员会'99秘书长工作联络会议于1999年12月14日至15日在北京召开。学会各专业委员会（分会）、中国电机工程学报及其他有关单位的代表共39人出席了会议。

（1）会议代表一致同意《2000年学术活动计划及学术委员会工作思路》，认为内容丰富全面、具体、可操作。

（2）会议代表一致认为，专委会工作所取得的成绩与挂靠单位在人力物力方面的大力支持是分不开的。建议在适当的时候，召开挂靠单位有关领导的会议，交流信息，争取得到挂靠单位更多的支持。

（3）会议对学术委员会工作条例（修改稿）进行了讨论，建议增加有关成立学术委员会工作小组的内容，对工作小组的成员组成提出几条基本原则的建议：有代表性、专业水平较高、有较多时间参与活动等等。

（4）与会代表对学会开始建设中国电机工程学会计算机网页表示肯定，并对设计框图提出了修改建议，如在网页中加强学术活动在其中的地位和篇幅，设计网页时应注意内容的趣味性，增加对读者的吸引力等等。

（5）会议建议，要在发挥学术交流活动的作用方面下功夫，开展专家建议活动。代表们建议把工作联络会议办成每年一次的例行会议。

（6）会上，一些专委会还就团体会员的发展情况作了介绍，并表示要进一步按有关规定，规范地发展团体会员，为开展学术活动打好社会和经济基础。

2. 重要学术活动

一年来，学会各级组织开展了多层次、不同形式、内容丰富、主题突出、紧密联系实际的学术活动。据不完全统计，一年来，总会各专业委员会召开工作会议28次，学术研讨会37次（其中国际会议2次），参加人数达3017人·次（其中国外学者87人），交流学术论文或技术报告1232篇（其中国外论文103篇），编辑印制论文集几十种，共4000余册。专题报告或讲座17次，参加833人·次。学术活动活跃，会议次数和参加人数比往年有较大增加，论文质量明显提高，基本上完成了年初制定的学术活动计划，学术交流取得显著效果。

（1）第五届全国电磁兼容学术会议（'99EMC）于1999年5月10日～12日在北京召开。会议由中国科协主办，中国电机工程学会等12个学会协办，中国电机工程学会等3个学会承办。在学会领导下，电磁干扰专委会挂靠单位中国电力科学研究院承办会务工作。会议对电磁兼容领域内涉及的各个方面（电磁兼容技术发展动向分析、电磁敏感度测试、电磁干扰防护及其工程应用、测试技术及仪表、电力质量控制、电磁兼容标准等）进行了学术交流和探讨。

（2）面向21世纪电机工程科技发展战略研讨会于6月份在学会换届期间召开。会议紧扣当前电机工程科技发展趋势，面向21世纪电机工程各专业前沿科学技术，为实现中国电机工程科技发展的跨越提供了信息和解决的途径。

（3）全国火力发电技术学术年会于1999年5月10日～12日在陕西延安召开。会议由中国电机工程学会和国家电力公司主办，火力发电分会联合土建、建设、热电、安全技术、电力环保专委会，与热工研究院一起承办。会上对超临界机组、洁净煤发电技术、机组现代化改造、电力环境保护等四个热点问题进行了深入的讨论，并对下世纪的专业发展进行了展望和预测。

（4）'99全国电力系统自动化学术会议于1999年10月24～27日在北京召开。这是学会的重点学术会议之一，会议录用了一百多篇高水平的学术论文。卢强院士提出的"数字电力系统"概念令与会者耳目一新，加深了对电力技术发展前沿问题的认识。

（5）第七届电工数学学术年会于1999年8月11～18日在乌鲁木齐市召开，由电工数学专委会与IEEE北京分会合办。会议代表们认为未来十年电工数学将在大规模数值计算方面、非线性方程研究、电磁场计算的逆边值问题、智能技术及计算、中国大电力系统灾变防治和经济运行研究中应解决的数学问题等方向有大发展，并建议组织力量开发实用的电工数学库软件，建议国家教委在大学教育中加强电工数学教育，重新审定计算数学及工程数学的内容，在电类专业中开设有较新内容的"电工数学"课程，建议对电力、电机工业领域内的广大科技及管理人员中普及电工数学知识，进行继续教育，知识更新等等。

（6）电力节能技术学术研讨会于1999年11月在河北保定召开。该会议是遵照国家六部委开展节能活动周的文件指示举办的。会议由学会与国家电力公司、中国电力报社联合举办。会上对电力节能领域内的各项技术如变频调速技术、无功补偿技术、风机改造、电源节能等各个方面进行了学术交流，达到了提倡节能和进行技术交流的目的。

3. 重要科技建议

(1) 关于加快 500kV 紧凑型输电线路技术发展及应用的建议。

1) 三峡送出工程中，考虑采用紧凑型输电线路；

2) 大型水、火电站线路出线走廊拥挤段应考虑采用紧凑型输电线路；

3) 进一步开展大功率紧凑型输电线路的技术研究工作，大功率远距离送电时，应考虑采用紧凑型输电线路；

4) 在全国范围内选一条 200km 以上的 500kV 电源出线工程采用紧凑型输电技术。

(2) 关于发展先进燃气轮机技术和产业化的建议。

1) 尽快进行先进燃气轮机的发展战略研究。建议在更大范围内组织有关专家（包括军工系统的专家）和领导更全面、深入地研究中国燃气轮机发展战略。

2) 军民结合、相互促进。

3) 从可持续发展战略高度和中国实际情况出发，扶持先进燃气轮机的发展并形成一个适合 GT 技术发展的空间。

4) 引进、消化吸收与创新相结合。

5) 加强组织协调与规划，加大科研投入和制定优惠政策。

(3) 以先进选煤技术和大型环保区域火电厂为基础的清洁煤能源系统。

1) 在诸多洁净煤措施中，煤炭的洗选（净化）是一种简单有效的办法。中国的选煤业必须要有个较大的发展。

2) 建议在全国重点动力煤转运站（包括河、海码头和铁路枢纽站）建设年洗选能力千万吨至数千万吨级的动力煤中心选煤厂，并配套建设能燃烧劣质煤的低污染区域电厂。

3) 选煤厂的工艺和技术应是先进的、成熟的，能满足成品煤质的要求。

4) 配套的大型区域性电厂规模和机组容量可能是 3～5 台 300MW 机组，采用具有亚临界或超临界蒸汽参数的低倍率循环流化床燃烧（CFBC）锅炉。

5) 建议组织力量对本建议的可行性进行研究，在 2001 年末提出可行性报告。

(4) 关于配电网发展的建议。

1) 220/110/20kV 的降压比为 2/5.5；220/110/10kV 的降压比为 2/11。按标准化理论，电压等级应以公比的几何级数划分，显然前者比较合理。

2) 若用 220/35kV 变电站，以 35kV 作为配电电压，则存在二个问题：

①大容量变电站的 35kV 出线太多；②走廊困难和 35kV 供电不易为大用户接受。

3) 若用 220/20kV 变电站，以 20kV 作配电电压，则用户能接受，但 20kV 出线比 35kV 出线更困难。法国电力公司以 220/20kV 供电，减少了变压层次，简化了接线。但其变电站容量只是一台 70MVA 或 100MVA 主变压器出线 48 回路，所以尚能勉强应付。若按中国国情，变电站容量大至 3×240MVA，20kV 电缆出线的困难是不待言。因此，在发展 20kV 的同时，必须连带发展 220/110kV 的输配电方式，即以 220/110/20kV 的方式构成电网，比较恰当。

4) 对原有 35/10kV 的配电网的改造在技术经济综合比较的前提下因地制宜处理。

五、科普工作

(1) 1999 年 12 月 9 日～10 日在北京召开了科普工作座谈会，参加会议的代表有来自全国 23 个省级学会、1 个分会、3 个有关部门的科普工作委员会委员、秘书长和科普刊物编辑成员共 37 位代表。会议认为：电机工程学会要继续发挥科普主力军作用，坚持开展多年来行之有效的科普日常活动；对原电力部《电力科学技术普及规划要点（1996 年～2000 年）》的执行情况进行了回顾，认为一些条款非常好，支撑条件和具体措施、经费渠道来源等等内容，今后在配合国家电力公司编制《电力科学技术普及“十五”规划要点和 2015 年远景目标》中都要继续强调；会议原则同意《中国电机工程学会科普工作设想》；对于《21 世纪科技讲座》与会代表反应热烈，大家应积极予以全面配合，共同完成好整个科普工作。

(2) 提出了《中国电机工程学会 2000 年科普工作设想》。在产生新的第七届理事会以后，工作总部由副秘书长苏竹荆亲自组织编写和讨论通过了《中国电机工程学会 2000 年科普工作设想》，对于及时指导 2000 年的科普工作的开展，起到了积极的意义。

中国水力发电工程学会

为加强对社团的管理，根据国务院、民政部有关要求和中国水力发电工程学会具体情况，国家电力公司于 1998 年 12 月 18 日，以国电人劳［1998］693 号文件明确管理体制，学会的登记机关为民政部，业务主管部门为中国科协和国家电力公司，办事机构挂靠在国家电力公司，据此办理重新登记注册手续。

1999年10月12日，学会在京召开了专委会秘书长工作会议，会议内容：各专委会秘书长口头汇报了1999年工作完成情况及明年的工作计划，并通报学会有关事宜。

会议由副秘书长黄克亮同志主持，地勘、碾压混凝土、电气、水工、自动化、定额预算、面板坝、水力学、环保、水能、抽水蓄能、水电建设管理等专委会、水电年鉴编辑部、秘书长、主编到会参加。各专委会秘书长都认真汇报了本专委会1999年活动情况，提出存在的问题并给学会提出了许多很好的建议。大家一致认为：各专委会要充分发挥本专业技术优势，结合水电工程方面的实际，适应市场需求来进行学术活动和科技咨询活动，使社会认可你的作用，提高学会的地位。邴秘书长通报了国家电力公司“三讲”有关情况和国家电力公司目前电力发展情况。最后毛亚杰副秘书长谈了自己的一些想法：学会要做到搞活，就要紧紧同市场和工程相结合。从三个方面入手：

（1）办培训班发证，根据市场需求，反映工作资历。

（2）咨询服务，成立经营部门，承揽项目，交给各专委会去完成。

（3）学术交流，发挥各专委会技术优势，提高学术水平。

总之，整个会议，大家畅所欲言，会议开得热烈，大家共同的希望是：通过自己的努力工作，能够推动水电事业的发展更向前一步。

1999年10月13日，中国科协召开1999年度统计工作会议。会议内容为1998年统计工作总结、评比及表彰，1999年统计年报及2000年统计工作安排。各全国学会负责统计工作的同志参加了会议，会议上对学会1998年度统计报表工作进行了评比，共评出一等奖54个、二等奖58个、三等奖49个，中国水力发电工程学会获得一等奖的表彰。并对1998年报表中存在的问题进行了解释，对今后统计工作提出希望和要求，希望各单位领导重视，保证统计工作人员相对稳定，并在改善工作条件和经费保障方面给予大力支持，不断提高统计工作质量。

中国水力发电工程学会1997～1998年优秀论文获奖表

序号	论文题目	作者	作者单位	推荐单位	评选结果
1	天生桥一级水电站土石过水围堰设计	杨志雄 陈能平 赵增凯	贵阳院 水规总院	贵州学会	一等奖
2	二滩水电站工程拱坝施工技术	戴科夫	水电八局	湖南学会	一等奖
3	小型水轮发电机组技术改造的设计问题	张玉良 袁　森 顾四行	天津院	天津学会	二等奖
4	二滩电站水工金属结构设计中的若干问题——泄洪中孔部分	赵辅鑫 魏运明	成都勘测设计研究院	金属结构专委会	二等奖
5	二滩电站水轮发电机主要参数的选择	李定中	水电水利规划设计总院	电气专委会	二等奖
6	从长江今年大洪水看中下游防洪工程支流较大水库水电站的防洪作用	陆钦侃	中国水力发电工程学会	学报编辑部	二等奖
7	社会主义市场经济与水库经济研究	曾　念 银　行	国家开发	水库经济专委会	二等奖
8	三峡通航船模便携式自动测控试验系统研究	蔡汝哲 蔡　创	西南水运科学研究所	通航专委会	二等奖
9	冶勒水电站坝基深复盖层帷幕灌浆试验	蒋晓明 苏旭燕 樊无龙	四川省电力工业局	四川学会	二等奖
10	岩滩水电站宽尾墩式消力池联合消能工水力学原型观测	谢省宗	水科院	水力学专委会	二等奖
11	复杂结构大坝的变形“疑点”的物理成因分析	顾冲时 马福恒 吴中如 贾恩宏	河海大学	大坝安全专委会	二等奖

续表

序号	论 文 题 目	作 者	作者单位	推荐单位	评选结果
12	设有垫层的水电站蜗壳结构联合承载分析	李胜军 李振富 王日宣	天津大学	抽水蓄能专委会	二等奖
13	温度效应对大体积混土结构的损伤开裂分析	肖　明	武汉水利	湖北学会	二等奖
14	二滩水电站高拱坝混凝土施工计算机模拟系统及其应用	范贵华 陈万涛	成都勘测设计研究院	四川学会	二等奖
15	岩滩水电站宽尾墩戽式消力池联合消能效果	吴胜光	广西岩滩水电站工程建设公司	广西学会	三等奖
16	我省水库汛期防洪高度中汛期分期洪水	程炳元	安徽省水利水电勘测设计院	安徽学会	三等奖
17	三河闸弧门支绞保留使用的可行性分析	吴　军	江苏省水利勘测设计研究院	金属结构专委会	三等奖
18	河北省小水电可持续发展的条件和对策	宋小岩 郭　立	河北省水利厅水电中心	河北学会	三等奖
19	龙羊峡水库诱发地震特征	孙洪武 张　敏 黄泽荣	青海省地震局	学报编辑部	三等奖
20	压力隧洞衬砌计算方法	李青麒 何其诚	武汉水利电力大学	学报编辑部	三等奖
21	几个停建水电工程的回顾	刘颂尧	水规总院	史料编辑部	三等奖
22	三峡库区城镇迁建基础设施规划与投资	汪小莲 田一德	长江委库区处	水库经济专委会	三等奖
23	新时期开发性移民工作的探索与实践	陈德政	湖北清江水电开发公司	水库经济专委会	三等奖
24	水口三级船闸输水系统设计研究	吴爱钇 赵晓琳	华东勘测设计研究院	通航专委会	三等奖
25	四川省水力资源经济可开发量初步研究	艾明建 梁武湖	四川省计委能源处	四川学会	三等奖
26	积极参与市场竞争，努力完善项目施工管理	马洪琪	水电十四局	云南学会	三等奖
27	水电站水力振动实例分析	周建旭 素丽生 郭锐勤	河海水电学院	江苏学会	三等奖
28	藕池河水系洪道治理意见	张有兴 姚松云 卢承志	湖南省水电设计院	湖南学会	三等奖
29	初选多测点数学模型预置因子集的灰色关联度分析方法	何金平 李珍照	武汉水利电力大学	大坝安全专委会	三等奖
30	真空激光在大坝监测中的应用及效果分析	宋恩来	东北电力集团公司	大坝安全专委会	三等奖
31	加拿大的小水电设备及控制管理技术	程夏蕾	水利部农村电气化研究院	小水电专委会	三等奖

续表

序 号	论 文 题 目	作 者	作者单位	推荐单位	评选结果
32	浅析漫湾电站效益及滚动开发小湾电站	文宏泽	云南省电力分公司	云南学会	三等奖
33	李家峡水电站水轮发电机组的安装	陈生荣	水电四局机电安装分局	青海学会	三等奖
34	葛洲坝大江电厂无人值班工程中计算机监控系统的技术改造	朱 辰 周 茜	电力自动化研究院	自动化专委会	三等奖

国家电力公司顾问何璟率领考察队赴金沙口考察。中国水力发电工程学会邴凤山参加了考察组。这次考察的主要任务是启动新时期水电开发的第二期战略目标，规划西电东送的可行电源。

金沙江发源于青藏高原唐古拉山拉丹东雪山（海拔6621m），至宜宾以下称长江，干流立树至宜宾全长2316km，落差约为3280m，中游石鼓至雅砻江口长约564km，落差838m，可开发容量为2000～2300万kW。雅砻江口至宜宾长768km，落差719m。中下游可成为最大的水电能源基地，总装机6000～7000万kW，年发电量2600～2800亿kWh，保证出力2500万kW。

金沙口下游河段规划向家坝、溪落渡、百鹤滩、乌东德四个水电站，四个电站总库容430亿m^3，总装机3800～4100万kW。年发电总量1800亿kWh，总保证出力1530～1580亿kW，其中溪落渡水电站总库容140亿m^3，装机1200～1440万kW，年发电量610～630亿kWh，保证出力540～560万kW。向家坝水电站装机600万kW，年发电量302～310亿kWh，保证出力210～265万kW。

考察组肯定了金沙江中下游的规划方案，并提出修建龙头水库的意见。

一、国内学术交流

（1）由中国水力发电工程学会水工水力学专业委员会同福建省水力发电工程学会和福建省水利学会主办，’99全国水力学与水工水力学学术讨论会于1999年4月6～9日在福建省福州市召开，此次会议的议题为水电站工程泄洪消能等问题研究。会议提交论文60余篇，编印成论文集一册，来自省外代表60余人，省内代表50余人。

会议就河道水力学及水工水力学两个大专题分别安排了分组讨论，参加会议的委员和与会代表就相关问题开了热烈的讨论，交流了最新的研究成果，并就当前及今后更加关注的研究领域中的问题进行了讨论。两个分组的负责人分别将讨论的情况做了总结。

（2）中国水力发电工程学会水工及水电站建筑物专业委员会’99学术交流会，是与中国水利学会水工专业委员会于1999年4月27～29日在都江堰市联合召开的。参加会议的有中国水科院，中国水利水电建设工程咨询公司，长江科学院，四川电力局，国电公司系统北京院、华东院、西北院、成都院、昆明院，水利部天津院、上海院、淮委院，湖北清江水电开发公司，北京市水利规划设计院，甘肃省水力发电工程学会，刘家峡水电厂，广西水科所，山东黄河设计院，河南省黄河河务局，江苏省建科院，有关混凝土外加剂厂及塑料厂等26个单位，42名委员、专家和代表。会议进行了三天，首先进行了学术交流，提供会议论文31篇，大会发言16人。

（3）由中国水力发电学会地质与钻探专业委员会、中国水利学会勘测专业委员会、全国水利水电钻探信息网联合主办的第九届“全国水利水电钻探、岩土工程施工学术交流会暨全国水利水电钻探信息网会”，于1999年5月7～9日在湖北宜昌市召开。会议由水利部长江水利委员会综合勘测局承办。参加会议的有来自水力发电学会、水利学会和信息网的负责人、水利和电力系统的勘测院（队）、中建一局西诺地下工程公司、上海广联建设发展有限公司、全国大口径工程井施工技术协作网、核工业部华东建设工程（集团)公司、有关厂家等共32个单位、65名代表。

本次会议是继1996年在湖南张家界市召开的第八届学术交流会暨信息网大会之后的又一次盛会，是对两年多来水利水电行业工程钻探技术与岩土工程技术发展的交流总结与检验。通过本次会议，达到交流技术、增进了解、沟通信息、共同发展的目的。也是本世纪最后的一次学术盛会。

会议共收到论文46篇，内容涉及水利水电钻探技术、岩土工程施工技术。其中水利水电钻探类文章19篇，占41.3%；岩土工程施工类11篇，占23.9%；灌浆类16篇，占34.8%。会上交流文章12篇。

为了推动群众性学术活动，鼓励广大技术人员参与学术活动，活跃学术气氛，会议期间，成立了由十人组成的会议论文评选小组，对会议收到的46篇文章进行评选。从中选出10篇具有一定代表性的论文，颁发优秀论文证书。这十篇论文是：

1)《长江三峡水利枢纽永久船闸预应力岩体锚固工艺》

东北岩土工程公司　田伟　田野

2)《GIN灌浆技术的特点及其在小浪底水利枢纽工程中的应用》

黄委设计院地质勘探总队　杨丙炎

3)《微机检测及自动控制技术在江垭大坝帷幕灌浆施工中的应用》

湖南省水利水电勘测设计院　彭春雷

4)《长江中下游堤基（身）渗漏的治理技术》

长江委综合勘测局

刘毅平　孙　昕　马　明　祝德生

5)《大连市引碧供水工程隧洞洞口锚喷支护的工程实践》

辽宁省水利水电勘测设计院　吴耀权　张　力

6)《公安大学部住宅楼垂直锚喷支护设计施工与测试分析》

北京中建一局西诺基础工程有限公司

唐玉文　钱建春　石　健　刘祯荣

7)《光面爆破锚喷技术在三峡工程永久船闸排水洞施工中的应用》

长江委三峡勘测研究院　郭守忠

8)《振冲碎石桩加固软粘土地基》

东北院工程勘察公司

孙志峰　冯　宏　门树林　李亚超

9)《砂砾层灌浆方法及工程实例》

西北院勘测总队　许济法

10)《康定冷竹关电站覆盖层固结（帷幕）灌浆试验设计与施工》

成都院启迪总公司第二公司

谢会权　费大勇　黄　猛　徐　捷

(4) 中国水力发电工程学会电气专业委员会与福建省水力发电工程学会共同组织，于1999年5月18～21日在福建厦门集美召开了“电气专业委员会’99学术交流会”，参加会议的有电气专委会的委员及论文作者和代表共计70余人。

本次会议主要议题有：①高压电力电缆及中压配电装置专题论文交流；②水轮发电机蒸发冷却技术研讨；③电气专业委员会会议。

(5) 由中国水电学会大坝安全监测专委会监测设计与施工分会、全国大坝安全监测信息网、天津水电学会大坝安全监测与管理专委会共同发起举办的“全国大坝安全监测设计与施工研讨班”于1999年9月5～11日在河海大学黄山培训中心举行，来自64个单位的87名代表参加本次研讨班。

研讨班由中国水电学会大坝安全监测专委会设计与施工分会副主任刘景僖主持，赵志仁、刘观标、池胡庆三位同志分别代表专委会监测设计与施工分会、全国大坝安全监测信息网及大坝安全监测专委会致辞，向本次研讨班表示热烈的祝贺，为代表们的到来表示热烈的欢迎。

本次研讨班采取专题讲座和分组讨论相结合的方式，先请专题主讲人就水利水电监测设计及优化，大坝安全监测设计及自动化系统，长江三峡水利枢纽建筑物安全监测设计，国外大坝安全监测仪器、安装埋设以及大坝水下安全监测及检查技术等专题作了中心发言，并分组展开了热烈的讨论。

(6) 中国水力发电工程学会工程造价专业委员会于1999年12月29日在北京召开主任和秘书长会议，正副主任委员8人、正副秘书长3人全部到会。会议就几个主要议题展开了较深入的讨论。

1) 关于更换工程造价专委会主任委员。原主任委员高安泽同志已调任水利部总工程师，本人提出辞去专委会主任委员职务。经过征求有关领导和专委会部分委员意见，决定增补童显武同志（现任国家电力公司水电水利规划设计总院副院长、教授级高工）为工程造价专委会主任委员，已经中国发电工程学会批准认可。会议通报了上述情况，并责成秘书处通知各委员单位和专家委员。

2) 关于1999年的工作总结。

3) 关于2000年的工作计划。

(7) 在中国水利水电科学研究院结构材料研究所和中国水力发电工程学会大坝安全监测专委会的大力支持下，大坝安全监测信息处理技术研讨会暨资料分析与信息处理分会’99年年会于1999年12月20～22日在北京中国水利水电科学研究院结构材料研究所举行。武汉水利电力大学、黄河水利委员会设计院、长江委大坝监测中心、南京水文自动化所、东北勘测设计院、辽宁电力研究院、小浪底建管局咨询公司、加拿大Roctest北京有限公司、中国水利水电科学研究院等12个单位的24名代表参加了本次会议。分会副主任委员水科院张进平主持了会议。

会议内容主要有以下两个方面：

1) 安全监测系统研制情况介绍与讨论。国家电力公司成都勘测设计院工程安全中心张惠林教高和河海大学沈振中副教授介绍了二滩拱坝安全监测系统的研制情况及经验，河海大学岳建平主任，水科院结构材料所张进平、陆峰博士生和东北勘测设计院科研院张兴武总工先后介绍了黄河小浪底水利枢纽安全监测系统研制工作及心得体会。会议围绕这两个枢纽安全监测系统的研制进行了讨论。代表们结合自己的工作实践，提出了不少具有建设性的见解，同时也提出了一些在系统研制工作中值得注意和思考的问题。

2）规范修订意见讨论。对《混凝土大坝安全监测技术规范》中的“监测资料的整理整编和分析”部分，由规范原起草人之一、水科院庄万康介绍了原来编写的思路。与会代表对规范中这一部分如何吸收近十年的新经验、反映当前对监测整理分析工作的新要求发表了意见，提出了一些有益的建议和看法。

(8) 水库经济专委会1999年年会于1999年11月6日在云南省昆明市召开。参加会议的有国家电力公司副总经理周大兵、云南省常务副省长牛绍尧、国家经贸委电力司副司长吴贵辉、国家计委投资司李明德处长、长委副主任傅秀堂、水电水利规划院院长程念高、国家电力公司各部门有关领导及有关设计院、省市移民办领导共170余名代表。周大兵、牛绍尧、吴贵辉、程念高在会上讲话。这次年会的主要议程有：①学习1998年全国人大通过的新修订《中华人民共和国土地管理法》，探讨对《大中水利水电工程建设征地补偿和移民安置条件》的修改意见。②交流移民监理工作经验。③水库移民的安置问题。④总结专委会工作。

(9) 由中国水电学会面板堆石坝专委会与水利学会、浙江省水利学会、珊溪水利枢纽总指挥部、水电十二局联合召开的全国面板堆石坝学术研讨会于1999年11月23～25日在浙江温州市举行。到会代表133人，收到论文50余篇。大会请蒋国澄、凤家骥、李义昌专家做了专题报告，并有16位代表发言。两个专委会就2000年工作进行了讨论。

二、地方学会学术交流

（一）湖北省发电工程学会召开1998年长江洪水研讨会

参加会议的有湖北省防汛总指挥部、长江水利委员会、湖北省水利厅、湖北省水利水电勘测设计院、丹江口水利枢管理局、武汉水利电力大学等单位的专家教授共20多人，对1998年长江洪水的成因、造成洪灾的各种因素、抗洪抢险的经验、教训进行了分析研讨，一致认为应从中吸取教训，认真研讨今后应采取的防治措施。

1. 1998年长江洪灾的成因

造成洪灾的直接原因是气候异常、暴雨强度大而且雨量集中。1997年爆发了百年来最强的一次厄尔尼诺现象，导致去冬今春中国华南、江南上空太平洋副热带高压活动强烈，洞庭、鄱阳两湖水系长时间笼罩在阴雨之中，雨量较往年偏多1.6～2.5倍。长江流域出现了枯季不枯的反常现象。3月上旬以来，湘、赣两省北部持续发生大到暴雨，两湖洪水大量入江，长江干流水位明显高于往年。6～8月期间，西南倒槽和低压出现频率特别高，多在四川和江南地区出现，倒槽或低压附近辐合上升运行明显，有利于暴雨产生和发展。6月11日起，长江中下游进入梅雨季节，强降雨带主要位于江南地区。7月上旬，雨带西移到长江上游，四川境内大部分地区普降暴雨，金沙江、岷江、嘉陵江等主要支流江水猛涨，三峡区间、汉江上中游也连降大到暴雨，致使长江中游江段受前堵后追，水位持续上涨。7月下半月，按常年规律，副热带高压本应北移，把雨带推向黄河流域，但接踵而来的拉尼娜现象却迫使副热带高压退至长江中下游江南地区，湘、鄂、赣三省再次进入梅雨天气，出现强降雨过程。8月上半月，雨带被推到长江上游地区盘旋，至16～18日又回到中下游和江南地区。8月19～25日，雨带重又西移到四川嘉陵江、岷江和汉江上中游。26～29日再次返回到长江中下游和江南。由于强降雨带在长江流域这种南北拉踞、东西反复摆动的势态，导致干支流洪水恶劣遭遇，形成了全流域性的大洪水。

据统计，1998年长江洪水宜昌站最大30天洪量为1382亿m^3，最大60天洪量为2554亿m^3，均与1954年洪量相近。但1998年长江沙市以下至湖口间沿线各主要水文站最高洪水位均超过1954年最高洪水位（汉口站除外），汉口站最高洪水位达29.43m，仅次于1954年，最高水位持续时间也比1954年长，沙市站超警戒水位60天，其他各站超警戒水位最长达94天。

长江洪水位超过1954的原因主要有以下几点：

(1) 溃口分洪水量少。1954年洪水后，沿江堤防不断进行了加高培厚，普遍加高2～3m，堤防抗御洪水的能力提高了，洪水不能像1954年那样肆意泛滥。1954年溃口分洪量为1023亿m^3，1998年洲滩民垸总分洪量约100亿m^3，仅为1954年的1/10，对降低干流水位影响甚小。

(2) 河槽水力比降影响。由于堤防加高，河槽行洪量增大，加上连续多次洪峰到来，河槽在恒定流状态下水力比降减缓，因而干流水位高于1954年。加高堤防的正面效应是1998年洪水成灾面积和伤亡都远小于1954年，但负面效应却是堤高水涨，监利、洪湖部分堤段靠临时子堤挡水，有些地段江水比堤外高6～10m，风险大大高于往年，使抗洪斗争形势更加严峻、任务更加艰巨。两个多月期间，数百万军民日夜奋战在抗洪第一线，人力、物力、财力消耗巨大，说明单纯依靠堤防抗御洪水不是根本的解决办法，如果1998年上游来的洪峰更大些，则溃口受灾的面积和损失可能要大得多。

(3) 湖泊调蓄能力下降。从历史上看，长江中游平原经常遭受洪水汜滥，但两岸星罗棋布的大小湖泊起着削减地面径流、调蓄水量的作用，其中洞庭、鄱阳、洪湖等大湖泊，都是调节长江洪枯水量的天然水库。但近几十年来，流域上游大面积森林被砍伐，大片山坡丘陵滥施开垦，造成地表植被严重破坏，水土流失加剧，河道湖泊泥沙淤积调蓄容积逐年减少，洞庭湖每年泥沙淤积量1.3亿t，再加上人们围湖造田，湖面已比50年代初萎缩了1/2强，现在面积只剩下$2100km^2$，蓄水容积减少了120多亿m^3。鄱阳湖被淤积围垦蚕食掉$1300km^2$，蓄水容积减少了70多亿m^3。更有许多湖泊已经消失，素有千湖之省的湖北，到80年代只剩下湖泊309个，长江的通江湖泊面积已从$16000km^2$减少到$6000km^2$，$10000km^2$的湖泊消失了，不仅严重消弱了对长江水量的调节功能，而且也给生态环境带来极其不利的影响，洞庭湖周边三年两灾，水患愈演愈烈。水域生态恶化，长江“四大家鱼”产卵量也急剧下降。

(4) 分蓄洪区功能萎缩。50年代在江汉平原曾设置了多处分蓄洪区，但40余年来中国人口增加了一倍多，人口与土地的矛盾日益突出，原来规划的分蓄洪区内住进了大量居民，开垦了大片耕地，还建起了村镇、工厂。象荆江分洪区原规划面积$920km^2$，可分洪54亿m^3，如今发展到人口54万人，耕地54万亩，成为经济比较富裕的地区。一旦分洪，将造成巨大经济财产损失。1998年在沙市水位超过45m的情况下，党中央根据水情发展，权衡利弊，决定不运用荆江分洪区，避免了分洪损失，但是严防死守长江大堤，代价也是不小的。

2. 已建水库在防汛关键时刻发挥了积极作用

1998年的抗洪实践证明，依靠水库拦洪削峰是一种有效措施，汉江丹江口水库有防洪库容56～78亿m^3。1998年7～8月间，丹江口以上流域先后发生5次大洪水，最大洪峰$1830m^3/s$，丹江口水库及时关闸蓄水，显著缓和了汉江中下游防洪紧张局面，避免了杜家台分洪，同时与长江干流洪水错峰，减轻了对武汉的压力。据推算，如果没有丹江口水库拦洪，汉口1998年最高洪水位将超过历史最高水位29.73m，可能达到30.33m，武汉防汛压力将会更大。如果丹江口水库大坝已建到最终规模，防洪库容达到80～110亿m^3，则1998年汉江防汛形势就不致如此严峻。

清江隔河岩水库有5亿m^3防洪库容，在8月7～16日的10天内，宜昌接连出现了三次超过$60000m^3/s$的大洪峰。沙市以下长江大堤正经受严峻的洪水威胁，是否动用荆江分洪区已到了紧急决断关头。隔河岩水库奉命拦洪削峰，使沙市水位比不拦洪下降了0.15～0.29m，为保护大堤安全，避免运用荆江分洪区作出了重要贡献。如果隔河岩上游的水布垭水库建成的话，其蓄洪削峰的作用将会更大。

即使是规划中不承担防洪任务的葛洲坝水库，在1998年长江最后三次洪峰来临时也参与了削峰调度，分别削减洪峰2000、1800、$2700m^3/s$，降低沙市水位0.16～0.20m，为保证荆江不分洪创造了有利条件。

其他如湖北的陆水水库、漳河水库等，对控制所在支流洪水和与干流错峰方面，也都发挥了不同程度的积极作用。

3. 对防治洪水的建议

防治长江洪水灾害，必须以流域生态环境的整体治理为目标，考虑自然、经济、社会各方面的因素，采取多种措施，统筹兼顾，标本兼治。

从保护生态环境的角度来说，水土保持是江河治理的根本。应当严禁毁林垦荒，加强水土保持，这是防治洪水的一项根本措施，必须坚持执行。在长江上游约有5000万亩的坡耕地，如能在这些坡耕地上推广横坡耕作制度，每亩地可减少泥沙流失量60%以上，总计每年可减少入江泥沙1亿多t。此外，还应坚决制止填湖造地建房，认真落实“封山植树，退耕还林，退田还湖”的规划。要坚决改变以往那种“靠山吃山，靠水吃水”的惯例，实行“靠山养山，靠水养水”。光吃不养，迟早会坐吃山空。

从水利工程的角度来说，增强防洪减灾能力的主要措施是：

(1) 平垸行洪，疏峻河道。长江中下游地区洪灾严重的主要原因之一是上游洪水来量大而中游河槽泄洪能力不足，特别是荆江、洪湖江段矛盾更为突出。然而近几十年来在沿江大堤之内洲滩围建了不少民垸，这些垸堤防洪标准低，工程质量差，不仅难以抵御大洪水，而且对长江干流行洪也造成严重障碍，1998年薢洲湾受淹就是垸堤溃口的结果。为此应坚决迅速拆除碍洪的洲滩民垸，将居民移出堤外，另建新村镇安置。此外，近几十年来，在长江流域上中游进行道路、矿山、城市、水利工程等建设时，也把大量废料直接倾倒在河床中，淤塞河道，束窄过水断面，严重破坏河道水沙自然平衡，导致洪水位抬高，这种行为也应坚决制止。

(2) 加固堤防。1998年抗洪抢险中暴露出长江堤防存在多处险患，急需加以整治，监利、洪湖、四邑公堤、汉口龙王庙等堤段更是急中之急。当前有些地方在复堤工程中规定普遍按1998年洪水位以上加高1.5m，这种不重视落实分蓄洪区措施仅仅依靠加高堤防的做法是不可取的，它将导致堤高水涨、水涨堤高的恶性循环，而且一旦堤防失守，带来的后果更加严重。干堤的整治原则应当是先考虑加固，后考虑加高，在加固的基础之上加高，重点解决好基础渗漏、堤身质量不高以及靠子堤临时挡水等问题。对长江沿线各段堤防应分别制定不同的防洪标准和配套的分蓄洪措施，当发生特大洪水时，确保重点堤段和重点保卫目标的安全。至于垸堤，则标准不能过高，应划分等级区别对待，达到一定水位时就弃守，保护长江大堤安全。在干堤顶部不宜修建重要交通公路，以保护堤身安全。

(3) 恢复和设置分蓄洪区。应恢复和发挥分蓄洪区的作用，对有些分洪区，灾民不应再返回原处居住，而应移居高出洪水位以上的移民点。民垸运用应分等级立法，按不同标准达到规定的水位就主动撤出，民垸内不宜发展大型工业企业，建议种植避洪作物，因地制宜，农林牧副渔全面发展。在分蓄洪区进口和出口均设置节制闸，以提高分蓄洪区运用灵活性。

(4) 在干、支流上修建山谷水库。整治长江水患需要从全流域综合考虑，蓄排兼顾。植树造林对保护生态环境、涵养水源、减少水土流失大有好处，但起码需要几十年时间幼林才能长大发挥作用，而且也不能从根本上解决洪水问题。增强防洪能力的主要措施或者说是根本措施之一是修筑山谷水库。

中国是人均淡水资源极其贫乏的国家，人均年可用水量只有220m^3，仅为世界人均年用水量的30%左右，联合国据此已把中国列为全世界13个最缺水国家之一。由于降雨径流时空分布不均，中国年年旱涝灾害频繁，旱灾造成的损失尤为严重。因此水多时应尽量拦蓄一些。在建的三峡工程防洪库容221.5亿m^3，建成后可使荆江大堤防洪标准从现在的10年一遇提高到百年一遇。若再出现像1998年这样的洪水，汉口水位可控制在28.80m附近。但单靠三峡仍不能解决更大的稀遇洪水的问题，还需在干支流上修建具有拦洪能力的水库。

汉江丹江口水库以上曾出现过特大洪峰5000m^3/s(1935年7月7日）和3350m^3/s（1982年8月1日），都远大于1998年的洪水，如果类似这样大的洪水与1998年长江洪水同步出现，则汉江中下游部分民垸都势必分洪，江汉平原可能遭受毁灭性的灾难。因此有必要尽快加高丹江口大坝，完成最终建设规模，彻底解决汉江洪水对江汉平原和武汉三镇的威胁。

清江流域和三峡区间属于同一暴雨区，清江洪峰占长江宜都站洪峰比重1998年为12.8%，1935年为18%，1954年为9.7%。清江隔河岩水库在1998年防汛中虽然发挥了积极作用，但为了更加有效地控制清江洪水，上游的水布垭水库有必要尽早兴建。水布垭水库有5~7亿m^3防洪库容，建成后配合三峡水库运用，可使荆江大堤防洪标准提高到124年一遇，减少荆江分洪量。

水库除了具有防洪作用之外，还有发电、灌溉、供水等其他综合利用效益。水电是清洁廉价能源，开发水电对改善能源结构，减轻环境污染具有重要作用。水利水电工程建设能起到长期拉动国民经济发展的效果。无论是以防洪为主的水库或是以发电为主的水库，在必要时刻，都可以发挥防洪的作用。

水库在防汛中能否发挥积极作用关键在于制定正确的调度策略，而制定调度决策的前提是及早掌握准确的水情信息。因此在1998年的水库运用管理工作中，有必要建立流域水情自动监测预报系统，使防汛决策指挥建立在可靠的基础之上。

4.'98洪水的启示

1998年洪水过去了，留给我们的深刻教训是：地球是人类与其他生物共有的家园，人类必须与自然和谐相处，正确认识和正确运用自然规律，切莫再与水争地，与林争地。应当遵循流域生态学的原理，综合采取工程性和非工程性的多种措施，改善江河湖泊生态环境，维护自然生态平衡，实现人类、资源、环境共同可持续发展，为子孙后代造福。

(二) 湖南省水力发电工程学会三届二次理事(扩大）会议暨中青年优秀论文学术报告会于1999年5月8~9日在长沙市召开

参加会议的有学会三届名誉理事长、顾问、理事、专（工）委会主任、学会副秘书长、地（市）县会员小组负责人、中青年优秀论文作者共计110余人。中国工程院院士谭靖夷、湖南省科协学会部肖兵部长、罗义荣同志应邀出席了会议。会议特邀国际大坝委员会副主席、中国大坝委员会副主席张津生先生，加拿大卑诗省水电公司、黄河小浪底工程水电专家楼渐逵先生在开幕式上作专题报告，会议还邀请湖南卫视台、湖南日报社记者进行了采访报导。

(三) 湖南水力发电工程学库区经济专委会于1999年6月20日在湖南永州市召开换届及年会

出席代表45人。

(四) 广西水力发电工程学会第五次会员代表大会

这次大会的使命是根据国务院最新要求进行学会换届和组建新的理事会领导班子，同时进行学术研讨会。广西电力公司副总经理李锦文当选为新理事长，广西电力公司科技处张大本同志当选为秘书长。

参加大会的有广西壮族自治区原常务副主席王蓉贵、广西壮族自治区科协副主席王植柔、广西建委老专家翁长溥总工以及广西电力系统有关领导。

(五) 南方省（市、区）'99水电学会联络会议于1999年8月10~13日在贵州省贵阳市召开

会议邀请了中国水力发电工程学会秘书长邴凤

山、国家电力公司水电与新能源发展部副主任陈东平、贵州省科学技术协会副主席黄乃清及学术部副部长杨光英和贵州乌江水电开发有限责任公司总经理金泽华等五位同志到会指导；参加会议的有来自广东、广西、四川、云南、湖南、湖北、福建、江西、重庆、西藏、贵州（海南省暂缺）的水力发电工程学会代表共 57 人。会议由贵州省水力发电工程学会主办。

贵州省水力发电工程学会理事长、贵州乌江水电开发有限责任公司董事长戴绍良同志致欢迎词，代表贵州省水力发电工程学会和乌江水电开发有限责任公司，向中国水力发电工程学会领导、国家电力公司水电与新能源发展部领导、贵州省科学技术协会领导莅临会议作指导，表示衷心感谢！向远道而来出席会议的兄弟学会的领导表示热烈欢迎！并建议会议重点议题：总结交流建国 50 年来各省（市、区）水电建设所取得的成就，探讨新一个世纪电力市场供需状况及电力结构调整水电发展的战略和对策，交流各省（市、区）流域水电滚动开发的建设经验。同时回顾了自 1987 年首次南方省（区）水电学会联络会议在贵阳召开至今已有 12 年了，每年一度的水电学会联络会议确实起到的“交流经验、增强友好、促进进步、得到发展”的作用，为南方各省及全国的水电建设作出一定贡献，意义特别重大。

会议交流的学术论文、专题报告、图册和简报共 22 篇。其中，介绍省电力市场与水电开发的 6 篇，介绍流域滚动开发的 5 篇，介绍省水电建设 50 年总结的 2 篇，介绍学会工作经验 2 篇，企业管理及其他 6 篇，图册 1 本。

在大会宣讲的文章有江西《江西电力工业的发展与抽水蓄能电站的建设》、四川《加快大渡河开发是实现资源优化配置调整电力结构战略的紧迫任务》、湖北《改革促进清江流域水电事业的发展》、云南《谈澜沧江流域滚动开发的几个问题》、贵州《电力市场与贵州水电开发》、广西《龙滩水电工程的进展》、广东《南方互联电网的运行情况及其特点》、湖南《五十年湖南省水电建设的成就》、福建《辉煌的成就，飞跃的发展——福建水电建设 50 年》等 9 篇。

（六）四川省水力发电工程学会、成都水电学校及四川省水电学会科普工委会联合于 4 月 12 日组织了二滩电站大型学术报告会

二滩是中国本世纪建成发电的最大电站，其多项技术指标名列世界前茅。无论是设计水平、技术经济指标，还是工程建设的管理、施工质量、建设工期以及静态、动态投资的控制，都无愧是中国水电建设史上的一个里程碑。

二滩电站在建设中总结了一套现代大型工程的管理经验，其三大核心是严格执行招投标制、国际合同制、工程监理制。象二滩这样的中外与地方合资并部分利用世界银行贷款（共贷 9.3 亿美元）总投资为285.54 亿元的大型工程靠什么管理？如何确保工程质量？关键是项目管理责任制的严格实施。在建设中，妥善处理好业主与监理工程师等方面的关系以及索赔与反索赔等方面的问题，与会者从王音辉副总经理提供的材料中也得到了许多有益的启示。

（七）四川省水力发电工程学会于 1999 年 4 月 5～10 日在四川大学水电学院举办了首期计算机网络培训班

参加首期培训的有来自武警水电三总队、水电七局、水电十局、四川巴蜀电力开发公司、四川电力股份有限公司、四川明珠集团公司等单位的学员 23 人。根据学员的具体情况和要求，培训班重点介绍了计算机上网的基本知识和办公自动化应用，以学员实际操作练习为主。培训知识包括计算机硬件、软件基本知识、互联网的概念、互联网的作用、如何使用互联网、几种互联网软件的使用、企业网的概念及组成、如何将企业推向互联网、企业上网存在的问题、企业上网解决方案、网络营销的基本理论、如何利用互联网进行商务活动、办公自动化的概念、办公自动化网络的组成、Window95 基本操作、中文 Offic97 的基本使用、计算机病毒的产生、危害以及预防、几种杀病毒软件的应用、有关 2000 年问题以及解决方案等，学员以上网实际操作训练为主。

三、国际会议

在国家电力公司的领导和指导下，在四川省电力公司的支持下，该学会于 4 月 21～25 日在成都主办了 RCC’99 碾压混凝土筑坝技术国际会议。大会由四川省工业局副局长、四川省水力发电工程学会理事长马怀新主持。水利部部长、中国 RCC’99 组织委员会主任致开幕词，国家电力公司水电与新能源发展部主任张学知及四川省电力公司总经理石万俭致词。参加会议的有 17 个国家的 250 多位代表，其中外国代表 70 多人。大会收到 100 篇论文。

四、科普工作

中国水力发电工程学会新技术研究中心会同北京飞箭有限元公司、美国 SGI 公司、惠普公司及 IBM 公司从 1997 年以来在三峡及十余个省市举办学习班，演示多年来该学会组织开发研制的科技新成果 PME（中国具有自主版权的真三维水利水电地理信息系统）、FEPG（有限元程序自动生成系统）、PCI（遥感

图象处理系统)、LYNX（三维地质模型系统)、SWS（工程勘探与监测系统）及FA（三维图形交互系统)，共举办各类讲座、学习班20余场·次。

五、编辑出版工作

(1) 1999年2月5日，中国年鉴研究会在京召开了总结颁奖会。在会上中宣部出版局长邬书林谈了年鉴工作的意义和年鉴现状及努力的方向。会上对全国年鉴第三届校对质量评比和中央级年鉴优秀论文评比获奖者进行了颁奖。

全国出版年鉴1300多种，参加校对质量评比124家，其中中央级年鉴参加24家。经过评委会专家认真阅读，公正、客观的评比，中央级年鉴获奖的有13家，其中优秀3家（差错4万分之一以下)、良好4家（差错率在4万分之一至万分之一以下)、合格的6家。《中国水力发电年鉴》第五卷（1995～1997）获良好奖。另外《中国水力发电年鉴》副主编陈上奎撰写的论文《浅读年鉴五定位》获中央级年鉴优秀论文评比三等奖。

(2)《中国抽水蓄能电站建设》编委会工作会议于1999年3月30日在北京召开，本书主编、国家电力公司顾问何璟，本书副主编邴凤山、罗绍基、曹楚生、李例，以及编委会办公室许接源、韩立、姜梦清、杨万涛等同志参加了会议，本书主编潘家铮、副主编张学知、陈东平三位同志因另有其他重要公务请假未参加会议。本次会议主要讨论研究了该专著的编写进度、结构框架、出版计划等议题。

中国抽水蓄能电站建设起步较晚，但在短短三十几年时间里已有了飞速进展。无论是工程建设规模，还是建设技术水平，均已达到或接近国际先进水平。为了总结30多年来的经验教训和科技进步，指导和推动下个世纪中国抽水蓄能电站的建设，同时为了在2000年国际大坝会议上宣传中国抽水蓄能电站建设的成就和技术水平，中国水力发电工程学会抽水蓄能专委会、广东抽水蓄能电站联营公司共同组织编写了这本专著，并拟分中、英文两个版本出版。

该专著内容分三部分。第一部分为综述；第二部分为已建、在建和近期拟建的18座抽水蓄能电站的概况，每座电站附照片2张；第三部分为有关以上18座电站规划、设计、施工、运行等方面的重点技术问题的优秀论文，共计35篇，集中反映了中国抽水蓄能电站建设的技术水平与科技进步。

该专著中、英文版拟分别于1999年年底和2000年6月由中国电力出版社正式出版发行。

中国电力发展促进会

1999年，中国电力发展促进会在国家电力公司、国家计委有关司局、国家开发银行、华能集团等单位的领导下，在利用天然气发电规划的研究、电力规划咨询、《中国电力年鉴》编辑和中国电力网站运行等方面的工作有了新进展。

一、天然气发电规划的研究

1999年业务的开展是以中国利用天然气发电规划为主，并承担了大量国家电力公司天然气发电办公室的工作，协助完成了“电力工业利用天然气发电规划”的报告，还成功举办了“华东（浙江、上海）LNG发电一体化项目优化比选技术介绍会”。

二、电力规划咨询工作

在咨询方面主要开展了“南方四省（区）能源资源优化配置专题研讨会”，邀请了在京有关主管部门及专家参加，取得了较好的效果。

三、中国电力年鉴编辑工作

从1999年开始，《年鉴》由国家电力公司担任主编单位，会同中国电力企业联合会、国家经济贸易委员会电力司共同组织编写。并根据《年鉴》编委会的要求对《年鉴》框架结构作了较大调整。

1999年《中国电力年鉴》研讨会于1999年9月3～6日在宁夏回族自治区首府银川市召开，有60个单位、75位同志参加了会议。

四、中国电力网站

以“中国电力年鉴”为依托，在中国互联网管理中心注册了chinapower.com.cn为域名的网站，于1999年正式开通，在各级领导的大力支持和网站工作人员的努力下，目前网站运行良好。除重点宣传《年鉴》外(已全文刊载1993～1998年共五期《年鉴》)，主要设立企业之窗、电力新闻、产品设备、技术市场、电力咨询等七大栏目。栏目总体框架已确立，产品设备数据库收录设备已达2000多种，企业数据库收录企业(含电力设备生产厂家)计5000余家，电力新闻栏目已获全国46家电力报刊的支持帮助。各栏目的推出受到电力行业企事业单位及设备厂家的广泛关注及认可。

（房庆红）

电力行业学会、协会、研究会、基金会

中国水利电力质量管理协会

(1) 1999年4月，在云南昆明召开了全国电力质协秘书长工作会。中国电力企业联合会常务副理事长刘宏同志出席了会议，并讲了话。会议总结了上年的工作，交流了经验，沟通了信息，确定了全年的工作计划。

(2) 1999年4月，在天津举办了国家注册质量体系审核员培训班，培训学员17名；同月，在北京举办了一期2000版ISO9000族标准学习班，培训学员64名；举办QC诊断师培训班三期，培训QC诊断师163名。

(3) 1999年5月，在北京召开了全国电力行业优秀QC成果评审会，并于6月在山东威海举行了QC成果发布会。

两会共评出全国电力行业优秀QC成果178个,先进QC成果64个,QC优秀企业21家,QC卓越领导者13名,QC优秀推进者10名,质量信得过班组42个。

(4) 1999年10月，中国水利电力质量管理协会发电专委会和供电专委会分别召开年会，并进行了换届工作。

中国电力建设企业协会

1999年8月，组织了一次对火电施工企业的调研活动，并撰写了《关于火电施工企业改革和管理情况的调查报告》，提交国家电力公司、中国电力企业联合会和有关部门。

中国电力企业多种经营协会

1999年是中国建国50周年和澳门回归祖国的大庆之年，又是跨世纪的重要年份，同时也是党的十五届四中全会做出深化国有企业改革的全面部署，国家电力公司进一步实施第二步改革的关键一年。这一年，电力多种经营协会的工作，主要是围绕贯彻党的十五届四中全会精神和国家电力公司第二步改革部署以及中电联第三届一次理事会议的要求，结合电力多经企业的实际，认真宣传贯彻国电公司党组有关大力发展多种经营和实施多种经营战略的部署，积极参与和承担国家电力公司人力资源部有关组织发展多种经营的各项工作，充分发挥协会的桥梁纽带作用，不断拓展协会为基层企业服务领域，为全国电力多经企业实现1999年的发展目标认真开展工作，贡献力量。

(1) 组织编辑出版《电力多种经营二十年辉煌成就》文集与画册工作。按照中宣部总结与宣传改革开放20年经验取得成就的要求和原电力部组织撰写电力工业史的部署，以及国家电力公司人劳综(1999)4号《1999年多种经营工作要点》，安排确定组织全国电力多经企业，认真总结20年的光辉成就和经验，编辑出版《电力多种经营20年辉煌成就》(暂用名)文集和画册，由多经协会筹组编撰。多经协会将此任务作为1999年工作的重点，并于年初1月8日印发了《出版"电力多种经营二十年辉煌成就"文集与画册安排意见》，请各网、省公司按照安排意见共同筹组撰写有关资料。5月26～27日又召集各网、省公司多经主管部门负责同志，就《文集》与《画册》的具体编排要求、注意事项、掌握尺度及完稿时间等问题，进行了深入的交流与研讨，取得了共识，并印发了《文集与画册的补充意见》。关于全国情况的文字资料及统计资料基本脱稿，截至年底，绝大部分网省公司已将文稿及画册清样送来审查，预计2000年二季度末可以完稿。

(2) 参与研讨拟订国家电力公司多种经营战略。高严总经理1999年5月21日在成都工作会议上明确：把大力发展多种经营作为国电公司发展战略构想的重要组成部分，年末在上海会议上又进一步提出：要尽快研究国家电力公司多种经营战略。协会多次参加国家电力公司人力资源部召集的专门座谈会，深入研究探讨国电公司多种经营发展战略，以便充分体现高严总经理在成都会议前后多次指出的"一业为主，多种经营"是发展电力、壮大公司的主要途径，是国有企业改革、实施减员增效和再就业工程的主要组成部分，是职工稳定的基础。高严总经理特别强调指出：在市场经济条件下，要把发展多种经营放到提高电力企业整体竞争力的全局去考虑，使之成为企业发展战略的有机组成部分。

(3) 为《中国一流电力公司标准》拟订有关多种经营的考核标准。受国家电力公司人力资源部的委托，该会起草拟定了《中国一流电力公司》中关于多种经营的考核标准，经国家电力公司审核批准，于1999年7月29日已以国电发［1999］305号文颁发了《中国一流电力公司标准》（试行）。

该《标准》将电力企业必须大力发展多种经营做为一流电力公司的必备条件，明确规定各网、省电力公司“在发展电力主导产业的同时，大力发展多种经营，培育新的增长点。按照纳入电力企业改革与发展战略的要求，统筹规划，合理布局，统一管理，使安置和经济效益均有显著的提高。”

《标准》规定多种经营的考核项目共计7项。首先要求一流电力公司的“多种经营已纳入公司改革与发展战略，统筹规划，合理布局，统一管理，形成了重点突出、各具特色的多种经营格局。”《标准》将多种经营与安全管理、劳动人事、电力营销等同分考核。通过这些考核标准的贯彻与实施，必将推动多种经营的进一步发展，充分体现高严总经理指出的：大力发展多种经营是电力发展、公司壮大的重要途径。

（4）认真编辑出版《月刊》与《增刊》。1999年除按期出版十二期月刊外，又加编了两期增刊。为使《电力多种经营》内刊更好地为全国电力多经企业和全国电力企业的改革与发展服务，1999年比较集中地围绕国有企业改革、公有制的多种实现形式、制度创新、机制创新、建立现代企业制度、股份制和股份合作制与建立多元化投资结构、倡导员工持股不仅增加企业的凝聚力，而且有利于企业的生存与发展，以及企业改革后出现的问题及解决对策等方面集中组织报导。同时充分反映多经企业在发展与改革进程中出现的新问题、新思维和先进的管理经验，让广大读者充分感受改革的新变化，为企业提供全方位的、具体的、可借鉴、可操作的信息和服务。1999年加编的两期增刊，全文报导了《国有企业改革与发展课题报告》和《国有企业改革的战略性思考》两篇力作，引起各级人士强烈兴趣，对办刊给予较高的评价。

（5）认真办理社会团体清理整顿工作有关手续，加强组织建设。按照民政部“社会团体的法定代表人，不得兼任其他社团的法定代表人”的规定和中电联统一组织安排决定，多经协会于7月5日在北京征得常务理事同意，更换了协会法定代表人的提名，并报国家电力公司人力资源部转报民政部审批。

（6）对协会最近四年的经费收支圆满完成财务审计。根据民政部规定，协会更换法定代表人需进行财务审计。由民政部介绍指定和该会联系，由北京华益会计师事务所对1995年1月1日至1998年12月31日四年期间协会的账册、单据、资产负债表和经费收支表等会计报表以及与职责有关的资料进行了全面审计。经审计认为，该会这四年的经费收支和会计工作报表，清楚地反映了协会四年来的财务状况和经费收支情况，完全符合国家有关规定，圆满地完成了财务工作。华益会计事务所作出(99)华益审字第253号书面审计报告。此审计报告已如期上报国家电力公司和民政部。

（7）举办ISO9000质量体系标准高级研究班。为了提高电力多经企业素质，满足学习和推广ISO9000质量体系标准的迫切要求，上半年与北京新标质量认证咨询有限公司合作，于4月份在海口市举办了第三期ISO9000高级研讨班，各网省电力多经企业有50人参加。研讨班上系统而详细地介绍了ISO9000质量体系的主要内容、方法及有关问题，并与到会代表研讨交流了多经企业开展质量认证工作的有关事宜，并取得了良好的反映。

（8）颁发《会计电算化知识培训班结业证书》。1998年原电力部人劳局责成该会委托珠海远方电脑公司，在当年举办了六期电力多经企业会计电算化培训班，经考试合格后，于1999年为23个省、市、自治区的多经企业402名学员颁发了《会计电算化知识培训班结业证书》。为会计电算化人员持证上岗、规范用人制度，创造了有利条件。

（9）组织多经企业申办第三批城乡电网所需产品生产企业推荐目录。国家经贸委于11月3日发出电力［1999］42号《关于组织做好第三批城乡电网所需产品生产企业推荐目录工作的通知》，要求将各省意见上报国家经贸委。其目的是：要求在城乡电网建设改造中，首选国产优质设备和原材料，规范城乡电网所需设备、材料的采购市场秩序和招投标工作。

由于电力多经企业大都是围绕城乡电网改造所需设备材料组织生产的，因此急需抓紧办理第三批生产企业推荐目录手续，否则将直接影响多经企业产品的营销工作，因此协会尽力推动这项活动。

（10）加强协会的自身建设。1999年主要办了四件实事：①修改协会章程，按民政部颁布《社会团体章程示范文本》重新修订了协会章程，而不失原章程条款的内涵。②发展团体会员，1999年又有五家多经企业入会，作为团体会员，并办理了入会手续。截至1999年底，企业团体会员已达66家。③根据工作需要及机构改革变动的新情况，组织编写了《中国电力企业多种经营协会团体会员通讯录》，基层资料基本报齐，待整理付印。④清理协会历年档案。从1991年至1997年末的协会发文、报告等历年档案作了清理、编目立卷、装订成册，为查阅历年资料提供了方便。

中国电力教育协会

1．关于编史工作

受中电联“电力工业史志办”的委托，承担了中国电力工业史总篇教育章（下称“电力教育史”）的编写任务。为使编写工作顺利进行，协会：①于1999年7月向中华电力教育基金会申请了一笔专项资助经费，以解决编史中调研收集资料和召开相关工作会议等的必要支出。②成立了由协会常务副理事长许英才同志为首的“电力教育史”编写小组（成员组成名单见附表1），并于9月中旬在沈阳召开了“中国电力工业史总篇教育章”编写组第一次会议。会议讨论了编写要求、分工及工作进度安排。

2. 关于研究工作

(1) 为了建立面向21世纪电力职业教育的新体系，使电力职业技术教育以一个全新的面貌步入21世纪。由该会牵头，电力职业技术教育研究中心承担了《面向21世纪电力职业技术教育改革、研究与实验》课题的研究。该课题于1997年经国家教委以科规办 [1997] 11号文列为全国教育科学“九五”规划部委重点课题。课题组在多年来电力职业技术教育开展系统研究与改革试点、实验的基础上，综合多年来的研究活动，于年初提出了此课题的《总研究报告》。“报告”对近10年来电力职教的改革进行了阶段性的总结。该会于4月将“报告”和电力职业技术教育专题研究与典型经验选编汇总成册由电力出版社出版发行，期望对进一步推动电力行业职业技术教育的改革与发展起到一定的积极作用。此课题于1999年12月28日，经全国教育科学规划领导小组办公室组织的专家组，以会议鉴定的方式通过了鉴定。

(2) 受国家教育发展研究中心的委托，该会承担了国家哲学社会科学“九五”重大课题“面向21世纪初中国教育结构体系研究”总课题的行业子课题—“面向21世纪初中国电力教育结构体系研究”课题的研究任务。经2年多的调查与研究，已于年底前提出了课题研究的总报告并已上报国家教育发展研究中心。此课题的6个子课题分别于1999年4月前先后提出了成果报告，其中3个课题的研究成果已在“中国电力教育”等杂志上刊登或摘要发表。尽管此课题的研究成果是阶段性的初步成果，为使行业教育的研究与实践能有更多的同行关心、参与和支持，该会决定2000年初将此课题研究的有关成果和资料汇总整理成册印刷后在行业内外进行交流。

3. 其他工作

(1) 协会为及时贯彻落实第三次全国教育工作会议的具体精神，促进电力行业教育的改革与发展。于1999年8月3~6日在昆明举办了学习、贯彻第三次全国教育工作会议管理人员高级研讨班，聘请教育部、国家经贸委培训司、劳动部培训司等有关领导、专家、教授主讲，该班有100多人参加研讨。

(2) 协会及相关专业委员会于1999年出版了《中国电力教育》4期，《电力教育信息》10期，《电力职业技术教育》和《电力职工技术教育》各4期，对沟通信息发挥了一定的作用。

中华电力教育基金会（筹）

中华电力教育基金会，在1999年度除开展多年来进行的奖学和资助工作外，设立了“许继奖教金”与组建了“许继奖教金”工作委员会，并进行了奖教和资助工作。

1.“许继奖教金”的设立

许继集团有限公司为响应国家“科教兴国”、“尊师重教”的号召，愿为中国教育事业的发展提供资助，经商议决定在中华电力教育基金会下设立“许继奖教金”，以奖励在电力系统继电保护和电力系统自动化方向人才培养方面，取得突出成就和做出较大贡献的国内有关高校教师，并资助相关的科研开发项目。且商定自1999年至2008年间，“许继”每年提供不少于100万元资金用于此项奖励和资助。

2.“许继奖教金”工作委员会的组建

为做好“许继奖教金”的奖励和资助工作，该会经与有关方面协商，提出了由有关领导、专家、教授组成的“许继奖教金”工作委员会人员名单和实施“许继奖教金”的高等学校名单，以及“中华电力教育基金会许继奖教金奖励、管理暂行办法”（讨论稿）、“中华电力教育基金会许继奖教金教师课题资助暂行办法”（讨论稿），于4月16日在许继集团公司本部召开了“中华电力教育基金会许继奖教金”工作委员会成立大会。会上讨论通过了人员组成名单与实施奖励学校的名单及上述两个管理办法（略）。

3. 奖励、资助工作的开展

(1) 5月以教基 [1999] 03号文，印发了“许继奖教金”的奖励教师、资助课题的管理办法等文件，并布置了申报工作。而后于8月中旬在西宁召开“许继奖教金”工作委员会会议，对各校申报的材料进行评审，并对两个管理文件进行了修改。8月下旬以教基 [1999] 07号文公布了经“许继奖教金”工作委员会评审、主任审核批准的中华电力教育基金会1999年度“许继奖教金”获奖人员和资助项目名单（见附件5），并于9月14日在中电联召开了颁奖大会。赵希正、张绍贤、杨显明等工作委员会名誉主任出席并授奖，杨显明、刘宏主任和王纪年副主任均在会上作了热情洋溢的讲话。

(2) 6月，以教基 [1999] 04号文，对1999年度“电力新星奖学金”的推荐工作做出了布置。由于金融机构存款利息的多次下调，使该会的奖励、资助资金来源受到很大影响，无法按原来的工作方案开展工作，故“电力新星奖学金”只评“电力新星特等奖”，暂停评审“电力新星奖”（“电力高校优秀毕业生新星奖仍按原办法进行”）。年底在海南召开了基金管理工作委员会会议，对申报材料进行了评审。通过评审，并经基金会理事长批准，东南大学陈永平等11人获电力新星特等奖，奖金每人5000元（获奖人员的简介见附件6）。

（3）7月以教基［1999］06号文，印发了1999年度“电力教育基金会”资助项目的通知。由于资金来源的锐减，为保证重点项目的开展，仅对许英才同志主持的《中国电力工业史》（教育章）等三个项目给予资助，见表。

1999年度“电力教育基金”资助项目表

序号	项目名称	主持人	所在单位	资助金额
1	《中国电力工业史》（教育篇）	许英才	中国电力教育协会	30万
2	《中国风力发电现状及展望》	刘文洲	长春水利电力高等专科学校	3万
3	《前四史-史记、汉书、后汉书、三国志全译体》	章惠康	长沙电力学院	3万

中国电力文学艺术协会

（1）3月，中国电力文学艺术协会在北京举办第三期全国电力系统幼儿教师舞蹈培训班，69个电厂的74名幼儿园教师参加培训。

（2）4月，中国电力文学艺术协会在北京举办首届全国电力职工计算机美术创作培训班，来自全国电力系统30名职工参加培训。

（3）5月，中国电力文学艺术协会在北京举办《祖国颂》全国电力系统优秀歌手赛，全国电力系统有74名歌手参加。此赛期间，赵希正、刘宏看望歌手并予以肯定。5月14日在北京长安大戏院进行汇报演出，叶荣泗等观看演出。

（4）8月，为庆祝建国50周年，中国电力文学艺术协会组团参加由中国文联、全总工会组织的《全国产业系统文艺展演》活动，展演分别在东北胜利油田、山西太原、四川成都举行。电力职工艺术团共获19块金银铜奖。中国电力文协获组织奖。

（5）10月，中国电力文学艺术协会为庆祝建国50周年，编辑了全国电力系统首次出版发行的大型艺术画册《中国电力美术书法摄影作品选集》，集中收录了全国各地451位电力职工的518幅优秀作品，基本上代表了当今中国电力职工艺术创作的最高水平。赵希正、张凤祥任该书编委会名誉主任，刘宏任主任，并撰写了前言。画册由中国电力出版社出版。

（6）10月，中国电力文学艺术协会按照中国作协精神，编辑了由作家出版社出版的大型丛书《托起太阳》中的诗歌卷、散文卷、小说卷。刘宏任该书名誉主编。该书收录了全国电力系统文学作者自建国50年来的优秀作品。

（7）11月，中国电力文学艺术协会组团参加了由中国文联、全总工会组织的《托起太阳》全国产业系统文艺展汇。尉健行、丁关根、布赫和李雪莹、叶荣泗等观看演出。

中国电力体育协会

1999年中国电力体协的工作是突出迎接建国50周年、迎接澳门回归这个主题，配合电力工业的改革和发展而开展职工体育工作。一年来，电力系统的职工体育竞赛活动更加丰富多彩，吸引了越来越多的职工加入到体育锻炼队伍中来，职工的身体素质不断提高，广大电力职工以强健的体魄、饱满的精神面貌投入到电力生产和建设事业中。

（1）总结经验，交流工作，安排1999年工作。

1999年1月31日～2月1日，中国电力体协在广东省东莞市召开了全国电力系统职工体育论文报告会暨体育工作会议，来自各网局，各省、市、自治区电力局等电力单位的体协秘书长和论文作者参加了会议。由各级体协干部撰写的40篇论文在会上进行宣读和书面交流，共评出了一等奖7篇、二等奖13篇、三等奖20篇。大多数论文都选题明确，论证清楚，是一次有益的电力体育理论探讨。通过这次论文报告会，既交流了经验，总结了职工体育工作，又从理论上提高了各级体协干部对开展企业职工体育工作重要性的认识。

论文报告会上，中国电力体协常务副理事长李志恒同志作了电力体协1998年工作总结，部署了1999年的电力体协工作。经过与会代表的认真讨论，大家一致同意1999年电力体协以围绕迎接建国50周年、迎接澳门回归祖国为中心而开展工作，5个网局各承办一个项目的职工体育比赛，比赛项目的设置，既有电力系统的传统项目，又安排了像保龄球、体育舞蹈这样的新兴项目。会议顺利圆满地完成了各项议程，受到了与会代表的称赞和好评。

（2）开展丰富多彩的职工体育竞赛活动，促进电力职工体育活动的深入开展。

开展丰富多彩的职工体育竞赛活动，是促进职工体育普及和发展的重要手段。电力体协1999年初共安排了6个项目的体育比赛，其中5个项目都按计划完成了。但年底又增加了全国电力系统桥牌乙级队比塞。通过组织这些竞赛活动，促进了电力系统各单位之间的体育交流和职工体育活动的普及，提高了运动技术水平。

1）全国电力系统职工桥牌甲级队比赛于4月18～25日在陕西省西安市电力高等专科学校举行。来自全国电力系统的12支甲级桥牌队参加了比赛，经过11轮单循环比赛，华东电力队荣获冠军，上海电力队、华能集团队、江苏电力队、四川电力队、广东电力队分获第二至第六名。三峡总公司队、湖北电力队降为乙级队。最近几年来，由于电力体协对桥牌竞赛采取升降级制度，电力系统的桥牌活动得以迅速普及，水平提高较快，电力桥牌队多次在全国和行业系统桥牌比赛中取得优异成绩，为电力职工争得了荣誉。

2）1999年5月19～22日，全国发电职工第八届“安全杯”长跑比赛在河南鹤壁万和发电有限公司举行。这是全国发电职工的一项传统体育赛事，吸引了来自全国各地的14支发电厂代表队参加这次比赛。吉林热电厂代表队以111分荣获团体冠军，伊敏发电厂、永安火电厂分获团体总分第二、第三名。

3）1999全国电力系统职工体育舞蹈比赛于6月15～19日在湖北武汉市举行，这次由华中电力体协承办的比赛汇集了全国电力系统10支代表队的30多对优秀选手，经过三轮比赛，湖北电力队获团体总分冠军和一个单项第一名；河北电力除获团体总分亚军和四个单项第一名；广东电力队获团体总分第三名和一个单项冠军；河南电力队、江西电力队、福建电力队分获团体总分第四、五、六名。

4）1999全国电力系统职工乒乓球比赛8月21～27日在大连市举行，来自全国电力系统的17支代表队共130多名男女队员参加了这次比赛。各参赛队经过4天激烈较量，辽宁电力公司男队和国电公司直属机关女队勇夺男、女团体冠军。在5个单项的比赛中，国电公司直属机关队表现突出，一举夺得男、女单打、女子双打、混合双打各个单项冠军，广东电力队夺得男子双打的第一名。

5）1999全国电力系统职工保龄球比赛于10月18～22日在上海市举行，来自全国各地的21支代表队、共130多名男女运动员参加了这次比赛。湖北汉电集团代表队获团体总分第一名，浙江电力队、甘肃电力队分获团体总分第二、第三名。在四个单项比赛中，广东电力队获男子三人赛第一名，湖北汉电集团获女子三人赛第一名，山西电力队、浙江电力队获男、女个人赛第一名。

6）1999全国电力系统职工桥牌乙级比赛于12月12～19日在北京举行，来自全国电力系统的20支代表队参赛，中电联名誉理事长、中国电力体协理事长张绍贤到会祝贺并在开幕式上讲了话，中电联常务副理事长刘宏也致信对比赛开幕表示祝贺。福建电力局、蒙达发电有限公司、华北电力设计院、山西霍州发电厂分获前4名，取得了2000年参加全国电力系统桥牌甲级队比赛资格。

（3）关于“九运会”的筹备及全民健身工作。

1）全国运动会是全国最高水平的体育盛会，电力体协组团参加“九运会”是展示电力行业精神风貌的重要窗口，是推动电力行业精神文明建设的需要，应该积极组团参加。一年来因为多种因素，电力体协组团参加“九运会”还没有进入全面准备阶段，只是初步确定了部分项目，进行了注册准备工作，全面开展工作还需国电公司领导正式批复及下发正式文件。

2）关于开展全民健身工作，1999年，各网、省局体协在组织迎接建国50周年系统体育比赛的同时，又在成年人体质测试工作、吸引广大电力职工参加喜闻乐见的全民健身活动等方面做了大量工作。

（4）其他工作。

电力体协今年在组织全系统活动的同时，还协助中电联机关、工会举行了职工保龄球、中国象棋、乒乓球和趣味项目的体育比赛。编辑出版了《电力体育动态》，组织电力体协保龄球队参加了全国保龄球锦标赛等等。

电力系统人才研究会

（1）为了使人事人才工作的干部提高适应市场经济的能力、扩大知识面，人才研究会于5月在华北电力职工大学举办“知识经济与人事人才工作”培训班，来自各网、省电力公司从事人事人才工作和党务工作的41位同志参加了培训。中电联名誉理事长、电力系统人才研究会理事长张绍贤同志出席了开学典礼并讲了话。培训班聘请了研究知识经济和人事人才科学方面的知名专家讲课，课程共分六讲，即：知识经济对我们提出的挑战；知识与技术创新；知识经济与人事人才工作；人事管理的创新；现代管理人才素质测评技术；知识经济与中国企业人事考核发展的趋势。这次培训取得了较好的效果，使大家对知识经济的内涵，以及和人才开发的关系，有了初步的了解，对电力系统的人事工作的改革与创新增强了紧迫感。

(2) 为了解西部地区电力企业在市场经济新形势下如何培养、引进和留住人才的工作情况、经验和问题，于9月中旬赴甘肃省电力公司进行了调查，听取了省局领导和人事部门的情况介绍，召开了部分基层领导和专业技术干部座谈会，到靖远电厂进行了比较深入的调查研究。甘肃省电力公司在这方面做了大量的细致的工作，取得了较明显的效果，摸索了一套培养、选拔使用和留住人才的经验。

(3) 10月下旬在上海召开了有关单位参加的专题研讨会，就在建立市场经济的新形势下，如何培养、引进、留住人才工作的情况和经验进行了交流和探讨。这次会议主题突出，符合十五届四中全会精神，与会者准备充分，内容充实，取得了比较好的效果。

中国水利电力医学科学技术学会

1. 组织建设

(1) 1999年3月23～25日在北京电力培训中心召开第四届二次理事会暨医院管理工作委员会换届改选会议。出席第四届二次理事会议的代表共106人，中电联常务理事长刘宏到会作了重要讲话，中国水利电力医学科学技术学会理事长肖世友作了理事会工作报告，常务副理事长万兆樟作章程修改报告，各专业委员会进行了述职。会议一致通过中国水利电力医学科学技术学会章程修改草案以及增补理事人选的名单；原则上通过了中国水利电力医学科学技术学会科技成果奖评审办法；通报了民政部和卫生部关于社团清理整顿情况；完成了医院管理工作委员会换届改选，在这次会上还组织了现代医院管理知识专题讲座。

(2) 1999年5月31日～6月2日，在国家电力公司北戴河华北电力大厦举办了《水电医学》杂志编委及部分卫生工作信息通讯员研讨会，到会代表34人，会议的主要内容是：①编辑部介绍工作情况，编辑部副总编王增勤通报了杂志编审过程中存在的问题。②请编委介绍审稿经验。③聘请系统内专家进行撰稿专题讲座。

(3) 传统医药学专业委员会于1999年5月29日进行换届改选。

2. 学术交流

(1) 传统医药学专业委员会第三届第三次学术交流会于1999年5月29～31日在四川电力局都江堰疗养院召开，与会代表及委员共59人，会议共收到论文69篇，其中大会交流23篇，向编辑部推荐论文20篇，同时还进行庆祝专委会成立10周年活动。

(2) 临床医学专业委员会妇科学组第五届妇产科学术会议于1999年6月22～25日在辽宁兴城疗养院召开，到会代表19人，会议收集论文57篇，其中大会交流20篇。

(3) 临床医学专业委员会内科学组第七次内科学术交流会于1999年10月11～13日在北京电力培训中心召开，到会代表及工作人员共50余人，共收集论文120篇。这次会议的主要内容是以心血管疾病为主题进行专题交流及讨论，并聘请国内知名专家胡大一等就心血管疾病治疗新进展进行了专题讲座。

(4) 临床医学专业委员会儿科学组第七次儿科学术交流会于1999年10月22～24日在辽宁沈阳东电中心医院召开，到会代表20人，会上交流论文14篇。

(5) 电磁场人体医学专业委员会、水利水电工程环境医学专业委员会、工业卫生与职业病专业委员会于1999年11月10～12日在河南许昌联合召开学术交流会。此次交流会旨在探讨召开国际交流会议的可行性以及选题的论证，在此次会上邀请著名专家鲁生业教授等参加会议，到会代表40余人，收集论文34篇，其中会议交流20篇。

(6) 社会医学康复专业委员会四届三次会议暨第七次学术交流会议于1999年11月3～5日在广西桂林电力疗养院召开，到会代表110人，收集论文116篇，这次交流会的中心内容是就社会医学研究的定位及康复医学领域的问题做了专题讨论。

(7) 临床医学专业委员会麻醉学组首届学术交流会于1999年10月18～20日在国电公司新安江疗养院召开，到会代表22人，收集论文60篇，其中会议交流30篇。会议的主要内容是对临床麻醉经验与进展及开展新业务、新技术进行了专题研讨与交流。

中国电力后勤协会

1. 适应形势需要，抓紧培训工作

(1) 先后在建设部指定的培训中心（天津和深圳）举办了三期“全国电力系统物业管理企业经理岗位培训班”，共培训了370多名物业公司经理。

(2) 与华北电力大学在昆明联合举办了“全国电力系统园林绿化管理干部培训班”，培训了100多人。

(3) 1999年3月底至4月初又举办了一期“电力系统幼儿舞蹈师资培训班”，有近80人参加。

(4) 在天津举办了物业公司会计培训班，有30多人参加。

2. 编辑出版书刊

(1) 编辑出版发行会刊6期（双月刊），每期16

开64页近10万字，6期约60万字。

(2) 协助本会幼教专委会编辑出版发行了《电力幼教画册》和《电力系统幼教改革优秀论文集》各1200册。

3. 开展了考察、交流和评比活动

(1) 组织了赴澳大利亚“物业管理考察团”，于7月初成行。

(2) 与中国行政管理学会后勤管理研究会在山东电力集团公司联合召开了“全国后勤改革与物业管理现场研讨会”。全国党、政、军、工、学等各方面后勤领导和专家学者130多人参加了会议，推广了山东电力集团公司的后勤改革与物业管理的先进经验，听取了其他行业的经验介绍。与会者共同得出一个结论：后勤改革与物业管理相结合是一个成功的选择。

(3) 组织了“电力系统幼教改革优秀论文”评比活动。在各理事单位的筛选推荐下，共评出优秀论文68篇。

12 各地区电力工业

华 北 地 区

中国华北电力集团公司

综述

1999年，全面落实电网稳定运行的组织和技术措施，确保电网安全稳定运行，圆满完成了重大政治活动供电任务。1999年，重大政治活动频繁，保电任务十分艰巨。全网职工团结奋战，圆满完成了保国庆50周年大庆、庆祝澳门回归等重大政治活动的供电任务。电网管理进一步加强，电网安全稳定运行水平有所提高，京津唐电网未发生特大事故、电网稳定破坏和大面积停电事故，经受住了恶劣气候和夏季大负荷的考验。同时，成功地解决了计算机Y2K问题，电网安全跨越了高危时间点。安全生产管理基础工作得到进一步加强，北京供电公司、天津军粮城发电厂和十三陵蓄能电厂分别被国家电力公司命名为“一流供电企业”和“一流发电厂”。

强化经营管理，较好地完成了全年经营目标。1999年，华北电力集团公司重点围绕完成国家电力公司下达的利润指标，加强和完善了经济活动分析工作，建立了经营分析网络体系，经济活动分析工作由季度分析转入按月分析，提高了分析的时效性，为领导决策提供了依据，增强了经营指标完成情况的过程监控。

通过完善内部模拟市场，层层落实经济责任制，加强资金管理，促使各单位严格控制成本开支，供电单位增供扩销，努力开拓电力市场，集团公司全面完成了国家电力公司下达的各项经营考核指标。实现利润总额5.46亿元，比分解下达的3.77亿元超额完成1.69亿元；资产负债率完成37.83%，比下达的44.64%降低了6.81%；不良资产率完成1.32%，比下达的1.50%降低了0.18%；投资收益率完成2.07%，比下达的1.43%提高了0.64%；资产保值增值率完成100.81%，比下达的100.56%提高了0.25%。集团公司售电量完成679.74亿kW·h，比1998年同期增长8.18%。

电力生产

1999年供电可靠率达到99.92%，比1998年提高了0.098%；电压合格率达到97.83%，比1998年提高了0.67%；电网频率合格率完成99.999%，继续保持了较高水平。

集团公司从年初开始把确保电网安全稳定运行和重大政治活动安全可靠供电作为全年工作的重中之重，加强了组织领导，制定了完整的保电方案和周密的调度运行方式，认真落实各级责任制，严格考核。各单位坚持“安全第一，预防为主”的方针，深入开展安全性评价工作，逐项落实整改措施，狠抓设备治理，努力提高检修质量，加强运行管理和线路巡视，使电网运行和设备健康水平有了很大提高。特别是北京供电公司和天津市电力公司作出了突出的贡献，得到国家电力公司和北京市、天津市等地方政府的充分肯定，为华北电网赢得了荣誉。但也要看到，在安全管理上还存在值得重视的问题。1999年发生了2人死亡、5人重伤、3起误操作事故，违章作业仍是发生事故的主要原因。反映出安全生产责任制不落实，一些单位的安全日活动流于形式，职工的自我保护意识不强，小型作业现场安全管理不到位，“两票”的执行缺乏严肃性等问题。

较好地完成了基本建设和城网改造任务，为电网的安全稳定运行提供了保证。220kV及以上送变电工程投产主变压器18台452.2万kV·A、线路10条439km；东北—华北联网工程500kV顺义变电站按期开工；京津唐电网投产火电机组6台共165万kW。天津电力建设公司承建的杨柳青电厂6号机组被业主誉为“精品工程”。北京地区新建220kV、110kV变电站24座，加装和更换主变压器58台，高质量地完成了中南海、天安门广场等重要地区的供电系统改造工程，并积极支持北京市环境治理，完成了8条主要街道的架空线改电缆入地和城市夜景亮丽工程；天津地区城网改造工程，完成220kV输变电工程1项，建成和改造110kV、35kV变电站共12座，城市10条主干道路实现了电缆化；北戴河重要用户供电系统改造工程，在秦皇岛电力公司和北京送变电公司等施工单位的共同努力下，提前竣工投入运行。与此同时，按时完成了国家电力公司下达的14万kW的小火电机组关停任务。

农电“两改一同价”工作取得阶段性成果。改造后的农网低压线损率降至12%左右；农村用电量高于全社会用电平均增长水平，乡村工业用电增长率达到14.65%，乡村居民生活用电增长率达到12.87%。

电力经营

1999年华北电力集团公司认真开展增供扩销。各供电公司从开拓电力市场和转移高峰用电负荷着手，加强用电营销管理。京津唐电网的用电负荷率达84.2%，比1998年同期增长0.29%，扭转了连续7年负荷率下降的趋势。加大了营业普查力度，共追补电费2926万元。积极推广蓄能用电新技术、新产品，主动为客户服务，缩短业扩报装接电时间。积极推进"一户一表"改造工程，北京市和天津市分别达到109万户和116万户。增供扩销成效明显，1998年集团公司售电量增长率高于全国平均水平。其中，北京地区居民用电增长率达到了23%，增加售电量约5亿kW·h。

狠抓电费回收工作。各供电公司加大了电费回收的专项考核力度，实现了当年电费回收率100%，并追缴陈欠电费3000万元。

严格控制成本，加强资金管理。强化了预算完成情况的分析和预算的过程控制，使各项开支基本控制在预算内。加大了节能降耗力度，供电煤耗完成362g/(kW·h)，比1998年同期下降3g/(kW·h)。加强了燃料管理，亏吨亏卡索赔3326万元。通过优化购电结构，使购电单价比1998年有所降低。坚持了现金调度制度，通过合理调配资金，减少了当年在建期利息近1.4亿元，发挥了资金集中使用的效益。针对资本性收支严重赤字的状况，加强对工程竣工决算编制的管理，及时计提折旧，同时严格控制资本性的支出。1999年底资本性资金赤字由1998年底的19.8亿元减至4.9亿元，使集团公司财务状况进一步改善。通过规范投资主体、转让股权、提前归还较高利率的贷款等措施，大幅度减少了财务费用。

坚持依法管理和内部审计。对直属单位及主办的多种经营企业以前年度形成的"三乱"进行了清理整顿。进一步规范了对外投资、借款和担保的管理。严格经济合同的审查和管理，共审查重大合同1413份；办理诉讼和非诉讼案件114件。对大港发电厂、张家口供电公司等9个单位进行了领导任期经济责任审计。秦皇岛电力公司对中层干部实行"先审计、后离任"的做法，在任期经济责任审计上有了新的突破。制订了《城乡电网改造项目审计实施办法》，对北京供电公司等3个单位的城乡电网建设与改造工程进行了审计，促进了工程项目认真执行"五制"，对规范管理、控制造价发挥了作用。

企业改革

按照国家电力公司改革的总体思路，积极稳妥地推进资产重组、资本运营工作，完成了华北电力集团公司向地方投资公司转让大唐发电股份有限公司股权工作，完成了转让集团公司在三河发电有限责任公司和北京第一热电厂中的全部股权工作。

农电体制改革逐步推进。北京市农电体制改革方案待国家经贸委正式批复；冀北地区趸售县和直供直管县供电公司的改制方案正在进一步完善；冀北地区完成农网改造的8个县163个电管站已上报了改制方案，并有29个完成了体制改革工作；天津地区已完成4个县供电公司改组为天津市电力公司控股的有限责任公司，乡电管站改制工作已基本完成，68个供电营业所和149个供电站已全部挂牌试运行。

精神文明建设

各单位采取有效措施，认真落实维护稳定责任制。全年集团公司没有发生政治案件、生产破坏事故和重大治安灾害事故；治安刑事案件也低于规定的要求；来信来访比1998年下降了7.1%。天津市电力公司被天津市政府命名为文明行业单位；直属直管有19个单位被命名为省部级文明单位；有7个青年集体被团中央和国家电力公司命名为青年文明号；北京市电力工业局团委被团中央命名为全国首届百家红旗团委；北京送变电公司获得首都文明单位标兵称号。

按照中央的精神和要求，集团公司把与"法轮功"邪教组织的斗争作为一项重大政治任务。通过加强思想教育，广大职工认清了"法轮功"邪教组织的危害性，提高了自觉抵御唯心主义错误观念的能力，维护了企业正常的生产秩序和职工队伍的稳定。

为了把党风廉政建设推向深入，制定了《集团公司党组党风廉政建设责任制实施办法》和《集团公司党风廉政建设责任制考核细则》。集团公司与各基层单位签订了《党风廉政建设责任书》，加强了目标责任的考核。各单位采取积极有效措施，认真抓落实，较好地完成了党风廉政考核目标和反腐败工作的各项任务。1998年共查处违纪案件27件，结案率88.9%。以监督城乡电网建设与改造工程为重点，在资金、燃料、物资管理等方面进行了效能监察，为集团公司挽回经济损失2094万元。认真贯彻落实国家电力公司1999～2000年纠风和行风建设工作规划实施方案，京津唐电网达到国家电力公司规范化服务窗口单位标准的有43个。

集团公司认真推行厂务公开，有32个单位实施了厂务公开工作，取得了一定的效果，企业民主管理和民主监督进一步得到加强。

按照国家电力公司的统一安排，集团公司党组和公司本部认真开展了"三讲"教育，制定了整改措施。

修造、科研、学校、医院等单位以及集团公司各关联公司在加强内部管理、开拓市场、为电网服务等方面做出了积极努力，为实现全年的工作目标做出了应有的贡献。

主要事件

1月15日，集团公司召开1999年发供电形势汇报会。国家电力公司、北京市、天津市、河北省有关负责同志和唐山、秦皇岛、张家口、承德、廊坊市主管工业的副市长参加了会议。杨祝辉副总经理代表集团公司通报了华北电网1998年的主要工作。焦亿安总经理、赵建国副总经理参加了会议。

1月30日，北京市长刘海燕率北京市政府慰问团一行16人，在山西省、大同市有关领导的陪同下，到大同二电厂慰问职工。刘副市长代表北京市政府和人民，向该厂职工为北京建设作出的巨大贡献表示感谢。

2月5日，国家电力公司陆延昌副总经理、国调中心刘振鹏主任在集团公司焦亿安总经理杨祝辉副总经理的陪同下到华北电力调度局慰问。陆副总经理代表国家电力公司党组对工作在生产一线的调度局全体干部职工表示慰问，并对集团公司和调度局一年来取得的成绩给予肯定。

2月13日，国家电力公司赵希正副总经理等领导在集团公司焦亿安总经理、赵建国副总经理陪同下来到北京供电局慰问全体干部职工。

3月16日，因华北和京津唐地区持续大雾，造成华北主网和京津唐电网内连续发生多起较大范围、多条线路相继闪络掉闸的事故，严重威胁华北特别是首都电网安全稳定运行和可靠供电。为此，集团公司召开紧急电话会议。集团公司要求河北、山西、内蒙古电力公司根据当前气候条件下主网的运行情况做好最严重故障的事故预想，并做好措施保证电网和设备的安全。北京市经委、国家电力公司、国家电力高度中心的负责同志，集团公司有关副总经理及部门负责人参加了会议。

3月17日，国家电力公司副总经理赵希正宣布调整华北电力集团公司领导班子。黄金凯同志任集团公司党组书记、集团公司（电管局）总经理（局长）；朱国桢同志任集团公司党组成员、集团公司（电管局）副总经理（副局长）免去焦亿安的中国华北电力集团公司（电管局）总经理（局长）职务，免去赵建国的中国华北电力集团公司（电管局）副总经理（副局长）职务。

4月21日，北京市信息化工作办公室主任华平澜、中国工程院院士、全国政协委员、北京市Y2K专家组组长倪光南等专家到北京供电公司检查指导Y2K工作。

5月6日，北京国华电力有限责任公司收购北京第一热电厂和三河电厂签字仪式在京举行。华北电力集团公司总经理黄金凯、北京国华电力有限责任公司董事长曹征彦代表双方签署了《资产转让协议》、《股权转让协议》和《备忘录》。国家电力公司查克明副总经理等有关方面负责人参加了签字仪式。

5月22日，全国人大副委员长邹家华视察大唐公司高井环保工作。

6月9～10日，国家电力公司陆延昌副总经理视察了北戴河重要用户供电改造工程，并主持召开了北戴河重要用户供电改造工程汇报会。

6月14日，华北电力集团公司在京召开了农网建设与改造工作会议。会议总结了前一段农网建设与改造工程取得阶段性成果，部署了下一步的农网建设与改造工作。集团公司总经理黄金凯、副总经理于洪基出席了会议并讲话。

6月21日，原全国人大委员长万里同志，在北京市原副市长韩伯平等陪同下，到北京十三陵蓄能电厂进行了参观视察。

6月24日，国家电力公司下发国电发［1999］320号文，命名北京供电公司、石家庄电业局为一流供电企业。

6月28日，集团公司在京召开工作会议。会议认真贯彻了国家电力公司工作会议精神，总结并部署了下半年重点工作。集团公司党组书记、总经理黄金凯作工作报告。国家经贸委电力司司长史玉波、中电联常务副理事长刘宏出席会议并讲话。集团公司、大唐公司、天津市电力公司领导和华能集团公司有关领导出席了会议。集团公司直属直管单位、关联公司及机关有关部门负责人共计149人参加了会议。

7月28日，连续高温天气使华北地区用电负荷急剧上升。京津唐电网最大负荷已超过历史最高峰，为1254.5万kW。北京最大负荷为536万kW，当日供电量闯过1亿大关，达1.037亿kW·h。天津在6月30日，负荷超过300万kW，供电量闯过6000万kW·h，均创历史之最。石家庄市已成为全国最热的城市。该市气温达39℃，石邯电网用电负荷也创下695万kW的历史最高纪录。

7月21日，集团公司召开了在京直属各单位党政负责人紧急会议，认真传达了江泽民、胡锦涛等领导同志的讲话和中央关于共产党员不准练法轮功的通知精神。

8月5日，集团公司召开了确保国庆50周年大庆和澳门回归安全供电工作会议。

8月18日，北京市市长刘淇、副市长汪光涛、原北京市副市长韩伯平在国家电力公司陆延昌副总经理和华北电力集团公司总经理、副总经理的陪同下参观了北京市王府井变电站。

8月26日，集团公司召开了确保国庆50周年安全供电会议。出席会议的除直属各发供电单位外，还邀请大唐公司、国华公司及所属各发电厂、军粮城发电厂、杨柳青发电厂、华能北京热电厂等有关单位的领导同志参加。会议由集团公司副总经理朱国桢主持。黄金凯总经理、杨祝辉副总经理对保证国庆可靠供电做了重要讲话。

9月1日，华北电网顺利通过Y2K问题首次全国联合测试，陆延昌、张贵行等国家电力公司领导，史玉波等国家经贸委电力司领导到华北电力调度中心检查测试情况。

9月15日，为北京地铁复八线提供主送电源的慈云寺110kV地下变电站，上午合闸并入首都电网运行。至此，“9950工程”第二阶段目标如期在建国50周年国庆前夕实现。

9月15日，根据国家电力公司国电发［1999］460号文精神，天津军粮城电厂被命名为一流火力发电厂。

10月1日，北京市副市长孟学农代表市委书记贾庆林到天安门供电现场对优质的供电服务表示感谢，同时对北京供电公司及全网坚守岗位的职工表示亲切慰问。国家电力公司总经理高严在电话中对首都供电职工表示慰问。一直坚守在天安门供电现场的集团公司总经理黄金凯对首都的供电工作也给予了高度的评价。

10月22日，国家电力公司经研究决定，对北京供电公司（北京供电局）机构级别进行调整。调整后的北京供电公司（北京供电局）为副司局级单位。国电公司同时决定，北京供电公司（北京供电局）张一士同志的职级为副司局级。

10月27日，原能源部部长、全国人大常委会委员黄毅诚在天津电力公司总经理寇士清和天津市政府有关负责同志的陪同下，到大港发电厂检查指导工作。

11月1日，以印度国务秘书兼电力部长为团长的印度电力访华团一行4人，在国家电力公司领导的陪同下到北京石景山发电总厂参观访问。

11月10日，集团公司党组召开“三讲”教育动员会，这次会议标志着集团公司的“三讲”教育正式开始。会上，党组书记黄金凯同志作了题为《精心组织，加强领导，切实搞好“三讲”教育》的动员报告。国家电力公司派驻集团公司“三讲”教育巡视组组长孟昭朋作了重要讲话。

11月18日，北京昌平—房山500kV紧凑型输电线路投产运行。该线路于10月22日竣工，是我国研究建成的第一条紧凑型输电线路，全长83km，为国家“九五”重点科技攻关项目。该项工程标志着北京超高压500kV环网的正式形成，对提高北京供电的安全可靠性提供了有力的保证。

12月3日，集团公司关停小火电机组计划如期进行，涉及的4座电厂、8台机组总容量共计141万kW的小火电机组已于11月30日24时全部停运。

12月14日，国家电力公司陆延昌副总经理、张贵行总工程师等领导视察北京供电公司。听取了集团公司和北京供电公司关于保澳门回归和千禧年供电情况汇报。

12月24日，经国家电力公司“三讲”教育办公室批准，集团公司召开了“三讲”教育总结大会。

（孙长伟）

天津市电力工业

概况

1999年，天津市电力公司围绕“建设子公司运作机制，建成一流管理电力公司”的年度目标，团结努力，拼搏进取，全面完成了1999年的各项工作任务。按照“三年争先”（1992～1995）、“一流管理电力公司”（1996～1999）、“基本现代化（国际一流）电力公司”（2000～2007）“三步走”的发展战略，到1999年底天津市电力公司创一流管理电力公司工作已通过了职代会验收，创一流电力公司工作通过了国电公司诊断，第二步战略目标基本实现，为加快公司制改组，向国内、国际一流电力公司迈进打下了良好的基础。1999年，天津市电力公司得到了华北电力集团公司的通令嘉奖。

1999年，天津市电力公司较好地完成了各项生产经营指标：发电量完成60.25亿kW·h，完成年计划的104.78%，比1998年降低3.29%；售电量完成171.64亿kW·h，完成年计划的105.80%，比1998年同期增长8.46%；供热量完成530.18万GJ，完成年计划的104.99%，比1998年同期降低4.15%；供电煤耗完成375g/(kW·h)，与计划持平，比1998年同期降低1g/(kW·h)；线损率完成3.94%，比计划高0.88%，比1998年同期上升0.89%；销售收入完成56亿元，完成预算的104.55%；成本52.88亿元，完成预算的104.6%；利润12372万元，完成预算的123.7%；多经收入18.1亿元，完成计划的101.18%。利润1.27亿元，完成计划的115.45%。

安全生产

天津市电力公司坚持“安全第一、预防为主”的方针，安全生产保持了平稳发展的态势。全年未发生造成社会重大影响的事件和对创一流有否决条件的事故，连续三年实现人身死亡零目标，连续十年未发生考核火灾事故，设备事故大幅下降。按照国电公司颁发的国电办［1997］12号《电力安全生产奖惩标准》，天津市电力公司及其所属的高压供电公司、送变电工程公司、第一热电厂、蓟县供电局受到国电公司表彰。公司供配电系统实现了两个百日安全长周期，高压供电公司实现三个百日安全长周期，调度系统没有发生调度事故和一类障碍，发电厂做到了随调随发，保证了电网安全运行，保证了全市安全可靠供电。特别是在1999年3月份大雾期间和夏季酷暑高峰期没有出现污闪和拉闸限电现象。通过精心组织和测试，天津电网计算机系统成功跨越2000年。

发电设备全年安排机组大修3台·次，容量250MW；小修24台·次，容量1062MW，使机组的安全性、经济性、可靠性都有很大提高。1999年发电设备等效可用系数完成91.16%，比考核定额值85.89%提高了5.27%；共发生非计划停运12次，累计停运时间651h，比同期减少11次，少停运764h，多发电1.28亿kW·h。在供电设备管理方面，落实了运行责任制，加强了设备的运行维护工作，特别是加强对恶劣天气和特殊方式下的巡视工作，保证了天津电网的安全稳定运行。为消除电网安全的薄弱环节，1999年完成了双港、红旗路2座220kV变电站的防误闭锁装置，采取了必要措施保证了北郊变电站调相机的正常运行，为提高电网运行安全起到了重要作用。1999年天津电网供电可靠率、电压合格率和电网频率合格率分别达到99.916%、98.14%和99.998%，均高于一流电力公司标准。

企业经营

在电力买方市场形势下，1999年天津市电力公司及时采取了走访大电力客户、出台鼓励用电政策、促进环保改燃及改进报装和营销服务等主动开拓市场的措施，并收到了良好成效。伴随着天津经济好转和社会用电量回升，售电量同比增长8.46%，为近年来的最高值。通过加大工作力度促进电费回收，继续保持了电费上缴结零的好成绩。为拓展经营领域，与地方合作建成了滨海燃气电厂，组建了津安热电有限公司。相继完成了陈热、杨电两项供热管网工程，新增供热200万m^2。面对大规模电网建设投入，天津市电力公司将控制成本、挖潜增效放到了企业经营的重要位置，通过实施“成本否决”、强化预算管理和资金运营，使成本得到了较好控制，燃料成本和财务费用较预算大幅下降，保持了良好的财务状况。尽管受到自发电量减少、购电比例和均价上升及线损增高、售电均价下降等因素的影响，公司仍超额完成了利润目标。资产保值增值率、投资收益率、资产负债率、不良资产率分别达到101.64%、5.55%、58.86%、0.22%，上缴投资收益3460万元，全部达到上级考核值。公司多种产业已进入产业结构调整和优化阶段，产值和利润保持了较好的增长势头。

电网建设

根据国家下达的投资计划，从1998年到1999年底，城乡电网建设改造共完成投资40.7亿元，共新建、扩建220kV送变电工程2项，新增主变压器容量48万kV·A，220kV线路52km；新建扩建110kV送变电工程6项，新增主变压器容量33.15万kV·A，新增110kV线路111.2km；建成35kV变电站28座，新增主变压器容量109.93万kV·A，新增35kV线路352.48km；进行相应的电网改造。其中，城网建设改造计划总投资56.9亿元、完成28.35亿元，建成投产2个220kV送变电项目、4个110kV项目和19座35kV变电站；农网建设改造计划总投资20亿元、完成12.3508亿元，建成投产2个110kV项目和9个35kV变电站；1999年完成城网投资15.2亿元，开工在建3个220kV项目、投产1个；投产110kV变电站3座，在建1座；投产35kV变电站9座；配合市政建设相继完成10余条城市主干道路的电缆化工程。通过城网建设改造，天津市电网结构薄弱的局面得到很大改善，城市供电能力、可靠性得到很大提高，基本满足了天津市经济发展和人民生活的需要。

农电“两改一同价”工作取得突破性进展。全面完成了农电体制改革任务，通过对四个趸售县供电企业的股份制改造，组建了四个由市电力公司控股的县级供电有限公司。撤销了216个乡镇电管站，新组建了63个供电营业所和161个用电营业站，对全市农电用户基本实现了“四到户”管理。到1999年底，农网建设与改造共完成投资计划的88.46%，投资计划完成率在全国名列前茅，大大改善了农村供电环境。依靠物价部门的大力支持，“农村统一过渡电价”即将出台，为2000年实现“两改一同价”即定目标打下了良好基础。

企业改革

按照国家电力公司第二步改革部署，公司围绕公司制改组进行了积极的准备。按国家经贸委要求，配合市政府成立了电力管理办公室，完成了政府职能划分工作。稳步推进了内部管理体制改革，进一步完善了供电区域性管理；深化了施工、修造、后勤系统的企业化改革；以领导班子分开、劳动合同分开、经营活动分开、人事分配分开为主要内容，基本完成了基层分公司多经企业与主业的“四分开”工作；在总结内部核算试点经验的基础上，对建立内部模拟市场、规范企业管理进行了探索，确立了“集团化、多产业”发展的格局。在以“三年争先”为目标实施“形象发展战略”、以创一流管理电力公司为目标实施“整体发展战略”的基础上，天津市电力公司根据国家电力公司“两型、两化、国际一流”的战略部署，结合实际提出了“竞争发展战略”的构想，确定了力争2000年、确保2001年建成中国一流电力公司，到2007年建成基本现代化（国际一流）电力公司的目标。并成立了发展战略、人才、分配三个课题组，对公司跨世纪发展进行了筹划和必要的准备。

企业管理

通过1996年以来的努力，天津市电力公司实现了一流管理电力公司目标。所属的军粮城发电厂获得了一流火电厂称号，天津第一热电厂巩固了三星级成果，供电系统绝大多数指标达到了三星级标准，主业32个单位全部达标，基础管理和专业管理普遍加强。通过严格实行基建“五制”和达标投产，促进了工程质量的提高，出现了南郊、葛沽等一批质量优良的送变电工程。适应公司制改组，进行了公司管理“法典”的编纂，编制下发了15类专业管理制度，重点规范了合同管理程序，提高了依法管理水平。进一步完善了标准化管理体系，深入开展了质量体系认证工作，全面推进科技进步工程。调度CC－2000系统和电力电量交易系统日趋完备，电力数据传输通信网络初具规模；完成了广域网一期工程和用电、业扩MIS系统建设；变电站微机管理取得实效，建成了第一个220kV集控台，全公司137座变电站中87座实现了无人值班，城区无人值班率达92.06%，市区达97.4%，推动了管理手段现代化。在全国电力系统较早地完成了电力市场调研分析预测工作，为进一步提高营销和规划工作水平、加快实施跨世纪营销战略创造了条件。

精神文明建设

1999年，天津市电力公司以“三讲”教育和创新大讨论为契机，有力推进了精神文明建设。狠抓了领导干部理论学习，加强了基层党建工作，通过开展“争先创优”和多层次的劳动竞赛活动，调动了职工争创一流的积极性。“厂务公开”深入开展，党风廉政和行风建设进一步加强，双文明创建取得成效，全公司94%的单位进入了地市级及以上文明单位行列。公司多年来形成的企业文化内涵不断丰富，成功举办了第三届职工文化艺术节，扩大了“九五”安居成果，启动了“敬老助残”资金，档案馆、职工活动中心、老年公寓等企业建设工程陆续完成，广泛开展了企业形象设计推行和企业精神、企业宗旨的征集、提炼工作，营造了良好的企业氛围。在改革新形势下，天津市电力公司将维护队伍稳定作为重点工作来抓，特别是法轮功事件和北约轰炸我驻南使馆后，公司领导带队进行了专题调研，开展了深入的思想政治工作，保持了企业稳定局面。按照国电公司党组的统一部署，圆满完成了“三讲”教育工作，通过加强学习教育、深入剖析问题、加快落实整改，使公司领导班子和领导干部的思想政治水平得到了明显提高。

主要事件

1月11～13日，天津市电力公司以“改革创新发展”为主题的战略政策研讨会召开，寇士清总经理提出制度创新、管理创新、机制创新的要求。

2月3日，天津市农电“两改一同价”工作会召开。会议提出，力争1999年底天津在全国率先实现城乡居民照明用电同价，2000年城乡用电全部实现同网同价。

2月8日，天津市电力公司二届三次职工代表大会召开。会议提出了“建设子公司运作机制，建成一流管理电力公司”的奋斗目标。

3月17日，军粮城发电厂通过了华北电力集团公司一流电厂验收。

3月，《天津市电力公司职工医疗保险制度改革实施办法》经公司社会保险管理监督委员会第六次（扩大）会议审议和原则通过，于1999年1月1日起执行。

3月18日，在天津市召开的精神文明建设工作会上，武清县供电局被授予“天津市文明行业标兵”称号；静海县供电局被授予“天津市文明机关标兵”称号；汉沽供电局被授予“天津市文明行业”称号；大港、宝坻、宁河、蓟县供电局分别被授予“天津市文明单位”称号。同时，刘景耀和宋长俊同志被授予“天津市精神文明建设活动优秀组织者先进个人”称号。

3月29日，经华北电力集团公司党组会议研究，并征得天津市委组织部同意，李庆林同志任天津市电力公司（电力局）党委常委、副总经理（副局长）。

4月，天津电力节能检测中心挂牌。

4月26～30日，由天津市电力公司与宁河、武清、静海县供电局共同出资组建的三家市电力公司控股的供电有限公司相继挂牌运营。

4月，塘沽供电局津滨电业有限公司在荣获1998年度天津市优秀企业称号，成为天津市电力公司唯一获此殊荣的企业。

4月30日，由三源电力集团公司与天津市电力公司物资局和静海县电力局投资组建的天津市三源电力铁塔厂正式组建。

5月9～10日，天津市电力公司党委召集会议传达天津市委紧急会议精神，组织职工座谈，愤怒声讨北约暴行。

5月11日，天津市电力公司召开"三讲"教育工作会议，传达全国和国家电力系统"三讲"会议精神，明确提出天津市电力公司"三讲"教育的目的是全面提高领导干部整体素质，努力开创公司改革发展新局面。

5月19日，天津市电力公司召开"两改一同价"工作会议，出台了农电"两改一同价"系列实施细则。

6月30日，天津地区连日持续高温，供电负荷达到了339万kW，创历年来的最高记录。

7月19日，天津市市长李盛林、市政府秘书长陈洪江在天津市电力公司总经理寇士清、工会主席司国仓的陪同下到军粮城发电厂慰问高温下坚持生产的一线职工。

7月27日，华能杨柳青发电厂三期扩建工程报捷，6号机组并网成功。

8月，城南供电局河西营业站被中央文明办确定为"全国精神文明创建示范点"。

8月30日，国家电力公司下发［1999］国电发460号文件，命名军粮城发电厂为一流火力发电厂。

8月，天津电力代表队获99'亚洲铁人三项赛暨全国铁人三项锦标赛季军。

9月10日，开发区鄱阳路220kV变电站启动并网，一期工程告竣。

9月29日，天津市电力公司为落实科教兴市战略、推进高校供电社会化，决定用3个月完成对天津大学5000教职工直接供电。

10月21日，天津市电力公司职工代表组成的6个专业组对一流管理电力公司的创建成果进行了为期4天的全面检查验收。

10月30日，天津市电力公司干部人事档案管理获得国家电力公司授予的国家一级管档证书。

11月11日，天津市市长李盛霖、副市长王德惠同志率市政府有关人员到热电公司检查今冬供热工作。

11月12日，滨海电厂联合循环汽轮发电机组启动并网，开始带负荷试运。

11月12日，天津市电力公司召开"三讲"教育动员大会，公司"三讲"教育正式开始。

11月18日，天津市电力公司电力故障承询抢修系统正式启动。

11月18日，天津市电力公司档案馆正式开馆。

11月25日，天津农网（1998～2000年）建设与改造规划方案通过审查。

11月30日，第一热电厂5、6号机组退出运行，累计发电145亿kW·h。

12月，天津市政府成立电力管理办公室，负责对本市电力行业实施行业管理和监督等工作。

12月3日，天津电力代表队在全国青年"21世纪青年与互联网"辩论赛中一举夺冠。

12月7日，天津市市长李盛霖、市政府顾问叶迪生一行到天津市电力公司视察计算机"2000年问题"。

12月24日，天津市电力公司召开"三讲"教育总结大会，"三讲"教育圆满结束。

（李敏）

河北省电力工业

概况

1999年，河北省电力系统广大电业职工，面对着电力市场的严峻挑战，大胆开拓，勇于进取，使管理水平不断提高，经济效益明显增长。截至1999年底，全省新增发电装机容量1547MW，发电装机总容量达到14666MW。比1998年增长138.2万kW，其中省电力公司增长50万kW。省电力公司新建220kV变电站3座，变电容量720MV·A；新建220kV输电线路7条共167km，从而大大改善了省内电网结构，缓解了用电紧张局面。

发电量：完成772亿kW·h，比1998年增长12.05%。其中省电力公司完成444.09亿kW·h。

售电量：完成629.4亿kW·h，比1998年增长9.26%。其中省电力公司完成403.79亿kW·h。

供电标准煤耗：完成401g/(kW·h)，比1998年下降6g/(kW·h)。

全省线损率：完成5.57%，比1998年升高0.06%。

机组等效可用系数：完成92.08%，比1998年提高0.58%。

南网供电可靠率：完成99.94%，与1998年同期相比提高了0.01%。

南网供电电压合格率：完成98.95%，较1998年度提高0.55%。

省局直属工业企业劳动生产率128000元/(人·年)，比1998年提高123436元/(人·年)，提高3.7%。实现利润4.23亿元，上交税金7.67亿元，实现销售收入115.82亿元。

省电力公司多种经营总收入25亿元，实现利润1.5亿元，分别比1998年提高18.2%、28.8%。

电力建设

(一) 电源建设（河北）

1. 邯郸热电厂技改2号机组并网发电

8月6日，邯郸热电厂2号机组继早7时46分冲转一次成功后，于当日23时16分实现并网发电一次成功。这一技改工程是河北省南网第一个"以大代小"的技改项目，共安装两台20万kW国产双抽机组，其中1号机组已于1998年投产发电。该工程可增加发电能力15.4万kW，增加采暖面积450万m^2。该工程还设计了南网第一套污水处理系统，将净化后的滏阳河城市污水作为电厂循环水，可为减少邯郸地区的环境污染发挥作用。

承担该工程施工任务的河北省电建二公司坚持落实省局制定的网络计划，他们克服了施工场地狭小、设备缺陷多、图纸到位晚等不利因素，精心组织、科学施工、自我加压、严格管理，认真贯彻ISO9002质量体系标准。在有关单位的密切合作下，该公司确保了3月10日完成水压试验、4月9日汽轮机扣盖、6月20日点火吹管等各重大形象任务的完成，使2号机组的工程质量较1号机组有了较大提高。

2. 西柏坡电厂全部建成

6月4日，由河北省电建一公司承建的西柏坡电厂最后一台30万kW发电机组完成168h满负荷试运，转入考核达标试验阶段。至此，该厂一、二期工程4台30万kW机组建设画上了一个圆满的句号，全部优质、高效地建成。

西柏坡电厂第一台30万kW机组于1991年12月1日动工兴建，1993年12月26日移交生产，被誉为"状员工程"。在以后的3台机组的建设中，河北省电建一公司提出了"一台更比一台好，台台要达标投产"的口号。

4号机组整套启动试运指挥部自1998年12月14日成立以来，在启动委员会的直接领导下，严格执行国家和部颁有关规程和标准，在设计院、电研所、监理公司、西柏坡电厂的大力支持下，主动、积极、认真、科学地开展工作，确立了4号机组比3号机组再上一个新台阶的奋斗目标。为此，他们进一步强化达标意识，把达标工作始终贯穿于4号机组试运阶段的全过程中。投产发电的4号机组，546项建筑分项工程优良率达91.2%；554项安装分配工程优良率100%；17698道高压焊口一次探伤合格率为98.3%；现场文明环境达到了设计要求。机组168h试运期间，连续满负荷运行168h，连续平均负荷率达101.2%；热工自动、保护装置、主要仪表投入率均达到了100%，且连续运行超过120h，达到了稳发、满发和安全经济的要求，创下了河北南网30万kW机组基建达标最好水平。

3. 张家口发电厂6号机组并网发电

10月10日23时15分，张家口发电厂二期扩建工程6号机组首次并网一次成功，这标志着大唐公司又一台30万kW机组并网发电。

6号机组是张家口发电厂二期扩建工程的第二台发电机组，于1996年4月14日基础开挖，1998年8月锅炉大件吊装完毕，1999年9月2日锅炉点火一次成功。9月25日，张家口发电厂6号机组通过了华北电力集团公司质监中心站的机组整套启动前监检，10月9日，实现汽机冲转一次成功。

张家口发电厂6号机组首次启动期间，按照《新启规》的要求完成了发电机短路试验、发电机空载试验、假同期试验、机炉电大联锁等一系列试验，达到了预期的目的。

(二) 电网建设

1. 石沧超高压线路铁塔组立通过验收

7月5～9日，由河北省电力建设监理公司、河北省超高压输变电工程质检站及施工单位参加的联合检查验收组，对石家庄至沧州500kV输电线路工程的铁塔组立进行检查验收。

石—沧500kV输电线路工程是河北省1999年的重点工程，线路全长173.825km，共有铁塔413基，由河北、北京、内蒙的三家送变电公司分4个标段施工。联合检查验收组以验收规范为标准，对铁塔各部件规格、数量、质量、安装工艺、螺栓紧固、铁塔的倾斜率、扭曲度等项目进行了全面、严格的检查验收，并对施工单位的施工记录、铁塔材质合格证、施工技术措施、施工质量保证措施、安全措施进行了缜密而周全的检查。

由于各施工单位精品意识强，在组立塔时严把质量关，验收组经过5天的验收，铁塔合格率为100%，组立优良品率为100%。

2. 北戴河重要用户供电改造工程竣工

5月31日17时30分，北戴河重要用户供电改造工程的枢纽部分——崔各庄变电站一次投运成功。至此，备受瞩目的北戴河工程比原计划的6月20日提前20天胜利竣工。北戴河重要用户供电改造工程是为党中央、国务院领导疗养提供服务的特殊工程。该工程的竣工提高了对北戴河重要用户的供电能力，使包括低压配网部分在内的全系统供电可靠性达到了一个新水平。

(三) 勘测设计

2月12日，国家电力公司批复了邯峰电厂至邯西至石南500kV送变电工程的初步设计。由河北省电力勘测设计院完成的该工程初步设计，已由国电公司进行了审查，并经国家计委重大项目稽查办核定。

该工程由邯峰电厂至邯西、邯西至石南两条500kV输电线路和邯西500kV变电所组成，是邯峰电厂配套送出的第一条大动脉。其中，邯峰电厂至邯西变电所线路工程由邯峰电厂出线，线路长24.5km，总投资5108万元；邯西至石南线路由邯西变电所出线，线路长171km，总投资23749万元。批复文件同意本工程一根地线采用架空地线复合光缆，这是河北南网继石沧线后第二条采用架空地线复合光缆的500kV输电线路。邯西变电所本期安装750MV·A变压器一组，远期按4台750MV·A变压器规划；500kV出线本期2回，远期6回；220kV出线本期5回，远期14回。该工程完成后将成为河北南网500kV主网架的重要组成部分。

电力生产

(一) 发电

衡水发电厂安全生产创建厂以来最好成绩。衡水发电厂把安全生产工作放在首位，截至9月4日实现了五个百日安全生产长周期，创建厂以来的最好成绩。

为确保安全生产，杜绝违章现象发生，该厂安监部门每月定期对检修现场及班组安全管理方面进行一次全面的检查，对责任人进行严肃处理。对于事故责任单位除及时提出整改意见外，还将严格按照经济责任制考核细则进行考核。同时，该厂还设立了安全专项基金，用于奖励对安全生产做出贡献的单位和个人。在此基础上，该厂还紧紧围绕“双达标、创无渗漏”及“争创全国一流火力发电厂”的目标，对设备进行了彻底治理。2号炉FSSS系统改造、更换2号机低压缸末级围带、对电缆封堵进行综合治理等等，均收到了很好的效果。除尘系统中的搅拌器经过更换后，使用寿命由原来的3个月提高到1年。2号炉的炉底出渣工程改造，使碎渣机、渣浆泵、控制空压机等冗余设备不再使用，并减少了上千个渗漏点，提高了锅炉运行的稳定性和可靠性。该厂制定的消缺奖励制度，极大地调动了职工发现缺陷、及时消缺的积极性，使工作效率大大提高。该厂还采取随时发现问题随时向责任单位下达整改通知单的形式，限期整改。对于一时整改不了的列入“安全措施”计划，拨出专款进行治理。去年春季，在厂领导的带领下，由安监部门牵头，该厂开展了安全大检查，共查出装置性违章33处、薄弱环节15处。为确保万无一失，该厂安监部门的人员每两天还对生产现场进行一次巡视，对重大操作试验更是从不放过，随时进行抽查，同时各生产部门的安监人员每天巡视现场一次，对重大操作试验进行全过程跟踪。针对外包工程较多的现状，该厂对包工队的安全施工进行了专项治理，随时对施工现场进行检查，对存在违章违制的包工队，除令其停工整顿外，还对发包单位进行考核。

(二) 供电

1. 唐山供电公司实现安全生产一周年

截至11月13日，唐山供电公司实现安全生产一周年，创该公司有史以来最好纪录。

唐山供电公司设备规模和供电能力位居全国前列。多年来，他们为保电网安全运行做出了艰苦努力，但由于各种原因，始终没能摆脱“安全生产天天喊，各类事故仍然出”的困扰。针对这种情况，该公司200名职工代表于1999年初职代会上率先发出了《向违章违纪行为告别》的倡议书，上至经理、书记，下至普通职工都在巨幅横标上庄严的签上了自己的名字，表达了同各类事故作斗争的坚强决心。各基层单位广泛开展了班组建设，使安全生产、管理教育、技术培训和文明建设达到了有机的结合。为确保全年安全生产目标的实现，他们紧紧抓住安全生产第一责任者这一主要环节，把各类事故指标层层分解，逐级签订安全生产责任状，实行风险抵押，坚持同奖同罚，真正形成了人人保班站、班站保车间、车间保公司的安全保证体系。各单位从抓管理、抓设备治理入手，开展了以春节安全大检查、全国第九个安全生产周检查、企业上三星联查和供电企业安全性评价整改等多种形式的安全检查活动，把事故苗头和隐患降到了最低限度。他们还不断加强电网的硬件建设，积极推进企业的技术升级。所有220kV变电站全部实现了微机在线管理，110kV变电站基本完成了无人自动化值班。与此同时，他们花大力气进行变电站微机闭锁装置的更换，加强了安全闭锁系统的管理，使安全稳定系数大大增强。一年来，该公司领导深入基层，注重到急难险重的岗位去排忧解难，理顺关系，做到重大生产运行操作跟班到现场，从而为完成全年各项安全生产任务提供了坚强保证。

2. 保定电业局供电量再创历史新高

截至1999年底，保定电业局完成年供电量67.4388亿kW·h，售电量为64.5876亿kW·h，再创该市年供电量历史最高纪录。这两项指标均超额完成年计划任务，分别比上年增长11.12%和11.32%。

保定局供电量保持较高增幅的原因：①该市支柱行业和企业用电大户经结构调整，生产已逐步回升；②市民生活用电增加，居民家庭用电一直保持较大增幅。与此同时，该局加大宣传力度，多方进行电力促销。在用电服务中心，他们向用户提供使用电锅炉、电炊具如何方便、卫生、经济的资料。在闹市区，他们设置了宣传用电的三幅广告，并沿路亮起了宣传用电的广告灯箱。为给新老用户提供更加快捷、方便的优质服务，该局将高低压报装接电时限均明显缩短。为更大限度的实现多供少停，该局实行状态检修方法，并把计划检修均安排在用电低谷时段进行。他们还扩大带电作业范围，提高故障检修的快速反应能力。调度部门精心计划，科学合理调度，使拉限次数大大减少。1999 年 1 至 11 月限路次数仅为 1998 年同期的 18.8%。此外，该局还狠抓安全运行和检修质量，提高了设备健康和安全供电水平。到年底，该局已实现连续安全运行 838 天，创该局历史最高长周期纪录。

（三）农电工作

1. 衡水乡站体制改革在河北省率先到位

1999 年 12 月份，当人们喜迎新千年的时候，衡水市 11 个（市、区）乡镇用电管理体制改革全部到位，率先在河北省实现整体突破。

1999 年初，按照国发 2 号文件精神及省电力局的统一布署，根据省局乡电管站体制改革管理办法，衡水电业局经过认真筹备和组织，以点带面，整体推进。改革后全市由原来的 226 个乡电管站精简为 111 个供电所，有 454 名县电力局职工分流到供电所工作。体改后 11 个县（市、区）电力局经严格的理论考试、实践考核和综合评定，重新招聘新上岗临时工 3726 名，减员 3522 名。仅此一项，改革后全市每年可减轻农民负担 400 多万元。新的体制运行后，县局对各供电所和农电工实行了统一管理，县局直接抄表收费到户，电价稳定，减少了中间环节的“跑冒滴漏”，从根本上解决了农村电费电价中的“三电”现象和乱搭车问题，稳定了农村电工队伍，加强了对电力设备的管理，提高了乡村用电服务水平。各县均执行了省物价局审批到户的农村电价，并全部采用微机打单开票，实行坐收电费。由于提前印制了大量的宣传品，电价明码标价，电费、电量公开，受到了农民的欢迎和支持，原来担心电费收缴困难的情况没有出现，一个村一天就能收齐电费。

2. 南宫市电力局实行抄表收费到户

顺利完成“两改”任务的南宫市电力局，截至 4 月 15 日已将全市 110.6 万多个农村用电户的电表底码全部重新抄核一遍。从此，这些农村用户将统一执行新的电价标准，并由市电力局的 15 个供电所直接收费到户。

为了从根本上解决农民负担重的问题，南宫市电力局认真贯彻落实国务院“两改一同价”的文件精神，采取“精心组织、周密安排、稳妥推进”的方法，从 1998 年开始，先后投入资金 700 多万元，分期分批对全市 10kV 供电线路和农村低压线路进行了高质量、高标准的统一整改，并完成了 10.6 万多个农村用户的“一户一表”制改造任务，为直接抄表收费到户打下了基础。4 月 10 日，南宫市委、市政府正式批准实施《南宫市乡村用电管理体制改革方案》，南宫市电力局结合本市实际，本着站所合一的原则，在原乡站科的基础上组建了农电科，撤消了原来的 33 个乡电管站和 456 个村级管电组织，成立了 15 个供电所。同时他们还参照配电变压器台数、高低压线路长度及用电户数量，以精简、高效为出发点，对 868 名农村电工进行了理论和实绩考核，经综合测定，重新招聘人员 600 名，纳入电力局临时工管理序列，实行全日制工作制。南宫市实行乡村用电管理体制改革后，省物价局批准该市直接收费到户的电价为：农村照明和农业生产电价 0.53 元/(kW·h)、农业工副业电价 0.65 元/(kW·h)。

多种经营

河北电力线缆厂、渤海线缆厂牵手联姻。河北电力线缆厂紧紧抓住城网、农网改造的机遇，实施低成本扩张战略，1 月 8 日与乡镇企业——河北渤海线缆厂牵手联姻。

由省电力局和沧州电业局合资创办的河北电力线缆厂，目前已拥有 4000 万元固定资产。1998 年以来，该厂面对电缆行业日趋激烈的市场竞争，经过认真调研、协商，决定与国家级大型乡镇企业——渤海线缆厂合作，成立河北电力沧海线缆有限责任公司。该公司董事长由电力线缆厂厂长担任，渤海线缆厂厂长任副董事长。电力线缆厂和渤海线缆厂分别占公司份额的 51% 和 49%。该公司的成立，实现了强强联合，节省了数千万元的项目扩建建设资金，同时避免了同一区域内的建设投资。省委书记叶连松还为该公司的成立题词：发展沧海电力线缆，加强城乡电网改造。

科技及管理

（一）科技

1. 石家庄电业局新型无人站通过国电公司鉴定

由石家庄电业局和无极县供电局建设的“三无”小型化、分布监控式 110kV 变电站，5 月 14 日在石家庄通过了国家电力公司组织的技术鉴定：其整体技术居国内领先水平。

建设“三无”（无人值守、无房屋建筑、无电缆沟）小型化、分布监控式 110kV 变电站，是省局下达给石家庄电业局的重点科技项目。该站于 1998 年 1 月 22 日在无极县城西建成投运，设计规模为：主变压器两台 63000kV·A，110kV 进线 2 回，35kV 出线 6 回，10kV 出线 10 回，10kV 电容器两组，每组 2400kVar。该变电站总体设计新颖，结构简洁，除变压器和电流互感器、电压互感器外，均采用无油和少维护设备，减少了运行维护量，选用以微处理器为核心的户外型分布式多功能电力监控装置和保护与计量装置一起，就近分布安装在相应的开关附近，从而大量减少了电缆，彻底取消了电缆沟和房屋建筑，降低了工程造价；尤其是保护、监控系统采用分布式结构，并采用220V交流加UPC加不间断电源，作为变电站的操作电源，有效地提高了运行可靠性，保证了高度的远方监控。该变电站将一、二次设备全部安装于室外的设计、建设思路，全面实现了无人值守变电站的小型化和户外化，为我国110kV变电站的建设创造了一个崭新的模式。这样的变电站与建设同等规模的三级电压的10kV常规站相比，可节省一次性投资310万元，并可每年节约40万元的运行维护费用。该站具有占地面积小、建设周期短、投资少、经济效益高等特点。

2.南网第一个居民用户集中自动抄表系统通过技术鉴定

8月28日，由河北省局主持的"CZS—1型居民用户集中自动抄表系统"项目鉴定会在邯郸局召开，这是南网第一个居民用户集中自动抄表系统。

"CZS—1型居民用户集中自动抄表系统"是省局立项的科研项目，由邯郸电业局和华电自动化设备有限公司共同研制。该项目由安装在电表内的采集装置(RU)、安装在变台旁的集中器和主站计算机系统构成。居民用户电量通过RU经低压（220V交流）载波自动定时地向集中器传送并存储在集中器内，集中器与主站计算机之间通过普通电话线连接，可自动的将电量数据传送到计算机内，并可在计算机内作各种计费、分析等处理。该系统在邯郸市城区供电局负责供电的范围滏园小区运行了1年10个月，并于8月17日通过了省电力局组织的实用化验收。该项目的推广应用将对提高电费抄收的准确率、避免人为差错、提高工作效率等提供有效的技术支持。

(二) 管理

石家庄电业局"管理信息系统"受国家表彰。12月8日，石家庄电业局"管理信息系统"参加了由共青团中央、国家经贸委、劳动社会保障部、信息产业部共同组织举办的"亿阳杯"首届青年职工互联网络应用大赛，荣获了应用软件成果三等奖，并成为河北省唯一获奖成果。颁奖大会在人民大会堂举行，全国政协副主席陈锦华、团中央第一书记周强出席大会，并向获奖者颁发奖牌和荣誉证书。

石家庄电业局的"管理信息系统"进行了现场演示，受到了领导和代表们的好评。该局的"管理信息系统"是一个覆盖该局生产、经营、办公和管理的计算机应用系统。该系统把计划、生产、用电、人事、财务、物资、办公、基建等子系统有机地结合起来，对全局的人、财、物、信息实施了集约化管理，对全局的生产、经营和办公管理实现了全过程的有效控制。该系统的开发和应用为企业的发展发挥了积极的促进作用，同时也为企业带来了明显的经济效益。据财务部门的效益分析报告，该系统的应用为企业直接创造经济效益年平均约1100万元，占企业年利润的9.1%。该"管理信息系统"是由石家庄电业局信息中心历时3年开发研制成功的。该系统曾于1997年首家通过了华北电力集团公司的实用化验收，并被省电力公司评为科技进步一等奖。

其他

(一) 石家庄电业局通过一流供电企业验收

3月11日，石家庄电业局通过了国家电力公司全国一流供电企业验收组的验收，成为华北电力系统首家通过国家电力公司全国一流供电企业验收的单位。

10～11日，由11人组成的全国一流供电企业验收组，按照《电力行业一流供电企业考核标准》，对石家庄电业局9项必备条件和6项考核内容进行了综合考评。考评组分安全生产、节能降损、可靠性、减人增效、用电与优质服务、设备管理、文明卫生、科技进步、精神文明和综合等10个方面，深入车间、科室、变电站、营业窗口等进行了资料和现场检查考评。考评组认为，石家庄电业局全部必备条件满足一流供电企业考核要求，6项考核内容得分均达到或超过验收标准。

(二) 保定电业局用电服务中心被命名为"国家级青年文明号"

6月25日，保定电业局用电服务中心被命名为"国家级青年文明号"。

该用电服务中心负责全市（含趸售县）新装增容及变更业务的全过程一条龙服务。随着电力供求关系的转变和供电企业进入市场，该中心以全新的观念在开拓电力市场和为用户服务方面取得了显著成绩。在营业厅内，有关的制度、规定、收费标准等一目了然，微机触摸屏随时供用户进行各类查询。业务主办制使用户只对供电局内一人，即可办清全部用电手续。该中心人员平均年龄28岁，大专以上学历的占85%。

(三) 河北省电力系统一批劳模和先进集体受表彰

4月28日，河北省政府、国家电力公司分别在石家庄和北京召开了表彰大会。在河北省劳动模范和先进集体表彰大会上，河北省电力系统王振清等37名职工被授予"省级劳动模范"荣誉称号；邢台发电厂等5个企业被授予“省级先进企业”荣誉称号；石家庄热电厂锅炉车间等10个车间（班组）被授予“省级先进集体”荣誉称号。在国家电力公司表彰大会上，石家庄供电公司被授予“全心全意依靠职工办企业先进单位”荣誉称号；衡水发电厂工会主席张金水被授予“全心全意依靠职工办企业优秀领导干部”荣誉称号；省电建一公司锅炉工地、一五〇发电厂锅炉车间被授予“先进集体”荣誉称号；省电力公司曹海潮等8名职工被授予“国家电力公司系统劳动模范”荣誉称号。

主要事件

1月9日，刘铭刚副总经理及有关处室负责人对唐山NGK电瓷有限公司进行了产品考察和技术交流，并与该公司签署了500kV耐张绝缘子挂网运行协议。

1月25～28日，河北省电力公司二届二次职代会暨1999年工作会议召开。朱国桢总经理作了工作报告，省委书记叶连松、副省长郭世昌、国电公司副总经理查克明等到会祝贺并分别讲话。

1月25日，黄文葆副总经理在河北宾馆会见了来石考察张河湾抽水蓄能电站项目的亚洲开发银行官员，并与该项目经理巴德森就有关问题进行了会谈。

1月27日，国电公司以国电安运［1999］28号文作出了《关于调整关停小火电计划安排的意见》，决定将国电公司系统5万kW及以下凝汽机组关停时间从2005年提前到2004年。其中，涉及省公司系统1999年停运的中压凝汽机组为：石家庄热电厂3、4、6号机组和邢台发电厂1号机组，共计7.1万kW。

1月27日，国家电力公司以国电规［1999］44号文作出了《关于邯峰至石南500kV送变电工程初步设计的批复》，工程总投资55054万元。

2月26日，由中国机电设备招标中心组织的石家庄热电厂技改工程汽轮发电机组国际开标仪式在北京举行。

国家电力公司以国电规［1999］56号文作出了《关于河北石南至沧西500kV送变电工程初步设计的批复》。工程核定总投资为49993万元。

3月10～11日，由国电公司安运部詹仲晦副主任为首的一流供电企业验收组，对石家庄电业局进行了综合考评，认为该局达到了一流供电企业考核标准。

3月17日，省局召开机关全体干部大会，国电公司总经理助理、人事劳动局局长刘忱宣读了国家电力公司党组关于刘彭龄、朱国桢同志职务任免的决定：刘彭龄同志任河北省电力公司（工业局）党组书记、总经理（局长）；免去朱国桢同志河北省电力公司（工业局）党组书记、总经理（局长）职务。副省长刘健生、国家电力公司副总经理赵希正等出席会议并讲话。

国家电力公司以国电计［1999］185号文印发《关于下达1999年国家电力公司城网建设与改造工程续建项目投资计划的通知》，其中，石家庄、邯郸、邢台三市建设规模为：220kV变电站4座，容量54万kV·A；新建改造110kV变电站23座，容量132.75kV·A，线路277.5km。工程投资计划10.66亿元。

4月15日上午，刘彭龄局长陪同省人大主任程维高在磁县进行执法调研，并就观台煤矿三期水淹重大恶性事故涉及供电有关事宜对邯郸电业局和磁县电力局提出要求。

4月19日，国家电力公司国电发［1999］194号文作出《关于对1998年度实现安全生产目标企业和作出突出贡献个人进行表彰的决定》，邢台发电厂、马头发电厂、一五〇发电厂、石家庄电业局、邯郸电业局、邢台电业局、保定电业局、沧州电业局、衡水电业局、河北电力调度通信局、省送变电公司11个单位受到通报表彰。

5月14日，河北电力设备厂在国内首创的“三无”小型化、分布监控式110kV变电站通过国家电力公司组织的技术鉴定。

6月4日，国家电力公司以国电发［1999］268号文印发了《关于下达1999年关停小火电机组计划的通知》，其中河北省公司为11万kW。

6月22日，经国家电力公司审核，决定命名石家庄电业局为“全国一流供电企业。”

6月24日，经国家电力公司审查，决定授予衡水发电厂1998年度电力安全生产达标企业称号。

6月28日，经华北电力集团公司审查考评，授予保定热电厂、石家庄热电厂1998年度二星级企业称号；授予沧州电业局、衡水电业局、保定电业局、邯郸电业局1998度三星级企业称号。

河北省电力质量管理协会被中国水电质协电力分会授予“全国电力行业先进质量管理协会”称号。

7月17日，河北省经贸委、省技术监督局授予邯郸电业局“服务质量管理示范单位”称号。

7月19日，邢台发电厂实现安全生产700天，继续保持18年“人身死亡事故零目标”，创全国同容量电厂安全生产最高纪录。

9月9日，省电力公司与河北西柏坡发电有限责任公司、河北兴泰发电有限责任公司《购售电合同》、《技术服务协议》在石家庄签署。

9月12日，河北省委做出决定：授予邯郸电业局、马头发电总厂、石家庄电业局、保定电业局、衡水电业局、沧州电业局创建文明单位工作“先进单位”称号；授予石家庄电业局桥东营业大厅文明行业工作“先进窗口单位”称号。

在全国精神文明创建工作先进单位表彰大会上，石家庄电业局荣获“全国创建文明行业工作先进单位”称号；沧州电业局机关、衡水发电厂、保定电业局本部被授予“全国精神文明建设先进单位”称号。

10月24日，中宣部常务副部长刘云山在河北省委副书记赵世居等领导及省公司领导刘彭龄、王志刚的陪同下，到石家庄电业局桥东营业大厅调研。

11月1~7日，戚辉敏副总经理带队赴柬埔寨考察电力项目投资建设情况。

11月3日，邢台发电厂锅炉分场机动一班获“全国优秀质量信得过班组”称号。

11月5日12时20分，邯峰发电厂1号发电机转子顺利安装就位。

11月6日，国家电力公司“三讲”教育巡视组一行4人进驻省局。

11月18日14时39分，邯峰电厂1号炉水压试验一次成功。经检查，26205道焊口无一泄漏，一次探伤合格率达98.3%，创河北南网历史最好水平。

11月23日，省局在石家庄召开新闻发布会，通报了两年来“两改一同价”进展情况。

11月28日，国家电力公司县供电企业体制改革工作经验交流会在石家庄召开。国家电力公司副总经理陆延昌做了大会报告；河北省副省长郭世昌、国家经贸委电力司司长史玉波出席会议并作重要讲话；河北省电力公司总经理刘彭龄介绍了河北南网对趸售县局实施代管、全面推进“两改一同价”工作的情况。

12月24日，经“三讲”教育巡视组同意，国家电力公司“三讲”教育办公室批准，省局召开党组和领导班子及处级干部“三讲”教育总结大会。

12月31日，河北南部电网未受到计算机2000年问题的影响，顺利跨入新的千年。

（刘福长）

山西省电力工业

概述

1999年，山西省电力工业进一步深化改革、转换机制、强化管理，生产、安全稳定运行、经营状况得到改善，基本建设正点运行，“两网”（城网、农网）改造等取得成效。特别是体制改革方面迈出了新的一步，原阳泉二电厂实行了公司制改组，成立了阳光发电有限责任公司，进行了股权转让、债务分流，改善了财务状况；漳泽电厂收购了河津电厂，实现了资产重组，扩大了企业规模，促进了经营机制的转换；电力结构的优化调整，城乡电网改造的陆续投运，小机组的逐步关停，增强了电网的输电配电能力，电网的可靠性、稳定性、经济性水平有了新的提高。

截至1999年底，山西省新增发电装机容量88.5万kW，全省发电装机总容量达到1180万kW，新建220kV线路560km，新投运220kV变电站5座，增容117万kV·A。年底省域内500kV变电站1座，100万kV·A；220kV变电站44座，900.3万kV·A；500kV输电线路8条，823.86km；110kV以上线路总长度为13074km。全年主要生产经营指标完成情况如下。

发电量：完成566.98亿kW·h，比1998年增长3%，其中山西省电力公司发电量完成285.07亿kW·h，比1998年下降了5.31%，向省外送电量完成110.9亿kW·h。

售电量：完成338.66亿kW·h，比1998年增长4.38%，其中山西省电力公司售电量完成325.5亿kW·h，比1998年增长4.13%。

供电煤耗：完成425g/(kW·h)，其中山西省电力公司供电煤耗完成393g/(kW·h)，比1998年下降5g/(kW·h)。

线损率：山西省电力公司完成8.32%，比1998年下降0.26%。

设备等效可用系数：发电机组等效可用系数为89.5%，供电可靠性指标99.8%，与1998年同期相比略有提高和基本持平。

劳动生产率：生产企业完成108159元/(人·年)，比1998年提高5.37%；施工企业完成113453元/(人·年)，比1998年提高11.01%。

经营状况：总资产为260亿元，其中固定资产净值115亿元，流动资金74.5亿元，在建工程30.3亿元，递延资产18.2亿元，长期投资22亿元。流动负债和长期负债比1998年的196.97亿元减少53.9亿元，减少27.4%。所有者权益117亿元，比1998年的106.77亿元，增加9.63%。资产保值增值率完成101.09%，投资收益率2.63%，完成利润1.73亿元，实现了全年经营目标。

多种经营：总收入29亿元，利润1.2亿元，分别比1998年提高5.57%、0.84%。

山西省域内发电单位148个，其中水电57个，火电91个。山西省电力公司所属发电单位12个，供电单位11个，基建单位9个，加上修造、院校等总共64个单位，职工总人数82717人。

经营管理

1999年，山西省电力公司坚持外抓市场开拓，内抓经营管理，走推行资产经营责任制，加大资本运营力度之路，从严财务管理、资金管理、成本管理，制订了预算管理办法，经营状况取得了初步进展，资产负债、权益结构有了较为明显的改善，各项运作逐步趋于合理。

（一）资产重组

1999年山西省电力公司向厂网分开，资产重组，优化结构迈进了一大步。首先，成功地进行了原阳泉二电厂的股权比例的变更和有限责任公司的组建，减少了融资还贷压力，促进了企业经营转换。阳泉二电厂实行公司制改组后，省电力公司资产总额减少了50.65亿元，占公司年初资产总额的16.67%，负债总额的25.67%，其中递延资产减少3亿元，长期借款减少45.82亿元，使省电力公司资本公积金和盈余公积资金增加，所有者权益增加，投资能力有所增强。其次，实现了由省电力公司控股的漳泽电力股份有限公司通过A股的送配股方式募集了约7亿元资金，全部用于收购河津电厂，减少了省电力公司的融资贷款压力，促进了厂网分开和企业经营机制的转换。通过加大资本运营力度和加强资产经营责任制的考核，省电力公司资产负债率由1998年的64.25%下降为55%，资产收益率提高了2.63%，不良资产比率、资产保值增值率均实现了资产经营预定目标。

（二）资产运营

1999年山西省电力公司按照总经理王光华与华北电力集团公司签订的《资产经营责任书》的目标，制订了全省《电力工业企业资产经营考核办法》和《全资子公司资产经营考核办法》，并将考核指标分解下达到各分公司，进一步强化全公司财务预算管理，规范资金运作，防范金融风险，以保证国有资产保值增值和提高全公司的整体经济效益。经过一年的努力控制，1999年电热销售收入完成89.2亿元，扣出销售成本81.9亿元，销售税金7200万元，财务费用5.46亿元，电热销售利润实现1.04亿元。虽然售电单位成本完成0.229元/(kW·h)，比1998年升高0.0017元/(kW·h)，平均电价（含税、含输出电量）完成0.283元/(kW·h)，比1998年降低0.002元/(kW·h)，综合标煤单价完成184.81元/t（含小窑煤煤加价39.89元/t），比1998年升高3.31元/t，但电热产品利润加上投资收益和其他业务利润，减去修造企业的亏损和营业外净支出，全年完成利润总额1.73亿元，与1998年持平。

（三）财务管理

1999年围绕确保全年资产经营考核指标，加大财务管理力度：①坚持经济活动分析，加强财务监控，在每月、季度经济活动分析的基础上，突出考核难度比较大的资产负债率和不良资产率，特别是在经营形势十分严峻时，及时采取相应措施，分解指标，清理拖欠电费，取得了明显的效果；②积极疏导山西电网存在的电价矛盾，配合山西省物价局对电价调整方案的研究和测算，向省政府、国家计委、国家电力公司汇报，以保证提价而不增加用户实际电费负担，促使山西上网电价的矛盾得到缓解：③确保两网改造资金的落实和工程的顺利进行，省电力公司先后制订了一系列有关两网改造的文件，《会计核算办法》、《资金管理的通知》、《贷款管理办法》等等，从制度上保证两网改造工程资金的专户管理，专款专用，规范了资金运作，降低了工程造价；④加速培训财会人员，全年举办了三期财会计算机培训班，重点是要使财会人员尽快适应财会软件，按照《现金流量表》等具体会计准则培训熟练操作微机，使用软件财会人员，提高核算水平和编报速度。

（四）燃料供应

1999年山西省电力公司供煤1709万t，发电供热用煤1683万t，其中火车煤696万t，汽车煤1013万t，入炉综合标煤单价累计完成150.53元/t，比1998年降低1.67元/t，库存煤保持88万t，供油3.45万t，耗油3.78万t，库存油6226t。燃料管理：①成本控制，特别是在小窑煤选矿和主要供煤矿点的审批上，严格执行硫化超标考核和亏吨亏卡索赔管理制度，降低煤价，合理减少火车煤量，降低运输损耗，全年燃煤节约成本1623万元。②采购化管理，从1994年到1998年共投资2300多万元，对各电厂配备了采制化设备，所属10个电厂全部具备了化验技术规范，规章制度，台帐报表，采制化操作等一系列网局标准，其中神头一电厂等5个发电企业被华北集团公司授予“采制化达标单位”称号。③强化煤质监督和控制，坚持生产与供应共同采样把关，将采购引入市场机制，择优选矿，减少煤矸，实行车车采样，批批化验，保证煤热值不断提高。

电力建设

山西省电力公司所属基建施工队伍总数为21918人，其中有火电施工队伍4个，送变电施工队伍2个。1999年电力建设积极探索建立“综合总包、专业分包、劳务分包”的管理模式，以达标投产为核心，推行项目法施工管理，促进工程质量不断提高。

（一）电源建设

1999年山西省实现新投产发电装机容量88.5万kW，其中太原一电厂六期扩建工程2号机组30万kW，阳泉二电厂4号机组30万kW，万家寨3号机组18万kW，12月22日并入山西电网（8月7日2号机组投产并入内蒙电网），永济电厂5万kW，地方企业自备电厂及乡镇企办电厂共5.5万kW。年底山西省域内拥有百万大电厂6座，分别为：太原第一热电厂131.2万kW，神头一电厂130万kW，神头二电厂100万kW，漳泽电力股份公司104万kW，大同二电厂120万kW，阳光发电有限责任公司120万kW。在建工程总容量334万kW，其中阳城电厂（6×35万kW），河津电厂（2×35万kW），万家寨水电站（3×18万kW）。工程主要形象进度如下。

阳城电厂工程：由山西省电力公司工程总承包，省电力建设一、二、三、四公司分项承包。其中1号和4号机组由三公司承建，2号机组由二公司承建，3号机组由四公司承建，5号炉由一公司承建，5号机由二公司承建，6号炉由三公司承建，6号机由四公司承建。到12月30日23点18分1号机组汽轮机冲转一次成功，各项指标均达到优良标准，2000年1月见电上网。2号锅炉水压结束，汽轮机扣盖结束，3号机锅炉大件吊装结束，4号炉大板梁就位，5号炉主钢架开始吊装，6号主厂房钢结构正在吊装。1～4号主厂房封闭结束。

河津电厂工程：由山西省电建二公司承建，1号机组6月汽轮机扣盖，7月制出合格化学水，水压一次成功，9月汽轮机开始油循环，10月厂用电带电。到年底，1号炉开始风压试验，锅炉点火酸洗就序，2号机组汽轮机三缸就位进入调整间隙阶段，锅炉受热面全部吊装结束。

万家寨水利枢纽工程：大坝工程1999年3～4月，完成9号、10号导流底孔封堵回填，完成4号溢流面、中孔过流与护理混凝土2万m^3；5～6月，完成坝顶320t门机等金属结构安装400余t；完成护埋延长段新增混凝土6000m^3及相关围堰与河床清理工程；7～10月，完成坝上主要机电设备消缺和运行移交，安全渡过汛期，水库蓄水达到970m^3。

电站厂房工程全年实现2号、3号机组机电设备安装3000t，4～6号机组金属结构埋入部分安装1000t，二期混凝土浇筑18000m^3；山坡防护工程基本完成，厂坝供电、排水、照明、通风、消防、采暖工程安装完成，5号机组土建工程基本完成。

（二）电网建设

1999年共建成投运220kV输变电工程15个项目，其中线路560km，5座220kV变电站，增容117万kV·A，扩建220kV变电站2台，增容27万kV·A。建成投运110kV项目15个，其中当年新建投运变电容量14.8万kV·A，线路97.5km，续建投运变电容量8.3万kV·A，线路39.5km。这些工程的建成投运显著增长了地区网架结构。运城地区逐步实现了220kV单环网向双环网的过渡，解决了闻喜县220kV负荷快速增长的需要；临汾地区220kV刘村变电站增容解决了多年负荷不均，影响供电的问题；大同地区220kV输变电工程的投运，增强了供电能力及可靠性；晋东南地区解决了漳泽电厂110kV出线负荷过重，增强了线路运行可靠性。同时电网的改造又密切配合了阳泉、太原、忻州（万家寨）、运城（河津）等地新机组投运及施工反送电的工作。到年底，电网在建工程有：运城解州220kV变电站，长治地区、晋中地区的高平、怀仁、义井、盂县、长治南、阳泉东的一系列220kV、110kV城乡电网改造工程正在建设中。太原侯村至临汾地区侯马550kV输变电工程完成外业最终勘测及分段施工标书编制、主设备规范及调研任务，具备了招标条件。

（三）前期设计

1999年山西省电力建设前期设计从适应发电和输送电的电力市场着手，明确了相应地综合设计思路。全年共完成发电工程设计8项，其中有河津电厂、太原一电厂、太原二电厂、漳泽三期工程、大同一电厂、侯马电厂等新建、扩建设计，西龙池抽水蓄能电站新建设计；完成500kV及220kV输变电工程设计16项，其中有太原侯村至临汾侯马500kV输变电工程的设计审查，大同小营500kV变电站的选站设计，长治南、晋城东等13个220kV输变电工程的设计审查。可增加500kV变电容量75万kV，线路可增加305km；220kV变电容量可增加120万kV·A，可增加线路250.5km。这些设计坚持按照山西电力市场的形势变化而开展，重点是由省内转移到省外输电项目和技改项目、水电项目。太原一、二电厂属停小建大的技改项目，侯马电厂属循环硫化床供热项目，西龙池属水电项目，500kV输变电工程属南北高电压等级联网，加大全省骨干电网能力。

（四）城乡电网改造

随着电网结构的调整，山西省城乡电网改造全面铺开，全年共完成投资4.2亿元，改造城乡电网建设15个项目，其中有3个项目是续建工程，总投入容量23.1万kV·A，线路120km。其中新建改造110kV变电站11座，增容43.7万kV·A，110kV线路43.64km；新建改造35kV变电站20座，新增容10.5万kV·A，35kV线路49.7km；更新配电变压器2087台，17.12万kV·A，建设改造低压线路350km，完成低压改造村222个。到年底农网改造仍正在进行的还有十几个县级电网，总容量可达52.5万kV·A，110kV线路596.68km。

电力生产

1999年山西省电力公司按照国务院和国家电力

公司有关要求，从优化调整电力结构开始起步，坚持以提高电力质量和经济效益为目的，以提高电力安全生产、可靠性经济运行为中心，加强生产管理力度，掌握开拓电力市场机遇，保证了全省电力生产稳定运行，促进电力工业持续健康快速发展。

（一）发电

1999年山西省电力公司关停小火电机组共有21.9万kW，其中包括省公司所属的永济电厂、恒山电厂、太原一电厂等单位所辖10台机组，调整和改善了山西电网结构，保证了各电厂的正常生产秩序和安全稳定运行。到1999年底，全省主要发电企业发电量有所增加，神头一、二电厂电网结构调整后发电量增多，永济、娘子关电厂因外送电量出现超发电量。山西省电力公司所属电厂的供电煤耗有所降低，完成393g/(kW·h) 比1998年下降了5g/(kW·h)，尤其是新机组投运，大电厂的小机组关停，煤耗大幅度降低。如太原一电厂关停两台机组7.2万kW，新投1台30万kW机组，煤耗降低了12g/(kW·h)。漳泽电厂煤耗也比1998年降低4g/(kW·h)。当然1999年电力生产出力仍然下降，全省发电机组的等效可用系数为88.77%，较1998年降低4%。但主力发电企业的等效可用系数仍然保持在高点，其中主要发电企业等效可用系数为90%以上，有漳泽电厂为94.74%，神头一电厂为92.85%，娘子关电厂为92.73%，霍州电厂为91.59%，太原二电厂为90.65%。

万家寨水电站为保证正常经营和取得效益，1999年强化了发电运行管理，成立了电力生产办公室，专门负责电力销售，协调上网、成本核算。1999年完成6.1亿kW·h的发电量，其中山西电网5.3344亿kW·h，内蒙古电网0.805亿kW·h，超额完成全年生产任务。

（二）供电

1999年山西省电力公司供电单位在保证供电可靠性、稳定性、积极性的格局基础上，适应电网结构的调整，供电生产指标均超额完成，满足了全省社会用电的需求，没有发生任何因电源容量不足而限电情况。全省供电质量提高，供电可靠率RS—1完成99.766%，输变电设施可靠性平均可用系数为99.53%，其中输电线路主网220kV以上线路合格率由1998年的1.2次/百km，下降为0.88次/百km，500kV实现千天无掉闸的好成绩。主网电压合格率完成99.20%，供电电压合格率完成96.34%，分别比1998年提高1.44%和1.41%。城乡电网改造之后，供电生产初见成效，供电量有所提高，如阳泉城西、长治韩店等110kV变电站增容缓解了长期超负荷运行，增加了供电能力，拓宽城乡电网用电市场。

（三）检修

1999年发电大修技改项目8项，采取内部甲、乙双方签订合同的形式，严格按照ISO9002质量标准考核，确保检修的质量合格。全年大修机组8台，达标的4台，保持稳定运行的2台，未达标的2台。大修技改项目主要有神头二电厂热力控制系统的改造，太原一电厂汽轮机赤级叶片裂纹处理，太原二电厂更换锅炉燃烧器和预热器，漳泽电厂锅炉水冷壁大批量换管，娘子关电厂除尘器改造，霍州电厂发电机定子和转子绕组更换等。大修技改后，解决了一批影响可靠性经济运行和可控性的一系列重大问题，使机组能够保证正常运转。尤其霍州电厂10万kW高压缸通流部分高效化改造，神头一电厂和漳泽电厂20万kW机组给水泵的改造，实现了节能降耗约1370万元。供电企业实施输变电综合治理，加强对220kV线路的检修和维护，110kV线路的带电作业，尽量减少停电，减少限电次数，使线路跳闸比1998年下降了20%。严抓输变电保护防范措施，1999年进行了大规模的线路地线网普查，实施直流双配置改造，增加科技含量，消除事故隐患，到年底已有40个变电站具备了无人值班条件，15个已撤销值班人员，投运集控中心站4个、微机管理系统站20个，雷达定位系统、红外线热成像技术、设备绝缘带电监测逐步推广扩大。

（四）用电

1999年山西省用电生产管理，突出表现在电力优惠促销上，全年共优惠售电量的企业和电锅炉用户同比增加用电量22448.39万kW·h，增长28%。电量促销除增加售电量外，还有利地促进旧欠电费的回收，全年收回旧欠电费1709.65万元。开拓电锅炉用电市场，为居民用电和电锅炉的使用提供优惠政策，一方面促进了售电量的提高，另一方面可为用户节省电费达33.27万元，这种高耗能企业的生产，为开辟电力市场奠定了基础。开展增收活动，主要采取了力调（功率因数调整）、容需（超过最大容量计价）、峰谷（用电量高底峰电价）、堵漏（查窃偷漏电）等四项措施，增收2.85亿元，除消化超产自销受阻的773万元外，比1998年增加了121万元。实行自动抄表技术，利用载波抄表及RS485口的小线式抄表，已在临汾、长治进行了试点。计算机核算、查询系统在主要供电系统试运，减少了误差，使当年电费回收率为98.68%，山西11个供电单位有7个电费回收率达到100%，计算机数据输入达到对大用户的准确预测，电力营业所可预测大用户售电量50%左右，提高了用电控制能力，提高了服务管理水平。

（五）安全

1999年山西省电力公司树立以安全生产为基础，

以提高经济效益为中心的指导思想，紧紧抓住保证安全生产这个环节不放，推动生产运行稳步进行。全年人身安全统计，死亡人数7人，其中生产事故死亡2人，与1998年持平。交通事故死亡5人，比1998年增加2人。生产设备事故共22次，发电比1998年减少18次，供电减少6次。发生1次设备重大事故，即7月20日太原供电分公司220kV新店变电站全站失火停电，1号主要变压器烧毁波击电网事故。设备事故中有两次是电气误操作事故，一次是带电挂接地线，一次是带接地刀闸合隔离开关。全年事故下降幅度较大，其原因：①电力市场一直处在发大于用电的需求，发电机组比较充裕的备用时间有利于发电设备进行缺陷处理；②实行电力市场周计划调度，规定发生非计划停用和强迫停运不再立即恢复运行，等到下周计划安排，这样各发电企业为保证发电量的完成，必须高度重视设备检修，质量以实现稳定运行为目标，促使系统设备健康水平不断提高。

（六）科技与环保

1999年山西省电力公司与国家电力公司签订的科技项目3项。其中由山西省电力科学院研制的“电站锅炉燃烧控制新理论——能量平衡法及在线热效率的研究与应用”达到国际先进水平；由山西省电力化学清洗公司研制的“ZX—1型固体清洗剂在BP—1025型直流炉化学清洗中的应用”达到国内先进水平；由山西电力高新技术总公司珠海晋电自动化公司研制的“UT—2000型变电站综合操作系统”达国内领先水平。这三项分别获得国家电力公司科技成果奖。环保治理坚持与生产建设同步：①对部分老厂系统不完善的废水排放进行控制管理，关停小火电有利于减少废水排放。②治理二氧化硫，逐步立项申报加大治理力度，虽然有一定困难，但仍强行进行治理。③加大排放污染物的治理，神头一电厂坚持灰场的治理，霍州电厂冲渣水系统投运和废水集中排放，永济电厂煤场扬尘治理等。全年完成了山西省电力公司与山西省政府签订的环保治理项目责任目标。

（七）调度

1999年山西省电力市场受到挑战，电力供应、经营形势非常严峻。省电力公司把握市场规律，合理调度，调整峰谷差，使全年各项技术经济指标有所提高，有的指标达到了较好水平。如：网间潮流合格率达到93.02%，主网频率合格率达到99.99%，全网继电保护正确动作率为99.9%，220kV以上系统继电保护正确动作率为98.6%。调度管理连续三年无事故，保证了安全经济运行。主要措施有：①继电保护紧紧围绕拒动、误动零目标组织专家由表及里的全面分析，发挥现代化微机继电保护手段，进行现场运行管理，定标定值，实施变电站继电保护反事故预测，确保继电保护动作完好。②保证自动化S/3系统的正常运转，扩大AGC的容量，逐步建设完善与电力市场相适应的技术支持系统，编写了地区调度自动化规范，在全系统推行升级改造技术。③先后组织了5次计算机2000年电力系统测试，编写了应急措施，整改跨越2000年各种系统文件，在参加全国电力系统联合测试中，电网调度系统检测取得成功，实现2000年山西电网平稳跨越。

多经与后勤

1999年山西省电力公司加强内部多经和后勤管理，在全电力系统改革的同时，以创办实体转变机制为目标，不断完善和建立多种经营和后勤向物业管理转变后的内部财务、资产核实、财务审计等管理体制，在建立制度的基础上推行人员上岗持证、岗位竞聘。多种经营企业体制改革，组建了晋能集团有限公司，后勤在推动住房制度改革的基础上，已逐步推进全系统的物业管理，提高了服务质量，提高了经济效益。

（一）多种经营

1999年有了新的发展，以改革改制推动的多种经营取得了阶段性的成果，财务、审计、职工培训等各项基础管理走向了制度化。全年经营总收入29亿元，利润实现1.2亿元，比1998年有较大的增加。其中财务管理完善了资产管理，建立了财务、审计人员持证上岗制度，加大了财务的管理力度，促进了经济指标的提高；建立健全多经企业工作管理网络，在清理整顿和清产核资的基础上，加大多经企业改革力度，统筹合理配置产业资源，充分调动所属各企业的积极性；按照《公司法》的规范要求，成立省电力公司控股的晋能集团有限公司，为山西省电力多经企业奠定了基础。

（二）后勤管理

1999年随着国家住房制度改革的深入，后勤管理与主业分离，管理职能与服务分离，山西省电力公司开始组建小管理、大服务、多实体，内部独立核算机制的物业公司法人实体，按照企业形式运作，并逐步向全系统推行物业管理模式，实施物业经营，自负盈亏，自我发展，以服务为宗旨，以提高经济效益为目标。到年底山西省电力系统职工生活改善的投资共达2.91亿元，其中省电力公司投资1.385亿元，职工集资1.522亿元。用于职工住宅建筑的占73.6%，建筑面积达45.1万m^2（其中有续建27.9万m^2，当年开工的172万m^2），已竣工的34.7万m^2，职工住房人均建筑面积由1998年的19.95m^2升高到22.27m^2，解决和改善了一部分职工住房。紧跟着物业管理实施服务标准考核，全年机关大修福利设施

28项，保证水、电、暖、气的安全可靠使用，同时经营状况有所提高，全年总收入1645万元，实现利润20万元，完成劳动生产率10769元/(人·年)。1999年为新建电力调度大楼着手成立办公楼物业管理，并针对大楼的设备控制室、电源、水泵、制冷机房、热交换站等制订了详细的管理程序，招聘了专业人员，进行了岗位培训，逐步做好了进入新大楼办公的各项工作。

精神文明建设

1999年党建工作成绩斐然，在企业改革、改制之际，省电力公司党组重视党的领导作用，把对党组织的考核同生产、经营相结合，一级抓一级，一层抓一层，将工作热情与工作态度纳入工作目标的完成之中。

神头一电厂等3个发供电单位被命名为全国精神文明建设先进单位，大同供电分公司等22个单位及平遥等25个县电业局被命名为省级双文明单位，表彰了121名两个文明建设先进工作者，54名精神文明建设积极分子。在举国上下迎国庆50华诞，迎澳门回归，工会、共青团组织举办了“歌咏比赛”、“书法、摄影展”，举办了大型职工文化艺术节和“爱祖国、爱企业、爱家庭”演讲比赛。电厂、变电站、施工现场利用厨窗、板报宣传电力事业50年辉煌成就，弘扬电力企业精神；在揭露批判“法轮功”邪教组织斗争中，用事实揭露歪理邪说的本质，破迷信，讲科学；在谴责和声讨以美国为首的北约野蛮轰炸我驻南大使馆的罪恶，及台湾李登辉的“两国论”的斗争中，省电力公司党组于5月9日代表全体职工向美国驻华大使馆发出《抗议书》，并号召广大电力职工努力做好本职工作，维护电力生产稳定，以实际行动支持我国政府抗议北约践踏国际法的侵略行径，反对“两国论”实现祖国统一的决心。

三讲教育

1999年按照党中央部署的“三讲”教育精神，在全系统党员中广泛开展宣传。在充分准备的基础上，省电力公司机关集中“三讲”是从11月份正式开始，历时两个月，主要是机关副处级及以上领导干部。

民主管理

1999年山西省电力公司党组重视发挥职代会的作用，全心全意依靠职工办企业，推行企务公开，所属26个单位制定了企务公开实施意见和办法。发挥职工之家的作用，部分企业把企务公开发展到车间、班组，使职工“知家底、议家政、监家事”，充分体现“主人翁”当家作主的权力。1999年261名职工代表对35个机关处室42名领导干部进行了民主评议，有36个单位的5266名职工代表参加了对292名的厂（处）级领导干部进行了民主评议，有94.18%的干部得分在60～90分，个别干部得分在60分以下，党组成员对其进行了诫勉谈话。

主要事件

1月25日，山西省电力公司总经理李振生率有关部门负责人，会见了来山西的西门子电能仪表控制公司独联体地区总裁苏切克先生一行6人，就双方合作问题交换了意见，并参观了神头一、二电厂，漳泽电厂。

2月12日，由山西省电力建设一公司承建的河北张家口发电厂二期工程5号机组，完成168h满负荷试运行，正式移交，进入生产阶段。

3月20日，山西省太原二电厂粉煤灰开发，实现“环保、社会、经济”效益三丰收，被列为“国家清洁生产示范”典型，成为全国电力系统获此殊荣的企业。

4月8日，山西省电力公司新一届领导班子组成，王光华同志任省电力公司（局）总经理、党组书记（局长），孔志俊同志任省电力公司（局）副总经理、党组副书记（副局长）。

5月5日，山西省电力公司举办首届文化节，历时5个月，到10月23日结束，这是山西省举办的一次职工参加人数较多、规模较大、水平较高的群众性企业文化活动。

6月17日，山西省太原一电厂14号30万kW机组完成168h试运行移交试生产，使太原一电厂总装机达到138.6万kW。

7月1日，山西省电力公司在全省实行鼓励多用电的优惠政策，扶持企业，促进山西经济发展。

7月3日，山西省原阳泉二电厂经改组成立山西阳光发电有限责任公司，解除山西省电力公司代管关系。

8月13日，太原新店220kV变电站7月20日全站失火停电，发生设备严重毁坏重大事故，经23天时间抢修全站恢复供电。

9月15～22日，国家计委、国家电力公司、电力规划设计总院、水电规划设计总院、北京水电设计院、山西省计委、省水利厅、省水资源委员会、省地方电力公司等专家对山西省西龙池抽水蓄能电站建设项目进行全面评估。

10月22日，山西省阳光发电有限责任公司4号30万kW机组并网发电，标志着该公司4台30万kW机组全部竣工，总装机容量为120万kW，成为山西省境内第6座百万kW大电厂。

11月8日，山西省电力公司机关开始进入集中“三讲”教育，历时两个月，于12月25日结束，达到了预期目的，取得了明显成效。

12月23日，山西省阳城电厂1号机组汽轮机冲转成功，从而为2000年7月进入发电商业运行奠定了基础。

12月24日，山西漳泽电力股份有限公司以增资配股方式收购山西河津发电有限责任公司，待河津电厂建成后并入漳泽成为总装机容量174万kW的大型火电企业集团。

12月31日，山西省优化资源配置，调整电力结构，省电力公司带头关停了21.5万kW小火电机组，共10台机组涉及6个电厂。

12月31日，山西省城乡电网建设取得初步成果，全年投资4.24亿元，实现线路建设761.3km，变电容量43.7万kV·A，完成222个村的农网改造任务。

（卢晓山）

内蒙古自治区电力工业

概况

1999年，在自治区党委、政府的正确领导下，公司领导班子和系统广大职工以饱满的精神状态，凭着求真务实的实干精神，克服了区内外电量增长缓慢、电费回收难度大；可控费用压缩空间越来越小；设计、施工企业任务严重不足；建立现代企业制度进入攻坚阶段等困难，圆满完成了自治区下达的各项目标和公司确定的全年任务，为自治区国民经济增长8%做出了积极贡献。

发电量完成213.7亿kW·h，比1998年增长5.6%。售电量完成203.5亿kW·h，比1998年增长5.8%。供电煤耗完成402g/(kW·h)，比1998年下降7g/(kW·h)。线损率完成6.07%，比1998年上升0.01%。工业增加值完成21.8亿元。利税完成8.85亿元，比1998年增长52.58%，其中税金7.64亿元，比1998年增长9.52%，利润1.2亿元，比1998年增长202%。保值增值率完成100.2%，劳动生产率完成109441元/(人·年)。全年完成基本建设投资13.3亿元，投产发电能力51万kW，变电能力47.15万kV·A，送电能力333km。多经总收入15亿元，实现利润2060万元，安置主业下岗分流人员576人。为了确保完成1999年的各项目标，公司从以下九个方面进行了有效、扎实的工作。

强化财务管理的中心地位，全面加强经营管理

按照三年摆脱财务困境的目标，进一步确立了企业以经济效益为中心，追求利润最大化和经营管理以财务管理为中心、财务管理以资金管理为中心的经营思想。为确保公司实现1.2亿元利润、降低负债率5%，制订下发了《关于进一步开展双增双节的决定》，对生产企业的九大成本费用进行分解，其中对燃料费、水费、材料费、修理费及其他费用，在确保工资的情况下，实行定额、定量、限价、限额的管理方式，全面压缩成本费用支出，提高效益。积极推进资本运营，盘活资产存量，加快公司化改制进程。完成了国有资产评估工作，为公司资产授权经营奠定了基础。将呼伦贝尔电业局、兴安电业局、锡林郭勒电业局改组为公司全资子公司。通过蒙电华能配股，完成了乌拉山电厂、丰镇电厂3、4号机组的资产重组，实现了资本的良性扩张。丰镇电厂1、2号机组实施产权转让，为公司创造收益5.5亿元。与此同时，积极争取税收优惠政策，使所得税交纳实现了“核定基数、环比增长、超收返还”，全年仅此项即增加收入近6000万元。抓住国家新出台的“债转股”政策，公司迅速拿出8家债转股方案，并积极与政府主管部门、金融资产部门接触，为实现这一目标做了大量前期工作。积极推进电价改革，全力促使“统一销售电价”和“综合电价”政策的出台，并对违反国家电价政策的各种价外加价进行了彻底清理，腾出电价空间近3分/(kW·h)。使企业在消化增支因素3.5亿元的情况下扭亏为盈，实实在在实现利润1.2亿元，结束了财务多年挂帐的历史。

以市场需求为导向，努力开拓电力市场

根据“公司化改组、商业化运营、法制化管理”的改革取向和电力供大于求的不利形势，公司系统及时转变观念，把电热营销工作放在更加突出的地位抓紧抓好：

(1) 制订下发了《进一步加强电热营销工作的若干意见》和相关的配套办法。构建适应市场经济发展的电力营销体系。

(2) 围绕以稳定高耗能用电负荷，大力吸引扶持新的高耗能负荷为主，开辟城乡电力市场，加大一户一表改造，清理转供电，加快业扩报装速度，鼓励电炊、电锅炉用电，培育稳定的用电市场。全年新增高耗能用电负荷约10万kW，在建高耗能负荷近5万kW。全年增加高耗能售电量15.4亿kW·h。包头供电局、伊克昭电业局、呼伦贝尔电业局等都结合本单位、本地区的实际，提出了具体的营销思路和办法，取得了显著成绩。

(3) 牢固树立生产为营销服务的思想，千方百计保证电网安全稳定运行，最大限度地减少停限电时间。丰镇电厂、达拉特电厂通过狠抓运行维护和设备

检修，机组运行水平大幅度提高。

(4) 正确处理电费回收与增供扩销的矛盾，供电企业采取将电费回收责任落实到人，与每个人的切身利益挂钩、重奖重罚等办法，千方百计提高电费回收率。

(5) 严格按丰沙线稳定极限精心安排日运行方式，提高东送潮流合格率。通过积极争取，使丰沙线切改期间损失的电量得到一定的补偿。

(6) 积极扩大和占领供热市场。完成海拉尔热电厂和牙克石电厂技术改造，合计增加供热面积59.3万 m^2，收到了良好的经济效益和社会效益。

(7) 认真落实关停小火电计划，严格控制上网电量。电力营销工作卓有成效的开展，有力地保证了电力收入的稳定增长。

夯实安全基础，加强设备治理

认真贯彻落实国家电力公司电网安全工作会议精神，召开了两次公司安委会和安全工作会，制订出台了加强安全生产工作的决定，进一步落实了安全生产责任制。在达拉特电厂投运安全自动装置，使呼包断面稳定极限提高了18万kW，有效地缓解了蒙西电网西电东送的卡脖子局面，为模拟电力市场运作和电网安全运行创造了有利条件。模拟市场在1998年基础上又有新的突破，电厂报价由一月一次压缩到一周一次，增强了竞争的公平性和强度。对线损率异常上升进行了认真调查研究，及时采取了相应措施，有效地遏制了线损率的上升。按照国家电力公司统一安排，组织开展了全国电网调度系统安全年活动，对电网Y2K问题全面组织测试、及时解决处理，圆满完成了解决计算机2000年问题任务，为蒙西电网顺利跨入2000年提供了保证。首次对伊盟局和海电进行了安全性评估，为2000年开展工作取得了经验。全年全公司未发生特重大电网事故和基建事故，一般事故较1998年有大幅度下降。完成发电设备大修13台机、14台炉，总容量159.7万kW。大修后机组的运行状态达到了年初制订的设备检修管理目标。变电大修132项，输电大修927项。机组等效可用系数完成90.79%，比1998年提高0.13%。供电可靠率完成99.87%。系统频率合格率达到99.999%。重大交通事故较去年同期下降67%。圆满完成了50年大庆、澳门回归等重要节日、重大政治活动的保供电和丰万线切改任务。

继续巩固和开展安全文明达标、上星级、创一流工作。乌海电业局、电力中心调度所通过了达部标验收，蒙达发电公司3号机通过了基建移交生产达部标验收，4号机通过了复检。包头二电厂、伊克昭电业局、乌海电业局、巴彦淖尔电业局晋升为华北网局三星级企业，呼和浩特发电厂晋升为华北网局二星级企业。以达拉特电厂、包头供电局为重点，创一流工作开始启动。全面质量管理再上新台阶。集团公司被评为全国推行全面质量管理先进企业，成为自治区唯一获此殊荣的企业。电力史志完成了《内蒙古电力工业大事记》出版工作。档案工作坚持为基层、为生产建设服务方向，狠抓目标管理的认定。到年底，系统内大、中型企业单位中有90%达到了国家二级以上标准。

加强组织领导，深化基建改革

认真贯彻国务院关于加强基础工程建设质量管理的通知精神，深化基建工程质量管理，完善和严格施工质量保证体系，强化精品意识。蒙达公司4号机组于2月8日一次完成168h试运行，以总分545.2分的好成绩通过了国家电力公司达标复检，蒙达公司二期工程胜利竣工。黄河万家寨水利枢纽2号机组于11月2日并入蒙西电网，结束了蒙西电网无水电的历史。牙克石热电厂、海拉尔电厂三期扩建工程按期投产并通过电力公司达标验收。呼和浩特发电厂2×20万kW机组扩建工程对于拉动自治区经济发展、改善首府大气环境具有重要意义。集团公司在十分困难的条件下，自加压力，确定了年内主厂房A、B、C列、锅炉框架等基础出零米的目标。为确保工程进度，集团公司调集精兵强将组成工作组，加强现场的指挥协调，并与有关责任人签定了目标责任状，完不成任务就地免职。经过参战单位职工昼夜奋战，仅用2个月时间完成了平常4个月的工作量，于12月6日基础混凝土浇注全部完毕，为2000年全面施工打下了扎实的基础。

电网建设和城网改造进展顺利，电网结构逐步改善。万家寨至薛家湾220kV线路，乌拉山至临河Ⅱ回220kV线路，临河220kV2号主变压器，海勃湾伊和、包头兴胜220kV变电站及110kV包头中心变电站、呼市海东变电站全部建成投产。万家寨至昭君220kV线路开工建设，力争明年8月份投产。燕山营220kV变电站通过初步审查，具备开工条件。

呼和浩特发电厂扩建工程开工条件全部落实。签订主设备及辅助设备技术协议、订货合同；丰泰有限公司章程、合同已得到外经贸部批准，企业注册登记完毕。永圣域500kV输变电工程可行性研究报告上报国家计委，并通过了国家开发银行评估审查。包头一电厂“以大代小”2×12.5万kW技改项目建议书批复。海勃湾电厂二期、达拉特电厂三期、岱海电厂、哈拉沁抽水蓄能电站等前期工作均取得一定进展。集团公司“十五”计划编制完毕。风力发电完成西班牙政府贷款1600万美元项目、荷兰政府1600万美元项目及丹麦政府5000万美元项目的评估工作。

辉腾锡勒风电场利用世行贷款建设10万kW项目通过国内项目评估。

深化企业内部改革，积极完善法人治理结构

配合自治区政府资产授权经营，完成了公司法人执照变更、公司挂牌，制订了公司章程、董事会、总经理工作规则，初步形成了符合现代企业制度的法人治理结构体系。呼伦贝尔、兴安、锡林郭勒网外三局改组为子公司，按法人实体独立运作。进一步完善了蒙西电网模拟电力市场管理办法，加大了供电营销奖罚力度。继续深化企业内部三项制度改革，建立良好的运营机制。坚持老厂新制、新厂新制，巩固和优化了部室制结构。实行了新的工资总额同售电量和实现利税双挂钩考核办法，拟定了"一岗多薪"工资制改革试点方案。按照精简、效能的原则，对驻外机构、多经企业进行了调整和清理整顿。撤销驻外办事处3个、多经企业集团2个，划转下属单位管理4个，向地方政府移交子弟学校1个。认真实施减员增效、下岗分流和再就业工程，积极推进劳动就业服务中心实体化运作，目前已成立再就业分中心48个，实现再就业1200人。为1718名下岗职工解决了生活费发放问题。到年底完成职工总数52177人，实现负增长目标。

"两改一同价"工作取得阶段性成果

圆满完成了全区第一批农网改造工程，共建成35kV至110kV线路2419.8km，变电站52座，10kV及低压电网改造9841km，更新高能耗变压器4471台1336.2MV·A，建成县调自动化系统9个。根据国家、自治区关于农村电网"两改一同价"政策，按照突出重点、注重效益，先改造、后新建，先低压、后高压，一县一改造、一县一改革、一县一加价、一县一还贷、一县一同价，逐步过渡到同网同价的原则，批复了26个重点旗县的"两改一同价"方案并认真加以落实，协助自治区物价局基本完成了第一批农网资金还本付息电价测算审查批复工作。农电体制改革稳步推进，对92%的旗县农电局实行了代管，有34个代管趸售旗县基本完成了公司化改制。积极推进乡电管站改组为旗县供电营业所、实行城乡用电一体化管理试点，部分乡电管站已改制为供电所。乡电工队伍整顿工作稳步推进。继续巩固和开展农电"三为服务"达标和清理整顿电价活动，农村用电管理水平进一步提高，有效地减轻了农牧民负担。

大力实施科教兴电、科教兴企战略

结合电力体制改革，从提高电力企业经济效益和提高科技投入产出比出发，不断加强和完善科技管理工作。通过对蒙达公司2号机组协调控制系统(CCS)和丰镇发电厂2号机组集散控制系统(DCS)的技术改造，蒙西电网自动发电控制系统(AGC)投入运行，有效地控制了电网电能质量和东送华北潮流，提高了电网运行的安全性、稳定性和经济性。乌拉山电厂3号机2号调速汽门现场更换成功，在国内尚属首例，为3号机按期完成检修任务创造了条件。丰镇电厂1号机组通过技术改造，提高了汽机热效率，可使单机供电煤耗降低10g/(kW·h)以上，同时增加了带负荷能力。1999年度集团公司获得省、部级科技进步奖4项，华北电力集团公司科技进步奖3项。内蒙古电力管理信息广域网建设取得较大成果，一期工程于年底投入试运行。环保工作得到进一步加强。

坚持以人为本，不断深化教学体制改革，加强学历教育、在职培训工作，努力造就一支高素质的人才队伍。全年共举办工商管理培训班2期，有2235人通过了考核，取得了内蒙古自治区经贸委颁发的工商管理培训合格证。举办各种专业技术培训班56期3310人。培训青工1900余人，基本完成了"九五"青工培训计划。全年共接收大中专毕业生、转业复员军人480名。

清理整顿多种经营企业初见成效

共清理出挂靠企业10家，虚假注册企业134家，亏损企业48家。清理各种损失挂帐资金3400多万元。通过清理整顿，理顺了多种经营管理体制，强化了企业内部管理，遏制了经济效益下滑的局面，增强了多经企业依法经营观念。积极推进多经企业结构调整，改组、合并、撤销多经企业45个。包头新源化工公司划归包头供电局后，不断强化管理，开拓市场，实现了扭亏为盈。多经企业在做好清理整顿工作的同时，努力加强企业内部管理，实行财务集中管理，建立健全财务管理制度和经营分析制度，积极开展企业产品质量认证，其中有8家企业通过ISO-9000质量认证体系。通过提高产品质量，增强市场竞争能力，取得良好的经济效益，保证了主业减人增效的顺利进行。到年底累计安置主业分流人员15989人。通过改组、改造、联合、兼并、租赁、出售、承包等多种形式，盘活了不良资产，改善了经营状况，提高了效益。

坚持两手抓、两手都要硬

深入学习贯彻党的十五届四中全会、自治区《调研报告》精神，紧紧围绕加强党的建设，充分发挥企业党组织的政治核心作用。开展以"讲学习、讲政治、讲正气"为主要内容的党性党风教育，紧紧抓住领导班子和干部队伍建设这个关键，提高干部队伍的思想政治素质。有4个单位被评为全国创建文明单位先进单位。歌曲《民族团结颂》、舞蹈《金鸡报晓》获自治区精神文明建设“五个一”工程奖。贯彻《关于实行党风廉政建设责任制的规定》，对以权谋私、贪污、贿赂以及滥用企业经营决策权，给企业造成重大经济损失等方面的违法违纪问题进行了重点调查，查处了有关违纪违法人员。对领导干部多处占房、职工住房和突击提干等热点问题进行了专项治理。切实加强对工会、共青团、老干部工作的领导，全心全意依靠职工群众办好企业。坚持和完善以职工代表大会为基本形式的企业民主管理制度，充分发挥了广大职工民主参与、民主管理、民主监督的积极性。以青年文明号拉力赛为载体，全面推进了跨世纪青年文明工程、跨世纪青年人才工程和跨世纪青年科技工程。加强对老干部工作的领导，使老同志能够老有所为，老有所乐。针对1999年重大节日多、不稳定因素多的特点，加大对信访人员的培训力度，做好企业稳定工作，为电力企业改革和发展创造了良好的环境。

主要事件

1月8日，自治区重点工程临河—新华110kV输变电二期工程竣工，并正式投运。

1998年12月31日和1999年1月8日内蒙古阿拉善盟地区用电负荷接入蒙西电网供电工程竣工，工程竣工后，蒙西电网将新增供电负荷2万kW。

2月2日，蒙西电网自动发电控制（AGC）通过华北局实用化预验收，标志着蒙西电网自动发电控制进入实用化阶段。

2月8日16时，达电4号33万kW机组顺利完成168h试运行。至此，达电二期工程全部完成。

4月9日，全国精神文明创建活动示范点金蒙电力城命名授匾仪式在内蒙古电力学院教学楼一楼大厅举行。

4月20日，电力公司召开蒙西电网模拟电力市场工作会议，对1998年7月1日开始运营的蒙西电网内部试行模拟电力市场的原管理办法进行较大幅度的重新修订。

5月17日，由内蒙古电力（集团）有限责任公司引进的16台共计5280kW风力发电机组项目正式敲定。该项目引进西班牙政府贷款400万美元，机组将分别安装在锡林郭勒盟的两个风电场。

5月18日，蒙达公司网页正式开通，成为蒙西电网中首家在因特网上落户的发电企业。

6月7～9日，由内蒙古电力行业协会、内蒙古风力发电总公司发起的支援绿色能源发展的“风电进京”恳谈会在北京怀柔县举行。会议通过了《绿色电力志愿者行动倡议书》。

6月8～9日，内蒙古电力（集团）有限责任公司电网调度安全年活动动员大会在丰镇发电厂召开。

6月30日，全国网省调度局（所）长座谈会在公司召开。

7月8～10日，原国家能源部部长、中国能源研究协会会长黄毅诚、中电联副理事长吉辅、长江三峡工程公司副总经理秦仲一一行先后对达拉特发电厂、电力学院、辉腾锡勒风电场进行了工作调研。

7月9日，自治区政府主席云布龙在金川电力城会见了黄毅诚一行，双方就建设达电三期两台60万kW高效超临界火电机组和大力发展风电等问题进行了热烈讨论。

8月10日，自治区党委、政府宣布调整内蒙古电力（集团）有限责任公司领导班子。自治区政府决定任命乌若思为内蒙古电力（集团）有限责任公司董事长；乔岐山为内蒙古电力（集团）有限责任公司副董事长；金梅、张维民为内蒙古电力（集团）有限责任公司董事。同时免去乌力吉内蒙古电力（集团）有限责任公司董事长职务；免去李秀内蒙古电力（集团）有限责任公司监事会主席职务。

自治区党委决定，乔岐山同志任内蒙古电力（集团）有限责任公司党委委员、书记；李秀同志不再担任内蒙古电力（集团）有限责任公司党委书记、委员职务；乌力吉同志不再担任内蒙古电力（集团）有限责任公司党委副书记、委员职务。

8月13日，万家寨水利枢纽2号水轮发电机组并入山西电网，投入商业化运行。

8月18日，内蒙古电力（集团）有限责任公司总经理赵凤山、副总经理铁木尔会见了以副总裁蓝雷德为首的西门子（中国）有限公司赴内蒙古高层访问团。双方就加强技术合作、建立长久伙伴关系等内容达成了意向。

8月30～31日上午，内蒙古电力（集团）有限责任公司召开所属单位党政主要负责同志会议。自治区政府副主席云公民、副秘书长汤爱军、经贸委纪检组组长周子民出席了开幕式。

8月31日上午，内蒙古电力（集团）有限责任公司举行揭牌仪式。内蒙古自治区副主席云公民等领导为公司揭牌。

9月10日，作为全国电力系统Y2K联合测试的组成部分，内蒙古西部电网Y2K联合测试工作取得圆满成功，所有参试设备全部通过9月9日高危点，系统运行正常。

9月21日，国家经贸委电力司副司长贾英华率领“改革和完善电力行政执法体系”调研组对我区目前电力行政执法基本情况及电力管理实行政企分开后电力行政执法体系改革的有关问题进行了深入调研。

9月21日，赵凤山总经理、张维民总工程师、铁木尔副总经理和机关部分处室参加国家电力公司国庆保安全供电电视会议。赵凤山总经理要求认真贯彻会议精神，保证国庆期间重要用户用电万无一失。

9月30日上午7时8分，乌兰水泥厂生产出第一批熟料，并取得煤磨、生料磨一次投料成功，烘窑、回转窑一次点火成功的佳绩。

10月3日，芬兰富腾公司总裁汉齐·马庭一行来公司就开发内蒙古热电市场、引进电厂脱硫装置等事宜进行洽谈，乌若思董事长、铁木尔副总经理会见了来访人员。

10月6日，电力公司成立内蒙古电力设备材料招标领导小组和招标中心，并制定具体管理办法。招标领导小组由赵凤山总经理任组长。

10月6日，电力公司奖励1998年度电力公司科技进步项目。共有6项成果获一等奖，二等奖112项，三等奖32项。

10月7~8日，全区农村电网“两改一同价”工作会议在呼召开。全区26个旗县（市）被列入国家“两改一同价”重点竣工消号单位。自治区副主席云公民在会上就“两改一同价”工作做了讲话。

11月2日16时18分，黄河万家寨水利枢纽电站2号18万kW机组正式并入蒙西电网。

11月6~8日，国家经贸委、国家质量技术监督局和中国质量管理协会主持召开的“全国推行全面质量管理20周年（1979~1999）总结大会”，隆重表彰了100家推行全面质量管理先进企业。公司名列第17名，是全国电力企业中上榜的两家企业之一，也是自治区唯一上榜企业。

11月15日，自治区政府周德海副主席视察呼和浩特发电厂扩建工程。

11月18日，国家外经贸部通过《关于设立内蒙古丰泰发电有限责任公司的批复》及《设立台、港、澳投资企业的批准证书》。

11月29日0时。蒙西电网与华北电网解列运行，这是近10年来蒙西电网首次孤立运行。

12月3日23时，丰沙线切改顺利完成，蒙西电网安渡近10年来首次孤网运行的局面。

12月6日0时，呼和浩特发电厂2×20万kW扩建工程主厂房基础工程混凝土浇注已全部完毕。主厂房A、B、C列，锅炉框架等基础出0m。

12月14日，全区重点扶贫项目乌兰水泥厂生产出普通525号硅酸盐水泥1008t，实现年底投产目标。

12月22日，公司1999年累计发电207.62亿kW·h,售电197.8亿kW·h,提前9天完成全年任务。

12月26日0时10分左右,包头二电厂输煤车间1号桥吊在更换抓斗钢丝绳时,因违章作业导致二人死亡事故。中断了公司无人身死亡事故923天的纪录。

12月26日，万家寨水利枢纽3号机组正式并入山西电网。

12月30日，自治区人民政府同意授权内蒙古电力（集团）有限责任公司经营属于自治区人民政府管理的国有资产。

（张永胜）

东 北 地 区

国家电力公司东北公司

概况

东北公司是国家电力公司的分公司，是国家电力公司在东北地区的派出机构，按照国家电力公司的授权委托从事经营管理活动，国家电力公司对辽、吉、黑三省和内蒙古自治区东部地区实施区域战略、市场分析、资产保值的监督职能，对东北电网依法行使调度和管理职能。

（一）集团公司改组

1.组建公司机关本部

1999年3月29日东北公司挂牌成立，4月下旬完成公司各级干部的配备和办公室的调整工作。5月1日，东北公司正式开始运营。6月份完成了原东北电力调度通信中心的人员分离和新网调的机构组建工作。7月1日，东北网调与辽宁省调正式分开运行。10月15日，东北电网正式实现了联络线关口调度运行方式。

2.明确了公司的功能定位和发展目标模式

根据东北公司的性质和国家电力公司的总体发展战略，提出了东北公司的“四个中心、一个一流”的功能定位和发展目标模式，即把东北公司建设成为主导东北电力发展方向的区域战略规划中心，成为确保东北电网安全、经济、优质运行的调度指挥中心；成为实现优化东北地区电力资源配置的跨省（区）电力电量交易和结算中心；成为具有良好财务状况和较强盈利直接经营资产的内部利润中心；把东北电网建设成为现代化的、国际一流的区域电网。

3. 公司的运营机制发挥作用

(1) 根据公司的性质和职责，建立了公司工作规则和各种工作制度，明确了各部门的职责范围，合理确定各项工作程序，建立起了正常工作秩序。

(2) 着力处理好与国家电力公司各职能部门、三省电力公司、三省一区政府、其他利益主体以及朝方界河电站管理部门等五个方面的关系。东北公司根据法人授权委托所赋予的职责，就电力规划和建设、完成全网的利润指标、电量计划调整、财务预决算、燃料和煤电抹帐、劳动工资等有关东北电网整体利益的重大事项进行协调，三省电力公司予以积极支持，新体制有效地发挥了作用。

(3) 制订了《东北电网调度管理运行办法》、《东北电网跨省（区）联络线电力、电量交易与结算办法》、《东北公司经营 500kV 骨干网架输电费用收取办法》等一系列制度，初步建立了与资源优化配置相适应的调控机制和电网正常运行机制，确保了东北电网的安全稳定运行。

(4) 对直管企业实行经营目标考核，初步建立了企业内部的激励机制和自我约束机制，企业的经营管理水平有了新的提高。

4. 其他各项改革不断深入

(1) 厂网分开、竞价上网改革进展顺利。在组建发电有限公司方面，东北公司从实际出发，既按照国家电力公司实体化的要求，又考虑有利于今后发电公司的自身发展，先后几次调整组建方案，元宝山发电厂 3 号机单独组建发电公司工作已经完成，其他公司的组建工作正在准备之中。

在竞价上网改革方面，东北公司积极支持三省电力有限公司在省内进行竞价上网的改革试点外，努力推进大区跨省电力电量的竞价上网，2000 年拟拿出全网 20% 的售电空间，实施全网范围内的竞价上网。现在正制定有关管理办法，建设技术支持系统。

(2) 积极理顺农电管理体制、推行乡电管站改供电所试点的同时，经过充分的调查研究和论证，提出了原则上同意赤峰、通辽两市农电资产上划方案，但要分步实施，组建一县一公司，成熟一个上划一个，2000 年进行一、二个改革试点。

（二）生产经营

(1) 东北全网发电量完成 1443.11 亿 kW·h，比 1998 年同期增长 2.42%，售电量完成 1035.90 亿 kW·h，比1998 年同期增长 2.22%。

(2) 东北公司发电量完成 141.55 亿 kW·h,比 1998 年同期下降 0.17%,比年计划少发电 5.4 亿 kW·h。

(3) 东北公司售电量完成 35.87 亿 kW·h，比 1998 年同期增长 8.89%，比计划增加 3.87 亿 kW·h。

(4) 线损率完成 3.2%，比 1998 年同期上升 0.24%。

(5) 供电煤耗完成 367g /(kW·h)，比 1998 年同期升高 1g /(kW·h)。

(6) 全网实现利润 7.72 亿元。其中：东北公司实现利润 6100 万元，超额完成国家电力公司下达的 5000 万元的利润指标，为承包指标的 123%。

(7) 当年电费全部结零，陈欠压降 11.72%。热费陈欠压降 7.98%，新欠 54.35 万元，累计欠费 1023.35 万元。

安全生产

全年全网未发生电网瓦解和大面积停电事故，未发生重大火灾事故。杜绝了误操作、误调度事故。继电保护误动作事故明显下降。东北公司正式运作以来，直管单位实现了无重大事故、无电网事故和人身死亡零目标。直管单位设备事故比 1998 年同期下降 30%。圆满地完成了国庆 50 周年和澳门回归等重大政治活动的保供电任务，经受住了历史罕见的暴风雪袭击等严重自然灾害的考验。

加强了设备自理，突出抓好机组大修、春秋两季安全大检查和机组自动化改造工作，提高了设备的可靠性；大力采用先进科技手段，解决安全生产中的难点问题，全年确定科技项目 51 项，投入资金 1075 万元，取得了一批重要成果，通辽发电总厂等六个单位被评为科技进步先进单位，全网认真做好防汛工作，确保了电网安全稳定运行。

1999 年，东北公司对安全生产做出成绩的直管单位进行了表彰：命名东北电力调度通信中心等 7 个单位为安全生产先进单位，东北电力调度通信中心王钢等 32 人荣膺先进安全工作者称号。

电力建设

1999 年国家下达东北全区电力基本建设计划 165.5 亿元。其中大中型工程计划 117.9 亿元，小型工程计划 3.8 亿元，城网建设与改造工程计划 43.9 亿元。到 1999 年末东北全区电力基本建设完成投资 132.62 亿元。其中大中型 97.02 亿元，小型工程完成 3.8 亿元，城网建设改造工程完成 31.8 亿元。

1999 年国家计划安排东北全区投产发电装机 235 万 kW，220kV 及以上送电线路 828.3km，变电容量 303.3 万 kV·A。截至 12 月末，已建成投产发电装机 155kW，分别是伊敏发电厂 2 号 50 万 kW、哈尔滨第三发电厂 4 号 60 万 kW、鹤岗发电厂 2 号 30 万 kW、四平热电厂 2 号 10 万 kW、长春热电一厂 5 号 5 万 kW 机组。绥中发电厂1号80万kW机组正在试运行中。

1999年国家下达东北公司电力基本建设计划投资21.35亿元。其中大中型工程计划19.25亿元，小型工程计划0.2亿元，城网建设与改造工程计划1.2亿元。到年末东北公司完成电力基本建设投资16.92亿元。其中大中型工程完成15.97亿元，小型工程完成0.2亿元，城网建设与改造工程完成0.75亿元。

1999年国家计划安排东北公司投产送电线路203.6km,变电容量21万kV·A。到年末建成投产送电线路203.1km,变电容量12万kV·A。伊敏发电厂至冯屯变电所500kV伊冯乙线和绥中发电厂至锦州董家变电所500kV绥董一线及通辽220kV河西变电所竣工投入运行,绥中发电厂经沙河营至董家变电所500kV绥董二回线基础已完成59.3%。辽(辽阳)长(长春)吉(吉林)哈(哈尔滨)佳(佳木斯)500kV输变电工程基础完成99.8%,组塔完成88.9%,架线完成47.7%。变电所土建工程基本完成。较好地完成了第一批农村电网改造项目,累计完成投资13964万元。

电网调度

根据国家电力公司总体部署，对原东北电网调度通信中心机构进行了改革，分别组建了东北电力调度通信中心和辽宁省电力调度通信中心。6月14～22日顺利地完成了原东北电网调度通信中心人员的平稳分离，并于7月1日0时成功地实现了东北网调与辽宁省调正式分开运行。

东北电力调度通信中心自组建以来，坚持“安全第一”的方针，确保电网安全稳定运行。正确处理经济效益与安全的关系，局部利益与整体利益的关系，企业利益与社会效益的关系，落实安全生产责任制，建立健全安全生产保证体系，积极开展国家电力公司组织部署的“’99全国电网调度系统安全年”活动，落实国家电力公司和东北公司一系列安全生产工作会议和电话会议及传真会议精神，认真扎实地抓好电网安全运行工作。在东北电力调度通信中心和辽、吉、黑三省电力公司以及参试单位的共同努力下，经过45天工作，圆满完成了东北电网解决计算机2000年问题联合测试，参试人员近万人，参试系统146套，同时保证了测试期间电网安全稳定运行。目前，东北电网已安全跨入2000年，安全渡过了Y2K问题最主要的高危时间点。9月1日，网调及时、果断、正确地处理了伊敏发电厂2号机组励磁系统失控，500kV母线电压异常升高事故，三名当班调度员受到东北公司的嘉奖。11月24日，历史罕见的暴风雪造成东北电网2条500kV线路跳闸，3条220kV线路跳闸，163条66kV线路跳闸603条·次，并引发锦州发电厂水源线路全停供水中断,浑河一次变电所66kV母线全停,导致东北公司和辽宁省电力公司两幢办公大楼停电,网调和辽宁省调均失去市电电源等一系列突发事件。由于网调对电网事故和突发事件作出了迅速果断地处理和有预见性的安排,保证了电网安全稳定运行。

在确保东北电网安全稳定运行的基础上，全面落实国电政法（1999）29号文件精神，按照《东北电网调度运行管理办法（试行）》确定的原则，进行网、省调度管辖范围的重新界定及调度关系的调整；依据《东北电网跨省（区）联络线电力、电量交易结算办法》，实现跨省区联络线关口调度。经过两个多月艰苦努力，至9月15日联络线关口调度技术支持系统具备了投入运行的条件,从10月15日0时起,东北电网进入了跨省区联络线关口调度模拟运行方式。模拟运行期间电网运行平衡,网、省联络线关口调度方式调动了三省公司抓发电自动控制和调峰工作的积极性。

全面完成生产、经营和新设备投产任务。认真执行“公平、公正、公开”的原则，在电力市场需求不旺、资源严重过剩的不利情况下，在省为实体改革后的新形势下，特别是在上半年元宝山、通辽发电厂统分平价机组发电量大量欠发的情况下，加强了与省调的沟通，精心调度，较好地完成了跨省区联络线送受电计划和直调电厂发电计划的调电任务。完成了伊敏发电厂2号机、鹤岗电厂2号机、哈尔滨第三发电厂3号机、绥中发电厂1号机新机并网168h的试运工作。克服电网无功补偿严重不足的困难，完成了500kV伊冯乙线、绥董线新设备投运工作。

达标、创一流工作

为争取白山水电厂1999年度进入全国一流企业行列，丰满水电厂达到全国一流企业的申报条件，东北公司两次组织人员去白山、丰满电厂检查、指导。

东北公司受国家电力公司委托，组织了有关部门，对黑龙江省莲花水电厂、500kV安（北安）哈（哈尔滨）送电线路和丰满水电厂三期达标投产进行复查、验收。莲花水电厂和丰满水电厂（三期工程）验收合格，已发文命名，并颁发了奖牌和证书；500kV安哈送电线路已报国家电力公司待批。同时还对赤峰电业局、赤峰热电厂、吉林省松江河水电厂等的达标工作进行了动态考核。

东北电力调度通信中心成立了“达标创一流”领导小组和工作小组，按“创一流”要求建立各项规章制度并认真实施，严格考核，瞄准一流标准，加强各项专业管理，使各项工作逐步走向科学化、标准化和规范化。经过5个多月的不懈努力，达标创一流工作取得满意的进展。12月15日，东北电力调度通信中心通过了东北公司和国家电力调度通信中心组织的达标动态考核验收，其中频率合格率、电压合格率、一次网损降低系数、电网继电保护正确动作率等多项指标达到一流标准。

经营管理

东北公司各直管单位认真落实东北公司突出抓好经营管理，提高经济效益，以降低燃料成本为重点，加强财务管理和物资管理，努力挖潜降耗，堵塞管理漏洞，能耗指标得到有效控制。基本完成了年初确定的固定费用下降3%，标煤单价下降5元/t的目标，全年增加售电量近1亿kW·h，基本实现了电热费当年结零的目标。内部审计得到加强，东北公司系统全年完成审计项目189项，涉及违纪金额750万元。多种经营又有新的发展，1999年实现产值7亿多元，利润2000多万元。

精神文明建设

东北公司成立伊始，及时组建了机关本部党的组织，围绕深化改革、促进发展、保持稳定的大局，全面推进，为公司的改革和发展提供了政治上的保证。目前公司直管单位全部成为省部级以上精神文明建设先进单位，其中通辽电业局成为国家级文明单位，赤峰、通辽电业局在当地行风建设中继续站排头。

1999年，东北公司命名了直管单位先进集体和先进生产（工作）者，如表所示。

1999年东北公司先进集体和先进生产（工作）者

单位名称	先进集体	先进生产（工作）者
通辽发电总厂	汽机分厂 热电厂制粉班	刘俊和、刘家恩、张　金、刘风权、李兴发
白山发电厂	运输处 检修公司电焊班 自动化办公室	许　峰、周　喆、李平俊、刘　杰
丰满电校	培训部	安立兴、戴晓廷、郑旭民
丰满发电厂	运行分厂四值 机电分厂发电机班	何纪元、王炳志、王申同、赵淑荣
赤峰电业局	大板供电局 用电营业部	贺敏杰、刘长青、林加坤
元宝山发电厂	制粉检修公司 运行分厂 德曼塑钢公司	王文鹏、魏海军、周东旺、麻明昌、郭　智
通辽电业局	一次变工区 通辽电力安装总公司	夏文学、刘　权、王建国
太平湾发电厂	运输公司小车班 运行分厂	迟耀恩、刘凤学、应德芳
云峰发电厂	水工分场 运行分场二值	王立华、庄伟志、田茂盛
赤峰热电厂	汽机分场 燃料分场检修班	赵向军、顾凤成

东北公司系统的民主管理、厂务公开工作稳步推进，企业文化建设取得进展。东北公司向10个直管单位和公司机关各聘请一名总经理联络员，颁发了证书，开展了工作。

根据国家电力公司统一部署，东北公司“三讲”教育工作从1999年11月16日正式开始。东北公司领导班子和领导班子成员以及处级干部的“三讲”教育工作历时39天已完成各项任务；于1999年12月24日顺利结束。

主要事件

1月26～27日，原东北电力集团公司在沈阳隆重召开二届五次职工代表大会。这是集团公司管理体制将发生历史性重大改革之时召开的最后一次职代会。

3月份，国家电力公司对东北电网实施重大管理体制改革。国家电力公司东北公司于3月29日挂牌成立。黑龙江、吉林、辽宁三省电力有限公司先后于3月24日、26日、29日挂牌，5月1日正式运作。

6月30日，吉林省44个县农电、供电全部完成合并，并由吉林省电力有限公司统一管理。

7月1日0时，东北电力调度通信中心和辽宁省调度通信中心分开运行。10月15日0时开始实施省间联络线关口模拟调度。

7月9日，锦州东港电力有限公司3号20万kW机组锅炉在大修后作定砣试验过程中，汽包进水管突然爆破，导致5人死亡，3人受伤。

8月19日，阜新发电厂01号20万kW机组发生汽轮机轴系断裂重大设备事故。

9月10日，东北电网顺利通过全国电力系统解决Y2K联合测试。参加测试的有52个基层单位近万人。参加测试的145套设备没有发生重大问题。东北电网安全进入2000年。

9月14日，伊敏煤电公司2号50万kW机组顺利通过168h试运行，转入试生产。9月26日，鹤岗发电有限责任公司2号30万kW机组顺利通过168h试运行。12月13日、绥中发电有限责任公司的中国第一台单机容量最大的80万kW机组并网发电。11月30日，哈尔滨第三发电有限责任公司国产60万kW机组首台达标，顺利通过168h试运。

11月16日，开始国电东北公司、辽宁省电力有限公司、吉林省电力有限公司进行以“讲学习、讲政治、讲正气”为内容的“三讲”教育，于12月24日圆满结束。

11月24日，历史上罕见的暴风雪袭击辽沈大地。500kV董王线跳闸，多条220kV和163条66kV线路发生故障，跳闸达603条·次。东北网调和辽宁电业职工奋力抢修，终于化险为夷，保证了安全供电。

12月2日，国家电力公司在沈阳召开东北电网管理体制改革座谈会。国家电力公司副总经理赵希正在会上指出，东北电网体制改革工作尽管困难非常大，但确实很成功，它极大地增强了国电公司的控制力，为实施“控股型、经营型、现代化、集团化”战略奠定了基础。

（曲祖文）

吉林省电力工业

基本情况

吉林省电力工业局所属单位48个。其中，发电企业14户，供电企业8户，施工企业3户，修造企业2户，关联公司11个，中介组织4个，其他直属单位6个。

1999年，吉林省6000kW及以上发电机组装机总容量798.4万kW。其中，水电厂18座，装机338.79万kW；火电厂43座，装机459.6万kW。吉林省电力有限公司所属火电厂14个，装机为372.2万kW，占全省装机总容量的46.62%。全省有500kV线路3条，总长384km。220kV线路96条，总长5535km。有500kV变电所2座，容量为256.8万kV·A；220kV变电所43座，容量为702.6万kV·A。

1999年，全局完成发电量224.4亿kW·h；完成售电量216.05亿kW·h；完成供热量1715万GJ；完成售电平均单价307.56元/(MW·h)；完成供电煤耗380g/(kW·h)；完成供电可靠率（RS1）99.889%；完成全员劳动生产率109591元/(人·年)。省公司拥有固定资产原值107亿元，净值60亿元，职工总数46284人。综合线损率完成12.14%；地区线损率完成9.09%。电热费连续22年上缴结零，完成了各项部颁考核指标。虽然内部利润由于受售电量下滑影响明显降低，但电力生产经营运行基本平稳。

审计工作在深化电力体制改革和转变经济增长方式的重大变革中发挥了高层次监督作用。为维护财经纪律、规范企业的经营行为、促进企业管理、提高经济效益，起了重要作用。全公司累计完成审计项目608个，已审计单位1243个·次，比上年多完成198个·次，已查出违纪违规金额96401万元，通过审计实现经济效益3530.89万元，是年度计划（350万元）的10.1倍。比上年增加697.97万元。

公安、用电部门在各供电公司的配合下调整了反窃电工作思路，建立健全了以公安为主体的反窃电队伍，共组织了6次集中统一行动，查处违章窃电401户，收缴追补电费和违约使用电费695.2万元，查办了9起重特大窃电专案，收缴金额近400万元。

燃料工作不断加大基础管理的科技含量，稳步推进燃料体制改革，狠抓生产经营管理，搞好燃料供应，降低燃料成本，全面完成目标责任制中的各项指标，全年节约燃料费用6011万元。物资工作在较好地完成了物资供应任务的同时，努力做好电力工程设备的招议标工作，主办大型农网设备招标3次，大型城网设备招标9次。

发展战略构想

把吉林省电力有限公司建设成为——控股型、多元化、集团化、现代化的国内一流省电力公司。

控股型是指省公司以电网经营为核心业务，对吉林省电网和大型骨干电厂具有控制力，授权行使国有资产所有者职能。依据现代企业制度，通过对子公司实施战略控制，即对所有者财产权益的控制、资本的控制、财务的控制、人事的控制等以保证电网的安全运行和谋求省公司的效益最大化。

多元化一是指投资主体的多元化。二是指实行一业为主，多种经营，协调发展。充分发挥省公司的资源优势、人才优势和技术优势，突出行业重点，扩大多元经济规模，适应市场经济，提高竞争能力，实现良好的经济效益。

集团化是指在省公司系统内建立多层资本纽带关系的母子公司体制及分级管理的总分公司体制，实行企业集团经营管理模式。省公司作为集团的母公司，是集团的战略规划中心，资本运营中心，调度指挥中心。各子公司根据省公司总体战略规划的要求，自主经营。各分公司由省公司对其实行法人授权制度和经营目标责任制度，成为省公司的内部利润中心或成本中心。

现代化是指确立现代企业的经营理念，建立现代企业制度，充分利用各种先进的技术和手段，实现企业管理的法制化、规范化、科学化和现代化。

战略实施

根据国家电力公司提出的“一流”标准，即经营管理一流、技术水平一流、职工队伍素质一流、经济效益一流，省公司还存在很大的差距，基础还很薄弱。省公司的不良资产比率比国家电力公司系统平均水平高出6.5%；利润水平1999年在全国省级电力公司倒数第二，资产利润率比国家电力公司系统平均水平低8%；全员劳动生产率在省级电力公司处于中下游水平；综合线损率比一流省电力公司标准要求高出6%；电费陈欠严重，按照一流省电力公司标准每年应回收10%的要求难度很大；烟尘、污水零排放、灰场等环保改造也还存在不少困难。

根据国家电力公司到2005年绝大多数省公司要达到国内一流省电力公司的要求，并从当前实际情况出发，创一流省电力公司要分三步走：2000年打基础，对历史的欠帐力争做到填平补齐；2001年～2002年，实现跨越式发展，到2002年底基本达到一流省电力公司验收标准，资产利润率在国家电力公司系统平均水平以上；确保2003年实现一流省电力公司的目标。

安全生产

省公司坚持“安全第一，预防为主”的方针，按照“保人身、保电网、保设备”的原则，认真贯彻落实安全生产责任制，充分发挥了安全生产保证体系和监察网络的保证、监督作用。创新安全管理办法，不断加大安全监察的力度，确保了各项生产活动的顺利进行，使省公司的安全生产形势稳步发展，各项事故率均低于上级考核指标。省公司成功地解决了计算机2000年问题，保证了国庆50周年和澳门回归期间供电安全，并实现了省公司历史上又一个安全年。

生产管理上以提高检修质量，创全优为目标。长山热电厂8号机组实现了修后全优目标，全省10台20万kW及以上机组及小山电站全部实现AGC控制调试成功，商业化运营支持系统稳定投入运行。

科技工作

科技工作效果明显。全公司共有112个项目获省公司奖励，获东北电网科技进步奖15项；获省科技进步奖5项，其中在局城网上开发的“可视图像监控电视会议系统”等四个项目达到了国内领先水平。此外，全公司共计实施合理化建议4277项。省公司投入资金5000多万元，共计组织80个重点科技项目的实施，完成率达到82%，超过国家电力公司考核标准2%。科技进步贡献率达到38%，科技投入产出比为1:4.95。

基本建设和城农网改造

电力基本建设和城农网改造进展顺利。松江河水电站，两江电站，双辽发电厂3、4号机组，二道江发电厂以大代小工程和辽源发电厂改造工程等在建工程进展顺利。通榆风电厂11台风机并网发电，使我省能源结构得到进一步优化。省公司紧紧抓住了城网、农网改造这一良好的发展机遇，加大结构调整力度，规范管理，使城、农网改造工程取得了实质性进展。城网新增66kV变电容量9.45万kV·A、新建和改造66kV及以下各种电压等级线路326.2km，台区181处。

深化改革

根据国家电力公司在2000年前完成第二步改革的战略部署和吉林省作为全国6个“厂网分开、竞价上网”试点省（市）的要求，省公司积极推进电厂的公司化改制工作。年初做为改革的过渡，先将白城发电厂等6个小电厂的省公司机组统一交龙华发电公司经营，之后又报请国家电力公司批准：“将白城发电厂等5个小电厂的省公司资产有偿转让给龙华公司”。这为龙华公司资产重组后，成为有一定竞争实力和盈利能力的多厂一公司的独立发电公司奠定了基础，有利于省公司优化资产结构，提高劳动生产率和经济效益，对省公司的发展具有决定性的战略意义。

积极进行集资电厂的规范改制工作，省公司与集资电厂各控股方和参股方的沟通和协商工作取得了一定的进展，除双辽发电厂因竣工决算未完，其余7个电厂均顺利完成了资产清查工作。辽源发电厂新建厂调整了出资人的资本金比例，项目法人已到位；与市投资公司达成了长春热电一厂新厂的出资比例原则协议；省公司在吉林电力股份公司中所占股份由25%调增到33%；集资电厂的改制方案已由省经贸委批准。为做好2000年底停运榆树川发电厂的准备工作，省公司已将1700多名员工提前稳妥进行了分流。

电力市场进一步规范，竞价上网试点工作初见成效。省经贸委批准实施了《吉林省电力市场管理办法》，省内电力市场正式开始运作。经过认真分析和调整，确定组建了省、市两级电力市场的格局，均衡地完成了各发电厂的基础上网电量数，竞价电量达到了总量11.95%以上，发电侧市场开始平稳运行。为了对省内电力市场进行规范的运营管理，省公司还组织开发了TMS电量计费系统和商业化高级应用软件，同时组建了吉林省电力市场交易中心，提高了负荷预测精度，加大了对发、供电企业电量的结算与考核，将电力市场的运作纳入了省公司的日常经营范围。

农电体制改革逐步深化。全年完成了4个一家管电县农电企业、9个市（州）城乡交叉供电的农电企业和28个两家管电县合为一个供电公司的统一上划管理工作。55%的乡（镇）电管站完成了改制为供电营业所的工作。

基建施工企业的改革取得突破性进展。3个火电施工企业重组合并为2个；送变电公司托管了严重亏损的管道公司，使管道公司的生产和经营有了新的转机；3个火电公司和管道公司的2700多名离退休人员被平稳地分流到有关企业，减轻了施工企业负担，增强了施工企业的综合实力和竞争力，为施工企业更好地走向市场奠定了基础。

燃料、物资、调度通信、多经、审计、公安管理体制的改革取得明显成效。省公司关联公司的清理和整顿工作顺利完成，组建了会计师事务所、电力工程咨询公司和物资招标公司等中介组织。

省公司机关机构调整和人员分流工作顺利完成，实行了开启式办公并初步实现办公自动化。全公司共有6所中小学移交地方管理。驻长春单位卫生院（所）撤并取得实质性进展。

经营管理

针对发、供电企业亏损面和亏损额大、线损高丢失电量大和直属单位费用支出大这“三大”问题，省公司采取了措施，主要抓了以下几个方面的工作。

（1）建立了科学的经营管理体系，实行了电力市场关口表计量真账真算和全面预算管理相结合的新的经营管理承包办法，均衡地完成了各集资电厂的基础上网电量计划，有效地控制了地方小电厂和企业自备电厂的上网电量，优化配置了省内资源。对发供电企业、施工、修造企业和重新定位的直属经费单位实行新的资产经营承包和经营责任承包办法，各单位成本大幅度下降，在预算的基础上，全年压降成本2300万元。省公司还选派了驻发电公司董事，向供电公司派出了审计专员，制定并下发了管理办法，完善了法人治理结构，在有效规范企业经营行为及工作程序方面，也进行了有益地探索和大胆地实践。所有这些都为加强企业的经营管理提高经济效益奠定了坚实的基础。特别值得表扬的是长春热电二厂实现了扭亏为盈，为一流发电企业增添了新的光彩。

（2）用电营销“打假复真”和降损工作取得明显成果。针对营销管理工作中的弄虚作假现象，省公司开展了“打假复真”活动，确定了对空发、虚发电量的处理办法，加强了营销统计工作的严肃性，使售电量、线损、售电平均单价和电费收缴额这些营销管理的最根本指标恢复到真实水平。省公司还狠抓了降损工作，邀请了东电老局长毛锦辉等专家对长春等四个供电公司进行检查会诊，找准了问题，推行了行之有效的降损承包办法，加大了检查力度和低压防窃电改造力度，大力整顿营销队伍，打击窃电行为，收到了实效。省公司还加大了电费回收工作力度，全省用户拖欠电费的形势有所缓解。

（3）调整投资结构。在城网改造中，加大了配电网及低压改造的投资比例；在吉林热电厂技改工程项目上，做出了可使吉林热电厂增加效益的决策，即在不拆除8号10万kW机组的前提下，新建两台10万kW机组的方案。做出了利用榆树川发电厂停运的机组改造龙井和蛟河发电厂的决策，既节约了投资，又使这两个厂通过改造确立了城市供热小电厂的发展定位。省公司还与延边州协商，终止了向延吉、敦化热电厂投资的意向协议。

（4）坚持计划的钢性原则和预算管理的严肃性，加强了资金和成本管理。加大了审计监督力度，1999年全公司累计完成审计项目608个，通过审计实现经济效益3530.89万元。对延边和长春两个供电公司的全面深入审计，对促进其加强经营管理工作有很大帮助。

（5）多种经营又有新发展。对省公司层面多种经营企业进行了清理整顿，有25户企业与原主办单位脱钩，撤销、兼并、改组成9户，纳入了名门集团公司直管和托管。为规范省公司层面多种经营企业投资及产权关系，为加强资产监管，形成规模效益奠定了基础。

农电工作

1998年以来，省计委先后4次分解下达国家计委给我公司农网改造投资计划168398万元，其中1998年计划81398万元，1999年计划87000万元，涉及44个县（市、区）。截至1999年底，到位资金90465万元，完成投资82019万元。其中完成工程投资41479万元，用于材料设备订购40540万元。建设与改造66kV变电所37座，完成新建与改造66kV线路185.6km，完成新建和改造10kV线路5318.14km，更换高耗能配电变压器10458台，完成新建和改造低压线路5830.2km。农网改造进度比较快的白山地区已完成1998年工程投资的88%，进度较慢的通化地区仅完成1998年计划的22%。完成1998年计划超过80%的县（区）有宁江、洮北、江源、八道江、扶余、辽源郊区。完成1998年计划的县（区）已经启动1999年工程。

1999年，是全面实施农网改造工程的第一年。由于1998年投资计划下达晚，工程前期工作和银行贷款提保评估工作量大，1998年两批农网改造任务都需要在1999年内实施。为了切实抓好这项德政工程，省公司将农网改造工作纳入了全年工作目标和重点工作之中，成立了农网改造领导小组，并建立了农网改造工作调度会和领导小组例会制度，加强对农网改造工作的领导和协调，并根据省计委下发的《吉林省农村电网建设（改造）管理办法》的原则要求，制定了有关工程规划设计、技术标准、物资采购、施工管理、工程质量、资金使用、预算定额等一系列管理办法和规章制度，努力使农网改造工程按基本建设程序逐步实现规范化。

为了使农网改造工程真正给农民带来实惠，切实降低农村电价，我们突出抓了低压台区改造的样板工程。1999年11月，在德惠市召开了农网改造样板工程现场会，推出了一个村屯、一个城乡结合部、一个城镇三种类型低压台区的样板工程，降损十分明显，网损最高下降了31%，最低下降了22%，并且下发了《吉林省电力有限公司10kV及以下农村电网建设改造指导意见》，使农网10kV及以下工程在设计类型、安装工艺、施工质量、施工管理、工程效益等方面得到了规范，并推动了全公司农网改造工程向高质量和高效益的目标迈进。

改造后的农村电网，10kV线损率由19%降低到10%，0.4kV低压线损率由28%降低到15%；农村居民照明到户电价平均可降低0.10元，农村售电量1999年比1998年增长8.31%，停产的一些小砖厂、粮米加工厂等乡村企业相继开工，推动了乡村经济的发展。由于电价的降低，乡村经济的好转，广大农民对党中央、国务院加大对农村电力基础设施投入的重大举措积极拥护，热烈响应。

农网改造工程的启动，也带动了相关产业的经济增长。截至1999年底，公司农网改造订货总额48500万元，涉及省内外120余个生产厂家，其中省内订货37000万元，占总订货额的76%，省内货源供不应求，对我省工业经济的增长起到了积极的拉动作用。

多种经营

1999年是全省电力多种经营深化改革、加快发展的一年，全省电力多种经营企业实现总收入360758万元，实现利润12826万元。

省公司层面多经企业通过清理整顿省公司实施了对多种经营管理部门暨名门集团公司重新定位，确定了名门集团公司为省公司层面多种经营出资的地位的重大体制改革，加大了对多种经营资产保值增值和监管力度，重新定位后的名门集团，稳妥地完成原来属于电建总公司、通信总公司、科技部等单位和部门的8个多经公司及3个省公司托管企业的重组。这些举措标志着省公司层面多种经营的产业化、集团化方面迈出了重大步伐。

主要事件

3月16日，国家电力公司党组任命张志厚任吉林省电力工业局党组书记、局长，吉林省电力有限公司党组书记、董事长、总经理。

3月26日，吉林省电力有限公司挂牌成立。

5月13日，吉林省电力有限公司率先实行供电公司审计专员派出制；7月5日，又率先推出驻厂董事制。

6月12日，省公司党组在吉林省电力有限公司工作会议上，推出“一包、两派、一打、一压”的经营承包新举措。此后相继改革了燃料管理体制、物资管理体制、农电管理体制、审计管理体制、多种经营管理体制、公安管理体制和机关机构设置；对白城发电厂等6座小电厂由龙华公司统一经营管理，有偿转让小厂统配机组的报告已获得国家电力公司批复，为省公司实施战略性调整奠定了基础；组织实施了榆树川发电厂关闭后的职工分流安置工作；省公司所属企业有6所中小学校移交地方管理实行电力市场和全面预算管理相结合的资产经营承包和经营责任承包，全面完成了国家电力公司下达的2000万元利润指标和上缴投资收益及电费收缴等生产、经营指标。

6月底，全省44家县（市、区）农电企业全部由省公司统一管理。

7月，省公司开始对基建施工企业进行战略重组，先后完成省公司所属三个火电公司重组工作以及由省送变电公司托管吉林省电力管道工程总公司的工作，并对施工企业2772名退离休职工进行妥善安排。

9月16日，吉林省公司、长春供电公司、吉林供电公司、白城供电公司、浑江发电厂、通化供电公司光明营业厅首次被国家文明委命名为“全国精神文明创建工作先进单位”。

10月30日，通榆风力发电厂一期工程11台660kW风电机组共7260kW并网发电，填补了吉林省电力能源一项空白。

11月11日～12月24日，吉林省电力有限公司党组及领导成员进行“三讲”教育并圆满结束。

截至1999年12月31日，吉林省电力有限公司连续实现第二个安全生产年。

（栾尔钧）

黑龙江省电力工业

综述

1999年是黑龙江省电力工业改革和发展具有重要意义的一年。以黑龙江省电力有限公司成立为标志的电力工业管理体制的重大改革，使黑龙江省电力工业真正进入了政企分开、独立经营的新的历史发展阶段。新成立的黑龙江省电力有限公司及公司系统各单位，在新体制、新形势下，面对新情况、新问题和新机遇，调整改革和发展战略，知难而进，开拓进取，全年增加销售收入1.2亿元，不仅超额完成了对国电公司的利润承包指标，而且较好地完成了全年各项工作任务，改革和发展取得了新的成绩。

黑龙江省电力有限公司成立

根据国务院关于深化电力工业体制改革的决定精神，按照国家电力公司关于《东北电力集团公司体制改革总体方案》的具体部署，国家电力公司做出了《关于黑龙江省电力公司改制的决定》，将原由东北电力集团公司统一核算的黑龙江省电力公司改制为国家电力公司单独投资设立的有限责任公司，即国家电力公司的全资子公司——黑龙江省电力有限公司。黑龙江省电力有限公司成立大会于1999年3月24日在哈尔滨举行。

国家电力公司副总经理赵希正、黑龙江省委副书记杨光洪、黑龙江省副省长张成义和国家经贸委、国家电力公司及黑龙江省政府有关部门负责人出席了成立大会。

会议由国家电力公司东北公司总经理翟若愚主持；国家电力公司总经理助理刘忱宣读国家电力公司有关黑龙江省电力公司改制及人事任免决定。黑龙江省电力有限公司董事长赵蜀亨宣读关于总经理、副总经理等高级管理人员聘任决定。赵希正副总经理和杨光洪副书记为黑龙江省电力有限公司揭牌。

国家经贸委电力司司长史玉波代表经贸委石万鹏副主任讲话，指出黑龙江省电力有限公司的成立是落实国务院［1998］146号文件精神，实现国家电力公司实体化改革，加强“省为实体”建设的重要步骤。

黑龙江省副省长张成义表示，省委、省政府支持和拥护深化“省为实体”的电力体制改革，这一改革对于与地方政府体制改革结合，推进电力市场的发展都具有重要意义。

赵希正指出，黑龙江省电力有限公司是由国家电力公司出资设立的国有独资有限责任公司；是国家电力公司的全资子公司；是经营黑龙江省内电力网并依法对省内电网实施管理的企业法人。赵希正还代表国家电力公司，对新改制的黑龙江省电力有限公司的工作提出了七个方面的具体要求。

较好地完成了各项生产和经营指标

省电力有限公司1999年全面完成了以利润为核心的各项生产和经营指标。完成销售电量281.6亿kW·h，比1998年增长1.42%，增加销售收入11958万元。全年实现利润总额4308万元，超额7.7%完成了国家电力公司下达的利润指标。

电热费收缴在艰难的外部环境下取得了较好的成绩。除鸡西电业局外，其他局、厂都实现了当年电、热费结零。全公司收回陈欠电费9254万元、热费1232.6万元。继牡丹江电业局、大庆电业局，绥化电业局之后，黑河电业局又成为省公司第四个电费双结零供电企业。全年综合线损率完成9.32%，比1998年降低1.41%；供电煤耗率完成381g/(kW·h)，比1998年降低3g/(kW·h)。

1999年，全省发电量416亿kW·h，比1998年减发9.3亿kW·h，减少2.2%；其中省电力有限公司发电量248.9亿kW·h，比1998年减发13.1亿kW·h，减少5.0%。在发电量减少的情况下，省公司进一步强化全面预算管理，全年压降成本费用1亿多元。通过实施债务重组，减少利息支出2560万元。全年完成各类审计853项，规范了企业经营行为，避免了效益损失。注重发挥法律事务工作在维护企业合法权益中的作用，减少企业不合理支出7000多万元。全面落实招投标制度，减少了成本支出。

电力基本建设

1999年黑龙江省电力基本建设完成投资51.4亿元，投产机组容量90万kW、500kV线路549.5km、220kV线路226.2km、变电容量48万kV·A。完成微波光纤通信工程10项总长度935km，各项工程质量有了明显提高。

哈尔滨第三发电有限公司（以下简称哈三发电公司）第二台国产60万kW4号机组于1999年11月3日顺利通过168h试运行后正式移交试生产，进入为期半年的生产考核期。至此哈三发电公司两期建设工程全部完成，总装机容量160万kW。

鹤岗发电厂一期工程第二台30万kW 2号机组于1999年9月10日一次并网成功，单项工程合格率达到100%，安装工程优良品率达95%以上。2号机组的电缆敷设、电气二次线接线、主机安装、管道安装等几十个施工项目被评为精品项目；实现了汽轮机三缸扣盖、厂用电受电、锅炉点火、整套启动、并网发电一次成功。工程质量、安全文明施工等多次受到上级好评，施工单位黑龙江省火电第四工程公司得到数百万元的嘉奖。

由黑龙江省火电第三工程公司承建的位于内蒙古自治区的伊敏电厂第二台50万kW 2号机组于1999年9月14日通过168h试运行，达到了试生产条件。2号机组的安装质量达到国内同类机组的最好水平。2号机组的投产，使我国第一家大型煤电联营一体化企业发电一期工程接近尾声。

1999年黑龙江省电力有限公司又有500kV方（方正）—哈（哈南）输电线路、220kV康（康金）—巴（巴彦）输电线路和巴彦变电所、220kV密（密山）—虎（虎林）输电线路和虎林变电所、220kV鹤（鹤岗电厂）—东（东郊）输电线路和佳木斯东郊一次变电所、220kV大庆变电所—春蕾变电所甲乙输电线路和春蕾变电所等五项输变电工程以及牡丹江水电总厂莲花电站1号、2号两台13.75万kW机组达标投产。至此，黑龙江省达标投产的500kV线路已有2条，总长345km；莲花电站4台机组全部达标投产，使其成为全省第一个全部机组达标投产的电厂。

全年完成城网建设改造投资4.4亿元，农网建设改造投资20.89亿元。全省有10个县基本达到国家电力公司提出的竣工消号的要求。城、农网改造工作的全面推进，进一步改善了黑龙江省电网结构和质量，提高了城乡供电可靠性。

安全生产

1999年黑龙江省电力有限公司系统没有发生特别重大事故，没有发生电网瓦解和大面积停电停热事故，没有发生重大设备机械损坏事故，没有发生重大火灾和重大生产交通事故。设备事故率和千人负伤率均低于国家电力公司规定的指标。供电和基建施工企业连续两年实现无生产死亡事故。

1999年发生生产死亡事故1起，死亡1人，与1998年持平；生产重伤2人，1998年没有发生重伤事故；生产轻伤3人，较1998年6人减少3人，下降50%。

发电设备发生重大设备事故1次，与1998年持平；一般事故12次，比1998年增加1次；一类障碍29次，比1998年减少10次。供电设备发生一般事故6次，比1998年减少6次；一类障碍45次，比1998年减少26次。

创造千天以上安全纪录的有：省电力调度局6678天，哈尔滨热电厂2344天，佳木斯第二发电厂1972天，佳木斯电业局1321天，哈尔滨发电厂1086天，双鸭山发电厂1040天，省送变电工程公司1703天。有16个单位实现无生产人身和设备事故。有18个单位被评为安全生产先进单位。

1999年初，黑龙江省电力有限公司制定了《安全生产奖罚规定》，修订和补充了《安保体系检查考核评分标准》，各基层单位制定了《安保体系实施细则》。黑河电业局全年处罚违章62起，罚款21600多元。

安全作业标准化、规范化有新的提高。在全公司系统全面学习和推广了鹤岗电业局《春检作业方案》、《标准化作业程序》、《安全工作危险点及控制措施》等经验。省公司还编制了《发电企业检修作业危险点及防范措施》。省火电一公司全年投入安措费120万元，完善了安全设施，其标准化工作受到国家电力公司检查组的好评。

省电力有限公司组织开展了安全培训月活动。各单位开展安全培训月，成立领导小组，制定培训计划，落实讲课人员，收到明显实效。省公司还组织公司系统安全人员考试，108人参考，平均成绩95.2分。

节能和技术改造

结合发电机组年度大修，全年进行了42项重点节能技术改造项目，年底完成40项，总计投入资金1.1亿元。这些项目全部完成后，每年可节约标准煤2.8万t。

全年进行6项大的技术改造工程

(1) 投资4000万元，对富拉尔基二电厂1号机组、双鸭山发电厂1号机组和牡丹江第二发电厂5号机组等3台20万kW机组的热控系统进行了改造。

(2) 投资2700万元，对双鸭山发电厂1号20万kW机组进行了通流部分改造。改造后机组热耗率降低，供电煤耗可降低15～17g/(kW·h)。

(3) 电除尘改造。分别投资1390万元和1454万元，对牡丹江第二发电厂3号、5号机组进行电除尘器改造。3号锅炉由水膜除尘改为电除尘，改造后除尘效率达到99.65%。5号锅炉电除尘由3个电场改为4个电场，除尘率达到99.81%。

(4) 投资1050万元对哈三发电公司首台60万kW3号机组空气预热器漏风进行改造。将原来的24个分仓的密封结构改为双密封48分仓结构，漏风率由原来的15%以上降至7%。

(5) 投资1175万元，对哈三发电公司3号炉受热面进行了调整。

(6) 针对黑龙江省电网东部和北部系统电压过高威胁安全供电问题，进行调压改造：对牡丹江第二发电厂主变压器分接头进行了调整；东部20万kW机进相运行；投资2037万元安装无功设备190Mvar，在东部、北部4个变电所加电抗器。通过上述措施，系统电压下降4kV，可维持在240kV以下运行。

城网改造推进步伐加快，哈尔滨、大庆、齐齐哈尔三个城市的城网工程和哈尔滨、齐齐哈尔、牡丹江、鸡西、鹤岗等城市的摘转供工程相继开工。到年底哈尔滨、牡丹江两市的摘转供工程已全部完成。城网改造除哈尔滨、大庆、齐齐哈尔三个城市外，牡丹江、佳木斯等9个城市的可行性研究已得到国家电力公司批准。全年共投入资金4.6亿元，完成城网改造工程46项；投入资金1.85亿元，完成摘转供工程25项。

科技和教育工作

1999年开展科研攻关和技术创新，攻克了哈三发电公司首台60万kW3号机组轴系动态稳定性差的难题；全公司有10台机组实现了AGC自动调电；初步解决了东部电网电压高的问题；完善了电能自动计量系统并正式投入运行；开展除尘器的科研攻关，除尘效果得到明显改善。省公司管理信息系统及其13个子系统通过了国家电力公司组织的实用化验收。

经过1999年12月31日～2000年1月3日的实际过渡考验，黑龙江省电力系统没有出现因计算机2000年问题影响电力生产的情况。各自动监控系统顺利通过了2000年。下一步还将严密监视用电营业、财务及MIS系统情况。

1999年12月31日19时30分至2000年1月1日1时30分黑龙江省电力有限公司郑宝森总经理、王久玲副总经理、高智树总工程师等省公司领导始终在调度值班现场值班，监视系统情况。全省发供电企业有4500多人在重要岗位值班。

12月31日晚20时30分，黑龙江省副省长张成义来到电力调度室检查计算机2000年工作，黑龙江电视台记者"过零点"进行了专题采访。

教育培训开展多层次、多形式、多学科的岗位培训和继续教育。先后举办各类培训班219期，培训职工11775人·次。选送95人分别到清华大学、哈尔滨工程大学工商管理研究生班学习深造。选送9人到新西兰接受电力市场业务培训。

哈尔滨第三发电有限公司进入国家一流

7月20日，哈尔滨第三发电有限公司被国家电力公司命名为国家一流火力发电厂。

哈三发电公司创一流火力发电厂的工作走过了近10年的历程。10年来始终坚持"一流"目标，坚持以安全生产为基础，以经济效益为中心，以科技进步为先导，以强化管理为手段，以设备治理为重点，扎扎实实一步步向"一流"目标迈进，成为黑龙江省电力系统的"窗口电厂"。

哈三发电公司全体职工求新务实，矢志不渝创一流。确立了20万kW机组管理达到世界水平的发展目标。公司在改革和发展中始终走在了"双达标"、"无漏泄电厂"和全国电力企业双文明单位的前列。投产以来，两台20万kW机组曾五次获全国同类机组冠军，六次获一等奖，连年保持东电红旗机组称号。首台国产60万kW机组1996年1月投产后，他们扎扎实实地搞好机组的挖潜和改造，使机组逐渐进入了良好的安全经济运行状态，达到了供电煤耗343g/(kW·h)的国内领先水平。11项考核标准和5项考核评分指数均达到了国家电力公司颁发的一流发电企业标准，终于跻身于一流发电企业行列，成为黑龙江省电力公司系统首家全国一流火力发电厂。

两家企业率先通过环保达标验收

在11月16日黑龙江省政府召开的全省工业污染源达标排放电视会议上，哈三发电公司和黑龙江亚电鑫宝热电有限公司获得了黑龙江省政府颁发的《达标排放验收合格证》，成为全省率先通过"2000年工业污染源达标"验收的示范企业。

到1999年11月份已实施了哈尔滨热电厂废水零排放工程，哈三发电公司、牡丹江第二发电厂除尘器改造工程，富拉尔基发电总厂冲灰水回收工程，富拉尔基二电厂、热电厂除尘器增效改造工程等一批达标排放的治理改造项目。省电力有限公司及各火电厂已累计投入环保治理改造资金超过1.4亿元。已有8个火电厂具备了申请达标验收条件，占12个火电厂的75%。2个火电厂通过达标验收。

哈三发电公司在1997、1998年分别投入2700万元拆除文丘里水膜除尘器，改建为高效电除尘器，除尘率达到98.5%。每年可减少烟尘排放8000～12000t。烟尘排放浓度低于国家排放标准，1998年达标排放，1999年通过省环保局"2000年工业污染源达标"验收。

黑龙江亚电鑫宝热电有限公司是个有40多年历史的老厂，从1986年开始，累计投入资金8200多万元，完成了一大批烟尘、废水和灰渣的治理改造项目。1999年11月份也通过了省环保局"2000年工业污染源达标"验收。

改革取得进展

1999年，发电企业公司化改组完成了富拉尔基第二发电厂、佳木斯发电厂、哈尔滨热电厂、哈尔滨发电厂、莲花电站改制方案的报批。厂网分开、竞价上网试点工作扎实进行，从7月1日起，黑龙江省电力有限公司发电侧内部电力市场开始模拟试运行，并完成总体方案及相关规则的制订和报批工作。农电体制改革迈出了坚实的步伐，全省有70个县（市）完成了资产上划，改革了五常、勃利等11个县（市）计215个乡站管理体制，精减农村电工30%，基本实现了"五统一"、"四到户"、"三公开"。基建企业为实现战略性结构调整继续做出艰苦努力，进一步加大减员缩编力度，全年完成减员1700人。黑龙江省电力医院与哈尔滨医科大学实现联合，建成哈医大第五临床医学院。

牡丹江电业局20年电费结零

黑龙江省牡丹江电业局在电力市场和地区经济形势比较严峻的情况下，连年保持电费收缴结零，1999年实现了连续20年电费结零的好成绩。

1999年，为了使电费收缴继续保持结零，牡丹江电业局对外对内采取了一系列行之有效的措施，共抹回电费总金额4300多万元。对外实施有效的电费收缴措施和途径；对内强化领导，纠行风查违纪，决不手软，保证了电费的有效收缴。

大庆市属供电企业移交电力系统管理

为贯彻落实《电力法》，推进电力管理体制改革，加速优化电网结构，大庆市将地方供电企业移交省电力有限公司管理。移交签字仪式4月3日在黑龙江省大庆电业局举行。大庆市副市长展云庭，省电力有限公司副总经理熊良印、陈峰等出席签字仪式。展云庭和陈峰分别代表大庆市人民政府和省电力有限公司在协议上签字。具体移交工作在1999年4月底全部结束。

本次移交的地方供电企业有：萨尔图供电局、大同电业局、让胡路电业管理公司。这次移交工作理顺了大庆市历史形成的特殊的电网管理体制，有利于解决长期制约和影响大庆市经济发展的部分地区电网陈旧老化、安全可靠性差的老大难问题，为保证大庆城乡经济发展所需的安全、充足、可靠的电力创造了条件。

农村电气化

1. 主要经营指标完成较好

1999年全省县及县以下用电量85.25亿kW·h，比1998年同期增长4.35%，其中直供电量36.20亿kW·h，趸售电量44.33亿kW·h。农电系统购电量47.58亿kW·h，比1998年同期增长8.9%（剔除不可比因素净增长2.9%）；趸售提成收入4.94亿元，比1998年同期增长10.92%。全员劳动生产率8921元/(年·人)，比1998年同期增长3%。综合线损率完成8.3%，比1998年下降0.2%。

2. 农电体制改革又有新进展

70个县供电企业完成资产评估和自身资产上划准备工作。在4个县进行了资产并表前的改革探索。在试点基础上完成五常、勃利等11个县市计215个乡站改革，通过清理整顿，统一管理农村电工队伍，实行电费抄收分离、规范财务两条线管理，精简农村电工30%，电费回收率达到100%，农村电价降低。

3. 农网建设改造（黑龙江）全面展开效果明显

全年按照工期服从质量、好中求快、全面展开、重点推进的原则，对73个县市的建设改造项目优化排序，节约投资1.3亿元。严格执行基建程序和以“项目法人责任制”为核心的五项工程管理制度，相应制订了配套管理办法和规范的工作程序。各级领导普遍重视农网工程，列入头等工作重点。省公司主管领导多次带队奔赴各地现场办公，协调解决物资供货等影响工程进度问题。到1999年底省农网改造工程进度已跃居全国第四位，得到国家电力公司领导的充分肯定。全年完成20.89亿元投资。新建和改造35～110kV变电所144座530.3MV·A，10～110kV线路36413.9km，低压线路22310km，更换高耗能配电变压器22724台1520.1MV·A，改造低压台区12080个。列入国家2000年一季度的10个县市基本完成改造任务，正在抓紧工程扫尾工作。

4. 安全生产进入良性发展阶段

狠抓《安全生产保证体系》的贯彻落实，针对存在的问题进行了重点治理，结合春秋检和百日安全活动，加强对电网改造中的安全管理。使农网保持安全稳定运行。全年没有发生重大设备事故、交通事故、火灾事故，职工触电死亡事故低于1998年。

5. 企业管理加强，经营状况改善

用电营业管理中，严格执行国家电价政策，强化涉农收费管理，适时下调省定综合指导性电价。通过清理地方加价、农网改造和企业挖潜降耗，全省农村居民生活用电价格基本控制在省定最高电价之内，有的县市较最高限价有所降低。农村到户电价合格率96.41%，电费、电价、电量张榜公布率92.35%，二次发行率97.09%，电费收据到户率96.40%。各局还重点进行了控制非生产成本支出、简化报装接电手续、加强电费收缴、依法综合治理窃电等工作。有47个局趸售收入正增长，13个局增幅达30%以上；34个局购电收入正增长，通河、萝北、兰西、鸡西市郊、密山等局增幅达40%以上。嫩江县调度自动化系统通过实用化验收，嘉荫、勃利县调度自动化系统正在安装调试待省局验收，鸡东、牡丹江市郊局组建并应用局域办公自动化网络。多种经营又有新的发展，多经企业完成产值4.56亿元，利润1850万元。

6. 精神文明建设水平进一步提高

望奎县电业局被国家电力公司命名为“双文明”单位，哈市郊局西郊电管站、望奎县厢白乡电管站被国家电力公司命名为全国为人民服务、树行业新风示范窗口。电力“三为”服务向纵深进展，全力做好“五优先”服务，出色地完成农业生产季节性用电和部分地区抗灾用电的保电任务。在全国政协定向捐建黑龙江省灾区新村建设中贡献突出，省农电局荣获省委、省政府和省政协的表彰。1999年又有10个单位获国家电力公司“三为”达标单位称号。农民信得过乡电管站活动逐步深入，已有769个乡站荣获“农民信得过乡电管站”称号。

多种经营

1999年多经资产总额已达102.89亿元，比1998

年增长7.5%；所有者权益45.03亿元，比1998年增长8.23%。从业人员35400多人，多经企业实力增强，积累提高。全年实现总收入54亿元，利润4.5亿元。多经已拥有各类机组总容量达202.7万kW。全年独立核算企业596户，其中主要产业，电力资产型企业17户，工业企业143户，建安企业153户。全年有14个电力单位的多种经营总收入超亿元；6个电力单位的多经利润超过1千万元。

黑龙江省电力有限公司注重多种经营产业结构调整，不断投入资金发展有市场、效益好的多经项目。到1999年，主导产业架构已基本形成。全年投产运营多经项目40项，总投资3340万元。新投产项目当年创产值6000多万元。在建项目18项，正在做前期调研的项目14项。新投入和在建项目，相当部分是科技含量高、回报高的项目，其中有计算机开发、密封变压器、金属高速焊割器、家用电锅炉、智能电度表等。老企业改造也取得较大成果。1999年公司系统共投入650多万元，对15家老企业进行彻底改造，使这些企业重现生机。

经营和管理机制创新有新突破。省电力有限公司系统44家多经总公司，已完成公司化改组、改造的23家，占52.3%，其中有14家改制为集团公司，4家改造为股份有限公司，5家改造为有限责任公司。总公司下辖资产超过50万元的大中型多经企业246家，已有101家改造成了有限责任公司；266家小型多经企业有38家改造成了股份合作制企业。

经营和管理机制的转变还促进了企业经营效益的提高。1999年扭亏41家企业，8000万元的不良资产开始步入良性运作。

精神文明建设

1999年黑龙江省电力有限公司系统有4个单位（部门）获首批国家级文明单位建设先进单位和创建文明行业先进单位。其中牡丹江水电总厂、大庆电业局、佳木斯电业局获国家级精神文明建设先进单位；哈尔滨电业局道里供电局道里售电所获国家级创建文明行业先进单位。

鹤岗电业局党委书记张福全、哈尔滨电业局班长李庆长、大庆电业局副总经济师李学军、佳木斯发电厂班长张立杰4人，被中共黑龙江省委命名为优秀共产党员；牡丹江电力工业学校党委书记任传忠被授予模范党务工作者。1999年又有富拉尔基发电总厂、佳木斯电业局、双鸭山发电厂、鹤岗发电厂4个单位的党委进入省级先进基层党组织行列。双鸭山发电厂连续5年保持百分之百的生产班组有共产党员。

省电力公司系统248名法轮功练习者（其中在职职工127人，离退休职工121人；党员72人、团员9人；练功站点负责人5名），有7人被公安机关传唤。经过深入细致的思想工作，所有练习者全部脱离法轮功组织，并将法轮功有关书籍、音像资料等上交有关部门。

宣传先进模范人物的事迹，张福全及鹤岗电业局局长、鹤岗电业局宣传干部、张福全的女儿4人组成张福全事迹报告团在国家电力公司为200多名处级及以上干部做报告，引起反响，获得好评。

企业文化建设推广牡丹江第二发电厂的经验，并得到国家电力公司的认可。国家电力公司在牡丹江第二发电厂召开企业文化建设现场经验交流会，使该电厂经验在全国电力系统推广。

佳木斯发电厂经警中队获全国“青年文明号”；哈尔滨电业局道里供电局道里售电所等42个青年集体获省级“青年文明号”。牡丹江第二发电厂迈科电力发展有限责任公司总工程师张春盛获“国家级青年岗位能手”称号；双鸭山第一发电有限公司总经理金锋在全省电力系统第一个荣获“全省十大杰出青年”称号；黑河电业局药泉供电局营业主任刘伟存获“黑龙江省十大杰出青年岗位能手”称号；秦丽等16人获“黑龙江省省级青年岗位能手称号”。

主要事件

1月5日，黑龙江省电力局组成由主要领导带队，机关各专业部门参加的六个综合调研组，分赴各基层单位调查一年来的工作情况。

1月27日，东北电力集团公司二届五次职代会宣布表奖决定，黑龙江省电力系统15个单位获双文明单位称号；10个单位被评为先进企业；19个单位获思想政治工作先进单位称号；4个单位的工会组织被评为模范工会；张福全、刘伟存等20人被评为劳动模范。

2月5日，黑龙江省水电建设管理局被省政府授予“莲花水电站工程1号机组先进建设单位”称号。

2月8日，国家电力公司副总经理赵希正、总经济师谢松林、总经理助理兼政策法律事务局局长邵世伟和东北电力集团公司总经理张贵行到黑龙江省电力局调研。调研期间还与黑龙江省省长田凤山、副省长张成义等就电力体制改革问题交换了意见。

2月27日，哈三发电公司等10个单位和省电力局机关被省委、省政府重新命名为省级文明单位标兵，哈尔滨电业局等5个单位被新命名为省级文明单位标兵，电力通信自动化公司被重新命名为省级文明单位。

3月16日，国家电力公司国电任［1999］22号决定任免了黑龙江省电力工业局部分局级领导干部的职务；委派赵蜀亨等6人担任黑龙江省电力有限公司董事，赵蜀亨任董事长；委派赵明智等3人担任黑龙江省电力有限公司监事会监事；黄佳武任黑龙江省电力有限公司财务总监；推荐了董事会和监事会中的职工代表人选；推荐了黑龙江省电力有限公司总经理、副总经理、总经济师、总会计师和总工程师人选；任命了中共黑龙江省电力有限公司党组成员、书记，纪检组组长；任免了中共黑龙江省电力工业局党组成员。

3月24日，黑龙江省电力有限公司成立大会在哈尔滨举行。国家电力公司副总经理赵希正、黑龙江省委副书记杨光洪、副省长张成义出席成立大会。

4月3日，大庆市地方供电企业移交省电力有限公司管理协议签字仪式在大庆电业局举行。大庆市和省电力有限公司领导出席签字仪式。

4月11日，黑龙江省省长田凤山在省电力有限公司领导陪同下到省广播电视发射塔工地检查工作并看望了承担工程建设的省送变电工程公司的职工。

4月21日，黑龙江省电力有限公司召开电视电话会议，贯彻省委关于“全省干部向煤矿职工献爱心活动”精神。全省电力职工向煤矿职工捐款献爱心。处级及以上干部每人捐一个月工资；科级干部每人捐半个月工资；机关一般干部每人捐款100元；公司系统全民职工每人捐款50元。

4月21日，黑龙江省电力有限公司领导第4次到杜尔伯特蒙古族自治县，为“结对子”的14户帮扶对象送去扶贫款。

4月28日，国家电力公司召开“全心全意依靠职工办企业暨劳模表彰大会”。黑龙江省电力公司系统李庆长获“国家电力公司系统特等劳动模范”称号；刘伟存等10人获“国家电力公司系统劳动模范”称号；哈尔滨电业局道里供电局变电亭班等3个班组（分场）获“国家电力公司系统先进集体”称号；齐齐哈尔电业局获“全心全意依靠职工办企业先进单位”称号；佳木斯电业局党委书记蒋玉兴获“全心全意依靠职工办企业优秀领导干部”称号。

4月29日，鸡西电业局变电一工区班长张志伟获全国“五一”劳动奖章。

5月10日，黑龙江省电力有限公司党组召开会议，强烈谴责以美国为首的北约悍然使用导弹袭击我国驻南斯拉夫大使馆。同日，省电力有限公司党组和省电力工会负责人分别发表谈话，愤怒声讨以美国为首的北约的野蛮行径。

5月11日，黑龙江电力报社举办“创办10周年发行500期”座谈会。省委宣传部、黑龙江日报社、省文联和省电力有限公司的领导和代表参加了座谈会。

5月31日，黑龙江省电力有限公司召开第一次公司集体协商会议。省电力工会和省电力有限公司的代表就有关《章程》、《合同》进行了平等协商并达成一致意见。

6月5日，国家经贸委电力司副司长吴贵辉到黑龙江省检查了兰西县红光乡“两改一同价”工作。

6月7～9日，黑龙江省电力有限公司在哈尔滨召开1999年工作会议暨一届一次职工代表大会。国家电力公司、省总工会负责同志出席会议。

6月29日，黑龙江省电力有限公司举行首次竞价上网仪式。省内8家发电企业进行了现场报价。

7月5～6日，国家电力公司在黑龙江省牡丹江第二发电厂召开企业文化建设经验现场交流会。国家电力公司副总经理赵希正到会并讲话。

7月8日，黑龙江省电力有限公司召开关停小火电机组电视电话会议。

7月20日，哈尔滨第三发电有限公司荣获国家电力公司一流火力发电厂颁牌仪式在哈尔滨第三发电有限公司举行。黑龙江省政府、哈尔滨市政府、国家电力公司东北公司、省经贸委、市经委、省电力开发公司的领导出席。

8月5日，黑龙江省鹤岗电业局党委书记张福全事迹报告会在国家电力公司举行。

8月9日，伊敏电厂一期工程俄产50万kW2号机组一次并网发电成功。

8月16日，由黑龙江省送变电工程公司承建的黑龙江省广播电视发射塔主体安装工程竣工。黑龙江省省长田凤山在仪式上赞扬了省送变电公司的施工人员和工程质量。

8月18日，由黑龙江省电力有限公司职工投资的龙江县重建水毁电力工程竣工，并举行了竣工典礼仪式。

8月25日，黑龙江省莲花水电站1号、2号机组通过国家电力公司东北公司基建移交生产达标复检。

9月5日，黑龙江省电力有限公司召开第一届职工田径运动会。1300名运动员参加61个比赛项目的角逐，127人·次打破21项往届省电力职工田径运动会最高纪录。

9月12日，中国电力工业“十五”计划及2015年远景规划座谈会在哈尔滨召开。国家电力公司副总经理赵希正出席会议作报告。

9月16日，在全国精神文明单位创建工作表彰会上，黑龙江省电力有限公司系统哈尔滨电业局道里供电局售电所获“全国创建文明行业工作先进单位”称号；牡丹江水电总厂等3个单位获“全国创建文明单位工作先进单位”称号。

9月22～23日，国家计委、国家电力公司、水利电力规划设计总院、黑龙江省计委等10个单位和部门的领导和专家在黑龙江省绥化电业局召开木兰县蒙古山风电场一期工程可研报告审核会议。

9月26日，黑龙江省鹤岗发电有限公司2号30万kW机组顺利通过168h试运行。

9月28日，黑龙江省电力有限公司系统鹤岗电业局党委书记张福全等5人被黑龙江省人民政府授予劳动模范称号。

10月15日，黑龙江省电力有限公司系统刘立勤获国家电力公司系统尊老敬老先进个人称号，退休干部孙永德获老有所为先进个人。

10月18日，黑龙江省电力有限公司系统刘伟存获国家电力公司十大“优质服务标兵”称号。

10月19日，由黑龙江省电力房地产综合开发公司开发建设的哈尔滨文林电力花园竣工。黑龙江省副省长马淑杰和省建委负责人为小区落成剪彩。

10月21日，哈尔滨第三发电有限公司4号60万kW机组并网发电一次成功。

10月29日，黑龙江省电力有限公司与哈尔滨医科大学达成协议，双方联合在黑龙江省电力医院建立哈医大第五临床医学院协议。

11月3日，哈尔滨电力学校与东北农业大学举行联合办学签约仪式。

11月11日，国家电力公司调整黑龙江省电力有限公司领导班子。国家电力公司党组成员，中纪委驻国家电力公司纪检组组长李雪莹等宣布了国家电力公司的任免决定。郑宝森任黑龙江省电力有限公司（黑龙江省电力工业局）党组成员、书记（局长）；免去赵蜀亨的党组成员、书记（局长）职务。建议郑宝森为黑龙江省电力有限公司董事长；推荐郑宝森为总经理人选。国家电力公司还对领导班子其他人员进行了任免。

11月18日，黑龙江省电力有限公司召开一届三次董事会，表决解聘赵蜀亨的黑龙江省电力有限公司总经理职务，聘任郑宝森为总经理、田勇为副总经理。

12月17日，双鸭山第一发电有限公司经理金锋荣获第八届黑龙江省“十大杰出青年”称号。

（马世民）

辽宁省电力工业

概述

辽宁省电力有限公司于1999年3月29日正式挂牌成立，本部设在辽宁省省会沈阳市。公司是由国家电力公司单独投资设立的国有投资有限责任公司，是其全资子公司及控股公司、参股公司中相应国有法人资本的出资者，是其所属企业和单位国有资产的出资者；是经营辽宁省内电网并依法对省内电网实施调度管理的企业法人。公司注册资本金为人民币100亿元。辽宁省电力有限公司负责管理国家电力公司投入本公司的资本和公司所属的全资子公司、控股公司及参股公司中辽宁电力公司投入的资本，以及所属企业和单位的国有资产，并对上述资本承担保值增值责任。公司所辖全资、控股、参股发电公司18个，其中全资及控股发电公司13家，装机容量334.75万kW；施工企业6家，机械制造企业4家。全公司共有职工78580人。截至1999年末，辽宁省共有发电设备（6000kW及以上）装机容量1369.71万kW，其中辽宁省电力有限公司全资发电厂装机容量为80.6万kW，占全省发电设备装机容量的5.88%；独立发电公司装机容量为953.45万kW，占69.61%；地方及自备电厂装机容量为284.76万kW，占20.79%；中朝界河电厂装机容量为54.5万kW，占3.98%。省公司拥有供电企业13家，所辖全资、控资、参股发电公司及企业事业单位51个。

辽宁省电力有限公司拥有辽宁电力科学研究院、国家电站燃烧工程技术研究中心和东北电力节能技术研究所等代表国家级技术水平的科研单位，已形成了包括勘测设计、基建施工、发电供电、修造、科研试验、学校教育培训、医疗卫生、多种经营等门类齐全的特大型企业，具有生产、建设、科研、教育、管理等雄厚实力。

按照国家电力公司界定范围，1999年辽宁省电力有限公司的总资产为447.05亿元，总负债为195.60亿元，所有者权益为251.45亿元。全面完成以6.4亿元利润为主的各项经济指标，确保资产保值增值，电网安全稳定运行，保证了庆祝建国50周年、迎接澳门回归及新千年庆典等重大活动的安全供电。

电力生产

（一）设备及人身安全情况

全年共发生发电设备事故7起，比1998年同期下降13%；发电重伤事故1起，比1998年同期下降50%；发电轻伤8起，比1998年同期下降47%。1999年8月19日，阜新发电厂发生了一起设备损坏事故。供电发生设备事故18起，比1998年同期下降18%；供电人身死亡、重伤事故1起，轻伤4起。配电设备事故101起，比1998年同期下降11%。

（二）发电设备情况

1999年，火电全年计划大修4台，即铁岭发电厂4号机组，清河发电厂4号、1号机组，阜新发电厂7号机组。除清河发电厂因厂家供货时间耽搁，使大修时间拖后外，其他机组大修均已竣工。清河发电厂4号机组已进入“中优”考核期；阜新发电厂7号机组通过初优；铁岭发电厂4号机组初优后发生两次临检，达到初优。

火电全年计划小修29台·次。经月计划调整，年底完成24台·次，其他由于机组停备次数较多等原因，先后取消5台·次计划小修。铁岭发电厂1号机组因处理汽机轴瓦振动问题，特追加一次扩大性小修。全年完成了4台锅炉的除尘器改造；完成水电机组大修7台（其中扩大性大修2台，一般性大修5台），小修11台·次，完成检修计划100%，并全部达到优质工程。

（三）城网建设与改造

自1998年国家下达第一批城网建设与改造工程项目以来，1999年沈阳、大连、鞍山、抚顺、两锦（锦州、葫芦岛）5个城市的城网建设与改造项目进入实施阶段。共下达城网建设与改造项目计划两批，计划资金26.4亿元。截至10月末，实际完成11.5万元。

在抓好城网改造的同时，本着简化、经济、安全、科技含量高的原则，加强更改资金管理，审定了1999年所有新建的66kV变电所。1999年安排更改资金8747万元，改造卧龙、东风、彰武等五座220kV·A变电所。新建66kV变电所8座，容量2520kV·A，改造66kV·A变电所7座，增容1400kV·A；220kV线路换线392km，换塔42基。66kV线路新建和改造78.7km。面对城网中高耗能配电变压器约占总台数1/3左右的现实，1999年更新老式配电变压器1000余台。安装电容器500kV·A，更新220kV避雷器14组，改造220kV开关27组，改造66kV开关29组。并先后对锦州、大连、营口的3台220kV变压器，进行了增容和更新改造。

为了解决发、供电设备Y2K问题，省公司针对各机组的实际情况，进行存在Y2K问题分析，制定典型测试大纲和细则，进行离线和在线测试、软硬件修改工作。并深入基层各电厂进行解决2000年问题的验收。一年中解决45套各类DCS系统2000年问题，61套（台）机炉保护的2000年问题，12套微机供热监控系统的2000年问题。

电力建设

1999年，加强了对投产在建基建项目的管理。对绥中发电厂、马桥子、赤峰等投产在建火电项目分别派人蹲点，落实目标，掌握工程信息，协调施工组织，加强工程调度，及时解决工程中遇到的各类问题。基建管理部加大了设计管理力度，先后对大连、沈阳、锦州、抚顺、盘锦的系统通信、安全装置等送变电工程进行审查。同时，加强了工程质量管理和基建达标投产工作，重点检查工程项目中各施工队伍的质量责任制落实和执行情况。对4个火电工程、11条送变电线路和14座变电所进行了监控，使所属火电、送变电的工程质量处于受控状态。为保证送变电工程的质量，制订了《送变电工程达标投产实施细则》，召开两次送变电工程达标投产工作会议，在建项目均成立了达标投产领导小组，多次组织检查，及时督促整改，增强了工程精品意识，提高了整体质量水平。送变电项目兴隆台一次变压器、义县一次变压器等均通过达标投产验收。火电项目绥中工程年底启动一次成功，北票4号机通过省公司创一流的检查验收，实现了达标投产的目标，三公司承建的东北电力负荷中心获辽宁省1999年建筑工程精品奖。

基建体制改革进一步深入。绥中发电厂51%的股权转让给国华电力公司，实现项目法人的调整和转换。1999年，对所有基建项目均实现了招标制：抚顺二期技术改进项目中的热控分散控制系统（DCS）软件设计进行了招标；沈阳热电厂三期扩建项目的主设备进行了招标；在500kV锦（州）绥（中）西（丰）董（家）和徐家变电所等扩建项目中进行了设备招标；220kV鞍山代家沟、营口鲅鱼圈、阜新水泉、抚顺中寨、抚顺皇城、丹东新兴、锦州团山、大连皮口及台安、康平等工程项目进行了设备招标；大连皮口、南草白、盘锦兴曙等工程项目进行了施工招标。

科技教育工作

辽宁省电力有限公司1999年共列科技项目267项，投入科技资金7414万元，约占公司营业收入的0.49%。这些资金直接用于生产一线（含调度中心）4200万元，占56.6%；用于辽宁电力科学研究院1265万元，占17.1%；用于MIS建设和现代化管理1004万元，占13.5%；用于燃烧中心和电专调节保护所560万元，占7.6%；用于高校或科研单位外委220万元，占3%；用于其他方面165万元，占2.2%。科技工作在电网安全与自动化、环境保护、电力信息系统工程、电网商业化运营等方面均取得了很大进步。

为使辽宁电力信息网安全可靠运行，1999年完成了通过增加第二主路由器（CISCO 7507）解决了辽宁电力信息主干网络与基层单位广域网连接卡脖子问题，同时加强了系统管理和广域网络的建设。辽宁电力公司与80%的所属发、供电企业实现了专线联网（21个发、供电企业），其中电力科学研究院、调度通信中心、南湖大酒店以155M速率连接，沈阳供电公司、阜新供电公司、阜新发电厂以2M速率连接，辽阳供电公司、鞍山供电公司、营口供电公司、盘锦供电公司、两锦供电公司、抚顺供电公司、本溪供电公司、丹东供电公司、铁岭发电厂、锦州东港发电公司、辽宁发电厂、抚顺发电厂、沈海热电公司、桓仁发电厂、太平哨发电厂、大连供电公司、铁岭供电公司、清河发电厂以64K速率连接。

根据国家电力公司提出的电力计算机信息网络建设中应“把信息资源的开发和利用放在首位”的要求，1999年6月21日至9月10日，省公司信息中心与大连圣达公司、中科院沈阳计算机所合作进行了《辽宁电力公司信息资源建设规划》。48名系统分析人员在30多个部门的100多名业务分析人员的配合下，建成了由97个主体数据库、63个应用数据库和653个基本标组成的包括30个子系统的全域数据模型，确立了省公司信息资源管理的5个基础标准。并于9月10开始进行“辽宁电力管理信息建设”工程，该项工作面向省公司全部职能部门展开集中式、网络化的信息系统开发。

在北京举办的“99'国际电力信息技术和产品展示会”上，辽宁省电力有限公司参展的WWW浏览系统、办公自动化、外事管理以及沈阳电业局人劳系统、大连电业局用电营业、多级电网实时系统，营口电业局送电和变电图文系统等，因其规模大、质量高、应用效果好，受到国家电力公司领导和兄弟网、省公司以及业内厂、商家的赞扬。辽宁省电力有限公司参展项目获得“优秀参展单位”奖。

1999年，辽宁省电力有限公司科技工作取得新成果，主要有以下项目。

1. 基于CC—2000支撑平台的EMS高级应用软件

该项目是国家电力公司重大科技项目，是辽宁省电力有限公司调度通信中心与国家电力公司电科院、南京自动化研究院、清华大学、科东公司联合攻关，共同研制，并于1999年5月19日通过了国家科技环保部与国家调度中心组织的现场验收。

2. 配电自动化试点工程

该项工程在沈阳电业局张士开发区全面展开，一次系统包括架空环网、架空辐射网和电缆环网三种框架结构，通道上尝试中压载波和光纤自愈双环网两种方式，配电SCADA系统以成熟先进的AM/FM/GIS平台为基础构造，系统目标是故障报修可视化，开关控制自动化，并实现低压居民用户、高压用户、公共变压器台、路灯箱变压器的远程数据传输。

3. 高压大功率变频调速装置

该装置是为大型火电机组送风机高压电动机节能改造而开发的，是原东北电力集团公司“九五”重大科技攻关项目，由于这种模式的高压大功率变频调速装置在发达国家尚属高精尖技术，只有ABB、西门子等屈指可数的大公司能够制造。在国内辽宁省电力有限公司是首家研制，并于9月调试成功，填补了国内空白。

4. 桓、回、太流域梯级综合自动化改造工程

到1999年底已完成桓仁、回龙、太平哨、两厂三站9台机组中5台的自动化改造。该项目可大幅度提高桓、回、太梯级水电站的经济运行和自动化水平。

5. 电度量数据自动采集系统

该系统已进行了双机扩充和技术完善，已完成功能试验和整机考核阶段，系统运行平稳，数据传输准确无误，已用于正在进行的省内模拟市场。该系统1999年8月通过国家电力公司组织的技术鉴定，整体功能达到国内领先水平，在全国各网、省调度中心电量采集系统中是唯一自行开发的系统，与引进系统相比，具有明显的性能价格比优势。

6. 基于小波理论的输电线路故障测试

小波理论基于一种数学分析计算方法，可快速确定某一过程的特征参数，从而大大提高检测诊断和抗干扰等方面的能力。输电线故障测距是小波理论的一项重要应用，属现代高技术。辽宁省电力有限公司科技部与国家电力公司电科院合作，经过两年多的研究，已寻找出适合小波故障测距的特征小波，经EMTP仿真计算，可有效提高行波测距精度。已在鞍山、大连、营口、辽阳、锦州5个电业局7条线路试点安装测试装置。

7. 变电所开关在线监测系统

该系统已在两锦局西郊变电所和园区变电所20多处开关上安装，并适用于各种机构的开关，如液压机构、电磁机构、弹簧机构等。该机构可实现开关实时动态监测，带电测试开关动作过程的各种实时参数，有故障录波、分析、诊断、报警等全套监测功能。

8. 实时数字模拟系统

引进加拿大实时数字模拟系统（RTDS）已在调度中心机电保护实验室投人运行。该系统可模拟电力系统任何故障状态，提供实际模拟输出，从而对机电保护、安全自动装置、控制器等装置进行精确考核。

9. 大型变压器放电性故障的检测

该项目属国家自然科学基金会重点资助项目，由清华大学、西安交大和辽宁省电力有限公司联合攻关，主要研究放电的传输过程、干扰的形态和抑制、模式识别及应用。

10. PLC自动励磁控制器

该项目已于1999年7月通过技术鉴定，这是一

种不同于模拟励磁控制，也不同于微机励磁控制的崭新励磁控制方式，属国内首创，在国际上也处于先进水平。

11. 电厂多功能工业型仿真器的研制

该仿真器用于火电机组分散控制系统的调试和参数整定，可进行故障诊断分析和机组技术改进的预验证，可缩短分散控制系统的调试时间，优化参数，从而有效提高机组运行的稳定性和经济性。

12. 主蒸汽管道剩余寿命研究

该项研究已取得多项重要成果，有4篇研究报告被2000年国际学术会议录取。

体制改革

1999年辽宁省电力有限公司全面深化各项改革：①按照国家经贸委4月在大连召开的政企分开改革座谈会的基本精神，抓紧进行了省电力行政管理职能的清理，为在省政府机构改革后，将电力行政管理职能完整移交给省政府综合经济管理部门创造条件。②积极推进网、厂分开的试点工作。③积极参与省经贸委关于农电体制改革方案的制定工作，抓好农电“两改一同价”改革方案的实施，为全面实现城乡一体化管理创造条件。1999年在进一步完善电网代管及归口管理模式的基础上，进行县级农电和供电企业合一的股份制改革试点。并确定了农电资产上划、农电代管、股份制改造三种形式并存，同时进行，稳中求进的原则。④在抓好三大改革的同时，抓好公司内部其他各项改革。按照国家电力公司的要求，进一步清理整顿公司本部多种经营公司，实行资产重组，结构优化和规范管理工作，确保其健康发展。为了更好地参与市场竞争，对公司的经营战略进行了调整，在突出主业的同时，强化对多种经营的宏观管理。

电力市场与营销

1999年，辽宁省电力有限公司自3月份独立营运以来，营销工作面临着电力市场日益萎缩、欠费额增长、线损大幅度上升的严峻形势。为扭转被动局面，营销战线全体职工克服了许多困难，较好地完成了年初确定的工作目标，在市场开发，电费收缴，反、防窃电等许多方面取得了一些成功经验，开辟了新的工作思路。①在公司召开的电力企业经营工作会议上，推出了《关于增供扩销，开拓电力市场办法》等6项营销政策。②全年安排启动电力市场的国家目录电价电量1862亿kW·h,增供电量达36.54亿kW·h。③抓住省60户重点企业和日用电量30万kW·h及以上的大企业，实行用电量与发电公司上网价格联动的销售办法，重新启动停产企业33户，增加网供电量5.36亿kW·h。④针对丹东、营口等地区高耗能企业日益减少的情况，实施用电优惠政策，启动高耗能企业200多户，增加网供电量24.99亿kW·h。⑤抓好电能替代其他能源工作，在鞍山进行了14台油炉改电炉的试点工作，在抚顺电业局进行了电暖气代替传统热取暖的试点工作，取得了明显效果。⑥抓用电新的增长点，鼓励居民多用电。对大连电业局推出的鼓励居民多用电政策给予肯定和推广。⑦加强地方电厂上网电量管理，严格控制上网电量，仅本钢一家就增加网供电量0.7亿kW·h。

由于措施得力，从1999年7月起，彻底扭转了辽宁电网连续17个月售电量负增长的局面，到10月底已实现全年正增长2.2%的可喜成果。到1999年底，省电力公司完成售电量502.4亿kW·h，比1998年增加11.3亿kW·h，增长2.3%；比年初计划目标461亿kW·h，多销售了41.4亿kW·h。

截至年末，省公司发行电费215.8亿元，回收214.8亿元，实收率为99.56%，用户累计欠费13.54亿元，比1998年同期下降3.36亿元。当年新欠热费6427万元，在开拴前已全部收回，陈欠热费6518万元，比1998年末压降2550万元，已压降18.7%。

供热完成1450万GJ，比1998年增加3%，热力销售完成2.54亿元，比1998年增加15.4%。

辽宁省13个电业局及省公司全年共检查各类电力用户160万户，查获窃电及违约用户1.8万户，追补电量6500万kW·h，追补及违约使用电费6000万元。

财务管理与审计监督

1999年辽宁电力有限公司财务工作坚持以市场为导向，以经济效益为中心，以实现省公司利润目标为宗旨，实现了省公司财务工作的平稳过渡，完成了国家电力公司下达的利润总额6.4亿元的任务；投资收益率完成6.4%责任目标；资产保值增值率完成100.5%，与国家电力公司考核指标持平；不良资产率低于3.3%，完成国家电力公司下达的指标，应收帐款余额控制在18亿元以内；上缴利润1.8亿元，在实现的基础上保证了足额入库。

为保证省公司健康发展和年度利润目标的完成，依据国家政策，结合实际，积极推进电价改革，并取得辽宁省经贸委、辽宁省物价局、国家计委、国家电力公司的理解和支持，完成了辽宁省统一售电预测方案上报工作，统一售价将达到0.41元/(kW·h)，年末出台实施。

1999年，辽宁省电力有限公司保持和设立审计机构的单位有65个（其中全民单位38个，多种经营单位27个），没有审计机构设专职审计员的单位有8

个。各单位都开展了向职代会报告审计工作、中层干部任期经济责任审计、财务决算审计及工程预算审计等项工作。1999年全年共完成审计项目742项，查处违纪金额29459万元，为企业增收节支7451万元。

辽宁电力有限公司的干部任期经济责任审计工作进一步制度化。全年完成了11个基层单位的局（厂、校）长、经理任期届满审计工作。基层单位根据“谁任命、谁审计”的原则，对所属中层干部进行了任期审计。

加强对专项工程的审计，有效控制了工程造价。省公司审计部对铁岭发电厂宿舍楼、沈阳电业局崇山变电所、新开变电所等工程竣工决算进行了审计，并参与了一些工程的投标工作。对城乡电网改造工程下发了审计办法，对第一批城乡电网改造工程34个竣工项目（约占竣工项目的40%）进行了审计。

减人增效与工资调控

为贯彻实施减人增效规划和目标，1999年6月末人力资源部和多经管理部联合召开了减人增效工作会议。这次会议出台了《减人增效规划》、《规范调整劳动关系加强劳动合同管理》、《双向选择、竞争上岗管理办法》等一系列文件和政策。会后，减人增效工作扎扎实实地开展起来，施工、修造企业尤为突出。

为贯彻《劳动法》，落实国家、省有关文件和会议精神，全面推进减人增效工作，9月末正式印发了《调整规范劳动关系加强劳动合同实施意见》，同时印发了《正职领导劳动合同管理办法》。各单位按文件精神进行调查摸底和制定实施办法，并积极准备正职领导签订劳动合同。截至年末，辽宁省电力有限公司分离职工24281人，占全部职工人数的30%，有2790人自愿于企业解除劳动合同。有1678名职工办理了内部退养手续。经多方努力，为施工企业、修造企业拨付持金4276万元，其中工资基金2228万元，占52.1%。

1999年加强了工资分配的宏观调控，制订了对所属单位工资内外收入检查提纲；编制并下达了省电力公司所属单位1999年工资调控计划，采取“双控”（控制工资总额和人均工资标准）形式对所属单位工资发放水平进行调控。省公司全年发生工资总额11.2亿元，比计划结余0.7亿元(包括调整工资因素)。

1999年，研究制订并实施了内部模拟电力市场条件下的工资决定机制的运作，核定并下达了所属发、供电企业工资总额和职工人数基数，并对单项奖办法进行了调整，由原来的36种直接考核的单项奖励调整为10种。1999年全部职工工资总额增长了7.5%，由1998年的12986元/人增长到14456元/人。

多种经营工作

1999年多种经营工作以实现省公司多种产业发展、多元化经营和壮大公司整体实力为总目标，紧紧围绕制度建设、多种经营企业产权制度改革、产业产品结构调整、市场开发和提高多种经营经济效益，开展了卓有成效的工作。全年总收入实现61亿元，同比增长7%；实现利润1.05亿元，同比增长3%。

为加强多种经营企业的管理，1999年出台了《市场开发管理办法》、《改制工作指导意见》、《工资制度改革的意见》、《财务管理的指导意见》等9个管理办法和指导意见，对指导和推动多种经营发展起到了较大作用。

精神文明建设

1999年，省公司召开“辽宁省电力有限公司思想政治工作会议暨辽宁电力职工思想政治工作研究会成立大会”，制订了《辽宁省电力有限公司思想政治工作条例》、《辽宁省电力有限公司双文明建设管理办法》等一系列文件。

落实中央文件精神，积极开展“三讲”教育工作。制订并印发了《辽宁省电力有限公司党组关于开展“三讲”教育工作的安排意见》，要求所属单位领导班子和副处级及以上领导干部认真学习有关通知和规定的必读篇目，并于11月10日召开“三讲”教育动员大会。到11月24日，历时45天集中进行的“三讲”教育，经过思想发动、学习提高，自我剖析、听取意见，交流思想、开展批评，认真整改、巩固成果四个阶段的教育活动圆满结束。

1999年，省公司党组制订了《辽宁省电力有限公司党组关于实行党风廉政建设责任制实施细则（试行)》。省公司党组书记、总经理王禹民在首次工作会议上与所属单位党政主要领导签订了党风廉政建设责任书。党组成员、纪检组长、监察专员魏振有在纪检监察工作会议上要求“以党风廉政建设为龙头，全面推动反腐败工作”。为加大党风廉政建设的考核力度，保证收到实际效果，省公司党组下发了《党风廉政建设责任制考核细则》和《领导班子及领导干部党风廉政建设责任制度》，在所属单位开展党风廉政建设责任制的年终考核工作。为抓好机关干部廉政自律工作，直属机关党委制定并下发了《信访谈话说清制度》，创办了《廉政信息》，以沟通直属机关党风廉政建设信息、交流工作经验、刊登典型案例、传递重要文件精神。

开展厂务公开、加强民主监督工作。6月份，省公司纪检组协同省公司工会召开了工作会议，对在企业中实行厂务公开、加强民主管理进行了安排部署，组织召开了部分单位主要党政领导座谈会和汇报会，并讨论制订了《辽宁省电力公司厂务公开的实施细则》，进一步规范了厂务公开工作的内容和程序。

为加强新闻宣传工作，于7月9日创刊《辽宁电力》报，并召开新闻工作会议，加强通信员队伍建设。辽宁电力有线电视台全年播发各类新闻1200多条，新闻节目由原来每周1次增加到每周3次。

主要事件

3月29日，根据国务院［1998］146号文件，组建辽宁省电力有限公司，王禹民任总经理，钟俊、孟铁锬、陈训江、于立滨、李效勇为副经理，耿占东为总会计师。

4月2日，东北电业管理局在辽宁省行风建设民主评比中名列第一，被省政府评为1998年行风建设先进单位，直属单位行风建设实现三连贯目标。

4月16日，辽宁省电力有限公司召开机关副处级及以上干部大会，副总经理、副局长、党组成员陈训江代表党组宣读辽宁省电力有限公司机构设置和干部任命；省公司董事长、总经理、局长、党组书记王禹民作了重要讲话。

4月26日，省公司领导欢送劳动模范赴京参加国家电力公司先进模范表彰大会，他们是：辽阳电业局郑广渊、沈阳电力专科学校张心青、辽宁发电厂王孝义、东电二公司高广仁、两锦电业局杨金光。

5月1日，沈阳电业局局长郭志贵荣获全国“五一”劳动奖章。

5月5日，省公司党组成员、副总经理陈训江，党组成员、工委主任郝郁邻，党组成员、纪检组长魏振有分别率调研组对公司所属40余个单位进行为期10天的电力体制改革宣传调研工作。

5月27～28日，辽宁省电力有限公司1999年工作会议在沈阳召开。党组书记、总经理王禹民传达了国家电力公司1999年工作会议精神，并作了题为《抓住机遇，深化改革，全面开创辽宁电力工业改革与发展新局面》的工作报告，副总经理钟俊、孟铁锬、于立滨分别就基建、农电生产与经营工作做了专题报告。王禹民总经理还与所属单位负责人签订了1999年党风廉政建设责任书。

6月8日，辽宁省电力工会第一次代表大会在沈阳召开，大会选举产生省电力工会第一届委员会，郝郁邻当选辽年省电力工会主席，卢伯仲、杨玉成、沙起生为副主席。

6月，省电力公司辽西光缆工程正式启动。

6月17～18日，省公司召开1999纪检暨纠风工作会议。总经理王禹民要求各单位以“三讲”教育为契机，进一步推动党风廉政建设。

6月23日，省公司在凌海召开“两改一同价”工作会议，总经理王禹民要求必须责无旁贷的承担起“两改一同价”的重任，积极依靠各级政府全力抓好这项工作。

7月9日，《辽宁电力》报创刊。

7月10日0时，东北电网调度通信中心与辽宁电力通信中心正式分开运行。

7月22日，省公司召开副处长及以上干部大会，传达《中共中央关于共产党员不准修炼“法轮大法”的通知》及有关文件。

8月1日，桓(仁)—回(龙)—台(平哨)光缆电路正式投入运行,辽东地区无环形通信网历史结束。

8月11日，省电力公司出台增供扩销、开拓用电市场新办法，对大、中型企业实行用电增量部分与发电公司上网电量部分价格联动销售方式。

8月19日，阜新发电有限公司20万kW机组发生轴系断裂事故，造成重大损失。

8月22日，省公司成立后组织的第一场反窃电战役，历时33天，共查获窃电及违章用户471户，追补电量986万kW·h，追补电费和违约使用电量1217万元。

8月31日，辽西光缆通信工程沈阳至阜新段正式开通。

8月，中电联发布1998年全国275个城市用户供电可行率指标排名，沈阳电业局10kV供电系统可靠率达99.875%，进入全国供电可靠十佳行列。

9月14日，500kV迁西变电所至绥中发电厂线路工程第四标段38、39号塔位首基基础试点浇制，东北、华北电网联网工程拉开帷幕。

9月22日，中外合资辽宁清河发电有限责任公司成立。

9月，省公司发出通知,所属部分单位变更名称。

9月24日，省公司召开首届机关干部聘任大会，聘任和任命干部341人，降职2人，任期自1999年10月1日至2002年9月30日。

9月29日，两锦地区又一座500kV沙河口变电所新建开工。

10月11日，省公司发布《辽宁省电力有限公司双向选择竞争上岗管理办法》。

10月16日，沈阳电业局和平供电局抄表员杨晓琴被国家电力公司授予“电费回收状元”称号。

10月，辽阳电业局被中国水利电力质量管理协会评为全国电力行业“用户满意服务单位”。

辽宁省电力有限公司成立反窃电总队。

11月9日，省公司召开“大干50天，全面完成营销任务”动员大会，确保当年电费结零，陈欠压降20%，实现利润6.4亿元的目标。

11月24日，暴风雪袭击辽沈大地，致使全省9个供电公司163条66kV线路故障跳闸603条·次。其中沈阳电业局所辖220kV变电所29条线路跳闸150条·次。浑河一次变主变压器开关发生崩爆，3条66kV线路跳闸，造成所辖市区3/5负荷停电，省、市委部分重要机关和新闻单位受到重大影响。沈阳电业局职工仅用3h就恢复了绝大部分地区供电，受到了辽宁省政府的感谢。

11月29日，由辽宁电力第三工程公司建设安装单机容量80万kW的绥中发电厂1号机组整套启动一次成功。

11月，国家电力公司任命韩水为辽宁省电力有限公司总经济师。

12月31日,21时至2000年1月1日,省公司主要领导与机关有关部门负责人在调度通信中心现场办公,统一组织全省电力系统计算机2000年过渡工作。

（黄秀芳）

华 东 地 区

中国华东电力集团公司

综述

华东电力集团是我国特大型企业集团之一，集电力生产、建设、经营、科研、设计、教育和多元化经营于一体，现有员工近20万人。集团母公司是中国华东电力集团公司，全资子公司有上海市电力公司、江苏省电力公司、浙江省电力公司、安徽省电力公司、上海电力建设有限公司、华东电力集团财务有限公司等。集团管辖的华东电网是我国规模最大的跨省市电网，供电区域为上海、江苏、浙江、安徽三省一市，土地面积35万km^2，人口约1.92亿。

华东电力集团自1993年1月成立以来，取得了长足进步。集团的电力生产和建设适应了社会经济增长和人民生活水平提高的需求，发电装机容量平均每年以7.8%的速度递增，1999年末达到5214.14万kW，比1993年的3315.20万kW净增1898.94万kW；发电量平均每年以7.7%的水平增长，1999年末达到2268.90亿kW·h，比1993年的1483.68亿kW·h增长52.9%；电网结构继续改善，确保了电网安全稳定运行。三省一市的电力用户亦由1993年的701.06万户增加到1999年的2439.18万户，年均增长21.1%。集团的经济效益得到稳步发展和提高，销售电量、销售收入、利润总额由1993年的1077亿kW·h、259亿元和9.5亿元分别增长到1999年的1632.5亿kW·h、678亿元和37.9亿元。集团的固定资产总额1999年末达到1136亿元，是1993年的3.5倍；所有者权益为886亿元，比1993年的229亿元增长了286.9%。华东电力集团的发展和壮大，为促进三省一市社会进步和经济增长作出了应有的贡献。

1999年，华东电网在电力供需矛盾继续缓和的情况下，全年统调发电量1951.55亿kW·h，同比增长6.68%；集团全资、控股及参股电厂发电量840.92亿kW·h，同比增长4.05%，占全网发电量的36.7%。全年完成统调用电量1965.31亿kW·h，同比增长6.85%。

电网运行推行了省(市)间关口ACE考核,频率合格率为99.994%,电压合格率为99.61%,电能质量比1998年有所提高,保持了电网安全、经济、稳定;Y2K问题高敏点安全平稳过渡;成功地实施了新安江水电厂经济合理调度,在百年一遇的特大洪水期间,确保了发电和大坝的安全。安全情况显著改观,无特别重大、重大设备损坏和火灾事故,人身伤亡、设备和误操作等事故的发生数量比1998年明显减少。

全网保持了良好的经营业绩。全年完成销售电量1632.5亿kW·h，同比增长6.93%；实现利润总额37.9亿元，同比增长14.6%；资产总额达到1896亿元，同比增长19.82%。集团公司现有资产负债率51.10%；资本金收益率8.78%；流动比率1.76；所有者权益886亿元，同比增加15.12%；资产保值增值率达3.01%。清欠电费措施有力，得到省（市）政府的理解和支持，实现了国家电力公司提出的“当年结零、陈欠压欠10%”的目标。

全网年内完成基建投资额265.16亿元，为年度计划的98.6%；建成500kV输电线路553.5km，变电容量225万kV·A，投产10万kW及以上发电机组14台共371.2万kW。由于省（市）政府的支持，使投资体制有新的突破，有力地促进了江苏500kV输变电等一批工程的上马和顺利实施。

管理水平稳步提高。全网供电煤耗380g/(kW·h)，比1998年下降4g/(kW·h)；线损率7.63%，比1998年下降0.14%；设备检修管理全面推行ISO-9000标准，检修质量和可靠性有很大提高；火电厂烟尘、废水治理和达标工作经国家电力公司组织的检查，总体评价较好；目前全网列入考核范围的98家发、供电企业中，有95家达标，其中获国家电力公司一流企业称号的14家。

全网多种经营总收入超过245亿元，实现利润14.7亿元，同比均增长10%；上缴国家税收11亿元，同比增长30%；亏损企业和金额均比1998年有较大幅度下降。

电力生产

1999年华东电网实现了安全、优质、经济运行，特别是确保了重大政治活动期间和夏季用电高峰期间的安全、可靠供电，电网安全运行取得了显著的成绩，已连续27年没有发生系统性的稳定破坏事故。推行省市间关口ACE（区域控制偏差）考核办法，电网平均频率偏差降低0.0097Hz，可节约电量3.16亿kW·h，折合人民币4千多万元，省（市）联络线考核办法的实施已初见成效。1999年把“实施检修贯标，试行检修监理，推行状态检修试点”作为进一步提高大机组检修管理水平的主要方向。根据《华东电网发电厂检修贯标评价提纲》的要求，对各省（市）电力公司电厂进行检修贯标总结评价，进一步推动检修管理的标准化、规范化，基本上达到了强化检修管理、提高检修质量的目的。全网积极建设计算机信息网络和管理信息系统，努力推进办公自动化和提高企业信息技术应用能力，认真解决了Y2K问题。1999年，集团成员企业新列科技项目476项，投入经费近3亿元。有44项成果获1999年度科技进步奖，4项获国家电力公司科技进步奖。1999年华东电网500kV新设备投运启动和部分枢纽变电站改造任务较多，难度也较大，各专业运行人员认真把关、仔细操作，确保了电网的正常运行，保证了各项改造和启动任务的顺利完成。

电力经营

按照国家电力公司开展“财务管理活动年”的部署，紧密联系华东电力系统实际，制订了开展“财务管理活动年”实施方案。集团公司及省市电力公司层层落实实施方案提出的经营目标和任务，强化内部管理，挖掘内部潜力，多渠道提高企业的经济效益和财务管理水平。在全网电力市场不旺、电价未能及时调整的形势下，仍取得了较好的经营业绩。主要做法是：认清经济形势，优化经营目标；通过签订资产经营责任书的形式，落实资产经营责任与职能；以资金管理为中心，加强资金运作，完成资金收益额15亿元的目标；加强成本管理，努力降低成本费用支出；努力争取和落实各项经济政策；在继续搞好电价整顿的基础上，逐步确立新的电价机制，完善电价结构和理顺电价管理关系。1999年，华东电网进一步完善和强化了内部审计监督，共完成审计项目1001项，纠正违纪金额11261万元，促进增收节支14413万元。集团财务公司和三省一市各分帐户通力协作，开通了“实时汇兑”业务，提高了资金利用效率和安全性。一年共发放信托贷款18亿元，办理委托贷款38亿元，并开展“国债回购”业务，尝试代理保险业务，实现利润6千万元。

电力基建

集团公司、省（市）公司、上海电力建设有限公司按照国家电力公司提出的电力建设改革与发展的四十八字总体思路和再上新水平的六条标准的要求，进一步转变观念、深化基建体制改革；积极贯彻以项目法人制为基础的“五制”，规范电力建设市场行为；开展设计思想革命，坚决推行限额设计；积极拓展基建移交生产达标内涵，提高调试水平，再上新台阶；积极推进施工企业现代化管理，开展工艺革命，努力提高施工工艺和安全文明施工水平以及全面推行、逐步规范贯彻监理制，电力工程项目向国际惯例靠拢，与国际先进水平接轨，基本建设取得了丰硕成果。全网年内建成500kV输电线路553.5km，变电容量225万kV·A，投产10万kW及以上发电机组14台共371.2kW，见表1所示。

表1　1999年全网新投产100MW及以上机组(MW)

电厂名称	机组号	投产容量	实际投产日期
洛河电厂	4	300	1999.02.02
华能南通电厂	3	350	1999.04.14
杨树浦电厂	1	112	1999.04.04
扬州第二发电厂	2	600	1999.06.20
温州燃机	3	100	1999.05.12
镇海燃机	3	100	1999.06.24
宝钢发电厂	3	350	1999.06.01
华能南通电厂	4	350	1999.07.12
下关电厂	2	125	1999.07.16
天荒坪抽水电站	4	300	1999.09.25
天荒坪抽水电站	5	300	1999.12.18
华能太仓电厂	1	300	1999.12.19
铜陵电厂四期	3	300	1999.12.10
钱清发电厂	1	125	1999.11.29

通过多年来的不懈努力，华东电网目前已拥有6MW及以上发电厂399座，其中百万级大电厂14座，600～950MW电厂14座，500kV变电站12座。全网发电装机容量已突破5000万kW，继续保持为全国最大的跨省、市电网。在“八五”基础上，华东电网“九五”期间一批已投产或正在建设的扬二、北仑二期、吴泾八期以及即将开工建设的外高桥二期、嘉兴二期、连云港核电为代表的60万kW及以上大容量、高参数、高自动化机组为主的大型发电厂工程，标志着全网已进入以60万kW及以上机组为主的电力建设新时期，500kV网架初具规模，电力供需矛盾得到了根本缓解，为华东地区三省一市国民经济的持续发展创造了良好的条件，作出了重要的贡献。

企业改革

为了理顺产权关系，盘活国有企业的存量资产，按建立现代化企业制度的要求和适应网厂分开的改革需要，1999年华东电网继续稳健推行股份制改造工作。上海石洞口发电厂、外高桥发电厂、吴泾电厂八期、江苏戚墅堰发电厂、扬州发电厂，浙江半山发电厂、镇海发电厂，安徽田家庵发电厂、平圩发电厂分别改组成为发电有限责任公司或股份有限公司。此外，江苏下关发电厂、南京热电厂、安徽洛河发电厂的改制工作也在进行中。上海市和浙江省电力公司作为国家进行“厂网分开、竞价上网”的六个试点省市中的两个，率先提出了“厂网分开、竞价上网”的整体实施方案，已经国家电力公司审查，待国家经贸委批复后组织实施。其相关的市场运营规则、市场监督规则在地方经贸委等有关部门的领导和参与下，已初步形成。发电侧电力市场的技术支持系统，已在线运行，即已建立了支持系统所需的比较完备的基础系统，开发并完成了发电侧电力市场所需的主要基本功能，可以在此基础上进行发电侧电力市场的初步试运转。

精神文明建设

按照国家电力公司党组部署，江苏、浙江省公司的“三讲”教育顺利完成，集团公司和上海、安徽电力公司也在有计划地组织“三讲”教育规定学习篇目的自学。集团公司、三省一市电力公司和广大基层单位党委（总支）中心组学习和民主生活会质量不断提高，较好地在企业各项工作中发挥了党的政治核心作用。在党风廉政建设中,层层落实党风廉政责任制,推动反腐倡廉工作。尽管出现了个别领导干部违法违纪的问题,但是通过针对性的教育,努力建立和完善监督制约机制,从源头上遏制和防止腐败问题的发生。深化“电力走向市场”主题教育，创办了“电力走向市场”专题论坛活动；举办以青年为主体的“跨世纪的华东电网”系列主题活动；不失时机地搞好形势、任务、责任教育；双文明单位创建活动继续深入、广泛开展，企业文化建设逐步推进。

1999年的工作中还存在不少问题，一是经营中潜在风险逐步显现，表现为集团所属发电量比例下降；成本增幅高于销售收入；销售利润在利润总量中所占比重减少；资产规模扩大较快，盈利能力却呈下降趋势；电费清欠难度越来越大，隐藏着大量的坏帐损失。二是安全生产方面误操作现象严重，全年达18次之多。三是电网结构中薄弱环节明显，结构优化、电网建设和改善的任务仍很艰巨。四是科技和教育的投入力度不够。五是减人增效工作推进困难。

主要事件

1月5日，华东电力集团公司党组通知：唐信根任中共浙江省电力公司（局）党组纪律检查组组长、中共浙江省电力公司（局）党组成员；免去柯毓柱纪检组长、党组成员的职务。

1月22日，国家电力公司及其党组分别发文，根据干部任职年龄的有关规定，经研究并征得中共上海市委同意，决定：免去顾寅章的中国华东电力集团公司党组成员职务，免去其华东电力集团公司副总经理职务，免去其上海市电力公司总经理职务。

1月26～27日，1999年度华东电力集团工作会议暨集团管委会会议在杭州召开。华东电力集团公司总经理钱忠伟在会上作了题为《瞄准一流目标，加大改革力度，把充满生机与活力的华东电力集团全面推向21世纪》的主题报告。

2月4～5日，99’华东电力集团公司直属系统工作会议在上海召开。

3月8日，华东电力集团公司党组同意增补张家贵、叶礼广两同志为中共安徽省电力公司（局）党组成员。

3月16日，国家电力公司及其党组通知：免去程光杰的中共安徽省电力公司（电力局）党组书记、成员和总经理（局长）职务。

3月23日，华东电力集团公司党组决定：成立中共浙江省电力公司党组。陈积民、韦国忠、陈渭贤、庄虎卿、赵湖滨、唐信根兼任中共浙江省电力公司党组成员，陈积民同志兼任党组书记。同日决定：成立中共安徽省电力公司党组。钱发龙、李惠人、梁巢城、谢继康、杨宁生、张家贵、叶礼广同志兼任中共安徽省电力公司党组成员，钱发龙同志兼任党组副书记。

3月25日，上午7时40分许，浙江紧水滩电厂

40多位职工乘座的厂车行至丽浦线石塘电站库区路段时，被1000多m^3的山体塌方石流冲下10多m高的路基，坠入几十米深的水库，有18名职工遇难。

4月6～7日，华东电力系统'99思想政治工作会议暨政研会第十一届年会在上海召开。集团公司党组书记钱忠伟首先讲话。党组副书记陈文贵作了“认清形势、知难而进，为华东电网跨世纪发展建功立业”的报告。

5月6日，为适应市场要求和三峡来电，华东电力集团公司在上海召开华东电网近期电源项目计划优化调整会议，对“九五”后两年和“十五”期间省（市）电力公司的电源项目及开工年份进行了优化排序，并就“十五”和“十一·五”期间华东电网吸纳区外来电等问题进行了认真讨论和研究。

5月6日，经中国证监会批准的1997年国家电力公司债券在上海证券交易所正式上市流通。债券发行总额为人民币29.07亿元，期限3年，年利率8%。该债券的上市开创了实名制记帐方式发行的企业债券在交易所上市流通之先河。

5月31日，为表彰华东电力集团公司在1998年度在完成利润目标方面的突出贡献，国电公司决定，一次性奖励华东电力集团公司领导班子（含三省一市电力公司总经理）人民币50万元。

6月3日，全国1998年度火电大机组竞赛评比揭晓，安徽马鞍山第二发电厂的2号机组和上海华能石洞口第二发电厂的2号机组分获300MW级机组和600MW级机组唯一的一个特等奖（第一名）。此外，马鞍山电厂参赛的另一台300MW机组同时获一等奖（第二名），上海外高桥电厂的2号、3号机组获二等奖（第三名和第六名）。在600MW级机组中，华能石洞口二厂1号机组获一等奖（第二名），平圩发电有限公司1号机组获二等奖（第三名）。在参赛的9台600MW大机组中，只有平圩发电有限公司的机组是国产机组。

6月8日，华东电力集团公司党组通知：杨宁生任安徽省电力公司（局）副总经理（副局长）；江浩林任安徽省电力公司（局）副总经理（副局长），党组成员；孙刚任中共安徽省电力公司党组纪检组组长，党组成员；免去杨宁生中共安徽省电力公司党组纪检组组长职务。

同日，华东电力集团公司在上海召开电费回收专题会议，总经理钱忠伟、副总经理徐航、总工程师陈开庸和三省一市电力公司领导及分管副总经济师和用电处、财务处处长出席了会议。华东欠缴电费数约占全国欠费总数的22.8%，1999年新增欠费数上涨势头迅猛，并出现了欠缴国家目录电费的情况。欠费已直接影响电力企业的正常运营，已到了非解决不可的时候。

6月22日，上海电力学院成人教育学院正式挂牌成立。

7月12日，华东电力集团公司党组通知：王祥富同志任江苏省电力公司（局）副总经理（副局长）、中共江苏省电力公司党委委员，许援朝同志任中共江苏省电力公司纪委书记，按工会有关规定程序免去省电力工会主席职务；黄卫国同志为江苏省电力工会主席候选人，经工会有关选举程序后，担任工会主席职务、中共江苏省电力公司党委委员；免去翟元龙同志中共江苏省电力公司纪委书记、党委委员职务。

8月6日，华东电力集团公司党组决定撤销梁巢城安徽省电力局副局长职务；此前，中共安徽省纪委已给予梁巢城开除党籍的处分。

8月16日，新安江水电厂提前137天圆满完成今年发电量任务，并实现连续安全生产1129天。

8月26日，华东电力报记者报导，竞价上网发电运作成功，启动华东电力市场迈出具有历史意义的一步。今年初华东电力集团管委会作出决定，从7月份起，集团公司划出5.6亿kW·h的电量，由三省一市电力公司作为竞价上网发电主体参与投标。7、8、9三个月的竞价电量分别由江苏、浙江、上海电力公司以每kW·h257元、248元和200元竞价中标。

9月8～10日，白露时节，长江中下游及江南北部地区出现了35～37℃的高温天气。华东电网地区日用电量和日最大负荷再创历史新高，分别达到7.1419亿kW·h和3509.9万kW。

10月19日，国家电力公司副总经理周大兵来到上海外高桥电厂考察一期工程建设和生产情况及二期工程筹建情况。火电建设部主任刘本粹、华东电力集团公司副总经理邱国富等领导陪同考察。

10月27～28日，国家电力公司副总经理谢松林一行到华东电力集团调查研究，并主持召开“华东电力集团经营情况分析汇报会”。谢松林副总经理提出，希望华东在国电公司年初下达的26.5亿元利润指标的基础上，争取再多完成一些。华东电力集团1999年至少将完成利润指标28.5亿元。

同日，华东电力集团公司在宁波召开华东电网第12次省（市）电力公司总工程师会议，讨论如何确保电网安全稳定运行，全面完成年度电力生产任务，提高ACE考核力度和深化省际电力市场。

11月10日，国家电力公司及其党组分别发文决定：邵世伟同志任中共中国华东电力集团公司（电业管理局）党组成员、书记，中国华东电力集团公司（电业管理局）总经理（局长）；王根和同志任党组成员，副总经理（副局长）（正局级，排陈文贵同志之后）；于新阳同志任党组成员，副总经理（副局长）（正局级，排王根和同志之后）；免去邱国富同志党组成员、副总经理（副局长）职务，免去刘顺达同志党组成员、副总经理（副局长）职务；免去钱忠伟同志党组书记、成员、总经理（局长）职务。同日，国家电力公司通知，邱国富同志任中共安徽省电力公司（电力工业局）党组成员、书记，安徽省电力公司（电力工业局）总经理（局长）；于新阳同志任中共上海市电力公司（电力工业局）党委委员，上海市电力公司（电力工业局）总经理（局长）。

11月12日，华东电力集团在沪召开干部大会，宣布国家电力公司对华东电力集团公司、上海市电力公司领导成员任免的决定。国家电力公司副总经理赵希正出席会议并作了重要讲话。

同日，华东电力集团公司党组通知：费圣英同志任江苏省电力公司（局）副总经理（副局长）、党委委员；免去陆启洲同志江苏省电力公司（局）副总经理（副局长）、党委委员职务，调湖北省电力公司（局）工作。

12月2日，国电公司党组免去赵湖滨浙江省电力公司（局）副总经理（副局长）、党组成员职务，调深圳国电科技发展有限公司（国电公司驻深圳经济发展联络处）工作。

12月27日，上海市副市长蒋以任、国家电力公司副总经理赵希正一起为上海外高桥发电有限责任公司和上海吴泾第二发电有限责任公司成立揭牌。

12月31日，深夜，上海市市长徐匡迪、副市长蒋以任一行在华东电力集团公司总经理邵世伟、上海市电力公司总经理于新阳、党委书记顾敏芷等领导陪同下，视察了吴泾八期工程并到300MW机组集控室，向参加2000年世纪之交计算机关键日期过渡的值班人员及坚持元旦节日期间加班的员工表示亲切慰问。

（王元相）

上海市电力工业

综述

上海市电力公司深入贯彻党的十五届四中全会精神，转变观念，深化改革，在1999年中，根据国家电力公司和华东电力集团公司工作会议精神，全体职工开拓进取，奋力拼搏，圆满完成了上级下达的各项任务，取得了可喜的成绩。公司经营状况良好，电力生产稳定增长，电力建设进展顺利，企业改革不断深化，创一流企业工作全面展开，精神文明建设力度加大，职工队伍素质有了明显提高。

截至1999年底，公司直接管辖的发供电企业16个，修造、施工、设计、科研、医院、教育等单位16个，共有职工3万余人，统一调度全市的发电厂，经营全市供用电业务。全网发电装机容量为854.42万kW，35～500kV变电站813座，变电容量4946.6万kV·A，年发电量449.61亿kW·h。

1999年，公司为保证经营指标的完成，开展“财务管理年”活动，大力拓展电力营销市场，加强电费收缴力度等，在新电价未能出台及售电量增加不多的情况下，实现利润为8.09亿元，资产负债率42%，投资收益率12.8%，不良资产率3%，资产保值增值率102%。售电量尽管受到上海全年气温变化和经济结构、产品结构调整的影响，仍达到351.9亿kW·h，同比增长3.83%。

电力生产

1999年，公司把保证电网安全作为电力生产的首要工作来抓，全年确保无特大事故、大面积停电及电网瓦解事故、重大责任事故发生。由于精心组织，周密部署，在“'99《财富》全球论坛”上海年会、建国50周年、澳门回归和新千年庆典活动期间，做到万无一失，确保了安全供电。同时，公司较好地完成了各项技术经济指标，保证了全市经济发展和人民生活用电的需要。上海统调口径用电量490.8亿kW·h，同比增长3.48%。上海统调口径发电量完成448.19亿kW·h，同比增长4.32%。供电煤耗354g/(kW·h)，同比持平；线损率6.62%，低于国家电力公司下达的7.03%计划指标。到9月份创造了日用电最高负荷901.3万kW，日用电量1.833亿kW·h，最高发电出力804.4万kW，日发电量1.695亿kW·h四项历史新记录。为确保机组与电网安全进入2000年，公司认真解决了计算机进入关键时段可能出现的各种问题，提前进行了实时联网测试，确保电网安全顺利跨越新千年零点时分。

电力建设

1999年固定资产投资完成59亿元。根据公司“严格程序，控制节奏，踏准步伐，稳步前进”的具体要求，外高桥二期工程通过各方努力和支持，完成了世界银行贷款项目主设备合同和联合融资合同的签约工作，以及有关设备、施工的招标文件编制、打桩、设联会、初设收口等节点目标；列为市重点项目的吴泾八期工程锅炉已具备酸洗条件；石洞口电厂5号机、闸电燃机联合循环以及风力、天然气发电等项目前期工作也都取得一定进展。在发展电源建设的同时，加快电网建设。1999年新增输变电容量142万kV·A，其中220kV4座，变压器5台，容量共90万kV·A，35～110kV变电站14座，变压器26台，容量共52万kV·A。500kV变电站开工2座。结合吴泾八期配套送出工程，正在抓紧南网改造，大环网的可行性研究报告正在编制中。新一轮两网建设与改造全年完成投资17亿元，对于拉动经济增长，降低电力损耗，提高电力可靠性起到了积极的作用。

企业改革

1999年，公司积极稳妥地进行"厂网分开，竞价上网"的试点，制订了发电市场运营规则，建立和完善了包括电能计量数据采集、发电报价等6个系统的发电侧"竞价上网"技术支持系统，设立竞价上网运作中心，以及对有关人员培训和宣传教育，从8月开始试运行，获得成功。公司以资本为纽带，按现代企业制度要求，分别与申能公司、华能集团公司完成了外高桥电厂、吴泾第二电厂和石洞口电厂有限责任公司组建，为股权多元化改革作了有益探索。此外，在前几年进行农村电网管理体制改革的基础上，1999年又制定了上海农村电力体制改革实施方案，上海郊区全部成立了农电所，并在部分区、县试点，将乡、镇用电站改制成县供电企业派出的供电营业站，以加强农村用电管理。

科教兴电

1999年，公司充分发挥科技是"第一生产力"的作用，全年立项42项，已完成34项。其中，额定电压64/110kV交联聚乙烯绝缘电缆户外终端、闸电燃气轮机燃用重油技术研究获国家电力公司三等奖，上海市电力负荷无线监控系统获上海市三等奖，另有9项分别获得华东电力集团公司一、二、三等奖。有关部门积极做好新技术、新产品和科技项目的评审、鉴定工作，加快科技转化为生产力的步伐。

多种经营

公司在抓好主业的同时，进一步加强多经企业管理，突出二个效益。1999年多经企业总收入达到56.4亿元，同比上升7.4%；实现利润4.92亿元，同比上升30.8%；所有者权益23亿元，同比上升35%；固定资产净值6.8亿元，同比上升55%，固定资产总值达100亿元左右。这一方面为下岗分流，安置内部人员，稳定社会起到了积极的作用；另一方面也增加了企业经济效益，有力地支持了电力主业的改革和发展。

精神文明建设

结合上海电力1999年进行的实际改革工作，公司党委组织党员、干部认真学习邓小平理论和党的十五大精神，统一思想，推动改革。还开展了"学理论、正风气、树形象"主题教育活动，对会计决算、重大基建项目、两网改造、用户业扩工程以及燃料物资采购、降本增效等方面开展执法监察和效能监察。公司以电力走向市场为契机，对职工进行一专多能、一岗多能的多面手培训和继续教育。在抨击以美国为首的北约野蛮暴行、批判李登辉的"两国论"和揭批邪教"法轮功"的三场大的政治斗争中，公司干部职工立场坚定，旗帜鲜明，与党中央保持一致。公司为巩固行风建设成果，建立报修热线，公开对社会承诺，聘任社会监督员，开展用电营业窗口规范化服务和配合市政府组织的行风评议"回头看"活动。1999年全公司13个营业窗口全部获得华东电力集团公司供电营业规范化服务达标窗口称号，同时有7个单位评为市府实事竞赛优秀公司，还有一批单位被评为上海市文明单位、最佳优秀企业等称号。

主要事件

1月26日，上海市重点工程实事立功竞赛表彰大会上，公司下属单位共有8个公司、10个建设功臣、30个优秀集体、50个记功个人受到表彰。

4月15日傍晚，韩国大韩航空公司一架麦道11型货机在莘庄镇南1公里处坠机后，机身残骸压断一条10千伏线路，造成大范围停电，公司下属闵行供电局组织力量，用了不到2h即恢复了空难现场的抢险救灾照明及居民用电，创造了一个奇迹。

5月1日，上海市委常委、副市长蒋以任，市经委主任黄奇帆来到市重大工程、吴泾八期60万kW燃煤机组施工现场，亲切慰问坚持节日生产的职工，勉励建设者把吴泾八期建成"精品工程"。

5月，上海北部地区电网建设又有重大进展，500kV杨行变电站正式破土动工，这是继南桥、黄渡、杨高之后，上海建造的第四座500kV超高压变电站，该站计划将在19个月内完成土建施工和电气安装，2000年年底具备投运条件。

8月，上海电力系统迎接新世纪科技进步的标志性工程之一、全国首座实现"遥测、遥讯、遥控、遥调"的220kV无人值班变电站，位于铁路上海站不夜城地区的超高压输变电公司恒丰变电站正式建成投运。

截至8月30日凌晨3点，上海电网解决计算机2000年问题联合测试顺利结束，参加测试的有各类发电机组、输变电系统、调度自动化系统、通信系统等典型设备。上海电网这次测试为全国电力系统在8月31日～9月10日进行联合测试作了有益的尝试。

1999年11月8日，我国首次引进单机容量最大的90万kW发电机组、上海外高桥发电厂二期工程主厂房地基开始打桩，从而为正式开工奠定了基础。

市委常委、副市长蒋以任以及国家电力公司，华东电力集团公司，上海市电力公司等有关领导出席仪式。国家电力公司副总经理周大兵发来贺电。

（余勤德）

江苏省电力工业

电力生产

1999年，全省累计完成全社会用电量848.48亿kW·h，比1998年增长8.02%；售电量完成661.36亿kW·h，比1998年增长6.9%；全省6000kW及以上发电机组发电量828.79亿kW·h，比1998年增长8.55%；供电煤耗完成394g/（kW·h），比1998年下降5g/（kW·h）；线损率完成7.82%，比1998年下降0.28%。全省电力生产上没有发生设备特、重大事故、电网瓦解和电网稳定破坏事故、大面积停电事故、重大火灾事故，全省28个发供电单位全部实现了两个及以上的百日安全无事故记录，其中17个单位实现了全年无事故。计算机Y2K问题顺利通过全国联测并安全通过元旦零点。

电力开发

1. 电力投资与建设

1999年，全省电力建设完成投资138.6亿元，同比增长14.9%（其中发电工程完成投资49.9亿元、送变电工程25.0亿元、城乡电网建设改造工程61.1亿元）。全年共投产大中型发电机组172.5万kW。落实了关停小火电7.9万kW，2000年不再安排发电计划。电力发展上进一步突出了电网建设。至1999年底，500kV山西阳城向江苏送电工程双回路部分1459km线路已经全线接通，华东江苏500kV输变电工程已开工建设，全年500kV输变电工程投运主变压器2台150万kV·A，送电线路326km；220kV工程投运主变压器14台，186万kV·A，送电线路576km，创年投产变电容量的历史最好水平。

2. 农网建设改造

1999年全省农网投资完成了41.9亿元，完成36个县（市）农网改造。全省从1998年11月国家计委下达投资计划到1999年底，共完成新建和改造110kV变电站46座，送电线路330km；35kV变电站78座，送电线路630km；10kV线路2.3万km；低压线路9.3万km；新增和更换高耗能配电变压器4.5万台，全省共完成1.3万个行政村配电网络的改造任务。

全省农网建设与改造工程实施一年多来取得了明显的成效。主要表现在：一是全省行政村低压电网线损率已由过去平均25%下降到12%以内，农村电价由平均每kW·h 0.825元降到0.75元左右，农村居民照明电价由平均每kW·h 0.72元降到0.65元以内；二是农村用电量比1998年同期增长7.9%，高出同期城市用电量增幅近7个百分点。其中农村生活用电同比增长约9%；三是农村家用电器普及率速度提高。

3. 城网建设改造

全年完成投资19.2亿元。改造220kV线路6.5km，新建110kV线路126km，新建35kV线路10km，新建和改造10kV及以下线路1434km。新建220kV变压器1台、容量12万kV·A，110kV工程新建变压器25台、容量105万kV·A，10kV及以下工程新建或更新变压器2396台、84万kV·A。目前，除宿迁市外，全省12个省辖城市的城网建设与改造项目均获准开工，开工城市覆盖面在全国各省、市、区中处于领先地位。

4. 规划与前期工作

根据江苏电力市场的供求关系的变化，调整了全省电力发展“九五”计划。开工建设田湾核电站；徐塘电厂“以大代小”技改工程已经具备开工条件；宜兴抽水蓄能电站和贾汪电厂流化床项目的前期工作取得实质性进展。

经营管理

1999年，实现了企业产品销售成本的增长低于产品销售收入增长的目标，全年实现产品销售收入287.63亿元，同比增长17.41%；产品销售成本276.85亿元，同比增长14.99%，低于产品销售收入2.42个百分点。

实现电费当年回收率100%、往年陈欠回收率达到34.01%。全年回收电费342.31亿元，往年陈欠回收2.53亿元。

公司6个电力修造企业全年完成工业总产值3.28亿元，实现利润15376万元，分别为全年承包指标的103.07%和128.84%。

公司系统连续四年实现职工人数的负增长。公司部属企业劳动生产率为128605元/人。

公司系统多种经营收入和经济效益稳定增长。全年总收入达到75亿元，增加值达到15亿元，实现利润3.3亿元。安置主业分流人员21000人。

科教兴电

进一步实施“科教兴电”战略，向科技要效益。继续加快技术改造步伐。全省发电厂125MW、200MW、300MW机组改造均取得了成功经验。徐州电厂7号机（200MW）和4号机（125MW）、新海电厂11号机（200MW）、谏壁电厂7号机（300MW）和扬州电厂（200MW）等机组经过锅炉和汽机通流部分改造后，取得明显投资效益。所有机组热耗率均下降7.5%以上，额定出力分别增加1.25万kW和2万kW。

落实国务院提出的到2000年所有工业污染物三年达标排放的要求，提前一年基本完成了污染物的达标排放任务。继续大力开发粉煤灰利用，1999年粉煤灰综合利用达500万吨。

集中力量解决了江苏电网计算机2000年问题。按照国家电力公司的统一部署，经过11个月的努力，完成了调研清查、制定方案、测试整改、全面验收等数阶段工作。江苏电网Y2K问题已基本解决。

达标创一流

泰州供电局、射阳港电厂获国家电力公司级达标企业称号。自此，除新建的扬二厂、下关电厂外，公司系统所有发供电企业已全部达标。南通、盐城供电局和天生港、华能南京、华能淮阴等5个发电厂被国家电力公司批准为全国电力行业一流发供电企业。南京热电厂、扬州供电局、泰州供电局被批准为华东电力集团公司一流发供电企业。除即将关停的韩庄发电厂外，公司系统所有发供电企业均实现“无渗漏”企业。

电力改革

1. 电力管理体制改革

完成了《江苏省电力局移交政府管电职能内容（报审稿）》和《江苏省电力公司组建市、县供电（分）公司实施方案（报审稿）》。根据建立现代企业制度要求和国电公司可持续发展战略构想，本着精干高效的原则，提出了省电力公司及发、供、修造、基建单位机构设置的初步方案。

2. 电价改革

全省城市统一销售电价于1999年7月经国家计委正式批准后开始执行。统一销售电价的平均水平为每kW·h0.527元。全省已有7个省辖市实施一县一价。试行分时电价取得了初步成效，移峰填谷负荷达到10万kW，六个行业的用电负荷率提高了2.5个百分点。

3. 网厂分开与竞价上网

新海、扬州、戚墅堰、下关等电厂的公司制改造先后完成，并按独立发电公司的模式进行运作。

根据国家有关部门和省政府的统一部署，积极推进电网商业化运营试点，出台了《江苏省发电企业部分发电量竞价上网试行办法》和《江苏省发电企业部分发电量试行竞价上网运作规则》。并于9月1日起，拿出占全省发电量1%的电量（10亿kW·h）由19家独立发电企业参与竞价，实施离线竞价上网，取得初步成效。

4. 农电体制改革

国家经贸委于1999年6月批准了江苏省农村电力管理体制改革方案，在省政府的统一部署下，抓紧工作，到目前为止，全省大部分市、县已经撤消乡电管站，成立了县供电局所属的供电所，对其人、财、物实行了统一管理。乡及乡以下农村集体电力资产正在进行登记造册和移交。

精神文明

坚持理论学习，统一思想。各级党委坚持用邓小平理论统一干部和党员的思想，紧密联系江苏电力改革和发展实际，继续把加强理论学习作为做好全年各项工作的首要任务。各级党委坚持预防为主的方针和正确的舆论导向，积极做好职工思想政治工作，帮助职工理顺情绪，化解矛盾，企业生产和职工队伍保持了稳定的大局。

公司党委认真贯彻中央和上级部署，及时、有针对性地采取措施，积极做好法轮功修炼者的教育转化工作，全系统参与法轮功修炼者在7月31日前，全部表示与法轮功邪教组织决裂。

省电力公司党委“三讲”教育工作圆满完成。11月8日～12月25日，在国家电力公司“三讲”教育巡视组的有力帮助和指导下，公司党委始终坚持高标准、严要求，精心组织、严肃认真地开展了“三讲”教育。

创建双文明单位和省级文明行业取得显著成绩。67个基层单位被省委、省政府授予“1997～1998年度江苏省文明单位”，获奖总数比上届增长了48%。在1999年全省首批文明行业评比中，全省13个省辖市供电局中除南京供电局外，12个成为当地市级文明行业。其中除扬州供电局外，11个被授予“江苏省创建文明行业工作先进行业”称号，南京和扬州供电局有6个县供电局被授予“江苏省创建文明行业工作先进行业”称号。

问题与不足

一是安全基础不很牢固；二是电力市场和电力需求总体偏弱，用电增长率回升缓慢；三是用电峰谷差加大；四是欠缴电费数额大，回收困难；五是电力施工企业队伍窝工现象严重。

主要事件

1月26日，新海发电厂成功改制组建为江苏新海发电有限公司，省委副书记、代省长季允石为该公司揭牌。

2月9~11日，江苏省电力公司二届四次职代会暨1999年全省电力工作会议在南京隆重召开。会议总结了1998年的工作，部署了1999年江苏电力的各项任务。副省长陈必亭到会并作了重要讲话。

4月5日，华东电干［1999］214号文通知，免去王益民同志江苏省电力公司（局）总工程师职务，工作另行安排。根据国家电力公司的安排，王益民同志担任了国家电力调度通信中心副主任的职务。

4月18日，全国政协人口资源环境委员会“环保工业与经济可持续发展”专题调研组在全国政协常委王东的带领下，对南京下关电厂的脱硫工程进行了调研。

5月中下旬，省电力系统广大职工对以美国为首的北约轰炸我国驻南联盟使馆的野蛮行径义愤填膺，一致表示拥护我国政府的原则立场和胡锦涛同志的重要电视讲话，坚守岗位，确保电网安全稳定运行。

6月10日，省电力公司系统首批两家发电有限公司——扬州发电有限公司和戚墅堰发电有限公司成立，副省长王珉和华东电力集团公司总经理钱忠伟为两家公司揭牌。

6月15日，省电力公司1999年工作会议在南京召开，传达了国家电力公司1999年工作会议的主要精神，总结分析了省电力公司的生产经营情况。

6月20日，扬州第二发电厂2号机组顺利通过168h满负荷考核试运行，正式移交生产。

7月6日，省政府在南京召开全省电价工作会议，部署在全省实行统一销售电价，有步骤地推行峰谷分时电价。副省长陈必亭到会作了重要讲话。

7月13日，经华东电力集团公司党组研究，并征得国家电力公司党组、中共江苏省委组织部同意，任命王祥富为江苏省电力公司（局）副总经理（副局长）、党委委员；许援朝为中共江苏省电力公司纪委书记。根据领导干部任职年龄的有关规定，免去翟元龙中共江苏省电力公司纪委书记、党委委员职务。

7月16日，国家“九五”重点建设项目、被省委、省政府列入1999年江苏20件实事的南京下关电厂2号12.5万kW机组完成96h满负荷考核试运行，具备移交生产条件。至此该厂技术改造工程安装的两台12.5万kW机组全部建成投产。

7月下旬，省电力公司党委迅速逐层组织学习中央关于处理和解决“法轮功”问题的重要指示精神，并于7月29日发出通知，决定在全系统针对处理和解决“法轮功”问题，组织全体党员集中开展一次学习和教育活动。

7月29日~8月19日，国家计委稽查办组织稽查组对省农网建设改造工程进行了专项稽查，对省农网建设改造工程的实施情况作了充分肯定。

7月30日，扬州第二发电厂1号60万kW机组，以总分569.6分的高分，一次通过了国家电力公司和华东电力集团公司组织的达标投产复检，成为华东电网第一台通过达标投产考核验收的60万kW机组。

8月11日，省电力局在南京召开了江苏电网解决Y2K问题联合测试工作会议，按照国家电力公司统一部署，对江苏电网计算机实时系统的联合测试工作进行了安排。

8月26日，省政府召开了加快农网建设和改造工作会议。陈必亭副省长作了重要讲话。1999年省农网建设与改造工程计划投资50亿元，须确保36个县农网改造竣工，投资规模居全国各省之首。

9月5日，省总工会同意省电力工会一届二十三次全委会选举黄卫国同志为江苏省电力工会第一届委员会委员、常委、主席。华东电力集团公司任命黄卫国同志为江苏省电力公司党委委员。

9月16日，省电力公司总经理顾智鹏在国家电力公司召开的电话会议上，介绍了江苏实施1998年农网建设改造的完成情况和1999年的计划安排。省1998年度的农网建设改造工程得到了国家计委、国家电力公司的充分肯定，国家电力公司要求在全国推广江苏农网建设改造的经验。

9月18日，中央精神文明建设指导小组委员会和国家电力公司联合授予南京供电局城南分局营业厅“全国创建精神文明活动示范点”称号的揭牌仪式隆重举行，南京供电局城南分局营业厅是全省电力系统首家荣获该称号的单位。

9月19日，新华社播发了全国精神文明创建先进单位，徐州电业局机关和新海发电有限公司获“全国精神文明建设先进单位”称号，常州供电局用电服务中心获“全国创建文明行业工作先进单位”称号。

10月20日，江苏田湾核电站工程正式开工。国家主席江泽民与俄罗斯总统叶利钦互致贺函，吴邦国副总理亲手按下开工信号按钮，江苏省委书记陈焕友等省领导及国家、省有关部门的负责人出席了开工仪式。

10月22日，华东江苏500kV工程苏州胜浦（车坊）变电站100万kV·A主变压器订货合同的签字仪式在苏州举行，本次采购的100万kV·A主变压器是华东地区容量最大，也是全国最大的变压器。

11月15日，根据国家电力公司党组的意见，征得中共江苏省委组织部同意，华东电力集团公司党组任命费圣英为江苏省电力公司（局）副总经理（副局长）、党委委员；免去陆启洲江苏省电力公司（局）副总经理（副局长）、党委委员的职务，工作由国家电力公司党组另行安排。

11月15日，省电力公司召开“三讲”教育动员大会，对省电力公司党委、党委成员和机关处级干部的“三讲”教育进行动员和部署。

11月22日，国务院稽察特派员总署第十八办事处到达南京，对省电力公司进行稽察，先后听取了省电力公司、南京供电局、省电力实业公司、谏壁发电厂、扬州第二发电厂的情况汇报。

12月19日，苏州工业园区华能电厂一期工程1号30万kW机组顺利通过168h试运行移交生产。至此，全省1999年投产大中型机组5台共172.5万kW，投运220kV及以上电压等级送电线路914km、变电容量336万kV·A，装机容量和输变电投产容量均创历史新纪录。

12月25日，经国家电力公司派驻省公司“三讲”教育巡视组同意，国家电力公司党组“三讲”教育办公室批准，省公司党委和党委成员以及机关处级干部的“三讲”教育工作圆满结束。

（何大春）

浙江省电力工业

1999年，浙江省电力企业高举邓小平理论伟大旗帜，全面贯彻党的基本路线和基本方针，认真落实党的十五大精神，继续推进两个根本性转变，解放思想、开拓创新、加大改革力度，强化各项管理，省公司系统的两个文明建设取得了新进展。

1999年，浙江省电力公司全面和超额完成电力生产、基建、经营等各项指标；电力体制各项改革取得新突破；基建和前期工作进展顺利；经营管理进一步加强；企业创一流工作稳步推进；安全和生产管理扎实有效；加强党的建设，“三讲”教育成效显著；全年所取得的优异业绩，为2000年度省公司实现中国一流省公司、为下个世纪浙江电力工业的改革和发展奠定了基础。

电力生产

浙江省全社会全口径用电量达619.84亿kW·h（不含天荒坪），比1998年增长12.91%，增幅回升5.79个百分点，扣天荒坪用电量后同比增长11.21，增幅回升4.21个百分点，其中统调用电量461.63亿kW·h，比1998年增长12.14%。全省统调发电量413.89亿kW·h，比1998年增长12.58%，其中省电力公司管理电厂的发电量388.95亿kW·h，比1998年增长14.23%。

全省6000kW及以上发电厂供电煤耗385g/(kW·h)，比1998年下降6g/(kW·h)。省公司管理电厂供电煤耗359g/(kW·h)，比1998年下降2g/(kW·h)。省公司直接经营电网的供电线损率4.43%，比1998年下降0.09个百分点。

省公司直接经营企业售电量459.27亿kW·h，比1998年增长12.81%。当年电费基本结零，陈欠电费回收30%。销售收入169亿元，比1998年增长19.5%，实现利润4.5亿元，超额完成华东电力集团公司下达的各项经营目标。生产企业全年劳动生产率15万元/人，比1998年增长9.5%。省公司中央属单位多种经营总收入59.7亿元，实现利润总额4.7亿元。

体制改革

按照国家电力公司的改革部署，继续做好浙江省公司体制改革的各项准备。省公司本部机构按照“公司制改组、商业化运营”的要求进行了调整，将23个职能处室精简为19个部室，转变管理职能，并初步完成政企职能的界定，为实施政企分开、公司制改组打下了基础。

进一步理顺省公司系统资本纽带关系。制订出台了《全资子公司和分公司管理办法》，所属10个市（地）供电局向分公司模式调整转变。完善子公司法人治理结构，按照公司制运作要求，推行资产经营责任制。按照《公司法》，完成了半山发电厂的改制；镇海发电厂与宁波发电工程公司合并，并改组为有限责任公司。至此，由省公司管辖的火力发电厂全部完成公司化改制。

加快“网厂分开、建立发电市场”改革试点工作。制订上报了《试点实施方案》，完成了电力市场技术支持系统建设，拟订了电力市场交易规则、监管条例，并进行了电厂竞价上网模拟运行，为发电侧市场在2000年1月1日进入试运行提供条件。

稳步推进农电体制改革。经省政府批准，从1999年1月1日起，省公司对趸售县（市）供电局实行全面代管，制订了代管办法，并委托市（地）电力局与各县（市）人民政府签订了代管协议。国家经贸委审查批复了省农电体制改革实施方案。对县（市）供电企业公司化改制工作进行了调研，通过清理整顿、规范管理，一些乡镇电管站体制改革已着手实施。5个试点县（市）供电局已基本完成“两改一同价”工作。

省统一销售电价改革方案上报国家计委后，已获得国家有关部门原则同意，从2000年1月1日起实施。

基本建设

继续积极贯彻电力建设“四十八”字改革方针，致力于电力建设与国际先进水平接轨的实践，组织推行工程现代化管理，加强和规范了城乡电网建设与改造的管理，不断提高基建工程质量和移交水平，促进电力建设发展。全年完成基建总投资88.73亿元，并网和新建成投产大中型发电装机容量103.5万kW（并网北仑电厂4号机60万kW，投产金华燃机2×5.5万kW，温州燃机3号10万kW，镇海燃机3号10万kW，钱清电厂12.5万kW），温州电厂二期于3月28日正式开工，进展顺利。电网建设进一步加快，全年新建成投产500kV线路232.5km；220kV线路360km，变压器8台，变电容量共120万kV·A；110kV线路408.9km，变压器45台，变电容量共170.55万kV·A。城网和农网分别完成投资12.6亿元和29.7亿元（含1998年），完成计划的70.9%，1999年农网转结计划已全部完成。500kV杭东、温州输变电工程和省第二批220kV输变电工程以及6个城市的电网改造项目先后开工。台州电厂四期和温州龙湾燃机项目获得全省“钱江杯”优质工程称号。舟山交流联网工程投产。

按照可持续发展要求，以优化电力结构为目标，先后编制完成并上报了《浙江省电力公司七年发展规划（纲要）》、《浙江省电力公司近期电源项目优化调整计划方案》，组织编写了《浙江省“十五”电力发展行业规划方案》。前期项目取得新突破，嘉兴电厂二期可研报告经过艰苦努力于11月获得国家计委批复；长兴电厂四期技改项目可研报告于12月上报国家经贸委；桐柏抽水蓄能电站项目建议书于5月获得批复，可研报告于10月上报国家计委，并完成了项目投资方的重组；滩坑水电站等项目的前期工作正积极向前推进；秦山核电送出和王店、宁波等500kV输变电项目8月份得到批复；第三批220kV输变电工程和500kV桐柏抽水蓄能电站送出及配套项目可研报告已基本编制完成。

经营管理

积极开拓电力销售市场。巩固清理电价整顿成果，贯彻执行停止收取电费保证金、电表保证金和地方出台的增容费的政策，推进城镇和城乡结合的“一户一表”改造，加强业扩工程管理，增加了客户数量和用电容量，全年新增客户63万户，新增用电容量376万kW。切实加强电费回收工作，对内落实电费回收责任制，加大电费回收考核奖罚力度；对外积极争取政府部门和社会的支持，采取各种技术、经济、法律等行之有效的措施催收电费，确保电费回收目标的完成。

强化经营责任制和模拟市场考核。落实经营、财务目标，实现国有资产保值增值。加强资金和财务预算管理，发挥资金结算中心功能，加强资金调度运作，提高资金的时间效益、规模效益，盘活资金存量，降低财务费用。抓好成本控制和经济活动分析，着重加强了对燃料、购电费和三项费用的动态控制，燃料成本进一步下降。完善内部审计组织体系，强化内部审计监督，内部纠正违规金额8264万元，促进增收节支4110万元。

继续推进减员增效和人员分流工作，职工人数继续实现负增长。妥善处理了闸口、湖州、梅屿、马鞍山电厂停役后的人员分流安置，保持职工队伍稳定。同时加强临时用工管理，加大临时工清退力度，直属单位全年清退临时工411人。结合农电体制改革，加强农电企业用工状况的调研和定员管理，较好地控制了代管县供电企业的职工总量。

多种经营企业抓住城网农网改造契机，开发了一批有较高科技含量的产品，使多种经营企业市场化比例有所提高。通过落实有关清理整顿的各项整改措施，并结合改制、改革，促进多种经营企业转换经营机制，提高了多种经营企业的整体素质。

创一流企业

在1999年全省电力工作会议上提出要在2000年度实现中国一流省公司的目标之后，年初制定了《浙江省电力公司创建中国一流电力公司规划》，并经省公司二届三次职代会审议，颁发实行。省公司本部各部室将所分解的目标任务落实到各责任岗位。所属各单位也都制订了本单位的创一流工作规划。经过一年努力，嘉兴发电厂继北仑电厂、绍兴电力局之后又跨入了国家电力公司一流企业的行列。萧山电厂、乌溪江电厂成为华东电网一流企业。省电力设计院、省送变电公司和省火电建设公司通过了省公司一流的考评。有4个220kV输变电工程项目通过基建投产达标验收。

为推进省公司本部创一流工作，实现了管理标准化建设、管理信息系统建设、员工队伍建设和环境整治四个方面的创建目标。完成了本部OA系统的局域网改造，首批开发的管理软件已经投入使用。OA系统和FMIS系统实现了省公司本部与部分直属单位的联网。FMIS系统会计核算部分通过了华东电力集团公司组织的阶段性验收，获得了上级领导和同行的好评。

安全和生产管理

坚持“安全第一，预防为主”的方针，认真落实“保人身、保电网、保设备”的各项措施，科学合理安排电力生产检修计划和机组运行方式，优化电力调度，保障了电网安全稳定运行。全年公司系统各单位共发生生产性人身死亡事故2次，死亡2人（与

1998年持平)，发生重伤事故2次，重伤2人；杜绝特大、重大设备事故，大面积停电和重大火灾事故。圆满完成了建国50周年、应澳门回归及其它重大节日期间的保供电任务，得到了国家电力公司和地方政府的充分肯定。

加强技术改造工作。完成镇海电厂3号机组设备、嘉兴电厂水处理系统、瓶窑变220kV系统、宁台微波电路等一大批技改工程。

认真落实国家产业政策，加强对小火电的管理。坚决制止新建小火电，严格控制小火电的发电利用小时和发电计划，提高了电网技术经济水平。

运用现代科技成果加快生产过程自动化和企业管理现代化进程，省公司系统全年共完成科技项目195项，年创经济效益8000万元。

解决计算机Y2K问题的工作取得阶段性成果。成功进行了计算机单项测试和全国电力系统计算机Y2K问题的联合测试，全省电力系统平稳进入2000年，确保了系统和社会的稳定。

“三讲”教育

按照国家电力公司党组的部署，省公司作为国家电力公司系统第一批开展“三讲”教育单位，四季度在公司党组及其成员和公司本部副处级以上干部中开展了以“三讲”为内容的党性党风教育，取得了显著成效。

存在的问题

1999年的浙江电力工业和公司系统的各项工作，在取得较好发展的同时，仍面临着不少困难和问题。主要有：电力企业长期积累下来的结构性、机制性、素质性的问题并未根本解决，还不能适应经济发展的新形势；电源结构不合理，电源与电网发展、各级电网发展不协调的问题仍较突出；电费回收日益困难，坏帐损失增加；企业经营风险控制能力仍较弱；安全生产仍有不少薄弱环节；北仑二期锅炉设计及制造上存在的一些严重缺陷，虽几经努力，但至今尚未完全解决。

主要事件

1月6日，国家电力公司副总经理陆延昌等领导视察萧山发电厂，对现代化管理实时系统的演示表示满意。

2月9日，浙江省电力工作会议在杭州召开。会议研究部署今后一个时期浙江电力工业改革和发展目标，明确1999年的工作任务。

2月20日，全国人大常委会委员葛洪升等领导到北仑发电厂视察，并向春节期间坚持生产的职工表示亲切的慰问。

3月25日，紧水滩水电厂一辆上下班接送车载着47名职工，当行至丽浦线石塘电站库区路段时，山体滑坡，车辆坠入几十米深的水库，18位职工遇难。4月10日，国家电力公司副总经理陆延昌等一行5人，在浙江省电力公司陈积民局长陪同下，慰问遇难家属，并看望受伤职工。

3月28日，温州发电厂二期2台30万kW工程开工。浙江省省长柴松岳、副省长卢文舸、温州市委书记蒋巨峰、华东电管局局长钱忠伟、省电力工业局局长陈积民等参加开工典礼。

4月5日，浙江省电力设计院被中国水利电力质量管理协会评为1998年度全国电力行业质量效益型先进企业。

4月6日，浙江省送变电工程公司在杭州召开的中国施工企业管理协会年会上，被评为“全国最佳施工企业”称号。

4月18日，温州燃机发电厂3号10万kW机组一次并网成功。至5月12日，该厂3台10万kW联合循环机组全面竣工投运。

4月，浙江省火电建设公司荣获全国总工会颁发的“五一”劳动奖状。

5月1日，嘉兴发电厂吴耀忠厂长荣获国家电力公司劳动模范荣誉称号。

5月4日，新安江水电厂运行分场三值，被共青团中央、国家电力公司授予“青年文明号”称号。

5月6日，湖州电力局220kV花城变电所通过“达标投产输变电工程”复检考核，成为浙江省首座220kV电压等级达标投产输变电工程。

6月16日，嘉兴220kV南湖变电所创安全生产运行5000天纪录。

6月23日，舟山与大陆110kV交流双回路联网工程第一回路并网成功。这条目前国内最长距离的跨海线路的建成投运，结束了舟山海岛孤立电网的历史，标志着浙江省各地市实现了统一电网。

6月30日，浙江省电力局把原处室制调整为部室制，同时加大了干部交流力度和新老干部交替，对公司职能部门的负责人进行了较大范围的调整。共设置19个部门。

6月，浙江省火电公司承担安装的台州发电厂8号机组、温州燃机工程获浙江省“钱江杯”优质工程奖。

7月5日，浙江省省长柴松岳等领导，在省电力公司总经理陈积民的陪同下，到湖州察看洪灾灾情。

7月24日，镇海发电厂二值六单元QC小组荣获“全国电力行业先进质量管理小组”称号。

7月，浙江省电力设计院220kV台温Ⅲ回送电线路工程和嘉兴发电厂一期工程获国家级优秀工程设计铜奖。

8月，宁海供电局被浙江省委、省政府命名为省级文明单位，成为宁波市、县级供电企业中首家省级文明单位。

9月4日，温州市遭受百年罕见的特大暴雨袭击，导致温州电网1条220kV、6条110kV输电线路跳闸停电；18座110kV、35kV变电所受淹或全所停电；205条10kV线路跳闸停电，一批10kV及以下供电设施严重毁坏，据统计直接经济损失达3141万元。自然灾害还造成温州发电厂二期建设直接经济损失约450万元。广大电业职工迅速投入抗洪救灾，至8日晚，10kV及以上供电设施全部恢复运行。

9月16日，杭州市电力局城北供电局营业室荣获全国创建文明行业工作先进单位；绍兴电力局、紧水滩水电厂荣获全国创建文明单位工作先进单位。

9月23日，浙江省副省长叶荣宝在嘉兴市副市长陈德容的陪同下，视察了秦山核电站。

9月27日，湖州电力局职工丁志成被评为“国家电力公司劳动模范”称号。

9月，镇海发电厂朱永汉、台州电业局送电工区金才宝、湖州电力局孙哲唯、施卫清、浙江省送变电工程公司郎仁华、新安江水电厂钱维良、嘉善县供电局韩明华等被授予“浙江省劳动模范”称号。

9月，浙江省电力局中心调度所多经创维公司研制的《ERTU－2000远方数据采集终端》项目在第十二届全国发明展览会上，荣获优秀新产品奖。

10月，浙江省电力局中心调度所技术人员李建刚、王立群、陈枫撰写论文《浙江省发电市场技术支持系统建设的问题与决策》获二十六届全国电网调度运行会议优秀论文奖。

11月19日，北仑发电厂4号60万kW机组首次并网发电。

12月2日，装机容量2.4万kW的温州梅屿发电厂，根据国家关停小火电机组的规定和省电力公司的安排停役。

12月25日，110kV景（宁）沙（湾）输电线路工程竣工投运。

12月，萧山发电厂被国家电力公司命名为网级“一流”火电厂。

12月，台州发电厂被浙江省委、省人民政府命名为“省级文明单位”称号。

12月，梅溪发电厂累计安全日达4915天的纪录。

12月，浙江省火电建设公司在温州燃机安装技术获“中国安装之星”奖，这是中国安装行业的最高荣誉。

（任龙献）

安徽省电力工业

综述

1999年，安徽省电力工业积极推进电力体制改革和电力结构调整，努力克服用电增长缓慢、电费回收艰难、遭遇严重水灾等一系列困难，保证了全省国民经济发展和人民生活用电需求，完成了年初预期的计划目标，两个文明建设取得了新的进步。

1999年，省电力公司共有各类电力企业事业单位44个，其中发电企业14个，供电企业16个，施工修造企业4个，大中专及技校4座，电力调度、电力试验、电力设计、电力物资、勘察处、疗养院各1个；职工总数49089人，其中部属47579人，省属1510人。

全省发电装机800.1万kW，其中火电754.6万kW，水电45.5万kW；年发电量319.46亿kW·h，其中火电307.01亿kW·h，水电12.45亿kW·h；华东电力集团公司考核口径供电标准煤耗率365g/(kW·h)，较1998年下降2g/(kW·h)；省公司经营口径线损率8.14%，与1998年持平。全省拥有500kV线路1121km，变电容量498万kV·A；220kV线路4369km，变电容量1432万kV·A；110kV线路6180km，变电容量1248万kV·A。

年末省公司资产总值215.64亿元，较1998年增加43.83亿元；销售收入93.61亿元，较1998年增加7.19亿元；实现利润20907万元，资产负债率55.16%，资产保值增值率101.90%，投资收益率5.37%，不良资率3.80%。

电力建设

全年完成电力基建投资37.2亿元。洛河、铜陵两台30万机组，计60万kW发电容量建成投产；响洪甸抽水蓄能电站2台4万kW机组并网发电。输变电工程建成投产220kV变电容量72万kV·A、线路288km。在电力建设中，项目资本金制、项目法人制、招标投标制、工程监理制和合同制得到全面贯彻，设计、施工、调试、物资供应等单位的市场意识和建设管理能力逐步增强。创建“精品工程”活动取得初步成效，合肥二电厂、淮北二电厂、铜陵电厂四期扩建等工程，施工管理井然有序，现场环境整洁美观，安全文明施工水平和质量工艺水平明显提高，得到国家电力公司和安徽省政府的充分肯定。舒城、无为、怀宁、蚌埠高湖、合肥莲花等新建220kV变电所及输电线路实现达标投产，电网建设水平上了一个新台阶。

城市和农村电网建设改造

抓住国家拉动内需，加大对基础建设投入的机遇，当年争取落实城乡电网建设与改造资金计划20.5亿元。省电力公司成立两网建设管理办公室，制订了工程、质量、配网、验收、审计、招投标、执法监察等一系列管理办法和规定。在计划安排中，把提高供电服务质量与追求企业良好的经济效益紧密结合，坚持优先安排有效益的项目，优先安排有利于开拓电力市场的项目，优先安排有利于优化电网结构的项目。各地市、县加强领导和管理，成立相应的两网建设管理机构，自上而下地加强了项目控制、资金使用、设备招标、施工质量等全过程管理，"两网"建设与改造健康有序地向前发展。至1999年底，全省累计完成两网建设改造投资26.48亿元，建成110kV变电所15座，线路112km；35kV变电所90座，线路918km；10kV线路13660km，低压线路61200km，改造配电台区21486个。

电力生产

1999年，在全省电力需求不旺，用电峰谷差大的情况下，通过精心组织生产调度，加强设备管理，坚持安全第一，设备健康水平和电网安全经济水平进一步提高。全年完成发电量319.46亿kW·h，同比增长1.27%。其中，集资机组、公用小水火电机组、企业自备机组发电量分别增长13.17%、8.62%、10.98%；统配机组、中外合资机组、退役机组发电量分别下降6.56%、10.99%、23.36%。全年完成销售电量244.9亿kW·h，同比增长1.72%。

各发供电单位全局观念、效益观念、市场观念增强，开拓电力营销市场工作开始受到重视。企业内部生产与生活用电逐步分开，一户一表等工作进展迅速。全省农村电价基本控制在一元以下，80%到户电价不超过0.85元/(kW·h)。资产管理、资金管理、财务监督和审计监督逐步加强。在销售电量与上年基本持平、成本因素不断增加的困难条件下，继续保持了利润没有下滑的经营水平。

在社会用电方面，全省经过近三年的工业结构调整，1999年全省国民经济实现了平稳增长，经济整体运行质量得到了提高。全社会用电量负增长的局面得到了遏制，同比增长1.02%，农林牧渔水利业用电量21.47亿kW·h，同比增长3.27%（1998年为负增长10.07%）；工业用电量220.44亿kW·h，比1998年220.55亿kW·h略有下降；地质普查和勘探业用电量4152万kW·h，同比增长8.24%；建筑业用电量3.58亿kW·h，与1998年持平；交通运输和邮电通信业用电量3.78亿kW·h，同比增长1.11%；商业饮食和物资供销仓储业用电量5.09亿kW·h，同比增长13.05%；其他事业合计用电量10.78亿kW·h，同比增长9.10%；城乡居民生活用电量47.16亿kW·h，同比增长2.22%。工业用电所占结构比由1998年的71.24%下降到1999年的70.49%，商业饮食和物资供销仓储业用电结构比增加了0.17个百分点，城乡居民生活用电结构比增加了0.18个百分点，建筑业用电结构比与1998年基本持平。

电业管理

全年安全生产状况进一步好转，全年系统实现"五无"安全目标，即无责任重大、特别重大事故；无电网瓦解事故和大面积停电事故；无人员责任的重大设备损坏事故；无重大火灾事故；电力基建全年无人身死亡事故。合肥发电厂、合肥供电局、省电建一公司等10家企业安全成绩优异，受到国家电力公司表彰；淮北发电厂、芜湖供电局、陈村水电站等23家企业完成安全目标受省公司表彰；芜湖发电厂、宿州电业局、送变电公司等15家企业实现了全年无事故。省公司系统设备率与1998年相比下降了17.5%，其中：发电事故率为0.286次/（台·年）；送变事故率为0.014次/（百公里·年）；变电事故率为0.038次/（台·年），均有不同程度的降低。安全记录最高火电厂、水电站、供电局分别为马鞍山发电厂1258天，梅山水电站8859天，淮北供电局1287天。芜湖电厂和平圩发电有限责任公司荣获国电公司一流企业称号。铜陵电厂，六安、巢湖供电局跨入华东电网一流企业行列。全省电力系统现有国电公司一流企业2家，网一流企业8家；达部标企业23家，达网标企业6家；省级文明单位22个，地市级文明单位40个，国电公司、华东电力集团公司双文明单位25个。芜湖、合肥、马鞍山、马鞍山第二发电厂档案管理达到国家一级水平，芜湖发电厂档案室荣获全国档案优秀集体称号。通过创建，进一步夯实了企业的管理基础，促进了企业的两个文明建设。

电力体制改革

完成淮南发电总厂、电建修造厂撤并，田家庵电厂和平圩电厂完成公司制改组，安徽电力股份有限公司和安徽淮南平圩发电有限责任公司挂牌运营。农电体制改革总体方案已经国家电力公司和国家经贸委批准。灵璧、全椒和滁州市郊等三个县级供电企业改制试点取得成功。26个重点县的供电所定员定编工作完成。全省已有640个乡站改为供电所，占总数的34%；1294个乡站实行财务收支两条线垂直管理，占总数的70%。

多种经营

全年实现多经收入46亿元，利润2.5亿元。有15家多经公司年经营收入超亿元，利润超过200万元。公司多经总产值、利润指标进入国家电力公司系统前10名。从业人数32287人，其中分流安置国有企业职工5794人。资产总额47亿元，所有者权益18亿元。通过清理整顿，多经企业产权界限更加明晰，资产管理逐渐规范，与主业的资产纽带关系基本确立。建材、商贸、华电超市联营取得新成果。电气类产品、纯净水产品联合开发产生了良好的市场前景和规模效应。小水电开发取得初步成果。旅游业开始走向联合，黄山电力宾馆、松竹山庄作为首批会员单位加入华东旅游网络。高效农业开始起步，养殖业发展势头良好。第二产业重复建设得到控制，产品科技含量逐步提高，新型直流柜、柱上真空断路器、化学仪表等一批新产品开始打入市场，增强了多经企业的竞争活力和发展后劲。

主要事件

2月2日，洛河发电厂二期扩建工程4号机（30万kW）通过168h运行，并移交试生产。至此，洛河电厂装机容量达120万kW。

3月4日，全省电力工作会议在合肥召开，党组书记、总经理程光杰作工作报告，并确定全年各项奋斗目标。

3月，公司党组书记、总经理程光杰调任国家电力公司，任人事董事部主任。党组副书记、副总经理钱发龙主持全面工作。

3月，经华东电力集团公司党组批复，增补省电力工会主席张家贵、省公司总工程师叶礼广为省公司党组成员。

4月20日，由安徽省电力公司发起，5家参股公司组成的安徽电力股份有限公司在合肥成立。

4月26日，国家电力公司批复安徽平圩发电厂改组为安徽淮南平圩发电有限责任公司，该公司由中国电力投资有限公司和安徽省电力公司共同出资设立，出资额分别占60%和40%。

5月，省电力公司党组决定在全公司系统逐步推行厂务公开制度，并下发了《推行厂务公开制度的意见》。

6月8日，国家电力公司、华东电力集团公司宣布调整省公司领导班子，杨宁生、江浩林任省电力公司（局）副总经理（副局长）、孙刚任公司（局）党组纪检组长。

6月，皖南地区连降暴雨，电力设施损失严重。

9月，滁州琅琊山抽水蓄能电站项目获国家发展计划委员会批准，该站建设规模为4×15万kW单级逆式抽水蓄能发电机组。

9月，安徽电力系统计算机2000年问题联合测试顺利完成。

9月21日，由安徽马鞍山第二发电厂改制的安徽马鞍山万能达有限责任公司成立。

10月，省委书记回良玉、省长王太华等省市主要领导视察安徽继远电网技术股份合作社。

11月13日，国家电力公司副总经理赵希正来皖宣布，邱国富同志任省电力公司（局）党组书记、省电力公司（局）总经理（局长）。

（王小平）

上海电力建设有限责任公司

综述

1999年是上海电力建设有限责任公司公司化改制后进行机制转换起步的一年，也是按《公司法》运行，建立现代企业制度打基础的一年。在国家电力公司、华东电力集团公司党组的直接领导和支持下，尽管公司遇到了施工生产任务严重不足等一系列困难，但全公司广大干部职工以改革为动力，振奋精神，真抓实干，创精品工程，开拓社会市场，施工生产经营和精神文明建设都取得了一定的成绩。

1999年全公司完成施工生产产值11.75亿元，完成年度计划产值目标的102.2%；全员劳动生产率12.23万元/（人·年），比1998年增长2.5%；实现利润1150万元，比1998年增长11.5%；资产负债率79%，资产保值增值率103%，完成年度计划目标。

1999年，在建的电站工程总容量为1800MW，移交生产机组3台，总容量为600MW。尽管各工程项目均不同程度地受到设计和设备交付延迟的影响，但仍坚持按照“工程优化、达标投产”的要求，克服种种困难，精心组织施工，主要工程项目均完成了预定的目标。

全公司职工人数由年初的7460人减到7206人，其中主业5944人，多经1262人，达到减人增效的总体目标。

施工生产

全公司完成了在建工程里程碑进度和机组投产任务，具体为：

杨树浦电厂1号机组（125MW）4月4日完成24h试运行移交生产。

海口马村电厂5号机组（125MW）8月12日完成72h加24h试运行移产生产。

宝山电厂3号机组（350MW），9月29日完成168h试运行移交生产。

吴泾热电厂八期扩建工程（2×600MW）按创精品工程的要求，实现了工程指挥部对1号机组5月30日厂用电受电、7月27日完成汽机扣盖、8月28日完成锅炉水压试验，2号机组锅炉汽包吊装和汽机台板就位等里程碑节点目标。

多种经营

全公司多种经营总收入1.6亿元，完成年度计划目标的72%，实现利润110.4万元，新安置主业分流人员104人。经过几年的努力，完成了对公司系统70多家多经和集体企业清产核资工作，基本理清了多经企业中长期没能解决的资产总量和产权关系不明晰问题，为多经企业进行现代企业制度建设，转机建制创造了条件。在总结清产核资工作的基础上，对全公司多经企业进行了清理整顿，由原来的81家减少到现有的64家。同时，针对多经企业长期以来存在的管理薄弱问题，制订了《加强多经企业财务管理的意见》、《多经企业对外投资管理规定》等制度。根据建立现代企业制度的要求，对多经企业进行改制。全公司64家多经企业中现有12家企业已改制为有限责任公司或股份合作制企业。

企业管理

(一) 安全

安全指标继续得到受控。1999年全公司系统认真贯彻江泽民总书记有关安全工作的重要指示，落实国家经贸委安全工作重点和国家电力公司安全生产电话会议精神，突出“事故防范”和“完善体系”两个主题，在全公司范围内自上而下地层层签订安全责任协议书，巩固和强化“三个体系”、“三项机制”和“三级控制”的安全管理责任制，围绕工程安全文明施工目标和事故控制目标，分阶段对宝山电厂、吴泾热电厂八期、杨树浦电厂等工程开展以规章制度、技术监督、安全设施等五道防线的安全教育、培训，对安全管理制度化、安全设施标准化、人的行为规范化、物资堆放定置化进行专项治理和安全拉网式大检查；广泛开展安全周活动，坚持对外包队伍实行动态管理和资质滚动复审，认真做好事故的预测和反事故措施的落实，达到了在全体职工中树立起结对互保、交叉互保、班组互保和“三不伤害”的群体和个人意识的要求。

(二) 质量

在建工程施工质量继续得到提高，贯标认证实现了目标要求。全公司系统单位工程竣工验收92个，优良92个，优良率100%；分项工程验收9053个，优良8844个，优良率97.69%，没有发生质量上报事故。杨树浦电厂改扩建工程1号机组及外高桥电厂一期工程4号机组获得上海市安装协会1998年度《申安杯》安装工程优质奖。杨树浦电厂改扩建工程和外高桥电厂一期工程被中国工程建设焊接协会评为1999年度全国优秀焊接工程。

经过一年的努力，公司于11月2日获得上海质量体系审核中心（SAC）及荷兰认证机构RVA颁发的ISO9002质量体系认证证书。至此，公司本部和所属7个单位均取得了ISO9001或ISO9002质量体系认证证书。同时，民用核承压设备安装资质于12月20日通过了由国家核安全局、国家电力公司组成的专家组的核查和审查。

(三) 经营

1999年全公司经营工作面临着严峻的形势，全年安排产值计划11.5亿元，但在年初仅落实了60%。公司所属各单位，本着一切从本单位的生存和发展实际出发，积极争取上级和兄弟单位支持及帮助，向输变电工程、城乡电网建设、电力环保和电站机组大修等领域拓展，不论工程项目大小，都尽全力做好，使业主满意。公司本部审时度势，及时分析市场变化，全方位跟踪市场项目信息，积极主动争取与中国电工、上海电气集团、机械成套设备公司等企业集团联合，争取更多的投标机会；加强同西门子、阿尔斯通、ABB等国外大公司的合作，以获得涉外工程及返包项目的订单。公司确立了立足上海，面向全国，跨行业渗透，以技术输出、咨询、监理、多种经营等方面多管齐下的经营思路，对交通、石化、冶金、市政工程项目积极拓展，为全面完成1999年的施工生产任务和落实2000年的生产计划打下基础。

(四) 资产经营及财务

1999年，资产经营及财务工作围绕公司年度经营计划提出的抓紧理顺资产纽带关系、逐步完善母子公司管理体制和构筑公司财务管理新体系的要求，通过建立和完善内部管理制度，取得了一定的进展。公司与各所属单位主要经营者签定了以资产保值增值为核心内容的《资产经营责任书》，正式实施了《公司资产经营责任制考核试行办法》，形成了有利于资产保值增值的机制，强化了经营者的责任和法人财产权力，初步理顺和规范了公司与所属各单位以资产为纽带的母子公司关系。制定了《上海电力建设有限责任公司国有资产经营管理办法》，明确了国有资产收益分配实施细则和资产处置权，进一步理顺了产权关系，合理界定母公司与各子公司之间的权责关系。各所属单位依据《上海电力建设有限责任公司预算管理办法》，编制年度财务预算，促使企业内部管理进入有序有效的运作。

教育培训

公司技校和教育培训中心进行战略调整，以现有的教学资源，由职前教育向职后教育转变，围绕施工生产经营开展的计算机、外语、市场营销、核电资质取证、工程质量检验、注册监理工程师、项目经理、技师资格、高级技工、高级复合工种、安全教育等方面的培训，对提高全公司职工队伍素质和企业能级起到了积极作用。1999 年全公司开办 28 个班次培训班，共有 4544 人次参加专业技能培训，其中干部为 1444 人次，技术工人参加培训 3100 人次。

精神文明建设

全公司精神文明建设结合施工生产和企业的改革取得了新的成果。1999 年 5 月 8 日，以美国为首的北约悍然轰炸我驻南使馆，激起全公司广大干部职工的无比义愤和强烈抗议，也激发了广大干部职工的爱国之情、强国之心。有限公司党政立即发出通知要求全公司干部职工坚守岗位，以吴泾八期"工程创精品"为主题，广泛开展"保工期质量、比文明施工、赛安全生产、抓降低成本、树企业形象、育一代新人"为主要内容的立功竞赛活动，涌现出了一批能带领广大职工艰苦奋斗、顽强拼搏、无私奉献的好党员、好干部。7 月，中央作出了关于坚决处理和解决"法轮功"问题的决定，全公司广大干部职工旗帜鲜明、立场坚定、态度坚决地开展了同"法轮功"的斗争，用搞好施工生产的实际行动来回击"法轮大法"的歪理邪说。全公司没有发生有害社会稳定的事件，承建的大众汽车三期、静安寺地铁站、延安路高架中段、泗泾变电站等工程项目优质准点完成。所属一公司、建筑公司、华东送变电公司被命名为上海市文明单位。

先进表彰

所属二公司副经理张耀庆被国家电力公司授予劳动模范称号。

所属华东送变电公司经理高旭炎获国家电力公司全心全意依靠职工办企业优秀领导干部称号。

所属一公司被评为国家电力公司全心全意依靠职工办企业先进单位。

所属二公司汽机工地本体班被评为国家电力公司系统先进集体。

所属二公司被评为全国工会劳动部先进单位。

由有限公司胡金月、石岗、卜俊峰、王建民、夏强、王昌禄组成的上海市代表队在全国工程系统第四届焊工技术比赛中，获得了地方代表队团体第二名；6 名选手全部进入前 20 名和取得优秀技术焊工证书。

所属一公司锅炉加热面一班一组、机具站钳工二组、安装二公司汽机工地本体班、锅炉工地钢架四组、建筑公司第三分公司吊装七班、第二分公司电工班、华东送变电公司张异斌班组、机械化公司工程机械厂制作二班获得华东电力系统"百佳"先进班组称号。

所属华东送变电公司胡步峰班、机械化公司工程机械厂制作二班荣获上海市红旗班组称号。

所属一公司、二公司、建筑公司、机械化公司荣获 1999 年度上海市重点工程实事立功竞赛优秀公司称号。

所属二公司锅炉工地团支部被团市委授予上海市红旗团支部称号，其团支部书记李峰被授予上海市新长征突击手称号。

所属建筑公司团委、一公司宝电团总支部被团市委授予上海市特色团组织称号。

所属华东送变电公司沈柏松获全国电力行业技术能手称号。

主要事件

1 月 5 日，有限公司在吴泾电厂八期工程施工现场召开创国产 600MW 机组精品工程动员大会。会议要求，应打破过去的思维定势，树立与国际标准接轨的意识，严格管理，一丝不苟地工作，要在吴泾电厂八期工程打出品牌，创出精品。

1 月 20 日，上海电力建设有限责任公司召开工会第一次代表大会。会议总结了上海电力建设局第二届工会委员会过去五年的工作，提出了新一届工会委员会工作的基本指导方针和任务。大会以无记名差额选举的方式，选举产生了上海电力建设有限责任公司第一届工会委员会。

1 月 21～22 日，有限公司召开第一届职工代表大会暨 1999 年工作会议。董事长、党委书记施申新、总经理华林裕分别代表公司党委和行政对 1998 年工作进行总结，并提出了 1999 年及今后 3 年工作的总体思路、奋斗目标及具体措施。

2 月 25～26 日，公司召开"创精品工程"工作会议。

3 月 18 日，公司召开经营管理工作会议。

3 月 26 日，公司召开第 17 届 QC 成果发布会。所属施工企业和修造企业的 11 个 QC 小组获优秀 QC 成果、8 个获先进 QC 成果。

3 月 30 日，公司董事会授权总经理华林裕与所属八个全资子公司的经理（厂长、所长）、党委书记签订了资产经营责任书。

4 月 4 日，杨树浦电厂改建工程 1 号机组（125MW）完成 24h 试运行移交生产。

5月9日，公司党委召开所属各单位党政主要负责人及公司各部室负责人紧急会议。会议宣读了《中共中央办公厅、国务院办公厅关于强烈谴责以美国为首的北约对我国驻南使馆进行导弹袭击的通报》，并传达了上海市委、市府领导的重要指示精神。

5月27日，公司召开党政工技及各部室负责人会议，传达国家电力公司1999年工作会议精神。

7月21日，公司党委在公司领导班子中传达了中共中央关于共产党员不准修炼“法轮大法”的通知，以及江泽民、胡锦涛等中央领导同志关于“法轮功”问题的重要讲话和批示。

8月12日，海口电厂5号机组（125MW）完成72h加24h试运行移交生产。

8月20日，公司董事长施申新、总经理华林裕及公司所属单位主要负责人参加了国家电力公司安全生产电话会议。会后对有关工作进行了具体部署。

8月26日，公司召开宝山电厂3号机组“创工程优质和创无重大经济违法犯罪案件”活动总结表彰大会。

9月29日，宝山电厂3号机组（350MW）完成168h试运行移交生产。

11月2日，上海电力建设有限责任公司获得由上海质量体系审核中心和荷兰RVA认证机构颁发的GB/T19002－1994idt ISO 9002：1994质量体系认证证书，取得了国际、国内双认证。

11月25日，华东电力集团公司党组书记、总经理邵世伟、副总经理王根和等有关领导就搞好火电施工企业改革、发展、稳定工作到上海电力建设有限公司现场办公。

12月31日，中共上海市委副书记、市长徐匡迪、市委常委、副市长蒋以任等有关领导在华东电力集团公司总经理邵世伟、上海市电力公司党委书记顾敏芷、总经理于新阳、上海电力建设有限责任公司董事长施申新、副总经理张所庆等领导的陪同下，来到吴泾电厂八期工程施工现场，向节日坚守工作岗位、为重点工程作贡献的广大干部职工表示节日的慰问。

（林红）

华　中　地　区

中国华中电力集团公司

电网概况

截至1999年底，华中地区6000kW及以上机组装机容量4236.33万kW，比1998年增长6.84%。其中，集团全资及控股发电设备容量1735.89万kW，比1998年增长10.65%；统调电厂装机容量3366.88万kW，比1998年增长8.73%。华中电网500kV变电站、换流站9座，变压器总容量9516MV·A。华中电网500kV输电线路19条，线路总长2789.9km。220kV省间联络线9条，总长610.2km。葛洲坝至上海±500kV直流输电线路总长1045.66km，其中华中电网段长497.3km。

电网生产

（一）发、供电量生产指标完成情况

1999年华中地区6000kW及以上发电机组完成发电量1650.35亿kW·h，比1998年增长4.68%；原电力部属电厂完成1207.58亿kW·h，增长6.57%。统调电厂发电量增长6.21%。集团属火电厂供电标准煤耗率384g/(kW·h)，比1998年同期降低5g/(kW·h)。除湖南外，其他三省公司都有不同程度的下降，其中湖北下降9g/(kW·h)，江西下降8g/(kW·h)，河南下降4g/(kW·h)。

表1　　华中四省发电量情况表

6MW及以上口径	发电量(亿kW·h)	增长率(%)	水电(亿kW·h)	增长率(%)	火电(亿kW·h)	增长率(%)
华中四省	1650.35	4.68	428.65	－1.29	1221.70	6.95
河　南	655.01	5.43	13.87	7.64	641.14	5.39
湖　北	505.34	5.72	222.32	2.62	283.02	8.30
湖　南	315.49	1.76	151.77	－4.26	163.72	8.06
江　西	174.50	4.34	40.69	－11.92	133.81	10.55

续表

统一调度口径	发电量(亿 kW·h)	增长率(%)	水电(亿 kW·h)	增长率(%)	火电(亿 kW·h)	增长率(%)
全　网	1294.36	6.21	345.24	-0.73	949.12	8.99
直调厂	360.86	1.27	245.00	1.54	115.87	0.70
河　南	390.54	9.51	11.46	26.69	379.08	9.06
湖　北	203.70	9.70	6.48	-31.52	197.23	11.91
湖　南	189.21	6.90	55.14	-3.01	134.08	11.58
江　西	150.05	4.96	27.17	-12.79	122.87	9.91

1999年，四省电力企业完成供电量1492.87亿kW·h，比1998年同期增长2.94%。华中电力集团完成供电量1334.82亿kW·h，售电量1230亿kW·h，分别比1998年同期增长6.39%和6.58%，扣除由于河南的驻马店、信阳电业局和江西的吉安供电局上划的影响，增长率应为4.72%。向华东售电量18.45亿kW·h，增长28.81%。

1999年华中电力集团线损率完成7.78%，与1998年同期相比，降低了0.182个百分点，其中湖北、江西有所增加，分别增加0.06和0.27个百分点；河南、湖南的线损率下降，降低幅度分别为0.28和0.17个百分点。

1999年统调电网最大发电出力2280万kW，增长12.93%。用电最大负荷为2011万kW，增长10.99%。全年的最大日发电量为45724万kW·h，最高日用电量44626万kW·h，比1998年同期增长13%。9月份以来，全网50±0.2Hz电网频率合格率一直保持100%，全年的频率合格率又创历史最好纪录：99.965%。频率合格率达到92.52%。

（二）全社会用电量

1999年华中四省全社会用电量1719.53亿kW·h，比1998年同期增长3.58%，其中第一产业用电119.63亿kW·h，增长2.36%，占全社会用电量的6.96%，比重略有降低；第二产业用电量1256.24亿kW·h，增长3.79%，占全社会用电量的73.06%，比重略有上升；第三产业用电量152.82亿kW·h，增长0.38%，比重降低了0.3个百分点；城乡居民生活用电190.84亿kW·h，同比增长5.68%，比重由1998年同期的10.88%提高到11.10%。

四省中，河南省的全社会用电量671.97亿kW·h，比1998年同期增长4.17%，扭转了1998年负增长的局面。湖北省全社会用电量475.38亿kW·h，增长了3.97%；湖南省全社会用电量375.56亿kW·h，增长了2.32%。江西省的全社会用电量193.92亿kW·h，比1998年同期增长3.36%。

四省三个产业用电量各具特色：河南、江西的第一产业用电量增长较大，增长率分别为7.33%和5.96%，第二产业用电量增长不大，第三产业增长最小；湖北、湖南的第一产业和第三产业均呈负增长，其中湖北的第一产业用电量的增长率为-4.75%，只有第二产业正增长，但比重大，使全社会用电量有3.97%和2.32%的增长。河南的居民生活用电量增长了10.07%，湖北、江西也分别有4.63%和6.49%的增长，湖南的居民生活用电量只有0.61%的增长。

表2　华中地区全社会用电基本情况表

华中地区	全社会用电量(亿kW·h)	增长率(%)	三个产业增长率（%）			城乡居民生活用电增长率(%)
			第一产业	第二产业	第三产业	
合计	1719.53	3.58	2.36	3.79	0.38	5.68
河南	671.97	4.17	7.33	3.44	1.32	10.07
湖北	475.38	3.97	-4.75	5.16	-0.65	4.63
湖南	375.56	2.32	-1.77	3.44	-0.81	0.61
江西	173.92	3.36	5.96	2.69	2.33	6.49

（三）网省间电量交换情况

1999年，华中电网网省间交换电量71.32亿kW·h（以湖北侧计），比1998年同期减少1.94亿kW·h。与华东电网交换电量的21.58亿kW·h中，送华东18.45亿kW·h，比1998年同期增加4.12亿kW·h。华东送华中3.44亿kW·h，与1998年同期持平；网内省间电量交换49.74亿kW·h，比1998年同期减少6.02亿kW·h，其中，鄂豫电量交换减少近4亿kW·h，鄂赣减少0.4亿kW·h，鄂湘电量增加了近2亿kW·h。

华中电网近年来省间电量交换一年比一年少，1990～1995年一直保持在65亿kW·h以上，1996年达到83亿kW·h，是历年的最高值。1997～1998年，减少到56亿kW·h左右，1999年跌到50亿kW·h以下，减少了华中电网水火调剂的效益，降低了全社会资源合理配置的程度。

（四）1999年电力市场的主要特点

1. 电力生产市场供应充足

1999年，华中地区电力供应能力进一步加大，年末6000kW及以上机组电装机容量达到4236.33万kW，比1998年同期又增加279.89万kW，增长率为7.07%。其中水电增长8.65%，火电增长6.42%。

6000kW及以上机组发电量增长4.48%，其中水电增长-1.29%，没有完成年初下达的年度计划；火电发电量增长6.95%，大大高于前两年的增长率，超额完成了年度计划。

全年发电设备年平均利用小时为4053h。从四个省来看，河南的发电设备增长率为7.28%，而发电量的增长率仅为5.43%，利用小时只有4675h，首次降低到5000h以下。湖北有140多万kW的机组投产，装机容量的增长率高于10%，但发电量仅增长5.72%，利用小时比1998年同期减少350多个，利用小时低于4000h。湖南1999年只有50多万kW的水电投产，但由于水情不好，来水减少，水电的发电量负增长，而火电的发电量增长了8.06%，火电利用小时也比1998年同期增加了200多个小时。由于湖南的水电比重较大，占全省装机容量的50%以上，上半年水电来水减少时，即使火电满发一度也难以满足用电需要。电网及时调动河南的火电支援，避免了湖南的大面积拉闸限电，保证了湖南国民经济发展、工农业生产和人民生活用电的需要。1999年湖南6000kW及以上电厂发电量仅增长1.76%。江西上半年也受到来水减少的影响，水电量负增长11.92%。但由于水电比重只占30%以下，火电能够填补水电的空缺，全年发电量仍然增长4.34%。江西的利用小时最低，只有3356h。

2. 电力消费市场开始启动，用电结构值得关注

1999年，用电市场出现复苏启动的兆头，四个省的用电量都有增长，其中河南增长4.17%，湖北增长3.97%，湖南增长2.32%，江西增长3.36%。

从分行业看，工作用电量的比重占全社会用电量的72.20%，数量上比1998年增长3.83%，对全社会用电量的增长起主要作用。城乡居民生活用电增长5.68%，低于1998年同期的增长水平。农林牧渔水利业增长0.73%，第三产业用电量也只增长0.38%，值得关注和分析。

1999年华中四省国民经济稳定发展，全年国内生产总值达到13812.44亿元，比1998年增长8.16%。其中，河南增长8.1%，湖北增长8.3%，湖南增长8.3%，江西增长7.8%。国民经济的稳步发展，为电力市场启动创造了有利的外部环境。

(五) 1999年电网运行的主要特点

1. 来水不足，水电量减少

1999年华中地区的来水形势不好。自1998年夏季大水以后，来水就少于正常年份，致使年末各水库水位明显偏低。1999年一季度，来水量又严重不足，部分水库长期处于低水位运行，统调水电量负增长42.79%；二季度来水又相对集中，受电力消费市场的限制和1998年大水的影响，又不得不降低水位，弃水调峰，水电的发电量仍为负增长，累计水电发电量负增长18.43%；三季度处于汛期，部分电厂发电量有所增加，本季度水电发电量比1998年同期增长10.83%，但累计发电量仍然少于1998年同期。网内几座主力水电站如隔河岩、丹江、黄龙则一直严重枯水，这些水电厂的发电量比1998年同期大幅度减少，特别是丹江电厂，长期在死水位以下运行，发电量是历年来最少的。四季度，部分水电厂来水略有增加，特别是葛洲坝电厂来水均匀，完成了年度发电计划，1999年葛洲坝的发电量比1998年同期增加了24亿kW·h。而且由于1998年汛期水头低、四季度来水少致使大部分水电厂发电量减少；东江电厂下半年来水均匀，完成了年度计划，但比1998年同期少发电量5亿多kW·h；五强溪的来水也有好转，但由于上半年欠发太多，只完成年度计划的98.32%；隔河岩电厂的发电生产在网调的合理安排和科学调度下，勉强完成了调整计划21亿kW·h，年末水位比1998年同期还高3米多。丹江1999年特枯，全年最大负荷只有54万kW，长期在死水位以下运行，发电量只完成15.4亿kW·h，为历年最少，比1998年同期少发电量近10亿kW·h。1999年，统调发电量比1998年同期增长6.21%，统调水电厂的发电量则为负增长0.73%，水电厂没有完成年初下达的发电计划。其中网调水电厂除东江电厂完成年度计划的111%，葛洲坝完成102%以外，丹江、隔河岩和五强溪都没有完成年初下达的年度计划。网调直调水电厂发电量基本上与1998年同期持平。湖北、湖南和江西的水电发电量都是负增长。统调电厂的发电量增长高于6000kW口径发电量的增长，一方面是1999年华中地区的来水偏少，南方三省的小水电发电量减少。另一方面是控制小火电有成效，非统调火电发电量减少了6亿kW·h。

2. 火电厂发挥作用

在华中地区来水减少的情况下，全网的火电机组充分发挥了作用。1999年，全网统调火电厂发电量增长8.99%。其中，一季度增长31.82%，二季度增长16.91%，三季度增长6.01%。

各省的火电厂增长的情况不尽相同：网调电厂基本上与1998年同期持平，增长率为0.70%，河南增长9.06%，湖北增长11.9%，湖南增长11.58%，江西增长9.91%。其中湖北、湖南和江西的增长较大，弥补了本省水电和网调直调厂水电的不足。

3. 电网最大负荷、最大日电量和峰谷差均创新高

1999年，全网统调最大发电负荷达到2280万kW，增长12.93%，日最大发电负荷的平均值达到2032万kW，比1998年增加了184万kW，增长率达到9.96%。但是，最小高峰负荷1394万kW只比1998年同期增加84万kW，增长率为6.14%。峰谷差进一步加大，最大峰谷差910万kW，比1998年同期增加89万kW，增长率10.84%。平均峰谷差也达到了683万kW，增长率7.9%。负荷率进一步降低，负荷率γ值全年最大87.40%，平均值78.60%，最小值只有70.4%，分别比1998年同期下降了1.42、0.50和0.74个百分点。统调最大日发电量45724万kW·h，比1998年同期增长13.09%，最大统调日用电量44626万kW·h，增长率为12.86%。

表3为近三年统调电网运行的部分参数比较。

表3 统调电网运行参数比较

指标	1997年	1998年	1999年
最大发电负荷（万kW）	1927	2019	2280
最大用电负荷（万kW）	1889	2011	2232
最大峰谷差（万kW）	713	821	910
最大发电负荷率（%）	89.59	88.82	87.40
平均发电负荷率（%）	81.17	79.10	78.60
最小发电负荷率（%）	73.25	71.14	70.40
最大日发电量（万kW·h）	39254	40431	45724
最大日用电量（万kW·h）	38388	39542	44626

在最大负荷、峰谷差不断加大的同时，集团公司加强电网运行的科学管理，使电网的电能质量得到不断提高，频率合格率达到历史最好水平。50±0.2Hz频率合格率又创历史最好记录：99.965%，不合格时间90%以上是高频率。50±0.1Hz频率合格率达到92.52%，其中不合格时间中有98.39%是高频率。7月份以来，每月50±0.1的Hz频率合格率都在99%以上，弥补了二季度合格率较低的不足。

1999年，华中电网没有发生因"千年虫"问题引起的事故，整个电网安全稳定地进入2000年。1999年，按照国家电力公司的要求，圆满完成了保证建国50周年庆典活动和澳门回归期间的政治保电任务。

电网建设

1999年全网投产大中型发电机组容量185.4万kW，投产220kV及以上输电线路1379.4km、变电容量565万kV·A。四省电力公司完成城市电网建设与改造资金50.12亿元，占国家批准资金143.41亿元的34.95%。四省电力公司完成农村电网建设与改造资金84.98亿元，占国家批准资金272.7亿元的31.16%。全网停运小火电机组15.75万kW，比国家电力公司下达的年度停运计划12.7万kW增加3.05万kW。

（一）投资计划执行情况

华中电力集团1999年国家下达基本建设投资计划约172亿元。其中火电64亿元，水电16亿元，送变电83亿元，小型基建8亿元。全年全集团资金到位106亿元，其中火电40亿元，水电17亿元，送变电43亿元，小型基建7.6亿元。资金到位率分别为62%、105%、51%、93%。全集团完成投资149亿元，其中火电56亿元，水电16亿元，送变电68亿元，小型基建9亿元。投资完成率分别为87%、96%、81%、111%。

（二）集团公司控股项目情况

1. 投资计划执行情况

1999年集团公司控股投资的襄樊电厂、信阳电厂、益阳电厂、九江电厂等下达的年度投资计划约为31.5亿元，全年共完成投资28亿元，投资完成率为90%，投资完成情况较好；投资到位19亿元，到位率为60%。从资金到位情况看，信阳电厂资金到位较好一些；襄樊电厂受地方融资改为开行追加贷款的影响，故开行追加贷款未能在年内到位。

2. 控股工程进展情况

（1）信阳华豫电厂2×300MW工程。

正在土建及安装中。

（2）湖南益阳电厂2×300MW工程。

正在土建及安装中。

（3）九江三期2×350MW工程。

12月16日正式开工，主厂房开挖。

（4）襄樊电厂。

1、2号机组移交生产。3号机组9月28日通过"168"试运，进入试生产。4号机组9月25日并网发电，10月通过"168"试运，进入试生产。

（三）问题及建议

（1）妥善处理九江三期工程国家开发银行贷款遗留问题。

（2）加强九江三期涉外合同有关事宜及剩余日元贷款的处理。

电网经营

（一）资产经营考核指标完成情况

（1）利润总额。集团实现利润136933万元，比1998年增长32.99%，完成121000万元的目标利润；

（2）资本保值增值率。集团资本保值增值率为102.43%，比国电公司下达的101.98%的目标高0.45个百分点；

(3) 投资收益率。集团投资收益率为6.72%，完成国电公司下达的5.94%的目标；

(4) 资产负债率。集团资产负债率为55.28%，控制在国电公司下达的60%的目标内；

(5) 不良资产比率。集团不良资产比率为4.32%，控制在国电公司下达的6%的目标范围内；

(6) 上缴投资收益。按国电公司要求全部完成。

(二) 其他指标完成情况

(1) 售电量。集团完成售电量12297233万kW·h，比1998年增长6.69%；

(2) 销售收入。集团实现销售收入3812093万元，同比增长7.99%，全员劳动生产率8.85万元/(人·年)，比1998年增长5.58%。其中，电力销售收入为3759475万元，比1998年增长8.15%；

(3) 销售成本。集团销售成本3653198万元，同比增长8.79%，高于收入增幅0.8个百分点。其中，电力产品成本为3601697万元，比1998年增长9.07%，比电力销售收入增幅高0.92个百分点；

(4) 递延资产。集团递延资产余额72670万元，比年初108964万元减少36294万元，减少33.31%。

(5) 实现利税。集团实现利税423811万元，比1998年406885万元增加16926万元，增4.16%。

(三) 存在问题和建议

1. 存在主要问题

(1) 丹江问题一直未得到有效解决，到1999年拖欠电费已达9亿元。

(2) 售电量增幅较大，但扣除不可比因素后，实际增长却较小。

(3) 外购电费增加，挤占了电网利润。

(4) 电价调整举步维艰。

(5) 投资回报率低。

(6) 对固定成本的控制不平衡。

(7) 电费回收愈加困难。

2. 对策和建议

(1) 开拓电力市场，继续增加电力销售。

(2) 积极争取电价政策，维护电网利益。

(3) 成本控制仍需加大力度，要把成本预算（计划）落到实处。

(4) 继续加强经济调度,遏制购电费的不合理增长。

(5) 加大电费回收力度，及时回收资金。

(6) 恳请国家电力公司协调国家有关部门，有效解决丹江经济纠纷。

多种经营

1999年，华中电力多种经营在转换企业经营机制、强化资金运作和资产管理的过程中，着力调整结构，挖掘潜力，规范经营行为。多种经营创总收入143.1亿元，较1998年增长13.8%。实现利润6.0亿元，较1998年增长15.4%。实现利税11.78亿元，较1998年增长21.1%。全员劳动生产率（按增加值计算）为27988元/（人·年），较1998年增长21.8%。全网多种经营总收入超亿元的电力企业达到48家。本年度新安置人员14270人，其中安置主业人员7384人，安置待业青年2487人。总资产达到了190.68亿元，较之开始有历史记载的1993年3.15亿元总资产纪录大大向前发展了。资产负债率为60.22%，较1998年有所降低。电力多种经营企业的实力得到一定的增强。

同时，华中电力多种经营发展中存在的问题也是突出的。例如，产业结构明显不合理，调整产业结构和产品结构的能力薄弱，适应市场变化的能力差；安置富余人员的繁重任务超出企业的承受能力，企业缺乏后劲；人才匮乏；资金匮乏；技术匮乏。加之企业体制和运行机制存在与国有企业同样的弊病，多种经营企业还远远不能适应市场经济的要求。这些不足将在今后的发展过程中采取有效措施逐步加以改变，以适应电力企业改革进一步深化的需要，为国家电力公司系统提高经济效益作贡献，为国家电力公司进入世界企业500强作贡献。

电网安全

(一) 基本情况

截至1999年底，华中电网保持了连续17年无主网稳定破坏事故，连续16年无垮坝、漫坝、水淹厂房事故发生。1996年以来，没有发生重大生产设备损坏事故和大型机械损坏事故及重大火灾事故，生产和基建安全形势基本稳定。

1999年全网累计发生设备事故129次，比1998年同期的181次，减少52次，下降29%；其中发电事故14次，比1998年同期的26次减少12次，下降46%；供电事故115次，比1998年同期的155次减少40次，下降25.8%。发生设备一类障碍537次，比1998年同期的594次下降10%。其中发电设备一类障碍224次与1998年同期基本持平，供电设备一类障碍313次，比1998年同期的369次下降15%。

1999年全网发电事故率0.066次/（台·年），输电事故率0.059次/（公里·年），变电事故率0.030次/（台·年），生产人身重伤率0.013‰。

1999年发生14个变电站全站失压事故。其中220kV站5个，110kV站8个，35kV站1个。

(二) 安全生产中存在的主要问题

1. 500kV系统故障增加，主网安全稳定性受到严重的威胁

1999年，500kV系统故障率上升，主要表现在

继电保护和辅助设备故障影响主设备安全运行。全年500kV线路跳闸7次；500kV变压器故障跳闸3次，较1998年增加2台·次；500kV线路、变压器负荷较大，其非正常的状态对电网的安全运行和对用户的连续供电就会受到威胁。

2. 设备运行、维护质量有待提高，一些反事故措施没有得到落实，人为责任造成的事故比例有所增加

根据事故信息统计，生产人员人为责任事故占43.5%，比例很大。少数单位个人安全意识淡薄，工作责任心差，没有严格执行安全工作规范和操作制度，安全生产管理上有薄弱环节，反事故措施上还存在隐患和漏洞。检修质量不良，维护责任不到位等。

3. 电力生产人身伤亡事故和基建工地外包工人身死亡事故没有杜绝

人身死亡事故不能杜绝，说明少数生产单位和外包施工企业还不能处理好安全与效益、安全与进度的关系，他们对安全工作存在侥幸心理，忽视安全文明生产（施工）；对安全生产疏于管理，一些安全防护措施不到位，责任制落实有死角；对安全施工监督不到位，对外包工程管理不力、监督不严，导致人身事故时有发生，必须引起高度重视。

4. 外力破坏和人为破坏事故造成的损失和对电网安全稳定运行的威胁不容忽视

科技与教育

1999年华中电力集团科技投入15418万元。比1998年度增长10%。

1999年度华中电力集团科技进步奖共有56项。其中应用性科技成果51项、一等奖3项、二等奖27项、三等奖21项；理论性科技成果5项，二等奖3项、三等奖2项。

1999年度获国家科技进步三等奖一项：项目为“0.01级功率电能表”。

1999年度获国家电力公司科技进步三等奖二项：①K-211型多种开关动作特性专用测量仪的开发。②配电网线损理论计算与分析系统。

1999年9月18日，河南省电力公司与清华大学合作开发的20Mvar静止调相机（ASVG）成功在河南洛阳变并网运行，并顺利通过72h试运行。ASVG的研制成功，标志我国成为继美、日、德之后第四个掌握柔性输电技术的国家，拥有完全的知识产权。这为今后ASVG产业化打下了坚实的技术基础。

1999年，共组织举办各类短期岗位培训和继续教育培训班39期，培训学员1503人·次。根据国家电力公司和中国电力信息中心的统一安排，完成了3期国家电力公司局级干部信息化技能培训班的教学组织工作，培训学员45人。

1999年5月18日，华中电力集团博士后工作站揭牌仪式正式举行，同时两名博士后进站。

改革与管理

（一）坚持以国家电力公司发战略构想为指针，积极主动地推进华中电力集团的改革和发展

集团公司坚持以国家电力公司的发展战略为自己的发展战略，按照国家电力公司“四步走”的改革部署，围绕“提高认识，统一思想，稳定队伍，研究方案”的指导思想，组织专班，初步提出了华中电力集团公司改革的设想。

（二）努力加强经营管理工作，全面完成资产经营考核指标

国家电力公司下达资产经营考核指标后，集团公司就立即召开集团经营工作座谈会，分析经营形势，统一思想认识，制定落实措施；将考核指标分解落实到集团公司本部和四省公司，集团公司总经理与四省公司总经理签订资产经营责任书。四省公司随即将考核指标具体落实到机关各部门和各发供电企业。集团公司为了确保完成资产经营考核指标，进一步完善了对各二级公司资产经营责任制考核办法，并根据国家电力公司下达的考核指标，调整了各二级公司1999年的经营目标。全集团形成了责任明确、措施有效的经营目标考核体系。

集团公司制定了贯彻落实国家电力公司财务管理年活动的方案，并下发四省公司贯彻落实。该方案明确了财务管理年活动的主题，提出了全面完成资产经营指标等三项工作目标，制定了财会创一流工作等七项主要工作内容及措施。集团公司改革会计管理体制，对本部及二级单位的会计业务实行集中管理、统一核算，强化了成本管理和固定资产管理；对部分二级公司的财务负责人实行委派制试点。高度重视资金安全工作。集团公司制定了确保资金安全的“十条”规定。全集团严格执行国家有关规定，不进行股票炒作、期货交易；严格执行有关制度，不随意对外借款、对外担保；充分利用国家政策，积极盘活资金，提高资金效益，通过资金的科学运作，降低财务费用15300万元。全集团充分行使审计监督职能，发挥审计作用，全年共完成审计项目13361个，查出违纪金额17457万元，纠正率为93%，促进增收节支28901万元。

1999年，全集团售电量比上年增长6.77%，远远高于年初确定的3%的目标。四省公司都积极采取鼓励用电的一系列行之有效的措施，共开拓电量39.62亿kW·h，占全集团售电量的3.22%。

1999年，集团公司努力做好电价出台工作，确保电力企业经营效益。认真进行电价测报工作，取得了很好的成效。集团公司在国家计委的电价立户已获

批准，实现了集团公司电价管理工作上的突破。湖北、河南、湖南省的电价调整方案均已经国家计委批准，湖北省电网销售电价平均每 kW·h 提高 2.5 分，自 1999 年 7 月 15 日起执行；河南省电网销售电价平均每 kW·h 提高 2.3 分，自 2000 年 1 月 1 日起执行；湖南省电网销售电价平均每 kW·h 提高 1.88 分，自 1999 年 12 月 25 日起执行。江西省的电价调整方案已上报国家有关部门待批。

国务院稽察特派员总署第十六办事处宋树友特派员一行 6 人，从 1999 年 8 月 10 日起进驻华中电力集团，开始实地稽察，到 12 月 20 日稽察结束。

（三）贯彻国家能源政策，促进地区资源优化配置

在生产管理方面，努力做到以下两点：一是坚持“三公”调度，促进资源优化配置。坚持按“水电优先”和“同类型火电机组年利用小时相当”以及“限制小火电无序上网”的原则安排各类机组的发电计划；同时各省公司都开展了部分电量竞价上网的试点，推动了发电厂加强管理、降低成本、提高效益。1999 年初，当湖南省出现季节性缺电情况时，集团公司促成了河南按协议向湖南送电 2.1 亿 kW·h，既解决了湖南缺电的问题，推动了电能的合理交换，又体现了大电网的优势，为运用市场经济法则实现电力购销作了有益的尝试。另外，1999 年，集团公司还按照国家电力公司的部署，向华东增送电量 5 亿 kW·h。二是逐步健全电力市场规则，规范电力市场。1999 年，集团公司在对四省电力市场状况进行调查的基础上，与四省公司协商，草拟了“葛洲坝、丹江口电厂向四省送电基数管理办法”、“发、用电量计划编制管理办法”、“电网运行管理办法”、“网、省间基数外购销电量管理办法”、“电网异常情况运行管理办法”等文件，待进一步修改完善后试行。

（四）深入开展达标创一流工作，电力生产持续安全稳定

1999 年，全网已达标企业 78 个，占应达标企业的 94%；在耒阳、隔河岩电厂被国家电力公司命名为“一流发电厂”的基础上，贵溪、阳逻、汉川、石门电厂也被命名为“一流发电厂”；同时，供电企业的创一流工作正在逐步展开。

（五）巩固基建体制改革成果，电力规划和项目建设工作成效明显

1999 年，全网认真贯彻落实国家电力公司提出的电力建设“四十八字”总体思路、再上新水平的“六条标准”和加速与国际先进水平接轨的要求，在编制电力发展规划、推行电力基建“五制”、规范工程建设管理、加强安全文明施工、开展达标投产等方面都取得了可喜的成绩。

1. 电力规划成效显著

抓住小浪底和三峡电站建设的机遇，加大了 500kV 电网规划和前期工作的力度，明确了 2010 年华中电网的目标网架和过渡实施方案。配合国家电力公司按计划完成了华中与华北、华中与西北联网的前期准备工作；根据国家有关部委和国家电力公司的要求，深入调查研究，提出了以合理消纳三峡和小浪底电站电力电量、实现资源优化配置为目标的华中电网电力结构调整和“十五”计划总体思路。

2. 工程质量不断提高

全网已有 16 台火电机组被国家电力公司命名为基建移交生产达标机组，华中地区的基建移交生产达标机组数量已跃居全国前列。此外，500kV 鄂赣联网线路工程被国家电力公司命名为基建移交生产达标工程。集团公司控股的襄樊电厂工程（4×30 万 kW），实现了安全好、质量优、投资省、工期短的建设成绩，被国家电力公司赞誉为国内火电建设的又一个先进典型。

3. 工程造价得到有效控制

通过推行基建“五制”，使全网在建工程的造价都得到了有效控制。襄樊电厂工程（4×30 万 kW）节约投资 10% 以上。

（六）实施科教兴电战略，产学研结合取得重大突破

1. 开发出柔性交流输电技术的商业化样机

由河南省公司与清华大学联合研制的 20Mvar 新型静止无功发生装置在河南洛阳朝阳 220kV 变电站并网成功，并顺利通过 72h 运行。

2. 投运国内一流的仿真培训机

由集团公司投资建设，并与清华大学合作开发应用软件的，具有一机多模、大屏幕投影显示的火电机组仿真培训机已投入运行。

3. 建立博士后科研工作站

1999 年 5 月，中国华中电力集团博士后科研工作站开始运转，首批来自西安交通大学和华中理工大学的两名博士已进站开展电力市场和电价模式等方面的研究工作。

（七）加强领导班子业绩考核，推动企业整体工作

根据国家电力公司下达的年度经营目标，修订对四省公司领导班子百分制年度考核项目，加大经营权重，突出了对四省公司领导班子完成经营目标的考核和奖罚力度。

（八）职工收入分配更趋合理，生活水平不断提高

认真制定了《华中电力企业 1999 年工资结构调整办法》，提高了岗位技能工资在工资总额中的比例，

并在工资分配中进入到主导地位；提高了最低工资标准，充分发挥基本工资的保障激励作用；提高了工龄工资标准，更好地体现了职工在企业中的劳动积累差别。加强企业工资总量管理工作，为合理争取工资计划创造了宽松的环境。1999年，全集团工资总额增长达8%以上。同时，还积极向国家有关部委反映情况，妥善解决了因1998年特大洪涝灾害带来的工效挂钩工资负增长的问题，为企业深化改革、职工收入水平提高创造了良好的外部环境。

（九）坚持常抓不懈，精神文明建设不断加强

（1）在三场政治斗争中立场坚定，旗帜鲜明。对以美国为首的北约的野蛮暴行进行了强烈抨击，对邪教“法轮功”进行了坚决的斗争，对李登辉的“两国论”进行了深入的批判。

（2）深入贯彻落实党风廉政建设责任制。集团公司党组和四省公司党组都制定了《贯彻执行〈关于实行党风廉政建设责任制的规定〉的实施办法》和《考核细则》，保证了党风廉政建设责任制更好地贯彻落实。

（3）在全系统推行厂务公开制度。集团公司党组主持召开了推行厂务公开制度、全心全意依靠职工办企业经验交流会。

（4）“三讲”教育进展顺利。湖北省公司完成了“三讲”教育的试点工作，并取得成功经验；集团公司和河南、湖南、江西省公司的处级及以上干部基本完成了“三讲”教育第一阶段的任务。

（5）创建全国文明单位工作取得重大突破。集团公司本部和湖南省公司本部等10个单位已被中央精神文明建设指导委员会命名为“全国精神文明建设先进单位”，武汉供电局硚口营业所等5个单位被命名为“全国创建文明行业先进单位”。

问题和困难

1999年的工作中还存在一些问题和困难：第一是电费回收问题。由于部分企业不景气，电热费回收依然困难。直接影响企业的经营秩序和经营成果。第二是丹江口供电区问题。由于华中电网与丹江口电厂自供区之间的互供电量的电价尚未理顺，导致结算电费巨额挂帐。第三是保持职工队伍稳定的任务日益繁重。由于关停小火电机组、减人增效下岗分流等原因，带来了职工的分流安置问题。第四是利润结构不尽合理。据初步统计，1999年，全集团电热主营业务的利润只占总利润的53%。作为电网经营企业，如何提高主营业务的经济效益，任务十分繁重。

主要事件

2月8日，集团公司新办公楼投入使用，随着局域网的建立、办公自动化系统的完善和英特网的联入，集团公司信息化建设实现重大突破。

3月4～5日，华中电力集团1999年工作会议在武汉召开。

5月18日，华中电力集团博士后科研工作站正式挂牌，首批博士进站工作。该工作站是国家电力公司系统和湖北省首家企业博士后科研工作站。

6月30日，华中电力集团经营工作会议在汉召开，会上，林孔兴总经理与四省电力公司总经理韩学仲、李菊根、周绍文、胡德成就各项经营指标签订资产经营责任书，实现了资产经营责任制内容和形式的突破。

8月10日，根据党中央、国务院有关指示精神，国务院稽察特派员宋树友率国务院稽察特派员总署第十六办事处成员一行6人进驻集团公司，开始对华中电力集团的实地稽察工作。8～12月，稽察特派员一行先后完成对集团公司和湖北、河南、湖南、江西省电力公司的稽察，12月20日华中电力集团1999年稽察工作结束。

9月，以林孔兴总经理为主编的《企业集团发展战略研究——中国华中电力集团发展战略课题研究报告》正式出版。该报告提出了华中地区电力工业可持续发展的战略方针、战略重点和政策措施。

9月16日，集团公司本部被中央精神文明建设指导委员会授予“全国精神文明建设工作先进单位”称号，并受到表彰。

10月16日，随着襄樊电厂4号机组高质量一次通过168h满负荷试运，襄樊电厂（4×300MW）工程全部建成发电。该工程创造了国内4台30万kW机组建设工期时间最短（31.5个月）记录，从首次冲转到完成168h满负荷试运天数最少（15天，4号机组），从首次吹管到结束168h满负荷试运耗油最省（633吨，4号机组）的新纪录。

8月31日～9月5日，华中电网完成全国电力系统计算机2000年问题三个阶段的联合测试，此后全网最终安全步入2000年。

（李光涛）

河南省电力工业

概况

面对严峻的电力生产经营形势，河南省电力工业局（公司）在国家电力公司、省委、省政府和华中电力集团公司的正确领导下，坚持以经济效益为中心，紧紧依靠和带领广大职工，采取有力措施，努力加强

企业管理，不断提高服务质量，积极开拓电力市场，较好地完成了全年主要经营目标。

主要经济技术指标较好完成

全省发电量完成658.87亿kW·h，比1998年增长5.21%。其中，统调机组发电量完成454.62亿kW·h，同比增长7.45%。全省全社会用电量完成671.97亿kW·h，同比增长4.17%。全省新增发电设备容量110.15万kW，其中，省网投产83.4万kW。截至1999年底，全省发电设备容量已达到1477.36万kW。省网新增220kV线路439km，变电设备容量130万kV·A；500kV线路280km，变电设备容量150万kV·A。全省电力项目完成投资87.2亿元，其中城乡电网投资43.1亿元。省电力公司售电量完成475.37亿kW·h，同比增长10.07%。电力销售收入完成134.77亿元，同比增长11.6%。实现利润4.1亿元。到1999年底，省电力公司资产总额为315.3亿元，负债总额为201.3亿元，资产负债率为61.98%，资产保值增值率为102.4%，递延资产余额为2.8亿元，不良资产比率为2.94%，投资收益率为8.47%，上缴投资收益为9032万元，均完成了国家电力公司和华中电力集团公司下达的生产经营指标。

1999年河南省发电生产情况见表1，各供电区供电量情况见表2。

河南省历年发电量示意图见图1。

表1 1999年河南发电生产情况

发电单位 \ 生产指标 \ 项目分类	电厂个数	发电量（万kW·h）		年均利用小时		期末装机容量（万kW）		发电厂用电率（%）		供电标准煤耗率[g/(kW·h)]	
		1999年	同期比（±%）	1999年	同比增加	1999年	同比增加	1999年	同比增加	1999年	同比增加
河南省全省总计		6588475	5.21	4641	-374	1477.36	98.92	8.34	-0.25	423	-5
其中：水电		163574	-2.74	2338	-340	92.803	30	1.17	0.38		
火电		6424901	5.43	4749	-389	1384.56	68.92	8.48	-0.27	423	-5
河南省6000千瓦及以上厂站合计	138	6550117	5.43	4651	-369	1466.76	99.5	8.34	-0.25	423	-4.77
其中：水电	12	138706	7.64	2268	-128	83.773	30	1.17	0.38		
火电	126	6411411	5.39	4746	-393	1382.99	69.5	8.48	-0.27	423	-4.77
一、统调电厂合计	19	4546244	7.45	4759	-344	1021.4	91.4	7.94	-0.23	381	-3.51
其中：水电	2	114553	26.69	2445	184	70	30	1.03	0.2		
火电	17	4431690	7.03	4860	-387	951.4	61.4	8.1	-0.22	381	-4
二、非统调电厂合计	119	2042232	0.53	4425	-426	455.96	7.52	9.37	-0.2	532	0.2
1. 省公司集体电厂合计	1	41114	-22.66	2895	-232	1.8	-12.65	12.6	-1.31	633	-21.54
2. 地方电厂合计	118	2001118	1.15	4475	-438	454.16	20.17	9.3	-0.14	530	1.7
水电	10	49021	-36.95	1754	-1656	22.803	0	1.77	1.08		
火电	108	1952097	2.71	4563	-440	431.357	20.17	9.4	-0.23	530	1.7
（1）地、县属电厂合计	81	1578171	-1.58	4490	-541	348.123	6.8	9.2	-0.05	519	-3.8
水电	10	24153	-37.17	1754	-1039	13.773	0	1.77	1.08		
火电	71	1554018	-0.71	4601	-531	334.35	6.8	9.31	-0.13	519	-3.8
（2）自备电厂合计	37	384589	18.35	4415	-50	95.437	13.95	10.43	-1.76	667	45.51
（3）乡、村属电厂合计		38358	-23.00	3619	-837	10.6	-0.58				
水电		24868	-36.74	2754	-1600	9.03	0				
火电		13490	28.48	6274	1390	1.57	0.58				

表2 1999年河南省各供电区供电量情况

	总供电量		省网供电量		地方供电量		企业自备		购外省电量	
	本年（万kW·h）	同比增减（%）	本年（万kW·h）	同比增减（%）	本年（万kW·h）	同比增减（%）	本年（万kW·h）	同比增减（%）	本年（万kW·h）	同比增减（%）
郑州	1135770	9.9	739314	31.3	241054	-41.2	155402	14.6		
平顶山	442959	-17	364669	-19.9	17418	-53.8	60872	22.1		
安阳	450783	12.5	380164	64.7	62583	-62.9	8036	41.6		
濮阳	304894	1.1	303342	3.9	191	-95.8			1361	-72.8
焦作	532503	3.3	381782	20.9	88048	-32.9	62673	13.1		
三门峡	306627	4.1	297109	59.6	9454	-90.9			64	-98.7
南阳	441920	0.6	388309	6.8	2192	-87	1109	-54.9	50310	-9.8
洛阳	527609	4.7	468825	44.9	38828	-78.1	19956			
新乡	460274	6.8	382026	18	66186	-21	12062	8.3		
开封	201371	8.6	194813	12.8		-100	6558	2.6		
漯河	219558	8.1	200399	10.5	6183	-54.3	12976	25.0		
商丘	214527	21.5	185692	26	621	-96.7	27690	93.8	524	-87
鹤壁	124381	11.8	100865	22.3	11914	-49.9	11602	-8.2		
许昌	225648	16.5	216318	147.2	9330	-91				
济源	57077	5.7	57077	278.4						
驻马店	176460	3.8	144517	24.6	31943	-40.8				
周口	188871	3.7	130849	102.2	56373	-51.1	942	0.0	707	-41.2
信阳	196882	4.4	78943	27.8	108668	-5.4	5312	0.9	3959	-23.9

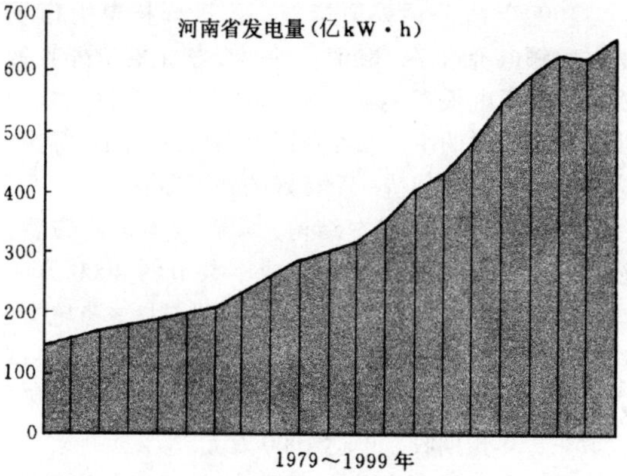

图1 河南省历年发电量示意图

精神文明建设

坚持党管干部原则和干部“四化”方针，完善了考核办法和评价体系，拓宽了民主渠道，加大了年轻干部的培养选拔力度，增强了企业领导班子的战斗力。结合“法轮功”问题对广大职工进行了深入的思想教育。继续开展以“讲文明、树新风”为主题的群众性精神文明创建活动，宣传和表彰了以罗华安为代表的先进典型。坚持不懈地开展电力扶贫工作，投入资金876万元，为新蔡县建设了一批输变电、公路、桥梁工程。在3个市地新建3所希望小学。狠抓了党风廉政教育和反腐败三项工作，实行了党风廉政建设责任制，并层层签订了责任书。各级领导干部廉洁自律的自觉性明显增强。把行业作风建设纳入了党风廉政建设责任制，制订下发了省电力公司优质规范服务标准、纠风和行风建设三年规划实施方案以及违反行风建设规定的处罚办法，强化了职工的职业道德意识。狠抓了营业示范窗口的建设，广泛开展承诺服务活动，改善了电力企业的形象。

公司电力体制改革

按照国家电力体制改革总体部署和《河南省电力工业局、河南省电力公司体制改革方案》，深入研究了政企分开、行业管理和公司制改革等重大问题。河南现行电力工业管理体制将按照国务院、国家经贸委和省政府的要求，形成政府宏观调控、企业自主经营、行业协会行使行业管理和服务职能的新型关系，河南省电力公司将建立以有限责任制度为核心、以公司制为主要形式的符合现代企业制度要求的新型企业组织体系。

进一步理顺河南省管电体制。在成功收购许昌市电业公司（许昌市电业管理局）的基础上，1999 年 3 月 1 日，河南省电力公司与驻马店地区行署签定将驻马店地区电业局供电部分划归河南省电力公司的协议。1998 年 6 月 28 日，河南省电力公司同信阳市人民政府签定协议，将信阳市电业局供电部分有偿划归河南省电力公司（包括原信阳县电业局资产）。划转后河南省电力公司分别设立驻马店地区供电公司（分公司）和信阳市供电公司（分公司），保留驻马店地区电业局和信阳市电业局的称谓。

加快了发电领域公司化改组的步伐。到 1999 年底，通过集资办电设立和改组改制组建的独立发电公司达到 22 个，独立发电公司的发电量已占到省网电量的一半以上，成为电力供应的主要力量。独立公司实行独立核算，通过与河南省电力公司签定并网协议、调度协议和购电合同，发电市场建设不断规范。

积极推进河南省电力公司所属企业的改革和重组。在原河南电力调度通信局相关职能的基础上，设立“河南电力调度通信中心”，作为河南省电力公司内部的职能部门和电网运行指挥及电力市场运营的管理单位。适应基建体制改革的新形势和基建市场的变化，将河南电力安装公司整体并入河南第二火电建设公司。河南电力勘测设计院作为公司制改革试点，在探索股权多元化途径上取得重要进展。

经营管理

1999 年省公司与各基层企业签定年度经营目标和电费回收责任书，加大企业的经营压力。完善内部模拟市场管理办法，加强考核奖惩工作。

积极探索优化资本结构、实施资本运营的新途径。盘活丹河电厂存量资产取得突破性进展，省公司已收回资金 1.92 亿元。进行开拓资本市场的尝试，向深圳大鹏证券公司注入资金，成为该公司并列第一大股东，年预期收益可达 1000 万元。配合豫能股份公司进行配股工作，同时调整省公司的资产结构。加强资产、资金管理和财务监控。

（孙金泉）

电力基础建设

1999 年共计投运 220kV 送电线路 439km，变电容量 130 万 kV·A，500kV 送电线路 280km，变电容量 150 万 kV·A，为历史最高水平。

全年高标准、高质量建成全省第二个 500kV 输变电工程项目——洛阳至郑州 500kV 输变电工程和最大的枢纽变电站，确保了小浪底水电站发电送出，标准着全省 500kV 电网工程设计、建设管理、施工、调试和运行水平上了一个新台阶。

全年投产大中型发电机组台，共计 83.4 万 kW。地方项目投产 26.7 万 kW。

1999 年进一步加强安全文明施工管理。到 9 月 3 日，全局实现安全施工 7 周年。10 月 18 日，河南火电二公司实现安全施工 4000 天，保持了全国安全施工记录。安阳电厂、洛阳热电厂和蒲山电厂工程在整个建设期内均实现死亡“零”目标。12 月国家经贸委安全局负责人专程到河南电力基建系统进行调研，对河南电力基建安全管理工作所取得的成绩给予了充分肯定。

电力施工企业改革

按照“中共中央关于国有企业改革和发展若干重大问题的决定”和国家电力公司关于“当前推动电力施工企业改革的几点意见”的要求，根据河南省电建企业的实际，结合省电力公司实体化改革和创建一流省级电力公司的需要，在充分调查研究的基础上，制定了河南电建企业改革方案，并于 1999 年 10 月开始实施。河南电力安装公司 1999 年 10 月 21 日整体并入河南火电二公司，河南超高压输变电运检公司已组建并开始运作，各施工企业改革方案已制定并开始实施，河南电力勘测设计院公司制改革方案已起草完毕，各项工作正有条不紊地全面展开。

电力市场开拓

1999 年省公司采取措施，积极开拓电力市场。通过整顿电价秩序、取消各种明令禁止的价外收费、对农村低压电根据实际情况制定了“拦头价”、对非供电企业直供的用户和商业用电实行最高限价等措施为开拓电力市场创造一个良好的外部环境。

积极探索优化资本结构、实施资本运营的新途径。发、供电企业三项可控成本共节约 4000 万元。盘活丹河电厂存量资产取得了突破性进展，省电力公司收回资金 1.92 亿元。开展了开拓资本市场的尝试，向深圳大鹏证券公司注入资金，成为该公司并列第一大股东，年预期收益可达 1000 万元。

针对市场需求停滞的局面，省公司在有关部门的支持和配合下制定了一系列的电力促销政策。①对直供居民用户和年用电量在 5000 万 kW·h 以上的大用户，采取超用电基数实行优惠电价的政策；②对由于电价原因而停产、半停产的企业经过调查，签定优惠促销合同，给予优惠政策，恢复生产。此项措施促销掂量 6 亿 kW·h；③收回原来由周边省供电的市场。到年底，除三门峡文峪金矿和秦岭金矿外的其他外省转供市场基本全部收回，给省公司增加了 3 亿 kW·h

的售电量；④积极推广电热锅炉和蓄冰制冷技术。全省新安装电热锅炉200台，增加用电容量20万kW。

加强地方小火电的管理。促使部分小火电厂的电量由部分上网改为全额上网，增供电量13亿kW·h。严格小火电生产计划执行情况的考核，取得一定的成效。

电网建设

1999年为了适应全国联网、三峡电站和小浪底电站发电送出需要，洛郑500kV线路建成投运，南阳——双河、南阳——郑西500kV输电线路正在施工，并开展了郑新500kV线路的前期工作。220kV电网进一步完善。城网建设和改造进展顺利，全年完成投资19亿元。通过城网改造，全省城网供电能力增加8%。

加大了淘汰小机组的力度。1999年共关停了12.4万kW机组，对关停后的负荷转移和2400名富裕职工作了妥善安置，并确定了“双高一优”技术改造方案。

城市电网建设

1999年度全省城网改造计划投资22.6亿元，完成投资19亿元，占计划投资的84%。在全省17个建设（改造）的城网中，郑州、洛阳、安阳、开封、许昌五个城市电网改造1999年国家批准的年度计划为13.4亿元。1999年五城电网改造克服各种不利的客观因素，完成形象进度9.34亿元，占当年投资的69.7%；其他12城电网目前已完成7.06亿元的工程项目，占计划投资的74.3%。

1999年，全省17个城市的电网改造工程已先后开工建设（新、扩建）了郑州农科变等13座110kV输变电工程，变电容量709MV·A。改造了7座110kV变电站，新增变电容量125.9MV·A。新投运110kV线路102km；新投运10kV配电室42个，10kV杆变1102台，公用配变容量增加307.08MV·A；10kV架空线路新增838km，10kV电缆线路新增221km；380V主干架空线路新增771km，电缆线路新增74.1km；淘汰高耗能配变61台，容量102.82kV·A；改造建设“一户一表”22.9万户。

（于笑飞）

两改一同价工作

1999年全省农网建设与改造工作进展顺利。1月份，农网建设（改造）工程正式启动，8月和10月分批下达全年投资计划35亿元，累计下达投资计划53.67亿元，到年底累计到位资金42.1758亿元，累计拨付资金42.0737亿元，完成投资30.7亿元。1999年竣工110kV输变工程4项；投产110kV输变电线路78.5km，变电容量7.15万kV·A；更换35kV高耗主变276台。新建改造10kV线路28300km，占三年改造计划的32%；配电台区28078个，占三年计划的31%；13534个行政村农网改造已经完成，占三年计划的40%。全年完成投资计划12亿元，43个提前竣工县已由35个完成了三年总工程的70%。郑州、商丘、焦作、漯河、鹤壁工程进展比较快。

农电体制改革不断加快。1998年底，省公司对全省趸售县电业局成功代管，代管后的各项工作进展顺利。各地完成了县电业局领导班子的考核任命，加强了对县局的管理；全省1927个乡镇电管站已有1919个成为县局的派出机构，占全省总数的99.2%；各地完成对农村电工的统一考核和择优聘用，完成了农村低压电网维管费用统一由县局统收统支，99%以上的行政村农村电工实行由县局的统一管理。农网改造过的行政村地区的农电管理体制已经基本理顺，达到一户一表，基本做到了“五统一（电价统一、发票统一、抄表统一、核算统一、考核统一）”，“四到户（销售到户、抄表到户、收费到户、服务到户）”，“三公开（电量公开、电价公开、电费公开）”。

据统计，全省1999年农村用电量比1998年增长6%，农村生活用电量增长15.6%。改造过的配电台区低压线损由原来的28%下降到12%以下。全省98%的行政村低压电价执行了最高限价，农村用电价格由年初平均0.8元/（kW·h）下降到0.68元/（kW·h），长期以来农村电价高的问题得到了有效解决。

电力多种经营

进一步深化多种经营内部改革，调整多经产业结构和资本结构。通过改组、改制、合并、租售等措施，共撤销100多家多经企业；对20家规模大、科技含量高、市场前景好的企业重点予以扶持；多经企业总体素质有一定提高。河南电力多种经营全年总收入完成40.8亿元，实现利润1.38亿元。

电力扶贫工作

1999年按照省委、省政府对口扶贫的工作指示和统一部署，省电力局继续坚持不懈开展电力扶贫工作。全年总共向对口扶贫的新蔡县投资876亿元。投资100万元在汝河上建成一座“连心桥”，改变几个自然村不方便的生活方式；投资100万元修建了12.5km的柏油公路；为了使新建的驻马店至砖店的110kV线路及变电站充分发挥作用，1999年又投资修建了35kV和10kV线路等配套工程，投资76万元建设一套先进的调度自动化系统和计量装置。

小火电机组关停情况

根据《国务院办公厅转发国家经贸委关于关停小火电机组有关问题意见的通知》（国办发［1999］44号）和《关于印发〈关停小火电机组实施意见〉的通知》（国经贸电力［1999］833号）文件精神，河南省加强对小火电机组关停工作的领导，成立了以主管省长为组长的领导小组，通过对全省小火电机组的全面摸底调查，制定出了河南省小火电机组关停计划和具体措施。1999年河南省共关停以大代小被替代机组、退役报废机组和服役期满20年纯凝汽式小火电机组34.09万kW。到目前为止，河南省被列入1999年关停计划的小火电机组已基本关停、拆除。为实现电源结构优化，减少资源浪费、环境污染等问题，促进电力工业良性发展，提高经济运行质量和效益，河南省将进一步抓好小火电机组的关停工作。

洛阳热电厂改扩建工程2×165MW供热机组投产

洛阳热电厂改扩建工程1号机组于5月29日完成72+24h试运，移交试生产；2号机组于12月10日完成72+24h试运，12月28日移交试生产。

改扩建工程总投资227951亿元，主要设备由俄罗斯引进，辅助设备由国内配套生产。工程在建设时坚持“质量第一”的原则，努力创建一流工程。1号机组在检查验收的1704项土建工程中优良率达88%；2号机组的164个安装检查验收项目全部达到了优良标准。2号机组从整组启动到完成72+24h满负荷试运行仅用了12天，目前在国内同类型机组中试运时间最短。

主要事件

1月1日，焦作丹河电厂利用外资成功进行改制，组建焦作丹河发电有限公司投入运营。该公司由香港信原实业有限公司、博爱县电力开发公司和河南省电力公司分别入股60%、30%和10%。

1月13日，由河南第二火电建设公司安装、调试的襄樊电厂2号机组一次通过168h满负荷试运行，正式移交生产。该工程创造了华中电网30万kW机组通过168h整套启动时间最短记录，名列全国第二。

1月29日，河南电力调度通信局实现安全生产5000天。

2月2～4日，河南省电力工作会议在郑州召开。会议的中心议题是认真贯彻落实中央、河南省经济工作会议和国家电力公司工作座谈会精神，总结1998年的工作，研究、部署1999年的任务。

河南省副省长张洪华到会作重要讲话，河南省电力公司总经理李菊根作工作报告，副总经理胡国栋作大会总结。

2月5日，河南省电力企业管理协会三届五次理事会暨河南省电力企业家协会一届五次理事会在郑州召开。

3月1日，河南省电力公司和驻马店地区行署举行签字仪式，将驻马店地区电业局正式有偿划归河南省电力公司直接管理，这是河南取消二级趸售、改革电力体制的重大举措。划转时间从1999年1月1日开始，以1998年12月31日驻马店地区电业局供电口的财务、劳动工资报表为准。

4月25日，洛阳热电厂改扩建工程1号机组顺利通过72h试运行。

5月8日，焦作丹河发电有限公司举行揭牌庆典。

5月14日，河南省电力公司三届二次职代会在郑州召开。

6月6日，信阳电厂2×30万kW机组设备安装工程开工。

6月28日，信阳市电业局供电部分有偿划归河南省电力公司协议签字仪式在信阳举行，将信阳市电业局正式有偿划归河南省电力公司直接管理，划转时间从1999年1月1日开始，以1998年12月31日信阳市电业局供电口的财务、劳动工资报表为准。

7月13日，河南省电力公司在洛阳召开经营工作会议。

7月22日，河南省人民政府批准罗华安同志为革命烈士。罗华安同志生前系平顶山市电业局职工，7月15日舍己救人，英勇献身。

7月22日，河南省高级人民法院、河南省人民检察院、河南省公安厅、河南省电力工业局联合制定《关于打击窃电违法犯罪行为的若干规定》，下发全省各市（地）县（市）有关部门。

7月30日，河南电网最高用电负荷达到1033万kW，创历史新高，比1998年同期最高负荷高出130万kW，同比增长14.4%。

8月25日，河南省电力公司召开关停小火电机组工作会议，部署关停河南省电力公司自营20台小火电机组的计划和措施。河南省电力公司决定从1999～2003年有计划地关停公司所属的安阳电厂、南阳电厂、洛阳热电厂、新乡火电厂、开封火电厂的20台小机组共计57.9万kW。

9月8日22时～9月9日2时，在全国电力系统Y2K问题联合测试中，河南电网顺利通过第四个高危时间点。至此，河南电网顺利完成全国电力系统Y2K问题联合测试的全部工作。

9月28日11时18分，由河南第二火电建设公司承建的襄樊电厂3号机组一次通过168h试运行，该工程创造了全国30万kW机组通过168整套启动时间最短记录。

10月21日，河南电力安装公司撤消，整体并人河南第二火电建设公司。

10月25日，国务院稽查特派员第16办事处特派员宋树友一行6人进驻河南省电力公司。

11月3日，河南省人民政府在郑州召开第三次“两改一同价”工作会议。会上登封市等43个提前竣工县的县长代表县政府与河南省电力工业局副局长吴铁诤签定了《河南省“两改一同价”目标责任书》。

11月5日，河南超高压输变电运检公司完成对洛阳—郑州500kV线路的第一次验收，标志该公司正式开始运作。成立河南超高压输变电运检公司是河南电力建设企业改革的一项新举措。

11月15日，河南省副省长张洪华及国家开发银行等有关领导到信阳华豫电厂考察工作，了解该厂建设情况。

11月24日，中共华中电力集团公司（华中电业管理局）党组研究决定，朱长林同志任河南省电力公司（电力工业局）副总经理（副局长）、党组成员，列胡国栋同志之后。

12月10日，河南省“九五”重点建设工程——洛阳热电厂改扩建工程2号机组完成72+24h试运行，标志该厂改扩建两台14.2万kW机组的任务全部完成。

12月13日，国家电力公司电网建设经验交流会在郑州召开，进一步贯彻“五制”，交流电网建设经验，提高电网工程管理水平。

12月22日，河南省电力公司召开电话会议，要求各单位进入临战状态，彻底解决该省电网计算机Y2K问题，确保河南电网安全进入2000年。

（张兆峰）

湖北省电力工业

综述

1999年，湖北省电力工业面对通货紧缩与市场疲软等各种困难和挑战，通过深化内部改革、调整电力结构、努力增供扩销、加快两网改造、争创一流企业等有力举措，各项工作取得优异成绩。

1999年，全省6000kW及以上电厂发电量505.34亿kW·h，同比增长5.72%，完成年计划的101.69%。省直售电量340.83亿kW·h，同比增长3.01%，完成年计划的100.24%，并完成“保2争3”的目标。实现利润总额4.86亿元，完成年计划的120%，剔除丹江水电厂挂帐2.18亿元，利润为2.68亿元，完成考核目标的103%。

截止1999年底，全省6000kW及以上发电装机容量1372.03万kW，其中，水电装机583.08万kW，占42.49%；220～500kV变电容量1771.9万kV·A，220～500kV线路7839.3km。至1999年底，湖北省电力公司拥有固定资产总额100.54亿元（净值），其中：固定资产保值增值率为101.93%，不良资产比率为7.53%，投资收益率为5.82%，上交投资收益7910万元，资产负债率为57.48%，上述指标均完成或超额完成考核目标值。省电力公司所辖发电、供电、电网调度、科研、电力设计、电力建设、电力设备制造、专业学校等企事业单位42个，年末职工人数61612人；全员劳动生产率60222元/(年·人)。

电源建设

1999年，湖北省根据电源建设的实际情况，通过加快电源结构调整，将“九五”后期计划新开工的火电项目由4个调减为2个，容量由300万kW调减为120万kW。全年完成电源建设投资22.09亿元，新投产发电机组容量384MW。

1. 鄂州电厂一期工程竣工

随着鄂州电厂2号机组于1999年4月2日顺利通过168h试运行，并经过半年试生产，在12月初以总分561.43分的较好成绩，通过华中电力集团公司组织的基建移交生产达标复检，鄂州电厂一期工程全面竣工。该厂一期工程建设规模为2×300MW火力发电机组，是湖北省第一个采用全套进口设备的大型电力工程，也是首次引进外资分岛招标的工程。该工程于1994年9月18日正式破土动工。承担鄂州电厂一期工程发电机组安装任务的湖北省电力建设一公司，针对工程采用国际招标及设计、设备接口复杂、工程层层分包、涉及多个国家和公司的特点，严格按照ISO9002标准组织施工，使机组安装质量达到优良水平。

2. 襄樊电厂4号机组并网发电

1999年10月25日9时42分，襄樊电厂4号机组（300MW）一次并网发电成功。至此，国家“九五”期间重点能源工程项目、装机容量1200MW的湖北襄樊电厂全部建成。襄樊电厂的建成，是湖北境内继汉川、阳逻电厂之后建成的第三座超百万kW的特大型火力发电厂。该厂是国务院采用外汇储备节余款购买国内设备的试点工程，同时又是原电力部与机械工业部优化设计、优化施工的试点工程。襄樊电厂于1996年11月28日正式破土动工。工程建设期间，全面贯彻改革的思想，在国内首次采用两家施工单位同时施工的模式，承担施工任务的湖北电建二公司和河南火电二公司，大胆引入竞争机制，严格管理、精心施工，全部工程用时不到32个月，缩短工期20.5个月，节约投资6亿元。湖北电建二公司在承建的襄樊电厂1、4号机组施工中，争创精品工程，工程速度、工程管理、安全质量均创造了全国同类工程的领先业绩，不少指标达到了国内乃至国际的先进水平，受到国家电力公司的高度赞扬。襄樊电厂的建成，使鄂西地区水、火电比例趋于合理，大大增强了鄂西电网的调峰能力，并将为襄渝电气化铁路改造、为湖北省汉水工业走廊的跨世纪发展，提供强有力的能源支撑。

3．项目开工和项目前期工程

青山电厂2×410t/h锅炉油改煤工程，由省电力公司总承包，湖北宏源电力工程股份有限公司负责施工，于1999年4月8日正式开工。工程管理比较规范，进展顺利，6月6日10号锅炉开始吊装钢架，至11月底锅炉已具备水压试验条件；12月底9号锅炉大件吊装完毕，厂用电具备受电条件。

黄石电厂“以大代小”工程，已初步完成2000年示范电厂的概念设计，草签了投资协议、上网协议、EPC总承包合同，并完成主机设备招标工作。外商投资的蒲圻电厂工程，已完成主机及主要辅机的招标工作，EPC总承包合同及与上海新科电力工程有限公司的联合体协议已经草签。此外，松木坪综合利用矸石电厂2×130t/h循环流化床锅炉改造工程前期工作进展顺利。

电网建设

根据三峡电力外送工程的总体要求，1999年湖北电网主网建设速度加快，共完成电网建设投资4.97亿元，新投产220kV变电容量141万kV·A，220kV线路390km。投产的项目有襄樊电厂外送的220kV东津、宜城及纪南输变电工程和高坝洲电站外送猇亭扩建及π入线路、220kV周家岭至南坪线路等；已完工或进入工程扫尾阶段的有220kV油坊输变电工程、汉川电厂与鄂州电厂外送工程等。

在主网建设加快的同时，1999年湖北省城网改造工作力度进一步加强，通过制定和实施《湖北省电力公司电网建设与改造工程管理办法》、《湖北省电力公司城市配网建设与改造工程管理办法》等一系列规章制度，提高了城网改造的效率与质量。根据国家计委审定的规划，湖北省城网建设与改造工程包括武汉、荆州等11座城市，国家计委下达湖北省城网建设与改造可研动态总投资52.89亿元，1998年已下达武汉、荆州城网投资计划2亿元；1999年下达武汉、荆州投资计划9.2亿元。截止1999年底，已完成1998年度投资2.16亿元，占1998年度投资计划的108%；完成1999年度投资8.6亿元，占1999年度投资计划的93.5%。同时，经过积极申报，国家计委于1999年12月31日，批复湖北7个地级城市新开工城网改造项目计划，并下达1999年度投资计划2.87亿元。另有2个城市城网改造项目正在批复中。

农网改造

1999年，是湖北省农村电网大规模改造的第二年，为充分利用好国家的农改政策，加快农村电网的建设与改造步伐，省委、省政府将农网改革与改造列入重要日程，在年初由省政府主持召开了全省农电体制改革工作会议，就全省农电体制改革、农村电网改造、城乡用电同价等重大事项作出部署，特别是对农网改造工作提出了具体的目标控制任务。按照全省工作部署，各级从宏观掌握到具体把关都普遍加大了力度，使全省农网改造取得了进度和效益的较好成绩。国家计委下达湖北省农网改造项目总投资规模为91亿元，在已下达1998年度计划19.02亿元基础上，1999年又下达20亿元的农网改造计划，省主管部门要求云梦等20个县当年竣工消号。截止1999年底，全省农网改造工程完成投资21.46亿元，占1998、1999年度到位资金的97.32%。新建和改造10kV线路16192.7km；新建和改造台区19967个、配电变压器14737台、配电容量96.85万kV·A；新建和改造低压线路68768km。改造后的农村低压线损由40%降至18%，农村到户电价由0.79元/（kW·h）降至0.73元/（kW·h），电压合格率由30%提高到99%，农户户均用电量增长了10%。

电力生产

1．发电生产

1999年，全省发电量比1998年增长5.7%，其中，湖北省省直调厂累计发电量203.7亿kW·h，同比增长9.7%，完成年度计划的102.32%；省直调厂机组利用小时数为3433h，同比减少610h；省电力公司直属厂供电煤耗率397 g/(kW·h)，与1998年持平，但300MW、200MW机组节煤工作突出，全年全省300MW、200MW机组煤耗率分别为354 g/(kW·h)和372 g/(kW·h)，分别比1998年全国平均值低4 g/(kW·h)和6 g/(kW·h)；省直调厂实际日发电量最大值（9月11日）为9236万kW·h，同比（1998年11月25日）增加2213kW·h；实际发电量最小值（5月22日）为4583万kW·h，同比（1998年9月6日）减少65万kW·h；实际发电平均峰谷差78.89万kW，比1998年减少8.89万kW；实际发电最大峰谷差（3月10日）162.8万kW，同比（1998年1月14日）增加47.3万kW，省直调厂平均调峰率为34.5%。

2.质量指标

1999年全省电力生产主要质量指标在创一流企业工作推动下，进步十分明显。1999年湖北电网电压考核点合格率为98.78%，比1998年提高0.34%。全年全省发电机组等效可用系数为92.66%，等效强迫停运率为2.79%，分别比1998年提高0.17%和降低0.66%；配电系统供电可靠率RS-1＝99.907%，RS-3＝99.908%，分别比1998年上升0.09%和0.081%。配电系统供电可靠率上升幅度较大，已达到了三个“9”水平。分析其原因，一是各供电局重视对可靠性管理责任到位考核，注重电网运行的异常分析和对策，在增效目标统筹下，对城网停电实行严格的审批制度；二是采取有效的技术措施，如武汉供电局、荆州电力局全面开展配网带电作业，襄樊供电局、鄂州供电局对配网试行状态检修等，较大地减少了对用户的停电时间；三是城网改造项目在提高配网环型供电能力上，已开始发挥出一定的作用。

3.设备检修

1999年湖北省电力公司在灵活安排发电机组小修，提高设备利用率的同时，注重设备大修，以状态定检和开展创“全优设备（系统）”活动，使设备检修与运行实际趋于吻合，使检修质量得到保证。1999年，省电力公司所属100MW及以上机组计划大修6台，实际完成4台，未完成的两台分别是汉川电厂3号机组、鄂州电厂1号机组，因机组状态良好，取消检查性大修。100MW以下机组（含锅炉）计划大修13台，全部完成。检修质量达到要求，特别是汉川电厂2号机组，通过推行检修工艺卡，实施严格的质量控制，不仅按期完成检修任务，且自7月3日23时并网后，连续运行135天无故障，达到机组全优的好成绩。电网检修工作，因1999年湖北省新发电机组投产较多，一季度500kV停电检修任务重，加之保建国50周年大庆供电等制约，全省220kV及以上输电设备计划检修131条，实际完成107条，未完成的已作出跨年度安排计划。

4.技术改造

1999年，湖北省电力公司以提高经济效益和节能降耗为目的，把机组和电网的安全、经济、稳定运行放在首位，有重点地实施技术改造工作。

（1）投入1027万元，完成荆州、襄樊、十堰、孝感等供电局调度自动化系统改造、升级，实施220kV笔架山变电站无人值班站、宜昌供电局调度模拟屏、黄龙滩电厂调度台等更新改造，提高了电网自动化水平。

（2）投入1812万元，完成葛远、远双等重点220kV线路和20多座220kV变电站重大缺陷处理与设备更新，更换部分线路保护和故障录波器，新增部分远切通道和装置，对鄂西电网低频震荡进行治理等，增强了主网的安全稳定系数。

（3）投入1508万元，完成荆门电厂输煤系统程控改造和4号机五大系统技术改造，对沙市电厂、武昌电厂的有关环保设施进行治理和新建，提高电厂环保水平。

（4）投入3614万元，用于省电力调度、信息中心、试验所等单位和部门的技术方面的更新改造，进一步完善了电力信息的实时系统。

电力经营

1.努力开拓电力市场

由于湖北经济结构的调整、高耗电行业限产压产等新的情况，对电力市场产生较大的影响，出现了GDP增长高、电量增长低的局面；又由于一些企业自备电厂自发自用电量增加（武钢等自备电厂自发自用电量比1998年增加7.04亿kW·h），挤占了省电力公司的市场份额；再加上受季节气候和电价调整等综合因素影响，全省居民生活用电与商业用电增长缓慢。为有效地开拓电力市场，1999年，湖北省电力公司制定出台10条增供扩销优惠措施，并以“鄂电司［1999］01号”文件正式印发《湖北省电力公司关于开拓电力市场鼓励客户用电的通知》。由于工业用电约占全省全社会用电的70%以上，省电力公司在寻找工业用电增扩销有效途径方面，通过政策研究和实际测算，确定继续对高耗能企业实行优惠降价措施，并适当扩大优惠范围，以稳固工业用电主市场。1999年，省电力公司对113家高耗能企业实行降价优惠，使这些企业用电量增加近20亿kW·h，从而使大工业用电同比增长1.36%。对居民用电实行用电增容减免贴费、季节性降价和普及一户一表等举措，全年新增居民用电容量50.96万kW，新增一户一表298,000户，城区一户一表普及率达到30.5%，居民生活用电增长5.11%。电力市场开拓措施得力，电力增供扩销成绩突出，1999年全省全社会用电量达到475.38亿kW·h，比1998年增长3.97%，完成年计划的101.15%。

2.加强内部经营管理

大力增收节支，严格控制成本支出。省电力公司完成总成本102.61亿元，低于电力销售收入增幅0.98个百分点。深入开展财务管理年活动，加强财务管理基础工作，强化资金管理，各单位月、季、年资金综合上交率为100%，全年省电力公司置换贷款6.4亿元，节约财务费用800万元。加强对投融资的管理，至1999年底，省电力公司长期投资13.19亿元，对外投资收益率8.87%。全省电力多种经营取得长足发展，1999年多种经营总收入38亿元，利润1.5亿元。严格城乡电网改造项目审计和领导干部任期经济责任审计，1999年省电力公司完成各类审计44项，查出有问题资金2.54亿元，审减工程支出386万元。

加强电价管理，积极向国家申请新电厂上网电价和电网建设贷款还本付息电价，率先得到国家批准，保证了电厂与电网的正常经营。1999年在清理整顿的基础上，取消了67个价外加价项目，减少价外加价9.29亿元，压减二次综合电价，减少二次加价3.85亿元。

电业管理

1. 争创一流企业

1999年，公司全面启动创建中国一流电力公司工作。十多年来，全省电力企业经过安全、文明生产双达标，企业管理基础工作普遍得到加强，企业综合素质上了一个新的台阶，到1999年底，省公司所属发、供电企业、调度通信局、电力试验所均实现部双达标。1999年8月7日，汉川电厂经国家电力公司正式检查考评，以463分的高分（满分500分）通过国家一流火电厂验收，湖北省发电企业“创一流”实现零的突破。在基层达标、创一流企业取得重要进展的情况下，省电力公司以内强管理素质、外学山东省电力公司的指导思想，正式开展创建一流省电力公司的各项工作。成立了以韩学仲总经理为组长的创一流领导小组，加强创一流的领导力量，确定了力争2000年为考核年、2001年申报并通过创一流国电力公司验收目标，并通过采取将创一流的8项必备条件、12项考核指标分解落实至部门、到单位，以及与13个基层单位签定责任状等措施，加大工作力度，加快了工作进度。1999年底，孝感供电局、超高压局等单位已通过省电力公司和华中电力集团公司组织的创一流预检。

2. 安全工作

1999年，省公司在安全生产上坚持“双零”安全目标不动摇，以“六个不变”的有力措施，即坚持“安全第一、预防为主”的方针不变、企业法人代表作为安全第一责任人的责任不变、行之有效的安全制度不变、强化安全工作的力度不变、重奖重罚的原则不变、依靠广大职工搞好安全工作的传统不变。突出保主网安全、防人身事故的重点，通过全面开展安全性评价，针对城网、农网改造制定相关安全管理规定等，保证了电网和职工人身安全，截至年底全网已连续17年无主网稳定破坏事故、大面积停电事故、特大火灾事故，实现省电力公司第二个安全“双零”年。电网稳定的技术措施有了新的提高，1999年，省电力公司列出专项改造费用，完成潜江——袁市等6条220kV线路保护和关山、花山等220kV变电站母差保护的设备换型改造，新增熊家嘴——红石坡220kV线路远切装置，进行荆门电厂5号机励磁调节器的PSS、葛洲坝二江电厂线性励磁最优控制的试验，加装恩施和宜昌小水电机组PSS，为较好解决主网低频振荡现象创造了有利条件。同时，根据国家电力公司统一部署，为解决计算机Y2K问题，从1999年8月21日至9月10日，省公司共组织10套调度系统、28套程控交换机、85套微波及网管系统、15套继电保护、6台机组的DCS和一个水电厂的计算机监控系统参加测试。上述系统在测试期间，历经四次高危时间段，设备运行稳定，确保湖北电网安全跨入2000年。

3. 劳动工资管理

1999年省电力公司本部共有15个岗位被竞争上岗；加强定员管理，1999年省电力公司系统有20个发供电企业，按照国家电力公司新定员标准进行定员定编；做好养老保险工作，确保省电力公司，18187名离退休人员基本养老金的按时足额发放；深入开展多种形式的教育培训，全省电力系统共有41741人参加各级各类培训，全员培训率达到67.7%；改革和完善现行分配制度，初步形成激励机制，1999年省电力系统职工工资总额比1998年增长8.7%，职工年平均工资比上年增长9.9%；稳妥实施减人增效工作，发展第三产业、实行主辅业分离、控制企业进人、加大计划外用工清理力度，省电力公司系统共实现主业减人15500人，已完成减人目标的59.7%。

4. 企业文化建设

（1）党的建设进一步加强。在国家电力公司组织安排下，湖北省电力公司完成省电力公司领导班子“三讲”教育试点。与此同时，在省电力公司统一部署下，公司所管375名处级干部同步完成了“三讲”教育。基层党组织建设再上新台阶，有460个党支部实现标准化达标，省电力公司机关老干部党支部，被国家电力公司党组授予“先进党支部”称号。

（2）精神文明建设进一步加强。省电力系统涌现出一批优秀政工企业和国家、部（省）级文明单位。黄石电厂和鄂州、宜昌、孝感、黄冈供电局等五个单位，被中央文明委命名为精神文明建设先进单位，武汉供电局硚口营业所、随州供电局被命名为全国创建文明行业先进单位。

（3）行风建设进一步加强。在深化各级责任、加强内外监督、实行动态考核的基础上，1999年，省电力公司所属襄樊供电局等7个单位，被授予省电力公司行风建设先进单位；鄂州供电局等4个供电局在当地政府组织的行风评议中居于先进行列；武汉供电局硚口营业所等11个地市级营业窗口，实现规范化服务达标。

(4) 企业文化建设给职工创造了良好的精神氛围，职工的敬业思想、改革进取意识、是非辩别能力均有所增强，不仅保证了企业各项生产任务的完成，而且，在声讨以美国为首的北约轰炸我驻南使馆、揭批邪教“法轮功”、批判“两国论”的三大政治斗争中，经受住考验，与党中央保持了高度的一致。

电力科技

1999年，在科技立项方面，经争取各级支持，汉川电厂承担的“新型超高分子量聚乙烯托辊”科技项目，由湖北省电力公司申报，获省科委批准并立项，该项产品研制成功，填补了国内辊轮制造行业空白，当年年产值4600万元，为企业新增利润340万元。5月该产品参加法国巴黎第90届列宾国际发明竞赛会，获得国际发明奖。在科技项目管理方面，重点关注生产急需解决的技术难题，采取项目跟踪、根据研究深度逐年再立项办法，不断提高项目研究的深度，如孝感供电局承担的“新型高效吸附剂再生劣化的电力用油”课题，通过项目跟踪和深化立项，使劣化的电力用油再生变成现实，并形成系列产品，已分别在国家电网建设公司等单位得到广泛应用。在推广应用科技成果方面，湖北省电力公司共推选出30个科研成果作为科技推广项目，产生较好效果。青山电厂1号锅炉加装WS-10免维护声波吹灰器，替代原装置，大大降低排烟温度，提高了热效率，并通过把这一成果推广到该厂2、3、8号炉等三座锅炉上，获得投入少（80万元）、产出高（1000万元）的较好效益。1999年，湖北省电力公司年科技进步贡献率达到51.98%。共评出省公司级科技进步奖61项，有12项成果获华中电力集团公司科技进步奖、2项成果获省级科技进步奖、一项成果获部级科技进步奖。

电力改革

1999年省公司本部机构进行改革，党群部门和职能处室由26个精简为22个，有20名年龄偏大的处级干部退出现职岗位；加大干部人事制度改革力度，实施竞聘上岗，实行人事托管，形成新的企业用人机制，同时启动“人才工程”，在全系统选拔12名科技经营专家、建立200名高技能人才库，有225名处级干部接受工商管理知识培训；进行农电管理体制改革，对23个非直供直管县电力企业实行由省电力公司代管，代管资产18.46亿元，并在云梦、江陵、随州、新洲等4个县市开展将乡电管站改造为县电力公司企业供电所的试点工作，截止到1999年底，全省已有890个乡电管站改造为电力企业的供电所；加快政企分开步伐，成立了湖北省电力行业协会，为下一步省电力体制改革创造了有利条件。

主要事件

1月1日，湖北电网调度运行无纸化管理系统，经过两年的开发和试运行正式投入使用。这是全国第一个实现电网调度运行管理全面实行计算机化的省级电网调度中心。

1月19日，省电力公司人事托管制度正式启动。托管内容包括其人事档案、工资待遇、转正定级、职务任职资格考评、各类社会保险福利等。

1月26～28日，1999年全省电力工作会议暨省电力公司二届三次职工代表大会在武汉召开。大会确立了“八大目标”、“七项主要工作”。表彰了11个文明系统、20个文明单位、10名双文明建设标兵、10名廉洁自律领导干部、75名双文明建设积极分子、1名全国抗洪模范、10名十佳青年、10名技术能手、4个全国模范职工之家和66个一流班组。

2月4～5日，省政府召开全省农电体制改革工作会议，传达贯彻国务院关于改革农电体制，改造农村电网，实行城乡用电同网同价的文件精神，部署全省“两改一同价”工作。省委常委、常务副省长邓道坤、副省长周坚卫到会作重要讲话。国家经贸委、国家电力公司的有关领导和省经委、计委、电力局的负责同志就如何抓好全省“两改一同价”工作提出要求。

2月6日，黄龙滩电厂实现了连续安全生产3328天，创全国水电装机10万kW以上电厂最高安全生产纪录。

2月28日，黄石市召开改革开放万人动员大会，市委书记任时茂，市长阮成发代表市委市政府授予黄石发电股份有限公司总经理钱勇、党委书记杨宗壳“有突出贡献的企业家光荣称号”，并分别奖励人民币10万元和8万元。

3月17～19日，罗田、英山、秭归、长阳、保康、房县等6个非直供直管县分别与省电力公司正式签订了由省电力公司代管其电力企业的协议。

3月25日，国家电力公司副总经理陆延昌来鄂州电厂进行考察。

3月28日，在清江高坝洲二期工程顺利截流5个月后，该水力发电厂在宜都成立，电厂筹建工作圆满完成。

3月29日上午11时，由国家计委、外经贸委组织的“中美经贸委协议签约仪式”在北京人民大会堂台湾厅隆重举行。“湖北蒲圻电厂EPC总承包合同”等6个重大中美经贸合作项目参加了签约仪式。

4月2日，鄂州电厂一期工程竣工投产。鄂州电厂2号机组顺利通过168h连续试运行，机组正式移交鄂州电厂进行为期半年的试生产。

4月10日，恩施自治州电力总公司宣告成立。首任总经理王坤元。

4月28日，在国家电力公司召开“五一”劳模表彰大会上，湖北电力系统一批先进集体和个人受到表彰。房辉炼、徐海明、李志安、刘正平、泰遵倍、赵儒鑫、胡学京、钱勇、吴建国、王玉琪、涂光灿、汪超英等12位同志被评为国家电力公司劳动模范。孝感供电局局长梁志斌被授予国家电力公司全心全意依靠职工办企业优秀领导干部称号。汉川电厂荣获国家电力公司全心全意依靠职工办企业先进集体称号。宜昌供电局220kV变电站、省超高压局武汉分局带电作业班、汉川电厂发电部五值3号机等荣获国家电力公司先进集体称号。荆州电力局公安变电站、沙市热电厂汽机车间本体荣获湖北省“五一”劳动奖状；荆门热电厂汽机班长杜元华荣获湖北省“五一”劳动奖章。刘勇荣获全国“优秀调度员”称号。

5月28日，葛洲坝集团电力有限公司供电公司划转湖北省电力公司宜昌供电局交接仪式，在宜昌葛洲坝宾馆举行。解决了多年来同一个供电区并存两个供电单位电价不统一的问题。

5月30日，十堰市房县中坝乡下坝村农民鄢贤华筹资2465万元建设的容量为4000kW椿树沟水电站，第二台机组于5月底并网发电。

6月22日，省电力公司与恩施州人民政府正式签订了代管恩施州电力企业协议书。至此，受恩施州政府委托，省电力公司正式对恩施州电力公司实行代管。

7月22日，国家电力公司副总经理赵希正代表国家电力公司“三讲”教育领导小组在武汉宣布，湖北省电力公司党组和党组成员的“三讲”教育工作，圆满完成各阶段任务，试点工作如期结束。

8月22日，省电力局正式撤销“湖北省电力工业局农电局”，有关农电管理职能由省电力公司农电工作部承担，物资管理职能委托省电力物资总公司承担。

8月23日，湖北省电力公司职能机构设置框架出台。突出强化公司的企业职能，将原机构中的政府职能和行业协会职能明确分解出来；突出强化企业战略研究和生产、经营的协调发展职能；机构改革后，公司机关部门由26个减少到22个；行业协会组成4部1室。机关人员相应精减优化。

8月26日，经湖北省委批准，中共湖北省电力公司委员会正式成立，同时撤销中共湖北省电力局党组。

根据工作需要，中共湖北省电力公司纪律检查委员会同时成立。

8月26日，湖北省电建一公司首批工程技术人员启程远赴中东地区，承担伊拉克燃机电站安装监理。电站容量为6×36MW，由中国机械设备进出口公司总承包。

9月8日，晚8时，湖北省用电负荷达到745万kW；至9日9时，全省高峰用电负荷达到751万kW，创历史新高。

9月13日，按照国家稽察特派员制度，国务院稽察特派员宋树友率稽察特派员总署第16办事处特派员助理卞俊峰、何宝安、沈京江、刘华昕、特派员秘书胡启毅，到湖北省电力公司开始实地稽察工作。

10月12日，省电力公司与北京实达郎新科技有限公司，合作开发用电营销管理信息系统的签字仪式在汉举行。

10月12日～13日，湖北省电力行业协会第一次会员代表大会在汉召开。省委、省政府和中电联对该会十分关心重视，湖北省副省长周坚卫和中国电力企业联合会副理事长叶荣泗到会揭牌，并作了重要讲话。

湖北省电力行业协会第一次会员代表大会选举产生了第一届理事会、常务理事会及领导机构人员。大会选举协会理事64人、常务理事32人。选举韩学仲为省电力行业协会会长；王远璋、余祥国为副会长；喻忠义为秘书长。

10月14日，湖北省委、省政府作出决定，在全省范围内开展向清江水电开发公司学习的活动。

10月25日，9时42分，国家“95”重点能源工程项目——襄樊电厂4号机组一次并网发电成功。至此，这座总容量达120万kW的大型火力发电厂提前20个月竣工移交。

11月10日，清江水布垭电站工程项目建议书获国家计委批准，水布垭工程是国家计委此次通过的唯一水电工程项目。目前，该工程前期施工准备工作已全面展开。

11月12日，武汉电力学校和湖北省超高压输变电局联合研制开发成功我国首套500kV变电站仿真系统，并建立了全国首家超高压输变电培训中心。

12月13日，国家电力公司副总经理周大兵视察湖北省电力公司。

12月16日，正在我国访问的巴西副总统马尔科·马西科尔，在钓鱼台国宾馆专门会见了湖北清江水电开发有限责任公司董事长汪定国及总经理齐民。此前，巴西巴拉州能源公司与湖北清江公司就水布垭工程混凝土面板堆石坝技术进行过多次合作，建立了友好的合作关系。

（罗烈和）

中国葛洲坝水利水电工程集团公司

中国葛洲坝水利水电工程集团公司现有6个分公司、21个子公司、4个直属项目管理机构、12个经营服务单位。其中，1997年5月由中国葛洲坝集团公司为独家发起人，经过资产重组，以募集方式创立的葛洲坝股份公司是全国水电施工企业中唯一的上市公司。截至1999年末，集团公司有正式职工45311人，其中专业技术人员12692人，具有高级专业技术职称1118人，中级专业技术职称4442人，高级技师21人，技师355人。资产总额73.17亿元，拥有各类机械设备18569台（套），原值30.49亿元，净值21亿元，设备总功率73.5万kW。具有土石方挖填8000万m^3，混凝土浇筑350万m^3，金属结构制作安装2.5万t，大型水轮发电机组安装180万kW的年综合施工生产能力。

集团公司是中国最大的水利水电施工企业，其主营业务已跨越水利水电施工的传统空间，进入公路、核电、桥梁、机场、港口等基础设施建设的广阔领域，形成了以建筑业为主，集建材、机电安装、化工、造船、加工制造、金融、旅游服务等工业、第三产业为一体的多元化经营的产业格局。具有工程施工总承包国家一级资质、水利水电建设国家一级资质、公路建设国家一级资质和对外承包工程资质；享有对外经贸业务权、外事审批权、内部融资权、国际招标业务权，在国家计划中实行单列。

30年来，集团公司以宜昌为基地，面向全国，走向世界，在大江大河上建起了众多的水利发电枢纽。截至1999年底，已同业主签订三峡各类工程承包合同243项，金额94.91亿元。

在抓好承包工程施工的同时，以市场为导向，积极调整产业结构，分流主业人员，开展多种经营，主业、第三产业得到迅速发展。截至1999年底，已创办主要工业企业共计90余家，工业总资产20.58亿元，从业人员1.07万人；主要第三产业企业共计150家，第三产业总资产22.7亿元，从业人员9200余人。工业方面形成建材、机电、化工三个主要行业，其中，干法水泥制造技术、移动式混装炸药生产技术、新型工程模板技术、磷化工业技术、智能控制设备开发技术等在国内同业中居领先水平。骨干工业企业葛洲坝水泥厂年产水泥熟料135万t，该厂生产的“三峡牌”特种水泥被广泛应用于三峡、清江隔河岩、清江高坝洲等大中型水利水电工程，被国务院发展研究中心认定为“中国最大的特种水泥生产基地”、被国家统计局授予“中国100家最大建材工业企业”和“中国非金属矿物制品最大100家工业企业”。第三产业主要形成了旅游服务、商贸、金额、交通运输等行业，拥有4座三星级酒店，3艘四星级豪华旅游船，开发了外贸、金融、通讯等新兴产业。工业、第三产业已初具规模，成为葛洲坝集团经济的重要支柱。

葛洲坝集团始终坚持“科教兴企”的方针，围绕工程建设开展科技攻关，解决了施工中许多重大技术难题，取得了一系列科研成果。目前，葛洲坝集团在水下爆破、预裂爆破、碾压混凝土坝、面板堆石坝、混凝土温度控制（7℃以下）等施工技术方面在全国同行业中居领先地位，大型水电站高速装机技术、隧洞360°环向预应力锚束施工技术达到国际先进水平。

1999年，共完成企业总产值38.57亿元，是年计划的101.51%，比1998年同期增长8.88%，全年实现利税总额2.49亿元，全员劳动生产率7.81万元/（人·年）；全部职工年平均工资0.99万元/人，在岗职工年平均工资达到1.15万元/人。

（一）承包工程施工进展顺利

按照充分发挥水利水电建筑业的优势，大力进军水电以外建筑业的发展战略，1999年全年完成建筑业产值28.89亿元，超计划6.99个百分点，比1998年增长了11%。其中水电建筑施工完成产值22.72亿元，占企业总产值的58.91%，水电以外的其他工程完成施工产值5.22亿元，占企业总产值的13.53%，国外工程完成产值9516.5万元。全年累计完成土石方挖填1998.02万m^3，混凝土浇筑363.26万m^3，钢筋制安35746.44t，金属结构制作安装4171.91t。全年共完成单元工程2.3万个，合格率100%，优良率92%，全面达到1999年质量控制目标。一年来共签订承包合同254项，合同金额16.66亿元，在路桥、长江堤防、房建、环保及输变电工程等领域的投标签约取得了新的突破。

本年度是三峡工程混凝土浇筑的高峰年，三峡指挥部抓住三峡二期厂坝工程混凝土浇筑的关键，通过制定并落实切实可行的激励约束机制，调动员工的积极性，全年新签合同19项，金额3.94亿元；共完成结算产值12.89亿元，是年计划的122.8%，同比增长9.67%，占整个建筑业产值的44.62%，占企业总产值33.42%。创造了混凝土浇筑月产34.1万m^3，日产1.39万m^3，班产5000m^3的历史最高纪录。全年累计浇筑混凝土247万m^3，占整个三峡工程1999年混凝土浇筑总量448万m^3的55.13%，保持了集团公司在三峡工程施工中的主力军地位。

与此同时，国内其他工程施工也抓住施工高峰，抢工程形象进度，共完成产值14.86亿元，是年计划的98.48%，比1998年同期增长18.35%，占整个建筑业产值的51.44%，占企业总产值的38.53%，产值比例比1998年均有较大幅度增长。清江施工局用半年时间，完成了高坝洲二期工程基坑开挖和大部分混凝土浇筑任务，1号机组比合同工期提前80天发电，2号机组进入试运行，得到甲方与监理方的一致好评，为竞标清江梯级开发龙头电站——水布垭工程创造了条件。云南大朝山水电站C4标工程，1～8号大坝混凝土浇筑达到设计高程，除4号洞外，引水洞工程衬砌全部完成，规模和技术难度均为亚洲第一的尾水调压室开挖和一期支护也顺利完成，确保了工程形象进度。此外，通过精心组织和调配，全年共完成机组安装13台，总装机容量达150.45万kW，发电机组11台，计145.8万kW，实现了水电站年装机总台数，一座电站年装机投产台数和总装机容量等指标的历史性突破。

国外工程于1999年底中标签约老挝乌都木塞城镇供水工程、贝劳共和国砂石料开采加工及运输工程两个项目，扭转了两年来国外工程投标签约徘徊不前的被动局面。在建的尼泊尔波迪·科西工程和泰国马哈特输水泵站工程，共完成产值1693.3万美元。

（二）工业、第三产业平稳发展

1999年，葛洲坝集团的工业、第三产业克服经济大环境的不利影响，整个工业、第三产业系统完成产值9.68亿元，占企业总产值的25.1%，与1998年9.4亿元产值相比，总体经营形势略有增长。列入本年度重点的项目建设进展顺利，水泥厂5号窑实现了当年开工、当年投产的目标，其速度、质量、投资，创全国同类型窑建设之最；水泥厂3号窑余热发电技改工程于8月初并网后，发电1045.2万kW·h，已开始创造直接经济效益；荆川、荆盛水泥粉磨站，饲料级磷酸氢钙项目先后于第四季度建成投产，产品销售形势看好。

工业共完成产值6.68亿元，比1998年同期增长6.4%，总体经营情况较好。建材行业持续增长，主要工业企业葛洲坝股份公司水泥厂坚持以市场为导向，开发外埠市场，扩大产品覆盖面，采用合资、合作的股份制运作方式在潜江、汉川兴建水泥粉磨站，用总厂的优质熟料和当地的廉价混合材料生产民用水泥，并相继在安康、十堰、仙桃、公安、监利及石首等地设立销售网点，效果明显。全年共销售水泥141.96万t，比1998年同期增长31.54%；实现产值3.8亿元，比1998年同期增长29.52%，占整个工业产值的56.89%，实现利润3983.04万元。机电行业进一步发挥自身优势，提高金属结构制作安装的投标、中标率，并通过降低成本，拓展对外经营，取得了产值、利润的同步增长。化工行业受多种因素的困扰，除易普力公司实现产值、利润计划外，其他化工企业均未完成年计划，全行业出现亏损。

第三产业全年完成产值3.01亿元，是年计划的85.98%，比1998年同期下降3.73%，但其持续下滑趋势已得到遏制。商贸业全年实现营业收入5092.63万元，超过年计划37.19%；交通运输行业全年实现营业收入3385.5万元，比1998年增长31%。金融业是葛洲坝集团第三产业主要赢利行业，本年度银行利率虽连续7次下调，但财务公司克服困难，仍实现利润1828万元。旅游行业由于市场营销能力不足，骨干企业资本金严重不足，银行贷款过多，利息负担过重等因素的影响，全年实现产值6245.65万元，占年计划的56.4%，同比下降11.9%，仍未能走出低迷状态。

（三）企业改革与管理取得新进展

全集团清理整顿工作涉及企业675家，注销企业264家，实际保留经济实体411家，其中法人企业312家，营业性企业99家。通过清理整顿，进一步理顺了产权关系，降低了集团公司的潜在风险。

根据中国证监会《关于上市公司总经理及高层管理人员不得在控股股东单位兼职的通知》和人员、资产、财务“三分开”的要求，本年度葛洲坝股份公司董事会重新聘任了股份公司总经理及其他高层管理人员，对股份公司管理机构进行了重新调整与设置，股份公司与集团公司初步实现了“三分开”，股份公司的运作更加规范。

为有利于集团公司社会公共事业管理及服务体制的进一步改革，逐步分离企业办社会职能，本年度集团公司将教育、医疗卫生、城区管理和城区建设职能及相应单位成建制归集合并，组建了城区管理建设局。

经过努力，已进入国务院第二批债转股企业名册，拟定的债权转股权方案经国家经贸委审核同意，并推荐给各资产管理公司；积极稳妥地完成了葛洲坝城区供电电网移交工作，电网移交地方后，葛洲坝供电区综合电价下降了0.10元/（kW·h）；医疗保险制度改革正式启动运行，至年底，参保单位39个，参保人员3.7万人，试行9个月以来，基金征缴与支付基本持平，略有节余，各参保单位的医疗费用支出较医改前有所减少。

在企业管理方面，进一步强化财务、工程项目、合同、质量安全管理工作，加大减员增效、下岗分流和实施再就业工作的力度。通过制定和完善了一系列财务管理办法，规范了投资、融资、担保和大额资金支出的管理及决策程序，加强对资产营运责任目标的考核；出台了《在建工程项目管理办法（试行）》，为全面推行项目法施工提供了依据；制订了《重大合同备案及统计规定》等规章制度，提高合同索赔意识，先后组织了海南大广坝、湖北利川长顺电站，广西左江电站等工程结算的索赔工作，取得明显成效；向社会公开发表了《葛洲坝集团质量宣言》，顺利通过了北京九千标准质量体系认证中心的二次年度监督审核，保持了认证注册资格，实物工程质量稳步提高，合格率100%，优良率92%；按照减员增效实施规划，积极稳妥地推进减员增效和下岗分流工作，全年进再就业中心签订托管协议的有8592人，有2182人实现了再就业。

（四）文明创建工作取得新成就

在1997～1998年通过省级文明单位验收后，又作出了创建省级最佳文明单位的决定，并制订了《1999～2000年创建省级最佳文明单位实施大纲》，坚持巩固、延伸、辐射、提高的方针，按照“争一流、创最佳、树形象”的要求，采取领导干部对口指导基层单位创建、城区重点建设项目监察等行之有效的方式，通过创建例会、协调会、现场办公会等形式，突出重点，把握进度，促进创建工作整体推进。

本年度，以迎建国50周年、迎澳门回归为契机，精心组织“七个一”系列庆典活动、企业歌咏比赛、文艺汇演等群众性文体活动；以职业道德建设为重点，深入开展创评“窗口”、行业“双十佳”和塑造机关形象活动，改善了“窗口”行业服务水平，改进了机关工作作风；以改善职工生活环境为重点，大力加强文明小区、文明城区建设，实施“门前精品”工程，集中拆除城区主干道违章建筑，新建、改建住房14万m^2，改善了3100户职工的住房条件，专用电话网也顺利并入国家公网，解决了多年来打电话难的问题。

集团公司初步建立了“一把手”负总责，党政齐抓共管，部门各负其责的党风廉政建设工作格局。针对生产经营中的热点、难点问题，开展系列执法监察和效能监察，查出违纪金额613.7万元，挽回经济损失306.1万元，纠正退还违纪金额151.4万元，给予党纪政纪处分13人。同时，集团公司党委把党性党风教育同考核、调整二级单位领导班子结合起来，加大干部考核调整工作力度，对26个单位和部门的120名副处级以上干部进行了全面考核，对20个单位的领导班子进行了调整。

通过党政工团的齐抓共管，创建工作获得整体推进。在继1998年12个基层单位被授予省、部、委级文明单位后，1999年又有7个单位进入省经贸委级文明单位行列，为2000年创建省级最佳文明单位创造了条件。

主要事件

1月5日，集团公司与重庆市沙坪坝滨江建设开发有限公司签订沙坪坝滨江路示范段B标段工程施工合同，合同总价2952.82万元，合同工期12个月。

1月15日，国务院总理朱镕基在中葛办字［1998］236号《致朱镕基总理的信》中批示：“希望继续努力，狠抓队伍素质，狠抓工程质量管理、狠抓引进技术，狠抓经济效益，为人民立功。”

1月19日，集团公司第二次质量体系年度监督审核最后一次会议结束。

1月20日，中华全国总工会副主席刘珩到三峡工地慰问中国葛洲坝集团公司三峡指挥部劳动模范和一线职工。

1月22日，集团公司工会召开全委会，大会表彰了1998年度工会工作先进集体与个人。

1月28日，集团公司1999年工作会议召开。

1月29日，由葛洲坝股份公司投资控股的过渡湾水电站2号、1号机组分别于27日和29日相继正式并网发电，至此，过渡湾电站3台机组（3×0.85万kW）全部投入商业运营。

2月1日，第一工程公司中标承建湖北宣恩狮子关水电站工程的堵头重力坝、厂房、变电站，合同金额为1265万元，总工期一年。

2月6日，中共中央政治局常委、纪律检查委员会书记、中华全国总工会主席尉健行到三峡工地看望工程建设者，了解工程建设情况。

2月6～8日，集团公司召开三届一次职工代表大会。

2月7日，中共中央政治局委员、国务院副总理温家宝视察由葛洲坝集团公司施工的九江城市溃口复堤工程施工现场。温家宝听取汇报后提出了“认真、严格、负责”的要求，并强调：“百年大计，人命关天，确保万无一失，质量责任重于泰山”。

2月11日，集团公司发表质量宣言，向全世界庄重承诺：“遵守质量法规，信守工程合同，干一项工程，创一个名牌，树一座丰碑”。葛洲坝集团是国内第一家发表质量宣言的施工企业。

下午4时，三峡大坝坝体基础开挖最深部位——大坝泄洪1号坝段建筑物基础正式开仓浇筑。标志着历时5个月的河床开挖最难点已攻克，三峡大坝坝体施工已全面进入混凝土浇筑阶段。

3月9日，集团公司召开1998年度创建文明单位活动总结表彰暨2000年创建省级最佳文明单位动员大会。

3月17日，国务院稽察总署32办事处稽察特派员车书剑等一行5人进驻集团公司。

3月23日，全国政协副主席钱正英视察三峡工程。

3月24日，原中央军委副主席张震视察由葛洲坝集团施工的九江溃口复堤工程。

4月1日，集团公司首批24个单位正式实施职工基本医疗保险制度。

4月5日，中共中国葛洲坝集团公司委员会葛党干［1999］5号文转发3月25日中共国家电力公司党组国电党任［1999］25号文：孙玉才任中共中国葛洲坝水利水电工程集团公司委员会常委、书记；免去乔生祥的中共中国葛洲坝水利水电工程集团公司委员会代理书记、常委职务。

中共中国葛洲坝集团公司委员会葛党干［1999］6号文转发3月25日国家电力公司国电任［1999］40号文：孙玉才任中国葛洲坝水利水电工程集团公司董事长、总经理；乔生祥任中国葛洲坝水利水电工程集团公司副董事长，免去其中国葛洲坝水利水电工程集团公司董事长、总经理职务。

4月10日，在湖北省1999年度安全生产工作会议上，中国葛洲坝集团公司再次荣获湖北省安全生产文明生产红旗单位称号。

4月15日，集团公司副总经理、集团公司三峡指挥部指挥长陈飞荣获“中国青年五四奖章”。

4月19日，中国葛洲坝集团公司被中国企业管理协会授予“全国最佳施工企业”称号。

5月1日，第一工程公司女电焊工广胜霞荣获全国“五一”劳动奖章；集团公司副总经理易运堂、三峡指挥部副指挥长吴森康荣获湖北省“五一”劳动奖章；给排水公司西坝水厂加压站荣获湖北省“五一”劳动奖状；李恩义、张世富、徐功堂、王安、汪子善、陈本毅、赵军、张之沛、谢瑞丹被授予国家电力公司劳动模范；第七工程公司多卡模板公司综合班、基础公司清江高坝洲指挥部制浆组荣获国家电力公司先进集体。

5月4日，中共中国葛洲坝集团公司委员会研究决定：集团公司党委书记、董事长、总经理孙玉才兼任财务有限责任公司董事长和对外贸易有限公司董事长职务。乔生祥不再兼任财务有限责任公司董事长和对外贸易有限公司董事长职务。

5月19日，经葛洲坝股份有限公司一届八次董事会议选举，孙玉才为葛洲坝股份有限公司董事长。

5月28日，葛洲坝集团电力有限责任公司供电公司划转交接仪式暨宜昌供电局葛洲坝分局成立大会在三峡新闻中心举行。从6月1日起，在葛洲坝运行近30年的“供电用电”一体的旧体制结束。

6月10日，中共中国葛洲坝集团公司武汉办事处委员会成立。

6月17日，葛洲坝水泥厂4号窑工程通过专家组竣工验收。

6月26日，下午，中共中央政治局委员、中国社科院院长李铁映视察三峡工程。

7月8日，中国葛洲坝水利水电工程集团公司深圳分公司成立。

7月13日，国务院总理朱镕基视察由葛洲坝集团承包施工的九江城市防洪溃口复堤工程。朱总理来到溃口复堤工程4～5号闸口段，见江水滔滔，大堤滴水不漏，微笑着对身边的人说：“我放心了”。

7月27日，中国葛洲坝集团公司武汉分公司成立。

8月3日，总装机1.2万kW的葛洲坝水泥厂3号窑余热发电项目正式投产发电。

8月5日，经电力行业职业技能鉴定指导中心同意，中国葛洲坝集团公司职业技能鉴定中心成立。

8月9日，长江葛洲坝工程局北京物资转运站更名为中国葛洲坝水利水电工程集团公司驻北京联络处；8月23日，集团公司北京联络处从三峡实业有限公司划出，视同集团公司二级单位管理。

8月16日，中国葛洲坝集团公司宁夏分公司成立。

8月23日，经股份公司研究，明确葛洲坝股份有限公司机电安装公司、葛洲坝股份有限公司招标投标公司、葛洲坝股份有限公司施工科学研究所、葛洲坝股份有限公司勘测设计院四个单位为股份公司的分支机构。

陈飞为葛洲坝股份有限公司三峡建设公司总经理；林善祥为葛洲坝股份有限公司清江建设公司总经理；易运堂为葛洲坝股份有限公司澜沧江建设公司总经理。

8月28日，8时，由集团公司承包施工的三峡右岸地下电站进水口开挖破土动工。

9月1日，集团公司与清江开发有限责任公司签订隔河岩航运工程建筑及设备安装调整合同，合同金额19300万元。

9月9日，集团公司葛党干［1999］26号文转发国家电力公司国电任［1999］70号文：“免去陈志鸿中国葛洲坝水利水电集团公司副总经理职务”。

经葛洲坝股份有限公司一届十一次董事会研究决

定：陈志鸿为葛洲坝股份有限公司总经理，不再兼任葛洲坝股份有限公司董事会秘书职务；黄华平不再兼任葛洲坝股份有限公司总经理职务；聘任潘德富、刘金焕、欧阳廷亮为葛洲坝股份有限公司副总经理；姚本安、张崇久不再兼任葛洲坝股份有限公司副总经理职务。

第一工程公司承包施工的三峡移民重点工程兴山古洞口一级电站正式并网发电。

9月17日，聘任丁焰章为澜沧江施工局局长；易运堂不再兼任澜沧江施工局局长、澜沧江施工局党委书记、澜沧江建设公司党委书记和二滩协调领导小组党委书记职务。

林善祥不再兼任清江建设公司党委书记职务。

9月20日，林善祥不再担任葛洲坝股份有限公司清江建设公司总经理职务。

10月12日，全国人大常委会委员长李鹏视察三峡工程。并且在九江召开的全国堤防工程建设现场会上，由葛洲坝集团基础公司、第二工程公司联手施工的九江城市防洪溃口复堤工程，被水利部副部长张基尧评价为“质量优良的典范”。

10月18日，下午，团中央为三峡青年文明号、青年突击队授旗。集团公司总经理、党委书记孙玉才参加授旗仪式。

10月19日，由中共中央宣传部、国家经贸委、劳动和社会保障部、共青团中央联合组织的深化国有企业改革先进事迹报告团到集团公司作报告。

10月28日，葛洲坝股份有限公司磷酸氢钙项目投产暨葛丰化工厂揭牌仪式在猇亭工业园区举行。

下午，集团公司总经理孙玉才在公司总部会见日本前田建设工业株式会社吉留节男一行。

10月31日，上午10点50分，由葛洲坝股份有限公司投资兴建的重庆南川市鱼跳水电站截流成功。

11月1日，中共中央政治局委员、国务院副总理吴邦国在国务院三峡建设委员会副主任郭树言，副主任、三峡开发总公司总经理陆佑楣的陪同下视察三峡工程。

11月3日，集团公司中标湖北清江水布垭场内公路第一标段、第三标段工程，合同总金额5595.09万元，合同工期11个月。该工程于12月23日正式开工。

11月4日，由国家经贸委纪检副组长李同信、湖北省经贸委纪工委副书记马一新等一行四人组成的调研组对集团公司党风廉政建设工作给予了充分的肯定。

11月9日，湖北省工商行政管理局向葛洲坝集团给排水工程有限责任公司核发新的营业执照，公司更名为葛洲坝水利水电工程集团第四工程有限责任公司，经营范围和注册资金不变。

11月14日，全国人大常委会副委员长江村罗布一行考察以第一工程公司为主承建的重庆市酉阳小坝二级水库工程。

11月15日，由朝鲜陆海运输部闸门管理局局长尹太一、科技联盟技术革新部部长张世根、西海闸门建设企业总经理卞正富等组成的朝鲜水利学会代表团一行，参观考察葛洲坝水利枢纽工程及葛洲坝集团承建的三峡工程施工项目。

11月16日，高坝洲自备电厂2号机组经过几天的检修、调试、经甲方（清能公司）代表认可后正式移交给电厂。

11月17日，股份公司澜沧江建设公司更名为葛洲坝股份有限公司西南工程总公司。

11月18日，国际工程公司与第四工程公司联合中标老挝乌都木塞城镇供水工程，该工程管线全长15km，工期16个月，合同金额41.55万美元（折合人民币约344万元），由第四工程公司组织施工。

11月23日，全国政协副主席周铁农等一行60余人考察三峡工程。

11月26日，中国葛洲坝水利水电工程集团公司水布垭工程施工指挥部成立，隶属清江施工局。

11月29日，由教育部、企业教育研究会等单位联合举办的推进国有企业教育改革研讨会暨企业教育研究会代表会议在集团公司举行。集团公司改革教育体制，实施集团化的“葛洲坝模式”备受注目。

12月1日，中国葛洲坝集团公司专用通讯网并入国家公网，至此，城区实现全程、全网、等位拨号，解决了多年来城区打电话难的问题。

12月1日，集团公司深圳分公司中标深圳市华为技术有限公司科研行政中心基建工程土方开挖、填土和强夯的地基处理工程。该工程主要工程量为土方挖填近80万m^3，地基强夯5万m^3，工程总造价1068万元。

12月2日，二滩水电站第6台机组（1号机），完成72h试运行后，于19时47分投产发电。

12月7日，下午，集团公司党委副书记杨继学会见来访的澳大利亚昆士兰科技大学教育学院艾力特副教授和皮番博士，宾主双方就教育合作问题进行了会谈。

12月11日，襄荆高速公路有限责任公司在武汉挂牌成立。起点为襄樊贾家洲，止于荆州龙会桥。总投资为468868万元，全长185.6公里，建设期4年。葛洲坝股份公司（占55%股份）为控股方，湖北省公路建设总公司（占20%股份）以及荆州、襄樊等家参股组建为有限责任公司，负责该路的投资、建设、经营管理，30年后无偿移交政府。12月30日，国务院正式批准襄荆高速公路可行性报告。

下午，新疆水利开发座谈会在集团公司召开。集团公司领导与来访的新疆维吾尔自治区人民政府副主席熊辉银、新疆水利厅副厅长李南琪等参加了座谈会。

12月15日，葛洲坝股份有限公司西南工程总公司中标成都三环路牛龙路立交桥工程，该工程合同金额为7326.49万元，合同工期15个月。

葛洲坝股份有限公司西南工程总公司中标云南小湾电站对外交通南涧至小湾段工程，合同金额为4215万元，合同工期24个月。

12月18日，湖北省经贸委鄂经贸科字［1999］664号文，集团公司技术中心被确认省级企业技术中心。

12月24日，中共中国葛洲坝集团公司公安处委员会更名为中共宜昌市公安局夷陵分局委员会。

中共葛洲坝集团给排水工程有限责任公司委员会更名为中共葛洲坝集团第四工程有限公司委员会。

12月28日，葛洲坝水利水电工程集团商业管理处的名称及印章停止使用。

12月30日，宜昌三峡旅游船有限公司筹建处成立。

12月31日，主题为“贺千禧，奔向新世纪”的集团公司元旦万人长跑活动在葛洲坝城区举行。

湖北清江水电开发有限责任公司

1999年，湖北清江水电开发有限责任公司（简称清江公司）坚持改革创新，坚持两个文明建设一起抓，进一步强化管理，加快流域开发，取得了显著成绩：国家批准水布垭工程立项，高坝洲电站首台机组并网，三项制度改革基本完成；全年完成基建投资10.09亿元，发电21亿kW·h，经营收入10.32亿元，其中电费收入6.67亿，多经收入3.65亿元；公司被湖北省委、省政府树为全省国有企业改革与发展的一面旗帜，并荣获“全国精神文明建设工作先进单位”、“全国民族团结工作先进单位”、“全国档案工作先进集体”、“湖北省综合治理先进单位”等称号。

清江流域开发格局形成

一是水布垭工程前期准备工作取得突破性进展。12月17日，国务院总理办公会批准了水布垭电站项目建议书，12月29日国家计委正式发文。这是清江流域开发的一个重要里程碑，标志着清江流域开发格局正式形成，为清江公司的进一步发展和壮大奠定了坚实的基础。水布垭工程可行性研究、科技攻关和现场施工准备工作力度进一步加大。4月，国家经贸委委托中国水电顾问公司会同湖北省计委在武汉召开了“水布垭水电站可行性研究（等同初步设计）报告评审会”通过了审查意见。8月，国家经贸委批复，原则同意该审查意见。鉴于水布垭大坝是世界级面板堆石坝，工程规模巨大，技术复杂，清江公司积极组织了科技攻关，其中“水布垭高土石坝关键技术”被列为国家“九五”攻关项目。5个专题的研究成果达到了国内领先和国际先进水平。这些为优化设计奠定了基础。水布垭现场施工准备的“五通一平”按总进度要求，紧张有序地展开，其中对外交通公路——椰水公路路基基本形成。截止1999年底，水布垭已完成投资3.3亿元。

二是高坝洲水电站工程取得了决定性胜利。首台机组于12月20日通过了72h试运行，工期3年，创造了水电工程建设新的速度；2号机组完成了安装，进入调试阶段；3号机组也正在进行安装；移民工作克服了重重困难，基本满足工程要求；主体工程进展顺利，全年完成土石方开挖50.66万m^3，混凝土浇筑25.08万m^3，钢筋制安39.69t，年投资7.3752亿元，占年度计划的102.83%，累计完成投资23.94亿元。

三是隔河岩升船机建设进展顺利。全年共完成建安投资5390万元，混凝土浇筑3.3万m^3，金结安装64t，金属结构埋件100t，钢筋制安1450t，主要形象进度基本实现预期目标，中间渡槽挡墙达到▽166m，二级升船筒体高程▽140.5m，中间渡槽1号、2号桥墩达▽145m，工程优良率达90%。

三项制度改革

1999年的三项制度改革是清江公司成立以来，力度最大、震动最大、涉及面最广的一次内部机制改革。公司党委和公司专门召开了十多次党委会、党政联席会及各种专题会议研究部署、推动此项工作。

（1）公司机构和职能向流域性管理转变。公司机构调整业已完成，机关部室从原有的17个精减到11个，精减率为35%。发电公司原有19个科室车间精减到13个，精减率为31.6%；成立了电力生产梯调管理中心、旅游公司及高坝洲电厂等流域性管理机构。

（2）初步建立了竞争上岗机制。全面推行定编定员、竞争上岗、转岗分流。全公司有950名职工（约占职工总数90%）参加了竞争上岗，转岗119人，14人转入待岗培训。通过竞争上岗精减了管理人员，充实了生产一线，机关原有113人，实际上岗87人，精减率29%。

(3) 工资分配新机制基本形成。废除了人头工资制，实行薪点岗位工资制度，将公司全部岗位归并为648个岗位，按照文化素质、技能素质、管理幅度等14个因素进行测评，在此基础上制订了岗位薪点工资方案，经专家评审、公司党政联席会、职代会联席会议研究，报董事会批准后施行。

电力生产管理向流域性专业化管理迈进

创建清江梯级调度管理中心，初步实现流域性电力生产统一规划、统一调度，梯级电站联合调度、水调电调一体化运作。这在全国是首创，受到了国家电力公司领导的肯定和称赞。高质量地组建了高坝洲水电厂，实现了由单站管理向多站管理跨越，并按部颁标准在全国率先开展水电机组达标投产工作。在圆满完成为长江洪水错峰、夺取清江防汛防洪胜利的基础上，隔河岩电厂实现了连续安全生产1238天的新纪录；克服了清江来水不均，防洪弃水较多以及电力市场变化等种种困难，隔河岩电厂全年发电21亿kW·h。电力生产口继续推行内部模拟市场，收到了较好成效。坚定不移地向国际一流电站管理水平接轨，重点加大了影响“无人值班、关门运行”的监测监控系统和设备可靠性改造、升级力度，全年共完成进水口监控系统、500kV系统稳定装置等更新改造12项，即将完成还有24项。信息管理系统和设备状态监测与诊断系统投入使用，与隔河岩电厂配备各自动化系统一起为创建国际一流奠定了坚实基础。

多种经营工作取得重大进展

一是率先进行了三项制度改革，从社会招聘了旅游公司管理人员，积极探索实行职工持股；二是依托工程、依托清江组建完善了“清江水电公司”、“清江旅游公司”和“水布垭实业公司”等一批新的多经公司，为壮大多种经营发展奠定了基础；三是接收了公司转岗分流90多人，有力地支持了公司三项制度改革，多经公司从业人员已达350人，占公司职工人数的32%；四是对外投资取得成功，在深圳投资的最大项目——学府花园竣工，取得很好的经济效益，树立了良好形象；五是清江旅游项目开始启动，1999年，原则讨论通过了清江旅游开发的总体规划；对西寺坪大院的旧房进行了统一调整拆迁，为接待中心项目开工及发展清江旅游创造了条件。1999年，多经公司实现产值3.7亿元，开始由投入型向产出型转变。

内部管理水平明显提高

1999年是清江公司强化管理取得明显成效的一年。公司进一步健全了分级管理和分口管理，实行条块结合，以块为主的管理方式，划分了公司与各二级单位的职权范围，明确各自的职责，做到各司其职，各负其责，规范运作。建立健全了管理制度。为适应市场经济发展及公司由单站建设向多站建设与管理转变，由水电开发向多种产业发展转变，公司重新修订了《技术管理办法》、《合同管理办法》、《招标工作管理办法》等一系列管理制度，为规范化、科学化管理起了重要作用。针对薄弱环节，进行专项治理取得成效。开展了接待费、漫游手机、出差差旅费、车辆购置及维修费为重点的清理整治工作，大幅度地降低了开支。MIS系统投入使用，管理手段初步实现现代化。实行了党政工作督办制度，建立了督办网络，全年发出督办通知20余份，办结率为95%，对贯彻落实公司党政工作，保证工作目标的实现，起到了十分重要的作用。加强筹融资工作，发行了2亿元企业债券。

精神文明建设再上新台阶

1999年清江公司荣获“全国500家精神文明建设工作先进单位”；获得全国民族团结工作先进单位称号、全国档案工作先进集体称号，被评为湖北省社会治安综合治理先进单位，隔河岩电厂保持省级最佳文明单位；思想政治工作进一步加强，有力地抵制了“法轮功”邪教的侵蚀；公司被省委、省政府树为国有企业改革与发展的一面旗帜，中央电视台、《光明日报》等中央和省级各种宣传媒体形成了宣传清江的热潮，引起了强烈反响；涌现了一批先进人物，公司表彰了53名优秀党员，吴启煌同志荣获湖北省优秀共产党员称号；隆重举行了建国50周年和澳门回归为重点的文化活动，激发了全体职工的爱国主义热情。

要事特辑

湖北省委、省政府在高坝洲召开“加快清江流域开发现场办公会。”1999年9月2～4日，湖北省委、省政府为加快清江流域开发，在高坝洲召开现场办公会。这是继1993年7月隔河岩首台机组提前发电庆功会、1994年省长现场办公会之后的又一个重要会议。省委书记贾志杰、省长蒋祝平、副省长张洪祥出席会议并作了重要讲话。长江委主任黎安田、省直有关部门、华中电力集团公司、葛洲坝集团、清江水电开发公司，宜昌市、恩施州、巴东、长阳、宜都等县市及建设单位的主要负责人出席了会议。

清江流域开发是湖北省的一大创举，受到全国的关注。流域开发格局已经形成，湖北省最大的水电基地初具规模。电站建设在确保工程质量的前提下，工期一再提前。隔河岩电站经过7年的艰苦奋战，提前一年实现并网发电，发挥了巨大的效益。高坝洲工程正式开工后，历经3年，第一台机组已具备发电条件，比计划工期提前了一年多，创造了国内同类型水电工程建设的新速度，达到了国家优质工程标准。装机160万kW的水布垭电站，完成了大部分前期准备工作。清江三个梯级电站形成了“竣工一个、建设一个、准备一个”的大格局，为全流域综合开发打下了良好基础。清江中下游地区的交通、通信、电力等基础设施大为改善。同时也改善了当地居民的居住、教育、卫生条件，一批新型集镇正在崛起。清江流域开发显示出广阔的发展前景和恢宏的气势。随着水布垭工程的兴建，清江上三座梯级电站将与长江三峡电站、葛洲坝电站交相辉映，使鄂西南成为世界上最大的水电基地。清江航运条件也可得到很大改善。清江流域开发为鄂西南地区提供了大好的发展机遇，也必将对湖北的跨世纪发展产生深远的影响。

清江公司经过12年的滚动发展，资产规模已由1亿元增长到120亿元，资本金从1亿元增加到6.2亿元，不仅跻身于国家重点扶持的国有大中型企业行列，而且正朝着国内一流大企业迈进。通过不断改革发展，已初步建立了适合流域滚动开发的富有特色的“清江体制”，这就是：业主负责、建管结合、主体明确、产权明晰、流域开发、滚动发展。从而形成了流域滚动开发资金和国有资产保值增值的良性循环，为清江开发的连续性和筹资渠道畅通提供了体制上的保障。

清江流域开发是全省经济发展战略的重要组成部分，是全省迄今为止投资最大、建设周期最长的重点工程。目前，这项工程已进入建设规模最大的水布垭电站阶段。全省上下一定要形成高度共识，举全省之力，把水布垭工程搞上去；清江公司和省有关部门要抓紧做好工作，全力推进水布垭工程尽快上马；要继续抓好高坝洲工程建设，确保2000年全面竣工。

加快清江流域开发，是坚定不移地贯彻落实“以武汉为龙头，以长江经济带为主轴，加快沿江、沿线、沿边开放开发战略，全方位、多层次、宽领域地拓展湖北对外开放格局”的一项战略举措；是实施“集中力量建设一批对增强发展后劲，优化产业结构有显著支撑和带动作用的重大项目”的迫切需要；是带动全省经济特别是恩施州经济发展的一条重要途径。清江流域是湖北省主要少数民族集中聚居地，加快清江流域开发是最具体的扶贫措施，是全省最大的扶贫工程。

9月初，省委派出调查研究小组到清江开展调研，并在《湖北日报》上发表了《国有企业改革与发展的一面旗帜——关于清江公司的调研报告》。10月13日，省委、省政府以鄂文［1999］46号文印发了《中共湖北省委、湖北省人民政府关于开展向清江水电开发有限责任公司学习活动的决定》，把公司作为国有企业改革和发展的一面旗帜，在全省开展学习清江公司活动。10月15日，在省委七届三次会议上，清江公司党委书记、董事长汪定国代表公司作了典型发言，受到一致好评。11月，汪定国书记参加了全省国有企业改革与实践报告团，介绍了“清江体制”及其成效。12月13日，省委书记贾志杰签发文件，向中共中央宣传部建议，将公司作为重大典型在全国突出宣传。国家电力公司向《光明日报》推荐，将清江公司作为电力系统改革与发展的典型加以宣传，中央和省级媒体形成宣传清江的一股热潮。

湖南省电力工业

综述

1999年湖南省电力工业紧紧围绕发展、改革、管理、效益和精神文明建设五项工作，尤其是利润、资产保值增值率、不良资产率等六大考核指标，动员和依靠全系统职工，突出创特色、争一流，克服了自然灾害、经营风险等诸多方面困难，各项工作取得新的进展，主要经济技术指标，尤其是国家规定的考核指标完成较好。

全年省公司发电量207.5亿kW·h（其中水电101.7亿kW·h，火电105.8亿kW·h），与1998年基本持平；售电量完成259亿kW·h，比1998年增长4.95%；输电线路（35kV及以上）167559km，公用变电所容量（35kV及以上）3023.73kV·A。省公司所属电力系统供电标准煤耗398g/（kW·h），比1998年下降3g/（kW·h）；系统发电最高负荷为411.1万kW，省电网最高供电负荷429.9万kW，电网频率合格率为100%。线损率完成8.58%，比1998年下降0.03个。多种经营总收入为34.67亿元，实现利税2.27亿元，分别比1998年增长18.4%和8.1%。全员劳动生产率为89197元/（人·年），拥有职工总人数为41972人。

电源建设

1999年全省发电装机容量已达1026万kW（其中水电571万kW，火电455万kW），省公司发电装机容量561万kW（其中水电288万kW，火电273万kW）。凌津滩水电工程不但战胜了沅水历史上第二大洪水，还如期完成了4台机组共12万kW的安装投产任务。五强溪水电厂已通过整体竣工验收，柘溪水电站1号机组增容改造工作已开始，沅水滚动开发一期工程项目洪江、碗米坡两个水电站利用日元贷款可行性研究报告获国家计委批复。耒阳电厂二期工程可研报告已被国务院批准，汽机岛招标工作已基本完成。株洲电厂二期、金竹山电厂、凤滩水电厂及鲤鱼江电厂扩建等项目的前期工作有新的进展。

电网建设

1999年，湖南省进一步加大电网建设特别是城乡电网建设的改造力度，取得了阶段性成果。全年完成投资24.3亿元，投产变电所数量、新增主变压器容量、线路长度均创历年最高水平。主网方面：投产（扩建）500kV岗市变电所12万kvar中压电抗器1组；新建、扩建220kV变电所10座、容量144万kV·A，线路12条，共284km。城网方面：新建、扩建110kV变电所12座、容量56万kV·A、线路131km；新建10kV架空线路458km，新建0.4kV线路410km；一户一表改造46510户。农网方面：新建、改造投产110kV变电所15座、容量45万kV·A、线路273km；35kV变电所22座、容量10.3万kV·A、线路160km；10kV配电变压器4355台、容量47万kV·A、线路3411km；0.4kV线路10015km；整改行政村1716个。通过主网建设、城乡电网建设和改造，使电网特别是城乡电网的规模不断扩大，结构得到了较大改善，输电“卡脖子”的问题得到进一步缓解，农网线损进一步下降，电压质量和供电可靠性大大提高，农村到户电价也得以下降，从而使农村生活用电量增长了10%以上。截止年底，湖南电网已拥有500kV变电所3座，主变压器4组12台、容量275万kV·A，输电线路5条、669km；220kV变电所43座，主变压器67台、容量852万kV·A，输电线路109条、6025km；110kV（含农网）变电所242座，主变压器容量952万kV·A，线路8769km；35kV变电所952座，主变压器容量201万kV·A，线路8200km。湖南电网已经覆盖了该省全部城市和95%以上的乡村。

电力生产

1. 发供电

1999年，湖南发电侧仍然供过于求。根据“抓大机组稳定、保主网安全、促城网发展”的工作思路，各电厂能顾全大局，服从统一调度，为保证系统安全稳定运行，调峰、调频作出了贡献。全年各火电厂完成大修任务，其中石门电厂1号机、湘潭电厂1号机大修仍采用切块承修，并实行大修质量监理制。耒阳电厂2号机低压缸通流部分改造，达到预期目的。电网检修着重抓了各专业相互配合，减少重复停电。在华中电网组织的500kV线路竞赛中，云田变电站第二次获得变电类第一名；线路首次竞赛长沙电业局获第二名、益阳电业局获第三名。省公司号召创建窗口变电所的基础上，开展了为期一个月的220kV变电所检查评比。在主网改造方面，及时更换不合格的变压器，保证主网安全、稳定运行；并规范了全省变电所微机防误装置的设计、选型及运行维护管理，改造了6套不能满足运行要求的微机防误装置，改造YSWT400F6稳措装置24套。城网110kV变电所无人值班变电所也得以改造。

2. 用电

围绕“卖好电，收好钱，服好务”的宗旨，在突出抓好电费回收工作的同时，努力开拓电力销售市场，加强营销管理，促进营销管理现代化。1999年，电费回收率为100%，比1998年提高了6.2个百分点；售电量为259kW·h，比1998年增长5.84%；售电均价为382.53元/（kW·h）（含税），比1998年降低了4.94元/（kW·h）。

针对电费回收难的问题，该公司首先加强了对电费回收工作的领导，从省公司到各基层单位重新调整、充实了电费回收领导小组，加强领导力量。其次是强化电费回收考核，指定、完善两个挂钩办法，即将电费回收与各单位的工资发放挂钩，将电费回收工作业绩与领导班子考核进行挂钩，做到责任到人，指标到人，考核到人，奖罚到人。三是进行营抄整顿，调整、充实营抄队伍，加强电费回收主渠道的建设。四是采取多途径回收电费，全年以物电抹帐回收电费3.56亿元，以法律手段回收电费1000万元，实现了以法律手段回收电费零的突破。同时，帮助用户推销产品、贷款，积极筹措资金归还电费，改善供、用双方的关系。五是加强管理，完善、制定电费回收有关文件，定期召开电费回收分析例会，对电费回收起到了促进作用。

3. 农电

农网改造取得初步成效。根据国务院和国家电力公司“两改一同价”的工作要求，省公司组织编制了农网三年建设与改造规划和经济评估审查，并按照“突出重点，分步实施”的工作思路，规范管理，落实责任，稳妥实施。截止年底，农网建设、改造完成投资10.5923亿元，建设竣工投运110kV变电所15座，44.95万kV·A，110kV线路273.2km；35kV变电所22座，10.32万kV·A，35kV线路159.7km；10kV配电变压器4355台，47.155万kV·A，配电台区1930个，10kV线路3410.59km；0.4kV线路10015.46km，整改村1716个。特别是年内纳入国家农网改造计划的16个县（区）农网改造工程已于年底全部竣工，圆满完成了计划任务。通过网改，使农网线损下降10.20个百分点，农民生活用电量增加10%以上，全网农电用电量增长14.01%，电压质量和供电可靠性大为提高。

农电体制改革工作坚持“先试点，后推广”的原则，取得了积极的成果。针对该省农电管理体制复杂，大小电网矛盾尖锐的特点，对趸售供电企业作为过渡模式，首先对其实行代管，待其条件成熟后，再行上划或组建股份公司。到年底，该公司对18个县级电力公司实行了代管。湘西自治州电力公司上划省公司已经省政府批复同意，并得到国家经贸委的批准。全省大小电网合作组建的第一家配电有限责任公司——会同电力有限责任公司已正式挂牌运作。“县为实体”及乡（镇）电管站改革的试点均已取得阶段性成果。浏阳、石门、攸县3个试点县局已基本作为省公司全资省公司的改制条件。乡（镇）电管站涉及92个县（镇）电管站，成立了315个供电所，撤消了486个乡（镇）电管站，精减了2822名农村电工。被列入主辅分开的修造、施工企业的改革取得突破。

加强农电安全和线损管理，大小电网矛盾得到协调。通过组织全省农电安全大检查，对代管县公司进行了安全检查；与潇湘电影制片厂联合拍摄了“农村安全用电”科教片，开展系列安全教育、培训工作，把各项安全制度落实到基层，全年实现无职工触电伤亡事故和重大误操作事故，农电外人触电死亡事故比1998年下降30%，农网设备事故比1998年下降34%。并进一步推行了线损标准化管理办法，与湖南大学联合开发农网线损理论计算软件，对全系统线损专业人员进行了培训，从而降低农损。与1998年相比，农损下降0.07个百分点。

管理工作

1. 安全生产

截止年底，湖南电网已连续安全运行18年7个月，没有发生系统破坏和大面积停电事故，没有发生供电主设备和基建重大机具损坏事故，一般事故和一类障碍比上年大幅度减少，并且胜利完成了建国50周年大庆和澳门回归等重大活动的保电任务。耒阳电厂安全记录2500天，已进入全国先进行列；省电力安装工程公司保持了10年的连续安全生产纪录，成为全国的三个安全生产纪录超10年的施工企业。

2. 财务管理

1999年湖南省电力公司财务管理逐渐精细。

(1) 资金运作取得良好收益。通过落实现金收支两条线，加大资金集中的力度，盘活、用好生产、基建资金，在保证生产所需开支外，通过采取推迟基建贷款到位时间、腾出自有资金支付电网建设、提前归还贷款等措施，减少利息支出，取得资金效益5160万元。

(2) 通过“三个第一次”尝试，使经济责任制体系日趋完善。“三个第一次”即第一次选择了3个基础较好的县局进行了“县为实体”的经济责任制试点，第一次对全资子公司和控股公司，按照建立资本纽带的产权关系，实行了“资产经营责任制”；参照上级有关做法，第一次在公司系统实行了风险保证金和责任抵押金制度。从而各单位经营意识、风险意识、市场意识进一步增强，经营机制逐步优化。

(3) 资本运营取得新的突破，以金竹山电厂的存量资产配股华银公司、湘潭电厂并入湘潭发电有限责任公司，均取得成效。同时，着力寻找新的经济增长点，加速金融资本与产业资本的融合，力求投资多元化。先后由省公司和湘能公司参股了福建兴业银行和大鹏证券，并在当年获得了回报。电费回收经过多方努力，扭转了欠费回收恶性增长的不利局面。

3. 审计

全年审计工作取得显著成绩。营抄审计增收5500万元，财务收支审计增效907万元。对14个电业局用电营抄环节的审计检查已全面结束，查处违纪违规金额1.4亿元。全年完成工程审计项目2574项，核减工程投资8294万元；完成财务收支审计项目291项，共查出违纪违规金额885万元。城乡电网建设项目主要设备全部实行了招投标，分别降低工程造价2200万元和2500万元。

企业改革

1999年，湖南省电力公司按该公司确立的“1、2、4”（即组建一个集团，建立资本和调度两条纽带，实现政企、厂网、输配和主辅四个分开）改革部署，组建湖南电力集团的方案及有关报批材料已全面完成。调度纽带正在向紧密化、规范化发展，资本纽带正在向深入化、规范化前进。对省电力局目前承担的政府职能、行业职能和企业职能进行了认真分解和清理，政企分开的各项准备工作已经完成。厂网分开、建立发电侧电力市场的有关工作正在加紧进行。模拟电力市场运营工作，形成了统一的市场运营规则整体。各发电厂均与省公司签定购电合同，并严格按合同规定的电量、电价操作，初见成效。实施市场化运营以来，电网的运行管理工作发生了较大的变化，发供电和调度系统人员的市场观念、竞争观念、效益观念大大增强，一些基本的市场交易技能开始运作并产生效果。

省电力设备总厂通过湘能公司参与资产重组，分别成立了变压器公司、开关公司、电磁线公司，并逐步走上正轨。省电力电磁电器厂大胆实行一厂多制，将长期亏损的隧道窑和悬瓷生产线租赁承包经营，取得明显成效。省电力线路器材厂在管理和设备上下功夫，水泥电杆质量有了质的提高，实现扭亏为盈。另外，重组了湖南电力建设监理咨询有限责任公司和湖南湘电会计咨询服务有限公司。与此同时，株洲、衡阳、怀化、邵阳、湘潭电业局、株洲电厂、调通局等单位进行了新一轮“三改”，长沙、岳阳、常德、益阳、湘西电业局等单位也相应出台了“三改”方案。株洲电业局作为试点单位，在深化“三改”中，正将推行供电企业营销环节管理机制改革。省公司系统新员工管理办法正式启动。

科技教育

1999年，科技工作按照转变观念、突出重点、加大推广、注重效益、不断创新的思路，促进省公司综合实力和整体素质的提高。全年全力以赴解决计算机2000年问题，通过组织召开可视电话会、策划工作大纲、成立专家组、编印技术资料、组织技术培训、调查摸底汇总、整改升级、组织联合和补充测试、开展验收等一系列工作，投入资金约3000万元，主要系统测试和整改率分别达到99.2%和99%，使湖南电网顺利步入2000年。同时，全系统信息化建设取得一定成效。省公司信息化2000～2005年规划审定准备工作基本完成，省公司本部办公自动化已于12月10日进入试运行。电力三维设计、光纤互感器等一批跨世纪重点项目已启动。电力地理信息系统、电压与无功控制系统、电网谐波监测装置等得到大面积推广。在1999年度华中电力集团科技成果评奖中，首次排名第一。

教育培训加大了工商管理培训的力度，全面开展了计算机的普及培训。省公司的全员培训率达65%以上，本科及以上、专科、中专学历所占比例分别比1995年提高了3.3、3.6、10.05个百分点。

多种经营

多种经营各项指标均好于1998年。多种经营总收入37.2亿元，首次突破30亿元大关，同比增长27%，全年实现利税2.78亿元，同比增长30%；资产总额47.57亿元，同比增长11.11亿元，资产保值增值率为30.47%，所有者权益在12.65亿元的基础上新增4.03亿元；全员劳动生产率为29977元/（人·年），同比增长19.2%；成本费用利润率为5.3%，同比下降0.1个百分点，从业年平均人数29770人（其中：全民职工11056人，集体职工4848人，从主业分流人员2714人，安置待业青年562人）。

精神文明建设

该公司始终坚持“两手抓，两手都要硬”的方针，抓机关带基层，抓典型带全局，不断强化精神文明创建机制建设，从严务实开展群众性系列创建活动，精神文明建设取得了累累硕果。该公司在1995～1996年和1997～1998年度连续两届荣获省文明建设先进系统的基础上，继续保持了省思想政治工作优秀企业和省创建青年文明号示范行业称号。省公司本部连续12年被评为省文明单位后，1999年被授予全国首批精神文明建设先进单位称号。岳阳电业局获全国“五一”劳动奖状和国家电力公司系统全心全意依靠职工办企业先进单位称号，其所属城区供电局被授予全国首批创建文明行业工作先进单位称号。郴州电业局周支援、省电力电瓷电器厂杨昌桂等同志获全国“五一”劳动奖章，并被评为省劳模；省火电建设公司谭茂春同志获国家电力公司特等劳动模范称号，彭俊清等8名同志获国家电力公司劳动模范称号，胡岳勋同志获国家电力公司系统全心全意依靠职工办企业优秀领导干部称号。云田变电站、凤滩水电厂运行车间获国家电力公司系统先进集体称号。鲤鱼江电厂、娄底电业局获省文明标兵单位称号，永州电业局等14个单位获省文明单位称号。石门电厂通过了国家电力公司双文明单位的检查验收。长沙电业局城南供电局营业站获国家级青年文明号称号。益阳电业局第四次被省委、省政府授予抗洪救灾先进集体称号。郴州电业局在8月份的特大洪灾中奋力保电，迅速抢修四普庄变电站恢复供电，受到了省委、省政府的高度赞扬。截止年底，省公司系统40个基层单位已全部建成市（州）级文明单位，其中4个省文明标兵单位、32个省文明单位，12个单位还同时获国家电力公司双文明单位称号。同时，全系统的党风廉政建设、领导干部廉洁自律和厉行节约、制止奢侈浪费也取得了新的成效。全年省公司系统科级以上干部上交红包、礼金、礼品及有价证券（折款）共计70余万元，清理通信工具并实行费用限额包干，节约费用115万元，接待费比上年减少160万元。供电规范服务窗口和农电文明服务示范窗口的服务质量明显提高，进一步促进了行业作风的好转，12个电业局通过了当地行风评议，并居当地先进行列。电力“110”社会服务联动工作得到了省政府的肯定。

其他

燃料工作突出抓效益，全年节约燃料费用8000万元。经济保卫工作进一步加强，没有发生因外力破坏造成35kV及以上线路倒杆、倒塔案件，内部职工刑事犯罪率控制在1‰以内。电力地方立法工作取得较大进展，《湖南省电力设施保护办法》已颁布实施，《湖南省实施〈电力法〉办法》已经过省人大三次审议，《安全用电及事故处理办法》已通过省政府常务会议审议，干部工作着重在领导干部考核、选拔的内容和方式以及基层领导干部的教育培训上进行了改革和探索。省公司所属单位半数以上实现了主业与后勤的分离，并逐步向小区物业化、后勤社会化推进。职工住房条件进一步改善，在1998年新增安居工程住房面积19万m^2的基础上，1999年又增加住房面积5.75万m^2，系统人均住房面积已达14.82m^2，超出总经理任期目标值。离退休老同志的两项待遇得到了较好落实，两费（养老金、医药费）基本上得到了保证。

存在的问题

电费回收难依然是限制电力生产和发展最大的问题。全年虽然实现了当年电费回收结零，但仍然有19亿元的巨额陈欠，给省公司造成4.3亿元的坏帐损失和上亿元的利息负担。

要事特辑

1. 长沙芙蓉送变电工程开工

11月3日，湖南省投资最多、规模最大、科技含量最高的送变电工程——长沙芙蓉送变电工程开工。省经贸委主任陈学军、长沙市副市长李斌恺、省电力公司副总经理李维建、总工程师林干等领导出席开工典礼。

芙蓉送变电工程总投资约8亿元人民币，其中220kV芙蓉变电站为大型室内变电站，总容量为3×18万kV·A，有220kV出线2回、110kV出线10回、10kV出线42回，设备采用组合电器和综合自动化，220kV进线进入城区后采用电缆沿人民路隧道（2.6km）进入变电所，110kV和10kV出线也将通过芙蓉路12.6km电缆隧道进入各负荷点。该工程实现了220kV变电所直接深入负荷中心。

2. 大源渡4台机组全面投产

11月28日，湘江大源渡航电枢纽4台机组全面投产庆祝大会在大源渡枢纽工地隆重召开。湖南省委、常委、常务副省长周伯华等领导出席大会。

湘江航运建设二期工程是中国内河建设首次使用世界银行贷款项目，交通部“以电养航”试点工程。大源渡航电枢纽是湘江二期工程的主体，投资约占湘江二期工程总投资的90%。电站安装4台单机容量3万kW灯泡贯流式发电机组，总装机容量12万kW，是目前国内单机容量、转轮直径最大的灯泡式机组。

3. 会同县电力有限责任公司成立

12月14日，经国家电力公司批准，湖南省第一个规范性县级电力有限责任公司——湖南会同有限责任公司挂牌成立。此举标志着湖南省农电体制改革又迈出新的步伐。

会同县地处湖南省西部，是怀化市的一个山区县。长期以来，该县一直存在着有大电网供电的县电力局和小电网供电的县电力公司，由于体制不顺，该县的电力发展和经济发展一直都受到制约。自国家关于“两改一同价”的政策公布以来，会同县人民政府、怀化电力局、省电力公司通过积极协商，就该县电力管理实现一县一公司的改革方案达成共识。决定在对怀化电业局所属会同电力局的资产进行重组的基础上，由湖南省电力公司、会同县国有资产有限责任公司共同发起成立湖南会同有限责任公司，统一经营管理会同县内及周边县镇电力市场。在该公司的组建过程中，各方都严格按照《公司法》、《电力法》和国务院有关文件的规定规范操作。公司注册资本2997万元，其中省电力公司2057万元，占68.64%；会同县国有资产投资经营有限责任公司出资940万元，占31.36%。公司设股东会和董事会。两会均由7名成员组成。该公司为省电力公司控股的子公司。

4. 耒阳电厂二期工程实行总承包

12月24日，耒阳电厂二期工程总承包合同和监理合同签字仪式在长沙举行。省电力公司副总经理李维建代表业主分别与总承包方代表——省电力建设开发总公司总经理喻新强、监理方代表——省电力监理公司总经理龚源发，签定了总承包合同和监理合同。这是湖南省基本建设重大项目首次实行总承包制，标志着湖南电力基建体制改革又迈出了新的步伐。

耒阳电厂二期工程是1996年2月国家计委批准立项的利用世界银行贷款投资建设的电力建设项目，建设规模为2台30万kW机组。省电力公司独资投资工程资金约28.5亿元，其中利用世行贷款2亿美元，折合人民币16.6亿元，省电力公司投入资本金5.7亿元，省建行投入信贷资金6.2亿元。与世行签定的贷款协议已于1998年6月正式生效，国家计委已在今年6月批准了该工程的可行性研究报告。该项目的建设，将带动地方煤炭和建材、制造、建安等工业的发展，对缓解湖南电网丰枯水季出力不均衡，调整电源结构，都将起到积极作用。

主要事件

1月21～25日，湖南省电力工作会暨省电力公司二届四次职代会在宁乡灰汤召开。副省长郑茂清、华中电力集团公司副总经理季勇、省总工会副主席石光明、省经贸委副主任陈学军等领导出席会议并讲话。省电力局（省电力公司）局长（总经理）周绍文作了题为《面向市场求发展，解放思想促改革，进一步开创全省电力工业的新局面》的工作报告。

2月6～8日，在全省宣传部长会议上，湖南电力系统再次获得1997～1998年度省文明建设先进系统（行业）荣誉称号。

2月15日(大年三十)，省委副书记、省长储波和省委副书记郑培民、胡彪，省委常委、省政法委书记李贻衡、副省长唐之享以及长沙市和有关部门负责人来到省电力调度通信局看望节日坚守岗位的电力职工。

3月9日，省公司在长沙召开电费回收工作会议。

3月8～16日，国家电力公司尘肺防治中心金宝松副主任一行2人，专程到省公司检查了解防尘治理情况。

3月21日，国家计委正式批准耒阳电厂二期扩建工程可行性研究报告。4月22日，国家计委正式下文批复。

4月1～2日，华中电力集团公司在耒阳电厂召开华中电网火电厂创一流工作现场会。

4月8日，全省电力基建工作会议在衡阳召开。省公司总经理周绍文、副总经理李维建、副总工程师喻新强、副总经济师佘小林等参加会议并讲话。

4月30日，省电力公司系统“五一”劳动奖章获得者、全国电力系统劳动模范，先进集体代表座谈会在长沙召开。

5月10日，省电力局先后召开党组成员紧急会议和全体职工大会，传达中央和湖南省委会议精神，强烈抗议以美国为首的北约野蛮轰炸我驻南使馆的暴行。

5月11日，湖南省人民政府颁布实施《湖南省实施〈电力设施保护条例〉办法》。

5月21日，省电力局在湖南省电力调度通信局召开湖南电网安全稳定运行18周年座谈会。

6月8日，中国驻美大使李肇星和世界银行副行长塞维里诺分别代表中国政府和世界银行在华盛顿世行总部签署了“湖南电力项目”3亿美元贷款和在耒阳建设两台30万kW汽轮发电机组及输变电设施的项目协定。

7月3～4日，华中电网500kV系统劳动竞赛总结表彰会在株洲召开。湖南省株洲电业局云田变电站、常德电业局岗市变电站分别获得华中电网500kV系统劳动竞赛变电组第1名和第2名。

8月31日，国家电力公司以国电［1999］460号文正式批复命名石门电厂为一流火力发电厂。

11月3日，湖南省投资最多、规模最大、科技含量最高的送变电工程——长沙芙蓉送变电工程开工。省经贸委副主任陈学军、长沙市副市长李斌恺、省电力公司副总经理李维建、总工程师林干等领导出席开工典礼。

11月25日～12月7日，按照国家稽察特派员制度，国家稽察特派员宋树友率稽察特派员总署第16办事处特派员助理沈京江、何宝安、刘华昕、特派员秘书胡启毅到湖南电力公司实地稽察。

11月28日，湘江大源渡航电枢纽工程4台机组全面投产庆祝大会在大源渡枢纽工地隆重召开。

截止12月3日，湖南省电力公司提前1个月完成全年主网建设任务。新建、扩建220kV变电所12座、主变压器容量147.15万kV·A，新建110kV及以上线路70条753km，完成投资7.4亿元，是历史上投产主变压器容量和完成投资最多的一年。

12月12日，湖南省委、省政府及国家电力公司联合召开三峡电力送湘500kV输变电工程建设工作会议。省委常委、常务副省长周伯华，国家电力公司电网建设部主任兼电网建设分公司总经理霍继安，省政府副秘书长唐见奎，省建委主任兼省重点办主任匡彦博，省经贸委主任陈德铨，省电力公司总经理周绍文等出席会议并讲话。

（刘晖）

江西省电力工业

综述

1999年，全省全口径发电装机容量5726.4MW，其中水电1709.5MW，火电4016.9MW。统调发电装机容量4471.7MW，其中水电790.7MW，火电3681MW。1999年全省人均装机容量为136.6W。全省最大的火电厂为丰城发电厂（3×300MW），最大水电厂为万安水电厂（400MW），最大的单机火电机组为300MW，最大的单机水电机组为100MW。

1999年底，全省共有220kV线路65条，计3346.56km，110kV线路248条，计6214.63km，35kV线路508条，计9757.98km。

1999年底，全省共有220kV变电所26座，主变压器38台，容量4613MV·A，110kV变电所160座，容量5401.6MV·A。35kV变电所521座，容量2649.3MV·A，110kV变电所117座，容量4144.6MV·A，35kV变电所78座，容量641.75MV·A。

企业改革

江西省电力公司认真贯彻国家电力公司第二步实体化改革的战略构想，结合自己实际，提出并完成了江西省电力改革发展、结构调整、生产经营等18个调研课题，在全省电力系统开展“电力走向市场与转变思想观念”的大讨论。江西省电力公司5万kW以下小火电机组共32台，总容量64.9万kW，现已关停26台，其容量为34.9万kW。对五个始建于六、七十年代的老火电厂实施资产重组、人员分流是江西省电力公司重大改革举措之一，这些老厂对全省经济和电力工业的发展曾有一定历史贡献的，但随着社会的进步，已不适应形势的发展，为了求生存、求发展，必须实施资产重组、人员分流。老厂分流工作，总体进展顺利。分宜发电厂职工1617人，通过分流，现仅有职工667人；信丰电厂、锁江楼两个小火电厂分流工作结束，并已正式消号。

为加强和完善电网管理，6月8日完成了吉安地区供电体制上划工作，结束了全省最后一个没有统一管理地级电网的历史；9月26日成立了宜春供电局，结束了全省最后一个地区没有成立供电局的历史，从而实现了全省电网的统一管理。

将亨达公司整顿更名为三和电力股份有限公司，加大资产重组和资本运营力度，收购了江西省电力公司全资的洪门水电厂、上犹江水电厂和下正街电厂，扩大了企业规模，调整了企业结构，使三和公司成为以发电为主营业务的股份公司，为推进上市打下了坚实基础。

为扶持和帮助江西省电力修造企业走出困境，抓住城乡电网改造机遇，发挥发达地区技术优势，盘活存量资产。江西电力设备总厂和上海电器股份有限公司变压器厂通过资本嫁接、资产重组，在江西电网内开创了跨地区、跨行业成功实行资本运营的先河，成立了江西森田电力设备有限责任公司，于1999年8月6日挂牌，目前运作良好，更可贵的是带来了机制和观念的转变。

1999年8月25日，为适应厂网分开和市场竞争的需要，将江西省电力试验研究所更名为江西电力试验研究院，充分发挥设备和人才优势，不断拓宽服务范围，成为全省电力行业技术服务中心。

12月24日，成立了江西省电力公司所属专业学校的校董会，为学校逐步适应新形势，走产学研相结合的发展道路、提高办学层次和转变办学机制进行了有益的尝试。

电力建设

按照以市场为导向，以经济效益为中心，加大电网建设力度的原则，加快前期工作，编制完成了江西省电力公司《七年电力发展规划》、《江西省“十五”电力规划》、《江西省五年电网建设方案》和《江西500kV2010年电网规划》。

在主网架建设方面，全年投产220kV线路137km，变电容量78万kV·A；投产110kV线路141.2km，变电容量19.45万kV·A；建成了南昌至景德镇数字微波工程和省调至斗门的光缆微波工程，改善了通信现状。全年完成基建投资23.69亿元，其中电网投资15.06亿元。

农电“两改一同价”工作已取得阶段性成果。江西省电力公司以股份制改造为重点进行农电体制改革的做法，得到了国家经贸委和国家电力公司的充分肯定。按照“先改制，后改造，资金跟着项目走，项目跟着体制走”的原则，到1999年底，全省94个县（市）供电企业，有86个已进行股份制改造并挂牌运作。从1999年下半年开始，两改一同价工作重点已转到了农网改造上，总体态势是稳中求进、求实、求好，到年底，全省农网改造工程完成投资14亿元；强化了资金和物资管理，71个县的网改工程已全面铺开；23～26个竣工县的网改工作进展顺利，预计2000年一季度可竣工。

城网改造有重大突破，南昌、九江、景德镇等城网改造进展顺利。国家计委又批复了赣州、新余、吉安等5个城市的网改工程项目。全省中低压网工程开工共81项，其中南昌、九江、景德镇34项，资金3.12亿元，其他8个城市47项，资金2.65亿元。全省“一户一表”改造工程完成近6万户，“城市亮化”工程也得到稳步推进。

在电源建设方面，除丰城电厂4号机（1×300MW），华能井冈山电厂（2×300MW）和九江电厂三期（2×350MW）工程开工建设外，为解决电网调峰问题，调整江西省水、火电结构，柘林电厂扩建（2×120MW）工程已正式经国家计委批准开工。分宜电厂循环硫化床项目获国家经贸委批准立项，列入1999年国家重点技术改造第三批国债专项资金项目。

依法治电

1999年，江西省电力公司在依法治电、改善治电环境方面取得了一定的成绩，主要表现在以下几方面：

一是关于“水资源费”的突破。通过法律手段，有效地制止了有关部门关于水资源费的不合理征收，国务院以国办函（99）1号文，明确了江西省内中央直属电力生产企业暂不征收水资源费的政策。

二是历经努力，《江西省反窃电办法》于1999年10月23日经省大常委会审议通过，并从12月1日起施行。这是全国第一部反窃电的地方性法规，得到了国家电力公司和兄弟省局的充分肯定，并列为国家电力公司1999年十大新闻之一。作为对《电力法》有关反窃电内容的有益补充，《江西省反窃电办法》

的颁布实施，为江西省电力事业的健康发展，提供了良好的法律环境，对维护电力企业经济利益，整治社会用电环境，维护供用电秩序，打击日趋严重的窃电行为，保障和促进江西省经济建设及电力事业的发展具有重要的政治、经济和法律意义，产生了良好的社会反映。

管理工作

按照《国家电力公司资产经营考核办法》及补充规定，江西省电力公司与所属各企业法人代表签订了资产经营责任书，建立了企业法人代表资产经营风险抵押金制度；全面推行预算管理，建立资产经营预算体系；完善经济活动分析制度，严格控制成本，千方百计增加收入；加大了资本运营力度，加强资金管理；深化电力模拟市场工作，修订和完善了《江西电力模拟市场实施办法》，通过合同、协议等形式，加大考核力度，强化了竞争观念和效益观念，增强了各单位眼睛向内、挖掘潜力、降耗增效的内在动力；整顿会计工作秩序，规范会计行为，强化财务管理，出台了江西省电力公司财［1999］40号文，严防新增挂帐，把逐年消化历史挂帐与加强对领导班子考核挂起钩来，逐步建立管人与管资产相结合的机制，不断提高经济效益。

1999年，江西省电力公司全面完成了国家电力公司考核的各项主要经济指标，并创历史最好成绩。1999年实现利润目标9098万元，盘活存量资产31550万元，在不产生新挂帐的基础上，继续消化历史挂帐1.5亿元，归还贷款6亿元；实现全员劳动生产率7.3万元/（人·年）；资产保值增值率101.01%；厂用电率完成6.95%，同比下降0.12个百分点；供电煤耗完成387g/(kW·h)，同比下降8g/(kW·h)；线损率完成7.34%（含吉安供电局），比1998年略有上升；实行燃料直供，使标煤单价同比下降了5.87元/t，节约燃料成本3068万元。为加强用电营业管理，电费回收工作部署早，常抓不懈，物电互抵见成效，使欠费大户南昌钢铁厂1998年实现了新旧电费结零。1999年江西省电力公司在资金紧张的情况下，挤出600万元，增加了20个营业网点，加强了营销队伍建设，大力整顿行业作风，继续推行承诺服务，不断提高服务水平。在确保正常稳定供电和国庆50周年、澳门回归等重大政治活动供用电的基础上，年末应收电费余额大幅下降，由1998年的9.77亿元，下降为7.76亿元，降幅达21%。

为推进多元化经营战略的实施，开辟第二战场和寻找新的经济增长点，江西省电力公司成立了多种经营管委会和多种产业发展分公司，进一步理顺了多种经营公司的关系，逐步建立以资本为纽带的管理机制。全年多经总收入16.2亿元，同比上升25.6%；多经实现利润7662万元，同比上升185%。首次实现多种经营全行业扭亏为盈。

强化内部管理，规范经营行为，防范金融风险，制定了《江西省电力公司审计处理处罚办法》，加大审计力度，坚持把管干部与管资产相结合，提拔任用和调离干部实行先审后离、先审后用。1999年通过审计，促进增收节支6169万元，查处违纪违规金额161万元。

积极推行党风廉政建设责任制，继续抓好领导干部廉洁自律、查办案件、行风建设三项工作，促进反腐败工作取得新成效。对海南办事处、亨达公司、赣西供电局、萍乡供电局等违纪案进行查处，提高了党员干部对党风廉政建设和反腐败斗争的认识，增强了大家遵纪守法和廉洁自律的自觉性。1999年底前，配合国务院稽察特派员总署第16办事处，初步完成了对江西省电力公司的稽察工作，总体情况良好，也进一步促进了依法经营。

创一流工作实现了零的突破，1999年4月，国家电力公司以国电发［1999］207号文命名贵溪电厂为一流火力发电厂，使江西电力系统“创一流、上水平”工作取得了突破性进展。丰城发电有限责任公司、新余发电有限责任公司被国家电力公司命名为“安全文明生产达标企业”。到目前为止，江西省电力公司27个应达标单位中，已有26个实现了安全文明生产双达标。质量管理工作又上新台阶，江西省电力公司荣获了“全国质量管理小组活动优秀单位”和“全省质量管理优秀单位”称号，并作为国家质量管理代表团成员，出席了在马尼拉召开的“’99国质管理小组”大会，在会上发布了九江电厂的QC成果；江西电力试研院和南昌发电厂通过了ISO—9000标准认证并获得证书。

安全生产

1999年，江西省电力公司切实落实以行政正职是安全第一责任者为核心的各级、各类、各岗位的安全生产责任制，广泛深入地开展安全大检查和第九次全国“安全生产周”及“百日安全无事故”、“电力调度系统安全年”活动。在发供电企业狠抓了安全性评价工作，通过对安全管理和设备的“健康诊断”，对重大设备缺陷及隐患进行了整治，强化了安全管理，提高了设备健康水平；在施工企业继续深入开展了班组安全建设达标活动，夯实了安全基础，安全生产取得了可喜成绩。江西省电力公司和赣州供电局，南昌发电厂、贵溪发电厂，柘林水电开发公司，江西省火电建设公司，江西省水电工程局等7个单位被江西省安全生产委员会评为江西省安全生产先进单位，并有

7位同志被评为江西省安全生产先进个人。

江西省电力公司自1998年之后再次实现电力生产全口径人身死亡为零的目标，其中，公司所属火电、送变电、水电工程局三个施工企业连续4年实现华中电力集团公司提出的“双零”（人身死亡事故为零、重大施工机械事故为零）目标。1999年全系统各发供电企业及江西省电力调度通信局共实现百日安全运行记录93个，其中实现四个百日安全运行记录的企业有12个，实现三个的有12个，实现两个的有4个。南昌发电厂、贵溪发电厂、九江发电厂，丰城发电有限责任公司、景德镇发电有限责任公司，赣能股份萍乡发电厂共6个火电厂，江口水电厂、罗湾水电厂、洪门水电厂、上犹江水电厂、东津发电有限责任公司共5个水电厂，鹰潭供电局、萍乡供电局及江西省电力调度通信局等14个企业实现了全年无事故。全网安全运行记录超千天的企业有11个，江西省电力调通局已连续安全运行5197天，创江西电力系统安全生产最高纪录。

截止到1999年12月31日全网已连续16年未发生电网瓦解大面积停电事故，主网连续安全运行5950天（1983年9月17日～12月31日），连续12年消灭了重大火灾事故。1999年全系统未发生重大及以上设备事故，没有发生重大火灾事故，没有发生大型机械设备损坏事故，发电事故率为0.045次/(台·年)，变电事故率为0.02次/(台·年)，输电事故率为0.06次/(百公里·年)，人身重伤率为0.039‰，电力系统频率合格率为99.99%、中枢点电压合格率为98.87%，均控制在国家电力公司、华中电力集团公司规定指标内，全面实现了年初江西省公司党组提出的安全生产管理目标。

精神文明

1999年江西省电力系统“双文明”建设登上了一个新台阶。贵溪火力发电厂、丰城发电有限责任公司双双跻身“全国500个精神文明创建工作先进单位”；赣州供电局用电管理所被评为全国“创建文明行业工作先进单位”；邵玉琴同志作为全国电力系统唯一代表被邀请到北京天安门参加国庆50周年庆典观礼。

在全系统开展了“电力走向市场与转变思想观念”的万人问卷调查，为加强和改进思想政治工作奠定了基础，受到了国家电力公司的表扬。以厂务公开为重点的民主管理工作取得新进展。根据江西省电力公司《全心全意依靠职工办企业的实施办法》，制定了《江西省电力系统实行厂务公开，加强民主管理民主监督实施办法》，在南昌发电厂、贵溪发电厂、赣州供电局、赣西供电局4个单位进行了厂务公开试点，强化了企业的民主管理。

国庆前夕，位于海拔1300m高山上的贵溪樟坪少数民族（畲族）贫困乡，赣南老区崇义县乐洞少数民族乡等10kV线路建成送电，解决了老少边穷地区农民用电难的问题，受到江西省委、江西省人民政府的表彰。江西省电力公司系统职工工资、生活福利得到了明显改善，全系统新建职工住宅84902m^2。厂处级干部实行了休假制度。

主要事件

1月6日，江西省电力公司争取到了国务院办公厅关于中央直属电力生产企业暂不征收水资源费的政策。

1月12日，中共江西省直属机关工作委员会对1997年至1998年度文明机关作出表彰决定，江西省电力工业局机关被评为文明机关，受到表彰。

1月中旬，国家防洪抗旱总指挥部、人事部和中国人民解放军总政治部联合发文，表彰1998年在抗洪抢险工作中涌现的先进单位和个人。九江供电局成为国家电力公司内两个受表彰的抗洪先进集体之一。

1月26日，江西省第一个县级供电有限责任公司星子县供电有限责任公司挂牌成立。

2月8～10日，江西省电力工作会议暨江西省电力公司二届三次职工代表大会在南昌召开。

2月12日，国家发展计划委员会下文（计基础[1999]154号），批复国家电力公司，同意柘林水电厂扩建两台12万kW水轮发电机组。工程动态总投资7.08亿元人民币。

2月16日，大年初一，江西省省长舒圣佑、副省长朱英培、省委副秘书长吴运金、省政府秘书王飚、副秘书长胡宪、南昌市市长刘伟平、副市长姜润保等省市领导，来到江西省电力调度大楼调度室，向正在坚守生产第一线、为节日加班加点的全体电力职工拜年，对他们表示亲切的慰问！

2月22日，江西省委副书记、常务副省长黄智权，省长助理凌成兴来到井冈山华能电厂工地，对奋战在施工一线的电力建设者们进行亲切的慰问。

3月4日，江西分宜发电厂、江西贵溪发电厂和江西省火电建设公司获江西省计划生育“先进集体”称号。

3月，江西省电力公司在全系统实行了党风廉政状况季度分析会制度，对全局364名处级干部建立了廉政档案。

3月16日，江西省电力公司将亨达公司改组为“三和”公司，收购上犹江水电厂、洪门水电厂、下正衙电厂，进行资本运作。

4月8日，江西省电力公司荣获1998年度江西省劳动系统先进集体称号。

4月，为贯彻“网厂分开，竞价上网”改革精神，江西省人民政府决定拿出5亿kW·h电量作为期货电量试行竞价上网。

4月23日，贵溪发电厂被国家电力公司命名为一流火力发电厂，成为江西首家一流的电力企业。

4月27日，江西省送变电公司荣获江西省“五一劳动奖状”。

6月1日，江西省农村电网建设改造工程启动。

6月8日，吉安供电局上划，结束了江西省唯一一个没有统一管理的地级电网的历史。

6月17日，江西省电力公司电网调度实现了安全运行5000天的记录。

7月1日，江西省电力公司推出向全社会进一步开放用电的“一揽子”计划（包括折让销售、优惠电价、最高限价等）。

7月14日，江西南昌发电厂被中华全国总工会授予“全国职工体育先进集体”。

7月23日，江西省火电建设公司荣获“1998年度全国实施用户满意工程先进单位”。

7月28日，世界文化遗产——江西庐山实施“以电代煤”节能环保工程，庐山第一座110kV变电站开工，以使庐山告别烧煤历史，将庐山建成无煤烟的旅游名山。

8月4日，江西省电力中心试验所高级工程师曾昭智成为“江西省十大科技明星”中的唯一女性。

8月14日，江西省电力公司领导班子专题研究五个老厂（下正街、信丰、锁江楼、乐平、分宜电厂）资产重组、人员分流问题，并确定“稳定与发展、改革成本最小化、一厂一策、优势互补”四项重要原则。成立五个工作组，进行实际操作。

8月24日，举办江西电力系统首届职工体育运动会。

8月27日，江西省电力燃料公司与长沙科晟实业有限公司合作研制开发GKDL－3000型自动定硫仪和从浙江大学等科研机构引进燃料添加剂及洁净煤技术，填补了江西省电力燃料管理向高新技术领域进军的空白。9月7日江西省科委正式认定江西赣电燃料技术产业有限公司为高新技术企业。

8月31日～9月10日，全国电力系统江西电网通过Y2K联合测试。

9月，江西省火电建设公司邵玉琴同志作为全国百名劳模之一进京观礼建国50周年庆典。

9月，江西贵溪发电厂、江西丰城发电有限责任公司双双跻身于全国创建文明单位先进行列，赣州供电局用电管理所被授予全国文明行业光荣称号。

9月11日，经中共华中电力集团公司党组研究决定，任命于崇德同志为中共江西省电力公司党组成员，江西省电力公司（电力工业局）副总经理（副局长）。

9月21～22日，江西萍乡二县（上栗、芦溪）、二区（湘东、安源）供电有限责任公司挂牌成立，结束了萍乡地区长期存在的多家管电的历史。

9月22日，为适应市场经济发展需要，“江西电力试验研究所”改建为“江西电力试验研究院”。

9月26日，江西宜春供电局成立，结束了江西省唯一尚未成立地区供电局的历史。

10月，江西省“一户一表”工程全面启动。到年底，全省新装“一户一表”近5万户，并在全省新建20个用电营业网点。

10月，江西省电力公司总经理胡德成被国务院授予全国民族团结先进个人。

10月8日，江西省电力公司决定每年拨20万元奖励科技进步奖项目。

10月15日，江西省94个县（市、区）中有79个县完成了县级供电企业股份制改造，73个县（市、区）局已挂牌，标志着江西省农电管理体制基本理顺。

10月23日，经江西省九届人大第十二次会议审议，《江西省反窃电办法》获得通过。并被中国电力报评为“1999年全国电力十大新闻”之一。

10月13日，江西省电力公司被中国质量管理协会、中华全国总工会、共青团中央、中国科学技术协会命名为“全国质量管理小组活动优秀企业”。

11月26日，国家电力公司在南昌召开“江西省反窃电办法”经验交流现场会。

11月27日，由江西省人大财经委、省人大工委、省政府法规局、省经贸委、省电力工业局在南昌联合召开的《江西省反窃电办法》施行新闻发布会，宣布全国第一部专门规范反窃电行为的地方性法规《江西省反窃电办法》于12月1日起施行。

12月6日，国务院稽察特派员总署第16办事处派员来到江西省电力公司，对公司的财务状况等工作实施监督、稽察。

12月13日，中共中央政治局候补委员、书记处书记、中央组织部长曾庆红，在中共江西省委副书记步正发、省委常委、秘书长彭宏松等陪同下，视察了正在建设中的国家“九五”重点工程——井冈山华能电厂。

12月16日，江西九江发电厂三期发电工程开工。

（崔保卫 丁国生）

西北地区

中国西北电力集团公司

1999年是集团公司与陕西省电力公司体制分离后正式运营的一年。在国家电力公司的正确领导和五省（区）党委、政府的大力支持下，全集团认真贯彻国家电力公司天津工作座谈会和成都工作会议精神，针对集团公司管理体制、经营方式和管理内容所发生的深刻变化，集团公司本部和五省（区）电力公司准确把握定位，顾全大局，密切配合，保证了全集团在新体制下的平稳运作，巩固了网省公司体制分离改革的成果，较好地完成了全年任务。

主要生产经营指标完成情况

1. 发电量

1999年，西北电力集团完成发电量790.37亿kW·h，较1998年增长6.16%，其中水电完成发电量238.2亿kW·h，火电完成发电量550.46亿kW·h，风电1.67亿kW·h。陕西完成发电量231.58亿kW·h，较1998年增长3.65%；甘肃完成发电量233.71亿kW·h，较1998年增长2.8%；青海完成发电量111.88亿kW·h，较1998年增长24.63%；宁夏完成发电量109.18亿kW·h，较1998年增长1.15%；新疆完成发电量104.02亿kW·h，较1998年增长8.31%。

2. 发电设备平均利用小时

西北电力集团4206h，其中水电3486h，火电4745h。陕西3745h，其中水电1633h，火电4842h；甘肃4153h，其中水电4166h，火电4135h；青海3901h，其中水电3614h，火电4801h；宁夏4850h，其中水电3207h，火电5142h；新疆5243h，其中水电3921h，火电5466h，风电2869h。

3. 供电标准煤耗率

西北电力集团400g/(kW·h)，较1998年下降7g/(kW·h)，其中陕西400g/(kW·h)，较1998年下降6g/(kW·h)；甘肃387g/(kW·h)，较1998年下降7g/(kW·h)；青海422g/(kW·h)，与1998年持平；宁夏366g/(kW·h)，较1998年下降11g/(kW·h)；新疆452g/(kW·h)，较1998年下降9g/(kW·h)。

4. 售电量

西北电力集团售电量688.52亿kW·h，较1998年增长6.17%，其中陕西224.66亿kW·h，较1998年增长6.81%；甘肃213.09亿kW·h，较1998年增长4.19%；青海84.85亿kW·h，较1998年增长6.48%；宁夏97.69亿kW·h，较1998年增长8.28%；新疆68.24亿kW·h，较1998年增长7.04%。

5. 线损率

西北电力集团7.28%，较1998年降低0.15个百分点，其中陕西8.50%、甘肃6.52%、新疆7.07%，分别比1998年降低0.27、0.29、0.18个百分点。青海6.06%、宁夏7.04%，分别比1998年上升0.27、0.27个百分点。

6. 财务状况

在提足折旧、据实列支财务费用、消化因国家降低大型铝厂电价而减利8000多万元的情况下，完成销售收入175.4亿元，比1998年增长6.28%，实现利润1.65亿元，资产保值增值率、投资收益率、资产负债率、不良资产比率分别为100.47%、1.11%、57.45%和4.06%，上交投资收益7000万元，完成或超额完成了国家电力公司下达的各项资产经营目标。

电力体制改革

网省公司体制分离改革实现了平稳过渡，取得了积极的成果，保证了电网安全的稳定、生产经营的稳定和职工队伍的稳定，提高了集团公司的公正性和权威性，得到了五省（区）政府的拥护和支持，为集团全年各项任务的完成和今后的改革与发展奠定了基础。按照集团公司制定的厂网分开、竞价上网改革指导意见，全集团重点加快发电企业的公司制改组，靖远、秦岭、李家峡、龙羊峡、玛纳斯、苇湖梁等发电厂的资产重组和改制工作加紧进行，为推进厂网分开、竞价上网改革作了必要的准备。筹划多年的秦岭电厂（二期）资产盘活工作取得成功，集团公司和陕西省电力公司分别将各自拥有的产权，部分转让给陕西省电力投资公司，三方合资组建了秦岭发电有限公司。各省（区）电力公司结合各自的不同情况，按照农电“两改一同价”的总体方案，积极推进农电体制改革，在改革乡镇电管站管理体制、对趸售县实行代管等方面取得了明显成效，初步理顺了农电管理关系，减轻了农民负担。为了加强电网调度管理，集团公司与各省（区）电力公司改革调度管理体制，对调度机构实行本部化管理，运作情况良好。各省（区）电力公司围绕各自的经营发展战略，在推进修造、多经企业资产重组，调整内部组织结构，深化燃料、物资管理体制改革等方面取得了新的进展。

电力发展和建设

在国家电力公司的直接领导和大力支持下，经多方努力，由国家电力公司、集团公司、黄河上游流域四省（区）电力公司和四省（区）投资公司共同出资设立的黄河上游水电开发有限责任公司于10月28日在西安正式挂牌成立，标志着黄河上游水电滚动开发进入了实施阶段。在电力结构调整中，突出加强电网建设和小火电机组关停工作。全年建成投运330kV线路634km，变电容量195万kV·A；220kV线路416km，变电容量39万kV·A。城乡电网建设与改造全面铺开，全年分别完成投资12.12亿元和27.13亿元。按照国家电力公司下达的计划，全年关停小火电机组18台，共15.4万kW。在建电源项目进展顺利，全年投产发电装机110.4万kW。到1999年末，全集团（全资、控股）发电装机总容量1516.3万kW（其中，水电645.26万kW，火电865.17万kW，风电5.87万kW），占全社会装机总容量的70.6%；330kV线路82条，长度7853km；330kV变电站35座，变电容量1248万kV·A。

电力管理

全年未发生电网事故、大面积停电事故以及设备特大事故和责任性重大事故，安全状况明显好于上年，保证了国庆、澳门回归及其他重大节日期间的安全供电。特别是李家峡水电厂遭受罕见自然灾害后，在国家电力公司和地方政府的关心和帮助下，经过各有关方面的顽强奋战，取得了抗灾抢修的决定性胜利，保证了电网的安全稳定运行和电厂大坝的安全。全网解决Y2K问题取得重要成果，率先通过了国家电力公司的验收，全系统顺利跨越了2000年。电网整体管理水平有了新的进步，全网频率合格率99.99%，负荷预测准确率96.82%，跨入了全国先进行列。全网中枢点电压合格率99.3%，继电保护正确动作率97.32%，均创历史最好水平。在黄河来水情况较好而电力供需矛盾相对缓和的情况下，各省（区）电力公司顾全大局，服从调度，优先安排水电，保证了水电资源的充分利用，做到了不弃水，全年水电发电量比1998年增长23.69%，提高了全网的整体效益。

集团公司和省（区）电力公司把开拓电力市场作为全年力求突破的重点工作之一，从政策、技术、服务和投入上全方位加大电力市场开拓力度，扭转了售电量负增长的局面，电力销售逐步回升。与此同时，全集团积极争取各方面的支持，竭力疏导电价矛盾。陕西、青海、新疆三省（区）相继出台了疏导电价政策，从而在理顺不合理的电价结构方面迈出了重要一步。

为提高西北电力企业的整体素质，全集团加大创一流工作的力度。宝鸡、银川供电局和大武口发电厂先后被国家电力公司命名为“一流供电企业”和“一流火电厂”，实现了西北一流企业零的突破，极大地鼓舞了全集团干部职工的斗志和信心。集团公司抓住这一典型，分别召开了集团发电企业和供电企业创一流现场会，全面总结和推广两局一厂创一流工作的经验，进一步明确了创一流工作的目标，推动了全集团创一流工作的深入开展。

“三讲”教育

根据国家电力公司党组的统一安排，作为国电公司系统首批“三讲”教育单位，集团公司和陕西、甘肃电力公司于11月中旬～12月下旬，开展了“三讲”教育。在国家电力公司“三讲办”和巡视组的具体指导下，集团公司和陕西、甘肃电力公司坚持高标准、严要求，保证了“三讲”教育活动的顺利进行，达到了国家电力公司党组的要求。“三讲”教育的成效，集中反映在两个方面，一是各级领导干部普遍接受了一次深刻的马克思主义再教育，触及了思想根源，提高了政治觉悟；二是全面审视了各方面工作，找出了存在的问题，制定了改进措施。所有这些对于加强领导班子建设和干部队伍建设，提高全集团的工作水平将起到至关重要的促进作用。

精神文明建设

网省公司党组（委）结合“三讲”教育，从自身做起，突出加强领导班子和干部队伍的思想政治建设。宝鸡供电局等4个供电单位被中央文明委授予创建文明行业先进单位称号。党风廉政建设坚持标本兼治的原则，在贯彻党风廉政建设责任制、反对铺张浪费、执法监察、效能监察等方面取得了新的进展。以创建文明窗口和城市供电规范服务为重点的行风建设进一步得到加强，总体服务水平有了明显的提高。各级工会和共青团组织在加强民主管理和民主监督、推行厂务公开、全面实施送温暖工程、广泛开展各种劳动竞赛等方面取得了新的成效。国庆前夕，成功地举办了西北五省（区）电业职工文艺会演，集中展示了西北电业职工良好的精神风貌。

主要事件

2月1～2日，西北电力集团工作会议在西安召开。陕西省程安东省长为大会发来贺电，国电公司领导谢松林出席会议。

3月21日，国家电力公司副总经理赵希正率有关部门领导同志来集团公司调研，听取网省公司体制分离后独立运作情况的汇报，并就改革和发展的问题提出了明确要求。

5月9日，全国人大副委员长邹家华率环保执法检查组在陕视查电力环保工作，陕西省领导程安东、刘枢机，集团公司领导谢振华总经理陪同。

7月8～9日，西北电力集团半年工作会议在兰州召开。国电公司总工程师张贵行出席会议并作重要讲话。

7月6日，国家稽察特派员进驻集团公司。

陕西宝鸡供电局、宁夏银川供电局、宁夏大武口电厂先后分别荣获国电公司“一流供电企业”和“一流发电企业”称号，实现了西北电力系统创一流零的突破，集团公司为进一步推动创一流活动的深入开展，分别于7月14日和10月15日在宝鸡供电局和宁夏大武口电厂召开了创一流工作现场会。

7月15～17日，国电公司纠风和行风建设工作会议在西安召开，国电公司副总经理陆延昌作重要讲话，纪检组长李雪莹主持会议。

青海黄化地区持续暴雨后发生山体滑坡，造成李家峡水电厂送出线路倒塔事故，致使水电厂机组全停，与系统解列。事故发生后，国电公司陆延昌副总经理作了明确指示，集团公司采取措施紧急抢修。8月18日，事故抢修取得决定性胜利，集团公司嘉奖参战单位。

8月9日，西北电力集团公司解决Y2K问题工作全国首家通过了国电公司验收。

8月11日，国家电力公司副总经理周大兵和谢松林以及有关部门领导在北京听取了集团公司关于黄河上游水电滚动开发情况的汇报，并提出了明确的意见和要求。

9月3～8日，西北五省（区）电业职工文艺汇演在西安举行。

9月11日，中共中央政治局常委、国家副主席胡锦涛和夫人刘永清在甘肃省主要党政领导的陪同下视察了八盘峡水电厂。

9月19～30日，集团公司总经理谢振华率团访问日本四国电力公司，进一步扩大对外交流，加强国际合作。

由国家电力公司、西北电力集团公司、黄河上游流域四省（区）电力公司、四省（区）投资公司共同出资设立的黄河上游水电开发有限责任公司，于10月28日在西安正式成立，并举行了隆重的揭牌仪式。陕西省省长程安东、国电公司副总经理周大兵、青海省副省长苏森，以及各有关方面的领导和股东方代表出席了揭牌仪式。

11月10日，集团公司举行“三讲”教育动员大会，谢振华总经理代表党组对“三讲”教育进行了全面部署并提出要求。

12月3日，李家峡水电站四号机组正式并网发电，标志着该电站一期工程全面建成，目前装机容量160万kW，跃居黄河水电站之首。

12月12日，西北电力集团公司、陕西省电力公司和陕西省电力投资公司三方合资组建陕西秦岭发电有限责任公司签字仪式在西安举行。

12月25日，为贯彻落实中央关于西部大开发的战略和决策，增强西北电力在大开发中的主动性，集团公司在西安举行了西部大开发研讨会，集团公司谢振华总经理作了重要讲话。

陕西省电力工业

综述

1999年末，陕西省发电装机容量667.45万kW，其中火电538.25万kW，水电129.20万kW。330kV送电线路38条，2988.45km；220kV送电线路11条，853.33km；110kV线路362条，7548.4km；35kV线路577条，8032.3km。拥有330kV变电站16座，变电容量597万kV·A；220kV变电站6座，变电容量96万kV·A；110kV变电站221座，变电容量879.1万kV·A；35kV变电站281座，变电容量173.5万kV·A。

陕西省发电量完成264.1亿kW·h，同比增长4.7%，其中火电241.5亿kW·h，水电22.59亿kW·h。全社会用电量272.1亿kW·h，同比增长6.04%，其中农、林、牧、渔、水利业用电22.29亿kW·h，工业183.03亿kW·h，地质勘探业0.23亿kW·h，建筑业2.54亿kW·h，交通运输、邮电通信业13.49亿kW·h，商业、公共饮食、供销仓储业6.91亿kW·h，其他事业14.36亿kW·h，城乡居民生活用电合计29.24亿kW·h，其中乡村用电11.16亿kW·h，城市18.07亿kW·h。全社会净用电量220.81亿kW·h，同比增长6.03%。

陕西省电力公司全资及控股参股电厂装机总容量547.35万kW，其中火电448.6万kW，水电98.75万kW。公司计划管理电厂全年发电量完成231.58亿kW·h，同比增长3.65%，其中火电214.86亿kW·h，同比增长9.16%；水电16.72亿kW·h，同比下降37.1%。售电量完成224.64亿kW·h，同比增长

6.81%。电费回收率完成99.5%，陈欠电费回收率15%。利润完成2136万元，供电煤耗完成391g/(kW·h)，与1998年同期持平。线损率完成8.5%，同比降低0.27个百分点。资产保值增值率100.22%，投资收益率完成0.33%，不良资产比率完成4.8%，资产负债率完成59.86%。全公司在职职工人数53848人，全员劳动生产率74680元/(人·年)，同比增长5%。1999年，公司总收入107.8亿元，其中主业65.7亿元，多经32.2亿元，施工9.9亿元。

电力建设

宝鸡第二发电厂2号机组于1999年9月29日并网发电，完成168h试运行后达标投产。灞桥热电厂扩建工程完成了征地和主机招标工作。蒲城发电厂二期工程开工报告经国家电力公司报国家计委待批。韩城二电厂主设备已经发标，工程建设取得重大进展。完成了榆神、府谷电厂的选址和可研，提出了陕西向华东送电的规划方案，加强了陕北能源基地建设前期工作。加大了小火电机组的关停力度，截止到1999年12月15日，关停中低压机组6.1万kW。完成了秦岭电厂工业废水回收工程，改造除尘器，减少烟尘排放。公司全年烟尘排放减少43000t，比1998年减少15.2g/W，环保治理和节能工作取得了新进展。

加快了电网建设步伐。新建的西安东郊、桥陵330kV变电站、330kV马汉、延榆输变电工程、330kV渭乾雍、陇马Π接工程及330kV桃曲变扩建工程分别按期建成投运。全年新投产330kV变电容量168万kV·A，330kV线路393km。330kV神木、罗敷、柞水等输变电工程正按计划紧张进行。

1. 城网建设

1999年，城网改造投资12.97亿元，其中主网10.01亿元（占77%），配网1.18亿元（占9.1%），自动化项目1.78亿元（占13.9%）。按营业区域分：西安高压局5.13亿元，西安供电局0.12亿元，宝鸡供电局1.52亿元，渭南供电局1.35亿元，咸阳供电局1.33亿元；铜川、汉中、延安、安康、商洛供电局分别为0.73、1.48、0.59、0.36、0.36亿元。

1999年，共建成110kV变电所（新建）8座，新增变电容量51.05万kV·A；增容改造110kV变电站11座，新增变电容量27.75万kV·A；新建110kV线路27条，171.62km；新建与改造10kV线路163条，373.22km；新增配变容量7.5万kV·A，更换配电变压器640台，变电容量15.9万kV·A；低压台区改造399个，0.4kV线路976km；完成地调自动化升级扩容4个，配调自动化1个，无人值班变电所改造36个（累计实现无人值班变电所55个）。

经过一年的城网建设改造，供电可靠性得到提高，综合线损下降，售电量增加，抗御自然灾害能力增强，城网事故明显减少；1999年7～8月高峰负荷期，过负荷、卡脖子现象明显减少。1999年，陕西省售电量同比增长6.81%。110、10kV网架得到加强，供电能力提高了78.8万kV·A。

城网改造在社会上为公司树立了良好的形象。全国第四届城运会、国庆50周年庆典、迎澳门回归等大型活动，安全可靠供电、省级机关电锅炉的实施、一户一表的推广使用，得到了省政府的肯定和群众的广泛赞誉。

2. 农网建设

1999年，建成投运了杨陵新桥、汉中二郎坝等7个重点的110kV输变电工程，架设110kV线路146km，安装主变压器7台，变电容量115MV·A；建成投运宝鸡钓渭、黄陵田庄等15个35kV输变电工程，架设35kV线路156km，安装主变压器14台，变电容量62.75MV·A；宝鸡眉县等38个输变电工程项目正在进行施工。新建10kV线路4013.1km，新增配电变压器4682台，变电容量375MV·A，改造10kV线路2568.9km，更换高耗能配电变压器5903台，变电容量486MV·A，建设改造低压线路12593km。全省38个县（市、区）的农网建设改造工作正按计划进行，完成了10个县区的配网建设改造工程。延安市“一区两县”农网建设改造工作经过200多天的努力，于1999年9月22日全面竣工，得到了国家计委、国家电力公司和陕西省政府的充分肯定。1999年，农网建设改造累计完成投资15.5亿元。

截止到1999年底，国家计委总计给陕西省下达投资计划75.5亿元，累计完成投资32.11亿元，占投资计划的43%；建成10kV变电站3座，线路866km；35kV变电站104座，线路2144km；改造10kV线路18132km，低压线路29093km，更换高耗能配电变压器12370台，9585MV·A，改造配电台区13012个，实现了全省行政村村村通电目标。

电力生产

1. 电网调度

1999年，是网调和省调各自正式独立运作的第一年。省调度中心把保证电网的安全经济运行视为一切工作的重中之重。

责任频率合格率达到99.998%，命令票合格率100%，电压合格率99.56%（达标口径）、99.04%（一流口径），线损率2.14%，220kV及以上系统继电保护正确动作率97.53%，微波系统运行率

99.98%，交换设备运行率 99.98%，远动系统可用率 99.04%，调度端计算机系统可用率 99.99%，调度日报制表合格率 97.48%。1999 年底，不仅各项经济技术指标均达到达标考核要求，还实现了安全运行 442 天，通过经济调度为公司累计节约购电费用 5600 多万元。

2. 技术改造

成功地解决了 Y2K 问题，共投入资金 2310.18 万元。其中技改费用 200 万元用于网络通信设备升级和调度自动化系统的更新；财务费用 300 万元用于财务系统升级；营销费用 100 万元用于用电营业系统的改造；科技项目经费 20 万元；其他费用由各单位自筹。

1999 年，共安排发电、供电和科研单位技术改造项目 124 个，下达技术改造资金 11435.65 万元，比预算资金少安排 598 万元。发电单位技术改造完成率为 90%，供电单位技术改造完成率为 92%。1999 年是环境保护工程安排最多，投入最大的一年，截止到年底，已完成了 125MW 机组电除尘改造的 75%，完成了 50MW 机组除尘器改造的 75%。

多种经营

陕西省电力公司系统有修造企业 7 个，多种经营企业 261 个，资产总额 35.04 亿元，所有者权益 12.54 亿元。从事多种产业经营的员工 28878 人，其中安置主业职工 17763 人。1999 年，多种产业总收入 32.2 亿元，实现利润 8015 万元。

作为多种经营的龙头企业实业总公司，注册资本 9680 万元。1999 年，先后组建了控股公司陕西银河仪表有限公司、陕西银河自动化有限公司、陕西银河环保科技有限公司；参股公司陕西银河旅游有限公司、陕西银河信通有限公司。基本上达到了当年组建，当年见效，为即将改制成银河集团公司奠定了基础。

管理

1. 安全生产

1999 年，陕西电网未发生特大、重大、电网瓦解和大面积停电事故，人身伤亡和一般设备事故、设备障碍均比 1998 年有明显下降。公司 22 个发供电单位均实现了两个及以上百日安全生产记录，灞桥、秦岭电厂，咸阳、宝鸡供电局等 10 个单位年内实现了 4 个百日安全记录。电网的安全运行，确保了全国第四届城市运动会、国庆 50 周年、迎澳门回归等重大活动及异常气候条件下的正常供电。巩固了安全文明生产成果，积极推进创一流工作，设备管理水平不断提高。1999 年，陕西电网火电机组等效可用系数为 87.02%，比年计划提高了 1.03 个百分点，系统电压合格率达 96.8%，比 1998 年提高了 0.12 个百分点。宝鸡供电局经过多年艰苦奋斗，于 1999 年 5 月通过国家电力公司验收，获得国电公司“一流供电企业”称号，成为陕西电力系统第一个国家电力公司一流供电企业。

2. 生产经营

面对网省体制分离后利益格局调整及增支因素增加的严峻形势，深入学习邯钢经验，全面推行内部模拟市场，实行成本否决和承包指标的刚性考核。公司机关带头严格控制各项费用，严格控制会议次数和会议经费，在 1998 年基础上压缩了 50%。系统车辆采取统一管理，车辆费用比分散管理节约近 30%。全面开展的每人节支 1000 元的双增双节活动，调动了全体员工勤俭办企业的积极性。全年各项可控费用达到了预期目标，可控费用比 1998 年降低了 10.02%，节约支出 4679 万元。加强了资金的集约管理，科学运用资金，提前归还贷款 8.5 亿元，减少财务费用 4500 万元。重视预算管理，把握基建工程贷款时间和额度，推迟贷款 16.4 亿元，减少利息支出 5104 万元，资金结算中心实现效益 5166 万元。同时加强了审计监督，查处违规违纪，通过审计监督，促进增收节支 1977 万元，避免损失浪费 510.7 万元；通过诉讼和非诉讼案件的处理，挽回和避免经济损失 2200 万元。

努力发挥电网调度的指挥中心功能，推进内部模拟市场，实行经济调度。严格控制小火电上网和省际互供电量，减少购电支出。集中管理燃料、物资、设备，降低了电网运营成本。大力开展营业普查，严厉打击窃电，加强电费回收，堵塞营业漏洞，全年增收节支 2081 万元。健全了资产经营体系，落实了管理考核责任，保证了公司资产经营目标的实现。宝鸡、汉中、延安、咸阳供电局当年电费 100% 回收，陈欠回收 45% 以上。灞桥、韩城、秦岭发电厂，咸阳、铜川供电局严格按公司要求控制成本，为公司利润目标的实现做出了积极贡献。

企业改革

1999 年是公司独立运作的第一年。公司党组把体制改革和机制创新作为全年工作的主旋律，确定了公司两个层面十三项改革，实际效应已经并将进一步显现出来，一些深层次的矛盾和问题正在逐步得到解决，为公司的发展壮大注入了新的活力，积蓄了后劲。

完成了燃料和物资系统的公司制改组和实体化运作，两公司全年实现利润近 3000 万元，为公司节约支出 1.2 亿元。对三个修造企业和两个多经企业实行资产重组和资源优化配置，与国内外一流企业合资合作，共吸引外资2788万元，改制后的5个企业全年完成产值1亿元，实现利润575万元，实现了当年组建投产，当年产生效益。对公司的通信、信息系统进行体制上的分离，组建陕西电力信通有限责任公司，开展商业化运营。以公司原投资的旅游项目为主体，组建陕西银河有限责任公司，发展旅游事业。按照模块管理方式，组建了西北电力建设集团公司，增强了市场竞争力，稳妥地向其他系统分流基建施工人员1000人。将西安电力高等专科学校和西北电业职工大学两校合并，加大了职工培训力度，提高了办学效益。对电研院等事业单位提出了实行企业化运营的实施意见。电研院已开始规范运作。调整西安供电局的管理体制，组建了西安高压供电局和西安供电局，一个管电网，一个管市场，工作力度加大，增加近一个亿的效益。

培训

教育培训工作调整了方向和结构，加大在职职工培训力度，落实“116”人才工程，与国内外著名学校、企业联合，培养高层次、复合型人才，培训高级技师200名。加强35岁以下青工、复转军人和待业职工的岗位技能和高新技术培训。开展各级各类培训29234人·次。加强领导干部管理，根据网省体制分离后的实际情况，严格按程序和标准，及时调整配备公司机关和基层单位领导班子。1999年，举办年轻干部培训班5期，培训143人·次。交流轮岗干部96人，占公司管理干部的23.2%，突破了20%的目标。

精神文明

公司围绕企业中心工作，广泛开展群众性精神文明建设活动，1999年，成功举办了陕西电力职工首届文化节。加大了舆论宣传工作力度，公司的几次重大活动通过新闻媒体的宣传报道扩大了影响，树立了公司良好的社会形象。从强化监督约束、推行局务厂务公开、推进民主集中制等方面，增强领导干部廉洁自律意识，加强廉政建设。在“三讲”教育中，公司党组以整风的精神，落实思想和组织措施，认真安排部署，周密详细组织，努力做到“三讲”教育和正常工作两不误、两促进。在“三讲”的四个阶段，坚持标准，严格要求，坚持着眼于解决实际问题，把学习理论、武装思想同整顿思想、改进作风结合起来，使“三讲”教育在增强领导干部理论修养、提高思想政治素质、改进工作作风、增进团结、增强凝聚力等方面发挥了重要作用。在国家电力公司“三讲”教育巡视组的具体指导下，公司党组的“三讲”教育达到了国家电力公司的要求，取得了明显成效。

主要事件

1月1日，陕西省电力公司正式独立运作。

1月14～19日，由国家电力公司、国家计委、中国农业银行、水利部等四部门组成的国家农网建设改造检查工作组来陕西检查指导工作。

2月24～26日，召开首届一次职代会暨电力工作会议，省委书记李建国为公司专题汇报作重要批示，省长程安东作书面讲话，省委副书记、常务副省长贾治邦等出席，会议确定了公司1999年工作重点和奋斗目标。

5月10日，全国人大副委员长邹家华视察灞桥热电厂，查看了西安市城建委招标办的电热锅炉现场，对公司大力推广使用电热锅炉、保护环境给予充分肯定。

5月20日～9月30日，公司举办陕西电力职工首届文化节。文化节主题是“团结、拼搏、奉献”，活跃了职工业余文化生活、调动了职工的积极性、树立了企业的良好形象，收到了预期效果。

5月22日，公司在全省举行大规模促销活动，各供电局、县电力局纷纷开展“优质服务月、走千家万户”等活动，收到明显成效。8月4日全省日用电量达7859万kW·h，创历史最高纪录。

5月30日，宝鸡供电局创全国一流供电企业工作通过国家电力公司验收。7月15日举行授牌仪式，国家电力公司副总经理陆延昌专程前来祝贺授牌。宝鸡供电局成为西北首家国家电力公司一流供电企业。

8月18日，公司在汉中召开大会，热烈祝贺330kV马营——汉中输变电工程如期竣工投产，从根本上改变了陕南电网结构。

9月20日，延安“一区两县”农村电网建设改造工程全面竣工。

9月28日，公司在延安召开新闻发布会，国家电力公司副总经理陆延昌，陕西省委常委栗战书、副省长王寿森等领导出席，公司总经理赵杰臣致新闻发布词。

11月10日～12月24日，公司进行了为期45天的“三讲”教育，期间，公司党组坚持“两不误、两促进”原则，取得工作学习双丰收。

12月16日，公司召开新闻发布会，宣布从12月15日24时关停灞桥热电厂1、2号和6号机，延安发电厂1、2号机，略阳发电厂2号机，6台小火电机组、共计6.1万kW。这是公司调整产业结构，优化资源配置，保护环境方面做出的一项重大举措。

（原增光）

甘肃省电力工业

综述

1999年底甘肃省发电装机容量已达到613.72万kW，其中水力发电容量286.80万kW，火力发电容量326.80万kW，风力发电容量0.12万kW。35～330kV输电线路长度达到23273km，变电总容量1386.06万kV·A，其中：330kV线路3061km，变电容量399万kV·A；220kV线路1351km，变电容量334万kV·A；110kV线路7513km，变电容量455.13万kV·A；35kV线路11348km；变电容量197.9万kV·A。1999年全省发电量262.4亿kW·h，比1998年增长4.34%，其中水力发电量117.5亿kW·h，比1998年增长25.09%，火力发电量144.9亿kW·h，比1998年下降8.03%。全省售电量221.13亿kW·h，比1998年增长2.57%；全省用电量达到274.53亿kW·h，比1998年增长6.25%。甘肃省电力公司全年完成发电量100.3亿kW·h，比1998年增长7.62%，其中水电82.9亿kW·h，比1998年增长23.29%，火电17.4亿kW·h，比上年下降32.94%。供电煤耗402g/kW·h，比1998年下降1g/kW·h；线损率6.52%，比1998年下降0.28个百分点；完成工业总产值246546万元。省公司售电量213.1亿kW·h，比1998年增长4.19%；实现销售收入53亿元，完成利润5048万元；资产保值增值率为100.56%；投资收益率1.55%；不良资产比率4.57%；资产负债率59.58%；全员劳动生产率96172元/(人·年)，职工总人数年末为42356人。

电力建设

年内甘肃省电力公司共完成基本建设投资计划43.5628亿元，其中电力大中型项目投资20.136亿元，城网建设与改造3.03亿元；农网建设与改造17.3530亿元；小型基建3.62亿元。

(1) 电源建设。建成投产西固热电厂改扩建工程10号机组14.2万kW；平凉电厂工程土建部分基本完工，1号机组安装完成化学制水、锅炉水压前的气密型试验、厂用带电、汽机扣盖等阶段性工作；大峡水电站顺利通过竣工验收。

(2) 电网建设。建成330kV李家峡至兰州西送变电项目中的兰州西变电站及送电线路，投产变电容量24万kV·A、线路138km；330kV平凉电厂送出工程进展顺利。建成220kV碧口至成县送变电项目，送电线路151km，成县变电站12万kV·A。

(3) 城农网建设与改造。积极组织实施了兰州、天水两城市电网建设与改造项目，建成330kV秦安变电站15万kV·A；110kV变电容量63万kV·A，线路167km；农网建设与改造110kV送变电工程完成15项；其中变电站10座，容量30.9万kV·A，线路428km；35kV送变电工程120项；其中35kV变电站91座，容量23.7万kV·A；送电线路1700km；10kV配电线路7260km；0.4kV低压线路9331km，10kV配电台区9228台，容量46.1万kV·A。

前期工作

编制了《甘肃省电力公司七年电力发展规划纲要》，首次制定了省公司内部企业发展规划。编制了《甘肃省电力工业“十五”发展规划》。

(1) 电源前期。完成了兰州地区利用天然气发电的研究论证工作，落实了西固燃气发电项目外围条件，报出了项目建议书；兰州燃气发电项目的初步可行性研究基本完成；抓紧进行了刘家峡左岸排砂洞扩机（2×15万kW）工程项目的前期工作；玉门风电二期项目正式立项；连城电厂扩建工程改型报告已经批复，2×30万kW项目正式立项。

(2) 电网前期。全面完成了平凉送出工程前期工作；甘肃五城市（白银、金昌、张掖、嘉峪关、酒泉）电网建设改造工程可研得到批复，其中白银、金昌、张掖三个城市批复开工。张掖330kV送变电工程项目通过预审，项目前期有突破性进展。甘肃农网建设与改造工程17个项目可研得到批复。兰州市城网建设项目前期工作基本完成，全部项目具备开工条件，现已开工15个项目。完成全省城网及部分地区电网发展规划，大部分城市110kV一次系统设计通过审查，为电网建设与改造创造了良好的条件。

电力生产

由于全省工业企业生产经营比较困难，用电增幅仍然不高，但是黄河上游来水情况好转，结束了连续9年的枯水段。年内水电发电量大幅度增长，火电发电量降低。根据黄河上游龙羊峡、刘家峡两库及全年来水情况，结合全社会用电需求，编制下达了年度生产计划，合理安排水火电发电生产任务，在实施过程中，坚持以市场为导向，以多发水电，优化购电为原则，及时调整季度、月度计划，制定了安全运行最小方式，指导生产，取得了较好的经济效益。

(1) 发电。坚持多发水电，全公司发电设备等效可用系数完成88.34%，比1998年提高3.6%；其中火电机组85.03%，提高1.04%；水电机组91.59%，提高6.12%；设备利用小时完成3995.6h，其中火电机组为3859h，比1998年减少1004h，水电机组

4132h，比1998年增加802h。强迫停运率2.87%，比1998年上升1.05%；主设备一类率100%，全年完成发电设备大修20台（套），重大特殊项目16项，生产设施大修项目10项，保证了发电设备的安全稳定运行。

（2）供电。切实加强了电网安全运行管理，全网中枢点电压合格率完成98.05%，高压网损330kV目标值为3%，实际完成2.61%；供电可靠率99.793%；电压合格率93.8%；继电保护动作正确率全网99.45%。针对电网运行中暴露的突出问题，及时采取了处理措施，先后处理了220kV碧口至成县线路基础塌方，造成倒杆断线停电问题，嘉峪关330kV送电线路地线多处断股等问题，保证了电网的安全稳定运行。

（3）电网调度。实现了调度命令正确率100%，一是认真贯彻落实4月29日全国电网调度系统安全年电话会议精神，开展全国电网调度系统安全年活动，制订了《甘肃电网调度系统安全年活动安排意见》，提出了反事故措施及事故应急方案，努力提高电网安全运行水平。5月以来，黄河、白龙江来水情况较好，甘肃电网在多发水电情况下，火电处于最小开机方式运行，为此于7月14日下发了《关于甘肃电网水电多发火电开机最小方式期间确保电网安全的通知》。二是落实了保电措施，确保了国庆、澳门回归期间甘肃电网安全稳定运行和各地庆典活动的可靠供电。三是根据国电公司和西北电力集团公司关于Y2K联合测试的统一部署，编制了《甘肃电网Y2K问题应急方案》。四是在黄河来水较丰，电网处在水电大发，火电开机方式为最小的情况下坚持精心调度，合理安排电网运行方式，保证电网安全，为发、供企业创造一个较为宽松的检修环境，及时创造条件安排设备的消缺工作，确保电网安全、优质、经济、稳定运行。五是加强了模拟商业化运营中的调度管理，年内甘肃电网模拟电力市场正式开始运营，严格遵守《甘肃电力模拟电力市场实施办法》，认真贯彻执行公平竞争、成本最低、接受监督的原则。

（4）农电工作。通过实施农村电网建设与改造工程，全省乡、村低压线损由原来的28%以上下降到12%～15%之间，电价每千瓦时降低0.04元，电压合格率提高5%～10%。截止到1999年底，全省为农村服务的35kV变电站512座，容量188万kV·A，线路10614km；10kV配电线路7.5万km，配电容量412万kV·A，农电企业固定资产规模达到30亿元。1999年3月，甘肃省完成了农电代管工作，年内积极推进农电企业清产核资工作，1999年5月18日，由省电力公司控股的山丹县电力有限公司正式挂牌运营。至年底全省有40个县所辖625个乡站中的45所完成了乡电管站改革。年内还进行了两次全省农村电费电价的专项检查，巩固了清理整顿农村电价的成果。至年底全省县及县以下用电量达到68.67亿kW·h，比1998年增长4.7%，人均用电量达到343kW·h，其中农灌电量28.46亿kW·h，比1998年增长7.3%，全省乡、村、户通电率分别达到98.91%，93.95%，90.13%；年内解决无电村350个，30万无电农业人口用上了电。

（5）发供电设备技术改造。全年安排重点技术改造项目25项，投资39783万元。刘家峡水电厂3号机增容改造7月底全部完成，工程质量优良；靖远电厂2号炉改造全部完成，成功地实现满负荷达产及电厂灰水达标排放；西固热电厂6～10号炉加装电除尘器改造工程污染治理投运；兰州二热电厂尾部简易脱硫工程顺利完成；连城电厂临时灰场投运；完成了盐锅峡水电厂1～8号机、刘家峡水电厂1号机，八盘峡水电厂4号机增容改造的前期工作。至1999年底，全公司控股及所属火电厂50MW以上机组锅炉全部安装了电除尘器，烟尘排放大幅度下降，环保形象得到改善。八盘峡水电厂首家5台机实现AGC控制。甘肃省9个地区电网一点多址数字微波通信工程的国内配套项目方案审查，招标已经完成，其中金昌等30个站点开通，全电网已经形成以微波为主干线，一点多址为补充的调度通信网。甘肃省电力公司被甘肃省人民政府评为技术改造先进单位。

（6）科技工作。全年共安排科技资金3700万元，共列18个项目，新开131项，结转51项。年内做到了经费向重大技改工程和污染治理工程中关键技术支撑、商业化运营与城网改造工程的服务项目、计算机Y2K工作与网络建设、主设备状态检修诊断技术五大项目群倾斜。省公司获得省科技进步二等奖一项、三等奖三项，西北集团公司科技进步一等奖一项、二等奖五项。省公司被西北集团公司评为“科技进步优秀组织单位”，这是西北五个省公司唯一的一家省公司。9个基层单位，15人分别被西北集团公司评为科技工作先进集体与先进个人。省公司有三项成果通过了省科委组织的科技成果鉴定，其中二项成果技术水平达到了国内领先水平，有五项成果通过省公司的科技成果评议。年内加大了科技成果转化工作，以变电站操作票微机打印系统，兰州城网规划设计，变电站绝缘在线监测、变压器绝缘在线监测系统，直流高压测试仪，电能表运行监测系统，甘肃省220kV及以上电网继电保护及自动装置配置等成果为代表的一批科技成果得到了推广，并拥有自己的知识产权。科技项目的管理工作，坚持了以效益为主，对重大项目集中资金支持，对50万元以上项目签了11项项目管理合同。Y2K工作，经历了宣传发动，建立组织与指挥系统、测试分析，整改、制定应急方案、预演、集团公司验收，全国联测，实际渡点等阶段。共计测试分析了1315台套设备，整改了123台套。1999年7月，Y2K工作通过西北集团公司的验收，得到很高的评价（列西北第一），1999年9月在全国电力系统Y2K联测工作总结大会上受到了陆延昌副总经理表扬。省公司信息化基础设施建设三级信息网工程已基本完成了前期可研工作，已完成了用户、厂家、调研分析，现场调研分析、重点设备测试，基本完成了可研报告。

电业管理

1999年，公司组织实施了甘肃电网模拟电力市场运营，这是电业管理机制的一次重大变革，通过狠抓核算参数指标、组织协调月度运营结算、坚持效益分析、协调解决问题、交流运营经验、实施96点考核，使商业化运营进一步规范并取得了比较好的效益。同时，根据国家电力公司的要求，狠抓了法制化管理工作，组织省公司副处级以上领导干部参加了中共中央法制讲座考试，兴办了《公司法》、《合同法》知识竞赛，推进依法治司的各项工作。企业管理工作以引导企业创一流为目标，以巩固安全文明生产双达标成果为手段，以实施结合考核为重点继续推进。加强了对创一流工作的指导，对有关单位的创一流工作进行了现场调研、检查。确定了刘家峡水电厂，金昌供电局、靖远第一发电公司为创国家电力公司一流企业单位。同时修订了省公司创一流企业标准，完成了8个国家电力公司和28个省公司达标单位的年度工作复查。按照省公司对基层单位《综合管理考核评价办法》，对所属单位进行了综合考评，评出10个十佳单位，17个优良单位进行表彰。

（一）安全生产

1999年电力安全生产工作是在电力体制改革不断深化，庆祝建国50周年，迎澳门回归重大事件保电任务重，解决Y2K问题及适应省公司商业化运营难点多的形势下进行的。为此甘肃省电力公司确定了“提高认识、强化责任、落实措施、规范行为”确保电力安全生产和电网安全运行，实现“三消灭、一杜绝”的奋斗目标，并贯穿于全年工作之中。进一步加强制度建设，围绕Y2K问题，制订了防止误操作的规定；针对城农网改造中的安全问题，制订下发了《关于加强外包工程，民工、临时工安全管理的紧急通知》；加强专业技术管理，进一步夯实了安全生产基础，在金属监督、锅炉监督、焊接管理方面制订了强有力的措施。对全公司8台电站锅炉，2台生活锅炉，70台压力容量进行了全面检验和安全性能评级。省公司一名选手参加了国家电力公司举办的全国电力系统焊接比赛，进入前10名。继续开展安全性评价，对2个供电单位的评价工作进行了验收，同时进一步推动全公司安全设施标准化工作，加强和重视了电网调度安全管理。全年发生设备事故30次，一类障碍99次，电力生产性人身死亡3人，重伤6人，轻伤21人。

（二）经营工作

围绕全年经营工作目标，在努力实施商业化运营方案的同时，重点抓了五项工作：①完成了稽察准备工作，根据稽察特派员总署及西北电力集团公司的要求，全年共计填报稽察材料五次，按要求及时准确上报了稽察材料，为稽察特派员进驻省公司开展工作做了准备。②根据西北电力集团公司资产经营考核办法，结合实际情况，对基层单位实行《甘肃电网模拟电力市场实施办法及细则》和《企业综合考评办法》，并进行管理与考核。针对机关处室制定了《甘肃省电力公司资产经营责任制度》，目标完成情况与工资挂钩，次年初考核，并以此为依据，将1999年度资产经营目标分解细化至有关处室，建立起了纵向到底、横向到边的资产经营目标保障体系，此项举措得到了国家电力公司及西北集团公司的好评。③积极争取电价政策，测算上报了电价调整方案，等待国家批复。同时，会同省物价局对甘肃省趸售县用电分类结构作了进一步核实、测算、审定、下发了综合电价。积极协调对兰州第二热电厂热力价格做了调整，对“两改一同价”方案进行了测算上报。④加强资金管理与运作，资金适时调度，拓宽资金结算中心业务，取得了较好成绩。与银行协调，对独立公司贷款进行了贷款主体的转换，降低了公司负债率。⑤认真开展财务管理年活动，结合省公司财务管理和会计基础工作等方面存在的问题，安排布置了省公司财务管理年活动的具体内容，举办财务人员计算机比赛等多种渠道、多种形式的活动，为提高财务管理水平，确保六项考核指标的完成奠定了基础。

1. 审计

1999年对16个单位进行了审计，共完成各类审计项目25项，其中财务收支审计7项，经济效益审计2项，基建工程（含城农网改造项目）6项，任期经济责任审计1项，审计调查5项，其他审计项目4项。全年纠正处理违纪金额2326万元，其中；上交省公司1268万元、企业调账183万元、企业增加留利528万元、其他347万元，全年审签公司本部各类经济合同9份，涉及金额1905万元，核减工程款10.8万元。1999年是甘肃城网农网建设改造工程全面铺开的关键时期，省公司主要抓了白银供电局（农网）、天水供电局（城网农网）、武威电力局（农网）三个单位的重点审计。根据省公司的统一部署和要求，积极参与工程项目合同、招投标、资金安排等管理工作，严格按照基本建设程序和“五制”要求办事，加强了工程全过程的监督。积极开展审计调查项目，完成了公司系统对外投资（包括主业和多种经营企业）审计调查。完成了公司系统应收账款及库存积压物资情况审查调查。完成了多种经营企业盈亏情况审计调查。对部分县（市）电力局（农电局、农电公司）共21个单位财务状况进行了全面审计调查，并向国家电力公司提交了专题审计报告。

2．营销

强化市场意识，转变经营观念，大力开拓电力市场，超额完成了计划售电任务。针对电力增长滞缓的现状，在学习外省开拓电力市场经验的基础上，对本省电力需求形势进行了深入调研和分析预测。研究出台了《甘肃省电力公司开拓电力市场促进社会用电实施意见》。对重点高耗能企业用电实行一厂一策，在确保交清当月及当年电费的前提下，以1997年或1998年企业实际用电量为基数，对超基数多用的电量实行电费优惠。对实施了一户一表改造的省网直供居民生活用电实行超基数电费优惠等。进一步加大宣传力度，培育引导市场，在《甘肃日报》和《兰州晨报》上开设专栏，分期进行电力法规、营销政策、电费回收、优质服务等系列宣传。加大电费回收考核力度，为实现当年不发生新欠，旧欠电费回收15%的目标采取了有效措施。实行供电营业规范化服务，进一步提高优质服务水平。城市供电营业规范化服务工作已于11月顺利通过了西北电力集团公司的验收。同时，全面实施“一户一表”工程，最大限度地满足城市居民用电需求，加强了营业用电信息系统网络的改造、建设、开发和应用，建立了35个重点用户的用电信息数据库，完成了兰州等8个供电单位的营业计费系统网络建设与改造。

3．劳资

重视了减员增效、分流下岗和再就业工作，制订出台了《甘肃省电力公司关于电力企业富余职工自谋职业的暂行规定》。编制了《甘肃省电力公司减员增效分流下岗五年规划》；修订了《水力发电厂劳动定员标准》和《供电企业劳动定员标准》；成立了甘肃省电力行业技能鉴定中心；加强了劳动工资管理，根据国家电力公司《调整电力企业基本工资标准增加职工工资收入的指导意见》，实施了职工增资方案。完成了1998年年底以前离退休人员养老保险移交后的平稳过渡及分项待遇数据库；提出了1999～2000年过渡期间退休人员退休费计算的过渡方案；落实了离退休人员有关待遇。

4．物资供应

以归口管理为重点，加强了农网建设改造工程物资的供应工作，充分发挥主渠道供应作用，对农网建设改造工作所需物资集中订货，统一供应，进行了物资管理执法监察工作。1999年总计供应导线、开关、变压器总额7588.8万元，与市场价格相比，节约资金594.52万元。在保证供应的同时，进行了农网材料、设备续订合同的鉴证工作，围绕平凉电厂、西固热电厂改建工程组织了所有待订设备的招（议）标工作，完成了合同金额1.24亿元的2386台（套、件）的设备订货合同61份。全年物资计划供应率、合同履行率分别达到了96%和98%。

企业改革

本着顺应形势、积极稳妥、突出重点的原则，重点抓了企业内部改革和公司制改组。按照集团化的思路，修订了省公司体制改革方案，上报甘肃省政府待批；制定了调度本部化改革方案；规范了甘肃省电力公司水工维护检修公司的管理体制并入刘家峡水电厂运作。同时对直属电厂、修造、设计，施工、教育等系统的管理体制改革进行调研。按照“厂网分开、竞价上网”的改革方向，继续推进资产重组，完成了靖远电厂一期的公司制改组，于1999年5月6日正式挂牌运营；继续推进西固热电厂改制工作，完成了资产评估，上报待批；对永昌电厂、省公司燃料公司的改制工作进行研讨；制定了省公司控股，参股公司管理办法；按照国电公司要求，对省公司机关的有关公司进行了清理、规范。

职工培训

1999年全公司教育工作以岗位培训改革为重点、以实用性、实效性培训为目标。成人学历教育持续发展，全年参加岗位培训和各级各类短期培训共25749人，完成年培训率为60.02%，其中管理及专业技术人员培训7733人，培训率为57.71%；生产及服务人员培训18059人，培率为61.22%。全年完成成人高校招生281人，委托甘肃省商业学校培养物业管理专业函授中专学生83人。全年共培养工商管理硕士研究生18人；委托重庆大学培养动力工程专业硕士研究生9人；委托重庆大学培养热能动力专业，专科起点升本科学生14人；委托西北师范大学培养的应用型经济法独立本科段学生140人中，已有123人较好地完成了第一学年的学业，委托武汉水利电力大学培训的安全管理大专专业证书班学员31人。《岗位培训手册》全面实施，目前共包括177个岗位；年内，组织了全公司各单位1000余名职工技术理论和实际技能的抽调考工作。兰州电力技校本年度顺利通过申办高级技工学校的验收，国家劳动部和社会保障部已正式批准；为转变办学思想，改革办学模式，省公司分别为兰州电力技校加挂了“甘肃电力继续教育中心”、为兰州电力学校加挂了“甘肃电力高级职业技术教育中心”的牌子。

精神文明建设

(1) 继续推进创建文明单位活动，有33个单位获地级文明单位，16个单位获省级文明单位，甘肃省电力公司获全国精神文明建设先进单位，受到中央文明委表彰。同时，开展了电力走向市场大讨论，有力配合了企业改革。

(2) 继续加强了企业党的建设工作，按照中央和国家电力公司关于开展“三讲”教育的要求，从11月12日起历时45天，完成了省公司党组和领导班子成员，机关副处级以上干部的“三讲”教育任务。经过四个阶段，按照要求对存在的问题制订了切实可行的整改措施。

(3) 积极开展了创先争优活动，表彰了4个先进党委，52个先进党支部，101名优秀党员，15名优秀党务工作者。

(4) 进一步落实了党风廉政建设责任制，制订了实施办法和考核办法，党组书记、总经理黄德明与公司所属各单位党政领导签订了1999年党风廉政建设责任书；坚持贯彻中央关于厉行节约制止奢侈浪费的规定，机关会议费较上年下降40.2%，加大了违纪案件的查处力度；有效地进行了城乡电网建设与改造工程执法监察，取得了实效。

(5) 电力企业行业作风建设取得成效，首批参加供电营业规范服务的5个地级城市的23个营业窗口通过西北电力集团公司的检查验收。4个供电企业参加了地方政府组织的行风评议，均受到好评。

(6) 加大了新闻宣传报道工作，全年编发《甘肃电力报》52期，《甘肃电力要闻》28辑，拍摄了反映甘肃电力50年发展史文献纪录片《陇电春秋》，同时基层企业文化建设也同步取得新成果。

(7) 围绕企业中心工作，企业共青团、工会工作又有新的发展，进一步加强了青工思想教育和团的组织建设，继续开展了“青年文明号”工程和“青年岗位能手”活动。工会工作以实施“厂务公开”为内容拓展了职工民主管理的内涵，制订《甘肃电力系统推行厂务公开实施意见》及监督考核办法，基层36个单位全部建立了厂务公开制度；完善了平等协商、集体合同制度的劳动关系协调机制，在企业改革中有效维护了职工合法权益；工会组织建设进一步完善。

多种经营

年内实现多种经营总收入21.8亿元，利润5450万元。继续推进多经企业的股份制改造，完成了对多经企业的全面清理整顿，研究制订了多种经营发展的战略规划，讨论开发了新的项目，形成了新的经济增长点。

主要事件

1月18日，甘肃省重点工程——碧口至成县220kV送变工程启动成功，正式并网空载试运行，结束了碧口水电厂无法向甘肃电网送电的历史。

1月22～23日，甘肃电力基建暨城农网建设与改造工作会议在兰州召开，会议部署了全年电力基建暨城农网建设与改造任务，计划投资66.48亿元。

2月3日，甘肃电力系统行风建设工作会议在兰州召开，会议总结了行风建设取得的成绩，进行表彰，提出了年内的重点任务。

2月4～6日，全省电力工作会议在兰州召开，甘肃省副省长崔正华，西北电力集团公司党组书记、总经理谢振华出席会议并讲话，省电力公司总经理黄德明作了报告，部署了全年重点工作任务。

3月1日，八盘峡水电厂6号扩建机组土建工程开挖竣工，开始浇筑混凝土。

3月9日，甘肃省电力公司机关副处级以上干部“三讲”教育动员学习阶段开始。

3月18日，刘家峡右岸水电站工程开工，这项工程是由甘肃金珠电力公司自筹1.4482亿元进行建设，装机4万kW。

3月23日，甘肃电力多种经营第十次工作会议在兰州召开，会议部署了全年多经工作任务。

3月31日，西北电力调通局与甘肃省电力公司等单位达成协议，自4月1日起碧口水电厂调度权归属甘肃省电力公司。

4月1日，平凉电厂送出工程开工，这项工程规模为330kV，变电容量24万kV·A，线路长度138km。

4月23日，甘肃省电力公司开始清理整顿经济实体，实施对公司机关各类公司、学会、协会进行规范、合并，统一归口管理。

4月28日，靖远电厂副总工程师贾力被国家电力公司授予特等劳动模范称号，同时有8位劳模、3个集体受到表彰。

5月6日，靖远第一发电有限责任公司正式挂牌运营，甘肃省常务副省长郭琨，国家电力公司总经济师焦亿安为公司揭牌。

6月8~9日甘肃省电力公司党组扩大会、二届四次职代会在兰州召开，会议传达了国家电力公司工作会议精神，黄德明总经理作了报告，号召为实现国家电力公司提出的战略目标努力奋斗，并与基层党政领导签订了党风廉政建设责任书。会议出台了《甘肃省电力公司实行厂务公开的实施意见》。

6月10日，中共甘肃小三峡水电开发公司委员会成立。

6月12日，甘肃省电力行业协会成立并举行首次会员代表大会，甘肃省副省长韩修国，中电联常务副理事长刘宏到会讲话，会议通过了协会章程，选举了领导机构，这标志着甘肃电力行业职能的重大转变。

6月16日，全省农电工作会议在天水召开，会议部署了“两改一同价”及农电体制改革和农网改造任务。

6月25日，连城电厂电除尘器改造工程通过甘肃省环保部门的达标验收。

7月28日，甘肃省电力公司召开安全工作电视电话会议，进一步安排部署了下半年安全工作重点任务。

7月30日，西固热电厂改建工程第二台机组顺利通过“72+24”小时试运行，正式投产发电。

8月30～31日，甘肃省电力公司经营工作会议在兰州召开，会议分析了经营工作面临的形势，提出了抓住机遇全面实现经营目标的措施。

8月31日，甘肃省电力系统通过了国家电力公司进行的第一次计算机2000年敏感日的联台测试。

9月11日，国家副主席胡锦涛在中共甘肃省委书记孙英、省长宋照肃的陪同下，到八盘峡水电厂视察。

9月16日，甘肃省电力公司本部、靖远电厂和兰州供电局城区供电分局被中央文明委授予全国精神文明建设先进单位和全国创建文明行业先进单位。

9月28日，甘肃省电力公司隆重表彰了获国家、省、国家电力公司、省公司的劳动模范、先进集体、优秀领导干部、先进工作者和生产者共82名。

10月10日，西北电力集团公司授予邓元凯同志为西北电力集团公司工程技术首席专家，黄文豪等8名同志为工程技术专家。

10月13日，甘肃省电力公司召开清房工作电视电话会议，部署了在全公司全面开展清房工作的任务。

10月22日，国家电力公司副总经理谢松林来甘肃调研，重点调研了城农网改造工作和西北各省区公司经营工作。

11月11～12日，甘肃省电力公司召开贯彻党的十五届四中全会精神及“三讲”教育工作会议，党组书记、总经理黄德明作了报告，并进行了“三讲”教育动员，国家电力公司“三讲”教育巡视组组长张民政作了重要讲话，标志着省公司“三讲”教育拉开序幕，至12月28日，历时45天的“三讲”教育圆满结束。

12月27日，靖远电厂一期锅炉岛全面技术改造工程中第三台二号炉达到200MW出力，实现预定目标，技改工程顺利完成。

12月31日，靖远二期2×30万kW扩建工程环保设施竣工，通过甘肃省环保部门达标验收。

(张克茂)

青海省电力工业

综述

1999年是青海电力公司不平凡的一年，年内厂网分开迈出了实质性的一步，走在了西北五省的前列。在经营形势依然严峻、宏观经济特殊、外部经营环境仍然没有好转的情况下，东部电网李家峡水电厂输电线路又遭受了重大的自然灾害。面对重重困难带来的一系列不利因素，公司党政领导带领广大电力职工，团结一致、齐心协力、转变观念，积极开拓电力市场，优质供电。以知难而进，顽强拼博的精神，不仅夺取了抢修“8.5”输电线路倒塌事故的阶段性重大胜利，而且较好地全面实现了公司制定的1999年各项经营目标。

截止到1999年底，全省发电装机总容量380.80万kW，其中公司直属（包括代管）发电设备总容量为340.70万kW，其中水电288.20万kW，火电52.50万kW。35～330kV电压等级输电线路全省为5716.05km，省公司所属4451.86km；其中公司所属的330kV1237.23km；110kV2030km。35kV1184.30km。全省变压器总容量为594.23万kV·A，省公司所属393.54kV·A；线损5.73%，较1998年降低0.06个百分点，供电标准煤耗422g/(kW·h)，其中桥头发电厂一厂为455g/(kW·h)；二厂为397g/(kW·h)。年内购电总计36.31亿kW·h；其中购李家峡20.82亿kW·h，购桥头发电厂二厂10.34亿kW·h，购并网小水火电5.15亿kW·h。

1999年完成工业总产值11.22亿元，全员劳动生产率144370元/(人·年)，截止到1999年底，全公司所辖发电、供电、调度，电力建设、科研设计、专业学校以及多种经营等企事业单位20个，职工总数11520人，其中正式职工10192人。

电源建设

1999年青海电源建设得到较快的发展，年内李家峡水电站4号发电机并网发电，标志着黄河上游第二座百万千瓦以上大型水电站全部建成投产。由国家计委批复在建的桥头发电厂第六期扩建工程，年内安排投资40637万元，12月1号机（12.5万kW）建成投运。此外，省公司继续进行格尔木30万kW天然气电站前期工作，并与青海石油局签订了共同建设格尔木天然气电站前期工作的协议书。同时，年内还完成了《青海省“十五”及2015年电力发展行业规划》，根据国家要求对全省的电力市场进行了预测，把重点放在开发水电和天然气电站的建设上，并对青海电网2005年电网结构进行了重点论证规划。

电网建设

年内李家峡电站送电工程完成工程年计划投资12787万元。其中330kV龙羊峡—乌兰送变电工程本年度完成投资9854万元，已完成全部投资43606万元。330kV李家峡—甘肃兰州西送电工程完成年度投资2933万元，已完成全部投资的33017万元，已竣工；桥头发电厂六期扩建送出工程当年累计完成投资2337.6万元，完成并投运330kV黄家寨变电所扩建工程和330kV桥头电厂—黄家寨变电所送电线路工程。

农网建设改造工程，国家计委批复总投资12.05亿元，1999年下达46000万元，实际完成56920万元，年内共安排110kV工程18项，已建成投运了祁连、德令哈、汉庄及乌兰—都兰—香日德送变电工程，其余工程正在加紧建设；城网建设改造工程年内完成投资7800万元。建成110kV变电站1座，开工新建改造开闭站7座，年底投运2座。开工建设配电线路和电缆入地工程10项。

继续推进330kV乌兰—格尔木送变电工程的立项和设计工程。年内配合国家开发银行的贷款评估向国家开发银行上报了较全的技术资料，并完成了330kV乌格线路选线报告和变电站选址报告。

电力生产

1. 发电

1999年全省发电量为124.14亿kW·h，较1998年增长22.9%，电力公司全口径发电量完成110.28亿kW·h，增长25.6%，其中水电完成90.33亿kW·h，增长47.54%，火电完成19.95亿kW·h，降低25.03%。从发电构成看，公司直属电厂发电量完成54.75亿kW·h，增长33.67%，其中龙羊峡电厂发电量完成46.24亿kW·h，增长52.43%，为年计划的118.56%；桥头发电厂一厂发电量完成8.41亿kW·h，降低19.88%，为年计划的93.55%，集资电厂发电量完成55.53亿kW·h，增长27. 41%，为年计划的101.90%。其中李家峡电厂完成44亿kW·h增长42.99%，为年计划的120.56%；桥头二厂完成11.53亿kW·h，降低28.40%，为年计划的64.06%。

1999年，黄河上游来水比较好，龙羊峡水库水位较高，龙羊峡和李家峡大水电站发电较多。青海电网在完成李家峡分配电量的情况下，火电机组利用小时只达到4800h。从总体看，青海电网的发电量的增长速度仍大于用电量的增长速度，主要原因是硅铁及碳化硅高耗能企业生产处在低谷，部分行业待产或半停产的情况未有根本好转。

2. 用电

1999年，省公司全年售电量完成85.15亿kW·h，较1998年增长6.86%，在十分困难的情况下，省公司全口径当年电费回收率在99.29%，较1998年提高0.35个百分点，当年欠费1622万元，较1998年同期下降30.8%；降欠电费回收率达22.70%，较1998年提高17.65个百分点；陈欠电费9052万元，比1998年降低了11.2%，总欠费额1.07亿元，较1998年降低了14.89%，优质服务、客户满意率96%，供用电合同签约率当年75%。

由于电力体制改革的需要和现有用电企业开工不足，因此，开拓电力市场，努力增供扩销成为省公司提高经济效益的主要工作。根据青海电网用电构成，通过对高耗能企业生产成本、销售价格进行调查分析，抓住李家峡水电厂丰水期电价下浮的有利时机，制定了启动高耗能用电的方案，并同时暂取消了最大需量考核，这样降低了高耗能企业一部分生产成本，仅此，省公司增加售电量2.2亿kW·h。年内调整有关用电政策和贴费收取标准，发展和改造一户一表4000多户，全年新增用电负荷10.6万kW。

由于特殊的经济和社会环境，电费回收比往年难度更大，对此省公司始终坚持“盯住欠费大户，跟踪破产户，攻克停产户，清扫一般户，控制新增欠费户和不守信誉户”的收费原则，全年的电费回收达99%。由于国有大中型企业拖欠电费严重，在其他企业中造成很大的负面影响，助长了企业间的相互攀比，电费回收难度逐年加大，直接威胁着省公司的生存与发展。

青海电力市场供大于求的情况仍然非常突出，用电结构特殊，冶炼企业用电量占省公司售电量的80%以上。其中铝行业占总售电量的50%，硅铁、碳化硅等中小高耗能用电占18%，其他冶炼行业用电占14%，而普通工业、非普工业和照明用电量仅分别占13%和5%。

3. 电网调度

1999年电网调度运行指标完成较好。主网电压合格率 99.91%，与 1998 年持平；主网网损完成 2.8%，较 1998 年下降了 0.14 个百分点；年频率责任合格率 100%；年最大用电负荷 1264.1MW（12 月）；年最小用电负荷 725.3MW（1 月）；年平均用电量负荷率 90.81%；年最大用电负荷峰谷差 263.71MW(7 月)；年平均峰谷差 170.63MW。1999 年省际直供电量 22.99 亿 kW·h，其中青海供甘肃电量 25.29 亿 kW·h；甘肃供青海电量为 2.29 亿 kW·h。

4. 农电工作

1999 年农电“两改一同价”工作经历了一个快速发展的历史阶段。尤其是 10 月朱镕基总理来青海视察期间，对农电工作给予了极大关注，同时也提出了批评。对此，省委、省政府十分重视，全面动员、研究部署农网工作。从 1998 年 10 月～1999 年 10 月底，全系统新建 110kV 线路 394.5km，35、10kV 线路分别为 7.8、489.84km；改造配电台区 263 个，低压线路 737km，更换高耗能配电变压器 623 台，累计完成工程投资 24013 万元；到 12 月底，累计完成 110、35、10kV 输电线路分别为 475、52.9、561.8km。改造配电台区 551 个，低压线路 1382km，更换高耗能配电变压器 915 台，完成工程投资 56920 万元。到年底农网改造完成率跃居全国 11 位。与此同时，几经修改的州、（地）县、乡农电体制改革方案，已报国家经贸委审批。海西东部电网、海北祁连电网的上划接受已与地方政府达成共识；黄南三县电网、贵南电网、格尔木电网管理体制方案已初步形成。6 个直供直管县县乡一体化管理改革试点取得了初步经验。在同价方面，根据国家计委的价格规定，与青海省物价局多次磋商，达成了 2000 年农村电网建设改造还本付息迈出第一步的共识，并已着手具体工作；在农电安全方面，农村安全用电局面明显好转。年内全省发生农村用电事故一起，死亡一人。但农村电网改造中安全形势严峻，在不到两个月的时间内，连续发生 4 起人身死亡事故，代价是巨大的，教训是沉痛的。

5. 发供电设备技术改造

1999 年公司技改、大修工作以提高设备的运行可靠性，保证电力生产、安全、稳定经济运行为中心，努力贯彻技术进步，提高全网的自动化水平。年内省公司直属部分共安排技改项目 45 项，资金 1979.32 万元；大修项目 74 项，完成资金 4245.8 万元，总的项目完成率 78%，其中保证安全生产 1448.49 万元，占投资总额的 24%；提高企业经济效益的 2895.63 万元，占投资总额的 47%；体现科技进步的 1235 万元，占 20%；通信保护 427 万元，占 6%；解决计算机 Y2K 的 219 万元，占 3%。年内省公司共安排 50 万元以上的重点技改项目 16 项，1841.82 万元；大修项目 19 项，2567.6 万元。此外，1999 年实行计划单列的桥头发电厂二厂，技改项目 22 项，496.1 万元，大修项目 10 项，330.2 万元；李家峡水电厂技改项目 18 项，1366.1 万元，大修项目 59 项，3429.3 万元。

多种经营

1999 年多种经营总收入 5.7 亿元，较 1998 年增长 11.4%；实现利润 1009 万元，较 1998 年增长 8.5%；全员劳动生产率为 22433 元/(人·年)，较 1998 年增长 18.8%；人均利税实现 5686 元/(人·年)，较 1998 年增长 30.3%；职工人数 5770 人，其中主业分流职工 1443 人，占总人数的 25%；集体职工 1060 人，占总人数的 18.37%，其余为聘用、临时和待业青年达 3267 人，占总人数的 56.62%。

全公司多经资产总额 73648 万元，较 1998 年增加 5253 万元，增长 7.68%，其中固定资产 29956 万元，较 1998 年增长 17.70%；流动资产 44442 万元，较 1998 年增长 1.57%；长期投资 6017 万元，较 1998 年增长 26.33%。1999 年负债总额 50449 万元，较 1998 年增长 6.88%。其中流动负债 44337 万元，较 1998 年增长 1.57%；长期负债 6111 万元，增长 25.97%。多种经营从经济指标看有较大幅度的增长。较西北电力集团下达的指标有较大的突破。但产业结构与 1998 年相比没有大的变化。工业和建筑安装业仍然是多经的主导产业，且利润较稳定。企业亏损个数虽然由 1998 年 22 个减少 14 个，但亏损金额高达 1502 万元，较 1998 年增加 676 万元。亏损企业的个数占总企业个数达 26.42%，其中服务业、商业和其他行业占的比例较大。主要问题一是企业积累少，流动资金缺乏，经济效益较低，没有发展资金，严重束缚企业的经营和发展。客观上，作为多种经营支柱产业之一的冶炼工业，受国内、国际硅铁市场进一步恶化的影响，导致硅铁每吨售价下跌 100～200 元，致使个别企业亏损逐步加大。二是生产经营管理仍存在很多漏洞，摊子小、人员多、定额计划、内部管理制度不健全，控制不严，造成各项费用加大，致使产品销售成本较 1998 年增长 317.26%，管理费用增长 8.70%。

电业管理

1. 安全生产

1999 年基本实现了省公司提出的安全生产工作目标，年内省公司未发生电网事故、电力生产基建人身死亡事故和责任性重大事故，实现了“三无”安全目标。年内发生电力生产轻伤事故 2 人/2 次，较 1998 年减少 6 人/5 次，截止 1999 年 12 月 31 日，全公司无电力生产人身死亡记录达2570天，年内发生设备事故9次，与1998年持平，其中设备事故2次，较1998年减少2次；供电设备事故7次（其中输电2次，变电5次）；较1998年增加2次。年内发生设备一类障碍50次，较1998年增加7次。发生人员责任设备事故（含一类障碍）15次，较1998年减少2次；发生继电保护事故11次（含一类障碍），较1998年增加9次，年内发生道路交通事故11次，较1998年下降8次。其中非生产特大交通事故2次，较1998年下降1次。电网安全稳定运行，没有发生大面积停电事故，电网供电可靠性由1998年的98.9%提高到1999年的99.91%。

2. 财务与电价

1999年财务工作以增强企业实力为目标，加大改革和管理力度，进一步改善财务状况，取得了较好成绩。销售收入完成18.53亿元，占年计划的102.49%，较1998年增长3.36%。售电成本发生15.8亿元，占年计划的96.30%，较1998年增长6.25%；实现利润3536万元，完成年度经营利润目标，较1998年增加利润3184万元，增长904.6%；应收电费1.08亿元，较1998年降低57.81%；资产增值保值率下达指标100.09%，实际完成100.77%；投资收益率下达指标0.15%，实际完成1.26%；不良资产率下达指标90%，实际完成－0.52%；资产负债率下达指标55%，实际完成41.57%。总体财务状况呈现出良好的发展态势。

在电价改革方面，在继续加强电价清理整顿的基础上，电价水平得到一定的调整。经过努力，由国家计委正式下文批复，将1998年及以前青海省政府出台的价外加收的还本付息价每千瓦时6.3分并入国家目录电价。使之成为全国首批出台电网电价调整方案的六个省份之一，解决了1997年和1998年青海电网新投产电力项目的还本付息问题。进一步规范了小水、火电上网电价审批程序，核批了部分年内投产小水、火电的上网电价，核定各电厂上网电量，明确了结算办法，为下一步电价改革打下了一定的基础。

3. 劳资

1999年贯彻国家和国家电力公司工资政策和规定，组织实施调整了工资标准（岗位工资、技能工资）和技能标准工资顺延工作，并取得了满意的结果。与此同时，对国电公司、集团公司文件的有关规定，在实践中进行了政策调整。通过认真研究，相继出台了放开技能工资封顶线，并参照有关企业类型调整平均岗级等办法，解决了存在多年的问题，实现了工资水平的宏观控制。在劳动保护统筹方面，积极与地方政府协商，在政策上从行业统筹向地方统筹过渡作了一系列工作，既维护了职工的利益，也减轻了企业的负担，实现了工资政策上由行业统筹过渡到地方统筹的工作。同时，还对青海省退休办法进行了测算，掌握了各项基础数据，为向地方过渡争取政策做好了准备工作。在劳动管理方面，从基础入手，建章立制、规范管理、完善并建立起内部劳动市场，按管理办法招聘合同制职工275人，为推动职工自觉参加培训，提高职能水平和劳动效率，制定了《关于职业技能工作的暂行规定》，年内参加技能鉴定近3000人，取证率为77%。

4. 物资供应

1999年物资供应量和消耗量创造了历史最高纪录。全公司生产、基建物资收入量19681.9万元，供应量19050.18万元；城乡电网建设（改造）工程物资购入量3亿元。年内完成供应、销售额3887.22万元，营销差价170.27万元（含西北电力集团国际经贸有限责任公司青海分公司营业部）。较1998年相比，销售收入增长3040万元，增长率为454%；利润增长41.68万元，增长25.03%；总资产周转次数为3.64次，上升1.92次，周转天数下降了112天。此外，组织招标物资总额达5800余万元；协助各供电局招标物资总额5000万元，回收陈欠款41万元，销售库存积压物资232.4万元，基本消化了公司多年来形成的不良资产。

企业改革

按照国家电力公司改革的部署，结合青海省的实际，适时修改完善“青海省电力公司体制改革方案”，进一步明确了政企分开后的省公司的功能定位，确立了体制改革的基本内容，即建立健全公司法人治理结构，建立公司内部资本纽带，强化电网调度体系，规范各层次经营管理职责和经营权利，构筑以母子（分）公司体制为主要特征的企业财产关系和组织结构，按照国家改革总体要求，确定了网厂分开和农电体制改革的原则、目标及任务。随着黄河上游水电开发有限责任公司挂牌运作，迈出了“网厂分开”实质性的一步。在农电体制改革方面，配合省经贸委编制上报了《青海省农电体制改革方案》，海西州东部电网由省公司直管的接收工作已基本完成。县乡一体化的改革试点工作已在各地区电力（供电）局展开。电力基建管理体制不断深化，项目法人责任制逐步落实，招投标力度不断加大。继续推进企业股份制改造，认真总结多种经营企业股份制改革经验，按照公司法不断予以规范和完善，龙羊峡电厂、西宁电力学校等单位筹组成立了职工持股会。

科技教育

1999年科技工作围绕省公司生产、经营和电力建设等重点工作开展科技工作。年内分四批下达了科技计划，合计项目32项，安排资金547万元，年底完成项目27项，完成率为85.18%。年内评审了1998年度省公司科技成果项目，共评出了35项科技成果，其中一等奖1项，二等奖8项，三等奖26项，有4项获青海省科技进步成果奖。龙羊峡水电厂与水科院联合完成的"大坝地震安全监测技术研究"获国家电力公司三等奖。这些项目大都有显著的经济效益。如由龙羊峡水电厂完成的进口330kV超高压充油电缆户外终端制作工艺及其应用项目，在关键的工艺上得到突破，所有技术指标满足运行要求，电缆运行稳定可靠，更重要的是打破了外商对该技术的垄断。计算机Y2K问题是省公司一项重点工作，经过全体科技人员的努力，省公司七大系统12项B类问题和12项C类问题已全部解决，在解决计算机Y2K问题过程中，分为六个阶段进行，213套系统参加了测试和联测，直接参加测试人员共计825人·次，经过两次联合测试，成功地解决了计算机Y2K问题，确保了青海电力系统的各个重要系统顺利安全地进入新千年。由青海省电力公司组织、龙羊峡水电厂等单位编写的行业标准《水轮发电机抢修规程》年内完成初稿，讨论修改后的征求意见稿已送全国各知名专家征求意见。

1999年省电力公司教育培训工作主要围绕"三高"（高级管理人员、高级专业技术员、高级技师）队伍建设上下功夫，一是在全公司管理人员中开展了工商管理培训工作。对厂（局）长仍采用外送培养的办法，科级干部年内举办了五期工商管理培训班，人数197人，占全公司科级干部总人数的30%，一般管理人员参加培训人数1300人，占应培训人数的40%。二是开办了西安交通大学电气工程硕士研究生班，着力培养高层次专业技术人才。三是普及中等职业教育工作顺利。全年选送164人参加成人技工班学习，166人参加函授中专学习。高等教育方面，121人参加电力系统自动化高等教育自学考试学习，22人参加华北电力大学函授大专班学习。此外，还组织安排全公司各类管理人员短期培训班47期，参加培训人数1890人次，加强师资队伍建设，培训兼职教师42名。

精神文明建设

1999年围绕公司中心工作，加大精神文明建设力度，加强和改进党建工作，以提高党员干部和职工队伍的整体素质，塑造电力企业良好形象。年内，省公司党委和基层单位党委抓住有利时机开展了一系列思想理论教育活动。在党建方面，多数基层党委修订完善了参与企业重大问题决策、落实党员干部原则的规章制度，充分发挥了舆论宣传、思想发动、组织保证、监督约束等方面的优势。在党风廉政建设方面，省公司党委书记与21个基层单位党委（党支部）书记签订了党风廉政建设责任书，各基层党委又与所属党支部进行签订，从而形成了党风廉政建设责任网络。在落实行风建设方面也有突破性的进展。在创建精神文明单位方面，许多单位把创建活动同树立企业形象，增强企业竞争实力结合起来。立足于创造企业优美环境、优良秩序、优质服务的氛围和作风，培养职工文明行为和良好精神状态，置创建活动为企业发展的战略组成部分，年内有2个单位被中央文明委命名为"全国精神文明建设工作先进单位"，有6个单位被评为"青海省思想政治工作优秀企业"。

要事特辑

1999年8月5日凌晨1时左右，青海省东部地区普降暴雨，持续时间长达90min左右，降雨量达33.6mm，暴雨引发化隆县查甫乡查让沟东侧山体大面积滑移，造成一起重大的输电设备毁坏事故。致使李家峡水电厂330kV，李家峡—330kV阿兰变电站、李家峡—330kV硝湾变电站、李家峡—甘肃省兰州西变电站Ⅰ、Ⅱ回4条输电线路16座铁塔毁坏。当日晚20时27分，李家峡电厂与系统解列，少发（送）电：计划少送电量14385万kW·h，李家峡电厂弃水折电发量为1910.57万kW·h。倒塔损失总计1640万元。直接经济损失计767.12万元（不包括未移交生产单位的李家峡电厂—330kV甘肃兰州西变电站ⅠⅡ回）。

事故发生后，省公司及时组织成立了事故抢修指挥部，全力抢修。在国家电力公司、青海省政府和西北电力集团关怀指导下、以及西北电力设计院、驻青武警部队及当地政府的大力支持下，全体抢修人员在雷雨不停、道路泥泞、运输艰难、山高缺氧等恶劣的条件下，克服了难以想象的种种困难，夜以继日，连续作战，于8月15日23时45分完成了李硝线抢修，16日6时19分恢复供电，李家峡电厂1、2号机组先后并网发电。8月18日22时10分完成李兰线抢修，19日6时14分，该线恢复供电，李家峡水电厂恢复正常运行。

山体滑坡的原因是多方面的，高边坡以及组成边坡的黄土与下层红土的遇水敏感性是客观存在的地质内因，直接激发因素则是历史上罕见的该地区当年6～7月份的连阴雨（两月总降水天数36天，降水量166.1mm以及8月5日凌晨1时左右持续90min暴雨，由于连续长时间的降水，使水份充分渗入土体内部，使地层上部土体的湿度、重度增大，粘压力和摩擦力降低。

事故暴露的主要问题是，对青海的特殊地质尤其是该地区的地质情况认识不深，勘察设计工作不够深入细致、全面，将大电厂的输电线路建在同一走廊，致使电网抗御自然灾害的能力下降。此外，运行单位对线路所经的不良地质地段未建档案和定期进行观测记录，应在特殊气象条件下增加特巡。

主要事件

2月10日，电力公司以上缴利税位居全省第二名连续第四次被省政府授予全省财政支柱企业荣誉称号。

3月23日，由中央电视台、中国水利报、中国环保报、中国少年报等28家新闻单位记者组成的“保护母亲河行动”江河源采访团，到龙羊峡采访该行动项目进展情况。

4月15日，西宁市城网改造工程正式启动，青海省副省长、西宁市市长李津成出席开幕式。

4月18日，保护母亲河绿色工程龙羊峡库区项目正式启动，整个项目将用5年时间，分期分批在龙羊峡水电站周围营造10万亩水源涵养林，总投资2000万元。

4月20日，省电力公司在所属基层企业全面推行内部模拟市场。

4月23日，青海省副省长苏森在物价局和省电力局有关领导的陪同下，前往大通县药草和极乐两乡，实地视察了这里的农村电网改造工程。

7月18、19日，青海省电力公司党委专题研究了公司发展战略，提出以电力为主导、多产业发展，提高融资和经营能力，逐步增强企业实力，建设国内一流电力企业的初步战略设想。

8月5日凌晨1时，位于青海省东部的黄化、海东及李家峡等地区突降暴雨，降雨量达33.6mm，引发查证山整体滑坡，导致李家峡水电厂发生4回330kV输电线路共计17基铁塔线断塔毁，水电厂3台发电机组被迫停机、提闸泄水的罕见事故。经8天的艰苦奋战于8月15日23时45分李家峡—硝弯变电站具备带电条件，16日6时19分并网成功。

8月13日，在李家峡水电厂出线倒塔事故抢修工作中发生重大交通事故，青海电力设计院副院长王建青等三人不幸遇难。国家电力公司对此表示沉痛哀悼。

8月16日6时19分，李家峡水电厂与系统并网，线路进入试运行。标志着李家峡水电厂出线抢修取得阶段性成果。

8月31～9月1日，经过4h的测试和观测，青海电力公司所有参加联合测试的5个单位6个专业均顺利通过全国电力系统Y2K问题第一敏感时间段的测试。

9月10日，青海电网解决计算机问题第四步联合测试完成，至此，青海电力系统解决Y2K问题全国联合测试全部顺利结束。

9月16日，西宁供电局被中央精神文明建设委员会命名为国家级文明单位。

9月17日，青海电力公司召开聘请行风监督员座谈会。新华社、光明日报、人民日报等各大报纸驻青记者、省报记者及部分电台记者被聘请为该公司行风监督员。

10月12日早8时，龙羊峡水库水位达到2577.63m，蓄水量达168.51亿m^3，突破1993年11月9日2577.59m的历史最高值。

10月12日，国务院稽察特派员总署04办事处一行6人，在余志华特派员的率领下正式进驻青海省电力公司开展实地稽察工作。

10月22日，青海桥头发电厂六期工程2×125MW机组整套启动，并于23日11时22分并网成功，标志着该工程建设取得了决定性胜利。

10月26～27日，国家电力公司副总经理周大兵在青海省副省长苏森、西北电力集团公司总经理谢振华等领导的陪同下，先后到公伯峡水电站筹建前期工程工地和李家峡水电厂建设工地，视察了工程进展情况。

10月28日，为推动黄河上游梯级电站的滚动开发，适应国家西部大开发战略需要，黄河上游水电开发有限责任公司在西安成立。这是由国家电力公司、西北电力公司、青海、陕西、甘肃、宁夏电力公司和陕西、甘肃、电力建设投资开发公司、青海省投资公司、宁夏电力开发投资有限责任公司10个股东方共同出资组建的。由西北电力集团公司控股、负责黄河上游水电滚动开发、生产，经营，公司初期注册资金10亿元人民币。注册地在西安。

11月4日，为贯彻落实朱镕基总理视察青海时对青海省农网建设与改造工作所作指示精神，省计委与省电力局在青海省电力局召开青海省农村电网建设与改造工作会议，省委副书记、代省长赵乐际、副省长苏森出席会议并作指示。

11月5日，西北电网容量最大的330kV龙羊峡至乌兰高压输电线路90Mvar电抗器站通过竣工验收。

11月15日，青海电力用户大量拖欠电费，且呈逐月上升趋势，累计欠费额高达3.4亿元。巨额欠费已使省电力公司生产经营受到很大影响。在全国各省电力公司电费回收列倒数之位。

11月20日，西宁地区首次突破日最大供电量2000万kW·h，达2002万kW·h。

11月25日，龙羊峡—乌兰330kV输变电工程投运，该工程总投资4.4亿元，全长252km。该线路为提高青海西部电网供电能力和可靠性、加快西部开发、促进西部各民族团结具有十分重要的作用。

11月27日6时25分，330kV阿兰变电站2号主变压器发生重大设备损坏事故。

11月30日，青海农网建设与改造工程取得阶段性成果，已完成电网建设与改造投资5.5亿元，实现了年内投资计划。

12月4日，青海送变电公司在500kV阳淮线配套工程——山西阳城电厂至山东东明开关站输电线路工程中一举中标，夺得晋2标段施工权，该段全长41km，这是该公司近年继±500kV三峡长万线、500kV双南线后，又一次在国家重大输变电工程中中标。

12月10日零点，世界最大的蒸发冷却机组——李家峡水电厂4号机组经过72h的试运行后一次启动并网成功。至此，李家峡水电厂一期工程的4台40万kW机组全部投产发电。同时，也以机组容量160万kW身份跃居黄河各水电站之首，并成为20世纪中国建成的第三大水电站。

12月16日，黄河上游水电开发有限责任公司召开组建机构大会，正式组建机构，公司机关由7部1室组成，下辖7个分公司。

（尹兰英）

宁夏回族自治区电力工业

概况

1999年是宁夏电力公司生产经营形势较为严峻的一年。这一年不但改变了往年向西北大网送电的局面，而且还要购入青海李家峡水电厂3.78亿kW·h电量；同时自治区内电力市场开拓难度加大，电费回收困难，电价继续维持低位运行水平。

截止到1999年底，公司管理的生产、基建、施工、设计、修造、物资及中专学校等单位共有22个，其中统一核算单位22个，全资子公司3个，集资电厂和控股公司4个，代管西北电力集团财务公司、经贸公司在宁夏的分支机构2个。公司全部职工18318名，其中大中专以上文化程度4004人，其中正式职工17566人；有高级专业技术职称的305人，中级专业技术职称的1508人，离退休职工3401人。

公司运行管理的发电装机容量为225万kW（公司直属装机容量为77.2万kW），其中水电装机30.2万kW，火电最大单机容量为30万kW。宁夏电网以220kV线路为主网架，以110kV线路覆盖全区各县市和陕西、内蒙古部分地区，并有3条330kV线路和西北大网相连接。拥有110kV线路2138km，变压器容量323万kV·A；220kV线路1115km，变压器容量391万kV·A；330kV线路592km，变压器容量139万kV·A。

公司管理的电厂合计发电109.18亿kW·h，比1998年增长1.1%，其中全资和控股电厂发电97.1亿kW·h，比1998年增长2.6%；水电9.68亿kW·h，比1998年增长25%。供电煤耗率完成381g/kW·h，比1998年降低11g/kW·h；线损率完成7.04%；电压合格率99.17%，220kV以上主保护正确动作率99.5%；自治区内售电量97.6亿kW·h，比1998年增长8.2%；全社会用电量112.3亿kW·h，比1998年增长7.63%。实现销售收入22.26亿元，比1998年下降1.8%；实现利润3566万元，资产负债率为41.02%；资产保值增值率为101.09%，不良资产率为－0.92%，投资收益率为2.06%。全员劳动生产率为10.5万元/(人·年)，比1998年增长3.5%。

电力建设

1999年共完成电力项目基建投资57351万元，其中送出工程2465万元，城网工程16780万元，农网工程26991万元，小型基建投资7910万元。

1.电源建设

完成了大坝电厂二期扩建工程决算、内部审计和分项竣工验收工作，为国家整体验收做了充分准备。

石嘴山电厂4×30万kW扩建工程可研报告于1999年11月获国务院正式批准，标志着工程的前期准备取得了突破性进展。同时，积极按照国电公司“2000年燃煤示范电厂”的新思路、新方法，进行设计方案优化，提高了方案的科学合理性，降低了投资，并取得积极成果。

2.电网建设

建成220kV变电所两座36万kV·A，220kV输电线路1条59km；110kV输电线路4条56km；110kV变电所3座12万kV·A。

3.基建管理

继续完善以石嘴山电厂扩建工程为重点的项目法人责任制。基建工程全面实施招投标，年内组织施工招标41项，投资额约8500万元；组织设备物资招标41项，资金额1.67亿元，节省资金2100多万元。

工程监理工作进一步拓展和提高。恒安监理公司承担工程监理项目34个，受监工程项目总投资7亿多元，工程质量合格率达100%，许多达到优良品级。施工企业自觉履行合同，在工艺水平上下功夫，施工质量有了进一步提高，有的达到部级达标水平。加强了质量监督中心的政府强制监督，使工程质量都处于受检状态，克服了以往一些质量通病，工程质量总体良好，没有发生质量事故。

安全文明施工水平稳步提高。进一步深化了对“安全第一，预防为主”方针的认识，认真落实、完善各级安全责任制，加强对外包工程和外包队伍的管理，加强对施工现场的监督、检查。基建施工实现考核人身死亡率为零，重伤率0.7%，低于考核目标值。其中建安公司取得了安全施工10周年的好成绩，得到了国电公司表彰。

4. 规划及前期工作

完成并上报了电力公司七年电力发展纲要和“十五”电力行业规划报告；全面完成了全区城网建设与改造工程的各项前期工作，及大坝电厂三期4×600MW扩建工程的初步可研工作，开展了中宁电厂2×300MW扩建工程和灵武电厂4×300+2×600MW新建工程的初可研工作，开展了宁夏电网2015年电网规划及高一级电压的研究工作。

经营工作

1. 开拓电力市场

对大用户实行营业人员对口负责制，及时了解、帮助用户，巩固已有市场。各供电企业相继成立了客户服务中心、供电营销部，调整了营销组织体系和结构，加强了需求侧调研，强调通过优质服务保市场，强化“一口对外”和“一条龙”服务，提高事故抢修快速反应能力。强化营业管理制度，坚决查处违章、窃电行为，杜绝违章违纪、估抄、漏抄、估算现象。进一步简化报装手续，方便用户，规范服务。对外加强用电宣传，在电视台黄金时段作鼓励用电的公益广告。抓好新用户的投运工作，重点帮助、协调新建项目快用电、用好电；积极推行一户一表，推广电锅炉和蓄热式电锅炉的使用；鼓励扩大电炊用电、城市光明工程用电和农村用电；对高耗能企业继续实行优惠电价，使售电量稳中有升。

2. 加强财务管理和预算管理

初步建立了对所属子公司、分公司和控股公司的资产经营效率和风险进行监控约束的管理体制。充分发挥资金管理委员会职能，认真编制了各单位的营运收支预算、资本金收支预算、现金流收支预算和资产负债预算，并把预算执行情况与业绩评价及工效挂钩考核，保证资金安全运行。强化结算中心职能，严肃财务纪律和金融纪律，疏通网络流程，加大集中资金力度，使资金规范运作。

3. 降低成本

①狠抓燃料成本支出。从订货源头抓供应管理，在订货过程中，采取限制燃煤最高热值的办法，有效控制了煤价无制约上扬；加强了质检和量检工作，使两项检查率均保持99.8%以上。严格经济责任，坚持索赔制度，共索赔资金1875万元。②强化预算管理，实行预算监控和监督，按照内部经济责任制及内部模拟市场考核办法，做到工资总额与电量、利润、成本挂钩浮动，严格兑现，控制成本上扬。生产成本突出抓了材料费用、修理费用、科技费用和管理费用的控制。大力调整债务结构，优先归还高息贷款，尽量减少临时周转性贷款。③采取一系列有效措施压缩行政开支，减少会议费、差旅费、招待费等。

4. 电费回收

加强了法制化管理，完善供用电合同条款，坚持与用户签订资产抵押合同，坚持依法治电、以法收费。层层签订电费回收责任书，积极推行电费回收抵押金办法，对大用户实行主要领导对口负责催收电费制度。年初各单位对欠费户进行了摸底，按经营风险程度给予排序，有计划，有策略地对宁夏电化总厂等用户提起法院诉讼，依照法律程序解决欠费问题。电力系统内互通信息，加大了抵账力度和抵账范围，从而取得了电费回收率99.36%的好成绩。

5. 深化企业改革

制定和完善了宁夏电力体制实行政企分开的方案，在公司内部设置了综合办公室，按照两块牌子、两套机构的模式运作。政企分开的各项准备工作基本就绪，具备了同地方政府改革同步进行的条件。实施公司化改造，完善了改制公司的法人治理结构，使其进一步规范化运营。制定上报了厂网分开的实施方案，进一步推动内部配套改革，大力推行竞争招聘上岗和内部劳务市场制度，出台了《新进人员管理办法》，理顺了用人单位和劳动者的劳动关系。与地方政府协商，继续推进以养老保险为重点的社会保险制度改革，积极推进住房改革，巩固房改成果。

6. 多种经营

有计划分阶段对多经企业进行了清理整顿工作，促进多种经营健康发展。一是继续推行多经企业管理体制和经营机制的改革，基本完成各发供电单位多经企业的改制任务；二是正确处理整顿、发展与效益的关系，加强统筹规划和协作联合，坚持质量与数量、速度与效益的统一，大力发展为主业服务和城农网建设改造需要的相关产品；三是坚持“模拟市场核算，成本否决”，加强资产管理、财务管理和安全生产管理，各项经济指标实现由低向高发展，多经企业的市场份额逐渐增加。

生产工作

1. 强化生产管理

对《宁夏电力公司内部电力市场实施办法》进行修改，使考核更符合实际，更能调动各供电企业的积极性。各生产单位精心安排生产，强化运行人员责任制，加强设备的维护和管理，提高了设备的健康水平，使发电厂运行曲线合格率和供电局负荷曲线合格率均比1998年有较大提高。调度部门利用宁夏电网调峰能力为西北电网调峰，并严格控制口子曲线，在西北电网互供电考核和结算中获利430.18万元。

2. 安全生产

1999年两会上，公司明确“一杜绝、六消灭、三控制、一达标”为全年安全生产目标。为此，各单位进一步健全和完善了各级安全生产责任制，层层分解安全生产控制目标，深入开展反违章和“两个十项”活动，制订颁发了新的《两票规定》，加大安全性评价和城农网建设与改造安全管理力度，开展了电网调度安全年活动，并抓好重大节日保电工作。同时集中力量，解决Y2K问题，确保了电网安全稳定运行。年内全公司实现无人身死亡事故连续600天，无重大设备事故连续523天，所属各发供电企业均实现了3～4个安全生产100天，全公司系统较好地实现了“1631”目标。全年发生设备事故3次，比1998年减少3次，电力生产发生人身轻伤事故2人·次，电建施工企业发生人身重伤2人·次，轻伤3人·次。

全公司全口径机组平均利用小时为4852h，其中火电机组平均利用小时为5107h，非计划检修率为0.176%。完成火电机组大修3台·次，水电机组大修4台·次，综检和清扫330kV线路5条，591km，220kV线路22条，990km，110kV线路103条1888km；完成主变压器大修14台，新增或更换变压器9台，大修开关383台。

3. 达标创一流工作

发供电企业达标创一流工作深入开展，企业整体水平进一步提高。大武口电厂被国电公司正式命名为“一流火力发电厂”，实现了宁夏电力公司和西北电网创一流火电厂工作“零”的突破。银川供电局在达部标以后，继续努力，狠抓薄弱环节，成为国电公司命名的西北电网中两个“一流供电企业”之一。

4. 技术改造和科技进步

在生产费用的投向上，突出了节能降耗、技术进步、提高自动化水平等方面，在提高设备健康水平的同时，注重体现短期效益和长期效益相结合，企业效益和社会效益相结合。全年下达更改项目452项，计划费用8377万元，完成项目434项，项目完成率99.54%。安排科技计划145项，计划费用3222万元。全公司用于解决Y2K问题的整改、升级费用约1300万元，顺利通过了全国电力系统和自治区组织的Y2K联合测试及验收。加大了技术监督的覆盖面和工作力度，使设备和系统处于良好的受控状态之中。1999年度全公司评出科技进步奖93项，这些科技成果的转化与应用，极大地促进了电网的安全稳定和经济运行，取得直接或间接经济效益5474万元。

5. 关停小火电机组

按照国家经贸委和国家电力公司的部署，分别于4月份和12月份，关停了石嘴山电厂4台凝汽式火电机组，共3.6万kW。

农村电网“两改一同价”工作

到1999年底，共完成投资2.7亿元，完成新建和改造110kV变电所4座，线路54.74km；35kV变电所28座，线路280km；10kV线路2262.1km；低压线路1932.6km；新建和更换高耗能变压器2390台，变电容量13.1万kV·A，改造配电台区2417个。1998年下达的农网计划已经全部完成。1999年底青铜峡、彭阳、贺兰、永宁、灵武、惠农6县（市）的农村电网建设与改造任务全部完工。

宁夏现有21个县（市），设有23个县级供电局，其中宁夏电力公司直供直管18个，代管5个；有285个乡镇，设有乡镇电管站台268个，管理276个电管站，管理246个乡镇的农电；乡政府自管30个电管站。决定把代管的5个县级电网进行体制性划转，按一县一公司原则，变为宁夏电力公司直供直管的县级供电企业，对资产的清查和定员定编等工作已开始进行。同时决定将农垦系统和石油等部门转供电地区的管电机构，划归所在县（市）供电企业管理。对乡镇电管站改为县供电企业直接经营管理的供电营业所，使其成为县供电企业统一管理的派出机构。

已完成改造任务的县（市）、乡镇，都实行了一户一表计费，大部分低压线路供电半径降至500m以内，低压线损普遍降低，川区由过去的13%下降到11%，山区由过去的20%降到14%，全区平均线损降到12%以下。电压质量和供电可靠性均达到电气化县规定的标准。全自治区农村用电量由1998年的36.32亿kW·h增长到1999年的42.14亿kW·h，增长率16%，是历史上增长最快的一年。

惠农县农网建成于六七十年代，供电半径大，导线截面小，线路迂回多，布局零乱，线损大，供电质量差。1999年投入1720.71万元资金对电网进行建设改造，彻底改变了过去的旧面貌。10kV线路线损率下降到8.63%，降低1.69%，节约电量55.53万kW·h；低压线损率下降到7.8%，节约电量24.2万kW·h，仅此两项就减轻农民负担19.4万元。

农网建设与改造拉动了自治区相关产业和行业的发展，据不完全统计，年内消耗水泥3156t，钢材

1388t，使用民工900余名，有46支施工队伍，5000多名职工在从事农网改造工程，有117个自然村通了电。在工程招标中，自治区内企业中标总金额达5053.47万元，占招标中标总额的45.9%，其中变压器1660台，导线1800多t，电杆37280根。

精神文明建设

在年内三场政治斗争中，各级党组织与党中央保持高度一致，旗帜鲜明，立场坚定，特别是同"法轮功"邪教组织进行了坚决斗争，为维护社会稳定做出重要贡献。党内的各项制度进一步健全和完善，党委积极参与企业重大问题决策，党管干部的原则得到进一步落实，党委的政治核心作用、党支部的战斗堡垒作用、党员的先锋模范作用得到进一步发挥。公司系统纪检监察部门围绕领导干部廉洁自律、案件查处、行风建设以及纪检监察队伍自身建设等四项任务扎实工作，狠抓党员和党员领导干部的党风廉政教育，监督开好领导干部廉洁自律专题民主生活会，推动了党风廉政建设。全系统纠风工作和行风建设取得明显成效，所属供电单位全部实现供电承诺服务，提高"窗口"营业服务质量，社会各界给予好评。推进了领导干部交流，加强了后备干部的培养和动态管理。同时，对2000年初就要开展的"三讲"教育进行了必要的准备。公司系统所有单位都建成了地市级以上双文明单位，其中国家级2个，省部级17个。

主要事件

1月18日，青铜峡水电厂四名经济民警抢救落水女青年后不留名。

2月2日，自治区党委和政府授予宁夏电力公司"自治区文明行业"牌匾。

2月8日，宁夏电力工作会议暨六届四次职工代表大会召开，自治区副主席王全诗到会并做重要讲话，会议分析了宁夏电力公司面临形势，明确了1999年努力方向和目标。

2月16日，自治区党委书记毛如柏、党委常委马文学向生产一线的电力职工拜年，强调开拓市场既要抓紧区外市场，又要进一步开拓区内市场。

3月12日，灵武市郝家桥乡被列为全国农村电网综合节能改造示范工程样板乡镇。

3月15日，宁夏首宗电费拖欠案电力部门胜诉。自治区高院判决宁夏电化总厂在10日内还清所欠石嘴山供电局2480万元欠费及滞纳金。

4月7日，石嘴山电厂分别投产于1959和1960年的两台机组停运，标志着宁夏关停小火电机组拉开序幕。

4月8日，大武口发电厂水化验工马燕被授予"1998年度全国电力行业技术能手"称号。

4月10日，自治区人大常委会"三五"普法检查组到宁夏电力系统检查普法工作，强调电力企业要坚持走依法治理之路。

4月27日，宁夏电力公司1万余名干部职工自发向自治区残联捐款15万余元。

4月28日，自治区政府出台扶持高耗能工业的优惠政策。

5月1日，石嘴山电厂荣获自治区"五·一"劳动奖状。青铜峡水电厂荣获"全心全意依靠职工办企业先进单位"称号，该厂厂长潘毅群荣获"全心全意依靠职工办企业优秀领导干部"称号。

5月20日，固原变电所被团中央、国电公司命名为"青年文明号"集体。

6月14日，西北电力市场营销会在银川召开，强调要把市场营销作为经营工作的中心环节来抓。

6月30日，宁夏第一个县级电网调度自动化系统在平罗县建成。

7月8日，国电公司命名银川供电局、大武口电厂分别为"一流供电企业"和"一流发电企业"。

7月23日，宁夏电力公司召开经济分析会，总结经营情况，部署下半年工作。

7月27日，宁夏电力公司首届青年科技论文发布会召开。

8月5日，宁夏自治区主席马启智在北京会见国电公司副总经理赵希正、谢柏林，就宁夏电力工业发展，特别是石嘴山电厂扩建工程等交换了意见。

9月20日，宁夏送变电工程公司、青铜峡水电厂荣获"全国文明单位"称号，银川供电局荣获"全国文明行业单位"称号。上述三家单位还与石嘴山供电局一道被自治区党委、政府命名为自治区文明单位标兵。

10月20日，石嘴山供电局大武口分局用电服务班荣获"全国职业道德建设先进单位"称号。

11月12日，国务院稽察特派员一行正式进驻宁夏电力公司开展稽察工作。

11月20日，国家电力公司党组任命刘应宽同志为宁夏电力公司党委书记、总经理，免去孟昭靖同志宁夏电力公司党委书记、总经理职务。

11月20日，自治区党委书记毛如柏、自治区主席马启智分别会见国电公司副总经理周大兵；自治区副主席王全诗陪同周大兵一行赴中卫县考察了大柳树水利枢纽工程坝址。

11月30日，国务院批准石嘴山电厂扩建工程可研报告，工程前期工作获突破性进展。

12月22日，宁夏电力公司同国家开发银行签署27亿元贷款协议，其中石嘴山电厂扩建工程16亿元。石嘴山电厂扩建送出工程11亿元。自治区主席马启智、副主席王全诗、国家开发银行行长陈元出席签字仪式。

12月28日，宁夏电力行业协会成立，自治区副主席王全诗、宁夏电力公司总经理刘应宽任名誉理事长，宁夏电力公司副总经理孔繁金任理事长。

12月31日，石嘴山电厂两台1.2万kW机组停运，至此，宁夏全面完成1999年关停小火电机组计划。

（马志伟）

新疆维吾尔自治区电力工业

概况

1999年末，自治区发电设备装机容量396.8964万kW，其中火电310.2417万kW，水电79.6497万kW，风电7.005万kW。1999年新增发电设备容量7.24万kW，其中火电6.2万kW，水电0.8万kW，风电0.24万kW。1999年报废发电设备容量6.0688万kW。自治区6000kW以上容量发电厂（站）88座，其中火力发电厂60座。5万kW以上容量火力发电厂16座，水力发电站3座。

1999年末，自治区35kV以上送电线路820条，21466km，其中220kV线路16条1516km，110kV线路189条7732km，35kV线路615条12218km。35kV以上变电所705座，变电容量797.66万kV·A，其中220kV8座135.9万kV·A，110kV126座394.265万kV·A，35kV571座267.49万kV·A。

1999年自治区完成发电量169.3048亿kW·h，比1998年增长7.32%，其中火电137.3197亿kW·h，水电30.0601亿kW·h。

1999年全社会用电量169.3048亿kW·h，比1998年增长7.32%，其中农林牧渔水利业用电21.8317亿kW·h，增长3.67%，工业用电109.0078亿kW·h，增长8.95%，地质普查和勘探业用电0.8314亿kW·h，降低5.28%，建筑业用电1.6869亿kW·h，降低4.91%，交通运输和邮电通信业用电3.5102亿kW·h，降低2.97%，商业、饮食服务、物资供销及仓储业用电6.428亿kW·h，增长37.89%，其他事业用电9.1762亿kW·h，降低5.74%，城乡居民生活用电16.8326亿kW·h，增长5.33%（其中乡村增长6.99%，城市增长4.78%）。

1999年自治区发电设备年平均利用小时4600h，比1998年减少33h，其中火电设备年平均利用小时4702h，水电设备年平均利用小时4254h，风电设备年平均利用小时2860h。自治区装机6000kW及以上容量火力发电厂供电标准煤耗率500g/(kW·h)，比1998年降低14g/(kW·h)，发电厂用电率7.62%，降低0.03个百分点。自治区线路损失率8.03%，升高0.19个百分点。

1999年自治区5万kW以上容量发电厂（站）统计见下表。

1999年自治区5万kW以上容量发电厂（站）统计表

类别	序号	发电厂（站）名称	发电设备容量(万kW)	发电量(亿kW·h)	设备年均利用小时(h)
火力发电厂	01	红雁池发电厂	30.00	17.02	5673
	02	玛纳斯发电厂	60.00	37.49	6248
	03	哈密地区第二发电厂	7.40	3.79	5126
	04	红雁池四期发电有限公司	10.00	6.94	6941
	05	苇湖梁发电厂	12.50	6.99	4138
	06	巴楚燃气电站	5.00	0.96	1925
	07	伊犁第二发电厂	5.00	0.89	1788
	08	塔什店发电厂	10.50	4.20	3996
	09	拜城发电厂	8.00	3.80	4753
	10	克拉玛依发电厂	18.90	8.03	4247
	11	乌鲁木齐石化热电厂	11.20	5.43	4852
	12	独山子炼油厂电厂	13.90	6.27	4511
	13	东疆油田电厂	5.44	1.14	2101
	14	泽普油田电厂	7.58	1.62	2135
	15	轮南油田电厂	5.09	0.89	1739
	16	后峡电厂	6.73	1.94	4378
水电站	01	红山嘴水电站	5.71	2.28	3997
	02	托海水电站	5.00	2.41	4828
	03	大山口水电站	8.00	3.31	4132

基本建设

1999年自治区电力基本建设完成投资156261万元(其中发电110565万元,送变电39539万元),其中国家电力公司项目154216万元,其他项目2045万元。

(1) 建设规模。发电工程总容量105.55万kW共71台，送电工程110kV及以上441.1km共8条，变电工程110kV及以上63万kV·A共7台。

(2) 施工规模。发电工程总容量59.35万kW共66台，送电工程110kV及以上441.1km共8条，变电工程110kV及以上63万kV·A共7台。

(3) 投产项目。①发电工程总容量3.7万kW共2台，工程项目有：昌吉热电厂2号机组（1.2万kW，7月1日投产）、石河子东热电厂3号机组（2.5万kW，3月27日投产）。②送电工程265.4km共3条，工程项目有：楼兰至哈密线（220kV，全长256km，12月31日投产），另有110kV哈密地区第一发电厂至小营房、哈密北郊至小营房线，2条线路全长9.4km。③变电工程61万kV·A共6台，工程项目有：三宫变电所（220kV，1×15万kV·A，12月31日投产）、老满城变电所（220kV，1×15万kV·A，12月31日投产）、楼哈升压站（220kV，1×15万kV·A，12月31日投产）、吉木萨尔变电所（220kV，1×12万kV·A，5月21日投产）、哈密小营房变电所（110kV，2×2万kV·A，12月25日投产）。

生产经营

1999年末新疆主网装机容量214.4045万kW，发电量114.8651亿kW·h，比1998年增长7.78%。发电设备年平均利用小时5255h，增加55h。装机6000kW及以上容量火力发电厂供电标准煤耗率454g/(kW·h)，比1998年降低15g/(kW·h)，发电厂用电率8.15%，升高0.02个百分点。新疆主网线路损失率7.41%，升高0.12个百分点。

公司直属发电企业完成发电量67.1287亿kW·h，比1998年增长2.58%。设备年平均利用小时5731h，减少19h。供电标准煤耗率438g/(kW·h)，降低13g/(kW·h)。发电厂用电率8.26%，降低0.1个百分点。公司线路损失率7.07%，降低0.15个百分点。

公司完成售电量93.77亿kW·h，比1998年增长9.25%；电费回收率完成99.18%，实现利润832万元；全员劳动生产率53847元/(人·年)，比1998年增长6%。

1999年新疆电力公司频率合格率完成99.95%，比1998年提高0.037个百分点，主网电压合格率完成98.22%，降低0.118个百分点。统一核算企业，发电主设备完好率100%，一类设备率70.5%，比1998年提高1.4个百分点；变电设备完好率99.56%，一类设备率89.9%，提高0.7个百分点；线路完好率97.44%，一类率85.64%，提高3.24个百分点，一类设备率95.88%。10万kW以上机组等效可用系数比1998年提高1.44%。

加强燃煤质量管理，到厂煤检斤率和检质率均达100%，电厂与煤矿间化验热值误差已达到国家标准，质价不符率6.6%，比1998年降低6.86个百分点。

安全文明生产达标和创一流工作取得进展。玛纳斯发电有限责任公司已通过一流火力发电厂预检，红雁池发电厂被西北电力集团公司命名为“无漏泄火电厂”，乌鲁木齐电业局积极开展了创一流供电局工作。其他企业普遍开展了安全文明生产达标活动。

通过让利销售政策，鼓励企业用电，加大电炊用电优惠办法的推广力度，出台了进一步鼓励电热锅炉用电的优惠政策。加大了货款抵电费的力度。1999年货款抵电费金额9000万元。增加了对大中客户的结算次数，降低了电费回收风险。对濒临破产的客户，超前工作，运用法律手段维护公司利益。依法按程序对有能力支付电费而有意拖欠的企业实施了必要的停限电催费措施。

经过努力，国家计委批准在乌鲁木齐电网利用腾出的电价空间，加价0.032元/(kW·h)，从1999年9月1日抄见电量起执行。同时配合物价部门，出台了巴音郭楞州、阿克苏地区、伊犁地区、喀（喀什地区）—克（克孜勒苏州）电网、塔城电网调价方案，在一定程度上缓解了公司经营压力。

1998、1999年国家下达自治区农网建设改造工程投资规模298585万元。至1999年底，完成投资156859万元，为已下达计划的52.5%。其中，完成建设和投产110kV变电所38.4万kV·A，线路654.2km；35kV变电所48.29万kV·A，线路1839km。13个竣工验收县工程年底基本完工。城网建设改造完成2.2197亿元。

多种产业完成总收入7.18亿元，实现利润713万元，1999年新安置人员515人。以康发电力多经投资公司为龙头，相继组建了若干开发电力上下游及相关产品的多种产业企业。

科技教育

科技工作以管理信息系统、用电管理系统、电网地理信息系统、节能环保项目为重点支持项目，按计划实施并基本完成。原直属火电厂烟尘和废水实现达标排放。成功地解决了Y2K问题，新疆主电网运行控制系统顺利度过2000年第一个高危点。

1999年完成工商管理培训81人，轮岗培训生产人员221人，培训农村电工460人·次，对复转军人和富余人员分别进行了岗前培训和转岗培训，完成了待投运机组运行人员培训。

管理

初步完成了苇湖梁发电厂、玛纳斯发电厂改制和调度本部化工作，为实施“厂网分开”迈出了重要步伐。根据国家电力公司政企分开工作的安排，对政府、企业、行业职能划分问题进行了进一步研究，完善了政企分开方案。

通过上划、股份制改造、代管等方式，自治区

13个地州电力管理体制基本理顺，其中公司直管5个、控股6个、代管2个。自治区84个县（市）中控股、参股、代管等81个，其余县市的体制改革工作正在进行之中。乡电管站体制改革工作完成1/3。同价工作已开始进行维管费并入目录电价的核定。

出台了《新疆电力公司减人增效、转岗分流和实施再就业工作的若干规定》，完成了行业统筹向地方统筹的平稳过渡，加强了对不同性质企业的劳动工资管理，控制了人员增长，初步理顺了企业职工基本工资结构。

开展了城乡电网建设改造项目、工程项目、控股公司、代管企业的审计和离任审计、专项审计，1999年完成审计项目279个，查出违纪违规金额2536万元，纠正2195万元，审计核减工程投资763万元。

（旷路明）

西北电力建设集团公司

（原西北（陕西）电力建设总公司）

综述

1999年是西北电力建设集团公司组建并正式运作的第一年。围绕原西北（陕西）电力建设总公司年初确定的目标和任务，积极深化内部改革，大力开拓电建市场，狠抓工程质量和安全文明施工，加强经营管理，经过全体职工的共同努力，较好地完成了年初制定的奋斗目标和工作任务。

全年计划完成经营总额7200万元，实际完成7405.72万元，完成率102.86%，比1998年增长1.38%。其中工程建设计划3688万元，实际完成3723.91万元，完成率100.7%，比1998年增长1.10%；多种经营计划3512万元，实际完成3681.81万元，完成率104.84%，比1998年增长1.67%；劳动生产率完成77710元/(人·年)。完成调试机组容量675MW，实现利润101万元，职工收入平均增长11.3%。

电建集团公司被陕西省工商局列为百家免于年检审查企业之一、获西安市“文明单位”及陕西省电力公司多种经营先进单位；西北电建调试公司获“陕西省重点工程立功竞赛先进集体”和“国家电力公司系统先进集体”。

电力建设

（一）宝鸡第二发电厂建设

1999年是宝二工程建设第二个投产年。负责工程管理和监理的电建集团公司宝鸡第二发电厂建设公司，根据工程建设网络计划，精心组织，科学管理，按单位工程、分部工程、分项工程制定目标，以工序质量控制为核心，设置质量控制点进行预控，严格质量检查，使该工程建设质量始终处于受控状态。6月12日，电建集团公司在宝二召开2号机组创精品工程现场会，总结1号机组经验教训，制订了2号机组创精品措施。经过各方努力，11月21日，2号机组在保证六项指标全优的前提下，顺利完成168h试运并移交试生产；1999年底，3号机组锅炉水压、汽机扣盖、厂用带电一次成功，已基本具备分部试运条件；4号机组锅炉本体焊口完成18000个，汽轮发电机穿转子完；建筑工程共用设施已全部完，主厂房已全部断水；3号冷却塔基本具备投用条件，4号冷却塔环梁以上完成17节。全年完成投资9.5亿元。

（二）灞桥热电厂技改及扩建工程

1999年，国家经贸委下达了陕西灞桥热电技改工程1999～2001年的续建计划。该工程主机标书审查会在西安召开。已从4月份1号井向现场临时供水，一、二号配电室已竣工验收并交接，8月5日正式带电，200m烟囱已到124.5m，质量良好，安全无事故，电建集团公司灞桥建设公司在积极协助业主做好各项工作的同时，进一步改进、完善了MIS系统和P3软件的应用，为提高该工程的管理水平打下了基础。12月30日，该工程施工招标，电建集团公司中标，成为该工程建筑安装施工总承包单位。

（三）工程调试

西北电建调试公司在通过了ISO9002质量认证后，以“从严管理，精心调试，服务满意，质量一流”为方针，精心制定项目质量计划，优化调试方案和技术措施，并对业主进行回访，加强系统检查，承担的宝鸡2号（300MW）、福州二期1号（350MW）、府谷2号（25MW）调试及襄樊3、4号（2×300MW）的热工、锅炉调试监理和神华集团神木电厂（2×100MW）调试管理，质量全优，受到业主的普遍赞扬。全年共调试机组容量675MW。承担的新疆红雁池二电厂1号（200MW）、郑州热电厂1号（25MW）调试、伊朗阿拉克1号（325MW）调试监理进入分部试运，首次参与的核电工程调试（岭奥核电站）人员已陆续进点。

（四）工程监理

1999年，西北电力建设工程监理有限公司始终坚持“旁站监理、严格控制、监帮结合、热情服务”的方针，严格履行各项职责。负责监理的襄樊工程，以投资少、工期短、质量优，受到国电公司和湖北省公司的嘉奖。全年共实施工程监理10项。送变电330kV马汉线和延榆线正式投运，500kV阳淮线晋

Ⅰ、Ⅱ段一次通过竣工验收，神木（2×100MW）1、2号完成72h试运，阳城（6×350MW）1号实现汽机3000r/min，淮北二电厂（2×300MW）1号开始冲管，华亭（2×25MW）1号投产、2号进入整套起动，伊朗阿拉克（4×325MW）1号机组进入分部试运。

多种经营

1999年，按照年初工作会要把经营工作重点"由依赖主业逐步转移到面向市场"的要求，星源公司以"深化改革，强化管理，对内挖潜，对外开拓"为方针，坚持自我发展。集团公司成立后，按照现代企业制度理顺了星源公司的内部关系，重新调整了董事会和经营操作班子，进一步确立了各自的职责，完善了公司法人治理结构。在此基础上，星源公司主要开展了三大方面的工作：首先按照"科学、规范、有序"的要求建章立制，全年共制定行政、经营、财务等管理制度39项并汇编成册。同时建立了内部计算机局域网，实现了管理升级。其次将原来的招待所、长乐快餐公司改为分公司，增设多经企业管理部，受集团公司委托管理多经企业。同时成立了汽车租赁公司和净水销售部，承包了渭河工程的土地还耕。第三，继续实施门前商业"黄金带"的开发，全力推进食堂多功能厅的改造和综合利用。截至年底，主体工程全面封顶，内外装修正加紧进行。

回天公司在产权关系不明确、转让难度较大的状况下，克服重重困难，自力更生，加速从生产建设向生产经营的转换。1999年在取得GMP证书和产品批号的同时，共生产人血白蛋白11批21000瓶，处理血浆11t。并完善经营机制，组建质量部，成立质量管委会和QC小组，加强血源管理，加速建立销售网。截至1999年底，签订了7份总额33万元的销售合同。

企业改革

（一）体制改革

1999年5月14日，原西北（陕西）电力建设总公司改组为西北（陕西）电力建设集团公司。将陕西电建企业（原西北（陕西）电力建设总公司、西北电建一、三、四公司、陕西送变电公司）的国有资产授权西北（陕西）电力建设集团公司运营管理，建立该集团公司与各基建企业的母子公司、资产纽带关系。该集团公司的法人财产包括西北（陕西）电力建设总公司的法人财产以及基建企业的国有实收资本。

电建集团公司组建后，新班子及时提出了保持"三个稳定"（即职工队伍稳定、安全生产稳定、工作秩序稳定）、"三个不变"（即省公司与各子公司、省公司与原总公司、原总公司与所属各经营单位签订的经营责任合同不变）。强调要顾全大局，"种好责任田"，要"融460人于10000人之中"，切实承担起振兴和发展"西北电建"、缩短与先进电建企业差距的历史重任。集中精力，按照模块管理的企业群体战略，把工作重点放到深化改革、开拓市场、提高现场文明施工、工艺质量、安全管理和机组投产水平，保达标投产，创名牌、精品，强化经营管理，增收增效，谋求共同发展。

（二）内部改革

1. 机构改革

内部各机构按"决策层、管理层、执行层"设置。一是精兵简政，管理部门设"六部一处两委"，定员80人，减员39人；二是将渭河、宝二、灞桥等建设公司重组为"西北电建工程承包公司"，主要承担工程建设的组织管理；三是将物资公司的管理与经营职能分离，管理归口，经营自主；四是将总机等服务性机构划入物业公司，并重组、改造为"陕西至诚电力物业有限公司"，逐步剥离母体，走上市场；五是将多经企业的管理职能委托星源公司，以加强多经企业的管理。通过改革，职能管理部门由原来的11个减少到9个，二级机构由12个减少到6个。

2. 人事改革

以"公开、公平、竞争、择优"为原则，大胆启用年轻人，妥善解决新老交替，全面推行竞聘上岗。通过竞聘，处级干部由53人减少到32人，平均年龄也由50岁下降到44.66岁，下降了5.34岁，对没有竞聘上岗位的人员采取转岗分流、逐层竞聘，初步形成了"按需设岗、按岗聘用、公平竞争、能上能下"的用人机制。

企业管理

（一）经营

集团公司组建后，针对近年来经营困难、财务状况较差、对外投资回报率低、现金流量小和经营管理中存在的问题，主要抓了七件事：①以"分层管理、两级核算、财务集权、资金集中"为原则，加强财务管理。明确规定了费用支出的审批权限，进一步完善了预算管理。要求各单位的会计核算和资金结算，必须严格纳入"两个中心"，实行集中统一，强化资金管理。②针对内部机构改革中个别单位财务管理混乱，责成有关部门联合发文，整顿经济秩序，实施财务检查，彻底清理各种账户，封存"小金库"，冻结所有资金。③对在内部改革中发生变动的单位逐一进行审计，并由纪委对主要负责人作出廉政鉴定。全年共进行审计14项，查处违纪资金74.32万元，产生经济效益47.46万元。④增收节支，压缩费用。从电话费、办公费、招待费等入手，照章办理，严格控制。对预算外支出，一律由总经理审批或交资金管理委员会讨论。对小型基建和各种更新改造项目，通过审计和计划调整进行动态控制，有效降低工程造价。全年共节支82.6万元，仅业务招待费一项就比上年下降了10个百分点。⑤改进了经营责任制，与各实体签订的经营责任书，进一步加大了企业目标管理的指令性成份，并制订配套的管理与考核办法，有效地调动了各经营单位的积极性，增强了成本核算意识。⑥加强合同管理，凡重大合同必须进行签订前的审核、会签和合同审计，并对合同执行情况进行半年、年度的跟踪通报。同时设法律事务专干，参与各种类合同、规章制度的审定，使经营管理逐步纳入法制化轨道。⑦加强资产的盘查清理，重点对以往投资进行清欠。

（二）安全

抓好安全质量管理是省公司党组在基建体制改革方案中为我们明确的四大任务之一。年初为进一步加强安全管理和安全生产，原总公司与各部门、各单位签订了《安全责任书》，制定了安全奖罚制度，并在年底通过考核进行了兑现。集团公司成立后，为把这一重任落到实处，首先根据当前电力建设发展的实际和安全文明施工的具体要求，建立健全了各项规章制度，并与各子公司建立了安全管理、监察网络。7月15日，又召集各子公司安监负责人进行座谈、研讨，提出了以宝二为重点的在建工程安全管理办法及实施细则。按照省公司的要求，分别对宝二、灞桥、马汉线等工程组织开展了春、秋、冬季安全大检查，及时宣传推广各自在安全管理上的好经验、好做法。对发现和存在的问题，责成有关单位限期整改。仅宝二工程，先后颁发了各种安全管理和处罚条例19项，查处违章事件21例，并作了相应的处罚，确保了全年无重大人身死亡和设备事故，为陕西基建修造企业年度安全事故率下降89%做出了重要贡献。在内部机构改革中，在工程部设质量安全处，并配备了相应人员，使集团公司做到了“组织、人员、制度、工作”四到位。

教育培训

1999年，集团公司强化以人为本的管理理念，全方位推进职工教育培训，着力提高队伍的整体素质。先后派30人参加建设部监理工程师考试，21人合格；26人参加劳动部微机应用等级考试，5人参加工商、工程硕士学习。在陕西电建系统举办了一次由65人参加的电建项目经理培训班和两期35人参加的安监员培训班，后者经考试全部合格，报省公司审批后颁发了三级证书。在集团公司本部对563名职工（含临聘、返聘人员）及35名驾驶员进行了安全培训、考试，全部合格。通过组织学习《劳动法》、《合同法》、《公司法》、《会计法》等，组织处科级干部学习法律知识与讲座，组织全员进行法律知识考试等，有效增强了职工的法制意识，为集团公司推行法制化管理打下了基础。

精神文明建设

集团公司以创建市级文明单位为龙头，全面加强精神文明建设，首先加强对干部的考核，采取任命和竞聘上岗相结合的方式，重新聘任了32名处级干部，在机构改革中及时调整、组建了15个党支部（总支），广泛开展“争先创优”，全年涌现出先进党支部3个，优秀党员38名，优秀党务工作者4名。加强廉政建设，与20个部门、单位签订了《党风廉政责任书》，并设立了反腐败举报箱。全面推行司务公开，设立民主管理公布栏，接受群众监督，提高了经营决策的透明度。积极参与扶贫救灾，共捐赠人民币780元，各种棉被衣物1042件套；共青团积极组织开展微机应用青年科技论坛和重点工程“号手”活动，较好地发挥了青年人在企业管理中的先锋作用，为精神文明建设增添了新内容；深入开展揭批“法轮功”邪教组织的斗争，共收缴书籍154本，各种物品107件。对练功人员逐一谈话，反复动员教育，最终脱离“法轮功”组织。连续7年和2年分别被评为区级综合治理先进、十佳文明单位。市级文明单位创建工作也通过了市文明委的验收，并获“市级文明单位”称号。

全年共投入2186万元，为职工新建住房面积24000m^2，分配新旧住房466套；投入28万元敷设通信光缆，对195户闭路电视进行了维修改造。同时关心离退休职工生活，全年共探望慰问老红军、老领导、劳模及大病职工40人·次；围绕建国50周年和澳门回归，开展了丰富多彩的歌咏比赛和文体活动，并通过承、主办和参与各项桥牌赛事，有效地提高了集团公司在社会上的知名度。

主要事件

2月，集团公司桥牌代表队获陕西省甲级队桥牌赛和“秦龙电力杯”桥牌公开赛第一名。

3月2日，回天公司人血白蛋白试生产。

3月，由西北电建调试公司调试的陕西府谷沙川沟电厂1机组（25MW）投产。

3月10日，西北（陕西）电力建设总公司召开首届五次职代会暨1999年工作会议，确定经营目标，安排部署全年工作。

4月1日，宝鸡第二发电厂建设公司组织召开现场各施工单位生产经理、总工及施工科长参加的“2、

3、4号机组创精品工程会议”，宝二工程的创精品工作正式启动。

5月10日，陕西省电力公司派出以景建同志任组长、霍建忠同志任主审的审计组，对原陕西电力建设总公司总经理贾国栋同志进行任期经济责任审计。5月28日审计结束。

5月14日，在陕西基建体制改革座谈会上，西北（陕西）电力建设集团公司正式成立。陕西省电力公司党组书记、总经理赵杰臣，副总经理陈忠智、万明善、刘肇绍，省公司各部处负责人、各施工企业党政负责人和原西北（陕西）电力建设总公司处级以上干部参加了会议。

新组建的西北（陕西）电力建设集团公司，由何德兆任总经理，朱明清任党委书记兼副总经理，周良福任党委副书记兼纪委书记，何怀兴、顾伯篪任副总经理，王钜任总工程师。

5月17日，何德兆总经理主持召开西北电建集团公司本部处级以上干部“打招呼”会，初步提出今后的工作思路。

5月17日，陕西省电力公司成立宝二2号机组工作小组，西北电力建设集团公司总工程师王钜任副组长，长驻宝二现场，指导工程建设。

6月4日，电建集团公司成立司务公开工作领导小组。

6月5～12日，何德兆、朱明清率团赴福州、北京等地，主动与华能、国华、电规院等联系，听取意见，拉开了横向联合、开发市场的序幕。

6月17日，电建集团公司召集西北电建一、三、四公司、陕西送变电公司、调试公司、宝二建设公司生产副经理和总工，在宝二工地召开了2号机组创精品工程现场会。

7月15日，陕西省电力公司基建安全工作座谈会在电建集团公司召开。

7月16～19日，承办陕西省电力公司职工首届文化节桥牌赛并获得冠军和体育道德风尚奖。

8月19日，陕西省电力公司总经理赵杰臣在宝二工地召开座谈会，听取了1号机组遗留项目及2号机组分部试运情况的汇报，并作了重要指示。

8月23日，西北电建集团公司本部召开内部机构改革动员大会。

8月，330kV马（营）汉（中）线正式投运。

9月4日，西北电建调试公司调试的福州华能电厂二期一号机组（350MW）移交试生产。

9月13日，回天公司获得国家药品GMP认证证书和人血白蛋白生产批准文号。

10月3日，330kV延榆线正式带电投运。

10月5日，国电公司火电建设部刘本粹主任在陕西省电力公司赵杰臣总经理及西北电建集团公司何德兆总经理等陪同下视察宝二现场。

10月13日，陕西省电力公司党组任命苏民同志为西北（陕西）电力建设集团公司副总经理。

10月22日，电建集团公司ISO9000质量体系贯标领导小组成立。

11月3日，陕西省电力公司副总经理陈忠智、工委主任李长安到宝二工地慰问。

11月21日，宝二2号机组168h试运一次成功移交试生产。

11月，在全国火电施工信息网第九届年会上，电建集团公司编辑出版的《西北电建》期刊被评为优秀刊物。

11月25日，何德兆、朱明清到回天血液制品有限公司调研。

12月6日，创建市级文明单位工作通过市文明委的检查验收。

12月30日，灞桥热电厂改扩建工程（2×100MW）施工招标中，电建集团公司中标，成为该工程的施工总承包单位。全年共签订工程承包、监理、调试合同4份，合同总额38639万元。

南 方 四 省 区

中国南方电力联营公司

综述

中国南方电力联营公司在国家电力公司的领导下，在南方四省（区）政府和电力公司的关心支持下，认真贯彻国家电力公司天津座谈会、成都工作座谈会及广东省委八届三次会议的精神，以改革统揽全局，重点开展财务管理年和电网安全年活动，认真落实资产经营责任制和党风廉政建设责任制，加强工程质量管理，积极开拓电力市场，发挥大电网的优势，主要经济技术指标创历史最好水平。截止到1999年底，公司直属（包括代营）发电设备总容量148万kW，年发电量56.4亿kW·h。直属电网500kV输电线路长2218km，变电容量450万kV·A；220kV输电线路86.5km；直属电网上网电量108亿kW·h，售电量77.9亿kW·h。

公司拥有固定资产170亿元，1999年完成总产值13.9亿元，完成利润1.5亿元。公司所辖发电、电网运行维护、电网调度、电力工程建设管理、多种经营等企业单位13个，共有职工1200人。

公司按照国电公司的统一部署，以整风的精神开展了“三讲”教育，取得了显著的效果，完成了建国50周年和澳门回归保电任务。根据国家电力公司体制改革的总体部署，于12月18日将中国南方电力联营公司改制为国家电力公司南方公司，实现了历史性的转折，进入了新的发展阶段。

电力生产

公司以开展电网安全年活动为主线，认真落实各级安全生产责任制，保持南方电网安全稳定运行，未发生重大、特大事故，未发生人身伤亡及设备损坏事故；天生桥一、二级电站和电网实现了安全度汛。全网频率合格率99.89%，直属电网中枢点电压合格率99.99%，继电保护正确动作率97.78%，同比提高了1.64%。全公司通力合作，为提高公司经济效益做出了积极的贡献。

(1) 安全生产的基础工作得到加强。结合南方电网的特点，开展了与“违章、麻痹、不负责任”三大安全敌人作斗争。对总厂、梧州超高压局两起误操作事故，进行了严肃查处。规范了大修技改项目和备品备件的管理，安排资金1.1亿元，用于提高电网科技含量和设备健康水平，大修技改项目完成率95%。总厂高质量地完成了天生桥二级水电站1号机扩大性大修，加强设备运行维护，提高了机组可用率，同时从公司大局出发，满足电力市场需求，服从调度，发得出，停得下，发电量创历史最好水平；平果超高压局开展了安全生产细致化工作，安全水平进一步提高，安全生产管理有所创新；调度所按创一流的标准，严格要求，精心调度，已实现安全运行2046天无事故。

(2) 增强全网意识，提高运行管理水平，圆满完成各项保电任务。公司加强与四省（区）电力公司和香港电网有关部门的联系与沟通，团结治网，发挥调度所长会议和专业会议的作用，在AGC运行管理、全网旋转备用安排、联合低频减载等问题上达成了共识；精心组织制订保电方案，成功举行了南方电网第一次联合反事故演习。加强了直属电网的调度管理，有计划、有针对性地编制事故预案，一丝不苟地落实各项措施，实现了保电期间的安全发供电，被国家电力公司评为保电先进单位。

(3) 基本解决了Y2K问题，使南方电网安全地进入了2000年。公司及早抓Y2K问题，做到领导重视，组织落实，措施得力，资金到位。认真组织编制南方电网Y2K联合测试方案和应急措施，精心组织实施，顺利通过了全国电力系统Y2K的联合测试，保证了敏感点的电网安全，得到了国电公司的表场。

(4) 重点抓了天广直流工程和一级电站3号机组的生产准备。组建了天生桥和广州超高压局，加强了人员培训，积极到现场熟悉设备，参与施工过程。开展了直流系统调试准备工作。完成了天生桥换流站交流部分的运行交接和广州换流站生产、生活基地建设。天生桥发电总厂与基建单位紧密配合，主动地做好一级电站3号机组投运的准备工作，顺利完成了接机任务。

经营管理

1999年公司经营形势比较严峻，电力销售困难，电费回收难度大，经营工作以财务管理年活动为主线，以完成全年电力交易及电费回收任务为重点，努力克服困难，积极开拓电力市场；层层落实经营责任制，严格控制成本支出，全面完成了国电公司下达的经营目标。与1998年相比，直属电网上网电量108亿kW·h，增长42%，售电量77.9亿kW·h，增长41%，发电量56.4亿kW·h，增长42%；送广东40.1亿kW·h，增长73%，送广西37.1亿kW·h，增长22%，为贵州送出16.0亿kW·h，增长8.6%，为云南送出7.9亿kW·h，增长216%。公司实现售电收入13.9亿元，增长了31%；完成利润1.5亿元，增长25%。

(1) 积极开拓电力市场，推进电网商业化运营。公司成立了电力交易领导小组，加强了电力市场特别是广东、广西市场的余缺分析与策略研究，努力寻找新的增长点。采取灵活的营销策略，以价格、质量优势和优质服务开拓电力市场；实施灵活调度，争取多发多售。充分利用水能资源，发挥大电网的优势，积极组织省（区）间电力交易，调剂余缺，搞活区域电力市场，为云贵送出富余和季节性电量11亿kW·h，给联网各方带来了较好的经济效益和社会效益。

加大了电费回收力度。在四省（区）电力公司的理解和支持下，职能部门发挥主观能动作用，克服困难，全年共回收电费13.6亿元，旧欠回收5000万元。

开展了南方电力市场交易规则的编制，电能自动计量计费系统已投入试运行，规范了电能计量表计投运校验工作，进行了建立电能计量标准点的准备工作。

(2) 财务管理年活动取得实效。加强了财务管理的基础工作，初步建立公司预算管理体系和财务监督体系。与各单位、各部门签订经营责任书，并实行风险抵押金制度，落实了经营责任，确保了国电公司下达的年度利润指标的超额完成。进一步加强会计基础工作，提高了会计核算的科技含量与工作效率。加强了资金的综合平衡和合理调度，为安全生产、基本建设、科技投入、教育培训提供了资金保障。对下属企业领导干部进行了任期经济责任审计，对 18 个单位进行了财务稽查和审计调查，依法经营意识进一步增强。

(3) 积极争取政策，公司财务状况进一步改善。落实了 7.35 亿元经营基金本息转资本金，公司资产负债率下降 4.63%；争取到 4000 万元退税。抓住国家降息的时机，灵活利用政策，降低财务费用 1000 多万元。

(4) 多种经营工作取得了长足的发展。进一步规范了对多经公司的管理。各多经公司充分发挥主观能动作用，艰苦奋斗，积极研究市场，采取灵活的经营策略，取得了较好的效益。各多经公司均有赢利，实现利润 5020 万元，为增强公司实力和稳定职工队伍作出了积极的贡献。

电力规划和前期工作

公司非常重视南方电网发展规划和前期工作。与四省（区）电力公司等单位共同组织完成了南方电网能源资源优化配置规划研究，编制了《公司七年发展规划》，开展了南方电网 2010 年目标网架规划和 2005 年系统设计工作。配合广东省政府发展研究中心开展了西电东送专题研究，已形成报告并上报国家和广东省有关部门，有关结论引起了政府的重视。

根据国家电力公司的要求，与水规总院、广西电力公司共同组织完成了平班水电站的可行性研究报告，参加了龙滩电站的董事会，积极促进龙滩电站的开工建设。开展了龙滩、小湾电站电力外送和接入系统的设计研究工作。完成了全国电力主干通信工程之一的天生桥至广州光纤工程可行性研究报告。南方电力交易调度大楼的立项与征地工作已经完成。

电网建设

年初公司提出了要在保证工程质量的前提下，抓好工程进度的指导思想，电网建设部以达标投产为目标，充分发挥监理的作用，积极督促施工单位落实三级质量控制，对施工质量严格把关，工程质量进一步提高。电网工程所有已评定的分项工程质量均达到优良。

天生桥至广州 ±500kV 直流输电工程在建设中克服了重重困难，取得了很大进展。线路的铁塔基础与杆塔组立工作已基本完成。天生桥换流站交流部分已投运，主控楼、阀厅主体工程已基本完成，换流变已安全运抵现场。广州换流站 6 月 1 日正式开工以来，已完成除直流开关场以外的全部基础浇制工作。

云南罗平至天生桥 500kV 输变电工程全线铁塔基础工作已完成。贵阳变电站 2 号主变压器已投运。

电源建设

为加快天生桥二级电站的建设，公司与武警水指签订了天生桥二级电站施工承包合同，完成了 3406m 洞段扩挖及混凝土衬砌和不良地质洞段的处理任务，超计划 106m。认真抓好了 450m 洞段的补强加固工作。

天生桥一级电站大坝填筑和混凝土浇筑已完成，实现了安全度汛和 3 号机组高质量地投产。按照国家计委和广东省政府的意见，加强了与一级电站有限责任公司的联系，认真负责地做好一级电站资产、债权债务的清理与资产验证，主动地做好并网协议、生产运行维护和建设承包合同的准备工作。经过长期努力，取得了各级政府的理解，与广西签订了移民承包合同。1、2 号发电机组的安装工作正按计划进行。

科技与教育

按照公司发展规划，制订了经营管理、科技水平、职工素质和经济效益创一流的规划。加强了科技与教育培训工作的领导和管理，健全了机构，配备了专责人，修订了《科技管理办法》和《教育培训管理办法》。科技工作注重项目的经济效益、科技含量和实用性，开展了交直流并联运行特性研究、天生桥一、二级电站联合调度决策支持系统的研究和管理信息系统的建设等项工作。完成了南方电网局部电压偏高问题、南方电网联网效益分析及电价研究等项课题。建成了平果变电站综合自动化系统。

开展了天广直流输电生产准备培训班、年轻干部强化班等。全公司共开展各种专业培训班 52 个，培训人员 766 人·次。

按照公司创一流规划的总体部署，总厂通过了双达标的年度复查，创一流的工作扎实进行。调度所、各超高压局通过了达标验收。平罗二回输变电工程达标投产已获国电公司批准，一级电站 4 号机组达标投产整改项目已基本完成。

企业改革

认真落实国务院国办发［1998］146 号文件精神，按照国电公司第二步改革的要求，公司党组把改革作为促进发展的机遇，从实施国家西电东送能源战略、促进南方电网商业化运营、更好地为南方各省

(区)发展服务的高度，找准了公司的定位，统一了全体干部职工的思想。加强与南方各省(区)沟通，精心组织分公司成立的准备工作。12月18日，国电公司赵希正副总经理主持召开了有国家综合部门和南方五省(区)政府领导参加的国电南方公司成立大会，以及南方电网改革与发展座谈会，高严总经理发表了重要的书面讲话，标志着公司发展进入了一个新的历史时期。中央、省、市和港澳等23家主要新闻单位对西电东送和南方公司成立做了重点报道。

党建和思想政治工作

按照国电公司的统一安排，在国电公司“三讲”办和巡视组的指导帮助下，公司党组把“三讲”教育作为党建工作的重中之重，以整风的精神高质量地抓好各个环节。通过测评，公司党组剖析材料满意率为95.46%，党组成员剖析材料满意率在93.94%以上。党组认真研究制订整改方案，落实措施，解决在理论学习、民主作风、群众观念等方面存在的主要问题。国电公司巡视组对公司的“三讲”教育给予很高的评价：“南方公司严格按照中央和国电公司党组的规定办事，做到了一丝不苟。

加强了党的建设和干部队伍建设。坚持党要管党、从严治党的方针，加强对党员的教育管理，对各级领导班子从严要求，基层单位配备了专职党委书记，落实了各级党风廉政建设责任。加大了干部培养、交流、考核的力度，全年调整干部68人·次，把一批年富力强的干部充实到关键性岗位。

加强思想政治工作，积极引导广大干部职工把精力集中到干事业上来，继续深化“三热爱”活动，大力开展讲团结、比贡献，提合理化建议活动，广大干部职工踊跃参与，提出合理化建议482条。发挥工会、职代会的作用，开展了厂务公开试点，职工积极参与企业管理和民主监督。组织公司劳动模范和先进集体进行巡回演讲，进一步弘扬了正气。加强了后勤服务工作，改善了职工的住房条件。

组织机构

总经理：袁懋振；副总经理：张恒伟、吴世昌；总经理助理1人；副总工程师5人；副总经济师1人；副总会计师1人。

公司本部设：办公室、政治部(监察、审计、机关党委、工会、共青团与政治部合署办公)、人事部、政策法规室(中国电力报社驻公司记者站与其合署办公)、计划部、财务部、电站部、电网部、生安部、交易部。

公司派出机构：天生桥建设管理局。

公司下属单位：天生桥发电总厂、调度所、超高压广东、平果、来宾、梧州、贵阳、曲靖，天生桥输变电管理局。

公司属第三产业：广东南电能源发展有限责任公司、广东南电综合开发实业公司、广东赛普发展有限公司、南电物资公司。

主要事件

1月6日，天生桥发电总厂发生误操作事故。天生桥总厂二级电厂运行值班人员在接到调度令进行天平1回线路停电操作时，由于操作人和监护人缺乏工作责任心，思想麻痹，对日常简单操作不以为然，粗心大意，草率行事，冒险违章操作，造成了误合开关的电气误操作事故。事故发生后，总厂组织成立了以黄聿邦厂长为组长的事故调查组，按照“三不放过”的原则，对事故情况进行了深入调查，查明了事故经过和原因，分清了事故责任，制订出防范措施，并按时提交了事故报告。

1月8日，公司部署解决计算机2000年问题。公司部署解决计算机2000年问题的具体方案，把任务层层分解到各个部门，强调解决计算机2000年问题的重要性和紧迫性，并规定完成任务的具体时间。

1月28日，公司召开1999年电力工作会议。国家电力公司副总经理陆延昌、中电联副理事长叶荣泗、广东省政府副秘书长李文岳及桂、黔、滇三省(区)电力公司的代表出席了会议。会议总结了公司1998年度的工作，重点部署了1999年的工作任务，提出“实施西电东送战略，促进南方电网发展，为广东和南方三省(区)经济发展做出新贡献”的发展思路。

4月23日，公司成立了广州北郊换流站生产筹建工作领导小组，广州北郊换流站生产筹建工作正式启动。

5月19日，天生桥一级水电站开展全库区移民搬迁及库底清理大检查。为满足汛期大坝防御千年一遇的洪水和蓄水发电的需要，天生桥电站建设管理局邀请国家电力公司、广西、贵州、云南三省(区)有关领导和移民主管部门，昆明勘测设计院，以及国内有关专家，组成库区移民搬迁和库底清理检查团，于5月19～28日对水库设计正常蓄水位780m淹没区移民搬迁安置和库底清理情况进行实地检查。

检查组认为，三省(区)各级地方政府为天生桥电站库区移民搬迁和库底清理做了大量艰苦细致的工作，高程780m以下的淹没区移民搬迁安置、集镇迁建和专项设施改建工作，按照计划进行顺利，基本满足了电站主体工程建设进度的要求。但同时，库底清理也存在一些问题，检查团对库区移民搬迁及库底清理检查提出了建议和意见。

7月22～23日，由国家调度通信中心和有关单位组成的验收组，对南电联调度所安全文明生产达标进行了验收。

通过检查和考评，验收组一致认为，南电联调度所具备了达标要求的十项必备条件，已达到了原电力部双达标的标准，验收合格，成为全国调度所第24个安全文明达标单位。

7月20～26日，天生桥至广州500kV第二回输电线路广西平果至广东罗洞段工程顺利通过验收。"西电东送"的第二条主干道——平果至罗洞第二回输变电工程从1998年12月竣工投产至今，经过半年的运行，于1999年7月20～26日通过达标投产预检查，并处理基建遗留问题，8月23～28日再由南电公司组织，有国家电力公司有关领导和专家参加，对五个考核评分项目进行检查打分，所有项目分数均超过达标考核标准。

8月31日～9月10日，南方直属电网顺利通过Y2K联合测试。南方直属电网通过了四次Y2K联合测试，各系统运行基本正常。

9月28日，天生桥至广州±500kV天生桥换流站220kV交流场投运。天广±500kV直流输电工程天生桥换流站220kV天马一、二回线电马丁线和鲁马线四条交流输电线路，均顺利启动投运成功。

9月28日，天生桥二级水电站二期工程施工总承包合同在北京签订。南电公司和武警水电指挥部的有关负责同志在北京签订了天生桥二级水电站二期工程施工总承包合同。国家电力公司副总经理周大兵出席签字仪式并讲话。

9月16日，在中央文明委召开的全国精神文明创建先进单位表彰会上，天生桥水力发电总厂被评为全国精神文明先进单位。

10月17日，国电公司陆延昌副总经理视察天生桥至贵阳500kV输变电贵阳变电站，同行的还有贵州省电力局、贵阳市北供电局等单位的主要负责人。

11月10日，公司"三讲"教育正式开展，于12月24日结束。

12月3日，天生桥一级水电站第二台机组并网发电。由中国南方电力联营公司负责建设管理的天生桥一级水电站第二台机组（即3号机组）于1999年12月3日23时运行成功，顺利投产，并网发电。

11月23～24日，南方七省（区、市）八方电力行业协会（企协）经验交流会在广州珠岛宾馆举行。七省（区、市）八方电力行业协会（企协）的代表共60人参加了会议，内蒙电力行业协会秘书长也列席了会议。本次会议由南电企协负责主办，南电公司张恒伟副总经理出席会议并作了讲话。

12月16日，公司积极做好澳门回归期间的保电工作。公司领导要求在澳门回归期间确保南方电网万无一失。明确保电时间为1999年12月16～22日，其中重点保电期为18日12时至20日24时；安排了最佳运行方式，制定了16条保电措施，进行了各种事故预想和防范措施的制定。

国家电力公司陆延昌副总经理在检查南方电网保电措施时说，南电联的保电工作领导重视、组织落实、措施具体、方式安排得当。

12月10～11日，公司梧州超高压局"12·10"发生电气误操作事故。梧州超高压局按计划进行梧州开关站500kV梧罗二回设备的预防性试验工作。当时开关站运行方式为：第四串断路器、隔离开关停运，A、B母线带电运行，来梧一、二回、梧罗一回线路运行，输送负荷为800MW左右。

许可工作后，各小组按预试方案有计划地进行工作，其中电压互感器、电流互感器试验由卢炎芬（小组工作负责人）、黄宇中（小组安全员）、岑金海三人负责。进行到5043A相断路器B母侧并联电容试验（正接法），当将504327地刀拉开试验时，发现干扰比较大，所得结果不合理，决定改接线再做。由于感应电压很大，考虑先合上504327地刀后再改接线，卢炎芬即令黄宇中合上504327地刀（没有征得值班人员同意），黄宇中受令准备操作时，岑金海擅自上前在没有核对设备编号的情况下，走到50432A相刀闸箱前误认为该箱就是504327A地刀操作箱，准备打开操作箱时，黄宇中盲目跟随到操作箱前。岑金海打开操作箱，在没有核对设备编号，无人监护的情况下（岑不具有监护资格），由黄宇中操作。导致误合50432A隔离开关造成B母线A上经试验引线和试验仪器地线放电。B母线母差保护正确动作，跳开5022、5033断路器（时间为15时05分）。现场所接的试验线烧毁，仪器（介损测试仪）烧坏，但无人员伤亡。

12月18日，国家电力公司南方公司（以下简称"国电南方公司"）在广州正式成立。该公司的成立将有利于加快南方电网的发展，促进我国南方地区电力资源的优化配置，更好地实施党中央、国务院确定的西电东送战略和西部大开发战略。

国家电力公司总经理高严发表书面讲话，广东省副省长钟启权，广西壮族自治区党委常委、自治区政府副主席王汉民，国家电力公司副总经理赵希正，中编办研究中心主任姜贤荣，国家经贸委电力司副司长黄永达，云南省政府副秘书长杜开坦，贵州省政府副秘书长张建华，国家电力公司党组成员、总经理助理周小谦，国家电力公司总经理助理刘忱，武警水电指挥部主任陈方枢，中电联顾问吉辅等出席会议。会议由周小谦主持。

黄永达代表国家经贸委副主任石万鹏在会上讲话，对国电南方公司的成立表示祝贺。

钟启权、赵希正为国电南方公司揭牌。国家电力公司总经理助理刘忱宣读了《关于成立国家电力公司南方公司的通知》和人事任免通知。袁懋振任国电南方公司总经理，梁国庆、张恒伟、吴世昌、曲曙四位同志任副总经理，冉燕德同志任总会计师，曲曙兼任工会主席。

国家有关综合部门、国家电力公司、中电联、武警水电指挥部和广东、广西、云南、贵州、海南五省（自治区）有关部门的领导及电力公司的负责人出席了成立大会。国家电力公司东北公司、华北、华东、华中、西北电力集团公司，深圳能源集团，广东核电公司，香港中华电力（中国）有限公司的有关负责人也出席了成立大会。

（刘德禄）

广东省电力工业

概述

1999年，广东省电力工业深化体制改革，实施农电“两改一同价”，加快电力建设步伐，加强企业管理，积极开拓市场，大力推进行风和社会主义精神文明建设，提高电力工业的效益和质量，取得了较好的成绩。电网安全稳定生产，确保了庆祝中华人民共和国成立50周年、恢复对澳门行使主权等重大活动的安全供电。

1999年，全省完成发电量1140.04亿kW·h，同比增长9.77%。全省全社会用电量1086.24亿kW·h，同比增长9.96%。至1999年年末，全省发电装机容量3033.37万kW，主要城市平均供电可靠率为99.885%。全年累计完成基建投资41.69亿元。全省农村住宅电价全部降至1元/(kW·h) 以下。

农电两改一同价

1999年，农电“两改一同价”工作取得较好的成绩。农电体制改革基本完成，到年底，全省102个农电单位有98个完成了县镇电力管理体制一体化改革；省电力集团公司接管了1个趸售县，与34个趸售县签订了代管协议；取消镇级趸售体制772个；取消了村级管电机构3.6万个；取缔私人承包管电3.6万人；实现了“抄表、收费、管理、服务”四到户的镇（乡）供电所占全省镇级供电所98.7%。全省农网改造累计完成投资32.2亿元。全省在年底前，实现了农村住宅到户电价降到1元/(kW·h)以下的目标。深圳市在地级以上市范围内率先实现城乡各类用电同网同价，佛山市郊、高明市也实现了城乡用电同网同价，茂名市郊实现了城乡居民生活用电同网同价。

电力建设

1999年，全省新增发电装机容量157.24万kW，投产的大型机组有湛江电厂3号机（30万kW）、广州蓄能水电厂二期6、7号机（各30万kW）。

1999年是广东电网建设史上投产容量最大、建成线路最长的一年。建成投产500kV输变电线路377km、主变压器容量225万kV·A,220kV输电线路665.7km、主变压器容量201万kV·A。到1999年底，全省已投产500kV变电站7座,220kV变电站101座。

基建工程项目质量普遍较好。500kV蓄增二回线路工程、500kV江茂输变电工程及220kV北沙变电站、新塘和化州输变电工程顺利通过国家电力公司和省电力局的达标投产检查。

电力规划和前期工作有新的进展。编制了《广东省电力需求发展和负荷预测》和《广东电源优化（初稿)》；广东LNG一体化项目已获国务院批准；深圳第二个500kV输变电工程项目可行性研究已批复；中山500kV变电站站址已审查；广州广南500kV变电站的选址工作基本完成；广东第二抽水蓄能电站预可研报告已编制完成。

电力生产

广东电网（统调）日最高负荷1233万kW，同比增长12.09%；日最高发购电量2.42亿kW·h，同比增长11.66%。广东电网连续安全运行1495天，达历史最好水平。

省电网频率、电压合格率分别为99.99%和99.89%。全省10kV城市配电系统平均供电可靠率为99.891%，其中广州、佛山、深圳、惠州市分别为99.963%、99.972%、99.959%、99.958%。

电力市场

1999年，全公司完成售电量760.21亿kW·h，同比增长20.72%。送香港、澳门、湘南电量99.9亿kW·h，同比增长25.1%。购西电39.9亿kW·h，同比增长73.0%。利用减负并价和“两改一同价”的契机，运用价格和服务的营销策略，积极主动开拓市场，加强文明营业窗口建设。各级领导亲自走访用户，倾听用户意见，为用户解决困难，受到用户的好评，争取了用户。全省由自发电转用网电的容量有33万kW，增加售电量6亿kW·h。全年新报装用户27.7万户，容量达468万kW。

农村电力消费市场扩大。1999年，全省农村住宅平均电价比1998年底下降了0.43元，降幅为32.58%。由于降低了农村电价，农村住宅用电量明显增长，1999年全省农村住宅总用电量82亿kW·h，比1998年增长16%，大大高于全省社会用电量8.48%的增幅水平。

企业改革与管理

组织了对浙江、江苏、上海等省、市电力体制改革的调研，为与省级政府机构改革同步进行电力体制的改革作了准备。根据省政府的决定，省属5个水电厂水库移民工作任务已移交给省扶贫办负责，相关经费由省财厅安排，在政企分开方面走出了重要的一步。

开展火电厂检修体制改革的试点工作。黄埔、湛江、梅县电厂检修公司已经挂牌，实现检修公司和电厂主业的分离。

电力基建和物资、燃料供应全面推行招投标制，取得较好效果。

达标、创一流活动取得新进展。新丰江水电厂、枫树坝水电厂、揭阳电力局、中山发电厂A厂、中调所5个单位和青溪水电厂、汕尾电力局分别获得国家和省达标企业的称号。珠江电厂和妈湾电厂进入一流火力发电厂行列。黄埔、湛江电厂，佛山、深圳、惠州电力（供电）局等单位创一流工作取得良好成绩，主要指标已基本达到一流企业申报条件。

加强了财务管理。进一步加强和完善了资金支出的内部控制制度，全面推行预算管理制度，按要求成立结算中心的单位已全部成立并运作，完成了基建与工业企业会计制度的并轨工作，按时保质保量完成了1998年度会计决算和稽察材料的编报工作，加大了内审工作的力度。

档案管理工作取得较好成绩。省电力集团公司档案管理部门被评为全国优秀集体，共有42个单位档案管理达国家一、二级管理标准。

现代化管理工作有新的进步。2个单位获全国电力现代化管理成果一等奖，1个单位获广东省现代化管理成果一等奖，广东电力质协被评为全国电力先进质协和全国电力优秀企业管理协会。

科技、环保、教育

积极推广应用科技成果，全面推进现代化管理的进程，取得了较好的成绩。加快信息化建设的进程，办公自动化已在系统内分批推广，计算机应用水平明显提高。珠江三角洲地区已敷设了1200km光缆，初步形成以光缆为主，并辅以系统微波的通信网络。

加快环境保护与治理。广东省第一个电厂烟气脱硫系统——粤连电厂脱硫系统已开工。省属火电厂废水、废气排放全部达标。省属水电厂库区水土保持工作成效显著，获得“全国水土保持先进单位”称号。

积极实施人才培养工程，基本完成了领导干部的工商管理培训，狠抓持证上岗培训和技能型人才的培养。加大了高层次复合型人才的培养力度，继续委托清华大学培养博士生和高电压专业硕士研究生。确定了215人组成优秀专业技术人才队伍进行重点培养。成立企业博士后工作站的申请已报国家人事部审批。罗绍基同志成为广东省电力系统第一个中国工程院院士。

思想政治工作

省局机关深入开展“三讲”教育，局、处两级领导干部认真学习文件，针对班子和个人在党性、党风和工作中存在的突出问题进行自我剖析，广泛听取意见，交流思想，开展批评与自我批评，制订整改措施，收到了很好的效果。

局直属单位领导班子建设得到加强。坚持“德才兼备、政绩突出、群众公认”的原则，提拔任用了41位领导干部，组织单位领导干部交流任职32人，为实现干部交流正常化、制度化打下基础。

党风廉政建设责任制进一步落实。制订了《关于贯彻执行党风廉政建设责任制的实施办法》，各单位均建立了目标明确、任务细化、指标量化、奖惩规范化、便于操作的责任制，强化了各级领导干部的责任意识。

全面推行厂务公开，加大民主评议考核领导干部工作的力度。全公司有47个单位完成了对248名企业领导干部的民主评议。半数以上单位制订了厂务公开实施办法。工会组织的职能作用得到较好的发挥，提高了全体职工参政议政的意识，密切了领导干部与职工的联系。

坚持开展创建“双文明单位”和创文明行业活动，推进了全系统精神文明建设。1999年，广东省电力工业局被评为广东省创建文明行业活动先进单位，佛山电力局、韶关电力局、广州蓄能水电厂获“全国精神文明建设创建工作先进单位”称号。省远洋运输公司的海腾轮荣获“全国五一劳动奖状”。

在1999年大的政治斗争中，电力系统广大干部职工紧密团结在以江泽民同志为核心的党中央周围，立场坚定，旗帜鲜明，同“法轮功”邪教组织进行了坚决斗争，为维护社会稳定作出了贡献。

以建国50周年、迎澳门回归、迎接新世纪、新千年为契机，深入开展爱国主义、社会主义教育，举行一系列丰富多彩的文体活动，激发了职工的主人翁意识和历史责任感，增强了企业的凝聚力。

表1～表4分别为全省发电量增长表、电源结构表、输变电情况表、农村用电量增长表。

表1 1995～1999年全省发电量增长表（亿kW·h）

1995年	1996年	1997年	1998年	1999年
821.06	908.66	981.15	1038.53	1140.03

表2 电源结构表（万kW）

总容量	水电	煤电	核电	风电	油电	其他
3033.37	655.40	1211.53	180.00	4.27	981.78	0.39

表3 输变电情况表（110、220、500kV）

	110kV	220kV	500kV
变电站个数（座）	720	102	7
主变压器数（台）	1267	178	14
容量（万kV·A）	4227.65	2709	1050
线路（km）	15501	7209	1742

表4 1995～1999年全省农村用电量增长表（亿kW·h）

1995年	1996年	1997年	1998年	1999年
246.26	271.37	304.71	352.87	444.70

广西壮族自治区电力工业

综述

1999年，广西电力有限公司有职工27292人，其中国家电力公司所属26707人，自治区所属585人，从全民所有制企业分流到多种经营企业957人。年末有离退休职工10736人；全员劳动生产率13.87万元/(人·年)，比1998年提高了9%。全面完成了国家电力公司下达的6项资产经营考核指标：

(1) 实现资产保值增值率102.94%，完成考核指标100.42%；

(2) 实现投资收益率8.37%，完成考核指标的102.2%；

(3) 实际不良资产率1.6%，比考核指标低1.5个百分点；

(4) 实际不良资产负债率49.75%，比考核指标低12.25个百分点；

(5) 利润总额完成国家电力公司下达的考核指标；

(6) 上缴投资收益5000万元，完成考核指标的100%。

1999年，广西共有发电装机容量638.37万kW（其中水电402万kW，火电236万kW），有500kV线路408km，变电容量269万kV·A，220kV线路3549km，变电容量736万kV·A，110kV线路6176km，变电容量870万kV·A。

电力生产

广西电力有限公司以签订安全生产责任制为龙头，加强“保人身、保电网、保设备”的安全生产工作，将安全生产责任落实到每个单位、部门和岗位。1999年，广西电力有限公司系统的电力生产没有发生人身死亡事故，无特别重大的设备事故，无电网瓦解事故和大面积停电事故，无人员责任的重大设备损坏事故，较好地完成了与国家电力公司签订的“安全生产责任书”所含的各项安全生产指标。

1998年9月～1999年5月，广西出现了近50年来罕见的干旱，各流域来水较往年偏少30%～60%，各水电厂的出力锐减，而用电负荷比1998年增长。在这种困难情况下，广西电力有限公司加强管理、精心调度、采取挖掘火电潜力，多购外电等措施，克服水电出力严重不足的困难，保证了广西经济发展和人民群众生活对电力的需求。

1999年，广西全社会用电量（全口径）288.54亿kW·h，比1998年增长5.44%；发电量253.42亿kW·h（水电154亿kW·h，火电99亿kW·h），其中广西电力有限公司直属电厂完成发电量102亿kW·h（水电70亿kW·h，火电32亿kW·h），比1998年增长3.34%；购入电量130.94亿kW·h，同比增长25.06%；完成售电量200.92亿kW·h，比1998年增长9.03%。广西电力有限公司直属电厂完成供电煤耗479g/(kW·h)，比1998年降低7g/(kW·h)，完成线损率6.24%，比1998年上升0.14个百分点。全年电网频率、电压合格率保持部标水平，责任合格率为99.98%，220kV及以上70%电压考核点统计电压合格率为99.1%，网损率完成2.16%，全网220kV及以上电网保护正确动作率97.5%。

在昆明世博会开幕期间，顾全大局，按要求备足旋转容量，确保了世博会的安全供电，同时，还采取了一系列保电措施，圆满完成国庆50周年和澳门回归祖国庆典活动、1999年南宁国际民歌节及千禧年庆祝活动的安全发供电任务，实现了电网调度系统安全年活动的目标。

为了使电网安全跨越1999年，广西电力有限公司投入资金1086万元解决计算机Y2K问题，经过整改，公司所属发供电单位顺利通过国家电力公司系统的联合测试，没有因计算机的Y2K问题影响安全稳定供电。

狠抓设备大修，夯实电力生产基础。广西电力有限公司直属各火电厂认真贯彻执行“应修必修、修必修好”的方针，在设备检修中进行全过程的质量管理，严格控制检修进度，使检修工作缩短了工期，保证了质量。机组扩大性检修计划工期为545天（除大化2号机外），实际工期508天；常规大修机组2台，计划总工期50天，实际工期39天；其余22台机组均为常规小修，计划工期303天，实际工期263天；火电厂完成机组大修4台，计划总工期220天，实际总工期211天。降低了检修的费用，提高了企业的效益。火电机组大修后维持一类设备的1台，由二类升至一类的3台，锅炉效率普升1～3个百分点，合山电厂5号、7号机组和田东电厂1号、3号机组检修后未出现临检。

大力开展节能降耗工作，并取得了明显的经济效益。合山电厂对汽机胶球清洗装置进行改造，使汽机凝结器真空提高1个百分点，解决了十几年来未解决的问题，降低了汽耗。田东电厂利用机组大修完成保温改造等两个节能项目，提高了机组热效率。

电力基建

国家电力公司和广西自治区计委下达（调整）广西电力有限公司电力基建（不含城乡电网工程）投资计划6.95亿元（其中大中型项目4.81亿元，小型基建自筹项目2.14亿元）。全年累计完成投资8.63亿元（其中大中型项目6.58亿元，小型基建自筹项目2.05亿元），扣除1998年结转到1999年完成的投资，本年计划内完成投资5.81亿元，完成年投资计划的83.66%。

1999年，新增生产能力有：投产4座220kV变电站，变电容量510MV·A，4条220kV线路共188.16km。110kV输电线路198.57km，变电容量261MV·A。

为了促进龙滩水电站早日上马，广西电力有限公司从1992年开始进行施工前的准备工作，至1999年底已完成前期费用6亿元，对外公路已基本建成，110kV施工用电线路铁塔已全部架设完毕，施工用红水河大桥已建成，部分施工场地已作了平整。1999年6月，国家电力公司和广西自治区人民政府在北京召开了龙滩水电站建设领导小组第一次暨投资方第二次会议，明确了前期工作的总体目标和工作计划，由国家电力公司、广西电力有限公司、广西开发投资有限责任公司、贵州省基本建设投资公司共同出资组建的龙滩水电开发有限公司于1999年12月26日正式挂牌成立，岩滩水电站将作为“母体”滚动开发龙滩，为龙滩提供部分资本金，缓解龙滩水电站对巨大资金的需求。

继续深化基建管理体制改革。1999年，广西电力有限公司对电力工程建设项目全面实行工程建设监理制和招投标制，暨降低了工程造价又保证了工程的质量。

城网改造和农电“两改一同价”工作

广西上报了9个城市城网改造项目，共计投资21.51亿元。南宁、桂林两市已得到批复并已开工，1999年安排城网改造资金4.74亿元，实际完成投资1.6亿元。已完成南宁110kV玉洞输变电工程、城东及石柱岭2个110kV无人值守变电站的改造、110kV线路改造6.5km，新建开闭所18座等工程。南宁110kV七一变、桂林110kV南州变、黑山变等项目的土建工程已开始施工，设备已订货。

广西农网建设与改造总规模为69.64亿元。1998年11月27日，广西自治区政府决定调整广西农网建设（改造）计划，全区农网建设（改造）工作按广西电力有限公司和广西水利电业有限公司两个承贷主体进行。广西电力有限公司负责110kV输变电工程项目和直供直管网区以及48个县（区、市郊）的农网建设和改造工程，规模为45.61亿元（直供直管部分12.63亿元，趸售部分32.98亿元）。广西电力有限公司为了推动农电管理体制改革，促进同网同价工作的开展，根据国家电力公司《趸售县供电企业代管办法》，制定了《广西电力有限公司关于代管县（市）供电企业人事、劳动、工资管理办法暂行规定》等，明确了职责、理顺了关系，农电体制改革顺利进行，并取得了阶段性成果。到1999年底止，广西电力有限公司已与42个县（区、市郊）签订了代管协议，在代管的县（区、市郊）供电企业中，原已有14个县的镇供电机构归县级供电企业管理，其他县正按代管协议条款逐步实施代管改革，已撤消43个乡镇电管站，建立了145个供电所。安排了农网建设与改造项目的乡、镇、村管电机构的人员已全部归口县（区、市郊）供电企业管理。为了促进农网改造工作的顺利进行，广西电力有限公司组织有关部门就农网改造工作制定一些具体的规定，将低压配电台区做出试点样板并制成VCD光盘下发给各县，以指导、规范各县的台区改造；组织代管县相互交流工作经验并在农网改造工作开展较好的灵山县召开农网改造工作现场会，推广该县的先进经验，以推动各县农网改造工作的进展。

经营管理

1. 加强财务管理

1999年，广西电力有限公司与国家电力公司签订了资产经营责任书，实行资产经营考核结果与公司法人代表和职工利益挂钩。财务工作紧紧围绕着资产经营目标、以财务预算管理为手段，结合内部电力市场的运营管理，核定内部结算电价、下达成本费用和内部利润考核指标，对修理费用、科研经费实行项目管理与目标控制的办法，以资金管理为龙头，严格按结算电价拨付生产费用，进一步强化了成本费用的控制措施。同时，积极协助物价部门清理不合理的加价、疏导电价改革中的矛盾，利用价格杠杆，通过定量，定比例优惠的电价政策，开拓电力市场，起到了增供扩销、增加收入的作用。围绕公司的经营目标和财务管理中存在的薄弱环节，开展了以“内部经济效益杯”、“电费回收杯”、“财经法规知识竞赛”和“会计基础工作规范化创优”为主题的四个专题活动，使公司在资金管理、成本控制、电费回收和会计基础规范工作等方面得到了进一步加强，财务管理水平和财会人员的业务素质得到提高。加强银企合作，及时向银行推介项目，积极协商落实借款担保电价承诺等有关融资手续，1999年新增银行贷款13.23亿元，为项目开工建设提供了有力的资金保障。努力提高财务的监督能力。1999年，先后制定了《财务预算管理暂行办法》、《基本建设竣工决算办法》、《农村电网建设与改造财务管理与会计核算暂行办法》、《固定资产管理暂行办法》等内部财务制度，至此，广西电力有限公司已建立和完善了一套函盖企业资产、资金、负债、成本管理、预算及会计核算等方面的内部制度，为规范公司的财务行为、提高理财水平、增强财务监督能力创造了条件。

2. 深化人事劳动制度改革

1999年，广西电力有限公司修订了《广西电力有限公司关于深化劳动人事工资分配制度改革的指导意见》并印发给所属单位组织实施；制定了《广西电力有限公司本部职工上岗聘任实施办法》等实施方案和规定，坚持“公开、平等、竞争、择优”的原则，于1999年3月底，完成了机关本部138个高级岗(含科长)、47个中级岗，8个初级岗的竞岗招聘工作。

3. 认真做好电力营销工作

1999年，广西电力有限公司营销的工作重点是开展电力市场调查、预测工作和营销策略的研究制定、整顿和规范电力市场运营秩序，改善营销服务质量，加大电费回收、打击违法违章用电工作力度和抓紧进行以物抵费的抹账工作，尽量减少欠费大户的欠费数额，遏制欠费上升势头并逐步回收陈欠电费。

4. 加强审计监督工作

1999年，广西电力有限公司加强了对基建、技改工程项目审计、城乡电网建设与改造工程项目和合同的审计，继续开展财务收支、任期经济责任、经营、专项资金、效益和其他审计，开展审计调查。1999年共完成审计项目2468项，查出违纪金额2713万元，促使企业增收节支3516万元（其中工程项目审计核减额3513万元，其他审计节支3万元）。

5. 加强物资管理和信息化工作

1999年，广西电力有限公司积极推行物资标准化管理，使物资的计划管理、合同管理逐步走向规范化，使所属发供电单位的物资管理工作全部达标。信息化工作取得了长足的进展。广西电力有限公司本部MIS系统程序开发工作已基本完成，生产实时等应用子系统已投入运行，公司多年的生产经营关键指标等统计数据已经实现网上查询。

科技与教育

1999年，广西电力有限公司共下达科技项目64项，安排资金1500万元（其中安全生产23项532.7万元。节能降耗、环保19项265.9万元，提高自动化和管理水平22项701.4万元)，科技项目和资金完成率分别为96%和93.7%，获自治区1999年度科技进步奖3项，共评出1998年公司科技进步奖41项，合理化建议奖7项。主要项目有《大型火电机组锅炉调峰试验研究》、《合山电厂5、6号炉排烟温度偏高处理》、《关于进一步加强我局属电厂违约上网电量考核办法的建议》、《田东电厂电除尘浓度超标原因分析和治理方法研究》等。

1999年共安排技改项目563项，计划投资3.37亿元，完成投资2.93亿元，其中重点考核技改项目27项，资金0.39亿元，完成21项，完成资金0.34亿元，资金完成率为87.15%。重点技改项目有：合山电厂7号机增容改造，使机组出力由100MW提高到110MW；合山电厂5号炉下级空气预热器改造，提高了锅炉热效率；广西电力线路器材厂废水处理工程，不但使该厂废水实现零排放，同时废水能循环重复使用，具有显著的经济效益和社会效益；坛洛变技改工程13台35kV断路器更换为SF_6断路器等，提高设备的运行可靠性，同进减少设备维修工作量；车河变增容工程，既满足了客户用电要求，又保证了供电可靠性。

1999年，广西电力有限公司与有关院校联合举办公司系统领导干部、后备干部及中层管理干部工商管理培训班，共有294名干部参加了脱产学习；开展全区用电检查人员上岗资格和考证培训，为各供电局和县级供电企业培训与考证一、二、三级用电检查人员2700人，其中312人参加了国家电力公司统一组织的一级取证考试；生产人员考试取证培训3088人，其中高、中级技术等级培训480人，班组长岗位资格培训1597人，转岗培训200人，其他生产人员岗位培训811人；工程概预算、统计、物资管理、财会、纪检、人事管理、电气试验、调度、计算机知识与应用培训共981人。各基层单位也广泛开展了现场适应培训。

精神文明建设

1999年，广西电力有限公司在职工中，特别是在各级领导干部和管理部门开展了“电力走向市场与转变观念”的演讲比赛，请专家作“企业改革与走向市场”的专题报告，开展“企业改革与发展”合理化建议活动；开展了揭批邪教组织——法轮功和做好法轮功练习者的教育转化工作。据统计，全系统共有75人写了书面检查、上交各种“法轮功”书籍1903册（份），经教育、帮助，118位参加练习“法轮功”的同志全部退出了“法轮功”组织；围绕庆祝建国50周年、澳门回归和美国为首的北约悍然轰炸我驻南斯拉夫使馆事件，在职工中开展爱国主义教育活动；坚持领导班子民主生活会制度及坚持党组中心组学习制度，并取得了一定的成效。

到1999年底，广西电力有限公司所属单位已全部获得县级以上文明单位称号，有19个单位（其中多经系统1个）获国家电力公司或自治区级文明单位称号；河池供电局和南宁供电局用电管理所被评为全国创建文明行业工作先进单位；南宁供电局管理所南国街营业厅在被定为原电力部“全国城市供电营业示范窗口”的基础上，又被中央文明委、国家电力公司定为“全国精神文明创建活动示范点”；柳州供电局沙塘500kV变电站、梧州供电局平浪变电站、北海供电局电费收核班和南宁供电局电力抢修中心等4个集体被命名为国家级“青年文明号”。广西电力有限公司所属9个供电局（含代管的北海供电局）均开展了“文明窗口”创建活动。并以推行城市供电营业规范化服务达标为重点，推动公司系统行风评议各项工作的开展。经公司组织考评，南宁、柳州、玉林、河池4个供电局已达到城市供电营业规范化服务标准的要求。通过自治区电力行风评议员对全区电力部门行风的问卷调查，行风的综合满意率达82.9%，公司所属9个供电局行风综合满意率达89%，行风建设取得阶段性成果。

电力工会工作

1999年，广西电力工会把抓好工会的民主管理、民主监督工作作为一项主要工作来抓。据统计，广西电力有限公司所属单位应建职代会的建制率达100%，已召开职工代表大会的单位共有37个，占应召开职代会单位的97%，这些单位均能向职代会报告业务招待费使用情况。

认真贯彻执行《广西电力工业局职工代表大会民主评议企业领导干部的实施意见》，各级工会能严格按照民主评议程序、认真组织开展职代会民主评议企业领导干部的工作，据统计，在职代会上民主评议企业领导干部共有35个单位，占应开展该项工作单位的94%。

此外，广西电力工会还在组织开展劳动竞赛、解困帮困和女工工作等方面均取得较好的成绩。已连续6年被中国水电工会评为工会先进工作单位，广西水电工程局、合山电厂、玉林供电局被评为“全国模范职工之家”，南宁供电局、河池供电局等单位被评为“自治区模范职工之家”。

主要事件

1月8日，由广西电力有限公司牵头负责的大化县百马、古河乡三个村民委通电，解决200多户1300多人的用电问题。

1月16～20日，国家农村电网建设与改造工程检查组一行7人到广西检查农网建设与改造工作，听取自治区有关部门的汇报。

2月1日，南宁供电局、北海供电局、大化水电总厂、西津水电厂、岩滩水电厂获自治区经贸委1998年度安全生产先进企业称号。

2月8日，自治区人民政府常务副主席刘知炳在自治区总工会副主席刘益阳、广西电力有限公司总经理马远騄陪同下，到合山电厂慰问，向电厂职工拜年，并送上慰问金。

2月9日，由桂冠电力股份有限公司投资建设的百龙滩水电站5号机组并网发电。

2月10日，公司“安全杯”劳动竞赛评比揭晓，合山、麻石电厂、南宁供电局、广西火电安装公司、广西水电工程局荣获“安全杯”，广西水工机械厂获1998年度安全生产表扬单位。

3月9～11日，广西电力工会会议暨二届四次职代会先进表彰会在北海召开。

3月11日，国家电力公司、自治区人民政府在北京就如何促进龙滩水电站尽快复工及共同建设等事宜召开联席会议，国家电力公司高严总经理、广西区人民政府主席李兆焯分别在纪要上签字，广西电力有限公司副总经理李锦文出席联席会议。

3月22日，自治区政府以桂政办发（1999）49号文，明确广西的农村电网建设与改造工程，由广西电力有限公司和广西水利电业有限公司两承贷主体分别组织实施。明确全区农网110kV工程以及直供直管项目和48个趸售县的农网建设与改造工作由广西电力有限公司负责。

3月31日，国家电力公司、自治区人民政府就合作开发广西龙滩水电站达成共识，并形成会议纪要。双方同意以岩滩水电站为“母体”滚动开发龙滩，自治区承诺调整岩滩水电站进行改制。国家电力公司在岩滩水电站法人财产中，广西开发投资有限公司持有30%的股比。

4月3日，自治区国家税务局、南宁市国家税务局分别授予广西电力有限公司1998年度“广西纳税大户”、“南宁市纳税大户”称号。

4月4日，由广西电力有限公司代管的首批23个县级供电企业签字仪式在广西电力大厦举行。

4月8日，桂电组字（1999）250号文任钟培桢兼任公司副总工程师（生产），沈冰兼任公司副总工程师（基建），李一平兼任公司副总工程（规划），卢国栋兼任公司副总审计师。

4月9日～5月9日，公司系统开展全国安全月活动，被自治区评为优秀单位。

4月10日，公司召开民主评议行风动员大会，公司系统接受自治区、地市政府民主评议行风工作全面启动。

4月16日，来宾—磨东Ⅱ回“丌”接入来宾B厂开关站线路工程投入运行。

4月16日，大化、西津、麻石电厂、广西火电安装公司实现1998年度安全生产目标，受到国家电力公司表彰。

4月25日，柳供220kV磨东变2号主变压器由60MV·A更换为120MV·A，并竣工验收。

4月28日，国电公司和中国水利电力工会在北京召开全国电力系统全心全意依靠职工暨劳模表彰大会，广西电力有限公司覃宝烈、江革力、黄麟芬、刘甫强被授予全国电力系统劳动模范称号，合山电厂锅炉检修二班被授予先进集体称号。

5月13日，广西电力有限公司北京联络处举行开业仪式，国家经贸委电力司司长史玉波、中电联常务副理事长刘宏、国家电力公司有关部门领导、马远琭总经理、李锦文副总经理出席揭牌仪式。

5月14日，磨东220kV变电站扩建工程投入运行。

5月26日，大化水电厂2号机组增容改造工程获成功，在10万kW基础上增容1.4万kW，经72h试运行后正式并网发电。

5月30日，南宁供电局抢修中心获国家级“青年文明号”称号，桂林供电局抢修中心、南宁供电局客户服务中心获自治区级“青年文明号”称号。

6月7日，刚到任的自治区党委常委、自治区人民政府副主席王汉民在自治区政府副秘书长马忠毅的陪同下到广西电力有限公司视察。

6月17～18日，自治区人民政府与国家电力公司在北京联合主持召开龙滩水电站工程专题研究暨成果评审会，7个专题研究成果通过了国内知名专家的评审。

6月21～24日，国电公司以合山电厂二氧化硫治理项目为实例，在南宁召开了《火电厂脱硫技术研究会》，会议邀请国内外脱硫专家对合山电厂二氧化硫治理广泛进行探讨。

6月29日，平果—崇左220kV送变电工程一次送电成功，正式移交生产。6月30日，南宁供电局220kV金马输变电工程投产，容量1×120MV·A。

6月30日，自治区经贸委授予广西电力有限公司1998年度“广西经济效益先进企业”称号。

7月5日，龙滩水电站工作小组第一次会议在南宁召开，会议由国家电力公司水电与新能源发展部主任张学知主持，国家电力公司副总经理周大兵、自治区人民政府副主席王汉民出席会议并作重要讲话。

8月1日，来宾500kV变电站5032电流互感器爆炸起火，来梧二线保护正确动作跳闸，来梧一线保护误动跳闸，南方电网解列，香港部分用户停电。事故原因为比利时生产的电流互感器内绝缘有问题。

8月5日，国电公司批准广西电网调度中心为部级安全文明生产达标调度机构。

8月10日，国家计委以计投资（1999）996号文下达广西1999年第一批农网改造资金计划，其中公司负责资金10.2亿元。

8月16日，龙滩水电站投资方第一次会议在北京召开，国家电力公司、广西电力有限公司、广西开发投资有限责任公司、贵州省基本建设投资公司派代表参加会议。各投资方同意共同承担1999年前期工程投资1.8亿元。

8月16日，公司下文将洛东、拉浪水电厂合并为宜州水力发电厂。

8月24日，国电公司批准桂林供电局、柳州发电有限责任公司为部级安全文明生产达标企业。

8月26日，国家电力公司以国电计（1999）444号文批复了广西静兰变电站等220kV电网工程设计任务书。同意新建静兰、琅东、大丰、车河、容县及扩建马头、磨东等220kV变电站；同意建设来宾至琅东、塘步至长望和天生桥至隆林二回220kV线路。工程总规模为新增变电容量93万kV·A、线路409km，总投资额达7.58亿元。

9月16日，中央精神文明建设指导委员会召开

“表彰全国精神文明创建工作先进单位电视电话会议”，南宁供电局用电管理所、河池供电局荣获全国创建文明行业先进单位。

9月22日，河池供电局220kV永丰输变电工程投产，容量1×120MV·A。

10月17日，国家计委以计投资（1999）1736号文下达广西1999年第二批农网改造资金计划，其中省公司为6.8亿元。

10月20日，国家环保局公布第二批《建设项目环境影响评价资格证书（甲级）》，广西电力勘察设计研究院榜上有名。

10月21日，公司召开1998年度科技进步奖、合理化建议评审会，《合山电厂5、6号炉排烟温度偏高处理》热力机组停用防锈蚀新方法研究》、《45m跨度装配式钢桥试验研究及设计》和《洛东水电厂水轮发电机组计算机监控系统》等获一等奖，获奖总数为41项。《关于进一步加强非直属电厂违约上网电量考核办法的建议》获合理化建议一等奖，该奖总数为7项。

11月2日，广西电力有限公司举行第二批代管县级供电企业签字仪式，共有19个县（市）人民政府和供电企业与广西电力有限公司签署代管协议。林荣华副总经理及自治区计委、经贸委等有关部门参加了签字仪式。

11月10日，广西电力有限公司在邕召开“三讲”教育动员大会，对广西电力有限公司党组及公司机关处级以上党员干部的“三讲”教育进行动员和部署。

11月15日，国家经贸委以国经贸投资（1999）1116号文批复了桂林电厂工程项目建议书。

11月21日，南宁石西220kV变电站工程一次送电成功，正式移交生产。

11月27日，桂林电厂1号锅炉顺利通过水压试验。

11月30日，龙滩水电站建设领导小组第一次会议暨投资方第二次会议在南宁举行，国电公司副总经理周大兵、自治区人民政府常务副主席刘知炳、贵州省政府副秘书长王远海、广西电力有限公司总经理马远騄、副总经理李锦文及国电公司、广西开发投资有限责任公司、贵州省基本建设投资方和有关方面的代表出席会议。

12月7日，国家发展计划委批复柳州、河池、梧州、玉林、防城港、钦州、北海、贵港等8个广西城市电网建设与改造工程可行性研究报告，其中柳州、玉林被列入1999年新开工项目计划。

12月24日，经国电公司“三讲”办、国电公司驻公司巡视组同意，公司召开党组和领导班子成员“三讲”教育总结大会，公司“三讲”教育顺利结束。

12月26日，龙滩水电开发有限责任公司揭牌仪式在南宁举行。会议由自治区主席助理、计委主任杨道喜主持，曹伯纯书记宣布龙滩水电开发有限责任公司成立，程光杰受投资方委托，宣布龙滩水电开发有限公司董事会、监事会成员和总经理名单，张学知任董事长、马远騄任总经理。蔡永伦向龙滩水电开发有限公司董事长张学知颁发企业营业执照。刘知炳、周大兵等领导分别在会上讲话。

12月28日，自治区经贸委确定广西电力试验研究院为自治区级技术中心，并举行授牌、揭牌仪式，区经贸委副主作冯祖华、公司副总经理谢正经到会讲话并揭牌。

12月28日，国电公司通报表扬澳门回归保供电单位，广西调度中心、南宁供电局榜上有名。

12月29日，自治区资源综合利用发电企业认定领导小组认定田东电厂为资源综合利用发电企业。

12月31日，公司在1999年度全面达到与国家电力公司签定的安全生产责任书的各项安全生产指标，并实现了电力生产“人身死亡零目标”。

同日，公司上报国电公司城网建设与改造工程可研年度计划安排资金6.98亿元。国电公司已批复年度计划资金4.80亿元。

（林建）

云南省电力工业

概况

1999年，云南省发电装机总容量735.8万kW，年发电量298.2亿kW·h。其中，云南电网共完成发电量210.05亿kW·h，同比增长9.68%。云南电力集团有限公司实现售电量190.40亿kW·h，同比增长8.35%；其中省内183.74亿kW·h，同比增长6.09%。

1999年云南电力集团有限公司实现售电收入55.48亿元；利税总额11.77亿元，实现利润31496万元。多种经营完成总收入22亿元，同比增长35%；实现利润1.65亿元。

1999年，全局（集团公司）电力建设完成投资37.70亿元，同比增长21.1%；其中电源投资15.16亿元，电网投资22.54亿元。新增发电装机26万kW；新增110kV及以上变电容量134.4万kV·A、输电线路939km。

1999年度云南省电力局（公司）完成95个行政

村村村通电；三年累计实现597个行政村通电，超额完成了省政府部署的任务。

1999年农网建设改造累计下达投资计划20.21亿元，完成投资12.90亿元；整顿农村电价初见成效，绝大多数县农村到户平均电价由1997年以前的1.00元/(kW·h)降至0.8元/(kW·h)以下。农电体制改革实现代管93个县级电力公司，推进乡镇电管站改制工作获得进展；

1999年，按照国家电力公司的要求，结合云南省电力资源条件和面向省内、省外、国外三个市场的特点，提出了云南电力集团公司“两型、两化、一流公司”的发展战略构想和改革“四步走”的战略部署。

1999年，云南电力集团公司完成喷水洞电厂、开远电厂共1059名职工的分流安置；实现电力修造厂资产和人员重组；加大对基建施工等部分单位的卸荷力度，为推进基建施工企业面向市场深化改革创造了较好条件。

1999年全公司安居工程投资计划2.54亿元，竣工面积31万m^2，新增住宅3539套。自1996年启动安居工程以来，全公司累计投资8.51亿元，竣工面积76.65万m^2，新建及改造住宅11714套。

电力生产

1999年，公司加强领导，精心组织电网调度，强化安全生产管理，圆满完成世博会、国庆50周年、澳门回归等各项保供电任务，受到世博会组委会和云南省委、省政府的表彰，树立了公司的良好形象。成功解决了计算机Y2K问题，实现了向社会宣布的千年之交时刻云南电力系统安全稳定供电。电网安全稳定运行，为全省经济增长做出重要贡献。

针对市场的变化，云南电力集团公司加强市场分析研究，调整电力营销政策与措施，取消限制用电规定，实行让利销售，使省内市场保持了稳定增长；积极开拓省外市场，向省外送电6.65亿kW·h，扩大了电力销售，售电量增长率高于全国总体水平1.45个百分点。

电力建设

电源建设实现阳宗海电厂二期工程和螺丝湾水电站全面投产，大朝山水电站工程完成网络进度计划，宣威电厂五期工程完成开工前期准备。阳宗海2号机组、曲靖2号机组实现基建达标投产。同时，停产关闭了喷水洞、开远电厂共8.2万kW小火电机组。

1999年，电网建设投资占公司1999年固定资产投资的59.5%，比1998年增长150.9%，为历史最高水平；建成投产220kV变电站4座、110kV变电站15座；500kV大朝山送出工程利用亚行贷款取得进展；昆明城网改造获明显成效；电网延伸省内13个地州97个县（市）；成昆、内昆电铁供电工程已开工建设。

澜沧江水电开发前期工作获重要进展。小湾水电站项目签署了《澜沧江水电开发有限责任公司发起人协议书》，成立了工程建设前期筹备处，正式上报了项目建议书，对外公路已正式开工。景洪水电站可研报告和向泰国输电预可研审查已通过。

经营管理

在经营环境十分困难的情况下，公司结合开展财务年活动，认真做好经营政策研究，严格控制成本支出，努力改善财务状况，加强内部审计工作，完成了国家电力公司的资产经营考核指标，并采取积极措施回收电费。1999年云南电力集团有限公司实现售电收入55.58亿元，同比增长4.02%；利税总额9.64亿元，同比下降21.24%。电费回收率96.86%，累计欠收电费约4.22亿元，其中1999年新欠约1.75亿元。

与国家电力公司考核指标相比，1999年实现利润总额31491万元，超额1491万元；完成资产保值增值率103.13%，高于指标0.36个百分点；完成投资收益率5.94%，高于指标0.28个百分点；完成不良资产率2.51%，低于指标2.33个百分点；完成资产负债率53.07%，低于指标5.93个百分点。多种经营完成总收入22亿元，同比增长35%；实现利润1.65亿元，同比减少200万元。

多种经营

1999年，全公司多种产业持续增长，多种经营总收入完成22.95亿元，增长40%，实现利润1.8亿元，与1998年相比增长8.4%。所有者权益12.8亿元，与1998年相比增长32%。昆明供电局、个旧供电局、滇东电业局、思茅供电局、滇南发电总厂5个单位多种经营的总收入突破亿元。云南电力集团公司制定了《云南电力多种经营发展“十五”规划》，提出了多种经营发展方针、思路和方向。调整产业结构，促进云南电力旅游发展。按照国家电力公司的要求，完成了各基层单位多经企业和集团公司本部所办经济实体的清理整顿。积极推进多经企业改制，到1999年底，全局（公司）已有46.5%的多经企业完成了改制工作。

党的建设和双文明建设

在公司党组和公司本部处级领导干部中，高标准、高质量地开展了“三讲”教育，达到预期目标，促进了企业党的建设和干部队伍建设。

在1999年三场大的政治斗争中，全公司坚决拥护党中央的各项决定，立场坚定，旗帜鲜明，特别是同邪教“法轮功”进行了坚决斗争，为维护社会稳定作出了贡献。

建立和推行厂务公开制度，认真履行集体劳动合同，企业民主管理和民主监督得到加强。

加强思想政治工作和双文明建设取得新成果。漫湾、鲁布革电厂被国家电力公司命名为一流水力发电厂；漫湾电厂等3个单位被授予全国精神文明建设先进单位；小龙潭等10个单位荣获云南省创建文明单位、文明行业工作先进单位称号；集团公司已通过云南省文明行业考评验收。

主要事件

1月11日，云南昆明地区发生建国以来较大雪灾，云南电力集团有限公司紧急动员，立即开展抗雪抢险救灾工作。由于大雪压断树枝，造成几十条110kV线路停电，几十万人生活用电受到影响，部分医院停电。昆明地区700余名电力职工紧急抢险，到1月12日23时，昆明地区71条障碍线路全部恢复送电。

1月30日，澜沧江水电有限责任公司发起人协议书在昆明签订。根据协议，国家电力公司、云南电力集团有限公司、云南省开发投资有限公司、云南红塔实业有限公司等4家按29%、31%、28%和12%的投资比例组建澜沧江水电有限责任公司。

1月30日，云南电力集团公司与老挝国家电力公司在昆明签署供购电原则协议。根据协议，云南电力集团公司从2001～2020年通过110kV勐腊变电站向老挝国家电力公司供电。

2月2日，总投资30044万元、总装机容量为6万kW的螺丝湾水电站3台机组实现一次全面投产发电，这是迪庆藏族自治州建国以来投资规模最大的建设项目。

2月24日～3月1日，国家电力公司创一流工作检查验收组对鲁布革电厂、漫湾电厂创一流工作进行了检查验收。

3月19日，国家电力公司授予鲁布革电厂、漫湾电厂为一流水力发电厂称号。

3月24日，因贯彻落实国家关停小火电机组政策，喷水洞电厂关闭后，所有职工全部实现顺利分流安置。

4月25日，云南电力集团公司农电工作会议在昆明召开。省政府有关领导和有关部门负责人出席了会议，有关地州市领导及全省近80个县政府的领导、电力公司经理参加了会议。

5月1日～10月31日，“99昆明世界园艺博览会”成功举办。鉴于公司在“99昆明世界园艺博览会”筹备和保供电工作中所做的贡献，云南省委、省政府授予云南电力集团有限公司“特别贡献奖”和“先进单位”称号，授予昆明供电局先进集体称号，为廖泽龙记二等功，为俞彦、马钦记三等功，陈谨言等7人被通令嘉奖。为搞好世博会期间的电力保障工作，公司先后共投资10.36亿元进行世博会配套供电工程建设和进行昆明城市电网改造。新建2座220kV变电站，6座110kV变电站，1条12km长的110kV电缆隧道，14座10kV开闭所和修建电缆沟20km，铺设电缆117.1km、架空线50.5km；完成了对城区7座110kV变电站、10个0.4kV低压供电片区、32个开闭所和配电室的改造工作。为保证世博会开幕式、大型文艺演出等重要活动的不间断供电，除外部供电实现双电源供电外，公司还购买了3台发电车及10台箱式移动变压器作为重要用户的特别应急措施。这是国内电力部门首次利用大容量UPS为用户保供电。

6月28日，云南省人民政府与国家电力公司在京就小湾电站工程建设有关问题交换意见并达成共识，同意全面抓紧小湾电站工程前期准备的各项工作，力争于2002年开工建设。

6月30日，云南电力集团有限公司受投资方委托，按照精干、高效的原则，组建了云南小湾电站工程建设前期筹备处，小湾工程前期筹备工作正式启动。

7月中旬开始，云南电力集团公司选取12个供电营业窗口，在全省范围内开展城市供电营业规范化服务活动。

8月9日，由云南省政府和云南电力集团公司共同投资建设的云南省高海拔超高压交直流输变电试验中试基地通过有关专家鉴定，工程也于同日通过验收。

9月3日，因执行国家关停小火电机组政策，开远电厂职工的分流安置工作全部结束。

11月10日，云南省电力局（公司）召开贯彻十五届四中全会精神暨“三讲”教育动员大会，根据国家电力公司安排，部署了局机关“三讲”教育工作。

11月5日，因长期亏损，云南电力修造厂被关停重组，所有职工全部分流完毕。

贵州省电力工业

概况

1999年是贵州省电力工业的又一个丰收年，至年末，新增发电装机80万kW，全省发电装机达到

622.26万kW（其中水电装机容量为231万kW，占37.12%；火电装机容量为391.26万kW，占66.28%），年发电量289.1亿kW·h，分别比上年增长10.2%、17.83%。其中，贵州电力系统发电装机容量为513.24万kW（水电装机容量为148.64万kW，占29.96%；火电装机容量为364.6万kW，占71.04%），年发电量252亿kW·h，年售电量230亿kW·h，分别比1998年增长18.47%、12.09%、11.96%。

全省35kV及以上电压等级的输电线路877条，计长18539km（其中贵州电网所辖输电线路621条，长9151km）。全省35kV及以上电压等级的公用变电所417座，变电容量849.88万kV·A（其中贵州电网所辖变电所222座，变电容量754.93万kV·A）。

贵州省电力工业局（贵州省电力公司）所属发电厂、供电局、电力施工制造企业等企事业单位40余个，拥有资产156亿元。全局（公司）有全民所有制职工26813人。

电力生产

1999年，全公司增强市场观念、效益观念、发展观念，振奋精神，树立信心把贵州电力的“两个文明”建设推上一个新台阶。生产工作中扎扎实实地抓好“安全、质量、机遇”，促进各项安全指标、技术经济指标、可靠性指标的提高，促进效益的增长。

1. 安全生产

1999年，全公司认真贯彻了国电公司两次安全生产电话会议的精神，开展了电网安全活动，全体干部和职工以高度的政治责任感和完善的组织、技术措施确保了“国庆50周年大庆”、“澳门回归”及节假日的保电任务。全年开展了春、冬季及节假日的安全大检查，加强安全生产的宣传教育，开展了以“安全、生命、稳定、发展”为主题的全国第九次“安全周”活动，开展了安全设施标准化试点工作。

2. 技术改造和技术进步

以加大项目的科技含量为出发点，重点抓好“出效益、保安全、提高可靠性”的项目。如清电的8号汽轮机通流部分改造和机电一体化项目，取得了很好的效果：无煤耗功率为10.26MW；热耗达到8334.58kJ/(kW·h)，比改前降低466.72kJ/(kW·h)；最高负荷可带到220MW。110kV变电站综合自动化改造18座，对老旧油断路器的改造工作进展快，完成了220kV断路器10台、110kV断路器38台、35kV断路器33台、10kV断路器395台，对10kV断路器的无油化，贵阳市北供电局、都供、凯供开展得很好，对稳定市场、增加售电量、提高安全性和可靠性、增加效益起到了很好的效果。天贵及北部、东部地区的21个微波站完成了维修工作，保证了微波通信畅通并逐步由计划检修向状态检修过渡。凯里发电厂气力疏灰系统，在投产初期，效果不理想，造成主机减负荷甚至停炉，经改造和完善化后，消除了泄漏，系统不仅能正常工作且实现了程序控制、减人增效、达到了文明生产的要求，保障了主机的安全可靠运行。全年建成综合自动化变电站18个，都具有一定的科技含量，对提高安全生产水平、自动化水平和达标排放，均起到了明显的经济效益和社会效益。

3. 可靠性管理

1999年，省电力公司可靠性管理工作受到国电公司可靠性管理中心的高度评价，检查组认为：贵州省电力公司逐步建立和完善了可靠性管理组织机构，健全了可靠性管理措施；加快电源和电网建设与改造步伐，提高了主网供电能力；加快城网和配网改造步伐，提高了城网供电能力；依靠科技进步，加强了供电可靠性管理的技术措施；开展了低压用户供电可靠性和配电系统自动化探索及试点工作。

4. 节能降耗

年初召开了节能工作会议。明确了1999年的节能目标：即以《节能法》为准绳，加大科技投入，加强管理，向管理、技术进步要效益。通过全体职工的共同努力，全局完成供电标准煤耗410g/(kW·h)，比1998年同期下降8g/(kW·h)、比年计划下降18g/(kW·h)。线损率完成4.49%，同比下降0.47个百分点。

根据国家电力公司、国家经贸委及省经贸委等部门的要求，开展'99节能宣传周的活动。通过开展节能宣传周活动，进一步提高了全体职工的节能意识、资源意识和环境意识，进一步夯实了节能基础管理工作，把节能降耗工作提高到一个新的水平。省公司'99节能宣传周的组织工作，得到了省经贸委的表彰。

5. 达标创一流

省公司本着坚持标准、实事求是、常抓不懈和达标不实行终身制的原则，进行了帮助、指导、检查工作，使全公司安全生产水平得到加强，设备健康水平逐年提高，企业的基础管理全面加强，技术经济指标逐年向好，文明生产水平显著提高。1999年达标、创一流工作取得了很好的成绩：清镇电厂被授予国家电力公司一流火力发电厂称号；贵阳市北供电局、贵州电力调通局、东风发电厂获国家电力公司安全文明生产达标企业称号；铜仁供电局获省级安全文明生产达标企业称号。

同时，为规范县电力企业的安全管理工作，还制定了《贵州省电力公司县电力企业安全管理规定》，此规定的颁发将促进县电力企业的安全生产和广大农村的安全用电管理的更加规范和有序。

6. 防汛度汛

1999年，贵州省内总降雨量基本正常，但各月分布不均，汛前降雨量偏少，主要降水集中在6～8月份，其特点是降雨过程多、强度大，其中又以6月份的暴雨天气为最多。在6、7月份部分地区有洪涝灾害发生。

年初，乌江干流上的普定、东风、乌江渡水库的水位偏低，加上汛前降雨量偏少，故这三个水库低水位运行时间比较长，百花水库从4月上旬开始也降至死水位以下运行。各水库最低运行水位多发生在5月份。入汛后水库回升速度较快，至6月份各水库就先后开闸泄洪，整个汛期运行情况和汛末蓄水情况基本正常。汛后只有乌江渡水库水位消落较快，全年水库运行情况基本上是好的。

各单位在汛期都安排了24h值班，部分单位还根据本单位的实际情况在多处重点部位安排值班人员，取得了较好的效果。各水电厂向各级防汛指挥部和国家电力公司进行报汛的任务，也完成得比较好。

红枫、普定、东风、乌江渡四个水情自动测报系统的运行基本正常，洪水预报精度除普定电站稍差外，其他系统均达90%以上，为水库调度提供了良好基础，各水电厂的洪水调度基本合理。贵州水调自动化系统，从1997年11月投入试运行，经过两年时间的考验，基本上达到设计要求，于1999年12月23日由省电力公司主持验收。

各水电厂重视日常监测和巡视，在汛期增加监测和巡视次数，各火电厂也加强对灰坝的观测和巡视，未发现大的异常情况。窄巷口电站进行了观测设施改造。1999年中，普定、李官电站完成第一次安全定期检查，结论分别为正常坝和病坝；修文电站则完成了第二次安全定期检查，评价为正常坝，对红岩电站大坝的第二次安全定期检查工作进行了准备。大坝安全注册完成普定、李官两个大坝的安全注册申报工作，对已经注册的大坝都进行了复查。

7. 技术监督

1999年，技术监督重点工作共立项289项，省公司，加强了技术监督的管理、检查和指导，责任到人，重点工作完成率为100%。对5台锅炉、30台压力容器进行了正式定期检验；在监督工作中，发现并处理了多起事故隐患，保证了机组的安全稳定运行，应用氦质谱检漏仪对机组进行真空检漏，经消缺后9台机组的真空严密性合格；对遵义供电局遵义变电站“11.27”事故调查分析中，发现其接地网络存在重大问题，已通知遵义供电局限期解决。

8. 城网建设

1999年是实施三年城网建设改造的关键一年，根据省公司对各供电局的城网可研报告的审查意见，预安排项目资金投资计划48691万元，其中，贵阳市投资26631万元，占总投资的54.7%，遵义等8个地州市投资22060万元，占总投资的45.3%。

1999年全公司完成城网投资43584万元，贵阳市完成21267万元；开工建设110kV城中变电站10座，变电容量686MV·A，完成可研计划的58.8%；110kV变电站综合自动化改造18座，完成可研计划的150%；110kV线路新建及改造19km，完成可研计划的20%；35kV线路改造31km，完成可研计划的96%；10kV开闭站新建13座，完成可研计划的50%；10kV线路新建150km，改造10kV线路200km；完成可研计划的44.5%；新建10kV电缆43.58km，改造10kV电缆8km；完成可研计划的68%；新建及改造400/380V低压线路387km，完成可研计划的33%；断路器改造：220kV41台，35kV42台，10kV253台；10kV柱上真空断路器72台，完成可研计划的65%；一户一表改造98016户，完成可研计划的140%，改造低压台区341个，建设示范供电小区14个；完成可研计划的30%；改造配变422台，新增容量55615kV·A，完成可研计划的45%；配网自动化试点及集中抄表系统试点；光纤通信工程。

9. 调度管理

1999年，认真贯彻落实各级安全会议精神，围绕“全国电网调度安全年”这一主线，针对电网运行情况，每月召开一次安全活动分析会，每月进行一次操作票和安全自动装置的核对，彻底消除安全隐患，全年共开出操作票420多张，合格率达100%；对电网的重大操作和电网中的薄弱环节，及时制定反事故措施，并加强监护；完成了“南方互联电网联合反事故演习”和首次“贵州电网联合反事故演习”方案的制定和演习工作；针对贵州电网运行的薄弱环节，分别主持召开了“贵州北部电网自动装置研讨会”、“中部电网安全分析会”、“东部电网安全稳定运行研讨会”。贵州电网调度安全年活动得到国调中心“安全年”活动第七检查组充分肯定，圆满完成了“国庆50周年”以及“迎澳门回归”等政治保电任务。截止1999年12月31日，电网调度安全生产已达1330天。

10. 继电保护

首先，加大继电保护技术监督工作，成立装置技术监督组，使继电保护技术监督工作逐步向以质量为中心、以标准为依据、以计量为手段的方向规范。其次，围绕220kV系统继电保护及安全自动装置正确动作率97.6%，高频保护投入运行350天，母线保护投入运行360天，定检完成率98%，录波完好率达到95.5%来开展工作。调通局进一步加强高频保护的运行管理工作，规定配置双高频保护的线路不允许无高频运行，并要求任一套高频保护不得连续停运30天。1999年的反措工作完成了中阻抗母差反措、高频保护通道串联电容的反措工作，有效地预防了故障时工频量串入高频通道造成的高频保护误动作；积极开展事故调查分析工作，对“3.15”遵义220kV母线故障、“6.29”东部电网解网等事故均及时进行调查，组织分析原因；督促有关单位完成主网部分母差和重要线路保护的换型工作，使中部五角环网的保护装置的可靠性得到了提高；抓好东部综合联切装置的调试工作和安、贵、鸡的综合联切装置的选型工作，上述两套装置的投运，为确保电网稳定运行发挥了作用；对故障录波进行了整治，将高频通道的收信、发信量、主设备的有关量均接入故障录波，为及时准确地分析事故提供了技术保证。截止到1999年12月31日，220kV系统继电保护及安全自动装置正确动作率达97.29%。

11. 电网通信

1999年，贵州电网内已有64个站达到标准通信站的要求，为确保通信系统的运行率达到部颁要求。调通局与南自院配合，使贵州电网通信监控系统Ⅰ期工程于1999年4月1日前安装完毕并投入试运行。对省调至毕节供电局和省调至水城发电厂的载波电路进行了设备改造工作，使地区电路长期不畅的问题，得到了有效解决；通过有计划有步骤地合理安排资金，对北部微波电路进行了整改，对天贵微波进行整治和消缺，使投运6年多的天贵微波工程在1999年11月底通过了国家电力公司组织的电路验收；完成了乌江公司光纤通信设备的安装、贵阳电厂光纤通信工程的安装配合工作，以及电力大楼—电力科研大楼—贵龙饭店光纤环网、程控交换机的安装调试开通工作，解决了金沙发电厂、普定电站、大龙发电厂调度通信、自动化信息和行政管理的通信问题。

1999年微波通信系统运行率为99.98%，载波通信系统运行率为100%，行政交换系统设备运行率为99.99%，调度交换系统运行率为99.99%，均达到和超过部颁指标。

12. 环保工作

烟尘治理：盘县发电厂3号炉除尘器改造为双室三电场电除尘器，除尘效率99.4%，遵义发电厂在停、拆5号、6号机组后烟尘达标排放。

废水治理，清镇发电厂一二期灰水和生活废水进入三期闭式循环系统，削减外排灰水约300～350t/h，使废水回用率达70%。实施7号、8号炉烟气灰水治理工程，经过调试使外排灰水pH值可达标排放；盘县发电厂外排灰水pH值超标，实施外排灰水自动加酸系统已完成；贵阳发电厂外排灰水pH值超标，现正在进行试验调整，确定方案后2000年实施；红枫湖、百花湖水资源治理，清镇发电厂、红枫发电总厂、贵州电力学校和电建二公司的生活废水治理。清镇发电厂完成了治理目标，其余三单位正在实施中。

基本建设

1999年，全局（公司）电力建设严格控制工程造价，狠抓安全文明施工、达标投产工作。全年完成基本建设投资33亿元，新增装机80万kW，投产机组创历史纪录（新投4台12.5万kW机组，1台30万kW机组），电网装机达512万kW。施工单位在电力建设中大力开展“工程质量年”活动，使省公司安全文明施工“八十条”的具体要求得到全面贯彻。省公司召开的“加快贵州电力建设座谈会”和7月开始实施的“基建工作协调例会”制度，强化了工程的安全和质量管理，协调了企业内外关系，促使建设工期明显加快，质量提高显著，使投产机组质量一台比一台好。并且实现了安全文明生产。主干电网进一步完善，增强了供电的安全可靠性，扩大了输送能力。为开拓省内外电力市场创造了条件。

（一）前期工作

贵州电网“九五”期计划投产机组容量为180万kW，至1999年底，已完成167.5万kW（安顺发电厂60万kW，凯里发电厂50万kW，金沙发电厂37.5万kW，盘县发电厂3号机组20万kW）。

1. 电源建设前期工作情况

年内，根据国家电力公司要求，按时上报了《贵州电力结构调整计划方案说明》，《贵州电网七年发展规划》。完成了《贵州电网2000～2010年“两控区”污染控制规划》的编制工作。完成了盘县电厂二期2×20万kW和习水电厂4×13.5万kW工程在省内立项和环保的审批工作。盘县电厂二期工程的主、辅机设备招标工作已基本完成，送出工程的初步设计已审查，该工程于9月22日正式开工建设，截止到年底已完成投资18000万元；习水电厂4×13.5万kW工程，至年底已累计完成投资10000万元。拟建项目前期工作情况。纳雍电厂4×30万kW新建工程：省电力局于1999年5月19～20日在纳雍主持召开了初可审查会议，7月2日省电力局正式向国家电力公司上报项目建议书。引子渡3×12万kW水电站工程：可研报告及环评报告书已审查并上报了国家计委；中加合作项目（南方四省、区）能源战略规划二期的前期工作已开始进行；为编制贵州电网2000～2010年发展规划，做了大量的收资工作。

2. 电网建设与改造工作

电力规划总院于1999年7月29日，在北京主持召开了贵州500kV环网可研审查会，11月7～10日又在贵阳主持召开了贵州500kV环网初设审查会，国家电力公司以国电计（1999）664号文向国家计委上报了该工程可研报告（待批）。9月底我局正式向国家计委上报了该工程可研报告（待批），正式向开行提出贷款申请并提高贷款评估文件。500kV贵阳2号主变压器750MV·A已于1999年11月投运。

1999年安排的农网改造计划是：110kV变电站34座（含扩建），变电容量898.5MV·A，线路长451km，总投资计划为301.57万元，实际完成投资13020万元。1999年贵州农网改造共完成总投资52333万元，其中110kV工程13020万元，35kV及以下工程39313万元。

（二）工程设计

1999年7月12～13日在贵阳主持召开了习水发电厂4×13.5万kW机组工程初步设计审查会，并以黔电计（1999）315号文下发了《关于印发习水发电厂4×13.5万kW机组工程初步设计审查会纪要的通知》，10月12～13日在成都西南电力设计院召开了《习水电厂4×13.5万kW机组工程司令图设计成果评审会》，并下发了会议纪要。1999年2月在贵阳对盘县电厂2×20万kW二期工程修编初步设计进行了审查，并以黔电计字（1999）第101号文下发了《关于盘县电厂二期工程（2×20万kW）修编初步设计审查意见的通知》，11月7～10日电规总院在贵阳主持召开了贵州500kV环网初设审查会；贵阳乌当（城北）220kV/2×150MV·A变；惠水220kV/150MV·A变；乌筑、乌贵220kV/28.5km线路；南郊至惠水220kV/35.5km；都匀白泥田220kV/120MV·A变；白泥田至凯里变220kV/51.5km线路；白泥田至剑江变220kV/12km线路均已完成设计，上述项目计划在2000年内完工。另安顺两所屯220kV/120MV·A变；两所屯至普定变220kV/35km线路；水城滥坝220kV/150MV·A变；镇远220kV/150MV·A变；习水至黔北220kV/2×120km线路初步设计正在进行中，上述项目均计划在2001年内投产。

（三）输变电工程

1999年完成了如下输变电工程：清镇—南郊变220kV/34km输变电工程（含两侧间隔）于1999年4月建成投运；凯电—凯里变Ⅱ回220kV/6km输变电工程（含凯里变间隔）建成投运；贵阳变2号主变压器（500kV/750MV·A）建成投运，同时，贵阳城北220kV/2×150MV·A、26km输变电工程，惠水湾塘220kV/120MV·A、36km输变电工程，都匀白泥220kV/120MV·A、68km输变电工程先后开工建设。

（四）工程管理

1999年全公司基建工程管理在提高质量、缩短工期、控制造价、达标投产和安全文明施工等方面狠下功夫，取得了显著成绩。各投产机组均实现了省电力公司要求的工期目标，及时满足了电网对负荷的需求，同时各工程在安全文明施工、提高工程质量、降低工程造价等方面成效显著。

（五）施工修造企业

1999年各单位在施工安全、质量、工期等方面都取得了好的成绩，三司一厂的劳动生产率也大幅提高，平均达到9.4万元/(人·年)。送变电公司1997年已通过ISO9002认证，1999年2月一、二公司通过了ISO9002认证，1999年5月电力修造厂通过了ISO9002认证，各单位的管理上了一个新台阶。

（六）水库移民

（1）抓规划：洪家渡水电站施工区移民安置规划已经过省政府审查，乌江水电开发有限责任公司和毕节行署已签定包干协议；洪家渡水电站可研补充阶段移民安置规划修编已通过国家审查，省政府已向国家计委承诺；完成了平班水电站可研阶段移民安置规划；东风水电站库区移民后期扶持规划完成；引子渡水电站可研阶段移民安置规划已通过国家审查，省政府已向国家计委承诺。开展龙滩水电站可研阶段规划补充修编工作，完成了实物指标的复核工作。

（2）促项目：在洪家渡水电站主要作好施工区征地和移民安置工作，完成了1700人的安置（占总人数的2/3）；引子渡水电站：配合业主和地方政府作好施工前期准备工作（包括公路征地搬迁和补偿）；龙滩和三板溪水电站：向省政府提供有价值的参考意见，促成省政府与有关方面达成上项目的共识；天生桥一级水电站全面完成搬迁安置工作，并通过国家验收合格，获得好评，为电站投产发电创造了条件。

（3）争政策：东风和天生桥水电站“两金”得到落实。通过省法制局，省政府黔府发（1999）95号文关于“两金”的使用管理办法出台，规范了下步扶持工作。移民机构从库区维护基金、库区后期扶持基金中提管理费得到落实。

（4）保稳定：主要是在东风、天生桥一级、洪家渡水电站三个库区，作好群众政治思想工作，解决实际问题，在此基础上，重点对洪家渡水电站库区移民非法组织进行了认真查处，保证规划修编工作按期完成。

（5）求发展：对东风、天生桥二级两库区移民进行了扶持，改善了生产条件，提高了移民群众的生产生活水平。

1999年度水利部移民开发局批复全省库区建设基金为505万元（其中乌江渡200万元，猫跳河300万元，培训费5万元）。省移民办实际下达各县计划共555.16万元，123个项目。根据实施情况，预计

1999年度计划能在2000年3月底之前全部完成。通过执行1999年度计划，将解决2955人的饮水问题，4730人行路难和1398人的就医难问题，在农田水利方面改善灌溉面积5470亩❶，坡改梯1884.5亩，土变田1600亩；通过一年的扶持，预计可解决7180贫困移民的温饱问题。

经营管理

1999年，全年电力销售收入（含税）54.7亿元，比1998年增长8.8%；实现利润总额1.73亿元，比1998年增长11.5%，比国家电力公司下达的利润指标1.3亿元增加了32%；实现利税7.9亿元，比计划目标增加12.86%；局进一步加大资金管理力度，优化融资结构，自筹基建资本金4.3亿元，全年归还基建贷款本息7.2亿元，完成1999年还贷任务。供电标准煤耗率完成411g/(kW·h)，比1998年下降8g/(kW·h)；线损率完成4.49%，比1998年降低0.47个百分点。

1. 市场营销

1999年全网售电量累计完成250.84亿kW·h（含南电公司代售电量），完成了年售电量计划的110.02%，比1998年同期多售电29.23亿kW·h，增长13.19%。

1999年贵州电网售省外电量48.31亿kW·h（含南电公司代售电量），比1998年同期多售了6.44亿kW·h，增长15.39%，其中：南电公司代售电量20.69亿kW·h，增长28.93%；广东购电量4.75亿kW·h，增长1184.42%；湖南通过220kV玉(屏)阳(塘)线购电量5.87亿kW·h，增长94.13%；广西购电量(盘县电厂广西份额电量)11.29亿kW·h，比1998年同期少购2.79亿kW·h，下降19.82%；重庆经220kV桐（梓）綦（江）线只购电量3.09亿kW·h，比1998年同期少购电2.68亿kW·h，下降46.44%；云南、四川全年均未向贵州电网购电。

1999年，省内售电量累计完成202.53亿kW·h，为年计划的107.73%，比1998年同期多售电22.79亿kW·h，增长12.68%。10个供电局中大部分超额完成了年度售电量计划，其中：贵阳市北局为104.49%，贵阳市南局为107.79%，遵义局为113.78%，六盘水局为117.60%，都匀局为102.99%，凯里局为123.87%，安顺局为104.73%，铜仁局为107.57%，兴义局为90.46%，毕节局为79.01%。

1999年，贵州省工业生产呈现平稳增长，规模以上工业完成总产值（90价）467.68亿元，超计划22.68亿元，同比增长8.6%，其中：重工业完成产值300.89亿元，增长12.1%，轻工业完成产值166.79亿元，增长2.9%。按经济类型分析，国有及国有控股企业完成产值381.12亿元，增长6.8%，非国有及非国有控股企业完成产值86.56亿元，增长15.18%，分别占规模以上工业比重的81.49%和18.51%。全部工业完成增加值290亿元，增长8.3%。

省内22户重点企业（不含四家军工企业）全年用电量为96.01亿kW·h，占省内售电量的47.41%，比1998年同期多用电12.17亿kW·h，增长14.52%。其中14户企业用电量增加，3户企业用电量基本持平，5户企业用电量减少。

从9月1日起，对新装的电热锅炉用电户免收贴费，执行0.25元/(kW·h)的优惠电价，蓄热及蓄冰制冷用户低谷用电电价再下浮0.03元/(kW·h)；为加快一户一表用户报装进度，对一户一表报装容量在8kW内的不再收取贴费，只收取电能表、材料费及成本费400元/户；加大一户一表居民户月用电量超基数优惠的力度，户月用电量基数由原来的200kW·h，下调至100kW·h，超基数用电电价也由0.344元/(kW·h)降为0.26元/(kW·h)。

2. “三电”工作

计划用电。1999年贵州电网发电能力与用电需求曾十分紧张，电力供应短时出现缺口，多次被迫拉闸限电，主要原因：一是电网装机不足，枯水期电网在无备用容量的情况下运行；二是由于从上年秋末以来，贵州长时间的大面积干旱天气，造成水电厂入库水量较少，4月初，各水库已接近死水位，火电机组在无法安排计划检修的情况下，长期运行已非常疲惫，故障停运时有发生。4月上、中旬，各供电局及大用户实行按计划用电并安排计划限电，4月5、6日，两次下达限电通知，对贵州铝厂、第七砂轮厂、贵州铁合金厂、贵州有机化工厂、遵义铁合金公司、遵义碱厂、水城钢铁公司等省内八大用户日限电300万kW·h，11日，又增加对省内各地区日限电100万kW·h，直到16日才解除限电。另外，在3月11日、10月21日还分别制订了30万kW、20万kW、10万kW的错峰（限电）通知（方案），根据电网发电出力情况具体安排。全年因限电直接损失电量4000万kW·h左右，但由于事先作好充分准备及对用户的解释工作，对省内工农业生产、居民生活及社会等方面影响不大。

需求侧管理。1999年全公司主要从开拓负荷、稳定市场的需要出发，将需求侧管理纳入市场营销，各供电局将帮助用户降低电耗、开拓用户的市场作为开拓与稳定负荷的重要手段，取得了实效。省公司会

---

❶ 1亩$=6.6667\times10^2m^2$。

同省经贸委及各工交厅局对全省32家重点耗能企业进行产品电耗管理，考核45种产品电耗，1999年与计划定额相比，有38种产品节电，节电量达46153万kW·h，有3种产品超耗，超耗电量1097.55万kW·h，节超相抵共节约电量45055.52万kW·h；与上年同期相比，有20种产品节电，节电量达16068.43万kW·h，有11种产品超耗，超耗电量3649.16万kW·h，节超相抵共节约电量12419.27万kW·h。

用电检查工作。1999年，全公司在培养用电检查人员的同时，加大了对用电企业用电检查力度，全年检查用户109644户，查处窃电及违章用电2531户，追补电量1416.0484万kW·h，追补电费5389019元，收取违约使用电费2120113元。为电力企业追回了损失，维护了供电企业的合法权益。

3．电能计量

1999年电能计量管理工作取得一定成绩，基本做到电能计量为用电管理提供可靠的技术保障。

加强关口电能计量的日常管理，强调关口电能计量装置准确性。1999年，全系统安装关口电能计量装置220套，其中改装9套、新装9套电能计量装置，配合建管部对贵阳变关口安装点选择与安装电能表屏和关口表；督促电力试验院完成14次电能计量故障处理，追补供电量1067万kW·h；对全系统220块关口表现场校验449次，校验率100%；加强省外送电点关口表的质量跟踪，规范省外送电关口表管理；

4．会计核算

为了解决会计核算程序2000年问题，以及用较为先进、完善的会计核算软件替代原会计核算软件，通过对不同会计软件的比较和测试，决定在公司范围内起用《远光财务管理新纪元》会计核算软件，顺利解决了会计核算软件2000年问题。

4月，聘请了贵州省审计师事务所对上年度合并会计报表进行审计。9月，接受了财政部驻贵州省财政监察专员办事处的抽审。11月，接受了中兰特会计师事务所对公司上年度经营状况、经营成果的抽查审阅。

编制了公司1999年度合并资产负债表、损益表和利润分配表，全面反映公司的经营状况、经营成果和经济实力。编制报送1999年度公司《稽察工作基础资料》和《稽察材料概要》等稽察工作基础资料。

5．资产与产权管理

1999年，按照国家电力公司的部署，在建立资本纽带关系的基础上，加强了公司产权的管理，在公司系统范围内归集、整理了被投资企业和统一核算单位产权的基础数据，建立了公司基本产权关系数据管理系统，摸清各分公司和子公司的资本结构，为2000年在公司系统进行产权、体制改革，调整、优化资本结构创造了条件。

（1）长期投资管理。到1999年末，公司长期投资总额按权益法核算为21.15亿元，比1998年增加3.2亿元，新增部分全额投向电力及电力相关行业，重点是城、农网改造，也兼顾电源项目的建设，占97%，电力相关行业新增投资占3%。

（2）投资收益管理。1999年公司按权益法核算实现投资收益2491万元，其中：电力及相关行业实现2399.4万元，信托投资业和银行业实现88万元，投资收益率达1.18%，比上年的0.76%增长0.42%，使公司对外投资获利能力增强。1999年实际收取投资收益790万元。

（3）担保管理。1999年制定了《贵州省电力公司担保管理规定》，对公司对外担保的受理范围、申请担保的基本情况、担保程序、担保审查、担保收费及担保签约等方面作了详细规定。

6．财务管理

1999年，省公司进一步完善内部模拟电力市场管理办法，加强预算管理，加强资产经营预算管理，做好经济活动分析工作，公司财务经营状况继续好转，完成了国家电力公司下达的考核指标，实现了公司的年度经营目标。

（1）内部模拟市场管理。1999年公司销售电量和实现利润总额分别比1998年同期增长了13.2%和12%，公司所属统一核算发供电单位实现了内部利润2.6亿元，比1998年同期增长3.24%。

（2）预算管理。1999年计划完成售电量228亿kW·h，预算电费销售收入53.5亿元，实现利润1.3亿元；本年实际完成售电量250.8亿kW·h，实现销售收入54.8亿元，实现利润总额1.73亿元，分别比预算增加了22.8亿kW·h、1.3亿元、0.43亿元，分别增长10%、2.4%、33%，取得了较好的经济效益。全年实际资本性资金收入为34.9亿元，其中银行融资收入23.6亿元，自筹资本金收入为11.3亿元。本年实际资本性支出为34.3亿元，其中银行融资资金支出为23.6亿元，自筹资本金支出为10.7亿元。资本性收支保持了基本收支平衡。

7．资金管理

1999年不断完善资金管理制度，加强资金预算管理和调度管理工作，建立和完善资金审批制度，保证了公司生产经营和建设发展的资金需要，取得较好的经济效益。

8．投融资及工程建设资金管理

1999年是公司“两网”改造工程关键的一年，先后制订了《贵州省电力公司城市电网及农村电网工程建设资金管理办法》、《关于农网、城网改造资金筹集的补充规定》、《关于农网、城网改造资金管理及会计处理的补充通知》、《贵州省电力公司农网、城网建设与改造工程竣工财务决算编制办法》。全年投入农网改造工程的资金为90439万元，累计投入126888万元。投入城网改造工程的资金34211万元，累计投入37811万元。

在电源项目及电网项目资金管理方面，1999年投入电源项目的资金为166000万元，主要项目有：安顺电厂、金沙电厂、凯里电厂二期、盘县电厂二期、习水电厂等工程，为此，公司向各银行融资130600万元，其中：工商银行63700万元，农业银行34000万元，国家开发银行32900万元，保证了工程的资金供给。投入220kV输变电工程资金为10438万元，主要工程有：乌当（新添）工程、变电站工程、乌贵线工程、乌筑线工程、惠水输变电工程、凯凯线工程、安顺光纤通信工程等。

9．电价管理

1999年公司继续加强整顿电价秩序，清理乱收费乱加价工作，巩固电价清理整顿、制止乱收费，乱加价成果。积极做好电价整顿申报和调价有关工作。做好了销售电价管理和合同管理。

10．燃料管理

1999年，各级燃料部门注重密切同省经委、铁路与煤矿的关系，加大协调力度，积极帮助煤矿催交催运，逐月落实合同计划。严禁无计划、无合同煤进厂，对无合同或超计划的电煤，电厂不接卸或接卸不结账，并将有关情况及时向有关单位通报，做到有据可依，有据可查；各厂如无特殊情况不得拒收合同电煤；月度合同未完成的，必须出具相应证明，并明确未完成的原因和责任。经多方努力，全年共完成合同量约485万t，未完成量的责任主要是铁路运力不足和煤矿自身原因等造成的。

11．物资管理

1999年，组织供应钢材1300t，把4000t滞销的抵电费钢材进库内作中长期保管，同时销售抵电费钢材近100t，订货进库近500t。组织成套设备评标会14次，完成招标设备近200项，中标价总计34807.8万元，比最高报价低8411.8万元，比平均报价低2976.14万元；组织主机全国商务洽谈2次，全额49736万元；全年共组织合同签订73540万元。审核、鉴证了清镇电厂、市南供电局等十多个单位的物资采购合同，金额总计2000多万元。

全年，进行了保定变压器厂贵阳2号主变压器的监造工作；会同试研院等单位人员赴上海三大主机厂就金沙电厂、凯里电厂等主机设备进行文件及现场鉴证工作；进行了常州东芝变压器厂盘电二期主要变压器的部分监造工作；先后前往东方三大主机厂就盘县电厂二期工程三大主机监造工作达成协议；前往沈阳变压器厂就盘电变压器进行出厂试验文件及现场鉴证监造。

12．审计

1999年，参加国家电力公司组织的联合审计，对重庆市电力公司，国家电力公司水电总公司的资产、负债、损益审计和任期审计。组织对电建二公司、凯里供电局、电力修造厂一把手的任期中经济责任审计，完成了对省公司结算中心的收支效益审计。配合有关部门对基层单位领导班子的调整进行审计考核。结合省公司两网建设与改造工程这一重点工作，制定了《贵州省电力公司城乡电网建设与改造项目审计实施办法》，并组织部分供电局的审计人员参加工程概预算审计培训班。

全年，审计促进增收节支1590万元，其中审计各类经济合同2843份，合同金额为53701万元，审减合同金额222万元；审计各类基建工程预决算1151份，总金额为13356万元，审减预决算总金额1368万元。

13．人事

1999年继续坚持“精干实效”、“减人增效”的原则，实行人力资源优化配置，共接收电力发展需要各类专业毕业生584人，其中大中专毕业生327人，技校毕业生173人，接收退役转业士官84人。完成了省下达的国家指令性安置计划，受到省政府的通报表扬。办理了系统内调动69人。协助贵龙饭店在系统内和面向社会进行招聘，共选聘面试1500多人，经审定录用345人，完成了贵龙饭店开业营运的人员配置。

认真贯彻国家的产业调整政策，对都匀、兴义、毕节、六龙等发电厂的小火电机组实施关停，并对职工分流工作进行了认真布置，统一协调。对各地区供电局和盘县发电厂劳动定员进行了重新审定，组织完成了局（公司）系统“减人增效”五年规划编制工作。完成了系统单位在岗人员平均岗级指标测定，完成了72个县农电企业定员测定和定岗定编的基础工作。

14．劳动工资

1999年期末人数为29290人，比1998年下降11.44%；年平均人数31588人，比1998年下降0.46%，工资总额50878万元，比1998年增长10.37%；人均工资16107元/人，比1998年增长10.82%；全员劳动生产率128921元/(人·年)，比1998年增长10.6%。6月，省公司对代管理的县级供电局的工资基数进行了测定。12月，对省公司工资结构进行了调整。

15. 多种经营

1999年，全省电力多种经营工作，积极围绕主业的生产经营、两网改造和基本建设目标，努力拓展电力市场，保持了较大幅度的增长。全年实现多经收入12.37亿元，比计划增加2.37亿元，增长率为22.19%，比1998年增加1.69亿元，增幅为15.82%；创利税7827万元，比1998年增加1444万元，增长22.6%。年末，多种经营从业人员12000余人，其中4400人为主业转岗分流人员，占多经职工人数的33.3%，为主业减人增效创造了条件。

科技与教育

1. 试验研究

1999年，是贵州电力试验研究院建院以来成绩显著的一年，基建方面首次同时进行安顺电厂、金沙电厂和凯里电厂三个工地的整套启动调试，全年完成了300MW及125MW机组共五台的调试任务，生产技术服务、技术开发也取得了丰硕成果。

基建调试方面，在1998～1999年进行的安顺电厂一期工程调试是试研院首次承担300MW机组调试任务，在调试过程中首次在省内采用EDTA化学清洗及加氧吹管新工艺，解决了安贵线路自励磁、DCS计算机分散控制系统消化吸收、W型锅炉燃烧调整、双进双出球磨机运行、300MW汽轮机中缸启动、凝结水精处理装置调试运行、污水生物处理系统调试等一系列技术难题。在金沙电厂及凯里电厂125MW机组调试过程中，努力提高调试水平，创造了当天点火、当天冲转、当天并网，在两台机组创造了10天内完成机组从整套启动点火到结束72h试运的优异成绩，为机组达标投产创造了条件。

在生产试验和科技开发方面，在人员紧张的条件下全力保证了生产技术服务、事故应急分析处理等任务的完成。在国内首次完成125MW发电机进相试验，为发电机安全稳定运行提供了重要数据。协作贵阳电厂处理9号机大修后开机出现的振动问题及凯里电厂1、2号炉空气预热器振动、2号机出力不足的问题，解决了水城电厂1号机调速系统不稳定的问题。开展氦质谱仪的真空检漏工作，完成安顺电厂、贵阳电厂等5个电厂共9台机组的检漏，提高了汽轮机的真空，降低了机组的发电煤耗。参加清镇电厂4号炉煤粉爆炸事故和金沙电厂6kV电缆起火事故的分析，为查明原因、提出防范措施发挥了作用。根据机组达标投产的要求，完成2台300MW机组、6台125MW机组性能试验。科研开发方面，复冰、污秽、高海拔条件下绝缘子放电特性研究项目获国家电力公司科技进步三等奖，清电670t/h锅炉过热器爆管分析研究、防止四管爆漏专题研究项目获贵州电力公司科技进步三、四等奖，与外单位合作完成的天广交、直流输电研究获贵州省政府科技进步二等奖。

2. 职工教育

1999年有16220名职工参加职工教育培训学习占职工总数的53.4%。其中：参加职工教育学习的干部有6592名，占干部总数的59.3%；参加职工教育学习的工人有9628名，占工人总数的49.97%。举办各种培训班75期，总计培训了3493人次，其中：在培训中心举办短训班34期，培训1600余人，举办仿真培训班17期，培训电力运行操作人员703人，开机2628h；在贵州电力学校举办短训班14期，培训了488人；在贵阳电力技校举办短训班10期，培训702人。

(1) 干部教育。于1999年5月完成了对工商管理培训12门课程的培训考试试题库工作，并办班在全系统推广，加大加快系统管理人员的工商管理培训力度和进程。8月选送3名系统基层企业优秀中、青年科级干部，到浙大（与贵工大联办）攻读在职企业管理人员工商管理硕士（MBA）学位。

按国电公司对干部工商管理培训的要求，及省公司对基层企业干部工商管理培训的教学安排，10～11月，在公司属电力职工教育培训中心举办了2期4个班的基层企业科级干部工商管理培训班，共计培训214名学员。今年全公司参加职工教育学习的干部有6592名，占干部总数的59.3%，其中：干部岗位培训学习的有4715名，占干部总数的42%；参加继续教育学习的有688名，占干部总数的6.2%。

(2) 工人技术培训。基层各单位结合企业深化改革的需要，大力开展工人技术等级培训，开展“一专多能”的培训，并加大考核力度。全年全公司参加职工教育学习的工人有9628名，占工人总数的49.97%。组织火电大机组及变电仿真培训35期，培训电力运行操作人员703人，开机2628h。开展特殊工种培训，共组织焊工培训班5期，共培训130人。在组织基层继保人员系统培训的基础上，组织400多名系统继保人员进行上岗考试。

3. 学校

1999年，省公司系统大力宣传贯彻《关于进一步提高职工文化技术业务素质的决定》，大大调动了职工学习积极性，掀起了职工学历达标教育，“第二学历”教育的高潮。国家电力公司所属电力系统成人高等学校，在黔招收大专以上在职学生496名。

1999年省公司属学校职后教育毕业生情况：南方电力职大贵州分校大专毕业生66名，其中：热能专业16名，电专业50名；贵阳电力职工中专校毕业学生56名，其中：热专业28名，电专业28名。

4. 科技管理

1999年，进一步树立“科学技术是第一生产力”的思想，增强“科技兴电”的自觉性，带领广大职工，加大科技的投入，提高了安全生产、基本建设、经营管理水平，提高了经济效益和产生了良好的社会效益。全年，科技体制改革初见成效。实行内部模拟市场后，统得过死的弊病没有了，各厂（局）能根据安全生产、经营管理的需要，自主安排科技攻关项目，同时十分重视科技成果的推广和应用。各厂（局）明显加大科技的投入。1999年各厂（局）安排科技经费计4632万元，是1998年的3.17倍。推动科技进步，关键在人才。各单位在培养科技人才上作了不懈努力。试研院开展评选“拔尖人才”活动就是培养人才的卓有成效的办法。

5. 标准化

1999年国家经贸委令第10号《电力行业标准化管理办法》发布实施，为我公司开展电力标准化工作提供了遵循的行政规章。1999年我公司建立了《贵州省电力公司标准全文数据库检索系统》，包括《中国水利电力标准全文数据库》、《国际电工委员会(IEC)标准全文数据库》、《电力法规全文数据库》、《国家计量标准全文数据库》、《国际标准化组织(ISO)标准全文数据库》，为我公司技术进步、技术创新和科技成果转化为生产力提供服务。

6. 科技成果

1999年有一项科技项目获省科技进步二等奖，有一项获得国家电力公司科技进步三等奖。经评审，1999年有26项科技项目获局级科技进步奖。（技术开发成果奖10项，其中一等奖2项，二等奖4项，三等奖3项，四等奖1项；科技成果推广奖16项，其中一等奖1项，二等奖3项，三等奖12项），有12项获得省部级科技进步奖（省二等奖一项，三等奖三项，四等奖七项，部三等奖一项）。

7. 信息化

1999年是“政府上网”年，同时也有力地推进了企业信息化工作。到本年全公司所有发供电企业以及调通局、试研院MIS系统建设已全面启动，盘县发电厂本年度达到了实用化验收水平，并验收通过；市南供电局、遵义供电局、六盘水供电局通过了营业现代化单项验收。该年为解决计算机2000年问题（简称Y2K），公司成立了以向德洪总经理为组长，唐斯庆副总经理为副组长的解决Y2K问题领导小组，并成立了一个解决Y2K问题工作组挂靠在公司信息中心，年内共召开了四次Y2K工作会议，每月发布情况通报，编制两集资料汇编，并于1999年8月31日～9月10日，1999年11月5日～11月8日两次组织全系统的Y2K联合测试，全公司共有1231人参加测试工作。在测试中，贵州电力系统没有发现Y2KAB类问题，只有少数的C类问题，从而得出结论：贵州电力系统不会因Y2K问题影响安全稳定发电及可靠地向用户供电。年末对在解决Y2K问题工作中作出贡献的130名先进个人和调通局进行了表彰。

8. 现代化管理

1999年各单位27个项目申报省公司企业管理现代化优秀成果评审，经评审12项获奖，其中《让利促销，激活市场，疲中求胜》等三项获一等奖；《用电营业管理自动化系统》等四项获二等奖；《地区电力调度规程》等五项获三等奖。省公司推荐三项成果参加全国电力企业管理现代化优秀成果评审，其中省公司的《让利促销，激活市场，疲中求胜》，送变电工程公司的《施工资源市场化，项目管理合同化》获二等奖，是省公司第一次有两项获二等奖；遵义发电厂的《火电厂燃料系统工程管理》获三等奖。

党群工作

1. “三讲”教育

按照国家电力公司安排，省公司机关被列为第一批开展“三讲”教育单位。从11月15日～12月24日，公司班子及班子成员、机关处级干部集中了40天时间，分“思想发动，学习提高”、“自我剖析，听取意见”、“交流思想，开展批评”、“认真整改，巩固成果”四个阶段进行党性党风教育。通过“三讲”教育，领导干部受到了一次深刻的马克思主义理论教育；健全与活跃了党内生活，增强了领导班子的团结；振奋了精神，改进了作风，推动了工作。达到了思想上有明显提高，政治上有明显进步，作风上有明显转变，纪律上有明显增强的要求。

2. 领导班子建设

各级党组织在抓好班子思想作风建设的同时，进一步加强班子的组织建设。年内对11个基层领导班子进行了考核调整，新提拔领导干部38人，因各种原因从领导岗位上退下来11人，交流干部16人。机关处室结合“三讲”教育，对60多名处级干部进行了考核，前10名进行了表彰和奖励，对后10名进行了诫勉，最后3名实行降职任用，在干部能上能下方面迈出了重要一步。

3. 精神文明建设

1999年是创建文明单位的考核年，许多单位把创建文明单位作为企业要实现的主要目标之一，加大了创建工作的力度，不断完善领导机制、考核制度、管理制度和奖惩办法，使双文明单位建设制度化、规范化，提高了创建质量。绝大多数单位创建工作纳入班组、车间、科室和企业的工作目标，同布置、同检查、同考核、同奖惩，落实了各级各类人员的责任，使“一把手抓两手”落到实处，调动了广大职工参与创建活动的积极性。下半年，省公司组织对新申报省公司双文明单位的企业进行了全面考核，又有14家单位被评为省公司“双文明单位”，6家单位被评为“双文明优胜单位”，创建质量普遍有了提高。

全公司各单位抓住建国50周年和澳门回归祖国两件全国人民政治生活中的大事，省公司举办了电力职工祖国大庆艺术节，整个艺术节历时半年，先后举办了“艺术歌曲合唱会”、“职工文艺汇演”、“书画摄影展”三个全局性活动，全系统36个单位近5000名职工参加。

4. 宣传工作

1999年《贵州电力报》共出刊67期，正版61期，其中月末版11期，摄影专刊6期。《贵州电业》共出刊8期，其中有两期增刊。

5. 党校

1999年贵州电力党校共完成各类干部培训5期，其中厂处级、中青年干部工商管理培训班1期，42天，38人·次；纪检检察干部培训班1期，11天，22人·次；党支部书记培训班1期，6天，33人·次；党员统计报表培训班1期，3天，36人·次；工会主席培训班1期，5天，39人·次。累计培训168人·次，培训时间67天。

6. 纪检监察

领导干部廉洁自律。3月，提出了建立党风廉政建设责任制目标；4月，制订《中共贵州省电力公司党组关于实行党风廉政建设责任制的实施办法》，发各基层企业单位执行；5月，国电公司总经理高严与省公司总经理向德洪签订了《党风廉政建设责任书》，向总经理又分别与省公司领导和基层企业单位“一把手”签订了“责任书”。

查处违纪违法案件。各级纪检监察部门全年共收到来信来访168件，经初查了结48件，立案调查26件，涉及44人，已全部查结。给予纪律处分44人，其中政纪处分39人、警告13人、记过13人、记大过5人、留用察看4人、开除4人；给予党政处分7人：警告6人、开除党籍1人。通过办案挽回经济损失116.6万余元。全公司系统没有发生厂处级以上领导干部违纪违法案件。

执法监察和效能监察。一是监督“两网”改造资金的使用。完成了“两改一同价”首批22个县农网改造资金9.7亿元的监督使用。都供监审部监督签订农网改造合同80份，4054.64万元，经审核减资金77.48万元。二是效能监察。都供检查了基建、大修、更改资金予决算情况，核减资金1149万元、减少损失307万元。

党风廉政教育。一是组织广大干部职工学习江泽民总书记重要讲话、中央和上级关于加强党风廉政建设，深入开展反腐败斗争的文件，组织收看党风廉政建设教育录相片，凯供组织150人观看录相4次，普遍反映受到了教育。二是培训纪检监察干部。省公司于6月举办1期培训班，培训专兼职纪检监察干部21人，水城发电厂举办200人参加的法制讲座3场次，贵阳市南供电局举办了党支部书记、客户服务中心职工等200多人次的学习班，提高了素质，为做好工作奠定了基础。

7. 社会治安综合治理

继续深入开展综治“平安工程”活动，做好新时期人民内部矛盾纠纷的调解，努力创建“发案少、秩序好、群众满意”的内部治安环境。各级领导和综治部门树立“稳定压倒一切”的思想，层层签订“社会治安综合治理”、“平安工程”和“禁毒”目标责任书，并加大宣传教育力度，提高广大职工群众的防犯意识和思想政治素质。

8. 工会工作

1999年，全面贯彻落实党的全心全意依靠工人阶级的指导方针，以积极稳妥地推行“厂务公开 ”工作为重点。突出维护职能，为公司物质文明和精神文明建设作出了努力和贡献。被全国水电全委和省总工会分别评为工会工作先进集体和评先创优优胜单位。

1999年，在全公司职工中广泛开展建功立业活动一是以巩固和深化双达标成果为主要目的的供电系统220kV变电站达标竞赛，并参加了西南五省（区、市）220kV变电运行技术比赛。贵州选派的三个代表队分获实际操作比赛二等奖二名，三等奖二名。二是开展了以提高电网骨干机组的安全、经济、稳定运行水平的20万千瓦火电机组经济技术指标竞赛和施工企业“安全在我心中”竞赛活动。三是通过建功立业和评先创优活动，涌现出一大批先进集体和先进个人，省公司被全国总工会授予“全国五一劳动奖状”。贵阳市南供电局送电管理所等两个基层单位荣获国电公司先进集体称号，有6名职工荣获国电公司劳模称号，8名职工荣获贵州省五一劳动奖章。

9. 职代会

1999年1月26～27日，省公司二届四次职代会暨1999年电力工作会议在贵阳召开，全局共233名代表出席了会议。大会审议通过了向德洪总经理所作的《抓机遇、抓市场、抓效益、促发展，全面推动贵州电力进入新世纪》和陈森泉副总会计师所作的《1998年财务决算及1999年财务预算报告》。这次会议得到了省委省政府的大力支持。副省长刘长贵，省人大副主任、省总工会主席王树森，省总工会副主席林明达，省经贸委副主任金隆昆等领导到会讲话。

主要事件

1月13日，向德洪局长主持召开局长办公会，审定1999年局（公司）发电量、售电量计划及所属单位生产、经营指标，研究明确了加快信息化建设的有关事宜。

2月11日，中共贵州省委书记、省人大常委会主任刘方仁，省委常委、省军区政委喻忠桂，省委常委、贵阳市委书记庹文升，副省长郭树清，省委秘书长王晓东等到省局（公司）机关进行春节慰问，在听取向德洪局长简要汇报工作后，刘方仁书记对我局（公司）工作给予充分肯定，并对下步工作作了重要指标。刘书记一行还到电力调通局了解全网电力生产运行情况，看望职工。

2月16日，省委副书记王寿亭、副省长马文骏等在省局领导向德洪、唐斯庆陪同下，到省电力调度通信局看望坚守在电力调度岗位上的职工，向电力职工拜年。

3月8日，贵州省与国家电力公司在京召开加快贵州电力发展联席会议。国家电力公司出席会议的有总经理高严，副总经理赵希正、陆延昌，总工程师冉莹，总经济师谢松林，总经理助理、人劳局局长刘忱，总经理助理、政法局局长邵世伟，办公厅主任翟若愚，水电发展局局长张学知；贵州省出席会议的有：省委书记、省人大常委会主任刘方仁，省长钱运录，副省长刘长贵、郭树清，省政府秘书长陈大卫，省计委主任赵家兴，省经贸委主任李平；贵州省电力公司总经理向德洪，乌江水电开发公司董事长刘撇成、总经理戴绍良也出席会议。会议就加快贵州电力发展形成共识。

4月12日，金沙电厂2号机组（12.5万kW）完成96h满负荷试运转。

4月27日，在贵州省召开的庆祝“五一”国际劳动节暨表彰大会上，会议受全国总工会委托，表彰贵州省电力公司为全国先进企业，并授予“全国‘五一’劳动奖状”。

4月29日，贵州电力工会主席陈实作为贵州省代表赴京参加首都庆祝“五一”国际劳动节大会。会前，受到胡锦涛、吴邦国等党和国家领导亲切接见。

5月19日，贵州省省长钱运录、副省长刘长贵、省政府经济顾问谢养惠、省政府秘书长陈大卫、省经贸委主任李平等到贵阳发电厂调研。

6月23日，王寿亭常务副省长、刘长贵副省长主持召开省长办公会，审议通过乌江水电开发公司改制方案。

7月8日，国家电力公司副总经理赵希正、周大兵等到筑。晚上，刘长贵副省长及省有关部门负责人与国家电力公司赵希正、周大兵副总经理一行召开乌江公司改制成立大会预备会，宣布新成立的贵州乌江水电开发有限责任公司董事会成员和该公司党委组成人员名单。

7月9日，国家电力公司和贵州省人民政府召开贵州乌江水电开发有限责任公司成立大会，国家电力公司副总经理赵希正、周大兵，中电联名誉理事长张绍贤，国家经贸委电力司副司长黄永达；中共贵州省委书记、省人大常委会主任刘方仁，省委副书记、常务副省长王寿亭，副省长刘长贵，以及国家电力公司、贵州省有关部门、单位负责人参加。刘方仁书记与赵希正副总经理为该公司成立揭牌，刘长贵副省长、周大兵副总经理、张绍贤名誉理事长讲话，乌江公司董事长戴绍良、贵州省电力公司总经理向德洪发言。

7月21～22日，贵州省电力公司在红枫发电总厂召开首次县局管理工作会。

7月30日，向德洪局长主持召开局长办公会，研究关停小火电机组的工作计划，并明确局有关部门相应工作分工。

8月9日，省公司召开电话会，部署贵州电力系统Y2K问题联合测试工作。

8月25日，省局（公司）召开所属供电局局长、书记会议，专题研究电力营销工作。

8月25日，安顺电厂2号机（30万kW）完成168h整套试运转，正式投运。

9月1日，贵州省电力公司、贵州省基本建设投资公司与广西开发投资公司签订《合资建设盘县发电厂二期工程（2×20万kW）协议》。

9月1日，省电力公司召开新闻发布会：进一步优惠居民用电价格，鼓励使用电锅炉。省经贸委副主任金隆昆、省环保局副局长贺士诚、省劳动厅副厅长贾文肃、局领导朱远春、陈实出席。

9月3日，贵州电力职工“迎祖国大庆”艺术节文艺调演在清镇发电厂举行。

9月16日，在全国精神文明建设表彰电视电话会上，贵州省电力公司（本部）获精神文明建设先进单位，贵阳市南供电局获创建文明行业先进单位，都匀供电局营业报装中心获创建文明行业窗口称号。

9月18日，省电力公司领导向德洪、陈实、陈森泉等，省基建投资公司总经理赵家兴与香港中华电力公司（中国）董事总经理李锐波等就合资办电事宜进行洽商，三方签订了《合资经营建设安顺发电厂（一、二期）意向书》。副省长郭树清、省府副秘书长王远海等出席签字仪式。

9月21日凌晨0:45，凯里发电厂3号机组完成满负荷连续96h试运行，投入生产。

9月22日，刘长贵副省长等在盘县发电厂检查工作并主持召开二期技改工程现场办公会。局长向德洪、副局长匡忠雄，省经贸委副主任罗庆元，省工商银行行长蒲德荣，六盘水市、盘县政府领导以及项目投资方代表参加会议。

10月15日，钱运录省长在向德洪局长陪同下到清镇发电厂调研。

10月16日，国家电力公司市场营销工作会在我公司机关会场开幕，国家电力公司总经济师焦亿安主持大会，王寿亭副省长致欢迎词，国家电力公司总经理高严作书面讲话，国家电力公司副总经理陆延昌作工作报告，大会表彰了在增供扩销、电费回收、优质服务等方面作出突出成绩和贡献的10个先进集体和10名先进个人。

10月23～24日，副省长刘长贵在局领导向德洪、匡忠雄等陪同下，到正在作施工准备的习水电厂工程检查工作。

11月5日，全国人大常委会副委员长邹家华在中共贵州省委书记、省人大常委会主任刘方仁，省委常委、贵阳市委书记庹文升，省人大常委会副主任、省总工会主席王淑森以及局领导朱远春、唐斯庆等陪同下，到清镇发电厂进行环保治理专题考察。

11月25日，国家电力公司水电发展研讨会在公司本部召开，国家电力公司副总经理周大兵作重要讲话。省人大常委会副主任王淑森、省政府经济顾问谢养惠等到会。

11月30日，省委书记、省人大常委会主任刘方仁在六盘水市委书记徐敬原陪同下，到水城发电厂检查工作，并对加快贵州电力发展作重要指示。

12月1日，省委副书记、常务副省长王寿亭等到安顺发电厂检查工作。

12月15、16日，向德洪局长主持召开局长办公会，初步审定2000年局生产经营指标及分解下达计划。

12月16～17日，国家电力公司赵希正副总经理到贵州省电力系统视察工作。

12月17日，国家电力公司赵希正副总经理到我局检查工作，对我局“三讲”教育和工作情况作了重要指示。

12月24日，局（公司）召开“三讲”教育总结大会，向德洪局长作总结报告，国家电力公司巡视组组长吴文华同志讲话，朱远春副局长对公司本部各部门“三讲”教育整改工作提出要求。

（黄恩利）

其 他 地 区

山东省电力工业

概述

建成投产了日照电厂1号机组（35万kW）、莱城电厂2号机组（30万kW）共65万kW新机，全省发电装机容量已达1824万kW。1999年，全省发电量完成914.7亿kW·h，比1998年增长8.1%，其中，电网发电量757.3亿kW·h，售电量710.4亿kW·h，分别比1998年增长7.89%和9.55%。装机和年电量连续多年保持全国第二位，长期以来电力对经济发展的“瓶颈”制约基本消除。电网发展步伐不断加快，山东电网南线500kV工程（邹县—临沂）建成投运，投产500kV线路150km，变电容量75万kV·A；220kV线路742km，变电容量219万kV·A，全省500kV、220kV线路已分别达到889km和8168km，变电容量分别达到375万kV·A和1944万kV·A；山东电网已形成为覆盖全省城市乡村、以30万kW和60万kW机组为主力机型、以220kV和500kV为主网架的超高压、现代化的电网。农电事业开创了新局面，全省农村电气化县已占60%，“三为”服务达标县占86%，均居全国第一位；1994年实现全省村村通电，1996年在全国率先实现全省户户通电，至今仍是全国实现这一目标的唯一省份。

企业管理

电力安全生产管理向“可控、在控”方向迈出了实质性步伐，全年公司发供电设备事故和一类障碍次数分别比1998年下降58%和28%，基建系统连续三年保持无死亡事故记录，施工质量不断提高。邹县电厂三期工程（2×60万kW）荣获鲁班奖。企业管理正在由粗放型向集约化转变，成本开支连年下降，消耗性指标逐年降低。1999年公司直管电厂供电煤耗363.7g/(kW·h)，比1998年降低3.0g/(kW·h)。科技进步对企业发展的贡献率不断增长，电网技术装备水平和科技含量逐步提高。近几年有19项成果获国家级奖励。创一流工作取得显著成绩，1999年，调度中心被命名为全国首家“一流调度机构”，5厂6局被命名全国一流发供电企业，至此，山东电力16个基层企业荣获全国一流发供电企业称号，占全国总数的25.4%。

公司效益

到1999年底，山东电力集团公司总资产596亿元，年实现电力销售收入321亿元、利税33.54亿元，资产保值增值率103.65%，资产负债率39.29%，不良资产比率1%以下。企业财务状况继续保持较好水平，公司盈利能力、筹资能力、偿债能力、抵御风险能力均有进一步改善和提高。针对电力市场发生的变化，公司上下眼睛向内，挖掘潜力，向强化管理要效益。积极开拓电力市场，扩大电力销售，制定出台和认真落实了鼓励社会用电的10项措施，实施一户一表工程、大力推广使用电锅炉、实施居民生活用电超基数优惠政策和特困大企业合同电价政策等一系列措施，实现了电力销售持续增长。认真开展了“财务管理年”活动，进一步强化了全面预算管理和成本控制，加强了对各单位双文明承包合同的动态考核。1999年公司三大费用比1998年下降了5%。1999年全公司运营电厂燃料成本比1998年降低了4.5亿元。

公司改革

积极推进“厂网分开、竞价上网”改革试点，电力市场技术支持系统1999年7月1日建成试运行，为电网商业化运营做好了技术准备。以提高电力优质服务水平、同时为供电企业体制改革作准备的客户服务中心建设取得较快进展，集团公司中心站和济南、烟台两个分站已于1999年一季度正式建成投运，并通过国家电力公司组织的科技成果鉴定。2000年全省各市地将全部建成并联网运行，实现“您只需要一个电话，其余的由我们来做”的目标，为客户提供无微不至的服务。进一步深化公司内部改革，进行了集团公司投资的发电企业、多产企业的管理体制改革，组建了山东电力发电公司和山东鲁能控股公司，分别代表集团公司对所投资电源项目和多产项目行使出资者权利。同时，对基建管理体制进行了理顺，充实了山东电力核电建设集团公司；对集团公司网部进行了机构调整，形成了集团公司网部和发电公司、核电集团公司、鲁能控股公司等四个方面的组织体系。对电力医院和个别老厂，以及基建施工企业进行了人员分流，初步解决了这些单位的负担问题，稳定了职工队伍。继续深化用人分配机制改革，对12个直属专业公司实行了经营者年薪制试点，深化了“一二三线”职工动态管理机制建设，调动了职工积极性。

多种产业

认真实施“双向延伸、两翼齐飞、内外并举”的集团化发展战略，坚持“慎重投入、注重产出、任重发展”，把多种产业作为集团公司的“两翼”之一来发展。结合山东电力实际，1999年提出公司“发展的速度要符合健康标准”，管理跟不上宁愿不发展，以实现山东电力的持续、快速、健康发展。1999年，集团公司多种产业总收入实现131亿元，实现利税17.17亿元，特别是集团公司燃料、物资、鲁能、信通、信谊（旅游餐饮）、物矿、英大国托等12个专业公司，取得了较好的效益水平，成为山东电力多种产业发展的主体力量。1999年，12个专业公司实现总收入90亿元，首次超过集团公司的利润水平，实现了历史性突破。多年来，山东电力讲政治、讲大局，坚持“振兴山东，电力先行”。1989年山东电力公司成立至今，已累计实现利税157.3亿元，其中“九五”以来78.4亿元。多种产业的发展不仅取得了可观的经济效益，也创造了良好的社会效益，安置和吸纳社会下岗和待业人员近40000人，“九五”以来累计实现总收入和利税分别为353亿元和38亿元。坚持“改制、整顿、管理、提效”的总体要求，加大了结构调整、资产重组和有市场、高科技项目的开发力度，进一步强化多产项目的经营管理。通过运作鲁能泰山足球，“鲁能”品牌迅速增值，经北京北方亚事无形资产评估事务所评估，“鲁能”品牌无形资产价值428亿元，成为迄今为止经资产评估向社会公布的最高价值品牌。房地产、工业实业、商贸、旅游等优势产业继续保持较强的发展势头。

资本运营

在切实加强生产经营管理的同时，不断抢抓机遇，在全公司范围内优化人才、资金、管理、技术、信息等资源配置，加强一体化运作，积极推进生产经营和资本运营的有机结合。先后实践了盘活存量、收购、兼并、股份制改造等多种形式的资本运营，取得了突破性进展。1999年，集团公司通过股权收购，在华夏银行的股份由16%增加到19.8%，是华夏银行第二大股东；投资交通银行，成为第四大股东；拥有山国电、鲁能泰山两家上市公司；1999年，以16%的股份成为湘财证券第一大股东，以40%的股份成为蔚深证券第一大股东，以68.5%的股份收购了山东金穗期货公司并分别实现了控股经营。集团公司已基本形成了金融、证券、信托、期货、保险代理等功能完备的金融运作体系，融资渠道更加广泛，投资收益逐年增长，发展空间不断扩大。

“两改一同价”工作

按照国家统一部署，高度重视城农网建设改造工作，提出了严格规划审查、严格项目审批、统一物资采购的“两严格、一统一”的要求，并作为一项“利民工程”，加强了全过程管理，取得了较好的经济和社会效益。国家批复山东3年（1998～2000年）城农网建设改造总投资217亿元，已完成投资87亿元。农网改造后的低压损耗全部降到12%以下，改造过的村平均电价降低0.12元/(kW·h)，低压线损平均降低14个百分点。城网建设改造全面启动，已分三批下达建设改造资金27.86亿元。根据国家关于农电体制改革的部署，1999年4月，顺利实现了对全省89个趸售县的代管工作，并完成了1560个乡镇供电站的改革工作。国家计委和国家电力公司分别在山东召开了会议，并组织代表现场考察，对山东“两改一同价”工作给予了充分肯定。

教育培训

认真实施“科教兴业”战略和“人才工程”，适应形势发展的要求，提出建设“学习创新型”企业的目标，高度重视人才培养和干部职工的学习培训。公司机关坚持定期邀请国内知名专家学者作学术报告和知识讲座。着眼跨世纪人才储备，集团公司与中央党校、清华大学、西安交通大学、山东工业大学和美国德克萨斯科技大学等建立了联合办学关系。目前，公司正在办的研究生班6个，310名中高级管理人员参加了电力工程、经济学、工商管理等专业的学习。其中，1998年开班的第一期中美合作工商管理研究生班已经毕业，第二期学员正在美国学习。1999年公司共举办厂处级干部理论学习班2期，举办中青干部和科级干部强化培训班3期，举办县级供电企业主要负责人培训班2期，县级供电企业青年干部培训班2期。为优化资源配置，对山东电科院和山东电力高等专科学校进行了体制合一、结构调整和资源、智力重组，成立了山东电力研究院，作为山东电力科研教培基地。

精神文明建设

按照国家电力公司的统一部署，1999年11月～12月，以整风的精神开展了党委领导班子和机关处级以上干部“三讲”教育，加强思想政治工作，深入开展了向优秀共产党员刘继伟同志学习活动。在与“法轮功”邪教斗争中，广大干部职工立场坚定，旗帜鲜明，坚决拥护中央决定，在思想上、行动上同党中央保持高度一致，经受住了考验。干部队伍建设向“四化”目标迈出了重要一步，一大批年富力强、具有实践经验的中青年干部走上领导岗位。厂处级干部平均年龄由“八五”末的50.2岁下降到45.3岁，大专及以上学历的由“八五”末72.6%提高到86.6%。职工队伍素质得到较大提升，大专及以上学历人员占职工总数近1/4，拥有硕士及以上学位人员300余人。集团公司副总工程师于文虎同志当选为中国工程院院士。在长期改革发展的实践中，培育和形成了“追求卓越、服务真诚”的山东电力企业精神，以及具有时代特征和山东电力特色的“鲁能”精神，即：“自我加压的负责精神、精诚团结的团队精神、奋不顾身的拼搏精神、追求卓越的创新精神”。体现山东电力发展战略、管理理念和企业文化的鲁能泰山足球，荣获1999年全国足球甲A联赛冠军和足协杯赛冠军，鲁能泰山足球队成为全国第一个“双冠王”球队，实现了山东足球的历史性突破。继续实施电力扶贫共富工程，根据省委、省政府部署，对口支援菏泽，作了大量工作，受到了各级党委、政府和社会各界的赞誉。为回报全省人民对电力工作的关心支持，1999年12月，山东电力集团公司从企业资金中拿出900万元，捐赠社会，其中，捐赠全省“希望工程”500万元；贯彻省委、省政府开发鲁西南的决策部署，支援菏泽地区300万元；支持省体委发展我省体育事业100万元。

1999年5月，李鹏委员长亲临集团公司视察，充分肯定了山东电力工作。国务院稽察特派员第二年对集团公司开展稽察，对集团公司的领导班子、干部队伍、企业管理、经济效益以及多种产业给予了很高评价。1999年4月，集团公司先后被全国总工会授予“五一劳动奖状”，被中国企业联合会授予“中国企业管理杰出贡献奖”。1999年9月，集团公司和9个基层企业又被中央文明委授予“全国精神文明建设先进单位称号”。十五届四中全会召开后，集团公司总经理刘振亚代表集团公司先后参加了中宣部、国家经贸委组织的国企改革座谈会和中宣部等中央四部委在人民大会堂举行的深化国有企业改革事迹报告会，分别介绍了山东电力改革和发展的经验。1999年12月，山东省委、省政府以鲁政发［1999］131号文件作出《关于对山东电力集团公司进行通令嘉奖的决定》，国家电力公司以国电总［1999］758号文件作出了《关于对山东电力集团公司嘉奖的决定》，分别嘉奖300万元。山东省人民政府还以鲁政发［1999］131号和132号文件给山东鲁能泰山足球俱乐部记集体一等功，给刘振亚同志记个人一等功。

主要事件

1月12日，省政府办公厅鲁政办发［1999］3号文件印发《山东省农电管理体制改革实施方案》。

1月27～30日，集团公司在济南召开首届二次职代会暨1999年全省电力工作会议。韩寓群副省长出席会议并讲话。

2月12日，省委副书记、省长李春亭来省电力局机关慰问电力职工，向全省电力系统广大干部职工祝贺新春。

3月18日，山东鲁能泰山矿业开发有限公司在泰安正式成立，并举行揭牌仪式。

3月30日，省政府在济南召开全省农村电力体制改革工作会议，副省长韩寓群、国家经贸委电力司司长史玉波等出席会议并讲话。

4月6日，山东电力研究院成立。同时撤销山东电科院建制，实行山东电科院和山东电力专科学校资源优化配置。

4月18日，山东中华发电有限公司与美元、人民币贷款方在香港正式签署美元、人民币贷款协议生效书。历时五年的山华电菏泽、聊城项目总计6.617亿美元、68亿元人民币的项目融资获得成功。

4月，集团公司被中华全国总工会授予全国“五一劳动奖状”。

5月9～10日，集团公司在济南召开全省农电工作会议，全面部署代管后的县级供电企业工作。

5月15日，全国人大常委会委员长李鹏，在省委书记吴官正、省长李春亭等同志的陪同下视察山东电力集团公司。

6月8日，山东鲁能电力燃料有限公司改组为以山东鲁能燃料有限公司为核心企业的山东鲁能燃料集团。

6月30日，山东国际电源开发股份有限公司在香港联交所成功上市。

7月1日，山东电网电力市场技术支持系统建成并正式开始试运行。

7月10日，国家电力公司发出通知，命名山东电力集团公司所属的日照电业局、枣庄电业局、潍坊电业局、淄博电业局和济南供电局为“一流供电企业”，石横发电厂、潍坊发电厂、黄岛发电厂和十里泉发电厂为“一流火力发电厂”。

7月30日，集团公司召开“十五”电网规划工作会议，就认真贯彻国家和省有关“十五”规划文件精神，做好山东电力“十五”电网规划进行了部署。

7月31日，山东鲁能泰山足球学校宣布成立并开学。

8月11～12日，诸诚、高密两市和胶州市遭受特大暴雨袭击。省电力局派出工作组组织电力职工抗洪救灾，并分别支援诸诚、高密、胶州供电部门50万元、潍坊电业局100万元资金，用于电力设施抢修。

8月22～23日，山东电力集团公司研究开发的“山东电力客户服务中心数字语音支持系统”和“发电厂竞价上网辅助决策系统”，通过国家电力公司组织的科技成果鉴定。

9月15日，日照电厂1号机组（35万kW）圆满完成168小时满负荷试运行，正式移交试生产。

9月15日，在全国精神文明创建工作大会上，集团公司受到中央文明委表彰，荣获“全国精神文明建设先进单位”称号。同时，临沂电业局、枣庄电业局、烟台电业局、日照电业局、济宁电业局、聊城电业局、菏泽发电厂、石横发电厂也荣获“全国精神文明建设先进单位”称号。潍坊电业局荣获“全国创建文明行业工作先进单位”称号。

9月23日，山东电网南线500kV邹县—临沂输变电工程—邹蒙输变电工程正式竣工投运。

9月27日，省最大的风力发电项目—山东长岛风力发电场竣工投产。共安装9台600kW大型风力发电机组。

10月23日，刘继伟同志在与歹徒英勇搏斗中光荣牺牲。为表彰刘继伟同志的英雄事迹，10月29日，集团公司召开向优秀共产党员刘继伟同志学习大会，并作出《关于在全省电力系统开展向刘继伟同志学习活动的决定》。

10月26日，国务院稽察特派员对山东电力开始进行新一轮企业稽察工作。特派员高度评价山东电力工作，认为通过第一批全国20多个国有大企业稽察情况比较，山东电力各项工作名列前茅，充分证明国有企业是完全可以搞好的。

11月9日，集团公司召开集团公司党委和机关处级以上干部“三讲”教育动员大会。集团公司党委和机关处级以上干部“三讲”教育正式开始。

11月10～11日，集团公司与美国中西南部电力公司在济南召开中美能源伙伴计划合作交流会议。

11月20～21日，山东电力调度中心顺利通过国家电力公司一流调度机构检查验收。全国电网一流调度机构现场会同时在济南召开。

12月5日，山东鲁能泰山足球队夺得’99全国足球甲A联赛冠军。

12月8日，山东电网500kV东段输变电工程在青岛举行开工典礼。

12月10日，莱城电厂2号机组（30万kW）圆满完成168h试运行，顺利移交试生产。至此，全年投产大型发电机组65万kW的任务圆满完成。

12月12日，山东鲁能泰山足球队夺得’99飞利浦中国足协杯赛冠军，成为中国足坛第一支“双冠王”球队，实现了山东足球的历史性突破。

12月16日，鲁能金穗期货经纪有限公司在济南举行成立大会。

12月17日，“山东电缆”上市公司正式更名“鲁能泰山”新闻发布会在济南举行。

12月20日，鲁能富士电机有限公司在鲁能长清工业园开业。

12月22日，国家电力公司发出通知，命名山东电力调度中心为全国一流电网调度机构，命名德州电业局、华能威海发电厂为全国一流供电企业和一流火力发电厂。山东电力集团公司一流发供企业已达16家。

12月25日，山东海阳核电站合资意向书在北京正式签署。

12月27日，省委、省政府以鲁政发［1999］131号文件作出《关于对山东电力集团公司进行通令嘉奖的决定》，国家电力公司以国电总［1999］758号文件作出《关于对山东电力集团公司嘉奖的决定》，分别嘉奖300万元，表彰山东电力集团公司为全省和国家电力公司系统两个文明建设做出的贡献。

12月28日，集团公司副总工程师于文虎博士当选中国工程院院士。

12月28日，国务院正式批复泰安抽水蓄能电站可研报告。

12月28日，鲁能发展集团公司开发的重庆市北部五童路项目正式开工。

12月28日，经北京北方亚事无形资产评估事务所评估，“鲁能”品牌价值为428亿元，成为全国最高价值品牌。

（刘清鑫）

福建省电力工业

生产经营

1999年省电网完成发电量356亿kW·h，其中，统调电厂完成发电量328.7亿kW·h，省电力局所属及控股电厂完成发电量155.4亿kW·h，比增均超过10%。电网在保持安全稳定运行的同时，成功地解决了计算机2000年问题，并顺利通过了后石电厂首台60万kW机组额定运行甩负荷的严峻考验。

1999年，省电力局确保了国家电力公司资产经营责任状的全面落实。年末，省局资产总额达240亿元，资产负债率54%，资产保值增值率102.54%。省电力局完成售电量247.5亿kW·h，比增14.16%；实现电力销售收入84.79亿元，多种经营总收入40亿元；全年电费回收基本结零。省电力局所属及控股机组总容量331.6万kW，占全省总装机容量969万kW的34.3%，其中，水电234.33万kW，占全省水电507.57万kW的46%，火电97.27万kW，占全省火电461.43万kW的21%。

1999年，省电力局结合电力市场已发生根本变化的形势，进一步调整了营销策略，适时取消了一系列限制用电的措施，出台了一批鼓励用电的政策和办法，营销工作取得较大成绩。1999年全省社会用电量为356亿kW·h，比增10.59%。其中工业用电239.2亿kW·h，占67.19%；城乡居民生活用电63亿kW·h，占17.7%。完成网供售电量247.5亿kW·h，占全省社会用电量的69.53%。省电力局直供售电量为153.93亿kW·h，占总供电量的62.19%；趸售电量为93.59亿kW·h，占总售电量的37.81%。省电网购电量为138.34亿kW·h，比1998年同期增加25亿kW·h，增长22.07%。

农电两改

1999年，积极推进农电体制改革。全省需要代管的60个趸售县（市、区）供电企业中，已有49个县（市、区）人民政府与省电力局签订了委托代管协议，41个趸售县（市、区）供电企业完成了代管交接工作。全省已完成乡镇电管站改制563个，占应改数的57.35%；1999年度16个试点县（市、区）中，已完成乡镇电管站改制172个，占应改数的96%。

全省农电35kV及以上输变电工程已全部完成统一规划审定。全省各县（市、区）10kV及以下农村电网规划编制后，再次经过优化修编。分批审批下达农网建设和改造资金11.5亿元，并已完成农网工程投资8.7亿元。农网改造的行政村已审批下达2485个，开工1839个，竣工1445个。全省16个试点县(市、区)中，已有12个县(市、区)的农网改造竣工。

全省按统一的农网建设与改造技术标准，统一农村配电网工程设计规范和概(预)算。认真贯彻国家计委有关规定，制定和实施农网建设与改造的工程质量管理办法、验收规定和工程管理办法等。在完成体制改革和农网改造的乡村，实现了“两高两低”(提高农村供电可靠性、提高电能质量、降低线损、降低农村电价)。

据统计，1999年全省已实现“两改”的农村，低压线损平均为12%，平均下降17个百分点；电价平均下降0.119元/(kW·h)，农民到户电价均降到省物委对当地的最高限价之内。1999年全省农村生活用电为22.89亿kW·h，比1998年同期增长了22.79%，较同期城市居民生活用电增幅高16个百分点。

结构调整

1999年，省电力局完成固定资产投资42.74亿元，其中：主网8.5亿元，城网9.55亿元，农网8.7亿元，合计占总投资的62.6%。500kV泉州—厦门、后石—厦门第一、二回路超高压送出工程如期投产。电网新增500kV变电站1座75万kV·A，线路298.7km；220kV及110kV主变压器16台147万kV·A，线路403km。农网改造也已取得初步成果。由省电力局控股的棉花滩水电站工程已进入大坝浇筑和地下厂房紧张施工阶段。闽东穆阳溪芹山电站首台机组已并网发电。

民主管理

1999年，省电力局把推行厂务公开作为加强企业民主管理的一项重点工作来抓。省局成立了厂务公开协调领导小组和办公室。福州电业局、漳平电厂、古田溪水电厂、省第二电力建设公司等四个试点单位根据要求规范厂务公开的内容和程序，建立了领导机构和监督机制。省局厂务公开办公室积极做好指导、调研和总结，使这项工作得到稳步推进。至1999年底，已有34个单位建立了厂务公开制度，占全系统的62%。各单位通过推行厂务公开，提高了企业的各项管理水平，有力地促进了企业的党风廉政建设。

1999年，各电力企业继续贯彻实施《劳动法》，建立健全劳动保护网络，积极开展送温暖活动，认真接待处理职工来信来访，加强各单位劳动合同签订后的管理、期满续签和修订工作，严格依法办事，促进了企业劳动关系的和谐稳定。

精神文明建设

1999年，福建电力有2人获全国“五一”劳动奖章，7人获省“五一”劳动奖章。5人获国家电力公司劳动模范荣誉称号，1人获国家电力公司全心全意办企业优秀领导干部荣誉称号，2人获全省“十大杰出工人”荣誉称号。31个单位获省级文明单位荣誉称号，10个单位获国家电力公司“双文明”单位荣誉称号，2个单位获全国创建文明先进单位和先进“窗口”荣誉称号。在全省行风工作会议上，电力行风再获好评。省电力局直属机关党委首批进入省委表彰的省直机关党建工作先进单位行列。

（林耀庭）

四川省电力工业

基本情况

1999年底，四川省电力公司有电力生产、设计、施工、修造、科研、调试、学校等企事业单位53个，职工总额51838人（不含多经企业），其中各类专业技术人员16117人。全省发电装机容量1595.27万kW，其中：四川省电力公司管理电厂653.35万kW，四川省电力公司全产权电厂428.68万kW。建成500kV输电线路1389km、220kV输电线路6245km、110kV输电线路8350km；拥有500kV变电容量176万kV·A；拥有220kV变电容量819万kV·A；110kV及以上总变电容量2011万kV·A。

电网生产

1999年全省完成发电量490.68亿kW·h，比1998年增长3.14%，其中水电304.64亿kW·h，增长20.48%，火电186.02亿kW·h，下降16.53%；局管发电厂完成发电量237.6亿kW·h，为年计划232.6亿kW·h的102.1%，比1998年下降12.59%，其中水电107.3亿kW·h，下降1.82%，火电130.3亿kW·h，下降19.84%；局属全资电厂完成发电量154.55亿kW·h，为年计划144.1亿kW·h的103.42%，其中水电86.61亿kW·h，增长0.67%，火电67.93亿kW·h，下降17.55%。1999年全局完成售电量304.47亿kW·h，为年计划302亿kW·h的100.82%，比1998年下降0.75%，其中本省售电量289.15亿kW·h，为年计划293亿kW·h的98.69%，比1998年增长2.63%。供电煤耗率完成406g/(kW·h)，比年计划下降12g/(kW·h)，比1998年下降10g/(kW·h)。线损率完成8.15%，与年计划持平，比1998年下降0.01个百分点。电网频率合格率99.98%，中枢点电压合格率99.3%。

重点工程建设

二滩500kV送出工程主要工程已投入商业运行，后续工程建设也取得实质性进展。宝珠寺电站尾工基本完成，实现了第一个基建按水电站达标要求投产的电站。1999年全省新增发电容量311.17万kW，其中省公司参股控股的投产容量264.2万kW（二滩220万kW、广安30万kW、嘉陵公司14.2万kW）；新增500kV变电容量75万kV·A，220kV变电容量117万kV·A，110kV变电容量176万kV·A，截止1999年底110kV及以上总变电容量2011万kV·A；新增500kV输电线路490km，总长度达到1389km；新增220kV输电线路585km，总长度达到6245km；新增110kV输电线路1872km，总长度8350km。

经营指标

1999年完成产品销售收入100.26亿元，较1998年的101.34亿元减少1.08亿元，降低1.07%；产品销售成本完成87.97亿元，较1998年同口径的89.43亿元减少1.46亿元，降低1.63%，实现利润1.38亿元。年末工业企业资产总值414.96亿元，资产负债率68.14%；资产利税率3.07%，综合电费回收率97.53%，其中上当电费回收率100%，旧欠目录电费回收率17.53%。在全省范围内实施了水、火电量置换，全年参加置换电量达到11.234亿kW·h，省局系统共计多发水电7.61亿kW·h。与此同时，1999年继续开展了以防窃电为主要内容的营业检查，追回违约使用电量497万kW·h，追回偷窃电量1057万kW·h，追回电费共计1365万元。

多种经营

1999年公司多种经营持续发展，运作机制进一步得到加强。在产权运作、资本经营、企业重组、劳动人事改革等方面都取得了新的进展。多经企业全年总收入完成25亿元，比1998年22.1亿元增长13.1%，实现利润7880万元，安置主业分流人员和职工待业子女2400人。

科技工作

1999年度安排省局技术开发费为：资本金1789万元、成本1823万元，与1998年相比基本持平。在技术开发费中成本部分安排500万元用于安排发供电企业的省局重点科技项目。

1999年度有37项科技成果获得省局科技进步奖，比1998年增加了17项。获得部、省级科技进步奖的科技成果有2项："DDT水轮机调速器液压调节装置"项目获得国家电力公司科技进步三等奖；"直流电源柜自动监控装置"项目获得四川省科技进步三等奖。99年度，共有17项科技成果通过省局以上组织的技术鉴定。其中有以下3个项目通过国家电力公司组织的技术鉴定：DPLC型低压载波集中抄表系统、电站锅炉螺旋肋片管低温再热器、DDP型油液颗粒污染度检测仪。

职工教育培训

1999年，教育培训工作认真落实科教兴电战略，以提高职工的文化素质、专业知识和技能水平为目标，配合省局公司化改组，减员增效，建立内部模拟市场等中心工作，全面开展教育培训工作，各项工作抓得具体扎实，完成了全年的工作任务。全年举办了各类培训班82个，共培训人员4680人，基层各单位举办培训班320个，培训人员24313人，全局46628名职工中，参加各类教育培训的达28493人，全员培训率为61%。举办领导干部工商管理培训班3期，培训104人，同时为宁夏培训55人。举办专业技术人员继续教育培训班8期，继续教育知识讲座2期。举办了高级工培训班7期，培训工人技术骨干300人。组织完成了省局首届职工初中文化水平统考及证书发放工作。

农电工作

1999年共有4个供电局达部标，7个供电局达省公司标准，到年底全公司累计共有57个供电局达部标，占直属供电局总数的95%。全公司直供农村村通电率达100%，户通电率达99.5%。涪城、江油、五通、沙湾、眉山县通过部级电气化县验收。1999年加大力度搞农村电网建设改造，完成投资9.75亿元，建成110kV变电站18座，线路566km，容量646.5MV·A；35kV变电所29座，142.6MV·A，线路320km；10kV线路6974km，整改低压线路492km。更换配电变压容3465台，89MV·A，建成县调自动化系统15个，安装无功补偿电容量4万kvar。完成农网建设改造竣工县一个。

精神文明建设

1999年，公司所属96%的单位建成市级以上文明单位，75%的单位被命名为省级文明单位。

1999年，我局被评为"四川省思想政治工作优秀企业"、"四川省老干部工作先进集体"，成都青羊供电局、内江发电总厂获中央文明委授予的先进单位称号，四川电力试验研究院甄威和成都电业局蒋兆荣两位同志获全国总工会颁发的"五一劳动"奖章，四川省电力调度中心自动化处李明节等10名同志被国家电力公司和全国水电工会授予"国家电力公司系统劳动模范"称号。

主要困难和问题

(1) 安全文明生产基础还不牢。主要表现是：部分同志对安全生产重要性认识不足；安全生产责任制还没有完全落实；安全生产基础仍然比较薄弱；违章作业比较严重，个别单位人身死亡事故突出；从全局看员工的综合素质、管理水平、技术装备水平等与现代化管理的要求还有较大的差距。

(2) 全省电费拖欠日趋严重。截至年末，累计拖欠综合电费22.58亿元，其中欠目录电费10.35亿元。巨额电费拖欠不仅给我局的正常生产经营带来困难，也影响到正常的经济秩序和国家的税收。

(3) 经营管理中还存在薄弱环节。败务状况不佳，电价调整不到位，还贷压力较大。1999年是实施内部电力市场的第一年，虽然成本有所扼制，但仍存在一些问题，尤其是财务管理问题较为突出，部分单位"小金库"仍然存在，个别单位严重违反财经制度，私自设立账外账，而且数额巨大；还有的单位应及时清算回来的电费和欠款没有清算，由于欠费企业破产形成呆账、坏账，给我局造成较大的经济损失。

(4) 电力市场疲软。局直管电厂发电量大幅下降，主网售电量再次出现负增长。

主要事件

1月1日，局内部电力市场正式运营，局属10个全资电厂参与竞价上网，15个供电企业参与市场考核。

1月1日，国家计委颁布的《四川省电网丰枯峰谷电价暂行规定》正式实施。

5月18日，攀枝花发电公司正式挂牌成立，攀枝花发电公司由原来的河门口发电厂、新庄发电厂、攀枝花发电厂合并组成。

5月21日，国家电力公司1999年度工作会议在四川电力疗养院召开。

9月16日，四川省电力公司与美国安然公司合作经营成都热电厂2×14.2万kW技改工程签字。该工程总投资23亿人民币，预计2000年3月全部正式投产。

10月28日，广安发电有限责任公司首台机组并网发电。

11月10日，四川省电力公司召开了“三讲”教育动员大会。

12月4日，二滩水电站1号机组并网发电，总装机容量330万kW的二滩水电站全部建成投产。

截止12月31日，四川省电力局已关停小火电机组17.6万kW，在全省起了带头作用，有效地促进了四川电力结构的调整和环境保护。

12月31日24时，四川电网计算机顺利跨入2000年。

重庆市电力工业

概况

1999年，重庆市全市总发电量158.27亿kW·h，比1998年下降0.25%，国家电网发电量105.79亿kW·h，同比增长11.04%。其中：重庆发电厂35.26亿kW·h，增长10.90%；白鹤发电厂6.51亿kW·h，增长8.11%；狮子滩水力发电总厂6.51亿kW·h，增长28.96%；九龙股份公司12.00亿kW·h，增长3.18%；华能珞璜电厂43.68亿kW·h，增长12.35%；华能燃机电厂1.83亿kW·h，下降3.68%；地方电厂和企业自备电厂发电量52.48亿kW·h，同比下降13.10%。重庆市国家电网供电量130.26亿kW·h，同比增长3.91%；全市售电量总计165.60亿kW·h，同比增长6.10%。其中：主网售电量115.31亿kW·h，增长4.65%；地方电网售电量50.30亿kW·h，增长8.40%。重庆市电力公司销售收入43.55亿元（含税），同比增长4.40%；厂用电率8.48%，降低0.66个百分点；供电煤耗438g/(kW·h)，降低2g/(kW·h)；线损率8.91%，降低0.10个百分点。国家电网供电区域全年最高负荷244.70万kW，增长5.80%；最大日电量4649.18万kW·h，增长2.83%；平均负荷率78.12%，降低0.58个百分点；低谷用电比例26.74%，下降0.62%；最大峰谷差117.90万kW·h，增加13.15万kW；中枢点电压合格率98.17%，增加0.04个百分点。

1999年，重庆市全社会用电量189亿kW·h，国家电网社会用电量119.94亿kW·h，增长5.33%。其中：工业80.54亿kW·h，增长4.15%（轻工业12.24亿kW·h，下降0.28%，重工业68.30亿kW·h,增长4.98%）；农林牧渔水利业8.89亿kW·h，下降6.19%；地质勘探业0.13亿kW·h，增长45.84%；建筑业1.78亿kW·h，增长12.04%；交通运输邮电通信业3.57亿kW·h，增长37.74%；商业饮食物资仓储业3.71亿kW·h，增长13.59%；其他事业3.06亿kW·h，增长3.50%；城乡居民生活用电18.26亿kW·h，增长10.21%（乡村2.03亿kW·h，下降6.40%；城市16.23亿kW·h，增长12.72%）；趸售电量12.26亿kW·h，增长3.06%。全市工业万元产值耗电量782.18kW·h，每千瓦时产值12.78元。

至1999年底，全市发电装机总容量423.20万kW（水电116.70万kW，火电306.50万kW）。其中：国家电网258万kW（水电13.20万kW，火电244.80万kW。其中重庆市电力公司直属电厂83.20万kW；九龙股份公司20万kW；华能重庆分公司154.8万kW）；地方电网138.40万kW（水电106.40万kW，火电32万kW）；企业自备电厂26.80万kW。重庆市电力公司拥有变电站158座，容量8533MV·A。其中500kV及220kV变电站19座，容量3750MV·A；35kV及以上输电线路5793km。其中500kV线路3条，348km；220kV线路52条，1526km。

重庆电网由于历史原因，部分地区电网仍较薄弱，还必须加紧建设和改造。目前重庆市亏损企业欠费严重，累计拖欠电费17亿元，给电力市场发展带来严重影响；此外，电价结构不合理这一突出问题也应尽快加以解决。

安全生产

加强安全管理，落实安全生产责任制，制定安全生产奖惩规定等制度；针对安全薄弱环节，有的放矢地开展安全检查和整改工作，通过对生产、基建和农电工程的拉网式质量、安全大检查，对存在的隐患进行迅速整改。不失时机地加强安全教育，开展以“安全、生命、稳定、发展”为主题的安全周活动，制作事故录像专辑，组织全公司安全调考，职工安全意识得到增强。在施工安全管理中，重点规范发、承包工作中的安全管理，严格进行发包者资质审查，对进入重庆电网进行施工作业的各种施工队伍严格资质审查。公司系统未发生重、特大设备事故，未发生重、特大火灾事故，实现了人身死亡事故为“0”的目标。全年发生设备考核事故20次，比1998年减少11次；人身伤亡事故22人·次，减少6人·次。

达标创一流工作起步，为全面落实国家电力公司创一流工作的要求，把达标创一流作为一条主线来抓。开展发供电企业“双达标”复查，重点查安全隐患、设备整治、缺陷管理、运行维护及贯标等，10个发供电企业复查合格，3个供电企业由于安全情况不好被黄牌警告后，经复查合格重新授牌。对重点基建项目实行达标投产考核验收。为保证创一流工作的顺利进行，公司成立了达标创一流领导小组和办公室，编制并下发了创一流规划和创一流标准。

在生产管理中，从设备管理入手，发电厂在整治设备渗漏和防止四管爆漏上下功夫，供电局狠抓了设备维护、检修管理和缺陷管理。根据电网安全需要，采用先进的防雷技术，建立了全公司范围的防雷定位系统，并投入运行；开展500kV陈家桥输变电工程的生产准备工作；坚持每月对重大缺陷和事故进行分析，将缺陷处理责任落实到人。在技术管理和技术监督中，建立健全了十大技术监督网，完成了电测计量标准的建标考核和复查认证工作，电气设备预试11693台（件），预试率99.83%，消缺率97.24%。将线损管理纳入供电局领导年度业绩考核，全年完成生产工程投资3.7万元。完成大修项目94项，技改项目131项，提高了设备的健康水平，强有力地支持了电网安全、稳定运行。

进一步加强了调度管理，认真贯彻“电力法”和电网调度管理条例等规章制度，依法管网，实行“全网一盘棋”调度，联络线调功与计划值偏差满足了考核精度，加强电网稳定计算分析和无功优化管理，220kV中枢点电压合格率达98.18%，比1998年提高0.05个百分点；加大了整定计算和定值管理力度，保护装置运行水平和正确动作率有所提高。在电网结构薄弱、系统调峰能力不足的情况下，实行优化运行、经济调度，电网营运已逐步适应了电力市场发展需要。随着电网主网架的充实和完善，全网设备过载限负荷状况有较大改善。合理安排机炉检修和出力，加强实时调度，周密安排火力发电方式，充分利用调峰资源，减少调峰损失，燃油调峰下降91%；地方电厂上网不合格电量得到有效控制。

电网建设

按照重庆电力建设规划近三年的计划安排，要完成二滩电站、珞璜电厂二期送出工程、渝达电铁供电工程和重庆电网及城乡电网的建设与改造工程，总投资95.99亿元。1999年完成14.60亿元，累计已完成31.59亿元。1999年电源建设投资2.60亿元，包括江口水电站导流洞、重庆电厂脱硫技改工程和白鹤电厂二期扩建的前期准备工程等；主网送变电工程投资4亿元，新增主变容量94万kV·A，输电线路328km；城网建设与改造投资2.30亿元，新建和改造10kV线路283km，改造235个配电台区；农网建设与改造投资5.70亿元，累计完成8.70亿元，新建和改造35～110kV变电站11座，35kV及以下线路8434km，更换高能耗配变11万kV·A，新增7.80万kV·A。同时完成220kV大溪沟变电站等一批市政府为民办实事和政府责任目标工程。目前重庆电网500kV超高压输电网开始投入运行，220kV电网已形成双环网，110kV电网结构日趋完善，城乡供电状况明显改善。在电量增长、负荷增加的情况下，1999年全市拉网限电888条·次，同比下降70.38%，实现重庆市电力公司提出的“两年大见成效”的目标。

白鹤电厂二期扩建前期工作稳步推进。为改善重庆电网电源结构，按重庆市电力规划的要求，拟建设开县白鹤发电厂二期2×30万kW工程。国家电力公司电力规划设计总院于1999年11月主持召开了白鹤发电厂二期工程可行性研究报告验收审查会，并出具了《关于重庆白鹤电厂扩建工程可行性研究报告的审查意见》（电规土水［1999］72号）。重庆市电力公司于1999年12月向国家电力公司上报了《关于白鹤发电厂二期工程可行性研究报告的请示》。主机设备招标工作已于1999年7月完成，国家开发银行已初步承诺向本工程提供贷款，西南电力设计院已完成初步设计的部分工作，主机合同一经签订，可在较短时间内提交初步设计报告。

江口水电站工程进入开工准备阶段，江口水电站位于涪陵武隆县江口镇芙蓉江上，是纳入重庆电力发展规划的一项重要水电工程。该工程最终规模为30万kW，总投资20.47亿元，预计2002年建成投产。江口电站工程对重庆电力结构的调整起着重要作用，也将推动重庆市贫困地区的经济发展。1999年，是江口水电站工程的施工准备年，要完成坝区征地移民工作、实现“五通一平”和初步完成导流洞工程。1999年坝区征地移民工作基本完成，已拆迁农村人口147户共462人。1999年3月施工队伍进场开始“五通一平”工作，施工场地已基本形成，道路建设陆续完成。5月导流洞开始动工，至年底主洞底板混凝土浇筑已完成90%，侧墙混凝土浇筑完成85%，顶拱完成80%，进出口明渠段完成95%。整个工程共完成土石方量46.3万m^3，混凝土浇筑3.57万m^3。

1999年共完成投资1.2亿元。

经营管理

1999年，在生产规模扩大，支出比1998年增加1.98亿元（其中：折旧增加6251万元，贷转固摊销利息4000万元，劳保统筹2000万元，成本2000万元，摊销递延资产1100万元，财务费用4460万元）的不利形势下，仍实现利润4107万元。资产总值由1998年72.28亿元增加到95.8亿元，增长32.50%，其中固定资产由51.84亿元增到63.13亿元，增长21.80%。

1999年重庆电网由于二滩电站、珞璜电厂二期工程的相继投入，电力电量均有富余，弥补了电源不足、调峰能力弱的矛盾，同时又出现了上网资源供大于求的严峻局面。重庆市的用电特点是，电力供应受季节性影响很大，最高负荷发生时段与夏季气温密切相关，夏季降温负荷达到65万kW以上，高峰时段个别地区仍存在电力供应较为紧张的状况，城乡电力供应也有不尽人意之处。主要原因如下：一是由于重庆市500kV骨干网架还不完善，城市配电网络和农村电网的结构不合理和陈旧落后状况尚未根本改变，尽管加大了城乡电网的建设和改造的力度，但仍不可能在短时间内彻底解决；二是重庆电价结构不合理，外购电多，高电价比例大，而销售电价低，且至今未作调整，加之近年大规模电力建设投资，电力企业还贷压力剧增，而企业特别是高能耗企业要求降价的呼声越来越高，相应给企业营销带来困难；三是重庆市国有大中型企业亏损面居高不下，拖欠电费严重，电力企业按电力法相关规定对部分欠费严重，长期拖而不交的企业，按规定程序采取限停电措施，由于许多企业生产与生活用电未分离，这些企业在欠费停电时，生活用电也受到一定影响。

在当前电力市场疲软的形势下，全市各级电力部门始终把开拓电力市场放在首位，把生活用电作为新的电量增长点，拓展居民用电市场，全面启动“一户一表”工程，有计划、有步骤、因地制宜地对各类居民的供配电设施进行改造，安装“一户一表”8万余户，超过历年来的总和。

出台增供扩销重要举措。近年来，随着二滩、珞璜电厂的相继投入，电力市场已出现供大于求，为开拓电力市场，促进增供扩销，1999年9月10日，市电力局与市物价局就《重庆市人民政府批转市计委、市经委、市物价局、市电力局关于电力增供扩销实施意见的请示的通知》联合召开新闻发布会。这是电力行业经市政府批准出台的又一个刺激消费的重大举措。这次出台的增供扩销政策包括十五项具体措施，主要有：降低电力增容初装费、停止征收电力增容费，贴费按架空线标准征收；鼓励高能耗企业和城镇居民多用电，凡已安装一户一表的城镇居民，实行超基数电量电价优惠政策；支持“城市光彩工程”，对路灯和“城市光彩工程”用电执行居民生活照明电价；积极稳妥地分离企业生产、生活用电，推广节能新技术、新产品，推行“一户一表”，放宽暂停变压器使用次数，对电力增容工程建设实行招投标制度；开展转供电整顿工作，逐步实行电力抄表人员直接与客户见面，避免层层转供、分摊加价；加快城乡电网改造步伐，提高供电可靠性；深入推进农村电力体制改革，理顺乡（镇）村社电管站的体制，取消中间环节，降低农村电价；积极推行“竞价上网”，加强行风建设，建立投诉中心、举报电话，加大电力执法公开监督力度等。这些举措将为扩大消费、增供扩销，满足重庆经济建设和社会发展的用电需求产生积极的作用。

切实抓好电费回收工作。继续实行电费回收责任制，建立重奖重罚制，将电费回收指标作为考核领导干部业绩的重要内容，职工收入同电费回收效果挂钩；抓住工业企业形势好转的时机。签订旧欠还款协议，减少旧欠额度；对严重拖欠电费的单位，按规定程序，采取必要的限、停电措施，同时对其中长期拖欠又无故不缴的单位，运用法律的手段来维护企业利益。

进一步完善内部模拟市场，规范模拟市场机制。充实和完善了内部电力市场与工效挂钩的实施办法；对各发电厂实行一厂一价，按零利润的原则核定各电厂的上网电价，对供电企业则按零利润原则核定购电电价。在财务管理上进行新的改革，基本形成了企业经营以财务管理为中心，财务管理以资金管理为中心，资金管理以现金管理为核心的财务管理新机制。结算中心充分发挥了集中资金、盘活资金、提高规模效益的作用。在成本控制方面，坚持预算管理，下达成本指标，层层落实，颁发有关成本费用开支规定，严格控制非生产性开支，加强燃料及购电费管理，把成本控制在计划指标内。加强审计监督，开展审计项目30个，查出违纪违规金额2201.82万元。

紧紧抓住减人增效、转岗分流和再就业工程这一中心工作，共实现转岗分流6100人，主业用工已降至9980人，同时分流工作在一些单位取得了重大突破，为全公司“三年减一半”的总体目标奠定了坚实基础。进一步完善了工资总额与经济效益挂钩办法，开展企业内部工资分配制度改革试点，强化分配的激励功能，取得了初步经验。圆满完成了电力行业基本养老保险划归地方统筹的改革，对医疗保险制度改革进行调查研究，并完成了阶段性准备工作。

建立物资流通新体制。转变观念，深化改革，建立了适应市场经济要求的物资工作体制；大力推广应用现代化管理办法，开发了以计划管理为龙头、以合同管理为核心、以仓库管理为基础的管理信息系统，提高了物资管理工作效率和工作质量；建立电力物资市场，入场厂商140余家，对进入电力系统的厂家进行资质验证，成功举办'99中国（重庆）城乡电网改造设备展示会；成立电力物资设备招标中心，规范交易行为。进一步落实集中采购和扩大内需工作，对电缆、铁塔、水泥电杆等实行了集中结算制。

努力开拓市场，多种经营工作取得新进展。积极稳妥地进行多经企业改制，分层次、分阶段进行了清查摸底、企业登记、资产清理，撤消、合并和重组企业76个；进一步加强管理，规范运作，建章建制；多种经营企业从福利型、安置型正逐步向市场型、效益型转变；调整多经产业和产品结构，重点加强了对电力相关市场的开发，建立重庆电力高新技术开发体系，在高科技产品的开发方面有所突破。多种经营产值达到16.4亿元，再创历史最好水平，实现利润5200万元，上交税金4165万元，到目前为止，全公司共有多种经营企业111个，从业人员9512人。

农电工作

重庆市"两改一同价"工作进展顺利。按照国务院及国家电力公司农村"两改一同价"的指示和要求，重庆市国家电网农村电网建设与改造取得突破性进展，农电体制改革和城乡同网同价工作稳步推进。全年完成农网建设与改造资金5.7亿元，累计完成8.7亿元。建设110kV变电站3座，线路223km，建设和改造35kV变电站31座，线路302.9km，10kV线路2268km，低压线路9447km，新增配变1359台，更换高能耗配电变压器2755台，完成配电台区及村级改造1465个。同时加快了农电体制改革步伐，代管潼南、武隆、梁平三个县，收购壁山、荣昌两个地方电力公司，在全公司电管站进行了改革前期工作：一是以供电局为单位，对电管站的财务实行了收支两条线的管理；二是以区县（市）为单位普遍推行综合电价；三是对电管站的电能计量表实行集中采购、集中管理；四是对电管站营销实行"五统一、四到户、三公开"的规范管理，为乡镇电管站改为供电局直管的乡供电所、实现对农电的统一管理、统一核算奠定了坚实的基础；五是在壁山供电局开展了乡（镇）电管站改革的试点工作。在同价工作中，在直供区内以县为单位，近郊以供电局为单位进行同价初步方案的测算，在此基础上，配合市物价局制定出重庆市电力公司的同价方案，在城乡未同价前作为过渡，在"两改"完成的县实行农村生活照明同价。目前，国家电网98%的直供农村电管站实现了综合电价，全公司直供农村生活照明平均电价降到0.66元/(kW·h)。

科学技术

坚持实施科教兴电战略，科技转化有新突破。按2010年科学技术发展规划要求，1999年共投入科技开发资金1798万元，完成科技项目45项。

1999年10月28～29日，首届重庆市电力科技成果展示会在重庆电力试验所隆重开幕。市电力局下属23个单位的96个科技项目参展，涵盖了发供电、电力传输、电力调度、企业管理、基建工程、科研教育等各个领域，集中反映了重庆电力的科技应用水平。展示会共评出一、二等奖各6名。

为了确保重庆电网顺利进入2000年，确保不因计算机Y2K问题对社会、对系统造成不良影响，重庆市电力公司按国家电力公司的统一部署，全力以赴解决Y2K问题。从1998年7月至1999年12月，先后经历了对与计算机相关的系统、设备、软硬件进行全面测试、修改、更新的前期清理、检查阶段；参加国家电力公司统一组织的220kV系统联合测试和重庆市范围内组织的110kV电力系统联合测试的测试阶段；编制重庆市电力公司《实时进入2000年的应急计划和风险评估报告》实战前的准备阶段；实时进入2000年和进入2000年闰年过渡期的两个高危时段的实战阶段。公司直接参与Y2K相关工作的领导及技术人员约600人，加上间接人员共约2000人左右，为解决计算机Y2K问题共投入资金600万元。目前调度自动化系统、发电厂自动化系统、变电站监控系统、财务系统、负荷及用电管理系统、计算机信息系统等各个系统都顺利地渡过了2000年和2000年闰年的高危时段，重庆市电力公司解决计算机Y2K问题的工作取得圆满成功，从而确保了重庆电网安全稳定地进入2000年，取得了战胜"千年虫"的胜利。

全局用电现代化管理系统取得实效。用电管理信息系统银行联网代收电费得到广泛推广，智能电表远程售电系统取得成功试点经验。调度自动化系统的功能及实现手段得到扩充和完善，为创一流电力调度自动化系统打下基础。电业安全规程CAI多媒体系统、电力系统继电保护综合计算及管理智能系统等一批科研课题结题。耐雷水平研究应用于输电线路，雷击跳闸率大幅下降；高电压设备在线监测，雷电定位系统和户外计量装置等一批科技项目在生产实践中得到应用和实施。同时把教育培训工作作为增强公司整体实力的手段。加强学历教育、继续教育和业务培训工作，共举办各类教育培训36期，培训2690人·次，完成生产岗位人员职业技能鉴定1380人。教育产业化得到实施和加强。

“三讲”教育

按照国家电力公司的统一部署，重庆市电力公司列为全国电力系统第一批开展“三讲”教育的单位，机关处级以上党员干部共66人参加，在年初举行四期“三讲”学习的基础上，从1999年11月9日～12月24日历时46天，圆满地完成了这一重大政治任务，受到国家电力公司的肯定。在“三讲”教育中，党组及班子成员带领机关处级党员干部认真学习政治理论，在自查和广泛征集群众意见的基础上，查找到公司党组在党性党风和工作中存在五个方面的突出问题；个人则针对自身存在的问题，从讲政治的高度深刻剖析了原因，明确了努力方向；以不怕丑、不怕痛的精神，严于开展批评与自我批评，达到了“刻骨铭心、终身难忘、长期管用”的效果。党组针对五个方面的问题制定了总体方案，着力进行整改，并分解为51条整改措施，明确了主管领导、部门、责任人和完成时间，各部门也相应制定整改措施。通过“三讲”教育，对公司机关处级以上党员干部进行了一次深入的理论再学习，主观世界得到进一步改造，加深了对贯彻民主集中制重要性的认识，增强了对坚持群众路线和改造主观世界的自觉性，整体上增强了公司党组的凝聚力和战斗力，实现了思想上有提高，政治上有进步，作风上有转变，纪律上有增强的目标。

精神文明建设

通过开展对十五届四中全会和邓小平理论的学习，全体干部职工进一步解放思想，转变观念。从抓干部管理入手，考核、充实、调整基层领导班子，优化领导结构，大胆选拔年轻干部，为提高企业经济效益和竞争能力提供坚强的组织保证。抓领导干部的廉洁自律、查处大案要案、纠正部门和行业不正之风工作，行风评议一次复查合格。精神文明建设成果得到进一步巩固，2个单位分别获“全国创建文明企业先进单位”称号和重庆市文明单位50佳验收，8个单位通过市委、工交工委和当地文明办考评验收，13个单位获思想政治工作优秀企业称号，4人获国家电力公司特级劳动模范，2人获重庆市“九五”立功奖章。党组书记、总经理叶明获“振兴重庆十佳杰出贡献奖”。

为推进改革开放、维护社会稳定，公司付出了艰苦的努力。在建国五十周年及迎接澳门回归的系列活动中，全公司职工完成供电保电任务。深入揭批“法轮功”组织，124名法轮功练习者自行宣布脱离非法组织，收缴各种法轮功书籍、音像制品等844件。在声讨以美国为首的北约悍然袭击我驻南大使馆以及揭穿李登辉“两国论”的斗争中，全公司职工表现出极大愤慨，并以实际行动坚守岗位，搞好安全生产工作。

重视和加强企业文化建设，先后参加全国、西南和重庆市文体比赛并获奖，其中在中国文联和全总组织的文艺汇演中获银奖，在西南电力系统卡拉OK比赛中获第一名。

把精神文明建设和思想政治工作与解决职工实际问题相结合，全面落实职工住宅小康规划，建成12个园林式单位或安全文明小区，新建职工住宅3022套，面积33万m^2，竣工15万m^2，职工生活与工作环境普遍得到改善。

主要事件

1月2日，武隆江口水电站举行奠基仪式。重庆市委书记张德邻、副市长李德水、人大副主任金列、市委秘书长黄大用、市计委主任赵公卿，市电力局局长叶明及武隆县政府领导出席了奠基仪式。江口水电站静态投资19亿元，装机容量为30万kW，预计2002年竣工投产。

1月4日，叶明局长传达重庆市工程安全质量紧急电话会议精神，并作了6条重要指示，在全局开展拉网式的工程质量安全大检查。

1月12日，重庆发电厂2×200MW机组脱硫初设审查会在大光明宾馆召开。

1月23日，北部城区开发办公室与山东鲁能集团合作开发溉南溪片区和五潼路签字仪式在渝北区举行，市委书记张德邻出席会议，山东电力局刘振亚局长、重庆电力局赴贤正副局长参加了签字仪式。

2月11日，市电力公司1998年度安全生产工作会议召开。

3月3～5日，市公司首届一次职代会暨电力工作会召开。

4月2日，川渝电力协会供电联谊会在重庆电力局召开。

4月11日，赵贤正副总经理代表重庆市电力公司与武隆县政府签定了对武隆县电力公司的代管协议。

4月14日，叶明总经理、张文金副总经理赴成都向国家电力公司副总经理陆延昌汇报重庆电力公司的工作情况。4月15日，陪同陆副总经理到重庆视察了建设中的500kV陈家桥变电站。

4月20日，叶明总经理代表重庆市电力公司与日本海外基金协议会（OECF）签订了139亿日元的贷款协议。

4月25～5月5日，市电力公司安全、文明生产工作达标验收复查工作全面开展，3个发电厂和7个供电局接受了市电力公司“双达标”验收组的复查。

5月4日，重庆电力系统上千名青年在重庆电力专科学校举行纪念“五·四”运动八十周“篝火晚会”。

5月9~10日，市电力局召开基层一把手紧急会议，传达中办16号文件精神，抗议北约袭击我驻南大使馆，下午交了抗议书。晚上19时，重庆电力专科学校学生上街游行，声讨北约暴行。市电力局机关召开声讨会，抗议北约暴行。

7月2日，重庆市电力公司武隆供电局成立，赵贤正副局长代表局党组参加了揭牌仪式。

7月19日，局党组针对整顿机关作风问题宣布四条指标，公司针对重庆市政府8条规定，制定了五条规定。

8月23日，500kV陈家桥变电站启动验收，川渝电网相关单位参加，重庆市电力公司总经理助理魏勇、四川省电力局副局长李成玉到会。

9月15日，市电力公司党组召开党建工作暨总结表彰会。党组成员李承的作了题为《深入贯彻党的十五大精神切实抓好电力企业党的建设》的工作报告。

9月16日，在中共中央精神文明委员会、中宣部召开的“全国精神文明建设先进单位电视表彰会”上，城区供电局被评为“全国创建文明行业先进单位。

9月29日，第一座城市中心的220kV变电站——大溪沟变电站竣工投运。

10月18日，重庆市电力物资市场在南岸金台大厦开业，李承任董事长，盛其中任总经理。

10月28~29日，首届重庆电力科技成果展示会在重庆电力试验研究所开幕。23个参展单位的96个科技项目参加了展示。

11月9日，重庆市电力公司召开“三讲”动员大会。

海南省电力工业

概述

1999年海南省电力系统认真落实年度考核经营目标责任制，坚持以经济效益为中心，加强以资金管理和成本管理为中心的财务管理，加大企业改革与扭亏增盈工作的力度，优化电网经济调度，从严控制各项成本费用。1999年工业总产值完成137221万元，同比增长14.19%。实现利润3956万元，超额完成了年初预定的利润指标。有力支持本省GDP增长8.0%目标的实现，满足了海南省社会经济发展和人民生活对电力的需求。

电力生产

(1) 装机容量。到1999年底，全省发电装机容量166万kW。其中：水电53.50万kW，火电111.98万kW，风电0.88万kW。220kV变电站5座，变电容量780MV·A，线路570km，实现了电力超前发展。

(2) 发电量。省主网完成发电量34.30亿kW·h，同比增长4.6%。其中：火电28.06亿kW·h，同比增长6.0%；水电6.12亿kW·h，同比下降3.2%。公司统调发电量完成33.29亿kW·h，同比增长5.6%。

(3) 售电量。全公司售电量完成29.63亿kW·h，同比增长5.21%。其中：公司统一核算范围售电量完成28.7亿kW·h，同比增长4.53%。

(4) 线损率。全公司综合线损12.67%，同比上升0.75个百分点，统一核算内线损率完成10.48%，同比上升1.3个百分点。

全公司实现利润3956万元，比1998年实现利润4519万元减少563万元，扣抵政策性因素减少1274万元后，同口径比较增加盈利711万元。

农网“两改一同价”工作

(1) 农村电网建设与改造。截止1999年底，累计完成投资18903万元。其中：110kV输变电工程完成投资4030.89万元；35kV输变电工程完成投资4322.3万元；10kV工程完成投资10549.8万元。

(2) 农村电力体制改革。截止1999年底，在全省19个市、县309个乡、镇的电管站中，已接管285个，占92.23%；全省行政村2680个，已接管2287个（其中新通电行政村85个)，占全省行政村的85.34%；全省自然村18325个，已接管16150个(其中新通电自然村539个)，占全省自然村的88.13%；全省农户约108.95万户，直接收费到户88万户，占全省农村用户的80.8%。已接收的285个乡、镇全部撤消了乡、镇电管站，并新组建了186个供电所。

自1999年10月起，农户生活用电价格全部由平均1.28元/(kW·h) 降至0.80元/(kW·h)，提前实现了省委、省政府年初向全省人民承诺的农村生活照明电价降低的目标。

(3) 城网建设与改造。海口城网建设与改造工程总投资4亿元，其中电力建设基金0.8亿元，国家开发银行贷款3.2亿元。1998年和1999年城网建设与改造续建、新建项目计划总投资27291.63万元，累计完成工程量12439.19万元。三亚市城网建设与改造方案已报国家计委，计划总投资2.8786亿元，三亚城网的可行性研究报告已经批准。

机构改革

1999年省政府宣布解散海南电业股份有限公司，成立海南省电力有限公司，并于1999年5月正式挂牌。按照建立现代企业制度和公司《章程》的要求，我们组织制订出《机关编制方案》和《机关管理人员竞争上岗实施方案》，严格控制省公司机关人员编制不突破90人。坚持“公开、公平、公正”原则及不拘一格选拔任用优秀人才的原则，通过竞争上岗，使公司机关人员精干、高效。机关部门设置从原来的16个部门精减到11个，精减31%；人员由196人，精减到87人，实际精减分流109人，精减55.6%，精减幅度之大是前所未有的，而且实现了平稳过渡。改革后，机关建设和工作作风出现了新的气象。

经营管理

(1) 解决清澜电厂购电合同终止协议问题已取得重大结果。1999年委托中国电力企业联合会组成专家组和聘请全国一些著名法律专家对《买断解决清澜电厂的方案》进行全面评审，拿出专家评审意见。省政府最后决定用买断的方案解决清澜电厂购电合同的问题。目前所确定的终止补偿方案，相当于原购电合同前5年所需要支付的容量电量，将电厂提前收回减少了后7年的容量费用，大大减轻了付款负担。

(2) 大广坝水电厂实行“债转股”进入实质性操作阶段。1999年，组建海南大广坝水利水电有限公司，与原省电力公司分离，为进行债转股奠定良好的基础。目前，大广坝的债转股工作已得到国家经贸委批准，并已正式列入国家批准的601户债转股企业之中，其他手续正在办理中。

(3) 大广坝工程结算进展顺利。目前，大广坝工程土建及施工总承包工程结算已通过省政府和专家组的审查，工程结算已经得到省政府批准。

(4) 全公司推行的改革政策措施得到落实，改革效应开始显现。马村火力发电厂从海口电厂分离出来，成为省电力有限公司直接经营管理的国有独资电厂，纳入省电力有限公司统一核算。1999年推行琼海、琼山、文昌、万宁等4个子公司改制为分公司的试点工作，已经取得成效。

西藏自治区电力工业

概述

1999年是西藏电力改革、发展、稳定等各项工作取得重要进展的一年。生产持续稳定增长，重点建设取得新的进展，体制改革迈出实质性步伐，企业管理进一步加强，经济效益提高，各项工作都有新的进步。

至1999年末，全区电力装机容量达到34万kW，比1998年增长9.18%。全区发电量达6.8亿kW·h，比1998年增长9.68%，其中地市级以上电网完成发电量4.75亿kW·h，售电量3.57亿kW·h，同比分别增长9.95%和10.27%。1999年拉萨电网和各地市电网累计完成工业总产值（不变价）4517.95万元，同比增长8.6%；实现产品销售收入1.65亿元，上缴税金2872万元。年末固定资产达10.5亿元。供电线损率12.6%，电网频率合格率达99.97%。

由自治区电力厅管理的拉萨和6个地区电网供电范围包括2市15县政府所在地，供电人口约40万人。网内共有水电、地热、火电站18座（不含由水利部门管理的满拉水利枢纽电站），装机总容量24万kW；110kV变电站7座，总容量23.55万kV·A，输电线路551km；35kV变电站27座，总容量16.9万kV·A，输电线路733km。

电力建设

1999年累计完成电力建设投资3亿多元，新增发电装机容量3万多kW，全区发电装机总容量达到34万kW。比1998年增长9.18%。班戈、尼玛、革吉、措勤光伏电站新建扩建工程全部竣工，提前一年实现了无水能资源无电县电站建设目标。满拉送出110kV工程建设进度快、质量好，提前带电运行，保证了满拉水利枢纽电站并网投入试生产。沃卡一级水电站4台机组全部投入试生产。拉萨城网改扩建二、三期工程圆满完成，四期工程项目之一的北郊变电站改建工程完成并一次投运成功。城乡电网改扩建工程启动。日喀则达嘎水电站可行性研究报告、林芝巴河雪卡电站预可行性研究报告和羊湖至江孜输电线路初步设计报告通过审查。

电力生产经营

1999年，电力干部职工团结奋斗，千方百计组织电力生产经营工作，较好地完成了生产经营任务，为自治区经济发展作出了新的贡献。1999年全区全口径发电量完成6.8亿kW·h，比1998年增长9.68%。其中地市级以上电网完成发电量4.75亿kW·h，同比增长9.95%。拉萨电网年发电量突破3亿kW·h，同比增长6.73%。完成售电量2.2亿kW·h，同比增长11.15%。拉萨电网厂用电率控制在9.5%，网损率4.08%，线损率12.6%，实现了年初确定的目标。自治区电力公司实现工业总产值1.58亿元

(现价)，同比增长15.13%，实现年销售收入1.61亿元，缴纳税收突破2000万元，成为自治区纳税大户，基本完成了扭亏增盈责任目标。

1999年电力生产经营主要做了六项富有成效的工作。

(1) 增供扩销，开拓市场。一是集中精力实施拉萨城网改造工程，二、三、四期工程基本完成，极大地提高了拉萨电网供电可靠性，拓展了新的供电区域。在做了大量前期工作的前提下，各地区城乡电网改造工程也全面启动。二是对部分居民和退休点实施了低压线路改造和"一户一表"集抄系统工程，经7个月的试运行，用户反映良好。三是积极配合公安司法部门，有效地开展了反窃电工作，打击了窃电犯罪行为，遏制了窃电。四是加强行风建设，坚持用户接待和走访工作，规范内部管理和服务行为，提高服务质量。拉萨电业局初评为社会满意单位，用电营业厅被自治区评为第四批"青年文明号"称号。五是加强用电整改工作，树立电力行业的良好形象。六是加强电费回收工作，拉萨电网电费回收率达到92%。

(2) 切实加强安全生产，电网基本做到了安全稳定运行。一是落实了安全生产责任制，加大安全生产检查监督力度。全年开展了一次安全周活动，开展了两次安全大检查，使系统内干部职工的安全意识和责任心进一步提高。安全生产防范措施得到加强，安全生产形势进一步好转。未发生35kV及以上输电线路倒塔、倒杆事故，未发生电网解网事故，未发生火灾和特大交通事故。二是对拉萨电网继电保护进行了整改，全网继电保护正确动作率提高了10个百分点。三是认真组织实施了防洪度汛工作，汛前就组织完成了防洪工程和水毁重建工程，实现了防洪总体目标。四是加强了电网的合理、经济调度。

(3) 采取有效措施，制订周密的保电工作预案和计划，圆满完成了建国50周年、西藏民改40周年、民运会和澳门回归等重大活动，以及自治区重要会议的保电任务。

(4) 落实生产经营责任制，进一步完善电力内部模拟市场运营，强化电力企业生产经营的激励和约束机制，充分调动了发供电企业的积极性。

(5) 加强财务审计监督管理和经营效益分析，减损降耗，控制成本，增收节支，基本实现了年度经营目标，经济效益有所好转。

(6) 采取行之有效的组织措施和技术措施，制订了实施方案，经电力系统有关单位的通力协作和努力工作，已如期解决了自治区电力系统要害部门计算机Y2K问题，"千年虫"问题没有影响电力系统的安全稳定运行。

企业管理与企业改革

(1) 进一步加强企业管理,安全文明生产双达标工作取得新的进展。以安全文明生产为主要内容的企业管理工作进一步加强,羊湖电站、西郊变电站、金珠变电站和堆龙变电站双达标工作取得成效,已通过达标验收;昌都电厂技改工作效果明显,设备水平大大提高,发电出力增加;沃卡一级水电站实施达标投产;城东变电站积极创建巾帼文明示范岗。电力达标企业干部职工的管理意识得到加强,安全文明生产状况改变,企业环境和工作条件得到改善,管理水平又有新的进步。积极推行全员劳动合同制,90%的职工签订了《全员劳动合同书》。依托主业,面向市场,积极稳妥发展多种经营,开辟转岗分流渠道,加大减员增效工作力度,自治区电力公司完成了112人转岗分流和50人下岗待业工作,实现了主业人员负增长目标。抓住国家实施增资减债政策的机遇,在国家和自治区有关部门的大力支持下,完成了羊湖、沃卡一级电站等6个电力项目使用国家开发银行24亿多元贷款的核销工作。配套实行生产经营、安全生产和部门的工作目标责任制。

(2) 电力改革朝着"公司化改组、商业化运营、法制化管理"的方向，分步推进，继续深化。国家经贸委组织有关部门会同自治区人民政府对我区电力改革和发展问题进行了专题调研，提出了调整西藏电力公司管理体制实施意见，已报请国务院同意，明确了国家电力公司对西藏电力公司实施管理的办法，把西藏电力公司界定为国家电力公司子公司的改革，迈出了实质性的第一步。认真组织理顺区内电力体制、资产和管理等方面的关系，已实施山南电力局上划自治区电力厅管理的改革，提出了自治区电力厅对日喀则电力局实行管理的意见，完成了电力技校和纳金电厂小学移交教育系统管理的工作。

教育与科技

加强队伍培训和推进企业技术进步，努力实施"科教兴电"战略。开办全区电力系统第二期工商管理和首期财务管理两个培训班，参训中层干部和业务骨干83人，其中72人取得结业证书。积极开展企业技术改造，羊湖电厂水轮机叶轮汽蚀和蝶阀关闭原因查明并得到有效控制。羊八井地热电站热储研究取得进展，提高了电网和网内骨干电站安全稳定运行水平。无电县光伏电站运行规范和拉萨电网安全稳定控制系统研制项目通过评审。着手研究藏中电网建设安全稳定运行关键技术和管理问题、结合高原气候和地理条件，采用新技术、新设备，提高电网、电厂技术装备水平。利用日本政府无偿支援开发羊八井高温地热资源的JICA项目取得重大进展。环保工作得到加强，完成了巴河雪卡水电站（含冲久水库）工程环境影响评价工作大纲和该工程水土保持方案工作大纲的报审。安排了羊八井电厂解决回灌问题的有关工作，力争按期达标排放。

精神文明建设

根据自治区党委统一部署，扎扎实实完成了电力厅领导班子和班子成员“三讲”教育。深入开展反分裂斗争和反“法轮功”的斗争取得了成效。积极开展企业政治思想工作和宣传教育工作，干部职工的思想认识和觉悟得到提高。社会综合治理、反腐倡廉、“三五”普法教育和电力法制工作、工会、职代会各项工作都取得了新的成绩和进展。在改革力度较大情况下保持了系统局势稳定。

主要事件

1月12日，西藏自治区电力公司与农行西藏自治区分行银企合作签字仪式在拉萨举行。自治区副主席徐明阳出席签字仪式并讲话。

1月14～16日，自治区电力公司工作会议在拉萨召开，自治区电力公司总经理杨海滨作《工作报告》，自治区党委副书记、自治区常务副主席杨传堂出席并作重要讲话。

1月29日，西藏电力系统领导干部普法统一考试在拉萨举行,国家电力公司派人专程赴藏进行了指导。

2月15日，自治区党委副书记、自治区常务副主席杨传堂到羊湖电厂看望慰问节日期间坚守岗位的职工。

4月30日，拉萨电业局用电营业所荣获自治区第四批“青年文明号”称号。自治区团委副书记王亚蔺，自治区电力工业厅党组副书记、副厅长米吉及有关单位的领导参加了挂牌仪式。

5月28日，西藏藏中电网调度系统安全年启动。

6月3日，国家电力公司受国家经贸委委托主持进行沃卡一级水电站许莫首部枢纽下闸蓄水验收。

6月16日，自治区党委书记陈奎元听取杨海滨厅长工作汇报，对西藏电力工业改革和发展有关问题作重要指示。

7月1日，西藏62项援藏重点工程项目之一的山南沃卡一级水电站正式挂牌成立。自治区电力厅、山南地委、行署和武警三总队领导参加了挂牌仪式。

7月2日，由羊湖电厂组建的羊卓雍措旅游公司开业。

7月13～24日，国家经贸委组织西藏电力体制调研组进藏，就西藏电力体制改革进行专题调研。调研组由国家经贸委、国家计委、财政部、国务院发展研究中心、国家电力公司、国家开发银行和中国电力企业联合会共7个部门组成。调研组先后在拉萨、山南、日喀则、林芝等地市考察了电力企业和重点建设工程。11月初，调研组形成《关于调整西藏自治区电力公司管理体制的请示》，分别经国家经贸委、计委、财政部、国家电力公司、开发银行和西藏自治区人民政府签署后以国经贸电力［1999］1084号文件上报国务院。11月中旬，国务院副总理吴邦国、温家宝，副秘书长石秀诗、马凯等领导批示同意。

7月14日，中央电视台“心连心”艺术团在拉萨演出，“心连心”艺术团向圆满完成了演出保电任务的电力厅赠送了锦旗。

7月25日，由辽宁省电力局和朝阳电业局援助220万元兴建的藏北电力教育培训中心动工。

7月26日，国家计委以计基础［1999］945号文批复西藏自治区农村电网、城乡电网建设与改造方案，总投资6.25亿元，其中农村电网4.2亿元、城市电网2.05亿元，涉及西藏7个地市所在地城镇电网和67个县农网建设改革。

7月30日，国家计委计基础[1999]962号文批复西藏满拉水电站送出工程可研报告,总投资1.48亿元。

8月15日，在拉萨举行江苏省电力局筹集资金400万元，援建拉萨电业局苏源电力综合楼揭牌仪式，电力厅厅长杨海滨主持仪式。自治区党政领导李立国、江措、多吉和专程赴藏考察的江苏省电力局局长顾志鹏出席了揭牌仪式。

8月18日，西藏自治区高级人民法院、西藏自治区检察院、西藏自治区公安厅、西藏自治区电力工业厅联合下发了《关于严厉打击盗窃电能行为的通告》和《关于办理盗窃电能案件的意见》。

8月18～28日，圆满完成全国第六届少数民族传统体育运动会拉萨分赛场各项活动保电任务。

8月21日，河北沧州电业局向拉萨电业局赠送了价值20万元的高压实验设备。

8月22日，上海电力局向拉萨电业局赠送了价值50万元的两台箱式变压器，用于民运会大联欢晚会供电。赠送仪式在拉萨举行，自治区副主席多吉及电力厅领导出席了仪式。

8月26日～9月8日，国家电力公司水规总院童显武副院长一行18人进藏。对林芝巴河雪卡水电站和日喀则达嘎水电站可行性研究进行现场察勘，并考察了雅鲁藏布江中游段和拉萨河。

8月30日，由国家电力公司主持的山南沃卡一级水电站首批机组启动验收会在泽当召开。首批（即1号、2号）机组通过验收。

9月1日，国务院副总理吴邦国主持会议，研究企业兼并破产有关问题。会议原则同意国家开发银行提出的15个项目免去本息，包括羊湖电站、羊湖送出工程、沃卡一级电站、沃卡送出工程、朗久地热电站恢复、羊八井地热电站回灌等6项西藏电力工程共免去本息26.5亿元。

9月6~8日，西藏电力系统行政执法培训班在拉萨举办。厅领导、厅属单位、厅机关有关领导及人员参加了培训，并取得了自治区法制部门颁发的行政执法监督证和行政执法证。

9月10日，山南沃卡一级水电站一、二号机组投入试运行。该电站装机总容量4×5000kW，是西藏重点基础设施建设项目之一。中国人民武装警察部队副政委刘源、自治区副主席多吉、武警水电指挥部副政委杨进国、自治区电力工业厅厅长杨海滨等领导为沃卡一级水电站1号、2号机组试运行剪彩。国家开发银行、中国人民武装警察部队、国家电力公司、武警水电指挥部发来贺电。

9月10~12日，林芝八一三级水电站可行性研究报告审查会在成都召开。该电站设计装机容量3×4000kW。

9月14日，江苏省南京供电局党委书记漆杏亭代表该局全体职工向拉萨电业局赠送了20万元的援助资金，用于基础设施的建设。

9月15日，那曲地区班戈县70kW光伏电站建成发电。

9月19日，阿里地区措勤县30kW光伏电站扩建工程建成发电。

9月23日，国家计委计投资［1999］1390号文下达西藏电网基本建设中央专项资金4亿元。其中城网改造1亿元，农网改造2亿元，满拉水电站送出工程1亿元。

10月1日，那曲地区尼玛县40kW光伏电站扩建工程建成发电。

10月6日，自治区电力工业厅召开领导班子和领导干部“三讲”教育动员大会。

10月8日，北京供电局张一士局长一行专程到拉萨，向拉萨电业局赠送了价值80万元的设备和生产用车。自治区副主席多吉、电力厅厅长杨海滨、北京供电局局长张一士分别在赠送仪式上讲话。

10月12日，国家计委计投资［1999］157号文下达西藏自治区1999年基本建设中央预算内投资计划1700万元，专项用于狮泉河镇过渡电源建设。

10月15日，自治区电力学校正式移交自治区教委和拉萨市管理。

10月19日，阿里地区革吉县40kW光伏电站扩建工程建成发电。

10月22日，沃卡一级水电站3号、4号机组启动验收。

10月30日，自治区电力厅在拉萨主持召开了“西藏光伏电站建设工程初验工作总结会议”，自治区7个无水能资源无电县光伏电站建设任务提前1年完成。自治区副主席多吉、电力厅厅长杨海滨、科委副主任耿战修和那曲地区副专员胡建阳分别在会上讲了话。

11月2~4日，中国水电水利及新能源发电工程顾问有限公司（即国家电力公司水规总院）在成都主持召开西藏自治区日喀则地区夏布曲达嘎水电站可行性研究报告审查会。该电站设计容量4×6300kW。

11月6~9日，中国水电水利及新能源发电工程顾问有限公司会同自治区计委在西安召开西藏巴河雪卡水电站（含冲久水库）工程预可行性研究报告审查会议。电站设计容量4×1万kW。

11月12日，山南地区贡嘎县江塘乡供电工程通过正式验收，并评为优良工程。该工程投资由自治区计委、财政厅、农开办各筹资30万元，电力厅筹资60万元，共150万元，是自治区人民政府确定的为民办实事工程之一。该工程建成投产后，解决了该乡1800人的生活用电和14000亩在耕地、弃耕地的抽水灌溉电源，结束了该乡农民祖祖辈辈点酥油灯的历史。

11月22日，江孜110kV变电站投运一次成功，杨海滨厅长转达自治区党委副书记、自治区常务副主席杨传堂对广大建设者的祝贺和慰问。该项目投运后为满拉水利枢纽下闸蓄水创造了条件。

11月29日，经过各有关单位的通力协作，全区电力系统计算机Y2K问题如期解决。

12月13日，拉萨电业局被拉萨市评议为行风满意单位。

12月13~17日，自治区党委、人民政府召开经济工作座谈会，讨论西藏实施西部大开发战略思路。

12月14日，经国务院同意，国家经贸委以国经贸电力［1999］1213号文件印发《关于调整西藏自治区电力公司管理体制的通知》，维持自治区电力公司现行资产和财务关系不变，由国家电力公司对自治区电力公司实施管理，待条件成熟后，将西藏电力公司改制为国家电力公司子公司。

12月16日，自治区电力公司完成发电量29734万kW·h，提前半个月完成了年初下达的全年发电任务。

12月18日，日喀则110kV变电站一次投运成功，满拉送出工程110kV输变电工程全部投产。

12月23日，满拉水利枢纽电站（4×5000kW）首台机组正式并网发电。该项目发电标志着中央第三次西藏工作座谈会决定的62项援藏工程全部投产。

（香港）中电控股有限公司

企业概述

中电控股有限公司是中电集团的控股公司，也是亚洲最大规模的私营电力公司之一。其主要附属公司中华电力有限公司（中华电力）在港经营发电、输电、供电的纵向式综合业务，为1.9百万名客户提供服务。中华电力位于香港的发电厂由青山发电有限公司（青山）拥有，而青电的40%股权由中华电力持有，60%股权由埃克森能源有限公司持有。中华电力按合约兴建及经营青电的各间电厂，而青电生产的电力独家售予中华电力，再由中华电力输送及供应予中华电力在九龙及新界的客户。有关的输/配电网络则由中华电力拥有。此外，集团亦于国内及亚太区其他地方投资电力相关的业务。

集团前身是于1901年成立的中华电力有限公司。中电控股目前于香港联合交易所有限公司上市。

1998年10月31日～1999年12月31日期间主要业绩如下：

(1) 营业额为29922百万港元。

(2) 总赢利为8329百万港元，其中6317百万港元来自管制法则业务，1492百万港元则来自非管制法则业务，另520百万港元来自集团所占出售鹤圆电厂旧址海逸豪圆第二期所获的赢利。

(3) 每股赢利为3.50港元。不包括鹤圆重建项目赢利在内，每股赢利为3.28港元。

向中信泰富购回15%股本

1998年8月，公司接获中信泰富有限公司的建议，向中电控股出售等于当时公司已发行股本15%的股份。在10月召开的股东大会上，股东以大比数通过作出场外购回股份。集团按建议价每股34.8港元购回及其后注销有关股份，减少了并无即时用途的剩余现金储备，股东回报亦得以提高。撇除鹤圆重建项目的赢利，以12个月财政年度计算，集团截止1999年12月31日止15个月期间的年度回报为17.5%，而1998年为16.5%。

策略

为面对充满挑战的营商环境，公司必须秉持一套清晰及可行的策略。公司向中信泰富购回股份后，董事会及管理厂已因应财务状况的变动检讨了企业策略并落实有关策略要点如下：

(1) 投资及持续提升本港的核心电力业务。

(2) 把握香港及珠江三角洲的投资机会，包括多元化公用事业，以期善用中电现有业务的优势及发挥其技术专长。

(3) 发展国内及亚洲区的电力项目。

香港的电力事业

中华电力作为中电集团的核心本地电力公司，继续致力提高生产力，以及将营运成本控制在最低水平。过去五年来，中华电力在重整发电、输供电及客户服务等业务环节方面，取得了重大进展。经过广泛的业务架构重组及节流措施，中华电力的平均净电价是全港最低的，客户因而受惠。

此外，中华电力于1999年11月率先宣布冻结2000年的电价，使中电基本电价连续第二年维持不变。

在降低电价的同时，中华电力亦需要拓展和强化本地供电网络，以配合与日俱增的客户用电需要。管制法则协议是中华电力与政府签订的一份规管协议，以确保能为香港特区提供可靠安全的电力。期间，行政会议通过了经中华电力、发电业务伙伴埃克森能源及政府当局同意对管制法则所作的多项修订。

国内及亚洲区的业务发展

中电在香港以外地区的首要发展目标是建立一个优质的、与能源有关的资产组合，为股东提供可观回报。这发展策略以中国及亚太地区为主，在区内把握当地用电需求增长和当局开放市场所带来的拓展良机。

在国内，用电需求出现由1998年低位回升的迹象，令我们感到鼓舞！但是，国内电力工业经历重大重组，新项目审批和电价整订机制的条例仍在修订中。以国内电力工业之庞大和复杂程度来看，改革过程肯定需时数载，但中华电力（中国）极有条件以建设性及互利的方式，参与国内电力市场的改革。

在亚太区其他地方，中电国际亦取得稳定进展，但在不同国家的发展步伐并不一致。在台湾，1320兆瓦的和平电厂建筑工程进展顺利，首台机组预计可于2002年投产。集团在泰国首屈一指的独立电厂经营商 Electricity Generating Public Company Limited（“EGCO”）的持股量由14.92%增加至20.18%。集团计划透过此项策略性投资，把握泰国电力工业私有化计划所带来的商机。

印度门格洛尔项目曾因申请政府批文及诉讼问题而延误，中电国际仍正考虑该项目的发展前景。虽然该项目遇到波折，但印度仍然是一个具有可观潜质的市场。中电国际与印度 Tata Group 于1999年8月已通过预案，取得竞投古加拉特邦2000兆瓦的 Pipavav 电厂项目的资格。

集团的地区发展策略经过多年演进后，要在海外市场取得成功的长远发展，必须与了解当地独特经营和监管环境的地方伙伴建立合作关系。在这方面，我们相信中电集团已建立大概是亚洲电力业内最强大的合作网络，伙伴除了泰国的 EGCO 及印度的 Tata Group 外，还包括马来西亚的 YTL Group 和台湾水泥公司。

下表给出（香港）中电控股有限公司1990～1999年统计项目摘要。

(香港)中电控股有限公司

截至1999年12月31日止的15个月	财政期间/年度	1999	1998	1997
	客户及售电			
1,871,991	**客户**	1,853,005	1,802,510	1,760,653
	售电分析，百万千瓦·时计			
11,785	商业	9,444	9,157	8,542
4,270	制造业	3,403	3,776	3,928
7,854	住宅	6,380	6,524	5,811
7,207	政府及其他机构	5,761	5,424	4,736
31,116	本港	24,988	24,881	23,017
781	外销	633	601	557
31,897	总售电	25,621	25,482	23,574
0.9*	每年增加百分率	0.5	8.1	3.2
5,730	本港用电量，每人用电千瓦·时数	4,610	4,730	4,501
89.15	基本电费	89.19	89.09	86.35
2.20	燃料价条款调整	2.20	0.99	(1.27)
(0.60)	管制法则回扣	(0.60)	(0.60)	(0.60)
(2.20)	特别回扣	(2.20)	(1.82)	(0.73)
88.55	合计	88.59	87.66	83.75
0.0*	每年基本电费增加百分率	0.1	3.1	4.7
0.7*	每年总电费增加百分率	1.0	4.6	8.3
	发电			
	(包括各联营发电公司)			
8,263	装机容量，兆瓦计	8,263	7,951	7,638
	系统最高需求量			
5,354	本港，兆瓦计	5,354	5,304	5,066
0.94*	每年增加百分率	0.94	4.70	1.36
5,455	本港及国内，兆瓦计	5,455	5,422	5,184
0.60*	每年增加百分率	0.60	4.59	1.88
5,384	本港、国内及输往港灯，兆瓦计	5,384	5,368	5,224
58.0	系统负荷因数之百分率	58.9	59.4	57.2
32,993	合计	26,763	26,735	24,633
	燃料消耗，兆兆焦耳计			
2,872	燃油	2,468	3,164	3,129
69,396	煤	59,250	88,572	64,965
133,142	天然气	102,994	87,650	99,123
205.410	合计	164,712	179,386	167,217
17.53	燃料价格，每千兆焦耳港元计—整体计算	17.52	15.61	18.21
39.39	根据输出度数算出之热功效能百分率	39.18	37.95	37.18
85.2	发电设备可用性百分率	85.8	84.4	90.4
	输电及配电			
	网络，线路公里计			
534	400kV	534	528	528
936	132kV	937	935	917
19	66kV	19	43	146
577	33kV	567	572	568
7,936	11kV	7,756	7,241	6,571
48,845	变压器，兆伏安计	48,329	47,397	46,325
	变电站			
194	总	193	196	198
10,341	副	10,272	9,843	9,353

1990～1999年统计项目摘要

(截至9月30日止的12个月)

1996	1995	1994	1993	1992	1991	1990
1,728,476	1,697,123	1,655,419	1,559,806	1,556,775	1,508,611	1,454,426
8,038	7,603	7,096	6,567	6,071	5,658	5,064
4,162	4,344	4,655	4,915	5,171	5,328	5,352
5,724	5,382	5,024	4,733	4,195	3,951	3,617
4,395	4,059	3,808	3,607	3,368	3,219	3,012
22,319	21,388	20,583	19,822	18,805	18,156	17,045
520	1,728	1,714	5,776	4,386	2,542	1,678
22,839	23,116	22,297	25,598	23,191	20,698	18,723
(1.2)	3.6	(12.9)	10.3	12.0	10.5	4.8
4,482	4,405	4,379	4,308	4,152	4,052	3,828
82.42	77.31	71.96	65.85	63.81	62.39	62.45
(4.50)	(4.50)	(3.79)	(2.50)	(3.36)	(4.50)	(6.19)
(0.60)	(0.96)	(1.60)	(1.60)	(1.17)	(0.60)	(0.60)
—	—	(1.93)				
77.32	71.85	64.64	61.75	59.28	57.29	55.66
6.6	7.4	9.2	3.1	2.2	0.0	0.3
7.6	11.1	4.6	4.1	3.4	2.9	4.7
7,515	6,890	7,540	6,430	6,432	6,132	6,132
4,998	4,720	4,730	4,432	4,365	4,180	4,058
5.88	(0.20)	6.70	1.50	4.40	3.00	4.20
5,088	6,083	5,948	5,244	5,289	4,828	4,407
(16.40)	2.20	13.40	(0.90)	9.50	9.50	4.80
5,152	5,912	5,942	5,281	5,357	5,071	4,517
57.1	48.4	48.3	61.8	56.0	55.2	54.8
24,005	24,223	23,407	26,622	24,352	21,817	19,782
5,520	5,999	4,963	21,846	16,410	10,454	4,489
120,027	169,350	167,689	244,401	224,941	208,064	193,745
42,915	—	—	—			
168,462	175,349	172,652	266,247	241,351	218,518	198,234
13.22	11.89	11.02	11.58	12.11	12.08	10.97
35.34	35.86	35.4	36.23	36.36	35.93	35.93
93.4	95.3	92.6	95.5	94.7	88.8	88.9
448	422	420	420	420	311	203
908	873	871	835	798	724	584
148	148	148	160	160	174	185
574	586	584	681	672	673	671
6,199	5,943	5,628	5,373	5,028	4,685	4,390
44,981	43,021	40,876	39,457	38,753	34,676	30,881
196	191	182	173	174	170	159
9,041	8,736	8,398	7,916	7,365	6,903	6,440

澳门电力工业

——中国电力企业联合会 朱成章

澳门是由我国南海之滨的一个半岛和两个小岛组成。陆地面积 20 多 km^2，40 多万人口。澳门的电力工业的发展差不多与澳门的历史一样悠久，为澳门的繁荣和人民生活水平的提高作出了卓越的贡献，是澳门的一颗晶莹透亮的明珠。

发展经过

澳门从 1906 年开始有电力供应，从 1906 年到 1972 年的 60 多年中，澳门的电力工业一直由设立在香港的总公司管理，澳门与香港隔海相望，关系十分密切。后来由于履行电力公司与澳门当局签订的专营合同出现了问题，于是从 1972 年开始改造为“澳门电力有限公司”。1978 年澳电开始在最南端的路环岛建设路环电厂，首期安装了两台燃煤凝汽式发电机组，每台 2 万 kW，共 4 万 kW；紧接着 1979 年出现了亏损，由于技术落后，对电力用户的服务质量下降。到 1981 年澳电得到了澳门当局的支持，改善了发输配电系统，重振旗鼓，逐渐使公司在经济上和技术上走上正轨。但是两台发电机组很快就不能满足需求的日益增长，1981 年一方面与广东省电力公司签订了补偿贸易供电合同，由澳电出资（无息贷款）2 亿港元，作为广东省电力公司向澳门供电的工程建设费用，以每月的电费归还贷款，由广东省电力部门兴建 200kV 江门至珠海、两回 110kV 珠海至澳门的输变电工程。另一方面，为应急需研究兴建应急电站，1983 年在澳门半岛兴建了澳门电厂，安装了 4 台共 3.2 万 kW 的中速四冲程柴油发电机组。到 1984 年 6 月广东省电力公司开始向澳门供电，澳门电网开始成为我国南方电网的组成部分，提高了澳电供电的可靠性和灵活性。至此澳电已拥有路环电厂、澳门电厂和广东省供电三个电源，电力供应情况大大好转。

1985 年澳门当局与澳门电力有限公司签订了为期 25 年的专营合同，1987 年澳电改制，澳门当局将澳电股权转移，当局由大股东变为仅占 7.7% 的股份，其余股份分配为中法投资公司和中葡投资公司各占 45%，本地投资者仅占 2.3%。澳电改制后，致力于发展当地电力，主要为降低成本和提高可靠性，以及满足调峰的需要，确定了发展低速柴油发电机组的方向，主要是扩建路环发电厂。1987 年和 1988 年在路环电厂建成和投产了 2 台 2.4 万 kW 的低速柴油发电机组；1991 年和 1992 年在路环电厂又建成和投产了 2 台 3.6 万 kW 的低速柴油发电机组；1995 年和 1996 年又建成和投产了 2 台 5 万 kW 机组，几乎每隔 3～4 年就投产 2 台机组，单机容量一次比一次大，目前路环电厂总装机容量已经达到 26 万 kW，成为澳电的主力电厂。

与此同时，澳门为解决澳门家庭及工业废料，1987 年 3 月决定兴建垃圾焚化炉厂，准备兴建 3 台焚化炉，1 台 1.2 万 kW 发电机组，厂用电占 30%，其余出售给澳电。终于在 1992 年 4～11 月建成第一期工程，1992 年 11 月 11 日建成第二期工程，1992 年 12 月 5 日揭幕。

澳电重新改组后，一直以良好的服务素质、适当的投资策略并配合本地区不断的供电量的增长来满足客户的需求，反映了澳电的各方面工作已走上了轨道。从 1989～1998 年发电设备总容量由 18.3 万 kW 增长到 35.2 万 kW，九年中增长 92.3%；电网最高负荷由 17.6 万 kW 增长到 33.5 万 kW，增长 90.3%；发电量由 7.01 亿 kW·h，增长到 14.45 亿 kW·h，增长 106.1%；售电量由 6.76 亿 kW·h，增长到 15.15 亿 kW·h，增长 124.1%。电力工业稳定发展。

澳电的组织机构

澳门电力有限公司自 1987 年改制后，已成为澳门和多家公司共同组建的有限责任公司，公司的全部工作由董事局领导。董事局下设立执行委员会和非执行委员会成员，执行委员会设主席和副主席。董事局下设三个办公室、五个业务部和三个生产部门。

澳电下属的路环电厂和澳门电厂都是生产车间。以路环电厂为例，电厂内的职工人数约有 180 名，电厂的组织上是由运行部及维修部组成，并由其他部门及专业人员辅助。运行部分四个组，实行四值三运转，采用先进的监控和数据收集系统（SCADA）。大型的及多样化的机械维修工作，都由电厂维修部员工负责。大修程序及预防性维修工作都是由维修部门负责策划，把制造商提出的建议和澳电员工所积累的经验结合，进行有效的维修。

公司的审核、监督，公司内设有监事会，董事局下设有内部审核办公室之外，公司的年度报告还要由德勤会计师进行客观的审核，才能提交给各股东。

澳电规模

1. 澳电供电能力

澳电到 1998 年底有发电设备容量 35.2 万 kW，广东向澳门的最大供电能力可达 20 万 kW，总供电能力可达 55.2 万 kW。1998 年底最高负荷为 33.5 万 kW，所以澳门有足够的备用容量。

2. 生产及供应

1998年澳门发电量加购电量总计为16.72亿kW·h，澳电本身发电量为14.452亿kW·h，占总计的86.4%；其中路环电厂发电量为13.784亿kW·h，澳门电厂发电量为0.668亿kW·h。从垃圾焚化厂购入的电量为0.546亿kW·h，占3.3%，从广东购入的电量为1.726亿kW·h，占10.3%。（据广东省电力公司统计，自1984～1998年底广东共向澳门供电15亿kW·h）。

1998年澳门厂用电量为0.68亿kW·h，厂用电率约为4.07%，输配电损耗电量为0.81亿kW·h，线损率仅为4.84%，厂用电、线损总计为1.49亿kW·h，占总耗电量的8.9%。1998年全澳门的售电量为15.15亿kW·h。

3. 输配电设备

澳门在1984年以前最高的电压等级为66kV，1984年与广东省联网之后，遂出现110kV线路。1998年发电厂升压变压器容量为42.8万kV·A，联网变压器容量为25万kV·A。66/11kV变电站有11个，变压器容量为99.2万kV·A。用户变电房862个，变电容量达132.8万kV·A。66kV输电网电缆长度达150km，中压电网电缆长589km，用来连接用户变电房（11/0.4kV），低压电缆电线长度达1369km，另外还有11000只路灯线路456km。

4. 客户及职工

澳电供电客户到1998年已达175223个，比1989年增加了75%。到1998年末澳电共有职工777人，平均每个职工负担客户225.5个。

5. 用电水平

澳门人均容量为1.03kV·A，人均用电量为3885kW·h。

6. 电价水平

1998年澳门平均电价为1.079澳门元，约合0.135美元/(kW·h)。据澳电统计，澳门自1985年至1998年累计通货膨胀率为118.8%，但平均电价是增长28.3%，电价增长远低于通货膨胀率。

澳门将于1999年12月20日回归祖国，澳门电力有限公司表示：澳电对澳门回归中华人民共和国之后的未来充满信心，回归之后政府一定会竭尽所能，进一步改进社会及经济状况，澳门将会进入一个全新的持久的发展阶段，澳电也将进入一个新的发展阶段，计划到2002、2003年发电设备容量再增加11.0万kW，比现在提高30%，并且要尽力提高效率，以争取2002年前不提高电价，并且要通过提高供电可靠性和优质服务，全力协助建设澳门的未来，支持澳门的发展。因此可以肯定地说，澳门回归祖国以后，澳门的电力工业将随着澳门经济蓬勃向前发展。

中国电力年鉴

13 重点工程

三峡工程建设

概况

1999年是三峡工程开工以来最具挑战性的一年，是各项主体工程从基础开挖转入大规模混凝土施工的转折年。一年来，在国务院三峡工程建设委员会的正确领导下，经过全体三峡建设者的共同努力，工程建设较好地完成了年度计划，土石方开挖、填筑及混凝土浇筑工程量分别完成总量的96.6%、80.3%、32.4%；相应的投资完成占概算总量的87.3%、47.5%、29.9%；创下了年浇筑混凝土458.5万m^3、月浇筑55.35万m^3、日浇筑2.18万m^3的世界记录，为2000年三峡工程的建设和管理奠定了坚实的基础。

在工程进度方面：1999年2月厂坝按时完成基础开挖，为混凝土浇筑创造了良好局面；三季度永久船闸闸室主体段完成开挖的总目标，但部分闸室段开挖完成时间较计划滞后，一定程度上影响了后续混凝土的按期施工；厂坝二期、永久船闸的金属结构制造及启闭机采购招标工作按期完成；临时船闸、导流明渠运行管理良好，应急翻坝措施进一步完善，圆满完成了1999年施工期通航任务；茅坪溪防护大坝填筑的基础处理达到计划目标；防汛工作准备充分，保证了汛期主体工程的正常施工；坝区管理坚持综合治理的原则，在双文明建设方面取得了较大进步。在工程质量方面：个别部位出现过振捣不密实、跑模等问题，但总体良好，满足设计要求。在工程投资方面：静态、动态投资均控制在国家批准的初设概算及预计的投资范围内。

1. 主要指标完成情况（见表1）

表1

序 号	项 目	单 位	年计划	本年累计完成	占年计划（%）
一	总投资	万元	1117000.00	1134965.73	101.61
（一）	三峡水利枢纽工程	万元	1109000.00	1127344.73	101.65
1	建安工程	万元	277045.00	306500.26	110.63
2	机电设备费	万元	48050.00	30818.45	64.14
3	金结设备费	万元	23700.00	20294.63	85.63
4	水库淹没处理补偿费	万元	350000.00	352398.47	100.69
5	其他费用	万元	25125.00	24933.53	99.24
6	基本预备费	万元	7738.00	851.69	11.01
7	价差预备费	万元	213342.00	250943.17	117.62
	其中：枢纽工程	万元	86342.00	126341.64	146.33
	水库淹没处理补偿费	万元	127000.00	124601.53	98.11
8	贷款利息	万元	164000.00	140604.53	85.73
（二）	金沙江开发前期工作	万元	6000.00	5964.00	99.40
（三）	葛洲坝电厂小型基建	万元	2000.00	1657.00	82.85
（四）	地下厂房前期工作	万元			
二	主要工程量				
1	土石方开挖(主体工程)	万m^3	446.50	520.23	116.51
2	土石方填筑(主体工程)	万m^3	199.00	228.58	114.86
3	混凝土浇筑(主体工程)	万m^3	420.00	458.52	109.17
4	钢筋制安(主体工程)	t	79750.00	64700.00	81.13
5	混凝土防渗墙(主体工程)	m^2	16830.00	16400.00	97.45
6	固结灌浆(主体工程)	m	78900.00	84900.00	107.60
7	帷幕灌浆(主体工程)	m	7274.00	8500.00	116.85
8	金结安装(主体工程)	t	21787.00	7200.00	33.05
三	资金到位	万元	1107000.00	1078160.00	97.39
（一）	三峡专项基金	万元	470000.00	428049.00	91.07
（二）	国家开发银行贷款	万元	300000.00	300000.00	100.00
（三）	利用外资	万元	40000.00	46572.00	116.43
（四）	三峡企业债券	万元	200000.00	200000.00	100.00
（五）	其他资金	万元	97000.00	103539.00	106.74

2. 三峡主要工程形象进度

(1) 大坝工程：左非连接段及1～8号坝段混凝土已浇至坝顶185m高程；左非9号坝段混凝土浇至155.9m高程；左非10～11号坝段混凝土浇至120m高程；左非12～13号坝段混凝土浇至116.5～121m高程；左非14～18号坝段混凝土已浇至123～144m高程。临时船闸1号和3号坝段混凝土浇至高度设计高程143m。左厂1～6号坝段甲乙块混凝土浇筑最高浇至137m高程，最低浇至106m高程；左厂7～10号坝段甲乙丙块混凝土浇筑最高浇至83m高程；最低浇至58m高程；左厂11～14号坝段甲乙丙块混凝土浇筑最高浇至71.1m高程，最低浇至32.2m高程；压力钢管共吊装18节；排沙钢管共吊装27节。泄洪坝段泄23～17号坝段混凝土浇筑最高浇至95m高程，最低浇至69m高程；泄16～8号坝段混凝土浇筑最高浇至75m高程，最低浇至54.1m高程；泄7～6号坝段混凝土浇筑最高浇至68.2m高程，最低浇至53.5m高程；泄5～1号坝段混凝土浇筑最高浇至60.5m高程，最低浇至27.8m高程。左导墙坝段混凝土浇筑最高浇至49m高程。混凝土纵向围堰坝身段最高浇至缆机平台160m高程。右非3～5号坝段混凝土于1999年1月全部浇至缆机锚墩设计高程160m，保证了缆机按时安装。

(2) 发电厂工程：主厂房1～5号机组段混凝土浇筑最高浇至69.3m高程，最低浇至50.92m高程；6～10号机组段混凝土浇筑最高浇至49.69m高程，最低浇至46m高程；11～14号机组段混凝土浇筑最高浇至多46m高程，大部分浇至44m高程，最低浇至29.1m高程。安Ⅰ坝段混凝土浇筑浇至108m高程；安Ⅱ坝段混凝土浇筑最高浇至77m高程；安Ⅲ坝段最高浇至56.7m高程，最低浇至48m高程。1～4号机锥管二期混凝土已浇完，6～12号机封闭块混凝土回填完成。

(3) 永久船闸工程：①开挖工程：闸室主体段除尚有部分锚索和高强锚杆未完成外，其余开挖工作已全面完成，基本达到计划形象进度；下游引航道一期预留部位大部分已开挖至58m高程，局部已挖至建基面。输水系统各级竖井开挖全面结束，各级集水井开挖除南四、南五、北五三个外，其余开挖全部完成。②混凝土浇筑工程：1999年第三季度，永久船闸施工重点由大开挖转移到混凝土浇筑，船闸主体段和输水系统各工作面混凝土浇筑全面铺开，混凝土施工取得阶段性进展。挡水坝：一闸首左右两侧挡水坝段混凝土浇筑除右侧1号挡水坝段浇至185.2m高程外，其余均浇至185m高程；靠船墩：右靠船墩全部封顶到位，左靠船墩3～9号混凝土浇筑最高已浇筑至177.5m高程，最低浇至127m高程。船闸主体段：一闸首南北底板混凝土均已浇至131m高程，一闸首南北边墙混凝土最高浇至175m高程，最低浇至161.5m高程；一闸首中隔墩南北边墙混凝土最高浇至174m高程，最低浇至161.5m高程；一闸室南北底板最高浇至129.8m高程，一闸室南边墙局部最高浇至132m高程，一闸室中隔墩南边墙混凝土局部最高浇至132m高程；二闸首南北底板、边墙和中隔墩局部进行混凝土浇筑，最高浇至134.2m高程；三闸首南北边墙及中隔墩局部最高浇至130.75m高程；四闸首南北边墙、底板及中隔墩局部进行混凝土浇筑，最高浇至81.75m高程；六闸首南北边墙均浇至84～96.42m高程，六闸首中隔墩南北边墙混凝土均浇至77.7～96.42m高程。

(4) 升船机工程：升船机上闸首左边墙混凝土浇筑最高浇至173.7m高程，上闸首右边墙混凝土浇筑最高浇至177.3m高程，升船机上闸首底板混凝土浇至136.6m高程。

(5) 导流工程：二期围堰运行状况正常；三期碾压混凝土围堰2～5号块于1999年3月8日全部浇至设计高程140m。

(6) 地下电站进水口：开挖工程于8月底开始，较计划稍有滞后，年底大部分挖至160m高程。

(7) 茅坪溪防护工程：迎水面风化砂最高填至125m高程；迎水侧石渣混合料（地下电站开挖料）最高填至129m高程；背水侧石渣混合料最高填至130m高程；松柏坪段最高填至127.4m高程；大坝沥青混凝土防渗心墙最高已摊铺至129.7m高程。

3. 施工质量与安全

1999年共评定单元工程13760个（主体工程12584个，其他项目1176个），一次检验合格率达95.5%，复检合格率100%，优良率75.8%。其中主体工程混凝土浇筑单元工程质量评定8674个（永久船闸项目2022个，厂坝项目4774个，其他项目1878个），一次检验合格率达95.2%，复检合格率100%，优良率80.7%。

在安全生产方面，部分单位仍存在对安全生产重视不够的现象，对现场施工作业人员特别是外来劳务人员的安全教育和指导不够，全年共发生15起、死亡15人的施工安全事故。

4. 环境保护与坝区管理

1999年，中国三峡总公司继续按《三峡工程施工区环境保护实施规划》全面开展各项环境保护工作，并制定了《三峡工程环境监测监督管理办法》和《施工区市政、环卫、绿化工作考核细则》，施工区环境保护得到进一步规范。年内，施工区新增保护面积62万 m^2；绿化面积166万 m^2；清运生活垃圾约5000t；提高了废水处理系统的利用率；生活垃圾填埋场运行正常；开展了大规模的灭鼠活动。监测结果表明：长江江段水体继续保持稳定，施工区噪声、空气、环境质量进一步好转。

1999年三峡坝区精神文明建设，继续以"共建、创建、整治、竞赛、文体"等五项活动为载体，在巩固已有成绩基础上主动创新，使各项活动有新思路、新内容、新气象，通过开展创建安全文明小区评优活动，促进文明施工，营造良好的职工生活社区文化，为坝区内外创造了很好的施工和生活环境。

为有效维护施工区治安秩序，确保工程顺利实施，除继续加强三峡坝区封闭管理、完善封闭设施外，根据工程建设需要，对重点施工部位划定的控制区，实施严格的凭证出入制度，有效地控制了无关车辆、人员进入坝区和工程建设物资的流失，保证了重点施工项目的施工安全。

5. 计划合同与财务工作

1999年共签订建筑安装工程、机电设备采购、勘察设计、科研、监理、征地移民、施工设备采购等各类合同592项，合同总金额37.12亿元，其中建安工程合同184项，合同金额5.86亿元。通过公开招标、邀请招标、议标签约的项目主要是建筑安装工程、机电设备采购、永久金属结构招标及施工设备采购等。

1999年的计划合同工作继续推行"静态控制，动态管理"的投资控制措施，使工程建设投资得到了有效控制；价差侧算和管理工作进一步规范；进一步加强了概算费用的控制；初步建立了工程投资风险分析制度，提高了工程投资管理水平。

1999年资金累计到位107.8亿元，其中：三峡基金42.8亿元，开发银行贷款30亿元，商业银行贷款10亿元，三峡企业债券20亿元，利用外资4.65亿元，其他资金0.35亿元。资金及时足额到位，保证了三峡工程建设及库区移民的资金供应。

2000年，为确保工程建设、库区移民等各项资金需要，计划筹措资金143～145亿元，解决方案的思路为：发行企业债券30亿元，落实商业贷款30～33亿元，落实临时搭桥贷款15亿元；做好三峡基金的征缴工作；调整和优化债务结构，降低总体融资成本。

物资与设备供应

1999年累计采购钢材9.8093万t、木材7835m^3、油料3.6424万t、炸药5832t、水泥76.5051万t、粉煤灰28.38万t、采购总金额8.725亿元；累计供应钢材9.2317万t、木材7387m^3、油料3.7149万t、炸药5832t、水泥76.50万t、粉煤灰28.38万t，累计供应总金额7.517亿元。与1998年相比，供应强度约为上年的2～3倍，其中粉煤灰供应强度为1998年的4倍。物资质量合格率、供应及时率均达到100%。

1999年设备采购供应围绕全面形成混凝土浇筑手段，完善施工设备管理、金结设备制造合同执行，启闭机械招标采购，机组设备运输到货及辅机设备采购等目标展开工作。至年底，共签订合同188份，总金额10.458亿元，其中组织招标采购9次，总价值610万元。6台塔带机、顶带机及其供料线、4台胎带机、1台大塔机、8台高架门机、2台缆机、2台履带吊和7座拌合楼等30台套设备全部安装就位并投入运行，为2000年冲刺浇筑最高强度施工目标打下了基础。

科研工作

1999年中国三峡总公司共签定各类科研项目合同61项，主要围绕单项技术设计审查、工程施工、运行及管理等方面开展科学研究，以及时解决在设计、施工、运行等方面可能出现的各种问题，发挥科研在工程建设中的基础和先导作用。

1999年三峡工程取得了多项科研成果。由国家自然科学基金委员会和中国三峡总公司联合资助的重大项目"三峡水利枢纽工程几个关健问题的应用基础研究"，从泥沙、岩石高边坡、通航建筑物、混凝土原材料和水工建筑物安全监测与反馈设计等方面展开研究，经过近五年的艰苦努力，顺利地完成了计划，达到了预期目标，该项目于1999年6月在三峡工地顺利通过国家验收；由中国三峡总公司主管的"'九五'国家重大技术装备研制和国产化三峡水利枢纽工程成套设备项目"有关专题研制也取得相应进展，有的成果已被三峡工程所采用，如由上海港机厂研制的MQ2000型四连杆臂架高架门座起重机已安装在三峡工地使用，并参加了1999年超世界纪录的混凝土浇筑大会战；由中国三峡总公司委托的科研项目在1999年内也有23项经过中国三峡总公司验收，所取得的成果有的被设计采用或参考，有的被厂坝混凝土施工和永久船闸施工所采用或参考等等。

国务院召开三峡工程移民工作会议

1999年5月19～20日，国务院在北京召开三峡工程移民工作会议。中共中央政治局常委、国务院总理、三峡建委主任朱镕基在会上发表了重要讲话。国务院副总理、三峡建委副主任吴邦国代表三峡建委作工作报告。会议由国务委员、国务院秘书长王忠禹主持。会议的主要任务是：贯彻落实江泽民、李鹏、朱镕基同志关于三峡工程建设的重要讲话精神，讨论《国务院办公厅关于三峡库区移民工作若干问题的通知》，进一步提高认识，统一思想，总结移民工作的成绩和经验，研究下一阶段工作，确保三峡工程二期移民顺利进行。

机电和金属结构招标工作

1999年，机组设计通过了对水轮机转轮模型的二次验收，进行了重大技术问题的讨论和研究，设计图纸和埋件供应满足施工进展需要；主机设计的主体部分已经完成并开始加工；通过国际范围的议标，选定了机组监造单位，机组主体监造工作全面展开；左岸电站厂房桥机招标顺利完成并开始生产；500kV、800MV·A升压主变压器及GIS等高压电气设备国际招标完成，合同已开始执行；调速器、励磁设备招标业已展开；永久船闸和厂坝段的闸门、启闭机及其他金属结构招标已圆满完成。1999年共完成机电和金属结构招标20项，签约金额总计24.52亿元。

国际合作与交流

1999年接待来三峡工地考察的国内外团体共1334批、20787人次。其中外宾152批、2300人次。副省部级以上的来宾和重要外宾152批、347人次。共接待党和国家领导人9批，还接待前来洽谈合作的地方政府和企业考察团212批、3958人次。中国三峡总公司派出43批团组、157人次到国外执行合同或业务考察、学习培训。

1999年，中国三峡总公司分别与美国ATKINSON公司、HARZA公司签订了合作项目“三峡工程施工设备使用及管理的技术咨询服务合同”和“三峡工程大坝混凝土施工质量控制体系的技术咨询服务协议”；与德国交通工程研究院签订“三峡升船机主体部分可行性研究设计合同”等。

年内，中国三峡总公司成功召开了水电工程造价国际研讨会，共收到来自加拿大、美国等7个国家关于造价等专题的论文34篇，并多次协办了有影响的国际专业性学术会议。

新闻宣传与出版

1999年，中国三峡总公司新闻宣传中心共发《新闻宣传信息》24期，新闻通稿10余篇，向各新闻媒体发稿100余篇。与《中国经济时报》、《学习时报》等报合办专版22个。共接待中外记者210批、1240人，其中国外记者34批、249人。三峡展览馆共接待各级、各界来宾11119人次，其中内宾8640人次，外宾2419人次。此外，重新编辑出版《三峡工程简介》（文字与VCD）和《三峡梦正圆》VCD；与湖北电影制片厂合作，摄制完《三峡梦正圆》第五集；《中国三峡工程报》全年共出报150期，《中国三峡建设杂志》、《中国三峡建设年鉴》也都按期出版，这些都有力地宣传了三峡工程。

三峡电厂和三峡梯调筹建工作起步

1999年，在中国三峡总公司电力生产管理部、葛洲坝电厂、国际合作部、人事劳动部等部门和单位的共同努力下，对三峡电厂和三峡梯调和组建方案进行了初步酝酿。人员培训已经展开。三峡电力电量的消纳工作和电价测算工作已在进行，并有初步结果。葛洲坝电厂计划在国家单列已被确认。有关三峡梯调的科研工作正在抓紧落实。

成立三峡枢纽工程质量检查专家组和稽查组

为了进一步保证三峡工程建设的质量，国务院三峡工程建设委员会决定成立三峡枢纽工程质量检查专家组（国三峡委发办字［1999］19号）。专家组组长钱正英，副组长张光斗，成员有：潘家铮、陈庚仪、谭靖夷、梁应辰、梁维燕。专家组的任务：检查工程质量保证体系和质量要求规程是否健全；检查业主、施工、监理、设计等方面是否严格执行工程质量保证体系和质量规格的要求；对工程质量进行评议，包括土建工程以及永久性金属结构和机电设备的安装质量；对工程质量事故性质进行评议；检查工程进度与预期目标是否相符等。

为了搞好三峡工程建设，国务院三峡工程建设委员会决定向三峡枢纽工程派出稽查组（国三峡委发办字［1999］18号）。组长石启荣、副组长张德楠，成员从三峡建委和有关单位专家中选派。稽察组的主要职责和任务是：对三峡枢纽工程的资金管理、建设进度和安全施工以及对中国三峡总公司与其下属公司的关联交易等主要方面进行稽查，提出稽查报告，作出年度评价。在此基础上，结合对企业管理者贯彻执行党的路线方针政策、国家的法律法规及廉洁自律等情况，提出对三峡总公司主要领导成员的评价。稽查组不参与、不干预三峡总公司的工程建设和生产经营活动。

（李　冰　张明燕）

中国电力年鉴

14 人物

中国工程院院士[1]

于文虎（1941～　）江苏苏州人，1941年12月出生。山东电力集团公司副总工程师，电力工程专家，高级工程师。1966年8月毕业于清华大学燃气轮机装置专业，1995年5月清华大学热力叶轮机械专业博士研究生毕业，获工学博士学位。长期在一线从事汽轮发电机组的调整运行工作，在故障诊断及轴系平衡理论和方法方面均有突出创新。1974年独立提出了挠性转子现场平衡的挠曲变形平衡原理及“振型影响系数法”，1983年首创“轴系多平面多转速同时平衡法”，平衡启动次比原理论减少约一半。解决了东方集团的200兆瓦发电机定子结构的重大缺陷，使停运十个月的该型机组正常生产，获全国科学大会奖；负责解决了引进型300兆瓦机组因西屋公司设计错误而造成的发电机—励磁机异常振动的重大缺陷，克服了该型机组国产化的最大障碍，获国家科技进步二等奖。1994年首次提出了建立振动故障诊断专家系统的完整知识范围，1996年负责建成了包含该知识范围且能优化运行参数的“大型火电机组性能及振动的远程在线监测与诊断系统”，获国家科技进步二等奖。曾任山东电力试研究所副所长兼总工程师，山东电力科学研究院院长等职。兼任中国电机工程学会火力发电分会汽轮机专业委员会委员，全国机械振动与冲击标准化委员会委员，山东振动工程学会副理事长，受聘为清华大学兼职教授。1999年当选为中国工程院院士。

沈国荣（1949～　）江苏武进人，1949年7月出生。国家电力公司电力自动化研究院高级工程师，电力工程专家。1969年毕业于南京电力学校，1978年毕业于华北电力学院，1982年在电力科学研究院获硕士学位。历任南京水利电力仪表厂试验工，电力自动化研究院继电保护所主任工程师、所长、副院长等职，兼任国家电力公司科学技术委员会委员，东南大学、南京大学、山东工业大学、上海交通大学、武汉水利电力大学（博士生导师）兼职教授。1988年荣获中国科技协会“首届青年科学奖”、“全国机电工程优秀科技工作者”、“国家有突出贡献的中青年专家”称号。1991年荣获江苏省“劳动模范”称号。1995年荣获“王丹萍科学奖”，当选南京市“首届十大科技之星”。1996年荣获第二届“江苏省优秀科技工作者”称号。1997年荣获首届“全国优秀科技工作者”称号。1999年荣获国家电力公司“特等劳动模范”称号。研制的“JKF—型工频变化量快速方向保护装置”，1998年获水电部科技进步一等奖。“高压线路CKJ—1型快速距离保护装置”，1991年获能源部科技进步一等奖。“LFP—900系列输电线路成套保护技术及其推广应用”，1998年获电力部科技进步一等奖、国家科委火炬优秀项目一等奖，1999年获国家科技进步一等奖。发表的主要论文有《工频变化量方向继电器原理的研究》、《阻抗循序判别式失步继电器的研究》、《超高压电力系统中的特高速距离继电器研究（英文）》等。1999年当选中国工程院院士。

[1] 以姓氏笔画为序。

国家电力公司系统特等劳动模范名单

李庆长	黑龙江哈尔滨电业局道里供电局变电一班班长
何立森	山西运城供电分公司输电工区运行二班班长
贾克彬	伊敏华能东电煤电有限责任公司调度所所长
谭茂春	湖南火电建设公司经理
陈银龙	浙江电力中心调度所开发部主任
贾　力	甘肃靖远电厂副总工程师
张南燕(女)	中南勘测设计研究院三峡监理中心总监
沈国荣	国家电力公司电力自动化研究院继电保护研究所所长
陈恒敬	中国水利水电第十四工程局广东分局副局长
李义天	武汉水利电力大学教师
万载扬	重庆城区供电局实业总公司总经理

国家电力公司系统劳动模范名单

国家电力公司东北公司

袁　德	元宝山发电厂厂长
郑兴权	通辽发电厂锅炉运行1号机组单元长
孟德全	云峰发电厂电机班班长
杨志强	哲里木电业局安装公司总经理

华北电力集团公司

张一士 北京供电局局长
王保忠 北京十三陵蓄能电厂厂长
张丽英(女) 华北电力调度局局长
王惠仁 华北电力科学研究院院长
王　建 北京供电公司变电施工一处施工班班长
范福林 石景山发电总厂石热锅炉检修车间主任
刘　刚 北京电力建设公司一热工地焊接高压班工人
张荫孚 大唐发电股份有限公司陡河发电厂厂长
常清根 秦皇岛发电有限责任公司副总工程师
丁　仓 唐山供电公司修试所开关班班长
张慧卿 张家口供电公司调度所副所长
段庆新 秦皇岛电力公司北戴河供电分公司经理
安炳雄 大唐发电股份有限公司高井发电厂多经公司经理
张德顺 北京电力设备总厂特种电器分厂厂长

天津电力公司

李玉春 北辰供电分公司北辰开发区电力公司副经理
董齐平 军粮城发电厂电气检修车间专责工程师
裴少泉 汉沽供电局修试所主任
刘化英(女) 高压供电公司红旗路变电站站长
刘景耀 宝坻县供电局局长、书记

河北电力公司

曹海潮 河北电力建设第一工程公司阳泉河坡电厂项目部项目经理
赵　扬 保定供电公司冀澳电力自动化设备有限公司董事长
王早生 石家庄供电公司城区供电局抢修班班长
李　建 河北送变电公司第一分公司主任工程师
张　健(女) 衡水供电公司用电处工程师
杨光慈 保定供电公司党委书记
王文奎 河北电力公司基建处副处长
徐贵林 西柏坡发电厂副厂长

山西电力公司

燕福龙 太原第二热电厂厂长
马世珍 神头第一发电厂党委书记
杨德水 阳泉供电分公司经理
张玉龙 供电工程承装公司副经理
赵寿德 太原供电分公司工会主席
石占山 太原第一热电厂质检科副科长
张双喜 霍州发电厂锅炉车间风机班班长
王志军 漳泽电力股份有限公司运行车间主任
郭立户 临汾供电分公司输电工区检修班班长
蔚述厚 吕梁供电分公司输变电一工区工人
张青龙 山西电力建设三公司工地施工班班长
马庆中 山西电力科学研究院汽机室副主任

华东电力集团公司

柴兆宗 华东电力集团公司副总工程师
尚明华 天荒坪抽水蓄能电站工程建设公司总经理
殷雄武 望亭发电厂印刷厂厂长

上海电力公司

许义波 外高桥发电厂检修部主任
伏如祥 上海电力公司计划处网络主管
方金福 上海电力实业总公司总经理
杨银明 上海送变电工程公司工程处主任
钱维忠 市区供电局生技科科长

江苏电力公司

董锡瑞 徐州发电厂厂长
顾志钢 镇江供电局党委书记
莫来恩 江苏电力公司电网调度所副所长
刘锦春 江苏电力公司副总工程师
臧　雯(女) 泰州供电局姜堰市供电局用电服务中心业务主管
汪建民 无锡供电局变电所运行总值长
卢中奎 盐城发电厂燃料计量班班长
汤　璐 扬州发电厂副总工程师

吴金华　江苏电力建设第三工程公司副总工程师
赵永德　扬州供电局广源电气有限公司经理
徐开志　连云港供电局开关厂厂长
朱建华　南通供电局市区用电所主任

浙江电力公司

程志定　宁波发电工程公司锅炉转机维护班班长
丁志成　湖州电力局供电所安检员
牟文彪　台州发电厂运行部副总值长
王永章　浙江电力试验研究所总工程师
吴耀忠　嘉兴发电厂厂长
孙处定　温州电业局实业公司电力变压器厂书记
洪　敏　杭州市电力局电力设备制造公司经理

安徽电力公司

孙　刚　合肥发电厂党委书记
黄传经　铜陵供电局局长、书记
邢昌宏　淮北发电厂电气分场副主任
姚学喜　响洪甸水电站实业总公司检修分公司副经理
杨　洁　安徽电力建设第二工程公司工程技术部副主任
吴婉彬(女)　芜湖供电局变电工区预值值长
戴茂长　安庆供电局实业总公司副总经理
王淮生　淮南田家庵发电厂锅炉检修班班长
葛　静(女)　安徽送变电工程公司变电处二队工人

上海电力建设有限责任公司

张耀庆　上海电力安装第二工程公司吴泾项目工程处总工程师

华中电力集团公司

张卫平　三门峡华阳发电有限责任公司总经理
曹国炜　电力调度通信局副总工程师
汪录生　武汉电力设备厂电力机械研究所经理

湖北电力公司

房辉炼　武汉供电局汉口分局党委书记
李志安　咸宁供电局印刷厂厂长
王玉其　武汉电力学校学工委副主任
徐海明　襄樊供电局检修工区主任
刘正平　荆门供电局城区用电管理所所长
赵儒鑫　湖北电力建设第二工程公司项目经理
胡学京　青山热电厂汽机油调班班长
吴建国　黄龙滩水力发电厂水工分场遥测班班长
涂光灿　湖北电力勘测设计院水工结构专业工程师
秦遵信　鄂州供电局局长、书记
钱　勇　黄石发电股份有限公司总经理

湖南电力公司

彭俊清　耒阳电厂厂长
李克昌　湖南电力试验研究所继电保护专业组长
涂福礼　五强溪水力发电厂电力工程总公司副经理
邹一红(女)　衡阳电业局麻塘变电站站长
徐立东　湘潭电厂副总工程师
刘德棉　湘潭电业局青山供电站工人
章政国　岳阳电业局电力电器厂厂长
周灿元　五强溪水电厂五强产业集团公司副总经理

河南电力公司

秦启根　郑州热电厂厂长
王海林　南阳市电业局工会主席
徐竹君　洛阳首阳山电厂总工程师
黄永皓　电力调度通信局局长
郭爱玲　豫能股份有限公司发电部锅炉运行班班长
李民强　郑州市电业局东苑生活服务公司工人
熊红旗　平顶山电业局安监科科长
沈效民　河南第一火电建设公司锅炉施工处起重班班长
王家德　郑州电力高等专科学校教师
杨文平　三门峡市电业局富达电力集团有限商贸公司副经理

江西电力公司

邹春生　赣州供电局局长

李齐望 九江发电厂武装部部长
张 丽(女) 江西电力调度通信局高级工程师
胡青梅(女) 贵溪火力发电厂技术专职
陈建中 江西水电工程局职工医院院长
刘细根 赣西供电局珠珊变电站站长
程远南 上饶供电局局长
李鸿应 江西火电建设公司加工厂厂长

西北电力集团公司

马 苹(女) 西北电力集团公司财务部会计师
李韩英 渭河发电有限公司运行部副主任

陕西电力公司

牛万虎 秦岭发电厂厂长
郅英明 韩城发电厂锅炉检修本体班班长
吴凤鸣 铜川供电局局长、书记
王纪凯 商洛供电局送电处保线站站长
唐见成 宝鸡铁塔厂厂长、书记
张付成 西北电力建设第三工程公司锅炉焊接班班长
韩忠喜 西北电力建设器材总厂锅炉分厂厂长
李 荣(女) 西安电力中心医院护士
蔡家明 联合开发公司凤县南星选矿厂厂长

甘肃电力公司

杨 光 甘肃电力设计院线路室高级工程师
雷 宏 天水供电局陇西 330kV 变电站副站长
万克林 定西地区电力局送电线路班班长
彭志明 八〇三电厂水泵班班长
常立民 兰州电力学校热动专业组组长
高 凯 刘家峡水电厂多经总公司总经理

宁夏电力公司

包建平 银川供电局线路工区工人
张有才 宁夏电力建筑安装工程公司汽机工地主任
刘 保 银南供电局五里坡变电站站长
邵吉祥 石嘴山发电厂多经总公司副总经理

青海电力公司

李发云 桥头发电厂实业总公司建材厂厂长
范幼林 青海火电工程公司经理
郭青林(女) 西宁供电局花园变电站站长
段广文 海东供电局送电工区主任

新疆电力公司

尼加提·那吉米丁 新疆电力教育培训中心计算机中心主任
陈 军 玛纳斯发电厂继电保护班班长
魏新光 新疆电力公司政工处处长
姚建新 乌鲁木齐电业局光源电力实业公司副总经理

四川电力公司

冯长富 成都电业局清白江供电局局长
李明节 四川电力调度局自动化处处长
兰 苑(女) 内江电业局隆昌电器承装公司经理
王成烈 江油发电厂西蜀电力开发公司经理
陈晓林 成都电业局局长
代先荣 内江发电总厂厂长、书记
朱白桦 四川电力工业勘察设计院院长
曹元忠 映秀湾水力发电总厂生技部主任
叶小莲(女) 自贡电业局自流井供电局用电营业班班长
罗乾良 宜宾发电总厂锅炉辅机班班长

山东电力集团公司

孙树敏 山东电力科学研究院发电机专业工程师
邢翠玲(女) 济南供电局变电站站长
闫大振 山东送变电工程公司继电保护调试队队长
赵家敏 山东电力工程咨询院技术质保部主任
李 伟 莱芜发电厂汽机本体班班长
朱同佳 龙口发电厂华龙工业公司铸造厂厂长
杨殿坤 临沂电业局党委书记
安世亭 山东电力建设第一工程公司副经理

林铭山　邹县发电厂厂长
魏建国　鲁能电力燃料有限公司总经理

贵州电力公司

严道一　清镇发电厂厂长
肖楚黔　贵阳东方变压器厂厂长
张翠云　六盘水供电局局长、书记
简朝晖　贵州电力建设第二工程公司项目总工程师
支明良　盘县发电厂燃运车间班长
曾祥森　遵义发电厂厂长

辽宁电力有限公司

王孝义　辽宁发电厂锅炉分厂主任
刘永恒　锦州东港电力有限公司汽机本体班班长
梁洪春　沈阳电业局大东供电局修理班班长
张春艳(女)　本溪电业局大峪变电所所长
王相勤　本溪电业局局长、书记
唐秀顺　丹东电业局振兴供电局副局长
佟德宽　两锦电业局连山供电局局长
段广平　东电第二工程公司施工技术处处长
高玉光　东电第三工程公司副经理
曹传家　东电送变电工程公司送电五处处长
苑　舜　东北电力科学研究院副院长
张心青　沈阳电力高等专科学校党委书记
王若海　大连发电总厂热力公司营业部部长
徐金和　营口电业局多经局副局长
韩国华　东电第四工程公司一分公司锅炉工地副主任
吴　伟　铁岭电业局银州供电局营业员

吉林电力有限公司

孙金国　长春热电二厂厂长
朱景文　吉林热电厂厂长
樊　军　吉林送变电工程公司经理
周立君　长春电业局九台供电局卡伦变电所所长
姚　恩　双辽发电厂副总工程师
潘国琪　长山热电厂热工分场专责工程师
黄清林　辽源发电厂实业有限责任公司副经理
蒋东篱　名门电力实业集团龙华热电股份有限公司经理
史洪起　吉林电力科学研究院锅炉室主任

黑龙江电力有限公司

孙　艳(女)　佳木斯电业局用电营业部主任
刘伟纯　黑河电业局药泉供电局用电营业部主任
徐　璞　大庆电业局局长
颜庆岩　黑龙江火电第一工程公司锅炉工程处主任
吴大成　黑龙江火电第三工程公司经理
陈厚录　牡丹江第二发电厂汽机运行班班长
王学君　佳木斯发电厂燃料分场主任
王景山　富拉尔基发电总厂制粉车间锅炉检修班班长
梅君超　黑龙江电力股份有限公司副总经理
于敏时　佳木斯电力实业集团公司配电工程公司经理

福建电力公司

罗明览　福建电力勘测设计院副总工程师
黄俊贤　福建第一电力建设公司焊接班班长
许新生　福建电网中心调度所所长
蓝　萍(女)　厦门电业局城区供电局局长助理
陈文辉　泉州电业局副总经济师

云南电力集团有限公司

刘　伟　云南电力试验研究所副总工程师
饶　飞　云南火电建设公司汽轮发电机本体安装班班长
袁继文　滇西电业局大理西电送变电工程公司经理
肖萍梅(女)　昆明发电厂燃运车间工会主席
钊毅民　漫湾发电厂副厂长
张祖华　滇中电业局局长、书记

广西电力有限公司

覃宝烈　广西火电安装公司焊接培训中心工人

江革力 南宁供电局生技科副科长
黄麟芬(女) 广西电力勘察设计研究院质量办主任
刘甫强 柳州供电局用电工程公司经理

重庆电力公司

杨家虎 南岸供电局抢修服务队队长
黄凤洲 白鹤发电厂厂长、书记
王开勤 狮子滩水力发电总厂厂长

中国水利水电总公司

唐 晶 中国水利水电第一工程局机电安装分局电气队队长
卢昌秀(女) 中国水利水电第二工程局招待所工人
王兆胜 中国水利水电第三工程局三分局二公司经理
赵来谱 中国水利水电第四工程局李家峡施工局基础大队大队长
闫志珍 中国水利水电第五工程局北方管理局总工程师
张建峰 中国水利水电第六工程局四分局沙湾项目部安装队钳焊班班长
柏亚新 中国水利水电第七工程局多经总公司岩土公司经理
张建文 中国水利水电第七工程局湖南大源渡电航工程项目经理
邓亿昌 中国水利水电第八工程局常德机械厂厂长、书记
方海春 中国水利水电第八工程局大朝山电站八三联营体工人
杨 英(女) 中国水利水电第八工程局机电制造安装分局金结队电焊班班长
王 力 中国水利水电第九工程局机电工程处处长
彭启荣 中国水利水电第十工程局机电安装分局试验室主任
齐百利 中国水利水电第十一工程局一分局物资设备部机械队副队长
毛 静(女) 中国水利水电第十一工程局三岛实业总公司三门峡峭山宾馆经理
陈泽鑫 中国水利水电第十二工程局珊溪施工局副局长
张光泽 中国水利水电第十三工程局北京水系治理工程项目部副经理
王立飞 中国水利水电第十四工程局曲靖分局工人
吴 渝 夹江水工机械厂经销处处长
吴东升 中国水利水电基础工程局第二工程处黄壁庄工程项目部经理
胡大水 富春江水电设备总厂工人
郑忠仁 中国水利水电闽江工程局安装公司项目经理

葛洲坝水电工程集团公司

李恩义 第二工程公司三峡建设公司项目经理
张世富 水泥厂装运车间维修班班长
徐功益 第五工程公司三峡建设公司副经理
王 安 机电建设有限公司副经理
汪子善 第三工程公司清峡建筑安装有限责任公司经理
陈本毅 电力有限责任公司送变电分公司副经理
赵 军 中心医院内科主任
张之沛 三峡实业有限公司米粉厂厂长
谢瑞丹 佳鸿煤气管理处维修员

华能集团公司

苏 强 山西华能榆社电力有限责任公司总经理
李伯华 武汉华中华能发电股份有限公司锅炉制粉班班长
李庚生 天津华能杨柳青热电有限责任公司副总经理
耿 羽 伊敏华能东电煤电有限责任公司一露天矿矿长、书记

华能国际电力开发公司

何锦林 南通电厂燃料运输公司检修工
李树青 上海石洞口第二电厂厂长助理

中国南方电力联营公司

时继元 天生桥电站建设管理局副局长
魏才富 天生桥水力发电总厂检修分厂发电机班班长

水电规划设计单位

庆祖荫 西北勘测设计研究院副总工程师

电力规划设计单位

周以国　西北电力设计院副总工程师

李妙玲(女)　华北电力设计院发电一部电气室高级工程师

中国安能建设总公司

康金臣　武警水电一总队二支队副支队长

郑教泽　武警水电二总队七支队副支队长

廉振江　武警水电三峡工程指挥部八支队三中队一排副排长

直属院校

赵　毅　华北电力大学环境工程系主任

电力科研单位

危师让　热工研究院副总工程师

机械制造单位

丁洪焜　杭州钻探机械制造厂厂长、书记

张奇兴　杭州机械设计研究所所长

直属在京单位

孙金平　中国电力技术进出口公司新加坡分公司经理

冯建民　国家电力公司通信中心卫星总站站长

汪超英　中国电力报驻湖北记者站站长

中国电力年鉴

15 统计资料

全 国 部 分

国民经济主要指标

	单　位	1999 年	1998 年	比 1998 年增长（%）
全国总人口	万人	125909	124810	0.88
城镇人口	万人	38892	37942	2.50
乡村人口	万人	87017	86868	0.17
年末从业人员	万人	70586	69957	0.90
国内生产总值	亿元	82054	78345	7.10
第一产业	亿元	14212	14552	2.80
第二产业	亿元	40807	38619	8.10
第三产业	亿元	27036	25174	7.50
工业增加值	亿元	35357	33388	8.50
全社会固定资产投资总额	亿元	29876	28406	5.20
国有经济投资总额	亿元	21719	20470	6.10
基本建设投资	亿元	12619	11904	5.90
更新改造投资	亿元	4419	4517	-2.20
房地产	亿元	4010	3614	11.00
一次能源生产总量(标准煤)	万 t	110000	124250	-11.47
原　煤	万 t	104500	125000	-16.40
原　油	万 t	16000	16100	-0.62
天然气	亿 m^3	252	233	8.15

注　国内生产总值按现价计算，增长率按可比价计算；工业总产值按当年价格计算。

1999 年电力生产基本情况

	单　位	1999 年	1998 年	比 1998 年增长（+，-，%）
一、发电装机容量	**万 kW**	**29876.79**	**27728.90**	**7.75**
水　电	万 kW	7297.08	6506.50	12.15
火　电	万 kW	22343.40	20988.35	6.46
核　电	万 kW	210.00	210.00	持平
二、单机 6000kW 及以上机组	**台**	**5107**	**4915**	**192**
	万 kW	26585.13	24374.02	9.07
水　电	台	984	893	91
	万 kW	5202.35	4521.60	15.06
火　电	台	4120	4019	101
	万 kW	21172.77	19642.41	7.79
其中：供热	台	1313	1313	持平
	万 kW	2815.91	2493.85	12.91
国外机组	台	1061	1019	42
	万 kW	7064.81	6017.14	17.41

续表

	单 位	1999年	1998年	比1998年增长（+，-，%）
水 电	台	115	90	25
	万kW	1274.78	872.98	46.03
火 电	台	944	927	17
	万kW	5610.04	4964.17	13.01
平均单机容量	万kW/台	5.21	4.96	0.25
三、35kV及以上输电线路长度	**km**	**686084**	**656561**	**4.50**
其中：500kV	km	22927	20093	14.10
330kV	km	7949	7291	9.02
220kV	km	121790	115645	5.31
110kV	km	190961	181027	5.49
四、35kV及以上变电设备容量	**万kV·A**	**91775**	**83427**	**10.01**
其中：500kV	万kV·A	8012	6882	16.42
330kV	万kV·A	1248	1065	17.18
220kV	万kV·A	28027	25096	11.68
110kV	万kV·A	32406	29714	9.06
五、发电量	**亿kW·h**	**12331.41**	**11576.97**	**6.52**
水 电	亿kW·h	2129.27	2042.95	4.23
火 电	亿kW·h	10047.37	9388.12	7.02
核 电	亿kW·h	148.33	141.01	5.19
六、6000kW及以上电厂供热量	**万百万kJ**	**108906.53**	**103599.02**	**5.12**
七、6000kW及以上电厂供电煤耗	**g/（kW·h）**	**399**	**404**	**-5**
八、6000kW及以上电厂发电煤耗	**g/（kW·h）**	**369**	**373**	**-4**
九、6000kW及以上电厂厂用电率	**%**	**6.50**	**6.66**	**-0.16**
水 电	%	0.55	0.47	0.08
火 电	%	7.51	7.71	-0.2
十、6000kW及以上电厂利用小时	**h**	**4393**	**4501**	**-108**
水 电	h	3198	3319	-121
火 电	h	4719	4811	-92
十一、供电量	**亿kW·h**	**10336.01**	**9728.68**	**6.24**
售电量	亿kW·h	9498.47	8937.76	6.27
线损电量	亿kW·h	837.54	790.93	5.89
线路损失率	%	8.10	8.13	-0.03
十二、6000kW及以上电厂燃料消耗				
发电消耗标准煤量	万t	36539.00	34732	5.20
发电消耗原煤量	万t	48187.00	47089	2.33
发电消耗燃油量	万t	1159.00	1137	1.94
发电消耗燃气量	万m^3	1290668	1169835	10.33
供热消耗标准煤量	万t	4489	4184	7.28
供热消耗原煤量	万t	5689	5564	2.25
供热消耗燃油量	万t	201	232	-13.23
供热消耗燃气量	万m^3	965192	1410313	-31.56
十三、6000kW及以上电厂效率				
电厂发电热效率	%	33.32	33.08	0.24
电厂供热热效率	%	85.12	84.49	0.18
能源转换总效率	%	38.84	38.62	0.22
十四、发用电设备比				
发电设备容量：用电设备容量		1:2.16	1:2.14	
十五、电力弹性系数				
电力生产弹性系数		0.92	0.27	
电力消费弹性系数		0.92	0.33	
十六、电力消费能源占一次能源的比重	**%**	**34.8**	**34.69**	**0.11**

1999年电力工业建设项目投资完成情况

	计算单位	1999年	1998年	比1998年增长(%)
一、固定资产投资完成额	**亿元**	**1837.06**	**1718.71**	**6.89**
基本建设投资	亿元	1153.70	1422.45	-18.89
"大代小"投资	亿元	33.77	69.29	-51.26
城乡电网投资	亿元	649.59	226.97	186.20
二、基本建设投资完成额	**亿元**	**1153.70**	**1422.45**	**-18.89**
1.按资金来源分				
非经营基金	亿元	1.45	2.55	-43.14
开行软贷	亿元	12.85	7.94	61.84
开行贷款	亿元	300.93	402.77	-25.28
商行贷款	亿元	198.36	204.71	-3.10
利用外资	亿元	220.55	246.22	-10.43
中央专项	亿元	25.55	29.38	-13.04
三峡基金	亿元	9.20	4.79	92.07
煤代油	亿元	0.60	3.16	-81.01
企业自有	亿元	154.64	183.94	-15.93
中央债券	亿元		16.75	
地方债券	亿元	4.30	9.05	-52.49
地方专项	亿元	67.96	167.88	-59.52
地方其他	亿元	54.73	87.49	-37.44
其　他	亿元	102.58	55.82	83.77
2.按类型分				
电　源	亿元	787.47	997.89	-21.09
电　网	亿元	300.98	349.95	-13.99
其　他	亿元	65.25	74.61	-12.55
3.按隶属关系分				
国家电力公司全资	亿元	375.85	435.83	-13.76
国家电力公司控股	亿元	378.69	563.12	-32.75
国家电力公司参股	亿元	222.79	256.11	13.01
地方电力企业	亿元	97.71	104.04	-6.08
其他电力企业	亿元	78.66	63.35	24.17
4.按构成分				
建筑工程	亿元	314.00	389.22	-19.33
安装工程	亿元	148.22	160.83	-7.84
设备工器具购置	亿元	393.81	468.89	-16.01
其他工程	亿元	297.66	403.51	-26.23
三、"大代小"投资完成额	**亿元**	**33.77**	**69.29**	**-51.26**
1.按资金来源分				
开行贷款	亿元	2.29	3.71	-38.27
商行贷款	亿元	9.37	19.38	-51.65
利用外资	亿元	5.75	0.44	
企业自有	亿元	11.22	31.36	-64.22
中央债券	亿元		1.00	
地方债券	亿元			
地方专项	亿元	0.45	6.72	-93.30
地方其他	亿元	1.06	2.60	-59.23

续表

	计算单位	1999年	1998年	比1998年增长(%)
其　他	亿元	3.63	4.08	-11.03
2. 按构成分				
建筑工程	亿元	8.00	12.40	-35.48
安装工程	亿元	6.69	10.81	-38.11
设备工器具购置	亿元	10.66	26.52	-59.80
其他工程	亿元	8.42	19.56	-56.95
四、城乡电网建设与改造投资完成额	**亿元**	**649.59**	**226.97**	**186.20**
1. 按电网构成分				
城网部分	亿元	254.04	117.47	116.26
农网部分	亿元	395.55	109.50	261.23
其中：农网直供部分	亿元	226.93	61.15	271.10
农网趸售部分	亿元	168.62	48.35	248.75
2. 按电压等级分				
220kV	亿元	20.11	11.68	72.17
110kV	亿元	125.42	64.04	95.85
35kV	亿元	51.37	35.47	44.83
10kV及以下	亿元	412.19	105.51	290.66
其他	亿元	40.50	10.27	294.35
(1) 城网部分				
220kV	亿元	18.55	11.43	62.29
110kV	亿元	74.43	40.63	83.19
35kV	亿元	15.40	14.81	3.98
10kV及以下	亿元	110.56	44.22	150.02
其他	亿元	35.10	6.38	450.16
(2) 农网部分				
220kV	亿元	1.56	0.25	524.00
110kV	亿元	50.99	23.42	117.72
35kV	亿元	35.98	20.65	74.24
10kV及以下	亿元	301.63	61.29	392.14
其他	亿元	5.40	3.89	38.82
五、新增固定资产	**亿元**	**1034.98**	**1032.42**	**0.25**
基本建设新增	亿元	969.10	988.48	-1.96
"大代小"新增	亿元	65.88	43.94	49.93
六、基建新增生产能力				
1. 新增单机500kW及以上机组	**万kW**	**2052.30**	**1999.55**	**2.64**
水　电	万kW	628.66	450.24	39.63
火　电	万kW	1423.64	1549.31	-8.11
其中：新增大中型机组	万kW	1890.88	1838.57	2.85
水　电	万kW	587.65	395.70	48.51
火　电	万kW	1303.23	1442.87	-9.68
2. 新增110kV及以上线路	**km**	**13470.74**	**15618.26**	**-13.75**
500kV	km	3057.62	3667.05	-16.62
330kV	km	757.35	778.10	-2.67
220kV	km	6912.05	7759.52	-10.92
110kV	km	2743.72	3413.59	-19.62
3. 新增110kV及以上变电设备	**万kV·A**	**3935.40**	**3835.80**	**2.60**
500kV	万kV·A	1135.20	840.20	35.11
330kV	万kV·A	207.00	93.00	122.58

续表

	计算单位	1999 年	1998 年	比 1998 年增长（%）
220kV	万 kV·A	2278.20	2123.30	7.30
110kV	万 kV·A	315.00	779.30	-59.58
七、"大代小"投产能力				
1. 新增单机 500kW 及以上机组	**万 kW**	**132.20**	**116.00**	**13.97**
火 电	万 kW	132.20	116.00	13.97
2. 新增 110kV 及以上线路	**km**		**16.20**	
220kV	km		16.20	
3. 新增 110kV 及以上变电设备	**万 kV·A**		**18.00**	
220kV	万 kV·A		18.00	
八、城乡电网建设与改造投产能力				
1. 投产线路	**km**	**758581.81**	**121574.00**	**523.97**
220kV	km	1028.34	456.00	125.51
110kV	km	7580.65	3568.00	112.46
35kV	km	15464.76	6300.00	145.47
1～10kV	km	287569.90	37257.00	671.85
低压电路	km	446938.16	73993.00	504.03
2. 投产变电设备	**万 kV·A**	**6149.73**	**1586.50**	**287.63**
220kV	万 kV·A	551.30	36.00	1431.39
110kV	万 kV·A	2257.77	606.30	272.38
35kV	万 kV·A	877.15	322.30	172.15
1～10kV	万 kV·A	2463.51	621.90	296.13
九、施工、竣工房屋建筑面积				
1. 施工房屋面积	**万 m^2**	**997.80**	**1414.37**	**-29.45**
其中：住宅	万 m^2	591.06	843.20	-29.90
2. 竣工面积	**万 m^2**	**595.68**	**559.25**	**6.51**
其中：住宅	万 m^2	393.79	358.44	9.86
十、基本建设规模				
1. 上年结转规模	**万 kW**	**7105.20**	**4433.62**	**60.26**
水 电	万 kW	3155.84	1416.22	122.84
火 电	万 kW	3949.36	3017.40	30.89
2. 当年新开工规模	**万 kW**	**582.65**	**851.58**	**-31.58**
水 电	万 kW	46.95	107.70	-56.41
火 电	万 kW	535.70	743.88	-27.99
3. 当年在建规模	**万 kW**	**8163.92**	**8943.77**	**-8.72**
水 电	万 kW	3187.84	3551.54	-10.24
火 电	万 kW	4976.08	5392.23	-7.72
4. 当年投产规模	**万 kW**	**1890.88**	**1838.57**	**2.85**
水 电	万 kW	587.65	395.70	48.51
火 电	万 kW	1303.23	1442.87	-9.68
5. 年末建设规模	**万 kW**	**6273.04**	**7105.20**	**-11.71**
水 电	万 kW	2600.19	3155.84	-17.61
火 电	万 kW	3672.85	3949.36	-7.00
6. 当年投产容量与建设规模比		**1:4.3**	**1:4.9**	
水 电		1:5.4	1:9.0	
火 电		1:3.8	1:3.7	

注 1998、1999 年建设规模中均含三峡、万家寨、小浪底、江娅的规模。

1999年全国分地区装机容量

单位：万 kW

地区	装机容量				比1998年增减（%）		
	合计	水电	火电	核电	合计	水电	火电
全国总计	**29876.79**	**7297.08**	**22343.40**	**210.00**	**7.75**	**12.15**	**6.46**
一、华北地区	**4501.29**	**263.11**	**4232.87**		**10.04**	**16.50**	**9.64**
北京市	491.57	105.81	385.76		20.51	−1.08	28.19
天津市	504.75	0.50	503.95		5.76	−13.79	5.72
河北省	1458.90	71.99	1385.92		9.82	3.59	10.09
山西省	1164.70	61.78	1102.91		6.21	41.08	4.76
内蒙古自治区	881.37	23.02	854.33		12.95	358.64	10.76
二、东北地区	**3268.24**	**552.26**	**2713.68**		**3.41**	**0.74**	**3.95**
辽宁省	1368.86	124.00	1242.57		−0.81	1.38	−1.07
吉林省	809.13	350.82	458.31		2.38	0.96	3.49
黑龙江省	1090.25	77.45	1012.81		10.12	−1.27	11.10
三、华东地区	**8529.72**	**1191.94**	**7304.11**	**30.00**	**7.56**	**8.64**	**7.42**
上海市	996.43		996.43		4.60		4.60
江苏省	1845.73	3.06	1842.67		13.41	3.14	13.43
浙江省	1556.42	457.95	1064.80	30.00	8.55	19.60	4.67
安徽省	800.06	45.50	754.56		7.55	−21.42	9.99
福建省	968.42	506.99	461.43		19.52	6.55	37.97
江西省	555.63	173.45	382.18		−2.97	1.47	−4.86
山东省	1807.03	4.99	1802.04		0.97	−24.65	1.07
四、中南地区	**7787.49**	**2433.30**	**5169.04**	**180.00**	**5.82**	**10.30**	**4.05**
河南省	1477.36	92.80	1384.56		7.18	47.77	5.24
湖北省	1449.32	657.72	791.60		10.03	0.70	19.21
湖南省	1026.41	571.47	454.94		3.47	11.98	−5.56
广东省	3033.37	655.40	2193.71	180.00	4.35	18.90	1.02
广西自治区	634.67	402.42	232.25		3.95	7.23	−1.29
海南省	166.36	53.50	111.98		8.26	0.30	12.58
五、西南地区	**3358.05**	**1874.66**	**1480.62**		**64.20**	**88.15**	**36.35**
重庆市	425.34	107.03	318.31		8.92	27.96	3.72
四川省	1584.49	1041.69	542.80		23.39	35.18	5.70
贵州省	602.86	231.01	371.85		14.16	3.35	22.09
云南省	712.20	467.69	244.52		7.73	9.30	4.86
西藏自治区	33.16	27.25	3.15		10.00	12.36	−0.03
六、西北地区	**2284.00**	**833.80**	**1443.07**		**4.93**	**6.73**	**3.92**
陕西省	667.45	129.20	538.25		5.06	3.43	5.46
甘肃省	612.82	286.80	325.90		3.63	2.06	5.06
青海省	379.60	307.52	72.08		17.12	15.68	23.70
宁夏自治区	227.23	30.63	196.60		−1.30		−1.50
新疆自治区	369.90	79.65	310.24		0.30	1.01	0.04
七、不分区	**148.00**	**148.00**			**25.42**	**25.42**	

注 根据国电发［2000］75号文，各省发电装机容量已不含国电公司系统1997～1999三年停运机组容量。

1999年全国分地区发电量

单位：亿kW·h

地区	发电量				比1998年增减（%）			
	合计	水电	火电	核电	合计	水电	火电	核电
全国总计	**12331.41**	**2129.27**	**10047.37**	**148.33**	**6.52**	**4.23**	**7.02**	**5.19**
一、华北地区	**2082.41**	**31.92**	**2049.25**		**7.95**	**22.82**	**7.73**	
北京市	172.06	9.49	162.57		10.68	-0.46	11.41	
天津市	190.72	0.17	190.43		5.01	6.36	4.95	
河北省	771.87	8.43	763.23		12.04	4.64	12.10	
山西省	567.15	11.18	555.97		2.79	71.50	1.97	
内蒙古自治区	380.61	2.66	377.04		8.35	53.72	8.11	
二、东北地区	**1324.87**	**87.19**	**1237.32**		**1.53**	**10.74**	**0.93**	
辽宁省	614.46	27.47	586.63		1.54	22.89	0.70	
吉林省	294.39	49.04	245.35		7.22	13.76	6.01	
黑龙江省	416.02	10.69	405.34		-2.17	-19.52	-1.61	
三、华东地区	**3728.89**	**357.90**	**3363.05**	**7.33**	**7.41**	**-0.42**	**8.48**	**-37.01**
上海市	500.30		500.30		3.61		3.61	
江苏省	845.59	0.32	845.27		8.26	-57.00	8.32	
浙江省	603.54	106.26	489.35	7.33	11.97	6.66	14.50	-37.01
安徽省	319.46	12.45	307.01		1.04	-9.45	1.52	
福建省	357.45	185.28	172.17		10.77	0.17	25.00	
江西省	187.80	53.08	134.72		3.72	-10.63	10.73	
山东省	914.74	0.51	914.22		7.78	-44.13	7.84	
四、中南地区	**2962.19**	**712.56**	**2107.41**	**141.01**	**5.94**	**-6.23**	**10.57**	**8.99**
河南省	658.85	16.36	642.49		5.21	-2.74	5.43	
湖北省	522.78	238.89	283.88		4.45	0.24	8.27	
湖南省	348.46	182.35	166.11		-0.44	-6.89	7.76	
广东省	1140.04	110.57	887.37	141.01	9.77	-27.67	17.45	8.99
广西自治区	253.42	153.95	99.47		3.82	5.43	1.42	
海南省	38.65	10.45	28.09		5.35	3.87	5.98	
五、西南地区	**1244.43**	**606.25**	**637.11**		**7.03**	**10.11**	**4.27**	
重庆市	158.27	32.29	125.99		-0.25	-19.56	6.29	
四川省	492.16	303.53	188.64		3.45	20.03	-15.36	
贵州省	289.06	79.88	209.18		12.46	-2.85	19.65	
云南省	298.20	184.91	113.29		12.69	8.83	19.61	
西藏自治区	6.74	5.64	0.02		2.37	3.40	-67.36	
六、西北地区	**932.26**	**277.09**	**653.22**		**6.79**	**21.21**	**1.61**	
陕西省	264.12	22.59	241.53		4.72	-27.57	9.27	
甘肃省	262.42	117.47	144.92		4.34	25.09	-8.03	
青海省	124.14	97.15	26.99		23.04	44.47	-19.79	
宁夏自治区	112.28	9.82	102.46		1.48	22.24	-0.14	
新疆自治区	169.30	30.06	137.32		7.32	6.47	7.25	
七、不分区	**56.36**	**56.36**			**41.99**	**41.99**		

1999年年底6000kW及以上机组分类情况

	单位	发电机组总计	水轮机组	汽轮机组	燃汽轮机组	柴油机组	其他机组	在总计中：国外机组		
								合计	水电	火电
总计	**台**	**5107**	**984**	**3498**	**126**	**496**	**3**	**1061**	**115**	**944**
	万kW	**26585.127**	**5202.350**	**20127.030**	**510.409**	**535.334**	**210.000**	**7064.814**	**1274.775**	**5610.039**
一、30万kW及以上机组	**台**	**284**	**43**	**238**			**3**	**98**	**19**	**77**
	万kW	**9738.100**	**1490.200**	**8037.900**			**210.000**	**3947.100**	**721.200**	**3045.90**
其中：60万kW机组	台	15		15				10		10
	万kW	900.000		900.000				600.000		600.000
35万kW机组	台	29		29				29		29
	万kW	1015.000		1015.000				1015.000		1015.000
32万kW机组	台	8	4	4				4		4
	万kW	256.000	128.000	128.000				128.000		128.000
30万kW机组	台	189	23	165			1	24	11	13
	万kW	5670.000	690.000	4950.000			30.000	720.000	330.000	390.000
二、20～不足30万kW机组	**台**	**231**	**36**	**195**				**32**	**7**	**25**
	万kW	**4711.500**	**788.500**	**3923.000**				**666.000**	**144.000**	**522.000**
其中：20万kW机组	台	196	15	181				18	6	12
	万kW	3920.000	300.000	3620.000				360.000	120.000	240.000
三、10～不足20万kW机组	**台**	**376**	**85**	**301**	**15**			**64**	**7**	**57**
	万kW	**4358.811**	**1088.900**	**3413.722**	**172.100**			**752.592**	**101.400**	**651.192**
其中：12.5万kW机组	台	161	23	138				4		4
	万kW	2012.500	287.500	1725.000				50.000		50.000
10万kW机组	台	179	28	141	10			30		30
	万kW	1790.000	280.000	1410.000	100.000			300.000		300.000
四、5～不足10万kW机组	**台**	**478**	**102**	**368**	**8**			**82**	**18**	**64**
	万kW	**2624.570**	**678.210**	**1887.540**	**58.820**			**486.250**	**125.410**	**360.840**
其中：5万kW机组	台	354	21	330	3			51	1	50
	万kW	1770.000	105.000	1650.000	15.000			255.000	5.000	250.000
五、2.5～不足5万kW机组	**台**	**661**	**139**	**454**	**66**	**2**		**182**	**44**	**138**
	万kW	**1914.622**	**499.550**	**1181.220**	**228.852**	**5.000**		**562.232**	**146.500**	**415.732**
其中：2.5万kW机组	台	435	12	409	12	2		80		80
	万kW	1087.500	30.000	1022.500	30.000	5.000		200.000		200.000
六、1.2～不足2.5万kW机组	**台**	**1118**	**263**	**788**	**18**	**49**		**129**	**19**	**110**
	万kW	**1487.103**	**408.965**	**974.396**	**32.499**	**71.243**		**190.504**	**35.165**	**155.339**
其中：1.2万kW机组	台	724	17	704	3			39		39
	万kW	868.800	20.400	844.800	3.600			16.800		46.800
七、0.6～不足1.2万kW机组	**台**	**1887**	**316**	**1154**	**19**	**440**		**474**	**1**	**473**
	万kW	**1398.470**	**248.025**	**709.256**	**18.138**	**454.341**		**460.136**	**1.100**	**459.036**
其中：1万kW机组	台	74	46	14	1	13		17		17
	万kW	74.000	46.000	14.000	1.000	13.000		17.000		17.000
0.6万kW机组	台	1140	38	1099	1	2		21		21
	万kW	684.000	22.800	659.400	0.600	1.200		12.600		12.600

注 国外机组合计中含核电机组2台180万kW。

1999 年发电、供热消耗燃料

地 区	发电消耗燃料			供热消耗燃料		
	原煤（万 t）	燃油（万 t）	燃气（万 m^3）	原煤（万 t）	燃油（万 t）	燃气（万 m^3）
全国总计	**48186.61**	**1159.04**	**1290668**	**5689.23**	**201.31**	**965192**
北 京 市	628.64	40.69	33285	118.86	41.46	51431
天 津 市	812.12	3.15		159.34	0.16	
河 北 省	3705.73	4.89	5286	397.63	3.32	18691
山 西 省	2870.74	4.48	8272	177.06	0.22	3048
内 蒙 古	2274.28	3.98	44878	172.03	0.12	
辽 宁 省	3042.11	72.67	94139	976.69	68.58	216912
吉 林 省	1625.26	5.25	439	486.39	9.39	1099
黑 龙 江	2382.51	19.70	13001	444.71	7.84	77229
上 海 市	1844.49	78.79	528441	185.10	11.90	15635
江 苏 省	3951.72	16.60		117.63	0.15	
浙 江 省	2039.41	85.90	63735	341.62	25.36	72529
安 徽 省	1414.68	5.67	13217	95.91	3.11	9333
福 建 省	753.95	25.45		65.71	0.14	
江 西 省	812.40	9.29				
山 东 省	4036.73	124.50		737.19	7.49	
河 南 省	3202.87	6.32		164.73	0.04	
湖 北 省	1346.94	10.76	175104	227.53	8.64	221127
湖 南 省	874.35	1.66	60606	184.33	6.22	66594
广 东 省	2735.41	616.89		148.17	4.38	
广 西 区	564.96	2.59				
海 南 省	113.00	4.56	11414			
重 庆 市	640.11	1.64	6535	25.13		2995
四 川 省	1270.19	1.26	82450	117.20	0.73	183110
贵 州 省	1111.51	1.28	38435			
云 南 省	783.73	0.86				
西 藏 区						
陕 西 省	1282.66	3.10		39.59	0.02	
甘 肃 省	679.73	2.23	50892	188.59	1.08	21431
青 海 省	155.39	1.80	9631			
宁 夏 区	503.29	0.69				
新 疆 区	727.69	2.38	50908	118.10	0.95	4028

1999年发电技术经济指标

地区	发电设备平均利用小时(h)			发电厂用电率(%)			标准煤耗[g/(kW·h)]	
	合计	水电	火电	合计	水电	火电	发电	供电
全国总计	**4393**	**3198**	**4719**	**6.50**	**0.55**	**7.51**	**369**	**399**
华北地区	**4843**	**1381**	**5021**	**7.97**	**0.92**	**8.07**	**367**	**399**
北京市	3711	918	4513	8.30	1.84	8.66	338	370
天津市	3785		3785	8.07		8.07	341	371
河北省	5574	1158	5781	7.16	0.35	7.22	364	393
山西省	5076	2836	5151	8.59	0.54	8.74	386	423
内蒙古自治区	4600	2925	4623	8.49	0.73	8.54	371	406
东北地区	**4191**	**1539**	**4726**	**7.95**	**2.62**	**8.28**	**368**	**402**
辽宁省	4461	2227	4668	7.66	2.97	7.87	360	391
吉林省	3691	1360	5443	7.02	2.65	7.76	361	391
黑龙江省	4215	1281	4450	9.02	1.54	9.20	385	424
华东地区	**4649**	**3255**	**4849**	**6.25**	**0.35**	**6.70**	**357**	**383**
上海市	5084		5084	5.51		5.51	333	352
江苏省	4860		4860	6.88		6.88	368	395
浙江省	4430	2621	5046	5.64	0.38	6.56	360	385
安徽省	4145	2677	4227	6.78	0.16	7.00	354	380
福建省	4230	3768	4869	4.05	0.22	6.79	355	381
江西省	3356	3104	3441	6.81	0.73	8.66	374	409
山东省	5153	930	5166	6.86		6.86	358	384
中南地区	**4093**	**3331**	**4357**	**5.61**	**0.43**	**7.01**	**368**	**396**
河南省	4651	2268	4746	8.34	1.17	8.48	387	423
湖北省	3813	3823	3805	4.18	0.29	7.29	364	392
湖南省	3766	3528	4016	4.41	0.38	8.15	389	423
广东省	4088	1704	4431	5.39	0.72	5.65	351	372
广西自治区	4282	4174	4458	3.78	0.47	9.30	420	463
海南省	2436	1688	2697	6.15	2.15	7.04	369	397
西南地区	**3989**	**3522**	**4493**	**5.81**	**0.56**	**9.56**	**404**	**447**
重庆市	4161	3942	4184	10.07	1.46	10.95	403	452
四川省	3441	3359	3581	4.72	0.43	10.38	434	484
贵州省	5195	3407	6170	6.61	0.35	8.30	382	417
云南省	4214	4004	4540	4.43	0.70	9.02	396	435
西藏自治区	2135	2056	4	9.91	5.00	42.86		
西北地区	**4348**	**3602**	**4743**	**5.99**	**0.41**	**8.21**	**391**	**426**
陕西省	4207	1724	4756	7.88	0.48	8.47	377	412
甘肃省	4456	4310	4576	4.54	0.30	7.82	364	394
青海省	3767	3619	4403	2.43	0.39	9.56	473	523
宁夏自治区	4882	3207	5136	6.46	0.39	7.05	353	380
新疆自治区	4600	4254	4702	7.62	1.06	8.73	456	500
不分区	**4675**	**4675**		**0.15**	**0.15**			
南电联	4675	4675		0.15	0.15			

1999年电网生产情况

	装机容量（万kW）			发电量（亿kW·h）		
	合 计	水 电	火 电	合 计	水 电	火 电
一、华北电网	**4071.62**	**258.08**	**3808.25**	**1922.35**	**30.07**	**1891.05**
1.京津唐电网	1806.56	157.24	1648.04	760.34	16.28	743.74
北京地区	491.57	105.81	385.76	172.06	9.49	162.57
天津地区	504.75	0.50	503.95	190.72	0.17	190.43
河北地区	690.24	50.93	638.33	322.49	6.62	315.66
大同二电厂	120.00		120.00	75.08		75.08
2.河北南部电网	768.66	21.06	747.60	449.38	1.80	447.58
3.山西电网	1044.70	61.78	982.92	492.07	11.18	480.90
4.内蒙西部电网	451.70	18.00	429.70	220.55	0.81	218.84
二、东北电网	**3594.39**	**553.26**	**3038.12**	**1448.92**	**87.59**	**1360.94**
1.内蒙东部地区	355.39	2.59	352.80	133.29	0.81	132.48
2.辽宁地区	1368.86	124.00	1242.57	614.46	27.47	586.63
3.吉林地区	809.13	350.82	457.58	294.39	49.04	245.32
4.黑龙江地区	1061.02	75.85	985.17	406.78	10.27	396.51
三、华东电网	**5198.64**	**506.51**	**4658.46**	**2268.90**	**119.03**	**2141.93**
1.上海地区	996.43		996.43	500.30		500.30
2.江苏地区	1845.73	3.06	1842.67	845.59	0.32	845.27
3.浙江地区	1556.42	457.95	1064.80	603.54	106.26	489.35
4.安徽地区	800.06	45.50	754.56	319.46	12.45	307.01
四、华中电网	**4336.54**	**1355.57**	**2980.97**	**1673.22**	**450.55**	**1222.67**
1.河南地区	1477.36	92.80	1384.56	658.85	16.36	642.49
2.湖北地区	1449.32	657.72	791.60	522.78	238.89	283.88
3.湖南地区	908.58	472.97	435.61	317.09	154.61	162.48
4.江西地区	501.28	132.08	369.20	174.50	40.69	133.81
五、西北电网	**1802.19**	**727.77**	**1074.30**	**736.14**	**240.93**	**495.19**
1.陕西地区	610.06	110.46	499.60	247.06	19.02	228.04
2.甘肃地区	612.82	286.80	325.90	262.42	117.47	144.92
3.青海地区	356.93	299.33	57.60	117.15	94.42	22.73
4.宁夏地区	221.40	30.20	191.20	109.18	9.68	99.49
六、福建电网	**965.74**	**504.31**	**461.43**	**356.00**	**183.83**	**172.17**
七、山东电网	**1801.78**	**5.52**	**1796.25**	**912.05**	**0.51**	**911.54**
八、广东电网	**3033.37**	**655.40**	**2193.71**	**1140.04**	**110.57**	**887.37**
九、广西电网	**595.30**	**363.04**	**230.85**	**244.23**	**144.76**	**99.12**
十、海南电网	**166.36**	**53.50**	**111.98**	**38.65**	**10.44**	**28.09**
十一、重庆电网	**318.23**	**31.34**	**286.89**	**132.18**	**12.35**	**119.83**
十二、四川电网	**1467.01**	**919.07**	**547.95**	**449.53**	**261.91**	**187.61**
十三、贵州电网	**551.88**	**183.61**	**368.28**	**270.63**	**62.66**	**207.97**
十四、云南电网	**634.08**	**400.19**	**233.89**	**268.05**	**158.97**	**109.08**
十五、乌鲁木齐电网	**214.40**	**13.41**	**194.09**	**114.92**	**5.29**	**107.72**
十六、拉萨电网	**15.90**			**3.05**		

1998 年供、用、

地区	全部			其中：电力		
	供电量	用电量	最高负荷（万 kW）	购电量	供电量	售电量
全国总计	**11198.82**	**10485.72**		**1354.89**	**10336.01**	**9498.47**
华北地区	**1870.13**	**1739.98**		**25.35**	**1794.65**	**1663.19**
北京市	327.22	297.26	602.20	4.99	301.07	282.47
天津市	193.40	180.59	339.60	15.49	178.69	171.64
河北省	683.95	640.65			666.54	629.42
山西省	401.55	369.59			370.61	338.66
内蒙古自治区	264.00	251.89		4.87	252.25	241.00
东北地区	**1228.94**	**1161.07**		**269.02**	**1104.68**	**1002.68**
辽宁省	611.04	582.71	184.93	183.63	530.69	502.36
吉林省	248.59	227.63		30.90	237.01	216.05
黑龙江省	369.30	350.73		54.50	302.84	284.27
华东地区	**3453.52**	**3221.12**		**325.26**	**3109.90**	**2884.71**
上海市	469.24	443.09		40.42	384.92	358.77
江苏省	792.00	734.14	1360.60	110.40	719.22	661.37
浙江省	564.29	523.35			537.97	497.03
安徽省	287.40	268.40	503.69	3.26	267.73	246.52
福建省	332.80	306.12		128.35	262.82	247.52
江西省	163.16	152.17			158.63	145.19
山东省	844.62	793.85	1254.80	42.83	779.09	728.31
中南地区	**2666.93**	**2534.54**		**388.45**	**2464.59**	**2240.52**
河南省	587.68	572.39			587.68	530.06
湖北省	439.31	400.31	763.10		403.02	363.73
湖南省	360.67	329.00		32.78	342.75	312.03
广东省	970.21	951.60	1953.00	321.74	827.17	760.21
广西自治区	275.13	251.61			268.37	244.85
海南省	33.93	29.63		33.93	33.93	29.63
西南地区	**1115.23**	**1026.99**		**301.42**	**1049.55**	**961.39**
重庆市	163.80	152.19	244.70	89.33	130.26	118.65
四川省	460.15	419.97		174.65	442.43	402.25
贵州省	222.98	213.31		5.18	216.94	207.28
云南省	263.85	237.96		32.26	255.46	229.63
西藏自治区	4.46	3.57			4.46	3.57
西北地区	**864.07**	**802.01**		**45.39**	**810.02**	**746.00**
陕西省	246.98	225.99		26.99	246.98	225.99
甘肃省	259.17	242.55			239.70	223.08
青海省	96.43	89.94		5.09	93.03	86.76
宁夏自治区	108.33	100.93		13.31	105.09	97.69
新疆自治区	153.16	142.61			122.31	112.49
跨区					**2.62**	

注 本表已含四大电网网损电量。

售电量及线损情况

单位：亿 kW·h

企业		系统无功补偿装置（万 kvar）					
线损电量	线损率（%）	合 计	调相机	用户自备电容器	电力企业电容器	并 联电抗器	其 他
837.54	**8.10**	**17335.75**	**308.39**	**7895.49**	**7455.25**	**2072.98**	**178.68**
131.46	**7.33**	**2233.59**	**56.06**	**1076.28**	**1256.21**	**153.46**	**14.97**
18.60	6.18	702.25	34.00	302.85	236.30	129.10	
7.04	3.94	382.93	16.06	147.97	205.77	13.14	
37.12	5.57	1031.82	3.00	431.21	597.61		
31.96	8.62	323.38		133.65	186.72		3.01
11.25	5.54	116.59	3.00	60.60	29.81	11.22	11.96
102.00	**9.23**	**1542.07**	**62.50**	**595.51**	**537.03**	**254.30**	**92.72**
28.33	5.34	853.94	47.50	269.20	329.92	114.59	92.72
20.96	8.84	258.25		97.68	118.57	42.00	
18.57	6.13	429.88	15.00	228.63	88.54	97.71	
225.19	**7.24**	**5857.36**	**44.21**	**2762.07**	**2505.49**	**529.33**	**16.26**
26.15	6.79	893.89	16.50	357.06	340.33	180.00	
57.86	8.04	1242.31	5.00	673.77	432.97	130.57	
40.94	7.61	1213.55	3.03	513.37	630.17	64.13	2.85
21.21	7.92	443.34		178.49	191.35	73.50	
15.31	5.82	481.22	14.08	159.02	289.85	11.32	6.95
13.44	8.47	226.42	5.00	114.47	106.81	0.14	
50.77	6.52	1356.63	0.60	765.89	514.01	69.67	6.46
224.07	**9.09**	**4870.88**	**97.00**	**2567.15**	**1958.33**	**463.97**	**36.09**
57.62	9.81	724.63	0.01	388.57	294.87	27.18	14.00
39.28	9.75	987.98	74.95	639.54	170.99	102.50	
30.72	8.96	588.87	20.84	465.00	250.94	85.01	18.74
66.95	8.09	2221.53		927.81	1113.91	176.46	3.35
23.52	8.76	284.05	1.20	108.09	108.48	66.29	
4.30	12.67	63.82		38.15	19.14	6.53	
88.16	**8.40**	**1432.92**	**33.20**	**528.32**	**729.91**	**123.82**	**17.66**
11.61	8.91	185.13	12.00	47.87	125.26		
40.18	9.08	712.49	11.32	277.99	360.06	46.78	16.34
9.66	4.45	199.76	1.79	74.03	77.77	44.85	1.32
25.83	10.11	335.54	8.09	128.44	166.82	32.19	
0.89	19.88						
64.02	**7.90**	**1184.92**	**15.42**	**366.15**	**452.27**	**350.10**	**0.98**
20.99	8.50	377.83	15.00	155.63	118.42	87.80	0.98
16.62	6.93	290.04		75.48	169.56	45.00	
6.27	6.74	57.20	0.40	31.60	11.90	13.30	
7.40	7.04	86.02		32.88	47.14	6.00	
9.83	8.03	159.81	0.02	70.57	89.22		
2.62		**214.02**			**16.02**	**198.00**	

1999年年底输电线路及变电设备情况

地区	输电线路（km）					变电设备（万kV·A）				
	合计	其中				合计	其中			
		500kV	330kV	220kV	110kV		500kV	330kV	220kV	110kV
全国总计	**686084**	**22927**	**7949**	**121790**	**190961**	**91775**	**8012**	**1248**	**28027**	**32406**
华北地区	**95406**	**2831**		**18838**	**27843**	**14853**	**1155**		**4878**	**5699**
北京市	7273	603		1680	2715	3229	607		1146	1241
天津市	5693	258		1545	1323	2033	267		639	418
河北省	34547	867		6472	10857	5393	180		1693	2305
山西省	24364	824		5094	7233	3064	100		1033	1273
内蒙古自治区	23530	279		4047	5715	1134			367	463
东北地区	**81065**	**3550**		**20815**	**5707**	**10353**	**1284**		**3412**	**683**
辽宁省	29725	1808		8036		5021	600		1798	
吉林省	19163	384		5721	138	1953	257		722	6
黑龙江省	32177	1358		7058	5569	3378	427		891	677
华东地区	**174201**	**5841**		**34573**	**46760**	**29624**	**2221**		**9490**	**9819**
上海市	6318	368		1812	718	5020	584		1595	538
江苏省	35743	1517		7303	9468	7176	450		2411	2610
浙江省	24845	1371		5763	6610	4498	425		1413	1649
安徽省	24780	1121		4369	6180	2772	205		867	1059
福建省	19566	474		3591	6596	2393	165		792	1032
江西省	20212	116		3350	6334	1314			438	567
山东省	42738	874		8385	10854	6452	392		1974	2364
中南地区	**162857**	**5000**	**71**	**28642**	**53258**	**22103**	**2178**		**6930**	**10176**
河南省	30855	320	71	6096	9840	4569	225		1334	2042
湖北省	33172	1861		5853	10401	3925	503		1352	1531
湖南省	31624	669		5364	10025	2949	275		930	1242
广东省	36215	1742		7209	15501	8606	1050		2743	4483
广西自治区	27775	408		3549	6176	1767	125		481	728
海南省	3216			571	1315	287			90	149
西南地区	**93341**	**2302**		**13958**	**30244**	**7894**	**400**		**2306**	**3398**
重庆市	7497	348		1526	2917	1092			385	547

续表

地　　区	输电线路（km）					变电设备（万 kV·A）				
	合　计	其　　中				合　计	其　　中			
		500kV	330kV	220kV	110kV		500kV	330kV	220kV	110kV
四　川　省	41564	1389		6348	12410	3417	225		843	1530
贵　州　省	18612	125		2631	6704	1286			405	607
云　南　省	24791	440		3453	7899	2075	175		673	699
西藏自治区	878				314	24				15
西 北 地 区	**75682**		**7878**	**4835**	**27149**	**6174**		**1248**	**1012**	**2631**
陕　西　省	19434		2988	853	7561	2080		597	96	1053
甘　肃　省	23814		3061	1351	7513	1916		399	377	729
青　海　省	5716		1237		2205	594		198	175	138
宁夏自治区	5252		592	1115	2138	786		54	228	318
新疆自治区	21466			1516	7732	797			136	394
跨　　　区	**3532**	**3403**		**129**		**774**	**774**			

1999 年用电设备容量和用电量

	用电设备容量（万 kW）			用电量（亿 kW·h）		
	1999 年	1998 年	增长（%）	1999 年	1998 年	增长（%）
全社会用电总计	**64448.79**	**59395.24**	**8.51**	**120922803**	**11347.30**	**6.54**
A：按产业类别分						
一次产业	5479.26	5511.85	－0.59	5247222	498.42	5.28
二次产业	34164.98	33213.51	2.86	88063955	8263.43	6.55
三次产业	11879.08	10812.25	9.87	12913292	1197.90	7.76
B：城乡居民生活合计	12925.46	9857.63	31.12	14698334	1387.55	5.89
其中：城市居民	7358.50	6371.97	15.48	8693505	800.77	4.90
乡村居民	5566.96	3485.66	59.71	6004829	586.78	7.36
按行业类别分						
全行业用电合计	**51523.32**	**49537.61**	**4.01**	**106224469**	**9959.75**	**6.63**
一、农林牧渔水利业合计	**7214.08**	**7285.35**	**－0.98**	**6956210**	**667.47**	**4.22**
其中：排灌	3271.82	3188.49	2.61	3284939	307.91	6.69
其中：农副业	1589.43	1643.08	－3.27	1473681	150.60	－2.14
1. 农业	5130.25	5158.49	－0.55	4834214	457.39	5.69
2. 林业	89.90	96.17	－6.52	100796	9.56	5.44

续表

	用电设备容量（万 kW）			用电量（亿 kW·h）		
	1999 年	1998 年	增长（%）	1999 年	1998 年	增长（%）
3．畜牧业	137.76	138.20	-0.32	164992	15.68	5.23
4．渔业	121.36	119.00	1.98	147220	15.79	-6.67
5．水利业	1071.21	1083.69	-1.15	964515	90.16	6.97
6．其他	663.60	689.81	-3.80	744473	78.89	-5.64
二、工业合计	**32959.88**	**32045.91**	**2.85**	**86845454**	**8144.20**	**6.61**
其中：乡镇企业	4441.88	4337.78	2.40	8567398	770.53	10.61
1．轻工业	9390.41	8967.59	4.71	17358992	1607.09	8.00
2．重工业	23569.47	23078.32	2.13	69486462	6537.11	6.27
（一）采掘业合计	**4243.07**	**4143.94**	**2.39**	**10313572**	**1031.95**	**-0.07**
1．矿业合计	3538.45	3243.02	9.11	8821184	886.07	-0.45
（1）煤炭采选业	1595.30	1517.66	5.12	3609106	377.57	-4.41
（2）石油及天然气开采业	810.64	820.94	-1.25	2621599	260.42	0.67
（3）黑色金属矿采选业	306.38	341.38	-10.25	769523	76.94	0.02
（4）有色金属矿采选业	350.49	370.97	-5.52	974216	96.00	1.48
（5）建材及其他非金属矿采选业	400.74	347.27	15.40	682384	59.22	15.22
（6）采盐业	50.38	53.22	-5.33	110750	10.38	6.74
（7）其他矿采选业	24.52	32.78	-25.20	53606	5.54	-3.89
2．木材及竹材采运业	60.49	59.37	1.89	133181	13.32	-0.01
3．自来水生产和供应业	644.13	600.35	7.29	1359207	132.57	2.49
（二）制造业合计	**28716.81**	**27901.97**	**2.92**	**76531882**	**7112.25**	**7.58**
1．食品饮料和烟草制造业	1808.31	1799.23	0.50	2488594	241.43	3.07
2．纺织业	1615.02	1536.57	5.11	3720408	342.32	8.68
3．造纸及纸制品业	789.35	771.62	2.30	1962656	171.67	14.32
4．电力蒸汽热水生产和供应业	2723.83	2284.57	19.23	18350298	1699.62	7.93
其中：厂用电量	1619.11	1464.68	10.54	8816270	813.46	8.33
其中：线损电量	278.87	382.22	-27.04	8619282	805.29	6.99
5．石油加工业	489.15	439.99	11.17	1378565	131.94	4.46
6．炼焦煤气及煤制品业	230.31	221.15	4.14	368847	39.15	-5.82
其中：轻工业	58.04	55.93	3.77	61716	6.31	-2.13
7．化学工业	3278.41	3286.11	-0.23	11429066	1070.21	6.79
其中：轻工业	308.87	316.52	-2.42	667429	60.77	9.83
8．医药工业	354.64	348.79	1.68	782124	74.30	5.23

续表

	用电设备容量（万 kW）			用电量（亿 kW·h）		
	1999 年	1998 年	增长（%）	1999 年	1998 年	增长（%）
9. 化学纤维	368.58	372.43	-1.03	1338901	121.33	10.35
10. 橡胶及塑料制品业	1027.70	984.15	4.42	1833088	176.26	4.00
其中：轻工业	410.02	398.14	2.98	786230	75.01	4.81
11. 建材及其他非金属矿制品业	3029.88	3032.89	-0.10	6606888	611.80	7.99
其中：轻工业	332.04	294.68	12.68	596948	50.09	19.16
12. 黑色金属冶炼压延加工业	3056.82	3132.86	-2.43	9321222	869.79	7.16
13. 有色金属冶炼压延加工业	1484.51	1493.99	-0.63	5598799	524.68	6.71
14. 金属制品业	1384.41	1312.26	5.50	1951615	177.47	9.97
其中：轻工业	436.60	419.94	3.97	597079	54.12	10.32
15. 机械工业	2226.66	2264.83	-1.69	2608004	248.37	5.00
其中：轻工业	319.23	319.82	-0.18	404540	36.80	9.92
16. 交通运输电气电子设备制造业	1737.20	1681.75	3.30	2615086	236.47	10.59
其中：轻工业	380.75	338.96	12.33	557464	53.50	4.20
17. 其他工业	3112.04	2938.78	5.90	4177721	375.44	10.99
其中：轻工业	1514.44	1341.40	12.90	1924946	176.48	9.02
三、地质普查和勘探业	**63.46**	**57.85**	**9.69**	**84286**	**8.00**	**5.11**
四、建筑业	**1205.10**	**1167.60**	**3.21**	**1218501**	**119.23**	**2.16**
五、交通运输邮电通信业	**2146.59**	**1923.99**	**11.57**	**2368736**	**220.37**	**7.47**
1. 交通运输业	1787.92	1616.98	10.57	1796116	168.25	6.75
其中：管道运输业	92.35	87.54	5.49	148909	15.47	-3.80
其中：电气化铁路	1023.73	847.19	20.84	921854	96.52	17.17
2. 邮电通信业	358.67	307.01	16.83	572620	52.12	9.82
六、商业饮食物资供销仓储业	**2938.51**	**2570.20**	**14.33**	**3327862**	**296.48**	**12.21**
七、其他事业	**4995.70**	**4486.71**	**11.34**	**5423420**	**504.00**	**7.55**
1. 房管公共居民服务和咨询业	1508.81	1360.18	10.93	1524331	140.03	8.84
其中：市内公共交通业	109.36	82.18	33.08	113021	9.82	15.15
其中：路灯业	125.67	128.51	-2.21	218542	18.67	17.04
2. 卫生体育和社会福利事业	459.68	432.88	6.19	560186	52.65	6.35
3. 教育文艺和广播电视业	767.62	711.90	7.83	907408	84.77	7.00
4. 科研和综合技术服务业	385.20	357.89	7.63	364510	35.38	2.94
5. 国家政党机关和社会团体	893.22	790.07	13.06	972141	91.14	6.64
6. 其他	981.17	833.80	17.67	1094844	100.03	9.29

1999年基本建设投资完成情况

单位：亿元

地区	总计	按类型分					
		水电	火电	核电	送电	变电	其他
全国总计	**1153.70**	**144.31**	**568.93**	**74.23**	**162.62**	**138.36**	**65.25**
北京市	34.62		8.12		11.17	6.58	8.75
天津市	9.46		9.32				0.15
河北省	68.31		48.92		8.56	7.50	3.33
山西省	59.88		53.45		2.76	2.49	1.17
内蒙古自治区	9.95		8.11		0.66	0.76	0.42
辽宁省	46.71		37.76		3.74	4.58	0.63
吉林省	18.99	2.57	13.56		1.60	0.93	0.33
黑龙江省	28.69		22.17		3.29	1.52	1.70
上海市	29.04		14.89		4.59	7.23	2.33
江苏省	58.80	0.94	29.74	15.23	4.01	6.57	2.31
浙江省	114.67	5.72	37.25	59.00	7.00	4.76	0.95
安徽省	48.05	0.85	37.48		3.25	5.67	0.80
福建省	34.90	12.94	11.79		4.67	3.93	1.59
江西省	19.87	0.78	15.79		0.04	1.65	1.61
山东省	74.55		63.29		3.43	5.83	2.00
河南省	42.57		25.25		6.49	9.42	1.41
湖北省	36.69	10.07	13.88		1.86	3.15	7.74
湖南省	17.98	5.55	5.95		2.18	2.50	1.80
广东省	90.63	13.80	43.78		15.03	18.01	
广西自治区	12.72	2.14	2.65		2.91	2.67	2.35
海南省	0.07					0.07	
重庆市	12.08		6.61		1.07	3.05	1.35
四川省	78.93	48.34	6.71		10.83	8.76	4.29
贵州省	12.57		10.60		0.52	0.65	0.80
云南省	25.28	8.97	5.70		4.06	3.07	3.47
西藏自治区	3.24	1.68	0.12		1.42		0.01
陕西省	25.34	0.93	9.86		2.46	5.49	6.61
甘肃省	24.85	1.50	12.30		4.75	2.59	3.71
青海省	11.58	5.37	4.06		0.42	1.32	0.42
宁夏自治区	1.41				0.04	0.21	1.16
新疆自治区	14.39		9.82		1.73	2.22	0.62
不分区	**86.88**	**22.16**			**48.08**	**15.18**	**1.45**

1999年基建新增发电机组情况

单位：万 kW

地区	新增单机 500kW 及以上机组			其中：大中型机组		
	总计	水电	火电	合计	水电	火电
全国总计	**2052.30**	**628.66**	**1423.64**	**1890.88**	**587.65**	**1303.23**
北京市	18.50		18.50	18.50		18.50
天津市	30.00		30.00	30.00		30.00
河北省	125.00		125.00	125.00		125.00
山西省	60.00		60.00	60.00		60.00
内蒙古自治区	83.00		83.00	83.00		83.00
辽宁省	2.50		2.50	2.50		2.50
吉林省	17.73	2.00	15.73	17.73	2.00	15.73
黑龙江省	104.20	3.00	101.20	100.00		100.00
上海市	35.00		35.00	35.00		35.00
江苏省	221.48		221.48	160.00		160.00
浙江省	117.44	64.74	52.70	105.10	60.00	45.10
安徽省	60.00		60.00	60.00		60.00
福建省	140.30	10.30	130.00	140.30	10.30	130.00
山东省	83.08		83.08	65.00		65.00
河南省	95.95	30.00	65.95	81.70	30.00	51.70
湖北省	138.80	8.90	129.90	133.40	8.40	125.00
湖南省	32.00	32.00		32.00	32.00	
广东省	149.09	97.89	51.20	125.80	83.30	42.50
广西壮族自治区	23.60	23.60		23.20	23.20	
重庆市	9.12	8.67	0.45	6.45	6.45	
四川省	266.11	233.56	32.55	250.00	220.00	30.00
贵州省	55.00		55.00	55.00		55.00
云南省	6.00	6.00		6.00	6.00	
西藏自治区	2.00	2.00				
陕西省	40.00		40.00	40.00		40.00
甘肃省	14.20		14.20	14.20		14.20
青海省	52.50	40.00	12.50	52.50	40.00	12.50
新疆自治区	3.70		3.70	2.50		2.50
跨省	**66.00**	**66.00**		**66.00**	**66.00**	

1999 年新增单机 6000kW

	计算单位	合　计	1. 水轮发电机组	2. 汽轮		
				合　计	其中：高温	
					小　计	超临界
6000kW 及以上机组	**台**	**208**	**54**	**140**	**56**	**2**
	万 kW	**2014.23**	**594.85**	**1379.48**	**1269.35**	**110.00**
一、10 万 kW 及以上机组	**台**	**59**	**15**	**42**	**42**	**2**
	万 kW	**1735.90**	**496.00**	**1219.90**	**1219.90**	**110.00**
60 万 kW 机组	台	3		3	3	1
	万 kW	180.00		180.00	180.00	60.00
35 万 kW 机组	台	7		7	7	
	万 kW	245.00		245.00	245.00	
33 万 kW 机组	台	1		1	1	
	万 kW	33.00		33.00	33.00	
30 万 kW 机组	台	25	6	19	19	
	万 kW	750.00	180.00	570.00	570.00	
12.5 万 kW 机组	台	6		6	6	
	万 kW	75.00		75.00	75.00	
10 万 kW 机组	台	6	2	2	2	
	万 kW	60.00	20.00	20.00	20.00	
二、5 万～不足 10 万 kW	**台**	**9**	**1**	**8**	**5**	
	万 kW	**48.40**	**8.40**	**40.00**	**25.00**	
5 万 kW 机组	台	8		8	5	
	万 kW	40.00		40.00	25.00	
三、2.5 万～不足 5 万 kW	**台**	**34**	**18**	**14**	**7**	
	万 kW	**104.50**	**56.85**	**40.05**	**22.05**	
2.5 万 kW 机组	台	7	1	6		
	万 kW	17.50	2.50	15.00		
四、1.2 万～不足 2.5 万 kW	**台**	**66**	**20**	**44**	**2**	
	万 kW	**97.28**	**33.60**	**58.88**	**2.40**	
1.2 万 kW 机组	台	17		17	2	
	万 kW	20.40		20.40	2.40	
五、0.6 万～不足 1.2 万 kW	**台**	**40**		**32**		
	万 kW	**28.15**		**20.65**		
0.6 万 kW 机组	台	27		27		
	万 kW	16.20		16.20		

及以上发电设备能力

单位：台、万 kW

发电机组			3．燃气轮机		4．柴油机合计	国外机组		
高压机组		其中：供热	合　计	其中：联合循环		合　计	其　中	
亚临界	高　压						水　电	火　电
26	**23**	**29**	**6**	**6**	**8**	**54**	**14**	**40**
866.50	**158.65**	**74.05**	**32.40**	**32.40**	**7.50**	**642.48**	**152.40**	**490.08**
26	**9**	**1**	**2**	**2**		**17**	**4**	**13**
866.50	**109.20**	**14.20**	**20.00**	**20.00**		**552.70**	**120.00**	**432.70**
2						2		2
120.00						120.00		120.00
7						6		6
245.00						210.00		210.00
1								
33.00								
15						4	4	
450.00						120.00	120.00	
	6							
	75.00							
	2		2	2		2		2
	20.00		20.00	20.00		20.00		20.00
	5	**2**						
	25.00	**10.00**						
	5	2						
	25.00	10.00						
	7	**12**	**2**	**2**		**19**	**10**	**9**
	22.05	**35.05**	**7.60**	**7.60**		**62.05**	**32.40**	**29.65**
		4						
		10.00						
	2	**10**	**2**	**2**		**18**		**18**
	2.40	**12.40**	**4.80**	**4.80**		**27.73**		**27.73**
	2	7						
	2.40	8.40						
		4			**8**			
		2.40			**7.50**			
		4						
		2.40						

1999年电力基建新增输电线路

单位：km

地区	合计	其中			
		500kV	330kV	220kV	110kV
全国合计	**13470.74**	**3057.62**	**757.35**	**6912.05**	**2743.72**
北京市	140.10	82.80		57.30	
河北省	539.12			539.12	
山西省	806.30			503.00	303.30
内蒙古自治区	66.00			66.00	
辽宁省	504.50	199.00		305.50	
吉林省	8.00			8.00	
黑龙江省	48.00			48.00	
上海市	23.96			23.96	
江苏省	539.80	5.80		534.00	
浙江省	535.28	232.50		242.88	59.90
安徽省	420.00			420.00	
福建省	645.78	296.30		294.30	55.18
山东省	696.00	150.00		546.00	
河南省	860.70	270.80		414.30	175.60
湖北省	391.00			320.00	71.00
湖南省	559.41			286.16	273.25
广东省	1253.33	372.42		661.98	218.93
广西自治区	238.79			188.16	50.63
重庆市	232.20			156.00	76.20
四川省	1467.13			305.62	1161.51
贵州省	44.50			44.50	
云南省	706.71			540.27	166.44
陕西省	337.73		238.35		99.38
甘肃省	305.00		138.00	151.00	16.00
青海省	388.00		381.00		7.00
新疆自治区	265.40			256.00	9.40
跨省	1448.00	1448.00			

1999年电力基建新增变电设备

单位：万 kV·A

地 区	合 计	其中			
		500kV	330kV	220kV	110kV
全国合计	**3935.40**	**1135.20**	**207.00**	**2278.20**	**315.00**
北 京 市	358.80	160.20		198.60	
河 北 省	201.00	75.0		126.00	
山 西 省	175.85			144.00	31.85
内蒙古自治区	12.00			12.00	
辽 宁 省	72.30			72.30	
吉 林 省	42.30			42.30	
黑 龙 江 省	48.00			48.00	
上 海 市	36.00			36.00	
江 苏 省	360.00	150.00		210.00	
浙 江 省	113.15			90.00	23.15
安 徽 省	84.00			84.00	
福 建 省	184.00	75.00		102.00	7.00
江 西 省	39.00			39.00	
山 东 省	252.00	75.00		177.00	
河 南 省	254.00	150.00		96.00	8.00
湖 北 省	115.30			105.00	10.30
湖 南 省	166.60			144.00	22.60
广 东 省	591.20	225.00		216.00	150.20
广西自治区	51.00			51.00	
重 庆 市	104.00			102.00	2.00
四 川 省	61.00			48.00	13.00
云 南 省	99.75			66.00	33.75
陕 西 省	174.00		168.00		6.00
甘 肃 省	39.15		24.00	12.00	3.15
青 海 省	15.00		15.00		
新疆自治区	61.00			57.00	4.00
跨 省	225.00	225.00			

1999年农村通电和电工情况

地区	乡通电率（%）		村通电率（%）		户通电率（%）		农村电工人数（人）	
	1999年	1998年	1999年	1998年	1999年	1998年	1999年	1998年
全国总计	**98.31**	**99.20**	**97.77**	**98.10**	**97.43**	**96.87**	**928908**	**1067886**
北京市	100.00	100.00	100.00	100.00	100.00	100.00	19450	19450
天津市	100.00	100.00	100.00	100.00	100.00	100.00	8084	9176
河北省	100.00	100.00	100.00	100.00	99.91	99.87	74871	80516
山西省	100.00	100.00	98.58	98.43	98.61	98.40	39935	40178
内蒙古自治区	100.00	100.00	93.39	92.84	94.25	93.94	17868	18685
辽宁省	100.00	100.00	100.00	100.00	99.94	99.89	19328	23440
吉林省	100.00	100.00	100.00	100.00	100.00	100.00	12131	13797
黑龙江省	100.00	100.00	99.91	99.90	99.85	99.50	16442	19328
上海市	100.00	100.00	100.00	100.00	100.00	100.00	14663	18788
江苏省	100.00	100.00	100.00	100.00	99.99	99.91	77274	73254
浙江省	100.00	100.00	100.00	100.00	99.93	99.86	40364	41996
安徽省	100.00	100.00	100.00	100.00	99.45	98.10	43453	49678
福建省	100.00	100.00	100.00	100.00	99.55	99.54	34655	34411
江西省	100.00	100.00	98.62	98.85	96.77	96.46	29600	34963
山东省	100.00	100.00	100.00	100.00	100.00	100.00	76120	126625
河南省	100.00	100.00	100.00	100.00	97.27	95.97	64854	79596
湖北省	100.00	100.00	99.69	99.68	99.03	98.69	46169	48585
湖南省	100.00	100.00	99.86	99.54	98.30	97.23	56476	62980
广东省	100.00	100.00	100.00	100.00	99.66	94.36	40158	71049
广西自治区	100.00	100.00	97.02	95.15	95.92	94.65	47591	42880
海南省	100.00	99.67	90.59	86.67	88.43	86.10	3470	2638
重庆市	99.93	99.93	99.19	98.17	97.78	96.60	16100	16164
四川省	97.55	96.94	97.34	96.51	97.18	96.07	47405	51292
贵州省	100.00	100.00	84.56	84.20	81.85	79.71	12583	11969
云南省	99.74	99.56	96.63	94.06	89.24	86.34	21283	20906
西藏自治区	32.31		20.63		30.99			
陕西省	99.47	98.41	98.94	96.68	96.26	94.04	23018	29337
甘肃省	98.91	98.85	93.95	93.71	90.13	88.78	10274	10887
青海省	78.67	78.49	81.22	81.20	84.97	84.94	4130	4354
宁夏自治区	100.00	100.00	100.00	100.00	93.64	93.54	1771	1763
新疆自治区	96.95	94.22	94.09	93.08	90.15	88.91	6958	6936
新疆建设兵团	100.00		100.00		98.92	96.60	2430	2265

1999年人均指标

地 区	人均装机容量（kW/人）	人均用电量（kW·h/人）	人均生活用电量（kW·h/人）	地 区	人均装机容量（kW/人）	人均用电量（kW·h/人）	人均生活用电量（kW·h/人）
全国平均	**0.237**	**960.40**	**116.74**	河南省	0.157	715.86	73.26
北京市	0.391	2737.72	283.67	湖北省	0.244	800.58	92.66
天津市	0.526	2200.16	250.61	湖南省	0.157	576.48	71.44
河北省	0.221	1127.45	122.00	广东省	0.417	1494.14	245.42
山西省	0.364	1424.65	78.81	广西自治区	0.135	598.42	91.81
内蒙古自治区	0.373	989.44	86.91	海南省	0.218	473.59	72.40
辽宁省	0.328	1648.42	193.81	重庆市	0.138	499.21	59.82
吉林省	0.304	1076.62	166.16	四川省	0.185	524.94	94.08
黑龙江省	0.288	1117.89	166.23	贵州省	0.162	702.03	72.78
上海市	0.676	3400.28	305.29	云南省	0.170	582.74	59.32
江苏省	0.256	1174.67	146.08	西藏自治区	0.130	119.36	10.09
浙江省	0.348	1366.94	182.92	陕西省	0.184	752.06	80.81
安徽省	0.128	501.42	75.61	甘肃省	0.241	1079.57	72.76
福建省	0.292	1065.07	189.42	青海省	0.744	1946.08	48.94
江西省	0.131	458.32	48.18	宁夏自治区	0.418	2123.63	102.92
山东省	0.203	1029.72	125.84	新疆自治区	0.224	954.37	94.89

中国电力年鉴

16 大事记

1月4日 国务院以国发［1999］2号文批转国家经贸委《关于加快农村电力体制改革加强农村电力管理的意见》，要求各地区、各部门以及电力企业要结合实际，加强领导，认真组织，用三年时间完成农村电力体制改革任务。国家经贸委作为电力主管部门，要加强组织、指导和检查，以保证改革的顺利进行。

1月6日 国务院办公厅以国办函［1999］1号文发布《国务院办公厅关于执行国办发［1995］27号文件有关问题的通知》。该文件明确了中央直属水电厂、火电厂的性质，以及火电厂"循环冷却水"的内涵，再次指出中央直属水电厂的发电用水和火电厂的循环冷却水均不属于征收水资源费之列。

1月14日 国家电力公司党组书记、总经理高严率公司党组成员及有关部门主要负责同志到国家发展计划委员会，向曾培炎主任汇报了国家电力公司1998年的工作情况和1999年的工作安排，国家计委副主任包叙定、李荣融、副秘书长张国宝以及有关部门负责同志一起听取了汇报。

1月18～20日 国家电力公司1999年工作座谈会在天津召开。会议就如何认真贯彻落实中央经济工作会议精神和国办发［1998］146号文件要求，进一步深化国家电力公司第二步改革以及1999年的工作作了部署。

国家电力公司总经理高严出席会议并作了重要讲话。高严总经理在讲话中提出了国家电力公司系统1999年的8项重点工作是：

一、继续深化电力体制改革，推进国家电力公司实体化进程；

二、大力调整电力结构，实现电力工业可持续发展；

三、抓好三峡电网和大区电网的建设与运营，加快全国电网联网；

四、搞好城乡电网建设与改造，开拓电力市场，培育新的用电增长点；

五、加强管理，搞好安全生产，提高经济效益，创建一流企业；

六、实施科教兴电战略，把公司发展转移到依靠科技进步和提高劳动者素质的轨道上来；

七、加强精神文明建设和法制建设；

八、加强领导班子建设，全面提高领导干部素质。

国家电力公司副总经理赵希正、查克明，中纪委驻国家电力公司纪检组组长李雪莹，国家电力公司总经理助理、党组成员周小谦，国家电力公司顾问潘家铮、何璟，国家电力公司各部门和所属各电力集团公司、省电力公司及有关单位的主要负责人出席了会议。

国家经贸委电力司司长史玉波，国务院三峡办计划司司长朱华，中国电力企业联合会常务副理事长刘宏，全国水电工会主席吕保柱及广东电力集团公司、内蒙古电力（集团）有限责任公司、海南电业股份有限公司、西藏电力公司的领导应邀出席会议。

赵希正副总经理作了总结讲话。

1月19～22日 国家电力公司副总经理陆延昌到俄罗斯莫斯科出席中俄两国总理定期会晤委员会能源合作分委会第一次会议。国家计委主任曾培炎任能源合作分委会中方主席，陆延昌副总经理任中方委员兼下设的电力工作组组长。

1月22日 国家经贸委会同国家电力公司召开全国农村电力体制改革电视电话会议，贯彻落实国务院国发［1999］2号文件精神，全面部署农村电力体制改革工作。

国家经贸委副主任石万鹏、国家电力公司副总经理查克明到会讲话。河南省副省长张洪华作了本省农电体制改革的经验介绍。

同日 国家电力公司以国电政法［1999］29号文发出《关于印发〈中国东北电力集团公司体制改革总体方案〉的通知》。该通知决定将中国东北电力集团公司改组为国家电力公司在东北地区的分公司；组建辽宁省电力公司，使之成为国家电力公司的全资子公司；原东北电力集团公司统一核算的吉林省电力公司与黑龙江省电力公司改制为国家电力公司的全资子公司；对东北地区部分电源资产进行重组。

同日 根据干部任职年龄的有关规定，经研究并征得中共上海市委同意，国家电力公司以国电党任［1999］5号文决定：免去顾寅章同志的中共中国华东电力集团公司党组成员职务。

同日 根据干部任职年龄的有关规定，经研究并征得中共上海市委同意，国家电力公司以国电任［1999］8号文决定：免去顾寅章同志的上海市电力公司总经理职务并退休。

1月27日 国家电力公司以国电安运［1999］28号文发出《关于调整关停小火电机组计划安排的意见》，决定将国家电力公司系统5万kW及以下凝汽机组关停实现时间从2005年提前到2004年。

1月28日～2月2日 国家电力公司总经理高严作为国家电力公司的代表，出席了在瑞士达沃斯召开的世界经济论坛第29届年会。

在达沃斯期间，高严总经理正式签署了国家电力公司聘请瑞士瑞银华宝银行为财务顾问的协议书。

1月30日 云南省常务副省长牛绍尧、国家电力公司顾问何璟在云南昆明参加澜沧江水电开发有限责任公司发起人协议签字仪式。按照协议，国家电力公司、云南电力集团有限公司、云南省开发投资有限公司、云南红塔实业有限公司将按29%、31%、28%、12%的投资比例组建澜沧江水电开发有限责任公司。该公司注册资本金为10亿元。

2月3～4日 国家电力公司系统纪检监察会议在武汉召开。会议提出坚持标本兼治，综合治理，不断加大从源头上预防和治理腐败的力度，进一步推进党风廉政建设和反腐败斗争，为国家电力公司系统的改革和发展创造良好的环境。国家电力公司党组成员、副总经理赵希正到会讲话，中纪委驻国家电力公司纪检组组长、国家电力公司党组成员李雪莹做工作报告。来自国家电力公司所属各单位及被邀请单位的150多名代表参加了会议。

2月22～25日 国家电力公司副总经理陆延昌出席在莫斯科举行的中俄总理定期会晤委员会第三次会议，并代表高严总经理签署了《中国国家电力公司与俄罗斯能源与电气化股份有限公司合作框架协议》。

2月23日 国家电力公司以国电人劳［1999］69号文发出《关于成立国家电力公司驻深圳经济发展联络中心的通知》。该中心为国家电力公司派驻深圳的经济联络机构，主要从事经济工作，而非接待性质的机构。级别为司局级。

2月24日 国家电力公司党组书记、总经理高严率党组成员及有关部局的负责同志到财政部，向项怀诚部长汇报了国家电力公司1998年工作情况和1999年工作安排，财政部副部长高强和有关部门的负责同志一起听取了汇报。

2月25日 国家电力公司总经理高严主持召开了总经理会议，总经理会议成员出席了会议，财经部和中国电力信托投资有限公司的主要负责同志列席了有关议题。会议的主要议题有：

一、听取财经部关于国家电力公司本部和公司系统财务情况，以及1999年在公司系统全面推行资产经营考核制度有关问题的汇报，审议财经部提出的《国家电力公司投资收益收取和使用暂行规定（送审稿）》；

二、对财经部提出的中电信改组方案进行讨论和研究；

三、听取查克明副总经理传达王忠禹秘书长在部署“两会”服务工作的会议上就如何做好“两会”服务工作提出的有关要求。

同日 国家电力公司与美国南方公司（Southern Company）合作协议签字仪式在北京人民大会堂举行。国家电力公司总经理高严，美国南方公司董事长、总裁兼首席执行官戴尔博在合作协议上签字。国家经贸委电力司司长史玉波等出席签字仪式。按照协议，双方今后将加强技术进步和管理经验方面的交流，重点加强新技术和电力环保技术的交流。

3月4日 国家电力公司以国电政法［1999］85号文发出《关于注销中国东北电力集团公司并成立国家电力公司东北公司的决定》。

同日 国家电力公司以国电政法［1999］86号文发出《关于成立辽宁省电力公司的决定》。

同日 国家电力公司分别以国电政法［1999］87号文和国电政法［1999］88号文发出关于吉林省和黑龙江省电力公司改制的决定，将原由东北电力集团公司统一核算的吉林省电力公司和黑龙江省电力公司改制为国家电力公司的全资子公司。

3月5日 国家电力公司在北京召开解决计算机2000年问题电话会议。国家电力公司副总经理陆延昌出席会议并讲话。

同日 国家电力公司以国电任［1999］13号文决定，郭建堂任中国水利水电工程总公司总经理；免去孙玉才的中国水利水电工程总公司总经理职务。

同日 国家电力公司党组以国电党任［1999］10号文决定，郭建堂任中共中国水利水电工程总公司党组书记；免去孙玉才的中共中国水利水电工程总公司党组书记职务。

同日 国家电力公司党组以国电党任［1999］11号文决定，丁长顺任中共中兴电力实业发展总公司临时委员会书记；免去梁裕厚的中共中兴电力实业发展总公司临时委员会书记职务。

3月9日 国家电力公司召开安全生产电话会。国家电力公司副总经理陆延昌到会并讲话。国家电力公司总工程师冉莹、中电联常务副理事长刘宏出席电话会。

3月10日 国家电力公司召开电力系统“两会”代表座谈会。来自全国各地的33名“两会”代表参加了会议。国家电力公司总经理高严，副总经理查克明、陆延昌，中纪委驻国家电力公司纪检组组长李雪莹，总经理助理周小谦，九届人大外事委员会委员、原水电部副部长张凤祥，国家电力公司顾问潘家铮等出席了座谈会。

3月15日 国家电力公司党组书记、总经理高严率党组成员、副总经理赵希正、查克明、陆延昌以及有关部门的负责同志，到国家经贸委，向盛华仁主任汇报了国家电力公司1998年的工作情况和1999年主要工作安排，经贸委副主任石万鹏和有关部门的负责同志听取了汇报。

3月16日 国家电力公司以国电任［1999］18号文决定，翟若愚任国家电力公司东北公司总经理。

同日 国家电力公司党组以国电党［1999］15号文决定，成立中共国家电力公司东北公司党组，翟若愚任党组书记。

同日　国家电力公司以国电任［1999］19号文决定委派王禹民、钟俊、黄佳武、费圣英担任辽宁省电力有限公司董事；王禹民任董事长。

同日　国家电力公司党组以国电党［1999］16号文决定，成立中共辽宁省电力有限公司（电力工业局）党组，王禹民任党组书记。

同日　国家电力公司以国电任［1999］30号文决定，委派张志厚、黄佳武、郭学崇、刘振鹏担任吉林省电力有限公司董事，张志厚任董事长。

同日　国家电力公司以国电任［1999］29号文决定，张志厚任吉林省电力工业局局长；免去王炳华的吉林省电力工业局局长职务。

同日　国家电力公司党组以国电党［1999］13号文决定成立中共吉林省电力有限公司党组，张志厚任中共吉林省电力有限公司（电力工业局）党组书记；免去王炳华的中共吉林省电力工业局党组书记职务。

同日　国家电力公司以国电任［1999］23号文决定，委派赵蜀亨、黄佳武、熊良印、杨洪义、李维翰、蔡立山担任黑龙江省电力有限公司董事，赵蜀亨任董事长。

同日　国家电力公司党组以国电党［1999］12号文决定成立中共黑龙江省电力有限公司党组，赵蜀亨任书记。

同日　国家电力公司以国电任［1999］26号文决定，刘彭龄任河北省电力公司（电力局）总经理（局长）；免去朱国帧的河北省电力公司（电力局）总经理（局长）职务。

同日　国家电力公司党组以国电党任［1999］18号文决定，刘彭龄任中共河北省电力公司（电力局）党组书记；免去朱国桢的中共河北省电力公司（电力局）党组书记。

同日　国家电力公司党组以国电党任［1999］19号文决定，黄金凯任中共中国华北电力集团公司（电管局）党组书记；免去焦亿安的中共中国华北电力集团公司（电管局）党组书记职务。

同日　国家电力公司以国电任［1999］27号文决定，黄金凯任中国华北电力集团公司（电管局）总经理（局长）；免去焦亿安的中国华北电力集团公司（电管局）总经理（局长）职务。

3月18日　国家电力公司以国电任［1999］37号文决定，免去王光华的国家电力公司电力建设研究所所长职务。

同日　国家经贸委、公安部以［1999］8号令联合发布修改后的《电力设施保护条例实施细则》，并从即日起实施。

3月21日　由国家计委和国家电力公司联合举办的全国第二次农网建设与改造工作会议在河南召开。全国城乡电网改造领导小组组长、国家电力公司总经理高严向大会提交了书面发言。国家计委副主任包叙定、国家电力公司副总经理查克明到会，并就农网建设与改造及农电管理体制改革提出了具体要求。

3月22日　国家电力公司召开部门领导人员聘任上岗大会，宣布了内部机构设置情况，聘任了各部门领导人员。国家电力公司总经理高严委托赵希正副总经理代表国家电力公司党组作重要讲话，副总经理查克明、陆延昌和中纪委驻国家电力公司纪检组组长李雪莹，国家电力公司党组成员、总经理助理周小谦出席了会议。

国家电力公司内部共设置19个部门，即：总经理工作部、战略研究与规划部、人力资源部、人事与董事管理部、财务与产权管理部、综合计划与投融资部、电网建设部、火电建设部、发输电运营部、水电与新能源发展部、农电工作部、科技环保部、审计部、法律事务部、国际合作部、离退休干部工作部、思想政治工作办公室、监察局、国家电力调度通信中心。

同日　经国家电力公司党组研究决定，国家电力公司以国电任［1999］34号文决定，聘任下列同志职务：

周小谦为总经理助理；

刘忱为总经理助理；

邵世伟为总经理助理；

谢松林为总会计师；

焦亿安为总经济师；

张贵行为总工程师；

邵世伟代理总经理工作部主任；

肖鹏、陈飞虎、倪吉祥为总经理工作部副主任；

陈飞虎兼任体制改革办公室主任；

姜绍俊为战略研究与规划部主任；

梅宗华、王宝乐、张燕敏为战略研究与规划部副主任；

吴志远为人力资源部主任；

刘洪恩、张成杰为人力资源部副主任；

陈月明为财务与产权管理部主任；

孟振平、费圣英、方明英为财务与产权管理部副主任；

赵建国为综合计划与投融资部主任；

杨庆、魏昭峰为综合计划与投融资部副主任；

霍继安为电网建设部主任；

孙家骏、李文毅、苏力为电网建设部副主任；

章龙才为电网建设部总工程师；

刘本粹为火电建设部主任；

高伟力为火电建设部副主任；

王炳华为发输电运营部主任；
徐纪法为发输电运营部副主任；
张学知为水电与新能源发展部主任；
陈东平为水电与新能源发展部副主任；
李振生为农电工作部主任；
原固均为农电工作部副主任；
张晓鲁为科技环保部主任；
詹仲晦为科技环保部副主任；
欧阳胜英为审计部主任；
吕振勇为法律事务部副主任；
魏光耀为国际合作部主任；
张玉新、齐志坚为国际合作部副主任；
肖世友为离退休干部工作部主任；
樊全喜、邱文红为离退休干部工作部副主任；
石成梁为思想政治工作办公室主任；
张安乐、田华香为思想政治工作办公室副主任；
李庆奎为监察局局长；
刘淑敏为监察局副局长；
赵遵廉为国家电力调度通信中心主任；
孙正运、孙佩京、王益民为国家电力调度通信中心副主任；
舒印彪为国家电力调度通信中心总工程师。
以上同志职务聘期三年。

同日 国家电力公司副总经理赵希正代表国家电力公司，在人民大会堂会见了香港中华电力有限公司董事长嘉道理一行，双方就我国当前的电力发展形势和双方合作问题进行了友好交流。国家电力公司副总经理查克明、陆延昌，中纪委驻国家电力公司纪检组组长李雪莹参加了会见。

3月24日、26日、29日 黑龙江省电力有限公司、吉林省电力有限公司、国家电力公司东北公司、辽宁省电力有限公司分别成立。受国家电力公司总经理高严委托，副总经理赵希正分别参加了各公司的成立大会并发表了讲话。黑龙江省省委副书记杨光洪、副省长张成义，吉林省常务副省长王国发，辽宁省委副书记张行湘、常务副省长郭廷标，内蒙古自治区政府主席助理易智峻分别参加了各公司的成立大会。国家经贸委电力司司长史玉波、中编办研究中心主任姜贤荣，以及国务院体改办、国家税务总局等有关部门的领导也参加了成立大会。

3月25日 国家电力公司系统防汛和大坝安全工作会议在武汉召开。国家电力公司副总经理陆延昌出席会议并讲话。

同日 国家电力公司党组以国电党任［1999］25号文决定，孙玉才同志任中共葛洲坝水利水电工程集团公司委员会书记；免去乔生祥的中共中国葛洲坝水利水电工程集团公司委员会代理书记职务。

同日 国家电力公司以国电任［1999］40号文决定，孙玉才任中国葛洲坝水利水电工程集团公司董事长、总经理；免去乔生祥中国葛洲坝水利水电工程集团公司董事长、总经理职务。

3月29日 国家电力公司东北电力工作座谈会在沈阳召开，会议围绕如何搞好东北电网的体制改革，提高各公司的经济效益，树立企业良好的社会形象开展了讨论。

会议由国家电力公司副总经理赵希正主持。国家电力公司总经理工作部副主任兼体改办主任陈飞虎宣读了高严总经理的书面讲话《搞好东北电网改制试点，把国家电力公司办成现代化的企业集团》。国家经贸委电力司司长史玉波、中编办研究中心主任姜贤荣、中电联常务副理事长刘宏在座谈会上发言。国家电力公司东北公司总经理翟若愚，黑龙江、吉林、辽宁三省电力有限公司董事长赵蜀亨、张志厚、王禹民也分别在座谈会上发言。

4月1日 国家电力公司副总经理赵希正受总经理高严委托，主持召开了总经理会议，副总经理查克明、陆延昌，纪检组长李雪莹，总经理助理周小谦、刘忱、邵世伟，总会计师谢松林，总经济师焦亿安出席了会议。会议对国家电力公司当前工作，龙源、福霖、中能三公司重组后新公司的筹备工作，以及组建动力经济研究中心的有关问题进行了讨论和研究。

4月5日 国家电力公司以国电任［1999］42号文决定，王光华任山西省电力公司总经理；免去李振生的山西省电力公司总经理职务。

同日 国家电力公司党组以国电党任［1999］27号文决定，王光华同志任中共山西省电力公司党组书记；免去李振生同志的中共山西省电力公司党组书记职务。

同日 国家电力公司以国电人事函［1999］31号决定，成立中国电机工程学会换届领导小组，陆延昌、张凤祥任组长。

同日 国家电力公司副总经理赵希正受总经理高严委托主持召开了总经理办公会议，纪检组长李雪莹，公司顾问何璟，总经理助理刘忱、邵世伟，总会计师谢松林，总经济师焦亿安出席了会议。会议听取了邵世伟助理传达的4月1日总经理会议精神；石成梁同志向会议传达了全国“三讲”教育工作会议精神和中央国家机关各部门机关党委书记、“三讲”办负责人会议精神，并通报了公司系统下一步开展“三讲”教育活动的有关安排；吴志远同志向会议通报了公司各部门机构设置方案汇总情况，传达了高严总经理关于各部门处室设置的意见。赵希正副总经理最后作了总结讲话。

4月6日 国家电力公司党组以国电党任

[1999] 28 号文决定，王光华同志任中共山西省电力工业局党组书记；免去李振生同志的中共山西省电力工业局党组书记职务。

同日 国家电力公司以国电任［1999］43 号文决定，王光华任山西省电力工业局局长；免去李振生山西省电力工业局局长职务。

同日 国家电力公司党校举行春季开学典礼，国家电力公司副总经理、党校校长赵希正在开学典礼上作重要讲话。

4 月 7 日 国家电力公司党组以国电党［1999］18 号文发出《关于深入开展以“讲学习、讲政治、讲正气”为主要内容的党性党风教育的意见》，对国家电力公司系统的“三讲”教育提出了要求，作了部署，要求以整风精神搞好“三讲”教育。

同日 国家电力公司党组决定成立国家电力公司“三讲”教育领导小组，国家电力公司党组书记、总经理高严任组长，党组成员、副总经理赵希正，党组成员、中纪委驻国家电力公司纪检组组长李雪莹任副组长。

4 月 12 日 国家电力公司副总经理赵希正受总经理高严委托，主持召开了总经理会议，副总经理查克明、陆延昌，纪检组长李雪莹，以及各位总经理助理、总师出席了会议。会议原则通过了人力资源部提出的各部门编制方案。

4 月 14 日 国家电力公司以国电人资［1999］189 号文决定组建国家电力公司动力经济研究中心。该中心是国家电力公司的全资子公司，是专门从事国家电力公司发展战略（包括经营战略、投融资战略等）、体制改革和技术经济政策研究的咨询机构。

4 月 20 日 财政部印发了《国家电力公司投资收益收取使用管理暂行办法》（财经字［1999］143 号文），规定国家电力公司自 1999 年 1 月 1 日起，停止向子公司集中折旧资金，改为收取投资收益。

该办法对投资收益的收取范围、使用原则、使用范围等作出了明确规定。

4 月 26 日 国家电力公司副总经理陆延昌受总经理高严委托，在北京会见了俄罗斯能源与电气化股份有限公司总裁丘拜斯一行。双方就边界电力贸易问题、俄罗斯向中国大规模出口电力的“中俄电力桥”项目的技术可行性问题以及高科技领域的合作问题进行了探讨。

4 月 28 日 国家电力公司、中国水利电力工会在北京隆重召开国家电力公司系统全心全意依靠职工办企业暨劳模表彰大会。国家电力公司总经理高严出席会议并讲话。全国总工会副主席卢展工，国家电力公司副总经理赵希正、陆延昌，中纪委驻国家电力公司纪检组组长李雪莹，中国水电工会主席吕保柱以及中国电力企业联合会的领导出席了大会。

4 月 29 日 国家电力公司召开全国电网调度系统电话会议，确定自 1999 年 5 月 1 日至 2000 年 4 月 30 日为全国电网调度安全年，并对安全年活动做出具体部署。国家电力公司副总经理陆延昌在会上讲话。此次会议共设 420 个分会场，约 5000 人参加会议。

5 月 6 日 经中国证监会批准，1997 年国家电力公司债券在上海证券交易所正式上市流通。这是采用实名制记账式发行的第一只上市企业债券，也是我国电力行业发行的企业债券中第一只可上市流通的债券。

国家电力公司副总经理赵希正出席上市仪式并讲话。

5 月 7 日 午夜，以美国为首的北约悍然使用 5 枚导弹，袭击了我国驻南斯拉夫联盟共和国大使馆，造成人员伤亡和馆舍严重毁坏，激起全国人民的无比愤慨。

国家电力公司系统职工及所属院校学生纷纷以游行示威、发表公开信、举行座谈会等多种形式强烈抗议和谴责以美国为首的北约的暴行，表示坚决支持和拥护我国政府的严正声明和一切行动，以立足本职工作、搞好安全生产和发奋学习的实际行动支持我国政府的严正立场。

5 月 10 日 国家电力公司总经理高严在国家电力公司机关员工座谈会上，发表了题为《拥护政府声明，谴责北约暴行》的书面讲话。

5 月 10～11 日 国家电力公司召开青年工作暨纪念五四运动 80 周年座谈会。

会议对 1999 年国家电力公司系统青年工作进行了部署：一是认真抓好邓小平理论的学习，加强爱国主义教育；二是紧紧围绕电力工业的中心工作，积极推进跨世纪青年文明工程、青年人才工程和青年科技工程；三是加强调研、扎实工作，切实加强新形势下团员青年工作的自身建设。

座谈会上，还宣读了 1998 年度电力系统全国青年文明号的表彰决定。

国家电力公司副总经理赵希正出席会议并讲话。

5 月 11 日 国家电力公司以国电人资［1999］237 号文，批复了龙源电力集团公司、中国福霖风能开发公司和中能电力科技开发公司合并重组。重组后的公司仍沿用龙源电力集团公司名称，为国家电力公司单独出资设立的国有独资公司，注册资本金 15000 万元。

5 月 15 日 中共中央政治局常委、全国人大常委会委员长李鹏视察了山东电力集团公司。他勉励山东电力集团公司职工，坚持科教兴电，引入现代管理；通过管理降低电价，减轻农民负担；大力开发电力市场，调整电力结构。

同日 国务院办公厅以办发［1999］44号文批转了国家经贸委《关于关停小火电机组有关问题的意见》（以下简称《意见》）。

《意见》明确了关停小火电机组的范围及要求：在老旧机组替代改造项目中被替代的机组、已退役报废的机组和服役期满单机容量2.5万kW以下（含2.5万kW）的凝汽式机组，1999年12月31日前一律予以关停；单机容量5万kW以下（含5万kW）的中压、低压常规燃煤（燃油）机组，2000年底前予以关停；单机容量5万kW以下（含5万kW）的高压常规燃煤、燃油机组，2003年底前基本关停。

5月17日 国家发展计划委员会公布了1999年国家重点建设项目名单，共102项，其中电力项目23项。

1999年全国新增加国家重点建设项目11项，其中电力项目5项，即：福建棉花滩水电站、辽长吉哈500kV输变电工程、华东江苏500kV输变电工程、浙江秦山核电站三期、全国农村电网建设与改造工程。

1999年以前确定的在建国家重点项目共91项，其中电力项目18项。

5月18日 国家电力公司战略规划研究工作领导小组正式成立。国家电力公司总经理高严任组长。

领导小组的主要职责是：①负责提出战略发展目标、战略方针和战略规划研究任务；②指导国家电力公司系统各单位战略规划工作，协调公司战略与国家宏观经济的衔接；③审定公司的发展战略、改革战略、经营战略；④组织公司战略规划的实施，组织领导涉及战略规划的相关工作和涉外工作。

5月21～25日 国家电力公司1999年工作会议在成都召开。

国家电力公司总经理高严向大会作工作报告；副总经理赵希正作大会总结；副总经理查克明、陆延昌分别作专题报告。

高严总经理在工作报告中分析并总结了国家电力公司前一阶段改革与发展所取得的成绩，提出了国家电力公司发展战略构想：把国家电力公司建设成控股型、经营型、现代化、集团化管理的国际一流企业。

高严总经理在工作报告中指出，1998年国家电力公司主要做了八项卓有成效的工作：第一，开拓市场，进行城乡电网改造；第二，实行政企分开、省为实体，迈出了新的步伐；第三，理顺了农电体制；第四，减轻了用户的负担；第五，逐步实现国家电力公司实体化；第六，完成了国家电力公司机关机构改革；第七，推进厂网分开，竞价上网的试点；第八，战胜大洪水。

高严总经理在报告中提出了1999年国家电力公司要重点完成五项工作目标：①国家电力公司的售电量要在1998年的基础上增长3%以上，达到7698亿kW·h；②城乡电网建设与改造以及“两改一同价”工作要取得明显的阶段性成果；③全国联网取得实质性进展；④经济效益要稳步提高，全年实现利润不少于86亿元；⑤电费收缴工作要明显加强，1999年电费在不增加新欠的基础上，陈欠还要降低10%，把应收电费余额控制在257亿元以内。

高严总经理强调，1999年需重点加强八项工作：①积极开拓电力市场；②深入推进第二步改革；③大力调整电力结构；④大力实施科教兴电战略；⑤切实抓好安全生产；⑥搞好财务管理年活动；⑦开展“三讲”教育和加强精神文明建设；⑧确保全系统的政治稳定。

5月26～29日 由国家电力公司、中国电力企业联合会主办，中国电力信息中心承办的’99国际电力信息技术和产品展示会在北京国际会议中心举行，来自国内外40多家计算机和网络厂商参展。

5月31日 国家电力公司以国电计［1999］262号文，颁发《贯彻落实计委通知精神加快电力结构调整的若干意见》（以下简称《意见》）。

《意见》提出，加快电力结构调整，要实现两个重要转变，一是电力发展要从过去以供给导向为主，被动地填补供电缺口，转变到以需求导向为主，主动开拓市场。二是电力建设要从过去以增加发电能力为主，主要考虑上项目、建新厂，转到严格控制新开工常规火电项目，充分发挥现有设备生产能力上来，以提高电力质量、水平和效益为主，把有限的增量用到电网建设及重大调峰骨干电厂上来。

《意见》提出了加快电力结构调整的六条主要措施：一是切实转变观念；二是加强资本金管理，保障投资效益；三是加快关停小火电计划的实施；四是加强电网建设及全国联网项目的实施；五是加大开拓电力市场的力度；六是加强项目前期工作的管理。

6月3日 中共中央组织部以组任字［1999］79号文发出任免通知：同意周大兵、谢松林同志任国家电力公司党组成员，免去查克明同志的国家电力公司党组成员职务。

同日 中共中央以中委［1999］105号文发出通知：中央批准，周大兵、谢松林同志任国家电力公司副总经理，免去查克明同志的国家电力公司副总经理职务。

6月7日 国家电力公司党组以国电党任［1999］32号文，决定：

朱永芃、王连生、尹炼、谢长军、崔继纯、徐凤刚、王汉生七同志任中共龙源电力集团公司临时委员会委员，朱永芃任书记。

6月8日　国家电力公司副总经理赵希正受高严总经理委托主持召开总经理办公会议，副总经理、纪检组长、公司顾问、总经理助理、总师、各部门主要负责同志出席了会议。

会议听取并原则通过了财务部关于公司九八年度资金预算执行情况、九九年度本部资金预算和经营预算安排情况、公司九九年度资产经营预算安排情况的汇报；会议原则同意财务部对九八年度补充预算有关情况提出的处理意见，并对九九年度预算方案提出了具体的修改意见。

6月11日　国家经贸委和国家电力公司联合召开全国电视电话会议，传达贯彻《国务院办公厅转发国家经贸委关于关停小火电机组有关问题意见的通知》（国办发［1999］44号）精神，对关停小火电工作进行动员和部署。

国家经贸委副主任石万鹏、国家电力公司副总经理陆延昌出席会议并讲话。

陆延昌要求各网省电力公司要从大局出发，尽职尽责，严格执行国家政策，坚持原则，做到公正、公平、公开，齐心协力共同完成关停小火电机组的历史性任务。他还对做好系统内1224万kW小火电机组的关停工作，提出了五条具体要求。

6月15日　国家电力公司党组以国电党任［1999］33号文，发出任免通知：

经中央纪委常委会议研究决定，李庆奎同志任中央纪委驻国家电力公司纪检组副组长，免去石成梁同志的中央纪委驻国家电力公司纪检组副组长职务。

同日　国家电力公司党组以国电党任［1999］34号文，发出任免通知：

经中共中央国家机关工作委员会同意（国党工组［1999］65号），任命石成梁同志为中共国家电力公司直属机关临时委员会副书记，免去郭建堂同志副书记职务。

6月16日　国家经贸委以第10号令发布《电力行业标准化管理办法》（以下简称《办法》），并于发布之日起施行。

《办法》共分五章：总则；组织机构与职责分工；标准制定的计划与程序；标准的实施与监督；附则。

同日　国家电力公司以国电任［1999］55号文，决定：

朱永芃任龙源电力集团公司总经理。

同日　国家电力公司以国电任［1999］56号文，决定：

聘任霍继安为国家电力公司电网分公司总经理，聘期三年。

6月16～18日　国家电力公司法制工作座谈会在昆明召开。会议提出要努力加强法律事务工作，保障电力企业的合法权益，促进电力工业的健康发展。

6月17日　山西太原第一热电厂六期扩建工程结束，供热机组总装机容量138.6万kW，成为目前国内最大的热电厂。

6月17～18日　国家电力公司系统关停小火电机组会议在京召开。

国家电力公司副总经理陆延昌、国家经贸委电力司司长史玉波出席会议并讲话。

根据国办发［1999］44号文件《国务院办公厅转发国家经贸委关于关停小火电机组有关问题意见的通知》，国家电力公司系统1400万kW小火电机组必须在2003年底前基本关停（截止到1998年底已关停284万kW）。据此，国家电力公司计划1999年关停180万kW，2000年关停310万kW，2001～2003年关停450万kW，2004年关停176万kW，并已下达了1999年的关停计划。

6月17～24日　中共中央总书记江泽民行程数千公里，考察了九曲黄河。期间，江总书记考察了黄河三门峡、小浪底水利枢纽工程，详细了解有关防汛情况，并看望了三门峡电厂的防汛值班人员。

6月18日　贵州省农电局正式宣布：经过10年的电力扶贫，全省最后一批无电乡通电工程已完工。至此，全省农村1624个乡（镇）已全部实现了通电，比省委省政府要求的时间提前了一年零八个月。

6月22日　以国家档案局毛福民副局长为组长的《中华人民共和国档案法》（修订）执法检查组一行6人，到国家电力公司检查自1996年7月《档案法》颁发以来的贯彻执行情况。国家电力公司副总经理赵希正会见了检查组，与迎检人员一起听取了检查组的意见，并做了重要指示。

同日　国家电力公司以国电财［1999］321号文发出《关于开展财务管理年活动的通知》，同时印发了《国家电力公司财务管理年活动方案》。

通知要求，各单位在开展财务管理年活动过程中，要结合实际，把以下几方面的工作作为活动的主要内容：第一，推进全面预算管理；第二，严格控制成本支出；第三，加强投资收益的管理；第四，进一步强化财务基础工作，规范会计工作秩序。

6月23日　国家电力公司以国电规［1999］310号文印发了《电网规划管理若干规定（试行）》（以下简称《规定》）。

《规定》提出，电网规划应贯彻“以安全生产为基础，以科技进步为动力，以经济效益为中心”的指导思想，努力做到最低成本规划。

《规定》明确了电网规划编制的职责与分工，提出了电网规划的主要任务，并对电网规划的报审程序作了规定。

同日 国家电力公司印发了总经理、副总经理及总经理助理、总师的职责分工。

同日 中国电力企业联合会在京发布1998年度电力可靠性指标：1998年我国多项电力可靠性指标稳步提高，10万kW及以上火电机组的等效可用系数由1997年的88.38%提高到1998年的88.54%，主要城市10kV用户平均供电可靠率由1997年的99.72%提高到1998年的99.81%。

会上，电力行业可靠性管理委员会同时宣告成立。

6月24日 国家电力公司以国电任［1999］53号文，决定：

陈方枢任中国安能建设总公司总经理（法人代表）；

免去周大兵的中国安能建设总公司总经理职务。

同日 国家电力公司以国电发［1999］328号文发出通知，公布了1998年度电力安全文明生产达标企业名单。

秦皇岛发电有限责任公司、鹤岗电业局、西北电力试验研究院等26个发、供电企业和科研院（所）榜上有名。

6月24～25日 国家电力公司科技委全体委员会议在京召开。

国家电力公司副总经理陆延昌在会上就科技委如何围绕国家电力公司的中心工作开展科研开发工作提出了要求。陆延昌强调，电力工业当前发展中的两大主题，一是节能；二是环保。科技委的研究与开发、技术转化和技术推广都要紧紧扣住这两个主题。

6月29日 国家电力公司“网厂分开、竞价上网”试点之一的黑龙江省电力公司举行首次竞价上网仪式，省内8家发电企业进行了现场报价。

6月30日 国家电力公司以国电发［1999］337号文印发了《国家电力公司关停小火电机组管理办法》(以下简称《办法》)。

《办法》明确了以下十个方面的问题：一、适用范围；二、关停小火电机组工作的组织管理和责任；三、关停小火电机组的范围和计划；四、关停小火电机组的资产处理；五、关停小火电机组人员的分流安置；六、供电设施技术改造；七、小火电机组的运行管理和改造；八、电量和环保空间；九、协助地方政府落实关停小火电机组；十、奖励与惩罚。

同日 全国各网省调度局（所）长座谈会在呼和浩特市召开。

会议就当前调度“三公”（公平、公正、公开)、调度机构本部化、电网安全年及调度系统计算机2000年问题等热点难点问题展开了热烈讨论。

国家电力公司副总经理陆延昌在座谈会上指出，当前电网管理的指导思想应当是：坚持联合电网，分级管理，统一调度，以电网安全为基础，以经济效益为中心，以法律、经济、行政、技术手段，实现更大范围内的资源优化配置，向用户提供质量合格、价格合理的电能和满意的服务，提高电网经营企业的经济效益和社会效益。

7月1日 国家电力公司总经理高严主持召开总经理办公会议，公司领导赵希正、查克明、李雪莹、周大兵、谢松林，公司顾问、总经理助理、总师及各部门主要负责同志参加了会议。

高严总经理在会上传达了党中央、国务院关于任命周大兵、谢松林同志为国家电力公司副总经理、党组成员，免去查克明同志国家电力公司副总经理、党组成员职务的决定，通报了公司领导班子调整后总经理、副总经理及总经理助理、总师的职责分工。

同日 国家电力公司党组以国电党［1999］36号文，印发了《国家电力公司系统领导干部交流工作暂行规定》(以下简称《规定》)。

《规定》分：总则、干部交流对象、干部交流的范围、干部交流的方式程序、干部交流的纪律及其他有关事项共六部分36条。

7月2日 国家电力公司党组书记高严主持召开党组扩大会议，公司党组成员出席了会议，公司“讲学习、讲政治、讲正气”(以下简称“三讲”)教育领导小组成员和“三讲”教育办公室负责同志列席了会议。

会议认真学习了江泽民同志在纪念中国共产党成立78周年座谈会上的讲话，传达了全国第二次“三讲”教育工作会议精神，原则通过了公司党组和公司本部司（局）处级党员干部“三讲”教育实施方案。

7月5～6日 国家电力公司企业文化建设现场经验交流会在牡丹江第二发电厂召开。国家电力公司副总经理赵希正出席会议并讲话。

7月8日 国家电力公司以国电发［1999］359号文印发《关于命名一流供电企业、一流火力发电厂的通知》。

日照电业局等6个供电企业被命名为“一流供电企业”，哈尔滨第三发电厂等8个发电厂被命名为“一流火力发电厂”。

同日 国家电力公司以国电农［1999］346号文印发了《关于下达1999年农电体制改革目标的通知》，将国家电力公司1999年农电体制改革目标分解下达到各省（自治区、直辖市）电力公司，并提出了具体要求。

同日　国家电力公司党组以国电党任［1999］37号文，决定：

程念高任中共水电水利规划设计总院党组书记、中共中国水电水利及新能源发电工程顾问有限公司党组书记。

免去高安泽的中共水电水利规划设计总院党组书记、中共中国水电水利及新能源发电工程顾问有限公司党组书记职务。

同日　国家电力公司以国电任［1999］65号文，决定：

李一凡任国家电力公司电力建设研究所副所长(主持工作)。

7月9日　贵州乌江水电开发有限责任公司在贵阳成立。

贵州省委书记刘方仁、国家电力公司副总经理赵希正为公司揭牌。贵州省委副书记、常务副省长王寿亭，副省长刘长贵，国家电力公司副总经理周大兵，国家经贸委电力司副司长黄永达出席成立仪式并讲话。

7月12日　国家电力公司党组书记、总经理高严代表公司党组向离退休老干部通报了中央关于“三讲”教育的总体部署和全国“三讲”教育的进展情况，重点通报了国家电力公司党组“三讲”教育的准备情况及国家电力公司系统“三讲”教育的总体部署。

7月13日　国家电力公司党组书记、总经理高严代表公司党组，向中央派驻国家电力公司“三讲”教育巡视组汇报了国家电力公司成立以来改革、发展情况和两个文明建设所取得的成绩，介绍了国家电力公司的发展战略构想和1999年的工作目标及任务，汇报了国家电力公司系统“三讲”教育准备情况和下一步的工作部署。

国家电力公司党组成员赵希正、陆延昌、周大兵、谢松林、李雪莹、周小谦参加了汇报会。

同日　国家电力公司党组以国电党任［1999］38号文，决定：

林依水、房家栋、施宙、马秀国、齐抗美、琚立生六同志任中共中国电能成套设备有限公司临时委员会委员，林依水同志任书记。

7月15～17日　国家电力公司纠风和行风建设工作会议在西安召开。

会议提出，服务和行风是整个电力企业形象的支撑点，要把国家电力公司建成国际一流的公司，树立良好的公司形象，必须要有一流的服务和一流的行风。

国家电力公司副总经理陆延昌、中纪委驻国家电力公司纪检组组长李雪莹、陕西省副省长巩德顺出席会议并讲话。

陆延昌在讲话中特别强调，今后一个时期纠风和行风建设工作的任务是开展一个整顿，抓住两个重点，加大三项工作力度，即继续扎扎实实开展基层窗口单位的行业作风整顿，并逐步引向深入；抓好城市供电优质服务和农村乡（镇）电管站示范窗口建设这两个重点；继续加大整顿城乡电价秩序的工作力度，认真解决在报装接电和城乡电网建设与改造工程中指定施工队伍和采购设备的问题，积极主动地参加地方党委、政府组织的社会民主评议行风活动。

7月15～17日　全国电力设计工作会议在天津召开。

国家电力公司副总经理周大兵出席会议并讲话。他要求通过此次大会，认真研究和完善电力设计行业改革思路，大力推进设计革命。他强调，电力勘测设计体制改革必须与国家电力公司改革的总体要求相适应，力争在2000年前完成电力设计单位改企建制的目标。

7月16日　国家电力公司副总经理赵希正受高严总经理的委托，主持召开总经理办公会议，研究联通公司重组上市有关问题，讨论落实改革还本付息电价政策的意见，传达了“中共中央、国务院关于转发《国家发展计划委员会关于当前经济问题和对策建议》的通知”。

国家电力公司副总经理谢松林，总经理助理周小谦、刘忱、邵世伟，总工程师张贵行出席会议。

7月17日　国家电力公司召开第一次上市公司座谈会。会议总结了1993年电力系统进行股份制改造以来的经验和教训，并就上市公司目前的经营现状和今后资本运营的具体设想进行了探讨和交流。

国家电力公司副总经理谢松林出席会议。

据统计，截止到1999年6月底，国家电力公司在境内外公开发行股票并上市的控股、参股公司已达15家，共18只股票，总股本规模达211亿元，流通股规模达67亿元。15家上市公司通过发行新股共募集资金193亿元。

7月20日　国家电力公司在京召开“三讲”教育动员大会，对国家电力公司党组、党组成员和公司本部司（局）处级党员干部的“三讲”教育进行动员和部署，并对公司系统的“三讲”教育提出要求。

国家电力公司党组书记、总经理高严作动员讲话。他要求公司党组和党组成员，公司系统全体党员领导干部，一定要把思想真正统一到江泽民同志的重要讲话和中发［1998］17号文件的精神上来；从关系党和国家前途命运，关系电力工业改革和发展的成败的高度，以强烈的政治责任心，饱满的政治热情，良好的精神状态，足够的时间和精力，积极投身到“三讲”教育中来。中央驻国家电力公司“三讲”教育巡视组组长王晓光在会上介绍了全国开展“三讲”教育的基本情况，提出了“三讲”教育应遵循的原则和有关要求，说明了巡视组的工作任务。

根据中央的统一部署和安排，国家电力公司党组和党组成员的“三讲”教育计划于7月20日～9月22日进行。“三讲”教育分为四个阶段：思想发动，学习提高阶段；自我剖析，听取意见阶段；交流思想，开展批评阶段；总结整改，巩固提高阶段。

中央驻国家电力公司“三讲”巡视组全体成员，中央“三讲”办成员施友丰，公司党组全体成员，国家电力公司在京单位党政主要负责人，公司本部处级以上干部和离退休干部共600余人参加了动员大会。

同日 国家电力公司党组书记、总经理高严主持召开党组扩大会议，公司党组成员，中央驻国家电力公司“三讲”巡视组成员，国家电力公司“三讲”教育领导小组成员，以及有关部门负责同志参加了会议。

会议传达了中央7月19日召开的省、自治区、直辖市党委负责同志会议精神，并对国家电力公司如何传达贯彻中央精神进行了部署；会议传达了国家计委新增财政资金投资工作座谈会精神，讨论通过了《关于做好当前电力生产经营等各项工作促进国民经济快速健康发展的决定（送审稿）》；会议还通报了湖北省电力公司“三讲”教育试点情况，并对国家电力公司党组“三讲”第一阶段工作进行了安排，提出了要求。

7月21日 国家电力公司党组以国电党任［1999］40号文，决定：

卜凡强同志任中共国家电力公司自动化研究院党组书记；

免去顾煜麟同志中共国家电力公司自动化研究院党组书记职务。

同日 国家电力公司党组以国电党任［1999］42号文，决定：

曹友治同志任中共国电通信中心临时委员会副书记（主持工作）。

7月22日 国家电力公司党组以国电党［1999］42号文，发出了《关于针对“法轮功”问题在全体党员中集中开展学习教育活动的安排意见》，决定自7月下旬开始，用一个月左右的时间，针对“法轮功”问题，在全系统党员中集中开展一次学习教育活动。

根据中央的要求和公司的部署，国家电力公司系统各单位纷纷组织党员和职工认真学习贯彻中央通知精神及国务院有关部门取缔“法轮功”组织的决定，召开座谈会，深刻揭批“法轮功”的反动本质及其危害，表示坚决拥护党和政府的决定，搞好发供电等工作，自觉维护社会稳定。

7月24日 国家电力公司以国电科［1999］374号文，印发《国家电力公司科学技术进步奖励办法》（试行）。

该奖励办法明确了国家电力公司科学技术进步奖的授奖条件、推荐办法以及评审和授予程序等。

7月26日 经国家有关部门批准，原国家电力公司电力科学研究院更名为中国电力科学研究院。国家电力公司副总经理陆延昌为该院揭牌。

陆延昌要求该院积极稳妥地深化电力科技体制改革，进一步发挥科学技术是第一生产力的作用，为国家电力公司的发展、为中国电力工业的发展、为中国电力科技发展作出应有的贡献。

7月29日 国家电力公司以国电发［1999］305号文印发《中国一流电力公司考核标准（试行）》。

国家电力公司提出：根据我国实际，创建一流电力公司，要分两步走。第一步，各电力公司经过2～3年的努力，达到中国一流电力公司标准；第二步，到2005年创国际一流电力公司取得突破，2010年在部分网省电力公司实现国际一流电力公司的基础上，国家电力公司实现创国际一流电力公司的目标。

7月30日 国家电力公司以国电总［1999］385号文印发《关于做好当前生产经营等各项工作促进国民经济持续快速健康发展的决定》（以下简称《决定》）。

《决定》共分九条：一、确保电网安全稳定运行，为国民经济发展提供充足可靠的电力供应；二、努力开拓电力消费市场，扩大用电需求；三、集中精力和资金搞好电网建设；四、配合政府部门进一步理顺电价，深化电价改革，减轻用户负担；五、加大调整电力结构力度，全年关停180万kW小火电机组的任务要务期必成；六、加大技术改造力度，提高电网的自动化水平；七、抓好债权转股权工作；八、采取有力措施保持稳定，处理好改革、发展与稳定的关系；九、加强企业管理，严格控制成本，努力增收节支，不断提高经济效益，确保完成全年的经营指标和利润计划。

7月30日、8月2日 受国家电力公司总经理高严委托，副总经理赵希正分别于7月30日下午和8月2日上午，主持召开总经理会议，研究全国电力系统解决计算机2000年问题联合测试的有关工作、国家电力公司贯彻第三次全国教育工作会议精神有关意见和国家电力调度中心工程办公区域概念设计问题。公司各副总经理、纪检组长、总经理助理、总师出席会议，公司有关部门及华东建筑设计研究院的负责同志列席了会议。

8月2日 国家电力公司以国电人资［1999］392号文，下发《关于电网调度机构本部化工作的若干意见》，要求各集团公司、省电力公司、分公司按照该意见的要求，对所辖电网调度机构实行本部化管理。

8月9日 国家电力公司召开新闻发布会，向新闻界通报了国家电力公司系统1999年上半年电力生产经营情况。国家电力公司副总经理陆延昌出席发布会并回答了记者的提问。

同日 国家电力公司以国电人资［1999］404号文，明确华北电力大学（北京）和武汉水利电力大学（宜昌）为正局级单位。

8月12日 国家电力公司以国电人资［1999］415号文，决定成立“国电动力经济咨询有限公司”。该公司是由国家电力公司出资设立的全资子公司，是专门从事发展战略、体制改革和经济政策等方面软科学研究的科技企业，是国家电力公司重大经营决策的咨询机构，也是面向社会的动力经济研究与咨询机构。

8月13日 国家电力公司党组举行大会，对公司党组和党组成员“三讲”教育第一阶段工作进行总结，对第二阶段工作进行动员和部署。

会上，国家电力公司党组书记、总经理高严作第一阶段总结和第二阶段动员报告，中央派驻国家电力公司“三讲”教育巡视组组长王晓光作重要讲话。公司党组成员、中央驻公司“三讲”教育巡视组成员、公司在京单位主要负责人、公司本部处级以上干部、离退休党支部书记共300余人参加了会议。

8月18日 北京市市长刘淇率队到华北电力集团公司检查指导工作。他强调，北京市的经济能保持快速增长的态势，离不开电力部门的努力工作。今后要进一步加快电力设施的建设。当前的主要任务是确保建国50周年和澳门回归庆典活动的供电安全可靠。

受国家电力公司总经理高严的委托，副总经理陆延昌陪同刘淇等检查工作。

8月19日 国家电力公司以国电政［1999］428号文，印发《国家电力公司关于加强企业文化建设若干指导意见》。

8月20日 国家电力公司召开公司系统紧急安全生产电话会议，针对近期连续发生的多起事故敲起警钟，要求全系统及时采取措施，扭转当前不安全局面，确保公司系统1999年各项工作目标的实现及下半年重大政治活动的可靠供电。

国家电力公司系统各单位在全国727个分会场参加了会议。国家电力公司总经理高严委托总经理助理邵世伟宣读了书面发言，副总经理陆延昌出席会议并讲话。国家经贸委、中电联、水电工会的有关领导出席了电话会。

8月24日 经国务院批准，国家经贸委发布《公告》（第一号），宣布自1999年8月31日22时至9月10日1时，全国电力系统将进行解决计算机2000年问题联合测试。

公告明确，本次测试由国家电力公司负责统一组织实施。公告同时明确了参加此次联合测试的地区和范围，并对电力部门及所有参加联合测试的单位以及相关行业提出了要求。

8月25日 国家电力公司副总经理周大兵在京会见了马来西亚能源与通讯部长寥莫宜一行。

周大兵副总经理向客人详细介绍了我国电力总装机容量、电力结构、利用外资等方面的情况，以及国家电力公司的改革与发展战略。寥莫宜对中国的电力体制改革情况表现出浓厚的兴趣，就此作了进一步的了解。

8月26日 东北华北联网500kV迁绥线路工程开工大会在河北抚宁举行，它标志着东北华北联网工程正式开工。

东北华北联网是国家电力公司实体化后实施的第一个全国跨大区联网工程，工程静态总投资34778万元，动态总投资41002万元。迁绥线起自河北丰润县迁西500kV变电所，止于辽宁省绥中电厂，全长166km。工程计划于2000年9月30日前竣工。

同日 国家电力公司以国电人资［1999］440号文印发《关于中国电力信托投资有限公司改组为国家电力财务有限公司的通知》。通知明确了国家电力财务有限公司为国家电力公司控股、其他股东参股的有限责任公司，是办理国家电力公司范围内各单位金融业务的非银行金融机构，按财务公司进行运作，按中国人民银行批复的金融许可证开展业务。

8月28日 全国乡镇电管站改革会议在山东济南召开，山东省副省长韩寓群，国家电力公司副总经理陆延昌、总工程师张贵行出席会议并讲话。

8月30日 国家电力公司以国电人事［1999］463号文，印发《国家电力公司委派、推荐董事管理办法》（试行）和《国家电力公司委派、推荐监事管理办法》（试行）。

8月31日 国家经贸委以国经贸电力［1999］833号文印发了《关停小火电机组实施意见》，该意见明确了关停小火电机组的范围、进度目标，并对关停小火电的相关工作提出了要求。

8月31日～9月10日 经国务院批准，国家电力公司组织实施了“全国电力系统解决计算机2000年问题联合测试”。

联合测试期间分别进行了1999年12月31日过

渡到2000年1月1日，2000年2月28日过渡到2000年2月29日，2000年2月29日过渡到2000年3月1日和实时监测通过1999年9月9日四个高危时间点的系统测试工作。

此次联合测试的重点是实时系统，包括调度自动化系统、电力通信系统、继电保护系统、发电厂分散控制系统和变电站综合自动化系统。

联合测试期间，全国电力系统运行正常，没有出现任何电力系统故障和设备故障，没有发生计算机死机、系统瘫痪及因计算机故障影响发电设备及电力系统正常运行的问题，没有影响对电力用户的安全可靠供电，联合测试达到了预期的目的，取得圆满成功。

9月3日 国家电力公司党组以国电党任［1999］44号文决定：

陈兴铭、罗新泉、柏富亨、章钢柱和肖其之五位同志为中共中国电力信托投资有限公司临时委员会委员；陈兴铭同志任临时党委书记。

9月6～11日 由周大兵副总经理为团长的国家电力公司代表团一行4人，对澳大利亚进行了短暂的访问考察。代表团此行的主要目的是参加为配合国家主席江泽民访问澳大利亚而举行的中澳经贸洽谈会。

代表团在澳期间参加了由中澳理事会举办的中澳经贸洽谈会，参观了洛洋煤矿、洛洋电厂，听取了澳方对澳州可再生能源利用方案的介绍，考察了西北大陆架（NWS）LNG工厂。

9月7日 国家电力公司以国电人资［1999］477号文决定：设立国家电力公司审计派出机构，同时撤销国家电力公司原派驻的各审计分局。

根据公司系统所属单位的实际情况和审计工作的需要，国家电力公司决定在东北、华北、西北、华中、华东、华南六个地区设立国家电力公司审计派出机构，各审计派出机构的办公地点相应设在国家电力公司东北公司、华北电力集团公司、西北电力集团公司、华中电力集团公司、华东电力集团公司、南方电力联营公司本部。其名称统一为：国家电力公司××审计部。

9月8日 国家经贸委、国家计委联合发出通知，决定成立厂网分开、竞价上网试点工作小组。其主要任务是：定期听取试点单位的情况汇报；协调厂网分开、竞价上网试点工作中的有关问题，并提出政策意见；研究和审查各省的试点方案及实施意见。

9月9日 国家电力公司以国电人资［1999］478号文决定成立国电外事服务有限公司。

该公司是国家电力公司控股、中国电力企业联合会和中国电力技术进出口公司参股的有限责任公司，是为国家电力公司系统各单位提供外事咨询与服务的机构。

9月15日 国家电力公司副总经理陆延昌率队在京检查确保国庆50周年庆典安全供电的准备工作情况。

陆延昌副总经理一行检查了北京房山500kV变电站、西大望220kV变电站、北京城区电力调度中心、人民大会堂南变电站等，听取了华北电力集团公司和北京供电公司领导有关“9950工程”的完成情况和国庆保供电措施的汇报，并对保国庆供电提出了明确的要求。

9月16日 国家电力公司召开电话会议，部署1999年农网建设改造计划，提出确保国家电力公司系统1999年农网建设改造工作高质量如期完成的要求。国家电力公司副总经理陆延昌、国家计委基础产业司司长宋秘到会讲话。

同日 中央精神文明建设指导委员会在京召开电视电话会议，隆重表彰在全国精神文明创建工作中取得突出成绩的先进单位。国家电力公司系统，大连电业局等31家企业获得创建文明行业先进单位称号，河北沧州电业局机关等54个单位获得精神文明建设先进单位称号。

9月19～20日 全国电力系统Y2K联合测试总结大会在天津举行。会议总结了联合测试的工作情况和取得的经验，研究分析了联合测试中发现的问题，并提出了下一阶段工作目标。

国家电力公司副总经理陆延昌到会并做重要讲话。会议还宣读了国家电力公司关于奖励在Y2K联合测试中做出贡献人员的决定。来自各网省公司和有关厂家的200多名代表参加了会议。

9月20日 “光辉的历程——中华人民共和国建国五十周年成就展”在北京展览馆隆重开幕。31个省、自治区、直辖市及70多个部门、香港特别行政区等参加了展览。由中国电力报社承办的电力展区参展。

9月21日 国家电力公司召开全国电视电话会议，对国庆50周年大庆及迎澳门回归期间的保电工作进行再部署和再动员。

国家电力公司副总经理周大兵主持会议。国家电力公司副总经理陆延昌在会上对公司系统保供电工作提出了要求。中纪委驻国家电力公司纪检组组长李雪莹，国家电力公司总经理助理邵世伟、刘忱，总工程师张贵行、总经济师焦亿安及有关部门、在京单位的负责同志出席了会议。国家经贸委安全生产局局长闪淳昌、电力司司长史玉波应邀参加会议。会议在全国各省会城市设立了30个可视分会场，基层单位设立了497个电话分会场。

9月24日 国家电力公司召开公司本部及在京直属单位主要负责人会议。

会上，国家电力公司党组书记、总经理高严传达了党的十五届四中全会精神，并代表公司党组提出了贯彻落实会议精神的九条措施：第一，适应社会主义市场经济体制要求，积极推进电力市场的建设；第二，规范建立现代企业制度；第三，提高国有经济的控制力，积极探索公有制的多种有效实现形式；第四，积极进行公司发展战略调整和结构调整；第五，建立和健全激励与约束机制；第六，加快电力企业技术进步和产业升级；第七，实现管理创新；第八，提高经济效益；第九，加强党的建设、职工队伍建设和精神文明建设。

会议还按照党的十五届四中全会精神的要求，部署了1999年今后一段时间的工作。

同日 国家电力公司党组召开公司党组和党组成员“三讲”教育第二阶段总结和第三阶段动员大会。

会上，国家电力公司党组书记、总经理高严代表公司党组对第二阶段的工作进行了总结，对第三阶段工作进行动员和部署，提出了明确要求。中央派驻国家电力公司“三讲”教育巡视组组长王晓光发表重要讲话。

中央驻国家电力公司“三讲”教育巡视组成员彭声高、孔祥书、窦爱东、戴锭，国家电力公司党组成员赵希正、陆延昌、周大兵、谢松林、李雪莹、周小谦出席会议。

9月27日 国家电力公司举行隆重集会，热烈庆祝中华人民共和国成立50周年。

会上，受国家电力公司党组书记、总经理高严委托，公司党组成员、副总经理赵希正发表了热情洋溢的讲话。公司党组成员、副总经理周大兵、谢松林，公司党组成员、中纪委驻国家电力公司纪检组组长李雪莹，公司党组成员、总经理助理周小谦，电力系统老领导王林、张铁铮、逯昆玉，中电联常务副理事长刘宏出席庆祝大会。

会议还表彰了在国家电力公司本部和在京直属单位举办的庆五十华诞、庆澳门回归、庆千年跨越“三庆”系列活动中获奖的单位和个人，会议组织演出了在国家电力公司“三庆”活动中获奖的歌舞节目。

国家电力公司本部全体员工、在京单位领导和部分员工参加了会议。

9月 北京电力部门实施的“9950”工程在国庆50周年前夕如期完成。

该工程是北京电力部门于1997年下半年启动的加快首都电网建设与改造，确保北京1999年国庆50周年庆祝活动和市民生活用电稳定和安全可靠的首都电网建设工程。到1999年9月15日，已先后新建投产输变电设施41项，建成投产110kV和220kV变电站20座，改造18座，新架设输电线路21条，改造配电线路206条，首都城网供电能力提高30%以上，供电可靠率达到99.961%。

10月6～9日 由华北电力集团公司等单位举办的第五届国际电力设备及技术展览会在北京国际展览中心举行。北京市副市长刘海燕、国家电力公司副总经理赵希正、华北电力集团公司总经理黄金凯等为展览会剪彩。展览会期间，国家电力公司副总经理赵希正、陆延昌、谢松林等先后参观了展览。来自中国、美国、法国、德国、日本等13个国家和地区的130多家公司参加了展览会。

10月9日 国家电力公司党组召开“三讲”教育民主生活会情况通报会。

受党组书记、总经理高严委托，党组成员、副总经理赵希正通报了公司党组“三讲”教育民主生活会情况。党组成员陆延昌、周大兵、谢松林、李雪莹、周小谦，中央派驻国家电力公司“三讲”教育巡视组成员出席会议。公司本部各部门负责人、各离退休干部党支部书记、在京直属单位党政主要负责人参加了会议。

同日 国家电力公司以国电总［1999］543号文，发出《关于表彰参加国庆期间保电工作部分重要单位的通报》。

北京供电局、华北电力集团公司及其他各网、省电力公司的电网调度机构和各直辖市、省会城市的供电企业受到表彰。

10月12日 中共中央政治局常委、全国人大常委会委员长李鹏考察了三峡水利枢纽工程的建设情况。李鹏委员长实地查看了永久船闸、二期基坑混凝土浇注、电厂厂房坝段、泄洪坝段混凝土浇注等施工现场以及秭归县茅坪防护坝施工情况，听取了中国长江三峡工程开发总公司总经理陆佑楣等同志的工作汇报，并就工程建设作了重要指示。

同日 国家电力公司副总经理赵希正受高严总经理委托主持召开总经理会议，讨论了《中国电力工业“十五”计划及2015年远景规划思路》，研究山东海阳核电项目资本金注入问题和公司系统工资调整问题，并通报了对有关直属公司的审计情况。

10月13日 国家电力公司党组召开会议，对公司党组和党组成员“三讲”教育第三阶段工作进行总结，对第四阶段工作进行动员和部署。

中央驻国家电力公司“三讲”教育巡视组组长王晓光，国家电力公司党组成员出席会议。受公司党组书记、总经理高严委托，党组成员、副总经理赵希正代表公司党组作第三阶段总结和第四阶段动员报告，中央“三讲”教育巡视组组长王晓光发表重要讲话。

公司本部处以上干部、离退休干部党支部书记和在京单位党政主要负责同志参加了会议。

10月16～18日 国家电力公司市场营销工作会议在贵阳召开。

国家电力公司总经理助理邵世伟宣读了高严总经理的重要书面讲话，副总经理陆延昌作工作报告。贵州省委副书记、常务副省长王寿亭到会讲话。国家电力公司有关部门和各网省电力公司主要领导、营销部门负责人150多人参加了会议。

高严总经理在书面讲话中强调，电力的发展必须靠市场，求质量、求效益；电力发展模式必须从数量速度型转向质量效益型；实现电力的发展要从过去的以供给导向为主，被动地填补供电缺口，转向以需求导向为主，主动开拓市场，促进电力资源优化配置。开拓电力市场必须树立五种观念：改革创新观念、优质服务观念、市场竞争和效益观念、依法经营观念、科技创新和人才开发观念。

10月20日 田湾核电站开工仪式在江苏连云港举行。

国务院致信祝贺工程开工。国家主席江泽民和俄罗斯总统叶利钦就中俄合作建设的田湾核电站开工相互致函祝贺。中共中央政治局委员、国务院副总理吴邦国出席开工仪式并讲话。吴邦国副总理强调，核电站是一项技术密集、对安全和质量要求很高的大型工程。一是要精心组织，科学管理，互相学习，团结协作，共同把核电站建设好；二是要始终坚持“安全第一、质量第一”的方针，采取得力措施，确保安全，确保质量。

俄罗斯原子能部副部长列舍特尼科夫、俄罗斯驻华大使罗高寿，江苏省委书记陈焕友等以及国家有关部门的负责人出席了开工仪式。

10月27日 国家电力公司副总经理赵希正受高严总经理委托，主持召开了总经理会议，对东北热电发展股份有限公司的改组方案和国家电力调度中心大楼办公区域布局调整方案进行了研究，副总经理陆延昌、谢松林，纪检组长李雪莹，总经理助理邵世伟，总经济师焦亿安出席了会议，有关部门和单位的负责同志分议题列席了会议。

10月28日 黄河上游水电开发有限责任公司在西安成立，并举行揭牌仪式。

陕西省省长程安东、国家电力公司副总经理周大兵为该公司揭牌。青海省副省长苏森及有关方面负责人史玉波、刘宏、谢振华、张学知，以及陕、甘、青、宁四省（自治区）有关部门领导和出资方代表出席揭牌仪式。

国家电力公司副总经理周大兵在揭牌仪式上发表讲话，并对西北水电开发提出了要求。

10月29日 国家电力公司党组召开公司党组和党组成员“三讲”教育总结大会。中央驻国家电力公司“三讲”教育巡视组组长王晓光和成员，公司党组成员赵希正、陆延昌、谢松林、周大兵、李雪莹、周小谦等出席会议。

受国家电力公司党组书记、总经理高严的委托，党组成员、副总经理赵希正作总结报告，中央“三讲”教育巡视组组长王晓光发表重要讲话。

原水电部、电力部老领导，公司本部处级以上干部、原司级以上离退休干部和党支部书记，在京单位党政主要负责人参加了会议。

11月1日 中共中央政治局委员、国务院副总理、国务院三峡建设委员会副主任吴邦国考察了三峡工程建设情况。

吴邦国副总理在三峡建委副主任郭树言、湖北省省长蒋祝平、三峡总公司总经理陆佑楣等陪同下，实地考察了三峡工程永久船闸、电站厂房坝段、泄洪坝段和机组埋件制作的施工现场，详细了解了工程施工情况。吴邦国副总理强调，三峡工程是中华民族的千秋大业，要一丝不苟，精心施工，确保质量，以世界一流的标准，建设好当今世界最大的水利水电工程。

11月2日 国家电力公司以国电财［1999］601号文印发《国家电力公司国有资本金管理办法（试行）》。

11月4～5日 国家电力公司在京召开贯彻党的十五届四中全会精神暨“三讲”教育工作会议。

国家电力公司党组书记、总经理高严发表重要讲话，他总结了公司党组和党组成员“三讲”教育工作；回顾了1999年前10个月的工作；对公司系统深入学习贯彻党的十五届四中全会精神作了全面部署，提出了具体要求；指出了当前要重点把握的六个方面的问题；并对公司近期要抓好的几项重点工作提出了要求。

公司党组成员、副总经理赵希正代表公司党组对公司所属单位的“三讲”教育工作进行了具体部署和安排。公司党组成员出席会议。公司总经理助理、总师和各部门负责人，公司所属单位党政主要负责人，公司“三讲”教育领导小组及巡视组成员等参加了会议。

11月9～16日 国家电力公司副总经理谢松林一行访问了中国香港和澳大利亚，回国途中顺访了新加坡能源集团公司。

在香港，谢松林副总经理代表高严总经理出席了嘉诚证券公司成立25周年庆祝酒会，听取了摩根士丹利添惠、瑞银华宝、美林证券、BNP百富勤、香港中华电力等公司对重组中电国际的看法；在澳大利亚西澳州，谢松林副总经理先后会见了州政府能源部长、澳大利亚LNG公司副总裁、西澳电力公司总经理等，对西澳电力公司进行了重点访问；在新加坡，谢松林副总经理访问了新加坡能源公司，受到该公司总裁兼首席执行官梅德侠准将的接见，并与三位副总裁进行了交流。

11月9～22日　国家电力公司副总经理陆延昌一行出席了巴西庆祝中巴建交25周年研讨会，并于会前访问了丹麦史密斯穆勒公司和瑞典ABB公司。

在巴西，陆延昌副总经理还拜会了巴西电力公司总裁弗米诺·桑帕尼奥·内托先生，宾主双方就两国电力公司在电网技术及水电工程建设方面开展合作的问题进行了探讨；在丹麦，陆延昌副总经理听取了史密斯穆勒公司总裁霍夫曼·皮特森先生有关丹麦发展超临界机组的情况介绍，并参观了两座超超临界发电机组；在瑞典，陆延昌副总经理会见了ABB瑞典公司总裁纳温格尔先生、执行副总裁约伯布森先生。听取了该公司在电网技术和发电机等方面取得的新成果的情况介绍，参观了新型高压电缆、轻型直流输电、紧凑型开关等已商业化运行的新产品，并与ABB公司的高层领导就双方有关合作问题进行了探讨。

11月10日　由国家电力公司与澳大利亚电力能源访华代表团共同举办的中澳电力研讨会在北京召开。

会上，中澳双方就电力改革、技术改造及新能源的应用等问题进行了交流和探讨。澳驻华大使石励、国家电力公司总经济师焦亿安、澳电力能源出口协会副主席萨金特出席会议并讲话。

同日　国家电力公司党组以国电党任［1999］52号文决定：邵世伟同志任中共华东电力集团公司（电业管理局）党组成员、书记；免去钱忠伟同志中共华东电力集团公司（电业管理局）党组书记、成员职务。

同日　国家电力公司党组以国电党任［1999］54号文决定：邱国富同志任中共安徽省电力公司（电力工业局）党组成员、书记。

同日　国家电力公司党组以国电党任［1999］55号文决定：刘顺达同志任中共福建省电力工业局党组成员、书记；免去王根和同志中共福建省电力工业局党组书记、成员职务。

同日　国家电力公司党组以国电党任［1999］59号文决定：郑宝森同志任中共黑龙江省电力有限公司（电力工业局）党组成员、书记；免去赵蜀亨同志的中共黑龙江省电力有限公司（电力工业局）党组书记、成员职务。

同日　国家电力公司党组以国电党任［1999］62号文决定：刘应宽同志任中共宁夏电力公司（电力工业局）委员会书记；免去孟昭靖同志的中共宁夏电力公司（电力工业局）委员会书记职务。

同日　国家电力公司党组以国电党任［1999］63号文决定：张铭洲任新疆电力公司（电力工业局）党组成员、书记；免去刘应宽的新疆电力公司（电力工业局）党组书记、成员职务。

同日　国家电力公司以国电任［1999］80号文决定：总经理工作部副主任肖鹏主持该部工作，职级为正局级。

同日　国家电力公司以国电任［1999］82号文决定：刘应宽任宁夏电力公司（电力工业局）总经理（局长）；免去孟昭靖的宁夏电力公司（电力工业局）总经理（局长）职务。

同日　国家电力公司以国电任［1999］83号文决定：张铭洲任新疆电力公司（电力工业局）总经理（局长）；免去刘应宽的新疆电力公司（电力工业局）总经理（局长）职务。

同日　国家电力公司以国电任［1999］89号文决定：郑宝森任黑龙江省电力工业局局长；免去赵蜀亨黑龙江电力工业局局长职务。

同日　国家电力公司以国电任［1999］93号文决定：刘顺达同志任福建省电力工业局局长；免去王根和同志福建省电力工业局局长职务。

同日　国家电力公司以国电任［1999］94号文决定：邱国富同志任安徽省电力公司（电力工业局）总经理（局长）。

同日　国家电力公司以国电任［1999］95号文决定：于新阳同志任上海市电力公司（电力工业局）总经理（局长）。

同日　国家电力公司以国电任［1999］96号文决定：邵世伟同志任中国华东电力集团公司（电业管理局）总经理（局长）；免去钱忠伟同志中国华东电力集团公司（电业管理局）总经理（局长）职务。

11月13日　国家电力公司党组以国电党任［1999］44号文决定：成立中共中国电力工程顾问有限公司党组及纪检组。吕伟业、周仲仁、胡志澄、赵洁四同志为党组成员；吕伟业同志任书记，胡志澄同志任党组纪律检查组组长。

11月18日、19日　受国家电力公司党组书记高严委托，副总经理、党组成员赵希正主持召开党组会议，传达学习中央经济工作会议精神，并结合公司工作讨论贯彻意见，公司党组成员、总经理助理、总师、各部局主要负责同志参加了会议。

11月19日　受国家电力公司总经理高严的委托，副总经理赵希正主持召开总经理会议，对中国南方电力联营公司体制改革问题，华能南方开发公司、深圳电联实业公司和中电信实业开发公司合并重组问题，以及公司系统2000年计划安排问题进行了研究。副总经理谢松林，纪检组长李雪莹，总经理助理周小谦、刘忱，总经济师焦亿安，总工程师张贵行出席了会议，有关部门和单位的负责同志列席了会议。

同日 国家电力公司以国电法［1999］640号文，印发《国家电力公司处理法律事务纠纷程序和条件的规定》。

11月26日 国家电力公司党组书记高严同志主持召开党组会议，党组成员赵希正、陆延昌、周大兵、谢松林、李雪莹、周小谦出席了会议，有关部门的负责同志列席了会议。高严同志在会上结合结构调整、“两个整顿”和“三项改革试点”等工作，就国家电力公司贯彻中央十五届四中全会和中央经济工作会议精神发表了重要意见。关于当前的工作，高严同志强调：要切实抓好安全生产；高标准、高质量地搞好公司系统“三讲”教育工作；积极调整结构；进一步加强公司的实体化建设；稳步进入资本市场；开好公司2000年工作座谈会。

12月4日 总装机容量330万kW的二滩水电站最后一台机组并网成功，正式投产发电。至此，我国本世纪内建成的最大水电项目全部建成投产。

12月7日 国家电力公司以国电火［1999］688号文印发《国家电力公司工程建设监理管理办法》。

同日 国家电力公司以国电法［1999］668号文印发《国家电力公司系统重大案件备案办法》。该办法明确了“重大案件”的范畴，并对“重大案件”的上报工作提出了要求。

12月8日 国家电力公司党组以国电党任［1999］57号文决定：成立中共深圳国电科技发展有限公司（国家电力公司驻深圳经济发展联络处）党组。黄德晨、赵湖滨、孙玉林三同志任党组成员，黄德晨同志任党组书记。

12月8～10日 国家电力公司在北京香山饭店召开总经理办公会议，总经理高严，副总经理赵希正、陆延昌、周大兵、谢松林，公司顾问、总经理助理、总师及各部局主要负责同志参加了会议。

会议听取了公司各部门1999年工作总结和2000年工作思路和重点工作的汇报，总结了国家电力公司一年来的工作，并对公司2000年的工作任务、工作思路、重点工作进行了研究。副总经理、顾问、总经理助理、总师在会上分别发表了意见，高严总经理作了重要的总结讲话。

12月14日 国家电力公司党组以国电党任［1999］68号文决定：成立国家电力公司南方公司党组。袁懋振、梁国庆、张恒伟、吴世昌、曲曙、王玉霜六同志任党组成员，袁懋振同志任党组书记。

12月15日 高严总经理带队，副总经理赵希正、陆延昌、谢松林，总经理助理周小谦，总经济师焦亿安，总工程师张贵行以及有关部局的负责同志一起，到国家经贸委，向盛华仁主任汇报了国家电力公司1999年的工作情况和2000年主要工作安排，以及需要国家经贸委帮助协调解决的问题，国家经贸委副主任陈邦柱、于珍、石万鹏、王万宾，纪检组长陈光复及有关司局负责同志听取了汇报。

12月16日 山西神头第二发电厂进口捷克、斯洛伐克2×50万kW发电设备合同正式签字仪式在人民大会堂举行。国务院总理朱镕基、捷克总理米洛什·泽曼参加了签字仪式。

12月18日 国电外事服务有限公司在京成立，国家电力公司总经理高严书面致辞，副总经理周大兵到会祝贺。

同日 国家电力公司南方公司（以下简称国电南方公司）在广州正式成立。国家电力公司总经理高严发表书面讲话，广东省副省长钟启权，广西壮族自治区党委常委、自治区政府副主席王汉民，国家电力公司副总经理赵希正、总经理助理周小谦、刘忱，中编办研究中心主任姜贤荣，国家经贸委电力司副司长黄永达等出席会议。

钟启权、赵希正为国电南方公司揭牌。

国电南方公司是国家电力公司的分公司，是国家电力公司在南方电网的调度与管理指挥中心和市场交易与经营中心，负责南方电网的安全管理与监督，承担国家电力公司界定给国电南方公司资产的保值增值责任，参与、协调国家电力公司制定南方电网的发展战略规划，协调国家电力公司对云南、广西、贵州等子公司的资产保值增值进行监督。国家电力公司对国电南方公司实行法人授权委托管理制度。

国家电力公司总经理高严在讲话中要求国电南方公司在改革中要注意把握好四个要点：一是要认真贯彻国务院确定的西电东送战略，促进南方地区电力资源优化配置。二是要准确定位、规范运作，强化经营职能，提高效率和效益。三是要积极促进南方电网的商业化运营，努力为南方各省（自治区）经济发展服务。四是要依照国家电力公司的授权，经营运作好直接管理的资产，依法调度好跨省电网。

国家有关综合部门、国家电力公司、中电联、武警水电指挥部和广东、广西、云南、贵州、海南五省（自治区）有关部门的领导及电力公司的负责人出席了成立大会。

12月22日 国家电力公司党组发出任免通知：根据工作需要，决定成立中共中国华能集团公司党组。原中共中国华能集团党组、中共华能国际电力开发公司党组自行撤销。李小鹏、郎成伟、查克明、刘金龙、金浪川、刘凤堂、王一楠、王晓松、张廷克、叶大戟同志任党组成员；李小鹏同志任党组书记。

同日 国家电力公司发出任免通知：根据工作需

要，经研究决定李小鹏同志任中国华能集团公司总经理（法人代表）。

同日 国家电力公司动力经济研究中心暨国电动力经济咨询有限公司正式成立。国家电力公司副总经理赵希正、总工程师张贵行、总经济师焦亿安，国家经贸委电力司司长史玉波及有关单位的负责人出席了会议。

同日 国家电力公司以国电监察［1999］737号文印发《国家电力公司企业监察办法》。

12月24日 国家电力公司在北京朝阳体育馆举行“庆祝澳门回归，迎接2000年”活动。公司领导、公司本部及在京直属单位3000余名员工参加了活动。

12月27～29日 国家电力公司2000年工作座谈会在上海国际会议中心召开。

国家电力公司总经理高严在会上发表重要讲话，副总经理赵希正、陆延昌、周大兵、谢松林，纪检组长李雪莹，公司顾问潘家铮、何璟，总经理助理刘忱，总经济师焦亿安，总工程师张贵行等出席座谈会。

会议分析了国家电力公司面临的国际国内政治经济形势，明确提出了国家电力公司进入世界500强企业的目标，确定了国家电力公司的战略定位。即：公司的作用定位——在国民经济中具有控制力、发挥主导作用的国有企业；公司的实力定位——全国520家重点企业和世界500强一员；公司的市场定位——以电网经营为核心业务的企业；公司的形象定位——具有良好的企业信誉和公众形象、实现两个文明的企业；公司的目标定位——控股型、经营型、现代化、集团化管理的国际一流企业。

会上，高严总经理对国家电力公司1999年的工作进行了简要总结，提出了2000年国家电力公司工作的指导思想，强调2000年国家电力公司要重点完成八项工作目标：售电量达到8360亿kW·h，同比增长4.1%；实现利润82亿元，力争实现86亿元；电费拖欠情况有所好转；资源优化配置工作取得新进展；公司系统初步建立起现代企业制度，完成政企分开、省为实体的改革，省电力公司实现公司制改组；公司实体化改革取得突破性进展；“厂网分开、竞价上网”试点取得成功；城乡电网建设与改造和“两改一同价”工作取得明显成效。

高严总经理指出，2000年国家电力公司的工作重点仍然是“一个调整、两个整顿、三个试点”，围绕这一重点，主要要抓好七项工作：①深化改革，努力推进体制、机制、管理创新；②进一步加强安全生产；③继续加大电力结构战略性调整的力度；④加快科技进步，提高技术创新能力；⑤加强经营管理，大力开拓市场；⑥切实坚持依法经营，积极推动法制化管理；⑦以“三讲”教育为中心，加强党的建设和精神文明建设。

12月30日 国家电力公司以国电人资［1999］759号文印发《国家电力公司系统专业技术资格考核认定（确认）办法（试行）》。

12月31日 国家电力公司以国电人资［1999］750号文决定：设立国家电力公司人才评价指导中心。同时分设东北、华北、华东、华中、西北和南方中心，作为国家电力公司人才评价指导中心的组成部分。国家电力公司人才评价指导中心的主要职责是：全面负责公司系统专业技术资格的评定工作；建立健全并管理国家电力公司中、高级专业技术资格评委专家库和评审委员会；协调关系、组织专业技术人员参加全国专业技术资格考试和全国职称外语等级考试，指导、组织评定专业技术资格所需的专业技术人员计算机考试；指导、管理国家电力公司人才评价指导中心省（市、区）中心工作；逐步建立起国家电力公司系统人才评价工作体系。

中国电力年鉴

17 附录

综 合 信 息

关于表彰国家电力公司系统劳动模范、先进集体的决定

（国电办［1999］211号）

国家电力公司系统各单位：

自1994年全国电力工业劳动模范先进集体表彰大会召开五年来，在邓小平理论的指引下，我国电力工业不断深化改革，加快发展，取得了举世瞩目的成就，为促进国民经济的持续、快速、健康发展和改善人民生活水平，作出了重要的贡献。电力职工队伍中涌现出一大批先进人物和先进集体。他们在各自的岗位上积极工作，勤勉敬业，锐意改革，勇于开拓，顽强拼搏，竭诚奉献，在电力改革和建设进程中充分发扬主人翁精神，各项工作都取得了优异成绩。他们是电力职工队伍中的优秀代表，是广大电力职工学习的榜样。为了进一步弘扬先进人物和先进集体的崇高精神和优良作风，更好地发挥他们在电力改革和生产经营中的带头、骨干和桥梁作用，充分调动广大职工的积极性和创造性，胜利完成我国电力工业改革和发展的宏伟目标，国家电力公司和中国水利电力工会决定：

授予李庆长等11名同志“国家电力公司系统特等劳动模范”荣誉称号，颁发奖章、证书和奖金；

授予袁德等280名同志“国家电力公司系统劳动模范”荣誉称号，颁发奖章、证书和奖金；

授予丰满发电厂机电分厂等100个单位“国家电力公司系统先进集体”荣誉称号，颁发奖牌、证书和奖金。

希望受到表彰的劳动模范和先进集体，谦虚谨慎、戒骄戒躁，继续努力，在各自的工作中取得新的成绩，争取更大的光荣。

国家电力公司和中国水利电力工会号召广大电力职工，高举邓小平理论伟大旗帜，在以江泽民同志为核心的党中央领导下，认真贯彻落实党的十五大精神，学习劳动模范和先进集体的先进思想、先进事迹和先进经验，掀起一个学习先进，赶超先进的热潮，大力弘扬劳动模范艰苦奋斗，无私奉献的精神，为我国电力工业的深化改革和持续发展，为实现我国跨世纪的宏伟目标做出新的贡献。

附件 1：国家电力公司系统特等劳动模范名单（见“人物”篇）

附件 2：国家电力公司系统劳动模范名单（见“人物”篇）

附件 3：国家电力公司系统先进集体名单

国家电力公司　中国水利电力工会

一九九九年四月二十八日（印）

附件3：

国家电力公司系统先进集体名单

丰满发电厂机电分厂

北京供电公司房山500kV变电站

北京大唐发电股份有限公司高井发电厂检修处制粉队辅机一班

北京热电总厂第一热电厂技改工程处

北京送变电公司调试所

承德供电公司调度所继电保护班

天津第一热电厂锅炉检修附属机一班

天津电力公司西青供电分公司用电科

河北一五〇发电厂锅炉车间

河北电力建设第一工程公司锅炉工地

山西运城供电分公司输电工区“何立森”班

山西神头第二发电厂汽机车间

山西省电力建设第二工程公司锅炉工地

华东新安江水力发电厂水工分场

上海超高压输变电公司华山变电站

上海石洞口发电厂继电保护班

江苏常州供电局用电服务中心

江苏谏壁发电厂发电部炉运乙二班

江苏送变电公司第五工程处

安徽合肥供电局用电管理所用电营业班

安徽淮南平圩发电厂运行分场

浙江嘉兴电力局修试队高试班

浙江萧山发电厂检修分场热工仪表班

上海电力安装第二工程公司汽机专业工地本体班

华中电力集团公司动能经济研究所电力系统研究室

湖北宜昌供电局虎亭变电所

湖北超高压输变电局武汉分局带电班

湖北汉川电厂发电部五值3号机

河南第二火电建设公司锅炉队钢架班
河南郑州市电业局石佛变电站
江西柘林水力发电厂水工车间
江西南昌供电局盘龙山 220kV 变电站
江西南昌发电厂电气检修公司继电保护班
湖南凤滩水力发电厂运行车间
湖南株洲电业局 500kV 云田变电站
西北电力集团公司调度通信中心自动化处
陕西秦岭发电厂锅炉运行一分场
陕西渭南供电局蒲城县电力局
陕西电力建设总公司调试施工研究所
甘肃送变电工程公司华南工程处
甘肃兰州供电局城区供电分局城关供电所中央广场营业站
青海龙羊峡水力发电厂运行分场
青海李家峡水力发电厂运行二值
宁夏固原供电局 330kV 变电所
宁夏送变电工程公司平罗 500kV 项目部
新疆苇湖梁发电厂锅炉分场
四川成都电业局青羊供电局用电营业班
四川攀枝花电业局青龙山变电站
四川内江发电总厂高压试验仪表远动班
山东电力建设第一工程公司印度分公司
山东青岛电业局线路一工区
山东十里泉发电厂运行二分场
贵州遵义发电总厂燃料公司
贵州贵阳市南供电局送电管理所
辽宁铁岭发电厂发电部
辽宁大连电业局试验所
辽宁辽阳电业局辽阳变电所
东电第一工程公司东北核电建设公司
黑龙江哈尔滨电业局道里供电局变电一班
黑龙江哈尔滨第三发电厂锅炉分场
黑龙江电力科学研究院金属室
吉林火电第一工程公司丹东分公司
吉林延边供电公司延吉分公司配电班
福建第二电力建设公司送电二处八队
福建水口水力发电厂自动化部自动化班
云南鲁布革发电厂计算机班
云南送变电工程公司送电一处
广西合山电厂锅炉检修二班
重庆市重庆发电厂东炉四班
中国水利水电第一工程局朝阳施工局浇筑队
中国水利水电第二工程局第三工程分局经营科
中国水利水电第三工程局四分局三峡施工处综合队
中国水利水电第四工程局青云公司浇筑三大队
中国水利水电第五工程局安装分局宝珠寺工程项目部
中国水利水电第六工程局二分局莲花工程项目部
中国水利水电第七工程局八分局渝黔高速公路 K1 段施工队
中国水利水电第八工程局凌津滩施工局第十工程队
中国水利水电第八工程局三峡砂石项目部二工区
中国水利水电第九工程局三处印江抢险项目部钻爆三班
中国水利水电第十工程局一分局二工区
中国水利水电第十一工程局二分局山西引黄工程总干三级泵站项目经理部
中国水利水电第十二工程局白溪施工局工程队
中国水利水电第十三工程局橡胶制品股份有限公司浮体制作车间
中国水利水电第十四工程局昆明志达混凝土厂
中国水利水电闽江工程局棉花滩水电站项目经理部
中国水利水电基础工程局九江堤防薄墙抓斗机组
夹江水工机械厂装配车间
富春江水电设备总厂金工分厂
葛洲坝集团第六工程有限公司三峡建设公司浇筑一队
葛洲坝集团清江基础公司供浆机组
葛洲坝集团第七工程有限公司多卡模板公司综合班
华能大连电厂燃料部
华能辛店发电厂变配电班
南方电力联营公司联营调度所继电保护科
成都水电勘测设计院四川二滩国际工程咨询有限责任公司
电力科学研究院系统所电力系统仿真中心
中南电力设计院计算机技术处
西南电力设计院送电处
武警水电三峡工程指挥部四支队三中队
武警水电三总队第十一支队三中队

关于表彰国家电力公司系统市场营销工作先进集体和先进个人的决定

（国电人资［1999］550 号）

各电力集团公司，东北公司，各省（自治区、直辖市）电力公司：

国家电力公司成立以来，各级电力企业在积极推进电力工业体制改革与发展的同时，坚持以市场为导向，积极开拓和发展电力市场，及时调整市场营销策略，为国民经济和社会发展，做了大量艰苦细致和卓有成效的工作，树立了电力企业的良好形象。各级电力营销部门和广大营销人员，转变思想、观念，牢记“人民电业为人民”的宗旨，全心全意为客户服务，为开拓市场营销工作的新局面，实现电力企业经济效益作出了积极贡献，并涌现出一批先进集体和先进个人。为弘扬求实、开拓、奉献精神，树立国家电力公司良好企业形象，经研究决定，表彰在市场营销工作中做出突出成绩和贡献的先进集体和先进个人。

根据各网、省公司的推荐，国家电力公司进行认真评选审核，授予贵阳市南供电局等3个单位增供扩销先进集体称号、沈阳供电公司等4个单位电费回收先进集体称号、绍兴电力局等3个单位优质服务先进集体称号；授予杨晓琴等6位同志电费回收状元称号、授予刘伟存等4位同志优质服务标兵称号。

希望受到表彰的先进集体和先进个人，谦虚谨慎，戒骄戒躁，保持荣誉，继续前进，不断作出新贡献。国家电力公司系统全体员工，要认真学习先进单位和先进个人的优秀事迹及经验，为国民经济和社会发展作出应有的贡献。

附件：国家电力公司系统市场营销工作先进集体、先进个人名单

一九九九年十月十二日

附件：

国家电力公司系统市场营销工作先进集体、先进个人名单

一、先进集体

1. 增供扩销先进集体

贵阳市南供电局、芜湖供电局、潍坊电业局客户服务中心

2. 电费回收先进集体

沈阳供电公司、白城供电公司、南阳电业局营业管理所、宝鸡供电局

3. 优质服务先进集体

绍兴电力局、石家庄供电公司、成都电业局青羊供电局

二、先进个人

1. 电费回收状元

沈阳供电公司杨晓琴、北京供电公司张倜、武汉供电局邬翠仙、邵阳电业局罗政平、白银供电局高培长、银川供电局吴振华

2. 优质服务标兵

太原供电分公司王建芳、黑河电业局刘伟存、滇中电业局李明磊、六盘水供电局张翠云

关于公布国家电力公司1998年火电优质工程评选结果的通知

（国电建［1999］10号）

各电力集团公司，各省（直辖市、自治区）电力公司，华能集团公司，华能国际电力开发公司，上海电建有限公司，西北电建总公司：

国家电力公司1998年火电优质工程评审工作已经结束。经过对申报材料严格评审和现场复查，确定邹县电厂三期等8个工程为国家电力公司优质工程(详见附件)。

对荣获优质工程的有关参建单位，国家电力公司将颁发奖牌、证书和奖状，各工程主管单位可根据具体情况给予有关参建单位适当的物质奖励。

希望各优质工程的参建单位以及国家电力公司所属各设计、施工、调试单位和项目法人再接再厉，在基建工程达标投产的基础上进一步提高工程质量和施工工艺，逐步达到国际先进水平。

附件：国家电力公司1998年火电优质工程名单

一九九九年一月十一日

附件：

国家电力公司1998年火电优质工程名单

序号	工程名称	建设单位	主要施工单位	调试单位	监理单位
1	邹县电厂三期工程	山东邹县发电厂	山东电力建设第一工程公司	山东电力建设调整试验所	无
2	外高桥电厂一期工程	上海外高桥电厂筹建处	上海电力建设有限公司 上海电力安装第二工程公司 上海电力建筑工程公司	上海电力建设启动调整试验所	无

续表

序号	工程名称	建设单位	主要施工单位	调试单位	监理单位
3	石横电厂二期工程	山东石横发电厂	山东电力建设第二工程公司	山东电力建设调整试验所	无
4	望亭电厂改造工程11号机组	华东电管局望亭发电厂改造工程筹建处	上海电力建设有限公司 上海电力安装第一工程公司 上海电力建筑工程公司	上海电力建设启动调整试验所	上海华东电力建设监理公司
5	田家庵电厂技改工程	田源发电有限公司	安徽电力建设第二工程公司	安徽省电力建设调整试验所	安徽电力监理公司
6	石门电厂一期工程	湖南石门电厂	湖南省火电建设公司 湖南省第四建筑工程公司	湖南省电力建设调整试验所	湖南省电力建设监理公司
7	十里泉电厂四期工程	山东十里泉发电厂	山东电力建设第一工程公司	山东电力建设调整试验所	无
8	马鞍山第二发电厂一期工程	马鞍山第二发电厂	安徽电力建设第一工程公司	安徽省电力建设调整试验所	无

关于命名鲁布革、漫湾发电厂为一流水力发电厂的通知

（国电安运［1999］142号）

各电力集团公司，各省（自治区、直辖市）电力公司，华能集团公司，华能国际电力开发公司，南方电力联营公司：

按照一流水力发电厂考核标准，国家电力公司组织有关单位对申报一流水力发电厂的云南省鲁布革发电厂及漫湾发电厂进行了审核和检查。根据审核、检查结果，国家电力公司决定命名云南省鲁布革发电厂、云南省漫湾发电厂为“一流水力发电厂”，并颁发奖牌和荣誉证书。

鲁布革和漫湾发电厂地处西南边陲，经过多年奋斗，获得了“一流水力发电厂”称号，值得全国各水电厂学习。希望鲁布革和漫湾发电厂认真总结经验，切莫盲目自满，停步不前。要进一步加强科学管理，建立和完善企业的管理机制；坚持依靠科技进步，把创一流工作作为实现两个根本性转变的重要内容，不断增强企业的市场适应能力和竞争能力，使企业的经济效益进一步提高。

国家电力公司要求公司系统各网省（区、市）电力公司切实加强对创一流工作的组织领导，坚持高标准、严要求，切实组织好创一流企业的检查、指导、申报、考评和复查工作，反对形式主义，作表面文章。

对命名为一流水力发电厂的物质奖励，由上级主管部门根据企业的具体情况决定。

一九九九年三月十九日

关于对1998年度实现安全生产目标企业和做出突出贡献个人进行表彰的决定

（国电发［1999］194号）

各电力集团公司，省、自治区、直辖市电力公司，南电联，华能集团，华能国电，水电总公司，安能公司，各水电施工企业，各有关单位：

为了加强安全生产工作，使安全生产管理制度化、规范化，激励广大电力企业的领导和职工落实安全生产责任制，做好各项基础工作，实现各级安全生产目标，根据《电力安全生产奖惩规定（试行）》要求和各集团公司、省（自治区、直辖市）电力公司、水电施工企业的申报，经审定，国家电力公司决定对在1998年实现安全生产目标的华中电力集团公司、吉林省电力公司等8个省（直辖市）电力公司，水电二局等6个水电施工企业，华东调度局、陡河发电厂、石家庄电业局等139个电力生产企业（调度单

位），河南第二火电建设公司、吉林送变电工程公司等46个电力施工企业，湘潭发电有限责任公司等5个电力工程建设单位，葛洲坝集团公司高坝洲工程施工指挥部等2个大型水电工程项目施工单位，林孔兴、钱忠伟等154名对安全生产工作做出突出贡献的人员进行表彰（名单见附件），并由所在企业给予相应的物质奖励。

希望受到表彰的企业和个人再接再厉、在已取得成绩的基础上，进一步实现安全管理制度化、安全行为规范化、安全设施标准化、安全责任法定化。其他企业要认真向先进学习，进一步做好基础工作，高标准、严要求，在每一个岗位上落实安全生产责任制，以争创一流电力企业为动力，夯实安全生产的基础，争取1999年涌现出更多的实现安全生产目标的集体和个人。

附件：1998年度实现安全生产目标获国家电力公司表彰的企业和个人名单

一九九九年四月十九日（印）

附件：

1998年度实现安全生产目标获国家电力公司表彰的企业和个人名单

一、电力集团公司

公司名称	负责人	有关人员
华中电力集团公司	林孔兴、周莫邦、刘建新	赵遵廉、胡继银、黄雅罗、凌绍雄、张忠禾、王佩武、李金银

二、集团公司直属部分、省、自治区、直辖市电力公司

公司名称	负责人	有关人员
华东电力集团公司	钱忠伟、陈开庸、邱国富	胡修瑾、殷　可、胡春阳、吴爱莉、黄士良
天津市电力公司	寇士清、刘文俊、刘昌印	薛　锦、吴耀祖、刘兆瑞、吴锦豹、杨建生、齐福生、王守东、蒋亦兵、霍玉田、李　晨、王　欣、温　涛

续表

公司名称	负责人	有关人员
吉林省电力公司	王炳华、张立志、郭学崇	刘东杰、关振林、孙果夫、李一星、朱景文、孙金国、刘家明、王晓波、程喜清、曹玉龙、赖湘泉、樊　军
湖南省电力公司	周绍文、成连生、李维建	林　干、周　昕、魏敏文、秦红三、周国武、何声亮、李　侠、颜宇峰
江西省电力公司	胡德成、李宁生、毛日峰	江似火、于崇德、李　琦、谌谋恩、梁在明、张志良、史良国、吴振法、熊友明、侯同昌、陈瑞园、孙守恩
青海省电力公司	史天锡、马万里、李本昌	伍书辉、张惠清、于长亮、董　璞、李玉祥、唐念友
华能集团公司	刘金龙、于新阳、张廷克	那希志、张　红、李文柱、栾丽杰、俞国绥、贾传奇、何　骥
南方电力联营公司	袁懋振、吴世昌、张恒伟	曲　曙、郑仰楠、张子亮、叶彩鹏、时继元、刘锦杰、宋永佳、曾雁祥、张　昆、葛敬东

三、水电施工企业

公司名称	负责人	有关人员
水利水电第二工程局	王岩峰、万小伦	王　海、路玉武、邢连生、谭忠连、董文强、刘桂喜
水利水电第三工程局	李友仁、张治源	马中勤、李桂兰、高统彪、李成岩、马玉民、李云龙
水利水电第十三工程局	童劲松、李长春	魏玉峰、郑卫国、张贺山、何　晶、董　平、宋建民
水利水电基础工程局	蒋振中、夏可风	宗敦锋、袁国俊、张聚生、岳广润、郭洪波、张小春
武警水电第二总队	梅锦煜、储善明	邱　敏、玉义海、邹永明、胡全律、李仕元、孙书海
武警水电第三总队	冉贤厚、陈玉堂	李传郁、马学强、张文彪、王　泉、陶　然、刘宏荣

四、发供电企业、调度单位

1. 1200MW及以上火电厂

陡河发电厂、邢台发电厂、元宝山发电厂、铁岭发电厂、富拉尔基发电总厂、谏壁发电厂、徐州发电厂、常熟发电厂、石洞口发电厂、华能石洞口二厂、姚孟发电厂、焦作发电厂、邹县电厂、十里泉发电厂、石横发电厂、山东华能德州电厂、华能阳逻电厂。

2. 800～1200MW以下火电厂和1000MW及以上水电厂

马头发电厂、通辽发电厂、双鸭山电厂、牧丹江第二发电厂、洛河发电厂、首阳山电厂、黄台发电厂、华能威海发电厂；

白山发电厂、丰满发电厂、五强溪水电厂、龙羊峡水电厂、李家峡水电厂、漫湾水电厂。

3. 250～800MW以下火电厂和400～1000MW以下水电厂

太原第二热电厂、沈海电厂、吉林热电厂、长春热电二厂、浑江发电厂、嘉兴发电厂、台州发电厂、华能长兴发电厂、合肥发电厂、马鞍山发电厂、襄樊发电厂、郑州热电厂、新乡火电厂、开封火电厂、耒阳电厂、南昌发电厂、景德镇电厂、新余电厂、黄岛发电厂、潍坊发电厂、临沂电厂、沾化电厂、贵阳发电厂、盘县发电厂、华能南京电厂、华能福州电厂；

新安江水电厂、凤滩水电厂、盐锅峡水电厂、大化水电厂、鲁布革水电厂。

4. 100～250MW以下火电厂和100～400MW以下水电厂

河北150发电厂、天津第一热电厂、大连发电总厂、哈尔滨热电厂、佳木斯第二发电厂、南市发电厂、鲤鱼江电厂、洛阳热电厂、兰州第二热电厂、西固热电厂、新庄发电厂、华能白洋河电厂；

太平哨发电厂、柘林水电厂、麻石水电厂、西津水电厂、古田溪水电厂、华能太平驿水电厂。

5. 8000MVA及以上供电局

唐山供电公司、北京供电公司、天津高压供电公司。

6. 5000～8000MVA以下供电局

石家庄电业局、沈阳电业局、郑州市电业局、昆明供电局。

7. 3000～5000MVA以下供电局

邯郸电业局、保定电业局、邢台电业局、两锦电业局、哈尔滨电业局、大庆电业局、佳木斯电业局、绍兴电力局、淄博电业局、潍坊电业局、济南供电局、青岛电业局、成都电业局。

8. 1000～3000MVA以下供电局

沧州电业局、衡水电业局、朝阳电业局、阜新电业局、洛阳市电业局、新乡市电业局、平顶山市电业局、安阳市电业局、临汾供电分公司、淮阴供电局、芜湖供电局、安庆供电局、淮北供电局、临沂电业局、德州电业局。

9. 500～1000MVA以下供电局

朔州供电分公司、蓟县供电局、汉沽供电局、湘西电业局、洛河市电业局、许昌市电业局、莱芜电业局、东营电业局、上海电缆输配电公司。

10. 集团、省公司调度单位

河北省调通局、吉林电网中心、黑龙江省调度局、华东电力调度局、江苏省电网调度所、安徽电力中调所、湖南省调通局、河南省调通局、江西省调通局、甘肃省调通局、宁夏电力中调所、山东电力调度中心、福建电力中调所、广西电力中调所、南方电网联调所。

五、火电、送变电施工企业

河南第二火电建设公司、吉林送变电工程公司、浙江火电建设公司、山东电建一公司、黑龙江火电三公司、河南送变电建设公司、浙江送变电工程公司、东电送变电工程公司、上海送变电工程公司、山西电建四公司、陕西送变电工程公司、华东送变电工程公司、北京送变电公司、河南第一火电建设公司、东电第一工程公司、山东送变电工程公司、江西水电工程局、山西供电工程承装公司、吉林火电一公司、江西火电建设公司、西北电建三公司、湖南送变电建设公司、江西送变电建设公司、东电烟塔公司、湖南火电建设公司、山东电建二公司、黑龙江送变电工程公司、青海送变电工程公司、湖北电建二公司、四川电建三公司、上海电力建筑工程公司、贵州送变电工程公司、东电第四工程公司、吉林火电三公司、广西火电安装公司、山东电建三公司、福建第二电建公司、安徽电建二公司、河北送变电工程公司、宁夏电建安装公司、河南电力安装公司、湖南水电安装公司、甘肃送变电工程公司、青海火电工程公司、宁夏送变电工程公司。

六、电力工程建设单位

湘潭发电有限责任公司、哈尔滨三厂筹建处、安阳华祥发电有限公司、华能威海发电厂、华能丹东发电厂。

七、大型水电工程项目施工单位

葛洲坝集团公司高坝洲工程施工指挥部、闽江工程局棉花滩电站工程项目经理部。

关于命名江西贵溪电厂为一流火力发电厂的通知

（国电发［1999］207号）

各电力集团公司，各省（自治区、直辖市）电力公司，华能集团，华能国际，南电联：

根据国家电力公司《关于命名一流供电企业和一流火力发电厂的通知》（国电安运［1998］627号）要求，按照一流火力发电厂考核标准，华中电力集团公司会同江西省电力公司对贵溪电厂烟尘等各项排放指标进行了复查，经过治理，该厂烟尘、废水等排放量和厂界噪声均符合国家和地方规定的排放标准，实现了达标排放。根据审核、复查结果，国家电力公司决定命名江西贵溪电厂为“一流火力发电厂”，并颁发奖牌和荣誉证书。

贵溪电厂经过多年奋斗，获得了“一流火力发电厂”称号，来之不易。希望贵溪电厂认真总结经验，进一步加强科学管理，建立和完善企业的管理机制；依靠科技进步，把创一流工作作为实现两个根本性转变的重要内容，不断增强企业对社会主义市场经济的适应能力和竞争能力，使企业的经济效益进一步提高。

国家电力公司要求公司系统各网省（区、市）电力公司切实加强对创一流工作的组织领导，增强环境保护意识，加大烟尘、粉尘、废水等的治理力度；坚持高标准、严要求，认真组织好创一流企业的检查、指导、申报、考评和复查工作。

对命名为一流火力发电厂的物质奖励，由其上级主管部门根据企业的具体情况决定。

一九九九年四月二十二日

关于命名宝鸡供电局为一流供电企业的通知

（国电发［1999］283号）

各电力集团公司，各省（自治区、直辖市）电力公司，华能集团公司，华能国际，南电联：

按照电力行业一流供电企业考核标准，国家电力公司组织有关单位对申报1998年度一流供电企业的宝鸡供电局进行了审核和检查。根据审核、检查结果，国家电力公司决定命名宝鸡供电局为“一流供电企业”，并颁发奖牌和荣誉证书。

地处西部地区的宝鸡供电局经过多年奋斗，获得了“一流供电企业”称号，来之不易。希望宝鸡供电局珍视这一荣誉，认真总结经验，进一步加强管理，建立和完善企业的管理机制；依靠科技进步，提高自动化水平，实现减人增效；把创一流工作作为实现两个根本性转变的重要内容，不断增强企业对社会主义市场经济的适应能力和竞争能力，使企业的经济效益进一步提高。

国家电力公司要求公司系统各网省（区、市）电力公司切实加强对创一流工作的组织领导，坚持以市场为导向，以经济效益为中心，以安全生产为基础，以服务人民、奉献社会为宗旨；坚持高标准、严要求，要进一步加强对达标和创一流工作的检查和指导。

对命名为一流供电企业的物质奖励，由上级主管部门根据企业的具体情况决定。

一九九九年六月八日（印）

关于命名北京供电公司、石家庄电业局为一流供电企业的通知

（国电发［1999］320号）

各电力集团公司，各省（自治区、直辖市）电力公司，华能集团、华能国际、南电联：

根据电力行业一流供电企业考核标准，国家电力公司组织有关单位对申报1998年度一流供电企业的北京供电公司和石家庄电业局进行了审核和检查。根据审核、检查结果，国家电力公司决定命名北京供电公司和石家庄电业局为“一流供电企业”，并颁发奖牌和荣誉证书。

希望北京供电公司和石家庄电业局珍视这一荣誉，认真总结经验，进一步加强管理，建立和完善企业的管理机制，提高服务质量；依靠科技进步，提高自动化水平，实现减人增效；牢固树立“人民电业为人民”的思想；把创一流作为实现两个根本性转变的重要内容，不断增强企业对社会主义市场经济的适应能力和竞争能力，使企业的经济效益进一步提高。

国家电力公司要求系统各网省（区、市）电力公司切实加强对创一流工作的组织领导，坚持以市场为导向，以经济效益为中心，以安全生产为基础，以服务人民、奉献社会为宗旨；坚持高标准、严要求，进一步加强对达标和创一流工作的检查和指导。

对命名为一流供电企业的物质奖励，由上级主管部门根据企业的具体情况决定。

一九九九年六月二十二日（印）

关于公布1998年度电力安全文明生产达标企业名单的通知

（国电发［1999］328号）

各电力集团公司，各省（自治区、直辖市）电力公司，华能集团，华能国际，南电联：

近年来，电力安全文明生产达标工作对提高电力企业的安全文明生产水平产生了巨大的推动作用。1998年度，各电力集团公司和省（自治区、直辖市）电力公司进一步加强了对电力企业达标和创一流工作的指导和管理，使达标成果不断巩固，增强了企业对市场经济的适应能力和竞争能力，企业的整体素质得到进一步改善，经济效益有所提高。

各集团公司、省（自治区、直辖市）电力公司对申报1998年度达部标的企业进行了认真的检查、考核。经审查，国家电力公司决定授予秦皇岛发电有限责任公司、牡丹江水力发电总厂、鹤岗电业局、西北电力试验研究院等26个发、供电企业和科研院（所）1998年度国家电力公司电力安全文明生产达标企业（名单见附件）称号。

受广东省电力局和内蒙古电力公司的委托，对广东省中山电厂A厂、广东省枫树坝水电厂、广东省新丰江水电厂、广东省揭阳电力工业局及内蒙古乌海电业局达标情况进行了审查，认为符合达标标准。

对达标的电力企业的奖励由各集团公司、省（自治区、直辖市）电力公司等主管单位按有关规定执行。

希望上述企业再接再厉，进一步提高安全文明生产水平，以深化电力管理体制改革为动力，把安全文明生产和创一流工作作为实现两个根本性转变的重要内容，努力提高劳动生产率和经济效益。

各电力集团公司、省（自治区、直辖市）电力公司要切实加强对电力企业达标创一流工作的管理，特别要对已达标的企业，按照标准严格动态考核，加大力度，对那些管理不严、指标达不到标准要求的企业要限期整改，乃至取消达标企业称号；各电力企业要进一步发扬艰苦奋斗的精神，扎实工作，开拓进取，自觉地把安全文明生产达标工作深入、持久、健康地开展下去。

附件：1998年度电力安全文明生产达标企业名单

一九九九年六月二十四日（印）

附件：

1998年度电力安全文明生产达标企业名单

1. 华北集团

火电厂：秦皇岛发电有限责任公司、盘山发电厂、衡水发电厂、滦河发电厂

2. 东北公司

水电厂：牡丹江水力发电总厂

供电局：鹤岗电业局

3. 华东集团

火电厂：半山发电厂、江苏射阳港发电有限责任公司

供电局：温州电业局、泰州供电局

4. 华中集团

火电厂：新余火电厂、丰城火电厂

水电厂：五强溪水电厂

供电局：河南周口地区电业局

5. 西北集团

火电厂：甘肃省电力公司靖远电厂

科研院（所）：西北电力试验研究院、宁夏电力试验研究所、青海省电力试验研究所

6. 四川电力公司

水电厂：宝珠寺电厂

7. 贵州电力公司

水电厂：贵州东风发电厂

供电局：贵阳市北供电局

8. 广西电力公司

火电厂：广西柳州发电有限责任公司

供电局：广西桂林供电局

9. 云南电力公司

科研院（所）：云南省电力试验研究所

10. 福建电力公司

供电局：福建省莆田电业局

11. 华能国际

火电厂：华能汕头电厂

关于公布1998年度调度机构安全文明生产达标单位的通知

（国电发［1999］402号）

各电力集团公司，东北公司，各省（自治区、直辖市）电力公司，华能集团，华能国际，南电联：

根据《电网调度机构安全文明生产达标考核实施

细则》，国家电力公司对申报1998年电网调度机构安全文明生产达标工作进行了认真审查。经审核，国家电力公司决定授予华北电力调度局、华中电力调度局、南方电力联营公司调度所、湖北电力调度通信局、贵州电力调度通信局、广西电网调度中心、云南电力调度所为1998年度国家电力公司安全文明生产达标单位。受广东省电力局和内蒙电力局的委托，对广东电力中心调度所、内蒙电力中心调度所达标情况进行了审查，认为达到了达标标准。

对达标的电网调度机构的奖励由各上级主管部门根据企业的具体情况决定。

希望上述单位再接再厉，进一步提高安全文明生产水平，以深化电力体制改革为动力，把安全文明生产和创一流工作作为实现两个根本性转变的重要内容，努力提高劳动生产率和经济效益。各电力集团公司、省（自治区、直辖市）电力公司要切实加强对电网调度机构达标创一流工作的管理，特别要对已达标的单位，按照标准严格动态考核；各网、省电网调度机构要在巩固安全文明生产达标成果的基础上，继续深化创一流工作，进一步发扬艰苦奋斗的精神，扎实工作，开拓进取，把安全文明生产达标创一流工作深入、持久、健康地开展下去。

一九九九年八月五日（印）

关于命名一流供电企业、一流火力发电厂的通知

（国电发［1999］359号）

各电力集团公司，东北公司，各省（自治区、直辖市）电力公司，华能集团，华能国际，南电联：

根据电力行业一流供电企业和一流火力发电厂考核标准，国家电力公司组织有关单位对申报1998年度一流供电企业的日照电业局、枣庄电业局、潍坊电业局、淄博电业局、济南供电局、银川供电局和一流火力发电厂的哈尔滨第三发电厂、双辽发电厂、山东石横发电厂、山东潍坊发电厂、山东黄岛发电厂、山东十里泉发电厂、宁夏大武口发电厂、山东华能发电股份有限公司德州电厂等14家发供电企业进行了审核、检查和抽查。根据审核、检查和抽查结果，国家电力公司决定命名日照电业局、枣庄电业局、潍坊电业局、淄博电业局、济南供电局、银川供电局为“一流供电企业”，哈尔滨第三发电厂、双辽发电厂、山东石横发电厂、山东潍坊发电厂、山东黄岛发电厂、山东十里泉发电厂、宁夏大武口发电厂、山东华能发电股份有限公司德州电厂为“一流火力发电厂”，并颁发奖牌和荣誉证书。

希望上述发供电企业珍视这一荣誉，认真总结经验，进一步加强管理，建立和完善企业的管理机制，提高服务质量；坚持依靠科技进步，提高自动化水平，实现减人增效；牢固树立“人民电业为人民”的意识；把创一流工作作为实现两个根本性转变的重要内容，不断增强企业对社会主义市场经济的适应能力和竞争能力，使企业的经济效益进一步提高。

国家电力公司要求公司系统各网省（区、市）电力公司切实加强对创一流工作的组织领导，坚持以市场为导向，以经济效益为中心，以安全生产为基础，以服务人民、奉献社会为宗旨；坚持高标准、严要求，进一步加强对达标和创一流工作的检查和指导。

对命名为一流供电企业和一流火力发电厂的物质奖励，由上级主管部门根据企业的具体情况决定。

一九九九年七月八日（印）

关于命名一流供电企业、一流火力发电厂的通知

（国电发［1999］460号）

各电力集团公司，东北公司，各省（自治区、直辖市）电力公司，华能集团，华能国际，南电联：

根据电力行业一流供电企业和一流火力发电厂考核标准，国家电力公司组织有关单位对申报1998年度一流供电企业的南通供电局、盐城供电局和一流火力发电厂的军粮城电厂、华能南京电厂、天生港发电厂、安徽淮南平圩发电有限责任公司、芜湖发电厂、嘉兴发电厂、华能淮阴发电有限公司、湖北省汉川电厂、湖南省石门电厂、武汉华中华能发电股份有限公司等12家发供电企业进行了审核、检查和抽查。根据审核、检查和抽查结果，国家电力公司决定命名南通供电局、盐城供电局为“一流供电企业”，军粮城电厂、华能南京电厂、天生港发电厂、安徽淮南平圩发电有限责任公司、芜湖发电厂、嘉兴发电厂、华能淮阴发电有限公司、湖北省汉川电厂、湖南省石门电厂、武汉华中华能发电股份有限公司为“一流火力发电厂”，并颁发奖牌和荣誉证书。受广东省电力局的委托，对广州珠江电厂、深能集团发电分公司（妈湾发电总厂）申报材料进行了审查，并对广州珠江电厂创一流工作进行了考评，认为达到了一流标准。

希望上述发供电企业珍视这一荣誉，认真总结经验，进一步加强管理，建立和完善企业的管理机制，

提高服务质量；坚持依靠科技进步，提高自动化水平，实现减人增效；牢固树立“人民电业为人民”的意识；把创一流工作作为实现两个根本性转变的重要内容，不断增强企业对社会主义市场经济的适应能力和竞争能力，使企业的经济效益进一步提高。

国家电力公司要求公司系统各网省（区、市）电力公司坚持以安全文明生产为基础，以经济效益为中心；坚持高标准、严要求，进一步加强对达标和创一流工作的检查和指导。

对命名为一流供电企业和一流火力发电厂的物质奖励，由上级主管部门根据企业的具体情况决定。

一九九九年八月三十日（印）

关于命名一流电网调度机构、一流火力发电厂和一流供电企业的通知

（国电发［1999］736号）

各电力集团公司，东北公司，南方公司，各省（自治区、直辖市）电力公司，华能集团，华能国际，乌江公司：

根据电力行业一流电网调度机构、一流供电企业和一流火力发电厂考核标准，国家电力公司组织有关单位对申报1998年度一流电网调度机构的山东电力调度中心、一流供电企业的德州电业局和一流火力发电厂的威海发电厂进行了审核和检查。根据审核和检查结果，国家电力公司决定命名山东电力调度中心为“一流电网调度机构”，德州电业局为“一流供电企业”，威海发电厂为“一流火力发电厂”，并颁发奖牌和荣誉证书。

希望上述单位珍视这一荣誉，认真总结经验，进一步加强管理，建立和完善企业的管理机制，提高服务质量；坚持依靠科技进步，提高自动化水平，实现减人增效；牢固树立“人民电业为人民”的意识；把创一流工作作为实现两个根本性转变的重要内容，不断增强企业对社会主义市场经济的适应能力和竞争能力，使企业的经济效益进一步提高。

国家电力公司要求公司系统各网省（区、市）电力公司切实加强对创一流工作的组织领导，坚持以市场为导向，以经济效益为中心，以安全生产为基础，以服务人民、奉献社会为宗旨；坚持高标准、严要求，进一步加强对达标和创一流工作的检查和指导。

对命名为一流电网调度机构、一流供电企业和一流火力发电厂的物质奖励，由上级主管部门根据企业的具体情况决定。

一九九九年十二月二十二日（印）

关于表彰1998年度电力“三为”服务达标单位的决定

（国电农［1999］459号）

各网、省（自治区、直辖市）电力公司：

根据1991年原能源部提出的开展“电力为农业、为农民、为农村经济服务”达标活动（以下简称“三为”服务活动）的要求，电力“三为”服务工作已经开展9年，全国已有1234个县级供电企业获得电力“三为”服务达标单位称号，取得了很大成绩，为电力行业树立了良好的社会形象。1998年，“两改一同价”工作的全面启动以来，各电力企业，特别是农电战线广大职工，认真贯彻党的十五大精神，努力落实国务院部署的“两改一同价”工作目标，坚持“三为”服务的宗旨，广泛开展供电社会服务承诺制，文明示范窗口创建活动；在贯彻执行国家电力公司纠风和行风建设工作过程中，不断加强职工职业道德教育，提高自身素质；积极整顿农村电费电价，努力减轻农民用电不合理负担，取得了明显的社会效益和经济效益。在这一年中，各电力企业坚持把电力“三为”服务活动与创建“双文明单位”和纠行风工作有机地结合起来，不断充实和丰富服务内容，努力做到规范服务，使农电建设、管理和服务不断跃上新水平。

按照国家电力公司农发［1998］41号文件要求，经各电管局（集团公司），省电力局（电力公司）审评，并征得地方人民政府同意，现决定授予河北省容城县农电局等78个县局（公司）和用电管理所“1998年电力‘三为’服务达标单位”称号，颁发奖牌和荣誉证书。各电管局（集团公司），省电力局（电力公司）按照有关文件精神兑现奖励。

希望达标单位再接再厉，按照国务院的部署把“三为”服务活动、行风建设活动与“两改一同价”工作紧密结合起来，为农民供好电、服好务，让广大农民真正能用上电、有电用、用好电、用得起电，不断为“三为”服务注入新的内容，为农村经济发展做出新的贡献。

附件：1998年度电力“三为”服务达标单位

一九九九年八月三十一日（印）

附件：

1998年度电力“三为”达标单位

河北	容城县农电局
	阜平县农电局
山西	静乐县电力局
内蒙	达茂旗农电局
	察右中旗农电局
	兴和县电业管理局
	商都县农电局
	正蓝旗县农电局
	正镶白旗县农电局
	镶黄旗农电局
	西乌珠沁旗农电局
	东乌珠穆沁旗农电局
	阿巴嘎旗农电局
	新马尔虎左旗农电局
辽宁	凌源市农电局
	绥中县农电局
	彰武县农电局
	辽阳市弓长岭区农电局
	法库县农电局
吉林	敦化市农电局
	图门市农电局
	榆树市供电局
黑龙江	宾县电业局
	依安县电业局
	克山县电业局
	明水县电业局
	肇源县电业局
	绥化市农电局
	铁力市电业局
	双鸭山市电业局农电公司
	依兰县电业局农电公司
	绥滨县电业局
浙江	椒江供电局
	临海市供电局
	黄岩供电局
	温岭市供电局
	玉环县供电局
安徽	金寨县供电局
	望江县供电局
	岳西县供电局
	宿松县供电局
	宣城地区供电局用电管理所
福建	邵武供电局
江西	修水县供电总公司
山东	肥城市供电局
	胶州市供电公司
湖南	醴陵电力局
	衡南电力局
	石门电力局
	桃江电力局
	安乡电力局
	武陵源电力局
	泸西电力局
	安仁县电力局
	新化电力局
	岳阳电业局城区供电局
	冷水滩电力局
四川	乐山电业局夹江供电局
	内江电业局资阳供电局
	成都电业局彭州供电局
	蒲江供电局
贵州	赫章县供电局
云南	宣威市电力公司
	开远市电力公司
	个旧市电力公司
	石林县电力公司
	富民县电力公司
	澄江县电力公司
	建水县电力公司
	元江县电力公司
	河口县电力公司
	华宁县电力公司
	弥渡县电力公司
	祥云县电力公司
陕西	黄陵县电力局
甘肃	西峰市电力局
新疆	昌吉市区供电局
	阿勒泰市供电公司

关于印发电力科学技术进步奖奖励通报（第一号）的通知

（国电科教［1999］19号）

各电力集团公司，各省（自治区、直辖市）电力公司，各有关单位：

经电力科学技术进步奖评审委员会的评选，决定对1998年度电力科学技术进步奖获奖项目（63项）给予奖励并通报表扬。现将电力科学技术进步奖奖励通报（第一号）印发给你们，请做好获奖项目的应用、推广工作，使科技成果在电力生产建设中进一步发挥作用，取得更显著的效益。

附件：电力科学技术进步奖奖励通报（第一号）

一九九九年一月十三日（印）

附件：

电力科学技术进步奖奖励通报（第一号）

国家电力公司

一九九九年一月十三日

奖励一九九八年度电力科学技术进步奖获奖项目

经研究，对电力科学技术进步奖评审委员会评选出的一九九八年度电力科学技术进步奖获奖项目63项，给予奖励并通报表扬。

一九九八年度电力科学技术进步奖获奖项目及受奖单位

一、应用技术类成果

序号	等级	获奖项目	受奖单位
1	一	中国长江三峡大江截流施工关键技术研究与工程实践	中国葛洲坝水利水电工程集团公司、清华大学、武汉水利电力大学
2	二	高强度耐水土体固结剂（HEC）及生产工艺的研究	武汉水利电力大学
3	二	高土石坝动力分析及抗震工程措施研究	南京水利科学研究院、大连理工大学、中国水利水电科学研究院、四川联合大学、河海大学、黄河水利委员会黄河水利科学研究院
4	二	喷射式凝汽器空冷系统优化设计、综合性能试验研究	内蒙古电力科学研究院、内蒙古电力勘测设计院、内蒙古电力建设工程公司、丰镇发电厂、内蒙古电力(集团)有限责任公司基建处
5	二	切圆燃烧锅炉低负荷运行及稳燃技术的研究	热工研究院
6	二	空冷系统水处理技术研究	热工研究院、内蒙古电力科学研究院、山西省电力试验研究所、山西省电力勘测设计院、内蒙古电力勘测设计院、丰镇发电厂、太原第二热电厂、内蒙古电力建设调整试验研究所、山西省电力建设第三工程公司
7	二	一种评估火电厂高温部件蠕变寿命的新方法－θ函数法	热工研究院、北京科技大学、山西省电力试验研究所、娘子关电厂
8	二	LFX－912型继电保护专用收发信机	电力自动化研究院
9	二	发电机定子绕组端部特性测试系统的研究及应用	山东电力科学研究院、南京汽轮高新技术公司
10	二	“SAQ－75”液压牵引机、“SAZ－30×2”液压张力机	甘肃送变电工程公司
11	二	大跨越不封航架线施工工艺研究	湖北省输变电工程公司
12	二	锅炉燃烧室传热、流动和煤燃烧过程三维全模拟及其应用的研究	华北电力大学
13	三	桓仁电厂1号水轮机增容改造研究和真机研制	中国水利水电科学研究院、桓仁发电厂、东北电力集团公司水电管理部、沈阳铸造研究所
14	三	混凝土面板的裂缝及防治	中国水利水电科学研究院、葛洲坝股份有限公司施工科学研究所
15	三	高水头HD值压力管道结构研究	北京勘测设计研究院、成都勘测设计研究院、水利部金属结构质量检验中心、北京水电开发公司

序号	等级	获奖项目	受奖单位
16	三	青铜峡水电厂水库调度自动化系统工程	青铜峡水电厂、南京水利水文自动化研究所、中国水利水电科学研究院
17	三	大广坝浅埋地下厂房的设计与研究	中南勘测设计研究院
18	三	五强溪水电站新型联合消能工的研究与应用	中南勘测设计研究院、中国水利水电科学研究院
19	三	五强溪船闸布置、结构体系和设计与研究	中南勘测设计研究院、南京水利科学研究院
20	三	清江隔河岩泄洪消能工研究	湖北省清江水电开发有限责任公司、长江水利委员会设计院、中国葛洲坝集团公司清江施工局
21	三	火电厂翻车机卸煤生产线程控系统	武汉水利电力大学、蒲城发电厂、秦皇岛发电有限责任公司
22	三	KHS－1 汽轮机凝汽器密封防腐胶	西北电力试验研究院
23	三	电站锅炉复合式空气预热器试验研究	宁夏电力局生产技术处、石嘴山发电厂、宁夏电力试验研究所
24	三	电站轴承巴氏合金结合层超声波检验方法的研究	华北电力科学研究院、北京电力设备总厂
25	三	电厂辅机旋转机械精密故障诊断的六频带谱分析技术与应用	内蒙古电力科学研究院、丰镇发电厂、中国农业大学
26	三	钢与混凝土蜂窝形组合梁的研究及应用	武汉水利电力大学、中南电力设计院、徐州华润电力有限公司、江苏省电力建设第一工程公司徐州分公司
27	三	200MW 汽轮发电机密封油真空净化装置	北京大唐发电股份有限公司陡河发电厂
28	三	气脉冲除灰装置达 300MW 机组上的应用	中国科学院力学研究所、上海石洞口发电厂
29	三	锅炉水冷壁喷涂铝基复合覆层防止高温腐蚀研究	山东电力科学研究院、黄台火力发电厂
30	三	MFC2000 型微机厂用电快速切换装置	望亭发电厂、南京东大科技实业（集团）总公司电力自动化研究所
31	三	WZC－2D 型多功能自动准同期测试装置	华北电力大学
32	三	GXM305 多用校验仪（三相 0.05 级九功能数表）	江西省电力试验研究所
33	三	JDF－2B 数字式局部放电检测系统研制	武汉高压研究所
34	三	新型大电流互感器	四川电力试验研究院、山西省机电设计研究院、江油发电厂
35	三	WMZ－41 型微机母线保护装置	南京电力自动化设备总厂、华中理工大学、湖北省电力调度通信局
36	三	TPR－A 微机发电机有功功率自动调节装置	电力自动化研究院、江苏省电力局电网调度所、天生港发电厂
37	三	基于 DSP 的新型便携式波形记录仪的开发与应用	电力科学研究院
38	三	220～500kV 高压线路继电保护试验模型的建立和应用	电力科学研究院
39	三	并行交直流 500kV 输电线路综合场强研究	广东省电力试验研究所

二、综合类成果

序号	等级	获奖项目	受奖单位
40	一	LFP—900 系列输电线路成套保护技术及其推广应用	电力自动化研究院
41	一	拱坝系统三维动力分析及抗震措施研究	中国水利水电科学研究院、昆明勘测设计研究院
42	二	交叉裂隙水流模型实验及渗流应力全耦合分析方法研究	河海大学

序号	等级	获奖项目	受奖单位
43	二	碾压混凝土高重力坝的静、动力安全度分析	武汉水利电力大学
44	二	上海吴泾热电厂12号机组运行优化管理系统	上海吴泾热电厂、上海市电力试验研究所
45	二	《火力发电厂与变电所设计防火规范》GB50229—96	东北电力设计院、华东电力设计院、公安部天津消防科学研究所
46	二	《火力发电厂汽水管道设计技术规定》DL/T 5054—1996	东北电力设计院
47	二	电力负荷动态特性研究	华北电力大学、河北电力调度通信局
48	三	《压力钢管制造安装及验收规范》DL 5017—93	水利部电力部机电研究所
49	三	已建水电站环境影响研究—以东江水电站为实例	中南勘测设计研究院
50	三	开放系统环境下的交互式监控图形通用开发系统	中国水利水电科学研究院
51	三	《流化床燃烧技术》教科书	华中理工大学、华北电力大学
52	三	高浓度水力除灰阻力特性试验及阻力计算方法研究	电力建设研究所
53	三	火力发电厂能量平衡导则	东北电力集团公司生产部、大连发电厂、锦州东港电力有限公司、沈阳热电厂
54	三	发电用煤质量抽查办法的研究	热工研究院、四川电力试验研究院、华北电力科学研究院
55	三	《火力发电厂灰渣筑坝设计技术规定》DL/T5045—95	东北电力设计院、山东省电力设计院
56	三	逆流式自然通风冷却塔通风阻力的试验研究	中国水利水电科学研究院、东北电力设计院
57	三	凝汽器准三维数值仿真方法研究及程序研制	上海电力学院、西安交通大学
58	三	《200MW级汽轮机、锅炉运行导则》DL/T610—1996	锦州发电厂
59	三	《架空绝缘配电线路设计、施工及验收规程》DL/T602—1996	武汉高压研究所
60	三	《并联电容器装置设计规范》GB50227—95	西南电力设计院、电力部无功补偿成套装置质量检验测试中心、北京有色冶金设计研究总院、重庆钢铁设计研究院
61	三	直流输电工程初步设计及电压水平优化选择软件	电力科学研究院
62	三	网络计划技术中工序顺序优化方法	华北电力大学
63	三	各国可再生能源发电概况	中国电力信息中心

关于表彰尊老敬老先进个人和老有所为先进个人的决定

（国电老［1999］516号）

国家电力公司系统各单位：

1999年是联合国确定的国际老年人年，这标志着老龄问题已成为影响世界经济和社会发展的一个重大问题。为了进一步提高公司系统全体干部职工对解决老龄问题重要意义的认识，促进公司系统尊老敬老助老良好风尚的形成和精神文明建设，年初以来，在公司系统广泛开展了尊老敬老先进个人和老有所为先进个人的评选表彰活动。在基层评选表彰的基础上，经各单位推荐，公司决定：丁一伦等36位同志为国家电力公司系统尊老敬老先进个人；安克成等45位同志为国家电力公司系统老有所为先进个人，予以表彰，并号召公司系统全体干部职工和全体离退休老同志向他们学习。

学习尊老敬老先进个人坚决贯彻执行国家的老年人权益保障法和离退休干部政策，把老干部工作和老年工作作为本单位企业文化建设和精神文明建设的重要组成部分，尊老敬老，热情助老，在涉老工作和涉老岗位上勤奋工作，无私奉献，持之以恒地为老年人办实事，做好事。

学习老有所为先进个人退出工作岗位后，坚持按照江泽民同志对老同志提出的“政治坚定，思想常新，理想永存”的要求规范自己的言行，保持积极向上的生活态度和健康的生活方式，发扬革命传统，保持革命晚节，积极为社会主义两个文明建设力所能及地再作贡献。

希望通过表彰先进，在公司系统大力发扬中华民族尊老敬老的优良传统，形成老少共融，代际和谐的良好风尚。为维护公司的改革、发展和稳定大局，为实现国家电力公司系统跨世纪发展的宏伟目标而奋斗。

附件：尊老敬老先进个人、老有所为先进个人名单

一九九九年九月二十三日（印）

附件：

尊老敬老先进个人名单

华北电力集团公司承德供电局老干部主管科员　张国喜
河北电力公司衡水发电厂材料员　郭素花
山西电力公司老干部处干部　李向前
武汉电力设备厂离退办主任　程孟生
湖北电力公司离退休管理处处长　丁一伦
湖南郴州电业局离退办主任兼党总支书记　刘青云
江西水电工程局离退办主任　郗兆华
华东电力集团公司老干部处副处长　王阳龙
江苏电力公司扬州供电局组干科干部　芮庆元
上海电力公司闸北发电厂离退休干部管理员　陆渭根
安徽电力公司巢湖地区供电局离退办副主任　郑　荣
浙江电力公司富阳市供电局局长兼书记　萧树阳
陕西电力公司户县热电厂离退办副主任　刘宝良
新疆电力公司老干部处处长　高志平
宁夏电力建筑安装工程公司离退办副主任　姜丽云
甘肃火电工程公司经理　李振生
青海电力公司龙羊峡水力发电厂退休办干部　武　强
东北公司通辽发电总厂离退休职工管理处处长　戴秉德
黑龙江电力有限公司老干部处副处长　刘立勤
吉林电力有限公司辽源发电厂厂长　陈佐仁
水电第六工程局离退休管理处处长　陈毅善
水电第八工程局离退休管理处常德办公室主任　熊介群
水电第十一工程局离退休职工管理处处长　许中耀
葛洲坝水利水电工程集团公司老干部处处长　徐世洪
贵阳勘测设计研究院离退休科副科长　陈宏桃
昆明勘测设计研究院离退休职工管理处干部　高忠汉
中南电力设计院离退休处处长　曹保善
山东黄岛发电厂离退休工作部主任　郭步喜
四川电力公司离退休管理处副处长　张连彬
福建电力工业局龙岩电厂班长　陈美娇
云南滇南发电总厂离退办主任　刘飞谷
贵州电力公司六盘水供电局局长兼党委书记　张翠云
广西玉林供电局离退休管理科副科长　廖四清
重庆电力公司北碚供电局用电营业厅班长　陈德明
热工研究院离退休管理处干部　金万茂
华北电力大学（北京）老干部处处长　张喜辰

老有所为先进个人名单

华北电力集团公司北京供电局离休干部　陈世儒
河北电力公司保定电业局退休干部　王汉文
天津电力公司机关离休干部　王其渊
山西电力公司霍州发电厂离休干部　赵　锐
华中电力集团公司机关离休干部　张天谷
湖北电力公司机关离休干部　张德全
湖南电力公司长沙电业局退休干部　郭应明
河南电力公司安阳电厂离休干部　李有堂
江西电力公司景德镇发电厂离休干部　哈承杰
华东电力集团公司富春江水力发电厂退休干部　胡景洲
江苏电力公司南京热电厂离休干部　祁　岐
安徽电力公司淮南供电局离休干部　袁先开
浙江电力公司湖州电力技术学校退休干部　姜宗法
水电第十二工程局机关离休干部　严常庆
陕西电力公司咸阳供电局退休工人　王庭文
新疆哈密电业局一电厂退休干部　杨铁民
宁夏电力公司机关退休干部　李孟俊
甘肃电力公司武威地区电力局离休干部　吴致学
青海电力公司机关离休干部　黄　佐
东北公司云峰发电厂离休干部　田　羽
辽宁电力有限公司机关离休干部　高玉峰
黑龙江牡丹江水力发电总厂退休干部　孙永德
吉林电力有限公司机关离休干部　陈溶年

水电第六工程局中心医院退休干部 金润学
水电第八工程局东江分局退休干部 孙仁兴
水电第十一工程局机关离休干部 杨启智
葛洲坝集团公司浇筑二分局离休干部 朱 彪
贵阳勘测设计研究院离休干部 徐尧钦
昆明勘测设计研究院退休干部 董槐三
西南电力设计院退休工人 陈福余
东北电力设计院退休干部 吴名驹
山东电力工程咨询院退休干部 葛鼎和
四川电力公司宜宾发电总厂离休干部 周树琪
福建福州电力高级技工学校离休干部 高君芷
云南电力集团有限公司滇西电业局退休干部 廖家元
贵州电力公司机关退休干部 赵文霈
广西电力有限公司机关退休干部 朱光荣
重庆电力公司重庆电力技工学校离休干部 张正祥
南京电力环境保护科学研究所退休干部 钱汝泰
热工研究院退休干部 郑泽民
华北电力大学（北京）退休干部 孙国柱
国家电力公司机关退休干部 毕松龄
中国电力技术进出口公司退休干部 张瑞岐
中国电力科学研究院退休干部 黄金才
中国电力出版社离休干部 安克成

关于公布水电水利勘测设计系统1999年度部级优秀QC小组名单的通知

（国电水规［1999］220号）

各直属勘测设计研究院，广西电力设计院：

1999年度水电水利勘测设计系统部级优秀QC小组评审会议于1999年4月13～15日在西安召开，经评审，共评出优秀QC小组14个，其中一等奖2个、二等奖7个、三等奖5个。现予公布（名单见附件），以资表彰。

附件：水电水利勘测设计系统1999年度部级优秀QC小组名单

一九九九年五月四日（印）

附件：

水电水利勘测设计系统1999年度部级优秀QC小组名单

获奖等级	编号	单位名称	QC小组名称	课题名称
一等	01	国家电力公司昆明勘测设计研究院	水库初期蓄水研究QC小组	天生桥一级水库1998年蓄水调度方案研究
	02	国家电力公司华东勘测设计研究院	二勘公司水流桥水库堵漏QC小组	确保水流桥水库堵漏成功
二等	03	国家电力公司华东勘测设计研究院	超高面板坝接缝止水结构仿真模拟试验QC小组	实现超高面板坝接缝止水结构仿真模拟
	04	国家电力公司西北勘测设计研究院	绘图中心QC小组	MAPCAD/MAPGIS在工程地质成图中的应用
	05	国家电力公司西北勘测设计研究院	康扬水电站枢纽推移质泥沙模型试验研究QC小组	康扬水电站枢纽防排沙布置优化模型试验研究
	06	国家电力公司中南勘测设计研究院	承压热水孔施工QC小组	深层承压热水观测孔施工技术攻关
	07	广西电力工业勘察设计研究院	勘察分院汽车运输QC小组	提高服务质量保证车辆完好率
	08	国家电力公司成都勘测设计研究院	泥沙室QC小组	提高泥沙系列特征值计算成果质量
	09	国家电力公司昆明勘测设计研究院	金沙江其宗水电站江中钻孔施工项目部QC小组	深厚冲积层钻进工艺
三等	10	国家电力公司中南勘测设计研究院	三维牵引治疗腰突症QC小组	应用三维牵引技术，提高腰突症疗效
	11	国家电力公司昆明勘测设计研究院	边坡综合治理QC小组	天生桥一级水电站溢洪道引渠边坡综合治理
	12	国家电力公司贵阳勘测设计研究院	天生桥二级电站引水隧洞静力触探测试QC小组	天生桥二级电站引水隧洞静力触探测试
	13	国家电力公司中南勘测设计研究院	云南大朝山水电站DCS/C^4标坝基帷幕灌浆QC小组	云南大朝山水电站C^4标坝基帷幕灌浆工程施工监理
	14	国家电力公司成都勘测设计研究院	姚河坝QC小组	姚河坝4号支洞成洞条件研究

内 容 索 引

说 明

一、本索引是全书条目和条目内容的主题分析索引。索引主题按汉语拼音字母的顺序并辅以汉字笔画、起笔笔形顺序排列。同音时，按汉字笔画由少到多的顺序排列，笔画数相同的按起笔笔形一（横）、丨（竖）、丿（撇）、丶（点）、㇇（折，包括亅乚〈等）的顺序排列。第一字相同时，按第二字，余类推。

二、索引主题之后的阿拉伯数字是主题内容所在的页码，数字之后的小写拉丁字母表示索引内容所在的版面区域。本书正文的版面区域划分见右图。

a	d
b	e
c	f

A

B

C

D

E

F

M

N

P

Q

R

S

T

W

X

Y